荆楚文库

楚文化流变史（上）

蔡靖泉　著

荆楚文库编纂出版委员会
湖北人民出版社

荆楚文库

楚文化流变史

CHUWENHUA LIUBIAN SHI

图书在版编目（CIP）数据

楚文化流变史 / 蔡靖泉著.
—武汉 ：湖北人民出版社，2022.11
ISBN 978-7-216-10337-4
Ⅰ. ①楚…
Ⅱ. ①蔡…
Ⅲ. ①楚文化—研究
Ⅳ. ① K296.3
中国版本图书馆 CIP 数据核字（2021）第 239737 号

责任编辑：高承秀
整体设计：范汉成　曾显惠　思　蒙
美术编辑：董　昀
责任校对：范承勇
责任印制：王铁兵
出版发行：湖北人民出版社（中国·武汉）
地址：武汉市雄楚大道 268 号
电话：(027)87679656　　邮政编码：430070
录排：武汉市洪山区飞恒灵清图文经营部
印刷：湖北新华印务有限公司
开本：720mm×1000mm　1/16
印张：53.25　　插页：4
字数：734 千字
版次：2022 年 11 月第 1 版　　2022 年 11 月第 1 次印刷
定价：260.00 元（全二册）

ISBN 978-7-216-10337-4
9 787216 103374

出版说明

湖北乃九省通衢，北学南学交会融通之地，文明昌盛，历代文献丰厚。守望传统，编纂荆楚文献，湖北渊源有自。清同治年间设立官书局，以整理乡邦文献为旨趣。光绪年间张之洞督鄂后，以崇文书局推进典籍集成，湖北乡贤身体力行之，编纂《湖北文征》，集元明清三代湖北先哲遗作，收两千七百余作者文八千余篇，洋洋六百万言。卢氏兄弟辑录湖北先贤之作而成《湖北先正遗书》。至当代，武汉多所大学、图书馆在乡邦典籍整理方面亦多所用力。为传承和弘扬优秀传统文化，湖北省委、省政府决定编纂大型历史文献丛书《荆楚文库》。

《荆楚文库》以“抢救、保护、整理、出版”湖北文献为宗旨，分三编集藏。

甲、文献编。收录历代鄂籍人士著述，长期寓居湖北人士著述，省外人士探究湖北著述。包括传世文献、出土文献和民间文献。

乙、方志编。收录历代省志、府县志等。

丙、研究编。收录今人研究评述荆楚人物、史地、风物的学术著作和工具书及图册。

文献编、方志编录籍以 1949 年为下限。

研究编简体横排，文献编繁体横排，方志编影印或点校出版。

《荆楚文库》编纂出版委员会

2015 年 11 月

弁　　言

讨论古代地域文化的流变，势必从中国传统文化的构成谈起。

中国传统文化是由诸多民族文化合成的，这些民族曾被总称为“夷夏”。中国传统文化的主体华夏文化则是由诸多地域文化合成的，这些地域曾是诸侯的封疆。诸多地域文化各自演进，相互涵化。及至春秋战国时代，华夏文化形成了二元耦合的格局，北方是在黄河流域发育成熟的周文化，南方是在长江流域发育成熟的楚文化。

总体的多元性和主体的二元性是中国传统文化的幸运，使中国传统文化不至于因单系近亲繁殖而退化。

秦朝实现了政治上的一统，同时强求文化上的一统。无奈心劳力绌，曾几何时，它那庞大的躯壳便连同它那干瘪的灵魂一起，化为败叶逝水了。

从汉朝到清朝，政治上一元性主导，文化上多元性主导。后者为前者带来了宽容性和灵活性，使前者不至于因总是党同伐异而僵化。

源于先秦的诸多地域文化，在后世近乎浑然一体的华夏文化中，似乎不再显山露水，而已固结成为文化“高聚物”了。后人追溯华夏文化的渊源，所关注的大抵只是学派，即儒家、道家、法家、兵家、名家、墨家、阴阳家或数术家，等等，对这些学派当初的地域文化属性则逐渐淡忘了。

其实，先秦的所有地域文化直到今天也还没有影消响沉，只是它们与时俱迁，分解了，改组了，或凝或融，或沉或浮，命运各异。这或多或少像宋玉《风赋》所描写的，“离散转移”，徜徉于高堂者固有之，邪薄入瓮牖者亦有之。以秦文化为例，尽管学术和艺术乏善可陈，却也有严刑峻法和独裁专制的传统，其势如长波大流，浸淫于历朝历代。又如儒家原为鲁文化和邹文化的学术主流，道家原为楚文化的学术主流，只是它们已经播散宇内，蔚为大观，早就被尊为仰之弥高的国粹了。

一方风土，一方人情，任何文化都赋存于相应的生存环境。即使同一学派，也有因地而异的殊相。理学分濂、洛、关、闽，而别立一宗的象山先生尚且未预其列，即其一例。研究地域文化的流变，不仅可以明辨文化与环境的互动关系，而且可以洞察学术流派和艺术流派之何以荣，何以枯，何以穷则变，何以变则通。这样，对华夏文化生生不息、绵绵不绝的缘由也就容易识清了。

不能不承认，对地域文化流变已做的研究工作还很少。

对楚文化的研究，到现在为止，大致以楚国所占的时域和空域为限。也有向前延伸，以探其源的，乃至用过“先楚文化”这样的术语。至于向后延伸，以寻其流的，用一个姑妄言之的术语，即考察“后楚文化”的，虽也尝试过，但到西汉早期便戛然而止。似乎一过马王堆大墓的年代，楚文化便如哀弦绝响了。在《楚文化史》中，我接着“滞缓期”而讲的“转化期”，也止于汉代，而且只提出了几条线索和某些迹象，如此而已。

蔡靖泉先生研究楚文化，可以说是多历年所了。曾探其源，颇有创获。近五年来，又慨然有志于寻其流。这是一件又费力、又劳神的工作，必须广搜细检，类如披沙简金。韩愈《进学解》里面的一些句子，诸如“贪多务得，细大不捐”，“沉浸酞郁，含英咀华”，以及“补苴罅漏，张皇幽眇。寻坠绪之茫茫，独旁搜而远绍”，等等，都可以借来作为贴切的写照。由于时间、空间、门类的跨度都很大，见仁见智乃至有得有失都在作者意料之中。我则以为只要思路大致不误，顺藤摸瓜是不会徒劳的。

秦汉以来学术和艺术的进步，除了环境的酝酿和推动之外，受楚文化启示最多。在华夏传统文化的经络里，楚文化的精、气、神从来没有枯竭。假如我们能在新的时代、新的环境里张扬楚人的思辨力和想象力，就必将大有裨益于当世，也必将大有裨益于未来。

张正明

2000 年 3 月 17 日

目　　录

引　　论

楚文化，是周代发祥并兴盛于今日湖北为主体的江汉地区、进而覆盖于东周南土半天下且传播于先秦海内外的区域文化。

楚文化，在周代区域文化中后来居上而独领风骚，可谓楚人吸取中原文化精华而发展的南方华夏文化，堪称楚人融冶南北文化而创造的东周文化翘楚。

诚如张正明先生所说："楚文化是铜器时代晚期和铁器时代早期世界的第一流文化"，"从文化的总体成就来看，楚与希腊难分轩轾。它们从不同的方向出发，都登上了上古文明的峰顶"。

西周初年，周室封楚君熊绎居今鄂西北荆山、睢山之间的江汉楚蛮之地，"号为子男五十里"，楚人因此在周代有了立国的合法性和令江汉蛮夷率服的权威性。随着楚人在荆睢山间"筚路蓝缕，以启山林"的艰苦创业，楚文化也就滥觞了。不过，处于滥觞期的西周早中期楚文化，尚无丰富的内容和明显的特征。

西周中晚期，"甚得江汉间民和"的楚公熊渠，借周室衰微的天时兴兵开疆，占据江汉地区的汉西大部及临江地带，草创富国强兵的江汉基业，揭开楚国大发展的序幕。楚文化的发展，也随之迈入其茁长期。春秋早期，楚子熊通挥师北征"欲以观中国之政"，率军伐随并征服汉东诸国，自尊为武王，营建鄢郢徙居，奠立江汉基业。继位的楚文王定都鄢郢（鄢，水名，又名夷水，今名蛮河；郢，本义当为楚人在滨水台地上营建的邑聚。鄢郢，当在今湖北宜城南的西滨蛮河、东临汉江的楚皇城一带。武王营建、文王定都鄢郢后，郢乃成为楚都及楚王入居城邑之称），灭国设县，"封畛于汝"，扩建江汉基地，打通北上"夏路"，威服诸夏之邦，挑战中原霸主，登上中国政治舞台中心。伴随楚国日益强大而茁长的楚文化，也逐渐显示出独特的风貌和较高的水平。

春秋中期，楚成王奋戈北伐，仗剑东拓，与齐桓公缔召陵之盟，败宋襄公于泓水之滨，奠定楚国霸业的基础。楚庄王观兵周郊，问鼎中原，争霸天下，降郑败晋，饮马黄河，“并国二十六，开地三千里”，确立了楚国的霸业。楚国雄踞天下，楚人在文化建设上乃抱大国心态，怀恢宏气度，更加积极主动地师法夷夏长技而力求创新、融冶南北文化而勇于变革。楚文化便风云际会，勃然繁盛。楚文化的发展，有如洪涛奔涌而波澜壮阔，与中原文化竞趋争先且大有超越之势。

春秋末年至战国中期，楚国奠都蒇郢（即湖北荆州古城北约 5000 米处的纪南城。“蒇郢”之称见于出土楚简文献和楚铜器铭文。“蒇”字初被隶定为“栽”），与诸雄角逐四方、争夺天下，尽管胜败无常、忧喜交加，但总的趋向仍是开拓发展，而且达到了其强盛的极点。《战国策·楚策》记载战国中期纵横家苏秦对楚威王说：“楚，天下之强国也。……地方五千里，带甲百万，车千乘，骑万匹，粟支十年，此霸王之资也。”《淮南子·兵略》则述：“昔者楚人地，南卷沅、湘，北绕颍、泗，西包巴、蜀，东裹郯、邳。”极盛时的楚国版图，西起大巴山、巫山、武陵山，东至大海，南起五岭，北至汝、颍、沂、泗，囊括了长江上游末段至中下游以及支流众多的淮水流域，据有了当时的南半个中国。以今日行政区划言之，此时楚国的疆域，乃西起涪陵、东抵上海、南至湘粤桂之交、北达河南中部，大致括及今湖北、湖南、安徽、河南南部、重庆东部、四川东北部、陕西东南部、江西大部、江苏大部、山东南部、浙江北部和上海。此时的楚国，不仅是当时中国的第一大国，而且在公元前 323 年西方亚历山大帝国瓦解后，一度成为世界第一大国。正是在春秋末年至战国中期，楚文化经过前段健全体格、标新立异的自主发展，跃入了最为繁荣、最为辉煌的鼎盛阶段，取得了在物质文化和精神文化的许多方面的卓越成就。其成就突出体现在铜铁冶造、丝织刺绣、漆器制作、玉石琢磨、道家思想、庄骚文学、书法绘画、音乐舞蹈八个方面，且以之为要素而构成楚文化的完备体系，具有博大精深的内容和丰富多彩的表现，显示出鲜明的特色、成熟的形态和奇伟的气派，令中原列国文化无与伦比，与西方古希腊文化竞辉齐光。

成就辉煌的楚文化，体现出楚人在历史文化创造诸方面的宝贵精神。概言之，可谓主要是筚路蓝缕的创业精神，破格争先的进取精神，兴邦安民的爱国精神，有容乃大的开放精神，博采众长的融会精神，推陈出新的拓造精神。独具风貌的楚文化，表现出自由奔放、神奇浪漫、深闳阔大、汪洋恣肆、清秀温雅、惊采绝艳等多种特色。但就其风格的基调而言，则是清灵奇丽。张正明先生在《楚文化史・导言》中说："从楚文化形成之时起，华夏文化就分成了北南两支：北支为中原文化，雄浑如触砥柱而下的黄河；南支即楚文化，清奇如穿三峡而出的长江。"

"惟夫党人之偷乐兮，路幽昧以险隘。……背绳墨以追曲兮，竞周容以为度。"正如伟大诗人屈原在其代表作《离骚》中所揭示的，贵族统治集团的结党营私、偷安贪乐、弃正从邪、上淫下谀，导致了楚国的衰败。在战国中晚期剧烈的兼并战争中，地大物博、兵多将广的楚国终究不敌变法强雄、锐意统一的秦国。公元前 278 年，秦将白起拔郢，楚都蕆郢被夷为废墟，楚人苦心经营数百年的江汉基地沦为秦土，楚国君臣只得迁都东境抗秦图存、勉撑残局。楚文化的发展，也跌入其滞缓期。由楚都迁陈（今河南周口淮阳）至秦国灭楚的约半个世纪里，楚文化虽然承前盛势而仍有演进，并且还偶显大国气派和颇为增华出新，却终因国势江河日下而渐失往昔的宏丽风貌和夺目光彩，犹似困顿的凤鸟，没有大风凭借也难以奋翩高举了。

楚国虽于公元前 223 年亡于秦，但楚文化的创造主体犹在，楚文化的辉煌成就固存。楚文化的发展，也并未随之终结，而是折入其转化期。战国后期，楚文化已广泛传播到海内诸地及九州之外，产生了深巨影响。楚文化哺育的才士，大量入秦而被秦所用。为秦国统一天下作出巨大贡献的甘茂、魏冉、李斯，都是楚人。昌兴的秦文化，在相当程度上是吸取楚文化因素而发展的。秦统治下的故楚之地文化，仍主要是楚文化的余绪。"楚虽三户，亡秦必楚。"秦王朝祚命苦短，仅存 15 年，便被楚人埋葬。楚败秦胜，汉兴秦亡。楚、秦的历史角逐，终究是文化的较量。楚、秦历史文化的关系和命运，反映出先秦时期中国历史文化发展的特征和趋势。楚人陈胜、吴广和项羽、刘邦在领导义军反秦之际，便掀起了复楚文化之“古”的热潮。楚人建立的汉朝，在西汉早期较为全面地复兴和弘扬了楚文化，并且因奉行楚道家黄老之学的政治主张而实现了天下大治。由于天下一统、南北合政，楚文化也随时移世变，成为新时代文化创造的重要基础，在新的历史条件下融会其他地域文化向汉文化转变。至西汉全盛的武帝时代，武帝黜道尊儒、易服改制，汉家礼乐大兴、诗赋繁荣，新型的汉文化便在楚文化与南北地域文化的和融演变的进程中形成了。

西汉中期以后，楚文化的独自体系虽已不复存在，楚文化的历史影响却巨大而深远。尤其是汉、唐以来中国古代精神文化的发展，明显地具有楚文化的遗意和流风，在许多方面和相当程度上是继承和发扬楚文化传统的演进和嬗变。诸如，道家的政治思想，成了封建社会变乱为治的有力武器，汉、唐、明、清历朝皆因不同程度地奉行“清静无为”的纲领而成就了封建盛世的伟业；道家创立的形而上思辨哲学，始终是中国古代哲学的主干；儒学的革新和发展，主要是援道变儒、融道兴儒的结果；中国土生土长的道教，乃是楚文化直接影响下的产物；佛教依托道家道教才得以在中国落户、附丽道家流变的玄学才得以在中国风行，佛教的中国化实际上主要是佛教的道学化，兴盛而成为佛教主脉的禅宗便是典型的外佛内道的中国佛教；中国古代的艺术精神，一直以道家鼻祖老子和宗师庄子阐发的审美理论为根基；中国古代的文艺创作，始终以《庄子》和屈骚树立的丰碑为典范；中国传统四大节日之一的端午节，竟演变成了纪念楚文化代表人物屈原的节日；……“庄骚两灵鬼，盘踞肝肠深。”开近代风气之先、呼唤革命风雷的清代思想家兼文学家龚自珍这两句诗，昭示了楚文化的历史作用和楚文化对中国文人、中国文化的深巨影响。

近代以来，国门大开，西学涌入。中西文化的碰撞、交流、融通和中华文化的师长补短、取精用宏、推陈出新，是近现代文化发展的潮流。学习西方虽为时代风尚，继承传统依然受到重视。楚文化的优良传统，更是在近现代得到大力发扬并且大有升华。近现代文化的变革和建设，则明显可见对楚文化传统的继承和扬弃。

人们对老子、庄子、屈原、宋玉这些楚文化代表人物的了解和研究，已有两千多年。人们对考古学暨历史学上的楚文化的发现和研究，却不到一个世纪。楚文化的概念、内容、要素、特色、成就、精神、地位和影响等，都是近 80 多年来、主要是中华人民共和国建立以来伴随大量楚文物络绎不绝的出土而逐渐被认识深化的研究者揭示、阐发的。

20 世纪 80 年代以前的楚文化研究，尚为考古学家对考古学上的楚文化作基础性的考察。对老庄哲学和屈宋文学等楚国精神文化的研究，仍沿袭传统而分别在哲学界和文学界等领域独自进行。

20 世纪 80 年代，楚文化研究开始出现全面繁荣。考古学上的楚文化研究继续扩展和深入，但已不再是考古学单科突进的局面，而是考古学暨历史学以及民族学、语言学、神话学、哲学、文学、艺术学、科技史学等多学科互联互渗、并驾齐驱的景象。研究课题拓展到物态、制度、行为、心态的各个文化层面，研究队伍不断扩大，研究成果日益增多，逐渐形成了以湖北学者为中心，湖南、河南和安徽三省学者与之携手，全国学者相为呼应的研究格局。1987 年，张正明先生撰写的《楚文化史》出版。此书充分利用考古资料和文献资料，运用多学科的理论和方法，将楚文化置于周代中华文化区中作微观和中观兼有的多视角、全方位的考察，总结和概括了楚文化研究的成果，首次对楚文化的源流、性质、内容、特征、地位及影响等作了比较全面系统的论述。1988 年，张正明先生主编的《楚文化志》出版。此书由湖北省内的楚文化研究专家合作撰写，首次对楚文化作了分门别类的全面介绍和系统总结。两书的出版，集中地反映了迄止 20 世纪 80 年代楚文化研究的实绩。

20 世纪 90 年代，是楚文化研究大拓展、大深入、大繁荣、大丰收的阶段。一方面，各相关学科的学者在楚文化研究中联系、合作得更为密切，并且视野更加开阔、认识更加全面，立足于微观、中观的研究而展开了宏观研究，将楚文化看成是古代东方的一种历史文化，与古代世界的其他历史文化，尤其是与之时代接近而水平相当的古代西方文化作比较研究，以探寻楚文化与其他地区、国家的古代历史文化的联系，确定楚文化在世界古代历史文化中的地位；另一方面，各相关学科的学者又对楚文化诸层面、各方面作了更为细致具体的研究，从而更加明晰、系统地揭示出其面貌和意义。楚文化研究因而是微观、中观和宏观兼备，齐头并进和吸收交汇同存。这十年里，不仅发表了大量楚文化研究论文、出版有多种楚文化图书，而且报刊、电台、电视台也广为介绍楚文化及其研究成果。大范围、综合性、体系化的“楚学”，也随之形成并蔚为显学。1996 年，张正明先生主编、由全国楚文化研究专家分别撰写、历时八载完成的《楚学文库》18 种出版。这套丛书，从历史、经济、军事、哲学、文学、文字、艺术、建筑、服饰、器用、货币、风俗、科技、歌乐舞及楚文化的南下北上、东渐西被等方面，全景观地向人们展现了波澜壮阔、丰富多彩的楚国历史文化画卷，可谓 20 世纪楚文化研究成果的大汇集、大总结和大展示，又因每部专著都充分利用考古、文献和民俗资料进行多学科、多层次、立体交叉研究而自成一家之言，富有理论上的创造性和开拓性。1997 年 4 月，在北京举行的“《楚学文库》与楚学研究讨论会”上，与会的季羡林、张岱年、任继愈、庞朴、刘梦溪、俞伟超、邹衡、瞿林东等学术名家，对《楚学文库》编撰出版的重要意义给予了高度的评价。他们指出：《楚学文库》的编撰出版，丰富了所知中华民族古代文化的内容，开阔了人们对中华民族文化发展特征与规律的认识；从其所反映的楚学研究成绩来看，楚文化涵盖了中国上古文化的所有方面，是中国古代南方文化的代表；《楚学文库》的出版并不意味着楚学研究的终结，而是楚学研究的新开拓；楚学研究必将会有更多的创获，也必将推动其他古代区域文化乃至整个中国古代文化的研究。

综观 20 世纪的楚文化研究，其虽然发展迅速，开拓广泛，考察深细，成果丰硕，但始终着重于先秦楚文化的本体研究，其次才拓展到对先秦楚文化与大致同时的其他地区、民族和国家文化的比较研究，而对楚文化自秦汉以来的遗意嗣响、流风余韵、传承演变、绍古开新、历史作用和文化意义则研究不够，更缺乏对之作全面系统的探讨和阐论。因此，早在20世纪90年代初，学者便意识到应该填补这一研究空白。

《楚文化流变史》一书，正是努力填补这一研究空白的产物。“楚文化的流变”研究，是湖北省社会科学工作领导小组审批的“八五”规划研究课题，得到了湖北省社会科学基金的资助。这一课题的研究，自始至终都在张正明先生的指导下展开，由笔者独立撰成学术专著。

笔者撰写本书，旨在广泛借鉴古今中外学者的相关研究成果的基础上，大致接续张正明先生的《楚文化史》来阐论楚文化的流变。本书涉及的空间范围，以当年楚国在鼎盛时期据有的疆域为基本范围，但并不局限于这一范围，因为楚文化在西汉中期转化为汉文化以后，楚文化也就融入了中国文化的大系统中，楚文化的许多个性也就变成了中国文化的一些共性，楚文化的流变也不仅见于故楚之地，故本书的阐论，乃据楚文化流变的史实而不限于一地一域，流变是放眼于神州内外作宏观考察后的简要阐述，即凡是体现有楚文化流风的文化人物和楚文化流变的文化现象都纳入考察的视野并酌情论叙。本书涉及的时间界限，大体上是以楚国亡于秦为开端，以中华人民共和国成立为下限，同时也根据文化现象、文化门类的渊源流变而有所上溯下延。本书涉及的内容，则同于《楚文化史》而为历史学上的文化诸方面。由于物质形态的楚文化在秦以后已逐渐消融了，秦以后故楚之地的物质文化成果并非严格意义上的楚文化，楚文化在秦以后的流变主要体现在精神文化方面，故本书即以阐论楚精神文化的流变为主要内容；又由于故楚之地的楚文化积淀深厚、楚文化传统悠久，故楚之地的文化发展也尤为鲜明地体现出楚文化的流变，本书虽着眼于阐论楚文化在秦汉以来的中国文化发展过程中的流变，但仍以论述故楚之地的楚文化流变、故楚之地的文化人物和文化现象及其对楚文化传统的继承和发扬为重要内容。

“楚文化的流变”这一课题的研究，时间纵越数千年，空间横跨海内外，内容涉及诸方面，而且尚处拓荒之际，既无众多同仁可为切磋，又无大量成果可资借鉴，以笔者学力，实感艰难，只道有益学术，自当慨然勇为。笔者撰写本书，历时六载有余，虽是苦心孤诣、只争朝夕，终因力所不逮，迟迟杀青。庄子有言："其作始也简，其将毕也必巨。"本书竟也始作从简，终成已繁。校字订稿，惴惴不安，唯恐辞语芜杂，谬舛迭出，有误读者，贻笑方家。又自忖始终慎为千古事，多少得失寸心知，尚能抛砖引玉，宿愿诚已足矣。所见所论的不当之处，恳请博洽君子，不吝赐教。

第一章　秦文化与楚文化

公元前223年，楚国被秦国灭亡。不过，秦国兴而楚国亡，这并非意味着秦文化先进而楚文化落后。立国约800年的楚国虽然寿终正寝，辉煌灿烂的楚文化却神韵悠长。

楚文化，集中了东周文化的大半精华。至战国中期，楚文化就已广泛传播到包括秦国在内的列国。兼容百家之说、融会诸学善要、标榜天下一统的楚道家黄老之学，风行于南北东西，成了社会迅速走向统一的理论先导。楚、秦毗邻，交往经久，长期结盟，世为婚姻，楚文化传入秦土乃是广泛的，楚文化影响秦文化的发展也是深巨的。楚人事秦，楚材秦用，不仅为秦国吞灭六国、统一天下做出了重大贡献，而且使得发展中的秦文化受到楚风浸染。可以说，秦文化的最终成就，在相当程度上是吸取楚文化因素或在楚文化影响下取得的。

秦人依靠武力兼并诸侯，又凭借暴力统治天下，将尚武弃文的霸道文化发展到极端。霸道文化的推行，虽在列国纷争的条件下卓有成效于一时，却不能在海内一统的现实中确保帝业久长。短命的秦王朝，不可能实现对列国故地的文化统一。它所能实现的，不过是借助强大的军政力量勉强统一了社会政治罢了。

历史悠久、成就辉煌的楚文化，在秦统治时期的楚国故地依然传承着、发展着，乃至于成为楚人于秦末汉初亡秦张楚而兴汉的文化基础。

第一节 楚、秦历史文化的关系和命运

史家宗师司马迁在《史记》中记述，以楚国公族为代表的楚人与以秦国公族为代表的秦人的先祖，同是古史传说里的黄帝之孙、五帝之一的颛顼。[①]如此说来，楚人与秦人乃宗同苗分、祖共裔别，有着天然的亲情关系。当然，《史记》所述，或许是汉人根据当时的华夏一统、黄帝最尊的历史观念而附会编排的，实难确证。不过，从历史发展来看，楚人与秦人又似乎渊源颇深、交往甚密，而且长期联姻，世代结盟。

楚、秦的先民，最初可能同居于东方的黄河下游，又都由东方进入中原内地。[②]商代，其先民分别从中原南徙和西迁，至周代发展成为融合了南蛮的楚人和融合了西戎的秦人。在春秋战国的大变革、大发展的

① 《史记・楚世家》："楚之先祖出自帝颛顼高阳。"《史记・秦本纪》："秦之先，帝颛顼之苗裔孙曰女脩。"

② 楚国公族的族源，据史料可追溯到古史传说中颛顼、帝喾时代居于中原腹地的祝融酋邦。但由楚人的尚东习俗，尤其是楚国中上层贵族墓的墓主头向多朝东来看，楚先民最初可能居于东方。民族志的材料证明，上古民族的死者入葬之头向，一般是其族的祖居之地所在方位。秦国公族的族源，学术界向来有东方迁来和西方土著两说。近年来，许多学者申论"东来说"。参见马非百《秦集史》、林剑鸣《秦国发展史》《中国地域文化・秦文化卷》等。考古显示，东首葬也是秦国公族的传统葬式。张正明先生据传世典籍记载和已知墓葬显示细辨详考后指出："秦国公族的始祖与楚国公族的始祖，当初的居址不会关山遥隔。他们不是'小同乡'，也是'大同乡'。但在彼此分徙之后，为重山复水所隔，就相忘于遥荒远徼了。谁也不会料到秦人与西戎为伍而楚人与南蛮为伍，更不会料到彼此竟会有说不尽的恩恩怨怨，其是非功过竟会使今人比古人更费思量。"（张正明：《秦与楚》，华中师范大学出版社2007年版，第21页）2008年清华大学收藏的楚简（简称"清华楚简"）《系年》记述，秦人祖先飞廉在周初随商纣王之子武庚叛乱，在周成王平叛时东逃至商奄（今山东曲阜一带）；周成王东征践奄，诛杀飞廉，西迁嬴姓奄民至朱圄（今甘肃甘谷西南）以御戎人，"是秦先人"。参见李学勤《清华简关于秦人始源的重要发现》，《光明日报》2011年9月8日第11版。

时代里，这两个原居一地、分徙一方、发展壮大后各行其道的族群，由联盟到争斗，共同演出了一幕幕中国历史舞台上惊心动魄又回味无穷、威武雄壮又发人深省的活剧。

一、楚、秦历史的渊源与楚、秦文化的同异

传说中，楚人的祖先祝融是一只凤鸟[①]，而秦人的祖先大业则是“玄鸟陨卵”、其母吞之所生。[②]大业的后代，相传也多是鸟身人言的神灵。即如说大业之子“大费生子二人，一曰大廉，实鸟俗氏”，“大廉玄孙曰孟戏、中衍，鸟身人言”，中衍的玄孙中潏又“生蜚廉”。[③]从历史上看，楚人始终崇凤。考古发现鼎盛时期楚文化的象征物，就是彩绘木雕“蜚廉”，今称虎座飞鸟或虎座立凤。[④]“蜚廉”亦作“飞廉”，乃神话中的风神，其身即为凤。屈原在《离骚》中描述其神游天国时云：“前望舒使先驱兮，后飞廉使奔属。”秦人虽然不像楚人那样鲜明突出地崇尚凤鸟，但也与凤结下了不解之缘。秦人尊东夷部族首领少皞为始祖，少皞姓嬴名鸷，传说少皞即位“凤鸟适至，故纪于鸟，为鸟师而鸟名”[⑤]。甘肃礼县大堡子山两周之际秦公陵墓出土的青铜礼器多饰凤纹，还出土有用作装饰的金箔鸷鸟。春秋时秦国的都城（今陕西凤翔南）又称丹凤城，相传因秦穆公之女弄玉吹箫引凤降于京城而得名。陕西凤翔的春秋秦公一号大墓中，就出土有彩绘木雕金凤鸟。凤翔秦公陵园出土的战国时期的空心砖和瓦当，往往都有凤鸟纹样。凤鸟，这光华夺目、惊采绝艳、自由翱翔、奔放无羁的神鸟，之所以成了楚文化的突出表现和秦文化的重要内容，恐怕也正是与楚、秦两种文化有着类同的渊源分不开的。

不过，自其先民迁离中原，分别居楚而楚、居秦而秦并兴族立国以后，楚人和秦人就走上了不同的历史发展道路，凤鸟在楚、秦两种文化

---

① 《白虎通·五行》：“祝融者……其精为鸟，离为鸾。”
②③ 见《史记·秦本纪》。
④ 参见张正明《楚文化史》，上海人民出版社1987年版，第139页。
⑤ 《左传》昭公十七年。

中的地位和命运就有所不同了。居处南方的楚人，在周代自主地师夷夏之长技、融南北之文化而创新，标举凤而兼尚作为中原文化标识的龙。居处西方的秦人，在周代积极地效法华夏以变夷、择用中原文化以图强，尊尚龙而兼爱曾为其先民文化标识的凤。最终，凤成了楚文化的象征，龙则成了秦文化的徽记①，楚、秦两种文化也因主导精神有别而甚难相容了。

“天命玄鸟，降而生商。”②殷商先民，本也崇鸟尊凤、居于东方。③玄鸟或说是燕子，而燕子乃凤鸟的原型之一，所谓凤是“燕颔而鸡喙”④。传说中的商族始祖帝俊，就是鸟形天神。甲骨文中的帝俊之“夋”字，就是鸟的象形。祖居同地，尊尚同类，楚、秦先民与商族也就有着天然的亲近关系，或许其就是随同殷商先民一起迁至中原内地的。楚先民祝融部族迁居中原腹地后，依附以帝喾高辛氏（古史传说中的“五帝”之一）为首领的华夏酋邦联盟。史籍记载楚先民的酋长“重黎为帝喾高辛居火正，甚有功，能光融天下，帝喾命曰祝融”⑤。秦人与殷人的祖先，相传同为玄鸟遗卵所生，学者因而认为他们“属同一个部落或是一个部落联盟”⑥。殷人主宰中原、灭夏兴商之后，楚先民已族分裔散、或亡或存。其芈姓支裔在商代后期徙居江汉地区西北部的今豫西南丹水、淅水会合地带，建立芈楚方国，与殷商王朝发生直接关系。秦先民则“以佐殷国”有功而被封为诸侯，令“保西垂”。⑦因此，楚、秦文化的渊源与殷商

① 据《史记·封禅书》记述，春秋初期秦“文公梦黄蛇自天下属地”，乃祭之；秦始皇则称“昔秦文公出猎，获黑龙，此其水德之瑞”，秦人因而尊龙尚黑。秦始皇被称为“祖龙”。出土的东周秦国器物上的雕饰，龙则多于凤。秦国空心砖上雕饰的应龙形象，或许可以视为秦文化的象征。

② 《诗经·商颂·玄鸟》。

③ 关于商族的起源，学术界向来有“东方说”“西方说”“北方说”“江浙说”诸论，但多数学者赞同“东方说”。

④ 《韩诗外传》卷八。

⑤ 《史记·楚世家》。参见《国语·郑语》。

⑥ 林剑鸣：《秦国发展史》，陕西人民出版社1981年版，第1页。

⑦ 见《史记·秦本纪》。

文化关系至深，楚、秦文化的滥觞也受殷商文化的影响颇大。

“殷人尊神，率民以事神，先鬼而后礼”[①]，故大兴巫风，将由原始社会的巫文化发展而来的巫官文化推向极致。商朝的王事多为巫事，商王的政务也多委命于巫官。先秦文献中盛赞的商代贤臣巫咸或彭咸[②]，就是巫官的代称。太戊时的巫咸为复兴商朝立下了大功，祖乙时的巫贤（咸）实为朝中百官之长，巫咸因此在商代享有崇高的地位而为殷人所尊崇。受殷商文化的影响，楚人和秦人都事鬼崇巫，都因僻居一方而长期保留了殷商巫风的原始性，即都盛行自然崇拜和多神崇拜，这已为文献记载和出土文物所证实。[③]只是由于楚、秦历史文化发展的主导精神不同和所处地理环境相异等原因，楚人的崇巫之风更甚于秦人。

楚人和秦人不仅在事鬼尚巫的特点上具有共同性，而且还都推崇商代的至尊巫官巫咸，将其尊奉为通天大神和巫觋的不祧之祖。宋代发现的秦国刻石文字——《诅楚文》，是战国中期秦惠文王祝告天神以诅咒楚怀王背信弃盟而率诸侯之师伐秦、又悉发国兵犯秦边境的祷辞。[④]其辞开头便说，秦王祭祀巫咸，乃“告于不（丕）显大神巫咸，以底（致）楚王熊相之多罪”；接着追叙春秋中期秦穆公与楚成王缔盟，即“卬（仰）不显大神巫咸而质焉”，后又反复祷求“皇天上帝及不显大神巫咸”的神威佑助，以祈“克剂楚师”。秦人祝告天神首尊巫咸，秦人诅咒楚人乃祷求巫咸，楚、秦盟誓亦仰求巫咸以为质正，可知巫咸在楚人和秦人的心目中有着同样崇高的地位，同为楚人和秦人所尊奉和敬畏。据秦人这篇祷辞的内容和性质，前人往往径直称之为《秦祀巫咸文》（《集古录》）或《巫咸碑》（方勺《泊宅篇》）。至于楚人仰慕巫咸或彭咸之语，读

---

① 《礼记·表记》。

② 《吕氏春秋·勿躬》：“巫彭作医，巫咸作筮。”医术和卜筮乃巫的专长，可知“彭咸”即巫彭、巫咸的合称。

③ 参见张正明《楚文化史》（上海人民出版社1987年版）第三章，蔡靖泉《楚文学史》（湖北教育出版社2020年版）上编及中编，吴小强《论秦人的多神崇拜特点》（《文博》1992年第4期）等。

④ 参见郭沫若《诅楚文考释》，《沫若文集》第16卷，人民文学出版社1962年版。

过楚辞的人们自当熟悉不过了，因为楚辞中语及巫咸或彭咸不下七八处。《离骚》写主人公听了神巫灵氛卜告其“勉远逝”之语而犹自疑虑，乃请尊神巫咸来质正，“巫咸将夕降兮，怀椒糈而要之”。诗人屈原不仅“望三五以为像兮，指彭咸以为仪”[①]，而且“愿依彭咸之遗则”[②]、“托彭咸之所居”[③]。另外，楚之巫书《山海经》[④]，记叙了许多巫觋之名，而“巫咸”或“巫彭”总是居于所列举的巫觋之首。[⑤]显然，楚人视巫咸或彭咸为前贤、巫觋和神灵的统一体。大概商代的巫咸或彭咸有高功大德于世且成了当时的至尊巫官之名以后，殷人便对其十分尊崇。受殷商文化影响颇深的楚人和秦人，进而又敬奉巫咸或彭咸为天之大神和巫之祖师了。

商代后期，楚先民芈姓部族定居今豫西南丹水、淅水会合地带，与南土荆蛮错居杂处而被视为“蛮芈”之楚人。殷人却南征不止，依然“挞彼殷武，奋伐荆楚”[⑥]。商末，芈楚君长鬻熊为兴国旺族而明智地亲附周文王。周初，周室封鬻熊曾孙熊绎“于楚蛮”之地的今鄂西北荆山、雎山之间立国，楚人因此在西周有了立国的合法性和率服荆楚蛮夷的权威性，揭开了楚国历史文化发展的序幕。[⑦]整个西周时期，楚人尽管受到中原王朝的歧视和征伐，却能融土著、和南蛮以自强，师夷族又法华夏而进步。西周中晚期，楚人便有师出今鄂西北、南下今鄂西南、长驱今鄂东南的壮举，楚文化也有了长足的发展。[⑧]1993 年于山西天马—曲

① 屈原：《九章·抽思》。

② 屈原：《离骚》。

③ 屈原：《九章·悲回风》。

④ 鲁迅：《中国小说史略》：“（《山海经》）盖古之巫书也。”今人多证《山海经》是一部楚地的“巫以记神事之书”。

⑤ 见《山海经·大荒西经》《山海经·海内西经》。

⑥ 《诗经·商颂·殷武》。

⑦ 说详拙文《鬻熊奠基肇业与熊绎受封立国——商末周初芈楚史论》，《职大学报》2019年第1期。

⑧ 说详拙文《鄂国史迹与楚人至鄂》，《湖北社会科学》2017年第10期。

村晋穆侯墓中发现的楚公逆钟八件[①]，2012 年、2015 年在湖北宜昌万福垴遗址出土“楚季宝钟”等青铜钟、鼎[②]，就显示出西周晚期的楚文化在某些方面可与当时的中原诸夏文化媲美的成就。

秦先民在商代竭诚尽力地“佐殷国”，深得商王朝的信任，被封为诸侯而地位显要。但至商末周初，因秦君“父子俱以材力事殷纣”[③]，秦先民乃遭周武王痛击，被驱逐到今甘肃东部的僻远荒凉之野。因此，当楚人受封于周而在南方“以启山林”时，秦人尚在西北漂泊无定、“逐水草而居”；当楚人融合具有悠久文化传统的荆蛮并进行师夷夏之长技的文化创造时，秦人却不得不与文化落后的戎狄相处而“杂戎翟之俗”[④]；楚、秦文化的滥觞进程，也就不一致了。西周中叶以后，王朝衰弱，戎狄进犯。秦人抵御戎狄有功，方被周王朝封为“附庸”而许以“邑之秦”[⑤]，因而有了“秦”这一族号。两周之际，秦人护送周平王东迁有功，被封为诸侯，才得以在周代正式立国。西周后期的秦文化，总体上落后于同时的楚文化。

春秋时期王纲解纽、天下大乱、诸侯纷争的形势，给楚、秦两国带来了发展的机遇。由于楚、秦先民都曾生活在中原而受中原文化熏陶，由于楚人和秦人都在西周因僻居边陲而被诸夏视为蛮夷或戎狄，楚人和秦人也都渴求与中原诸夏平起平坐的地位，故积极地追效中原文明而奋勇进取。

楚人在春秋早期大启群蛮，略取汉东，以“敝甲”“观中国之政”[⑥]，同时也在追效华夏文明的基础上进而融冶南北文化，楚文化便由茁长而

① 见《天马——曲村遗址北赵晋侯墓地第四次发掘》，《文物》1994年第8期。

② 见宜昌博物馆《宜昌万福垴编钟出土及遗址初步勘探》，《中国文物报》2012年9月28日第8版；湖北省文物考古研究所等：《湖北宜昌万福垴遗址发掘简报》，《江汉考古》2016年第4期。

③ 《史记·秦本纪》。

④ 《史记·六国年表》。

⑤ 《史记·秦本纪》。西周秦邑，在今甘肃省清水县东。

⑥ 《史记·楚世家》。

勃兴。春秋中期，楚人东征汝淮，西进峡江，观兵周郊，问鼎中原，建立起地方千里的赫赫大国。楚文化，乃随楚国的强盛而渐显泱泱大国的气派，因楚人融冶南北文化以创新而自成特色。

江、汉、汝、淮之域，部族众多，邦国林立，既有周王朝分封的申、息、应、蔡、随、唐等与之同姓或亲近的诸夏封国，又有巴、庸、麇、蓼、郧、舒等蛮夷邦国；既有诸夏封国所承袭的华夏文化，又有荆、濮、越、徐等历史悠久的土著民族所创造的地域文化。周初被封于楚蛮时仅“土不过同（方圆百里）”的楚人，为了在南方的强族大国中求生存、图发展，起始便采取了和邻邦、抚蛮夷以奄征江汉的方针。西周中期的楚人，即因“甚得江汉间民和，乃兴兵伐庸、杨粤，至于鄂”[①]。春秋早中期，楚人已明确地奉行着一条“赫赫楚国，而君临之，抚有蛮夷，奄征南海，以属诸夏”[②]的混一夷夏、融夷入夏的发展路线。其最终目的，是要“以属诸夏”，也即使楚人华夏化并建成华夏化国家、光大华夏文明；其实现途径，则是抚怀南方蛮夷各族、兼并南方割据领土，使南方各族与楚人融合而共同华夏化，建成具有高度华夏文明的统一国家。华夏是周代中国境内文明程度最高的民族，华夏文明乃为周代中原四裔的蛮夷戎狄诸族心仪神往，民族的大融合与国家的大统一渐成春秋战国历史发展的大趋势。因此，这条反映了楚人的政治、经济、军事和文化发展的总的指导思想的路线，是一条符合楚国建成赫赫大国需要和历史发展潮流的路线。奉行这条路线，势必在政治上以安抚、融合别民他族为主导而辅以武力征伐，在文化上以先进的华夏文化为主导而兼容蛮夷文化。政治上以抚为尚而民多从之，文化上以夏为尚而夷多顺之。有容乃大，顺流则速。因此，楚国得以迅速强盛，楚文化得以迅速发展。春秋中期基本成熟的楚文化，也由于楚人因其所处的地理环境和历史条件而明智地奉行了这条路线，开始显示出其鲜明的特点，这就是一元主导、多元并存、

① 《史记·楚世家》。
② 《左传》襄公十三年记楚令尹子囊语。

互补共生、融会发展。勃兴的楚文化，也就尤具开放性、兼容性和创造性。

周平王东迁以后，将护驾有功的秦人封为诸侯，同时也将被戎狄占领的关中周人故地“赐”给了秦人。僻居“西垂”的秦人，面对强大的戎狄部族，要么驱逐之而入主关中以求发展，要么逃亡之而流窜荒漠坐待灭亡，故其兴盛的唯一选择就只能是“修我戈矛”“以讨西戎”[①]。经过约150年艰苦卓绝的武力征伐，秦人终于在穆公时代“益国十二，开地千里，遂霸西戎”[②]，巩固地建立了关中基业。当秦人尽占周人故地而广“收周余民有之”[③]以后，自然也将周人在关中的文化遗产据为已有，并在经营关中、建设自己的文化时，乃以高于戎狄的关中周人文化为蓝本，全盘吸收和全面继承了关中周人文化。从考古资料来看，春秋前期的关中秦文化遗存，除了保留一些秦人在“西垂”的文化特征，如葬俗之类以外，基本上是与西周文化一脉相承的。已发现的钟、鼎、簋等秦国青铜器，都具有西周晚期遗风。秦宫殿、宗庙遗址，明显地仿效周制。“秦之文字，即周秦间西土之文字也。”[④]但是，由于西周时期秦文化的基础薄弱，由于与秦为邻的戎狄的文化少有可取之处，由于关中周人文化在春秋前期已落后于处在大变革、大发展之中的关东列国文化，又由于殽函之固、山河之险对关东文化西传有所阻隔，春秋前期的秦文化，尚且只步入今日学者所谓“周化时期”[⑤]，与同时期的楚文化和晋、齐等文化并不处在同一发展水平上。秦文化的相对落后性，突出地表现在继承了西周的人殉制度。史籍记载，秦武公葬，“从死者六十六人”[⑥]；秦穆公葬，“从死者百七十七人”[⑦]。《诗经·秦风·黄鸟》，就是秦人哀悼秦国良臣为穆公殉葬的悲歌。据考古发现，凤翔八旗屯春秋早中期的22座墓葬和车马坑中，8座有人殉，共计20多人；凤翔秦公一号大墓被认为是春秋中晚期秦景公的陵墓，殉人竟有186人。同时

① 《诗经·秦风·小戎》毛序。

②③⑥⑦ 《史记·秦本纪》。

④ 王国维：《观堂集林·史籀篇疏证序》。

⑤ 参见黄留珠《秦文化琐议》，《秦汉史论丛》第五辑，法律出版社1992年版。

期的关东列国，则因社会大变革和奴隶制衰弱，逐渐减少了人殉。至于楚国，更是从不流行人殉，“殉人墓在楚墓中较为少见”，而且“楚国的殉人或从死都是自愿的”[①]。殉人楚墓如河南淅川和尚岭与徐家岭春秋晚期至战国早期楚墓、湖北十堰郧阳乔家院春秋晚期楚墓等，或殉一人，或殉二人，殉人与墓主的关系明显亲近。[②]另外，一般秦墓中的随葬品，已经趋向明器化。然而，秦人并不甘于贫弱落后、受人歧视。为了立足于西土，为了尽快地富国强兵而与关东列国抗衡争霸，秦人一直在探寻着自己的发展路线。秦人专任武力而霸有西土的历史，秦人倾注军事以立国兴邦的历史，导致了秦人崇尚武功而醉心争霸、迷信征伐而奉行强权，甚至于无视文明而唯逐功利。心雄志大的秦穆公得志于关中而觊觎关东，竟然将古兹水改名为“霸水”，将新建宫殿命名为“霸城宫”，其尚武争霸的心态表现得何其昭然！戎人由余入秦，穆公竟将其所谓“中国以诗书礼乐法度为政”乃时乱之源、戎夷“一国之政犹一身之治”乃“圣人之治”的言论奉为至理，因而弃学中原文明之精华的诗书礼乐法度，却师法游牧部族那适应武力占取之功利需要的集权主义。历史的经验和现实的需要，加上环境的制约和形势的促动等原因，使得秦人选取并奉行了一条军事征服、武力攻取、并国敛资、霸有天下的发展路线。这条路线，在穆公时代成为秦国的政治、经济、军事和文化的发展纲领和确定不移的传统。伴随这条路线的推行而发展的秦文化，也逐渐形成了其鲜明的特点，这就是独标一元、偏重物利、广取博收、杂糅成体。发轫的秦文化，便已带有专制性、排他性和取用性。

① 见河南省文物研究所等编撰《淅川下寺春秋楚墓》，文物出版社1991年版，第330~331页。

② 见湖北省文物考古研究所等《湖北郧县乔家院春秋殉人墓》，《考古》2008年第4期；南阳市文物考古研究所等《河南淅川县徐家岭11号楚墓》，《考古》2008年第5期。

二、楚、秦的交往与楚、秦历史文化的发展

据现有资料，楚国与秦国的密切交往，始于春秋中期。《诅楚文》称：

> 昔我先君穆公及楚成王是戮力同心，两邦若壹，绊以婚姻，袗以斋盟，曰："世万子孙，毋相为不利。"亲卬（仰）不（丕）显大神巫咸而质焉。

楚人在春秋早期得志于江汉以后，为"观中国之政"以进入中国政治舞台中心，乃致力于北伐中原争为天下霸主；秦人得志于关中以后，既企羡关东的财富和文明，又为关东金戈铁马的争霸战争所引逗，也意欲东进以求称霸天下。楚成王数度麾兵北伐，却被雄起的晋文公败于城濮而不得遂意。秦穆公几次遣师东征，终为强劲的晋军击于殽山而没有如愿。楚、秦两国的争霸行动都受阻于晋国，也都视晋国为称霸天下的最大障碍。历史上的亲情关系和文化因缘，现实中的共同利益和一致追求，使得日益强大起来而又尚且难以一国之力抗衡中原诸夏的楚人和秦人携手结盟，指望互相支持以制约晋国、威服中原诸夏。由于秦、晋为邻，"晋之强，秦之忧也"[①]。先前盟晋犯楚的秦人，东进受挫后主动和盟楚人。史载秦有殽山之败，即求成于楚。[②] 于是，楚、秦就成了长期的盟国。

当然，楚、秦之盟也并非像秦人所说的那样是"戮力同心，两邦若壹"。在当时的历史条件和政治形势下，两国结盟的真实目的既在于相互支持，又在于相互利用。倘若涉及自身利益，两国难免背盟为己。而且，两国文化的价值取向不同，也使其盟约难以始终如一地信守。秦人不习"诗书礼乐法度"，唯求功利，而不受道德礼义的约束，自然也很难信守盟约。相反，楚人十分崇尚中原文明，尤其是中原的精神文明，因而努力

① 《史记·秦本纪》。
② 见《左传》僖公三十三年、文公十四年。

学习和诚恳服膺道德礼义。继楚成王之业而终于问鼎中原、称霸天下的楚庄王，特意命贤大夫教育太子。庄王太子的学习读本，即《春秋》《世》《诗》《礼》《乐》《令》等以华夏文献为主的典籍；庄王太子的培养目标，就是具备丰富的历史文化知识、得体的言行举止及忠、信、义、礼、孝、事（敬戒于事）、仁、文、武、罚、赏、临（临事齐肃）等华夏崇尚的品质和能力。[①]楚人因此也比较重然诺、讲信义。在信守盟约方面，楚人当强于秦人。据文献记载，楚、秦盟约甫缔的公元前622年，两国边界上的小国“鄀叛楚即秦，又贰于楚。夏，秦人入鄀”[②]，竟然毫无“两邦若壹”之念。史籍中叙战国早期的楚、秦史事，或记“楚与秦平”，或记“秦与楚平”，可知楚、秦时有背弃盟约又重新媾和的情况。

不过，春秋中期至战国中期，楚、秦两国都以三晋为大敌这种利益上的一致性，使得两国都很看重和盟。所谓“秦、楚之相亲，晋故焉耳”[③]，历史上的亲情关系和文化因缘倒是次要原故。于是，在长达近300年里，楚、秦关系一直比较亲密。楚庄王西征位于楚、秦间战略要地的庸国，秦康公出师会巴师助楚伐庸，“遂灭庸”[④]。此举巩固了楚、秦联盟。诚如王夫之所说：“于是楚之与秦，无离心而有合势。无离心，晋之所以重累也。有合势，则秦、楚相并以合自此始矣。”[⑤]其后，两国或联军伐晋，或合师讨郑。尽管比较而言是楚强秦弱，但楚虽在灭庸之后“则窥秦之腹”[⑥]，却从无西犯之意。史籍中倒是多有“楚人来赂”秦、“楚来厚赂秦”的记述，表明楚人极力维护楚、秦盟约。明智的秦景公、秦哀公等，也尤为重视楚、秦传统的和亲方式，嫁女联姻以结好楚国。《诅楚文》说秦自穆公而至惠文王，十八世与楚诅盟，当基本符合史实。诅盟乃密交通，联姻则频往来，楚文化与秦文化的互相传播就是自然不过的了。但其大势，是领先的楚文化更多地影响着相对落后的秦文化。

---

① 见《国语·楚语》。
② 《左传》文公五年。
③⑤⑥ 王夫之：《春秋世论》卷二。
④ 《左传》文公十六年。

春秋晚期，楚人经历吴师入郢之难后，痛定思痛而“不忘前败”、明“鉴前恶”而力图复振，故其国势再度蒸蒸日上。至战国中期后段，楚国“南卷沅、湘，北绕颍、泗，西包巴、蜀，东裹郯、邳”[①]，成为拥有“地方五千里，带甲百万，车千乘，骑万匹，粟支十年”[②]的泱泱大国。其国域之广大，在同时期的西方亚历山大帝国瓦解后举世无匹；其物产之丰饶和兵员之众多，在同时期的战国诸雄中莫可比拟。雄据南土、放眼天下的楚人，乃以开放的心态、恢宏的气度和进取的精神，尽情如意地发挥其文化的独创性，从而创造出以铜铁冶造、丝织刺绣、漆器制作、玉石琢磨、道家思想、庄骚文学、书法绘画、音乐舞蹈为代表的体系完备、特色鲜明、成就辉煌的楚文化。它不仅体现了东周文化的最高水平，而且在总体成就上与大致同时的古希腊文化难分轩轾，都登上了上古文明的顶峰。

楚人灭国之多，扩疆之广，春秋战国时期里无有出其右者。楚人灭亡可考的大小邦国就有 60 多个[③]，几乎囊括了当时的中国南土半天下。可是，楚人的灭国扩疆，并非只采取“绝其社稷，有其土地”[④]这种一次性的武力解决方式和政治吞并形式，而是初始就灵活地采取了征服与抚怀并用、霸道与王道结合的多种方式，长期实行了一元与多元同存、主国与附庸共处的多种形式，直至以属楚国的条件成熟才最终领有土地、统一政令。

灭国设县，是春秋战国时期大国吞灭小国而“绝其社稷，有其土地”的普遍方式。楚国首先采用了这一方式，创立了在中国沿用至今的县制。约于公元前739年，楚武王灭权国，即设县尹治之。其后，楚人灭申、息、鄖、邓等国，皆置县设尹。不过，楚人在兼并战争中，比较注意民心向背、“国际”舆论、政治传统、文化差异和形势需要等因素，没有一味贪得无厌、

① 《淮南子·兵略》。
② 《战国策·楚策一》。
③ 参见何浩《楚灭国研究》，武汉出版社1989年版，第9页。
④ 《左传》文公十五年杜注。

急功近利，而是重视“柔服”，讲求“以德为威”“德刑成矣”。

公元前598年，楚庄王破陈后即置县，当申叔时及时指出庄王率诸侯伐无道被视为义举，但贪其富而以陈为县则将使楚国失去人望后，庄王便复立陈国。公元前597年，楚庄王攻克郑都，郑伯自为臣仆状“肉袒牵羊以逆”，左右劝庄王“得国无赦”，庄王则以为“其君能下人，必能信用其民矣，庸可几乎”[①]，乃许郑伯事楚之平而“不泯其社稷”。晋人因而称赞说：“楚君讨郑，怒其贰而哀其卑。叛而伐之，服而舍之，德刑成矣。”[②]公元前594年，楚庄王“围宋五月，城中食尽，易子而食，析骨而炊”[③]。当宋人向庄王坦诚告以城中困境后，庄王便退兵许和。春秋时期，争霸及兼并战争尽管激烈，但周初以来形成的“兴灭国、继绝世”传统，仍被视为社会道义并成为强大的公众舆论。庄王“轻千乘之国，而重一言之信”[④]的行为，乃以德为威而尽得诸夏。学者即评论：“知三国之不可取而不取，以德为威，诸夏尽得。”[⑤]事实的确如此，楚庄王于是威服诸夏而“既成无敌”的天下霸主伟业。陈、郑、宋三国的部分或全部疆土，从此也长期成了楚国的势力范围和楚文化的覆盖地域。

就陈国而言，春秋晚期楚灵王又灭之设县，但因列国反应强烈和陈国旧臣不服，楚平王即位后乃复立陈。直至公元前478年，灭陈时机成熟，楚惠王才最终灭陈置县。对待与陈为邻的蔡国，楚人也是灭而复立，立而再灭。楚人灭越亦犹似如此。越灭吴后为春秋小霸，在战国时期与楚争战百余年。公元前333年，楚威王遣师歼越师主力，杀越王无彊，占吴国故地，却没有乘势绝越人君统。至公元前306年，越国内乱，自相残杀，众叛亲离，人心浮动，楚怀王方才遣师灭越，一如瓜熟蒂落。

出于柔服的政治需要，楚人还将境内的一些成为附庸的诸侯国长期

---

①② 《左传》宣公十二年。

③ 《史记·楚世家》。

④ 《孔子家语·好生篇》记述：“孔子读史至楚复陈，喟然叹曰：‘贤哉楚王！轻千乘之国，而重一言之信。’”

⑤ 马骕：《左传事纬》卷四《楚庄争霸》。

存而不灭。其典型者莫如随国。史籍记载的随国，即考古发现的曾国，地处今湖北随州一带，周初成为周室封立的同姓诸侯国，西周晚期至春秋早期成了汉东第一大国，是周朝在南方的政治和文化代表。[①] 楚人于春秋早期崛起于江汉流域而震惊诸夏，即以伐随为标志。随自春秋中期被楚国再次屈服后，就"世服于楚，不通中国"[②]，尽管"周之子孙在汉川者，楚实尽之"[③]，但"密迩于楚，楚实存之，世有盟誓"[④] 的随国却长期存于楚国腹地，还得楚宝器，与楚婚姻。湖北随州曾侯（即随侯，曾、随乃一国二名）乙墓及曾国墓地的出土资料，比较清楚地反映了楚、随关系。看来，楚人长期存随，有利于"以德为威"而统一南方、争取诸夏，有利于南方文化"以属诸夏"的融会发展。直到战国中期，楚文化发展到极盛并成为东周文化的主要代表，随文化完全融为楚文化，随国也因社会政治统一需要而终亡于楚。再如许国，本处中原腹地与郑国为邻。春秋中期，楚成王伐许，因许诚心降服而"使复其所"。后许受郑国威逼，楚人将"从楚最坚"的许国君臣迁入楚境，长期存之。战国中期，楚肃王为抗击魏国，才不得已灭许。

春秋末、战国初承楚昭王之业而复兴楚国的楚惠王，始为奖励功绩，继而为多赏宠贵，于是推行源于西周中期楚公熊渠封立三子为王的封君封邑制度。周代诸侯国实行分封的封君制，成了楚国的定制。东周列国中，实行封君制最早、封君最多和封邑分布地域最广的是楚国。据文献记载和考古资料，已知的楚国封君就有60多名，其封邑遍布楚国全境，并且相对集中在楚国内地。尤为特殊的是，楚国封君长期实行世袭制并

---

① 说详拙文《曾国考古发现与曾随历史问题》，《湖北社会科学》2018年第9期。2018年的随州枣树林春秋曾国贵族墓地发掘，在曾侯宝夫人芈加墓中出土铜缶上所见"楚王媵随仲芈加"铭文、曾公求夫人渔墓中出土铜鼎上所见"唐侯制随侯行鼎"铭文，"充分证明曾即为随，为学术界长期以来关于'曾随之谜'的争论画上了句号"（郭长江等：《湖北随州枣树林春秋曾国贵族墓地》，《考古》2020年第7期）。

② 《左传》哀公元年杜注。

③④ 《左传》定公四年。

拥有对其封邑的统治权。[①]

这样一来，楚国境内的政治结构和政治形式便是多元的，不仅存在着以楚王为核心的中央政权，而且具有中央直辖的郡县政权、相对自主的封邑政权和附庸国政权。春秋楚国的县尹即称"公"，所谓申公、息公、郧公之类。楚县初因灭国而设，楚县尹的权力和地位即相当于中小诸侯国君，楚王就将县公与诸侯并提。[②]不过，楚人灭国并地而设县之后，除了绝其君统而改命县尹之外，一般对其行政机构和基层政权组织则很少触动，并不强求其与楚国内地的政治形式划一，且以安民为务，多用所灭之国的旧臣。附庸国君只要从楚不二，对其内政大体可以自行其是。封君在其封地，一般也较少受到楚王的行政干预。

多元的政治结构和政治形式，自然导致多元文化并存的局面。中央政权的领导作用，又必然导致多元文化的融会发展。楚国的多元政治形式，本身又是为楚国地域里多元文化并存的现状所要求并与之相适应的。楚国的地方多元服从中央一元的政治结构，又是与社会大统一和民族文化大融合的渐进发展趋势相一致的。随着楚人拓土开疆日广，其境内不同地域的居民和民族仍在相当长的时间里保持着原有文化传统和文化习俗。楚人只有因时、因地、因人而明智地采用与之文化现状相适应的政治形式，方能抚众安民、息事固邦。从文献记载和考古资料来看，春秋战国时期的大国中，楚国的奴隶制成分是最弱的。楚人热衷于攻城略地、灭国废君，却不屑于俘人为奴、迫民作隶。这正是楚人执行"抚有蛮夷"政治路线所体现出的人道精神。推行具有人道精神的以抚为主政策，也势必要采用多元的政治形式。多元政治形式的采用，反映出楚人对境内多民族、多地域文化的接纳和尊重，显示了楚国政治的灵活性和包容性、开明性和进步性。楚国境内不同民族、不同地域的文化，也因此能够自

① 参见何浩《楚国封君封邑地望续考》（《江汉论坛》1991年第4期）、《论楚国封君制的发展与演变》（《江汉论坛》1991年第5期）。

② 《左传》宣公十一年记述，楚破陈置县后，楚庄王说："诸侯、县公皆庆寡人。"

由地、充分地又互补地、创新地发展。就像附庸国政权在长期依附之后因其条件成熟而终归楚国政统一样，楚国境内不同民族、不同地域的文化，也在融会发展之中顺其自然而最终汇入楚文化体系。考古发现的曾侯、蔡侯以及楚地原巴人、越人墓中的器物，就具有鲜明的楚风。于是，以“抚有蛮夷，奄征南海，以属诸夏”为发展路线、融治南北众多民族文化而创新的楚文化，在其发展的鼎盛时期也成就辉煌，并且突出地体现了其开放性、兼容性和创造性。

哲学是文化的内核和结晶，最为集中地反映了文化的特质和体现了文化的精神。在楚地产生、受楚文化孕育而成的道家学说，以其博大精深的思想概括了先秦华夏民族的智慧，实现了中国文化史上的哲学突破。道家的老庄学派，玄想宇宙而思辨人生，最具有文化的创造性，奠定了中国哲学的发展基石。道家的黄老学派，“采儒、墨之善，撮名、法之要”[①]，兼容诸子百家学说，最具有文化的综合性，反映了历史发展的潮流，因而在战国后期风行天下，预示了政治和文化演进的态势。

两相比照，秦自穆公以后，国势渐衰。至战国初期，秦国竟因积弱积贫而岌岌可危，东丧河西之地于魏，北遭戎族的长驱入侵，西南有蜀人的不时进犯。论者多认为，秦国中衰的主要原因，在于统治集团内部纷争不断、政变迭起。但是，从文化的大视角来看，主要当是穆公奠定的秦文化传统之弊病所造成的。穆公以后的秦统治者，都效法穆公而无视和排斥先进的东方精神文明，秦人的文化素质也就难以提高。这段时间里，秦国本土始终没有产生出洞察天下大势、适应历史潮流、能够进行社会变革而辅佐秦公富民强国的杰出人才，加之秦统治者又不能像穆公那样不拘一格、不带偏见地擢用异族他国人才，秦国的衰弱也就是不可避免的。秦国虽在与西北游牧民族的战争中取得了一些胜利，但始终是采取兼并其土、掠夺其财和奴化其民的政策，政治、民族以及文化的一元特征一成不变地保持着。一元文化的单纯性，缺乏多元文化那种互

① 《史记·太史公自序》引司马谈《论六家之要指》。

补性、竞争性、融洽性和创造性。四塞之地的秦国，又较少受到境外文化的强力冲击和刺激，导致秦人形成了相对封闭、排他的文化心理。因此，秦文化在春秋中期到战国中期这么长的一段时间里，远比东方诸国文化的发展进程缓慢。从考古资料来看，秦文化仍以吸取周文化和东方诸国文化（主要是物质文化）为主，也保留着立国前固有的文化要素，新创造、新发展的文化要素却并不鲜明突出。研究秦文化的学者，将这段时间的秦文化仍归于“周化时期”，称“秦国时期的周化阶段，自襄公至献公，共二十四代君主（不享国者除外）。此阶段以秦人吸收、继承周文化为特征”①。

如前所述，春秋末年已进入其发展的鼎盛时期的楚文化，已跃居诸国文化发展的前列，并且逐渐成为东周华夏文化的主要代表。同时期的秦文化，则因步履蹣跚地踵周后尘，乃被东周诸侯国视同不能入流的戎狄文化。最为典型的例子，是孔子对待楚、秦的不同态度。孔子是华夏文化的代表，深以华夏文化的“礼义光华之大”而自豪，称“夷狄之有君，不如诸夏之亡也”②。“楚昭王兴师迎孔子”③，孔子欣然而往，欲在楚国实现其政治抱负，还赞叹“楚昭王知大道矣”④。显然，孔子已将楚人视为华夏的佼佼者。可是，孔子周游列国，却西行不入秦。

由于楚、秦相邻并世代结盟和通婚，由于楚人为争霸中原而不断“厚赂”秦人以联秦制晋，楚国的人员和物质也大量流入秦国，对秦文化的发展产生了较大影响。凤翔秦公陵园墓葬中出土的铜器、丝织品、漆木器，已明显有着受楚文化影响的迹象。尤其是漆木器，尽管其工艺和造型不及楚器精巧和生动，但通体的黑、红两色彩绘，却是典型的楚文化风格。

战国中期，衰弱的秦国已经危机四伏。面临绝境的秦献公，在生死

① 黄留珠：《秦文化琐议》，《秦汉史论丛》第五辑，法律出版社1992年版，第6页。
② 《论语·八佾》。
③ 《史记·孔子世家》。
④ 《左传》哀公六年。

存亡关头猛醒。他不甘处于被人以“夷翟遇之”[①]的地位，决心“复缪（穆）公之故地，修缪公之政令”[②]，开始励精图治、发愤图强。继位的孝公，更深以“国家内忧”不安、以“诸侯卑秦”为耻，立志强秦却痛感身边没有可以辅佐他兴国的英才，于是效法穆公求贤招能而下《求贤令》。恰逢胸怀大志、才识卓异的卫鞅（即商鞅，约前395—前338）在魏国不得意，闻讯入秦，秦国便因用商鞅主持变法而变贫为富、转弱为强了。

“鞅少好刑名之学”[③]，刑名法术之学则是黄老之学的重要内容。与商鞅同时代又同学派的申不害（前385—前337），就“本于黄老而主刑名”[④]。黄老之学在战国初期已滥觞于楚地，至战国中期则兴盛于天下。战国中期以后兴起的法家学说，即脱胎于黄老之学。以道家思想统摄儒、墨、名、法之学的黄老之学，主张行王道而兼用霸道，强调以德服人并辅之以力服人。这实际上是对诸家政治学说的理论概括，也是对楚国壮大发展的政治经验和列国兴衰存亡的历史教训的理论总结，适应战国时期日益明朗的社会由分裂走向统一的历史趋势，因此为天下有识之士所信服而几乎成了时贤的共识。“好刑名”却本出黄老的商鞅，入秦后向孝公所进之言先是帝道和王道。可是，“不与中国诸侯之会盟”[⑤]、不谙中原思想文化的秦孝公，根本听不进商鞅的帝王之道的讲说，所求的只是“复缪公之故地”的眼前实利。功名欲甚强而渴求卿相之尊的商鞅，于是在第三次见孝公时，投其所好而“说公以霸道”[⑥]。强化君权、以暴力治理本国、以武力征服他国的“霸道”，正是孝公亟修的“缪公之政令”，也是秦国的政治传统。商鞅围绕霸道而阐述的一套“强国之术”，使孝公大悦而重用商鞅。商鞅变法的主要内容，就是立法定刑、奖励耕战、嘉赏军功、重农抑商、废儒禁学。根据秦人物质生活贫乏、文化教育落后、不讲道德礼义、只图眼前实利的现实状况和价值取向[⑦]，商鞅施行辅以

①②⑤ 《史记·秦本纪》。

③⑥ 《史记·商君列传》。

④ 《史记·老庄申韩列传》。

⑦ 参见林剑鸣《从秦人价值观看秦文化的特点》，《历史研究》1987年第3期。

禁学愚民政策的严刑酷法来安邦定国，推行辅以限制工商发展政策的奖励耕战来富国强兵。这是将刑名法术思想移植到秦国的极端发挥，大大增强了秦君的权威、刺激了秦人的欲望。西汉人指出：

> 秦国之俗，贪狼强力，寡义而趋利，可威以刑，而不可化以善；可劝以赏，而不可厉以名。被险而带河，四塞以为固，地利形便，畜积殷富。孝公欲以虎狼之势而吞诸侯，故商鞅之法生焉。[①]

由于耕之奖不如战之奖重，由于耕致富不如战致富快，秦“民勇于公战”[②]。征战和掠夺也就成了秦富国强兵的主要的方式和途径。商鞅顺因秦文化基本传统的“移风易俗”“变法革新”举措，所收到的急功近利是惊人的，顿使秦国“东并河西，北收上郡，国富兵强，长雄诸侯，周室归籍，四方来贺，为战国霸君”[③]。同时，中央集权的政治一元化、强制归顺的民族一元化，以及崇力尚武和急功近利等秦文化的基本传统，得到了高度弘扬；轻精神文明而重物质文明的秦文化弊病，也越来越严重。秦国从此被绑上了以武力吞并诸侯的战车，秦文化也因此更为畸形和偏颇地发展而潜伏下灾难性的隐患。

当“秦行商君而富强”[④]之际，当秦以虎狼之势而吞灭诸侯之时，富甲天下、大逾六雄的楚国，却因统治集团恃富而骄奢、恃大而怠惰，逐渐陷入了“虽有富大之名，其实空虚”[⑤]的困境，走上了强盛繁荣之极则转衰弱的隘途。楚国经济、文化臻于全盛之时，也是楚国统治集团腐朽糜烂之始。灵王、平王的骄奢侈靡、荒淫无道，导致内乱外患、吴师入郢。昭王、惠王虽然中兴楚国，却封赏太众，以致逐渐形成了一个

---

① 《淮南子·要略》。

② 《史记·商君列传》。

③ 《史记·商君列传》裴骃《集解》引《新序》。

④ 《韩非子·问田》。

⑤ 《战国策·魏策》记张仪语。

竞逐私利、贪图享乐的权贵集团。战国早期，列强兼并剧烈的形势，三晋变法强国的现实，促使悼王信用吴起（？—前381）变法，因此取得了“兵震天下，威服诸侯”[①]的成果。只可惜悼王去世过早，未能支持吴起将以“损其有余而绥其不足”[②]、“卑减大臣之威重，罢无能，废无用，损不急之官，塞私门之请，一楚国之俗”[③]和抚养战士、经武强兵为主要内容的变法措施推行彻底。没有受到沉重打击的楚国权贵集团，在悼王甫死即反攻倒算，射杀并肢解了吴起。肃、宣、威三世，楚国因承吴起变法的成果，利用他国内乱的机会，发展到强大和繁盛的顶峰。纵横家苏秦游说威王时分析七雄实力，明确指出楚国是“天下之强国”，最具“霸王之资”[④]。在七雄并立的当时，由于“秦，虎狼之国也，有吞天下之心”[⑤]，由于三晋互争俱弊而无远大之志，楚国争王天下的主要对手，便从世敌三晋转为新敌秦国了，所谓“楚强则秦弱，秦强则楚弱”、“从（纵）合则楚王，衡（横）成则秦帝”[⑥]。清醒的威王已经认识到这一天下大势，却浩叹自己“内与群臣谋，不足恃也”[⑦]。这群臣，也就是把持朝政、结党营私的权贵集团。权贵集团的腐败堕落、擅权祸国，在威王时代已成为楚国政治的痼疾。为楚国命运而担忧的威王，深感这群只图一己私利、罔顾国家兴亡、眼光短浅、才智庸疏的权臣不足谋恃，在“卧不安席，食不甘味，心摇摇然如悬旌而无所终薄”[⑧]之中撒手人寰。怀王即位，面对“凡天下强国，非秦而楚，非楚而秦，两国敌侔交争，其势不两立”而“秦之所害于天下莫如楚，楚强则秦弱，楚弱则秦强”[⑨]的严峻形势，起初也有继承其父遗志、踵武前王伟业的雄心，信用左徒屈原（约前340—前277）草宪立法、革新强楚，并且一度破魏伐齐、合纵攻秦，使楚国扩境至广而成为当时世界上的第一大国。但是，怀王的愚鲁昏聩和权贵的势大根深，导致屈原被疏绌、立法遭夭折。由此，

①③ 《史记·范雎蔡泽列传》。

② 《淮南子·道应》。

④⑤⑥⑦⑧ 《史记·苏秦列传》。

⑨ 《战国策·楚策》。

楚国在秦国的欺诈威逼利诱和军事打击之下，从强盛的顶峰跌落下来了。

秦孝公虽生吞灭诸侯之心，但自知国贫力弱，只能以收复河西之地为当务之急，尚需利用秦、楚合盟以制三晋，故主动嫁女于楚，强化秦、楚关系。可是，秦孝公嫁女于楚后仅6年（前351），就遣师侵入楚国商县之地而在秦楚古道的商山隘路上“城商塞”。在楚宣王丧亡之年（前340），秦孝公封卫鞅为“商君”，令其率师南下侵楚，夺取广有十五邑的商於之地作为商君封地。秦惠文王继位后，便依仗孝公用商鞅变法创建的国富兵强基业，完全置秦、楚十八世盟谊于不顾，处心积虑地“方欲谋楚”①了。巴、蜀居楚上游，“水通于楚，有巴之劲卒，浮大舶船以东向楚，楚地可得”②，故“秦惠文王与巴、蜀为好”③，作灭巴、蜀以入楚的准备。

春秋战国时期，列国之间或盟或战，皆出于利益需要，本无道义约束，翻云覆雨乃司空见惯。然而，楚、秦毕竟有着源远流长的亲情关系和长达近300年的盟谊，在列国交往中绝无仅有。况且楚自秦康公助楚灭庸后，虽窥秦之腹却从未生谋秦之心。楚人始终珍惜两国的和盟之谊，致力于北进东征。万万没有料到，秦人始强即反目为仇，这使历来重情谊、重然诺、顾及“国际”舆论和社会道义的楚人，在感情上实在有点难以接受。楚威王在觉察到“秦有举巴蜀、并汉中之心”后，不无伤感地说：“秦，虎狼之国，不可亲也。”④

秦人既生吞灭诸侯之心，及早谋楚则是明智的。因为富大的楚国是秦人吞灭诸侯的最大障碍，弱楚则可以得志于诸侯，灭楚则能够统一天下。秦惠文王的将军司马错说得再明白不过了：“楚亡则天下并矣。”⑤秦人的吞灭诸侯之心，是由其贪婪欲望激发而生的。秦人及早谋楚，则是必然的。秦国上下皆以征服东方六国、掠夺经济发达的六国财富为富

①②⑤《华阳国志·蜀志》。

③《华阳国志·巴志》。

④《史记·苏秦列传》。

国强兵的捷径，地大物博的楚国自然成了秦人最为垂涎的对象。于是，楚、秦由所谓的“两邦若壹，绊以婚姻”顿转为两邦若仇、不共戴天了。

“秦之所害莫如楚”①，楚之所敌莫如秦。楚怀王为了“一天下，收诸侯，存危国”②，积极参加纵合六国以抗秦的活动，且被推举为纵约长而率六国联军伐秦。孰料怀王无能，六国异心，联军乌合，伐秦失败。秦人由此看出了楚国的空虚之实和六国的合纵之弊，大胆地加快了谋楚步伐。秦惠文王先遣师灭蜀，收得既广其地而富其国、又居楚上游而拊楚后背的功效；继而派张仪入楚，收买权贵，欺诈楚王，破坏楚、齐联盟。受到秦人欺诈玩弄的楚怀王老羞成怒，鲁莽地发精锐之师攻秦，反遭有备迎战的秦军痛击于汉北楚地丹阳（今河南淅川境内丹淅之会的丹江北岸）。刚愎自用的怀王仍执迷不悟，“乃悉国兵复袭秦”③。这也确实令秦人惊恐一时，因为楚国的兵员之众和装备之精都在秦国之上。秦惠文王乃祀神而诵《诅楚文》以责骂楚人之罪，祷告“皇天上帝及不（丕）显大神巫咸几（机）灵德赐，克剂（挤）楚师”。《诅楚文》实可看作秦人与楚人决战的檄文，秦王以此激发国人的士气和增强国人的信心。没有作充分准备的楚人乘忿而来，长驱直入秦国王畿的东南门户蓝田（今属陕西）。严阵以待的秦人众志成城，又挟丹阳大胜的威势，于是“大败楚军”④。蓝田之战，是决定楚、秦命运的大决战，也是影响历史进程的大决战。秦国的大胜，致使天下再无单独可与秦抗衡争胜的诸侯国，使得秦国可以肆无忌惮地着手伐三晋、并中原，从而为秦国灭诸侯、帝天下奠下一块基石，也加速了由秦国实现社会统一的历史进程。楚国的大败，则成为楚国由盛转衰的起点。楚国因此元气大伤，一蹶莫振，失去了往日的雄风，蒙上了不可消除的阴影，也黯然让出了历史舞台上的主角地位。这场决战是不可避免的，却由于楚国统治者的意气用事、轻率兴兵、大举攻秦而来得太快，了得太速，令时人意料未及，

①② 《史记·苏秦列传》。
③④ 《史记·楚世家》。

让后人感到遗憾。此后，楚人在秦人的威逼利诱之下，基本上是屈辱地苟且自保。仅过34年，秦人拔郢，占领了楚人悉心经营数百年的江汉基地，楚人被迫东徙江淮以勉撑残局。又过了55年，秦王嬴政在攻取三晋之后，悉发国中甲士风卷淮域，终于破灭楚国。楚国灭亡，天下大定。不出两年，江山便一统于秦王朝，海内就政归于始皇帝。

三、楚亡秦兴的历史原因

西陲贫弱之国秦，其兴也一何速！南土富强之国楚，其败也一何骤！这兴衰成败之理，足令后人深求细思。

战国晚期，当时最伟大的学者荀子（荀况，约前313—前238）入秦，看到秦国君臣勤勉，吏治清明，秩序井然，民风淳朴，不由得信服地说，秦从孝公至昭襄王“四世有胜，非幸也，数也”[①]。诚若其言，秦胜楚乃至灭六国，实非侥幸之偶然，确为合理数、循术数之必然。析其有胜之“数”，主要当在这么几方面。

首先，秦孝公起吞灭诸侯之心，并在商鞅谋划下确定东向以制诸侯而霸天下的发展目标后，依次继位的惠文王、武王、昭襄王、孝文王及庄襄王以至秦王政，为实现这一目标，世代励精克勤、奋斗不怠。这不仅在客观上顺应了历史潮流，也在主观上及时地把握了历史机遇。因为饱受春秋战国500余年战乱之苦的民众，迫切希望社会统一、消弭战争；春秋战国时期的社会经济发展、商品交换扩大，也要求结束诸侯割据的局面。春秋时期的列国纷争演进为战国时期的七雄兼并，历史发展的社会统一趋势日益明朗。尤其是战国中期以后兼并战争的惨烈程度加剧，使得民众更加渴求早日结束战争状态，实现社会统一。“四海清，天下一，民众宁”，已是时代的迫切要求和民众的强烈呼声。七雄中有实力完成统一伟业的大国，谁能较早地确定统一目标并且锲而不舍地为之奋斗，谁就有可能成就帝业。秦国统治者不仅较早地确定了这一目标，而且前

① 《荀子·强国》。

赴后继、殚精竭虑地奋斗到底，故终于戴上了胜利者的花环。

其次，商鞅虽死，“商君之法”未变。孝公之后的六世秦王不仅继行商君之法，秦王政更是将其发展到极端。于是，一元化的秦政治成了高度的中央集权政治。官吏恭恭敬敬地服事君主，百姓畏畏葸葸地奉守王法。秦王可以最大限度地集中国家的人力和物力，随心所欲地将之用于兼并战争。秦国上下形成一部高效能的军事机器，最为适应紧张激烈的兼并战争的需要，具有东方六国所不能比拟的威力。战争需要绝对权威，政令通行才能保证战争的胜利。

再次，秦国招纳和信用外来人才以兴国的传统，自孝公以后得到发扬并形成不变的客卿制度。朝气蓬勃、兴盛发展又能破格任用外来人才的秦国，也就对当时抱负远大的能人才士有着巨大的吸引力。于是，“诸侯之士，斐然争入事秦”①，指望在秦国施展才华、求取功名。国家兴亡，因人而成。国与国的竞争，也就是人与人的竞争。“国际”间竞争愈激烈，人才也尤显重要。秦国在剧烈的兼并战争中大量地吸纳和信用外来人才，不啻具有了克敌制胜的重要条件。李斯在《谏逐客书》中说，秦国之所以有富利之实和强大之名，根本原因就在于能够纳客用士。从孝公用商鞅到秦王政用李斯，主持秦国七世朝政并卓有贡献者，大都是非秦人士。由于楚、秦相邻又关系密切，由于灿烂的楚文化孕育出的济济人才在政治黑暗的楚国没有仕进之途，楚才也多流向秦国而为秦所用，并且对秦国兼并六国、统一天下的贡献甚大。

还有，秦国统治者的吞灭六国之心，本源于改变国家贫穷落后之愿、贪图东方富庶繁华之欲，故秦统治者以武力征服、掠夺作为富民强国的主要方式，实行重奖军功的政策，强调“富贵之门，必出于兵”、“富贵之门，要存战而已矣”②，使得受到富贵激励的秦民勇于公战，乐为征杀，举国上下大盛尚武好战之风。《荀子·议兵》即说：

---

① 《史记·太史公自序》。
② 《商君书·赏刑》。

> 秦人其生民也狭隘，其使民也酷烈，劫之以势，隐之以阨，忸之以庆赏，鰌之以刑罚，使天下之民所以要利于上者，非斗无由也。

再说，秦国因僻在西陲而有四塞之固，虽处战国时期，但本土所遭受的战乱之祸要远小于关东，故秦民不像饱受战乱之苦的关东六国民众那样厌恶战争。另外，因秦国实行废儒禁学的愚民政策，秦民文化素质低下，没有礼义约束，没有仁爱精神，没有道德自律，在战争中只知一味杀人斩首以要利、轻生乐死以争功，不像文化发达、教化普及的关东六国之民那样耻于滥杀、心怀恻隐。这样一来，秦“民闻战而相贺也，起居饮食所歌谣者，战也”[①]，参战踊跃，格杀争先，民气大异于六国；秦国之师“一心同功，死不旋踵”[②]，凶蛮强悍，军威大强于六国。

秦王的兼并意志和奋斗精神天下莫及，秦民的功利欲求和好战情绪天下莫及，秦国的集权体制和人才政策天下莫及，因此，秦在兼并战争中勃发贪欲，极逞暴力，借机顺势而吞并六国，也就有其必然性了。

泱泱楚国的骤败，虽令后人扼腕叹息，但细细思来也是“数也”。晚年长居楚国、潜心总结百家学说、阐发兴亡之理的荀子，对此有着深刻的论述：

> 楚人鲛革、犀兕以为甲，鞈如金石；宛钜铁钝，惨如蜂虿；轻利僄遬，卒如飘风；然而兵殆于垂沙，唐蔑死；……是岂无坚甲利兵也哉？其所以统之者非其道故也。汝、颍以为险，江、汉以为池，限之以邓林，缘之以方城，然而秦师至而鄢、郢举，若振槁然。是岂无固塞隘阻也哉？其所以统之者非其道故也。[③]

① 《商君书·赏刑》。
② 《战国策·中山策》。
③ 《荀子·议兵》。

所谓“统之者非其道故也”，就是楚国伟大诗人屈原在《离骚》中悲叹的：楚王为首的贵族统治集团“背绳墨以追曲兮，竞周容以为度”。统治集团的背道失路，正是楚国骤败的根本原因。仅率数万之众破“地方五千里，持戟百万”[1]的楚国、攻拔楚别都鄢郢（当在今湖北宜城楚皇城一带）和首都葴郢（即今湖北荆州城北“楚纪南故城”）的秦将白起，将楚国骤败的原因说得更为直接和明白：

> 是时楚王恃其国大，不恤其政，而群臣相妒以功，谄谀用事，良臣斥疏，百姓心离，城池不修，既无良臣，又无守备。[2]

楚国的衰败，在楚国的经济、文化发展日臻全盛的春秋晚期已露端倪。此前，楚国之所以发展迅猛，楚王之所以称霸天下，乃如楚、晋邲之战中晋人栾书所言，“其君无日不讨国人而训之，于民生之不易，祸至之无日，戒惧之不可以怠”[3]，进而以“筚路蓝缕，以启山林”的精神自励，以“民生在勤，勤则不匮”的至理自箴。楚王励精图治、勤政爱民，自然也求贤任能、信用良臣，“内姓选于亲，外姓选于旧”[4]，不分畛域、不计贵贱，如名臣贤相子文、孙叔敖、彭仲爽等。子文为楚王族，孙叔敖是楚处士，彭仲爽乃申国俘虏。春秋晚期，灵王、平王侈靡奢华，荒淫无道，已酿成内乱外患。其后的惠、悼、宣、威诸王，在恃富好奢方面，恐怕也不输于前王。史载宣王“游于云梦，结驷千乘，旌旗蔽日”[5]。怀王追求奢华，由屈原《招魂》《大招》对宫廷生活的描绘可知。顷襄王则如文献中记述的，“专淫逸侈靡，不顾国政”[6]。楚王骄奢淫逸、荒废国政，也自然宠信阿谀奉承的佞臣、封赏投其所好的亲贵，如宣王之封安陵君、怀王之宠上官大夫、顷襄王之有“左州侯，

---

①② 《战国策·中山策》。
③④ 《左传》宣公十二年。
⑤⑥ 《战国策·楚策》。

右夏侯，辇从鄢陵君与寿陵君”[①]，以致造成“大臣太重，封君太众”[②]、权贵集团把持朝政的政治痼疾，形成上行下效、贪图享乐、醉生梦死的腐败风气。

权臣贵戚结成的党人集团，朋比为奸、竞进贪婪、蛊惑君王、擅权自专、妒贤嫉能、排斥忠良、占地肥私、损公弱国，长期而牢固地把持朝政，造成楚国政治混浊黑暗，使得楚人变法革新的愿望化为泡影。怀王、顷襄王之世，是楚国从极盛到顿衰的转折时期，也正是“楚国施行封君制的极盛时期”[③]，也正是“众皆竞进以贪婪兮，凭不厌乎求索”[④]最为猖狂的时期，也正是“卒壅蔽此浮云兮，下暗漠而无光”[⑤]的政治最为黑暗的时期。“鸾鸟凤凰，日以远兮。燕雀乌鹊，巢堂坛兮。”[⑥]济济楚才在自己的国家里被权贵排斥门外、断绝仕途，只好远走他乡谋求仕进、施展抱负，结果是抽我栋梁以资敌国。

楚国的政治结构是多元的，但多元政治结构的正常运行，有赖于良臣辅佐明君而形成的中央政权作为政治核心的坚强领导。一旦昏君侈靡怠政、权贵结党营私、封君各行其是，造成君臣异心、上下殊令、百姓离德，多元政治结构的优势便成了劣势，楚国也就不能有效地统一军政、集中力量应付激烈的兼并战争、抵抗强大的入侵之敌，以至于犹似一盘散沙，铺展虽大，却不堪一击。

长久而炽烈的腐败风气，蔓延到楚国全社会，销蚀了楚人以往的锐气和勇气、开拓精神和进取精神。屈原《招魂》描绘楚王宫中豪奢的宴享情景是，贵族们“娱酒不废，沉日夜些”。考古发现，战国时期的一些中小型楚墓中，也往往有大量而精美的食器、酒器、乐器或丝织品随葬。这固然是楚文化的辉煌成就的反映，但同时也反映了楚人追求享乐、

① 《战国策·楚策》。
② 《韩非子·和氏》。
③ 何浩：《论楚国封君制的发展与演变》，《江汉论坛》1991年第5期。
④ 屈原：《离骚》。
⑤ 宋玉：《九辩》。
⑥ 屈原：《九歌·涉江》。

崇尚奢华的侈靡风气。因此，当秦人实施吞并诸侯的战略时，楚人尚未制定出统一天下的规划；当秦人通接蜀王以谋楚时，楚人还无意西进以争蜀；当秦人以数万之众拔鄢、郢时，楚人则“自战其地，咸顾其家，各有散心，莫有斗志”[①]。

楚国骤败的原因固然很多，但其根源在于最高统治者的荒淫背道和整个统治阶级的腐败糜烂。这最终造成了楚国虽富却不强、虽大却实虚的境况，使得秦人伐楚犹似摧枯拉朽。楚都东迁后，楚国政治仍无多少起色。春申君权倾朝野，富甲楚王，也腐极天下。楚国终如江河日下而莫能阻止，如狂澜既倒而无可挽救。春秋末年的楚哲人老子有言：“富贵而骄，自遗其咎。”[②]楚国的命运不幸被他言中。恃富而骄奢，恃大而怠政，以至于侈靡而削乱、腐败而亡国，楚国骤败终亡，该给后人留下了多么巨大的警示和多么深刻的教训！

四、“亡秦必楚”的文化命运

民惟邦本。人民是国家的主体，也是文化的创造者。国家之间的较量，最终还是文化之间的较量。楚、秦两国公开的、你死我活的争斗，实际上也是楚、秦文化直接的、品性相异的冲突。国家之间的较量，可以是贫弱战胜富强；文化之间的较量，却总是先进战胜落后。国家争斗的胜败，只是一时的；文化冲突的高下，才是最终的。

楚国的兴盛，依靠的是长期推行了一条“抚有蛮夷，奄征南海，以属诸夏”的发展路线。随之而兴盛的楚文化，也自然是以华夏文化为主导、兼容蛮夷文化而融会创新的体系完备、博大精深的文化。楚国的灭国拓境，既重以兵征服，适应了战乱之世的发展需要；更重以德柔服，发扬了华夏文化的政治传统。至天下统一趋势日益明朗的战国时期，诸子百家竞相阐发统一和治理天下的方略。楚地的道家学者，弘扬楚文化精神

① 《战国策·中山策》记白起语。

② 《老子》第九章。马王堆汉墓帛书《老子》甲、乙本作“富贵而骄，自遗咎也”。

而撮取百家学说精要，提出了其政治主张，形成了以治理天下理论为主要内容的黄老学派。黄老学说在总结历史、明察现实的基础上瞻望未来，主张尚德而不弃力、隆礼而兼用法。这一反映在《文子》《黄帝书》《鹖冠子》等黄老学派著作中的政治思想，是在新的历史条件下、结合楚国及列国的兴亡经验而对华夏政治文明的发展，故在关东六国所处的华夏文化区逐渐成为影响巨大的主导思想。屈原为怀王起草的宪令，当已为楚国确定了“尚三王（夏禹、商汤、周文王）只”[①]而统一天下的远大目标，并且描绘了“美冒众流，德泽章只”[②]的社会蓝图。屈原的政治抒情诗，反映的正是黄老学派阐述的和楚国贤明统治者信奉的政治主张和社会理想。后来，居楚著书立说的荀况，又将黄老学派的思想发挥为尊尚王道而兼用霸道的思想。今日有学者称“荀况是战国末期黄老之学的代表”[③]，的确不无道理。就楚人的政治文化而言，可以说是尊尚王道而兼用霸道、富有人道精神而兼具法治精神的王道文化，这是对儒家王道思想的吸取、改造和发展。

秦国的兴盛，依靠的是长期奉行一条武力征服、霸有天下的发展路线。随之而形成的秦文化，也只会是固守本域文化和杂取他域文化的混合体。犹如李斯《谏逐客书》所说，秦国的富利和强大，直接来自于兼并他国之土和掠取他国之物。考古资料反映，晚期的秦文化，依然保留着秦立国前的文化因素，但已大量杂糅了六国文化因素。由于秦人以戎狄之偏见、僻居之陋识、急功之欲求、实用之选择对待关东华夏文化，故贪婪地掠取关东诸夏的物质财富，却愚蠢地摈弃关东诸夏的精神文化。秦人的文化建设，始终只重物质文化而无视精神文化。秦文化的发展，也始终是物质文化发展与精神文化发展的不平衡，而且越往后期其不平衡性就越加突出，因而不可能形成体系完备的成熟文化。秦文化的不成熟，突出地表现在它不能孕育出关注人类命运而思想深邃的学者，只能

①② 屈原：《大招》。

③ 见赵吉惠《荀况是战国末期黄老之学的代表》，《哲学研究》1993年第5期。

滋养出追逐个人富贵而骁勇善战的武将。而且，急功近利而尚武弃文的秦人，也轻视和排斥学者。秦王招贤纳士，只求智术过人且仅服事于秦国的谋士，却不容识见卓越而服务于天下的学者。荀况入秦，卒不见用，只得怅然离去。韩非（约前280—前233）入秦，竟遭囚杀，落得身死异乡。这与楚文化能够孕育出学术大师和济济人才、楚人欢迎学者和楚地适宜学术发展，形成了鲜明的对比。且不说“楚昭王兴师迎孔子”、道家的学说及流派兴盛于楚地、楚惠王乐养墨子等事例，仅就荀子而言，他未容于秦，却安居并终老于楚，在楚地完成了集百家学说之大成的巨著，还教导出韩非、李斯这样名重当时而事传千古的门生。

秦文化的政治特性，也是由秦人奉行的发展路线所决定的，可以称之为一种功利主义的霸道文化。孝公嫌恶商鞅的王道之说而采纳其霸道之谋，“遗礼义，弃仁恩”[①]，罢文教，行峻法，奖农战，求近利，将尚力逐霸的秦文化传统发展为典型的霸道文化。其后的六世秦王，更是一味迷信以武力吞灭诸侯，断然拒绝以德义威服天下。荀子入秦见昭襄王，昭襄王劈头即问：“儒无益于人之国？”[②]可见秦人的偏见之深、顽固之甚。当荀子详为阐说儒者的王道主张及其意义后，昭襄王虽口称善却心不以为然。秦国“吞二周而亡诸侯”已成定局之际，由关东入秦而深受风行六国的黄老学说影响的秦相吕不韦，组织门客依据黄老学说的基本思想撰成《吕氏春秋》，试图顺应华夏文化发展大势而以楚式王道文化作为未来秦帝国的治国理论。可是，秦王政罢斥吕不韦，弃置《吕氏春秋》，一如既往地推行霸道文化。秦王政读了韩非的著作而深为赞叹，却只取其“以法为教”“以吏为师”的论说，无视其倡王霸合一、“行霸王之道”的主张，并因此而将霸道文化发展到极端。

秦式霸道文化与楚式王道文化是格格不入的，赤裸裸地表现出了它的贪婪性、残暴性、排他性和非理性。唯逐功利而尚武弃文的秦人，没

---

① 《汉书·贾谊传》记贾谊语。

② 《荀子·儒效》。

受文教熏陶也不讲仁义道德，毫无人道精神，为达到目的而兵刃相加、不择手段。有如李斯所说："秦四世有胜，兵强海内，威行诸侯，非以仁义为之也，以便从事而已。"[①] 史籍载秦为"虎狼之国"，"穷武极诈"，遇战以"斩首"为快事，伊阙之战斩韩、魏两军首级 24 万，长平之战坑赵降卒 40 万，而且无所顾忌地欺诈离间、威逼利诱、阴结暗杀，还掠人财富、奴人臣民、烧人宗庙、掘人陵墓。关东六国深切感到"秦取天下，非行义也，暴也"[②]，乃视"秦，天下之仇雠也"[③]。六国合纵运动的兴起，也并非只是由于纵横家苏秦等人那如簧之舌的鼓动，其根源恐怕还在于信奉王道的六国对奉行霸道的秦国的同仇敌忾。楚怀王欣然为纵约长而率六国联军伐秦，也并非只是由于楚国在当时最为富大而被推为合纵盟主，其深层原因恐怕还在于楚式王道文化已为关东人士所膺服，使得楚王被公认是合纵领袖。轰轰烈烈的伐秦行动，在一定意义上是楚人领导的举义抗暴行动，也是以楚文化为主导的王道文化与以秦文化为代表的霸道文化之间的白热化冲突。可是，联军伐秦尽管轰轰烈烈，却又草草率率。六国虽有同仇敌忾，却无同心同德。领袖虽有盟主之望，却无盟主之能。伐秦的溃散以至后来合纵的失败，注定了关东六国的灭亡，因为王道虽好但时无圣王。

当社会的统一条件已经成熟、民众的统一愿望十分迫切之际，秦人不失时机又坚定不移地奉行霸道以取天下，这是心向王道却各有内忧、各求自保的六国所不能抗拒的。历史赋予秦人以机遇，秦人也把握了机遇，成功地扫清六合而统一天下。这在客观上顺应了历史潮流，推动了历史发展，具有伟大的历史贡献。然而，秦人统一天下虽然符合民愿，但一味行暴而不知行义却又违背民情。尚力弃义、有武无文的霸道文化，虽然可以得一时机遇而强制推行天下，但终难为天下民众所接受而不能长久统治天下。其弊其患，荀子早已洞察并且言明。入秦后亲睹秦国社

---

① 《荀子·议兵》记李斯问孙卿子语。

②③ 《史记·苏秦列传》。

会状况的荀子，在答秦相范雎问中，既赞叹秦国“治之至也”，同时也一针见血地指出：

虽然，则有其諰矣。兼数具者而尽有之，然而县之以王者之功名，则倜倜然其不及远矣。是何也？则其殆无儒邪。[①]

确实难以想象，尚力逞暴、无儒无文的霸道文化，在早已进入文明时代的中国，可以推行久长。霸道文化发展到极端，也必然酿就了它的灭顶之灾。

楚国被灭，王气已收，但民气尚存，文化犹厚。尽管“秦之所害莫如楚”，秦人谋楚灭楚时也处心积虑、强制暴烈地摧毁楚文化，然而，具有开放性、兼容性、创造性、富有人道精神和法治精神、体现了当时华夏文化发展成就的楚文化，却是先进的而具有生命力的。楚、秦两国之间的较量暂时结束了，楚、秦文化之间的较量却并未因此结束。这一较量，在楚亡于秦后仅14年就再度白热化地展开，竟然、也必然是以“亡秦必楚”而告终。

第二节　楚人事秦的历史功罪

楚、秦毗邻，民众交往密切，人员互流频繁。但在春秋战国时期，楚国的经济文化胜于秦国，楚、秦交往自然也多为楚国的物质和人才流往秦国。如本章第一节所述原因，至战国末年，“楚材秦用”成了当时一个突出的历史现象。

据马非百所列《秦丞相年表》[②]，从秦武王初置丞相到秦始皇时代，

① 《荀子·强国》。
② 见马非百《秦始皇帝传》，江苏古籍出版社1985年版，第187~195页。

秦国共有左右丞相 21 人，而任秦相的楚人竟占三分之一。既然如此，就用不着说在秦国各行各业服务的楚人会有多少了，也可以想象在秦国服务的楚人对秦国历史文化发展的贡献该有多大了。仅就身任秦相的楚人的作为而言，可以说秦国帝业的奠定、秦王朝的建立、秦文化的丰茂，都在很大程度上得益于事秦的楚人。从某种意义上甚至可以说，没有楚人事秦的贡献，也没有秦国吞灭六国的迅速胜利，也没有秦王朝一统天下的社会面貌。全面地看，身任秦国乃至秦王朝要职的楚人，对秦国的骤胜和秦王朝的建立卓有功绩，也对秦文化的步入穷途和秦王朝的短命结局负有责任。

入秦为相而史籍中传记甚详的楚人，有甘茂、魏冉和李斯，又以李斯的功罪皆殊。

一、揭开统一战争序幕的甘茂

秦国正式设置丞相之官，是在秦武王二年（前 309）。其时秦武王任命的左右两丞相，一位是秦惠文王的异母弟、秦武王的叔父樗里疾（？—前 300），另一位就是楚人甘茂。

甘茂（生卒年不详），楚国下蔡（今安徽凤台）布衣，少时跟随下蔡监守城门的小官史举先生“学百家之说”，后入秦，通过张仪、樗里疾得以面见秦惠文王。秦惠文王欣赏他的才识，拜他为将，让他辅佐庶长魏章略定汉中。当时的天下大势，是“楚强则秦弱，秦强则楚弱，其势不两立”[①]，故“秦之所欲弱者莫如楚”[②]。秦国乘丹阳大败楚军的胜势而略定楚国西北要地汉中，便达到了弱楚强秦的目的，初步改变了秦、楚势均力敌的态势。甘茂建功于汉中，深获秦惠文王谋楚弱楚之心，也因此在秦国站稳了脚跟，成了秦国倚重的客卿。

秦武王即位当年（前 310），原已降秦的蜀相陈壮反叛，甘茂受命

① 《史记·苏秦列传》。
② 《史记·张仪列传》。

平定蜀乱。蜀“土地肥美”，物产丰富，又居楚上游，为秦人聚财集兵以乘船顺江伐楚的理想之地。秦国得蜀则不仅大大充实了秦国的物力和人力，有了吞并六国、建立帝业的经济保障，而且可以居高临下地威胁楚国，使楚国莫能西向与秦争锋，所谓“得蜀则得楚，楚亡则天下并矣”[1]。因此，控制蜀境对秦国至关重要。甘茂平定蜀乱，也就使秦国巩固了天下首强的地位，具备了统一天下的物质基础，完成了破楚灭诸侯的战略准备，其意义之大是不言而喻的。建立如此殊功的甘茂，自蜀还秦便被武王擢拔为左丞相，与右丞相樗里疾同掌军政大权。

公元前308年，年轻气盛又雄心勃勃的秦武王，直接向甘茂表露了“欲容车通三川，窥周室”[2]的愿望。武王公然表露这一愿望，虽然也有其欲游览东周王都、夸耀秦国武功的任性逞强的一面，但实际上，这也就是其前的秦孝公和秦惠文王欲扬戈中原、霸有天下的宿愿，只不过前两代秦王因条件和时机皆未成熟而没有公然表露罢了。武王的表露，正是其在秦国已确立了天下首强的地位之后公然宣告的政治目标。秦人要东向进入中原腹地，必经韩国的西部重镇宜阳（在今河南宜阳西）。武王于是用甘茂之谋并派甘茂率兵攻取宜阳，打开直入周都洛阳的通道。“宜阳，大县也，上党、南阳积之久矣，名曰县，其实郡也”[3]，是韩国御秦的最后一道防线，韩国集聚了全国精锐之师10万在此镇守。甘茂深知攻取宜阳的难度极大，行前便与武王盟约以求得其绝对信任，然后麾师围攻宜阳长达5个月之久。当樗里疾等人诋毁甘茂攻取不力、久围不下而使武王内心动摇、意欲撤兵时，甘茂乃以前盟促使武王尽发全国之兵大举进攻，并以不拔宜阳绝不生还的誓言激励将士，才终于在次年攻破宜阳，斩杀韩军首级6万。进而，甘茂又率师乘胜渡过黄河，直逼至距韩国先王墓地平阳仅70里的武遂（在今山西临汾西南）筑城。

---

① 《华阳国志·蜀志》。
② 《史记·秦本纪》。
③ 《战国策·秦策》。

宜阳落入秦手，韩国门户洞开而元气大伤，中原诸侯敞露胸脯而腹向秦戈。得意洋洋的秦武王，立即派樗里疾率兵车百辆远赴洛阳觐见周天子。秦国的金戈铁马在中原腹地耀武扬威，使周王战栗、天下震恐。接着，秦武王也亲入周都，得偿宿愿。当他看见象征天子王权而使几代秦王垂涎的龙文周鼎时，忘乎所以地抢在手中与力士比赛举鼎。哪知天子之鼎尚重而秦王之力犹弱，武王竟因此折断胫骨而一命呜呼。

学者评说："武王在位仅四年，而其在秦国统一运动上所建立之伟绩，厥有二端。其一为丞相制度之创立，其二为宜阳之再次攻拔。"[①]武王这两大伟绩，皆与甘茂密不可分。正式建立丞相制度，显然是着眼于统一事业的需要。首任甘茂为秦相，除了因甘茂才高功大之外，或许丞相制度的建立乃为甘茂谋议也未可知。宜阳的攻拔，则谋在甘茂亦成在甘茂。秦取宜阳，则控崤塞（指崤山，在今河南洛宁西北）、渑池（韩邑，在今河南渑池西）而临周都之郊，有了东进的前哨阵地，摇动天下即日，吞灭六国可望。不妨说，宜阳之役是秦国正式发动统一战争的标志，秦国以此而揭开了统一战争的序幕。此前秦国的东征西讨，都只应看作为统一战争作准备。为秦国揭开统一战争的序幕者，正是楚人甘茂。

甘茂在秦国大有作为，一者在于其智勇过人，为当时天下敬服的"贤士""贤相"；二者在于全力为秦国谋划和发动统一战争，深得武王信任。武王逞雄而亡，甘茂也因功大招嫉、根浅受挤，以致被迫逃离秦国，最后死在魏国。

二、草创秦国帝业的魏冉

与甘茂同时而一度为秦相的楚人，还有屈盖。甘茂之后，又有楚人向寿、魏冉和芈戎出任秦相。向寿曾佐甘茂攻拔宜阳，后取甘茂之位而代之。他在位期间，亦建有"伐韩、取武始"[②]等功绩。但是，他的智

① 马非百：《秦集史》，中华书局1982年版，第61页。

② 《史记·秦本纪》。

勇不及甘茂，故在位不久即被免职。魏冉则在秦昭襄王时代长期执政，积极推动统一事业，历史贡献尤大。

魏冉（？—约前262），是秦昭襄王母亲宣太后的长弟，本为楚国贵族。其姐宣太后本号芈八子，出嫁秦国而显贵之后，魏冉等兄弟和亲戚大概也纷纷入秦。向寿即宣太后外戚，并与秦昭襄王相伴长大。魏冉早年便有贤名，在秦惠文王、武王时代已经任职用事。武王死后无子，诸弟争夺王位。魏冉奋其智力，拥立昭襄王。昭襄王即位时年纪尚轻，又自燕国方归，不谙朝政。宣太后于是亲摄朝政，魏冉则出任卫戍国都的将军。秦国诸公子和大臣不满魏冉与其姐专权，发动叛乱。魏冉及时予以镇压，将参与叛乱者全部诛杀。从此，他就牢固地掌握了秦国的军政大权。不久，樗里疾死，他正式出任为秦相。

大权在握的魏冉，执政后的第一大功绩，就是为推动秦国的统一事业而举贤授能、不徇私情。当时的东伐主将是他的近亲向寿，但他不碍亲故情面，力举智勇超群的白起取代向寿，令白起攻韩、魏而伐荆楚。白起果然不负重任，于公元前293年“攻韩、魏，败之伊阙，斩首二十四万，虏魏将公孙喜。明年，又取楚之宛、叶”[①]。伊阙（今河南洛阳龙门）在中原腹地，宛（在今河南南阳）、叶（在今河南叶县南）为楚国北部重镇。这两大战役，既消灭了韩、魏的精锐之师，致使韩、魏再也无力阻抗秦国东进的战车；又占领了楚国北上的前哨基地，迫使楚国断绝了争夺天下的念头；从而取得了在甘茂拔宜阳基础上展开的统一战争第一阶段的辉煌胜利，确定了秦国独霸天下的局势。

公元前289年，一度免相又复职并受封为穰侯的魏冉，亲自以相兼将，领兵“攻魏，魏献河东方四百里，拔魏之河内，取城大小六十余”[②]，使得魏国也如同韩国一样成了秦国的俎上之肉。公元前288年，魏冉认为秦国称帝的时机已到，便“欲立秦为帝”[③]，但遭到当时尚敢于同秦

①② 《史记·穰侯列传》。
③ 《韩非子·内储说下》。

抗衡的齐国的反对。魏冉担心秦单独称帝后，会激发诸侯随从齐国群攻秦国，于是采用远交近攻之计，“因请立齐为东帝”[①]，并且亲自往齐国劝请齐王称帝，以秦国所尊帝号诱使齐国与秦“立约伐赵”。其时，秦国虽然挺进中原而败韩破魏，却未能挫削赵国。主明臣贤、兵强将良的赵国，使“秦不能得所欲”[②]，成了秦国兼并中原的大敌。魏冉此计，诚然是统一良策，显示出他“智而习于事”[③]的过人谋略。此计若能实现，则三晋速灭而天下早定。不料，“秦昭王为西帝，齐为东帝，两帝立约伐赵”[④]而眼看谋略将成之时，齐王听人晓告后醒悟，不肯被秦利用而主动取消帝号，并且“倍（背）约摈秦”。秦昭襄王见事已有变，也不得不放弃帝号。魏冉立秦王为帝虽然未成，但他的这一举措，则明确地将秦国的霸业追求推进为帝业开创，标志着秦国的统一战争进入了一个新的发展阶段。

正是如此，魏冉再不求秦国的帝号虚名而唯求秦国的帝业之实，更加积极地推动统一战争。公元前 278 年，魏冉“使白起拔楚之郢，秦置南郡”[⑤]。楚人丧失了经营数百年之久的江汉基业，仓皇东迁以自保，其国势从此如江河日下，莫能复振。秦人则因占有了江汉山林之饶、江南金锡之富而帝业初成。公元前 275 年，魏冉亲自将兵与白起伐魏，破邑拔城，进围其都城大梁（在今河南开封西北），企图一举灭魏，“绝山东从（纵）亲之腰”，然后对诸侯各个击破，只因魏国调集其所有的甲兵 30 万人全力防守才未能成功。公元前 273 年，魏冉又与白起征伐赵、魏，在华阳（在今河南郑州南）大破赵、魏联军，斩首 15 万，攻城略地之后，打算乘胜伐齐。齐王闻讯，惊恐万分，忙使说客阴劝魏冉罢兵。魏冉也担心三晋未定，山东脊梁未断，远伐齐国会对秦国不利，于是引兵而归。

---

① 《韩非子·内储说下》。
② 《赵国策·赵策》。
③⑤ 《史记·穰侯列传》。
④ 马非百：《秦集史·魏冉传》，中华书局1982年版，第175页。

到了晚年，魏冉权大而骄，年老而私。公元前 271 年，魏冉再度准备越过三晋去远征齐国，意在夺取刚（在今山东宁阳东北）、寿（在今山东东平西南）两城，扩大自己在定陶的封地。新入秦的魏人范雎乘机在秦昭襄王面前讥刺魏冉，激发了昭襄王深藏心底的对魏冉擅权蔽主、富比王室的不满。昭襄王于是罢免魏冉，将其驱出秦关，遣就封邑。显赫一生的魏冉，默默接受了命运的变故，在陶邑（在今山东菏泽定陶）郁郁死去。魏冉甫葬陶邑，"秦复收陶为郡"[①]。

司马迁说："穰侯，昭王亲舅也。而秦所以东益地，弱诸侯，尝称帝于天下，天下皆西乡（向）稽首者，穰侯之功也！"[②]诚然如此，魏冉五任秦相，前后"在相位凡二十五年，盖秦相之在位最久者，未有过于冉者也"[③]。他在位期间几乎年年用兵，以其应变有方的大智卓识，"摧齐挠楚，破魏围梁"[④]，败韩挫赵，益地拓境，草创了秦国的帝业。不言而喻，秦国之所以能够吞灭诸侯，兼并天下，也有赖于穰侯之功。可是，他也因过于穷兵黩武、纵军杀戮无度，将秦国传统的霸道文化进一步推向极端。秦王用贤，唯在使之为其专制主义服务，绝对不能容忍任何人分享其权力和富贵。魏冉与秦王至亲，对秦国至忠，竟也落得被剥夺政治权力以至于忧愤而亡的下场，可以说也成了传统秦文化的牺牲品。太史公因而浩叹："及其贵极富溢，一夫开说，身折势夺而以忧死，况于羁旅之臣乎？"[⑤]

魏冉在秦国得志时，其弟芈戎也显贵于秦。芈戎曾率军攻楚拔城，建有功勋，被封为华阳君。有的学者认为，他也一度出任秦国左丞相。[⑥]他与魏冉一损俱损，同时被逐出秦关。

---

①②⑤《史记·穰侯列传》。

③ 马非百：《秦集史·魏冉传》按语，中华书局1982年版，第181页。

④《史记·穰侯列传》司马贞"索隐述赞"。

⑥ 见马非百《秦集史·芈戎传》。

三、兴秦元勋和败秦罪人的李斯

事秦的楚人之中，作为最大而功过皆著者莫过于李斯了。学者有言：扫清六合而缔造秦帝国，李斯首功也；尚刑残民而葬送秦王朝，李斯大罪也。李斯的千秋功罪，后人见仁见智，沸沸扬扬而评说不已。

李斯（？—前208），楚国上蔡（今河南上蔡西南）人，自称“上蔡布衣，闾巷之黔首”[①]。他年轻时曾为郡小吏，因“见吏舍厕中鼠食不洁，近人犬，数惊恐之”，又“入仓，观仓中鼠，食积粟，居大庑之下，不见人犬之忧”，顿时感悟，长叹：“人之贤不肖譬如鼠矣，在所自处耳！”[②]这一感悟，是他为自然界的不公平所触发而获得的对社会不平的认识，是他为身处卑微的不满情绪所激发而产生的对人生不平的愤慨，因而也成了他人生观形成和人生道路选择的思想基础。他于是发愤向上，投至侨居楚国的大学者荀况门下，与后来成为法家代表人物的韩非一起师事荀况，学习统治天下的“帝王之术”。学成之后，他思度“楚王不足事，而六国皆弱，无可为建功者，欲西入秦”[③]。临行，他辞别荀况说：“今秦王欲吞天下，称帝而治，此布衣驰骛之时而游说者之秋也。处卑贱之位而计不为者，此禽鹿视肉，人面而能强行者耳。故诟莫大于卑贱，而悲莫甚于穷困。久处卑贱之位、困苦之地，非世而恶利，自托于无为，此非士之情也，故斯将西说秦王矣。”[④]这番话，是他由感悟于厕鼠和仓鼠而形成的人生观的明确表白，赤裸裸地表露了他那唯我营私的价值观。他以个人功利为最高追求而鄙薄重义轻利、固穷守高之士，故他的这番话实际上也是他背叛“仁义”师教、批评“无为”道学的宣言，是与楚文化精神传统的决裂。他抱着这种人生观，也必然会选择入秦以求尊荣的道路；他确立这种价值观，也自然会投合秦文化传统而有利于他在秦国求得功名富贵。但是，唯我营私的极端追求，则必将导致他自我毁灭的悲剧命运。

---

①②③④ 《史记·李斯列传》。

公元前247年，李斯入秦。他先依附秦相吕不韦，以才学出众而受到吕不韦的赏识，被“任以为郎”，得以接近秦王嬴政。他于是向秦王进言：

> 自秦孝公以来，周室卑微，诸侯相兼，关东为六国，秦之乘胜役诸侯，盖六世矣。今诸侯服秦，譬若郡县。夫以秦之强，大王之贤，由灶上骚（扫）除，足以灭诸侯，成帝业，为天下一统，此万世之一时也。今怠而不急就，诸侯复强，相聚约从（纵），虽有黄帝之贤，不能并也。[①]

李斯所言，可谓洞察大势而明辨时务、昭示秦国前途而契合秦王心志。先前，魏冉虽已将秦国的霸业追求推进为帝业开创，但取他而代之的范雎为秦昭襄王谋划，重又强调秦孝公以来孜孜所求的“霸王之业”。政治目标的降低，必然导致奋斗精神的懈怠，因为仅求霸业，也就可以只令诸侯臣服，不必“以诸侯为郡县”。六国倘若因秦国兼并不力而得以喘息恢复，势必会相聚合纵、协力抗秦，这样一来就不仅大大增加了统一的难度，甚至还有使秦国败亡的可能。李斯为秦王指明了“灭诸侯，成帝业，为天下一统”的高远政治目标，并且强调了奋六世之余烈而灭诸侯、将犹如清扫灶台上的灰土一样容易这切不可失的“万世之一时”的机遇，制定了强攻急取诸侯以速成统一大业的方针，因而使“怀贪鄙之心”、有远大之志的秦王由衷感佩，“乃拜斯为长史，听其计”。秦王依照李斯的具体谋划，“阴遣谋士赍持金玉以游说诸侯。诸侯名士可下以财者，厚遗结之；不肯者，利剑刺之。离其君臣之计，秦王乃使其良将随其后”[②]。六国则因秦国的收买与暗杀交加、离间与征伐并行而内外交困，衰弱不堪。李斯之谋，就好似为秦国在兼并征途上的战车明确了目标，加足了马力，大大加快了秦国统一天下的进程。秦王于是对

①② 《史记·李斯列传》。

李斯优宠有加，拜他为客卿。

公元前 237 年，秦国公室大臣不满于客卿分享了他们的权力和利益，便借韩国派水利家郑国入秦游说建渠、企图以此疲秦存韩的事件，鼓动秦王下令逐客。不言而喻，此令若执行，李斯在秦国一帆风顺的发展、平步青云的前途就要化为泡影。但是，他毕竟是才识不凡的政治家，认识到秦国驱逐客卿不仅毁灭了他个人的前程，更重要的是损害了秦国的统一事业。因此，他以超人的胆略向秦王呈上著名的《谏逐客书》。在此书中，他慷慨陈词，坦荡铺说，历举客卿为秦国发展所作出的巨大贡献，进而强调：秦国之所以有今日的富利，就在于广取四方物产；秦国之所以有今日的强大，就在于广用外来人才；“今逐客以资敌国，损民以益雠，内自虚而外树怨于诸侯，求国无危，不可得也”。心雄天下而功业欲极强的秦王政，阅书后深为其辞所打动，“乃除逐客令，复李斯官”[①]。李斯的上书，既显示了他作为杰出政治家的远见卓识，又反映了他作为谋私政客而善于窥察和迎合秦王心理欲求的机巧阿顺。因为秦王政的功业欲，说到底也就是将诸侯割据的天下并为一己之天下而为万世始皇帝的私欲。秦王政将这一私欲作为其奋斗的最高目标，故能够接受有利于其私欲实现的建议。李斯敢于冒昧上书，就是因为他机敏地窥知了秦王政的私欲的结果。李斯上书的成功，也正是李斯的私欲投合了秦王政的私欲的结果。不过，从历史发展来看，李斯上书的意义和功效，则不仅仅在于使他个人地位的失而复得和尊荣的日益显耀，更重大和更深远的还在于顺应了历史的潮流、站在了时代的高度、着眼于秦国的利益而力挽了倒退的狂澜，保证了统一事业的顺利完成。如本章第一节所述，秦文化的浅薄和偏颇，导致秦国产生不出适应时代要求而才识卓逸、韬略过人的政治家、思想家和军事战略家。秦孝公以来秦国六世的迅猛发展，正是商鞅、张仪、甘茂、魏冉、范雎、蔡泽、吕不韦等一大批外来人才辅佐秦王、助理秦政的结果。倘若将秦国政治舞台上扮演重要角色的外

① 《史记·李斯列传》。

来人才尽行驱逐，必然“使天下之士退而不敢西向，裹足不入秦”[①]，秦国不啻是内虚自己而外资敌国，国将危而难保，又何谈扫清六合而统一天下！如此一来，战火长久难熄，统一有待时日。秦王废除逐客令，大批客卿继续效忠秦国，诸侯之士更加斐然争入事秦。秦国以其国力之强、进取之勇和人才之众，也就令诸侯莫能争胜而只得坐以待毙了。

由此，秦王对李斯深为信任，言听计从，并擢升他为廷尉。李斯于是向秦王献策，“请先取韩，以恐他国”[②]。这一策划，实际上是着眼于由近及远而蚕食诸侯的总谋略，是要发动以强大武力吞灭六国的最后阶段的总战役。乃如李斯所谋，“秦之有韩，若人之有心腹之病”，且韩国最弱，取韩必达，先擒韩“则诸侯可蚕食而尽”。[③]

韩王恐惧，与韩非共谋弱秦存韩的办法。韩非于是上书给秦王政，抨击李斯的取韩谋划，称韩国事秦而不宜被伐，劝秦王移兵伐赵。秦王阅书后不置可否，将其书批转李斯。李斯大不以韩非之说为然，严词揭露了韩国的用心，重申伐韩的必要，并且亲往韩国验证了韩非之说的言不由衷，终于使秦王下决心伐韩。韩非入秦游说，不但无济于事，反遭囚杀。

《史记》记述，秦王政曾读韩非文章，激赏其说，嗟叹：“寡人得见此人与之游，死不恨矣！”[④]为得到韩非，“秦因急攻韩。韩王始不用非，及急，乃遣非使秦”[⑤]。韩非在秦国虽受秦王爱悦，却未被信用，后竟由李斯和姚贾谗害下狱，又被李斯使人送毒药逼其自杀。秦王则追悔莫及。历代学者因此纷纷指责李斯人品低下，嫉贤妒能。诚然，李斯所为，或许确有妒忌韩非才高其上、担心秦王悦而用之的一方面，但以其客卿的身份，若得不到“刚戾自用”的秦王政的默许甚至授意，谅其是绝对不敢胆大妄为的。据现有资料，韩非的“上秦王书”，强调“韩

① 李斯：《谏逐客书》。
② 《史记·秦始皇本纪》。
③ 见《韩非子·存韩》。
④⑤ 《史记·老子韩非列传》。

事秦三十余年”，并且指出“兵者，凶器也，不可不审用也”，举兵不应“释赵之患而攘内臣韩”。这明显带有责怪秦伐韩是不仁不义、以强凌弱的意思，自然会使唯求功利的秦王政阅其书后心中大为不快。可是，韩非之书辞顺理当，又明言是为秦王“熟图之”。秦王无言可对，乃让李斯评议。李斯揣度到秦王虽未明说但有所不满的心态，因此敢于因其意、据己理而对韩非书中所说痛予驳斥。韩非入秦后的说秦王之辞[①]，针对李斯的谋略另为秦国设计的是“举赵亡韩，臣荆、魏，亲齐、燕，以成霸王之名，朝四邻诸侯之道”的霸业蓝图，这显然已不合秦王心志。且韩非仍坚持要秦王先举赵而后亡韩，其用意乃如李斯已向秦王指出的那样，秦国若先攻伐国力尚强又有齐国支持的赵国，“则韩必为腹心之病而发矣，韩与荆有谋，诸侯应之，则秦必复见崤塞之患”[②]。加之韩非又诋毁为秦国收买诸侯、破坏合纵成功而为秦王倚重的上卿姚贾，意在离间秦国君臣，除掉秦国谋士。秦王责问姚贾，听其辩白后，也更加知晓韩非的弱秦存韩之心。韩非滞留秦国游说，秦王对他的思想主张想必更为了解，即知其不仅推崇法治、主张集权，同时又强调重赏利民、“法不阿贵”，反对君主释法任私，甚至要求“明君无为于上”[③]，并不赞同秦王那借严酷法治来役民、借高度集权来任私的欲求。于是，秦王虽然爱悦其才，却“未信用”。秦国统治者对待文士的一贯态度，都是顺我欲则用，不顺我欲则弃。“怚而不信人”[④]的秦王政，更是顺我者昌，逆我者亡。李斯正是窥察到秦王对韩非的真实态度之后，方将秦王心底那“非终为韩不为秦”的感觉挑明，进而建议“以过法诛之”。“秦王

① 见《韩非子·初见秦》。古今许多学者认为此篇不是韩非之作，其根据就是篇中的“亡韩”之说不应出自韩国公子韩非之口，且与《存韩》文意和《史记》记载相矛盾。实际上，此篇的“举赵亡韩”之说与《存韩》篇中的“二国（赵、齐）事毕，则韩可以移书定也”之说是一致的，都是韩非的弱秦存韩之谋，也即李斯所谓“辩说属辞，饰非诈谋，以钓利于秦”。

② 《韩非子·存韩》。

③ 《韩非子·主道》。

④ 《史记·白起王翦列传》记王翦语。

以为然，下吏治非。”[1]韩非是探索真理而坚持真理的学士，不是放弃原则而苟合顺上的政客，因而没有由于秦王对自己的欣赏就投合以求尊荣，落得被害于秦的悲惨结局。

不过，《战国策·秦策》记述，韩非是秦王听了姚贾辩白后命令姚贾诛杀的。其实，无论是李斯送药迫其自杀还是姚贾诛杀，杀害韩非的首要责任者仍是秦王。从深层的文化背景分析，韩非之死，是韩非的思想主张不能完全投合秦文化的需要的必然结果，是秦文化的排他性和专制性发展到极端的充分表现。历史地看，商鞅、荀况、李斯、韩非皆入秦，但商鞅顺合秦公而见用，荀况坚持己见而离走；李斯顺合秦王而显赫，韩非坚持己见而丧命。秦文化的容同排异，是由来已久而愈演愈烈，最终发展到极端的专制主义。韩非在秦国的遭遇远惨于其师荀况，就是秦文化发展到极端的专制主义的一个标志。

就秦国当时的政治需要来看，除掉韩非，确实收到了排除思想干扰、端正战略认识、消灭统一隐患、震恐六国诸侯的一时之效。从此，秦国坚定不移地依从李斯的谋划，君臣同心，上下合力，驱车东进，奋伐不怠，在短短的12年里，就相继取韩灭魏，并楚吞赵，略燕收齐，终于扫清六合，囊括四海。

纵观秦国正式展开吞灭六国、统一天下的全面战争过程，就总体战略的谋划和重大战役的指挥而言，可以说在一定程度上是由事秦的楚人甘茂揭其序幕、魏冉奠其胜势、李斯毕其全功。不言而喻，李斯是秦王朝的开国元勋。

秦王政初并天下，踌躇满志，即令群臣为其更议名号。李斯等承奉其意而尊以上古最贵之号“泰皇”，秦王政却仍不满意，自己“去‘泰’著‘皇’，采上古‘帝’位号，号曰‘皇帝’”[2]。以“皇帝”自号，

① 《史记·老子韩非列传》。

② 《史记·秦始皇本纪》。

并且自称“始皇帝，后世以计数，二世三世至于万世，传之无穷”[①]，是他将天下作为一人一家之天下的私欲的充分暴露，是他独裁天下的私欲的充分表现。当年，秦相吕不韦或许预感他有今日，在组织门客编撰的《吕览》中疾声警诫：“天下非一人之天下也，天下之天下也！”[②]事秦的尉缭也清醒地预言：“诚使秦王得志于天下，天下皆为虏矣！”[③]现在，他公然以天下“皇帝”自号，且为独裁天下的私欲所驱使而勤政集权。史籍记载他“灭礼谊之官，专任刑罚，躬操文墨，昼断狱，夜理书，自程决事，日县石之一”[④]，秦朝则“天下之事无小大皆决于上。上至以衡石量书，日夜有呈，不中呈不得休息，贪于权势至如此”[⑤]。深知秦始皇为人而善于窥察其意欲的李斯，为了满足自己的私欲和保全自己的尊荣，也自然会以吕不韦的下场为鉴，更加战战兢兢地侍奉秦始皇。

六国皆亡，天下甫定。丞相王绾等建议分封皇子到燕、齐、楚这些边远地区为王，实行分封制与郡县制相结合的行政体制，以稳固新生而庞大的帝国。从当时的社会现状和后来的历史发展来看，这一建议应该说是符合形势需要的。原六国各行其政，各有其相对独立的文化传统，而齐、楚故地的文化传统更是源远流长而自成体系。其地人民接受秦王朝的政治文化，显然不是一朝一夕的事，必然有一过渡期。因此，若封王于其地，在中央政令的原则范围内，实行因其地风俗、循其地传统的相对独立的统治，无疑会有助于帝国的稳固，并且有可能实现秦文化与六国文化的融会合一而成就秦帝国的长治久安。可是，分封制不合意欲独揽大权的秦始皇的心愿，也不合一元化的秦国政治文化传统。秦始皇

①③《史记·秦始皇本纪》。

② 《吕氏春秋·贵公》。

④ 《汉书·刑法志》。服虔注：“县，称也。石，百二十斤也。始皇省读文书，日以百二十斤为程。”

⑤ 《史记·秦始皇本纪》记侯生、卢生语。

不予表态，“下其议于群臣，群臣皆以为便”[①]。唯独深知秦始皇本意的廷尉李斯，力排众议而主张“一统皆为郡县”[②]。李斯争辩说，分封子弟是周代诸侯攻伐、天下大乱的根源。秦始皇大赞“廷尉议是”，大概也因此深感知其心、顺其意者莫过于李斯，随即让李斯取代王绾为丞相。李斯辅佐秦始皇，“分天下以为三十六郡”[③]，建立了“使秦无尺土之封，不立子弟为王、功臣为诸侯者”[④]、由中央直接控制地方郡县的集权制度。秦始皇和李斯建立高度一元化的中央集权制度的目的，尽管是“使后无战攻之患”[⑤]而确保帝国安宁，但在当时历史条件下，为了推行齐一的政令，不得不采用严刑峻法，起用憯臣酷吏，以致民怨沸腾，社会动荡，帝国无有宁日。

李斯出任丞相，既是因其为开国元勋，更是因其最能体察秦始皇的意欲和贯彻秦始皇的意图。天下大定，他便全力辅佐秦始皇建设一统帝国的一统文化。史家高度肯定的秦代文化贡献，即如书同文、车同轨、度同制、法同律、币同形，以及外攘四夷而修长城、内毁险阻而开驰道等，几乎都是由李斯具体策划和执行而取得的。不过，这些文化成就，又是李斯承奉秦始皇旨意、因循秦文化传统而以威力强行取得的。从历史发展来看，这些文化建设意义重大而影响深远。从当时社会条件来看，这些文化建设则逞力太甚而操之过急，在很大程度上是出于主观意欲而对被征服诸侯国的文化传统的强力摧毁和强制转型，超出了民众生活和心理的承受能力，激发了民众的反抗情绪，故只取得了物质文化的成果和实现了制度文化的统一，在行为文化和心态文化方面的成效实际上是微乎其微的。

公元前 213 年，秦始皇在咸阳宫盛置寿宴，群臣祝贺。仆射周青臣高颂始皇威德，称扬“以诸侯为郡县，人人自安乐，无战争之患，传之

①②③ 《史记·秦始皇本纪》
④⑤ 《史记·李斯列传》。

万世，自上古不及陛下威德”[1]，博得秦始皇颜开心悦。博士淳于越却不识时务，挺身直言：秦始皇不肯仿效殷周分封子弟而使帝国无辅拂，“事不师古而能长久者，非所闻也。今青臣又面谀以重陛下之过，非忠臣”[2]。淳于越以古非今，固然不可称道，但他显然是据推行郡县制以来帝国并不稳固、连秦始皇出巡都屡遇不测的现实状况，明确意识到帝国存在崩亡的危险，才犯颜直谏的。其忧患之心可感、忠贞之情可敬。秦始皇在寿宴上不便当面发作，又“下其议”。深察始皇心意的李斯，阿顺其意而无限上纲，蛮横指责“今诸生不师今而学古，以非当世，惑乱黔首”[3]，竟然建议禁私学并烧尽官藏“非秦记”的一切史书及民间所存的“《诗》《书》、百家语”，“所不去者，医药、卜筮、种树之书”。秦始皇立即采纳李斯的建议，严令全国官吏收书焚书。

“秦既得意，烧天下诗书，诸侯史记尤甚”[4]的“焚书”事件，是中国历史上空前绝后的毁灭文化的事件，造成了中国上古文化的惨重损失。史家往往将秦朝焚书的主要罪过归咎于李斯。李斯之罪诚然难逃，但究其实，李斯还只是代秦始皇传言、为秦始皇行事而已。他指责淳于越之说并提出“焚书”建议的根据，就是“今皇帝并有天下，别黑白而定一尊”[5]。这根据也就是秦始皇的心态和意志，也就是秦始皇所要实行的文化专制主义。皇帝言黑，天下人都只能说黑；皇帝道白，天下人都只可称白；岂容人人畅言、百家争鸣？！侯生、卢生说得再明白不过了：

> 始皇为人，天性刚戾自用，起诸侯，并天下，意得欲从，以为自古莫及己。专任狱吏，狱吏得亲幸。博士虽七十人，特备员弗用。丞相诸大臣皆受成事，倚辨于上。[6]

丞相李斯，正是秦王朝里最善于倚辨于上、阿顺成事的秦始皇的代

---

①②③⑤⑥ 《史记·秦始皇本纪》。
④ 《史记·六国年表》。

言人和执行者。

秦始皇并不讳言焚书是他的旨意。在他下令焚书的次年，侯生、卢生因憎恶他而逃离，他恼羞成怒，坦言“吾前收天下书不中用者尽去之”[①]，并且迁怒于诸生，下令拷问诸生，亲手制造了坑杀儒生 460 余人的旷古冤案。焚书、禁学、坑儒，是秦始皇推行文化专制主义的极端措施。从秦孝公任用商鞅禁学燔诗书、秦昭襄王轻儒弃荀况，到秦始皇纵使李斯杀韩非坑儒生，秦文化不容异端的专制性和漠视、弃绝精神文化的偏颇性于是发展到了顶点。秦始皇因袭和发扬秦文化尚力逞威的传统来统治天下，强制推行“以法为教”“以吏为师”的文化专制主义政策，乐以刑杀为威，期以禁锢思想，致使百姓由慑服而怨怒，文士由忠事而叛离，帝国失去了存在的基础和稳固的支柱，自己坐到了将要爆发的火山口上。秦文化不能全方位地吸纳和融汇天下文化以变通发展，也势必为天下文化的发展浪潮所吞没。

长于楚国、师从荀况的李斯，曾受博大精深的楚文化熏陶和悠久灿烂的中原文化影响，毕竟较秦始皇明智和清醒。出任丞相后，他也采取了一些缓刑罚、薄赋敛以安民定国的措施；富贵已极时，他也知道“物极则衰”而应功成身退的至理。但是，他终究沉迷于私欲、贪恋于富贵，一直追随着秦始皇，极尽苟合阿顺之能事，竭智尽力地协助秦始皇推行专制的暴政、弘扬秦文化的专制性和偏颇性而促其发展到极端，不自觉地为秦王朝、也为自己挖掘着坟墓。

公元前 210 年，秦始皇出巡至沙丘（在今河北广宗大平台），突发疾病，抱着对求长生之术而未得的极大遗憾，带着对求帝国万世而难固的极度忧虑，连后事都来不及安排妥当就一命呜呼。赵高乘机怂恿随行的公子胡亥矫诏篡权，只惮畏功高望重、智深权大的丞相李斯，于是以其个人生死荣辱的利害关系诱逼李斯就范合谋。李斯明知这是“亡国之言”、祸国之谋，却为私欲的巨蟒所缠绕而利令智昏，竟然“仰天而叹，

① 《史记·秦始皇本纪》。

垂泪太息”地屈从，置国家安危和民众祸福于不顾，唯求保全自己的荣华富贵。可是，荣华富贵虽然得以保全一时，他却从此彻底丧失了自我，成了私欲更重的秦二世和赵高任意驱使的奴仆。

秦二世篡权登位，深恐天下臣民不服，于是用赵高计谋，以暴力振威天下，大肆诛杀大臣和诸公子以排除异己，极度施行严法酷刑以压迫民众。他不像他父亲那样有功业心和责任感，也不知像他父亲那样以明君外衣掩盖一己私欲，而是赤裸裸地表白说，自己君临天下就是要“赐（肆）志广欲”“专用天下适己”[①]，就是要以天下之有、万民之劳来满足自己贪得无厌的享乐，并且公然嘲笑在关东六国文化中被推崇的勤俭治国、克己奉公的华夏圣王。他的这种反华夏文化传统的观念的形成，显然与“以贪狼为俗”[②]、也即追逐功利、无视道义的秦文化传统的熏染关系甚大，反映了秦文化与关东六国文化在价值观上的分野。因此，他骄奢淫逸，残忍暴虐，赋敛无度，杀戮无算，逼使不可聊生的民众揭竿而起。以李斯之明，岂不知他之所为乃自取灭亡？李斯也曾劝谏，但毕竟心亏而怯，情私而弱，劝之无效，谏之无力。当楚人陈胜、吴广率领义军长驱三川而朝臣谴责丞相失职时，“李斯恐惧，重爵禄，不知所出，乃阿二世意，欲求容”[③]，竟然伤天害理地呈上《行督责书》，主张督察民罪而责以刑罚，建议“以天下为桎梏”！秦二世“于是行督责益严”，秦社会则“刑者相半于道，而死人日成积于市。杀人众者为忠臣”。“督责”书出，李斯尽毁其名；“督责”术行，李斯促秦崩亡。

尽管李斯卑颜屈心、苟合阿顺以求容，秦二世和赵高依然不能容他。他被赵高陷害下狱，乃上书自辩：

> 臣为丞相，治民三十余年矣。逮秦地之陕（狭）隘，先王之时秦地不过千里，兵数十万。臣尽薄材，谨奉法令，阴行谋臣；资之

①③ 《史记·李斯列传》。

② 《汉书·董仲舒传》记董仲舒语。

金玉，使游说诸侯，阴修甲兵；饰政教，官斗士，尊功臣，盛其爵禄；故终以胁韩弱魏，破燕、赵，夷齐、楚，卒兼六国，虏其王，立秦为天子。罪一矣。地非不广，又北逐胡、貉，南定百越，以见秦之强。罪二矣。尊大臣，盛其爵位，以固其亲。罪三矣。立社稷，修宗庙，以明主之贤。罪四矣。更克画，平斗斛度量，文章布之天下，以树秦之名。罪五矣。治驰道，兴游观，以见主之得意。罪六矣。缓刑罚，薄赋敛，以遂主得众之心，万民戴主，死而不忘。罪七矣。……[①]

他自述的所谓七大罪状，不言而喻是他申述自己入秦以来为秦国所建树的功绩，尽管是讳言其过而夸饰其功，却也大体如实地述说了他在秦王朝的创立和建设过程中所起到的至关重要的作用。可是，秦二世和赵高徇私除异，岂会悯惜功臣？公元前208年，他被腰斩于咸阳市中。临刑前，他与儿子相视痛哭，不禁怀念昔日在故乡的游猎之乐。是啊，他追名逐利一生，荣华富贵一场，到头来又何如上蔡布衣？！既有今日，何必当初，此情此景，此命此运，怎不令他感慨伤怀，悔悟莫及？！李斯既死，不出两年，秦王朝便土崩瓦解。

秦燔诗书，禁学坑儒，故“秦世不文”[②]。但李斯通晓六艺，为政治需要而时著文章。世传屈指可数的秦世文章，大都出自其手。其入秦为客卿时所作的《谏逐客书》，引史于远，取譬于近，喻巧而理至；摛藻敷采，铺文排句，雄肆而雅丽；颇具战国楚辞楚赋之风。他随秦始皇出巡而作的一些歌功颂德的刻石文字，如《泰山刻石》《之罘刻石》《琅玡台刻石》等，虽为仿效商周颂诗形式的四言体，但其用韵又与颂诗有别，多为三句协韵，亦不乏以两句或四句协韵，显示出楚赋流风。至于他的《行督责书》，则言不达理，辞不顺情，文风峭刻，文采寡然，

① 《史记·李斯列传》。
② 刘勰：《文心雕龙·诠赋》。

已大背楚风。“由现存者而言，秦之文章，李斯一人而已”[①]，亦可谓楚风流变而已。

有赖李斯之力，秦皇吞灭六国，卒成帝业；有赖李斯之力，秦皇桎梏黔首，搒掠天下。就促进社会统一和历史发展而言，李斯建有千古奇功；就促使秦文化的专制性和偏颇性发展到极端而造成社会的巨大损害来说，李斯负有千古大过。以李斯其才其智，却不知扬功避过，就在于他是以一己私欲投合秦皇私欲、出于个人功利追求而激扬秦文化急功近利的功利主义传统。诚如司马迁所论：“斯知六艺之归，不务明政以补主上之缺，持爵禄之重，阿顺苟合。”[②]汉初人士因李斯阿顺苟合而称扬其忠，却不知李斯是忠于秦皇以利己、而非忠于国家以利民，故司马迁力排俗议：“人皆以斯极忠而被五刑死，察其本，乃与俗议之异。不然，斯之功且与周、召列矣。”[③]

私欲，在一定程度上，确实能够激励人奋发向上；缘私欲而求功利，在一定条件下，也确实能够促使人建功立业并因此推动历史前进。然而，私欲的恶性膨胀、功利的偏执追求，必然就会逞私欲而害公义、逐功利而损国家。温茂柔雅、尚道而重德的楚文化陶冶出李斯的才智，贪狼强力、寡义而趋利的秦文化膨胀了李斯的私欲。李斯背弃楚文化精神而激扬秦文化传统，建功既高，铸过亦大。李斯的荣枯，诚为后人鉴戒；李斯的功过，足令后人省察。

第三节　道家思想与《吕氏春秋》

道家是春秋晚期兴起在南方楚地的学术流派，道家思想则是中国历史上最早形成的学说体系。

① 鲁迅：《汉文学史纲要》，人民文学出版社1981年第1版，第382页。
②③ 《史记·李斯列传》。

一、道家的产生和发展

春秋时期，生产的大发展、社会的大变革带来了思想的大解放。至春秋晚期，中国南北地区的文化发展达到了前所未有的高度，尤其是楚文化的发展开始进入其鼎盛期。变革的时代需要解答现实问题的思想巨匠，成熟的文化能够孕育学识渊博的文化伟人。于是，南方楚文化区出现了道家祖师老子，北方中原文化区产生了儒家祖师孔子。不过，以西周文化的传承者自命的孔子，虽从迷信天命而转向重视人事，但囿于传统而终究未能跳出西周天命神学的樊篱，并没有作剔除天神、打倒天国的努力，所创立的儒学也主要是政治主张和伦理道德的说教，缺乏形而上的哲学思维。熔铸南北思想文化成果的老子，在楚地多元而活跃的经济生活的促动下，在楚人穷究天人以求道的哲学思潮的影响下，在楚文化不拘一格以创新的文化精神的激励下，高扬理性精神而批判传统文化，首次将哲学范畴的“道”凌驾于宗教神学的“天”之上，剔除了传统文化中的“天命观”，从而实现了中国哲学从宗教神学中分离出来而开始独立发展这一历史性突破。[①]

总结南北思想文化之理论结晶的老子学说，因其思想的丰富性、深刻性、革命性和创造性，在社会变革更为深巨、南北联系更为密切、思想文化更为活跃的战国时期，流播广远而影响极大，导致了环渊、杨朱、彭蒙、田骈、尹文、列子等一大批道家学者的涌现和诸多道家流派的形成。犹如滚滚洪流，道家思想实际上主导了战国思想文化的发展。学者指出，《庄子·天下》将诸子之学概括为八家，其中四家乃属道家；“《荀子·解蔽》所列六家，道家居三；《尸子·广泽》所列六家，道家亦居三；《吕氏春秋·不二》所列十家，道家居五。足见先秦诸子中道家独盛”[②]。

道家思想产生在春秋战国时期的南方楚地，是楚文化精神的内核。

---

① 说详拙文《道家思想与楚国社会》，《江汉论坛》1991年第12期。

② 萧萐父：《道家·隐者·思想异端》，《江西社会科学》1989年第6期。

道家学说也主要发展于春秋战国时期的南方楚地，是战国至汉初思想文化的干流。迄今所见传世的战国楚地诸子之作，大都是道家学者的著作。近50年来发现的楚汉简帛文献中，也有一些重要的道家著作。适应战国时期社会由分裂走向统一的历史趋势，顺应学术由草创走向深化的发展规律，道家在楚地逐渐演变为两大主流学派，即黄老学派和老庄学派。

黄老之学，滥觞于战国初年，形成于战国中期，流行于战国晚期至西汉前期。它以老子学说为本而撮取融通诸家学说，直接和具体地解答了人们迫切关心的现实问题，提出了统一天下和治理社会的方略。因此，它综合诸子学说的特征，正是社会由分裂走向统一的趋势在思想文化上的反映；它以道家哲学为基础而着重于政治问题的理论阐发，又为社会发展作了理论奠基和舆论导向。它具有兼容性、先导性和实用性，可以说是南北思想文化在战国时期历史条件下的荟萃和发展，故既盛行于楚地，又风行于有深厚华夏文明传统的中原。

据现存文献，黄老之学的滥觞之作是《文子》。其书向来被多数学者视为伪作，但今已为出土简书证实了确为先秦古书。[①] 经考证，文子乃老子弟子，其书当成于战国早期的楚国。[②]《文子》祖述老子之言而予以发挥，又糅合诸家之说而予以申论，从经世致用的角度着力阐发老子“无为而无不为”的政治思想和“君人南面之术”的策略思想，并且通过转引老子之言、假托黄帝之事而将黄、老结合到一起，从而发黄老之学的先声。长沙马王堆汉墓出土的帛书《黄帝书》，据研究是出于战国中期的楚人之手，是黄老之学正式成为道家流派的标志。[③] 它明确主张统一天下，标榜为世人公认的天下共祖黄帝以阐发王天下之术，根据老子“道论”以陈述治天下之策，又兼采百家学说以论定天下之方，从而较为全面地提出了黄老之学的基本理论，较为鲜明地反映了黄老之学

① 见定县汉墓竹简整理组《定县40号汉墓出土竹简简介》，《文物》1981年第8期。
② 参见拙著《楚文学史》下编第三章，湖北教育出版社2020年版。
③ 参见拙著《楚文学史》下编第四章，湖北教育出版社2020年版。

的思想特征，堪称黄老之学的代表作。战国中晚期的楚国伟大诗人屈原在其诗作中表达的哲学思想，也与黄老之学相通相类。战国晚期的楚人之作《鹖冠子》，更是与《文子》《黄帝书》的思想一脉相承，也是黄老之学的重要著作。这些楚文楚诗，比较系统完整地反映了道家黄老之学在战国时期的楚地形成及兴盛的过程和面貌。

道家老庄学派的形成，则以战国中期哲人庄子的著作出现为标志。或说庄子生于宋，但游于楚。实际上，庄子更可能就是楚之蒙（今安徽蒙城）人。[①] 他所作洋洋洒洒十余万言的巨著，“其要本归于《老子》之言”[②]，却在《老子》基础上有着丰富而深刻的理论发展。它详细而充分地论证了“道”的特质和特征，进一步确立了“道”作为宇宙本体的最高地位。它最为突出的思想特征，就是着眼于人的生存方式和生存意义，细致地阐发了道家宗师老子所没有深论的、先秦诸子所未能重视的人生哲学，因而“别为一宗”，创立了道家的老庄学派。《庄子》阐发的人生哲学，实质上是对自由境界的理想化、审美化的表述和追求，故表达了十分丰富的美学思想。这便将《老子》的美学思想大大地丰富化和系统化了，构成了完整的道家美学体系。庄子创立的老庄学派，在形而上的哲学思维上追踵老子而大有丰富，因此虽在社会政治问题成为当世争鸣重点的战国时期的影响不及黄老学派，但对后世思想文化的影响却巨大深远。

道家思想在战国中期以后成为先秦思想文化的主导，主要表现为黄老之学风行天下。这又突出地表现为，稷下学宫兴盛约一个半世纪，以诸子百家放言争鸣开始，却以黄老之学主导讲坛告终。战国中期，田齐桓公在齐国都城临淄稷门附近兴建学宫，招揽天下处士学人来学宫讲学议政、著书立说。齐宣王扩置学宫，广纳学人。稷下学宫一时间汇集了天下学人近千名，荟萃了道、儒、名、兵、农、阴阳等诸家学者，成为

① 说详拙文《“庄子自是楚人”说》，《荆州师专学报》1998年第3期。
② 《史记·老子韩非列传》。

当时中国学术活动的中心。诸子论辩、百家争鸣的结果，是学术由分庭自立走向综合融通，形成了以黄老之学为主导的稷下学派。著名的稷下学者（所谓“稷下先生”）如环渊、彭蒙、田骈、慎到、接子、宋钘、尹文等，都因悉心研究黄老之学而成了黄老学者。环渊是“楚人，老子弟子”①，著有“《蜎子》十三篇”②，当亦为黄老之学的滥觞之作。彭蒙则可能师从环渊，或认为“彭蒙之师就是文子”③。田骈、慎到、接子等“皆学黄老道德之术，因发明序其指意”④。稷下学宫的后期，主持学宫的已是黄老学者。《管子》一书，是稷下学者的著作总集。其中最重要的 4 篇哲学著作《白心》《内业》和《心术》上下，就是黄老学者所作。田骈、慎到之徒死后，自赵“游学于齐”的荀况“最为老师”“三为祭酒”⑤，长时间为稷下学宫的主持者和稷下学派的代表。荀况游学于齐期间，正是黄老之学主导稷下学术之际。他所受到的黄老之学的影响，则是不言而喻的。他晚年居楚并终老于楚，也与楚地是道家的发源地和盛行地这一文化氛围不无关系。他总结先秦学术而成的《荀子》一书，明显地具有本黄老而融通诸家以发挥之的特征，故班固说“孙卿道宋子，其言黄老意”⑥。据此，今有学者认定：“荀况是战国末期黄老之学的代表人物。”⑦

黄老之学在战国中晚期风行天下、主导学术的另一突出表现，是当时在理论上和行动上为中国统一做出巨大贡献的法家代表人物，大都生于中原而出于黄老。如商鞅“少好刑名之学”⑧，而刑名之学正是黄老之学的重要内容，故史籍又载，“申子之学本于黄老而主刑名”⑨，“韩

---

①② 《汉书·艺文志》。

③ 王博：《彭蒙之师考》，北京大学《研究生学刊》1991年第2期。

④ 《史记·孟子荀卿列传》。

⑤ 见《史记·孟子荀卿列传》。

⑥ 《汉书·艺文志》“《宋子》十八篇”注。汉人避宣帝讳，称荀卿为“孙卿”。

⑦ 赵吉惠：《荀况是战国末期黄老之学的代表》，《哲学研究》1993年第5期。

⑧ 《史记·商君列传》。

⑨ 《史记·老子韩非列传》。

非者，韩之诸公子也，喜刑名法术之学，而其归本于黄老”[①]。黄老之学尚道重法，其代表作《黄帝书》中就强调“道生法”、道为本而法为用。从法家代表人物慎到、申不害、商鞅、韩非的学术渊源来看，法家学说当脱胎于黄老之学，只不过其发展为了适应现实的功利需要而冷漠道德之说、偏重法术之论了。当今学者论证：“韩非的思想实际上是从老子脱胎而来。”[②]

战国中晚期的中原学术大师多归属或出于黄老之学，无疑表明以道家思想为精神内核的楚文化，已在相当程度上影响着甚至“统一”了当时除秦国之外的中国南北地域文化。

二、吕不韦其人与《吕氏春秋》其书

隔在崤、函以西的秦国，虽然世代排斥关东精神文明，但由于它无视精神文明而滋养不出本土智士，为了强国和吞灭诸侯又不得不招揽人才，入秦的才士也自然会传播主导天下思想文化的黄老之学。公然宣扬黄老之学、并试图以之改造与关东主导文化格格不入的秦文化者，是入秦为相后的吕不韦。

吕不韦（？—前235），卫国濮阳（今河南滑县）人，居阳翟（今河南禹州）经商，行商往来南北，家致千金；观政周游列国，心怀天下。他在赵国都城邯郸（今属河北）经商时，遇入赵为质而陷于困顿的秦王子异人，不禁大喜过望，深叹“此奇货可居”[③]。当时秦师已东向无敌，秦国统一天下已可望可即，入秦为卿相方能大展抱负，他因此把异人看作他借以入秦问政的“奇货”。于是，他倾其家财奉异人入秦，指使异人讨好秦孝文王宠爱的楚女华阳夫人。异人因成为华阳夫人嗣子而得立为太子，进而继位为秦庄襄王。吕不韦也因此成了秦国丞相，受封为文

① 《史记·老子韩非列传》。
② 陈奇猷：《韩非与老子》，《道家文化研究》第六辑，上海古籍出版社1995年版，第183页。
③ 《史记·吕不韦列传》。

信侯，执掌秦政。3 年后，秦王政继位，年仅 13 岁，“尊吕不韦为相国，号称‘仲父’”[①]。大权在握的吕不韦，踌躇满志而大求作为。他积极推动并且亲自筹划和指挥秦统一六国的战争，取得了一系列重大胜利，使得秦帝国的诞生已是指日可待。为了广泛宣传和全面推行自己的政治主张，实现自己的政治理想，巩固自己的政治地位，他招致天下宾客三千人著书立说，“集论以为八览、六论、十二纪，二十余万言。以为备天地万物古今之事，号曰《吕氏春秋》”[②]。

《吕氏春秋》一书，是吕不韦为政治需要而组织门下宾客集体编撰的巨著。此书编撰的主要目的，在于为即将建立的统一王朝提供系统的政治理论和行为规范。此书力图“备天地万物古今之事”，却又因目的明确而贯注着明确的指导思想和基本精神。此书并非如古今一些学者所谓的“杂家”之作，而是执一合众、杂而不乱的集成之作。此书的基本特征，有如首先为它作注的东汉学者高诱在《吕氏春秋序》中所说：

> 然此书所尚，以道德为标的，以无为为钢纪，以忠义为品式，以公方为检格，与孟轲、孙卿、淮南、扬雄相表里也。

“以道德为标的”，即谓《吕氏春秋》是以《老子》的“道德论”为思想准则和哲学基础。“言道德之意五千余言”[③]的《老子》，首次阐发了以“道”为最高哲学范畴的哲学思想，强调“道生之，德畜之……是以万物莫不尊道而贵德”[④]。战国时期的道家学者，无不以之为哲学基础而申述发挥，进而据老子“道生一”的思想阐发道就是“一”“泰初”“太一”“气”等。《吕氏春秋》中的最高哲学范畴，也是因袭老子提出的“道”。它在宇宙观的阐发上，又大量吸取了战国时期的道家学者们的思想。《大

①② 《史记·吕不韦列传》。

③ 《史记·老子韩非列传》。

④ 《老子》第五十一章。马王堆汉墓帛书《老子》甲乙本、北大汉简《老子》第十四章文中无“莫不”二字。

乐》篇即说：

> 太一出两仪，两仪出阴阳。阴阳变化，一上一下，合而成章。浑浑沌沌，离则复合，合则复离，是谓天常。……道也者，视之不见，听之不闻，不可为状。……道也者，至精也，不可为形，不可为名，强为之（名），谓之太一。

显而易见，这些思想是对《老子》的宇宙本体论和宇宙生成论的发挥，而且可以从《文子》《庄子》《管子》《鹖冠子》等道家著作中找到类似的阐述。

"以无为为纲纪"，是说《吕氏春秋》以《老子》的"道常无为"理论为自然法则和社会规则。老子认为道的本性就是"无为"，而"人法地，地法天，天法道，道法自然"①，故人类社会应该是"为无为则无不治"②。老子的"无为"论，尚且含有顺因自然、消极无为的因素。战国时期的黄老学派，则适应社会历史的潮流和现实政治的需要，从积极方面致力阐发老子的"无为"论，将其作"君人南面之术"的深入发挥。黄老学派据老子"天得一以清，地得一以宁……侯王得一以为天下贞（正）"③的思想，论证其天下归于统一的主张，以为人类社会当是"立天子以齐一"④、"泰一者，执大同之制"⑤。进而，黄老学派强调，实现天下统一，治理一统社会，就必须"抱道""执一"，所谓"抱道执度，天下可一也"⑥、"立天下之道，执一以为保"⑦。黄老学派深入阐述说，

---

① 《老子》第二十五章。

② 《老子》第三章。马王堆汉墓帛书《老子》甲、乙本作"弗为而已，则无不治矣"，北大汉简《老子》第四十七章作"弗为则无不治矣"。

③ 《老子》第三十九章。北大汉简《老子》第二章文中无"天下"二字。

④⑦ 《文子·自然》。

⑤ 《鹖冠子·泰鸿》。

⑥ 《黄帝书·道原》。

“抱道”“执一”也就是“因其自然而推之”[1]社会，在社会生活中“循理而举事，因资而立功”[2]，借“无为”的方式达到“无不为”的目的。这便从用世、从得天下和治天下的角度，对老子“无为而无不为”[3]的思想作了具体而充分的发挥。因此，“无为而治”的理论，也成为黄老之学最为详明、最富特征的理论。《吕氏春秋》更是高度强调“执一”，并有《执一》篇专门强调其必要：

> 王者执一，而为万物正。……天子必执一，所以抟之也。一则治，两则乱。

它阐述的“王者执一”的方式，也就是法天地、因自然、行无为：

> 天曰顺，顺维生；地曰固，固维宁；人曰信，信维听。三者咸当，无为而行。行也者，行其理也。[4]

这种“无为而行”、行其理以求事成功立之说，简直就是此前的黄老学派著作中的有关论述的引申。《吕氏春秋·贵因》则专文论述了取法天地、因循自然的至关重要，深刻指出若不知“因”则必至败亡，进而强调“三代所宝莫如因，因则无敌”。《吕氏春秋》还告诫统治者说：“因者，君术也。”[5]人君应当因而无为，行无为之事，任无为之职，“能执无为，故能使众为也。无智、无能、无为，此君之所执也”[6]。总之，法天地、因自然、行无为的思想贯穿了《吕氏春秋》全书，是其书致力阐发的基

① 《文子·道原》。
② 《文子·自然》。
③ 《老子》第四十八章。
④ 《吕氏春秋·序意》。
⑤ 《吕氏春秋·任数》。
⑥ 《吕氏春秋·分职》。

本思想。

“以忠义为品式”，指的是《吕氏春秋》以仁、义、忠、孝等道德准则为社会规范和人伦法式。儒家宣扬仁、义、忠、孝，墨家主张“兼爱”“亲士”“贵义”“节葬”。黄老学派“采儒、墨之善”，吸取儒、墨诸家学说的精华融入自己的学说体系，适应社会统一的历史趋势而力图综合诸家学说以实现思想统一。《文子》中有《上仁》《上义》《上礼》诸篇专论，又称扬“义兵”：“诛暴救弱谓之义……义兵王。”[①]《黄帝书》提倡仁义和德治，强调“主惠臣忠者，其国安”[②]、“兼爱无私，则民亲上”[③]、“先德后刑，顺于天”[④]。《鹖冠子》呼吁“厚德隆俊”、尚贤尊士，指出“兵者，礼义忠信也。……行枉则禁，反正则舍”[⑤]。黄老学派撮取儒、墨诸家而阐发的上述论点，在《吕氏春秋》中历历可见，甚至鲜明突出。其《爱类》篇说：“仁也者，仁乎其类者也。故仁人之于民也，可以便之，无不行也。”《爱士》篇说：“人主其胡可以无务行德爱人乎？行德爱人则民亲其上，民亲其上则皆乐为其君死矣。”《上德》篇说：“为天下及国，莫如以德，莫如行义。”《高义》篇说：“君子之自行也，动必缘义，行必诚义。”《贵信》篇说：“凡人主必信。信而又信，谁人不亲？”《孝行》篇说：“夫孝，三皇五帝之本务，而万事之纪也。”再如《至忠》《忠廉》《诚廉》诸篇盛赞忠诚廉洁之士，《察贤》《期贤》《求人》诸篇阐述礼贤下士、举贤授能的必要，《节丧》《安死》诸篇宣扬节葬俭死、利民益生的意义，《荡兵》《振乱》《禁塞》诸篇标榜“诛暴君而振万民”、伐无道而行高义的“义兵”，《论威》《适威》《用民》诸篇强调重义节威、顺民行德……《吕氏春秋》的论述，可谓广泛地综合了诸家学说，不仅较其前的黄老学者之作综合得更为全面，

---

① 《文子·道德》。
② 《经法·六分》。
③ 《经法·君正》。
④ 《十六经·观》。
⑤ 《鹖冠子·近迭》。

而且在它们的综合论述的基础上有着更为详明的阐发，显然是刻意地专门阐述和系统归纳诸家所宣扬、且为世人所公认的道德准则及社会理想，指望将之作为即将诞生的统一王朝的人伦法式和社会规范。

“以公方为检格”，乃谓《吕氏春秋》所推崇的是以公平和方正作为国家的政治原则。天下为公、至公去私，是儒、墨诸家共同的社会理想和政治主张。孔子宣扬为公利民、“养民也惠”的“德政”，孟子宣扬推恩天下、“老吾老以及人之老”的“仁政”，墨子憧憬“兼相爱、交相利”的社会。黄老学派吸取了诸家的这类思想，并予以着重强调和充分论述。《文子·上义》引“老子说：‘治国有常，利民为本。’”《黄帝书》强调：“长利国家社稷，世利万夫百姓。”[①]既然立国应该利民为公，那么治国就必须贵公去私。黄老学派因此深入阐述说，国君当“不以私恩废天下之公义”[②]，任人必须秉公任贤，切不可唯亲；执法必须秉公执法，切不可徇私；这样臣民即会存方正之心，国家就有方正之治。《黄帝书》说：“君臣不失其位，士不失其处，任能毋过其所长，去私而立公，人之稽也。”[③]又说：“精公无私而赏罚信，所以治也。”[④]黄老学派论治国之道，特别重视任贤授能和秉公执法，因为在其看来，天下乃天下人所公有，故需天下贤人来共同治理；“法度者，正（政）之至也”[⑤]，秉公执法、严明法令则安民安国、利民利国。《吕氏春秋》不仅吸取了这类思想，而且将“贵公去私”、方正端平作为一统国家的政治原则来明确提出。其《去私》篇指出：“天无私覆也，地无私载也，日月无私烛也，四时无私行也，行其德而万物得遂长焉。……王伯之君亦然，诛暴而不私，以封天下之贤者，故可以为王伯。”《贵公》篇强调：“昔先圣王之治天下也，必先公，公则天下平矣。”它还公然告诫：“天下非一人之天下，天下之天下也！……万民之主，不阿一人！”这样明

① 《十六经·前道》。
② 《鹖冠子·天则》陆佃注。
③ 《经法·四度》。
④⑤ 《经法·君正》。

确的指出，这样严肃的强调，这样直白的告诫，已较同时代黄老学者的言论有过之而无不及。同时，《吕氏春秋》也特别重视求贤用贤和纲纪赏罚。它认为，君因公而任贤，臣为公而去私，乃“功名之立，由事之本也，得贤之化也”①。它又指出，“用民有纪有纲……赏罚皆有充实，则民无不用矣”②，但用准绳在于求平直，执行法度就必须公正，所谓“法也者，众之所同也”③。综观《吕氏春秋》的阐论，可以说它全面阐发了黄老学派关于治国之要在于至公去私、方正端平的思想主张，并且将之提到了立国之本的高度。

高诱序称《吕氏春秋》“与孟轲、孙卿、淮南、杨雄相表里”，是指其书的许多思想内容和《孟子》《荀子》《淮南子》和《法言》等书中的论述颇为相同。《吕氏春秋》杂取先秦百家学说而力图综合融通之，也自然多与诸子之说相表里。高诱所称，仅指出了它综合诸家学说的事实，并不能说明它网罗百家学说的状况。就高诱所称而言，《孟子》是弘扬孔子学说的儒家经典，《法言》乃模拟《论语》而申述儒学，其重要的思想主张确实可于《吕氏春秋》中见到。不过，《吕氏春秋》与《荀子》和《淮南子》相为表里、相互通合之处则更多。稍早于《吕氏春秋》产生的《荀子》，受黄老学派影响而综合并总结百家学说，以至于集百家之所成而多有发展，虽标举儒学却植根于道学，故今有学者力辩：“荀学有儒学的内容，有道学的内容。但从整体上分析，它已经超越了儒家，而成为黄老之学了。”④产生于西汉前期的《淮南子》一书，则是先秦至汉初的黄老之学的系统总结，尤其是“西汉道家思潮的理论总结”。⑤《吕氏春秋》与它们在自然观上基本一致，主要依据道家自然观以申述

① 《吕氏春秋・本味》。
② 《吕氏春秋・用民》。
③ 《吕氏春秋・处方》。
④ 赵吉惠：《论荀学是稷下黄老之学》，《道家文化研究》第四辑，上海古籍出版社1994年版，第111页。
⑤ 见任继愈主编《中国哲学发展史（秦汉）》，人民出版社1985年版。

和发挥；与它们在社会政治观上多相契合，主要因承黄老学说而阐论和总结。

《吕氏春秋》的治学方式和主要思想，都与战国时期的道家黄老学派相通相似，无疑是在黄老之学的直接影响之下糅合百家学说以成的著作，可以归入黄老学派的著作一类。应该说，它是先秦时期黄老之学的集大成之作。又如学者所指出的那样，它“是汉初黄老之学的先声”。[①]实际上，它的序言——《序意》篇中所记吕不韦之说，已将它的性质和特点讲得甚为清楚：

> 文信侯曰：尝得学黄帝之所以诲颛顼矣，爰（曰）有大圜在上，大矩在下，汝能法之，为民父母。盖闻古之清世，是法天地。凡十二纪者，所以纪治乱存亡也，所以知寿夭吉凶也。上揆之天，下验之地，中审之人，若此则是非可不可无所遁矣。

由此语可知，《吕氏春秋》是标榜黄帝而申述老子之说，将社会、人生问题与自然联系起来而包容诸说、全面阐述。

三、“不韦迁蜀，世传《吕览》”

“吕不韦者，阳翟大贾人也。”[②]阳翟一带在春秋战国时期初属郑国，后归韩国。郑国曾多次依附楚国，楚师也频繁出入阳翟一带。因此，楚文化对阳翟一带的影响甚至覆盖，是可想而知的。吕不韦受楚文化的影响之深，也是不难想知的。如前所述，战国晚期，楚道家的黄老之学在相当程度上已经“统一”了关东六国的思想文化。适人者用，顺民者立，渴望社会统一的六国学士对黄老之学的认同和信从，预示着黄老之学作为即将诞生的一统社会里占主导地位的思想文化，则是历史的必然。行

① 见任继愈主编《中国哲学发展史（秦汉）》，人民出版社1985年版。

② 《史记・吕不韦列传》。

商于天下、观政于六国的吕不韦，对此大概也有了明晰的意识，或许也逐渐成了黄老之学的信徒。入秦为相之后，他亟欲缘众望、顺民愿而成就万世功名，为即将诞生的一统帝国确定统一的思想文化和万世的政治法式，乃因承黄老之学进而总合诸子百家。上引“文信侯曰”，即是吕不韦在主持编撰《吕氏春秋》时公开表明的学术态度和基本思想。秦国无儒，吕不韦招致门下“著所闻”的宾客，都是“斐然争入事秦”的关东六国文士，他们自当多是信奉黄老之学的文士。因此，《吕氏春秋》一书，自然是弘扬黄老之学而内容庞杂、体系庞大的集成之作。

固执地抱着“儒无益于人之国”[①]偏见的秦国统治者，始终拒绝接受关东六国先进的精神文化，以致斥儒无文而不知国家兴亡的历史经验教训，只知一味崇尚武力、迷信刑法、奉行强权、追求霸道而急功近利。深受关东华夏历史文化熏陶而具有远见卓识的吕不韦，则深知“夫以德得民心以立大功者，上世多有之矣。失民心而立功名者，未之曾有也”[②]。吕不韦不遗余力地主持编撰《吕氏春秋》，正是欲以在相当程度上综合、概括了华夏思想文化的黄老之学作为未来秦帝国的统治思想，欲以黄老之学倡导的尚德而辅以刑、隆礼而兼用法的王道文化取代秦人的霸道文化，从而使即将诞生的秦帝国赢得民心而长治久安。因此，《吕氏春秋》在弘扬黄老之学而大谈为君之道、为臣之道、治国之道、用民之道、举兵之道等时，往往直接针对传统的秦文化之短而深入论说。秦王奉行集权和独裁，它乃强调“天下非一人之天下”，故人君应以“无为”为纲纪，不可独断专行；秦人治国实施严刑峻法，它乃强调“威不可无有，而不足专恃”、“爱利之心谕，威乃可行”[③]；秦人用民惨礉少恩，它乃强调利民养生、“行德爱人”；秦人兴兵掠夺、征伐悖义，它乃强调“兵苟义，攻伐亦可，救守亦可；兵不义，攻伐不可，救守不可”[④]；

① 《荀子·儒效》记秦昭襄王语。
② 《吕氏春秋·顺民》。
③ 《吕氏春秋·用民》。
④ 《吕氏春秋·禁塞》。

秦人罢斥文教，它乃以《劝学》《尊师》等专文强调兴学敬师、重文施教的必要；秦人急功近利，它乃明确指出“天下之士也者，虑天下之长利，而固处之以身若也；利虽倍于今，而不便于后，弗为也”[1]；……尤其是针对秦人逐利弃义、贪婪残暴、缺乏道德价值观念而为关东六国所鄙夷和敌视的要弊，它乃特别强调“义”，称“先王之于论也极之矣，故义者百事之始也，万利之本也”[2]，为义者必久长，无义者必短命，还直接举为秦国建有大功、谋得大利的商鞅为例，说明商鞅就是因趋利背义而最终遭人鄙弃、走投无路的。由此看来，吕不韦主持编撰“上揆之天，下验之地，中审之人”以求“是非可不可无所遁”的《吕氏春秋》，似乎也是有意针对秦统治者的所作所为而告以是是非非、可与不可，促使秦统治者自觉地移风易俗、洗心革面，成为天下人能够接受的帝国统治者。在吕不韦的意识中，秦将统一关东六国，而秦文化则应与关东六国文化合一，完成这统合大业、成就这万世功名的，当然是非他莫属了。

公元前239年，也即秦王政八年，《吕氏春秋》终于编撰成书。其时权倾朝野而以为因此可成就万世功业的吕不韦，得意洋洋地将其书“布咸阳市门，悬千金其上，延诸侯游士宾客有能增损一字者予千金”。[3]显而易见，他是将其书视为超轶先秦诸子著作而一字难易的万世经典，故才如此自得、如此自信和如此自豪。这与其说是他心血来潮的炫耀之举，莫如说是他深思熟虑的张扬之为。他意在借此向世人公布他的世界观、他的政治纲领、他拟定的统一天下和治理天下的方针和措施、他设计的统一国家的蓝图和确定的一统社会的规范，借此造成巨大的社会舆论以让秦最高统治者接受他的思想主张。

可是，吕不韦得意忘形了。他虽知华夏文化却不通秦国历史，虽有远见却缺乏近识，结果导致了自我毁灭。他也不细细思量一下，尚力逞

① 《吕氏春秋·长利》。
② 《吕氏春秋·无义》。
③ 见《史记·吕不韦列传》。

霸、“奋六世之余烈”而将得“吞二周而亡诸侯”之大利的秦人，怎能接受被其玩于股掌、践于脚下的六国人士的“迂腐”论调？固守数百年传统观念并陶醉在秦国的伟大胜利之中的秦人，怎能容忍贬秦或非秦的言论？尤其是年已逾20而欲独裁天下的秦王政，怎能听取“天下之天下”的异说、服从“无为”的纲纪？历史上，秦人任用客卿，仅作为服务其强权政治、专制主义的工具。商鞅入秦，言王道而遭冷遇，言霸道才受重用。荀况入秦，赞法治而秦人喜，说儒效而秦人弃。吕不韦欲在秦国推行黄老之学宣扬的王道，也必然要被秦人毁灭。在秦人看来，他的行为不啻是自我暴露的张狂，必欲除之而后快，又何念他的“亚父”之亲和相国之尊。《吕氏春秋》公布的次年，他就因事牵连而几乎被杀。两年后，他就在逐往蜀地途中被迫自杀。他的悲剧，《史记》记述是他玩弄卑劣阴谋的结果。但是，诚如一些学者所指出的，《史记》的记述中，当多有汉人因痛恨残暴的秦人而丑化秦人的虚造之辞。[①] 事实上，他的悲剧联系着深广的历史文化背景，具有复杂的政治原因。

“不韦迁蜀，世传《吕览》。”[②]《吕氏春秋》因吕不韦的毁灭而被秦统治者弃置，流传世间。弘扬道家黄老之学的《吕氏春秋》在秦国的产生和遭弃，反映了秦统一前夕发生的一场激烈的思想文化斗争。这场斗争，可以看作是以楚文化精神为主导的关东文化统一天下的尝试，是基本统一了的关东文化与秦文化在秦国本土的一场大较量。这场较量，昭示了文化统一的必然趋势和一统文化的必然格局。吕不韦和《吕氏春秋》在秦国的悲剧性结局，并不意味着楚文化乃至关东文化与秦文化较量的失败，而只意味着其在特定的历史条件下和社会环境中与秦文化较量的挫折。秦统治者遗弃《吕氏春秋》，一如既往地排斥关东思想文化，又变本加厉地推行传统的秦文化，虽然“怀贪鄙之心，行自奋之智”而以武力夺取天下，却注定了其统治天下的失败和短命，注定了其不得不

① 参见马非百《秦集史·吕不韦传》按语。
② 《史记·太史公自序》。

将一统天下拱手让给创立和奉行道家黄老学说的楚人。

第四节 楚文化在秦统治时期的承传

战国后期，秦国大举兼并楚地。为了彻底灭楚并巩固其统治，秦人在所占楚地强制摧毁楚文化而推行秦文化。然而，楚文化有着悠久的传统、丰厚的积淀和辉煌的成就，秦文化只能依靠政治和军事的强力而确立为故楚之地的统治文化，却无法取代在楚地传承久远而生命力犹强的楚文化。秦灭楚后两年便统一天下，又仅过 15 年便被楚人领导的义军推翻其王朝。秦王朝的祚命苦短，秦文化在楚地的推行和统治也是有限的。

战国末年以迄秦代，楚文化在故楚之地依然相对独立地存在着、生生不息地演进着，并且因楚人大量入秦和秦人大量掠取楚文化成果而对秦文化的发展产生重大影响。

一、江汉腹地的楚文化

公元前 278 年，秦将白起破楚拔郢，占领了楚人依托而兴、根植而盛的江汉地区。江汉地区，是楚人自商末周初以来逐步开拓、苦心经营了约 800 年的基业，是楚文化的发祥、繁盛和辐射四方的基地。秦人一进入这一地区，即对这一地区进行了惨无人道的烧杀抢掠，实行了严酷暴虐的政治压迫，并且处心积虑地毁绝楚文化。

史籍记载，白起拔郢后所做的首要大事，便是“烧先王墓夷陵”。[①] 烧毁楚人先王的陵墓，其用心是不言而喻的。秦人就是要以此来摧垮楚人的精神支柱，消解楚人的民族意识，破除楚人的文化心理。楚国富甲

① 见《史记·楚世家》。

天下，楚王陵墓又该凝聚了多少文化创造的财富、具有多么高的文化价值！今人周知，曾侯乙不过是蜗居江汉腹地、依附楚国苟生的小国君主，其墓中就出土了那样丰富精美而令世人叹为观止的文化瑰宝，仅种类繁多、精工富丽的青铜器总量就逾10吨。以楚国的疆域之广、历史之久、先王之众，楚王陵墓中的文化藏量和文化价值是可以想象的。然而，秦火无情，燔然一炬，顿作飞灰！

荆州城北约5千米的"楚纪南故城"，面积达16平方千米，就是白起所拔的楚都"蕆郢"。它北瞰中原，南襟湘赣，西通巴蜀，东连吴越，是长江中游的襟要之最。史书记载楚人以它为都长达400余年虽不确切，但考古资料证实它是楚国最为强大和楚文化最为繁盛时期——春秋末年至战国中晚期的首都。[①]它不仅在相当长的时间里是楚国的政治和文化中心，也是当时中国最大的都城和最繁华的商业都会之一。汉代人追述当年它的人口之稠密、街市之热闹说："楚之郢都，车毂击，民肩摩，市路相排突，号为朝衣鲜而暮衣敝。"[②]发展至鼎盛时期的楚文化，即以它为凝聚地和辐射场。可以说，"东周文化的精华大半集中在楚文

① 见湖北省博物馆《楚都纪南城的勘查与发掘》（上、下），《考古学报》1982年第3、4期。由于考古发现古城址及其周围的楚文化遗存主要是战国时期的，加之传世文献、出土楚简文献和面世的清华楚简《楚居》中记载楚国有许多"郢"，学界对纪南城的年代乃至性质有着不同说法。湖北省文物考古研究所据近年的纪南城考古资料认为："纪南城应为战国时期的楚郢都，即公元前278年秦将白起所拔之郢。"（湖北省文物考古研究所编：《纪南城考古发现》，江汉考古编辑部2015年出版发行，第2页。）一些考古学者据纪南城考古遗迹的碳十四测年数据和纪南城内外楚文化遗存的考古发现，结合文献相关记载做综合分析，进一步确认纪南城始建于春秋晚期。（见肖玉军、张万高等《论纪南城的始建年代》，《楚文化与长江中游早期开发国际学术研讨会论文集》，武汉大学出版社2021年版，第201~208页。）张正明于20世纪80年代初结合考古发现分析史事而认为："在楚昭王十一年（前505）秋以前，郢在（宜城）楚皇城一带；此后到楚顷襄王二十一年（前278）春为止，郢在纪南城。"（张正明：《楚都辨》，《江汉论坛》1982年第4期。）张说甚是。

② 桓谭：《新论》。

化里”[①]，而楚文化的精华又曾主要集中在蒇郢里。可是，这座文化贡献巨大和文化含量极高的名城，也在秦人拔郢后毁于一旦，化为焦土。呜呼！战国繁华随烟灭去，秦汉冢草因风长出。迄今考古调查和发掘已知，在纪南城遗址，当年的楚王宫殿、居民住处、手工作坊等的遗迹尚存，却几乎“未见战国晚期楚文化遗存，在纪南城东南边的凤凰山发现了大批秦汉墓葬……至于东汉时期的墓葬则遍及全城……城内找不到秦汉时代的文化堆积。这就说明楚都东迁以后，纪南城也逐渐废弃了”[②]。文献记载，秦每破诸侯，即“堕名城，杀豪俊”[③]，掠美人钟鼓。纪南城则几乎是劫后余灰无存，荒为秦汉坟地，可见秦人覆灭楚国的用心之良苦、摧毁楚文化的手段之极端。

白起拔郢之后，纪南城一带人口锐减，生产倒退，文化萧条。考古发现这一带的战国晚期晚段墓葬不多，表明这一带在秦人统治的 70 来年（前 278—前 208）里人口稀少。纪南城东垣外的雨台山墓地，1975—1976 年发掘清理东周楚墓 558 座。据《江陵雨台山楚墓》报告，年代最晚的第六期为白起拔郢的公元前 278 年前后的墓葬，仅有 39 座。南邻雨台山的九店墓地，1981—1989 年发掘东周楚墓 596 座。据《江陵九店东周墓》报告，年代最晚的四期七段为战国晚期晚段的墓葬，仅有 34 座。纪南城东南垣外的高台墓地，1992 年发掘秦汉墓葬 44 座。据《荆州高台秦汉墓》报告，年代最早的一期一段为秦统治时期的墓葬，仅有 1 座。当年在郢都城里摩肩接踵的居民，到哪里去了呢？哀郢都之不保，“方仲春而东迁”[④]。楚顷襄王弃蒇郢而“东北保于陈城”[⑤]，随其向东北逃亡的百姓自然不会少，但更多的恐怕还是做了秦人的刀下之鬼或被秦人掳走为奴了。另外，在这一带的战国楚墓里大量可见的精美丝织品和奇

① 张正明：《楚文化志·序》，湖北人民出版社1988年版，第2页。
② 湖北省博物馆：《楚都纪南城的勘查与发掘》（下），《考古学报》1982年第4期。
③ 贾谊：《过秦论》。
④ 屈原：《九章·哀郢》。
⑤ 《史记·楚世家》。

丽漆木器，几乎全不见于这一带的战国晚期晚段墓中。这一带的战国晚期晚段乃至西汉前期墓葬中出土的漆木器，据其形制和烙印文字“咸亭”来看，很可能是从外地贩来的。显然，当年郢都发达的丝织业和漆器生产业，在郢都被毁后遭到了彻底的破坏。学者们推测，楚国的能工巧匠，没有逃亡的大概都被秦人掳走，故秦都咸阳的丝织业和漆器生产业在战国晚期迅速发达，且其产品的纹饰颇具楚风，漆器制品还倒流故楚之地。[①]不难想象，秦人占领后的纪南城一带，是满目疮痍，一片荒凉，人文尽毁，鬼雄啸歌！

纪南城周围数十千米内，有着墓冢密布的多片楚墓群。楚都里生活的贵族乃至平民，死后大概都被就近埋葬在距城不远的高地上。城周围的山丘、岗地上的一些封土较大、排列有序的墓群，则有可能是楚国上层贵族的家族墓区。1986 年发掘的荆门包山楚墓，就是楚怀王时代的左尹邵㐌的家族墓群。迄今为止，在纪南城周围已发掘了 3000 多座楚墓。可是，凡是大中型楚墓，多在早年被盗，而且往往是被秦人盗掘。许多被盗楚墓中，残留有秦人的盗掘工具。有学者推测，秦人拔郢后，即组织了大规模的公开盗掠楚墓的行动，而且主要盗掘大中型的楚国贵族墓葬。宜昌市博物馆曾在当阳清理一座大中型楚墓，挖开后即看到秦人所掘且大于椁室的盗洞，棺椁中的随葬品几乎被洗掠殆尽。有的考古专家因此不无感慨地说，他过去认为秦人在纪南城周围“官盗”楚墓，对大型楚墓是十墓九盗，现在看来可以说是十墓十盗，除了像包山楚墓那个别没有盗开的以外，大型楚墓中的随葬品可能差不多被秦人盗完了。秦人“官盗”楚墓，当然是出于对楚人财富的贪求，出于为统一战争积聚物力的需要，但恐怕也不无发掘楚人祖坟以震慑楚人心灵的用意。秦人唯知以暴力振威天下，却不知以德义感服人心。商周的文明传统是重孝道孝行，以为“夫孝，三皇五帝之本务，而万事之纪也”[②]。楚人

① 见《云梦睡虎地秦墓》，文物出版社1981年版。
② 《吕氏春秋·孝行》。

尚文，也尤为念祖重孝。屈原在《离骚》的开篇，就自述世系生辰，缅怀远祖近宗，追念皇考先人。秦人洗掠楚人祖坟，虽能震慑楚人于一时，却必使楚人深感奇耻大辱而激发不共戴天的仇恨于永久，不啻也是自掘坟墓。

西北距纪南城约 50 千米的古云梦泽中、今湖北潜江龙湾镇东，发现总面积约 108 平方千米的楚国文化遗址。遗址东区发现夯土宫殿台基 22 座，总面积达 30 余万平方米，被考古学界认定“龙湾东区楚宫殿基址群即为‘楚章华台宫苑群落’遗址”。[①] 其中 I 号宫殿基址的台基最高而为三层高台建筑，面积最大而达 13000 平方米，被发掘者认定就是楚灵王建成的章华宫主体建筑章华台的基址。文献记载，章华台“台高十丈，基广十五丈”[②]，“以土木之崇高、彤镂为美，而以金石匏竹之昌大、嚣庶为乐”[③]，灵王为建此台而“国民罢焉，财用尽焉，年谷败焉，百官烦焉，举国留之，数年乃成”[④]。由此可知，其是何等的雄伟壮观、富丽堂皇、章灼华美，堪称当时的“天下第一台”和诸侯宫殿的典范。可是，这样一座凝聚了楚人的物质和精神财富的宏丽豪奢宫殿，这样一处自灵王以下 10 余代楚王悉心营建了 260 多年的大型游猎娱乐宫苑群落，也毁于秦火。宫殿的台基上明显可见焚烧痕迹，烧红的残砖碎瓦和焦黑的木炭灰满目皆是。学者论述甚明：“公元前 278 年，郢都被秦军攻破，章华台势必同受其祸。文献记秦军自郢都东至竟陵。楚邑竟陵在今潜江西北，距章华台甚近。此处对秦军有吸引力的，唯章华台而已。秦军的办法极为简单，一是抢光，二是烧光。从此，章华台就成了废墟，与荒烟蔓草为伍了。”[⑤]“欲吊章华无处问，废城霜露湿荆榛。”[⑥] 负有盛名又化为废墟的章华台，留在后人心头的只是遐想和痛惜。

秦人占领了江汉地区，置南郡统辖江汉腹地，因焚毁了楚都纪南城，

---

① 见湖北省潜江博物馆、湖北省荆州博物馆《潜江龙湾》，文物出版社2005年版。

② 《水经注·沔水》。

③④ 《国语·楚语》。

⑤ 张正明：《章华台遗址琐议》，《张正明学术文集》，湖北人民出版社2007年版，第377页。

⑥ 陆游：《哀郢》。

只得在纪南城东南约 3 千米处另建郡治郢城（故址在今荆州郢城镇，面积仅约 2 平方千米）。秦南郡守就在这故楚之地全面推行秦国的制度文化，对故楚之民实行了严刑峻法的酷虐统治。

1975 年末至 1976 年初，考古工作者在湖北云梦睡虎地发掘了 12 座秦墓，其中的 11 号秦墓出土了大量战国晚期至秦始皇时代的竹简（简称“云梦秦简”）。这批竹简包括《秦律杂抄》《法律问答》《秦律十八种》《语书》《日书》等多种文书，由其可知江汉楚地在秦人统治下的社会状况。学者们一般认为，这批秦简反映的是整个秦国和秦代的社会制度和社会生活。但确切地说，它所反映的主要还是江汉楚地在秦人统治下的社会制度和社会生活。据文献记载，秦人在关中本土实行的法律，似乎并不像这批秦简所载律文一样苛烦。考古发现甘肃天水放马滩秦简中，也有与云梦秦简中的《日书》性质相同的文书，但两者所反映的社会风俗却大异其趣。

云梦秦简的内容虽然丰富，但“秦律占一半以上”①。文献记载商鞅为秦国所制律文，尚且只有 6 个律名的专篇。可是，见于云梦秦简上的律名竟不下 30 个。“从竹简所记的秦律的律文、律文解释及案例来看，可知秦律名目繁多，规定苛严；触犯者，轻者罚以财物，重者就要沦为国家奴隶或受到刖、枭首等酷刑。”②

其律文反映出，秦人将故楚之民的可耕地和生产工具的绝大部分都收缴国有，利用授田制把农民固定在土地上，直接向农民征收地租和赋税，同时又要农民承担繁重的徭役。战国以来，关东六国都先后开始了土地私有化。秦国自商鞅变法以后，也在关内允许土地私有。《商君书·境内》记：“能得甲首一者，赏爵一级，益田一顷，益宅九亩。”然而，秦统治者却在江汉楚地实行土地国有，实际上也将故楚之民置为半农奴地位，对其进行惨重的经济掠夺和严酷的政治统治。不仅如此，从秦简律文以及《日书》大量涉及对奴隶的占有、买卖和处罚的内容可知，秦

①② 《云梦睡虎地秦墓》，文物出版社1981年版，第72页。

统治者还在江汉楚地广泛地推行奴隶制。秦统治者役使的奴隶，当然有多种来源，但就秦简来看，主要是战俘、刑徒及其家属和无力承担赋税而沦为奴的农民。奴隶毫无人身自由，犹似供秦统治者驱赶的牛马。秦简律文中有许多针对其的严苛处罚规定，其处境又较农民悲惨得多。以往，学术界一般认为，我国古代社会在春秋战国之交已基本完成从奴隶制向封建制的转变，秦国的社会制度虽然落后于关东诸国，但自公元前408年实行“初租禾”以后，也基本上完成了这一社会制度的变革，奴隶制生产关系最多也只是残存于战国后期社会而已。“睡虎地简出土以后，其中关于奴隶制的记载使很多研究者为之惊异。”[①] 有的学者以楚人文献很少言及奴隶制为据，推测“很可能楚国的奴隶制在晚周已经衰落了……秦命白起攻楚以后，楚境被秦人逐步占领，又把奴隶制带进了这一地区”[②]。诚然若是，就文献记载和考古资料来看，楚人在南方以“抚有蛮夷，奄征南海，以属诸夏”为发展纲领，“楚国的奴隶制不发达甚至不流行”，而且“不曾经过奴隶制这个社会阶段”。[③] 战国晚期至秦代的故楚之地广泛存在奴隶和实行奴隶制，确实是秦统治者造成的。不过，由于历史的原因，秦、楚势不两立，互为仇雠，秦统治者在故楚之地推行的制度，恐怕未必是完全照搬在关中秦境实行的制度，当主要是出于压服楚人和搜刮财富的需要，而在所占领的楚境推行的更为暴虐的制度。故楚之地的社会乃因秦人的统治出现了历史大倒退，而秦人在故楚之地的统治也就不可能是稳固的。秦简中就有许多关于“亡公器、牲畜”“去亡”以及对“群盗”的处罚律条，表明故楚之民乃以各种方式反抗秦统治者。

2007—2008年，湖南大学岳麓书院从香港购买及受赠的一批秦代简牍（简称“岳麓秦简”）。由简文语及的江陵、州陵、胡阳等地名推测，其也可能是盗掘于南方故楚之地的流散文物。其内容可分《日志》《官箴》

---

①② 李学勤：《睡虎地秦简〈日书〉与楚、秦社会》，《江汉考古》1985年第4期。

③ 参见张正明《楚国社会性质管窥》，《张正明学术文集》，湖北人民出版社2007年版。

《梦书》《数书》《奏谳书》和《律令杂抄》六大类，法律文书简牍竟然约占秦简总数的2/3。岳麓秦简的法律文书简牍的数量多于云梦秦简的法律文书简牍，内容也比云梦秦简法律文书丰富，较云梦秦简法律文书增有多个秦律篇名和许多秦律条文。[①] 岳麓秦简尚未完全整理公布，但已知概况和初步研究即可进一步了解秦法的苛烦和秦人统治故楚之地的严酷。

为了使楚遗民彻底秦化，秦统治者在江汉地区强制实行秦的制度文化的同时，也强制推行秦的风俗文化，严令楚遗民弃绝楚文化习俗而服膺秦文化习俗，企图迫使其与秦人"行同伦"。

云梦秦简《语书》，是南郡守腾颁发给郡属各县、道官吏的文告。其中即说：

> 古者民各有乡俗……今法律令已具矣，而吏民莫用，乡俗淫佚之民不止，是即废主之明法也，而长邪僻淫佚之民，甚害于邦，不便于民。

可见，秦统治者对楚遗民不改乡俗而深恐大患，于是再次颁布文告，严令各县、道以法令"矫端民心，去其邪避（僻），除其恶俗"，也即要以严法禁绝所谓"淫佚"的楚俗。

文化习俗，是文化传统的直接反映，是文化心理的外在表现。保持原有的文化习俗，也就是保持自己民族和国家的文化传统和文化心理。秦统治者深知，倘若不能使江汉民众易楚俗而就秦习，在文化心理上归顺秦人，是不能巩固其在故楚之地的统治的。然而，文化习俗的改变、文化传统的背弃和文化心理的归顺，只能靠异质文化的优越性、先进性的长期诱导和默化，岂能以暴力强制？强制推行，则适得其反。《语书》

① 见陈松长《岳麓书院所藏秦简综述》，《文物》2009年第3期；参见陈伟《论岳麓秦简法律文献的史料价值》，《武汉大学学报》2019年第2期。

颁布的时间，是秦王政二十年（前227），距白起拔郢已有51年。可是，秦统治者依然不能迫使江汉居民变更习俗。《语书》中又说：

> 今法律令已布，闻吏、民犯法为间私者不止，私好乡俗之心不变。

江汉民众竟敢无视严酷的秦法，一如既往地“私好乡俗”、我行我素，表明其楚文化情结至深、其维护楚文化传统的决心至大。不仅如此，南郡县、道的官吏也与民同流，“犯法为间私”，知情不举，妄为自适，使得郡守在《语书》中不得不严肃申令：“自从令丞以下知而弗举论，是即明避主之明法也，而养匿邪避之民。”这又反映出楚文化的积淀之厚、魅力之大和影响之强，导致秦国地方官吏不知不觉又不可抗拒地被楚化。

其实，楚文化在秦统治下的故楚之地的存在和影响，十分明显地体现在云梦秦简中。这批秦简里，就有受楚文化浸染而比较鲜明地反映了楚文化特征的文献——《日书》。云梦秦简《日书》有甲、乙两种，主要是记述日常生活中的宜忌择日、祈神求福以趋吉避凶的全书，故学者们大都将它视为数术类书籍。但是，它却广泛地反映了当时的社会生活、阶级关系、意识形态和风俗习尚等，具有较高的文化史料价值，也因此成为近年来学术研究的一个热点。许多学者因它为秦简，就依据秦人史料、囿于秦文化范畴来研究它，认为它是“秦国社会的一面镜子”[①]，“提供了战国至秦代秦人社会风俗的珍贵资料”[②]。不能回避的是，《日书》中明明白白地开列了两份楚秦月名对照表。仅此即清楚地表明，秦在江汉地区的统治，始终未能迫使江汉民众改用秦历法，而只能迁就其沿用楚历法的传统，《日书》中体现了楚文化的内容。根据《日书》甲乙两种的对应关系和书中有楚人之语，学者指出：“每种《日书》都包括两套建除，一套显然是秦人的建除，一套应属楚人。”[③] 又有学者经考证

① 《日书》研读班：《日书：秦国社会的一面镜子》，《文博》1986年第5期。
② 吴小强：《〈日书〉与秦社会风俗》，《文博》1990年第2期。
③ 李学勤：《睡虎地秦简〈日书〉与楚、秦社会》，《江汉考古》1985年第4期。

后强调："云梦秦简《日书》实际上是战国《日书》的一部杂抄，其中包括了不少楚国《日书》的内容。……可以初步确定……6 篇计 62 简的主要内容原属楚国《日书》。……秦灭楚后，入楚地之秦人渐为当地巫风所染，于是才有了秦简《日书》这样的杂抄之书。"①

不过，与其说云梦秦简《日书》是以秦《日书》为基础而杂糅楚《日书》内容以成，莫如说它是以楚《日书》为基础而杂糅秦《日书》内容以成。它所反映的重商意识、婚姻习俗、生殖信仰等，尤其是多神崇拜的观念和信巫鬼、重淫祀的风尚，大都与文献记载及出土文物所反映的楚人的意识和习尚相契合，而关于秦人生活的文献资料和考古资料却罕有印证。如据文献资料，秦人重农抑商，云梦秦简《日书》却多处语及商业买卖，而且男女皆"为贾"。实际上，这正是楚地有着经商传统而楚人习于经商的反映。楚国自春秋中期便重视商业，被晋人称为"商农工贾不败其业"②，在战国时期的商品交换活动更为扩大和频繁，是当时唯一齐备金、银、铜三种货币的国家，因而形成了悠久的经商传统和浓重的经商意识。《史记·货殖列传》就记载郢都一带"其民多贾"，前引桓谭追述郢都街市的繁华景象之语，也即说明了楚地商业繁荣、商品经济活跃。秦国自商鞅变法后，贯彻"困末作而利本事"、即"令民归心于农"的方针③，严格限制关中秦民从事商业及其他非农业生产活动，不能想象关中秦地也会有似云梦秦简《日书》所反映的这样普遍的商品交换活动。又如，史籍记载楚地"信巫鬼，重淫祀"，楚之"巫书"《山海经》"记海内外山川神祇异物及祭祀所宜"④，楚辞则描述了天神、地祇和人鬼的完整的神灵世界，出土楚文物上也多见神灵鬼怪的绘饰和造型。云梦秦简《日书》，即述及天地四方神祇和天神、地祇、人鬼的神灵世界，

① 刘信芳：《秦简中的楚国〈日书〉试析》，《文博》1992年第4期。

② 《左传》宣公十二年。

③ 见《商君书·农战》。

④ 鲁迅：《中国小说史略》，《鲁迅全集》第9册，人民文学出版社1981年版，第18页。

所反映的多神崇拜意识和“信鬼而好祠”的风习是与楚人一致的。在这方面，它显然主要是反映了楚人的社会生活，也最为鲜明突出地体现了楚文化特色。关中秦人虽然也信鬼祠神，但远远不像云梦秦简《日书》所反映的这样信鬼之泛和祠神之淫。1986年，在甘肃天水放马滩一号秦墓中，也出土了秦简《日书》。将它与云梦秦简《日书》比较，两者不同的文化风貌便一目了然。有的学者因此得出结论说：

> 天水放马滩秦墓出土的《日书》，是继云梦睡虎地后的第二部秦《日书》，两者简的数量基本相等，时代相近，是保存最完整的两部秦《日书》。前者出于北方，后者出于南方。虽属同一个历史时期，有其共性，但又反映出了南北方各自不同的文化面貌。主要的差异就是有关禁忌的内容。前者简数量少，内容简略，又少言鬼神；而后者简数量多，内容复杂，又动辄连及鬼神。次为月名的不同。后者多见楚文化的名词。如果说云梦睡虎地的《日书》反映了楚重鬼神而轻政治、代表楚文化面貌的话，那么天水放马滩的《日书》则反映了秦重政治而轻鬼神，是纯粹的秦文化的典籍。[①]

已知的楚、秦《日书》，皆为出土文献。除上述云梦秦简和放马滩秦简《日书》之外，出土于荆州并整理公布的还有九店楚简、周家台秦简《日书》等。[②]2010年北京大学获赠入藏的一批“很可能出自今湖北省中部的江汉平原地区”秦简（简称“北大秦简”）中，也有《日书》。[③]对照这些楚、秦《日书》，可以更清楚地看出产生于故楚之地的秦《日书》

① 何双全：《天水放马滩秦简综述》，《文物》1989年第2期。

② 见湖北省文物考古研究所等《九店楚简》，中华书局1999年版；湖北省荆州市周梁玉桥遗址博物馆编《关沮秦汉墓简牍》，中华书局2001年版；王明钦《王家台秦墓竹简概述》，艾兰、邢文编《新楚简帛研究》，文物出版社2004年版等。

③ 见北京大学出土文献研究所《北京大学藏秦简牍概述》，《文物》2013年第6期。

大体上是对楚《日书》因袭和增改。[①]

楚文化的特征和面貌，楚文化的存在和影响，也直接由故楚之地的秦墓所反映出来。

江汉腹地迄今发现文化性质属于秦墓的墓葬不多，估计只有 300 座左右。所见秦墓虽然在丧葬制度、随葬器物方面具有明显的秦文化特征，但同时又带有较多的楚文化因素。战国晚期至秦代的关中典型秦墓，其墓向为东西向，葬式为蜷屈特甚的屈肢葬，随葬品基本上都是实用器，且漆木器较少。可是，湖北秦墓“既有东西向的，又有南北向的”[②]，葬式“可分为仰身直肢、仰身屈肢与侧身屈肢三种，其中以仰身直肢葬式最多”[③]；随葬器物往往有鼎、敦、壶、钫等陶礼器，且陶鼎是不同于关中那种矮蹄足秦式鼎的高蹄足楚式鼎，又有数量较多而制作精美的漆木器[④]；另外，在墓圹构筑、随葬器物的放置方式等方面，也与关中秦墓有异。由在湖北荆州地区发掘的杨家山 135 号秦墓可知，“墓中反映的楚文化特点也十分明显”[⑤]。同地区发掘的王家台 15 号秦墓，其墓形、葬具、葬制也“与江陵地区的秦墓相同，与江陵地区的楚墓也较接近”[⑥]。江陵九店墓地发掘的战国晚期晚段墓葬中，有 5 座洞室墓被确定为秦墓。其葬制葬式从秦俗，其随葬“器物特别是仿铜陶礼器从组合到器物作风都为楚式无疑，日用生活陶器盂、盆、罐的器形似楚”[⑦]。湖北秦墓与关中秦墓的相异之处，在于大都兼有楚文化因素。湖北秦墓中的一些墓

---

① 参见刘信芳《九店楚简日书与秦简日书的比较研究》，香港中文大学中国文化研究所、中国语言文学系编《第三届国际中国古文字研讨会论文集》，1997年版；晏昌贵《巫鬼与淫祀——楚简所见方术宗教考》，武汉大学出版社2010年版。

②③ 陈振裕：《略论湖北秦墓》，《文博》1986年第4期。

④ 参见陈振裕《从湖北发现的秦墓谈秦楚关系》，收入《楚文化新探》，湖北人民出版社1981年版。

⑤ 湖北荆州地区博物馆：《江陵杨家山135号秦墓发掘简报》，《文物》1993年第8期。

⑥ 湖北荆州地区博物馆：《江陵王家台15号秦墓》，《文物》1995年第1期。

⑦ 湖北省文物考古研究所编著：《江陵九店东周墓》，科学出版社1995年版，第421页。

主，可以确定为秦国或秦王朝的令史之类的官员，而且是由秦地派至故楚之地为官的秦人，如随葬秦简的云梦睡虎地 11 号墓的墓主喜。他们的墓葬也不全从秦俗而兼带楚风，即表明秦人虽在江汉地区统治了半个多世纪，却不仅没能以秦文化取代楚文化，反而因入乡随俗而深受楚文化的浸染。

入选 2021 年度“全国十大考古新发现”的湖北云梦郑家湖墓地，西距睡虎地墓地约 3000 米。2020—2021 年，考古部门在墓地东南片 A、B 区发掘的 196 座墓葬，均为楚文化小型墓葬；在墓地西北片 C 区发掘的 116 座墓葬，均为秦文化中小型墓葬；墓葬年代为白起拔郢后的战国晚期至汉初。秦文化墓葬的墓主，应是入主江汉地区的秦人及其家属。秦墓中一些葬具、随葬品等具有鲜明的楚文化风格。郑家湖墓地的发掘者指出：“从秦人入主云梦至汉初，云梦秦墓中一直多见有楚文化要素，如带头厢或边厢的棺椁结构、椁内开设门窗，墓坑内普遍填充青膏泥、随葬圆腹罐等；不少高等级的秦墓中较普遍见有楚式青铜礼器组合与秦式日用陶器组合共存。”[①] 尤具典型意义的是，C 区墓葬 M234 中的葬具木版画图像，明显可见秦文化因素与楚文化因素的混融；墓葬 M274 的墓主当为秦国下层官吏，随葬有一件墨书约 700 字的木觚，其文字为战国末年的秦隶，其内容记述或为秦王政早期的东方策士筡游说秦王“寝兵立义”之辞。江汉秦墓中多见楚文化因素，呈现秦、楚文化共存杂糅的情形，表明秦人居楚而侵染楚风。在江汉地区为官的秦国小吏珍藏记述东方策士游说秦王息兵罢战、立义行德的文献，或是他居楚而深受道家黄老学说暨楚式王道文化影响所致。

江汉腹地迄今发现的战国晚期至秦代的墓葬，大部分的文化性质都属楚墓。如《江陵九店东周墓》报告，发掘的四期七段墓葬 34 座，年代为

① 罗运兵等：《云梦郑家湖：见证秦汉大一统》，《光明日报》2022年4月17日第12版。参见张锐等《大一统历史进程的生动注解》，《光明日报》2022年4月29日第9版；李天虹等《湖北云梦郑家湖墓地M274出土“贱臣筡西问秦王觚”》，《文物》2022年第3期。

战国晚期晚段，也即秦统治时期的墓葬，除 5 座洞室秦墓外，其余“就总体文化性质而言，当属楚墓”。云梦郑家湖墓地东南片区的大量墓葬，皆为战国晚期至汉初的楚文化墓葬。秦统治时期的江汉地区楚文化墓葬，其墓主身份大都当是楚遗民。楚遗民的墓葬因袭楚风，表明战国晚期至秦代在江汉地区民间传承的主体文化依然是楚文化。

二、故楚之地其他区域的楚文化

今河南南部的大片地区，在春秋战国时期长时间是楚国的疆域。秦人吞并今南阳一带的楚地虽然较早，但其地发现的秦文化遗存却很少。现已发掘而可知为秦墓的墓葬，也大都含有楚文化因素。1978 年冬，在泌阳县城东发掘清理了 4 座秦墓。其墓圹构筑和葬具放置方式，都具楚文化风格。其随葬器物中虽有不少秦文化风格的青铜器，却也有许多在造型、髹漆和纹饰上都与楚式漆器类同的漆木器。在淅川县马川墓地发掘的几座秦墓，其墓形和葬式也具楚风。[①] 学者因此指出：“河南南部的泌阳秦墓和淅川马川秦墓，由于受楚文化的影响，它们既有楚墓的特殊作法，如长方形竖穴土坑墓中充填青膏泥、白膏泥，棺椁带头箱、边箱，大量随葬漆器等。同时也具有秦文化的特点，如随葬器物中的铜蒜头壶、铜钫、铜鍪等均为秦式。”[②] 论者进而说明：“在豫南地区的南阳、驻马店等地，距离楚文化中心较近，秦墓在文化特点上又表现出较多的楚文化色彩，与湖南、湖北地区秦墓具有相似性。”[③] 河南秦墓的墓主，被认为都是从关中随军或迁徙而来的秦人[④]。他们来到楚地，栉沐楚风也并不能保持原有的秦文

① 参见淅川县文管会《淅川县马川秦墓发掘简报》，《中原文物》1982年第1期；河南省文物考古研究院等《河南淅川马川墓地秦人异穴合葬墓》，《考古》2016年第11期。
② 河南文物研究所编：《河南考古四十年》，河南人民出版社1994年6月第1版，第297~298页。
③ 赵丹：《论河南秦墓》，《华夏考古》2020年第2期。
④ 参见叶小燕《秦墓初探》，《考古》1982年第1期。

化传统。

今湖南原为楚国南境，洞庭湖区及长沙一带乃属楚国腹地。公元前277年，秦人继上年拔郢后乘势“取洞庭、五渚、江南”[①]，深入今湖南境内。但次年，楚人又“复西取秦所拔我江旁十五邑以为郡”[②]，收复了江南楚地。直至公元前223年秦拔寿郢（在今安徽寿县）而灭楚国，今湖南全境才属秦所有。因此，在战国末年，今湖南仅有西北的楚黔中地一小部分被秦人占领的时间较长，而全境受秦人统治的时间大概只有20年左右。既然如此，秦文化在今湖南的传播和推行就很有限。秦代的故楚南境文化，也基本上仍是楚文化，这为考古资料所清楚地反映出来。考古学者指出，湖南境内的战国晚期墓葬中，几乎看不到十分典型的秦式器物。至20世纪80年代末，湖南发掘的战国至西汉墓约有5000多座，“而可以认定为秦墓的却只有14座”[③]。就是这为数可怜的秦墓，其“葬制主要是沿用楚国的葬制……随葬物品可以分为两部分，一部分是楚式器物，这是大量的；另一部分是典型的秦式器物，为数不多”[④]。2002年在湖南龙山里耶古城出土多达3.6万枚的秦简（简称“里耶秦简”），为秦代官署档案。其内容反映秦王朝在湘西乃至湖湘地区设置了较为完备的行政管理机构，实行了较为有效的社会统治。可是，在古城北约1千米的麦茶墓地发掘的200余座墓葬，年代为战国中期至末期，却“主要应属楚文化”。发掘简报因而说明：“就目前来看，在战国晚期后段的长沙、常德乃至整个湖南地区，没有发现可以认定属秦国统治者的墓葬，大量贵族墓葬皆为典型的楚墓。对里耶麦茶墓地的发掘，基本上支持了这种观点。……由此看，湖南地区的墓葬从战国晚期后段至秦代主要属楚文化因素，而且从战国晚期、秦代到汉代的演变脉络是清楚的，

① 《战国策·秦策》。

② 《史记·楚世家》。

③④ 高至喜：《论湖南秦墓》，《文博》1990年第1期。

没有大的中断，体现出历史的连续性。”[①] 由此看来，“在秦统治湖南地区时期，当地的居民绝大部分仍是楚人，而楚人又顽强地保持着本民族的传统风俗，他们的墓葬形制和随葬器物基本上仍是保持着楚人的那一套，墓中很少甚至没有秦文化因素”[②]。秦王朝的政令虽然达及南楚，秦文化的推行却未能有效地影响南楚。传播至南楚的秦文化，因其时间短而显得微不足道，并且几乎被楚文化所“吞没”。正因为楚文化在秦代的今湖南地区继续承传发展，故其地的西汉早期墓葬仍有明显的楚文化特征，这在长沙马王堆汉墓中反映得尤其鲜明突出。

公元前 223 年，秦人大举东进，拔寿郢，虏楚王，三楚之地尽为秦土。今江西北部和安徽西部，春秋时期为吴头楚尾之地，但自战国中期楚灭越而尽略吴越旧境之后，尤其是在战国晚期楚都东迁今寿县之后，其地亦成为楚国的腹地。因此，这一带的楚文化积淀也相当丰厚，考古发现这一带有着大量的楚文化遗存。[③] 今寿县及其周围的考古发现，则表明战国末年的楚文化精华，大半都集中到了这里。今安徽东南部、江苏大部及浙江北部的吴越旧地，乃至山东南部的鲁、郳、薛、郯等国旧地，也因并归楚国而为楚文化所覆盖，楚文化遗存在这些地区大量可见。[④]1995 年，考古工作者在苏州发掘清理了一座规格甚高的战国墓葬——真山 D1 号墓，墓中出土了一方刻着“上相邦玺”[⑤]的铜质楚国官印。学者据此印及墓葬规格、出土遗物认定，墓主应是楚国末年的令尹春申

---

① 湖南省文物考古研究所：《湖南龙山县里耶战国秦汉城址及秦代简牍》，《考古》2003年第7期。

② 高至喜：《论湖南秦墓》，《文博》1990年第1期。

③ 参见刘和惠《楚文化的东渐》，湖北教育出版社1995年7月版。

④ 参见刘兴《从江苏东周时期遗存看楚文化的东渐》、王恩田《从曲阜两周墓看鲁文化面貌及楚文化对鲁国的影响》，收入《楚文化研究论集》第一集，荆楚书社1987年版。

⑤ 张正明先生认为应从右至左横读作“上邦相玺”，因楚国的“上相邦”之职于史无征，而楚人自称其国为“上国”（《左传》定公四年记申包胥语），先秦诸侯国的印玺即有横刻的。

君黄歇。[①]公元前248年，春申君“请以为郡而封于江东”[②]，“因城故吴墟，以自为都邑”[③]。另外，楚国的许多贵族也因西北战事吃紧而迁居吴越旧地，如楚国大将项燕的后人项梁、项羽就居下相（今江苏宿迁西南）而游会稽、渡浙江。因此，楚文化东渐之深是可想而知的。秦人在这些地区统治的时间不出20年，秦文化对这些地区的冲击和影响就更为有限。这些地区几乎没有发现什么秦文化的遗存。相反，楚文化遗存至西汉前期都普遍见于这些地区。司马迁即说：“吾适楚，观春申君故城，宫室盛矣哉！”[④]这些地区在秦代，恐怕只会是令从秦而风袭楚。楚人陈胜、吴广、项羽、刘邦于其地起兵反秦，即振扬楚风以掩覆三秦。

秦人灭楚之后，尤为重视对故楚之地的统治。灭楚当年，秦王政就“游至郢、陈”[⑤]。统一之后，秦始皇先后四次大巡狩以炫耀武力而振威天下，其中两次入巡故楚之地。他第一次大巡狩即“过彭城……乃西南渡淮水，之衡山、南郡……自南郡由武关归”[⑥]；第四次大巡狩又至云梦、登庐山，“游会稽，渡浙江”[⑦]，结果入齐地后于返归途中崩亡沙丘。可以想知，随着他一次次地巡狩故楚之地，秦王朝的政令也在故楚之地一次次地强化。然而，秦祚太短，楚文化又源远流长和博大精深。秦文化虽对故楚之地的传统文化有着强制性的冲击，但其影响总的说来是有限的。

由上述可知，故楚之地各区域因秦人统治的时间长短不同，所受秦文化影响的强弱也不同。就文化遗存来看，秦文化在故楚之地的遗存不多甚至很少，说明秦文化在故楚之地的影响也不大甚至很小，说明楚文化在故楚之地依然承传着并且致使入居楚地的秦人也不由自主地被楚化。总之，从战国晚期到秦代，秦人虽然在政治上逐步统一了故楚之地，

---

① 参见曹锦炎《上相邦玺考》，《中国文物报》1995年12月17日第3版。
② 《资治通鉴》卷六。
③④ 《史记·春申君列传》。
⑤⑥ 《史记·秦始皇本纪》。
⑦ 《史记·项羽本纪》。

秦文化虽然最终成为故楚之地居于统治地位的文化，但故楚之地的居民主体是因承和坚守传统楚文化的楚遗民，秦文化并未能在总体上主导故楚之地的文化发展。尤其是就文化的深层形态而言，楚文化在故楚之地始终在相当程度上独立存在着、系统保持着、顽强发展着。强制推行于楚的秦文化，不但未能以秦人的意志为转移而取代楚文化，反而因循文化发展的规律而与楚文化杂糅甚至融会。

三、楚文化向关中秦本土的流播

关中的秦本土文化，在战国晚期到秦代也因楚人和楚文化成果大量入秦而深受影响。如前两节所述，楚人大量西入事秦，自然而然地将楚文化带到秦地。秦相吕不韦招致的门客三千人中，想必是有不少楚人。旨归黄老之学而弘扬楚文化精神的《吕氏春秋》，或许其篇章也多出自楚人之手。楚女芈八子先得宠于秦惠文王，后其子为秦昭襄王而其弟魏冉长期主持秦政；楚女华阳夫人先得宠于秦孝文王，后其嗣子为秦庄襄王；她们及其家族贵极咸阳、权倾秦国，自然而然地、无所忌惮地扇扬楚风而熏染秦人。吕不韦奉秦公子异人由赵返秦谋求王位，使异人巴结华阳夫人。异人为了讨得华阳夫人的欢心，即脱去秦衣而换上楚服前去拜见。华阳夫人因此大喜，收其为嗣子并更其名为“子楚”。秦统一后，“徙天下豪富于咸阳十二万户”①，其中自当多有楚人。由此亦可想见，楚习楚俗会在秦国朝野产生多么大的影响。另外，“秦每破诸侯，写放其宫室，作之咸阳北阪上，南临渭，自雍门以东至泾、渭，殿屋复道周阁相属。所得诸侯美人钟鼓，以充入之”②。这不啻是一种文化掠夺和仿效，楚王的宫殿被仿建于秦都，楚王宫的美人、乐器及所有财宝被掠至咸阳。秦人仿建的楚宫，明晰地打上楚印记，瓦上作“楚”字。宋敏求《长安志》说：“瓦作楚字者，秦瓦也。秦作六国宫室，用其国号以别之。”在今陕西咸阳渭河北岸的秦咸阳城遗址六国宫室区，考古勘察就曾发现

①② 《史记·秦始皇本纪》。

楚国形制及燕、齐形制的瓦当。2017 年，考古部门在秦咸阳城遗址内东距宫殿区约 8 千米的西咸新区坡刘村，清理了两座战国晚期并穴合葬秦墓。[①] 据出土铜鉴腹部铭文推测，墓主或为秦昭襄王时代的“蜀守斯离”及其家人。其随葬品中，就有楚式山字铜镜、玉具楚式铜剑和楚墓中常见的“蜻蜓眼”琉璃珠、漆器青铜配件等。这位身份高贵的墓主及其家人当年带有多少楚文化风格的物品到秦都，今已不得而知了。秦人占领楚地后，大肆搜刮民财和盗掘墓宝，又将楚地的能工巧匠掳至关中。楚文化也因此大量传入秦本土，直接地和广泛地影响到秦文化的发展。学者指出，从战国晚期到秦代，是秦文化发展的鼎盛期。这一鼎盛局面的出现，则与楚文化大量传入秦本土并对秦文化发展产生直接和广泛影响有较大关系。当然，楚文化对秦文化发展的影响，主要在于物质文化方面，因为秦统治者所能接受的主要是“饰后宫、充下陈、娱心意、悦耳目”[②]的楚国物质文化成果，对于楚文化精神则断然排斥。

梳理关中的考古资料，就明显可见楚文化对秦文化的影响。战国晚期至秦代的秦宫建筑，一反从前的多重院落式宫殿建筑风格，“而出现高台建筑和巨型的建筑组群，在气势方面追求上扼天穹，下压黎庶的崇高博大富丽堂皇的效果”[③]。高台巨殿、丽堂华厦是楚宫建筑的传统，由文献关于楚宫的描述和章华台等楚宫遗址的考古发现便清楚知晓。秦宫建筑风格的变化，或许就受到了楚宫建筑的影响。《新序》说：“秦欲伐楚，使使者往观楚之宝器。”入楚的秦人也自然会观宏伟富丽的楚宫而为之动心，秦人自建宫殿就难免会有所仿效。已有学者指出：“龙、凤纹空心砖亦在这一阶段新出现，这种纹样可能是从楚国学来的。”[④] 秦代的漆器，虽然烙印有“咸市”“咸亭”等文字，标明其产自咸阳，“但

① 陕西省考古研究院：《陕西西咸新区坡刘村秦墓发掘简报》，《考古与文物》2020年第4期。

② 李斯：《谏逐客书》。

③④ 袁仲一：《从考古资料看秦文化的发展和主要成就》，《文博》1990年第5期。

其纹样，带有楚的风韵，当吸收了楚文化的因素”[①]。秦代文物上的装饰纹样，也以丰富多彩又变化多端的云纹、菱形纹、几何纹、龙凤纹等，取代了以往作为纹样主体而较为单一的蟠螭纹和蟠虺纹，典型的即如咸阳秦宫遗址出土的壁画、瓦当、空心砖以及秦始皇陵出土的铜车马、秦俑等上面的纹样，“这些纹样都比较生动活泼，一扫前期呆滞沉默的气氛。把这一时期秦国的图案花纹与楚国器物上的图案花纹相比，显然吸收了楚文化的因素”[②]。论者详析秦始皇陵出土铜车马上的菱形花纹与楚墓出土器物上的菱形纹样的关系，说明“铜车马上的纹样与楚墓器物上的纹样有着继承关系”，强调“秦文化与楚文化在器物装饰纹样上的交流，实际上是秦文化对楚文化多方面的吸取。它将楚文化的因素变成了自身文化的一部分，并与原有文化融为一体。……铜车马是秦文化集大成之作，在制作过程中或许也有楚国的工匠参与，因此‘拿来’楚文化也是正常的”。[③]西安北郊尤家庄秦墓出土的铜镜中，竟有仿制的楚式镜。发掘报告分析：“秦国的东南与楚国的所在地湖北接壤，由于战争及商贸往来，秦墓中出土有楚文化因素器物或者楚国的器物也是很正常的现象。楚国在战国晚期铜器制造业很发达，尤家庄秦墓就出土了羽状纹地的五山字纹铜镜和云雷纹地的连弧纹镜。这些铜镜是楚文化的典型器物。”[④]细致比较，关中秦文化所吸收的楚文化因素，当远不止这些。但是，仅此即可说明，由于楚文化辉煌灿烂而实际上是东周文化的主要代表，秦文化的发展是不可能不受楚文化影响的。

另外，“秦世不文，颇有杂赋”[⑤]。《汉书·艺文志》著录的秦代杂赋，早已亡佚，不详其貌。由战国辞赋的发展情况看来，秦代杂赋当是受成

①② 袁仲一：《从考古资料看秦文化的发展和主要成就》，《文博》1990年第5期。

③ 见彭文《从秦陵铜车马上的菱形纹样看秦文化与楚文化的交流》，《中原文物》2003年第1期。

④ 陕西省考古研究院：《西安尤家庄秦墓》，陕西科学技术出版社2008年版，第310~311页。

⑤ 刘勰：《文心雕龙·诠赋》。

就卓荦的楚辞楚赋影响而成。又如本章第二节所述，如今仅存的“秦之文章”——客秦为相的楚人李斯的作品，亦为楚风之流变。[①]

① 参见拙著《楚文学史》，湖北教育出版社2020年版。

第二章　汉文化与楚文化

公元前209年，楚人陈胜、吴广以"大楚兴"相号召，聚众反秦。公元前207年，楚人刘邦率军兵临秦都，秦王投降。继而，楚人项羽屠咸阳，烧秦宫，杀秦王，彻底亡秦。公元前202年，刘邦大败项羽，结束楚汉战争，登上帝位，建立汉朝。"楚虽三户，亡秦必楚。"汉朝实际上兴于楚人。

体现了东周文化高度成就的楚文化，自然成了新兴汉朝的文化发展的重要基础。楚人建立的汉王朝，也自觉地继承楚文化以建设新型的汉文化。汉初70余年里，楚文化得以全面复兴并在演进中嬗变，汉王朝也得以实现大治并在发展中强盛。至西汉全盛之际，武帝尊儒术，黜道学，改正朔，易服色，兴礼乐，倡大赋，新型的汉文化终于以楚文化为重要基础而发展成熟并形成体系，传统的楚文化终于嬗变为新型的汉文化并融为其重要内容。此后汉文化的发展，在政治、哲学、宗教、科技、文化、习俗等方面，仍灼然可见楚文化的基础作用和巨大影响。

汉代是中国封建社会第一次文化大融汇、大整合、大总结的时代。以楚文化为其发展之重要基础和形成之重要内容的汉文化，则为后世近两千年的中国古代文化发展奠定了基础和确定了方向。

第一节　楚人张楚兴汉

登上现存43米高的秦始皇陵、俯视占地面积达56.25平方千米的秦陵园区时，尤其是将目光投向秦始皇陵东侧那已知的4个大型兵马俑坑时，人们自然会追思秦始皇的业绩和赞叹秦帝国的成就。但是，在这追思和赞叹之中，人们恐怕也不禁会陷入深沉的历史反思。

由8000件左右的兵马俑所组成的规模宏大、气势磅礴的不同军阵，自1974年以来逐渐展现在人们眼前之后，世界都为之震撼了。栩栩如生的兵马俑感染了人们，威武雄壮的军阵震惊了人们，人们不仅领略到它所具有的艺术价值，也体悟到它所包蕴的文化内涵。不可一世的秦始皇，就是倚仗着这样的赳赳武夫和赫赫军队扫清六合，统一天下，建立了当时世界上绝无仅有的中央集权大帝国的；也就是倚仗着这样的赳赳武夫和赫赫军队，企望使自己的一家天下"二世三世至于万世，传之无穷"①的。以严格的写实手法塑造的兵马俑军阵，正是秦始皇迷信武力的充分反映，也是秦统治者一以贯之地奉行霸道文化的极端表现。所有兵马俑都面向东方，似乎象征着秦始皇对关东地区的征服和统治，似乎显示着秦统治者凭借暴力霸有天下的传统观念和基本思想。然而，倚仗兵强可以吞灭六国，倚仗兵强也就能够保有天下么？秦统治者当然是对此坚信不移的。秦始皇生前"销天下兵器"，却扩充军队达100多万人以保卫王朝；秦始皇死后也随葬大量兵马俑，意在继续掌握强大的军队以护卫亡灵。悲乎！敌视和排斥楚文化的秦统治者，充耳不闻楚哲人老子早已阐发的至理名言——"不以兵强天下"②、"兵强则灭"③，以致无可奈何地受到历史的无情惩罚。秦始皇命归黄泉不过4年，陵园未就，亡灵未安，楚人便摧毁了他奋斗一生而缔造的王朝。那因楚人入关而尚未建成便废弃的4号空坑，那1、2、3号兵马俑坑被项羽焚毁而塌陷的景象，似乎应验了这句流传于秦代的预言——"楚虽三户，亡秦必楚"④。

---

① 《史记·秦始皇本纪》。

② 《老子》第三十章。郭店楚简《老子》作"不谷（欲）以兵强于天下"，马王堆汉墓帛书《老子》甲乙本、北大汉简《老子》第七十一章作"不以兵强于天下"。

③ 《老子》第七十六章。马王堆汉墓帛书《老子》甲乙本、北大汉简《老子》第四十章作"兵强则不胜"。

④ 《史记·项羽本纪》："范增……往说项梁曰：'……自怀王入秦不反，楚人怜之至今，故楚南公曰：楚虽三户，亡秦必楚也。'"

一、陈胜张楚

如前章所述，战国时期，“秦之所害莫如楚”。秦代，秦之所忧也莫如楚。秦统治者在楚地实行了有过于中原的暴虐统治，处心积虑地摧毁楚文化、强制楚人归依秦文化。可是，旧仇新恨、不畏强暴的历史传统和悠久灿烂的文化成就，激励着楚人举义抗暴和弘扬自己的优秀文化。在秦王朝的政治高压下，楚地从来就没有真正平静安宁过，而是到处涌动着反秦的潜流。这些潜流随时都会喷发出来，汇成澎湃的亡秦浪潮。因此，楚人亡秦、取而代之的流言四起。秦始皇也预感到这种威胁，曾说“东南有天子气”，并且东游而予以压制。[①] 他在统一后的4次出巡中两度巡狩楚地，其主要目的就在于威慑楚人、强化对楚地的统治。他最后一次出巡，是为着巡狩南楚和东楚而去，意在将楚人公开的反抗活动扼杀于萌芽状态之中。他过云梦、上庐山、渡浙江、登会稽，并在会稽山上刻石颂秦德、宣秦威，图治可谓勤劳，用心可谓良苦。然而，就在他游会稽、渡浙江时，杂在人群中观看的项羽便明确表达了“取而代之”的心志。他耀武扬威的巡狩，非但没有吓倒楚人，反而激化了楚人与秦统治者不共戴天的矛盾，强化了楚人反秦亡秦的意志和信念。他由东楚转道齐地而返归时，孰料天不假年，不幸病亡于沙丘。可以想象，他在撒手归天之际，该是怀着对楚人多么大的忧惧啊！尽管他绝对意识不到秦王朝已坐在了即被焚毁的火山口上，也绝对不相信失去当时中国半壁河山的楚人会夺走他并得的一统天下。历史的发展偏偏不以他的意志为转移，他亡命仅一年，尸骨尚未寒彻，楚人陈胜、吴广便揭竿而起，点燃了反秦的烈火，敲响了秦王朝的丧钟。

陈胜（？—前208），字涉，阳城（在今河南方城县东）人。吴广（？—前208），字叔，阳夏（今河南太康）人。方城一带，自春秋早期便是楚国北疆前沿要地。邻近楚故都陈郢（西周春秋的陈国故都，楚灭陈后

---

① 见《史记·高祖本纪》《汉书·高帝纪》。

置为县治，战国晚期蒇郢沦陷后成为楚都，秦灭楚后复置为县治，在今河南周口淮阳）的阳夏，则从春秋末年楚灭陈国后一直属楚。两人深受楚文化熏陶，继承和发扬了楚文化不惮躐等破格的进取精神和楚人不畏强暴、勇于反抗的斗争传统。陈胜在为人佣耕时，就对同伴表达了向往富贵、求为王侯将相的鸿鹄高志。公元前209年，两人在故楚之地蕲县大泽乡（今属安徽宿州）发动戍卒起义，虽然是因大雨致使戍卒延误行期、触犯了失期当斩的秦法而不得不铤而走险，但其根源正在于“天下苦秦久矣”①、而楚人苦秦甚矣。同行的900戍卒，恐怕大都是楚人。因此，两人以“王侯将相宁有种乎”②的豪迈之语激励戍卒，以“大楚兴，陈胜王”③为起义口号，以秦公子扶苏和楚将军项燕的名义倡导起义。呼喊“大楚兴，陈胜王”，表达了楚人积郁已久的兴楚灭秦的强烈心声和毫不含糊的以楚代秦的斗争目标；标榜扶苏和项燕，则反映了楚人摈弃狭隘复仇心理的恢宏气度和革命胸怀。

扶苏是秦始皇的长子，不赞同其父焚书坑儒和专任峻法、乐以刑杀，因屡屡上书直谏而忤犯其父，被其父驱出秦都、将兵屯边。他实已背离秦文化传统而心仪关东文明，可以说在精神上已与楚文化颇相契合；加之篡权的秦二世矫旨迫他自杀时，他表现出华夏文化所崇尚的忠孝仁义品德；故他得到了天下人士的赞赏和同情。项燕是秦人大举灭楚时领军抗秦的楚国名将，因兵败蕲地而自杀殉国，在楚地享有崇高声望。陈胜说得十分清楚：

> 吾闻二世少子也，不当立，当立者乃公子扶苏。扶苏以数谏故，上使外将兵，今或闻无罪，二世杀之。百姓多闻其贤，未知其死也。项燕为楚将，数有功，爱士卒，楚人怜之，或以为死，或以为亡（逃）。今诚以吾众诈自称公子扶苏、项燕，为天下唱（倡），宜多应者。④

①②③④ 《史记·陈涉世家》。

楚人起义时将这两人结合在一起相号召，显然是出于反秦亡秦的全局战略和现实需要的考虑，也体现了楚文化不分此畛彼域、你族我属的包容特性和以人道为本位、以王道为旨归的基本精神。

陈胜、吴广率领“大楚”军攻占蕲县之后，即分兵东进，而以主力直挺西北。义军所至，民众响应；兵锋所向，攻无不克；很快就占据陈县。陈胜召集陈县三老、豪杰议事，深得拥戴，“乃立为王，号为张楚”[①]。

“张楚”之号，直接因承大泽乡起义时所称“大楚”而来，故旧注多谓之犹言“张大楚国”。但陈胜未袭称“大楚”而号“张楚”，恐怕是为了更加清楚地表明“复立楚国之社稷”[②]以张其命、推翻秦朝之统治以绝其祚的意图。楚命可张，秦祚当绝。显然，以“张楚”为新建政权的名号，更有利于号召楚人及天下民众奋起反秦亡秦，具有深刻的现实意义，体现深厚的文化蕴意。学者指出：“张楚名号，可与‘亡秦必楚’之说照应。”[③]

陈胜入据陈县正式建立“张楚”政权，既反映出他战略眼光的远大，又是楚文化引导的结果。公元前 278 年，秦将白起拔郢并占领楚国的江汉基地之后，楚顷襄王即“东北保于陈城”[④]。战国晚期，陈县作为楚都、也即楚国的政治文化中心和抗秦指挥中心，长达 38 年之久。公元前 241 年，楚考烈王“东徙都寿春（今安徽寿县），命曰郢”[⑤]。寿郢仅存 18 年便被秦人攻拔，楚国也因此灭亡。今淮阳城东南 4 千米处的平粮台地区，就是当年楚国贵族的墓地。1981—1983 年在其地附近发掘的马鞍冢楚墓，是两座大型合葬墓。“发掘者认为南墓为楚王墓，北墓为其陪葬墓”[⑥]。因此，陈县一带的楚文化积淀十分丰富，陈县一带楚人的故国之思和反

---

①② 《史记·陈涉世家》。

③ 田庆余：《说张楚——关于“亡秦必楚”问题的探讨》，《历史研究》1989年第2期。

④⑤ 《史记·楚世家》。

⑥ 河南省文物研究所编：《河南考古四十年》，河南人民出版社1994年版，第270页。

秦情绪尤为强烈，陈县在楚人心目中的地位也是不言而喻的。有学者考辨说，战国末年，秦取陈后，因陈地楚人不服，乃命事秦的楚公子昌平君驻陈以稳固秦对陈地的统治，可是在秦国发兵大举灭楚时，受陈地楚人影响的昌平君却聚众起义、易帜反秦。[①]这样说来，陈县楚人有着反秦抗暴的传统。正因为陈县有着反秦亡秦的深厚文化基础和广泛群众基础，加之陈县位居中原腹地，据陈可以直接威胁秦朝在中原的统治，而且既利于西进击秦又利于号召天下群起反秦，故历史的、地理的和文化的条件，决定了陈胜据陈方可建立“张楚”政权而为楚人承认和拥戴、据陈方能领导反秦而为天下响应。因历史文化的引导和现实斗争的需要，陈胜明智地采取了入据陈县、建立“张楚”政权的反秦战略。

“张楚”立，陈胜王；楚人奋，天下从；反秦亡秦之火顿成燎原之势。陈胜至陈县时，其队伍壮大到“车六七百乘，骑千余，卒数万人”[②]；入据陈县后，“诸郡县苦秦吏者，皆刑其长吏，杀之以应陈涉”[③]。陈胜于是发兵四面攻取秦地，又遣主力西进入关而直逼秦都，以致天下沸腾，“楚兵数千人为聚者，不可胜数”[④]。一时间，陈县一带的贤达豪杰，无不投到陈王帐前；关东各地的义士仁人，大都依归“张楚”旗下。陈胜高举“张楚”这面大旗，组成了以楚人为基干的多阶级、多族系的反秦亡秦统一战线。尽管陈胜是出身贫苦的农民，即所谓“瓮牖绳枢之子，甿隶之人”[⑤]，但他因首倡反秦、建立“张楚”而被天下反秦义士认同其“功宜为王”[⑥]。陈王麾下，既有吴广、蔡赐、周文、武臣、邓宗等大量楚籍义军领袖，也有魏人张耳、陈余、周市等外籍义军领袖。儒家祖师孔子的后裔孔鲋，也前来依附。起兵于吴（今江苏苏州）的楚贵族项梁，尊尚陈王而受其号令。楚人秦嘉背叛陈王而另立楚贵族景驹

① 见田庆余《说张楚——关于“亡秦必楚”问题的探讨》，《历史研究》1989年第2期。

②③④⑥ 《史记·陈涉世家》。

⑤ 《史记·陈涉世家》录贾谊《过秦论》语。

为楚王，项梁视为“逆无道”而击杀之。陈胜之所以能够“一夫倡而天下和”[①]，显然并不在于他的个人地位和威望。这除了有“天下苦秦久矣”的社会背景之外，还在于他高举了“张楚”大旗。“张楚”大旗不仅对楚人，也对天下人有着巨大的号召力。其原因乃如前章所述，楚文化在战国后期事实上已成为关东的主导文化，楚式王道文化在战国后期已为天下有识之士所心仪神往；经历了秦朝暴虐统治后的广大民众更渴望张楚亡秦，“张楚”便是民愿所向，“张楚”乃是春秋战国至秦代历史文化发展的必然趋势。

政权号为“张楚”，客观上表现为楚国的复立。这自然也刺激了关东人士竞相仿效而在六国旧地复国称王，导致诸侯“因以张楚并起”[②]的局面。但是，这种局面的形成，并非楚人首义反秦的本意。楚人的本意，是以楚代秦、维护统一，所依据的是以道家黄老学说为核心的楚式王道文化的政治观念。因此，陈胜命武臣与张耳、陈余略取赵地，因武臣入赵国故都后自立为赵王而大怒，欲诛杀武臣等人的家属，后听了蔡赐的劝说，为了顾全反秦亡秦的大局，才不得已认可。另外，孔鲋建议陈胜“兴灭继绝，以为政首”，陈胜断然回绝：“六国之后君，吾不能封也。”[③]可是，楚国毕竟没有在政治上统一过中国，只有作为盟主而领导合纵伐秦的经历[④]，六国人士也只有应从楚人旗号的传统而无听从楚人政令的意识。六国皆亡于秦，故在反秦浪潮中，六国在一定程度上的“兴灭继绝”是不可避免的。推翻军事力量强大的秦王朝，也需要诸侯并起以瓦解秦朝，仅凭政令尚不能行于天下的“张楚”击秦，显然势单力薄、难以成功。当“张楚”遣师入关、击秦失败之后，陈胜便不仅承认自立的诸侯，而且也复立诸侯了。不过，尽管诸侯并起，却无哪国诸侯可以取代“张

① 《盐铁论·结和》。
② 《史记·天官书》。
③ 《孔丛子·答问》。
④ 《史记》载，公元前318年，楚怀王为纵长，率六国之师伐秦；公元前241年，楚考烈王为纵长，春申君用事，率诸侯之师伐秦。

楚”以号召天下，“张楚”自然而然地成了关东诸侯联合反秦的盟主，这犹似战国后期楚王为纵约长而率领诸侯合纵西向、讨伐秦国的状况。但历史可以螺旋形地发展，却不会一成不变地重演。此时“张楚”的盟主地位和领导作用，已远甚于当年的楚国；此时楚人作为盟主而领导诸侯伐秦，其目的也不同于当年的抑制强秦，而是灭亡暴秦。这是战国后期至秦代楚文化的主导作用长期深入人心的结果，是战国后期至秦代的历史发展最终否定秦式霸道文化而趋向楚式王道文化的结果。孔鲋及鲁地儒生投附“张楚”，即反映了“张楚”的领导地位和楚文化的主导作用。司马迁在《史记·儒林列传》中言之甚明：

陈涉之王也，而鲁诸儒持孔氏之礼器往归陈王。于是孔甲（即孔鲋，字甲）为陈涉博士，卒与涉俱死。陈涉起匹夫，驱瓦合适戍，旬月以王楚，不满半岁竟灭亡，其事至微浅，然而缙绅先生之徒负孔子礼器往委质为臣者，何也？以秦焚其业，积怨而发愤于陈王也。

显然，楚人张楚亡秦的斗争，实际上是以楚文化为主导的关东文化否定和消融秦文化的斗争。“亡秦必楚”、楚号天下，在秦末逐渐成为天下人士的共识。

“张楚”既为诸侯盟主，自然也招致秦王朝的极端仇视和全力剿灭，加之割据的诸侯王各怀私心、反秦不力和陈胜、吴广起义军的自身局限，陈胜、吴广都不幸牺牲，陈县也一度被秦军占领。尽管陈胜称王不到半年，但他倡亡秦而立“张楚”，致使“天下云会响应，赢粮而景从”[①]，基本上瓦解了秦朝在关东地区的统治。“陈胜虽已死，其所置遣侯王将相竟亡秦。”[②]因此，陈胜深得时人和后人的敬重。他死后，被时人谥为“隐王”。汉初，高祖刘邦以王礼待他，而且为他所置的守冢户数优于秦始

① 贾谊：《过秦论》。
② 《史记·陈涉世家》。

皇及其他诸侯国的君王。司马迁为他作传，也将他视同诸侯王而列入《史记》中的“世家”。

陈胜既死，“张楚”政权亦亡，但“张楚”精神却更加高扬。“张楚”旗号下聚集的关东豪杰，激昂慷慨地继续推进着亡秦事业。项梁、吕臣、陈婴、英布等大批楚人领导的义军，成了亡秦的中坚力量。楚人项羽和刘邦，则逐渐成了亡秦义军的领袖。

二、项羽亡秦

项羽（前 232—前 202），名籍，下相（治今江苏宿迁西南）人，是楚国名将项燕之孙。史籍载他“长八尺余，力能扛鼎，才气过人”[①]，可谓将门虎子。“项氏世世为楚将，封于项，故姓项氏。”[②]项羽先人受封的项城，在今河南沈丘，位于陈郢之南，本为“楚襄王所郭，以为别都”[③]。楚王将这样重要的一座都邑封给项氏，足见项氏在战国晚期楚国中举足轻重的地位。秦灭楚后，项羽随叔父项梁（？—前 208）隐匿于故楚东境，在吴越一带秘密活动，枕戈待机反秦。公元前 209 年，他从项梁响应陈胜而起兵于吴，聚集了以楚国世家大族子弟为核心的队伍 8000 人。受陈胜派遣东略广陵（今江苏扬州）的召平，闻知秦人攻陈而陈王兵败，乃以陈王名义拜项梁为上柱国（楚国最高军事统帅的官名），并令其西进击秦。项梁、项羽叔侄便率江东子弟 8000 人渡江而向陈县挺进，沿途收容了陈婴、英布和蒲将军等率领的多路义军，又兼并了秦嘉等领导的义军，其队伍迅速壮大到近 10 万人。

刘邦（前 256—前 195），字季，沛县（今属江苏）人，平民出身。他曾因徭役而入秦都咸阳，纵观秦始皇而浩叹：“大丈夫当如此也！”[④]由此抒发了他那不甘沉沦、勇于进取的心志。任泗水亭长时，他即违抗

①② 《史记·项羽本纪》。

③ 《水经注》卷二十二。

④ 《史记·高祖本纪》。

秦朝法令，私自释放刑徒。秦始皇东游以压制楚人的反抗活动时，他逃到芒、砀山中藏匿，并且聚徒数十人。陈胜起义后，楚境震动。他在萧何、曹参和樊哙等沛人的拥戴下聚众起义，号“沛公”。项梁渡淮至薛（在今山东滕州南），他便率部投奔了项梁。

项梁在薛，闻知陈胜败亡，乃召集诸将商议亡秦大计。一位老谋深算、极富韬略的楚翁范增（前277—前204）前来劝说：

> 陈胜败固当。夫秦灭六国，楚最无罪。自怀王入秦不反，楚人怜之至今，故楚南公曰：“楚虽三户，亡秦必楚”也。今陈胜首事，不立楚后而自立，其势不长。今君起江东，楚蜂午之将皆争附君者，以君世世楚将，为能复立楚之后也。[①]

范增时年70，历久见广，知多识卓，所作分析颇有见地。如前章所述，战国中期以前，楚一直与秦合盟，在六国之中最为亲秦，秦却为霸有天下而弃世代盟谊以谋楚，极大地伤害了楚人的感情。更有甚者，秦王采取欺诈手段将楚怀王骗入秦关，要挟他割地与秦。楚怀王尽管昏庸无能，但继承了楚人的爱国传统，任凭秦王威逼，愤怒地拒绝了秦王的无理要求，傲然不肯卖土求生，以致囚死于秦。怀王归葬时，“楚人皆怜之，如悲亲戚”[②]。他的爱国行为，大大激扬了楚人的爱国精神；他的客死秦土，大大激发了楚人的仇秦意识。随着秦人对楚国的吞灭、对楚人的蹂躏和对楚文化的摧毁，楚人也更加怀念和敬重怀王。在当时历史条件下，君王是国家的象征，尊尚君王也即爱国的表现。楚人哀怜怀王的悲情至秦末依然如故，反映了楚人爱国传统的承续和爱国精神的长存。怀王已成了楚人爱国的一面旗帜。战国后期，在楚国贵族中地位崇高和势力最大的是“三闾”，即昭、屈、景“三户”王族。爱国的楚遗民，内

① 《史记·项羽本纪》。
② 《史记·楚世家》。

心潜伏着这三大宗族起来率领楚人亡秦兴楚的愿望。楚南公所谓“楚虽三户，亡秦必楚”之说虽似谶语，但实际上，则是楚人在反秦斗争高潮来临时所公然表达的心声和信念，也是时人对反秦形势和亡秦趋势的正确分析和预测。《史记·刘敬列传》记刘敬说：“夫诸侯初起时，非齐诸田，楚昭、屈、景莫能兴。”陈胜深知楚人渴望张楚，却无视楚人怀念故王之情；虽首事反秦而功宜称王，毕竟人望不及；加之其理想的追求掺杂着强烈的个人欲望，其行为的方式体现出狭隘的自私心理；故终究难以凝聚广大楚人和天下义士。陈胜称王时，葛婴即立楚顷襄王的后人襄疆为楚王；陈胜称王后，秦嘉又立“三户”之一的景氏后人景驹为楚王；可见楚人念故主、倚名族的心理极强。关东诸侯也因陈胜称王而并起，并且各据一方而不服陈胜号令。这样，陈胜便“其势不长”，在秦将章邯率强大的秦军攻击下败亡。项梁和项羽起兵虽晚，但西进时之所以其势飞长，就因为他们及其所率许多江东子弟乃为楚国名族之后，楚人出于倚名族以亡秦兴楚的心理而踊跃归附他们。东阳（治所在今江苏盱眙东南东阳城）义军欲拥立县令史陈婴为王，陈婴不敢，对义军将领说：“项氏世世将家，有名于楚。今欲举大事，将非其人，不可。我倚名族，亡秦必矣。”[①]项氏兵出江东，即成了楚人的核心和亡秦的主力。

“三户”所指，前人解释不一，或谓“楚人怨秦，虽三户犹足以亡秦也”[②]，或谓“楚三大姓昭、屈、景也”[③]，或谓地名[④]。今人也有“犹言几户人家”[⑤]，“指陈胜、项羽和刘邦”[⑥]诸说。就史实分析，还当指昭、屈、景三大姓为是。因为“楚虽三户，亡秦必楚”一语，表达的是秦末楚人倚名族亡秦的共识，也反映了楚名族领导楚人亡秦的必然趋势。[⑦]

---

① 《史记·项羽本纪》。
② 《史记·项羽本纪》裴骃《集解》引臣瓒语。
③ 《史记·项羽本纪》司马贞《索隐》引韦昭语。
④ 《史记·项羽本纪》张守节《正义》引服虔语。
⑤ 《辞海》“三户”条，上海辞书出版社1980年版，第14页。
⑥ 胡澍：《“楚虽三户，亡秦必楚”新解》，《江汉论坛》1986年第7期。
⑦ 参见张国光《“楚虽三户，亡秦必楚”解》，《江汉论坛》1985年第2期。

项氏虽然是以封邑为氏，但“世世为楚将”。楚国在以陈为都之前没有项氏，而在战国中晚期楚国“世世为楚将”的乃为景氏，故有学者经考证后认为：“楚项氏原出自王族三闾中的景氏。”[①] 项梁、项羽所率的江东子弟，也当以王族“三闾”、即“三户”的子弟为核心。直至汉初，“三户”依然是楚地豪族，汉高祖因而“徙齐诸田，楚昭、屈、景，燕，赵，韩，魏后及豪杰名家”十万余人入居关中。[②]

对于范增的意见，项梁深为赞同，即寻得沦落民间牧羊的楚怀王孙子，并且顺应民情而拥立他为“怀王”，自号武信君以执掌军政大权。于是，“张楚”的民望和“怀王”的亡灵结合在一起，“兴灭国”与“继绝世”统一在一起了。这虽然表现为一定程度上的复辟，但在当时的历史条件下则更有效地凝聚了各阶层的楚人。又由于楚怀王曾为纵约长而率六国军队伐秦，为合纵盟主而在关东颇有声望，项梁拥立其孙并让他承祖谥为号，也能更有效地号召和团结关东诸侯。这样，关东便形成了以楚人为核心的更为强大的反秦力量，亡秦斗争也进入了第二阶段。

项梁统率诸侯军队大举攻秦，取得一系列的辉煌战果。可惜他因胜利而骄傲、因骄傲而轻敌，不幸被秦将章邯率秦朝倾其所有的大军偷袭得逞，以致兵败身亡。楚军受挫，也不得退守彭城（今江苏徐州）。怀王封项羽为长安侯，号“鲁公”；封刘邦为武安侯，将砀郡（治今河南商丘睢阳）兵。项羽和刘邦因而成了楚军的主将。

章邯以为项梁既死，楚军不足为虑，于是移军略赵，围攻巨鹿（秦郡名，治所在今河北平乡西南）。怀王以上将军宋义为主帅、项羽为次将率军北上救赵；同时，命令刘邦领兵西进入关，直捣咸阳；又与诸将约定，“先入定关中者王之”[③]。当时，秦军刚破楚军，兵强势大，诸将无人愿意先入关，唯独项羽怨怒秦人击杀项梁，亟欲夷平秦都以报仇

---

① 吴郁芳：《楚项氏与楚“三闾”》，《江汉论坛》1992年第1期。
② 见《史记·刘敬列传》。
③ 《史记·高祖本纪》。

雪恨，自告奋勇要与刘邦一起西进入关，但诸老将一同向怀王进说：

> 项羽为人，僄悍猾贼。项羽尝攻襄城，襄城无遗类，皆坑之，诸所过无不残灭。且楚数进取，前陈王、项梁皆败。不如更遣长者扶义而西，告谕秦父兄。秦父兄苦其主久矣，今诚得长者往，毋侵暴，宜可下。今项羽僄悍，不可遣。独沛公素宽大长者，可遣。①

怀王从之，“卒不许项羽，而遣沛公西略地”②。

楚人怀有国恨家仇之痛，而项羽等楚名族子弟更是怀有灭家国、杀父祖的深仇大恨，因此，在反秦斗争中，许多楚人，尤其是楚名族子弟难免抱着强烈的复仇心理，效法秦人残暴地杀楚人、焚楚城那样坑秦卒、毁秦邑。可是，这种狭隘的复仇情绪和极端的复仇行为，背离了楚文化的人道精神和尚仁尚义传统，也迫使秦人顽强抵抗而不利于亡秦。诸老将总结了陈胜、项梁狭隘复仇以致败亡的教训，与怀王达成了“不如更遣长者扶义而西，告谕秦父兄”的共识，这自是楚文化的优秀传统熏陶楚人的结果，因为楚人要克服复仇心理而宽待秦人，该需要多么强的理性精神和多么大的宽容胸怀啊！怀王捐弃祖死于秦、国破家败的前仇，仁道地派遣刘邦扶义而西，正是对楚文化优秀传统的继承和弘扬。怀王君臣的理性认识和明智决断，可以说是在新的历史条件下，将楚文化“抚有蛮夷，奄征南海，以属诸夏”的路线发展为“抚有秦人，奄征天下，光融华夏”，从而体现了楚文化的开放性、包容性和革命性，显示了楚文化陶冶人、净化人、折服人的进步作用和巨大力量。

宋义率军北上至安阳（邑址在今河南安阳东南），便惧秦不行，驻军46天，只顾自己饮酒作乐，不管士卒饥寒交迫。项羽坚决主张迅速救赵，与赵军里外呼应、合力破秦，却遭到拒绝。无奈之际，项羽怒杀宋义，得到了诸将的拥戴和怀王的认可，成为楚军统帅。

---

①② 《史记·高祖本纪》。

项羽于是率军渡河救赵，渡过漳河后下令全军破釜沉舟，只带 3 天的粮食，以此激励将士有进无退、必破秦军。及至巨鹿，诸侯救赵的军队有 10 余支，却都筑壁自保，不敢击秦。项羽指挥楚军击秦，楚军将士同仇敌忾、激昂慷慨、呼声雷动，无不以一当十，与秦军激战九次，终于大破秦军。而众诸侯的军队都作壁上观，人人为楚军的英勇和战斗的惨烈惊惧惴栗。胜利之后，“项羽召见诸侯将，入辕门，无不膝行而前，莫敢仰视。项羽由是始为诸侯上将军，诸侯皆属焉”[①]。巨鹿大战，是反秦斗争的转折，表明唯楚发愤亡秦、亡秦非楚莫成。巨鹿大战，摧毁了秦王朝的支柱，奠定了楚有天下的基础。

项羽麾军乘胜追击，战无不胜，迫使章邯率领残余秦军投降。于是，项羽令投降的秦军引导大军急速西进，至新安（今河南渑池东）时觉察秦降卒近乡而似有贰心，担心秦降卒不服，乃将秦降卒 20 余万人全部坑杀，仅留下章邯等 3 名高级秦将。坑杀秦降卒 20 余万，虽然不及秦人当年在长平之战后坑杀赵降卒 40 余万人暴虐，但这种以牙还牙、以暴制暴的复仇行为，实在不合时宜也不得人心。为狭隘的复仇心理所左右而不能继承楚文化优秀传统的项羽，因此自损形象，有负众望。

章邯既降，秦朝军事力量基本被毁，秦朝统治集团因惊恐而大乱。赵高逼迫秦二世自杀，另立秦王子婴，企图以去帝号来换取六国的容忍。秦朝君臣主动放弃帝号，即宣告秦朝的崩溃、楚人亡秦的基本成功。不过，嬴秦的政权未灭，暴秦的阴魂不散。项羽和刘邦不为所动，急奔关中而来。

刘邦衔怀王之命扶义西征，抚有秦人，进展顺利，率先入关。公元前 207 年，仅坐了 46 天王位的子婴，不得不奉皇帝玺符出降。于是，“亡秦必楚”之说最终得到了应验。张正明先生在《楚史》中总结说：

> 秦末的民众起义由楚人发动并由楚人完成，决非偶然。细寻缘由，不止一端。楚地最广，楚人最多，此其一；楚人对秦人仇恨最深，

① 《史记·项羽本纪》。

此其二；楚人反压迫、反奴役的斗争精神最强，此其三；楚人文化水平最高，气魄最大，此其四；楚人有混一夷夏的传统，容易团结东周其他各国的遗民，此其五。

继刘邦入关后的次月，项羽率领诸侯之师浩浩荡荡地杀奔关中来。刘邦势弱，只得在鸿门（在今陕西西安临潼东）俯首称臣。“项羽引兵西屠咸阳，杀秦降王子婴，烧秦宫室，火三月不灭，收其货宝妇女而东。”[①]这犹似当年秦将白起破郢后烧杀抢掠行为的重现，一报还一报该是何等痛快淋漓！然而，“楚人一炬，可怜焦土！”[②]狭隘的报复，又毁绝了多少文化创造的成果。残暴的行为，又该使多少为秦暴政所苦而渴求仁政的天下人士心寒。如果说秦人焚楚都而埋下了秦朝灭亡的种子的话，那么，项羽炬咸阳，也断送自己的前程而滋生自刎乌江的隐患。

楚人亡秦，天下也基本归楚。项羽封诸将相为王，徙诸侯于封地，尊怀王为义帝，自立为西楚霸王，天下莫敢不听令，秦的帝业实已变成了楚的帝业。汉初人士尊重这一史实。长沙马王堆汉墓出土的帛书中，《五星占》的五星行度和另一种古佚书的干支表所列秦代及汉初的纪年，就有“张楚”年号而无秦二世年号。《史记》立月表记秦末至汉初之间的史事，不名“秦汉之际”而名“秦楚之际”。司马迁肯定项羽的功绩和地位，称他“非有尺寸，乘势起陇亩之中，三年，遂将五诸侯灭秦，分裂天下，而封王侯，政由羽出，号为‘霸王’，位虽不终，近古以来未尝有也”[③]，将他视为帝王而在《史记》中立“项羽本纪”。

可是，效法秦人以报复秦人的项羽，却不自觉地背弃了楚式王道文

①③ 《史记·项羽本纪》。

② 杜牧：《阿房宫赋》。近年考古勘探发掘证实，秦始皇兴建于今陕西西咸新区渭水南岸的阿房宫并未完成，项羽也未焚毁阿房宫，项羽所烧秦宫室是秦孝公迁都咸阳后在渭水北岸逐步建成的大朝正宫——咸阳宫。或因是千古一帝秦始皇兴建又规制恢宏、工程浩大、劳民伤财过甚，古人乃广泛传扬、极力夸饰阿房宫并以之泛称秦宫室。

化而承袭了秦式霸道文化，结果是自我否定而自我毁灭。“自矜功伐，奋其私智而不师古，谓霸王之业，欲以力征经营天下”[①]的项羽，该与“行自奋之智”[②]、尚武逞力的秦王何其相似乃尔！奉行霸道文化的秦人固然不能长有天下，奉行霸道文化的楚人又岂能长有天下？楚文化已经成了天下的主导文化，主宰天下的也只会是奉行王道文化的楚人。

三、刘邦兴汉

楚人刘邦不奋私智，重义尚仁，知人善任，没有楚国世家大族的狭隘复仇心理，能够自觉地弘扬楚文化的优秀传统，成了众望所归的义军领袖，天下也就非他莫属了。

在接受秦王子婴投降时，刘邦部将面对秦王，国仇家恨涌上心头，纷纷要求诛杀秦王以谢天下。刘邦却制止说：“始怀王遣我，固以能宽容；且人已服降，又杀之，不祥。”[③]进而，他又告谕秦人：

> 父老苦秦苛法久矣……吾与诸侯约，先入关者王之。吾当王关中，与父老约法三章耳：杀人者死，伤人及盗抵罪。余悉除去秦法。诸吏人皆案堵如故。凡吾所以来，为父老除害，非有所侵暴，无恐！[④]

他自我约束，不住秦宫，不扰秦民，不掠秦财，宽待秦人，以义易暴，其言其行可谓深得楚文化“止戈为武”[⑤]、抚征天下之精神的真谛，也将迥然不同于秦文化风格的楚文化深播秦土。秦人“唯恐沛公不为秦王”[⑥]，实际上正是被楚人的人道行为、楚文化的人道精神所感化。弘扬楚文化的人道精神的刘邦，自然也会因得人心而得天下。

---

① 《史记·项羽本纪》。

② 贾谊：《过秦论》。

③④⑥ 《史记·高祖本纪》。

⑤ 《左传》宣公十二年记楚庄王语：“夫文，止戈为武。……夫武，禁暴、戢兵、保大、定功、安民、和众、丰财者也。”

军事上堪称雄狮、政治上犹似沐猴的项羽，在恋乡东归时，就远徙义帝于僻远之地的长沙郴县（治今湖南郴州），又暗中令人击杀义帝，意在空出帝位以便于自己伺机登上楚帝宝座。然而，他万万没有料到，义帝死，名义上的天下共主不复存在，天下统一局面立遭破坏，社会就如倒退至分裂割据、争战不休的春秋战国时期。对项羽凭借武力霸有天下、生杀予夺概由己出十分不满的割据诸侯，在项羽还都彭城而席不暇暖之际便相互攻伐。被项羽封为汉王而入汉中仅数月的刘邦，眼见项羽称帝不成，便兵出汉中，逐秦失鹿。楚霸王项羽领军征诸侯、击刘邦，楚汉战争由此展开。

5 年的楚汉战争，虽然是同为楚人的项羽与刘邦之间争权天下的战争，却又是秦式霸道文化与楚式王道文化较量的延续。秦、楚的武装斗争虽已结束，秦、楚的文化较量却仍待时日，历史文化的发展就是这样的曲折和复杂。奉行霸道文化的项羽，尽管凭借个人的勇武和兵力的强大而在战争前期屡战屡胜，但终究不敌奉行王道文化而怀柔则广、有容乃大的刘邦，最后成为众叛亲离的孤家寡人。垓下被困，四面楚歌；乌江自刎，功罪千秋。

公元前 202 年，刘邦登上皇帝宝座，建立汉朝，定都长安（今陕西西安）。汉朝因承刘邦的汉王名号而定名为“汉”，实际上是楚人建立的统一王朝。随刘邦平定海内的开国元勋，大多为楚人。司马迁说得再明白不过了：

> 初作难，发于陈涉；虐戾灭秦，自项氏；拨乱诛暴，平定海内，卒践帝祚，成于汉家。五年之间，号令三嬗。[①]

三嬗号令者都是楚人，汉家之成主要就是陈胜、项羽和刘邦共同张楚亡秦的结果。学者因此指出：“秦楚之争，最后的胜利者毕竟是楚。胜利

① 《史记·秦楚之际月表》。

的楚以刘邦为代表，转化为汉的皇权。”①

楚人建立汉朝以后，楚文化也得以全面复兴并主导了汉初文化的发展。刘邦以鲁公之礼葬项羽，不杀诸项氏枝属，封项伯等项氏族人为侯，又说：“秦始皇帝、楚隐王陈涉、魏安釐王、齐缗王、赵悼襄王皆绝无后，予守冢各十家，秦皇帝二十家，魏公子无忌五家。”② 这种不计仇雠、不别远疏的宽容胸怀，典型地反映了楚文化兼容并包、混一夷夏的恢宏气度。汉家始以楚文化为主导而融汇南北各地文化，不仅使得中国上古文化在汉初很快繁荣起来，而且导致博大丰赡、闳阔沉厚的汉文化在王朝极盛的武帝时代发展成熟。

第二节　楚制与汉制

复国即复制，立国也必立制。

陈胜建“张楚”，项梁立怀王，项羽尊义帝，楚国的制度文化因此得以恢复。

“高祖创业，继体承基。暂劳永逸，无为而治。”汉人张衡《西京赋》中此咏，说的正是汉初的政治状况。

刘邦兴建汉朝，所草创的一些重要制度，看起来好像是如古今许多史家说的那样“承秦之制”③，实际上并不尽然，而是有着对楚制的继

① 田庆余：《说张楚——关于“亡秦必楚”问题的探讨》，《历史研究》1989年第2期。

② 《史记·高祖本纪》。又《史记·陈涉世家》：“高祖时为陈涉置守冢三十家砀，至今血食。”

③ 班固《汉书·叙传上》记班彪语：“汉家承秦之制，并立郡县，主有专己之威，臣无百年之柄。”《后汉书·舆服志》：“汉兴，文学既缺，时亦草创，承秦之制，后稍改定。参稽‘六经’，近于雅正。”《晋书·刑法志》、《文献通考》卷一百六十四：“汉承秦制，萧何定律，除参夷连坐之罪，增部主见知之条。”《太平御览》卷二百六《职官部四》：“六典云：汉承秦制，不置三公。”范文澜《中国通史简编》第二编：“秦制度基本上变成汉制度。”刘泽华等编著《中国古代史》：“刘邦所实行的各项制度，基本上承秦制。”

承和因楚制的嬗变，并且确定了以陆贾《新语》所阐发的道家黄老学说的政治主张为立制的指导思想。

汉制在惠帝至景帝时期“宜于民”而立、“适时宜”而变的发展和变革，遵循了“无为而治”、“应时权变，见形施宜”[①]的黄老政治思想，也更多地继承了楚文化传统。正是如此，西汉前期的统治者才建立了适应巩固一统王朝和恢复经济、复兴文化需要的各种制度，解决了秦代统治者未能解决的治理天下的问题，使得汉帝国比较稳定地发展成为当时高度文明和空前富强的世界大国。

武帝时代，汉制得以完善而体系大备。其重要制度，基本上在西汉后期和东汉沿用。

一、分封制与郡县制

如前章第一节所述，楚国的政治结构是多元的，楚国的地方行政制度在战国时期主要为郡县制与封君制相辅并行。据文献记载，中国的县制最早是由楚国创立的。约于公元前 739 年，“楚武王克权，使斗缗尹之”[②]。《左传》庄公十八年杜预注：“权，国名，南郡当阳县东南有权城。”权国的政治中心，在今湖北当阳东南、沮漳河的中下游。楚武王在春秋早期大举拓土开疆，灭掉权国之后置其地为权县，任命王族子弟斗缗为县尹。后来，楚文王灭了申国和息国，又“实县申、息”[③]。“尹”大概是楚国袭用商朝和西周官名而来的称谓。春秋时的楚国长官多称“尹”，县官就称“县尹”。西周虽已有县，但西周同商朝一样实行的是“封邦建国”的单一分封制，县只为地域区划而不构成为一级地方行政组织。楚国首置权县并由楚王任命县尹治理，县便开始成为一级行政区划了。这一创举不仅在当世影响巨大，而且对后世影响深远。继楚国

① 《文子·道德》。
② 《左传》庄公十八年。
③ 《左传》哀公十七年。

置县后，秦、晋、齐等国也纷纷置县。许多学者以为：“最早设县的是西方大国秦。”[①]可是，秦国最初设县是在秦武公十年（前688）[②]，至少晚于楚国数十年。今天，县依然是中国的一级行政区划。尽管东周的列国之县和后世的历代之县，在组织的原则和机构的设置上大有不同，但其作为一级地方行政区划却是共同的。

“郡”的设置要晚于“县”，但也始于春秋时期，最初小于县，后来才逐渐成为县之上的行政组织。楚国早期的县多因灭国而置，县域既大，县尹权力可比诸侯，故“楚县大夫皆僭称公”[③]。春秋末年以后，楚国又盛行封君封邑制。因此，楚国设郡大概要晚于晋、秦等国，但在战国时期为了有效地治理地方和巩固边防，也比较普遍地设郡并采用以郡统县的制度了。

东周列国实施分封的封君制，也为楚国首创。西周中期的周夷王时，“甚得江汉间民和”的楚公熊渠兴兵出征，开疆拓宇，封立三个儿子为王以分别镇守新拓疆土。[④]周厉王即位，遣师扑伐南土鄂国格杀勿论。[⑤]熊渠忌其暴虐，畏其伐楚，明智地自行去掉封立在“江上楚蛮之地”的三子王号。不过，王号虽去，三子的封地仍在，楚国的新拓疆土未失。三子在其封地，具有君主的尊位和权力。梳理现有史料，熊渠封立三子为王是周代诸侯国实行分封的最早史例，是东周楚国盛行封君制的源头，开东周列国实施封君制的先河。封君的名号和封地世袭，是周代封君制的传统。传世文献记载的春秋晚期楚灵王时代的鄂君子皙、出土铜器铭记的战国中期楚怀王时代的鄂君启，当为熊渠所封中子红为鄂王的后代子孙。战国诸雄也大行封君，但除身为诸侯国重臣而权大势热者外，列

① 阴法鲁、许树安主编：《中国古代文化史》（一），北京大学出版社1989年版，第296页。

② 《史记·秦本纪》：“（武公）十年，伐邽、冀戎，初县之。”

③ 《左传》宣公十一年杜预注。

④ 见《世本》、《大戴礼记·帝系》和《史记·楚世家》。

⑤ 说详拙文《鄂国史迹与楚人至鄂》，《湖北社会科学》2017年第10期。

国的封君一般只享有封地的租税和其他一些经济特权，没有很大的行政治理权。甚至其封邑的相和守这样的重要文武官员都是国君直接委派的。相形之下，楚国疆域广大，楚国封君的封地也广、权力也大。显赫的楚国封君，在其封地具有相对独立的行政权、财政权甚至一定的兵权，建立有较为完整的行政机构和官僚体系。对此，论者已经有所阐明。[①]战国中期吴起相楚变法，针对楚国“封君太众”且世袭而主张“封君之子孙，三世而收爵禄”。楚悼王去世，吴起被宗室大臣射杀。“楚不用吴起而削乱”，吴起减弱封君的主张和措施便在楚国一风吹过。楚国的封君世袭制，一直因循至国灭政息。

楚国实行郡县制与封君制并用结合的地方行政制度，在战国前期适应了辽阔国土内各地域不平衡的经济和不一致的文化的发展需要，因而促进了楚国经济和文化的繁荣。可是，由于楚国封君太众而且封君擅权，也导致楚国在战国后期的政治腐败和国家削乱，故秦人入侵之时楚人“自战其地，咸顾其家，各有散心，莫有斗志”[②]。

秦国为了有效地集中国力以征服诸侯、霸有天下，自春秋早期至战国末年，基本上都实行集权于中央的郡县制。受关东诸国的影响，秦国也采用了分封制。尤其是在战国中期以后，秦王为了激励士卒将相为其富国强兵、吞灭诸侯的目标勇做贡献，不仅封君封邑，而且实行了按爵位封邑赏田的二十等爵制。不过，秦国除特殊情况外非立大功者不得封君封侯。秦国的封君和列侯，一般也只能收其封邑的食税，甚至是“但有封名，而无食邑”[③]。到了秦王政时代，往往“为大王将，有功终不得封侯”[④]。因此，秦国的分封制主要是作为奖励功臣的一种措施，并

① 见何浩《战国时期楚封君初探》，《历史研究》1984年第5期；何浩《论楚国封君制的发展与演变》，《江汉论坛》1991年第5期；郑威《楚国封君研究》，湖北教育出版社2012年版。

② 《战国策·中山策》。

③ 《通典·职官》。

④ 《史记·王翦列传》。

不影响郡县制的实行。秦国统一天下后，秦始皇便“海内为郡县，法令由一统”[①]，“使秦无尺土之封，不立子弟为王、功臣为诸侯者”[②]。

非社会统一不能实现天下安定，非中央集权不能实现社会统一。社会统一是民心所向，中央集权是大势所趋。秦朝不实行分封制而推广郡县制，就是为了强化中央集权而使天下再无东周侯王互相攻战不息那样的祸乱，其本意在于“使后无战攻之患”、王朝长治久安。可是，其措施却不合时宜。因为泱泱中国，“广谷大川异制，民生其间者异俗”[③]，各地的经济状况不一、文化发展有别，归于一统之初，尚需在一段时间里实行因地而治、多元辅行的地方行政制度来过渡，从而促进各地经济的平衡发展和文化的交汇融合，逐渐强化中央集权，实现政治的高度统一。政治的高度统一，有待于社会经济生活与民众文化心理在相当程度上的统一。经历长期惨烈战乱之后，社会经济十分萧条，各地民生极其艰苦，新兴王朝的当务之急是发展生产、恢复经济、救助民生。传统的分封制虽然有碍于中央集权，却有利于发展地方经济文化。分封的诸侯王在其封国具有相对独立的行政权和财政权，为追求自身享乐和国富民安而会积极主动地发展封国的经济文化。相形之下，郡县长官谨遵朝廷政令，受食朝廷俸禄，发展辖境经济文化的主动性、积极性自然不可比拟封国诸侯王。因此，倘若在条件尚不具备的时候强制实行政治的高度统一、权力的高度集中，必然适得其反。秦朝统治者不知合时宜而变通、顺自然而立制，只知因循秦国的经验来统治天下，推行秦国的文化来专制天下，通过郡县制来强制天下百姓竭其财力满足其欲求，依靠地方官吏实施严刑酷法来压迫天下士民服从其专制，结果破坏了关东各地的经济生活，遭到了关东文化的抗拒，激化了社会矛盾，导致了民众奋起亡秦。

陈胜首倡亡秦，天下豪杰响应。由于分封制是商、周以来实行悠久

① 《史记·秦始皇本纪》。
② 《史记·李斯列传》。
③ 《礼记·王制》。

的政治传统，成为六国遗民心中根深蒂固的传统观念；加之秦朝的统一并没有减轻六国遗民的痛苦，反倒促其思怀裂土自治的故国；因此，封邦建国的思潮随着亡秦斗争的发展而汹涌澎湃。各路义军领袖，纷纷割据一方，或自立为王，或立六国君主的后人为王。陈胜着眼于亡秦大局，也不得不予以认可并封立诸侯。陈胜的分封虽实出无奈，却是顺应自然之势的适合时宜之举。正是分封使得诸侯并起、共同亡秦的统一战线得以形成，从而加速了秦王朝的崩溃。

项羽率领诸侯军亡秦之后，已“霸天下而臣诸侯”[①]。他并非像前人所说的“有取天下之才而无取天下之虑”[②]、“本无经营天下之心”[③]，否则，他就不会在早年见到东游会稽、渡浙江的秦始皇而对项梁发出“彼可取而代也”的豪言了，就不会在亡秦后有放逐并谋杀义帝以空出帝位的谋虑了。[④]可是，逐秦失鹿而争王者太众，聚义亡秦而有功者甚多，他又尚无帝王名号和称帝的实力。倘若他不行分封而自立为帝，势必有失王侯将相的悬望而成为众人之敌，不啻是引火烧身。因此，他审时度势，明知“欲自王，先王诸将相”[⑤]，便大封诸侯王。有如学者所说：“项氏的分封制当为楚旧分封制的扩大化，可视为一种新楚制。”[⑥]项羽的分封，是他为了真正夺取天下而对楚国分封制的扩大化利用。他所封诸侯王的高度自治权及封国百官如朝廷的形式，即因袭楚国封君制又有所扩大。就他所封的 18 个诸侯王来看，诚然是煞费苦心地为他登上楚帝宝座所作的铺垫。他“尽王故王于丑地，而王其群臣诸将善地”[⑦]，“三分关中，王秦降将以距塞汉王”[⑧]，不封数负项梁的原齐相田荣和未从他入关的赵将陈余为王，显然是借分封以削弱诸侯实力、排除和钳制异己，便于自己控制天下并伺机称帝。他恐怕也并非没有王关中而霸天下

① 《史记·淮阴侯列传》。
② 苏洵：《论项籍》。
③ 郭嵩焘：《史记札记》。
④⑤⑦⑧ 见《史记·项羽本纪》。
⑥ 卜宪群：《秦制、楚制与汉制》，《中国史研究》1995年第1期。

之心，但他出于复仇心理而屠咸阳、烧秦宫之后，咸阳残破，秦人怨恨，加之怀王又与诸将有“先入定关中者王之”的前约，他大概自度留居关中既不得民心，又不利舆论，才思乡东归的。他明目张胆地自封为“西楚霸王”，不知吸取秦亡的教训，缺乏政治的眼光和谋略，急不可耐地谋杀义帝和诛灭韩王，故他的分封虽然用心良苦，却弄巧成拙，自乱阵脚：旧王不肯迁往恶地，新王难在旧王之土立足，被迁的诸侯纷纷还归故土、逐走新主而自王，不得封王的田荣、陈余在齐、赵发难，因秦降卒被坑杀而为秦人恨之入骨的关中三王不但不能距塞刘邦、反而有利于受秦人拥戴的刘邦传檄而定三秦，他自己东都彭城又无法控扼天下。总之，他分封及作为的最终结果，是众叛亲离、自陷绝境。不过，尽管他的分封是不成功的，导致了兵戈再起、天下又乱，但对他实行分封制也不能简单地指责是一种倒退行为，是阻碍历史前进的反动措施。他恰恰是着眼于统一天下的需要而实行分封制的，是将分封诸侯王作为自己将来统一天下的权宜之计。他大行分封，改变了亡秦斗争中形成的“六国复自立”①的政治格局，杜绝了复辟倒退者兴灭国、继绝世的企望，为刘邦收并诸侯、建立汉朝创造了条件。

感慨大丈夫当如秦始皇的刘邦，在亡秦斗争之中就有了争权天下之心和分封诸侯之举。他奉楚怀王之命西征时，便于征途中招降秦朝南阳（今属河南）郡守，以其“为殷侯，封陈恢千户”②。正是利用分封，他才“引兵西，无不下者”③，顺利入关，逼迫秦王投降。田荣、陈余因不得封王而在齐、赵发难，使他有了兵出汉中、争夺天下的机会。他据以往经验，察当时形势，深知分封思潮的巨澜不可阻挡，巧妙地借助分封，以封王立国相利诱，可以招降纳叛、壮己孤敌，从而充分地利用一切力量夺取天下。他在与项羽争夺天下的过程中，尽管“其意非尽吞

① 《史记·秦始皇本纪》。
②③ 《史记·高祖本纪》。

天下者不休”[①]，却不像项羽那样吝于分封、“至使人有功当封爵者，印刓敝，忍不能予”[②]，而是大行分封，“诸将以万人若以一郡降者，封万户”[③]。由于他大行分封，天下豪杰贤士多背楚投汉，乐以为他所用。当然，他始终将分封作为夺取天下的手段，不作危害统一事业的分封。他被项羽困于荥阳（今属河南）时，于情急之中听从了郦食其“复立六国后世”的建议，当张良说明此举不利于夺取天下之后，即予废止。为了打败项羽，他不惜以关东之地分封给能够帮助他完成统一大业者。依从张良的谋划，他许诺以关东之地封赏可以当此大任的韩信、彭越；又诱降英布，立其为淮南王。三人因而全力攻楚并剪除附楚的关东诸侯，终于使项羽兵败垓下、自刎乌江。史家乃说：“然卒破楚者，此三人之力也。”时人即谓：“此三人者，同功一体之人也。”[④]

综观刘、项之争，刘邦之所以胜和项羽之所以败，一个重要原因就在于刘邦比项羽更大胆、更充分也更巧妙地利用了分封来争取到各种各派力量。秦汉之际，刘邦实行分封，是直接因承陈胜、项羽而来的，但刘邦比项羽更清楚地认识到分封思潮的强大，认识到借助分封可以争取力量而使自己完成统一大业。实现统一是刘、项的共同目的，利用分封来实现统一是刘、项采取的共同手段。在秦汉之际特定的历史条件下，不行分封便不能推翻秦朝，也不能统一天下。刘邦比项羽在实行分封上更具有政治上的目的性和策略性，因而分封成了他战胜项羽、夺得天下的一个法宝。刘邦称帝后，在洛阳南宫大宴群臣，席间问：“列侯诸将无敢隐朕，皆言其情。吾所以有天下者何？项氏之所以失天下者何？”功臣高起、王陵便为之总结说：

陛下慢而侮人，项羽仁而爱人。然陛下使人攻城略地，所降下

①② 《史记·淮阴侯列传》。
③ 《史记·高祖本纪》。
④ 《史记·黥布列传》。

者因以予之，与天下同利也。项羽妒贤嫉能，有功者害之，贤者疑之，战胜而不予人功，得地而不予人利，此所以失天下也。[①]

汉朝甫立，采用什么样的地方行政体制才能巩固一统王朝，是刻不容缓而亟待解决的现实问题。协助和跟随刘邦打天下的诸侯将相无不渴求分封，刘邦分封稍有迟缓，日夜争功的诸将便“相聚谋反”[②]。起于布衣的刘邦，则尚未形成至高无上的皇帝权威；不善将兵的刘邦，也未拥有生死予夺的骁武能力。因此，刘邦只能顺其欲求，适应大势而封王封侯以稳定大局。不过，他并没有依从诸侯将相的意愿割裂天下，而是着眼于巩固统一的需要、效法项羽而借分封来削弱和限制诸侯王和功臣侯。经过楚汉战争对割据势力的扫荡，刘邦在分封时的局面已不像项羽分封时那样复杂，故他仅封“异姓七国”诸侯，并且借故将功高势大的齐王韩信改封为楚王、将力量较强的彭越封为梁王而使之与韩信互相钳制，对“淮南王布、燕王臧荼、赵王敖皆如故”[③]而不予加封，后又将韩王信迁离“天下劲兵处”的韩国故地，从而使诸侯王难以迅速坐大，构成对王朝的威胁。刘邦为了安抚功臣而大封列侯，虽然封有143位功臣侯，却只予其食户食邑，不予其对封邑的统治权，使其不能独霸一方、拥兵自立。于是，诸侯就国，列侯归位，天下大定。然而，割土为王、自行其政的诸侯王毕竟是统一王朝的离异力量和中央集权的障碍，王朝对其的防范和限制与其的自大要求和自危心理导致了双方矛盾的激化。借分封稳定了大局的刘邦，便以不同方式先后铲除了7个异姓诸侯王。同时，刘邦吸取秦王朝没有分封子弟以屏藩王室而速亡的教训，先后“尊王子弟，大启九国”[④]于异姓诸侯王故地，并与诸侯王杀白马盟誓：“非刘氏而王者，天下共击之。”[⑤]刘邦又在秦朝所置郡之外增置郡，使诸

①③ 《史记·高祖本纪》。

② 《史记·留侯世家》。

④ 《汉书·诸侯王表序》。

⑤ 《史记·吕太后本纪》《汉书·王陵传》。

侯王分别以国统郡，而中央王朝则直接管理都城所在的中心地区和全国部分重要地区的15个郡。于是，就奠定了汉代长期实行的分封制与郡县制相结合的地方行政制度。这一制度的实行，借鉴了周代以来的统治经验，尤其是直接借鉴了楚国首创的封君制与郡县制并行互辅的统治经验。分封子弟为诸侯，是西周的政治传统，但刘邦没有完全因袭西周传统而使诸侯分布广泛并高度自治，只封诸侯于局部地区并使其地“犬牙相制，此所谓磐石之宗也”[①]。刘邦虽让诸侯王设置与中央王朝相应的官僚系统，但其丞相却须由中央王朝委派。司马迁说明：“高祖时诸侯皆赋，得自除内史以下，汉独为置丞相、黄金印。诸侯自除御史、廷尉正、博士，拟于天子。”[②]这颇有似于楚国赋予封君以统治权的封君制的发展和变化，采用了战国诸雄委派相国治理封君之邑的做法，限制了诸侯王的权力。中央王朝直接控制天下要害地区的郡县，又抑制了诸侯王的发展和分裂。自刘邦全面推行分封制与郡县制相结合的地方行政制度以后，汉王朝也就逐渐稳固了。刘邦死后，虽有诸吕之乱，但因诸侯王积极配合朝臣平乱，有效地维护了王朝的安宁，所谓“卒折诸吕之难，成太宗之业者，亦赖之于诸侯也”[③]。

实行分封制与郡县制相结合的地方行政制度，不仅有效地巩固了汉初的统一政权，而且大大有利于汉初经济的恢复和社会的发展。历经战乱，汉初社会，满目疮痍，天下刚归一统而各地经济、文化尤显发展不平衡，王朝仓促建立而无力全面组织生产和建设。分封之后，让“郡国诸侯各务自拊循其民”[④]，并允许其发行钱币和制定度量衡，使其可以根据其地的经济、文化条件来自主地组织生产和建设，不仅大大调动了地方的主动性和积极性，促进了各地的经济恢复和文化复兴，而且大大减轻了中央王朝的经济负担和行政事务，使中央王朝可以致力于政权的

① 《史记·孝文本纪》。
② 《史记·五宗世家》。
③ 《汉书·诸侯王表序》。
④ 《史记·吴王濞列传》。

建设和郡县的治理。诸侯王每年向中央王朝上交的献费，又增加了王朝的财政收入和增强了王朝的经济基础。这便改变了秦朝那样海内皆为郡县、法令皆出于一而将天下统治过死、殆无生机的状况，故尽管汉初的中央王朝几世都清静无为，“政不出房户”[①]，全国各地的经济却迅速恢复、文化也日趋繁荣，社会生机盎然。至文、景之世，“依阻山泽”的吴地，因吴王刘濞掘铜山铸钱、煮海水为盐而国用富足；又因其“招致天下之娱游子弟”[②]，枚乘、邹阳、严忌等著名文士俱往而出现文化繁荣的景况。饱受战火的梁地，在几代梁王的治理下，到梁孝王时已是“府库金钱且百巨万，珠玉宝器多于京师”[③]，且“自山以东游说之士莫不毕至”[④]而成为文人荟萃之地。僻远的江南，因长沙王的悉心开发，经济和文化有了很大的发展。长沙马王堆汉墓出土的丰富而精美的随葬品和大量而珍贵的帛书简文，显示出长沙国经济文化发展的高度水平。……诸侯国的面积，在西汉前期占全国疆土的大半。诸侯国经济文化的发展，对西汉王朝的稳固有着举足轻重的作用。经济恢复了，文化发展了，民众也就自安了，社会也就稳定了，西汉王朝因此也就更加巩固了。

随着时间的推移，诸侯王与王室的亲情关系日疏而欲望膨胀，逐渐违礼越制、擅为法令，“不听天子诏”[⑤]。汉文帝、景帝于是着手削藩，不甘被削的诸侯王联合发动了吴、楚“七国之乱”。尽管叛乱来势汹汹，却溃如泄洪。由于分封制与郡县制的并行，由于违背在统一而发展的社会里获得安宁的人民的意愿，“七国之乱”并未真正危及已经巩固了的王朝，景帝仅派周亚夫率军出征便迅速予以平定。这一事件并不表明汉初实行分封制是错误的，恰恰证明了汉初实行分封制的害处不大和并行分封制与郡县制的成功。“七国之乱”的出现并不仅仅在于分封制的弊病，一个重要原因还在于景帝听从晁错之言而削藩太急。司马迁

① 《史记·吕太后本纪》。
② 《汉书·地理志》。
③④ 《史记·梁孝王世家》。
⑤ 《史记·孝文本纪》。

总结说："晁错刻削诸侯，遂使七国俱起，合从（纵）而西乡（向），以诸侯太盛，而错为之不以渐也。"[①] 平定"七国之乱"后，汉王朝并没有取消分封制，而是照旧并行分封制与郡县制，只是改变了分封方式。景帝剥夺了诸侯王对其属国的统治权，使其"独得食租税"[②]。武帝吸取景帝强制削藩而致乱的教训，颁布"推恩令"让诸侯王自行裂土分户以封子弟，使得"藩国自析"而再也不能形成对抗朝廷的力量。

至武帝即位数年，"汉兴七十余年之间，国家无事，非遇水旱之灾，民则人给家足，都鄙廪庾皆满，而府库余货财。京师之钱累巨万，贯朽而不可校。太仓之粟，陈陈相因，充溢露积于外，至腐败不可食"[③]。举国上下如此富足的经济生活，在很大程度上就是并行分封制与郡县制的成果，又为强化中央集权、巩固统一王朝提供了坚实的经济基础。汉武帝因此能够毫无阻力地颁行一系列强化中央集权的措施，调整地方行政格局，使郡县数量大为增加、封国疆域大为缩小。于是，汉初以来实行的分封制与郡县制相结合的地方行政制度，最终定型为以郡县制为主、以分封制为辅的并行制度，以保证中央的高度集权。这一制度从此成为汉朝的定制，基本上沿用到东汉末年。

汉朝的建立，是与实行分封分不开的；汉朝的巩固和发展，是与推行分封制和郡县制相结合的地方行政制度分不开的。不过，汉统治者实行分封和并行分封制与郡县制，没有简单地仿效其前的楚人或周人，而是着眼于统一王朝的建立、巩固和发展的需要，因时势、合时宜地博取众长、变通运用，因而卓有成效。

二、官制与爵制

官僚制度和爵秩制度，比较系统地形成于周代。两者相互联系，往

---

① 《史记·孝景本纪》。
② 《史记·五宗世家》。
③ 《史记·平准书》。

往是不同的官职有着相应的爵位。战国七雄都建立了较为完备的官僚制度和爵秩制度，又以楚、秦两国的官制和爵制比较特殊。秦朝建立后，为了便于统治全国，参照列国官制而建立了一套新的官僚制度，但在爵制上还基本沿用秦国的二十等爵制。

陈胜立“张楚”，一概用楚制。据《史记·陈涉世家》所述，他先“以上蔡人房君蔡赐为上柱国”。上柱国是楚国特有的最高武官名。《战国策·齐策》记载，楚国之法，破军杀将者最高可晋升“官为上柱国，爵为上执珪”。楚国的昭阳、景翠等，曾获此官爵。接着陈胜令周文领兵西进击秦，“与之将军印”。将军名号，是战国诸雄对一军将帅的通称，楚国当在战国后期因战事频繁激烈而设此职。《史记·楚世家》记屈匄为楚国大将军，景缺和项燕为楚国将军。陈胜因亡秦的军事斗争的需要，先置上柱国和将军等武官。后来，“陈王使使赐田臧楚令尹印，使为上将”。令尹是楚国百官之首的军政长官，相当于东周列国的丞相，为楚国在春秋战国时期一直沿用的特有官名。陈胜起初未置令尹，大概是因“以吴叔为假王，监诸将以西击荥阳”，吴广实以“假王”之称掌令尹之职。田臧本为吴广属下的将军，因与诸将谋划“矫王令以诛吴叔”后，陈胜才任命他为令尹并直接行使上将军职权的。这或许是由于“张楚”的精税军队已尽属田臧，而秦将章邯率大军正向东扑来，陈胜迫于形势，不但没有惩办田臧，反而任其为最高长官，让他全力阻击秦军。令尹一职的任命，则表明“张楚”政权建时虽短，却已在相当程度上复立了楚国的官僚制度。

项梁、项羽叔侄继陈胜而为义军领袖之后，一如陈胜而全面复兴楚国旧制。项梁当初即接受了召平矫陈王之命所拜的上柱国之职，立楚怀王后乃以“陈婴为楚上柱国……自号为武信君”[①]。项梁的自号，虽不是官名，但他的职权和地位犹似楚国末年的春申君黄歇。黄歇“虽名

① 《史记·项羽本纪》。

相国，实楚王也”[①]。项梁自号武信君，也实为楚王。项梁死后，楚怀王以“吕臣为司徒，以其父吕青为令尹”[②]。司徒虽然不是楚国独有的官名，但楚国自春秋时期即设此官。《左传》宣公十一年记载：“令尹芳艾猎城沂，使封人虑事，以授司徒。”司徒当是楚国因袭周官制而设的主管劳役的官职。楚怀王因项梁兵败而从盱台（治所在今江苏盱眙东北）迁到彭城后，任吕臣为司徒，恐怕就是让他负责征调劳役修筑彭城以防御秦军，项羽后来因此即以彭城为都。乍到彭城，楚怀王任命了一批官员，全是依照楚国旧制而设。《史记·项羽本纪》司马贞“集解”引“瓒曰：‘诸侯之卿，唯楚称令尹。时立楚之后，故置官司皆如楚旧。’”项羽杀宋义而为楚上将军之后，尤其是在巨鹿破秦军而“始为诸侯上将军，诸侯皆属焉”之后，楚怀王已徒有虚名。项羽部下的任命封赏，当全为项羽所为。项羽命官封爵，亦大抵皆如楚旧。据《史记·项羽本纪》，项羽的季父项伯，官为左尹。左尹和右尹，是楚国独有的官名，当为令尹的副职，故项伯在《汉书》中又被记作“为楚左令尹”。楚国的莫敖一职，地位重要又最为特殊。楚国朝廷中的莫敖，自春秋到战国基本上是屈氏宗族的世袭之官。[③]据湖北荆门包山二号战国楚墓出土的竹简（简称“包山楚简”）记载，楚国的地方政府也有莫敖之官。项羽也任有此官。《汉书·曹参传》记载，曹参俘虏了楚之“大莫嚣（敖）”。连尹也是楚国特有的官名，并且为项羽所设。《汉书·灌婴传》记载，灌婴“生得右司马、连尹各一人”。项羽属下，有大司马曹咎、周殷及多名左司马、右司马。大司马一职，是楚国自春秋时期因袭周制所设，为统帅军队的将官，其副职又有左、右司马。另外，楚国的县尹尊称为“公”，项羽属下就有萧公、薛公、柘公等。项羽吝于封爵，文献记载他封爵的情况亦不详，但从少量关于他封爵的记载和刘邦早期封爵大抵皆用楚爵制的

① 《史记·春申君列传》。
② 《史记·项羽本纪》。
③ 参见拙文《楚国的“莫敖”之官与“屈氏”之族》，《江汉论坛》1991年第2期；谭黎明《春秋战国时期楚国官制研究》，社会科学文献出版社2017年版。

情况来看，他封爵自当也大抵因循楚国旧制。陈平从项羽破秦，项羽乃“赐平爵卿”[①]。卿爵大概源自西周，在春秋时为楚袭用，在战国时为列国通用。项羽所赐，当以楚制为本。

刘邦在沛县起兵，不为沛令而称沛公，其名号即循楚旧。在亡秦斗争中，刘邦军中所置官职也基本上有如楚国旧制。《史记·高祖本纪》载曹无伤为刘邦左司马，《汉书·高惠高后文功臣表》载陈胥曾为刘邦的右司马。刘邦军中多设“连敖”一职，如召欧“以中涓从起沛，至霸上，为连敖入汉”[②]，周灶“以连敖入汉”[③]。“连敖”大概是较低的官职，包山楚简记载楚国地方官中也有此职。刘邦为汉王后及在楚汉战争中，依然因循楚制设官。韩信背楚归汉，始任连敖，继而被拜为粟客，后又被拜为大将军。[④]粟客也是楚国特有的官名。《古玺汇编》收有楚玺“郢粟客鉨”，职掌粮食，类同于秦汉的“治粟都尉”，故《史记·淮阴侯列传》未记韩信为粟客，而按当时习称的官名记其为“治粟都尉”。又陈胥“以右司马击项籍”[⑤]，丁复“为大司马破项籍叶”[⑥]。“能饶人以爵邑”[⑦]的刘邦，明智地以赐爵来激励将士为他夺取天下，因而文献中关于他赐爵的记载较多。他在秦汉之际采用的爵制，同他所用官制一样，也主要沿用楚制。曹参随他起兵于沛县后，因功初“赐爵七大夫”，又“迁为五大夫”，再“封参为执帛”。[⑧]七大夫、五大夫和执帛，都是楚爵名。学者指出：“《史记》、《汉书》在夏侯婴、灌婴、曹参、樊哙、周勃、郦商、傅宽、靳歙等诸人传中，记载了他们因战功而赐爵名有列大夫、国大夫、五大夫、七大夫、执帛、执珪、卿、上闻、封、重封等，其中大部分为楚旧爵或与楚旧爵相联系。”[⑨]

---

①⑦《史记·陈丞相世家》。

②③⑤⑥《汉书·高惠高后文功臣表》。

④ 见《史记·高祖功臣侯者年表》，其中记韩信曾为“典客”，但司马贞《索隐》指出为“粟客”之误。

⑧ 见《史记·曹相国世家》。

⑨ 卜宪群：《秦制、楚制与汉制》，《中国史研究》1995年第1期。

在“以属诸夏”的发展过程中，楚国的官爵制度因袭周制之处较多，与列国制度的通合之处也不少。项羽、刘邦复建的楚制，其中自然有一些与战国诸雄所用一致的官爵名称，如君、侯、司马、将军、都尉、郎中、郡长、五大夫、七大夫之类。这些官爵的设置，有的是沿袭楚国旧制而来，有的也可能是吸取列国乃至秦朝的制度而来。因此，楚人在秦汉之际复建的官爵制度，实际上是以楚国旧制为基础而博采众长、为我所用的新楚制，体现了楚文化的传统。

成了汉王的刘邦，致力于效法秦皇、建立帝业，其心态和胸襟大变，置官封爵也就不再局限于楚国旧制，而是有意识地比照适合大一统社会需要的皇朝制度了。史籍记载，“沛公为汉王，以何为丞相”①；曹参“入汉，以左丞相出征齐、魏，以右丞相为平阳侯”②；周昌“入汉，出关以内史坚守敖仓，以御史大夫定诸侯”③；杜恬“以汉王二年用御史，初从出关，以内史击诸侯，攻项昌，以廷尉死事”④；卢绾在汉高祖二年为太尉，夏侯婴在汉高祖元年为太仆。丞相、御史大夫和太尉，被认为是秦朝的三公；太仆和廷尉，被认为属于秦朝的九卿之职；内史，则是秦朝因周制而设的官职。刘邦设置这些官职，显然是袭用秦制以建立其王朝的官爵制度。随着他在楚汉战争中略地日广，他也开始着手建立地方行政制度。为了稳定社会和简便易行，他对秦朝建立的郡县体制基本上未作改变，也沿用了秦朝的地方官制，如阎泽赤“入汉，为河上守”⑤，侯襄“以上郡守击定西魏地”⑥。汉高祖二年，他令“举民年五十以上，有修行，能帅众为善，置以为三老，乡一人。择乡三老一人为县三老，与县令、丞、尉以事相教，复勿徭戍”⑦。郡守、县令及县中丞、尉、三老这些设置，一如秦制。

刘邦登上帝位后，需要建立统一的官爵制度。但他并没有大动手术

① 《史记·萧相国世家》。
②③ 《史记·高祖功臣侯者年表》。
④⑤⑥ 《汉书·高惠高后文功臣表》。
⑦ 《汉书·高帝纪》。

地重新立制，而是进一步参照秦朝制度，对前已建立的官爵制度予以厘清改定，形成统一的汉制。因此，汉初的官爵制度，基本上因循秦制。汉高祖五年诏令“复故爵田宅”①，大概就是确定以秦爵为统一的爵制。湖北江陵张家山汉墓出土的汉简《奏谳书》，记有汉高祖六年的“淮阳守行县掾新郪狱”案。其案载罪犯苍、赘、丙的爵位分别是壮平君、威昌君和五大夫，“皆故楚爵，属汉以比士”②。这表明，刘邦在汉初改楚爵为汉爵了。与此相应，文献中几乎未见汉初再有楚国特有的官职名称，显然刘邦将前依楚旧制而设的官名也改为汉官名了。

班固说：“秦兼天下，建皇帝之号，立百官之职。汉因循而不革，明简易，随时宜也。”③诚若此言，刘邦在秦亡之后因循秦制而建立汉制，主要原因就在于“明简易”和“随时宜”。秦朝的官爵制度，是借鉴周朝制度并参照六国制度而建立的适合治理一统天下的完备制度，是对秦朝以前的官爵制度的综合与发展，与包括楚制在内的列国制度并无性质上的根本冲突，与之有别的只在官爵名称和系统程度等方面，而且实行多年，为百姓所熟悉。加之刘邦及其部下如萧何、曹参、张苍、夏侯婴等原本就是秦朝官吏，故刘邦在草创政权之际因循秦制，既得心应手，又简易方便。再者，秦亡之后，刘邦与项羽争夺天下，如继续以楚国旧制为基础而建立官爵制度，既不能同项羽政权区别开来，又不利于稳定所占有之地的原秦朝郡县的官民，还会因楚制色彩浓重而不便于争取和兼容各地诸侯和各种力量。刘邦为了统一天下和经营天下，也就根据现实需要而放弃楚制、因循秦制以建立汉制。

在官爵制度的建立上，可以说是“汉承秦制”。但是，汉代官爵制度的建立，有着从因循楚制到因循秦制的过渡和转变。因此，汉制并不是秦制的翻版，所因循的只是秦制的基本体系和结构，在具体内容上仍

① 《汉书·高帝纪》。

② 江陵张家山汉简整理小组：《江陵张家山汉简〈奏谳书〉释文（一）》，《文物》1993年第8期。

③ 《汉书·百官公卿表》。

因循了许多楚制。“明简易”“随时宜”这汉制建立的指导思想，则可谓得“道法自然”这一楚文化精神的真谛。

汉代官爵制度建立后，在西汉的各个阶段里又“颇有所改”①。这种不断的修改，也是汉代统治者“随时宜”而为之。

三、礼乐制度

相传周公制礼作乐以治天下，礼乐制度便成为周朝的重要制度。春秋战国时期，“礼坏乐崩”，天下大乱。诸侯僭礼越制，争霸称王，并且通过法治来巩固统治、富国强兵。顺应民意而倡导社会统一、主张天下大治的战国学者，乃总结治乱兴亡的历史和现实的经验教训后认为，礼乐制度与法律制度并行互补，方能实现天下大治。荀子《富国》强调：“由士以上必以礼乐节之，众庶百姓必以法数治之。”《礼记·乐记》阐明：“礼以道其志，乐以和其声，政以一其行，刑以防其奸。礼乐刑政，其极一也。所以同民心而出治道也。”实际上，礼与法在周代往往合为一体。直至西汉，礼制仍在相当程度上被法律化。《汉书·礼乐志》载：“今叔孙通所撰礼仪，与律令同录，藏于理官。”

在周人看来，礼、乐不可分。礼以正人而作用于外，乐以化人而作用于内，二者情同，合为一体，故制礼必作乐、有乐乃成礼而成为统一的礼乐制度。

楚国自春秋中期强盛之后，仿效诸夏而大兴礼乐，并且较列国有过之而无不及，这由文献记载和考古资料可以清楚地看出。“吉、凶、军、宾、嘉”五类传统礼仪，在楚国不仅咸备，而且细密。楚人“隆祭祀，事鬼神”，关于祭祀、丧葬等吉、凶礼仪及相关的歌乐也尤为发达。楚辞中的《九歌》和《大招》《招魂》，即用于祭祀和丧葬仪典的乐歌。出土的种类齐全、数量众多、规模宏大、制作精良的楚国礼器和乐器，在迄今所知的东周礼乐器中是列国所无与伦比的，充分显示了楚国的礼

---

① 《汉书·百官公卿表》。

乐水平。繁缛复杂的楚国礼仪，乃本于周制而糅合楚俗以成；丰富多彩的楚国歌乐，则荟萃北音而融入楚声以成。楚国的礼乐制度，比较系统又独具特色。

秦朝为了树立皇帝的绝对权威、确定君臣的等级秩序和祠神祭祖、国事活动等需要，也建立礼乐制度，并设置掌管礼乐的官员，如奉常、典客及奉常属下的太祝令丞、太乐令丞等。《史记·礼书》记述："秦有天下，悉内六国礼仪，采择其善，虽不合圣制，其尊君抑臣，朝廷济济，依古以来。"同时，秦皇大行封禅祭典，"礼祠名山大川及八神"，"令祠官所常奉天地名山大川鬼神可得而序也"[①]，借以神化皇权和歌功颂德。又"为极庙……礼咸备，毋以加"[②]，秦朝也因此形成了一套"悉内六国礼仪，采择其善"而成的祭祀礼仪。六国的歌乐，则在秦朝建立前就早已传入秦土。李斯《谏逐客书》说："夫击瓮叩缶弹筝搏髀，而歌呼呜呜快耳者，真秦之声也；郑、卫、桑间、昭、虞、武、象者，异国之乐也。今弃击瓮叩缶而就郑卫、退弹筝而取昭虞，若是者何也？快意当前，适观而已矣。"楚国歌乐传入秦土的情况，现存文献中虽未明载，但楚乐随楚人大量入秦而传至秦土、随楚人大量事秦而广行秦土，亦是可想而知的。秦人破楚时，大量抢掠楚国的礼乐器。秦始皇将掠得的楚王宫中的"美人钟鼓"，置于仿建在咸阳北阪的楚宫中。于是乎，楚乐也演奏于秦都。秦朝纳楚礼而知楚乐，所建礼乐制度当对楚国礼乐制度有着"采择其善"的取用。

布衣出身的刘邦，大概因"礼不下庶人"而素对礼乐制度缺乏认识和没有好感。甫登帝位，他就全部废除秦朝的礼仪制度，唯求简易。可是，"群臣饮酒争功，醉或妄呼，拔剑击柱"[③]的不分上下、不知礼度而放诞不羁的状况，又使他深感忧虑，他因此听从原秦朝博士叔孙通的建议，

① 《史记·封禅书》。
② 《史记·秦始皇本纪》。
③ 《史记·叔孙通列传》。

让叔孙通“颇采古礼与秦仪杂就之”[①]以制定汉礼。汉礼草成，君臣依礼正位，刘邦大发感叹：“吾乃今日知为皇帝之贵也。”[②]他于是拜叔孙通为职掌礼乐的太常，让其继续制定礼乐制度。

叔孙通主持制定的礼乐制度，尽管“大抵皆袭秦故”，但又“颇有所增益减损”[③]。其增益减损的原则，应是据皇帝喜好和当时需要而定。礼本因习俗而成，乐本缘心声而生。刘邦习楚俗、乐楚声。叔孙通初从刘邦时，因穿儒服而为刘邦嫌恶，“乃变其服，服短衣，楚制，汉王喜”[④]。他主持制定的礼乐制度，自然会迎合汉皇的喜好。如他所制定的朝会礼仪中，“功臣列侯诸将军军吏以次陈西方，东乡（向）；文官丞相以下陈东方，西乡”[⑤]，这显然就是因楚俗而定。楚俗尚东，以坐西向东为尊位，鸿门宴中的项羽即“东向坐”[⑥]。皇帝南向，乃合古礼；功臣东向，正契楚俗。汉初尊功臣列侯而重将军军吏。楚俗又尚赤，刘邦自托为“赤帝子”，为汉王后“而色上赤”[⑦]。朝仪中“设兵张旗帜”[⑧]，所张之旗则不袭为黑旗的秦制[⑨]，一律从楚制而为红旗。《汉书·高帝纪》赞：“旗帜上赤，协于火德。”另外，朝仪的服饰在色彩和形制上，也当深受楚俗影响。

太常之官，主要职掌宗庙礼乐。封建帝王视宗庙如同社稷，宗庙礼乐因而是王朝礼乐制度的重要内容。叔孙通为太常后，自当全力制定宗庙礼乐。刘邦一度将他改任太子太傅，但刘邦死后，即位的汉惠帝又将他“徙为太常，定宗庙仪法”[⑩]。《汉书·礼乐志》记载：“叔孙通因秦乐人制宗庙乐。”叔孙通制定的宗庙礼乐，虽然多袭秦旧，但也因汉初帝王好楚俗、乐楚声而会带有楚文化色彩。汉初的“《房中祠乐》，高祖唐山夫人所作也。……高祖乐楚声，故《房中乐》楚声也。孝惠二

①②④⑤⑧⑩《史记·叔孙通列传》。
③《史记·礼书》。
⑥ 见《史记·项羽本纪》。
⑦《史记·封禅书》。
⑨《史记·秦始皇本纪》：“始皇推终始五德之传……衣服旄旌节旗皆上黑。”

年，使乐府令夏侯宽备其箫管，更名曰《安世乐》”[①]。楚声《安世乐》，大概因此而成为汉代重要的宗庙乐。刘邦平定淮南王英布的反叛后，于归途中路过故乡沛县，与父老故人纵酒相乐，酒酣而作楚歌《大风歌》。刘邦死后，此歌便成为高祖原庙的祭祀乐歌。

汉高祖刘邦重视祭祀天地鬼神，颇承楚人“信鬼而好祠”的风气。在为汉王而据有关中时，他便在秦人所祠白、青、黄、赤四天帝的基础上，加祠黑帝，又“悉召故秦祝官，复置太祝、太宰，如其故仪礼。因令县为公社。下诏曰：‘吾甚重祠而敬祭。今上帝之祭及山川诸神当祠者，各以其时礼祠之如故’”[②]。平定天下后，他又令各地巫祝分祠诸神。楚地旧祠的东君、云中君、司命等神祇皆在敬祭之列，而且为晋巫所祠。由此看来，关中所用的祭祀礼乐多袭秦旧，但各地所用的祭祀礼乐则多袭其地之旧。楚地旧有的祠神乐歌，如《九歌》中的《东君》《云中君》《大司命》《少司命》等，在汉初不仅仍为楚地的祭祀乐歌，或许也因楚人主宰天下、楚歌楚舞风行天下而成为天下共用的祠神乐歌了。

叔孙通“稍定汉诸仪法”[③]，尚未使得汉礼乐制度大备便逝去了。汉文帝时，贾谊等建议“定制度，兴礼乐”以行教化、正流俗，但“孝文好道家之学，以为繁礼饰貌，无益于治，躬化谓何耳，故罢去之”[④]。可是，文帝仍重祭祀上帝诸神，不仅“增诸神祠”，还特别在祭祀黄河、湫泉和汉水时增加了祭祀的礼玉。“江、汉、睢、漳，楚之望也。”[⑤]文帝重视对汉水的祭祀，或许是因其父刘邦曾为汉王，也似乎体现了他的楚文化情结。文帝又首开汉代帝王亲自郊祀的风气，并且在郊祀上帝诸神时，“衣皆上赤”[⑥]。显然，汉初的郊祀礼乐带有较浓的楚文化色彩。景帝时代，礼乐制度无有所兴。至武帝时，经济富足，文化繁荣，儒者

① 《汉书·礼乐志》。
②⑥ 《史记·封禅书》。
③ 《史记·叔孙通列传》。
④ 《史记·礼书》。
⑤ 《左传》哀公六年。

纷纷鼓吹制礼作乐“以兴太平”。尚儒多欲的武帝，于是“招致儒术之士，令共定仪”[①]，“以太初之元改正朔，易服色，封太山，定宗庙百官之仪，以为典常”[②]。

武帝“尤敬鬼神之祀”[③]，将其祖遗风愈演愈烈。他热衷于封禅郊祀，沉迷于祭神祠鬼，建立了“三年亲郊祠”、“五年一修封”和“以岁时致礼”重要鬼神的汉家祭祀制度。由于受楚文化的影响和对楚文艺的爱好，他设立神祠和制作礼乐都具有楚文化的内蕴和色彩。

在汉高祖确定祭祀五方上帝之后，并祠五帝便成了汉代祭祀最为高贵的天神的传统。武帝即位不久，依从谬忌关于“天神贵者太一，太一佐曰五帝，古者天子以春秋祭太一东南郊”[④]的说法，立太一祠在长安东南郊。从此，太一便成了汉人心目中由五帝辅佐而统领日月星辰诸天神的皇天上帝，武帝也尤为敬祠太一而不像其先帝那样重祠五帝了。“太一”又作“泰一”，是具有丰富楚文化蕴义的名词。先秦的楚道家学者将它用为表述宇宙本体“道”的哲学术语，先秦的楚国民众一般将它用为至高无上的天帝的代称。《老子》说：“道生一，一生二，二生三，三生万物。”又说：“天得一以清，地得一以宁，神得一以灵，谷得一以盈，万物得一以生，侯王得一以为天下贞。”其所谓“一”，也就是宇宙生成过程中那最原始、最根本而能“生天生地、神鬼神帝”的“道”。为了强调“道”“可以为天下母”的极大，道家学者乃称“道”为“太一。”《庄子·天下》概括老子学说是“建之以常无有，主之以太一”。《吕氏春秋·大乐》也说：“万物所出，造于太一，化于阴阳。”战国末年至秦汉时期的学者，多用“太一”指称天地万物的本原。楚人又称“太一”为创造一切、主宰一切的“上皇”。楚辞《九歌》的首篇《东皇太一》，就是祭祀至上神的乐歌。其首句歌辞即“吉日兮辰良，穆将

①② 《史记·礼书》。
③ 《史记·孝武本纪》。
④ 《史记·封禅书》。

愉兮上皇”。楚人之所以将“太一”称为“东皇”，古人的说法是“祠在楚东，以配东帝，故云东皇”[①]。尚东是楚俗，或许楚人以为天神贵者也应居东，故为之立祠在东方。另外，宋玉《高唐赋》也描述楚王“进纯牺，祷璇室，醮诸神，礼太一”。由此看来，汉武帝奉祠“太一”为至尊圣贵的天神，是直接因承楚人奉祠“太一”为皇天上帝的礼俗传统。“太一”是楚人奉祠的“东皇”，一说南方的太微垣是“太一”所居的天宫[②]，周人祭祀上帝的正祭是在国都南郊，加之武帝的祖居在汉都的东南方，这些因素可能是导致武帝立太一祠在长安东南郊的缘故。谬忌所说“古者天子以春秋祭太一东南郊”，则于史无征，恐怕是迎合武帝心意之说。因为武帝奉祠至上神，实质上是要神化人间至高无上的皇帝，是通过突出至上神的唯一性而强调人间帝王的绝对权威，是为了强化中央集权和巩固一统社会的政治需要。以往并祠五帝，则因其多元性而不利于中央的高度集权。选择“太一”为至上神并立祠于长安东南郊，也绝不是听了谬忌“奏祠太一方”的即兴所为，而是深思熟虑的政治措施。因承楚人礼俗并确定立祠方位，倒暗合当年秦始皇的“东南有天子气”之说。西汉末年，王莽便对平帝说，武帝立祠太一乃以汉高祖相配。武帝确立太一为至上神之后，便将楚人心目中的天国神灵系统发展成为新的天神系统。自武帝始，西汉帝王都依据这个天神系统举行祭天大典，只是太一祠的方位有所更移。东汉以后，历朝帝王举行祭天大典，也基本上依据这个天神系统，而“太一”则被径称为皇天上帝或昊天上帝，祭祀上帝的正祭也据周礼而确定在国都南郊。

武帝乐楚声，好楚辞，兴感所至，辄赋诗作歌。他的传世之作，皆为骚体楚歌。他的部分楚歌之作，则被协于宗庙而成为祭祀乐歌。《史记·乐书》载其《太一之歌》和《天马歌》，就是典型的楚歌。汉代郊

① 《文选·九歌·东皇太一》五臣注。
② 《淮南子·天文》：“太微者，太一之庭。”《史记·天官书》：“南宫朱鸟，权，衡。衡，太微，三光之庭。”

祀本无乐，武帝见民间祀神有乐，也在郊祀时用乐，并且“以李延年为协律都尉，多举司马相如等数十人造为诗赋，略论律吕，以合八音之调，作十九章之歌”[①]。所作《郊祀歌》十九章，当拟楚辞、扩楚声而成。今所见《汉书·礼乐志》中叙录的十九章歌辞，皆无具有楚歌的鲜明特征的语助词“兮”，估计并非原貌，或为记录者省略，否则就只是宜诵的诗句而不是宜歌的辞文。武帝所作的《太一之歌》和《天马歌》，被《汉书·礼乐志》录为《郊祀歌》之十，但其歌辞就已不同于《史记》所载录，每句歌辞中的“兮”字都被省录了。《郊祀歌》十九章，被武帝“以正月上辛用事甘泉圜丘，使童男女七十人俱歌，昏祠至明”[②]，从此成为汉代重要的郊祀乐歌。武帝时的郊庙祭祀乐歌，当有比较浓郁的楚味。

汉代的礼乐制度，在武帝时代已经大备。不过，由于适应中央集权的需要和统一社会的治理的官僚制度、法律制度和地方行政制度的建设已基本完善，王朝已经空前巩固，文化教育事业也有了全面的发展，再无需特别倚重礼乐制度来维护社会秩序和实施社会教化。因此，武帝着力制定的主要是“宗庙百官礼仪”和祭祀礼乐制度，并没有制定像周代那样繁复周密、完备统一的礼乐制度，以致史家有武帝“不暇留意礼文之事”[③]的叹惜。其后，尽管儒者不断鼓动历世帝王效法上古圣王大兴礼乐以风化天下，历世帝王也在武帝制定的礼乐制度的基础上有所增减修改，但礼乐制度的政治和教化作用却越来越小了。

四、法律制度

国无法不治，家无规不安。随着文明国家的产生和发展，体现统治阶级意志的法律制度便相应地产生和发展。至春秋战国时期，法律制度的政治作用已大于礼乐制度。汉朝建立后，即着手制定法律制度。汉初的法律制度，因旧制而立、适时宜而变。其法律条文多承于秦，其法治

---

①②③ 《汉书·礼乐志》。

精神则多本于楚。至武帝时代，汉初的法律制度又大有增益，从而成为完备而成熟的汉家制度。

楚国历来重视法治，春秋中期已经形成了较为明确的法治理论和较为系统的法律制度。楚庄王说："法者，所以敬宗庙，尊社稷。故能立法从令、尊敬社稷者，社稷之臣也。"[①] 此语强调法令是维护国家利益的工具，立法者和执法者是国家的代表，须将国家利益放在首位，秉公执法，绝不可屈从权贵、徇私枉法。此语反映了当时的楚国统治者对法治的认识，否定了"刑不上大夫"[②] 的传统观念，在当时可谓相当进步的法治思想。因此，当时的楚国君臣都依法治国，执法严明。据文献记载，楚庄王对太子因故犯法也不姑息迁就，令尹孙叔敖有"奉国法而不党，施刑戮而不骫，可谓公平"的美誉。[③]《国语·楚语》记载，楚庄王的太子必读的教科书中，既有《礼》和《乐》，又有《令》，可知当时的楚国法令已经大备。不过，如前章第一节所述，庄王重视以德服人，因而更加隆礼尚德。邲之战中，晋人随武子说楚国是"德、刑、政、事、典、礼不易，不可敌也"[④]。庄王礼、法并用以图治，故"德、刑成矣"，称霸天下。春秋中期以后，楚国的法律制度又不断得以完善。尤其是经战国中期的吴起变法之后，楚国建立了以刑法为主体的更为周全的法律制度。在中央政府和地方政府，楚国都设有专职的司法官员。对案件的诉讼、审理和判决，楚国的司法都有一套具体、明细和比较科学的程序。这在出土的包山楚简及传世文献中有着清楚的反映。不言而喻，楚国之所以长期成为强盛的泱泱大国，也是与她重视法治并建立了较为完善的法律制度分不开的。

尽管自春秋晚期，楚国统治集团逐渐腐败，楚国因此出现了"多淫

① 《韩非子·外储说右上》。
② 《礼记·曲礼上》。
③ 见《说苑·至公》。
④ 《左传》宣公十二年。

刑”[①]、“偭规矩而改错，背绳墨以追曲”[②]的现象。但是，楚国悠久的法治历史和楚人关于“国富强而法立兮”[③]的深刻认识，使得战国时期的楚国法律制度在相当程度上继承并弘扬了以往的优秀传统，形成了较之于列国法律，尤其是秦国法律的突出特点。其一，就是相对而言比较公正平等。吴起变法，对封君的子孙“三世而收爵禄”[④]，使之不能永久享有特权，这即因循和扩展了庄王时代的“禄臣再世而收地”的“楚邦之法”[⑤]。楚国有官爵者犯法，一般也依法治罪，并不享有减免的特权，包山楚简就记载有不少违法官吏被指控的案件。其二，是慎用刑罚，在执法判刑过程中体现出尊重人、保护人的仁德意识和人道精神。楚国也实行严刑重刑，其刑罚乃因循周制和参照列国而定，比较严酷。但是，楚国并不“乐以刑杀为威”，执法官吏也不敢“刑戮妄加”。据包山楚简关于司法案件的记载，楚国的地方司法，采取由专职司法官审判量刑、由行政长官审定裁决的制度，行政长官若认为司法官的审判量刑有误或欠公正，可以发回令其重审，从而保证司法的准确和公正。而且，楚国的司法尤重人证、物证，制定有严格细密的规定以确保人证、物证的真实性，不搞严刑逼供，不许草率判定，对人命官司的审理更为慎重，往往左尹（国家最高司法官）甚至楚王都参与判决，还准许不服地方政府判决的当事人向中央政府乃至楚王上诉。

秦国法律制度经商鞅之手系统地建立起来之后，六世秦王都“援法而治”，并且对之有所完善和强化。扫清六合的秦始皇，乃以旧秦制为基础而增补修订成统一的秦朝法律制度，将之颁布全国作为巩固王朝的基本工具。他“事皆决于法，刻削毋仁恩和义”[⑥]，严令全国“以法为教”、

① 《左传》襄公二十六年。
② 屈原：《离骚》。
③ 屈原：《九章·惜往日》。
④ 《韩非子·和氏》。
⑤ 《韩非子·喻老》。
⑥ 《史记·秦始皇本纪》。

“以吏为师”。就文献资料和云梦秦简等考古资料来看，秦朝建立的统一而完备的法律制度，诚然为中国古代法制史上的一座里程碑，对后世有着深远影响，但总的来说，则过于苛烦严酷、细密暴虐，体现的主要是专制主义的极端性和集权意识，缺少民主主义的公平性和人道精神。秦法不仅保留了旧制的种种酷刑，而且创制了许多残身废体的新刑种。秦朝统治者“乐以刑杀为威”[①]，而“贪暴之吏，刑戮妄加”，致使天下“死者相枕席，刑者相望”[②]。秦法又有根据罪犯身份和地位来区别量刑的原则及允许赎罪的规定，使有官爵者可以减刑，用财物可以换取免于刑罚制裁，乃成为镇压庶民百姓和保护统治阶级的不平等的法律。因此，秦朝法律是天下百姓深恶痛绝的桎梏和刀斧，秦朝统治者“专任刑罚”而致“赭衣塞路，囹圄成市，天下愁怨，溃而叛之”[③]。

刘邦初入关中，便“召诸县父老豪杰曰：‘父老苦秦苛法久矣，诽谤者族，偶语者弃市。……与父老约，法三章耳：杀人者死，伤人及盗抵罪。余悉除去秦法’”[④]。这是汉朝法律制度建立的开端，显示出汉代法制建设一开始就在法治思想和立法原则上与秦法的迥然不同，突出了宜民养生的仁德观念和人道精神。汉朝甫立，四方未安，百姓不宁，官吏治理无据，豪强自恣无束，简单疏略的三章之法毕竟不能维持庞大国家和复杂社会的稳定，更不能保证一统江山和刘家王朝的巩固，刘邦君臣深感“三章之法不足以御奸，于是相国萧何攈摭秦法，取其宜于时者，作律九章”[⑤]。其时立法为当务之急，曾为秦朝沛县主吏掾而熟悉秦法的萧何拾取秦法，自然省事就便。加之秦法本就是为巩固和治理一统天下而集前代法律之大成的创制，故汉朝借鉴秦法以制定汉法乃势所必然。不过，刘邦君臣并未搬用秦法，而是“取其宜于时者”、根据王朝的统

① 《史记·秦始皇本纪》。
② 《盐铁论·周秦》。
③⑤ 《汉书·刑法志》。
④ 《史记·高祖本纪》。

治需要和人民的接受程度来择取可用的秦法。《晋书·刑法志》说："萧何定律，除参夷连坐之罪，增部主见知之条，益事律《兴》《厩》《户》三篇，合为九篇。"《九章律》只择取了秦律6篇为基本刑法，却废弃了秦法中广泛株连无辜这样极不合理的刑罚，又增加了要求官吏不可庇护罪犯、知犯罪必举报、否则与之同罪的律条，补充了有关国家工程兴建、畜牧管理、户籍管理和赋税征收等方面的3篇法规。不言而喻，《九章律》虽然多袭秦律，但其减损增益却在一定程度上继承了追求利国宜民、严明公正的楚法制传统。另外，"萧何草律，季秋论囚，俱避立春之月"①，初步建立了成为汉代定制并为历朝遵奉的"秋冬行刑"制度。顺天应时而"赏以春夏，刑以秋冬"②的思想，在春秋时期就已明确形成了。战国时期的道家黄老学者发挥这一思想，主张"春夏为德，秋冬为刑，先德后刑以养生"③。汉初统治者本黄老之说，变秦代"四时行刑"的虐政为"先德后刑"的德政，着手建立了"秋冬行刑"的制度，这便有利于人民不违农时地进行生产，有利于社会的休养生息，因为复杂的案件往往牵涉人员多、审理时间长。当然，对危害社会秩序和王朝统治的大案要案，汉代统治者也并不拘泥于这一制度，而让司法官员及时立案处理。"秋冬行刑"制度的建立，可以看作是继承"德刑并用""先德后刑"的楚国政治传统、根据黄老学说而建立汉朝制度的具体表现。为适时宜，汉初还制定了一些单行律令，但《九章律》则是汉法基石，显示了汉朝法制建设的基本精神和基本趋向。

《九章律》早已亡佚，今已不知其详。但湖北江陵张家山247号汉墓出土的简书《奏谳书》，却记载了汉高祖十一年（前196）前的部分司法案例，可让今人略知汉初的法制状况。"奏谳"，是刘邦登基后的第二年亲自颁布的法律制度。它规定县吏在断案议罪时若疑而不能决，

① 《后汉书·陈宠列传》。
② 《左传》襄公二十六年。
③ 马王堆汉墓帛书《黄帝书·十六经·观》。

必须将此案上报郡吏，郡吏不能决则上报廷尉（朝廷最高司法官），廷尉不能决则上报皇帝以作决断。《奏谳书》就是上奏的议罪案例的汇集，用以供县、郡司法官吏学习和参考。“奏谳”的情况，大概在汉代以前就有了。刘邦立国伊始便将它定为制度，表明汉初统治者对防止官吏“刑戮妄加”、滥用法律而为害百姓的重视，显然是出于仁德和人道的考虑而对所沿用的秦法的一种制约，也可谓是对楚国法治精神的具体贯彻。从《奏谳书》中的案例来看，汉初司法的审判过程、量刑标准和处罚方式等都基本上沿用秦法，故汉初刑法也不比秦法宽松许多，但由于慎用刑罚而使当刑者刑，便既适应了治理乱世的需要，又较好地保护了民众利益，使得汉初社会很快稳定下来而民众能够安居乐业。另外，《奏谳书》反映出，汉初法律虽然在一定程度上因循了秦法依官爵减刑的惯例，却也对之有所革除，逐步使汉法趋于较为公正平等。如爵为十等左庶长的醴阳县令恢盗卖官米，江陵丞上奏说，依法“恢当黥为城旦；令吏盗，当刑者刑，毋得以爵减免赎，以此当恢”[①]。又如，新郪县令信指使苍杀了人，县中小吏丙和赘捕苍后，因知信为主谋而将苍放掉，尽管信、苍、丙、赘四人都有官爵，审理此案的官吏仍依法议罪而判四人“皆当弃市”，并上报待命处决。

“好道家之学”[②]的汉文帝，明确以黄老学说治国，也锐意以其“德主刑辅”“德重刑疏”的法治思想改革多因秦法而显得苛严的汉法。文帝说：“法者，治之正，所以禁暴而卫善人也。”[③]这一说法，无疑是基于仁德观念和人道精神而对法的性质、作用的认识。据此，文帝认为“犯法者已论，而使毋罪之父母妻子同产坐之，及为收帑”[④]的连坐法、收帑律太不合理，乃予废除；又感悟“死者不可复生，刑者不可复属”[⑤]

① 江陵张家山汉简整理小组：《江陵张家山汉简〈奏谳书〉释文（一）》，《文物》1993年第8期。

② 《史记·礼书》。

③ 《汉书·刑法志》。

④⑤ 《史记·孝文本纪》。

而断绝了罪犯改过自新的道路，辄下令制定新的刑罚方式来取代惨无人道的肉刑，使自夏商以来实行约两千年的肉刑基本上得以废除。由于文帝缘德变法、据仁定令，“论议务在宽厚”①，制律要在宜民，以致刑罚省约，“禁网疏阔”。史籍载其时“刑罚大省，至于断狱四百，有刑错之风”②，与秦代“断狱岁以千万数”③的景况形成鲜明的对照。可是，其时百姓却“人人自爱重犯法”、“网疏而民富”④，社会情形大有似《老子》所说的“天网恢恢，疏而不失”，有似《黄帝书》所说的“刑德相养，逆顺若成”。

近年，在荆州胡家草场墓地的汉文帝时代墓葬M12中，出土了包括法律文献、岁纪、历、日至、日书、医方、簿籍、遣册等内容的大批简牍。⑤其中的法律文献简牍多达3000余枚，主要为律典和令典。发掘者指出：“这是迄今为止出土汉律种类和数量最多的一次，3000枚律典文献是最完整的西汉律典范本。……汉令典也是首次发现。”⑥不言而喻，这批法律文献整理刊布后，世人将对西汉早期的法律制度暨文化诸方面会有更为全面的认识，对汉文帝的刑制改革会有更为清楚的了解。已有学者将刊布的部分律典简文，与张家山汉简《二年律令》、睡虎地汉律作比较分析后指出：“秦至汉初使用的黥刑在文帝时已不复存在。”⑦

景帝循道踵武，继续进行法制改革，修正了文帝“其除肉刑，有以易之”⑧的不当之处，减轻了取代肉刑的笞刑。这是弘扬人道精神的结果，

---

①②⑧《汉书·刑法志》。

③《汉书·食货志》记董仲舒语。

④《汉书·食货志》。

⑤见李志芳等《湖北荆州市胡家草场墓地M12发掘简报》，《考古》2020年第2期；李志芳等《湖北荆州市胡家草场西汉墓M12出土简牍概述》，《考古》2020年第2期。

⑥蒋鲁敬、李志芳：《胡家草场简牍的若干个“最”》，《人民日报》2020年2月8日第5版。

⑦陈伟：《胡家草场汉简律典与汉文帝刑制改革》，《武汉大学学报》2022年第2期。

是中国刑制的发展最终脱离野蛮性而实现文明化的飞跃。同时，景帝又完善了奏谳制，要求司法官吏对疑难案件的议罪不仅要依法定罪，而且要让罪犯心服，若依律文所定之罪不能使罪犯心服时，仍须奏谳。另外，景帝还草创了对老幼鳏寡、病残废疾的优恤令。这些改革成果，也都成了汉代的基本制度。

武帝恃民富国强而追求文治武功，一方面为强化中央集权的需要，征用儒生补“制度多阙”；另一方面也因大行封禅郊祀和连年用兵而耗费无度，以致“征伐烦数，百姓贫耗，穷民犯法”[①]，不得不任用文吏密织法网。于是，经过“务在深文”[②]的增订，汉代法律制度竟至于“文书盈于几阁，典者不能遍睹”[③]，大大地丰富化和系统化了。另外，武帝为了外施仁义以文饰“德治”，信用儒生，表彰经术，听从董仲舒的建议，允许儒生以《春秋》决狱，即援引儒家经典作为判决案件的根据。董仲舒撰写的《春秋决事比》一书，也因此成了汉代司法审判中的经典。然而，至武帝后期，汉朝虽然制定了繁杂周备的法律制度，并且任用酷吏严苛执法，却相反是“酷吏击断，奸轨不胜”[④]，迫民走险，法不能禁。以《春秋》决议，表面上好像是崇礼义、宽刑罚，实际上却往往导致奸吏随意援引、枉法坏律，更使民众愁怨、骚乱不已。“外事四夷之功，内盛耳目之好”[⑤]的武帝，背弃汉初以来奉行的“清静无为”这一道家黄老学说的政治原则，力求大有作为，虽以其雄才大略创建出汉代鸿业，却又因折腾过度而致民不安生。他企图通过外施仁义、内行法治来稳定社会秩序，但因德失仁伪、刑苛法滥、德不主刑、刑不辅德而事与愿违。武帝后期的社会，恰似《老子》所说的“法令滋彰，盗贼多有”[⑥]。

---

①③④⑤ 《汉书·刑法志》。

② 《汉书·张汤传》。

⑥ 《老子》五十七章。“令”，马王堆汉墓帛书《老子》甲乙本、北大汉简《老子》第二十章作“物”。

汉律在武帝之后的西汉历世，再没有很大的修改。历世汉帝都沿用武帝的“外儒内法”的统治术，也适时宜而或有所省约、或有所补充。至西汉末年，王莽擅权篡政，数易法制，大增律条，其时法律因而极为严酷。

东汉初年，光武帝刘秀废除王莽新法，复用西汉旧律，于是，“后汉二百年间，律章无大增减”[①]。由于儒者据儒经解释法律的风气愈盛、司法也愈益混乱。东汉末年，统治者为了改变这种“科条无限，又律有三家，说各驳异”[②]而司法无据的状况，乃删定律令，只是为时已晚，天下骚动，汉祚将尽。

第三节　道家黄老之学的盛衰

形成于战国楚地、风行于战国后期、集中地反映了楚式王道文化的道家黄老之学，尽管在秦代因奉行霸道文化的秦统治者所摒弃而一度沉寂，但楚人亡秦兴汉之后，在汉初重又勃兴并被奉为统治思想。

西汉早期奉行以适应稳定社会、巩固统一、恢复和发展凋敝的经济文化需要的“黄老政治”，汉王朝出现了“文景之治”的大治景象并迅速建成为高度统一和空前强盛的文明帝国，黄老之学也因此发展到极盛阶段。

可是，当封建王朝的高度中央集权的专制体制较为巩固地建立之后，社会的变化、统治者的欲求和理论体系的弊端等多种原因，使得黄老之学已经不再合乎时宜。汉武帝“罢黜百家，独尊儒术”，黄老之学便由极盛而至顿衰了。

① 《魏书·刑罚志》。
② 《晋书·刑法志》。

一、陆贾《新语》与“无为而治”

草莽英雄刘邦君临天下之初，并不太清楚秦何以失天下及汉何以得天下，也不甚明白如何治理他所取得的一统天下。他陶醉在自己的武功之中，对文治一窍不通，对文士也慢而无礼。以说客身份辅助刘邦平定天下的楚人陆贾（约前240—前170），深恐刘邦重蹈秦皇覆辙，时常在刘邦面前借讲说秦皇下令焚毁的《诗》《书》以开导刘邦，刘邦却怒骂他说：“乃公居马上得之，安事《诗》《书》！”[①]他则抗颜直谏：“居马上得之，宁可以马上治之乎？！”[②]进而，他简要讲述了一些历史上成败兴亡的事实和原因。其言虽不入耳而使刘邦愠怒，其理却深动人而使刘邦惭愧。刘邦于是让他总结秦亡汉兴及“古成败之国”的经验教训。“陆生乃粗述存亡之征，凡著十二篇。每奏一篇，高帝未尝不称善，左右呼万岁，号其书曰《新语》”[③]。其书被刘邦君臣激赏而号为《新语》，恐怕不仅因为其书所述大都是刘邦君臣闻所未闻的新鲜之语，大概更重要的还是，其书在总结历史和分析现实的基础上提出的“长久之术”，被企望使汉朝“万岁”的刘邦君臣认为是迥然不同秦朝统治术的全新的治国真言。

陆贾在《新语》中明确指出：“秦非不欲为治，然失之者，乃举措暴众，而用刑太极故也。”[④]他进而强调，秦朝灭亡，并非天意，而是秦皇遵奉的政治思想和采取的政治措施不正确。这一认识，是他根据道家无神论哲学而对秦亡原因所作的深刻分析。

以秦为鉴，为使汉朝长治久安，就必须遵奉正确的政治思想和采取正确的政治措施。陆贾认为，这就是一反秦政而奉行“无为而治”思想以显仁义、采取与民休息措施以安众生。在他看来，“道莫大于无为，行莫大于谨敬”[⑤]，奉行“无为”的治道，采取“谨敬”的行为，不烦

①②③《史记·陆贾列传》。

④⑤ 陆贾：《新语·无为》。

扰百姓，不多预世事，“民不罚而畏罪，不赏而欢悦，渐渍于道德”[1]，于是就“显仁义”而“天下治”了。他在《新语》中描绘“无为而治”的理想社会情景说：

> 是以君子之为治也，块然若无事，寂然若无声，官府若无吏，亭落若无民，闾里不讼于巷，老幼不愁于庭……然后贤愚异议，廉鄙异科，长幼异节……不言而信，不怒而威。[2]

道家祖师老子基于“天道自然”的哲学认识，以民为本位首先提出了“无为而无不为”的政治思想，主张统治者因循自然、顺应民欲以求功成事就。战国时期师宗老子的黄老学者，着眼于治乱世、定天下的需要，从积极用世的角度充分发挥老子的“无为而治”思想，强调“无为而治”的前提是统治者自身的虚静无为，也即不要多欲而致乱、滋事而生非、奢侈而殃民、妄为而祸国，但是，“无为”又并非绝对的无作无为、无动无感，而是因循自然而作为、顺应时势而举事。因此，黄老学者认为，凡是应时而兴、循理而举且有利于民生国安的政治措施，都是可以取用的。黄老学者乃“采儒、墨之善”，综百家之长而阐发了以“无为而治”为核心的系统政治主张。他们赞赏儒家标举的道德仁义礼智，认为“古之为君者，深行之谓之道德，浅行之谓之仁义，薄行之谓之礼智。此六者，国家之纲维也”[3]。同时，他们又重视法治，主张“是非有分，以法断之；虚静谨听，以法为符”[4]，“刑德相养，逆顺若成”[5]，“先德后刑以养生”[6]，

---

① 陆贾：《新语·无为》。
② 陆贾：《新语·至德》。
③ 《文子·上仁》。
④ 马王堆汉墓帛书《黄帝书·经法·名理》。
⑤ 马王堆汉墓帛书《黄帝书·十六经·姓争》。
⑥ 马王堆汉墓帛书《黄帝书·十六经·观》。

认为“文武并行，则天下从矣”[①]。他们还主张举贤授能、以柔克刚等。总之，以“无为而治”理论为核心的黄老政治思想，其基本内容就是：君主不可擅断专行、纵欲妄为，而要以民为本、以国为上，顺应民生国安的需要，适宜时事更移而变通，建立宽仁公正的法律制度，采取利民益国的政治举措，选任贤臣循吏奉法执事、各尽其责，然后君王端坐拱手、虚静无为便可实现清明太平的天下大治了。

陆贾在《新语》中阐发的“无为而治”思想及一系列政治主张，直接因承战国时期的黄老学说，并根据现实需要而有所发挥。他强调君道无为方能“得之于民”、君道无为必须“取之于身”，君道无为才会成就“建国强威，辟地服远”、“立功兴誉，垂名流光”的大“有为”，故“无为也，乃有为也”[②]。因此，他反复指出，秦始皇、楚平王等靡丽好作、奢侈纵恣，以致民怨国乱，认为“君之御下民，奢侈者则应之以俭，骄淫者则统之以理”[③]。这与《黄帝书》告诫统治者必须节俭而不可奢侈的说法如出一辙，但论说得更为具体。他虽应时所需而着重阐发政治思想，并不深论哲学，但也专门著有《道基》一篇，论述“天道自然”是“无为而治”思想的理论根基，强调“无为”之术，也就是“不违天时，不夺物性，不藏其情，不匿其诈”、因循自然而作，顺应时势而为。他将道德仁义观念与无为思想结合在一起，认为“君子握道而治，据德而行，席仁而坐，仗义而强。虚无寂寞，通动无量”[④]。他指出“秦二世尚刑而亡”，但并不反对法治，而是说明“夫法令者，所以诛恶，非所以劝善”[⑤]，主张治国以仁义为主，以刑罚为辅，为德厚重、为罚轻薄，强调“文武并用，长久之术也”[⑥]。他贵柔斥刚，以为“怀刚者久而缺，

① 马土堆汉墓帛书《黄帝书·经法·君正》。
②③⑤ 陆贾：《新语·无为》。
④ 陆贾：《新语·道基》。
⑥ 《史记·陆贾列传》。

持柔者久而长……柔懦者制刚强”[1]。他重视求贤任贤，以秦朝任用赵高、李斯这样阿上乖方、怀曲合邪、无仁无义的佞臣而招致天下倾覆的史实，说明人君不求贤任贤的危害。……

不言而喻，陆贾在《新语》中阐发的政治思想，乃以“道法自然”理论为基础，以“无为而治”思想为核心，糅合以儒家为主的诸家政治主张而成，其内容合于综兼百家的黄老学说，其体系属于师宗老子的黄老学派。可以说，陆贾是汉代第一位黄老学者，《新语》是汉代第一部黄老著作。

为了力矫秦朝“仗威任力”的暴政，陆贾特别强调“仁义”并极力主张“行仁义，法先圣”[2]，使人误认为他是崇尚儒术的儒者，后世学人也多将《新语》归之为儒家者言。可是，仔细分析陆贾思想的理论根基、全面理解陆贾思想的理论体系，应能确认他是引述和发挥黄老学说的思想家和政治家。他描绘的理想社会，完全是依据道家政治原则而形成的带有儒家理想色彩的社会生活图景，充分体现了黄老学派的政治理想。它已大不同于老子对“小国寡民”社会的憧憬，而是对“同一治而明一统”[3]社会的向往，尽管在希冀百姓安居乐业这一点是与老子一致的。它反映了时代特征和人民愿望，是战国黄老思想的新发展。

刘邦对《新语》篇篇称善，刘邦左右则为此“呼万岁”，显然刘邦君臣一致认定《新语》阐述的政治思想就是能使汉王朝长治久安的政治纲领。事实上，“汉兴，接秦之敝”[4]，承乱之毁，城池破废，土地荒芜，满目疮痍，遍野哀鸿，“百姓新免毒蠚，人欲长幼养老”[5]，经济凋敝的社会再也不可折腾，国库空虚的政府实难多有作为，求得天下稳定和王朝巩固的可行办法，只能是适时宜、从民欲地简政宽刑，任各地自主

---

① 陆贾：《新语·辅政》。
② 《史记·陆贾列传》。
③ 陆贾：《新语·怀虑》。
④ 《汉书·食货志》。
⑤ 《汉书·刑法志》。

地恢复生产，让百姓自力地养生安居。因此，刘邦君臣在制定汉朝政策、草创汉朝制度时，已经有意无意地采取了“明简易，随时宜”[①]、“约法省禁，轻田租”[②]的原则。当陆贾奏上《新语》后，多出身于社会下层又深受秦朝“举措暴众、而用刑太极”之苦的刘邦君臣，自然是对《新语》阐发的以民为本的黄老政治思想欣然赞赏。于是，汉初施政立制，便明确地以黄老之术为指导。《汉书·高帝纪》说：“天下既定，命萧何次律令，韩信申军法，张苍定章程，叔孙通制礼仪，陆贾造《新语》。”班固将《新语》的著造列在汉高祖时代从事的几项重大政治建设的最后，并非意在说明它从事或完成得最晚，而是强调它最为重要，是前面列举的几项具体制度建设的指导思想和理论基础。

刘邦君臣确定《新语》阐发的政治思想为汉王朝的统治思想之后，汉初政治也就成了“黄老政治”，汉初的统治思想也就成了黄老学说。黄老学说是楚式王道文化的集中体现和具体反映。汉初以黄老学说作为统治思想，也就是以楚式王道文化作为主导文化。

二、“文景之治”与“黄老政治”

刘邦君臣奉行黄老政治，一方面“约法省禁，轻田租，什五而税一，量吏禄，度官用，以赋于民”[③]，使百姓休养生息；另一方面也尚俭去奢，自节自律，“自天子以至封君汤沐邑，皆各为私奉养，不领于天子之经费”[④]。在“明简易，随时宜”而草创各项重要制度之后，统治者大抵能够虚静谨行，依法循章，而不妄自作为。

开国的首任丞相萧何（？—前193），“拊循勉力百姓”[⑤]，“置田宅必居穷处，为家不治垣屋”[⑥]，其励精图治、爱民抚众、廉洁奉公的精神，颇有楚国贤相孙叔敖的遗风。百姓歌颂他说：“萧何为法，𩔗（直）若

① 《汉书·百官公卿表》。
②③④ 《汉书·食货志》。
⑤⑥ 《史记·萧相国世家》。

画一。”[①]生活在法令比较平正而简约的社会，没有秦朝那样的重徭厚赋和憯官酷吏，百姓自然感到宁静安然。因此，百姓也拥护汉王朝，汉王朝便逐渐稳固了。汉高祖之所以能够迅速地铲除力量甚强的异姓诸侯王，维持了国家的统一和强化了中央集权，正与他奉行黄老政治而深得民心是分不开的。

惠帝、吕后时期（前206—前195），萧何亡故，曹参继为丞相。萧、曹两人并不亲密，但惠帝在萧何病重时征求他对曹参继他为相的意见时，他却顿首大呼："帝得之矣！臣死不恨矣！"[②]萧何将死，"所推贤唯参"[③]，也就在于深知曹参能够忠实地奉行他与刘邦等既定的"黄老政治"。

曹参（？—前190）与萧何同为沛县小吏，随刘邦亡秦兴汉，以功封侯。他初任齐相时，"尽召长老诸生，问所以安集百姓"的方略，可是，"诸儒以百数，言人人殊"，都是不合时宜的陈词滥调，使他大失所望，无可择用。后来，他听说胶西有位"善治黄老言"的盖公，立即派人将盖公请来。盖公向他讲述了"治道贵清静而民自定"之类的黄老政治主张，他心通神会，大喜过望，腾出府第正堂让盖公住下，随时向盖公求教。相齐九年，他用黄老之术治理，使得"齐国安集，大称贤相"[④]。

齐地在战国中晚期因稷下学宫的兴盛而成为天下思想文化的中心，又因稷下学宫在后期为黄老学者主持而成为黄老学说的流行地区。齐地在汉初隐居有盖公这样的黄老学者，并非偶然。曹参寻求治道，遍征儒生而无所可取，独用盖公所言"黄老术"乃大治齐国，可知黄老政治最符合当时的社会需要和统治者的政治倾向。曹参在齐地寻求的治道与刘邦君臣在中央确定的治道不谋而合，正说明奉行黄老政治是当时社会稳定和发展的客观要求，是汉初君臣的明智选择。

或许也因曹参自知他对治道的认识和选择最契中央精神而必会主持汉政，故萧何刚死，他就让人整理行装，称他马上就要入京城任汉相了。

①③④ 见《史记·曹相国世家》。
② 《史记·萧相国世家》。

“参代何为汉相国，举事无所变更，一遵萧何约束”[①]，日夜饮酒而不治事，恰如老子所说的“治大国若烹小鲜”[②]，清静而国宁，无为而民安。当时百姓在歌颂萧何的同时也赞美他：“曹参代之，守而勿失，载其清净，民以宁一。”[③]史家总结说：“萧、曹为相，填以无为，从民之欲，而不扰乱，是以衣食滋殖，刑罚用稀。”[④]

继曹参为相的陈平（？—前178），“少时本好黄帝、老子之术”[⑤]，主政也守萧、曹之道，力求清静，与民休息。惠帝死后，吕后专权，大封诸吕，诛杀刘氏骨肉，但朝内尽管出现危机，朝外却照行黄老政治。陈平与太尉周勃等大臣，为了维护天下宁静的大局，对吕后的专权营私伪从阳奉、顺应无为、伺机待变，至吕后甫亡，便一举平息诸吕之乱，使一统王朝得以巩固、安宁社会未受影响。司马迁概言其时的社会状况说：“孝惠皇帝、高后之时，黎民得离战国之苦，君臣俱欲休息乎无为，故惠帝垂拱，高后女主称制，政不出房户，天下晏然。”[⑥]

因诸吕被除而幸登帝位的高祖中子文帝，雅好道家，本修黄老，“躬修玄默”[⑦]，其治尚清静无为，在位期间更是积极推行黄老政治。其前，刘邦君臣草创的一些汉制，虽然也在一定程度上遵循了黄老政治的原则，但因明简易和为治乱世而多承秦制，仍然比较苛繁。文帝即位后，社会已经大安，生产有所恢复，但广大农民因赋税徭役较重，生产积极性不高，家中几无存粮，生活依旧困苦，每遇“失时不雨，民且狼顾；岁恶不入，请卖爵、子”[⑧]。于是，文帝“躬修俭节，思安百姓”[⑨]，“惩恶亡秦之政，

①③ 《史记·曹相国世家》。
② 《老子》六十章。
④⑦ 《汉书·刑法志》。
⑤ 《史记·陈丞相世家》。
⑥ 《史记·吕太后本纪》。
⑧ 贾谊：《论积贮疏》。
⑨ 《汉书·食货志》。

议论务在宽厚”[1]，本着黄老政治的原则，“顺于民心”而大力革新。首先，他节欲无为，“以示敦朴，为天下先”[2]，倡导尚俭去奢风气，以此压缩政府开支，减轻人民负担。他经常穿粗丝绨衣，连所宠爱的慎夫人也得不到他用奢衣华的特许，“即位二十三年，宫室苑囿狗马服御无所增益，有不便，辄弛以利民”[3]。临终前，他还遗诏反对“厚葬以破业，重服以伤生”[4]，谆谆告诫太子及朝臣不可为其丧事烦苦百姓。其次，他采取了多种务民农桑、“轻徭薄赋”的措施来安集百姓、发展经济。他“始开籍田，躬耕以劝百姓”的先例，又“下诏赐民十二年租税之半”，进而免征田租，将百姓每人每年须交四十钱的算赋减半，把丁男须服的徭役由每年一个月改为三年一个月，还制定“入粟拜爵”的“贵粟”政策以鼓励百姓务农和交粮入国库，下令“开关梁、弛山泽之禁”以允许百姓开发山泽和方便商品流通，如此等等。再者，他让朝臣重议现行法律，先后废除了“收帑诸相坐律令”、肉刑等直接因承秦律而来的苛法酷刑。这一系列革新措施，可谓是“令出而民利”，从而造成汉兴以来最为宽松、安宁、清静、稳定的社会环境，大大有利于百姓休养生息和经济迅速发展。文帝的不言之教、无为之治“化行天下，告讦之俗易。吏安其官，民乐其业，畜积岁增，户口寖息。风流笃厚，禁网疏阔”[5]。

景帝之母窦太后出身寒微，“好黄帝、老子言”[6]。景帝自幼也“读《黄帝》《老子》，尊其术”[7]。即位后的景帝，“不任儒者”[8]，倚重黄老学者。他承先帝遗志、步先帝后尘而力行改革，将高祖时定下的“十五而税一”的赋税制度，正式改为“半出田租，三十而税一”[9]；又将汉初沿袭秦制而来的男子15岁始服徭役的规定，改为男子20岁始服徭役；

---

①⑤ 《汉书·刑法志》。
②③④ 《史记·孝文本纪》。
⑥⑦ 《史记·外戚世家》。
⑧ 见《史记·儒林列传》。
⑨ 见《汉书·食货志》。

还继文帝除肉刑而进一步减轻刑罚。这些“从民之欲”的革新举措，也促使社会经济和文化较文帝之世更有发展，人民生活更为富裕。因此，景帝之世尽管出现了“吴楚七国之乱”，但“吏安其官，民乐其业”的王朝已不可撼动。不合时宜的诸侯王叛乱，看似汹汹，实若蚍蜉撼大树，不出 3 个月便自取灭亡。汉王朝反而因废除七国和乘机收回诸侯王的统治权，大大地巩固了国家统一和强化了中央集权。

经文帝、景帝在近 40 年里大力推行黄老政治，汉代社会发生了巨变，诚然“无为而无不为”了。司马迁在《史记·平准书》中描述了武帝继位之初的社会盛况，班固也叙：

> 至武帝之初七十年间，国家亡事，非遇水旱，则民人给家足，都鄙廪庾尽满，而府库余财。京师之钱累百巨万，贯朽不可校。太仓之粟陈陈相因，充溢露积于外，腐败不可食。众庶街巷有马，阡陌之间成群，乘牸牝者摈而不得会聚。……人人自爱而重犯法，先行谊而黜愧辱焉。[①]

有道是“仓廪实则知礼节，衣食足则知荣辱”[②]。物质生活的富足，会带来精神生活的提高；经济的发展，也会促进文化的繁荣。何况黄老学说是综兼百家之长以入道家的开放学说，黄老政治是博采众说之善以归“无为”的开明政治，西汉前期统治者尊尚黄老之言、奉行黄老政治，却并不实行“独尊黄老、罢黜百家”的文化专制主义，百家诸子之说、纷华艺文之作，也就在“无为而治”的宽松环境下，随着社会经济的发展而勃兴，并且在文景之世趋于大盛。

秦朝“燔灭文章，以愚黔首。汉兴，改秦之败，大收篇籍，广开献

---

① 《汉书·食货志》。
② 《管子·牧民》。

书之路”[1]，劫后余存的前代文化典籍便纷纷面世。同时，汉高祖征召学者，设博士之官；惠帝、高后又相继废除沿用秦制的《挟书律》和《妖言令》，否定了秦朝的文化专制主义，开了汉初思想文化自由发展的良好社会环境；文帝进一步废除“诽谤妖言之罪”，放手增设博士，设置了诸子专书博士和儒家专经博士，促进了思想文化的迅猛发展。于是，诸子百家传人便踊跃治学，诸子百家学说也大兴于天下。随着兴文施教的持续展开，艺文创作也日趋繁荣，并在文景之世初现彬彬之盛的景象。文景之世不仅产生了“颇通诸子百家之言”而成为汉初最为杰出的思想家、政论家和文学家的贾谊，还涌现出诸如贾山、晁错、刘安、伍被、邹阳、严忌、枚乘、董仲舒、淮南小山、司马相如等一大批著名学者、辞赋家。他们的文化创造成就，显示出汉文化的发展臻于成熟。

三、贾谊、晁错与黄老学说的激扬

汉初帝王好黄老之言而读黄老之书，汉初社会贵黄老之说而尊黄老之学。流行于战国后期的黄老思潮，在秦代一度沉寂后，再兴于汉初社会而极盛于文景之世。这主要表现在黄老经典流行天下，黄老学说遍播朝野。

《汉书·艺文志》载录的“三十七家，九百九十三篇”“道家者流”的著作，大部分恐怕在文景之世已经流行天下了。其中的道家奠基之作和黄老学派的重要著作，当已被汉初文人学而时习之和统治者用以治世的经典。

1973年出土于长沙马王堆三号汉墓的大量帛书(简称“马王堆帛书”)中，最引人瞩目的就是道家奠基作《老子》及其甲本卷后古佚书四篇(《五行》《九主》《明君》《德圣》)和乙本卷前古佚书四篇(《经法》《十六经》《称》《道原》)。字体在篆、隶之间的《老子》甲本及其卷后四篇，一般认为抄写于汉高祖末年。字体为隶书的《老子》乙本及其卷前

① 《汉书·艺文志》。

四篇，一般认为抄写于汉文帝初年。帛书《老子》甲、乙本不同于1993年出土的战国中期郭店楚简《老子》没有明确的分篇和篇序，而是皆分两篇且皆为《德》篇在前、《道》篇在后。《老子》上、下篇以主论“德”的《德》篇置于主论“道”的《道》篇之前，当是黄老思潮风行的战国晚期黄老学者整理《老子》所为。黄老之学虽然根基于老子的“道论”，但着眼于经世致用而重在阐发老子的“德论”，将《老子》视为治世经典。《老子》甲本卷后四篇多含儒家思想，体现了黄老之学“采儒、墨之善”的思想特征。《老子》乙本卷前四篇，当今许多学者认定即《汉书·艺文志》著录于“道家者流”中的“《黄帝四经》四篇”，学界通称《黄帝书》。马王堆汉墓，是汉初长沙国丞相、轪侯利苍及其家族的墓地。不言而喻，马王堆帛书的出土，反映了汉初社会的思想文化面貌，反映了《老子》因黄老之学的兴盛而在战国晚期和汉初社会的流行并被奉为经典。抄录于《老子》甲本卷后四篇和乙本卷前《黄帝书》，则鲜明地显示了黄老之学的思想特征和黄老之学在汉初的盛行。

《文子》可谓黄老之学的滥觞之作，当流行于汉初而在文景之世影响甚大。在汉宣帝时期为中山怀王的刘修墓中，发现了书于竹简的《文子》部分文字，表明《文子》在西汉社会一直流行并为统治者所重视。东汉学者王充在《论衡·自然》中将文子与老子并称，说“老子、文子，似天地者也”。显然，汉人是将《文子》视为《老子》的后继之作和黄老之学的代表作的。清人孙星衍明确指出：“老聃之学，存于《文子》，西汉用以治世。当时诸臣，皆能称道其说，故其书最显。”[①] 大体成书于景帝时代的传世《淮南子》，就深受其说影响而多处袭用其文字。

《鹖冠子》也是汉初颇有影响的黄老著作。出土的马王堆汉墓帛书，不仅印证了其真实性[②]，而且反映了其在汉初的影响。贾谊的《鹏鸟赋》，

① 孙星衍：《问字堂集·文子序》。

② 参见拙著《楚文学史》下编第八章“楚文余绪——《鹖冠子》”，湖北教育出版社1996年版。

有许多与其相同或相近的文字，显然是深受其影响的作品。

史籍明文记载的汉初黄老学者，在民间有盖公、乐巨公、司马季主、王生等，在朝廷有田叔、黄生、汲黯、郑当时、司马谈等，其中大部分又生活在文景之世。从黄老学说在汉初的巨大影响来看，其时黄老学者的数量当远不止史籍所明载。再说，且不计当时好黄老之言、尊黄老之术的帝王及文武重臣，就是一些历来被视为儒家或法家的思想家，实际上深通黄老之学而应称为黄老学者。其中最为著名者，莫过于贾谊了。

贾谊（前200—前168），洛阳人（今属河南），少年英隽，才调绝纶，20出头便因“颇通诸子百家之书”而被文帝“召以为博士”[①]。他的成长，既受到中原故里富赡厚重的河洛文化熏陶，又从学于楚人吴公和入楚师从荀子的张苍而受到博大精深的楚文化滋养。[②]他的学风，显然是因从黄老学者综兼百家之学以融通的学风。入朝一年内，他就超迁为太中大夫。他鉴古察今，提出了一系列应时权变的政治主张。文帝本认为他的主张可取，欲重任他为公卿并实施他的建议。可是，由于以武功位居公卿的元老重臣们的排斥和忌害，文帝疏绌他为长沙王太傅，后迁为梁怀王太傅。他失意伤悼，愁苦短寿，卒时仅33岁。他长于文而工于诗，文主要表达大济苍生的政治主张，诗主要抒写怀才不遇的思想感情。司马迁撰《史记》，破例将他与具有黄老思想的楚国伟大诗人屈原合为一传，大概不仅认为他与屈原的遭际相似又为效法屈原而继作骚体辞赋的杰出诗人，只怕也以为他与屈原情通神合而深得楚文化精髓吧！

世传《新书》（包括《过秦论》等56篇），乃汉人辑贾谊遗文而成。汉人辑其文而名曰《新书》，恐怕也含有视其文与陆贾《新语》同为“惩秦之失”、“述存亡之征”的作品之意。除此之外，贾谊还有疏7篇、赋5篇及一些佚文，今人合辑为《贾谊集》。

《新书》中的《道术》《六术》《道德说》和《鹏鸟赋》，集中反

① 见《史记·屈原贾生列传》。

② 说详拙文《贾谊才调与楚风侵染》，《职大学报》2011年第3期。

映了贾谊的哲学思想。[①]贾谊认为，宇宙万物生于道，天地之有生于无，无是道的本性，有是德的本性，所谓“物所道始谓之道，所得以生谓之德。德之有也，以道为本”，“道者无形，平和而神”，“德者，离无而之有”[②]。他又说，宇宙万物是自然生成并且变化无常、永无终极的，即“天地为炉兮，造化为工，阴阳为炭兮，万物为铜，合散消息兮，安有常则？千变万化兮，未始有极”[③]。这种宇宙本体论和宇宙生成论，本于道家而吸取了战国后期至汉初的道家黄老学者思想，可谓是对道家“天道观”的引述和发挥。因此，他在表达事物对立又转化的辩证认识和因循自然的处世哲学等思想时，也多引述和化用道家著作的文字。朱熹在《楚辞集注》中指出，他的《鹏鸟赋》“皆列御寇、庄周之常言”。实际上，《鹏鸟赋》更多地引述和化用了《鹖冠子·世兵》中的文字。

在哲学思想上，贾谊与陆贾一样，都因承道家，但阐发得比陆贾明确而丰富得多。在政治思想上，贾谊也与陆贾一样，主要是以道家哲学为理论基础来总结历史经验和提出治安之策的。由于社会的发展、认识的深化和才学的超轶等多种因素，《新书》已不似《新语》那样的“粗述”之作了，而是“稽之天地，验之往古，案之当今之务，日夜念此至孰（熟）”[④]的精深之作。

《过秦论》是汉人总结秦朝兴亡原因最为深刻的名作，备受古今学者推重。司马迁在《史记》中，多处引录其文字作为秦之所以灭亡的结论。同陆贾一样，贾谊并未将秦朝兴亡的原因归之于天命、天意，而是强调其成败皆由人。他指出，秦统治者“并海内，兼诸侯”以成功的根本原因，是顺应了百姓渴望社会统一的民意，所谓“元元之民冀得安其性命，莫不虚心而仰上”；秦统治者失天下、绝宗庙而败亡的根本原因，则是违背了百姓渴望安居乐业的民意，即“仁义不施”、“其民危也”、“百

① 说详拙文《“屈贾”思想略论》，《职大学报》2010年第1期。
② 《新书·道德说》。
③ 贾谊：《鹏鸟赋》。
④ 贾谊：《治安策》。

姓怨而海内叛矣”。这种否定天命观而对历史作朴素唯物主义的分析总结，正是战国至汉初道家与儒家的明显分野。

秦朝“仁义不施，而攻守之势异”，甿隶陈胜“奋臂于大泽，而天下响应”，“山东豪杰遂并起而亡秦族”的史实，使贾谊深刻认识到民与君的关系及在国家中的地位、作用，因而特别强调“民”是国家的根本和生命，一切国政都必须以民为本：

> 闻之于政也，民无不为本也。国以为本，君以为本，吏以为本，故国以民为安危，君以民为威侮，吏以民为贵贱，此之谓民无不为本也。
>
> 闻之于政也，民无不为命也。国以为命，君以为命，吏以为命，故国以民为存亡，君以民为盲明，吏以民为贤不肖。此之谓民无不为命也。[①]

总之，治国之道，为君之道，当官之道，一言以蔽之，“务在安民而已”[②]。国家的兴衰存亡、君主和官吏的明昏好坏，都取决于民生如何。贾谊激切地告诫统治者：“故夫灾与福也，非降在天也，必在士民也。呜呼！戒之戒之！夫士民之志，不可不要也。呜呼！戒之戒之！”[③]以民为本位，是黄老政治思想的基点，也是屈原“美政”理想的基点。贾谊关于“民本”思想的充分而深刻的阐发，对传统的民本思想又有所丰富和发展。

基于道家天道观和民本思想，贾谊主张实行“以虚静为本，以因循为用”的“无为政治”。他说：“明主者，南面而正，清虚而静，令名自命，令物自定，如鉴之应，如衡之称。”[④]又说：“是以君子为国，观之上古，验之当世，参之人事，察盛衰之理，审权势之宜，去就有序，

---

①③ 贾谊：《新书·大政》。

② 见贾谊《过秦论》。

④ 贾谊：《新书·道术》。

变化因时，故旷日长久而社稷安矣。”[①] 具体而言，他认为君主为政，应谨于言，慎于行，尚俭朴，节欲求，因循“士民之志”，持公正，举贤能，“轻赋少事”，“约法省刑”，借“权势法制”以达到“仁义恩厚”的目的。这些思想主张，实际上是对黄老政治思想的比较全面的概括和比较深入的阐发。

以道家哲学为理论根基的贾谊，运用朴素的历史唯物主义和辩证法，分析了“可为痛哭者一，可为流涕者二，可为长太息者六”的时势，也即现实中存在的多种危害社会统一和王朝巩固的矛盾，说明了这些矛盾的对立统一性质和激化转变的趋向，提出了因势利导、促进矛盾向有利方面转化的措施。当时最为突出的社会问题，也就是贾谊“可为痛哭者一”的诸侯王势力坐大而危及王朝统一。贾谊指出，“高皇帝与诸侯并肩而起”[②]，立国时分封诸侯合乎时宜，但也构成诸侯与皇帝之间的矛盾，以致“其后十年之间，反者九起，几无天下者六七”[③]。剪除异姓诸侯之后，高祖又封同姓王以护卫王朝，“诸子毕王，而天下乃安”[④]。可是，“诸侯王虽名为人臣，实皆有布衣昆弟之心，虑无不宰制而天子自为者”[⑤]，如此积虑渐久而自专放纵，必然势大心野、“负强而动”，对抗朝廷，这“非独性异人也，其形势然矣”[⑥]。他因而主张，乘矛盾尚未激化到对抗程度时，即“众建诸侯而少其力”[⑦]，坚决地“削藩定制”，强化中央集权。贾谊乃向文帝上《治安策》，明确陈述王朝以诸侯王“疏者必危，亲者必乱”为首的内忧外患诸多问题，切实提出解决对策和治安方略。《治安策》的思想基础，是天下大一统观念。这一观念，正是先秦历史文化发展形成的世人普遍的社会意识，也是黄老政治学说和屈原“美政”理想的核心内容之一。贾谊身后的“吴楚七国之乱”和景帝的武力平叛，证实了他的远见卓识。文帝若能更多地采纳他的治

① 贾谊：《过秦论》。
②③⑤ 贾谊：《新书·亲疏危乱》。
④ 贾谊：《新书·益坏》。
⑥⑦ 贾谊：《新书·藩强》。

安良策，及时而有力地促进矛盾向有利于强化中央集权而保证社会统一方面发展，或许会避免矛盾激化到对抗程度而免除诸侯王的武装叛乱。贾谊对现实社会矛盾的深刻揭示和提出的解决社会矛盾的正确主张，是客观而实事求是的，可以说是在道家哲学指导下认识社会、分析时势而取得的思想成果。这些思想成果也对道家朴素的历史唯物主义和辩证法思想有所丰富和深化。

有感于“汉承秦之败俗，废礼义，捐廉耻”[①]而纲纪散漫的状况，尤其是深患于诸侯王不守人臣伦常而有损帝王权威、扰乱统治秩序的现实，贾谊大力宣扬崇礼兴礼，强调“礼者，所以固国家，定社稷，使君无失其民者也”[②]的政治作用。他向文帝建议说：“夫立君臣，等上下，使纲纪有序，六亲和睦，此非天之所为，人之所设也。人之所设，不为不立，不修则坏。汉兴至今二十余年，宜定制度，兴礼乐，然后诸侯轨道，百姓素朴，狱讼衰息。”[③]崇礼兴礼，是儒家的一贯主张；提倡以礼为治，是儒家政治思想的核心。黄老之学“采儒、墨之善”，也肯定礼的政治作用。《文子》中有《上礼》篇，《管子》提倡守礼，荀子主张隆礼，《鹖冠子》赞扬“尊君卑臣”的“礼臣之功”。贾谊对礼的推崇、对礼的内容的阐发和对礼的作用的强调，都是以往黄老学者所不及的，因而带有较浓厚的儒家色彩。不过，他关于“礼”的认识，并不仅仅是对儒家思想的承袭，而是因循黄老之学的认识和学风而对儒家思想的进一步借鉴和改造。首先，他指出“立君臣，等上下”的礼并非“天之所为”，而是“人之所设”，应因需而立、适时而修；其次，他对礼作了以民为本的解释，强调“礼者，所以恤下也”[④]；再者，他认为礼、法类同，定礼成制即法，有着使“诸侯不敢自阼阶”[⑤]的强制作用。因此，他的“定制度，兴礼乐”主张，与制礼由人、以礼见仁、赋礼于法的黄老政治精

①③ 贾谊：《论定制度兴礼乐疏》。

②④⑤ 贾谊：《新书·礼》。

神是一致的。实际上，汉初奉行黄老政治，也在一定程度上这样兴礼定制了。“叔孙通所撰礼仪，与律令同录”[①]，称为“傍章律”。贾谊的主张，只不过是针对现实、出于使汉王朝长治久安的深谋远虑，在总结汉初政治经验和吸取前人思想成果的基础上，提出的有效的政治措施，与同时的儒生关于建立繁琐的礼乐制度的鼓吹是有所不同的。史籍记载，贾谊“草具其仪，天子说（悦）焉”[②]。相反，身为礼官的儒生“欲定仪礼，孝文好道家之学，以为繁礼饰貌，无益于治，躬化谓何耳，故罢去之”[③]。不过，贾谊着眼于治国安邦而采挹诸家又重视儒学的“定制度，兴礼乐”主张，似乎有悖黄老之学的“无为而治”思想。平民出身而以武功位居公卿的周勃、灌婴之徒，浅学短识，轻文少见，大概以为贾谊的兴礼主张和草仪举措也与儒生所为没有二致，都是违反“无为而治”原则的“纷乱诸事”，在文帝面前贬斥贾谊，使得文帝疏绌贾谊而“不用其议”。

由于贾谊的思想兼融诸家之说，古往今来的学者或认为他是法家，或认为他是杂家，或认为他受阴阳家的影响，但多数学者认为他是儒家。自班固在《汉书·艺文志》中将他的著作列为儒家类之后，学者大多依从。人们之所以对他的归属有不同看法，乃因他的思想显示出适应汉初文化综合发展趋势而“通诸子百家之书”为一体的特征。尽管他的思想带有较浓厚的儒家色彩，但他的思想不仅与儒家思想有着不同的理论根基，而且与儒家传统也多有不合之处。西汉刘向说：“贾谊言三代与秦治乱之意，其论甚美，通达国体，虽古之伊、管，未能远过也。”[④]此语倒比较准确地说出了他思想的渊源和派别。《伊尹》《管子》之书，都是黄老之学的重要著作。从他思想的理论根基和体系构成来看，应该说他是继陆贾之后的汉初第二位著名黄老学者。他的《新书》推崇黄帝、老子，标榜“黄帝之道”，多处借述黄帝故事和话语来论政言治，其黄老著作

①② 《汉书·礼乐志》。

③ 《史记·礼书》。

④ 《汉书·贾谊传》引。

的特色颇为明显。如果说陆贾《新语》反映了黄老思潮在汉初复兴的波澜的话。那么，贾谊《新书》则显现出黄老思潮在文景之世大盛的巨涛。学者指出："屈、贾二人在综合诸家方面，其思想内含基本上是一致的。贾谊虽然处在新的历史条件下，而其思想体系却跟屈原一脉相通。"[①] 另外贾谊的思想多吸取儒家思想的特色，也反映出儒家思想因有助于维护建立在宗法社会基础上的王朝的统治，在文景之世日益受到社会重视。

与贾谊的时代相同、思想相类的政治家晁错（约前 200—前 154），虽不及贾谊学博思深，但因受文、景两帝信任而长期参与朝政，故对当时朝政的直接影响又大于贾谊。史书记载他"学申、商刑名于轵张恢先所"[②]，他却并未成为申不害、商鞅那样不重仁义而"以法为本"、"一任于法"的法家，倒似乎更多地因承了作为申商之学本源的黄老思想。

文帝时，他因才奇识卓而迁为中大夫，多次上书议政。在贾谊奏上建议使民归农、积贮赈灾的《论积贮疏》之后，他进而奏上《论贵粟疏》，主张尊农贱商、重本抑末、薄赋轻敛、入粟拜爵，强调"顺于民心"以"损有余补不足，令出而民利"、"民不困乏，天下安宁"。文帝正是听从了他的这些建议，才大幅度地减免租税并颁行"入粟拜爵"政策的。他提倡法治，但否定"法令烦憯，刑罚暴酷，轻绝人命，身自射杀，天下寒心，莫安其处"[③]的秦法，强调"其立法也，非以苦民伤众而为之机陷也，以之兴利除害、尊主安民而救暴乱也。其行赏也，非虚取民财妄予人也，以劝天下之忠孝而明其功也"[④]。在应对文帝的诏策中，他全面地提出了自己的政治主张：

> 绝秦之迹，除其乱法；躬亲本事，废去淫末；除苛解娆，宽大爱人；肉刑不用，罪人亡帑；非（诽）谤不治，铸钱者除；通关去塞，

① 汤炳正：《论〈史记〉屈、贾合传》，《屈赋新探》，齐鲁书社1984年版，第145页。

② 《史记·晁错列传》。

③④ 《汉书·晁错传》。

> 不孽诸侯；宾礼长老，爱恤少孤；罪人有期，后宫出嫁；尊赐孝悌，农民不租；明诏军师，爱士大夫；求进方正，废退奸邪；除去阴刑，害民者诛；忧劳百姓，列侯就都；亲耕节用，视民不奢。所为天下兴利除害，变法易故，以安海内者，大功数十，皆上世之所难及，陛下行之，道纯德厚，元元之民幸矣。[①]

显而易见，这些主张与陆贾、贾谊的政治思想在精神上相通相合，也是根据黄老学说的政治原则所作的应时权变的具体阐发。“时，贾谊已死。对策者百余人，唯错为高第。”[②]文帝大力推行的黄老政治，基本上就是晁错的政治主张的具体实施。另外，晁错关于募民徙塞、巩固边防的建议，也被文帝采纳。

景帝为太子时，晁错就因被文帝任为太子舍人、门大夫、家令而与景帝亲近，并且以独到的政见和雄辩的才能而深得景帝宠信，被景帝号为“智囊”。景帝即位，“以错为内史”[③]，对晁错言听计从，“宠信倾九卿”[④]。晁错向文帝上书数十次也未被采纳的“言削诸侯事，及法令可更定者”[⑤]，在景帝的支持下一一实施。景帝踵文帝步武继续推行的黄老政治，即有利民生的约法省禁、减租轻赋等“变法易故”措施，大多是晁错具体策划的。晁错迁为御史大夫后，着手制定削藩法令，意在以法律的强力手段削诸侯之地，收其枝郡，以致遭到公卿列侯宗室的反对和诸侯王的憎恨。吴王刘濞为首的七国诸侯以“清君侧”为名发动叛乱，朝中的公卿列侯宗室又乘机借此谮害罪咎。景帝为了安抚诸侯及朝臣，下令处死了晁错。可是，七国之乱并未因晁错被诛而平息。景帝在以武力平叛后，终明“晁错患诸侯强大不可制，故请削地以尊京师，万世之利也”[⑥]的拳拳爱国之心，为误诛晁错而懊悔不已。晁错力主削

---

①② 《汉书·晁错传》。

③④⑤⑥ 《史记·晁错列传》。

藩固然忠心可嘉、事理当为，但其更令削藩的强制举措，毕竟只顾了尊天子、安宗庙的一面而忽视了“别疏人（宗室）骨肉”[①]的一面，也有悖于他自己所主张的“其为法令也，合于人情而后行之”[②]的法治原则，导致社会矛盾激化，造成了一定的社会动乱，也给自己带来不幸。

在削藩这个问题上，晁错与贾谊都明察时势而力主削藩以强化中央集权、巩固一统王朝，但贾谊的“众建诸侯而少其力”的削藩办法，则比晁错的修令侵削诸侯的办法，更得推自然之势以求功成的黄老学说要义。后来，武帝采用主父偃的建议，下“推恩令”以让诸侯裂土分户以封子弟而自然削弱，就是吸取景帝用晁错办法削藩太猛的教训，借鉴了贾谊提出的削藩办法，因而既平静缓和又卓有成效。

司马迁将晁错和贾谊看作同类人物，称“贾生、晁错明申、商”[③]。说他们同声相应倒不错，但认为他们是宗申商之学的法家则不实。他们都重视法治，却反对专任法制，强调的是以民为本、以仁为尚、以法为用、约法省禁以利民、变法易故以施德，因而都是因承和发挥黄老学说的思想家。倘若他们是法家或儒家，很难想象“好道家之学”的文帝会赏识他们、“不任儒者”的景帝会宠信晁错，还难以说明文、景两帝信从法家或儒家之说又大力推行黄老政治。事实上，史家称颂的“文景之治”，是与他们宣扬黄老政治思想以影响朝政分不开的。长期参与朝政并在景帝时“为政用事”的晁错，则对黄老政治的大力推行起了更大的作用。他们的思想是在汉初社会日益兴盛的道家黄老思潮影响下形成的。他们遵从黄老学说“以因循为用”的精神，根据黄老政治思想的原则，针对社会现实所作的应时权变、适势革故的政治阐论，积极地发挥并较大地丰富了黄老学说。因此可以说，贾谊激黄老思潮之洪涛，晁错又助黄老思潮之巨澜。黄老思潮在文景之世达到极盛，也大大得

① 《史记·晁错列传》。
② 《汉书·晁错传》。
③ 《史记·太史公自序》。

益于两人之力。

四、《淮南子》《史记》与黄老之学的盛衰转折

黄老思潮勃兴于汉初、极盛于文景之世而形成的最大学术成果，是“秦汉间道家言荟萃之书”[①]、“西汉道家思潮的理论结晶”[②]——《淮南子》。

《淮南子》一书，是淮南王刘安（约前179—前122）组织门下宾客集体编撰而成的皇皇巨著，有内篇、中篇和外篇。《汉书·艺文志》著录“《淮南内》二十一篇”、“《淮南外》三十三篇”，但流传下来的仅为内篇。

淮南封国在故楚腹地，国都寿春（今安徽寿县）本为楚都寿郢，其地楚文化的遗存丰厚和传统久长。由马王堆汉墓反映出的汉初长沙一带具有浓重楚文化色彩的文化面貌，即可想知曾为战国末年楚文化中心的寿春一带在汉初的文化面貌。刘安是汉初第一代同姓淮南王刘长之子，生长在寿春，又居寿春为王，对博大精深的楚文化沉迷长久而体悟深刻。史籍载他“辩博善为文辞”[③]。其文多书老、庄之意，其辞多效屈、宋诗赋，故其既有与门下宾客共撰《淮南子》之为，又有与门下宾客“分造辞赋”之举[④]，而且深通楚辞并奉诏为武帝作《离骚传》。

多少是受楚文化的气度和精神的影响，也多少是因汉初以楚文化为主导而大治天下的景象的鼓舞，刘安“招致宾客方术之士数千人”[⑤]，在寿春“共讲论道德，总统仁义”，又“各竭才智，著作篇章”，使得寿春集中了以楚地英杰为核心而延揽四方名流的大批学者，形成了一个以尊尚楚文化而摄取百家艺文精华为特色的学术中心。这个学术中心，

① 梁启超：《国学入门书要目及其读法》，《胡适文集3·胡适文存二集》卷一《一个最大限度的国学书目》附录三，北京大学出版社1998年版，第103页。

② 任继愈主编：《中国哲学发展史（秦汉）》，人民出版社1985年版，第245页。

③⑤ 《汉书·淮南王传》。

④ 见王逸《楚辞章句》。

大约形成于文帝之世、兴旺于景帝之世，在景帝后期最为隆盛，对文景之世文化发展的贡献不容低估。学术中心的骨干成员，文献记载的有属于道家的苏飞、李尚、左吴、田由、雷被、毛被、伍被、晋昌八人，有属于儒家的大山、小山，其中最为重要的是楚人伍被。《汉书·伍被传》记载："是时淮南王安好术学，折节下士，招致英隽以百数，被为冠首。"他们的著作已难详考，其文章大概多收入《淮南子》书中，其辞赋仅传小山的拟骚之作《招隐士》。刘安就是组织以他们为骨干的大批学者，在长期论道讲学的基础上，继承楚文化融冶天下文化为一炉的传统，因循道家黄老学派博采百家学说善要成一体的学风，以恢宏的气魄、高远的眼光，编撰出"内书二十一篇，外书甚众，又有中篇八卷，言神仙黄白之术，亦二十余万言"[①]的巨著。如此规模之大、涵容之丰的学术著作，在中国文化史上是前所未有的，反映了"文景之治"的文化成就和西汉前期文化随社会统一程度加深而融汇发展的成果。

传世的"内书"（"内篇"，即传世本《淮南子》），是淮南君臣编撰的巨著的主体部分。东汉学者高诱概括其书的思想内容、学术价值和风格特色说：

> 其旨近《老子》、淡泊无为，蹈虚守静，出入经道。言其大也，则焘天载地；说其细也，则沦于无垠；及古今治乱，存亡祸福，世间诡异瑰奇之事，其义也著，其文也富，物事之类无所不载。然其大较归之于道，号曰"鸿烈"。鸿，大也；烈，明也；以为大明道之言也。故夫学者，不论《淮南》，则不知大道之深也。是以先贤通儒述作之士，莫不援采以验经传。[②]

诚若此说，其书以道家思想为旨归，博述天地万物之事，广采古今学者

① 《汉书·淮南王传》。黄白之术：方士所谓炼丹化成金银的法术。
② 高诱：《淮南鸿烈解序》。

之说，言为“大明道”，义也“大较归之于道”。换言之，其书是在汉初以来兴盛的黄老思潮的推动下，以道家思想为基础而对古今学术所作的全面总结和系统综合，故明道也深，蕴意也厚，可谓黄老学派的集大成之作。先秦诸家学说的要义，汉初诸子言论的精华，几乎都可以在其书中找到踪影。对于《老子》《庄子》等道家之说和《文子》《黄帝书》《吕氏春秋》等黄老著作之论，其书引述和发挥得尤多尤详。由于其书综括了丰富的思想资料，阐发了系统的理论认识，体现了西汉前期的学术成就，因而成了“通儒述作之士”的必读之书。其书在思想上弘扬了楚文化的道家精神和“王道”意识，在文风上则因承了楚文化的浪漫精神和富丽特征，即大量描述诡异的神话传说而带有瑰奇的艺术色彩，又重视辞藻的雕饰而具有美富艳丽的文采。

旨在“大明道”的《淮南子》，特别重视对以老子“道论”为核心的道家哲学的阐发。它总结了战国道家学者关于老子提出的宇宙本体论和宇宙生成论的认识，明确指出道就是“一”“太一”，排除了老子赋予道的超自然的神秘色彩，肯定了道的物质性，强调了道是事物产生的根源和变化的根据，描述了道无形而实有的特性，进而提出了完整系统的宇宙生成论。战国时期的道家学者，对宇宙生成过程已有较深入的阐述。屈原在《天问》中以诘难方式表达的宇宙生成论，已较为具体和明晰。《淮南子》总结了前贤的认识成果，描述了太始（道）→虚廓→宇宙→元气→阴阳二气→天地万物这一宇宙生成的具体而明晰的过程，并且强调“阴阳合和而万物生”。这种理论性的总结和系统化的描述，反映了先秦以来的道家、也是西汉中期以前的古人对宇宙生成论的最为全面和最为完整的认识，因而为其后整个中国封建社会里的宇宙生成论建立了基本的间架结构。

天地万物生于气，人当然也为气所生。《淮南子》阐发宇宙生成论，根据道家天道观而具体论及人的产生，指出阴阳二气化生天地万物时，

“烦气为虫，精气为人。是故精神天之有也，而骨骸者地之有也”①。尽管这种认识因历史局限而存在着主观化和形神二元论的缺陷，却是沿着“道法自然”的认识路线、凭借当时有限的自然科学知识所作的深刻哲学思索而得出的结论，弘扬了道家的无神论思想。

有了人便有了人类社会。人不是由天神造出来的，人类社会也不是由天神主宰的，这是道家无神论的基本观点。《淮南子》依据这一观点，阐发了人认识世界、改造社会和创造事物的作用，指出“知天之所为，知人之所行，则有以任于世矣”②，强调“夫物无不可奈何”③，即认为人间事物皆人力可以创造，“有人无奈何”，只是因其无知而不能掌握创造事物的方法。这样的阐发，是以往道家学者所未予深论的，是从积极方面对道家思想的发展。

天道可为人知，人道当由人行。道家探究天道以求证人道，黄老之学更是强调人道必须合于天道。天道是“万物固以自然”④，人道也应是“因其自然而推之”⑤。于是，《淮南子》大力宣扬因循自然的“无为而治”这一治国之术。阐明“君人之事”的《主术》，开宗明义地说：

> 人主之术，处无为之事，而行不言之教；清静而不动，一度而不摇；因循而任下，责成而不劳。

《淮南子》不仅申论了黄老之学的“无为而治”思想，并且进而对其内容，如君道处静修身、俭约率下以及宽刑省禁、薄赋轻敛、举贤任能等，作了比较详明的阐发和精要的概括。它还着重强调，“无为”并非无声无息、“四肢不动，思虑不用，事治求澹”⑥；“无为而治”也不是无所作为、放任自然，而是要求统治者不为私志、嗜欲，不以职位

---

① 《淮南子·精神》。
②③ 《淮南子·人间》。
④⑤ 《淮南子·原道》。
⑥ 《淮南子·修务》。

和权势作私事、私利和暴行之为，而应作公道、正术之为，这就是“循理而举事，因资而立功，推自然之势”[①]。那么，什么是公道、正术、理和自然之势呢？它明确指出，即利民、安民、民众的需要和愿望，所谓“为治之本，务在安民”[②]、“治国有常，而利民为本”[③]。因此，它竭力阐扬“民本”思想，强调“民者，国之本也；国者，君之本也”[④]，统治者应该以民为本位举事立法，“法定之后，中程者赏，缺绳者诛”[⑤]，尊贵与卑贱，贤与不肖者在法律面前一律平等，这样就可以“公道通而私道塞矣”[⑥]。不言而喻，它阐论的“无为而治”的实质，一言以蔽之，就是统治者不作随其私欲、恣意为之的人治，而行顺应民欲、有利民生的法治。在它看来，藉礼义以立法，秉公道以执法，则君无擅断，民不自恣，上下皆无随意之为，国家便有长久之治，故“无为而治”的意义，正在于使人民衣食足用、使国家长治久安。这些基本观点，在《文子》《黄帝书》《吕氏春秋》《新语》《新书》等著作中皆有阐述，但它们都未能像《淮南子》阐述得如此明确和深透。显然，《淮南子》的阐述，是总结了黄老学者关于“无为而治”的理论和汉兴以来推行黄老政治的经验而得出的深刻认识。尤其是《淮南子》明确主张君王也应受到法律的制约，否定了所谓“天子”有超越法律的特权，据道家无神论而认为帝王同百姓一样应在法律面前平等，这在当时的确是十分可贵和进步的思想。

黄老之学并不像老子那样鄙薄仁义、否定礼乐，《淮南子》也提倡行仁义以布德泽、制礼乐以齐风俗。不过，它深刻理解了老子的论述，总结了前代统治者标仁举义以饰貌遮伪、大行礼乐而追求享受、以致混

---

① 《淮南子·修务》。
② 《淮南子·诠言》。
③ 《淮南子·氾论》。
④⑤⑥ 《淮南子·主术》。

淆是非、腐朽乱国的教训，发挥老子的“夫礼者，忠信之薄而乱之首”[①]之说，批判了所谓“世之明事者，多离道德之本，曰礼义足以治天下”[②]的谬论，称其为“此未可与言术也”[③]，并以“鲁国服儒者之礼，行孔子之术，地削名卑，不能亲近来远”[④]的史实予以论证，主张“持以道德，辅以礼义”[⑤]，强调行仁义、制礼乐须以道德为本，也就是行仁贵真、施义尚宜、制礼体情。它具体阐述说：

> 礼者实之文也，仁者恩之效也。故礼因人情而为之节文，而仁发恲以见容，礼不过实，仁不溢恩，治世之道也。[⑥]
>
> 义者循礼而行宜也，礼者体情制文者也。义者宜也，礼者体也。[⑦]

据此观点，它嘲弄了“儒、墨不原人情之始终，而务以行相反之制”、宣扬“三年之丧”“五缞之服”这些“强人之所不能为”的烦苛礼制[⑧]。这些关于仁义礼乐的认识和阐述，在其他黄老学者的著作中也偶有所见，但《淮南子》进一步作了采儒、墨之善而弃儒、墨之谬和扬道家之旨而以道统儒、墨的理论建设，因而对黄老学说有所丰富和发展。

以为“夫道论至深，故多为之辞以抒其情；万物至众，故博为之说以通其意”[⑨]的《淮南子》，述事欲求博极古今，说理意在牢笼天地，因而包罗万象，涵括众识，涉及哲学、政治、经济、神话、宗教、天文、地理、医学、科技等许多方面，对前代、主要是西汉前期的中国文化作了力所能及的大荟萃和大总结。一生致力于研究中国的科学与文明而成就卓著的英国学者李约瑟，称它为“中国古代科学思想上最重要的不朽

---

① 《老子》三十八章。马王堆汉墓帛书《老子》甲乙本作“夫礼者，忠信之泊（薄）也，而乱之首也”；北大汉简《老子》第一章作“夫礼，忠信之浅而乱之首也”。

②③④⑥⑦⑧ 《淮南子·齐俗》。

⑤ 《淮南子·览冥》。

⑨ 《淮南子·要略》。

著作之一”[①]。它的理论根基，则是“道论”。它对道家天道观及其辩证法思想阐发颇深。胡适《淮南王书》强调：“道家集古代思想的大成，而淮南王书又集道家的大成。”[②]

不过，刘安主编《淮南子》的现实目的，却不是纯作学术总结。《淮南子》自述其成书宗旨是：

> 故著书二十篇，则天地之理究矣，人间之事接矣，帝王之道备矣。……若刘氏之书，观天地之象，通古今之事，权事而立制，度形而施宜……以统天下，理万物，应变化，通殊类，非遁一迹之路，守一隅之指，拘系牵连之物，而不与世推移也。[③]

显然，刘安主要是出于对大一统王朝的前途的长远考虑，集中大批学者编撰《淮南子》，力图全面总结前代历史经验和文化成果，深入阐发道家哲学和黄老政治思想，将道家黄老学说进一步理论化和系统化，以期将之作为汉王朝长久不变的治国理论和统治思想。

正是为了“备帝王之道”，刘安组织门客“纪纲道德，经纬人事，上考之天，下揆之地，中通诸理”[④]而编撰成《淮南子》。其成书宗旨和成书方式与《吕氏春秋》颇为一致，其理论基础和思想倾向与《吕氏春秋》也大体相同。有如胡适所言：“《淮南王书》与《吕氏春秋》性质最相似，取材于吕书之处也最多。但淮南之书编制更精审，文字也更用气力，的是后来居上了。”[⑤]这两部具有一致性的著作在不同时代里产生，反映了从战国到西汉前期中国社会由分裂到高度统一过程中的文化发展潮流，体现了适应这段历史发展需要的道家黄老学说的理论价值和文化意义。两部由当时中国许多学者共同编撰的集成之作，犹似道家

① ［英］李约瑟原著、［英］科林·罗南改编、上海交通大学科学史系译：《中华科学文明史》第一卷，上海人民出版社2001年版，第43页。

②⑤ 胡适：《淮南王书》，上海新月书店1931年版，第13、12页。

③④ 《淮南子·要略》。

黄老之学发展史上一前一后具有总结意义的两座里程碑，划分出其波澜起伏、潮流盛行的两个阶段。晚成的《淮南子》，则比《吕氏春秋》更能博采众长以自富、融通百家以创新，显示出黄老之学发展到极盛阶段的成就和风貌。

著备帝王之道的书，是为着供帝王之用。《淮南子》的内篇撰成，刘安就携其入朝，奉献给即位次年的武帝。武帝甚为喜爱，秘藏于宫，却始终没有采纳其提供的帝王之道。后来，武帝背反《淮南子》阐发的帝王之道而采纳鸿儒董仲舒之说，刘安也因被控谋反而自杀。刘安其人与《淮南子》其书，又同吕不韦其人和《吕氏春秋》其书的命运何其相似，其书都是为统一的大帝国建立统治理论而编撰又都为少主弃置，其人则都为少主所逼死。

吕不韦的亡身之祸，乃如第一章第三节所述，主要是由于他在《吕氏春秋》中阐述的政治思想不合秦王意欲所招致。刘安的亡身之祸，又何尝不是如此？

学者已经明确指出："刘安之狱乃是一大冤案。"[①] 刘安积极维护刘氏一统王朝，也从未公然与武帝作对，倒是处处为帝国的长治久安着想，主动与武帝保持亲近关系。恰恰是在武帝听从董仲舒建议而独尊儒术、罢黜黄老刑名百家之言以后，刘安之说才被视为异端、淮南之国也被视为威胁的。刘安在武帝的威逼之下企图武装自保，不由自主地为武帝剪灭他提供了口实，落得个谋反罪名和自杀下场。

"刘氏之书"被武帝弃置，董氏之说被武帝采纳而成为统治思想，这标志着汉初以来奉行的黄老政治的结束，标志着道家黄老学说在封建社会政治生活中的主导地位的失落。之所以如此，学者有着多方面的深入分析。一般认为，汉初统治者推尚黄老学说而奉行黄老政治，是适应汉初社会凋敝、人民迫切需要休养生息的形势所采取的权宜之计。随着经济的恢复和社会的发展，清静无为的黄老政治失之于消极放任，不利

① 任继愈主编：《中国哲学发展史（秦汉）》，人民出版社1985年版，第248页。

于巩固王朝统一和强化中央集权。因此，至武帝时代，帝国空前繁盛，王朝高度巩固，社会也因迅速发展而出现了新的要求和复杂矛盾，黄老政治便不再适合形势需要，雄才大略而欲大有作为的武帝才罢黜黄老而尊奉儒术。

这种看法确有道理，但也存在误解。因为如前所述，黄老学说主张的“无为而治”，并不是倡导消极放任和无所作为，而是倡导“权事而立制，度形而施宜”[①]、通过法治来保障民生、安定天下、促进发展、维护统一、达到功成事遂的“无不为”。大力推行黄老政治的文景之世，恰恰是汉初政治大有作为也大有成效的时期。然而，“无为而治”思想的要义，在于主张以民为本和君道无为、选任贤能、立法奉法，反对君主擅断专行、恣欲妄为。武帝所不能容忍而罢黜黄老学说的关键原因，恐怕正在于此。

汉初，君臣大多起于民间，亲历秦代苦难，也体察民众疾苦，对秦皇“举措暴众，而用刑太极”的多欲政治导致王朝灭亡和人民反抗压迫、改朝换代的力量感触至深，因而能够自觉地信奉黄老学说和推行黄老政治。尽管因地位改变和高居时久，他们也逐渐蜕化为与人民对立的统治者，但毕竟因秦鉴在目、祖训在耳、诸侯制约、帝国未宁、民众未安，不敢率性妄为。可是，武帝即位时距秦亡汉兴已近70年，君臣多生于富贵、迷于享乐，加上国家富强而有纵欲之资、天下安宁而无忌惮之忧、秦鉴已远而失鉴戒之明、诸侯多除而少约束之制，岂甘于“处静以修身，俭约以率下”[②]？岂肯从“禁君使无擅断”、“有司使无专行”[③]？其时，如贾谊指出的王朝诸多内忧外患更显突出而需要帝王治安有为，“文景之治”形成的强盛国力又使得帝王凭借可为。于是，“内多欲”的武帝，亟欲树立自己“受命于天”的天子形象、强化自己擅断专行的独裁地位，

① 《淮南子·要略》。

②③ 《淮南子·主术》。

以便能够为所欲为地追求自己的“外事四夷之功，内盛耳目之好”①。宣扬以君权神授、君为国本、君主纲纪、一统天子为核心内容的董仲舒新儒学，正好投合了武帝的意欲。于是，黄老学说被罢黜而董氏儒学被尊奉，也就必不可免了。古代中国的小农经济基础和宗法社会结构，决定了古代中国只会建立君主专制的中央集权制度；封建制度本身和封建帝王本性，决定了封建统治阶级只会采纳和利用为其政治服务的儒学。黄老学说基于民本思想的“无为而治”的政治原则，主要反映的是人民的愿望。因此，黄老学说只能在一定程度上适用于特殊的历史阶段，尤其是封建王朝大一统格局的奠基阶段。一旦封建王朝巩固了，中央集权制度确立了，社会大一统格局奠定了，以阐发因循无为思想为主要内容的黄老学说的历史使命也就基本结束了。《淮南子》被武帝弃置的命运，正是黄老学说由极盛到顿衰的转折。

“淮南狱”本就是由董仲舒等儒者极力主张对危害大的诸侯“忍而诛之”所促成的，又是由包括董仲舒弟子吕步舒在内的儒者负责断治的。“上下公卿治，所连引与淮南王谋反列侯、二千石、豪杰数千人，皆以罪轻重受诛。”②主动前往官府自首并告发淮南王谋反经过的伍被，仍被诛杀。可想而知，刘安招致的数千宾客也因此大多死于非命，淮南这当时最大的学术中心也因此不复存在。黄老学派受此沉重打击，又焉得不衰？

黄老学说在武帝时期虽因在政治上的失势而转衰，但它适应社会统一趋势而综合天下文化以融治发展的理论建树，它促进大一统王朝的稳固和大一统社会格局的奠定这一历史贡献，是非常重大的。可以说，没有黄老学说，也不会有战国以来各地域人们的文化心理的较快融通；不奉行黄老政治，也不会有汉初的政权迅速稳固和社会大治景象。

当武帝有似秦始皇“别黑白而定于一尊”地“罢黜百家，独尊儒术”

① 《汉书·刑法志》。
② 《汉书·淮南王传》。

之后，当儒术被确立为整个中国封建社会的官方哲学之后，尊奉黄老学说的时期里那自由开放的学术气氛就日渐冷凝了，像《淮南子》这样由道、儒诸家学者共同穷究天地之理、通达人间之事而放言不惮地撰写的集成巨著，从此也就绝迹了。

不过，明智的武帝并未像秦始皇那样禁绝私学而焚毁百家之书，只是在统治思想上“黜黄老刑名百家之言”、在官吏选用上贬斥百家学子而“延文学儒生”。这样，盛行已久而影响深远的黄老学说，在武帝时代仍有较大影响，并为一些学者顶着风潮大变的压力而坚持推尚和传扬。

就在刘安组织门客撰成《淮南子》之际，另一位博学的思想家和史学家司马谈（？—前110）也在作总结百家学说的研究，并且撰成标举黄老学说的名作《论六家之要指》。司马谈曾从黄老学者黄生学习“道论”，在建元、元封之间（前140—前105）仕为太史令，其文录入《史记·太史公自序》。他在文中指出，自先秦而流行于汉初的阴阳、儒、墨、名、法、道德六家都“务为治也”，且各有所长，但“阴阳之术，大祥而众忌讳，使人拘而多所畏”，“儒者博而寡要，劳而少功，是以其事难尽从”，“墨者俭而难遵，是以其事不可遍循”，“名家使人俭而善失真”，“法家严而少恩”，唯有“道家使人精神专一，动合无形，赡足万物”，没有前五家的“得一察焉以自好”之弊，而是兼采诸家之善要，独得“道术之全”，博大精深而自成体系，也最能因时应物而无所不宜。他评述说：

道家……其为术也，因阴阳之大顺，采儒、墨之善，撮名、法之要，与时迁移，应物变化，立俗施事，无所不宜，指约而易操，事少而功多。

道家无为，又曰无不为，其实易行，其辞难知。其术以虚无为本，以因循为用。无成势，无常形，故能究万物之情。不为物先，不为物后，故能为万物主。有法无法，因时为业；有度无度，因物与合。故曰：“圣人不朽，时变是守。虚者道之常也，因者君之纲也。”

这是在深刻领会道家黄老学说的精神实质和总结汉初推行黄老政治的成功经验的基础上，对黄老学说的特征和价值所作的比较简明扼要、全面准确的概括，因而至今成为学者为黄老著作定性的依据。在这概括性的文字中，其对黄老学说的赞誉之情、推尚之意，充溢于字里行间。

司马谈任职期间着手撰写的史书，也当以黄老学说作为述史的思想基础。书虽未竟，但由其子司马迁续成的《史记》乃可知。

司马迁（约前145—约前86），自述为楚人先祖、古帝颛顼所命司天司地之官重黎的后裔[①]，10岁即读古文典籍，20岁时漫游天下做实地考察，有着渊博的学识和丰富的阅历。入仕后初任郎中，前108年继其父职为太史令。在职期间，他提议和主持制定了《太初历》，并承其父遗志、因其父遗著而努力撰写《史记》。后受李陵投降匈奴事件的牵连，他得罪了武帝而惨受腐刑，蒙奇耻大辱而痛不欲生，但念及《史记》未成、事业未就而坚忍苟活。出狱后，他发愤著书，终于基本上完成了长达51万余言的中国第一部纪传体通史，从而开创了中国史学卓立发展的新时代，为中国历史文化的梳理、总结、承传和发展作出了伟大贡献。

“网罗天下放失旧闻，考之行事，稽其成败兴坏之理，凡百三十篇，亦欲以究天人之际，通古今之变，成一家之言”[②]的《史记》，虽然是记史之作，但其学术态度和治学精神与“上考之天，下揆之地，中通诸理”的《淮南子》颇为相同。体现了司马迁那思想家的深刻、史学家的卓识、文学家的才情的《史记》，被鲁迅誉为“史家之绝唱，无韵之《离骚》”[③]，在思想内容和艺术风格上都弘扬了楚文化精神。

继司马迁之后的杰出史学家班固，在《汉书·司马迁传》中评论说：

> （《史记》）其是非颇缪于圣人，论大道则先黄老而后六经，

① 见《史记·太史公自序》。
② 司马迁：《报任安书》。
③ 鲁迅：《汉文学史纲要》，《鲁迅全集》第9册，人民文学出版社1981年版，第420页。

> 序游侠则退处士而进奸雄，述货殖则崇势利而羞贱贫，此其所蔽也。然自刘向、扬雄博极群书，皆称迁有良史之材，服其善序事理，辨而不华，质而不俚，其文直，其事核，不虚美，不隐恶，故谓之实录。

生活在东汉前期的班固，受统治者定为独尊地位而大力表彰的儒术浸染至深，因而站在儒家立场上批评《史记》，指责“其所蔽也”。然而，这些具有代表性地反映了汉儒对《史记》不满的批评，却清楚地指明，司马迁撰写《史记》，并不迎合被当时统治者尊崇的儒术，而是坚持自己认定的真理，推尚道家黄老学说，以黄老学说为理论基础来述史实、论是非，因而颇谬于圣人孔子之说、显学儒家之言。有意思的是，班固又借刘向、扬雄之称，高度肯定了《史记》的“实录”性质。司马迁若不坚持“成一家之言”，又何来“实录”之书？看来，班固对司马迁的认识也自相矛盾。

司马迁之父推尚黄老学说，并悉心培养司马迁，对其影响之大是不言而喻的。司马迁在《史记·太史公自序》中全文叙录其父的《论六家之要指》，表明他是深为赞同其父见解的。其父临终时，执其手嘱其“无忘吾所欲论著矣”。其俯首流涕而应允：“小子不敏，请悉论先人所次旧闻，弗敢阙。”[1]可想而知，其所撰《史记》，不仅悉用其父遗留的史著及传述的史事，而且也因循了其父的史识宏论。不朽的《史记》，准确说来应是司马迁与司马谈的共同著作，司马谈开其端而奠其基，司马迁弘其论而终其事。两人的思想倾向和基本观点只会是一致的。若像后儒朱熹等力辩的那样，司马迁果真为儒家而“父子异尚”，恐怕也就不会有成就辉煌的《史记》了。实际上，班固早已明确指出司马迁崇尚道家。《汉书·扬雄传》又记桓谭说：“昔老聃著虚无之言两篇，薄仁义，非礼学，然后世好之者尚以为过于‘五经’、自汉文、景之君及司马迁皆有是言。”

---

① 《史记·太史公自序》。

述史的《史记》，当然不会具体而深入地作哲学思辨的分析和哲学范畴的论证，但在穷究天人关系的描述中，则鲜明地表达了依据“天道自然”的道家哲学而形成的无神论思想。在关于天文历法和自然现象方面的记述中，《史记》坚持了“万物固以自然”的自然观，肯定了“春生夏长，秋收冬藏”是自然界不可更移的规律，强调人类只能顺应阴阳、四时和二十四节气这些自然变化规律，批判了阴阳家对自然现象的神秘解说，还指出，春秋战国以来的“星气之书，多杂禨祥，不经”[①]。在关于人类历史和社会现象的记述中，《史记》以大量“实录”，否定了当时甚嚣尘上的董仲舒“天人感应说”“五德始终说”，还否定武帝迷信的神仙方术，并且通过“太史公曰”的方式直接对之作了深刻的批判和辛辣的嘲讽。如在《伯夷列传》中，如实地记述了终生守义却饿死于首阳山的伯夷、叔齐的命运，指出所谓“天道无亲，常与善人”之天命观的荒谬性。在《项羽本纪》中，指出项羽“自矜功伐，奋其私智而不师古，谓霸王之业，欲以力征经营天下，五年卒亡其国，身死东城，尚不觉悟而自责，过矣。乃引‘天亡我，非用兵之罪也’，岂不谬哉”。在《封禅书》中，对武帝追求长生而多次受方士愚弄欺骗做了辛辣的嘲讽，对武帝“用事于鬼神”而大肆进行封禅、祭祀活动的荒唐糜费行为做了深刻的批判。尽管《史记》记述上自传说中的炎黄时代、下迄汉武帝时代的漫长而复杂的历史，因受历史局限，并没有彻底摆脱传统而又时髦的神学唯心主义的影响，但其无神论的唯物主义倾向则是明显和基本的。

以无神论哲学为思想基础来考察人类社会的发展，也自然地形成以“因物与合”为主导的认识。《史记》“通古今之变”，基本上是客观地、如实地描述中国历史的变迁；《史记》“稽其成败兴坏之理”，也在一定程度上揭示了人类社会的发展规律。它对历史上改朝换代过程的描述，尤其是对秦亡汉兴过程的描述，深刻地揭示出：人世间的成败得失都取决于人类自己，人类的命运也主要由人类自己主宰，统治者的荒淫残暴、

① 《史记·太史公自序》。

政治的腐败黑暗、人民的不满和反抗是导致国家衰亡的根本原因，统治者的贤仁谨敬、政治的清明宽松、人民的安乐和拥护是国家兴盛的根本原因。它不仅将陈胜、吴广这些“圣人”眼中的贱民载入史册，而且特意将陈胜列入“世家”，高度肯定了陈胜首倡亡秦的历史作用，将陈胜领导的反秦起义与儒者视为神圣的汤武革命并称，还强调了陈胜建立的“张楚”政权承秦启汉的独立历史地位。同样，它饱含热情地描述了刘邦君臣在亡秦兴汉过程中的历史贡献，又如实地记述了他们多出身低微的经历和秉性。这些都反映出作者具有民本思想和人民群众也是历史的创造者的认识，反映出作者因承黄老学说的民本思想而在认识上的深化。另外，它在描述历朝历代的更迭变化时，说明历史是不断发展变化的，指出“居今之世，志古之道，所以自镜也，未必尽同。帝王者，各殊礼而异务”①、盛时可以观衰迹、亡后能够见兴象。这犹似对黄老学说的“与时迁移，应物变化，立俗施事”主张的历史论证和道家朴素辩证法思想的具体阐发，与其时董仲舒宣扬的“天不变，道亦不变”的儒学观点形成了鲜明的对照。

“序游侠则退处士而进奸雄”之语，突出地表达了儒者对《史记》描述和赞美了许多小人物的生平和事迹的不满。就游侠而言，多为民间轻身重义、肯于济困扶危的布衣之徒。在基于统治阶级立场的儒者看来，“侠以武犯禁”，以其独立不羁的品格和仗义而行的作为，违反了封建道德，破坏着封建秩序，因而“义不苟合当世”。然而，《史记》认为：“今游侠，其行虽不轨于正义，然其言必信，其行必果，已诺必诚，不爱其躯，赴士之阨困，既已存亡死生矣，而不矜其能，羞伐其德，盖亦有足多者焉。”②它进而抨击了恃富役贫、恃强凌弱、恣欲自快的豪暴之徒，指出游侠的品行与之绝然不同，强调所记述的汉初几位游侠“虽时扞当世之文罔，然其私义廉洁退让，有足称者”③。可见，司马迁并不以儒

① 《史记·高祖功臣侯者年表》。

②③ 《史记·游侠列传》。

者标榜的“正义”和统治者制定的“文罔（法网）”为是非标准，而是以人民的利益和百姓的态度为是非标准，因而赞美不依附权贵、特立独行、对百姓寄予同情并给予帮助的“闾巷之侠”，提出“何知仁义，已飨其利者为有德”[①]这大谬于“圣人”之言的“仁义”观念。司马迁不仅一反世俗之见，将所闻游侠事迹载入史册，而且公然表示：“至如闾巷之侠，修行砥名，声施于天下，莫不称贤，是为难耳。然儒、墨皆排摈不载。自秦以前，匹夫之侠，湮灭不见，余甚恨之！”[②]

“述货殖则崇势利而羞贱贫”之说，明确地表达了儒者对《史记》肯定人们对物质利益的追求、否定“君子喻于义”的“圣人”训诫的恼怒。《史记》认为，“天下熙熙，皆为利来；天下壤壤（攘攘），皆为利往”[③]，追求衣食的丰足、生活的享受，是君子和小人的共同天性，患贫羞贱是君王公侯和匹夫编户之民的共同本色，而“布衣匹夫之人，不害于政，不妨百姓，取与以时而息财富”[④]是值得称道的，正是人们努力殖货生财方促进了社会经济的发展和文化的繁荣，因为“仓廪实而知礼节，衣食足而知荣辱。礼生于有而废于无”[⑤]。在《管子》等黄老学派的著作中，已有对人们追求物质利益的自然性、正当性和民富则国治、衣食足则礼义兴的阐说。《史记》进一步肯定了逐利是人类的本性，并且把它看成是推动社会发展的动力，首先从人们对经济生活的需求来说明社会现象的产生和文化观念的形成，这不啻是朴素的唯物史观。《史记》在描述经济生活的发展并说明其作用和意义时所表达的这些观点，实际上驳斥了董仲舒大肆宣扬的“凡人之性莫不善义”[⑥]和“正其谊（义）不谋其利，明其道不计其功”[⑦]等荒谬之说，揭露了统治者言称仁义而行骛功利的虚伪，也深深刺痛了站在统治者立场上标榜空洞的仁义而阻止人民追求

①② 《史记·游侠列传》。
③⑤ 《史记·货殖列传》。
④ 《史记·太史公自序》。
⑥ 董仲舒：《春秋繁露·玉英》。
⑦ 董仲舒：《举贤良对策》。

正当利益的儒者之流。

遵循黄老学派“法自然”的认识路线，基于以民为本位的立场，着眼于天下久治和国家长盛的长远利益，司马迁“网罗天下放失旧闻，王迹所兴，原始察终，见盛观衰，论考之行事”①，终于完成“实录”巨著。其实录精神，鲜明地表现为其与圣人孔子宣扬的“为尊者讳”“为亲者讳”的“春秋笔法”背道而驰。如它毫不讳言汉高祖“好酒及色”的恶习和“素慢无礼”的作风，也不吝称扬“孝文施大德，天下怀安”的功绩。对于确立了绝对权威并延致大量儒生文士为其歌功颂德、润色鸿业的当世帝王——武帝，它也不识时务，不知奉迎，而是如实地记录了武帝“内多欲而外施仁义”、“尤敬鬼神之祀”、迷信神仙方术、好大喜功而折腾不已、糜费国财而增民负担、任用酷吏而用法益刻等尊者忌讳的事实。这种实录精神和“实录笔法”，发扬了先秦的优秀史学传统，显示了司马迁对历史、对后人、对民族文化的严肃态度和高度责任感。

只有以无神论哲学思想为基础，才会有独立自主的科学研究和思想创造，才能不屈从压力而“成一家之言”；只有遵循“道法自然”的认识路线，才会有忠于事实、实事求是的科学态度，才能不苟合流俗地“稽其成败兴坏之理”。可是，在武帝强化了专制统治之后，不迎奉帝王意志的独立自主行为，就难免要付出惨重代价了。今日所见《史记》中的《景帝本纪》过于简略，《武帝本纪》的文字则几乎全同《封禅书》而不合其他本纪体式，叫人难以理解生于景帝之世而仕于武帝之朝的司马迁何以会如此。但是，若了解司马迁的遭遇之后，也就可以想知其缘故了。据说，武帝看了《史记》中他自己和他父亲的本纪后大为不满，乃借李陵之事将司马迁下狱。郭沫若考证后指出，司马迁刚完成《史记》，便可能“以直言之故”再次触犯武帝而下狱至死。②《史记》在武帝之

① 《史记·太史公自序》。

② 见郭沫若《关于司马迁之死》，《郭沫若全集·历史编》第三卷，人民出版社1984年版。

世没能公布于世，直到宣帝时期才由司马迁的外甥杨恽传布，而杨恽也因触犯宣帝而被腰斩。司马迁自序其作“凡百三十篇”，但班固所见仅120篇。[①]因此，今本《史记》，当在汉代就被有所删除了。然而，《史记》可作部分删除，却不能作全文改写，以致后世一些帝王仍诅咒它“非贬孝武，令人切齿”[②]，后世一些儒生则贬斥它为“谤书”。这种诅咒和贬斥，正反衬了《史记》的伟大和不朽。

《史记》产生于社会高度统一、经济文化蓬勃发展的西汉隆盛之世，产生于西汉社会由倾向开明的黄老政治转为倾向专制的儒家政治的时期。特殊的时代和特殊的环境，造就了伟大的人物和不朽的著作。《史记》可以说是学者袭黄老政治的余晖、承黄老学说的精神而自由创造的文化成果，由司马谈、司马迁父子的心血凝成，也是司马迁的生命铸成。它的伟大，在于它“究天人之际，通古今之变”的全方位观照和察始终展示；它的不朽，在于“成一家之言”的深刻思想和卓越见识。它不仅成了史学丰碑、史家典范，也是后世思想家、文学家必读的经典。不过，在后世近两千年的封建社会里，史家虽然纷纷师宗司马、效法《史记》，但受专制皇权的压抑、独尊儒学的禁锢，又写出几部可望企及《史记》的作品？

与《淮南子》一样，《史记》在武帝时代也受到统治者的冷遇，这表明黄老之学无可奈何地衰落了。在西汉后期乃至东汉，黄老学者虽仍不乏其人，黄老学说的影响也依然存在，但黄老之学的盛时景况毕竟不再重现，黄老之学本身也逐渐分化演变了。黄老之学衰落的原因，前面已有所述及，概言之则主要有四。

首先，汉初统治者奉行“与民休息”“无为而治”的黄老政治，虽致社会经济文化得到较快的恢复发展，社会在发展中也不断出现各种问题。可是，统治者未得黄老之学“与时迁移，应物变化”以求“无为而

① 《汉书·艺文志》：“《太史公》百三十篇。”班固自注：“十篇有录无书。”
② 《三国志·魏书·王肃传》记魏明帝语。

无不为”的要旨，没能采取相应对策及时解决社会问题，以致“文景之治”期间藩国势大自恣、匈奴入侵扰民为主的众多危及社会安定、王朝稳固的社会问题日渐严重。贾谊疏陈政事，即建议文帝“审权势之宜，去就有序，变化应时”以消除王朝的内忧外患。武帝时代，垂拱静默的无为政治更显不合时宜，汉初以来经济发展积聚的丰裕财富可资统治者大有作为，多欲喜功又具雄才大略的武帝也就急切地“别黑白而定一尊”、独尊宣扬皇权神授的儒术而罢黜主张人君无为的黄老之学。于是，失去封建王朝正统思想地位的黄老之学顿转衰落。

其次，黄老之学本是以阐发促进天下统一、实现天下大治的政治思想为主的学说，因反映了人民希望结束社会分裂、能够安居乐业的政治理想而大兴，因适应稳定社会、巩固统一、恢复和发展凋敝的经济文化的需要并为汉初统治者尊奉而极盛。当西汉王朝的统治者强化中央集权制度时，当“屈民而伸君”的儒术尤能满足帝王专制的需要后，以民本思想为基点的黄老之学注定会被封建帝王弃置而衰微。

再次，封建社会的文士大都不得不依附统治阶级生存，“学而优则仕”几乎是封建文士的唯一出路。当汉武帝只宠任儒生而抑黜黄老学者、只置五经博士而废除诸子传记博士之后，文士为仕途生计，又有几人肯治黄老之学？

还有，随战国至西汉前期社会由分裂到高度统一的历史发展而兴盛的黄老之学，是适应历史发展要求而综合天下文化的道家思潮。在社会实现了高度统一、学术文化也实现了在当时历史条件下的高度综合之后，黄老之学也因吸纳过多、兼采过广而显得体系过于庞大、思想过于繁杂，即如《淮南子》那样文辞“坛卷连漫”、情意“绞纷远缓”，让学子感到难知难通，故不易深入发展。加之“务以为治”的诸家学说在汉初的统一社会里又有了理论深化，先秦典籍也被汉初学者作了专门研究，综合性的学术思潮在武帝之后已非时尚，学术自身的发展经过战国后期至西汉前期的总结之后需要在安定的社会里朝专精方面深入，“博为之说”的黄老之学的衰微也就是难免的了。

第四节 儒学援道的变革与演化

秦朝焚书禁学，儒生失业，儒学消歇。陈胜“张楚”亡秦，鲁儒踊跃往附，显示出楚人改朝兴儒的先兆。汉初，文教随经济恢复而肇兴，儒生纷纷授徒治经，奉行开明的“黄老政治”的统治者大量任用儒生为博士，加之黄老学者在总结秦亡教训和阐论治国方略时也着重采挹儒学善要，儒学的影响日益增大。至武帝时期，鸿儒董仲舒援道入儒，建构出迎合武帝的专制意欲、适应武帝建立高度集权统治的大一统王朝需要的新儒学体系，终于使儒学取代黄老之学而成为汉王朝独尊的统治思想。黄老之学的失势和衰微、融摄黄老之学而成的新儒学的建构和荣宠，是楚文化最终嬗变为汉文化和新型的汉文化终于发展成熟的主要标志。

武帝“独尊儒术”之后，昌盛的儒家经学神学化和烦琐化的弊害日趋严重，经学内部的斗争也日趋激烈。统治者为确立统一的统治思想而终于以皇权强制经学实现了统一，硕儒为匡正儒学流弊而不断援据道学以改良儒学。儒学融摄道学、依傍皇权而昌盛，儒学援据道学、充实革新而发展。东汉晚期，愈演愈烈的援道入儒、据道正儒的风气，催化着以道统儒的魏晋玄学的孕生。

一、儒学的兴盛及其援道的变革

秦末乱世，私学之禁和挟书之禁实已解除，诸儒始得公然地修研经学、讲习礼乐。汉初，《诗》《书》《礼》《易》《春秋》等儒家经典皆在民间私相传授，如传授《诗经》的有齐地的辕固生、鲁地的申培公、燕地的韩婴，传授《尚书》的有济南的伏生，传授《易经》的有淄川（今属山东淄博）的田生，传授《礼》的有鲁地的高堂生，传授《春秋》的有齐地的胡毋生。传经授业、施教兴文，本是文明社会发展的需要。社会经济有所恢复，社会文教自然开始复兴。儒生据儒家思想解说和传授典籍，也促使儒学渐兴。

随从汉高祖平定天下的陆贾，首先总结秦亡教训和阐发治国方略。他虽然倡导黄老之学，却重视援引儒家施仁行义主张以敦促统治者革除秦朝专任刑罚的弊政。深受文帝赏识的贾谊，在总结历史、分析现实和阐论政见上尤为深刻。他尽管激扬黄老之学，也重视援引儒家的礼治思想以敦促统治者矫正社会秩序混乱的现实状况。陆贾、贾谊等著名思想家、政论家都重视儒家学说并申论儒家主张，以致其思想主张显现出比较浓厚的儒学色彩，在客观上起到了宣扬儒学和扩大儒学影响的作用。

汉初经济萧条、民不聊生、四方未稳、皇权不固的现实状况，使得统治者无心也无力关注文教。但随着社会衣食滋殖、天下晏然，文教也兴于朝野。说《诗》讲《书》的儒生，本就是致力于文化教育的学士。皇帝和诸侯王为了教育子弟，也聘请通晓《诗》《书》等先秦典籍的儒生为师为傅。如治《诗》的申公曾为楚王刘郢傅其太子，申公弟子王臧则为景帝太子少傅。汉初统治者虽然厌弃儒生脱离现实、虚夸缛饰的迂腐说教，但对儒学强调建立君臣尊卑的等级秩序和皇权至上的专制制度这一基本主张是由衷欣赏的。自汉高祖用叔孙通制定朝仪而体味到“皇帝之贵”后，汉代的礼官一直由儒生担任。如前节所述，汉初奉行的“黄老政治”是开放的和开明的。汉初统治者虽然不用儒学治国，却并不贬斥儒生，相反是大量任用儒生为博士。高祖、惠帝、高后时期，见于记载的博士有叔孙通、孔襄、随何三人，三人皆为儒生。文景之世，放手增设博士，任博士者多为儒生，“（申公）弟子为博士者十余人”[1]，韩婴、董仲舒等也为其时博士。

文教普兴，儒学渐隆；朝野多儒，孔说大盛。儒生置身朝廷，接近帝王，也积极依附皇权，在黄老政治的感染下自觉地吸取黄老学说以改造和发展本质上是为皇权服务的传统儒学，力图建构迎合统治者强化中央集权制度需要的新儒学体系。

① 《史记·儒林列传》。

经过“文景之治”，仓廪的充实使统治者具备了好大喜功的国力，文教的兴盛使统治者激发出饰貌荣身的欲望，藩国的削弱和皇权的增强使统治者减少了为所欲为的掣肘，阶级矛盾的加剧和外族侵扰的压力使统治者产生了建立统一而强大的专制帝国的心愿……种种因素使统治者再也不满于黄老之学那虚静自守、节俭恭谨、君无擅断、顺应民欲等“无为而治”的教条了，而是亟欲寻求迎合自己意愿又能适合社会发展需要的新统治理论。

生长于富贵皇室、游艺于诗文金匮的武帝，即位时年少而欲盛、心雄而才宏。他醉心于神化皇权，也中意于维护帝王绝对权威和专制统治的儒学。继位当年（前140），他便拜喜好儒术的窦婴为丞相、田蚡为太尉，又重用儒臣、广招儒生。司马迁记述：“及今上即位，赵绾、王臧之属明儒学，而上亦乡（向）之，于是招贤良文学之士。”[①]他还罢免传记博士，设置五经博士。笃信黄老的窦太后死后，他也就肆无忌惮地向儒兴儒，大量延揽文学儒者，公开策问改制度、固皇权的理论。一代鸿儒董仲舒乃以贤良身份对策，上策三篇，提出了以“天人感应”神学为核心的新儒学体系的基本观点，明确建议武帝“罢黜百家，独尊儒术”，直言“臣愚以为诸不在六艺之科、孔子之术者，皆绝其道，勿使并进。邪辟之说灭息，然后统纪可一而法度可明，民知所从矣”[②]。这史称“天人三策”中阐述的系统思想，为武帝神化皇权和强化专制统治提供了理论根据，因而正中武帝下怀并即为武帝采纳。从此，儒学取代了黄老之学而成为汉代独尊的统治思想。

董仲舒（前179—前104），广川（今河北枣强东）人，自幼学习儒术，以治《公羊春秋》名于世，为景帝时博士。景帝尊奉黄老而“不任儒者”。“盖三年董仲舒不观于舍园”，潜心研究儒学及诸子百家学说，覃思精

① 《史记·儒林列传》。
② 《汉书·董仲舒传》。

微地对儒学作应时适势的改造和重构，并且“进退容止，非礼不行”[①]，身为表率地导扬儒家风范，成为当时学士敬重的儒学大师。当武帝策问贤良文学之士时，他便不失时机地上“天人三策”。此后，他又致力于讲学著书，宣扬和完善其重构的新儒学体系。《汉书·董仲舒传》记载：“仲舒所著，皆明经术之意，及上疏条教，凡百二十三篇。而说《春秋》事得失……复数十篇，十余万言，皆传于后世。”今存的“天人三策”和《春秋繁露》，是他的代表作。

黄老之学在汉初的地位之尊和影响之大，乃如前节所述。儒生在复兴儒学的过程中，极力扬儒黜道，并且在帝王面前与黄老学者直接抗争，力图使儒学受到统治者的青睐而取得思想文化上的统治地位，但终难为汉初帝王接受。这并非儒学维护大一统王朝和宗法社会秩序的政治主张不为帝王欣赏，重要的原因之一，则是传统儒学漠视天道而只重人事，固步自封而排斥异端，唯知先圣古制而不晓因循变通，缺乏黄老之学那种缘天道以论人事的理论深度，没有黄老之学那种融冶百家学说成一体的博大体系，更不像黄老之学那样“与时迁移，应物变化，立俗施事，无所不宜”[②]而切实可行，故陈腐迂阔而不适应并九州地域、汇四方文化的汉初统一社会的建设和发展的需要。

董仲舒重新建构的新儒学，不仅突出了儒家维护大一统王朝和宗法社会秩序的基本主张，而且吸取黄老之学发展理论的经验和效法黄老之学建构体系的方式，由天人关系着眼，围绕为皇权服务这一根本目的，采挹道家及诸家善要以丰富、充实和改造儒学，建构以儒学为中心而糅合百家学说的庞大体系。这一新儒学体系，既在鼓吹君权神授、纲常不易、隆礼崇文、积极有为等方面，深中“内多欲而外施仁义”的武帝下怀；又因吸纳了汉初行之有效的黄老学说的政治思想和糅合了诸家学说精华，满足了汉王朝为确保政治统一而要求相应地实现思想统一的社会

① 《史记·儒林列传》。
② 司马谈：《论六家之要指》。

发展需要。武帝于是断然采纳董仲舒的建议，“卓然罢黜百家，表彰六经”[①]，以强化中央集权的君主专制制度和实现思想文化的高度统一。

武帝时代的所谓“百家”，实际上主要就是道家黄老之学。自战国以来，社会由分裂而统一，天下学术也是由“百虑而一致”。黄老学说，正是集百虑以成一致的学说体系。经黄老学者“采儒、墨之善，撮名、法之要”地融会百家，百家学说精华大都为道家统摄。因此，董仲舒建构的新儒学体系，其实主要是援道入儒、利用黄老之学的思想成果以改造、发展儒学的成果。

传统儒学漠视自然，缺乏形而上的哲学思辨，唯重政治、伦理等人事方面的思想阐发。孔子几乎不论天道而只讲人道，谓“天何言哉？四时行焉，百物生焉，天何言哉？”[②]，而且“不语怪、力、乱、神”，强调“未能事人，焉能事鬼”[③]。孟子也不论述自然之天，只是赋予天以道德属性，谓宗法社会的纲常伦理即“天之道”。董仲舒却迥然别于儒家圣师，大讲自然的天道。如：

> 天之常道，相反之物也，不得两起，故谓之一。一而不二者，天之行也。阴与阳，相反之物也。[④]
>
> 天地之气，合而为一，分为阴阳，判为四时，列为五行。[⑤]

在《春秋繁露》中，几乎有半数文字都是对宇宙本体、生成、运动和变化等问题的阐论，显示出对天道的高度重视和研究的十分深入。随着战国以来的科学发展和文明进步，汉人已大大提高了对自然的科学认识，也越来越清楚地意识到天与人的密切关系，因而普遍关注自然，穷

① 《汉书·武帝纪赞》。
② 《论语·阳货》。
③ 《论语·先进》。
④ 董仲舒：《春秋繁露·天道无二》。
⑤ 董仲舒：《春秋繁露·五行相生》。

究天人关系。道家致力于对天道作朴素唯物主义的阐释，深化了人们对自然的哲学认识。黄老之学以道家天道观为哲学基础来论证人道，切近现实而符合规律，取得了世人认同、帝王尊奉的巨大成功。儒学要生存和发展，也必须像道家那样建构出“天人合一”的理论化、系统化的思想体系，以此才能为世人和帝王接受而取得政治上、学术上的统治地位。董仲舒不遗余力地阐述天道，正是为新儒学建立哲学基础。综观董仲舒对自然天道的阐论，其基本的概念和观点大都源自和引申于道家。他阐述说，天地万物是由无处不在、无形而实有的“气”所生成，即元气分为阴阳，阴阳消长而判为四时、列为五行，五行生胜以成天地万物。这种宇宙论，并非董仲舒的创见，而是对道家天道观的申述，与《淮南子》关于以道为本原，以阴阳、四时、五行为框架的宇宙演化图式的描述深相通合。因此，今有学者论证，董仲舒的新儒学体系的建构，直接吸收和运用了《淮南子》的思想材料。[①] 不过，董仲舒为使自己精心建构的思想体系与道家区别开来，则极力扬儒抑道，以儒家尊崇的“天”作为最高哲学范畴和宇宙本体，来取代道家的“道”，强调“天者，万物之祖，万物非天不生”[②]，从而使其宇宙论蒙上了儒家色彩。学者指出：“董仲舒的‘天’是他在利用儒家孔孟的‘天命’思想以及春秋以前的‘天’、‘帝’观念的基础上，而对道家之‘道’所作的儒家式的、神秘主义的改造，一方面董仲舒的‘天’是对道家之‘道’的否定，另一方面又是对道家之‘道’的继承。”[③]

究天道乃为通人道，因人道则才揆天道。由天道推论人道，因人道求证天道，是道家传统的思想方法。道家通过阐论天道自然来说明人事应“以因循为用”、由于主张“无为而治”乃引证“道常无为”。董仲舒也效法道家以推求天人关系。他不仅在思想方法上仿照道家，而且大

---

① 参见张国华《〈淮南鸿烈〉与〈春秋繁露〉》，《道家文化研究》第六辑，上海古籍出版社1995年版。

② 董仲舒：《春秋繁露·顺命》。

③ 张国华：《中国秦汉思想史》，人民出版社1994年版，第98页。

量地吸取了道家推求天人关系的认识成果，用以丰富、充实儒学或对之作发挥儒学基本主张和满足帝王意欲的利用、改造。

武帝为巩固大一统王朝，意欲强化皇权，建立高度中央集权的专制主义制度，故即位后便热衷于鬼神之祀，进而开始奉祠居于五天帝之上的至上神“太一”。祭神祀鬼乃为神化皇权，而“太一”神不过是人间至高无上的帝王在天国的投影。可是，神权与皇权、专制与统一的关系，却缺乏系统的理论阐明和充分的舆论宣扬。武帝因此对自己异乎先帝的意欲付诸行动也存在困惑，迫切需要这样的理论和舆论为其意欲和行动提供根据并统一思想。董仲舒对天人关系的推求和阐论，恰好顺应了武帝的意欲和满足了武帝的要求。

董仲舒阐释《春秋》旨意说：“臣谨案《春秋》谓一元之意，一者万物之所从始也，元者辞之所谓大也。”[①]又说：“是以《春秋》变一谓之元。元犹原也，其义以随天地始终也。”[②]《春秋》本记录人事的史籍，董仲舒乃因人事而求证于天道，援引道家关于“一”为万物本原的观念说明社会统一是人道的必然前景，进而强调“《春秋》大一统者，天地之常经，古今之通谊（义）也”[③]。以万物生于一（道、元气）的天道观推演出天下必然趋于统一的结论，是道家的基本方法和思想。《老子》早就有“万物得一以生”、“侯王得一以为天下贞（正）”的阐述。随着战国至秦汉社会统一趋势的明朗和局面的形成，黄老学者更是致力于沿用老子的这一方法并发挥老子的思想。儒家虽然向来主张社会大一统，但缺乏道家这样“天人合一”的哲学论证。董仲舒援据道家的思想方法阐释儒家经典和论证儒家主张，可谓开了以道学充实和改造儒学的先河。

如何巩固大一统局面、保证汉王朝的长盛不衰呢？董仲舒认为应该强化皇权、确立中央高度集权的专制主义制度。为了给武帝的作为提供

---

①③ 董仲舒：《举贤良对策》。

② 董仲舒：《春秋繁露·重政》。

理论根据，他进一步因人事需要而求证于天道，以主观虚构的方法，发挥儒家传统的尊天思想，把天说成是有意志、有道德的至上神：

天者，百神之君也。[①]

仁之美者在于天。天，仁也。[②]

天亦有喜怒之气、哀乐之心，与人相副，以类合之，天人一也。[③]

然后，他又由天道推演人道，以主观比附的方法，发挥儒家传统的天命观，把人类社会的一切都说成是天有意志、有目的的安排，宣称人的精神、道德乃至身体、生命都本源于天，强调人事之为只能秉承天意，而帝王是受命于天的"天子"，宗法社会的纲常伦理和儒家的政治道德原则都是天理天条：

人之人本于天，天亦人之曾祖父也。[④]

人之受命于天也，取仁于天而仁也。[⑤]

唯天子受命于天，天下受命于天子。[⑥]

王道之三纲，可求于天。[⑦]

然则王者欲有所为，宜求其端于天。[⑧]

总之，是天道决定人道、天子主宰人事；天在宇宙中的权威是至上的，天子在人间的权威是绝对的；天的意志是不可违抗的，天子的意欲是无可非议的；天意具体化为宗法社会的纲常伦理和儒家的政治道德原则，

---

① 董仲舒：《春秋繁露·郊义》。

②⑤ 董仲舒：《春秋繁露·王道通三》。

③ 董仲舒：《春秋繁露·阴阳义》。

④⑥ 董仲舒：《春秋繁露·为人者天》。

⑦ 董仲舒：《春秋繁露·基义》。

⑧ 董仲舒：《举贤良对策》。

天子秉承天意行事就是维护宗法社会的纲常伦理关系、封建等级秩序和遵照儒家的政治道德原则治国。经过这样的推演，帝王、皇权、宗法社会的纲常伦理和儒家的政治道德原则，都被董仲舒神圣化、绝对化了。董仲舒用一语概括之：“道之大原出于天，天不变，道亦不变。”[①]

有了这样系统的“屈民而伸君，屈君而伸天”[②]的理论阐述，武帝怎不心满意足？因为既然皇权神授、君为天子、皇权与神权相融通、帝王与专制相统一，武帝也就可以在人间为所欲为了。这套“事各顺于名，名各顺于天，天人之际，合而为一”[③]的理论，否定了黄老之学以天道自然约束人道妄为、以民愿约束君欲、以法治约束皇权的理论，使多欲喜功的武帝获得了解放。

显然，这套“天人合一”理论，实质上是直接而明确地为树立帝王绝对权威、强化封建专制主义的集权统治的神学。它不仅是援引道家思想、仿效道家“天人合一”的推求方法而对天人关系所作的主观曲解和神秘阐释，而且也是对传统儒学所作的极端发挥和神学化改造。道家以无神论的天道观作为哲学基础审察和总结人事，提出了“无为而治”的系列主张。道家的科学认识和进步主张，在战国后期至汉初也自然而然地成了世人信奉而主导天下的学说。董仲舒建构取代道家地位的新儒学体系，当然不能无视道家的巨大社会影响和巨大社会效应，他实际上也深受道家学说影响。可是，他抱着为皇权服务的直接而明确的目的，援引道家的无神论天道观与儒家的有神论天命观相结合，将之矛盾地杂糅和主观地曲解为神学。董氏神学，并非简单地继承了传统儒学的天命观。孔子虽然相信天命，但受春秋时期思想解放、理性高扬的精神影响，已“不语怪、力、乱、神”而罕言天命。孟子虽然赋予天以道德属性，却忌谈天的神灵性和神圣性。董仲舒则搬用春秋战国以来被道家否定了的

① 董仲舒：《举贤良对策》。
② 董仲舒：《春秋繁露·玉杯》。
③ 董仲舒：《春秋繁露·深察名号》。

以“天”“帝”为至上神的商周天命神学，对儒家天命观作了极端发挥，又利用道家思想资料、仿效道家思想方法将之系统地改造成本质上为神学的新儒学。

董仲舒建构的新儒学体系，虽然是以儒家的基本主张为基础，但不仅其论证起点、求证方式都源自道家，而且其许多基本概念和重要思想也都取自道家。

“天人感应”观念是新儒学的突出特征，也是其理论基础。这种观念源自春秋战国时期，但对之作详细深入阐发的是道家学者。《淮南子》中有关于“物类相动，本标相应”、“天之与人，有以相通也”的大量阐述。显然，“天人感应”观念是当时社会流行的普遍观念，是随着人们对自然与人之间的关系的认识加深而形成的，故关注自然又关注人生的道家学者才着重阐述。武帝在策问中，也专门“垂问乎天人之应”[1]。董仲舒关于“同类相动”“人副天数”“天人交感”的基本观点，与《淮南子》的阐述几乎完全一致，似乎就是对之的引用和申述。不过，《淮南子》的阐述尚且带有科学探讨的意味，董仲舒的阐发则旨在论证“天→天子→庶民”的神学统属关系。

董仲舒由天道推演人道的中介、也即新儒学体系的构架，是“阴阳五行说”。《汉书·五行志》称：“董仲舒治《公羊春秋》，始推阴阳，为儒者宗。”阴阳五行说，当也源自春秋战国时期。最早赋予阴阳、五行、四时等概念以哲学意义的是道家，将这些概念用于对天道的系统描述和对天人关系的深入推求的也是道家。道家著作里频繁使用这些概念，并用之描述出宇宙生成演化的图式。黄老学者将天道的阴阳、五行、四时变化与社会政治、伦理联系起来，作了诸如“天阳地阴、春阳秋阴，夏阳冬阴……主阳臣阴、上阳下阴、男阳女阴、父阳子阴、兄阳弟阴”[2]

① 《汉书·董仲舒传》。
② 马王堆汉墓帛书《黄帝书·称》。

和“春夏为德，秋冬为刑，先德后刑以养生”[①]等阐发。董仲舒“推阴阳”以至社会政治、伦理的主要观点和基本方式，乃与道家相同，只不过他以神学唯心主义消融道家阴阳五行说的唯物成分，将阴阳、五行、四时拟人化，刻意作君臣、父子、夫妻所谓“王道三纲”的比附，着重强调阳尊阴卑、君尊臣卑的等级秩序，极力为君主至上和封建隶属关系作取法天意的神学论证。班固谓董仲舒“始推阴阳，为儒者宗”，当也指明其为儒家中始推阴阳的宗师。

汉初奉行黄老政治的成就，证实了道家政治思想的合理性和可行性。武帝即位之初虽然不满于道家倡导的“垂拱无为而天下治”之说对帝王的限制，却又深受其影响而不敢轻易背弃先帝的成功之道，故在策问中郑重地提出了“无为而治”和“有为而治”的问题。董仲舒在对策中并未明确回答这一问题，大概是作为学者的他也承认事实并赞赏道家的“无为”理论，又不愿否定儒家力倡的“有为”说，故避而未答。但是，在其后所著《春秋繁露》中，他全面吸取和申述了道家的“无为”理论，也像道家由天道无为推论人道无为一样，说天的本性就是“不言，使人发其意；弗为，使人行其中”[②]，“故为人主者，以无为为道，以不私为宝，立无为之位而乘备具之官。足不自动而相者导进，口不自言而摈者赞辞，心不自虑而群臣效当，故莫见其为之而功成矣。此人主所以法天之行也”[③]。他明确地将“无为”作为国家治道的最高原则，其言其论犹似出于黄老学者之口。当然，他又敦促武帝“改正朔，易服色”、“正法度之宜，别上下之序”，宣称这种有为之举也即天意天志，由此对贾谊的主张作了神学化的发挥，实际上否定了“无为”而肯定了“有为”。

在一些具体的政治主张方面，如贫富调均、刑德并用等，董仲舒也吸取了道家思想并仿效道家作了“天人合一”的理论阐述。

---

① 马王堆汉墓帛书《黄帝书·十六经·观》。
② 董仲舒：《春秋繁露·深察名号》。
③ 董仲舒：《春秋繁露·离合根》。

详析董仲舒建构的新儒学体系，不难看出，它的理论框架、思维方式及许多重要思想都直接取自道家。因此，它可以说基本上是借助道家的思想成果、仿效道家学说体系的构成方式以改造儒学的产物，是援道入儒以突出儒家的仁义德政、纲常名教等基本主张的结果。本质上为神学的新儒学，在理论上并没有多少进步的创见。它不仅是儒、道思想不无矛盾的杂糅，而且在中国古代思想史上是哲学认识的倒退。可是，它因为是直接而明确地为强化中央集权制度服务的，适应了巩固封建大一统社会的需要，满足了统治者专制天下的意欲，具备了糅合以道家为代表的诸家学说而统一天下思想的基本条件，也顺应了兴教重文、繁荣文化的时势，故为武帝欣然赏识，断然弃道尚儒、独尊其说。于是，经董仲舒的重新建构，因武帝的赏识尊尚，儒学与皇权结合在一起并在皇权的扶植下成了官方哲学，对汉王朝在武帝时代成为空前巩固和强盛的国家起到了一定的积极作用，也由此成为整个中国封建社会的统治理论和正统思想。

新儒学对当时和后世的影响是深巨的，而且带来的遗害也是无穷的。政治上，它为帝王专制擅断、为所欲为提供了理论根据。尽管作为思想家的董仲舒也以“灾异谴告”说威慑帝王，企图借助“天”的权威来限制帝王的胡作非为，并且申述道家的“无为”理论以要求帝王“居无为之位，行不言之教，寂而无声，静而无形”①，但这套说教对于被神化了的天子、被确认了在天下具有绝对权威的帝王，又显得多么苍白无力、虚空无用！由此，武帝无所顾忌地改制易法，为所欲为，将汉初约君束臣的法治精神抛弃殆尽，采取种种措施确立和强化高度集权的专制主义制度。于是，中国封建社会经秦汉之变最终还是成了帝王独裁的人治国家，历朝历代被统治者的随心所欲折腾得多灾多难。繁荣昌盛的西汉王朝，就经武帝折腾之后衰弱下去。《汉书·夏侯胜传》记宣帝时期的长信少府夏侯胜说：

① 董仲舒：《春秋繁露·保位权》。

> 武帝虽有攘四夷、广土斥境之功，然多杀士众、竭民财力，奢泰亡度，天下虚耗，百姓流离，物故者半，蝗虫大起，赤地数千里，或人民相食，畜积至今未复。亡德泽于民，不宜为立庙乐。

在封建专制主义统治下，中国百姓则受儒学宣扬的纲常名教禁锢，被神权、皇权、父权、夫权束缚，时逾两千年不得解放。在思想上，它不仅直接导引经学步入谶纬迷信的死胡同，也基本确立了禁锢中国人思想约两千年的封建主义教条。

饶有意味的是，董仲舒虽有“王佐之才”[①]和建言之功，却始终没有被武帝委以重任，仅被武帝视为可备征询的学者，甚至因乱推灾异而差点被杀。相反，大量才学人品皆不及他的儒生乃至他的弟子都受到了武帝重用。这固然有他迷信鬼神的一些说法连武帝都认为愚顽荒诞的原因，但主要原因大概还是他毕竟是“为人廉直”而有独立见解的思想家，既忠心耿耿地维护封建大一统王朝和中央集权制度，又苦口婆心地告诫帝王不可做独夫民贼，强调“独身者，虽立天子诸侯之位，一夫之人耳”[②]，故为武帝所不能容其在身边。武帝重用的，恰恰是被他鄙夷为“从谀”、阿谀奉上的公孙弘等人。可见，封建帝王尊儒而用儒生，多取其谀顺己意欲者而已。

不过，儒学虽然自武帝时代成为封建社会的正统思想，但实际上始终是依附皇权而取得了政治上的正统地位，并非真正成为学术上的主导。新儒学的神学荒谬性，在汉代就已受到明智的学者援据道家精神的深刻批判。历朝学士为了生计和出路而不得不习儒称儒，但有理性、有思想的学士则无不内心好道尚道，并且不断弘扬道家精神以改造儒学。

① 《汉书·董仲舒传》引刘向语。
② 董仲舒：《春秋繁露·仁义法》。

二、经学的盛衰及其援道的演化

汉武帝“卓然罢黜百家，表彰六经”[①]，设置经学博士，征召儒生为官，儒家的经书成了神圣而不可怀疑的典籍，通经的儒生可以立为博士、官至卿相。于是，追名逐利的文人学士纷纷从儒治经，习经尊经成为社会时尚，诸子百家中的儒学也就变成了官方独尊的经学，而且自西汉中期骤然大盛。

“经”本指丝织品的直线，因先秦简书用熟牛皮绳直系竹简编联而成，故被借指具有典范性的著作或书籍。儒家祖师孔子治“六经”之说，始见于《庄子·天运》。[②]但其时所谓“经”，并不带有神圣意味，诸子各家皆可用之称自己学派的典籍。至武帝时代，儒家经书被统治者标榜而赋予其神圣的法典意味，治经的儒学也就成了独尊的官学。因“秦焚诗书”，先秦古籍罕存，西汉前期流行的儒经都是历秦入汉的儒生口授笔录而成，因这些儒经是用汉代流行的隶书记录整理的，故被称为“今文经”。尊其治其的儒学，后来也被称为“今文经学”。武帝“表彰六经”，但欣赏和尊奉的实际上是治《公羊春秋》的董仲舒建构的新儒学。今文经学在西汉中期的兴盛，也主要是以董仲舒为代表的“公羊学”的兴盛。

西汉后期，以“公羊学”为主导的经学，沿着董仲舒开辟的对经义作神学化解释的道路发展，大推阴阳、极言灾异、侈谈符命，且与谶纬迷信密切结合，日益流于荒诞虚妄。另外，经学又因统治者“设科射策，劝以官禄”而诱导儒生治经咬文嚼字、“徒为章句”，“一经说至百余万言”[③]，日益流于支离烦琐。

“谶，验也”[④]，是一种“诡为隐语，预决吉凶”[⑤]的神秘预言，兴

① 《汉书·武帝纪赞》。
② 《庄子·天运》：“孔子谓老聃曰：‘丘治《诗》《书》《礼》《乐》《易》《春秋》六经……’”
③ 《汉书·儒林传赞》。
④ 许慎：《说文解字》。
⑤ 《四库全书总目·易纬坤灵图》。

起于先秦，流行于秦汉之际。宣扬这种神秘预言的书籍即“谶书”。“谶”本与儒家经义无涉，但董仲舒为了论证帝王“受命于天”、实行专制统治的绝对权威，又为了震慑世人、限制皇权滥用，而经义中尚无阐述君主专制制度的合理性和限制皇权等内容，于是大谈符命以伸君主，始推阴阳以说人事，用神学发挥经义，将谶术与儒经联系在一起。他用神学发挥经义的著作《春秋繁露》，也就具有“纬书”色彩。

“纬”本指丝织品的横线，因儒家典籍被尊奉为神圣的“经”，汉儒以符命灾异等神学迷信穿凿附会经义而著的书，即相对“经”而言被称为“纬书”。所谓“纬者，经之支流，衍及旁义”①。不过，董仲舒之作尚未“托诸孔子”，也未完全脱离经义，故还不是严格意义上的纬书，只能说是纬书的滥觞。纬书的鲜明特点，就是脱离儒经而用神学发挥经义并托名于儒家祖师孔子。

汉儒纷纷效法董仲舒而推阴阳、言灾异、说符命以阐发经书的“微言大义”，不断地神化皇权、儒经和孔子，并借天意来表达己意，经学也逐渐与谶术合流而越来越神学化了。降至西汉晚期的哀、平之际（前6—5），社会陷入深重危机，无可奈何的统治阶级需要借虚幻的神学迷信获得挽救病入膏肓的政权的精神慰藉，分化的统治集团各派需要利用神学迷信制造争权夺利的舆论，儒生为了迎合统治阶级的需要便脱离经典而大造神学纬书，谶纬因而泛滥成为滚滚翻涌的社会思潮。同时，儒生大讲妖妄的符命灾异以表达己意而成神秘预言，又恐其不合当权者心意而获罪遭诛，且也为了使其说能够产生社会影响，乃将所造纬书依托到被神化成通天教主、受命素王的孔子名下，借此赋予其说以神圣性和权威性。这样，严格意义上的“纬书”便大量产生了。不受儒经约束而能自由简便地阐发思想并主观随意地赋予其神圣性和权威性的谶纬神学，也因更容易满足统治阶级的需要而受到统治阶级的扶植，竟成为汉代儒学中风靡一时的主导学派和官方思想中占主导地位的统治思想。然而，

---

① 《四库全书总目·易纬坤灵图》。

它却是汉代儒学极端神学化的表现和儒家经学彻底堕落的结果。它的表现形式荒诞妖妄，它的理论形态则粗俗简陋。它实际上成了昏昧拙劣、欺人愚世的神学迷信，成了蛊惑人心、消解理性和斗志、为野心家、阴谋家和各派政治势力恣意利用的社会致乱因素。统治阶级奉它为统治思想，非但无补于世，反而加速了西汉王朝的灭亡。

谶纬神学作为儒家经学中的一派，在建构其学说体系时，基本上是继承“公羊学”学风而对经义作极端神学化的阐发。因此，纬书在阐发宇宙观时，也大量援用道家的思想资料。如《春秋元命苞》《孝经援神契》《河图叶光纪》等，皆袭取道家的宇宙本体概念“元气”作为天地万物的产生根源，并且依据道家的宇宙生成论描述元气分为阴阳、再演生天地万物的宇宙生成图式。就现存唯一较为完整的纬书《易纬》来看，其宇宙本体论和宇宙生成论的阐发受道家影响十分明显。它除了将道家的宇宙本体概念“道”改成了“易”之外，对“易”的特性的描述文字有许多都直接套用道家论“道”的文字，对“易”生成万物的描述也与道家对“道生万物”的描述没有多大差别。据其可知，纬书关于自然科学的阐论，基本上是效法《春秋繁露》而援引道家之说的改头换面。但是，纬书之作的目的不在于阐扬道家哲学，而是将之纳入神学体系，故纬书在援引道家思想资料阐发自然之天的基础上，进而编造出由天神主宰万事万物的庞大宇宙系统。《易纬》就在援引道家之说的同时又“因附会以神其说”，描绘出神秘的气现八卦而为体、太乙九宫主天地的宇宙结构和运作模式。

“春秋公羊学”在西汉中期虽然独尊尤盛，但五经博士并立、诸家之学也昌，且诸家又师徒相承、固守家法而分为不同派别。诸家各派儒生以说经为求取名利的手段，对经书详密阐说以显其才能，故说经者日众。经说越详密，异说也越纠繁。诸家各派为争夺地位，不仅竞相迎奉统治者意欲以曲解经义，而且相互攻讦、党同伐异，致使经学内部矛盾重重。统治者为其政治需要或因其个人好恶，又时而换取一家一派之说并表示偏爱和予以扶植，则扩大和激化了经学内部的矛盾。经学内部的激烈斗争，导致不能形成贯通五经大义的统一经学作为西汉王朝统一的官方思想。思想的不统一，势必影响到王朝的政治统一。汉宣帝于是出面干预，在甘露三年（前 51）召开“石渠阁会议”，让诸家各派讲论五经异同，促其求同存异以统一经学，然后由宣帝亲自裁决以确立统一的官方思想。经过这次会议，经学诸家各派形成了一些共同的结论，宣帝评定后将之作为法典教条推行全国。为了平衡诸家各派和表彰经学，宣帝在会议前后又将武帝设置的五经七家博士增立为五经十二家博士。这次会议，标志着汉朝从武帝开始而建立适应封建大一统王朝的专制统治需要的统一思想的努力取得了重大进展，也标志着儒家经学发展到了一个新的阶段。由此，具有绝对政治权威的帝王成了裁决经学争鸣的绝对权威，经学因政、教合一而更为显贵，经学也因政治统帅学术而进一步丧失了其思想上的独立性和生命力，进一步成为政治的附庸和帝王文饰政治的工具。宣帝以后，大臣更是非经学之士莫属，但以“儒宗居宰相位”者，“皆持禄保位，被阿谀之讥”。[①]

今文经学盛行之时，一些散佚于民间、秘藏于宅壁或收存于宫府的先秦古本儒经也重新面世。一些儒生认为这些以先秦“古籀文字”写成的经书要比口传笔录的今文经书更加真实可靠，于是研习“古文经书”，并且影响日大。厌恶妖妄的今文经学的刘歆，在哀帝时倡立古文经学博士，但遭到垄断官学的今文经学博士们的群起反对。后来，平帝即位，王莽擅权。为了利用古文经学作为其改制篡汉的理论工具，王莽采纳刘歆的建议，增置古文经学博士。古文经学在王莽新朝的扶植下大盛，成为与今文经学分庭抗礼且占了上风的经学派别。

西汉末年，社会矛盾激化、刘家王朝的飘摇乃至王莽篡汉的作为，使得一些儒生在现实的冲击下有所觉醒。他们在寻求挽救危机的方略时，越来越清楚地认识到，流于僵化、妖妄的今文经学不仅丧失了维护和巩固封建统治的价值和功能，而且成为致乱因素，于是厌弃今文经学而转

① 见《汉书·匡张孔马传》。

求诸子之学，对盛极汉初、影响深巨的道家学说更为钟情，或弃儒归道，或进一步援道入儒以改良儒学。古文经学，正是在这一历史文化背景下兴盛的。

倡扬古文经学的刘歆，是西汉后期著名今文经学家刘向之子。刘向（约前77—前6），沛（今江苏沛县）人，汉皇族楚元王交四世孙，历官宣、元、成三朝。他仰慕屈原，“追念屈原忠信之节”而作《九叹》，又“点校经书”而整理裒辑成《楚辞》一书。他专精于《谷梁春秋》，却又广览群书，不拘一经，“博物洽闻，通达古今”[①]，成为当时的博学鸿儒。他并不因尊儒而贬道，相反对道家学说十分看重，并且对楚国历史文化十分熟悉和重视。他校阅群书而撰成的《别录》，就对道家的学说和著作予以肯定，认为“道家者，秉要执本，清虚无为，及其治身接物，务崇不兢，合于六经”[②]。他借叙录先秦至汉代史事以表达政见的《新序》《说苑》两书，当作于王朝衰落、外戚专政、神学化经学开始泛滥的成帝时代。两书中大量叙录楚国史事，对楚国明君贤臣奉行先德后威、文武并用、重法慎刑、施仁行义的王道文化表示了由衷的赞扬。他通过叙史实、发议论而表达的政治主张，基本上就是道家黄老思想。《说苑》首篇《君道》，开宗明义地借师旷答晋平公问之语说明：“人君之道，清净无为，务在博爱，趋在任贤。”又借尹文答齐宣王问之语说明：“人君之事，无为而能容下。夫事寡易从，法省易因，故民不以政获罪也。”还借周成王之口说明：“文武俱行，威德乃成；既成威德，民亲以服。”他明确主张清政省刑、轻徭薄赋、去奢尚俭、尊贤下士、贵德崇义、敬慎所为、因时成事、顺民以治，强调“治国之道，爱民而已”[③]，推崇“先德教而后刑罚”的“王者之政”[④]。《说苑》还多处叙录老子言行，其中的一些议论文字也明显是依据道家之说的阐发。尽管刘向在书中大述

① 《汉书·楚元王传赞》。
② 刘向：《列子书录》。
③④ 刘向：《说苑·政理》。

孔子，使得其书蒙上了浓重的儒家色彩，但所叙许多孔子言论却于史无征，恐怕是刘向借孔子之口而立己说，是他对儒家思想的发挥。实际上，《新序》《说苑》所表达的思想，是糅合道、儒而成，显示出援据道家思想以改良儒学的意向，鲜明地表达了不同于甚至反对时兴的今文经学的观点。今文经学大倡神学迷信，两书却只言人事、不称鬼神。在《说苑·臣术》中，刘向引《王制》所谓“假于鬼神、时日、卜筮，以疑于众者，杀也”之语，表达了对神学以妖妄之言惑众的愤慨。他又明确告诫统治者：“信鬼神者失谋，信日者失时。何以知其然？夫贤圣周知，能不时日而事利。敬法令，贵功劳，不卜筮而身吉；谨仁义，顺道理，不祷祠而福。”[①]这种不信鬼神的思想，当是受道家无神论影响所致。今文经学“屈民而伸君，屈君而伸天”[②]以神化天、神化君，他却针锋相对地借管仲之口强调“所谓天者，非谓苍苍莽莽之天也。君人者，以百姓为天”[③]，既否定了神灵之天，又申论了以民为本的黄老思想。刘向也“推阴阳灾异”，并作有“集合上古以来历春秋六国至秦汉符瑞灾异之记，推迹行事，连传祸福，著其占验，比类相从，各有条目，凡十一篇”[④]的《洪范五行传论》。但这并非表明刘向倡扬神学，而是因为统治阶级迷信神学，以灾异论时政成了社会风尚，刘向为了敦促成帝罢斥专权乱国的外戚王凤兄弟，不得不顺从时潮而以此方式进行政治斗争。班固明确指出：刘向是“为凤兄弟起此论也”[⑤]。

刘向的思想，自然对其子刘歆影响至深。刘歆（？—23），少通《诗》《书》，长成后与父亲同治《易》，本亦为今文经学家。成帝时，“受诏与父向领校秘书，讲六艺传记，诸子、诗赋、数术、方技，无所不究”[⑥]。其思想当在这个时期受其父直接影响而发生巨变，并且变得比其父更为

① 刘向：《说苑·反质》。
② 董仲舒：《春秋繁露·玉杯》。
③ 刘向：《说苑·建本》。
④⑤ 《汉书·刘向传》。
⑥ 《汉书·刘歆传》。

激进。在秘府校书时，他发现了古文《春秋左氏传》，大为喜好，乃打破当时治《左传》唯重训诂的传统，“引传文以解经，转相发明，由是章句义理备焉”[1]，也因此成了古文经学派的盟主。他认为《左传》作者与孔子同时，又与孔子好恶相同，故《左传》比晚出的《公羊传》《谷梁传》更具权威性，于是据此看法数次诘难治《谷梁传》的刘向。刘向无言反驳，虽然坚持素来服膺的《谷梁传》义理，却也默认刘歆的意见。哀帝时，刘歆公开倡立古文经学博士。哀帝命刘歆与今文五经博士讲论经义，“诸博士或不肯置对”[2]。刘歆激愤地“移书太常博士”，对今文经学派痛加挞伐，指责其“专己守残，党同门，妒道真……以陷于文吏之议”[3]而阻碍了经学的健康发展。这场由刘歆发动的经学两派的斗争，虽从表面上看是古文经学派立博士未成而失败了，但揭露了今文经学派的流弊，击中了其痛处而给予了其很大打击。“是时名儒光禄大夫龚胜以歆移书上疏深自罪责，愿乞骸骨罢。”[4]而古文经学派也因此振奋，大壮声势。不久，把持朝政的王莽为了篡夺刘氏政权和复古改制，发现古文经学的重要经典《周官》所讲的周公摄政的史实和周公制订的典章制度，适合其政治需要，于是扶植古文经学而设置了古文经学博士。王莽篡汉之后，任命刘歆为新朝国师。刘歆借助皇权力量推行古文经学，力图纠正今文经学的谬误，建立统一异说的正统儒学。古文经学派于是压倒了今文经学派。以刘歆为代表的古文经学派与今文经学派的区别，表面上看来是前者重训诂而后者重义理，实际上其根本点在于：前者抱着与道家一样的“天道自然”观看待儒经，以与道家相同的无神论为哲学基础治经，将经学主要作为学术来研究，故反对神学迷信，讲求实学，注重训诂字句名物；后者以有神论为哲学基础治经，将经学主要作为政治工具来运用，故大兴神学迷信，无忌虚妄荒诞，着重阐发“微言大义”。刘歆承父业而总校群书所撰成的《七略》，就一反今文经学派之见而未将儒经视为万世不易的圣典，而是将之与道家等诸子著作并列，一同看

①②③④《汉书·刘歆传》。

作上古文献，并认为诸子九家与儒家可以互补，“其言虽殊，辟犹水火，相灭亦相生也。仁之与义，敬之与和，相反而皆相成也”[1]。这一见解，可谓是对道家思想的运用和发挥。他倡导的古文经学，将被今文经学神化为受命素王的孔子从天国拉回人间，恢复了其作为人间先师和学者的真实面目，并痛斥纬书的妖妄。

在刘向父子援据道家、吸纳诸子学说作匡正儒学的努力时，另一位博学鸿儒扬雄呼应其声而作了更有意义的尝试。他的理论探索，对儒学的改良和发展作出了积极贡献。

扬雄（前 53—18），蜀郡成都（今属四川）人，“少而好学，不为章句，训诂通而已”[2]，对今文经学的学风颇为反感，却尤其爱好楚文化，推崇屈原楚辞并多有拟作，又深重老子思想而拜专授《老子》的严君平为师，历官成、哀、平三朝及王莽新朝。他因作有歌颂王莽新朝的《剧秦美新》，为后人讥讽。不过，这只是由于王莽初以挽救封建王朝危机的改革家形象出现，几乎为统治阶级众望所归，故他与好友刘歆等许多学士都拥戴王莽。实际上，他在莽新时期并不趋炎附势，始终清贫自守、好古乐道。早年，他酷爱辞赋而专心于辞赋创作，并成为名重一代的赋家。后来，他深感“侈丽闳衍”的辞赋“没其风谕之义”而无补于世，晚年致力于学术研究，作《太玄》《法言》以改良儒学。

至西汉末年，儒学被尊奉为统治思想已有百余年，作为身在朝中的扬雄，受儒学影响和阶级局限也崇儒扬儒，并且认为“经莫大于《易》……传莫大于《论语》”[3]。可是，他痛惜儒学流于支离烦琐和荒诞妖妄而背离孔子学说精神的变质和堕落，批判当时的儒学是袭孔学之皮而无孔学之实的“羊质虎皮”，于是立志效法《易经》而作《太玄》、效法《论语》而作《法言》。汉儒将《易》和《论语》视为非圣人莫能为之的经典，而扬雄却要作当世经典，表现出破除迷信的高度理性精神和匡正经

---

① 《汉书·艺文志》。
②③ 《汉书·扬雄传》。

学的充分自信。他坦言“老子之言道德，吾有取焉耳”[①]，而且称扬庄子、屈原及汉代道家人物严遵，甚至将老子与孔子并列。他改良儒学的方式，主要就是援道补儒、据道正儒、融道新儒。在《太玄》里，他描述了一个以“玄”为宇宙本体的宇宙生成和构造图式，其形式虽然是模仿《易经》而成，其思想却因承道家而来。“玄”作为宇宙本体的概念，就是援据《老子》谓“道”“玄之又玄”之说。“玄”“摛措阴阳而发气，一判一合，天地备矣”[②]这种宇宙生成论，也基本上是对道家宇宙生成论的申述。扬雄对宇宙生成过程的阐说，剔除了今文经学所述的神学成分，申述了西汉前期道家的基本见解。以道家的无神论宇宙观为基础，他否定了神灵的存在和作用，强调治国在于人立政而不在于天符命。同时，他认为“夫作者，贵其有循而体自然也”[③]，指出“夫道有因有循，有革有化。因而循之，与道神之；革而化之，与时宜之”[④]，又重视验证以求实去妄，对道家的“道法自然”“应物变化”“参验考实”及辩证法等思想都有所发挥。不过，扬雄在《太玄》里精心建构的思想体系，虽然将道家哲学与儒家的纲常名教思想糅合在一起而颇有因革之成，却因过于模仿《易经》形式以描述宇宙生成和结构图式而又不联系现实，故显得庞大呆板，让一般人难以理解。倒是《法言》因立足现实，且言简意赅地表达出富有革命性和创造性的思想，故影响巨大。扬雄死后未久，“其《法言》大行，而《玄》终不显”[⑤]。扬雄“本于太极、两仪、三才、四时、五行而归于道德仁义礼”[⑥]的改良儒学的勇气和作为，大大激励了同时的桓谭和稍后的王充等人。他们高度称赞扬雄，并且以他为榜样进而振扬道家思想、批判神学迷信。

王莽初以挽救社会危机、维护封建制度的改革家形象活跃在西汉末

① 扬雄：《法言·问道》。
② 扬雄：《太玄·摛》。
③④ 扬雄：《太玄·莹》。
⑤ 《汉书·扬雄传》。
⑥ 司马光：《太玄集注·说玄》。

年的政治舞台上，一时颇得人心，加之有王氏外戚“九侯五大司马”的传统势力作为基础，也轻而易举就篡权代汉了。可是，王莽复古改制需要利用古文经学，他篡权代汉却需要利用今文经学的谶纬符命之说以证明其建立新朝的合法性，故王莽新朝时期，古文经学虽然昌盛，但今文经学及其极端发展的谶纬神学也得到了王莽的扶植而与古文经学并行。王莽也企图统一三派以使经学更好地为其政治服务，但王莽的分别利用和同予扶植扩大了三派矛盾。流于烦琐考证而脱离现实的古文经学、僵化堕落的今文经学及荒谬妖妄的谶纬神学，非但不能解决当时尖锐激化的社会矛盾，反而为各种人物、各派势力恣意利用而促成社会大乱。以“经”为据、依“经”而为的王莽，最终搅乱天下，引火烧身，灭亡于农民起义的烈火之中。

东汉光武帝刘秀（前 6—57），虽是汉高祖苗裔，实为故楚之地南阳蔡阳（今湖北枣阳西南）的一介凡儒。他依靠农民起义的胜利登基后，为了巩固自己的地位和强化专制统治，即“宣布图谶于天下”，同时扶植古、今文经学，像王莽一样分别利用。明帝、章帝踵武倡扬，经学三派均有发展，互争不让。东汉王朝的政权稳固之后，统治者也越来越清楚地认识到，经学内部的矛盾，导致了思想上一片混乱，对统一的封建统治秩序产生了破坏性的影响。章帝于是仿效西汉宣帝而召开“白虎观会议”以统一经学、确立统一的统治思想。建初四年（79），东汉经学大师们遵奉诏令，在章帝的亲自主持下，进行了数月之久的“共正经义”的讨论，终于在“君臣之通义”“父子之纲纪”的基础上达成共识。会后，班固等奉命将会议内容整理成《白虎通义》一书，系统化地阐发了以“天人感应”神学为核心、以纲常名教思想为基础的儒家思想，作为钦定的法典。于是，从汉武帝尊奉董仲舒的“公羊学”开始，经“石渠阁会议”至“白虎观会议”，两汉王朝终于使儒家经学综合各家各派观点而实现了作为官方哲学的统一，也完成了确立儒学作为统治思想的漫长过程。然而，儒学由帝王裁决后钦定为永恒的真理和绝对的教条，在皇权强制下人为地消除其思想上的分歧和斗争，也就丧失了生命的活力，也就越来越脱离发展的社会现实而陷入荒谬愚妄的绝境。

经过数十年的恢复发展，东汉王朝在章帝时代（76—88）达到极盛；经过两百多年的尊尚激扬，汉代儒学也在章帝时期达到极盛。可是，盛极必衰虽说是事物发展的辩证法，东汉王朝和汉代儒学的衰落却是那样陡然，刚达到荣盛的顶点便跌落千丈。东汉后期，王朝因外戚和宦官的交相擅权而急剧衰败，作为官方哲学的神学化儒学也因荒谬僵化而一蹶不振。至安帝、顺帝时期（107—144），社会已是“章句渐疏，而多以浮华相尚，儒者之风盖衰矣”[①]。

神学化儒学不能挽救日益深重的社会危机，焦头烂额的统治者无心也无力振兴儒学，政治的险恶又使得许多儒生脱离政治而沉浸学术，儒学便逐渐从官府回到民间、从政治工具还原为学术流派。黑暗社会现实的巨大震动和桓谭、王充等人依据道家对神学化儒学的致命批判，则促发了人们的理性觉醒。于是，儒生纷纷厌弃今文经学而发扬古文经学学风以治经和对经学作学术总结，同时又转向道家以寻求疗救危世、避祸全生和匡正儒学的良方。

官学衰弱、私学昌兴，是东汉后期十分突出的社会现象。许多儒生愤世嫉俗，对统治者借所谓“党锢事件”残酷迫害忠贞正直的儒生深为不满，对江河日下、无可救药的王朝深感失望，于是隐居授徒、闭门著书。他们私下授徒著书的活动，使得儒学脱离官府和皇权。他们不受皇权干预、不直接为政治服务的学术性经学研究，也使其能够解放思想、不拘门户、务实求真。东汉统治者以神学化儒学为精神支柱，始终只立今文经学博士而不立古文经学博士，但恶性发展而陷入绝境的今文经学，经王充作摧陷廓清的理论批判之后，在社会上已是名荣学亡。东汉后期的经学大师，几乎都是古文经学家。遍注古文经书而将古文经学发展成熟的通儒马融（79—166），私授的生徒就常有千余人。他发扬古文经学派尊重道家的传统，既注解群经，又注解了《老子》和《淮南子》。他曾

① 《后汉书·儒林列传》。

为南郡太守，受道家思想影响颇深，行止也不拘儒家礼教，对魏晋清谈名士破弃礼教世风的形成有所影响。出于其门下的卢植（？—192），少“好研精而不守章句”[1]，从马融学成之后，即“阖门教授”，传扬古文经学，并上书朝廷倡立古文经学博士。后官任庐江太守时，他“务存清静，弘大体而已”[2]，颇袭道家黄老之风。卢植的弟子高诱，更因喜好道家而研深覃精地注解了《吕氏春秋》和《淮南子》。他所注的儒家经书皆亡佚，所注这两部道家著作却因深解其旨而为后人推重、流传至今。马融门下“升堂进者”、即学有成就的弟子中，出于蓝且胜于蓝的则是郑玄。

郑玄（127—200），字康成，师事马融而尽得其学。归乡之后，躬耕授徒。遭党锢之祸，“遂隐修经业，杜门不出”[3]。曾著文驳难今文经学家何休（129—182），令何休浩叹：“康成入吾室，操吾矛，以伐我乎！”[4]他继承师道而大有发展，不仅较马融更为全面地注解经书，而且在精研古文经学的基础上，援据道家学说、兼采今文经学的见解以阐发经义、考定是非、总结经学，因而“义据通深”，集经学之大成。《易》是儒经中最富有哲学意味的典籍，对道家学说的创立影响甚大，《易》在战国楚地的上层社会已经广泛流行，在西汉故楚之地的上层社会更是广为普及。1994年在香港面世而后被上海博物馆收藏的一批战国楚简文献（简称“上博楚简”）中，就有《易》。2006年在香港面世而后被清华大学收藏的一批战国楚简文献（简称“清华楚简”）中的《筮法》《别卦》，也与《易》有联系。长沙马王堆汉墓出土帛书中有《易》，阜阳西汉汝阴侯墓出土简书中有《易》，南昌西汉海昏侯墓出土简书中也有《易》。“易学”在先秦也一直在道家思想影响下发展。马王堆汉墓出土的帛书《易传·系辞》，当是抄录的先秦古书，明显反映出与道家思想的通洽关系，故被许多学着认为属于道家系统。[5]儒学在汉代兴盛并取得独尊

①② 《后汉书·卢植列传》。

③④ 《后汉书·郑玄列传》。

⑤ 参见陈鼓应主编《道家文化研究》第三辑收录的有关文章，上海古籍出版社1993年版。

地位后，汉儒治《易》，自然也将“易学”纳入儒学系统，并据儒家学说阐发义理而予以神学化。扬雄作匡正儒学的尝试，正是发扬先秦“易学”传统而“观大《易》之损益兮，览老氏之倚伏”[①]以作《太玄》的。郑玄承其绪而振其风，直接以《老》解《易》，援据《老子》的自然主义无神论宇宙观阐发《易经》义理，不仅深化了“易学”，也否定了汉代儒家的“易学”。他“括囊大典，网罗众家，删裁繁芜，刊改漏失”[②]的经学总结，卓然自成一家而创立“郑学”。“郑学”的确立，推翻了在汉代长期占据统治地位的神学化儒学，结束了今、古文经学之争，使陷入荒谬僵化绝境的儒学通过援据道家和自我扬弃的革新又别开生面。“郑学”一出，天下儒生十分推崇，并纷纷效法郑玄而兼修《易》《老》，并重儒、道。这种学术新风尚，为糅合儒道、以道统儒的魏晋玄学的兴起作了铺垫。

汉末的政治腐败和社会动乱，使得许多有心匡时济世又仕途受阻、无能为力的儒生们“志意蕴愤”，于是抗言论政、针砭时弊，其言其见汇成一股强劲的社会思潮。这些在野儒生认识到作为官方哲学的神学化儒学的弊害，便冲破其束缚而援据道家学说作为批判现实的理论武器，发扬王充以道家无神论为基础而痛“疾虚妄”的传统，对社会黑暗作了大胆的揭露和激烈的抨击，并申述黄老之学的政治主张作为救世良方。汉末社会批判思潮的代表人物是王符、崔寔和仲长统。王符（约85—162）作《潜夫论》“以讥当时失得”[③]，就专门申论了“道之为物”的宇宙生成论，并据此着重强调“人事”。崔寔（？—约170）作《政论》，主张以“刑德并用”的政治原则来挽救社会危机。仲长统（180—220）作《昌言》，则据无神论思想提出“人事为本，天道为末”的命题。他们专注于社会政治问题而无暇进行深入的哲学研究，故其哲学思想显得

① 扬雄：《太玄赋》。
② 《后汉书·郑玄列传》。
③ 《后汉书·王符列传》。

零碎粗疏，与其崇尚的纲常名教思想也未能较好地糅合。不过，其援据道家学说批判现实所提出的诸如本末、名实等哲学问题，却成了魏晋玄学深入探讨的问题。

社会浊乱之时、学风败坏之际，汉儒大都自发地或自觉地倾向道家。习儒修道，明儒援道，甚至外儒内道、出儒入道，自东汉中期以后伴随着王朝和神学化儒学的衰落而渐成社会风尚。名儒杨厚（72—153），被顺帝奉为神明，却“修黄老，教授门生，上名录者三千余人”[①]。通典明经的郎顗，上书论政时常称引《老子》之说。“通五经，贯六艺”的张衡（78—139），作《思玄赋》《归田赋》“感老氏之遗诫”。至汉末，这一风尚更为普遍。“孔子问礼于老聃”、“孔子师事老子”成了社会上流行的佳话，儒生予以认可并且引以为荣。在山东嘉祥东汉武氏祠石刻中占有突出地位的“孔子见老子”故事，典型地反映了汉末的这一风尚。道家的理论成果和精神力量，成了汉代文人拨乱反正的武器和扶危度艰的支柱；道家的博大体系和精深思想，成了汉代学士清心明智的源泉和革故鼎新的基石。当社会发展至天下大动荡、思想大解放的魏晋时期，经久而愈烈的好道尚道之风，便催生出“祖述老庄”的道家哲学新形态——玄学。

董卓乱京华、群雄争中原之际，南方故楚之地荆州一度成了政局安定、经济繁荣的避乱乐土。好儒尚学的荆州牧刘表广为延揽学士，以至于“关西、兖、豫学士归者，盖有千数”[②]。刘表建学校、置学官、收集图书，又主持“改定五经章句”，一时间“洪生巨儒，朝夕讲诲，闾闾如也”[③]，使得荆州（治今湖北襄阳）成了汉末的天下学术文化中心。会聚于荆州的洪生巨儒中，以故楚之地南阳（今属河南）人宋忠（一作衷）最为著称。他可能是受刘表委托“撰立五经章句，谓之后定”的具

① 《后汉书·杨厚列传》。
② 《后汉书·刘表列传》。
③ 蔡邕：《刘镇南碑》，《蔡中郎集》卷六。

体组织者，也是其成果《五经章句后定》一书的主要撰写者。地域文化传统的影响和古文经学的流行，使得当时的荆州学人尤为尊重道家学说和致力弘扬古文经学。宋忠就是当时的古文经学大师，不仅研习和定正五经，而且专精《周易》和《太玄》。扬雄《太玄》在东汉一直湮沉未彰、不为人重，汉末之前唯有心仪道家的南阳人张衡推崇它“乃与五经相拟，非徒传记之属”。[①] 宋忠既像其他古文经学家一样重视“易学”而作《周易注》，又因承乡贤张衡之见进而作《太玄经注》，其意在于阐扬道家哲学以定正儒学。以宋忠为代表的荆州学人依傍道家以弘扬古文经学，形成了较北方“郑学”的道家色彩更为浓重的“荆州学派”。刘表治理荆州不过 19 年（190—208），“荆州学派”的存在也很短暂。刘表死后，三国争夺荆州，“荆州荒残，人物殚尽”。尽管如此，荆州学人的著作却北传洛京、东流吴会而西行益州，荆州学派的影响播及四方。尤其是三国学人受宋忠影响也争注《太玄》，以至于《太玄》大显于世并助长玄风兴起。

第五节　道家思想在西汉中期至东汉的传扬

道家黄老之学虽因汉武帝罢黜而转衰，但由于其在思想上、政治上影响太大，武帝没有也无法听从董仲舒的建议而“绝其道，勿使并进，邪辟之说灭息”[②]。黄老之学的经典在西汉中晚期依然流行于世，受到学人重视而得以整理和研究。黄老之学的一些政治主张依然作为政治原则而被武帝及其后继者奉行，黄老之学的理论精华和思维方法则被包括董仲舒在内的西汉中期至东汉的学者吸取或因袭。

西汉中期以后，由显而隐的黄老之学，在不断的传承过程中逐

① 见《后汉书·张衡列传》。
② 董仲舒：《举贤良对策》。

渐衍变，因被学者运用为批判和矫正神学化儒学的思想武器而得以振扬。

一、道学流衍与“盐铁会议”

武帝时代，信奉黄老之学的学者及名臣大有人在。除淮南王刘安君臣及司马谈、司马迁父子之外，还有位列九卿而“学黄老之言，治官理民好清静”[①]的汲黯、被武帝喻为“千里驹”而“修黄老术”的刘德[②]、“学黄老之术”的杨王孙等。武帝信用儒生，“延文学儒者以百数，而公孙弘以治《春秋》为丞相封侯，天下学士靡然乡（向）风矣”[③]，但实际采用的统治措施则是黄老之学倡导而为董仲舒发挥的“刑德并用”，即“外施仁义”而内用法治。武帝重用的儒生，大都是满口儒术却深谙刑法者。公孙弘，就是因“习文法吏事，缘饰以儒术”而得到武帝赏识的。[④]廷尉张汤实为酷吏，却因投武帝所好而判案时附会经书古义，深得武帝信任。武帝依据董仲舒提供的“天子受命于天”、“刑者君之所以罚也”的理论，“务在深文”地增订律令，政治上非但没有尚德省刑，反而是法网密织。故有学者认为：“法家思想是武帝时期政策的实际指导思想。”[⑤]准确地说，武帝的统治政策是“黄老政治”的因承和转变，即因承了刑德并用而变外法内道、先德后刑为外儒内法、以德饰刑。武帝尊儒术而用儒生，是因为儒术经董仲舒改造后成了为皇权服务的理论工具，儒生多有奉承帝王而文饰帝业的阿谀之徒。公孙弘在武帝面前从来是“奏事，有所不可，不肯庭辩”，本与公卿约议所奏之事，但“至上前，皆背其约以顺上指”。[⑥]班固针对西汉后期儒生当政状况而深发感慨：

---

① 《史记·汲黯列传》。

② 见《汉书·楚元王传》。

③ 《汉书·儒林传》。

④⑥ 见《汉书·公孙弘传》。

⑤ 金春峰：《汉代思想史》，中国社会科学出版社1987年版，第293页。

> 自孝武兴学，公孙弘以儒相，其后蔡义、韦贤、玄成、匡衡、张禹、翟方进、孔光、平当、马宫及当子晏，咸以儒宗居宰相位，服儒衣冠，传先王语，其酝藉可也，然皆持禄保位，被阿谀之讥。彼以古人之迹见绳，乌能胜其任乎！[①]

阿谀奉承的儒生充斥朝廷，忠贞耿直的黄老学士断绝了仕进之途，帝王自然就更能擅断欲为，也更易利令智昏了。武帝尊儒术而纵容官吏以儒经的“微言大义”断案，以致有法不依而断案随意，法治实际上被人治取代。如此，政治怎么不败坏、社会又怎会不动乱？武帝末年，强盛的汉帝国就因武帝“穷奢极欲，繁刑重敛，内侈宫室，外事四夷，信惑神怪，巡游无度”这些“其所以异于秦始皇者无几矣”的作为，“使百姓疲敝，起为盗贼”。[②] 武帝诚然也不失为一代英主，晚年深悔自己的多欲之为和荒唐之举给帝国和百姓造成的灾难，乃思慕文景之世的黄老政治，下“轮台罪己诏”强调“当今务在禁苛暴，止擅赋，力本农”，并且封丞相车千秋为富民侯“以明休息，思富养民也”。[③]

昭帝8岁继位，“承孝武奢侈余敝师旅之后，海内虚耗，户口减半”[④]。顾命辅政的霍光“知时务之要，轻徭薄赋，与民休息”[⑤]，致力推行武帝在“轮台罪己诏”中提出的政策。宣帝继位后，又进而重用循吏以宽政省刑、安抚百姓、发展生产。昭宣时期（前86—前49）的近40年里，西汉王朝的政治在很大程度上又回归到汉初的“黄老政治”。其时的统治者对黄老之学的政治主张也有了更深刻的认识，否定了儒家“纯用德教”的迂腐之说，明确地将黄老之学倡导的“刑德并用”视为汉王朝既定不变的制度。宣帝太子“柔仁好儒”，认为宣帝“持刑太深”，劝说宣帝“宜用儒生”，“宣帝作色曰：‘汉家自有制度，本以霸王道杂之，

① 《汉书·匡张孔马传赞》。
② 见《资治通鉴》卷二十二。
③ 见《汉书·西域传》。
④⑤ 《汉书·昭帝纪》。

奈何纯任德教、用周政乎！且俗儒不达时宜，好是古非今，使人眩于名实，不知所守，何足委任！’”①正由于昭宣时期实际上主要奉行随时宜、应物变、刑德并用、与民休息的黄老政治，社会生产也迅速得以恢复并有着较大发展，以致“天下殷富，百姓康乐”，史称“昭宣中兴”。

昭宣时期一改武帝时代的好大喜功、多欲有为政治，意味着政治指导思想的重大变化。统治者虽然没有标榜黄老之学，但道家精神则随着休养生息政策的重新推行而被振扬。这明显地反映在昭帝始元六年（前81）朝廷召开的“盐铁会议”上。

面临当时的社会危机，昭帝君臣实行武帝“晚而改过”所提出的“以明休息”政策乃为大势所趋，但在如何具体推行这一政策的问题上却存在严重分歧，霍光于是召集各地贤良文学入朝讨论。会议围绕着盐铁酒类官营专卖政策，坚持这一政策的御史大夫桑弘羊与反对这一政策的儒生展开了激烈的辩论，广泛地涉及西汉王朝的内外政策、政治原则和学术思想。宣帝时代，桓宽奉命将会议内容整理成《盐铁论》一书。

盐铁酒类官营专卖及相关的“均输”“平准”政策，是桑弘羊（前152—前80）在武帝时代倡议实施的。这些政策的推行，剥夺了富商大贾对重要商品的控制和对山海资源的垄断，稳定了物价和增加了政府的财政收入，但也随之带来了产品质量低劣、价格昂贵、不适所需等违背市场经济规律的通病和官商强买强卖、假公济私、欺民牟利等严重社会问题，因而损害了民众利益。霍光推行“与民休息”政策，显然倾向于取消这些社会意见甚大的政策，但遭到桑弘羊等朝臣的反对。他于是召开“盐铁会议”，意在借助儒生的舆论力量排除干扰、统一思想。在辩论中，儒生对武帝时代的内外政策作了全面批判，极力宣扬孔孟的政治主张；桑弘羊则一一驳斥，其观点的阐发在许多方面坚持了“道法自然”的态度，弘扬了道家的精神。

儒生指责盐铁酒类官营专卖及“均输”“平准”政策，是“与民争

① 《汉书·元帝纪》。

利”、使“百姓困乏”的祸国殃民政策，力主罢除。桑弘羊则申辩，武帝“建铁官以赡农用，开均输以足民财”，不宜罢之。[1]同时，桑弘羊承认伴随这些政策的推行所产生的弊病，但认为弊病的出现并非政策本身不好，而是吏治不清、官风不正，主张“今自广进贤之途，使择守尉，不待去盐铁而安民也”[2]。儒生的抨击，实际上表达的是被剥夺了资源占有权和贸易垄断权的富豪们的不满。桑弘羊一针见血地指出，“浮食豪民好欲擅山海之货，以致富业，役利细民，故沮事议者众”[3]，并且强调盐铁之利可以“佐百姓之急”，可以富民强国。儒生引孔子语称：“王者行仁政，无敌于天下，恶用费哉？”[4]桑弘羊反驳说：“匈奴桀黠，擅恣入塞，犯厉中国，杀伐郡县”，侵害百姓，只有蓄利以充武备，费财以固边防，才能痛击来犯之敌，诛讨为患之族，有效地卫国安民。

重农抑商、贵义贱利，是儒家大力宣扬的传统思想，儒生予以发挥并攻击主张发展工商业的桑弘羊是“崇利而简义，高力而尚功”。桑弘羊引述《管子》和司马迁之语，说明趋利求富是人的本性；又引据先秦齐国通山海之货、兴工商之业而得以民富国强、礼盛义重的史实，说明兴文施教、崇礼尚义需要物质基础；进而强调《易》所谓“通其变，使民不倦”，农商工师各得所欲，“本末并进”方可“上下俱足”。其阐说因承了黄老之学关于“仓廪实而知礼节”、“述货殖则崇势利而羞贱贫”的朴素唯物史观，发挥了其“与时迁移，应物变化，立俗施事，无所不宜”[5]的哲学思想。儒生极力宣称“为富不仁，为仁不富”，将义与利、仁与富对立起来，以为安于贫贱则礼义可存、追求富贵则礼义必失，主张“崇礼义，退财利，复往古之道”，显然是绝对化的认识和静止的社会观，其实质是要人们牺牲对物质生活的追求、满足衣食足用的温饱以维持上古社会那种风俗淳朴、宗法秩序和社会安定。其主张客观上阻碍了社会

①④ 见《盐铁论·本议》。
②③ 《盐铁论·复古》。
⑤ 司马谈：《论六家之要指》。

物质文明的进步和发展，违背了社会发展规律。

因有对武帝“严法任刑”所造成的社会遗害的亲身感受，儒生猛烈批判“重刑峭法”的法治，大力颂扬孔孟的“德政”思想，主张尚德除刑，并引据和发挥董仲舒的阴阳刑德理论以作论证，称“同四时，合阴阳，尚德而除刑”①。桑弘羊针锋相对地强调法治的重要性，申论“令者，所以教民也；法者，所以督奸也。令严而民慎，法设而奸禁”②。其言其说，与《黄帝书》《淮南子》的论法之语和重法之见，相因相承又有过之。

面对儒生的攻击，桑弘羊对朝廷独尊的儒术表示了公开的蔑视。他因承道家自然主义的无神论批判了儒生宣扬的“天人感应”神学，严正地指出了其荒谬性；又因承道家疾伪尚真及黄老之学经世致用的传统，揭露了儒生的言行不一和华而不实：

> 文学言行虽有伯夷之廉，不及柳下惠之贞，不过高瞻下视，洁言污行，觞酒豆肉，迁延相让，辞小取大，鸡廉狼吞。赵绾、王臧之等，以儒术擢为上卿，而有奸利残忍之心。主父偃以口舌取大官，窃权重，斯给宗室，受诸侯之赂，卒皆诛死。……③
>
> 文学言治尚于唐、虞，言义高于秋天，有华言矣，未见其实也。……要在安国家，利人民，不苟文繁众辞而已。④

桑弘羊与儒生的争辩，反映出在新形势下道、儒互黜争胜的继续。双方如此激烈的当廷驳难，在“百家争鸣”的战国时期恐怕也罕见。不过，“独尊儒术”已是汉王朝的既定国策，桑弘羊不会直接称扬黄老之学，况且他非为学者而只是思想本于黄老而流于法家的官僚。儒生则以正统思想的代表自居而有恃无恐，数度以尖刻言辞、滔滔雄辩逼得桑大夫“默

---

① 《盐铁论·论灾》。
② 《盐铁论·刑德》。
③ 《盐铁论·褒贤》。
④ 《盐铁论·相刺》。

而不应”。可是，儒生在阐发其观点时，也较多地援引道家言论和发挥道家思想。如引述《老子》的“贫国若有余”之说，来论证其“崇本退末”主张；借用《庄子》描述的“南方有鸟，其名为鹓鸰……非练实不食，非醴泉不饮”的寓言故事，来表白儒生的高洁；根据老子那已被黄老之学扬弃的复古倒退的社会历史观，来宣扬小农自然经济社会“务本力耕”而“各安其居，乐其俗，甘其食，便其器”[①]的和乐安宁；还发挥道家的“无为”思想，来否定武帝时代的政策和鼓吹彻底的“与民休息”。尽管儒生称引道家言论和发挥道家思想是取其所需、为其所用，但这也说明援道入儒、因道变儒在西汉中期已成风气，说明道家思想在武帝“独尊儒术”之后依然影响深巨。

“盐铁会议”的讨论，远远不限于对具体经济政策的评价，实际上是对武帝时代乃至西汉前期的政治及其指导思想作了较为全面的审议，以求选择正确的政策来解决现实的社会危机，维护汉王朝的长久统治。儒生几乎全盘否定武帝时代的政策，主张实行彻底的“与民休息”，虽然是因民生疾苦、社会动荡而感发，也提出了一些有利于民生安乐、社会稳定的具体建议，但总的来说，其看法具有片面性、主观性、消极性和保守性，并不切合实际和适应社会发展需要。桑弘羊据黄老之学批儒扬道，反对复古倒退，强调适时应变，肯定西汉前期的基本政治原则，主张坚持并改进武帝时代推行的利国利民政策，虽然因其为武帝政策的参与制定者和忠实执行者而显得固执和偏颇，但总的来说，其意见要较儒生的看法全面、客观、积极和进步一些，也比较切合实际而符合社会发展规律和汉王朝的长远利益。会后，西汉政府除了废止酒类专卖之外，基本上仍旧实施盐铁官营及平准、均输政策，也仍旧奉行刑德并用的政治原则，只是适时应变地注重轻徭薄赋、慎刑禁暴，减少政府对社会生活的干预以“与民休息”。因此，西汉王朝在宣帝时代又民富国强，以

① 《盐铁论·通有》。

至于“信威北夷，单于慕义，稽首称藩”[①]。

二、《老子指归》与《老子河上公章句》

道家典籍在西汉早中期流行于世，文人学士研习道家典籍也对其作有整理。2009年，北京大学获赠入藏的一批西汉中期汉简（简称“北大汉简”）中，有墨书《老子》的完整和残断简共计280支。整理者介绍，北大汉简《老子》“现存5188字，另重文109字；推测原书应有5266字，另重文111字。……是目前保存最为完整的简帛《老子》古本。……保存了‘老子上经’和‘老子下经’的篇题。……保存了完整的篇章结构，为探讨古本《老子》分章问题提供了宝贵资料。……抄写远比帛书甲、乙本精审，基本不见衍文、漏字，错字也很少见，堪称当时的‘善本’”。[②]显然，在简背写上“老子上经”和“老子下经”作为篇题，表明《老子》在西汉早中期是被朝野奉为经典的。老子所著“言道德之意”的上下篇以作者为书名，进而被朝野尊奉为经典，始于汉景帝之世。《汉书·景十三王传》记载：“（河间）献王所得书皆古文先秦旧书，《周官》《尚书》《礼》《礼记》《孟子》《老子》之属，皆经传说记，七十子之徒所论。”（唐）释道宣《广弘明集》卷一引《吴书》记孙吴尚书令阚泽语：“至汉景帝，以《黄子》《老子》义体尤深，改子为经，始立道学，敕令朝野悉讽诵之。”不难想象，《老子》也自汉景帝时大行于世，好道的文士也因社会需求而热衷于抄录并精心整理《道德经》。“老子上经”和“老子下经”分别对应马王堆帛书《老子》前篇《德》和后篇《道》，却不同于帛书《老子》连续抄写且甲本稍有分章、乙本全不分章，而是明晰分为44章和33章，抄写也更加精审，表明其是在帛书《老子》文本基础上经过精心整理而成的当时“善本”。

① 《汉书·宣帝纪赞》。

② 韩巍：《北大汉简〈老子〉简介》，《文物》2011年第6期。参见北京大学出土文献研究所编《北京大学藏西汉竹书》（贰），上海古籍出版社2012年版。

由于儒学具有为专制皇权服务的作用，由于儒生多有苟合帝欲之人和文饰皇业之能，也由于儒生致力于兴文施教而使儒学影响巨大、并因此形成了一个儒化的士人阶层，故封建统治者尊儒学、用儒生乃势所必然。宣帝尽管鄙夷俗儒、反对“纯任德教，用周政”，奉行“霸王道杂之”，却又大力标举儒学、大量任用儒生，并且召开“石渠阁会议”以统一儒家经学、巩固儒学的独尊地位和确立统一的儒学为统治思想。于是，西汉晚期，儒学享有着思想文化上的绝对统治地位，道家之学自然隐而不显。不过，相对于神学化恶性发展的儒学，道家思想在理论上的科学性和深闳性更显突出。因此，其时不仅有援道正儒的硕儒刘向、刘歆父子和扬雄等，研习道家之学的学士也大有人在。道家之书不再用为治世经典，学士研习道家著作乃着重阐发其学术思想，而且尤为重视对道家奠基作《老子》的研究。据《汉书·艺文志》载录，西汉有“述老子学”的《老子傅氏经说》三十七篇、“传《老子》”的《老子徐氏经说》六篇、刘向《说老子》四篇等，可惜都已亡佚。世传的《老子指归》与《老子河上公章句》，则在一定程度上反映了道家思想在西汉后期至东汉的传扬情况。

《老子指归》（简称《指归》）今存13卷，前7卷注《德经》，后6卷注《道经》，是蜀郡人严遵（约前73—17）所著。严遵生活的西汉晚期，社会矛盾激化，统治集团内部斗争剧烈，谶纬神学泛滥。许多正直学士目睹政治黑暗而对仕途心灰意冷、感叹儒学堕落而对孔孟之道产生怀疑，于是隐遁民间唯求洁身全命、寄意道家以探人生真谛，由儒生转为道家学者的文士也日渐增多。据史籍记载，严遵就是一位通儒好道的隐士。因此，他所著的《指归》，难免不受当时儒学的影响。他不仅感染儒学“徒为章句”的风气而注重阐发《老子》义理，而且因袭儒学传统而对道家思想作了发挥，甚至还在《指归》中直接糅入了许多儒家的思想观念。

《指归》背离了以往道家学者阐发《老子》的宇宙本体论和宇宙生成论所循沿的“法自然”的思想路线，阐发“道”是非实在性的“虚无”，称“道”为“虚之虚者”“无之无者”，强调“道体虚无，而万物有形”，进而借助西汉道家学者阐述宇宙生成过程所用概念并吸取其观点，对《老子》的宇宙生成论加以发挥，强调宇宙生成过程的自然性和转化性，认为“天道自然无为”、“道德无为而天地成，天地不言而四时行，凡此二者，神明之符，自然之验也”，又说“万物之生也，皆元于虚，始于无”、“有生于无，实生于虚”。因此，《指归》提出了与西汉道家学者大异其趣而独具特色的宇宙生成说。其说尽管是对道家天道观的偏曲性解释和发挥，但较为具体细致，显示出作者哲学思维的精致程度和思辨能力较同代学者有所提高。它关于“道体虚无”和天道自然的阐发，直接影响到魏晋玄学的本体论思想的形成。前人称它“为道书之宗”[①]，当即指它为魏晋时期玄学化道家思潮兴起的源头。宋人晁说之指出：“王弼的《老子道德经》二卷，真得老子之学欤？盖严君平《指归》之流也。”[②]

严遵致力论述“道体虚无”、道性无为和天道自然，是为了给其“无为而治”的政治主张作哲学证明。《指归》所表达的政治思想，基本上是对黄老之学的申述和发挥，而且特别重视对其“无为而无不为”、“君无为而臣有为”思想的阐发。它主张“帝王之道，无事无为……前后左右，各有所任，因应以督，安其成功”、“明王圣主，无欲无求，不创不作，无为无事……反初归朴，海内自宁”。如此宣扬黄老政治思想，反映了当时学士对作为统治思想却不但无力解决社会危机、反而被乱臣利用而成为社会致乱因素的儒学的失望和否定，对“黄老政治”的缅怀和对黄老之学的信从。所以，《指归》在批判社会政治腐败的同时，也抨击了儒家宣扬的礼治，鄙薄了“诵诗书，修礼节”的朝臣。不过，它对儒家的纲常伦理思想则予以肯定。

身为隐君子的严遵，济世之念日淡而善身之思日浓，故颇为倾意于对养生怡神、保终性命之术的探讨，并且在《指归》中着力阐发。他认

① 《华阳国志》卷十。

② 见晁说之为王弼《老子注》所作之“记”。

为养生全命的最好方法就是“保精养神”，主张隐遁山野、远避尘嚣、不为物役以固守精神。他的养生论并不限于对保全肉体生命的探讨，而是依据《庄子》思想而深入到对精神愉悦方式的思考，显然是处于乱世而隐伏的学士为寻求精神慰藉所促发，也对重视阐发人的生存意义和生存方式的魏晋玄学颇有启示。

《老子河上公章句》（简称《章句》）四卷，前两卷为《道经》37 章，后两卷为《德经》44 章，是托名战国末年黄老学派宗师河上公的学者诠释《老子》本义、发挥老子思想的著作。以往学者多认为它非为汉人所作。今有学者详为考辨，认定它产生于西汉。[①] 目前，学者多认为它成书于东汉。它因循以往道家学者对老子的宇宙本体论和宇宙生成论的阐发，明确地将“道”释为“气”，认为“为天地本始”的“道”并非一无所有的“虚无”，“道唯窈冥无形，其中有精（精气）”，说明“道育养万物，精气如母之养子”、“今万物皆得道精气而生”。它处处以“气”释“道”，表明它的作者在宇宙观上标举自然的认识较以往的道家学者更为明确。在社会政治思想方面，它虽然本于老子而提倡清静无为、去奢尚俭，并且鄙薄礼义、疾恶伪饰，却尊崇君王，重视法治，主张先德后刑，维护现行的封建制度，甚至在肯定现实的立场上将老子复古倒退的“小国寡民”思想作了积极意义的解释，认为“小国寡民”的含义是“治大国犹以为小”，这些显然因承和发挥了黄老思想。另外，道家重视养身之道，《吕氏春秋》和《淮南子》等都有关于养生论的阐发。《章句》也申述了传统的道家养生论，但进而认为“人能养神则不死也”，显示出道家思想在发展过程中，受传统的神仙思想和儒学神学化影响而发生神学化、宗教化变异的先兆。

西汉末年，刘向校阅群书，对《老子》也予整理。刘歆《七略》述：

① 见金春峰《也谈〈老子河上公章句〉之时代及其与〈抱朴子〉之关系》，《中国哲学》第九辑，三联书店1983年版。

"刘向雠校中《老子》书二篇……定著二篇，八十一章。《上经》第一，三十七章。《下经》第二，四十四章。"[①]据此说可知，刘向雠校定著的《老子》，虽然分篇称名与北大汉简《老子》同，却将44章的《德》篇置于第二，将分章略增的《道》篇37章置于第一，确定传世通行本《老子》的文本面貌。论者谓，刘向整理《老子》而有此不同于马王堆帛书本和北大汉简本的篇序更换，是将经书还原为子书，依据的是《老子》思想体系"道"先"德"后的逻辑关系，体现汉武帝"罢黜百家"后"作为黄老学的核心经典，《老子》面临着不得不回归其子书身份的痛苦嬗变"。[②]

1973年在河北定县西汉中山怀王刘修墓出土简牍中，有《文子》的部分简文。[③]汉简《文子》的发现，不仅证实了传世典籍《文子》为先秦道家著作的真实性，也反映了《文子》在西汉晚期乃至东汉被视为黄老之学经典而流布于世的状况。东汉王充在《论衡·自然》中颂扬："老子、文子，似天地者。"

两汉之际，天下大乱使得许多文人痛感世事险恶而富贵如浮云，王莽篡汉又使得许多学士破灭了宣扬君臣礼义、纲常名教的儒学的信仰，他们于是纷纷像严遵那样愤世嫉俗而隐遁养生、厌弃儒学而信奉道家，故其时少好道家或由儒入道的文士甚多。《后汉书》中不仅随处可见对之的记载，还为好道的隐士专门列有《逸民列传》。其时社会上形成了一股研习道家学说、主要是老子思想的热潮。道家之学重又在民间昌兴起来，并且由"黄老"热转为"老学"热，由着眼于经世的研究转为着重于学术的研究，由综兼百家以入道的阐发转为深论本义以扬道的阐发。

---

① 〔南宋〕谢守灏《混元圣纪》引。
② 见丁四新《早期〈老子〉文本的演变、成型与定型——以出土简帛本为依据》，《中州学刊》2014年第10期。
③ 见定县汉墓竹简整理组《定县40号汉墓出土竹简简介》，《文物》1981年第8期。

三、桓谭与王充

东汉前期，谶纬神学泛滥成灾。“初，光武善谶，及显宗、肃宗因祖述焉。自中兴之后，儒者争学图纬，兼复附以妖言”[①]。章帝主持召开“白虎观会议”后，钦定《白虎通义》一书作为法典颁行全国，直接而明确为皇权服务的新儒学也彻底神学化而结束了其发展，神学化儒学的荒谬虚妄也暴露无遗。在谶纬神学甚嚣尘上之际，因承道家无神论思想的桓谭等人就对其作了猛烈批判；当章帝钦定了法典《白虎通义》之后，“依道家”的王充则愤“疾虚妄”而给予其以致命打击。

桓谭（约前20—56），沛国相（今安徽淮北相山）人，博学多才，虽“遍习五经”，却“皆训诂大义，不为章句”[②]，与当时“一经说至百余万言”的儒生迥然有别。他还“简易不修威仪，而憙（喜）非毁俗儒”[③]，俨然是貌儒实道的学者，故多遭时儒攻击。他经历两汉世变，深明治乱之道。他向光武帝刘秀上疏陈政事所宜，主张举贤授能、君臣相合，“视俗而施教，察失而立防，威德更兴，文武迭用”[④]，并引楚庄王、孙叔敖这对明君贤臣故事予以说明。他的政治思想，显然直承黄老之学；他的言论主张，显然受楚文化传统影响颇深。刘秀信谶，群儒兴谶以媚，他勇反潮流，直忤君意，上书揭露谶纬迷信的虚伪荒诞和蛊惑欺人说：“今诸巧慧小才伎数之人，增益图书，矫称谶记，以欺惑贪邪，诖误人主，焉可不抑远之哉！”[⑤]他并且指责刘秀：“欲听纳谶记，又何误也！”[⑥]后来，他又因极言谶纬的荒诞不经，触怒刘秀，几乎被杀。在批判谶纬迷信的同时，他也对流行于世的神仙方术给予了揭露，并站在“道法自然”的立场上，吸取当时的自然科学成果，说明了精神依赖形体而存在、形体决定精神这一客观事实。他自谓：“余少时学，好《离骚》，博观他

---

① 《后汉书·张衡列传》。

②③④⑤⑥ 《后汉书·桓谭列传》。

书，辄欲反学。”[①] 他一生的言行，则表现出犹同屈原求索真理的参验考实态度和坚持真理的九死不悔精神。由于他所著《新论》等著作已亡佚，仅据后人辑佚的残文自然难知他的思想全貌，尤其是对他的哲学思想无法确知，但他通晓天文，想必也深受道家天道观影响。否则，没有天道自然的哲学认识作基础，他恐怕也不会成为一位现今学者公认的“富有战斗精神的无神论者”。

如果说桓谭对谶纬神学和神仙方术的批判，犹似昏浊的思想界出现的一道闪电的话，那么，慕其所行、承其而为的王充对谶纬神学及神仙方术的全面、深刻的批判，就好比在当时昏浊的思想界炸响了一声惊雷。

王充（27—约97），字仲任，会稽上虞（今属浙江绍兴）人，出身于“细族孤门”。青年时代，他入京都洛阳，受业太学，师事有通儒之称的班彪。班彪是当年楚国名相子文的后裔。或许是尊先祖而禀楚风之故，又加上受两汉之际道家之学重又兴起的时风熏染，班氏家族中颇多虽习儒术却好道家的学子。自幼引导班彪游学的其堂兄班嗣，就“虽修儒学，然贵老、严（庄）之术”[②]。班彪之子班固，也虽然笃信孔孟之道，却“九流百家之言无不穷究，所学无常师，不为章句，举大义而已”[③]。在《两都赋》中，班固描绘的理想社会，竟有似于黄老之学宣扬的“至治之世”。王充投在班彪门下，自然受班氏学子影响颇大，故“好博览而不守章句”[④]，好论说而深求实理。他先后做过几年郡、县小吏，终因不趋流俗、勇于谏争而罢归乡居，一生基本上是以授徒著书为业。他继承了道家疾伪尚真的传统学风，“以为俗儒守文，多失其真”[⑤]，有感于统治者标榜的谶纬神学和流行的神仙方术大都是“虚妄之言”，乃推崇批判谶纬神学的扬雄和桓谭，称桓谭“又作《新论》，论世间事，辩照然否，虚妄之言，

① 朱谦之校辑：《新辑本桓谭新论·道赋》，中华书局2009年版，第51页。
② 《汉书·叙传》。
③ 《后汉书·班彪列传》。
④⑤ 《后汉书·王充列传》。

伪饰之辞，莫不证定”[①]。他明确以“悟迷惑之心，使知虚实之分”为己任，“闭门潜思”而“著《论衡》八十五篇，二十余万言”，以神学化儒学为主要批判对象而“订其真伪，辨其实虚”[②]。

在《论衡》中，王充毫不掩饰自己对道家始祖老子和黄老之学先师文子的仰慕之情，称“老子、文子，似天地者也”[③]。他说明自己用以批判神学化儒学虚妄奸伪的理论武器、赖以订真辨实的哲学基础，就是道家“天道自然”的宇宙观，表白自己是“依道家论之”[④]，肯定“黄老之家，论说天道，得其实矣”[⑤]，强调自己关于天道的阐论“虽违儒家之说，合黄老之义也”[⑥]。他申述道家思想说：“夫天道，自然也，无为。”[⑦]进而，他对“道生万物”作了“万物之生，皆禀元气”[⑧]的完整表述。他并不满足于以往道家学者的阐述，认为以往“道家论自然，不知引物事以验其言行，故自然之说未见信也”[⑨]，因而广泛吸取汉代自然科学的成果，以大量的事实作为论据，充分阐发其元气自然发生论，明确强调了宇宙本体的物质性和宇宙生成的自发性。他推崇黄老之学的集成之作《吕氏春秋》和《淮南子》，称“吕不韦、淮南王以他为过，不以书有非”[⑩]。王充的许多思想，也直接源自两书。可是，他阐发的宇宙观，则排除了两书中所含的有神论杂质，从而将道家宇宙观发展到一个新的高度。

以“天道自然”的宇宙观为哲学基础，王充对以“天人感应”说为核心的神学化儒学进行了全面批判。他指出，天并非如汉儒所说的那样为“百神之君”，世间的一切也不是天有目的的安排，“夫天者，体也，与地同”[⑪]，是与地一样没有什么神秘可言的有形体之物；日月运行，

① 王充：《论衡·超奇》。
② 王充：《论衡·对作》。
③④⑥⑨ 王充：《论衡·自然》。
⑤⑦ 王充：《论衡·谴告》。
⑧ 王充：《论衡·言毒》。
⑩ 王充：《论衡·书解》。
⑪ 王充：《论衡·祀义》。

万物生长，都是自然之为。进而，他强调人也并非如汉儒所说的那样是“为人者天”，而是“夫天地合气，人偶自生也。犹夫妇合气，子则自生也”[1]，故“夫人，物也，虽贵为王侯，性不异于物”[2]，人副天数本无稽之谈，君为天子乃虚妄之言。既然如此，又何有天人感应、同类相同、灾异谴告之事呢？他深刻阐明：“夫天无为，故不言灾变，时至，气自为之。夫天地不能为，亦不能知也。”[3]又强调：“夫天道，自然也，无为。如谴告人，是有为，非自然也”。[4]他引据当时自然科学的认识成果、列举大量事例说明，灾异之变完全是合乎规律的自然现象，与帝王“失道之败”没有任何直接关系；尽管自然变化能够影响人，但“人不能动地，而亦不能动天”[5]，天地之动并不以人的意志为转移，“夫人不能以行感天，天亦不随行而应人”[6]，帝王、圣人的产生与自然界祥瑞之物的同时出现哪里是什么“天子受命于天”的象征，“瑞物皆起和气而生”[7]，与圣王同时出现不过是偶然的巧合罢了。他嘲讽说，帝王的意志哪里体现得了天的意志呢？天的“春温夏暑，秋凉冬寒”本自然无为之道，帝王的喜怒哀乐不但丝毫不能改变天时有节的规律，而且连自己的体温和室温都改变不了。通过对神学化儒学的理论体系的层层批驳，他一针见血地指出了其实质：“上天之心，在圣人之胸，及其谴告，在圣人之口”[8]；以“天人感应”说为核心的神学化儒学，不过是儒者主观编造的虚妄学说，而“六经之文，圣人之语，动言天者，欲化无道，惧愚者之言”[9]，也即儒生将其学说神学化，无非是借助虚幻的天神的权威来推行其主张、吓唬愚昧的世人。

---

① 王充：《论衡·物势》。
② 王充：《论衡·道虚》。
③ 王充：《论衡·自然》。
④⑧⑨ 王充：《论衡·谴告》。
⑤ 王充：《论衡·变动》。
⑥ 王充：《论衡·明雩》。
⑦ 王充：《论衡·讲瑞》。

于是，王充对统治者“罢黜百家，表彰六经”而形成的官方经学进行了直接抨击。他首先揭露汉儒为了谋求利禄而迎奉统治者的需要，对五经随意附会、“空生虚说”，以致“虚说传而不绝，实事没而不见，五经并失其实”[①]。进而，他针对统治者将经书树为万世不易的法典而造成世人对经书的盲从和迷信状况，分析了经书中“增过其实”之辞，指出“经有褒增之文，世有空加之言”[②]，强调儒家经书与诸子著作的产生并无二致，都是前贤为了解决现实问题的“兴文以益化补正”之作，而且“知经误者在诸子”[③]。在否定经书的神圣地位的同时，他也抨击了汉儒赋予孔子和孟子头上的神圣光环。他专门作了《问孔》《刺孟》两篇，对孔、孟自相矛盾的言论予以揭示并提出质疑，从而恢复了他们作为凡人、学者的本来面目，使人能够“晓解觉悟”而消除对其人的盲目崇拜和对其言的盲目信从。

基于天道自然、元气化物的宇宙观，王充对风靡于当世的鬼神崇拜、神仙方术迷信也进行了深刻的批判。鬼神崇拜、神仙方术本是先秦以来传统的宗教迷信，但自西汉中期因统治者大肆进行敬鬼祀神、求仙延寿活动和儒学极端地神学化而愈演愈烈，在王充时代已成为污染思想、毒害社会的精神瘴疠。王充以“天地合气，人偶自生”的元气化物论为前提，认为“人未生，在元气之中；既死，复归元气”[④]，进而阐发了鲜明的无神论思想。他发挥道家的“精气说”和桓谭的形神论指出，“人之所以生者，精气也。死而精气灭”[⑤]，“人之死，犹火之灭也”，“火灭不能复燃，以况之死人不能复为鬼，明矣”[⑥]，故“死人不为鬼，无知，不能害人”[⑦]。对于社会上的淫祀、禁忌等种种迷信现象，他也作了深入剖析；对于骗人的神仙方术，他给予严厉鞭挞。他强调，物有生必有死，有始必有终，“人之生，其犹水也。水凝而为冰，气积而为人。冰

① 王充：《论衡·正说》。
② 王充：《论衡·齐世》。
③ 王充：《论衡·书解》。
④⑤⑥⑦ 王充：《论衡·论死》。

极一冬而释，人竟百岁而死”[1]，鬼神乌有，求仙乃痴人说梦。方士宣扬服药可以延寿成仙，王充则据当时医学成果而明确指出：“吞药养性，能令人无病，不能寿之为仙。”[2]针对方士编造的得道成仙故事及宣扬的辟谷、寡欲、食气、尸解、飞升等方术，王充一一予以揭露，并以大量事实将之驳斥得体无完肤。同时，他明确反对统治者导扬的淫祀之风和儒家提倡的厚葬恶习，指出“百祀无鬼，死人无知。……祭之无福，不祭无祸”[3]，“死人无知，厚葬无益”[4]。

王充作《论衡》，用意主要在于“求论之平也”的辨虚订实、去伪存真，但他为了彻底清算秦汉以来的虚妄之说而使世人通晓觉悟，乃“依道家论之”，阐发了深刻而系统的哲学思想。他不仅继承和发展了道家天道自然的宇宙观，而且对道家的“参验考实”的认识论作了“考察前后，效验自列”[5]的发挥，对道家对立统一的朴素辩证法思想作了“同气相成，殊气相革”[6]的发挥，对黄老之学关于物质生活决定精神生活、今胜于昔的朴素唯物主义社会历史观作了“谷足食多，礼义之心生”[7]、“汉高于周”的发挥。另外，他问孔刺孟、批判儒学，却又推崇孔子之业、采掇儒学之善，而且明确主张道术应博通诸家之学、兼备圣贤之说。《论衡》即总揽百家之学以覃思精微而成之文，显示出对黄老之学兼容并包、融会创新之学风的继承和发扬。因此，它虽“依道家论之”，又有“乍出乍入，或儒或墨”的特色。[8]尽管《论衡》追求“无所不包”而造成思想体系中的一些矛盾，尽管王充受时代局限而存在形而上学的弊病，但其哲学可谓体现了道家朴素唯物主义思想发展到汉代的最高理论水平。

---

①② 王充：《论衡·道虚》。
③ 王充：《论衡·讥日》。
④ 王充：《论衡·薄葬》。
⑤ 王充：《论衡·语增》。
⑥ 王充：《论衡·谴告》。
⑦ 王充：《论衡·治期》。
⑧ 见葛洪《抱朴子·喻蔽》。

春秋末年，老子创建否定殷周天命神学的道家学说，在中华民族思想史上首次打倒天国、实现哲学的突破，后继的道家学者为确立“天道自然”的哲学思想而作出了不懈的努力。但是，由于时代的局限，传统的神学迷信至两汉仍然风行于社会，就是王充之前的汉代道家学者也受其影响而未能彻底排除其思想中的有神论杂质，以至于儒生能够有思想条件和社会条件重新恢复天国、建构出神学化的新儒学，并在统治者的扶植下推行全国、成为统治天下200多年的正统思想。到了王充时代，汉代文明创造的实践活动的深入，使得人们的科学认识水平大有提高，科学知识也较以往广为普及。王充以大力弘扬道家思想而形成的较以往道家宇宙观更为彻底的无神论宇宙观为哲学基础，充分利用人们的科学认识成果，结合历史经验和生活常识，对官方神学和世俗迷信进行了全面深刻的批判，从而促进了人们的思想解放和理性觉醒，动摇了官方神学的理论基础和社会基础，摧毁了汉代统治者和儒生虚构的天国，剥去了其罩在帝王和圣人身上的神秘外衣，恢复了世界的本来面目，也宣告了神学化儒学的必然死亡，完成了道家长期从事的否定神学、确立“天道自然”哲学的崇高地位的任务。此后，“天道自然”观在全社会得以广为普及而深入人心。

王充的无神论哲学，是道家思想的发展和时代精神、民族智慧的结晶，是继承和发扬开放性、包容性、革命性和创造性的道家传统的产物。王充为历史责任感所驱使而致力于“疾虚妄”的社会批判，因其需要而重视实践经验、偏重于经验主义的阐论，导致其思想的形而上哲学思辨性不够强，其理论体系也不够完备和统一。但是，王充哲学却以其拨云见日、拉朽催芽的革命力量，将中国哲学的发展推入一个新的阶段。它不仅直接影响到神学化儒学的消解和汉末学术风气的转变，而且为深化和衍化道家思想的魏晋玄学的兴起开拓了道路。在魏晋以降的历朝历代，它也一直作为不朽的丰碑而为进步思想家推重。清末民初的民主革命家、思想家、学术大师章太炎称道：“华言积而不足以昭事理，故王充始变其术……作为《论衡》，趣以正虚妄，审乡背。怀疑之论，分析百端；有所发擿，不避孔氏。汉得一人焉，足以振耻。至于今，亦未有能逮者也。”[①]

经王充对道家思想的大力振扬和对神学化儒学的深刻批判，儒学虽在东汉后期因统治者扶持而仍居独尊地位，但其在思想上的正统地位已名存实亡。大量儒生虽为生计、为利禄而研读儒经，却冲破儒经“家法”、背离儒经教义而走上了儒道双修的道路。皓首穷经、烦琐释经的学术风气，也逐渐转变为融合儒道、兼采百家的学术新风。

第六节　道教的产生与楚地巫风、道家思想

“上标老子，次述神仙，下袭张陵”[②]的道教，是中国土生土长的民族宗教，具有以“道”统众术、杂糅传统文化的庞大思想体系。

它正式产生在东汉后期，却经过了长期的孕育过程，是经中国上古文化长期孕育后在东汉后期适宜的历史条件下基本成熟的产物。

尽管它作为产生在伟大国家里的大宗教而有着多形态、多地域的文化来源，它的主源则是博大精深的楚文化。因此，它的前身和雏形都出现在故楚之地，它也最终形成在故楚西境及其邻接之地。

一、楚地巫风与道教起源

道教“渊源于古代的巫术”[③]，这是学界的共识。道教信仰鬼神，施弄法术，以神道法术传教。其鬼神信仰和法术方式，乃源出于先秦的巫文化，而且主要是楚地的巫文化。

① 章太炎：《訄书·学变》，《章太炎全集》（三），上海人民出版社1984年版，第144页。
② 刘勰：《灭惑论》，《弘明集》卷八。
③ 见《辞海》《中国大百科全书·哲学》“道教”条。

巫文化，是以鬼神崇拜观念为核心、以祭祀祝祷鬼神的巫歌巫舞、巫卜巫筮等巫事活动为形式的原始形态宗教文化，起源于人类的蒙昧时代，伴随着原始人精神生活的丰富而发展，繁盛于原始社会晚期和文明社会早期。其时主持巫事活动的巫觋，是社会中的知识分子，也是巫文化的传承者和振扬者。巫文化的长期发展，社会上也经久流行以巫觋主导的事鬼神、隆祭祀、兴祝祷、迷卜筮的风气。

先秦时期，由于自然、历史和社会等多种因素所致，中国南北两地的文化发展进程不同步，巫文化之风在北方中原和南方楚地也有着兴衰早晚和流行强弱之别。

中原在原始社会的氏族公社阶段，就已出现了“民神杂糅，不可方物，夫人作享，家为巫史”[①]的状况。至原始社会晚期，酋邦联盟首领颛顼“绝地天通”，整顿巫事而将巫事与政事相结合、集神权与政权于一身，巫文化的发展也进入了高级阶段。在文明社会初期的夏代，中原巫文化得到了进一步的发展。传说夏代第一位君王启可以“上三嫔于天，得《九辩》与《九歌》以下”[②]，这表明他是能够“上通天神”的宗教领袖。夏启又“淫溢康乐”而“万舞翼翼”，不仅醉心于举行大规模的祭祀天神的巫事活动，而且沉溺于酣歌恒舞的巫事而不能自拔。《九辩》和《九歌》当为巫歌，“万舞”当为巫舞。“其祀必使巫觋作乐，歌舞以娱神”，故大规模的祭神活动少不了巫的酣歌恒舞。“巫”通“舞”，在甲骨文中同为一字。巫正是因为擅长在祭神活动中载歌载舞以表演迎神降神、以表示娱神乐神而得名，巫风也由于巫的酣歌恒舞而得以强烈表现。《尚书·伊训》即云：“恒舞于宫，酣歌于室，时谓‘巫风’。”灭夏兴商的殷人，在尊神事鬼方面似乎比夏人有过之无不及。《礼记·表记》说：“殷人尊神，率民以事神，先鬼而后礼。”出土的殷商甲骨上的文字，几乎全是求神问卜的卜辞。商代用于祭祀的青铜礼器，多以诡异的饕餮纹、夔龙

① 《国语·楚语下》。

② 《山海经·大荒西经》。

纹为装饰，带有神秘的宗教意味和巫文化色彩。由于商朝的王事多为巫事，君王的政务也多委于巫觋，巫觋因此官僚化了，并且成为朝廷重臣，享有崇高地位。史籍和屈骚中盛赞的商代贤臣巫咸或彭咸，就是巫官的代称。巫文化也因发展为巫官文化而达到顶峰。周人主宰中原之后，鉴于殷人狂热地尊神事鬼以致荒谬绝伦的教训，鉴于商王愚昧地迷信天命以致丧权亡国的教训，又由于农业文明的发展而使巫教的理论基础动摇、民族融合的步伐加快而使人间实际事务增多，乃一变殷人“先鬼而后礼”的做法，转而“尊礼尚施，事鬼敬神而远之，近人而忠焉”[①]，制定了一套维护人间统治秩序的礼乐制度，只将祭鬼祀神作为统治国家和稳定社会的一种手段。于是，从前兼有史官之职的巫官，也因周王朝重视总结国家兴亡的历史经验而发生分化或转化。从巫官中独立出来的史官逐渐取代了巫官的地位，巫官文化也随之实现了向史官文化的过渡。经历西周末年“高岸为谷，深谷为陵”的社会大动荡、世事大变迁之后，周人进一步认识到祸福的根源不在天国而在人间，其理性精神大为增强。至社会大变革、思想大解放的春秋战国时期，中原的有识之士已“不语怪、力、乱、神”了，巫风在中原也衰而不振。

相形之下，楚地在西周仍基本上处于巫文化阶段。春秋战国时期，楚国虽然在物质文明和精神文明创造的诸多方面都有着超越中原文明的辉煌成就，但是，由于源远流长的巫文化传统的巨大影响，由于地形复杂、族居分散而造成的文化交流不便，楚人长期未能超越巫官文化，楚地也在很大程度上一直是巫风笼罩的神异世界。

楚人的巫文化传统，可以追溯到其先祖祝融。《史记·楚世家》记述：“重黎为帝喾高辛居火正，甚有功，能光融天下，帝喾命曰‘祝融’。”火正是华夏酋邦联盟的“掌祭火星，行火政”[②]之官，实际上是华夏酋邦联盟中知识最渊博、最精通巫文化、最有资格充当人与神之媒介者。

① 《礼记·表记》。
② 《汉书·五行志》。

“祝”即掌管祭礼的大巫，“融”乃光明之意，“祝融”就是对尽心于巫事而有“光融天下”之功德的大巫的美称。祝融所掌握的巫文化，也就是华夏先民创造的巫文化。楚人先祖祝融，可谓中国原始社会巫文化的代表人物。至夏、商两代，祝融酋邦在中原王朝的胁迫和征伐下分崩离析。被迫于商代后期南徙江汉地区的祝融后裔芈姓支族，则将华夏巫文化带到南方，与南蛮巫文化汇融一起。在南方与荆蛮杂处的芈楚，一者出于崇拜祖先的虔诚而继承着巫文化，二者出于在恶劣的生活环境中产生的宗教需要而发展着巫文化，三者出于团结和巩固民族的现实需要而弘扬着巫文化，故直至西周，楚人始终以巫文化为其主导文化，楚人的君长也一直是当时中国最为出色的大巫。张正明先生指出：“从祝融到鬻熊，从鬻熊到熊绎，作为火师，是一脉相传的。”[①] 楚人于东周初年追效诸夏而建立文明国家之后，其国家虽然日新月异，其风习却因循守旧。成了泱泱文明之邦的楚王，竟仍像当年楚君那样亲自操巫术、行巫事。桓谭《新论》和《汉书·郊祀志》，分别叙及春秋晚期的楚灵王和战国中期的楚怀王隆祭祀、礼群神的史事。楚王迷信巫祝之道，楚国巫官也极受尊崇。楚国初步建成文明国家时总理国家军政、外交及王族事务的莫敖，据考就是以王族和国家“总祭师”身份全权管理国家的，有如著名的殷相巫咸。楚昭王时的大巫观射父，被奉为国宝第一，而且博通古今。同时的楚国左史倚相，虽然“能道训典”，却又能取悦鬼神。可见春秋末年的楚国，仍然是巫、史不分，仍然以巫官文化为主导。文献中记载楚人崇巫好祠之事极多。楚人不仅隆祀祖先和大川，而且广祀诸神以祷福祈愿、禳灾求安，遇事辄卜以消疑解难、趋吉避凶。迄今出土的大量楚简中，以卜筮祭祷简为其重要内容。随葬卜筮祭祷简的楚墓，有如湖北的江陵望山一号墓、江陵天星观一号墓、江陵秦家咀一号墓、

① 张正明：《〈“鬻熊为文王之师”解〉辨误》，《江汉论坛》1983年第9期。

荆门包山二号墓与河南的新蔡葛陵大墓等。[①]天星观一号墓和葛陵楚墓的墓主身份为封君，包山二号墓的墓主身份为楚国左尹，望山一号墓的墓主身份被推断为下大夫，秦家咀一号墓的墓主身份当是士或庶民。研究者梳理随葬卜筮祭祷简的楚墓资料后指出："楚卜筮祭祷简主要出自公元前 4 世纪中后期至前 3 世纪前期的楚墓中，可考的墓主人的年龄在 25~40 岁之间，社会等级上至卿大夫，下至一般庶民，除楚王外，其他各社会阶层基本上都涉及到了。"[②]在楚国发展至鼎盛时期的战国中期，楚国各阶层人士遇事染病都要卜筮祭祷，楚国社会"信巫鬼，重淫祀"、兴祝祷、迷卜筮风气的炽烈程度可想而知。清华楚简中有篇《筮法》，"简文详细记述占筮的原理和方法，包含大量以数字卦表现的占例。数字卦的形式与天星观、包山、葛陵等楚简中的实际占筮记录所见一致"[③]，或为楚国巫觋所作，亦反映了楚国巫风盛行的状况。在重卜和事神上，楚人缺乏周人的理智而可比殷人的迷狂，表明楚巫文化与殷巫文化有一致性。楚先民在商代的相当长一段时间里居处中原南部与殷人为邻，自然会深受殷巫文化的影响。商代晚期至西周，南徙而居处今豫西南、鄂西北的水滨山间的芈楚，因生活环境相对封闭，故受周人的巫文化影响不太大，始终保持了商代的中原巫文化传统。楚辞中多次提及商代名巫彭咸并表示出对他的莫大敬意，即说明楚人是将其尊为巫觋的不祧之祖的。

楚国地广人稀，族多民散，境内各地区、各阶层的文化发展水平不可能一致。楚国上层社会或一些平原地区尽管进入了阶级社会的巫官文

① 见湖北省文物考古研究所《江陵望山沙冢楚墓》，文物出版社1996年版；湖北省荆州地区博物馆《江陵天星观1号楚墓》，《考古学报》1982年第1期；荆沙铁路考古队《江陵秦家咀楚墓发掘简报》，《江汉考古》1988年第2期；湖北省荆沙铁路考古队《包山楚墓》，文物出版社1991年版；河南省文物考古研究所《新蔡葛陵楚墓》，大象出版社2003年版。

② 晏昌贵：《巫鬼与淫祀》，武汉大学出版社2010年版，第28页。

③ 李学勤主编：《清华大学藏战国竹简》（四）《筮法·说明》，上海中西书局2013年版，第75页。

化阶段，楚国下层社会和一些偏远山区恐怕在某种程度上还停留在原始社会的巫文化阶段。“先鬼而后礼”的巫文化传统和“夫人作享，家为巫史”的巫文化习俗相互作用，形成了经久不衰地弥漫于楚国社会的巫风，使得楚人社会生活的方方面面都染上了浓重的巫文化色彩。这在出土的楚文物中有鲜明的反映。传世的《山海经》《九歌》《招魂》等楚文献，也生动地反映了楚地盛行巫风的状况。楚地巫风长盛，难免导致国家渐衰。尤其是楚国统治者恃其强盛的国力和富足的经济大兴巫风，借淫祀而狂欢，借娱神而自纵，以满足其虚幻追求和享乐需要，结果不重人事而不恤国政。《吕氏春秋·侈乐》指出：“楚之衰也，作为巫音。”

巫觋主持祭神祀鬼之事，必须凭据和传述神话传说，也自然宣扬鬼神信仰观念和鬼神崇拜意识。神话，因而成为巫文化的理论基础。周代，中原巫风衰落，神话也几乎消歇；楚地巫风长盛，神话也因巫觋致力搜求和汇集、记录和整理而得以保全和传承，也因文士的利用和引述、熔铸和藻饰而得以幸存和流播。东周楚地的巫觋之书、哲人之文和骚人之诗，大都或多或少地保存有神话资料。同时的中原文献，则罕叙神话，即使语及也多为零星片断或篡改之辞。

《山海经》、屈原和宋玉的辞赋，以及出土的“楚帛书”等楚人作品，是叙录中国上古神话最为丰富的文献，也是反映楚地巫风尤为清楚的文献。《山海经》和“楚帛书”的性质类同，都是巫觋之书。[①]屈、宋辞赋，可谓骚人之诗。叙神语仙的《庄子》，则为哲人之文。由其可知，楚地流播的神话，已是融汇了南北两地上古神话又有所增益和创造的神话；楚地盛行的巫风，已是糅合南北两地巫文化传统而有所变化和发展的习俗。

楚人祭祀的鬼神，有自然神如日神东君、雷神丰隆、风神飞廉、水神冯夷等，有祖先神如伏羲、女娲、炎帝、祝融等，有天神如至上神东皇太一、主掌生死命运的大司命和少司命等。这祭祀多神的现象，反映

① 说详拙著《楚文学史》，湖北教育出版社2020年版。

了楚人的自然崇拜、祖先崇拜和天神崇拜的泛神信仰。楚辞中不仅描述了楚人信仰的各类鬼神，还描述了楚人心目中由“太一”统领而包括有天神、地祇和人鬼的神国系统。《山海经》中，则描述了天国四方的神灵系统和祖先神的谱系。

由上天通神而成仙的思想，是巫文化发展演变的产物，在战国时期已普遍流行。巫觋本为肉体凡胎，但在巫事活动中却司降神送神之职、逞扮神弄鬼之能，被视为沟通天地神人的媒介，也幻想自己真能上天通神、成为不死之仙。巫觋又通医，所谓“巫彭作医，巫咸作筮”[1]，便以制药吞服等方法以求成仙。同时，巫觋又大肆宣扬神国仙境的美妙和求神服药的功效。于是，世人幻想成仙长生的愿望助长了神仙思想的流行，一些致力于以求神服药而成仙的巫觋也转变成了专务神仙术的方士。战国时期，神仙思想不仅流行于燕、齐一带的滨海地区，在山岭峰峦重叠绵延、江河湖泽纵横密布的楚地也十分流行。据现有资料，先秦描述神仙形象及神游天国的文字，主要见于楚人的著作。《庄子》许多篇章都有对仙人、仙境的描绘，如《逍遥游》描绘了“肌肤若冰雪，淖约若处子，不食五谷，吸风饮露，乘云气，御飞龙，而游乎四海之外”的“姑射山神人”；《齐物论》描绘了“大泽焚而不能热，河汉冱而不能寒，疾雷破山、飘风振海而不能掠。若然者，乘云气，骑日月，而游乎四海之外，死生无变于己”的“至人”；《大宗师》描绘了“登高不栗，入水不濡，入火不热”的“真人”。《楚辞·远游》描绘了“餐六气而饮沆瀣兮，漱正阳而含朝霞。保神明之清澄兮，精气入而粗秽除”的赤松子、王子乔等仙人乘风游历太空的生动情景，反映了作者、也是世人“贵真人之休德兮，美往世之登仙。与化去而不见兮，名声著而日延”的愿望。楚巫所作的《山海经》，也记述了各地物产、医药，描绘了“不死树”“不死民”“不死之国”“不死之药”等，表明楚巫业已务神仙之术。

历秦入汉，因地理环境所致和文化传统影响，楚地民间依然盛行巫

① 《吕氏春秋·勿躬》。

风、流播神话。《汉书·地理志》记载楚地“信巫鬼，重淫祀”。《隋书·地理志》也载楚地“率敬鬼，尤重祠祀之事”。这些记载反映了先秦至隋代一脉相传的楚地民俗。同时，神仙方术在故楚之地更为流行。西汉前期在江淮楚地为藩国君主的淮南王刘安，“招致宾客方术之士数千人，作《内书》二十一篇，《外书》甚众，又有《中篇》八卷，言神仙黄白之术，亦二十余万言”[①]。“言神仙黄白之术”的《中篇》，早已亡佚，流传下来的《内书》（即传世本《淮南子》），产生楚地而因袭楚风，不仅大量叙录了神话，而且综合民间流传的同类神话而作了加工整理，还进而勾勒出配置有序、完备无缺、由五方天帝统领的天神系统。

汉王朝为楚人兴建，楚人隆祭祀、礼群神的习俗也为西汉统治者有所因承。如本章第二节所述，汉初统治者都重视祭祀天地和五帝，汉武帝则“尤敬鬼神之祀”，为政治需要和受楚文化传统影响，直接将楚人心目中的至上神“太一”视为统领五方天帝而至高至尊的天神，并且“周而复始，皇帝敬拜泰一”[②]。

道教源于巫术，成于巫文化的孕育。楚地巫风盛行的环境，楚人迷信鬼神的习俗，是道教产生的良好土壤和条件。汉代统治者隆祀“太一”神及其统领的五方天帝，也催化着道教的形成。主要见于楚籍的鬼神记述、仙游描写和巫术叙录，直接为道教创立提供了可为袭用和可资借鉴的材料。因此，道教因汉代社会造成的人们的宗教需要的增强和提高，终于在具有适宜的历史传统和文化氛围的故楚西境及其邻接之地脱胎诞生了。

“下袭张陵”的道教，以故楚之地人张陵为创始人。不过，道教在汉代的形成，有着较长的过程。它的前身，是西汉前期兴于故楚之地的“方仙道”；它的雏形，是东汉后期成于故楚之地的“黄老道”；它的建立者，实际上是占据故楚西境及其邻接之地汉中、改造汉中（郡治在今陕西汉

① 《汉书·淮南王传》。
② 《汉书·郊祀志》。

中）、巴郡（治今重庆主城）一带流行的巫教（即“五斗米教”）为道教的张陵之孙张鲁。

就成熟形态的道教来看，道教是多神教，其多神信仰就主要源于楚人的泛神崇拜观念。道教建构有包括至高天尊及诸天神、地祇、人鬼在内的庞大神仙系统，其系统的建构就主要仿效楚人的“太一”统领诸神系统的结构方式；道教宣扬神仙长生不死、不食人间烟火而逍遥游乐于天国仙境，其宣扬的内容主要依据楚人对神仙的描绘；道教建醮坛、设斋供、唱赞词、诵宝诰等法事活动，道士请神降神、驱鬼除妖、制药医病等道术职能，当也因道教由故楚之地的巫教改造而成、乃多取法楚地楚人的巫事巫术而发展变化来的。

二、道家思想与道教形成

《魏书·释老志》说：“道家（指道教）之原，出于老子。”

老子是道家的祖师，《老子》一书是道家学说的奠基作。道教则尊老子为最高教主、奉《老子》一书为基本经典，并且因信奉、神化道家之“道”和传布、宣扬由道家的“道论”演变成的“道德教义”而得名，又依托道家思想建立、衍生其理论而发展。

否定殷周天命神学、首创以“道”为宇宙本原和最高哲学范畴的老子，本是破除宗教迷信的无神论者和中国第一位伟大的哲学家。道家所致力阐发的哲学思想，也是沿着老子开辟的标举自然的思想路线而深入发挥老子的道生万物、道法自然的宇宙观。可是，道教却将哲人老子变身为宗教教祖、将道家思想转化为神学理论。其原因，则在于老子学说、道家思想有着道教据以创建宗教神学而可为利用的成分。

《老子》书中虽然说明“道”乃“有物混成，先天地生”，但由于时代的生产力发展水平局限了老子的认识，故其无力对“道”作明晰和彻底的唯物主义解释，只能模糊地描述“道之为物，惟恍惟惚。惚兮恍兮，其中有象；恍兮惚兮，其中有物。窈兮冥兮，其中有精。其精甚真，其中有信”。因此，哲学范畴的“道”，也就蒙上了神秘色彩，具有在现实中无法把握、存在于迷境之中而无影无踪、无声无形却又无时不在、无处不有的神奇形象。同时，如前章第三节所述，老子实际上将“道”等同于“一”，又说明“道”的突出特性就是“大”，称“道大”。大通太，道是一，故道也谓之“太一”。无独有偶，“太一”又是楚人崇拜和隆祀的至上神。显然，道家哲学范畴“太一”与楚人的至上神“太一”不会毫无关系。或许，道家的“道（太一）”，就是楚人老子袭用楚人神话传说中创造和主宰天地万物的至上神的名称、剔除其神学内涵而建立的哲学范畴，反映出楚地哲人受楚巫文化影响、又高扬理性精神以摈弃巫文化的荒谬世界观所发生的认识飞跃。《九歌·东皇太一》并未描绘出至上神的明确而具体的形象，只让人感到它是主宰天地、包孕万物、至大无外、虚幻恍惚的天之尊神。老子对“道”的一些描述，看来也受到楚人对至上神的理解的影响，或者说是直接脱胎于楚人关于至上神的幻觉。弘扬老子学说的战国至汉代的道家学者，虽然致力于阐发“道”就是物质性的“气”“元气”，却也受时代局限而只能停留在朴素的唯物主义认识论上，无力彻底抹掉“道论”的神秘色彩。《庄子》阐明“通天下一气耳”，又说道“有情有信，无为无形，可传而不可受，可得而不可见……神鬼神帝，生天生地……”《淮南子》阐明“道始于虚霩，虚霩生宇宙，宇宙生元气，元气有涯垠，清阳者薄靡而为天，重浊者凝滞而为地”，又说“夫道者，覆天载地，廓四方，柝八极；高不可际，深不可测；包裹天地，禀授无形；源流泉浡，冲而徐盈；混混汩汩，浊而徐清。……施之无穷而无所朝夕，舒之幎于六合，卷之不盈于一握。……”既然“道”本由对至上天神作哲学升华而成，既然“道论”仍带有超自然的神秘色彩，那么，“道”也很容易被宗教利用而恢复其“太一”的神性，并且予以进一步神学化。自道家黄老之学在汉初成为统治思想而对汉代社会产生巨大影响开始，在汉武帝因袭楚风而隆祀至尊天神“太一”之后，汉人也更容易将道家之“道”与天神“太一”联系在一起了，这势必会促进道家思想向道教理论的转化。

在老子的宇宙生成论的基础上，道家黄老学者力图结合其时代的科学认识、融会诸子百家学说以描述宇宙生成图式。《吕氏春秋》糅合阴阳、四时、五行等理论，描述出总括自然、社会和人类的庞大宇宙构成系统。《淮南子》更为全面、深刻地描述出“统天下，理万物，应变化，通殊类”的宇宙演化模式。道家的宇宙生成图式虽然达到了时代认识的最高水平，但毕竟受时代局限而不能不发挥其想象力和推断力去弥补科学认识的不足，因而未能彻底排除唯心主义的杂质，不仅具有为儒家援引而予以神学化的可能性，也为道教据以作神学化的演变提供了可能性。

老子愤疾世俗“大伪”而宣扬“清静无为”，主张“少私寡欲”，倡导“静观”“玄览”“抱一”“同于道”的隐君子生活，表达出强烈的避世离俗精神。庄子愤疾天下沉浊、痛感社会险恶而致力于探讨人的生存方式和生存意义，主要着眼于保全性命、身心安乐而阐述人生哲学，并通过对神人、真人、至人自由自在、无拘无束地逍遥游于天地四方的描绘，表达其超尘脱凡、获得绝对自由的人生理想，特别强调“道”的自由性和超越性，主张通过“心斋”“坐忘”来“虚静推于天地”、“乘物以游心”，达到超越现实而“合于道”的“至美至乐”。老、庄这种强烈的避世离俗精神、超尘脱凡愿望及其提出的超越现实、保命悦心的人生修养方法，对于生活在乱世而希冀摆脱现实苦难的人们影响极大，也为道教宣扬超人间的虚幻追求和阐发修炼成仙、长生永乐的方法提供了最为直接和适宜的思想资料。

注重人生哲学的道家，自然也注重阐发养生论。老子的“谷神不死”“长生久视之道”等语，庄子的神人、真人、至人“死生无变于己”之说、“抱神以静，形将自正。必静必清，无劳汝形，无摇汝精，乃可以长生”之论，以及“吹呴呼吸、吐故纳新；熊经鸟申，为寿而已矣。此道（导）引之士，养形之人，彭祖寿考者之所好也”之言，都反映了追求长生的思想和对养生之术的探讨。汉代道家学者在此基础上对养生论作了更为深入的阐发，《淮南子》《老子指归》等都着重论述了养生之道。汉代的医学，基本上是以道家思想为理论基础而发展的。汉代的医书，也多记述据道家养生论而发明的各种保神炼形、服食延命的养生之术。长沙马王堆汉墓出土的多达15种的医书和江陵张家山汉墓出土的医书，最有代表性地反映了道家思想对汉代医学的巨大影响。道家养生论及受道家影响而发展的医学养生术，尤其是如马王堆汉墓出土的《导引图》和《却谷食气》、张家山汉墓出土的《引书》和《养生家书》等医书阐述的养生术，自然而然地为道教所利用、发挥和改造。

“千岁厌世，去而上仙。乘彼白云，至于帝乡。三患莫至，身常无殃”[①]的神仙思想，自战国中期便在楚地及燕、齐地区十分流行，并因世人追求成仙长生而出现了务为成仙之术的“方仙道”。《史记·封禅书》记载了齐威王、齐宣王、燕昭王“使人入海求蓬莱、方丈、瀛洲”的“诸仙人及不死之药”的史实，记载了秦始皇迷醉入海求仙寻药而“为方仙道”的“燕齐海上之方士”大兴的故事。其时楚地“为方仙道”的方士虽未见于史籍记载，但从先秦的神仙思想最为集中地反映在楚人著作中的情况来看，从《山海经》的有关记述来看，楚地当不乏务为神仙术者。大概只因巫风长盛，楚地祭祀鬼神与求为神仙尚合为一事、巫觋之职与方士之业且融为一体，故史无明载罢了。西汉前期，楚人更好神仙之术，楚地也更多方术之士。刘安“招致宾客方术之士数千人”，并让其撰《中篇》以倡“言神仙黄白之术”。刘安因承楚文化传统、出于统治阶级追求长生不死以永享富贵的愿望而集中方士、倡导“神仙黄白之术”，实际上也致使“方仙道”在故楚之地的昌兴。他同时主持编撰《内书》《外书》及《中篇》，表明他既重道家又好神仙术、其时“方仙道”与道家思想已经有了密切联系。“言神仙黄白之术”的《中篇》，当是依托、发挥道家思想而集战国至西汉前期的神仙方术之大成的著作，可以视之为“方仙道”理论建设的初步成果，标志着“方仙道”已由社会迷信活动向具有理论体系的社会宗教演进而成为道教的前身。这种演变趋向，普遍而突出地显现在西汉前期的楚地。马王堆汉墓出土的《神祇图》《导引图》《养生方》《符篆》（又名《卦象图》）《却谷食气》等帛书及其他文

① 《庄子·天地》。

物，综合地反映了其时其地出现的神仙方术与道家思想、楚巫文化杂糅、融汇的状况。因此，有学者认为："由于广采博取道家思想，马王堆医书有若干内容，为《庄子》外、杂篇中讲究养生炼形、企求长生不死的神仙思想提供了佐证和社会背景材料。……马王堆医书的发现，将道家修炼中的'尸解'、'采日精月华'、'还精补脑'诸方法形成的历史时期大大推前了，为道教史的研究展示了新材料，也提出了新课题。"①还有学者据马王堆汉墓出土文物说明：道教是道家文化之一，"道家文化与楚地流行的巫文化有着不可分割的联系"。②

汉武帝追求长生而宠信方士，"方仙道"在武帝时期大为盛行。不过，武帝求仙之欲太盛，听从李少君、栾大、公孙卿等齐地方士鼓惑而步秦皇后尘，热衷于派人入海寻药，似乎对楚人的"神仙黄白之术"不甚看重。"入海求蓬莱，终无有验"③，武帝在晚年有所悔悟，"益怠厌方士之怪迂语矣"④。其后，京兆尹张敞又上疏劝谏宣帝"斥远方士之虚语"⑤。于是，"方仙道"的发展受到挫折并出现变化。西汉后期至东汉后期，齐人入海求仙寻药而终无有验的仙道不彰，楚人依托黄老之学、糅合医学和科技知识而对修性养生有所益处的道术更显，"方仙道"也逐渐演变为"黄老道"。

黄老之学在汉初盛极于世并成为统治思想，西汉方士依托道家思想阐发和宣扬神仙术，自然也尊崇黄帝和老子。可为方士的神仙术利用的战国和秦汉医书，也多冠以黄帝圣名并多据老子哲学。因此，神仙之术和黄老之学，在西汉前期就有了密切联系。不过，黄帝虽然早已被神化，并且为方士托其名而宣扬神仙之说，但老子在西汉末年以前大概还未被

---

① 魏启鹏：《马王堆古佚书的道家与医家》，陈鼓应主编《道家文化研究》第三辑，上海古籍出版社1993年版，第376~377页。

② 见周世荣《从马王堆出土文物看我国道家文化》，陈鼓应主编《道家文化研究》第三辑，上海古籍出版社1993年版。

③④ 《史记·封禅书》。

⑤ 《汉书·郊祀志》。

神化。《汉书·艺文志》所列神仙家著作，就多托黄帝之名而不涉老子之名。“方仙道”当也不会奉老子为神仙。神学化儒学在西汉中期取代黄老之学而居于独尊地位之后，儒学神学化趋于恶性发展。在神化儒家祖师孔子的谶纬神学兴盛后，务为神仙术的方士乃至一些道家学者也就难免受其影响而神化道家祖师老子了。沉浊黑暗的西汉末年和动荡不宁的两汉之际，是谶纬神学泛滥之时，也是许多人士倾意道家、厌倦世事而唯求避世离俗、修性养生之时，与黄老之学结合的神仙之术自当适时而兴。产生在这个时期或稍晚的道家著作《老子河上公章句》，就有不少地方以神仙之术来解释老子思想，称“人能养神则不死也”。这个时期的道家学者尚且受到昌兴的神仙之术的影响，老子大概也在这个时期随神仙之术的昌兴而开始被神化。方士在这个时期被称为“道士”[①]，大概就是因为方士神化老子、发挥老子“道论”以务为神仙之术而得名。

东汉前期，奉祀黄帝、老子为尊神的“黄老道”便正式出现在故楚之地。封在彭城（今江苏徐州）一带的楚王英“晚节更喜黄老，学为浮屠，斋戒祭祀”，汉明帝对其“诵黄老之微言，尚浮屠之仁祠，洁斋三月，与神为誓”的宗教活动表示赞赏，“英后遂大交通方士”，促成“黄老道”的昌兴。[②]东汉后期，社会危机四伏，王朝风雨飘摇，无可奈何的统治者丧失了对神学化儒学的统治功能的信心，也转而信奉影响日大的“黄老道”以寻求慰藉、寄托梦幻。“延熹（158—167）中，桓帝事黄老道，悉毁诸房祀”[③]。“好神仙事”的汉桓帝在延熹八年（165）两次派人“之苦县祠老子”[④]，次年又亲“祠黄老于濯龙宫”[⑤]。“黄老道”之名通称于东汉后期之世，东汉后期的帝王也“事黄老道”，“黄老道”在当时社会的流行盛况也就不难想知了。“好神仙事”的人们奉祠黄帝、老子为尊神并“诵黄老之微言”，便使得以往的“方仙道”大大地宗教化了。

① 见《汉书·王莽传》《后汉书·祭遵列传》。
② 见《后汉书·楚王英列传》。
③《后汉书·王涣列传》。
④⑤《后汉书·孝桓帝纪》。

由“方仙道”发展而来的“黄老道”，因初步形成了其宗教尊神和宗教理论，其性质就再不是“方仙道”那样的迷信活动，而是不太成熟的宗教。东汉后期的“黄老道”，变以往方士重祠黄帝而为重祠老子。桓帝派人数祠老子并亲祠老子的史实，反映了“黄老道”向以老子为最高的和统一的教主的道教的发展趋势。不言而喻，“黄老道”可谓道教的雏形，是趋向成熟的准道教。

东汉末年，统治集团腐败，豪强势力膨胀，水旱灾害频繁，农民破产流亡，社会秩序大乱，王朝崩溃可望，作为统治思想的儒学已无力获取和束缚人心。苦难深重的农民和统治阶级中愤世嫉俗或六神无主的成员，纷纷寄意于宗教以求解脱，甚至幻想借助宗教来拯救自己和社会。因此，“黄老道”在这种宗教意识浓烈的社会条件下发展至鼎盛阶段，并且衍生出其支派——“太平道”。

“太平道”为“奉事黄老道”的巨鹿（今河北平乡西南）人张角（？—184）创立，发源于故楚东境的徐州东海郡。“初，巨鹿张角自称‘大贤良师’，奉事黄老道，畜养弟子，跪拜首过，符水咒说以疗病，病者颇愈，百姓信向之。”[①] 聚徒甚众之后，张角顺应处于水深火热之中的百姓希冀解脱生活苦难、实现天下太平的愿望，奉《太平经》为主要经典传教布道，建立了被称为“太平道”的宗教组织。

《太平经》一书，成于东汉安、顺之际（107—144）信奉黄老道的道士于吉、宫崇等之手，是西汉末年至东汉后期黄老之学神学化思潮的汇集和总结。西汉末年，国衰世乱，曾指导汉初政治而实现国兴世宁的黄老之学重被振扬。因统治者迷信神学，一些黄老学者乃将黄老之学神学化，以期为统治者接受而达到靖乱世、致太平的目的。汉成帝时，齐人甘忠可便造作《包元太平经》，以黄老思想为本，糅合泛滥于世而为统治者看重的谶纬神学内容，宣称“天帝使真人赤精子下教我此道”[②]，

---

① 《后汉书·皇甫嵩列传》。
② 《汉书·李寻传》。

阐发天下太平之术。其后，信奉黄老道的道士也在此基础上神化黄老之学。东汉后期，社会危机日益加深，神化黄老之学的思潮也日渐汹涌。由《包元太平经》发展而来、汇集和总结神学化黄老思想的《太平经》便应运而生。《太平经》本称《太平青领书》，桓帝时，由襄楷当作神书而建议桓帝奉行以兴国胤，因而显于世。黄老之学本是兼融百家而务为治世之学，《太平经》也发挥黄老学说，不太重视神仙之术而十分重视阐发救世之道。襄楷称其书“专以奉天地、顺五行为本，亦有兴国广嗣之术”①。它援据道家的宇宙本体论和宇宙生成论作神学化的发挥和改造，宣称“元气”“道”和“一”是“三一为宗”，认为因循“神道”、效法天地便可致太平。本着《老子》的“天之道损有余而补不足”的思想，它抨击了统治阶级残酷剥削农民而致使百姓流离失所、饥寒而死的时弊，主张“救穷周急”。它提出的兴国之术，基本上同于《黄帝书》《淮南子》等黄老著作的主张。同时，“其言以阴阳五行为家，而多巫觋杂语”②，内容颇为庞杂。但它反映了穷苦百姓的“均贫富”要求和“致太平”理想。

张角从奉事黄老道开始创建太平道，以发挥和改造黄老之学的《太平经》思想、即反映穷苦百姓愿望的“善道教化天下”，“十余年间，众徒数十万，连结郡国，自青、徐、幽、冀、荆、杨、兖、豫八州之人，莫不毕应”③。于是，信徒有立致太平之愿，张角有改朝换代之心，在民不反乃不得生的社会环境里，太平道奋而起义，成为声势浩大的“黄巾军”。太平道奉祠楚人的至上神“太乙（一）”为尊神，又据黄老之学兼容发挥的阴阳五行说而在“太乙”前冠以“中黄”二字，称其尊神为“中黄太乙”，寓意为以位居中、色上黄的土德自谓的太平道、将取代以火德自居的东汉王朝。起义后的太平道军，即以“苍天已死，黄天当立”相号召，头裹“黄巾”为标识。给予东汉王朝以致命打击的黄巾

①② 《后汉书·襄楷列传》。

③ 《后汉书·皇甫嵩列传》。

大起义，终归在统治阶级的联合镇压下失败，太平道也匿迹不显。

由黄老道衍生的太平道，不仅有尊神和经典，而且建立了独立的宗教组织，在黄老道基础上有所发展，但尚未形成统一的教主和系统的教义，尚未自称为“道教”，其组织也由宗教团体转化为政治力量，故还不是成熟形态的道教。

太平道勃兴于故楚东境之时，故楚西境也兴起了“五斗米道”，所谓“光和（178—184）中，东方有张角，汉中有张修。……角为太平道，修为五斗米道”[①]。太平道被迫偃旗息鼓之际，“五斗米道”则发展壮大而成为基本成熟的道教。

道教尊“天师”张陵为创教始祖。据道书及有关文献记载，张陵（34—156）是故楚东境的丰（今江苏丰县）人，少读《老子》而深晓其义，又曾入太学而通达五经，年轻时出任江州（今重庆）令，后弃官隐居，学长生之术，顺帝时赴鹤鸣山（今四川大邑境内）修道，造作道书，创五斗米道。其子张衡继承父业，广其道术，被称为“嗣师”。其孙张鲁追踵父祖，大兴其道，使其道遍行汉中、巴蜀地区，并将五斗米道改造成为因具有统一的教主、明晰的教义和严密的组织而宗教特征较为完备的道教，被称为“系师”。道教始于五斗米道，创于张陵祖孙，乃为传统之说，亦几乎为学术界公认。但实际上，道教始于五斗米道固然不错，五斗米道却并非为张陵在蜀地始创，而应为张修在汉中、巴郡一带始创。已有学者明确指出：“五斗米道的真正创始人是张修，而不是张陵。”[②]

据《后汉书·孝灵帝纪》《三国志·魏书·张鲁传》及其注引文献记载，张修本为巴郡巫人，以符水为人疗病，“使病者家出米五斗以为常，故号曰‘五斗米师’”；所创五斗米道，“使人为奸令祭酒，祭酒主以《老子》五千文，使都习”；太平道起义后，“张修反，寇郡县”；后张修与张鲁一同依附益州牧刘焉，在将兵伐汉中时，被张鲁袭杀而“夺其众”，

① 《三国志·魏书·张鲁传》注引《典略》。
② 任继愈主编：《中国哲学发展史（秦汉）》，人民出版社1985年版，第686页。

张鲁“遂据汉中，以鬼道教民，自号‘师君’”。

张修始创的五斗米道，与张角创立的太平道同为源出黄老道而多袭巫术的民间宗教组织，不仅与太平道的道术相类，而且也因太平道活动至荆、扬地区而难免受其影响，甚至配合了太平道的起义。可是，它毕竟产生于山高林密、江永汉广之地。地理环境的相对封闭，导致其地保留了较深厚的楚文化传统。汉中及巴郡的东部，在战国时长期属于楚国据有。楚国自春秋时便开拓西境，兼并巴土，在战国时已形成“楚自汉中，南有巴、黔中”[①]的局面。原居巴土乃至汉中的巴人多融为楚民，巴文化也在相当程度上融入楚文化中。汉中及巴郡始终盛行巫风，五斗米道乃“以鬼道教民”，比太平道杂有更多的巫术。“巴俗事道，尤重老子之术”[②]，五斗米道乃奉《老子》为经典，顺应了黄老道向道教发展的趋势。张鲁割据汉中并取代张修而成为五斗米道的“师君”之后，建立政教合一的政权，“雄据巴、汉垂三十年”。其间，张鲁对五斗米道作了重大改革和发展，不仅扩建了教团组织、制定了教规教律，更重要的是阐发了教理教义，明确地尊奉老子其人为教主和《老子》其书为经典。

五斗米道对教理教义的阐发，即对所奉经典《老子》的神学化阐释和发挥。张修使祭酒主持习诵《老子》，祭酒自然负有据《老子》而讲解适合宗教需要的教理教义。张鲁建立政教合一的汉中政权之后，教职人员的祭酒又兼为行政官员，担负着以宗教思想巩固政权的职责，也更致力于宣讲教理教义。正是在长期以《老子》设教的过程中，产生了一部托奉老子之“道”而实演五斗米道教理教义的《老子想尔注》。此书的作者，道教或称张陵，或谓张鲁，学术界也难下定论。现今许多学者认为，此书应是张鲁假托其祖之作。从五斗米道的产生和发展过程来看，此书大概是张鲁为发展五斗米道，让高级祭酒撰写而由其定稿成书的，是集祭酒们宣讲教理教义之大成的作品，也是五斗米道思想理论的总结

① 《史记·秦本纪》。楚国的汉中郡，治今陕西安康市区。

② 《北史·泉企传》。

性成果。此书将《老子》确定的宇宙本原和最高哲学范畴的“道”予以人格化和神圣化，曲解为主宰一切的至上神，并且把老子视为“道”的化身，推尊老子为高于黄帝的“太上老君”，又首次提出“道教”这一正式名称，重视阐发和宣扬长生成仙的思想和方术，还反复强调作为教徒行为规范的“道诫”的重要性。此书明显地吸收了《老子河上公章句》的思想和受到了《太平经》的影响，发挥了《老子河上公章句》的养神不死之说，申述了《太平经》的行道德、致太平之论。不过，此书既不是前者那样基本为阐释老子哲学的著作，也不是后者那样着重于借助神学以宣扬黄老政治思想的治世之术的著作，而是直接为着宗教的建设和发展需要以改造老子学说、阐发宗教教理教义的著作。比较而言，《太平经》只应说是富有道教色彩的“神书”，此书才应视为具有道教性质的第一部“道书”。

经张鲁对五斗米道作较长时间的理论、组织和制度建设，五斗米道基本上确立了太上老君为其最高教主、《老子》为其主要经典、“道教”为其宗教通称，形成了较严密的组织和较严格的教规，并且发展壮大而遍行汉中、巴、蜀地区，成为影响颇大的社会宗教团体，奠定了道教发展的基石。张鲁后来投降曹操，接受曹操左右的汉室封任。五斗米道也传播四方，逐渐由民间道教上升为官方道教、由地方性道教发展为全国性道教。

第七节　汉代科技对楚国科技的继承和发展

楚文化在东周区域文化中无与伦比的成就，也突出地反映在楚国科学技术有众多方面领先于东周列国的地位上。东周科学技术的发展水平，可以说主要是以楚国科技为代表的。

汉代，是中国古代科学技术大总结和大发展的时代。汉代科学技术的高度成就，在许多方面就主要是直接继承、发展了楚国科技而取得的。

一、冶铁技术

春秋战国时期，楚国的青铜冶铸工艺后来居上，独领风骚。利用和发展青铜冶铸技术，楚人在春秋晚期就已开始冶铁并锻铸铁器。大冶铜绿山古矿冶遗址为中心的今湖北黄石、鄂州一带，是商周时期中国、也即春秋战国时期楚国规模最大且技术最为先进的铜铁采矿和冶炼基地。其矿井、炼炉及铜铁器等遗迹遗物，反映了当时中国的采矿和冶金最高技术水平。据考古资料，现已出土的东周铁器大多是楚国的，楚人已经初步掌握了块炼渗碳钢和铸铁柔化等工艺。

历秦入汉，冶铁业得到了迅猛发展。当年楚国著名的冶铁基地宛邑（汉为南阳郡治，即今河南南阳市宛城区），成为西汉最大的铁器冶炼和生产基地之一。1959—1960 年，在南阳瓦房庄汉代冶铁遗址的发掘中，发现西汉文化层有熔炉基 4 个、勺形鼓风机械基址 1 处等遗迹和各种铁器 110 多件，东汉文化层有熔炉基 5 座、锻炉 8 座、炒钢炉 1 座等遗迹和各种铁器近千件。一些铁器模制有“阳一”的铁官铭文，表明该遗址为铁官第一号作坊，汉代南阳郡有多处铁官作坊。在南阳地区，迄今发现的汉代冶铁遗址已有 10 多处。[①] 西楚霸王项羽所都的彭城（今江苏徐州），也是西汉铁官监守的铁器产地。楚国传统的冶铁技术，乃随着西汉经济发展的需要和朝廷的重视而得以普及和提高。学者根据出土的楚国铁器和南阳汉代冶铁遗址的考察，对楚、汉冶铁情况作了探讨。[②]

先秦的冶铁炼炉，尚未在楚地发现。可是，著名的湖北大冶铜绿山古矿冶遗址，已发现了多座春秋战国时期的冶铜炼炉。这些炼炉都是竖炉。学者经研究和模拟试验后认为，这些炼炉的设计合理，性能较为优越，体现了当时冶炼的先进技术。现今发现的西汉冶铁炼炉，也都是与楚国

① 参见河南省文化局文物工作队《南阳汉代铁工厂发掘简报》，《文物》1960年第1期；河南省文物研究所《南阳北关瓦房庄汉代冶铁遗址发掘报告》，《华夏考古》1991年第1期。

② 参见后德俊《楚国的矿冶髹漆和玻璃制造》，湖北教育出版社1995年版。

冶铜炼炉相似的竖炉，只是建筑得更为高大、改造得热效率和料容量更大。“我国古代炼铁高炉是从炼铜高炉的基础上发展起来的”①，而“铜绿山的春秋炼炉不仅代表了当时我国最高的炼铜技术，而且为战国以至秦汉炼铁技术的提高创立了良好的基础”②。

楚国的铸铁柔化技术，可以将生铁处理成黑心和白心两种韧性铸铁，如铜绿山古矿冶遗址出土有韧性铸铁制成的六角形锄，长沙左家塘楚墓出土有黑心韧性铸铁制成的凹口锄，但毕竟处于起步阶段，也未能得以推广，故现今出土的楚国韧性铸铁的数量甚少。自西汉中期，冶铁业实行官营，朝廷为了提高铁制农具的使用寿命，着力推广和发展这种可以增加铁器的强度和韧性的技术。于是，铸铁柔化技术不仅发展到成熟阶段，而且普及为常规的工艺方法。

战国中期以后，楚国已能生产白口和灰口混合的麻口铁制品。铜绿山古矿冶遗址出土的战国中晚期铁锤，就是这类强度较高而耐磨性较强的制品。西汉前期，楚人掌握的这种冶铁技术，又发展成为能够生产低硅低碳的灰口铸铁工艺。在此基础上，汉人进而还发明了生产类似今日的球墨铸铁的工艺。

以低温还原的“块炼法”炼出熟铁，又进而对其反复加热和锻打以“百炼成钢”的技术，楚人在春秋晚期就已掌握了。江苏六合的春秋晚期楚墓出土有熟铁条，长沙杨家山春秋晚期楚墓出土有用熟铁锻打成的钢剑。这项技术，在汉代乃至后世，一直作为简便易行的传统而承袭下来并不断予以完善。

南阳瓦房庄汉代冶铁遗址发现不仅有容量大、耐温高的熔炉遗迹，还有炒钢炉和热鼓风熔炉遗迹，出土各种铁器的材质有白口铁、灰口铁、白心和黑心可锻铸铁、脱碳铸铁、铸铁脱碳钢和炒钢等，颇具代表性地显示出汉代冶铁和铁器铸制技术在楚国暨战国的技术基础上的重大发

① 杨宽：《中国古代冶铁技术发展史》，上海人民出版社1982年版，第78页。
② 张正明：《楚文化史》，上海人民出版社1987年版，第75页。

展。

冶铁业规模巨大，冶铁作坊遍布全国，中国古代的冶铁炼钢技术在汉代大体完备和基本成熟，钢铁制品广泛应用到社会生产、生活的方方面面，是汉代文化的突出成就。这一成就的取得，则与楚人在冶铁技术上的贡献分不开。

二、纺织工艺

在古史传说中，华夏始祖黄帝“垂衣裳而天下治”，而最初劝民养蚕缫丝、教民纺绢织帛以制作衣裳者是黄帝所娶“西陵之女”为正妃的嫘祖。古今传说又谓，“西陵之女”即远古居于南土西陵（今湖北宜昌暨远安一带）的西陵氏部族之女。①

传说虽然不足为据，但丝织工艺在新石器时代就已兴起于南方，在春秋战国时期又发达于南方，则已为考古发现所证实。迄今所见的先秦丝织品实物，大都出土在南方楚地。被誉为“丝绸宝库”的江陵马山一号楚墓出土的丝织品，其数量之多、种类之全、织造之精、染色之艳、刺绣之美，令人叹为观止，足以反映楚国纺织工艺的辉煌成就和代表我国先秦纺织工艺的最高水平。

西汉的中国，已从先秦初为世界知晓的“丝国”（古希腊人称先秦时的中国为 Seres，即“丝国”）而成为誉满全球的“丝绸大国”，形成了陆上和海上的中外文化交流频繁的“丝绸之路”。可是，从考古发现来看，汉代的纺织品实物，依然大都出土于故楚之地，并且明显地反映出汉代丝织工艺对楚国丝织工艺的继承和发展。②

湖北江陵凤凰山 167、168 号汉墓中，出土了较多的丝织品。167 号汉墓中有绣花细绢棺罩、裹尸衣衾及 35 卷象征缯匹的丝织品条等。168

① 说详拙文《西陵·西陵氏·嫘祖——兼论嫘祖文化遗产的保护利用》，《荆楚学刊》2017年第2期。

② 参见袁建平《马王堆一号汉墓与马山一号楚墓出土丝织品的比较研究》，《马王堆汉墓研究文集》，湖南出版社1994年版。

号汉墓中所出不少，惜多腐烂。长沙马王堆一号汉墓，就出土了保存较好的丝织衣物100余件，单幅的丝织品和刺绣品46卷。马王堆三号汉墓也出了大批丝织的衣物和制品，只是大都残破。这些丝织品，是迄今所见汉代保存较好而丰富精美的丝织品实物。

湖北、湖南的汉墓里出土的丝织品，主要有绢、绨、纱、罗、绮、绵、绦、组、缣等。这些种类，几乎都见于战国楚墓。唯有马王堆汉墓中的绒圈绵等很少几种，或许是汉初新开发的产品。

马王堆汉墓与马山一号楚墓中出土的丝织品，在织造前都经过了并丝处理，已能根据不同织物的要求控制经纬线的粗细程度和捻度，丝线捻度一般都在1000次/米以上，最高可达3000次/米以上，反映出汉初的缫纺技术对楚国缫纺技术的因承。不过，马王堆汉墓中出土的薄如蝉翼的素纱和毛茸厚实的绒圈绵，却尚未见于楚墓中，堪称巧夺天工，显示出汉代缫纺技术所达到的更高水平。

楚墓中出土的丝织品的幅宽，大都在50厘米左右。其组织结构有平纹、斜纹、平纹或斜纹变化而提花、平纹或斜纹组合等，已比较完备。马王堆汉墓中出土的丝织品的幅宽与组织结构，与楚丝织品基本一致。尤其是绦带，虽然只有与楚绦类同的针织绦而未见楚式纬线起花绦，但也具有代表性地表明了汉代织造工艺依然因承着楚国织造工艺，反映出汉代故楚之地的织造业依然生产着楚国的传统产品。马王堆汉墓中出土的较多纹绮和纹罗，则以复杂的经纬组合和丰富的纹样显示出汉代织造工艺在楚国织造工艺基础上的长足进步。

五光十色、惊采绝艳，是战国楚墓和两湖汉墓出土的丝织品的共同特征。马山一号楚墓中丝织品的色彩，就有深红、朱红、桔红、紫红、棕红、棕、深棕、金黄、土黄、灰黄、绿黄、钴蓝、灰白等数十种。马王堆汉墓中的丝织品的色彩更显丰富，多达36种。经研究，楚国丝织品除了少数素色生绢之外，大部分是经过精练后染上色彩的，并且是按照不同的用途和质量作不同程度的精练，再加以涂染或浸染或媒染而成，体现出相当高的精练和染色技术。马王堆汉墓中的丝织品，继承了楚国的精练技术和染色技术又有所提高，主体色调依然为红色而显示出楚人尚赤的传统，但在色彩种类和印染质量上略见超越之处。尤其是印花丝织物，将印花与彩绘相结合，为楚墓出土丝织物中所未见，当为战国末至汉初的楚人的又一推陈出新的创造。

凭借鲜艳的丝线，楚人曾编织出繁缛绚丽、丰富多彩的纹饰图案。马王堆汉墓中丝织品的织纹，有各种各样的几何纹、动物纹和植物纹，尽管其具体图案与楚墓中的丝织品不尽相同，但其总体风格则与之颇为一致。

楚人在丝织品织造上倾注的艺术情思，应该说最为充分地表现在刺绣上。楚墓中出土的刺绣品，乃以变化多端、精湛卓绝的针法，绣出了各种奇花异草、祥禽瑞兽组合成的丰富生动的形象、诡谲瑰丽的图案，具有神奇浪漫的色彩，显示出葱茏奔放的艺术想象力和标新立异的文化创造性。马王堆汉墓中的刺绣品，虽然在针法上仍以楚绣传统的锁绣、即开口锁绣和闭口锁绣为主，但也发展出了类似接针的绣法、单针辫子股绣法及直针平绣法；在艺术造型上，虽然不像楚墓中的刺绣品那样大量地表现凤和龙，却依然为集众美于形内、挫万物于针端的驰骋神思之作，形象或实或虚、或明或暗，并且借祥禽与奇卉的组合、瑞兽与珍草的相配、云雾与灵物的映衬来表达审美理想，具有浓郁的楚风。

凤凰山、马王堆汉墓中还出土有麻织品，其织造方式与楚墓中出土的麻布一样，都是平纹麻布，但其细密程度却甚于楚国麻布。马王堆汉墓中出土的细麻布，是迄今所见汉代最为精细的麻布。其经线密度达每平方厘米32~38根，而长沙楚墓中出土的麻布则为经密每平方厘米28根。

2012—2016年发掘的南昌西汉海昏侯墓，随葬了丝、麻、棉（木棉）三类的大量纺织品，尤以丝织品最多也最为精美。[①] 其遣册记载存放衣

① 参见江西省文物考古研究所等《南昌市西汉海昏侯墓》（《考古》2016年第7期）、吴方浪《海昏侯墓新出木楬所见汉代丝织物初探》（《文博》2020年第1期）等。

物或织品的竹笥和漆盒有三四十个，所见三块签牌上记载的纺织品有纨、絮、丝、绢、缕、练、绛、布八种，所见简牍上记载墓中用了包括“长绘锦周（绸）”的锦、绸等丝织品装饰，被认为集中了西汉纺织品的精华。遗憾的是，墓中的纺织品未能得到完好保存，今人也无法通过其出土实物了解纺织工艺在西汉中晚期的发展状况。

从文献记载和出土的汉代画像石上所见纺织图可知，汉代纺织业高度繁荣和成就辉煌。凤凰山、马王堆汉墓中出土的织物，又突出地反映了汉代的纺织技术水平。汉代的纺织技术水平，已是“波斯和欧洲要到数世纪后才能达到的纺织技术水平”①。不言而喻，汉代纺织业的繁荣景象的形成和辉煌成就的取得，得益于楚国纺织工艺的贡献尤多。

三、漆器工艺

已知中国最早的漆器，也与已知中国最早的丝织品一样出土在南方。现已出土的东周漆器，以楚国漆器的数量最多、种类最全、造型最新奇、纹饰最华美、色泽最富丽、工艺也最精湛。学者指出：“战国时期楚及受楚文化影响的地区漆工艺最发达。”② 因此，说楚国漆器工艺代表了先秦漆器工艺的最高水平，是不以为过的。

秦汉漆器工艺，主要在继承楚国漆器工艺的基础上发展。研究者指出：“从目前积累的考古资料，无论从漆器的制作工艺，还是从漆器的造型和花纹等方面分析，发达的楚国漆器工艺，对秦汉漆器工艺都产生了相当深刻的影响。……秦汉漆器的制作工艺，仍然继承了楚国漆器的制作方法。例如木胎的挖制、斫制和雕刻、卷制等，竹胎的锯制与编织方法等。……秦汉时期的漆圆盒、壶、钫、盘、匜、耳杯、樽、卮、圆奁等的造型，仍然继承楚国这些漆器的造型方法；……在秦汉时期的漆器纹样中，龙纹、虎纹、豹纹、鹿纹、凤纹、鸟纹、鸟头纹、羽毛纹等

---

① ［英］李约瑟原著、［英］科林·罗南改编、上海交通大学科学史系译：《中华科学文明史》第一卷，上海人民出版社2001年版，第46页。

② 后德俊：《楚国的矿冶髹漆和玻璃制造》，湖北教育出版社1995年版，第213页。

动物纹样，圆点纹、圆圈纹、三角形纹等几何形纹样，以及云气纹、卷云纹等，都不难在楚国漆器纹样中找到；……秦汉漆器的用色，也是以红、黑色为主，金银色极少；……”①

迄今所见保存完好的汉代漆器实物，又同其时的丝织品一样，大都出土在故楚之地的汉墓中。湖北的凤凰山汉墓和云梦大汶头汉墓、湖南的马王堆汉墓、安徽阜阳汝阴侯墓、江西南昌西汉海昏侯墓以及故楚之地的其他汉墓，出土了大量漆器。凤凰山汉墓就出土漆器500多件，马王堆汉墓出土漆器达700多件，海昏侯墓出土漆木竹器则约3000件。

西汉前期的漆器，在胎质上主要为木胎和夹贮胎两种，与楚国漆器的胎质种类相同，只是夹纻胎增多。其木胎的制法，主要有斫、旋、卷3种，也与楚国漆器的木胎制法一脉相承。其绘彩描纹的方法，主要是漆绘、针刻和施油彩，与楚国漆器绘彩描纹的方法基本一致。其器物造型，主要是日常生活用品，虽然罕见楚墓中如虎座飞鸟、镇墓怪兽、虎座鸟架鼓等反映楚人宗教意识和生活习俗的典型楚器，缺乏楚器那种精雕细刻的繁复表现，但基本形制仍与楚器大同小异。其纹饰风格，则大都同楚器一样，以红、黑两色为基调，满绘诸物以见缛、浓施重采而显丽。另外，其中有的器物，采用了镶嵌金银、以金银箔贴花等技术而使得器物更为华贵。这种镶嵌和描贴技术，在楚器中业已开始采用，是对楚国漆器工艺的继承和发展。

凤凰山汉墓和马王堆汉墓出土的漆器上，多见“成市草（造）”“市府草”的烙印戳记，表明其大都产于蜀地成都。汉初蜀地生产的漆器具有鲜明的楚文化特征，当是因为巴蜀之地与楚邻近而在东周受楚文化影响很大、楚人在战国时多流入蜀地所致。据文献资料和考古资料，至战国中期，巴地已大部分属楚国所有，蜀地也为楚文化居于主导地位。学者经研究后指出：“从工艺水平上看，我们的汉代漆器（包括“蜀漆”）

① 陈振裕：《楚国漆器工艺》，《楚文化与漆器研究》，科学出版社2003年版，第365~382页。

应该是在吸取了楚国漆器制造工艺的基础上逐步发展起来的。”[①] 也因如此，西汉早期的漆器“花样富丽而繁复”[②]，直接承袭了楚器风格。

海昏侯墓出土漆器，有生活用具的耳杯、盘、奁、笥、樽、盒、几案、托盘、床榻、仪仗架、围棋盘等，有乐器编钟架、琴、瑟、排箫、伎乐木俑等，有兵器盾、弩、剑鞘、剑盒等，还有彩车、模型乐车以及孔子与其弟子画像等，胎质主要有木胎与夹纻胎两种，髹漆以红、黑两色为基调，纹饰多见云气纹、三角形纹、变形鸟头纹以及龙虎、神兽等动物纹。发掘者认定：“南昌西汉海昏侯墓出土漆木器数量众多，器形丰富，纹饰精美，工艺繁复。海昏侯墓出土漆木器不仅在数量上远超同时期墓葬，在质量上更是代表了汉代王侯等级的漆木器制造水准，尤其是写有‘昌邑’款识的器具，代表了汉代诸侯王乃至皇室成员的漆木器用器标准。”[③]“代表了汉代王侯等级的漆木器制造水准”，代表了西汉中期的漆器工艺水平的海昏侯墓出土漆器，在器类、胎质、制法和纹饰诸方面，皆显示楚、汉漆器的制作工艺和文化风格一脉相传的发展。

西汉晚期的漆器，在器型上与西汉早中期的漆器大致相同，但夹纻胎和镶嵌金银的扣器的比例明显增大，制作工艺也有所发展而更显成熟，只是纹饰风格却趋于简朴。降至东汉，漆器生产日渐衰落，漆器在社会生活中的重要地位逐步被新兴的青瓷器取代。

四、天文历法

在我国原始社会晚期，先民已经具备了一定的天文历法知识。据文献记载，我国最早的知名天文学家，就是古史传说中五帝时代司天司地的楚人远祖重黎（祝融）。《国语·郑语》和《史记·楚世家》说，祝

① 后德俊：《楚国科学技术史稿》，湖北科技出版社1900年版，第93页。
② 《中国大百科全书·考古学》“汉代漆器”。
③ 江西省文物考古研究院等：《江西南昌西汉海昏侯刘贺墓出土漆木器》，《文物》2018年第11期；参见江西省文物考古研究所等《南昌市西汉海昏侯墓》，《考古》2016年第7期。

融为高辛氏（帝喾）的火正，即“掌祭火星，行火政”①的司火之官。其重要职责，便是仰观天文以观象授时，也就是观察大火与鹑火的星象位置以确定农时。《史记·太史公自序》开篇则述：“昔在颛顼，命南正重以司天、北正黎以司地。唐虞之际，绍重黎之后，使复典之。”张正明先生指出：“楚人的先祖是我国古代最早知名的天文学家，他们观象授时的丰富经验，是直接为刀耕火种的原始农业服务的，因而后来的火神就兼为农神了。”②

楚先民重视观察天象、探索历法以为生产和生活服务的传统，一直为后人尤其是楚人所继承和发扬。据《史记·太史公自序》所言，自原始社会晚期的传说古帝颛顼时代至周代，历代历朝“序天地”之官都是重黎的后裔。春秋战国时期，楚人的宇宙观念也因此尤显强烈，楚人的天文知识也因此达到时代的高度。老子、庄子和屈原在其作品中表达的宇宙论和天象观，显示了当时天文学的最高认识水平，对后世天文学的发展产生了巨大影响。

“日月安属？列星安陈？”③长期的天文星象观测实践，使楚人对天体星象的认识日益全面深刻。湖北随州曾侯乙墓出土的一件漆木箱，箱盖上绘有二十八宿的全部星名和青龙、白虎图象。李约瑟考证后认为：“我们可以确定，二十八宿体系是从商代中期开始逐渐发展起来的，因为它的核心部分在公元前14世纪已经出现了。”④这件战国早期的珍贵天文文物的出土，表明中国至晚在春秋战国之际就已建立了完整的二十八宿体系。迄今所见唯一一件记有二十八宿星名的文物在当年楚国腹地出土，又表明中国的二十八宿体系可能是由楚人最终建立的。战国中期，楚国已有专门的“传天数”之官。《史记·天官书》记述：“昔

① 《汉书·五行志》。

② 张正明：《楚文化史》，上海人民出版社1987年版，第6~7页。

③ 屈原：《天问》。

④ ［英］李约瑟原著、［英］科林·罗南改编、上海交通大学科学史系译：《中华科学文明史》第二卷，上海人民出版社2002年版，第110~111页。

之传天数者……在齐，甘公；楚，唐昧；……魏，石申。”甘公名甘德，一说亦为楚人，是战国时最为著名的天文学家，作有《天文星占》八卷，对二十八宿及星辰运动做了系统化的阐述。《汉书·艺文志》即载：“六国时，楚有甘公。”学者推测：“大概甘德起初在齐国效力，后来才转到了楚国。”① 即使甘德本非楚人，但他既然到楚国从事天文工作并著书，也说明楚国的天文事业发达和天文学水平处于当时的领先地位。马王堆汉墓出土的帛书《天文气象杂占》，其中有 29 幅彗星图。② 这是目前所见中国乃至世界最早的彗星图。所绘彗星的种种状态，颇为形象和科学。学者认定：“这份材料出自战国时楚人之手当无问题。”③ 这份材料也反映出，楚人对星象的观测达到了相当精细的程度。二十八宿体系的建立和星辰运动规律的测定。对于历法的精确编制和天文学的发展，其重大意义是不言而喻的。在世界历史上，“中国是惟一一个能追溯星宿系统逐渐发展过程（正如已经做的）的古代文明”④。

梳理传世的和出土的相关文献资料可知，楚国在西周及春秋“采用周历而兼顾夏历”，在战国时期“改用颛顼历而兼顾夏历”。⑤ 颛顼历建亥，以冬十月为岁首，不同于夏历建寅而以春正月为岁首，殷历建丑而以冬十二月为岁首和周历建子而以冬十一月为岁首。建正不同于夏、商、周旧历的颛顼历，当是楚国强盛起来之后、楚文化发展进入繁荣时期的楚人创制，在一定意义上体现了楚人踌躇满志的政治信心和独标一格的文化创新。楚人创制的楚历托名颛顼，想必是因楚人华夏化后在华

---

① 张正明主编：《楚文化志》，湖北人民出版社1988年版，第277页。

② 有学者认为是30幅彗星图，其中一星的图文皆残泐不清。见王胜利《帛书〈天文气象杂占〉中的彗星图占新考》，《马王堆汉墓研究文集》，湖南出版社1994年版。

③ 席泽宗：《马王堆汉墓帛书中的彗星图》，《文物》1978年第2期。

④ ［英］李约瑟原著、［英］科林·罗南改编、上海交通大学科学史系译：《中华科学文明史》第二卷，上海人民出版社2002年版，第120页。

⑤ 参见张正明《楚文化史》第四章，上海人民出版社1987年版；王胜利《楚国天文学探索》第五章，湖北人民出版社2007年版。

夏首尊黄帝和华夏古帝万世一系的正统观念支配下，格外尊崇古史传说中在华夏历史上贡献卓著且重用楚人血亲始祖重黎（祝融）的黄帝之孙颛顼，乃至称祝融为颛顼之孙，即《山海经·大荒西经》所谓“颛顼生老童，老童生祝融”、“颛顼生老童，老童生重及黎”。[①] 颛顼历的创制，可能主要出于楚国政治和宗祀的需要。颛顼历的行用，也主要是楚国官方。湖北云梦睡虎地秦墓出土秦简记载有独特的楚历月名，由岁首冬十月至岁末秋九月分别名为“冬夕、屈夕……献马”。研究者指出：“其义除‘献马’之外，均与祭祀祖先有关。”[②] 不过，楚人在社会生活中并不行用官历，而是行用对应物候、适合农事而与夏历相契的民间历法。屈原在《离骚》中自述出生之月的“孟陬”，在《九章》《九歌》中描写的时节物候，皆契夏历。长沙子弹库楚墓出土帛书所记十二神名，基本对应《尔雅·释天》所记夏历十二月名。楚国行用的民历，当以夏历为体而兼取先秦古历的商、周、鲁诸历之所长，或许初步吸纳了战国时期已经基本形成的二十四节气，较好地适应了广袤楚地的民众生产、生活的实际需要。

战国晚期，秦国也行用颛顼历。或如研究者所论：“秦历实际上是对楚《颛顼历》的改造利用。”[③] 秦人之所以改造利用楚国的颛顼历，大概一者是因秦人也尊奉古帝颛顼为先祖，以为本与楚人同宗共祖；二者是在先秦诸历中，楚国历法最优。秦国的颛顼历，虽然建亥而以冬十月为岁首，月名和四时却与夏历一致，可谓以夏历为体的变种。显然，秦历对楚历的改造利用，是以楚国民历为体、官历为用的糅合行使。

楚人灭秦兴汉之后，在汉初则沿用秦历。这一方面是因为汉初统治者政尚简易而承袭秦制；另一方面也恐怕是由于秦历源自楚历，汉朝统治者大概觉得沿用秦历不仅简便易行，而且也继承了楚文化。《史记·封

① 说详拙文《炎帝·颛顼·祝融——楚人始祖论》，《江汉论坛》2014年第12期。
②③ 武家璧：《简论楚〈颛顼历〉》，《长江大学学报》2019年第4期。

禅书》记载，刘邦成为汉王后，“以十月为年首”。不过，至汉武帝时代，精确性较差的秦历使用已久而失误过大，以致出现了“朔晦月见，弦望满亏，多是非”[①]的错乱现象，不仅给统一的大汉帝国的经济生产和人民生活带来不便，而且造成社会心理不稳、国家政令失调而影响王朝安定的危害。汉武帝于是诏令朝野天文学家20余人“议造汉历”[②]。“其中大天文学家唐都（祖先是楚国史官）、大历数家落下闳（巴郡隐士）是主要的造历者。”[③]在造历过程中，“唐都分其天部，而巴落下闳运算转历”[④]，于公元前104年造成《太初历》。《太初历》以寅月（正月）为岁首，与较为切合生产与生活实际需要的夏历及楚国民历同，但内容比古老的夏历和颛顼历丰富得多，是依据天文观测、结合生产实践而编造的，是建立在定量分析的科学基础上的，纠正了颛顼历的累积误差，计算出日月食发生和行星会合的周期，纳入成熟形态的二十四节气并以无中气之月为闰月，更好地对应四时气候、物候而切合农事，可谓是对古历的创造性变革和发展，因而成为后世历法的典范，为中国古代历法科学的发展并长期处于世界领先地位奠定了良好的基础。楚人后裔唐都，为《太初历》的造成作出了巨大贡献。史籍记载唐都为方士，应是故楚之地精通传统楚文化的民间博学之士，或许为楚国天文学家唐昧的后人，在武帝时代享有盛誉。他“分天部”、即“谓分部二十八宿为距度”[⑤]，无疑因承和发展了楚国天文学理论，并用之作为“造汉历”的基础。因此，《太初历》的造成，在相当程度上也是发展楚天文学的结果。《庄子·天地》云：“泰（太）初有无，无有无名。一之所起，有一而未形。”汉武帝以楚人意谓“本原”的哲学概念命名新造的汉历并颁行天下，取代秦历，不仅表明他将其视作有史以来的第一部历法大典，也使其蒙上了楚文化色彩。终汉之世，西汉末年刘歆改制了《三统历》，东汉中期章帝又颁

①② 《汉书·律历志》。
③ 范文澜：《中国通史》第二册，人民出版社1978年版，第165页。
④ 《史记·历书》。
⑤ 《史记·历书》裴骃集解引《汉书音义》。

行了重订的《四分历》，东汉末年刘洪新创了《乾象历》。《三统历》是《太初历》的补充，《四分历》则是《太初历》的校正，只有《乾象历》可称为划时代的历法，它们又都是在《太初历》基础上的发展或变革。

近年出土的荆州胡家草场汉墓简牍中，有“历”简 101 枚和“日至”简 102 枚。发掘者介绍：“本次发现的历简是银雀山、张家山、孔家坡汉墓已公布的汉简之后出土西汉历简数量最多、年代跨度最长的。……（日至简）第一枚简……概述‘立冬、立春、立夏、立秋’四个节气在一年中所对应的月份，简背书写元年刑德所居方位。第二枚简正面书写“冬至、立春、春分、立夏、夏至、立秋、秋分、立冬’八个节气名，简背第一道编绳下书写卷题‘日至’。……简文记载了从文帝后元元年(公元前 163 年)下推至公元前 64 年百年间每年冬至等八个节气的干支。”[①] 疏理出土汉简的历、日资料，可以了解汉代历法和历谱的编制过程和成就。

制历必先测天，历法的科学性乃为观测天象的精确性所决定。随着汉初经济的恢复、社会的稳定，楚人重视观察天象和天文学研究的传统也在汉初得以继承和发扬。马王堆汉墓出土的帛书《五星占》和《天文气象杂占》，是目前所见中国乃至世界最早的天文学著作。《五星占》保存了战国时甘德的《天文星占》和石申的《天文》中的部分内容，“其中甘氏的尤多”[②]。它系统地记载了金、木、水、火、土五大行星的运行情况，还列出了从秦王政元年(前246)至汉文帝三年(前177)间木星、土星和金星的位置，描述了这三颗行星在一个会合期内的动态。学者指出：

它向我们表明，当时人们已经在利用速度乘时间等于距离这个

① 李志芳等：《湖北荆州市胡家草场西汉墓M12出土简牍概述》，《考古》2020年第2期。

② 席泽宗：《马王堆汉墓帛书中的〈五星占〉》，《中国古代天文文物论集》，文物出版社1989年版，第46页。

公式，把行星动态的研究和位置的推算工作有机地联系起来，这就比战国时代甘、石零星的探讨前进了一步，而成为后代历法中“步五星”工作的先声。我们发现，它所载的金星的会合周期为584.4日，比今测值583.92只大0.84日；土星的会合周期为377日，比今测值只小1.09日；恒星周期为30年，比今测值29.46年大0.54年。……可以断定帛书的写成年代约在公元前170年左右。这比《淮南子·天文训》约早三十年，比《史记·天官书》约早九十年，但其中的这些数据却远较后二者精确。[①]

“马王堆帛书中能推定作者地望的，大都是楚人的著作。”[②]《五星占》多述录甘德《天文星占》的内容，也表明它是汉初楚地人继承和发扬甘氏之学的著作。它反映了楚天文学在汉初楚地的巨大发展。正是有着它所记载的对行星的精细观测和“步五星”的准确推算，才会有着“议造汉历”的成功。

西汉天文学的发展，还突出地表现为天体学说较以前进一步地丰富化和理论化。西汉前期致力于阐发天体形成和宇宙结构理论的，大都是道家学者。产生于江淮故楚之地的《淮南子》，总结春秋战国以来的道家“天道观”和天文学成果，系统地阐发了“道生万物”的天体形成过程和气化天地的宇宙结构方式。其理论阐发，可以说是道家天道观和汉代宇宙论的全面完整的哲学表述。西汉中期以后，天体学说随着人们认识的深化而出现了争鸣，形成了盖天说、浑天说和宣夜说三大家。但三家的理论，都与楚人的天道观有联系。

盖天说起源最早，大概在商、周之际已萌芽，在春秋战国时期初步形成，在西汉发展成熟。从屈原《天问》对星辰列陈和宇宙结构的描述

① 席泽宗：《马王堆汉墓帛书中的〈五星占〉》，《中国古代天文文物论集》，文物出版社1989年版，第46页。

② 李学勤：《新出简帛与楚文化》，《楚文化新探》，湖北人民出版社1981年版，第33页。

来看，楚人是深知盖天说并对其理论的形成有所贡献的。传为宋玉之作的《大言赋》所谓“方地为车，圆天为盖”，似乎反映了楚人盖天说的基本观点。西汉前期成书的《周髀算经》，系统全面地阐发了盖天说，在楚人的盖天说基础上大有丰富和完善。

浑天说的起源也较早，周人已有天体为球形的朦胧意识。不过，其理论的初步形成，大概是在西汉前期，是随着天文学在汉代的高度发展并深受道家天道观影响而形成和完善的。浑天说的天体浑沦无形、天地乘气而立、宇宙周旋无端而永无穷尽等基本观点，可以说是道家的“有物混成，先天地生。寂兮寥兮，独立不改，周行而不殆”①、“通天下一气耳”②、“天地之无穷”③等思想引申和发展而来。西汉末年，扬雄本持盖天说，但在援据道家思想以改造神学化儒学的过程中，对道家的宇宙生成论有了更为深刻的理解，转而肯定浑天说，并作《难盖天八事》以批评盖天说不合实际，浑天说由此影响日大。东汉崇尚道家的大科学家张衡，对浑天说作了系统全面的阐发，使之深入人心。

宣夜说大概是汉人有感于“盖天”“浑天”两说对宇宙结构的解释皆难周全而另外提出的天体学说。它认为天体是浮在无限空间中而无质感的气球，日月星辰都自然浮在虚空中依赖气的作用而各自运动。它较浑天说进一步突破了有限天体和列星依附天体运动的认识，在当时是十分先进的，但仍主要是发挥道家宇宙生成论而形成的一种天体假说。

汉代最杰出的天文学家张衡（78—139），故楚之地南阳西鄂（今河南南阳市北）人，博学多才，曾两度为太史令，在天文历法、仪器制造、数学、地理、哲学和文学艺术等领域皆有很高造诣，也是汉代著名的思想家和文学家。他袭承楚人遗风，弘扬道家疾伪求真的科学精神，坚决反对当时盛行的谶纬神学，痛斥“图纬虚妄”。在天文学名著《灵

---

① 《老子》二十五章。马王堆汉墓帛书《老子》甲乙本、北大汉简《老子》第六十六章的文字略异。

② 《庄子·知北游》。

③ 屈原：《远游》。

宪》中，他发挥道家的宇宙生成论，有所创造性地阐述了宇宙的演化过程，并且对当时的天文学成就作了总结。他的《浑天仪图注》，则是“浑天说”的集大成之作，完整地表述了浑天说的理论。为了宣扬浑天说，他在前人试制浑仪的基础上，着手改创并制成了能够生动形象地演示浑天学说的仪器——水运浑象仪（即浑天仪，附有自动日历的机械装置“瑞轮蓂荚”）。经他对浑天说的理论阐述和形象演示，浑天说便确立了其在当时天体学说中的主导地位，并且成为后世千余年里影响最大的天体学说。另外，他还创制了测量地震方向的地动仪和观测气象的候风仪。在李约瑟看来，“张衡认识到空间必定是无限的，那么可以说，他能够通过日月这可知觉的运行机制而透视遥远的未知世界”[①]。总之，他登上了时代的科学高峰，是对中国古代科学技术的发展作出了伟大贡献的科学巨匠。

五、数学

数学是基础科学，天文学的发展尤其要依赖数学的发展。楚国的天文学较为发达，其数学水平自然是与之相适应的。楚国的数学文献未能传世，楚国数学的发展状况也难详知。不过，清华楚简中有篇《算表》，可以一斑略窥全豹。现存全简 17 支、残简 4 支的《算表》，“数码皆以战国楚文字书写”，“当撰成于战国中期偏晚”。整理者介绍：“《算表》计数采用十进制，计算时应用了乘法的交换律、乘法对加法的分配律等数学原理和概念。用《算表》进行乘法计算十分便捷……《算表》为迄今所见中国最早的数学文献实物，不仅比目前能够见到的古代十进制乘法表年代都早，而且其数学与计算功能也超过了以往中国发现的里耶秦简九九表和张家界汉简九九表等古代乘法表，在中国乃至世界范围内尚属首见，是一次惊人的重大发现，为认识中国先秦数学的应用与普

① ［英］李约瑟原著、［英］科林·罗南改编、上海交通大学科学史系译：《中华科学文明史》第二卷，上海人民出版社2002年版，第94页。

及提供了重要的第一手资料。……《算表》的计算功能也较古代其他地区出现的乘法表功能更强。"[①]整理者进而指出："《算表》为先秦数学与计算技术发展的直接实物证据，不仅比张家山汉简《算数书》、岳麓书院收藏的秦简《数》早，而且包含的内容是上述简牍中所没有的，它是认识先秦数学水平的重要史料。……它的发现，表明先秦数学水平特别是计算技术已有相当高的水平。"[②]如此说来，楚简《算表》体现了楚国的数学水平尤其是计算技术，也代表了中国先秦时期所达到的数学水平和所掌握的计算技术。

里耶秦简和1984年出土于湖北江陵张家山汉墓的竹简（简称"张家山汉简"）中的《九九表》，都是乘法口诀表，也都与《算表》所见数字排列方式一致。秦、汉流行于楚地以及中国南北的《九九表》，当为对《算表》的继承和简化。

岳麓秦简中有篇《数书》，"其内容与张家山汉简中的《算数书》大致相同，许多可以对勘"。[③]

北大秦简中有篇《算书》，"主要内容是各种数学计算方法和例题的汇编，与岳麓秦简《数》、张家山汉简《算数书》以及传世《九章算术》有很多相似之处"。[④]

张家山汉简《算数书》发现之前，所见中国最早的数学著作是约成书于西汉晚期的《周髀算经》和约成书于东汉初年的《九章算术》。《周髀算经》讲述了开平方、等差级数、直角三角形计算等问题，尤其是阐明了勾股定理（即西方世界所称的"毕达哥拉斯定理"）。《九章算术》

① 李均明、冯立昇：《清华简〈算表〉概述》，《文物》2013年第8期；李学勤主编：《清华大学藏战国竹简》（肆）《算表·说明》，上海中西书局2013年版。

② 冯立昇：《清华简〈算表〉的功能及其在数学史上的意义》，《科学》第66卷第3期，2014年5月。

③ 陈松长：《岳麓书院所藏秦简综述》，《文物》2009年第3期。参见肖灿《岳麓书院藏秦简〈数〉研究》，中国社会科学出版社2015年版。

④ 北京大学出土文献研究所：《北京大学藏秦简牍概述》，《文物》2012年第6期。参见韩巍《北大秦简中的数学文献》，《文物》2012年第6期。

是一部数学专著，从社会生产和生活里需要解决的数学问题中，选出了246个例题，按应用范围和解题方法分为九大类，包括了今日初等数学中的算术、代数和几何的大部分内容，构成“九数”的完整体系。学术界公认，此书比较系统地总结和概括了春秋战国到西汉的数学成果，显示了辉煌的成就，不仅指导我国数学的发展达两千余年，而且对世界数学的发展产生了巨大影响。李约瑟指出：“《九章算术》代表了一种比《周髀算经》更为先进的数学知识。……该书可能是所有中国数学著作中影响最大的一部……其中的一些问题后来通过印度被带到了欧洲。”①

“竹简《算数书》，和《九章算术》相似，形式也是一部数学问题集……有些以算法为题……有些是与经济生活密切相关的……”②书中有些部分，与《九章算术》明显关联。如其《少广》一节，《九章算术》中不仅也有，而且文字也与之较为近似。因此，《算数书》当对《九章算术》的成书有着直接而较大的影响。出土此书的汉墓之墓主，考古工作者推测为“死在吕后时或更晚一点时间”③。此书撰成，则当在秦、汉之际，早于《九章算术》约300年。不言而喻，此书的确“是关于中国数学史的一个惊人发现”④。《算数书》的释文，于2000年公开发表。整理者介绍说：“在公元前2世纪或更早一些时间，中国的数学已发展到相当高的水平，在世界数学史中占有重要地位……《算数书》奠定了中国古代数学发展的基础，系统地总结了秦和秦以前的数学成就……同时它开创了以计算为中心的问题集的编撰体例，并成为中国古代数学著作的传统。”⑤研究者阐明：“《算数书》是利用某种后来演变为《九章算术》主要来源的先秦数学著作或其衍生本的数学方法并结合下层官吏管理的实际而编成的作品。《算数书》有助于确立先秦至

---

① ［英］李约瑟原著、［英］科林·罗南改编、上海交通大学科学史系译：《中华科学文明史》第二卷，上海人民出版社2002年版，第11页。

②③④ 张家山汉墓竹简整理小组：《江陵张家山汉简概述》，《文物》1985年第1期。

⑤ 彭浩：《中国最早的数学著作〈算数书〉》，《文物》2000年第9期。

秦汉实用算法式数学发展演变的历史。”①

1977 年出土于安徽阜阳双古堆一号汉墓简牍（简称“阜阳汉简”）中有《算术书》，不仅年代与张家山汉简《算数书》相当且其内容“恰好可以相互证成”。②

2006 年于云梦睡虎地 77 号汉墓出土简牍中有《算术》，“和张家山汉简《算数书》一样，《算术》也是一部数学问题集。部分算题见于岳麓书院藏秦简《数》、张家山汉简《算数书》，但文字内容有一些差别”。③

20 世纪 70 年代以来陆续面世且较为完整的秦汉算术文献，全都出土或当出自故楚之地。这些流行于秦汉故楚之地以及当时中国南北的算术文献面世，表明数学应用在战国至西汉的南方楚地一直较为普及，反映出楚人的数学水平也达到时代的高度和秦汉数学继承楚国数学的发展状况，也引发了学界研究先秦秦汉数学史的热潮。④

六、医学

中国医学，在先秦时期已经具有相当高的水平。名医扁鹊的出现和名著《黄帝内经》的产生，显示了先秦医学的成就。

从楚人著作中大量记述有药性的植物和矿物、楚人墓葬中出土的较多医疗用具，以及文献记载楚地盛行巫风而多有兼行医术的巫觋等情况来看，医学在先秦楚地是十分普及的。现代学者考定为战国至汉初楚人所作“记海内外山川神祇异物及祭祀所宜”的《山海经》⑤，据统计记

① 邹大海：《出土〈算数书〉初探》，《自然科学史研究》2001年第3期。

② 见胡平生《阜阳双古堆汉简数术书简论》，《出土文献研究》第4辑，中华书局1998年版。

③ 见熊北生等《湖北云梦睡虎地77号西汉墓出土简牍概述》，《文物》2018年第3期。

④ 参见杨蕾、魏德胜《出土算术数书文献研究综述——以秦汉简牍为中心》，《古籍整理研究学刊》2019年第3期。

⑤ 说详拙著《楚文学史》中编第二章第一节《山海经》，湖北教育出版社2020年版。

载有100多种药物及其治疗的50多种疾病，蕴含丰富的医学知识，被认为反映了当时的医药学成就，对后世中医学的发展影响巨大。[①]张家山汉墓出土的医书两种、马王堆汉墓出土的医书10种，以及周家台秦简、北大秦简和北大汉简中的医方等，反映了战国至西汉楚地医学发展的状况。

世传我国最早的医书，是约成书于战国晚期的《黄帝内经》。它被公认为是一部内容相当全面的中医学典籍，奠定了中医学理论体系的基础，对两千多年来的中医学发展产生了深远影响，在世界医学史上占有重要地位。马王堆汉墓出土的《五十二病方》等医书，一些学者经考证后认为，其产生年代早于《黄帝内经》。[②]有的学者甚至认定，《五十二病方》就是早已失传的《黄帝外经》。[③]《五十二病方》记录了治疗外科、内科、妇产科、小儿科、五官科等多种疾病的医方52题，涉及用药、针灸、砭石及外科手术等多种治疗方法，共有103种病名、240多种药名、283个医方，确实可以补足《黄帝内经》。学者进而指出："《五十二病方》卷前的医学理论文字是《内经》的来源之一，可见《内经》可能相当大的部分是楚国的作品。"[④]它出土在汉初的故楚之地，证明了战国楚地医学已达到时代的高峰。

张家山汉简中有《脉书》，马王堆帛书《五十二病方》卷前佚书有《足臂十一脉灸经》、《阴阳十一脉灸经》甲本、《脉法》、《阴阳脉死候》四种。学者经比较后指出，《脉书》的内容相当于《五十二病方》卷前佚书的后三种。[⑤]它们是迄今所见最早的经脉学、灸疗学著作，显示了战国至汉初楚地乃至全中国在经脉学、灸疗学方面取得的成就。

---

① 参见袁思芳《试述〈山海经〉的医药学成就》，《中医药学报》1988年第6期；冉俐等《〈山海经〉中医药成就管窥》，《中医药导报》2018年第14期。

②③ 见傅举有《长沙马王堆汉墓研究综述》，《新华文摘》1989年第9期摘载。

④ 李学勤：《新出简帛与楚文化》，《楚文化新探》，湖北人民出版社1981年版，第37页。

⑤ 见张家山汉墓竹简整理小组《江陵张家山汉简概述》，《文物》1985年第1期。

《引书》和《导引图》，也是分别出土于张家山汉墓和马王堆汉墓中性质相同的医疗保健著作。“《引书》是导引理论与导引术式解说的综合著作，《导引图》则是导引术的图解。”① 从它们的描述和阐论来看，导引术主要用于治疗疾病，其次用于保健养生，在西汉初年已形成既有理论，又有方法而体系完整的医疗保健术。它们也是迄今所知中国最早的导引术著作，被认为在中国医学史和体育史上具有重大意义。

马王堆汉墓出土的简书《养生方》，是中国现知的从医学角度阐述养生术的著作。其中又着重阐述了性生理与性心理的关系、变化及卫生方法，记载了治疗性病的医方。因此，它又被认为“是目前世界上最早的关于研究性医学的专科文献”②。

另外，马王堆汉墓中出土的医书，还有《杂疗方》《胎产书》等。

近年出土的荆州胡家草场汉墓简牍中，有包括约 450 枚竹简、4 件木牍的医方汇编文献。“竹简分为 2 卷。第一卷内容涉及农业种植、牲畜饲养、巫祝术、病方等。这篇医方的汇编经过统一规划，是已知出土资料中时代最早、体例谨严的医方文献。第二卷主要是治疗各种疾病的医方。如 833 号简名为‘肥牛’，是讲述合理调配养牛饲料成分和比例的。767 号简名为‘令齿白方’，则是记载古人用中药进行牙齿美白的方法。部分医方与《伤寒论》《金匮要略》中的‘经典名方’在药物组成和功用主治上都十分接近，把传世经方的临床应用历史提前 300 余年。简文中有‘黄连’‘甘遂’等记载，在已知出土医学文献中均属首见。”③ 这批西汉早期医方简牍文献，反映了楚、汉医学的经方与本草等一脉相传的发展和造诣。

---

① 彭浩：《〈导引图〉与〈引书〉》，《马王堆汉墓研究文集》，湖南出版社1994年版。

② 傅举有：《马王堆汉墓研究综述》，《新华文摘》1989年第9期摘载。

③ 蒋鲁敬、李志芳：《胡家草场简牍的若干个“最”》，《人民日报》2020年2月8日第5版。

出土的这些战国至汉初的医书，应该都是出土地区的楚人著作。周家台30号秦墓的墓主，当为秦代南郡的低级官吏。其所藏医方，当出自江汉地区医者之手。关于马王堆汉墓出土的医书，学者早已作了论证：“属于方技的医书一类的《五十二病方》，肯定也是楚人的著作”[①]；“《五十二病方》和《养生方》等帛书医书，经常用‘知’字表示疾病的痊可，这是楚人的方言，见于《方言》一书”[②]；“《胎产书》则可以从语汇方面证明出于楚人”[③]；“《杂疗方》的地方色彩尤为浓重”[④]；“从帛书《导引图》卷前的《却谷食气》篇可知……这一篇作品也应出于楚人之手”[⑤]。张家山汉墓出土的《脉书》《引书》，与马王堆汉墓出土的一些医书相通相合，当然也是楚人之作。

楚人的这些医学著作，在医学理论和临床实践诸方面，都显示出当时中国的最高成就，不仅反映了战国至西汉中期楚地医学的发展面貌，而且代表了西汉前期医学的发展水平。尤其是在医学理论方面，楚人的阐发基本上是以道家哲学为基础的，是援据道家的“道法自然”“人参天地”“阴阳合和而万物生”等基本思想来建构体系的。相当大的部分甚至全书都可能出自楚人之手的《黄帝内经》，之所以冠以黄帝圣名，不仅在于当时人们尊奉黄帝为天下共祖和文明的开创者，更主要的还是因其是在流行于战国后期楚地的道家黄老学说的直接影响下产生的。其医学理论，发挥了黄老学说的基本思想。由楚人发其端而以道家哲学为基础、将人与天地万物看作自然的整体、把人体的变化与自然的变化联系起来、视清静无为而顺应自然为养生保健的高致等，便成为中医理论的特质和传统。概观汉代乃至后世的中国古代医学，可以说其主要是在楚医学奠定的基础上发展的。

阜阳汉简《万物》记载了许多药物，据简文可辨的药物就有70多种。[⑥]

---

①②③④⑤ 李学勤：《新出简帛与楚文化》，《楚文化新探》，湖北人民出版社1981年版，第37~38页。

⑥ 见阜阳汉简整理组《阜阳汉简〈万物〉》，《文物》1988年第4期。

有学者认为，《万物》应是战国时期的作品，“可以说是我国迄今发现最早的药物学著作”。[①]阜阳汉简出土于西汉第二代汝阴侯夏侯灶的墓中。夏侯灶之父夏侯婴，是与汉高祖刘邦同乡的西汉开国功臣，受封为侯而享有汝阴（今安徽阜阳）食邑。楚人后裔又袭爵于故楚之地的夏侯灶所藏《万物》，很可能是战国楚人的作品。中国传世最早的药物学专著《神农本草经》，一般认为最终成书于东汉，对所记365种药物进行了比较全面系统的分类并说明其产地、性味、疗效等，为中国药物学的发展奠定基础。对照观之，《神农本草经》所述药名、药性、药物功用和用药方法等，多与《万物》及上述楚人医书所述相同，明显因承并综合了楚人的药物学成果。

东汉末年“建安三神医”中的张仲景（约150—约215，南阳人）和华佗（约145—208，沛国谯、即今安徽亳州人），皆生长于故楚之地。被誉为“医圣”的张仲景所著《伤寒杂病论》，以道家的“道法自然”思想为指导，根据《黄帝内经》的基本理论，结合自己的临床实践，对伤寒等病症作了理、法、方、药具备的系统阐论，丰富和发展了楚人的医学理论，并使得医学理论更加切合临床应用，因而被人推崇为继《黄帝内经》之后的医学经典。誉称“外科圣手”的华佗则以治疗外科病享有盛名，还创造了“五禽戏”以防病健身。其“五禽戏”的理论和方法，当借鉴了《引书》和《导引图》。

东汉的医学名著，还有《黄帝八十一难经》（简称《难经》）。此书也深受黄老学说影响，是继《黄帝内经》《脉书》《足臂十一脉灸经》之后阐述经脉、针法、脏腑的医学理论著作。

七、地理学

楚国在东周长期是地域最广的诸侯国，出于政治和经济的需要，楚国的地理学想必是相当发达的。《山海经》一书，古人多以为是“主名

① 见周一谋《阜阳汉简与古药书〈万物〉》，《中医药文化》1990年第1期。

山川，定其秩祀，量其道里，类别草木鸟兽”的地理著作，当今也有学者认为“是中国最早的一部地理书”，体现了楚人的博大地理观念和丰富地理知识。马王堆汉墓出土的3幅地图，反映了因承楚国地理学而来的汉初地理学水平。

绘在缣帛上的三幅彩色地图，分别为《地形图》《驻军图》和《城邑图》。96厘米 ×96厘米的《地形图》，描绘的是汉初长沙国南部的地形。其范围包括今湖南南部、广东北部、广西东部，其内容包括山脉、河流、道路、聚落、县城、乡里等要素。98厘米 ×78厘米的《驻军图》，其范围仅为地形图的东南部地区，其内容除地形图的诸要素之外，还突出地标示了9支驻军名称、布防位置及防区界线、指挥城堡、军事要塞等。《城邑图》为一个城邑的平面图，绘有城垣、房屋及豪华的宫殿建筑等。3幅地图都按一定的比例、方法，详细而明晰地描绘了所要表现的内容。尤其是《地形图》，有区别明显的标示符号、别具匠心的表现方式，而山脉的画法竟与现代的等高线法相似！其内容之丰富、勘测之精确、标示之科学、描绘之高明，令人叹为观止。学者指出：“我们把今天绘制的湖南省南部地图和二千多年前的帛书地图对照，感到很惊奇，两个地图基本上差不多。城市的位置，山脉的位置，河流的骨架、流向及主要弯曲均大体相似，可见帛书地图的准确性。”[①] 如此古老又如此精确的地图，在当时是怎样绘制出来的呢？这的确让今日学者感到不可思议。今日学者猜测，当时一定有了精密的测量仪器。

马王堆汉墓出土地图的绘制，需要具备地理学及相关的数学、测绘技术、仪器制造等知识和能力。它们只会产生在多方面的科学技术都有了长期而高度的发展的基础上，它们也综合性地反映了战国至汉初楚地科技的成就。它们是现知中国最早的实测地图，比现知外国最早的地图、即曾被称为世界最早地图的埃及托勒密地图不仅早了200多年，而且精

① 傅举有：《长沙马王堆汉墓研究综述》，《求索》1989年第2、3期，《新华文摘》1989年第9期摘载。

确得多。

西汉中期以后，随着汉帝国的高度统一和经济、军事的需要，地图绘制广为普及，并因朝廷重视而产生了汉朝舆地总图。其实物虽未能见到，但其明载于史籍。汉朝地理学，在汉初地理学的基础上飞速发展而独步世界。

《史记》《汉书》述史记事，广载汉朝疆域内外的山川、原野、城邑、关塞、土质、物产、道里、习俗、行政区划、经济区划等，涉及自然地理与人文地理诸多方面，原始察终，求真务实，体现了汉代地理学的成就和水平。楚人后裔班固所撰《汉书·地理志》，首次以“地理”一词名篇，表明汉人已经形成明晰的地理学概念，也为中国古代地理学的发展奠基拓荒。

八、造纸术

造纸术是中国古代科学技术的四大发明之一，起源于西汉，基本成熟于东汉。纸的发明和推广，也被认为是汉代科技发展的突出标志。

“纸”字的偏旁是“丝”，最早的纸当与丝密切相关。汉人谓：“纸，絮一箈也。”又谓：“箈，蔽絮箦也。”[①] 今人经研究后认为，最早的纸可能是漂丝絮过程中附着在篾席或竹筐上的一层薄丝絮，古人待其干后揭下来用以写字，乃名之曰纸。

楚地的丝织业发达，西汉的故楚之地人大概也使用这种原始的“纸”了。这种“纸”毕竟不是专门造出来的，真正的纸乃指用麻等原料制成的植物纤维纸。迄今为止，已发现了多片西汉麻纸，如1957年在陕西西安灞桥汉墓里发现的西汉中期麻纸、1986年在甘肃天水放马滩汉墓里发现的西汉早期麻纸（纸上绘有地图）等，都不出自故楚之地，无以证明造纸术滥觞于故楚之地。不过，对西汉简单粗糙的造纸术作革命性改进的，则是东汉的故楚之地人蔡伦。

① 许慎：《说文解字》。

蔡伦（？—121），字敬仲，耒阳（今属湖南）人，汉和帝时为宫廷尚方令，负责监制御用器物。他总结了西汉以来的造纸经验，除以传统的麻质绳头、破布和旧鱼网做原料之外，还采用了易于获得的树皮，又革新和完善了传统的工艺，从而开拓了原料来源，提高了造纸效率和纸张质量，降低了造纸成本，使得纸张的推广应用成为可能。公元105年，他将监制的第一批良纸献给朝廷，“帝善其能，自是莫不从用焉”[①]。后来，他因功受封为龙亭侯，世人乃称他主持制造的纸为“蔡侯纸”。在西汉麻纸被发现之前，人们一直尊奉他为造纸祖师。

经蔡伦对造纸术的革新，廉价易得的纸便在社会生活中推广使用开来。纸作为优良的书写材料，迅速取代了不便写读的简牍和价格昂贵的缣帛，大大促进了中国乃至世界文明的传播和发展。

九、建筑

楚国的建筑，在中国先秦建筑史上独具一格而地位显要。尤其是楚国的宫殿建筑，以高崇、宏大、完备、精巧、豪华、侈丽著称于世。从文献记载和考古发现可知，春秋时期建于“云中”、今湖北潜江龙湾的楚王大型游宫群——章华宫，在建筑的设计、材料和技艺诸方面即可代表先秦建筑的最高水平。[②]

秦灭六国，焚毁楚城楚宫，但“写放其宫室，作之咸阳北阪上”[③]。秦始皇建阿房宫，“规恢三百余里，离宫别馆，弥山跨谷，辇道相属，阁道通骊山八十余里。表南山之颠以为阙，络樊川以为池。作阿房前殿，东西五十步，南北五十丈，上可坐万人，下建五丈旗。……”[④]。其规模和形制，可谓追效章华宫，却又较现知台基22座的总面积为30多万

① 《后汉书·蔡伦列传》。
② 参见湖北省潜江博物馆、湖北省荆州博物馆《潜江龙湾：1987~2001年龙湾遗址发掘报告》，文物出版社2005年版。
③ 《史记·秦始皇本纪》。
④ 《三辅黄图》卷一。

平方米而离宫别馆相望连属的章华宫建筑群、较“台高十丈，基广十五丈”[1]而“上者三休，而乃至其上”[2]的章华宫主体建筑——章华台有过之无不及。

楚人灭秦兴汉，在关中营建宫室，出于乡情和习俗，自然多承楚制。可惜土木建筑难耐千年风雨，更不能经受改朝换代的战火，秦汉宫殿早已荡然无存，只能从文献记述和遗址考察来窥知其面貌。

汉人对楚国宫殿建筑十分赞叹和追怀，在其作品中极力夸扬。司马相如在《子虚赋》中，生动地描写了楚王在“方九百里”的云梦泽中游猎而“登云阳之台”；边让的《章华赋》，极言章华宫的宏丽壮美。汉人既然夸扬楚宫，在营造宫殿时也会以楚宫为典范。考古发现汉宫的台基皆高，范围皆大。未央宫宫城总面积约5平方千米，占当时长安城总面积的七分之一左右。[3]《三辅黄图》记载：

> 未央宫周回二十八里，前殿东西五十丈，深十五丈，高三十五丈。营未央宫因龙首山以制前殿。至孝武以木兰为棼橑，文杏为梁柱，金铺玉户，华榱壁珰，雕楹玉碣，重轩镂槛，青琐丹墀，左墄右平，黄金为壁带，间以和氏珍玉，风至其声玲珑也。未央宫有宣室、麒麟、金华、承明、武台、钩弋等殿。又有殿阁三十二……

显然，汉代宫殿建筑所追求的也是高崇、宏大、完备、精美、豪华、奇丽，可谓是对楚宫风格的继承和发展。司马相如《上林赋》、班固《两都赋》和张衡《二京赋》中对汉代宫殿建筑的描绘，俨然有如《左传》《招魂》等文献中描绘的楚宫的拓展。

学者称“汉人宫室制度，多仿楚国规模”，而“章华宫为百代宫室

---

① 郦道元：《水经注·沔水》。
② 贾谊：《新书·退让》。
③ 参见李毓芳《汉长安城未央宫的考古发掘与研究》，《文博》1995年第3期。

立楷模”[1]，诚然有理。

南方楚地多雨潮湿，广有山林原隰、河湖泽薮，楚人发展了底层架空或吊脚的南方传统干栏式建筑，不仅民居建筑多为干栏式，而且宫室建筑也采用干栏式。《招魂》描述楚宫：“坐堂伏槛，临曲池些。”这曲池清水绕于堂下的楚宫，想必是高台式与干栏式相结合的建筑。干栏式建筑在汉代较为流行，湖南、四川等地汉墓中出土有陶制冥器的干栏式民居模型，江苏、四川等地出土的汉画像石可见干栏式建筑图像。迄今，中国南方山间水边的民居，尤其是南方少数民族地区的民居，依然多见干栏式建筑。

第八节　拓宇于楚的汉代文艺

如果说汉代的典章制度在一定程度上还可以称“政承秦制”的话，那么，汉代在文学艺术方面则应该说“文尚楚风”了。有的学者也正是主要着眼于文艺方面强调“汉文化就是楚文化，楚汉不可分”的，也即“楚汉文化（至少在文艺方面）一脉相承，在内容和形式上都有其明显的继承性和连续性”[2]。

当然，汉文艺对楚文艺的继承并不是简单的因袭，而是在继承的基础上拓宇而成型；楚文艺在汉代也不是原样的连续，而是在连续的过程中演进而嬗变。西汉前期的文学艺术，基本上是楚文艺的流衍。西汉中期的文学艺术，则已由楚文艺演变为成型的汉文艺。西汉晚期至东汉的文学艺术，仍主要继承着楚文艺精神而发展。

① 张良皋：《章华宫杂议》，《楚章华台学术讨论会论文集》，武汉大学出版社1988年版。

② 李泽厚：《美的历程》，文物出版社1981年版，第70页。

一、文学

以老子、庄子的散文和屈原、宋玉的辞赋为代表的楚文学，是先秦文学中具有丰富的艺术表现和高度的艺术成就的文学。尤其是庄文和屈骚，分别在散文和诗歌领域里取得了冠绝先秦诗文而具有划时代意义的伟大成就，从而体现了文学的巨大社会价值和审美价值，在整体上宣告了中国文学的形成阶段的结束，标志着中国文学由此进入独立发展和自觉创造的时代。体现了先秦文学最高成就的楚文学，也直接为汉代文学的发展奠定了基础并开拓了道路。①

秦皇焚书，“秦世不文”②。秦之文章，大都出自楚人李斯之手，所谓“由现存者而言，秦之文章，李斯一人而已”③，故无甚成就的秦代文学，也可以说是楚文学的余绪和流变。

秦汉之际，楚人进取秦关、逐鹿中原，楚歌楚声便响彻天下。项羽被困垓下，夜闻“四面皆楚歌”，于是感慨伤怀而唱《垓下歌》。此歌悲壮苍凉，为其时的楚歌佳作。

刘邦定都关中，乐楚声而擅楚歌。他有感于太子“羽翼已就”、废立不成而作的楚歌“鸿鹄高飞”，深微婉曲而饶有韵味。他的一曲《大风歌》，抒发了帝王忧国、游子思乡和老人嗟时的丰富复杂的思想感情。后人乃赞叹：“然自千载以来，人主之词，亦未有若是之壮丽而奇伟者也，呜呼雄哉！”④

汉初君臣多为楚人，于是汉宫汉都楚声不绝，东西南北楚歌盛传。由于楚文学的巨大影响和楚文化的主导作用，汉初的朝野上下、京城内外，都蔚然形成读楚辞、作辞赋的风气。师法屈骚（以《离骚》为代表

---

① 说详拙著《楚文学史》，湖北教育出版社2020年版。

② 刘勰：《文心雕龙·诠赋》。

③ 鲁迅：《汉文学史纲要》，《鲁迅全集》第9册，人民文学出版社1981年版，第382页。

④ 朱熹：《楚辞集注·楚辞后语·〈大风歌〉题解》。

的屈原诗作）的骚体（楚辞体）诗歌创作，便成了汉初诗歌创作的主流。

阜阳汉简中，发现有抄录屈原《离骚》和《涉江》诗句的残简各一支，分别书写“（惟庚）寅吾以降”4字和“（船容与而）不进旖（兮），淹回水（而凝滞）”6字，另有书写其他辞赋文句的残简若干。[①] 此墓墓主卒于汉文帝十五年（前165），距屈原殉国112年，距秦统一仅56年。这一考古发现表明，汉初社会的上层人士大都喜好楚辞而习读楚辞，自然也会景仰屈原。

皇室子弟，多好楚辞。刘邦之子、赵王刘友所作《幽歌》，即用楚辞体式写成的篇幅较长的诗歌，艺术性虽不甚高，但类于楚辞格调。

文帝、景帝奉行“无为”之道，崇尚俭朴之德，无心于辞赋，淡漠于文学，但分封在各地为藩王的皇室诸子，则大都罗致文人学士、鼓励文学创作。他们招揽天下文人学士，固然是出于收买人心、壮大势力的政治需要，却也与其爱好辞赋、重视文学不无关系。吴王刘濞、梁孝王刘武和淮南王刘安是汉初招士最力的3个诸侯王，当时的许多著名学者和辞赋家都依附他们，他们统治的地区便自然形成了先后出现的3个学术文化中心和文学创作中心，他们的举措也在客观上促进了文学在汉初的振兴和繁荣。由于汉初的经济处于恢复之中而社会尚未普遍形成娱目悦耳的审美需要，故以审美娱悦为主要目的的赋作也未大量产生。“缘情而绮靡”的骚体诗作是汉初辞赋创作的主流。藩国君臣创作的辞赋，即多为骚体诗。从《汉书·艺文志》的著录，即可知晓。严忌、司马相如和淮南王臣，都有骚体诗传世。

汉初创作“屈原赋”类骚体诗作最多者，是淮南王刘安及其群臣。据《汉书·艺文志》著录，淮南王有赋82篇，其群臣有赋44篇。但是，流传下来的仅有一篇题为淮南小山所作的《招隐士》。王逸《楚辞章句》

① 见阜阳汉简整理组《阜阳汉简简介》，《文物》1983年第2期；阜阳汉简整理组《阜阳汉简〈楚辞〉》，《中国韵文学刊》1987年总第1期。

收录的汉人拟骚之作 7 篇，但人们公认“此篇视汉诸作最为高古”[①]。此篇反映了淮南君臣的博雅才学和创作成就，不愧为汉代骚体诗的代表作之一。

最能体现汉初骚体诗成就的，是才华和遭际与屈原相似、情志和意气与屈原相投的贾谊之作。一代英才贾谊贬谪长沙，“造托湘流兮，敬吊先生”，表达了对屈原的高度敬仰，反映了屈原对他的巨大影响。正是深受屈原影响而于情志、文风自觉追效屈原，贾谊也享有了与屈原连称的历史地位。[②]贾谊的《惜誓》代屈原悲吟以托情怀，主要体现爱国感情、愤世心绪、见疏哀怨和骚体诗风、瑰玮境界、奔放气势，开创了汉人拟骚诗的传统，即抒写屈原情志，或替屈原立辞以抒悲愤，或咏屈原悲情以表伤悼，在内容和形式各方面都仿效屈骚。贾谊的《吊屈原赋》和《鹏鸟赋》，采用骚体句式以成诗、借助比兴象征以抒情，从形式到内容都可谓屈骚的流风余韵。不过，它们虽然是师法屈骚之作，却又显示出其在新的历史条件下“拓宇于楚辞”、借鉴于楚赋而向汉赋过渡的特点和转化的倾向。

经济大发展、文化大繁荣的汉武帝时代，也是汉代骚体诗创作的极盛阶段。武帝出于个人意欲和政治需要而罢黜道家黄老之学，但在文学艺术上却因醉心辞赋而大力弘扬楚文学传统。楚文学的代表“楚辞”，于是得到了前所未有的高度重视。能读“楚辞”、作辞赋的文士，也因此享有了前所未有的高贵地位。“昔汉武爱《骚》，而淮南作《传》。”[③]武帝不仅诏令堪称当时的楚辞专家——淮南王刘安作解说屈原代表作的《离骚传》，而且广为招纳和十分宠信辞赋家。上有所好，下必甚焉；下有风起，上亦感之。武帝对楚辞的酷爱，当然与受到汉初社会兴起的读楚辞、作辞赋之风的感染分不开，同时又大大促成了这一风气在全国

① 朱熹：《楚辞集注·〈招隐士〉题解》。

② 说详拙文《贾谊才调与楚风侵染》，《职大学报》2011年第3期；《伤逝惜原，抒愤托骚——贾谊〈惜誓〉综论》，《江汉论坛》2012年第10期。

③ 刘勰：《文心雕龙·辨骚》。

的盛行。于是，“楚辞”被视为同《春秋》一样的经典而成为世人必读之物，楚辞作品当也随之被编辑成书，楚辞体的诗歌则源源不断地成于帝王之口、出自文士之手而出现创作高潮。《汉书·艺文志》著录的“屈原赋”[①]类20家361篇作品中，相当一部分都是武帝时期的作品。汉武帝、司马相如、东方朔、董仲舒、司马迁等都有作品传世。

武帝多欲求而有才华、好艺文而喜创作，其传世诗作几乎全为骚体诗。脍炙人口的《秋风辞》，仿效屈原《九歌》而借鉴宋玉《九辩》，在中国文学史上再兴“悲秋”之作的波澜，影响颇大，后人乃称武帝为“秋风客”。

辞赋圣手司马相如（前179—前118），有骚体诗作《长门赋》《哀秦二世赋》和《大人赋》传世。相传为失宠于武帝的陈皇后所作的《长门赋》，可谓汉代骚体诗中的佳作。朱熹评说：“然此文高妙，最近‘楚辞’。”[②]

诙谐机智的东方朔（前154—前93），也是著名辞赋家。世传其骚体诗《七谏》，纯为祖屈原之文辞而掇屈原之哀愁的模拟作品。儒家大师董仲舒和史家宗师司马迁，虽然不以辞赋名世，但沾溉世风也有所染指。他们的作品，则明显体现出变辞为赋的特征。

骚体诗在西汉前期独擅诗坛的创作盛况，既是楚辞在特定历史条件下的复兴和继续，又是楚辞在新的历史条件下的复兴之中的演化和继续之中的嬗变。它的复兴，并没有达到屈、宋辞赋艺术成就的高度，而且不可避免地随时序世情的变化而变化。它在盛时，也因西汉社会进入全盛时期而为适应反映新的社会生活和时代精神的需要，迅即让出其诗作主体的地位，并且衍生出成为西汉后期文学创作之主要样式的乐府诗和汉大赋。

---

① 楚人好辞而作赋，赋本楚辞之流而体类楚辞。汉人尚未形成辞赋有别的文体概念，便既称屈原诗作为辞，又称之为赋。后人往往也辞、赋通称。

② 朱熹：《楚辞集注·楚辞后语·〈长门赋〉题解》。

乐府诗源出于民间，是汉代社会南北文化融合发展的产物，是适应统一社会的生活变化和语言演进而形成的新诗体。其句式长短不拘、丰富多样的特征，早已见诸楚歌楚辞，只是它不带作为楚歌楚辞在语言形式上的突出特征的语助词“兮”，又比楚歌、骚体诗更加口语化，故在音韵节奏和情调风格上与楚歌、骚体诗有了明显的不同。这表明它无疑也主要是在楚歌、骚体诗基础上适应社会生活变化而形成的，两者的不同主要表现为由楚语楚声到汉语汉声的嬗变。乐府诗中的《安世房中歌》和《郊祀歌》的产生，即比较清楚地反映了楚歌楚辞影响乐府诗形成的方式和过程。今存17首《安世房中歌》，当本汉高祖的唐山夫人所作楚声《房中乐》而作。今存19章《郊祀歌》，则如鲁迅所说的“实则楚声之遗，又扩而变之者也”[①]。它们的句式基本上是三言和四言，当是由楚歌楚辞的句式脱胎和演变而成，并为记录者省略了歌辞中的“兮”字。乐府民歌，是在兴盛于汉初社会的楚歌、骚体诗的影响下，在燕赵代秦、郑卫蔡吴等各地歌谣的相互传播和交融的过程中，自然而然地扩楚声而变之的产物。《安世房中歌》和《郊祀歌》这样的文人乐府诗，则是本于楚声而糅合民歌，有意识地扩楚声而变之的产物，并且经文人援俗入雅、推陈出新而盛行一时。

汉大赋主要是适应人们的审美需要而拓宇于楚辞、弘体于楚赋的产物。“屈原既死之后，楚有宋玉、唐勒、景差之徒者，皆好辞而以赋见称。”[②]他们都是被楚王罗致身边而主要让其以文学助欢娱的侍臣，实际上成了中国第一批专业作家。他们的赋作，也多为满足君王的“声色”之需而着意夸饰、精心雕琢以突出文学的声之和美与色之艳丽，以致拓宇于楚辞而形成的新文学样式。楚赋虽然兴于楚国转衰之际，却是楚国经济、文化发展到极盛阶段孕育出的文体，是文学的社会价值被认识、专业作

① 鲁迅：《汉文学史纲要》，《鲁迅全集》第9册，人民文学出版社1981年版，第406页。

② 《史记·屈原列传》。

家已出现而适应人们的审美需要所产生的雕饰文字，因而在战国末年开始流行。秦代焚书坑儒，文士生存艰难，故“颇有杂赋”[①]。汉初社会凋敝，休养生息、恢复经济是第一要务，人们恐怕没有心思、也没有条件以文字赏心悦目，故“竞为侈丽闳衍之词”的楚赋之继作便不昌，“为情而造文”的楚辞之继作则大盛。经“文景之治”，经济得到全面恢复，文化随之趋于繁荣。“衣食不足则不暇治礼义”，衣食充足则有心求艺文。文学的社会价值便日益受到重视，文士的社会地位便逐渐得到提高。藩国诸侯竞相延揽文士，即说明了这一点。文士依附于藩王，可以不愁生计而潜心治文。他们一者为了显示才华而以文章名世以求通达；二者为了取悦主上以满足其“声色”之娱乐要求；三者亦为大汉帝国欣欣向荣、强大富丽的气象所鼓舞；四者又因社会已具备拓辞为赋的条件、即骚体诗创作的兴盛为汉赋的形成并称雄于文坛创造了条件；于是也就虽好辞却又致力于造赋，使赋得以在汉代重新崛起，并且在楚赋的基础上扩充完善而奠定了汉赋的体制。仕于吴又客于梁的枚乘所作《七发》，成为标志着汉赋正式形成的第一篇作品。刘勰说：“枚乘摛艳，首制《七发》，腴辞云构，夸丽风骇。”[②]它因承庄辛赋而并陈诸事以壮其势，仿效宋玉赋而铺张夸饰以宏其体，又博取前代辞赋的华艳词藻而摛文敷采以丽其色，比较充分地显示出汉赋多用客主问答以行文、专事以韵入散而铺写的文体特征，以及体物写貌而穷尽形容、蔚似雕画而缤纷华丽的艺术特色。西汉社会在武帝时代进入全盛期。富足的经济生活和丰富的文化生活，使得人们的审美意识得以提高和审美欲望大为增强。雕章琢句而可以满足人们审美需要的汉赋，也就有了昌盛的客观要求。武帝不仅醉心于武功，也致力于文治；虽爱好楚辞，也尤为喜欢能为之“润色鸿业”的散体赋。他将天下著名辞赋家罗致宫廷，让其侍奉左右而主要从事作辞造赋、吟诗属文。有了这样一批事实上主要是以文学娱人的专业作家，

① 刘勰：《文心雕龙·诠赋》。
② 刘勰：《文心雕龙·杂文》。

汉赋的成熟和繁盛的主观条件也就具备了。加之其时骚体诗创作达到极盛阶段并发生向赋转化的嬗变，为汉赋的最终成熟提供了客观条件。

显示了汉赋的高度成熟和确立了汉赋在文坛上的地位的作品，便是司马相如献给武帝的《子虚赋》和《上林赋》（或合称《子虚上林赋》）。它的内容比《七发》更加丰富和充实，由对藩国诸侯之情事的描写和声势的歌颂，变为对帝国皇帝之情事的描写和威势的夸扬；由对一地一域之局部的审美观照和审美表现，到对海内四方之整体的审美观照和审美表现，从而充分展示出大汉帝国文学的气派和风貌。它的形式较《七发》有所完善和发展，不仅更进一步拓宇于楚辞、弘体于楚赋，而且综合了诗文的多种文体因素、融会了诗文的各种表现技法和修辞技巧，从而形成了以相互问答成文、以铺张扬厉成势、以骋辞摛藻成色、能够比较全面而细致地描摹客观世界、具有诗体所不及的艺术功能和大赋体制。它鲜明地突出了楚文学"以大为美""以丽为美"的审美特征，集中地反映了汉人继承和发展楚人的审美意识和美学观念所达到的思想高度，而且比较充分地显示了文学的社会价值和审美作用。因此，它的出现，是楚文学终结和汉文学形成的主要标志，同时也是楚文化终结和汉文化形成的标志之一。嗣后，汉赋便作为有汉一代之文学而称雄于文坛，汉代文人大都以相如赋为圭臬而扬其波。

在中国文学史上，首先将文辞蜕变为文学并由此确立了文学的社会价值和独立地位的作品，是庄子散文和屈原诗歌；第一批自觉地、主动地以审美娱悦为目的而进行语言艺术创作的作家，是宋玉、唐勒、景差之徒。汉赋及其代表作家司马相如弘扬楚文学传统，乃使文学的价值和地位得以更加突出和巩固。由楚辞楚赋嬗变而成的汉赋之兴盛，是在楚文学开辟的道路上，在中国文学独立发展的道路上，出现的第一个文学高潮。

汉代散文，由楚人陆贾首开其端。陆贾的《新语》，虽然显示出陆贾作为辩士而长于雄辩的特点，却又表现了楚人之作雅好文采的本色。文景之世，散文随经济发展而增多。贾山、贾谊、晁错、邹阳、枚乘等人，纷纷撰文以论古今、说治术、陈时事、述义理，使得散文大行于世，并且多姿多态而斐然可观。其中成就最高、也最明显地体现了楚文学传统者，则是贾谊之文。贾谊的代表作《过秦论》和《陈政事疏》，继承了楚文学缘情造文、以文达情的优良传统和不拘成法、融冶诸家各类艺术的创新精神，前人因此称贾文与屈骚"洵堪比美"。武帝时代，文术大盛，政论散文、哲理散文和历史散文等繁花齐放而蔚为大观，而其中的《淮南子》《史记》富有楚文学的遗意遗风也成就最高。多出自江淮楚人之手的《淮南子》，无论是叙事状物还是说理论道，往往都借助丰富的想象，取譬借喻，联类无穷，熔铸神话，新奇浪漫，又讲究渲染夸张、铺采摛文，显得宏肆汪洋、秾丽绚烂，诚为楚文学之流韵。《史记》的内容之繁富、体制之宏伟、结构之严密、体系之完整，都是前所未有的。它将叙事与抒情相结合、描写与议论相结合、状物与绘人相结合、记言与明理相结合，融会诸体而活用各法，可谓集先秦汉初散文艺术之大成并扩而变之、创而新之的杰作。鲁迅称之为"史家之绝唱，无韵之《离骚》"，强调它是继承和发扬了屈骚精神的"发于情，肆于心而为文"的作品。由于《史记》发扬楚文学传统而兼括六艺百家之旨、融会六艺百家之文以成巨著，使得散文真正显示了能够反映人类社会生活全貌的艺术功能，也使文学充分显示出它的本质特征和社会价值。因此，它是散文发展到一个新高度的丰碑，也是汉代文学最终形成的标志和高度成熟的表现。它的产生进一步巩固了文学的独立地位，它的成就则展现了文学的发展前景，它乃成了中国文学的不朽典范。

刘熙载在《艺概·文概》中评论说："学《离骚》得其情者为太史公，得其辞者为司马长卿。"诚若此说，司马迁的《史记》主要是屈骚之情的弘而扬之，司马相如的赋作主要是屈骚之辞的扩而变之。正由于两司马在情与辞两方面、在散文与辞赋两领域继承了楚文学传统并且大有发展创造，才使得楚文学完全嬗变为汉文学，才使得汉文学最终从楚文学中蜕化出来而展现新貌、彪炳一代。两司马，尤其是司马迁的成就和贡献，也确定了楚文学传统影响中国文学发展的主导地位。

西汉中期至东汉中期，散体大赋创作一直盛行于文坛。除司马相如之外、枚皋、东方朔、王褒、扬雄、班固、张衡、王延寿等人，皆是其时著名赋家。而扬、班、张三人，堪称继司马相如之后的汉赋代表作家。《文心雕龙·诠赋》评述："相如《上林》，繁类以成艳；……孟坚（班固字）《两都》，明绚以雅赡；张衡《二京》，迅发以宏富；子云（扬雄字）《甘泉》，构深玮之风。"司马相如和扬雄（前53—18），皆蜀郡成都人。成都是周代蜀国的都城，蜀中在东周是楚文化的西渐区域。蜀国的开明王朝，即为入蜀的楚人鳖灵取代蜀王杜宇而建立。[①]考古发现显示，战国蜀文化的发展已为楚文化主导。[②]班固（32—92）在《汉书·叙传》开篇自陈："班氏之先，与楚同姓，令尹子文之后也。"张衡则是战国楚宛邑、东汉南阳郡人。四人成为汉代辞赋代表作家，也当与其受到楚文化传统熏陶或自觉继承楚文化传统有关。

不过，西汉中期以后，王朝威势已弱，天子鸿业难继，社会动荡频仍，以润色天子鸿业、赞颂王朝威势为目的，以铺张扬厉、极度夸饰为特征的大赋创作，逐渐流于专事"体物"而无以"言志"、脱离时代精神、埋没主体情志的"丽以淫"之辞，成了背弃屈骚"发愤以抒情"的创作精神、徒为拓宇楚辞的"腴辞云构，夸丽风骇"的文字雕画游戏，故因体大情薄、"文丽用寡"而为人厌弃并革新。王褒在为宣帝的游猎、宫馆作赋颂扬时，已有"议者多以为淫靡不急"[③]。扬雄早先仰慕司马相如、热衷于模拟相如赋而写作大赋，并取得了与司马相如比肩的成就。后来，他为时代精神感召，深通道家黄老之学的精神和深得屈骚的文情，认识到"诗人（屈原）之赋丽以则，辞人之赋丽以淫"[④]，"以为靡丽之赋，

① 说详拙文《楚人鳖灵入蜀与蜀文化的发展》，《楚文化研究论集》（第七集），岳麓书社2007年版。

② 说详拙文《考古发现反映出的成都平原先秦社会经济文化发展》，《江汉考古》2006年第3期。

③ 《汉书·王褒传》。

④ 《法言·吾子》。

劝百而讽一”[①]，乃称自己的赋作是“壮夫不为”的“童子雕虫篆刻”[②]，由此预告了大赋创作必将衰亡的命运。班固生活在东汉的太平盛世，又为帝王近臣，受儒家的皇权至上思想影响至深，不仅高度肯定“兴废继绝，润色鸿业”的汉大赋，而且身体力行地作赋倡扬。他的赋作虽然在内容上有所充实并在艺术上取得了相当成就，但仍因承了大赋的通弊，也未能振兴大赋创作。张衡生活的时代，政治日趋黑暗。博学多才的张衡，尽管受天下承平时久而社会弥漫侈靡风气的感染，精心模仿班固《两都赋》而作《二京赋》，成“长篇之极轨”，却在一定程度上融入了社会批判的精神，明显地作了将体物与缘情相结合的努力。进而，他在晚年创造性地写出了《归田赋》，将供皇帝达官赏玩的体物大赋变成个人言志的抒情小赋，一变西汉中期以来的赋风，宣告了大赋时代的终结，开创了抒情小赋的时代。东汉晚期，流行约 300 年的大赋创作，尽管不时有拟作出现，但毕竟已退居末流而渐成古董。取其地位而代之的，就是抒发“郁抑而愤思”的小赋。蔡邕、赵壹是这个时期抒情小赋的代表作家。情感是文学的基质，抒写真情实感是文学创作的生命所在。汉大赋“拓宇于楚辞”而兴，却因背离楚辞的缘情传统、徒事宏丽的文辞雕饰而衰。抒情小赋在艺术精神上重新弘扬楚辞的缘情传统，在艺术形式上则将骚体诗与散体赋的表现方式相结合，是对丧失了艺术生命的汉大赋的纠偏匡误、推陈出新，因而一经产生便显示出勃勃生机。

汉大赋的体式宜于体物而不便言志，故就在汉大赋创作盛行于文坛之时，许多文人出于对楚辞的喜好、对楚辞艺术精神的领悟和抒情言志的需要，依然模拟屈骚而从事骚体诗创作。扬雄早年虽然热衷于大赋创作，但也仰慕屈原而拟作其辞。他的《反离骚》《广骚》《畔牢愁》，既表达“怪屈原文过相如，至不容，作《离骚》，自投江而死”[③]的哀

① 《汉书·司马相如传赞》。
② 《法言·吾子》。
③ 《汉书·扬雄传》。

感，又抒发自己身处浊世的郁愤。刘向怀着扶将倾的西汉王朝之大厦于不能的悲慨，“追念屈原忠信之节”[①]，仿效屈原《九章》而作《九叹》，借伤悼前贤以洗胸中块垒。张衡愤世嫉俗，乃效法《离骚》而“作《思玄赋》以宣寄情志”[②]。王逸伤时疾世，模仿《九章》和《九歌》而作《九思》，也借悼伤屈原以抒心中幽怨。然而，“屈、宋逸步，莫之能追”[③]。这些模拟之作，缺乏艺术的独创性，不但不能望屈骚之项背，也难与西汉前期缘情造文的骚体诗并能，值得肯定的是在继承屈骚的精神和艺术方面起到了积极作用。另外，许多著名文人既拟骚又作赋，自觉或不自觉地兼采骚与赋的表现方式来自由而充分地抒情言志，从而酝酿出了抒情小赋。张衡《归田赋》的出现，正是出于自由和充分地抒情言志的需要而创造性地融会骚、赋表现方式的产物。它既含骚体诗的韵味，又带散体赋的特征。其后产生的蔡邕《述行赋》、赵壹《刺世疾邪赋》等，也都是不拘定法、情至文成的作品。

由于社会人士有着习读楚辞的需求，由于楚辞成了汉代文学发展的基础和祖式的典范，汉人也重视对楚辞作品的收集、整理、诠释和研究。与众门客“分造辞赋”的淮南王刘安，或许对流传于世的楚辞单篇作品的收集整理和辑录成书的贡献甚大。刘安奉武帝诏令而作的《离骚传》，是所知历史上第一篇注解楚辞的专著；司马迁的《史记·屈原列传》，是现存历史上第一篇全面评述屈原其人其诗的至文；两文兴起汉代楚辞学的初澜。刘向“典校经书，辩章旧文”[④]，大概在刘安辑录的基础上进一步收集整理楚辞作品，并且编入包括自己的《九叹》在内的一些汉人的拟骚之作，裒成16卷的《楚辞》一书。同时，刘向、扬雄还对屈原《天问》等作品作了注释。时入东汉，班固、贾逵又作有《离骚经章句》，明确奉屈原作品为经典。南郡宜城（今属湖北）人、与屈原同乡而与宋

①④ 王逸：《楚辞章句·九叹序》。
② 《后汉书·张衡列传》。
③ 刘勰：《文心雕龙·辨骚》。

玉同里的王逸，仰慕乡贤高尚的行义、赞叹楚辞瑰玮的文采，又身处东汉王朝衰落之世而与屈、宋情志通合，“以自屈原终没之后，忠臣介士游览学者读《离骚》《九章》之文，莫不怆然，心为悲感，高其节行，妙其丽雅。……窃慕向、褒之风，作颂一篇，号曰《九思》，以裨其辞”[①]；又“读《楚辞》而伤愍屈原，故为之作解”[②]，据刘向编定的《楚辞》一书并加入其作《九思》而辑成17卷，吸取汉人研究楚辞的成果为之注解，从而编撰出历史上第一部全面注解楚辞作品、集汉人楚辞研究之大成的《楚辞章句》，奠定了中国屈学暨楚辞学的基础。汉人对楚辞坚持不懈的整理和研究，一方面表明楚辞在汉代为“名儒博达之士著造词赋，莫不拟则其仪表，祖式其模范，取其要妙，窃其华藻”[③]的巨大影响，另一方面则确立了楚辞在中国文学史上的崇高地位，弘扬了楚辞艺术风范而促进了汉代文学的健康发展。

乐府诗创作自西汉前期兴起之后，一直在民间盛行不衰，并且以其反映社会生活的丰富性、抒发思想感情的真实性、艺术表现的质朴性、参与创作的广泛性而影响日大，冲击着文人的创作。西汉时期，文坛名家几乎只竞造辞赋而罕为歌吟。所谓“自王、扬、枚、马之徒，词赋竞爽，而吟咏靡闻”[④]。降至东汉，下层文人已较多地参与乐府诗创作。乐府诗形式在发展过程中，也逐渐由参差不齐的杂言趋向整饬的五言。东汉末年，一批文人在乐府诗的直接影响下，创作出以《古诗十九首》为代表的五言诗。文人五言诗的出现，因“指事造形、穷情写物，最为详切”[⑤]又宜于吟诵、颇具美感而使诗歌体裁发生了划时代的变革，迅即成为我国古代诗歌的主要形式。五言诗体，滥觞于楚辞，孕育于乐府。南北朝诗歌评论家钟嵘明言：“楚谣曰‘名余曰正则’，虽诗体未全，然是五言之滥觞也。”[⑥]《九歌》中典型的六字句，若略去其中的语助词“兮”，

①② 王逸：《楚辞章句·九思序》。

③ 王逸：《楚辞章句·离骚经叙》。

④⑤⑥ 钟嵘：《诗品序》。

便成了五言句式。五言诗的特性，又有别于乐府民歌。乐府民歌以叙事为主，所谓“感于哀乐，缘事而发”，主要继承了《诗经》“饥者歌其食，劳者歌其事”的传统而具有现实主义精神。五言诗则以抒情为主，主要继承了楚辞“发愤以抒情”、高扬主体性的传统而带有浪漫主义色彩。五言诗的成型和勃兴，在相当程度上，也是汉代诗歌在长期发展过程中变革楚辞艺术形式和继承楚辞艺术精神的结果。①

西汉后期至东汉的散文创作，仍以政论散文和史传散文的成就最著。儒学取得独尊地位之后，儒生阐论经学的著作虽多，却思想沉闷、情感淡薄、文采寡然，与楚文学其情其辞背离甚远，也无可以称道的艺术成就。西汉晚期，雅好楚文学的刘向、扬雄伤时忧国，撰文直陈己见、勇斥弊政。其文也感情充沛、文气酣畅、辞采华茂，可谓在相当程度上得屈骚的情与辞。班固继司马迁之后撰写出又一部史传散文巨著《汉书》，虽然堪称宏富雅丽，却因“成一家之言”的主体性较弱而“服事其上”的儒家正统观念太强，较“无韵之《离骚》”的《史记》大为逊色。王充的《论衡》之作，参验考实以痛疾虚妄、纵横论说以力辨真伪，既扬屈骚的抒愤文情，又显庄文的雄肆文风，成就甚高而影响颇大，成为魏、晋散文的通脱、任诞风格的先导。

二、美术

就现有资料来看，先秦的美术水平和美术成就，可以说以楚国美术最高。先秦文献中对美术作品的描述和美术理论的阐发，以楚文献最为详明；迄今所见的先秦美术实物，以楚墓中出土的最多；体现了先秦美术水平和代表了先秦美术成就的大部分作品，诸如帛画《人物御龙图》和《人物龙凤图》、漆画《迎宾出行图》、青铜尊盘、漆木雕小座屏和辟邪，以及许多新奇艳丽的漆器彩绘图像和丝绸织绣图案等，都产生于

① 说详拙著《长江流域诗词史论》下编《体式因革》第五章《脱胎于楚辞·推衍于乐府的五言》，湖北教育出版社2005年版。

楚国。楚国高超的美术水平和高度的美术成就，自然成了秦汉美术发展的主要基础。

秦始皇吞灭诸侯，将诸侯宫室仿建于咸阳，想必也将楚宫的雕饰与绘画仿作于其仿建的楚宫中。秦代美术，难免会受琦玮诡谲、惊采绝艳的楚美术的影响。故楚之地秦墓中出土的漆器，尽管不产于楚地，其色彩和绘饰，却与楚漆器的风格基本一致。

社会统一的汉代，随经济的发展、人们自然要求发展美术以丰富生活，加上统治阶级追求豪奢的生活享受等原因，美术园地可谓异彩纷呈、炫人眼目，美术成就也超轶前代、卓越显著。综观汉代美术，无论其表现技法还是艺术格调，都在相当程度上是对楚美术的继承和发展，或者说是以楚美术为基础而融会先秦其他地域美术成果的发展。

汉代的帛画创作，远较先秦盛行。据文献记载，汉代帛画的数量极大。不过，迄今所知保存完整的汉代帛画，也像先秦帛画一样，全都出土于楚地。长沙马王堆汉墓出土有 5 幅帛画，山东临沂金雀山汉墓出土有一幅帛画。它们反映了西汉早期绘画与楚绘画一脉相承的传统，反映了西汉早期绘画继承楚绘画传统的发展和成就。

马王堆一号汉墓出土的长 205 厘米、上宽 92 厘米、下宽 47.7 厘米的彩绘“T 形帛画”，是现知西汉帛画中内容最丰富、表现最繁复、色彩最奇丽的艺术珍品。它的内容分上、中、下三部分。上部上方，右绘太阳及日中金凤，左绘月亮及月中蟾蜍，中为人首蛇身的始祖神女娲及分立两旁的昂首仙鹤；上部中间，绘有相向着展翅飞舞的双凤凰和张口吐舌、曲身升行的双巨龙，还有驱赶文马相背而驰的两灵兽；上部下方，绘有两只猛豹分别爬卧在带横座的门柱顶部，两位衣冠楚楚的天神拱手对坐于环纽特钟之下；全部内容，即《山海经》、楚辞等楚文献中描述的神奇诡异的天国，是楚神话中天国景象的形象描绘。约占帛画二分之一的中部，左绘有青龙、右绘有赤龙，两龙举头张口，腾身舞爪，交相穿过谷纹巨璧，自然地将其分为两段：上段有一拄杖老妪，面庞丰腴，神态自若，插垂珠之玉簪，着彩纹之长袍，佝偻着身躯缓缓而行，似欲远行而升天；此即墓主形象，与出土的棺内女尸甚为相像；老妪面前，似为交通神人、傧迎老妪升入天国的巫师；老妪身后，3个侍女紧紧相随。下段，有7个峨冠长袍的男子环绕在摆满食器、祭品的案桌前，面容悲戚，神情肃穆，似在祭奠老妪的别去；画面上有华盖以为天幕，下有平板以示大地，间以凤鸟以兆显祥瑞、鸱鸮以象征死亡；中间的华美陈设上，还有人首鸟身的羽化神人。中部的内容，以表现墓主的人间生活为中心，反映了先秦至汉初楚地“信巫鬼，重淫祀”的社会风情。下部，为阴间景象的描绘，绘有高托大地的巨神、曲身盘绕的赤蛇、口衔灵芝的玄龟、傲立龟背的鸱鸮、交头叠尾的红鱼、挑逗而戏的小兽，其艺术表现与楚辞《招魂》对“幽都”的描述如出一辙。整幅帛画，既有对墓主形象及生活的写实描绘，又有对神话世界的浪漫表现，而且是以天国、人间、地府相连接，人与神相交通的构思来突出“引魂升天”的主旨，生动形象地表达了祈望墓主的灵魂飞升天国、以生活于极乐至欢之境的思想，体现出楚地的文化氛围和作者的艺术才情。在绘画技法上，它先以线条起稿，再用诸色平涂，线条运用匀细而刚劲、娴熟而巧妙、自由而奔放、准确而传神；色彩则采用朱砂、土红、青黛、藤黄等多种颜料作淋漓酣畅的整面平涂，但突出“红”为主色调，有些地方还采用了浓淡渲染法和深浅映衬法，因此使画面产生庄重热烈、缤纷斑斓的艺术效果，强化了画面内容所展现的神秘幽远、光怪陆离的艺术境界。

临沂位于山东南部，在战国晚期属楚国。临沂银雀山、金雀山发掘的10多座汉墓，有同楚墓而流行随葬漆木器和楚式铜镜。考古学者指出：“这里和山东境内的西汉墓，从墓葬制度、随葬品器类及其造型等方面来看，都与江汉、江淮原楚故地的同期墓没有多少区别。”[①] 金雀山九号汉墓出土的长条形帛画，长200厘米，宽42厘米，用途与马王堆汉墓中的“T形帛画”一致，在主题表现和艺术构思上也与之基本相同，只

① 中国社会科学院考古研究所编：《新中国的考古发现和研究》，文物出版社1984年版，第419页。

是在继承楚文化精神的同时又鲜明地反映了燕、齐文化的观念，在浪漫主义的艺术表现中又较多地结合着现实主义的艺术描绘。它的上部，也绘有日、月及日中金凤、月中蟾蜍，但在日月之上描绘的是耸立的三座山峰，表现的是燕齐地区流行的神话传说中的仙人世界；它的中部，几乎占了帛画的五分之三，而且不带任何神异色彩，纯为墓主人间生活的如实描绘，共绘有24个人物，分五档排列，布局自下而上，情节相互连贯，生动逼真地描绘了墓主的起居、会友及纺织、乐舞等场面；它的下部，描绘的是水中怪兽驾驭巨龙翻江倒海、鼓浪推波的海底景象，与上部的神山仙境相照应。在绘画技法上，它也是用线条勾勒并用诸色平涂。不过，它的线条非同于“T形帛画”的墨线，而是浅细的红线，并且多是在设色之后用以“提神”，起着辅助作用。它的色彩，也只有红、蓝、白、黑诸种，不及“T形帛画”浓丽。

两幅帛画表现的主题，与楚帛画《人物龙凤图》《人物御龙图》完全一致。两幅帛画的绘制方式，也与楚帛画基本相同。但是，它们在内容表现和文化蕴义上，却比楚帛画丰富深厚得多，显示出其在创意、构思、用笔、着色诸方面都在楚帛画的基础上大有提高。“T形帛画”，体现了汉帛画直接拓宇于楚艺术而作神奇浪漫、铺张扬厉、浓墨重彩、渲染夸饰的艺术表现所取得的成就。金雀山汉墓帛画，则反映了汉帛画继承楚艺术风格的同时、又随汉代社会南北文化融汇而演变发展的成果。两幅帛画在线条运用上的有所差异及其作用的有所不同，分别被学者视为古代绘画的“勾线”典范和“没骨”先驱。①

为了悦目享乐的需要、出于政治教化的目的，统治阶级热衷于在宫殿、宗庙、衙署、学堂乃至墓室等各种建筑物的墙壁上绘以图画，汉代壁画因此极为流行。尽管汉代壁画的题材广泛，所反映的现实生活内容占居突出地位，但总的看来，依然是继承了楚文化那种神话、历史与现实混同一体、错综表现的传统。

① 说详拙文《西汉早期帛画与南北文化》，《艺术与时代》1990年第1期。

汉代皇帝及诸侯王宫殿中的壁画，已随汉宫灰飞而无存了，只能从文献记载中略知一二。汉武帝时的甘泉宫中，绘有“天地泰一诸神”；汉明帝时的宫中，绘有娥皇、女英肖像；从而可知楚神话是汉宫壁画的重要内容。王延寿的《鲁灵光殿赋》描述，西汉景帝之子鲁恭王刘余所建灵光殿的壁上，“图画天地，品类群生，杂物奇怪，山神海灵，写载其状，托之丹青，千变万化，事各缪形，随色象类，曲得其情”，而且是神话传说、历史传说中的人物乃至现实生活中的“忠臣孝子、烈士贞女、贤愚成败、靡不载叙”。这种混同天人、连通古今的浪漫主义表现，与《离骚》中的艺术描写、《天问》中反映的楚国宗庙壁画的艺术描绘一脉相承。由此一斑，即可想见汉代宫殿及宗庙壁画的景况。

墓室壁画，则以洛阳西汉晚期卜千秋墓壁画最有代表性。其墓中门额上绘有人首神鸟，墓顶自前壁至后壁绘满图画。两端分别绘有太阳及日中金凤、月亮及月中蟾蜍和桂树，加上飘动的云彩、人身蛇尾的伏羲和女娲。中间描绘的是在持节仙人的引导下，随交缠奔行的青龙、展翅飞翔的朱雀、昂头翘尾的白虎以及枭羊、黄蛇等众多神禽灵兽之后，女墓主乘三头凤、捧三足乌，男墓主乘龙携弓，行进在飘渺的云雾之中。后壁则绘有居于青龙和白虎之上、貌为猪头大耳的镇墓驱邪神灵“方相氏”。全部壁画采用的题材、表达的题旨，与上述“T形帛画”基本一致，而且也是以线条造型后再施以重彩，以红色为主调，只是描绘的内容更为丰富、表现的手段更加多样。这类以“引魂升天”为主题，具有浓重浪漫主义色彩的墓室壁画，在汉代甚为流行，并且多见于中原乃至今东北地区的汉墓中，从而反映出楚艺术风格在汉代的广泛而巨大的影响。至东汉后期，描绘现实生活内容的墓室壁画才明显增多。由于道家思想在东汉晚期重又风行于社会，道家的审美理论也深入人心。东汉晚期的绘画创作受其影响，在注重写实的同时也注重写意，在追求形似的同时也追求神似。东汉晚期的墓室壁画，如堪称珍品的河北望都一号汉墓壁画、河南密县打虎亭汉墓壁画等，即比较清楚地显示了这一特点，也表明汉代绘画艺术继承楚文化精神的新发展，预示了后世绘画艺术的演进趋向。

刻画图像于砖、石之上，是汉代美术的一大特征。画像砖和画像石，也是汉代富有时代特征的艺术品。它的兴盛，主要与厚葬风气的兴盛相伴相随。它的题材，有如壁画一样丰富多彩，但大体言之，依然是神话、历史和现实的相互交织和错综表现。观赏由一块块画像砖、石组成的图景，所见到的是诡谲瑰丽的世界，所感受到的是神奇浪漫的氛围。由于是以笔画为辅而以刀刻为主，受工具和材料的限制，它不便于作精细逼真地描绘和雕琢，而是着重以流畅奔放、刚劲有力的线条来写大貌、造气势、传神采，故别具浪漫主义色彩，也对后世绘画和雕刻艺术产生了重大影响。故楚之地南阳，出土的汉画像石尤多。南阳汉画像石的图像内容和艺术表现，也尤能体现楚文化传统。

在木棺上髹漆并彩绘各种神禽灵兽的形象及云气卷绕的纹饰，构成恢诡谲怪、惊采绝艳的棺画，是楚人的习俗和楚文化的传统。汉人也因承了这一习俗和传统。马王堆一号汉墓中的黑地彩绘棺和朱地彩绘棺上，满绘奇鸟怪兽、瑞禽祥物的图像。仅黑地彩绘棺上，就绘有怪兽、怪神、仙人、鸾凤、鹤、豹、枭、牛、鹿、马、兔、蛇、多尾兽等十余种灵物组成的上百个图像。“这些神怪和禽兽形态各不相同，描绘得栩栩如生，变化多端，在云气间安排得十分得体，具有浓厚的浪漫主义色彩，表现了作者丰富的想象和熟练的技法，是研究当时绘画艺术的重要材料。”①

出土的汉代漆器中，尽管再未见到虎座飞鸟、虎座鸟架鼓、方座镇墓兽等奇诡的典型楚器，但一般生活用具的造型，多与楚器相同。汉代漆器的敷色装饰图案或画像，则明显地继承了楚漆器艺术的风格。凤凰山汉墓、马王堆汉墓及其他地区汉墓出土的漆器，基本上都如楚漆器一样以黑、红两色为主色调，并且往往绘有楚漆器上常见的凤鸟纹、龙兽纹、云气纹及各种几何纹。凤凰山八号汉墓出土的漆龟盾，正面绘有一个人首人身禽足的神人和一头三足一尾的怪兽，正同向疾奔；背面绘有两个

① 湖南省博物馆等编：《长沙马王堆一号汉墓》，文物出版社1973年版，第25页。

面对而立、装束奇异的男子，正拱手作揖；色彩则以黑色敷底、红色赋形；可谓想象新奇、表现诡谲、描画传神，是典型的楚式风格、汉代气派。学者指出，汉代漆器的装饰艺术，“从内容到形式都保留着楚国漆器的遗风”①。

雕塑作品，在汉代大量涌现并取得了辉煌的艺术成就。汉代雕塑，不重因袭秦俑、秦铜车马所体现的秦雕塑艺术的写实传统，而重继承楚雕塑艺术的浪漫精神。凤凰山汉墓和马王堆汉墓出土的大量木俑，是汉代木雕的代表作。它们不似秦俑那样着力于细部的逼真刻画，而是以简洁的刀法来表现人物的情态，带有明显的楚风。史籍中记载的汉宫雕塑作品，如武帝时飞廉观上的铜飞廉、未央宫前的铜马和铜龙，东汉光武帝时洛阳宫门的铜驼和铜马，灵帝时的四人铜像等，大概都是借助丰富想象的写意传神的佳作。尤其是武帝时造于建章宫神明台上“高三十丈，大七围”的铜铸仙人承露盘，为古代骚人墨客咏叹不绝，无疑是具有浓重浪漫主义色彩的汉代雕塑代表作。今日所见的汉代雕塑杰作，有许多都是充分发挥了浪漫主义艺术想象、采用了浪漫主义表现方法的作品。如霍去病墓前的石刻群，有 14 件石雕作品，不求形真，但求神似，风格抽象而浪漫、简练而明快。其主体石雕，刻画一匹雄奇高大的战马踏翻一名猥琐卑小的匈奴人，虽然只表现了一人一马，却以大写意的手法概括地表现了壮阔激烈的汉匈战争；虽然因采用夸张的表现而致使马与人皆不合实际比例，却以浩大的气势和生动的气韵，高度地突出了歌颂霍去病击败匈奴这一丰功伟绩的主题。因此，人们非但不感觉到它的失真，而是不由自主地为它的艺术魅力所吸引。又如甘肃武威东汉墓出土的“马踏飞燕”铜雕，造型为一匹张口嘶鸣、奋蹄狂奔的骏马，三足高腾于空中，一足踏在飞翔着的燕背上，轻灵的飞燕惊惧不已、回首顾盼，由此形成了天马行空、超越一切的高旷优美意境，显示了征服苍穹、无阻无碍的宏大豪迈气势，体现了作者奇伟的想象力和卓绝的表现力。

① 李正光：《汉代漆器艺术》，文物出版社1987年版，第6页。

古人将文字书写普遍而明确地作为一种艺术表现和审美对象来看待和追求，可以说始自汉代。不过，早在春秋战国时期，人们就有意识地将文字作为装饰而逐渐使之艺术化，从而促进着文字向书法的发展。就出土的东周列国文字资料来看，以楚国文字的数量最多、艺术化程度也较高。春秋中期的楚国青铜器上的铭文，字体修长，笔画多变，弯曲波折，已作美术字状。春秋晚期，楚国开始流行的极富装饰意味的“鸟书”，突出地显示出华美秀丽的南方气派。湖北随州曾侯乙墓出土的编钟和安徽寿县发现的鄂君启节上的错金铭文，字体圆润清秀、端严华丽，堪称战国金文艺术的代表作。一些楚国的墨书简帛上的文字，已初步形成了隶书的间架格式、波势挑法。郭沫若曾指出：“楚帛书”上的文字，“体式简略，形态扁平，接近于后世的隶书”[①]。东周列国文字中，楚系金文摇曳多姿，可谓楚篆，文字结构最有特点，表现方式也最为丰富；楚系简帛文字蔚为大观，堪称楚隶，具有结构奇诡多变、笔画恣肆奔放、造型圆润秀雅、体势飘逸洒脱、笔意传神达性、章法自然生动的鲜明艺术特征，体现了东周书法艺术的成就。[②]秦朝以小篆统一天下文字，省改大篆而新创小篆者是楚人李斯。李斯可以称之为中国历史上第一位书法家，今存秦代的书法作品几乎全部出自其手。不过，湖北云梦睡虎地秦墓出土的秦简文字，却大都属于隶书，与趋于隶书化的楚文字颇为相似。汉代是文字的书体最丰富、演化最复杂的时期。篆、隶、草、行、楷诸体，在汉代或成熟、或滥觞，隶书则在汉代最为盛行。马王堆汉墓帛书和张家山汉墓简书的文字，虽仍带篆意，但隶书的特征已较为明显，尚属先秦古隶，当主要继承了楚文字的风格。隶书在西汉后期发展成熟，并且反映出中国文字由实用向审美的过渡。扬雄提出“言，心声也；书，心画也”[③]，表明汉人对书法的审美标准一开始就依据的是道家的审美

① 郭沫若：《古代文字之辩证的发展》，《考古》1972年第3期。

② 说详拙文《楚简帛书法艺术刍议》，《全国楚简帛书法艺术研讨会暨作品展论文集》，湖北人民出版社2009年版，第120~132页。

③ 扬雄：《法言·问神》。

理论，认为书法之美在于表现了主体心性。东汉书家辈出，书法理论著作也开始产生，书法艺术则在东汉后期进入成熟时期。其时的书家代表之一蔡邕（133—192）在其书论《九势》中强调："夫书，肇于自然。自然既立，阴阳生焉；阴阳既生，形势出矣。"这一见解，是依据道家哲学建构的书法理论，明确指出书法创作是主体性情的自然表现和充分贯注，书法之美也就是一种自然之美、生命之美。这种观点，则成了中国古代书法理论的基本思想。弘扬主体、表现性情、追求神韵的艺术创作，正是对楚文艺的浪漫主义创作精神的继承和发扬。

三、乐舞

从楚辞等文献的描述和出土的八音俱全、数量众多、制作精良的楚乐器来看，便不难想知楚国乐舞该是何等地普及和发达。据现有资料，楚国乐舞的普及程度和发达水平，恐怕也是东周列国乐舞所无与伦比的。

汉兴之后，由于出身楚地的君臣的偏好和楚乐舞的高度成就，汉代乐舞自然从一开始便主要继承楚乐舞而发展。

语句富于变化、音韵舒缓悠扬而抒情性强烈、感情色彩浓重的楚歌，在秦末传唱于海内、在汉初风靡于朝野的情况，则如本节第一部分及本章第二节所介绍。汉武帝"兴天地诸祠"，"欲造乐"，改革汉初因秦制而设的"太乐""乐府"机构，重立"乐府"，让"乐府""采诗夜诵，有赵、代、秦、楚之讴"[①]，进而让人"扩楚声而变之"，"为之新声曲"[②]。从此，武帝"常御（用）及郊庙皆非雅声"[③]。汉代用于宫廷娱乐和郊庙祭祀的俗乐，主要就是"楚声"或本楚声而造作的"新声曲"。

由于楚歌楚声盛传天下，勃兴于西汉的乐府诗歌创作也深受其影响。汉朝乐府采集的歌诗，不仅有相当大的一部分采自故楚之地，而且虽非产于故楚之地也多带楚歌特征。

---

①③ 《汉书·礼乐志》。

② 《汉书·李延年传》。

《汉书·艺文志》著录了西汉王朝乐府所集的“歌诗二十八家，三百一十四篇（实为三百一十六篇）”。其中包括“高祖歌诗二篇、泰一杂甘泉寿宫歌诗十四篇、宗庙歌诗五篇”等在内的81篇非民间之作，当多为“楚声”。其中的“诸神歌诗三篇”“送迎灵颂歌诗三篇”“杂歌诗九篇”，也可能大都是“楚声”。另外，除去流传下来的周代歌谣166篇，剩下的各地民间歌诗中，故楚之地的歌诗就有24篇，即“吴楚汝南歌诗十五篇”“淮南歌诗四篇”“南郡歌诗五篇”。

据现存汉代乐府诗歌来看，汉代乐府诗歌大致可以分为相和歌与鼓吹曲两大类。

相和歌的歌辞，主要来自民间的“街陌谣讴”。不过，它那“丝竹更相和，执节者歌”[①]的演唱方式，大概主要是继承“楚声”传统发展而成。《九歌》的演唱方式，是既有主唱，又有和唱，脱胎于楚歌的《离骚》等楚辞作品，也保留有合唱形式的“乱辞”。宋玉《对楚王问》中描述：“客有歌于郢中者，其始曰《下里》《巴人》，国中属而和者数千人；其为《阳阿》《薤露》，国中属而和者数百人；……”由此可知，战国时楚地乐歌盛行相和歌唱。楚歌形式，也适宜于相和歌唱。汉代相和歌的兴起与发展，在辞的形式和声的韵调上，自当深受楚歌影响。而且，汉代相和歌的部分曲目，本就袭用楚国旧曲。如《阳阿》《采菱》《激楚》等，即见于楚辞《招魂》《大招》中所述。新兴于汉代的“但歌”，一般是“一人唱，三人和”，曲式结构较为简单，有辞有声。[②]其和声的乐曲，很可能源于楚歌。尽管其声多为衬腔的虚词，但也有的与楚声一样在“曲”后附“乱”，反映了因承楚声的迹象。瑟调曲《妇病行》，由“曲”与“乱”两部分组成，“乱”的部分长于“曲”，同楚辞中的“乱辞”一般较短的情况有异，显示出汉代相和歌在形式上对楚声的发展。相和歌发展到

① 《晋书·乐志》。
② 《晋书·乐志》：“但歌，四曲，出自汉世。无弦节，作伎最先唱，一人唱，三人和。”

高级阶段，形成为由一种“艳—曲—乱或趋”三部分组成曲式结构，由器乐、歌唱和舞蹈配合演出的“大曲”。楚声传统的“乱”，在“大曲”表演中被高度地丰富化，成为歌舞曲终结时器乐合奏、演员合唱与共舞的高潮部分。

节奏强烈明快的鼓吹曲，主要以打击乐器和吹奏乐器为演奏或伴奏的乐器，常用于郊庙祭祀、军队出行及各种仪典中。“高祖击筑，自为歌诗曰……令儿皆和习之”①的《大风歌》，是汉代最早的鼓吹曲，也是楚声鼓吹乐。“至孝惠时，以沛宫为原庙，皆令歌儿习吹以相和，常以百二十人为员。”②《大风歌》从此便成了汉代鼓吹曲的典范和代表。《汉书·艺文志》的“歌诗”部分，即将“高祖歌诗二篇”列为第一。本楚声而作的《安世房中乐》和扩楚声而变之的《郊祀歌》，是汉代传统的鼓吹曲。《汉书》著录的“汉兴以来兵所诛灭歌诗十四篇”、“出行巡狩及游歌诗十篇”等，大概也是依楚声创作的鼓吹曲。随着中外文化交流在汉代的逐渐频繁和密切，西北少数民族的吹奏乐器和乐曲也传入中原，对汉代鼓吹曲的发展产生了较大影响。

载歌且舞，乐歌与舞蹈密切关联。梳理楚辞等文献和出土文物资料可知，楚人长于歌而擅于舞，在宴饮之际、盛典之时，往往是竽瑟狂会而歌、钟鼓齐鸣而舞，甚至酣歌恒舞、纵情恣意。“楚国的舞人有两个特点，其一是袖长，其二是体弯，确实可以说是‘偃蹇’和‘连蜷’的。对女性，楚人的审美标准是‘丰肉微骨’而‘小腰秀颈’。如此体态，如此舞姿，况复‘娭光眇视，目曾波些、无怪乎‘观者憺兮忘归’了。”③

汉高祖既乐楚声，又好楚舞，自作《大风歌》后，“令儿皆和习之，高祖乃起舞”④。高祖的戚夫人，大概既合楚人的审美标准，又“善鼓

①④ 《史记·高祖本纪》。
② 《汉书·礼乐志》。
③ 张正明：《楚文化史》，上海人民出版社1987年版，第272～273页。

瑟击筑……善为翘袖折腰之舞”[①]，因色艺俱佳而被高祖宠爱。高祖欲改立戚夫人之子为太子未成，乃对悲泣的戚夫人说：“为我楚舞，吾为若楚歌。”[②]上好下甚，上行下效，加之楚舞富有抒情性、表现力和优美感，楚舞因而在汉初风行，成为主导汉代舞蹈发展的体系。

宫廷舞蹈和社会上的“女乐”、俳优艺人的表演舞蹈，是汉代舞蹈的主流。它们始终保持着楚舞风格、发扬着楚舞艺术、遵循着楚舞的审美追求。武帝宠爱的李夫人，本为“妙丽善舞”的艺人，有“美连娟以修嫮”的倾城倾国之形貌，想必也有姿偃蹇而婀娜的绝伦逸群之舞艺。昭帝时，燕王刘旦谋反事败，自作楚歌抒发忧懑，其华容夫人“起舞”并唱楚歌，歌节舒缓而舞姿连蜷。成帝的宠妃赵飞燕，以身轻如燕而闻名，相传能在别人举托的特制小晶盘上潇洒起舞，可想而知其体态该是何等的小腰微骨，其舞姿又该是何等地袅娜飘逸了。汉代画像石上的乐舞图，大多描绘有小腰秀颈的舞女表演长袖折腰舞的形象。如山东微山县出土的汉画像石上的乐舞图，描绘了舞女挥动双袖、侧身折腰成90度的形象。河南南阳出土的东汉画像石上的两幅“舞乐百戏”图中，一幅“画像中的舞伎，冠饰华艳，纤腰如蜂，长袖飘逸流畅若水波”[③]；另一幅的一舞女“两袖如长策，飘带曳地，倾躯折腰，踏拊起舞”[④]。显然，挥动长袖、倾折细腰以曲尽顾目流盼、俯仰游动、云转飘忽、婉约曼妙之美的楚系舞蹈，风行于两汉社会。《淮南子·修务》论述与楚舞一脉相承的汉代舞蹈说：“今鼓舞者，绕身若环，曾挠摩地，扶旋猗那，动容转曲，便媚拟神，身若秋药被风，发若结旌，驰骋若鹜。”

在楚式长袖折腰舞的基础上，汉人发展出著名的“盘鼓舞”。这种将盘、鼓置于地上做舞具，而舞人在盘、鼓之上或绕盘、鼓表演的舞蹈，仍以挥动长袖、曲折腰肢、俯仰游走、云转飘忽为基本舞姿，只是舞者

① 《西京杂记》卷一。

② 《史记·留侯世家》。

③④ 王建中、闪修山：《南阳两汉画像石》，文物出版社1990年版。

不限男女，表演不局婉约，节奏或疾或徐，动作或刚或柔，更具丰富多彩的表现和移情牵魂的魅力。

由于汉代舞蹈蓬勃发展而成为社会文化生活的重要内容，汉代文人也专门撰文描述和赞叹舞蹈艺术。傅毅和张衡，都作有《舞赋》。傅毅描述舞女的精湛表演："……罗衣从风，长袖交横。骆驿飞散，飒遝合并。䴔鹊燕居，拉揩鹄惊。绰约闲靡，机迅体轻。姿绝伦之妙态，怀悫素之洁清。……蜲蛇姌袅，云转飘曶。体若游龙，袖如素蜺。黎收而拜，曲度究毕。迁延微笑，退复次列。观者称丽，莫不怡悦。……"张衡绘写："……抗修袖以翳面兮，展清声而长歌。……搦纤腰兮互折，嬛倾倚兮低昂。……腾嫮目以顾眄兮，盼烂烂以流光。连翩骆驿，乍续乍绝。裾似飞燕，袖如回雪。……"傅毅在赋中称其描述的是楚舞，张衡在赋中直言所描绘的是汉舞，可见楚舞汉舞一脉相传，汉代舞蹈一直是以楚舞的艺术表现和审美追求为根基的。有些学者据出土资料和文献资料而认定："汉代舞蹈基本属于楚舞体系。"①

载歌载舞的同时夹杂角抵百戏，是汉代表演艺术的一大特色。汉画像石上多有"乐舞百戏图"。学者经研究后指出："通常认为汉代始有百戏，但我们认为实际上至迟在战国时期的楚国宫廷中已开始演出百戏了。我们的理由是，从构成汉代百戏的许多单项节目来看，楚国几乎都有；从综合性的大型百戏演出来看，楚国也有。"②汉代的乐舞百戏，乃是承楚而发展。汉代盛大的乐舞百戏表演"总会仙倡"，在表演的内容和形式上，在艺术的精神和风格上，都明显地继承了楚表演艺术。由张衡《二京赋》描绘的"总会仙倡"可知，《九歌》中的湘君和湘夫人故事、即娥皇和女英的传说，被移植和改造于其中，其歌为"声清扬而委婉"的楚式长歌，其舞为"飘飘""霏霏"的楚式曼舞，而神灵仙人、奇禽

① 王建中、闪修山：《南阳两汉画像石概述》，《南阳两汉画像石》，文物出版社1990年版，第7页。

② 宋公文、张君：《楚国风俗志》，湖北教育出版社1995年版，第353页。

异兽同场会聚、载歌载舞、或角或抵，构成与楚艺术风格一致的浪漫主义艺术境界。

汉代的乐舞，十分明显地是主要继承楚乐舞而发展的。尽管自西汉中期，随着地域文化的密切融合、中外文化的频繁交流和社会生活的迅速发展，汉代乐舞在融会各地乐舞精华、吸取域外乐舞艺术、适应新时代人们的社会文化生活的需要的过程中，其内容日益丰富，其形式日趋多样，其水平日渐提高，但其主导的艺术风格和审美意趣仍继承着楚乐舞。以楚乐舞为基础、并随汉代文化融会海内、吸取域外文化成果而高度发展的汉代乐舞，也为后世中国古代乐舞的发展奠定了坚实的基础。

第九节　汉俗与楚俗

一地有一地之风尚，一国有一国之习俗。“古者百里而异习，千里而殊俗。”[①] 古人因而强调：“入竟（境）而问禁，入国而问俗。”[②] 楚国地大人众、历久史长，楚俗也习殊而风烈、源远而流广。秦祚苦短，故楚之地风俗依旧。汉朝初兴，多为楚人的君臣乐楚俗而振楚风，一些楚风楚俗因而广流天下。随着统一的大汉帝国在“四宇之风，世之众理，皆混其俗”[③] 的过程中的社会发展，楚俗既有转为汉俗的嬗变，又有因袭传统的流衍。

一、衣食住行

楚国的物质文化成就在总体上领先于东周列国，楚国的物质文化成就又主要由衣食住行用品的生产所体现出来。反映在衣食住行方面的楚

① 《晏子春秋》卷三。
② 《礼记·曲礼上》。
③ 《淮南子·齐俗》高诱注。

俗，也鲜明突出和影响甚大。

1. 服饰

服饰，是衣帽鞋袜及身上饰物的总称。先秦及汉初的服饰实物及着衣木俑、雕衣木俑、彩绘木俑和有着装人物的帛画，以故楚之地出土的最多。结合文献记载和考古资料来考察，可以比较清楚地了解楚服饰习俗在汉代的流变。

南冠楚帽，在先秦独具特色。春秋时，楚人钟仪被晋国俘虏之后，依然南冠而絷、乐操土风，成为后世传颂的爱国故事。楚国最为流行的冠，大概是高冠。屈原即有“高余冠之岌岌兮”和“冠切云之崔嵬”的咏唱。由出土楚文物可知，楚人确实戴高冠，但楚国高冠也有多种式样；另外，楚国还有凸圆冠、扁圆冠等。可以推想，当年喜好“修吾服”和“繁饰”的楚人，创制出了形形色色的楚冠。

史籍记载，汉高祖刘邦低微时所戴的竹皮冠，因其显贵后仍常戴，故风行天下而世谓之“刘氏冠”。据《后汉书·舆服志》所述，刘氏冠就是楚制的长冠。长沙子弹库楚墓出土的帛画《人物御龙图》上，绘有一位“陆离长剑握拳中，切云之冠高耸”[①]的男子。刘氏冠大概类似这男子所戴的高冠，因刘邦仿其形而以竹皮为之得名，并由楚入汉而成为典型汉冠。长沙马王堆汉墓出土的“T形帛画”上，就绘有戴“刘氏冠”的男子。同墓出土的戴冠男俑，所戴之冠亦皆为长冠。

湖北江陵凤凰山168号汉墓中，出土了两顶男性墓主所戴的纱帽，样式为长方袋状，顶部呈方形，高13厘米，宽18厘米。这种纱帽当也是楚制。江陵马山一号楚墓中出土的女性墓主所戴的一顶绢帽，样式为不规则的圆台形，高18.5厘米，前边长25厘米，后边长40厘米。两种帽子虽然质地和形制有别，但制作方式有相似之处，帽子里外用不同面料缝合而成，或许分别为楚国男女日常所戴的普通帽子。人们通常据史籍所述认为，冠、帽有别，冠只罩住发髻而帽则覆盖头顶，冠主要用于

① 郭沫若：《西江月·题长沙楚墓帛画》。

礼仪而帽完全出于实用，冠广泛用于先秦而帽因西汉末年王莽头秃无发、以帽遮顶才开始应用。湖北楚墓和汉墓中出土的这男女所用的帽子，证明战国楚人已普遍使用帽子了。江陵马山一号楚墓出土的木俑，头上也戴有一顶覆盖头顶的扁圆帽。荆门包山楚墓出土的漆奁上，绘有一些似乎戴着罩住全部头发的高帽的人物。凤凰山汉墓出土的纱帽，说明楚帽在汉初颇为流行。

马王堆汉墓中，出土了一件制作精巧的漆缅冠。它虽然尚未见于楚墓中，但也可能是由楚冠发展而来。马山一号楚墓就出土有漆缅纱织物，楚人用此物制冠乃可想而知。在其他地区年代稍晚的汉墓中，也出土有与马王堆汉墓中的漆缅冠类似的漆纱冠，但不及其显得高耸。漆缅纱冠一直流行到宋、明时代，成为相沿甚久的着冠习俗。

《后汉书·舆服志》记载了19种汉冠，其中数种本为楚冠或由楚冠演变而来。如前述刘氏冠及法冠、鹖冠、樊哙冠、远游冠。

"法冠，楚冠也，一曰柱后惠文。冠高五寸，以缅裹铁柱卷。秦制，执法服之。"[①]汉承秦制，为御史、廷尉等执法官所戴。又名"獬豸冠"，因冠顶有角。荆门包山二号楚墓的墓主，为楚国最高执法官——左尹。其墓出土的漆奁上，就绘有一些戴着顶部两边突起的高冠的人物。汉代法冠之顶也有两角，当是独角或两角的楚冠的沿袭和发展。

鹖冠为武士之冠，因冠上插鹖羽而得名。战国晚期，楚国有"以鹖为冠"、因以为号的"鹖冠子"，作《鹖冠子》一书传世。汉代鹖冠，当因承楚制。

樊哙冠，乃汉初名将樊哙创制。刘邦为帝后，循其形制而予以改进，颁赐予殿门卫士。樊哙是楚人，汉初成形的樊哙冠也当多袭楚风。

远游冠，是汉朝太子及诸王所戴之冠。其得名当因《楚辞·远游》的"愿轻举而远游"之咏，其形状则与汉代高9寸的通天冠相似。汉皇室既然创制出这种名出于楚、又为楚人后裔的"诸王所服"的远游冠，无疑对

---

① 蔡邕：《独断》卷下。

楚式高冠多有借鉴。

除了戴冠帽之外，楚人早就有挽髻习俗。楚人的发髻，因男女尊卑之别而有多种样式。楚国贵族的发髻，一般为椎髻，较高。汉代发髻，样式更为丰繁，当多有袭楚式者。文献记载秦汉妇女的神仙髻、凌云髻、垂云髻，其命名带有道家色彩，其样式或也为楚风流变。

楚人好“奇服”而多创新。种类繁多、式样新奇的楚服，在汉初十分流行，直接影响着汉代服装的发展。

《史记·叔孙通列传》记载：“叔孙通儒服，汉王（刘邦）憎之；乃变其服，服短衣，楚制，汉王喜。”楚制短衣，当是战国楚人普遍的着装。汉初，朝野上下想必也从刘邦所喜的楚俗而多着楚制短衣。由文献记载和考古资料可知，楚制短衣有袛裯、緥衣、无袖衣等多种。马王堆汉墓出土的《导引图》上，绘有穿短襦的人物。这种及于膝上的短襦，或许就是战国至汉初颇为流行的楚服。

出土文物中反映出的楚人服装，更多的还是各式袍服。楚制袍服，当为楚人根据传统的“深衣”制式发展变化而成，主要是交领右衽、或直裾或曲裾。马王堆汉墓中出土的衣服中，最多的就是袍服，共 12 件。其墓出土的木俑上所绘服装，也多为袍服。“T 形帛画”中的妇女，即着宽大袍服。据其墓出土文物所见，袍服实物基本上是交领右衽，而外襟有直裾和曲裾之别，样式无异于楚袍服；袍服绘像则还有广袖、半袖、对襟短袖等样式，比已知的楚袍服样式更为丰富。学者指出，其墓中所见直裾式和曲裾式袍服，与楚文物所反映的袍服形制相同，当为楚服。①

凤凰山汉墓出土的一件广袖长裳，前后下摆为剪刀形的麻衣，形制奇特，很可能是由楚入汉而颇为流行的男式衬衣。

马王堆汉墓出土的两件素纱长单衣，分别重 48 克和 49 克，可谓薄

① 见高至喜《马王堆汉墓的楚文化因素分析》，《湖南博物馆文集》，岳麓书社1991年版。

如蝉翼、轻若云雾，反映出汉初纺织技术和制衣工艺的高度水平。这种单层长衣，大概就是文献所谓“禅衣不重”的禅衣。马王堆汉墓出土的禅衣，在衣料和形制上承楚而有所发展。比较而言，其衣料质地高于马山一号楚墓出土的纱，其衣服样式则与马山一号楚墓出土的单衣大同小异。

上衣下裳。出土的楚裳，主要有裙与袴。它们在汉初依然流行。

马王堆汉墓出土有单裙两件，腰窄摆宽，裙呈扇形，裙腰两端延长为裙带，与马山一号楚墓出土的两件单裙的形制基本相同。稍异之处在于，前者用绢 4 片缝成，后者用绢 8 片缝成，看来汉初之裙承楚制又有简易之变。裙在汉代成为妇女常穿的下裳，而且样式丰富多变。

袴是裤子的前身。马山一号楚墓出土的一件绵袴，是无裆的套裤，即古人所谓胫衣。类似的实物在汉墓中尚未发现。不过，凤凰山汉墓中的竹简上，有“袴”的记录。马王堆汉墓出土的《导引图》上，绘有穿长裤短衩的男子，虽不能明知其所穿长裤短衩的结构，但反映出楚袴在汉代也有发展变化。

文献中记载的楚鞋，有多种质地和样式。迄今出土的楚鞋实物，有麻、丝麻和皮革制成的鞋。江陵凤凰山 168 号汉墓出土有两双底为麻、面为绢的丝履，与马山一号楚墓出土的一双底用麻、面用绨的丝麻鞋的构造相类。不过，两者形制有别。汉丝履是前端平薄、两角削尖而翘起的“双尖翘头方履”，楚丝鞋则前端圆厚而不翘起。另外，马王堆汉墓出土有青丝履 5 双。其履面用丝缕编织而成、鞋底用麻线编织而成，其样式则全为“双尖翘头方履”。看来，双尖翘头方履，是汉代流行的鞋，或许是由楚制演变而成的汉制。皮革制成的汉履，尚未见实物。河北望都一号汉墓壁画上，绘有穿着革履的人物。但其革履与长沙楚墓出土的革履，在形制上区别颇大。

先秦有鞋也有袜，楚袜实物尚未发现。马王堆汉墓出土的两双夹袜，分别用素绢和绛紫绢缝制而成。凤凰山汉墓出土有麻夹袜一双，与马王堆汉墓出土夹袜的形制一样，为齐头、勒后开口、开口处附袜带。它们有可能因袭了楚制。

楚人早有戴手套的习俗。江陵藤店一号楚墓出土的皮手套，样式几乎可与现代皮手套媲美。既然缝制皮质手套，楚人也自然会更多地缝制丝质手套。马王堆汉墓出土的“千金绦”饰手套3副，为直筒露指式手套，用绢、绮等丝料相配而制成，亦可视为楚制丝质手套的一种。

“华采衣兮若英”[①]、“佩缤纷其繁饰兮”[②]，是楚人服饰的鲜明特征。楚人喜爱穿着华丽多彩的服装，佩带环、玦、璜、管、佩、珠等各种饰物。汉初经济凋敝，帝王尚俭禁奢。但随着经济的恢复和发展，汉人在华采衣的追求上并不逊于楚人，只是在佩缤纷的习尚上已有别于楚人。马王堆汉墓出土的服装实物及木俑所绘服装，在华丽多彩方面足可与楚墓中所见媲美，但其出土的饰物及其着装木俑所绘饰物之繁则远不及楚墓中所见。显然，历秦入汉，在故楚之地也既有承前俗而振其风的发展，又有“时移则俗易”的变化。总的来说，汉代服饰较多地承袭了追求“丽美”的楚风。至汉代中期，汉人更加竞尚侈丽，连富人家的奴婢也穿绣衣丝履、服五色杂彩。

汉乐府民歌《城中谣》云：“城中好高髻，四方高一尺。城中好广眉，四方且半额。城中好大袖，四方全匹帛。”由此可知，“高髻”“广眉”和“大袖”，是汉代妇女时兴的妆饰。这些妆饰，乃楚国妇女的典型妆饰。长沙陈家大山楚墓出土的帛画《人物龙凤图》，就绘有头扎高髻、面饰广眉、身穿宽袖袍服的女子。汉诗与楚画相映照，汉俗与楚俗也相因承。

2. 饮食

“楚越之地，地广人稀，饭稻羹鱼，或火耕而水耨，果隋蠃蛤，不待贾而足，地势饶食，无饥馑之患。”[③]楚地物产丰饶，楚地的物质生产在春秋战国又甚为发达，故楚人也尤重饮食，形成了丰富的饮食习俗。

① 屈原：《九歌·云中君》。
② 屈原：《离骚》。
③ 《史记·货殖列传》。

先秦文献中关于中国先秦饮食的描述，最为详明的就是楚人屈原所作的《招魂》和《大招》。楚墓中出土的饮食实物和器具，可谓繁多而精美。文献资料和考古资料，综合地反映了楚国饮食文化的卓越成就。成就卓越的楚饮食文化和与之相应的种类丰富的楚饮食习俗，自然会给予汉代饮食以巨大影响。马王堆汉墓中出土了大量的饮食实物和器具，仅食品就达100多种，而墓中竹简记载的随葬食品近150种，因而对汉初饮食习俗有着较全面的反映，对楚、汉饮食习俗的关系也有着较清楚的反映。海昏侯墓中也出土甚多主副食物和各种厨具餐具，反映了楚、汉饮食习俗在西汉中晚期的流变。故楚之地的其他汉墓出土文物及汉代文献的有关记述，也或多或少地反映了楚饮食习俗在汉代的流变状况。

马王堆汉墓中出土的粮食，有稻、麦、黍、菽（豆）、麻，包括了先秦所谓的“五谷”。其中又以稻类品种最多：粳型和籼型，粘稻和糯稻，有芒和无芒，长粒和短粒，五花八门，形形色色，反映了新石器时代以来南方重食稻的传统和稻作文化在汉代的发达。凤凰山汉墓中的陶仓里，也发现有稻穗。“稻粢穱麦，挐黄粱些。”[①]楚人早已种植和食用五谷，但以食稻为主。汉代南方人的主食，直接因承了楚人习俗。

“粔籹蜜饵，有餦餭些。”[②]用粮食制成各种点心食用，是楚饮食文化的鲜明特点。马王堆汉墓出土的点心，有粔籹（米面掺和蜜熬制成的糕点）、檏桯（稻米粉制成）、刺颣（枣与米、麦熬制而成）、稻蜜糒（米掺和蜜制成）等，不仅因承了传统的楚式糕点，而且有所发展。

豆本先秦人普遍食用的主食，即如《战国策·韩策》所说的“民之所食，大抵豆饭藿羹”。大概楚人主要食稻，便尝试以其他谷物作副食。马王堆汉墓出土了大量的豆豉和豆酱，表明汉初的楚地人已能用豆类制作多种食品。至西汉中期，豆腐也在楚地诞生。“世传豆腐本乃淮南王

①② 屈原：《招魂》。

术”[①]、“豆腐之法，始于汉淮南王刘安”[②]的传统说法，今已为考古发现的东汉画像石《庖厨图》所印证。[③]看来身居寿春（今安徽寿县）的刘安是一美食家，组织门下宾客方士发明了豆腐。口感鲜嫩、营养丰富的豆腐的发明，不啻是对人类饮食文化的一大贡献。

楚人嗜好肉食，楚辞中叙及楚人的肉食甚多，既有家畜家禽，更有野兽野鸟；既有常见鱼类，又有奇异水产。据马王堆汉墓中所见动物骨骼鉴定，有牛、猪、羊、狗、马、兔、鹿、鸡、鸭、雁、鹄、鷮、鹧鸪、斑鸠、鸳鸯、喜鹊、麻雀、鲤、鳜、鳡、刺鳊、银鲴等，肉食种类逾30种，真可谓飞禽走兽、山珍水味，一应俱全，反映出汉人取用的肉食品种较楚人有过之而无不及。

“肥牛之腱，臑若芳些。”[④]楚人爱食牛肉，汉人亦然。凤凰山168号汉墓中的一件竹笥里，就盛有牛排。牛肉在汉代价格不菲，一般只有富人才有条件享用。

狗肉在西汉前期比猪肉价高，或许多少也受楚人嗜好狗肉的影响。《大招》乃云：“醢豚苦狗，脍苴莼只。”汉初名将樊哙，就本在故楚之地以屠狗为业。

马王堆汉墓与凤凰山汉墓出土的蔬菜瓜果，有芋、笋、姜、藕、菱角、花椒、冬葵子、芥菜子、枣、梨、梅、杏、桔、橙、枇杷、甜瓜等。这些都是南方盛产的农林产品，大都于楚墓中可见，只是显得更为丰富。

楚人十分讲究烹饪，楚辞中描述的烹饪方法及烹调的佳肴甚多。马王堆汉墓中随葬的肉食，都是经过精心烹调后入葬的。据墓中遣策记载，其菜肴中的酨羹（只放肉而不加五味的肉汤）就有9种：牛首羹、羊羹、鹿羹、豕羹、豚羹、狗羹、凫羹、雉羹、鸡羹。另外还有各种白羹（加

① 朱熹《豆腐》诗自注。

② 李时珍：《本草纲目》卷二十五。

③ 河南新密打虎亭一号汉墓画像石的《庖厨图》中，被认为绘有豆腐制作场景。参见黄展岳《汉代人的饮食生活》，《农业考古》1982年第1期。

④ 屈原：《招魂》。

米屑的肉汤）、巾羹（加葵菜的肉汤）、逢羹（加蔓青叶的肉汤）等。其菜肴的烹调方法，主要有羹、炙（烤肉）、炮（将兽肉去毛后裹泥，放在火上烧烤）、煎、熬、蒸、腊、脯（肉干）、濡（煮熟后和汁）、菹（切成肉末后和酱烹制）等；所用的调味品有盐、酱、醋、糖、蜜、豉、曲、葱、姜、韭、桂皮、花椒、茱萸等，分类达19种之多。其菜其味，形形色色，较《招魂》《大招》的描述更加丰富多彩，表明汉代的烹饪内容和技艺又有了大发展。综观其烹调方法和烹制菜肴，则依然继承和发展了楚人“内鸧鸽鹄，味豺羹只”[①]的重视羹食的传统，以及“大苦咸酸，辛甘行些”[②]的讲究味道厚重丰美的传统，体现出楚地菜系一脉相承的特色；同时，又显示出融会南北风味的成就，因而其许多烹调方法和菜肴成了全社会的习尚。《盐铁论·散不足》中列举的汉代时尚菜谱，就多与之类似。

“四酎并孰，不涩嗌只。清馨冻饮，不歠役只。吴醴白糵，和楚沥只。”[③]楚地多美酒，楚人嗜饮酒。楚宫宴会上，席间只喝得“美人既醉，朱颜酡些。……士女杂坐，乱而不分些”[④]。楚墓中所见酒器在饮食器具中所占比例，要高于东周列国墓中所见，这正是楚人嗜酒风习浓烈的明证。马王堆一号汉墓中，就出土了白酒、米酒、温酒、肋酒各两坛，另有尚见酒类沉渣而可容70升以上的贮酒钟2件、钫4件。凤凰山汉墓的遣策上也记载随葬有酒，墓中出土有大量酒器。这表明汉初故楚之地的饮酒之风仍盛。出自楚地的汉初君臣，乐楚俗而嗜饮酒。高祖刘邦还归故里，“置酒沛宫，悉召故人父老子弟纵酒”[⑤]。名臣曹参任丞相后，“日夜饮醇酒。……（群臣及宾客）至者，参辄饮以醇酒，闲之，欲有所言，复饮之，醉而后去”[⑥]。有楚人在汉初的导扬，随着经济的恢复和物质的丰富，饮酒之风遂盛行于天下。汉代朝野纵酒酣饮成习，而且“百

①③ 屈原：《大招》。
②④ 屈原：《招魂》。
⑤ 《史记·高祖本纪》。
⑥ 《史记·曹相国世家》。

礼之会，非酒不行”[①]，以致景帝、和帝等几世帝王屡“禁酤酒”也无济于事。景帝之子、中山王刘胜尤为嗜酒，其墓中出土的陶制大酒缸达33个，估计当时随葬的酒有5000多公斤。海昏侯墓中出土的青铜酒器数量大大多于青铜食器，还出土了被认为是制作高度白酒的蒸馏器。[②]汉代的文献及出土的画像石、画像砖等文物上，多有对宴饮情景的描绘。由于纵酒豪饮蔚成风气，汉代的酿酒技术也大为提高，酒类品种也大量增加。酒在汉代的应用则渗入到社会生活的方方面面，不仅用于祭祀、婚嫁、丧葬等礼仪活动及送礼待客等日常生活，还用于治病健身。马王堆汉墓出土的《养生方》和《杂疗方》等医书，就“记述了利用药物配合酒曲等物专门酿制的各种药酒，这与后代利用一般酒类作溶媒，浸泡药物来制造药酒是完全不同的。有的医学专家将《养生方》所载的一张药酒方加以分析，发现其全部酿制工艺程序共达十个步骤之多”[③]。西汉中期以后，张仲景、华佗等汉代名医及一些汉代医书，都重视以酒治病和酿制药酒。显然，酒在汉代的广泛应用和酿酒技术在汉代的发展，都与楚文化的贡献分不开。

汉代除了盛行饮酒之风外，还流行饮茶之俗。“茶者，南方之嘉木也。”[④]据文献记载，饮茶习俗在周代已开始形成，并且始兴于巴、楚之地。《华阳国志·巴志》说：“周武王伐纣，实得巴、蜀之师……（巴）土植五谷，牲具六畜。桑、蚕、麻、纻、鱼、盐、铜、铁、丹、漆、茶、蜜……皆纳贡之”；“涪陵郡……惟出茶，丹、漆、蜜、蜡”。春秋时期，楚人西进兼并巴土，饮茶自然成为新兴的楚俗。楚、吴长年争战，饮茶习俗也于春秋后期传至江淮流域。2018年在山东邹城邾国故城西岗

① 《汉书·食货志》。

② 见江西省文物考古研究院《江西南昌西汉海昏侯刘贺墓出土铜器》，《文物》2018年第11期；来安贵等《海昏侯墓出土蒸馏器与中国白酒的起源》，《酿酒》2018年第1期。

③ 傅举有：《长沙马王堆汉墓研究综述》，《新华文摘》1989年第9期摘载。

④ 陆羽：《茶经》。

墓地一号战国早期墓出土的原始瓷器中的残渣，经检测分析而于2021年被确定为茶叶。[①]这是迄今所知最早的茶叶实物遗存。汉代，饮茶习俗已在长江及江淮流域普遍流行，而且传往北方。长沙马王堆汉墓遣策所记随葬品中，有存茶的笥盒。1998年在陕西西安汉景帝阳陵出土的植物样品，于2016年被鉴定为茶叶遗物。阳陵茶叶遗物，一度被认为是所知最早的中国茶叶遗存，且获得吉尼斯世界纪录认证。[②]论者推断："所出茶叶为巴蜀地区进贡给汉景帝的贡茶。"[③]《华阳国志·蜀志》记载："汉有盐井。南安、武阳，皆出名茶。"王褒《僮约》，即述及"涤杯整桉……烹茶尽具。……武阳买茶"之事，《汉书·地理志》载，西汉长沙国已有因"陵谷生荼茗"而得名"荼（茶的古体字）陵"（今湖南茶陵）的县。文献中还有汉人到江苏宜兴茗岭"课童艺茶"、名士葛玄在浙江天台山"植茶之圃"的记载。

华具容美酒，丽器盛佳馔，是楚人的又一饮食习尚。楚国贵族墓葬中出土的饮食器具，大都制作精致、装饰华丽。马王堆汉墓和凤凰山汉墓出土的饮食器具，则不仅在种类和形制上多承楚而来，在风格上也大体沿楚未变，鲜明地体现出崇尚"丽美"的楚风。两地汉墓出土的饮食器具，主要是漆器，种类有鼎、盒、壶、钟、钫、匕、卮、勺、樽、笥、箸、耳杯等，大都造型巧妙、质地优良、工艺精湛、色彩鲜丽、图案多样、绘饰生动，尤其是一些奇诡谲怪的描绘图案，具有浓重的浪漫色彩。用这样的器具盛物，的确能使华具丽器与美酒佳馔和谐统一、相得益彰，给进餐者以艺术化的美感享受，令进餐者食欲大增、情趣盎然。在故楚之地以外的西汉前期墓葬中出土的饮食用漆器，也都不同程度地体现出追求"丽美"的时尚。海昏侯墓中所见大量饮食器具，较少有繁缛富丽的装饰，反映了西汉后期的时尚变化。

① 见路国权等《山东邹城邾国故城西岗墓地一号战国墓茶叶遗存分析》，《考古与文物》2021年第5期。

② 见《汉阳陵出土世界最古老的茶叶距今2150年》，《西部大开发》2016年第7期。

③ 张坤：《汉阳陵外藏坑所出茶叶刍议》，《文博》2018年第1期。

箸，也即俗语通称的筷子，是中国饮食文化的一大创造。人们曾以为，先秦吃饭用手而不用箸。研究者现今梳理考古资料认为，新石器时代的先民就已用箸。[①] 战国楚地的今江苏高邮龙虬庄遗址，距今约 7000—5000 年，在其墓葬中出土了长 13.3~18.5 厘米、多为一端较平一端圆尖的细长骨器 42 支，被认定为骨箸。[②] 其他一些新石器时代遗址出土类似的细长骨器，也往往被认定为骨箸。[③] 不过，这些所谓骨箸，是否为进食的筷子，尚难确证。原始先民想必会用竹木棍子捞取或夹取釜、鼎、鬲等陶制炊器中煮熟的食物，但未必进食常用箸。《韩非子·喻老》述："昔者纣为象箸而箕子怖。"商纣王既用象牙筷子，或许商代后期的王族进食用箸。可是，商代的箸尚未被考古确证。河南安阳殷墟 1005 号墓出土箸头型铜器 6 件，被论者认定即接柄使用的铜箸，但也有研究者认为是插烛用以照明的"烛柄"。湖北长阳香炉石遗址的商代中晚期和东周时期地层中，各出土一支上部 3 侧面钻有圆窝纹的细长骨器，发掘者初认定为筷，后认为是佩饰或筷。[④] 其既不成双，又钻有圆窝纹，当非骨箸。《说文》："（箸）饭攲也。"箸同"櫡"，汉代又称"梜"。《礼记·曲礼上》："羹之有菜者用梜。"郑玄注："梜，犹箸也。今人或谓箸为梜。"箸从竹，櫡、梜从木，箸、梜即用竹、木制成的手持侧用以夹饭菜进食的器具。箸的始称和始用，也表明箸开始在社会生活中普及。湖北当阳赵家湖春秋中期楚墓 JM2 中出土的一双长 18.5 厘米的竹筷，堪称迄今所见名副其实的"中国第一箸"。此墓墓主的身份当为士，随葬的竹筷与 3 件木俎、一个盛有红枣的竹篓及鬲、罐、豆等陶器同置于棺外椁内。[⑤] 先秦文献极少语及箸，考古也罕见周代的箸，大概一是箸的使用在东周

① 见刘云《中国箸文化史》，中华书局2006年版。

② 见龙虬庄遗址考古队《龙虬庄——江淮东部新石器时代遗址发掘报告》，科学出版社1999年版。

③ 参见陈大元《筷子的考古学观察》，《文物鉴定与鉴赏》2019年第7期。

④ 见湖北清江隔河岩考古队《湖北清江香炉石遗址的发掘》，《文物》1995年第5期；湖北清江隔河岩考古队等：《清江考古》，科学出版社2004年版。

⑤ 见湖北宜昌博物馆等《当阳赵家湖楚墓》，文物出版社1992年版。

依然普及较慢，二是箸的器小价低而随葬少、竹木所制而朽烂快。汉初，箸在故楚之地已广为使用。凤凰山汉墓中出土了装有 5 双竹筷的一只形类竹筒的竹笼，湖北云梦汉墓中也发现有装有 8 双竹筷的箸筒，马王堆汉墓中则出土了置于漆案上的一双竹筷。[①] 史籍中也多记汉初楚人进餐用箸之事，如《史记·留侯世家》记载张良借刘邦的席上之箸为其筹划，《汉书·周亚夫传》记载周亚夫因景帝赐食予他却“又不置箸”而“心不平，顾谓尚席取箸”。由现有资料来看，筷子大概最先在春秋至汉初的楚人生活中逐渐广为普及。西汉前期，人们进食大都用箸了。西汉后期至东汉，铜箸的使用较为普遍，考古发现这一时段随葬的箸多为铜制。以箸进食，既方便卫生，又能活动筋骨、开启智力，标志着中国古代饮食习俗的文明化变革。楚文化对这一变革的实现，可谓功莫大焉。

3. 居住

从文献记载来看，汉代的住宅基本上沿袭东周形制，自然也多因楚制。汉代的宫室建筑，继承楚宫室建筑风格较多，本章第七节已述及。汉代的民宅，也有沿袭楚制的迹象可言。

庭院式住宅，在汉代比较普遍。湖北云梦秦墓出土的竹简《封诊式·穴盗》，记有一被盗人的房屋是一堂二内。《封诊式·封守》又记述了一名被查封财产的士伍的房屋，也是“一宇二内”。这种有堂屋一间、卧室两间、以院墙相围的住宅，当是由楚人秦至汉的流行民宅，不仅流行于故楚之地的平川，也流行于北方。《汉书·晁错传》记载，汉初陇西地区筑室，“家有一堂二内”。富豪府第，则在此基础上有所扩展。东楚之地徐州出土的汉代画像石上，绘有前置门庭、中为通道、两侧设庑、后建正厅及配房的四合院建筑群。这种四合院式的住宅，似乎早已出现在楚地。战国末年的楚令尹春申君黄歇在吴国故都姑苏城（今苏州市）

① 见陈振裕《江陵凤凰山一六八号汉墓》，《考古学报》1993年第4期；湖北省博物馆《云梦大坟头一号汉墓》，《文物资料丛刊》第4辑，文物出版社1981年版；湖南省博物馆《长沙马王堆一号汉墓》，文物出版社1973年版。

建造的假君宫，其“主体建筑即构成了多层四合院”[①]。

干栏式住宅，在汉代的南方地区甚为流行。一般以竖木构成底架、建成高于地面的居室的干栏式住宅，适应于气候炎热、多雨潮湿的南方地区，尤其是南方的山林地区居住。如前所述，汉代的干栏式住宅，对楚国的干栏式建筑有所承袭。

“层台累榭”是楚式建筑的鲜明特点，突出地由楚国宫室建筑反映出来。汉代的宫室建筑继承和发展了这一特点，汉代的民宅建筑也深受其影响。地位显贵、家产富有的汉代郡县豪门，所建住宅大都带有楼阁。出于纵目远眺、游目四顾的享乐需要，也因受与神人为邻、上寥廓求仙的道家思想的影响，汉人建楼不厌其高，层接累承而峥嵘壮观。由于木构技术的发展，汉人逐渐舍弃了楚人那种筑高台和层台来增加楼阁高度的传统营造方式，而是逐层施柱、精巧结构。南阳出土的汉画像石上绘刻的楼阁，均以立柱承托、斗拱顶接，一般都有双层望楼。徐州出土的汉画像石上绘刻的连阁高楼，立柱、斗拱、栏杆纵横交错、鳞次栉比而巍峨雄奇，显示出汉代楼阁的高超水平。东汉《古诗·西北有高楼》云：“西北有高楼，上与浮云齐。交疏结绮窗，阿阁三重阶。”诗中描述的高楼，体现了层台累榭的楚风流韵。

汉代的家具，主要有床、几、案等。从出土实物来看，大都为漆木家具，其形制基本上沿袭了东周家具，反映出汉代依然保持着东周的席地而坐、置床而卧的习俗。迄今出土的先秦家具，“几乎全部出自楚文化地域墓葬”[②]。楚国家具“代表了先秦家具的工艺水平，是形成我国漆木家具体系的主要源头”[③]。汉代的家具系列，也可以说主要是继承楚式家具而发展的。床在汉代兼供坐、卧之用，床上一般铺席。马王堆汉墓中出土有保存完好的莞席两床，其尺寸与河南信阳楚墓出土的漆木床的尺寸相近，

① 张正明主编：《楚文化志》，湖北人民出版社1988年版，第150页。

②③ 张吟午：《楚式家具概述》，《楚文化研究论集》第四集，河南人民出版社1994年版，第608页。

表明汉初的床与楚国床的形制大体相同。几，从先秦至汉代主要为凭倚之用，即跪坐时膝纳于几下、肘伏于几上。楚式几的形制多样，有的学者将出土的楚几分为三式五种。[①]山东临沂金雀山汉墓出土的长方形面板中段下弧的凭几，在楚墓中多见有与之类同者。汉画像石上所见的栅形柱足和曲拱形的几，也在战国楚墓中出土有相似者。案是今日饭桌的前身，汉代用于陈放食物以用餐。楚案主要有方面四短足和圆面三短足两种形制，这两种形制皆为汉案所因承。研究者乃谓："以'席地而坐'为特点的早期古典家具又包括'楚式家具'和'汉式家具'两大系列。前者虽然在西汉时期逐渐与'汉式家具'走向融合，但其影响却是深远的。"[②]

4. 交通

楚国江河纵横、湖泊密布，水路交通历来便利。楚国开疆拓土、发展生产，又在充分利用水路的同时开发陆路。战国时期，楚国已形成贯通全境重要地区的水、陆两条交通干线和东西南北的出境道路。出土的楚国封君鄂君启的舟节和车节，是楚怀王颁给鄂君在全国各地经商的免税凭证。节上铭文明晰地记载楚都葴郢有通往四面八方的水陆两路所经城邑，反映了楚国交通网络和交通工具的发达。同时，楚国也大力开展对外贸易。除与当时中国境内的列国通商之外，楚国也与当时中国境外的异国有文化交流。楚国丝绸和铜镜，曾在阿尔泰山西北的俄罗斯乌拉干河流域巴泽雷克的相当战国时期的墓葬中出土。[③]楚墓中出土较多的形制和花色应源出西方的"蜻蜓眼式"琉璃珠，表明楚国可能已经开通了一条以楚都葴郢（今荆州）为起点，经今长沙、昆明、缅甸而至古印度的"南方丝绸之路"。[④]汉代，楚国原有的交通网络和交通工具，也得

① 参见张吟午《楚式家具概述》。

② 李宗山：《中国家具史图说》，湖北美术出版社2001年版，第25页。

③ 参见M.П.格里亚兹诺夫等《阿尔泰巴泽雷克的五座古冢》，译文见《考古》1960年第7期；С.И.鲁金科《论中国与阿尔泰部落的古代关系》，译文见《考古学报》1957年第2期。

④ 参见张正明《料器与先秦的楚滇关系和中印交通》，《江汉论坛》1988年第12期；后德俊《楚国的矿冶髹漆和玻璃制造》，湖北教育出版社1995年版。

到了进一步的发展。

汉朝在秦朝所建驰道的基础上，大开驿道以连通包括三楚之地城邑在内的全国大都会，构成以长安为中心的陆路交通网。楚国原有的水路，在拓展中融入汉代的南北水路大网络中。马王堆汉墓中出土的《地形图》，甚为准确而详明地描绘出今湘、粤、桂交界地区的陆路、水系和城镇，反映了汉初南楚之地交通的发达状况。《史记·淮南王列传》记载，伍被言吴王“上取江陵木以为船，一船之载，当中国数十辆车，国富民众”。据此可知，水路交通在西汉的南方经济发展中起着重要作用。马王堆汉墓的遣策上记载随葬有珠玑、象牙、犀牛角等，表明这些域外之物在汉初已较多地流入南楚之地。这些物品流入楚地的路线，大概还是经由楚人开通的南方丝绸之路。西汉前期，这条路的始端又分头到了成都，形成“成都→昆明→缅甸→印度”的“蜀布之路”。《史记·大宛列传》记载，汉武帝时，张骞出使西域而发现了这条商路。西汉从合浦、徐闻等处出发而开通的“南方海上丝绸之路”，约在汉武帝时代。此后，流入南方的明珠、玻璃制品等域外之物，多经海上丝绸之路而来。长沙的一座西汉中期墓葬中出土的一件通体透明的蓝色玻璃矛，当由此路传入。

南方水路便利，楚人也重视建造舟船。先秦的吴越人善于造舟，楚人灭越后兼并吴越之地、利用吴越的造船技术而使之造船业更为发达，令东周列国无与伦比。鄂君启拥有的庞大商业船队，恐怕是列国诸侯都难以企及的。尽管迄今尚未见到楚船实物，但文献中记述有多种楚船类型。汉代的舟船，尤其是汉代楚地的舟船，当主要因承楚人的造船技术和楚船的形制风貌而发展。迄今为止，汉船实物也未发现，但发现有随葬的木船模型。就已知考古材料来看，故楚之地汉墓出土的木船模型的数量最多、做工最精、规模最大、水平最高。凤凰山的两座汉墓分别出土有一只木船模型，形制相似，俯视船身平面呈梭形，首尾两端齐平，底部两端呈流线型上翘，船面有一悬山顶舱房，船上有木桨 5 支、划船俑 5 件。长沙西汉晚期墓葬中，出土一只 16 桨的木船模型，结构与上述木船模型大同小异。这些木船模型的设计合理，结构牢固，制作精巧，并且反映出已知用桨架作为支点以便于划动长桨、在船尾置梢桨兼划动与控制航向，以及采用钉木结构等技术，在一定程度上体现了汉代的造船水平。当然，这些木船模型显然还只是民用船舶模型。汉朝政府大力发展航运事业，设有专门的造船机构，所造舟船也种类甚多、规模巨大、水平更高。1976 年在广州发现的秦汉造船工场遗址，就显示出秦末汉初造船业的宏大规模和高超工艺。《太平御览》卷七六九引《汉宫殿疏》说，武帝时所造名为“豫章”的大船，上有宫室，可载万人。《后汉书·马援列传》记马援南征交趾，“将楼船大小二千余艘”。

修路为通车。汉代陆上交通网的构成，与车辆制造的大发展是相辅相成的。汉代车辆制造的大发展，又是以前代车辆制造为基础的。楚国“地方五千里，带甲百万，车千乘”[①]，所拥有的车辆数量在战国七雄中居首位。迄今出土的东周车马器和车辆实物，也以楚国的为多。湖北荆州熊家冢春秋中晚期楚墓地，发现大小车马坑 40 个。[②] 其中已发掘的一号坑，南北长 132.4 米，东西宽 12 米，葬马 164 匹、车 43 辆。湖北枣阳九连墩战国中晚期楚墓地，发现大小车马坑 2 个。[③] 其中一号坑葬马 72 匹、车 33 辆，二号坑葬马 16 匹、车 7 辆。河南淮阳马鞍冢战国晚期楚墓地，发现车马坑 2 个，共葬各类车 31 辆。[④] 楚车的设计和制造，在许多方面都显得较东周列国的车辆先进，因而对秦汉车辆发展的影响是不言而喻的。秦始皇陵园遗址出土的铜车马，为世人所赞叹，被认为体现了秦代车辆制造的成就。其实，这种一衡二轭、舆分两室、后室带盖乘人的安车，在河南淮阳马鞍冢战国楚车马坑中就有出土，只不过秦铜车马或为工艺品、或为皇舆模型，故制作得精致华贵。安车在汉代依然流行，但恐怕

① 《战国策·楚策》。
② 见荆州博物馆《湖北荆州熊家冢墓地2008年发掘简报》，《文物》2011年第2期。
③ 见湖北省文物考古研究所《湖北枣阳市九连墩楚墓》，《考古》2003年第7期。
④ 见河南省文物研究所等《河南淮阳马鞍冢楚墓发掘简报》，《文物》1984年第10期。

也只是地位高贵者所能享用的豪华车辆。汉代最为普及的载人车辆是轺车。这种由战车发展而来的敞篷运载工具，在汉画像石上比比可见。轺车也早在先秦就有了，湖北荆门包山楚墓出土的漆奁上，就绘有乘人的驾两马轺车和驾三马轺车各 2 辆。牛车在先秦是楚国民间较为普及的车。“汉兴，接秦之弊……自天子不能具钧驷，而将相或乘牛车。”① 刘邦君臣所乘牛车，当多为楚制。汉代的牛车大有发展，车型多样，乘坐舒适，以致东汉晚期竟成了“天子至士遂以为常乘”的时髦之车。马王堆汉墓出土帛画《车马仪仗图》所绘单辕立乘的高车，形制几乎全同于包山楚墓出土漆奁所绘之车。汉代车辆发展的一大特点，是双辕车逐渐取代了单辕车。而双辕车很可能是楚人的创制。长沙楚墓出土的一件漆卮上，绘有一马双辕车。这是迄今所见最早的双辕车形象。海昏侯墓地发现的车马坑，葬马 20 匹、车 5 辆。车也是安车和轺车，为王侯乘坐驷马一车的标配，制作精工，装饰豪华。总的看来，汉代车辆制造虽然沿袭了前代的一些基本车型，但在车辆设计上多有改进、在造车技艺上大为提高，使得车辆更为轻巧耐用和广为普及，并且发展出诸如独轮手推车等新车型。

二、婚姻丧葬

中国民间有“红白喜事”之说，婚姻丧葬是社会习俗的重要组成部分。先秦楚文化与中原文化的不同特色，也鲜明地反映在婚丧习俗上。楚国婚丧习俗的内容十分丰富，但较为突出的方面，则表现为婚姻的比较自由开放和丧葬的信鬼侈靡。这对汉代婚丧习俗的影响颇大。

1. 婚姻

入汉之后，因天下统一、社会安定、生产发展，婚姻习俗也承旧习而开新风，显得丰富多彩。与后代婚俗相比，汉代的婚姻没有严格的礼法限制，男女在婚前婚后的交往比较随便，自由相爱成婚的夫妻比较普

① 《史记·平准书》。

遍，尤其是女子可以自由择夫，而且盛行改嫁与再嫁之风，婚姻不太讲究门当户对和族属之别，两性间的性禁忌观念也比较淡薄，甚至保留着“野合而婚”的遗俗。

汉高祖刘邦还归故乡，“置酒沛宫……沛父兄诸母故人日乐饮极欢”[①]。其情景，或有似楚辞《招魂》描述的楚国宫廷宴饮时那“士女杂坐，乱而不分”的景况。男女同席“乐饮极欢”，没有“坐不同席，食不共器”的禁防，是当年楚国的传统。春秋时期，楚庄王大宴群臣，一臣醉后失礼，于烛灭后的黑暗中牵扯庄王宠姬的衣服，此姬怒而扯断其臣冠缨，并且诉告庄王，庄王不但未予查处，反而令群臣都扯去冠缨尽情欢饮，失礼之臣后来不惜生死地报效庄王。这个历史上著名的“绝缨”故事，不仅反映了如后人大书特书的“庄王爱士”，也反映了楚人的男女防隔和妇女贞洁等中原文化标榜的观念甚为淡薄。汉初，文帝与皇后、夫人在上林苑中饮酒，也召侍郎袁盎作陪。直至东汉后期，士女同席乐饮之风不衰，汉画像石上多有这类宴饮情景的刻画。《风俗通义·怪神》记载，琅玡（今山东临沂、莒县一带）有一习俗为“倡优男女杂错”。不仅如此，汉代男女还可以单独地自由交往，不避嫌疑。乐府民歌《相逢行》，生动地描绘了一对陌生的少年男女在路上相逢，互相问候，亲切交谈，以致产生“易知复难忘”的感情。《江南》一诗，更是形象地描绘了青年男女在共同劳动过程中无拘无束的嬉戏情景。这种少男少女单独自由地交往情景，在先秦楚地民歌和楚辞中也有所反映。

少男多情，少女怀春。少男少女的自由交往，便容易真诚相爱，形成相互爱悦的幸福婚姻。以情爱为基础的婚姻符合人类的天性和两性结合的要求，因而是人们所憧憬和追求的。没有男女防隔的礼法束缚，少男少女在自由恋爱和自由结合上表现得尤为大胆和放纵。《诗经》“二南”，多为先秦的楚地歌谣。[②]其中的《汉广》《野有死麕》等情歌，描述了

---

① 《史记·高祖本纪》。

② 说详拙著《楚文学史》下编第一章，湖北教育出版社2020年版。

先秦楚地青年男女自由求偶和热烈慕恋的情状，犹似先秦楚地婚姻的风俗画。屈原的《离骚》和《九歌》中，也描述有男性主人公的苦苦“求女”和女性主人公的孜孜求偶，虽然是艺术虚构，但也当源于楚地的现实生活。汉代青年男女，在追求爱情和表达爱情上，显得十分大胆、直率、强烈和执著。乐府民歌《上邪》，为一女子向所爱男子表白其忠贞不渝的自誓之辞。诗句以自然界5种不可能存在的现象为誓，充分而强烈地表达出她爱恋情人的坚贞和深沉。如此坚贞和深沉的爱情，大概只会在自由交往的过程中而相互了解的基础上产生。《陇西行》描写一美丽的少妇独开酒店，温雅待客，举止有礼，使得过客深为爱慕，赞叹“取妇得如此，齐姜亦不如”。《古诗·客从远方来》，抒写一女子对远离在外的“故人”、也就是她相恋已久的情人的长相思。以“故人”指称恋人，表明他们的恋情产生在朋友式的自由交往过程中，因而真诚和热烈。诗末“以胶投漆中，谁能别离此”两句，将女子的相思之苦和恋人的爱情之固抒写得极为深刻和形象。

所谓“野合而婚”，本是原始社会群婚制的一种现象。但至周代，一些地区虽然保留着这种古老婚俗的形式，却已随文明社会的发展，其性质已经发生了变化。据《墨子·明鬼》记载，先秦楚地之“云梦”，是婚前男女自由交往和恋爱的佳境。仲春之月，少男少女成群结队奔赴云梦之野踏青求偶，成为相沿已久的社交活动和传统风俗。

《诗经》“二南”中的一些情歌，当即咏唱于这种“男女之所属而观”的地方与活动中。由《诗经》中这些情歌反映出，“云梦之会”在形式上保留着原始社会那种男女求偶的自由性，但其结果并不就导致原始社会那种群婚乱交的短暂野合，而主要导致男女在自由恋爱和真诚悦慕的基础上形成夫妻依伴的小家庭。尽管如此，男女自由聚会的风气，则被宣扬男女防隔之礼法的先秦中原文士视为“淫乱之俗”。先秦时期，郑国的溱、洧之滨和卫国的桑间、濮上之阻，也是男女自由聚会的场所。据《汉书·地理志》记载，郑、卫的“男女亟聚会”之风，似乎也流行至汉代。汉代的故楚之地，当有承“云梦之会”的遗风。《淮南子·齐俗》称："帝颛顼之法，妇人不辟（避）男子于路者，拂之于四达之衢。"这假托传说古帝颛顼的法令来强调以男女防隔的礼法齐俗移风，相反乃说明汉代男女无所防隔而楚地男女犹不回避。同书即称："今之国都，男女切踦，肩摩于道，其于俗一也。"其时其地男女自由聚会的景况，也是可想而知的。

男女自由聚会而无所防隔，情浓乃"以胶投漆中"，意密则"菟丝附女萝"[①]，也就"声色生焉"，性禁忌观念自然比较淡薄。楚人如此，汉人亦然。春秋时期的楚国名相子文，就是其父斗伯比与郧国公主相爱私通、野合所生。屈原《天问》咏此事说："何环闾穿社，以及丘陵，是淫是荡，爰出子文？"宋玉《高唐赋》，描写了楚怀王游高唐而遇巫山神女、即与之共为云雨之欢的故事。屈原《九歌》中的《湘君》与《湘夫人》，描写了湘水男神与女神相恋至深又会合无缘的爱情故事。诗中写湘夫人将内衣作为爱情信物赠予湘君，反映出楚地男女在热烈相爱时是不避肌肤之亲、自由地享受性生活的。楚人辞赋中描述的这些神话传说中的爱情故事，当也据战国时期楚地的现实生活状况而编造。汉代男女性生活的自由、性观念的开放，不仅在文献中有所反映，而且在考古发现中得到印证。如西汉长安城遗址曾出土了数量众多的男女裸体塑像，造型十分生动逼真。洛阳西汉壁画墓门额上，绘制了横卧于树下的裸体长发女子。四川成都近郊还出土了一块汉代"野合"画像砖，其画像完全采用写实手法，反映出作者对男女野合毫无鄙夷反而甚为欣赏的态度。

男女在自由交往中相爱成婚，当然就未必需要"父母之命""媒妁之言"了。尽管周代的中原地区已经形成了比较强烈的婚姻从父母之命、依媒妁之言的礼法观念，如《诗经》诸篇有云："取妻如之何？必告父母"、"岂敢爱之，畏我父母"、"取妻如何，匪媒不得"。可是，其时的楚人婚姻却不拘于这种礼法观念。学者指出："《左传》所记楚国婚娶仪式仅言'娶，或'奔'……当时的女子可以不要任何仪式，自奔男子成

---

① 《古诗·冉冉孤竹生》。

亲。”[①] 汉代，因南北文化融通的程度远高于先秦，“妇人因媒而嫁”[②]成为较普遍的习俗，但男女自由成婚、女子私奔男子之事也依然广泛存在。汉代文献及画像砖上对此都有所反映。女子私奔男子而自由成婚的典型事例，则莫如后世传扬不绝的卓文君夜奔司马相如的故事了。

男女可以自由恋爱、自主成婚，意味着女子在婚姻上享有与男子平等的权利、在生活中的地位也较高。先秦的楚地婚俗，反映出“直到战国，楚国妇女仍然有地位”[③]。有的学者强调：“妇女地位尊贵，是楚国家庭组织与生活习俗中的一项重要内容和特点。”[④] 因此，楚人似乎没有一女不事二夫的贞节观念，男子再娶或女子再嫁乃为正常之事。汉代，妇女亦敢于自由择夫、弃家私奔，甚至弃夫离婚、改嫁或再嫁。卓文君私奔司马相如，是寡居后再嫁。西汉阳武户牖富户张负的孙女，先后结婚6次，最终嫁给了后为名相的陈平。西汉名臣朱买臣40余岁尚未发迹，其妻嫌其穷酸而难耐贫苦，主动与其离婚另嫁。东汉著名女诗人蔡文姬，初嫁卫仲道，寡居后被匈奴掳去为左贤王夫人，从匈奴返归后又再嫁董祀。据文献记载来看，汉代妇女的改嫁与再嫁风气普遍而盛行。

汉代婚姻习俗的开放性，还表现为婚嫁不太讲究门当户对、也不嫌恶外种异族。张负的孙女再嫁陈平、卓文君私奔司马相如时，陈平与司马相如皆为贫寒之士。汉朝实行对匈奴、乌孙的“和亲”政策，遣送公主远嫁域外，而且鼓励外嫁的汉族女子依从当地民族习俗。王昭君出塞后嫁给南匈奴呼韩邪单于，生有两子。呼韩邪单于死后，她又奉“成帝敕令从胡俗”[⑤]，再嫁给呼韩邪单于与匈奴女大阏氏所生的儿子复株累单于，又生两女。“和亲”政策的长期实行，汉代边境上的汉族与异族的通婚，想必是比较普遍的。这种开放性的婚俗，在先秦的楚国早已形

①③ 顾久幸：《楚国婚姻形态略论》，《湖北社会科学》1988年第10期。
② 《新序·杂事》。
④ 宋公文、张君：《楚国风俗志》，湖北教育出版社1995年7月版，第180页。
⑤ 《后汉书·南匈奴列传》。

成传统。楚昭王之妹自主下嫁乐官钟建[①]，即为不重地位相当之例。楚国推行“抚有蛮夷……以属诸夏”的民族融合、共同发展的政策，楚人也就是在与蛮夷各族的杂处交往、互为婚姻的过程中兼融诸族、发展壮大的，始终不带“裔不谋夏，夷不乱华”[②]的夷夏有别观念和“非我族类，其心必异”[③]的民族偏见。史籍中多有楚人与秦、巴等族人“绊以婚姻”“尝为婚姻”的记载。汉人因承了楚人这一传统，加速了民族的大融合，形成了庞大的汉族。唐朝又进一步发扬这一传统，明确主张“抚临四极，悦近来远，追革前弊。要荒藩服，宜与和亲”[④]，特别强调“夷狄亦人耳，其情与中夏不殊。人主患德泽不加。不必猜忌异类。盖德泽洽，则四夷可使如一家；猜忌多，则骨肉不免为仇敌”[⑤]，因而在立朝不久便建成了以汉族为主体的多民族大团结的强盛帝国。

2. 丧葬

生与死，是人类生活的两大主题。中国古人既重养生，也重送死。中国的丧葬习俗起源甚早，内容丰富。大约在原始社会的母系氏族阶段、也即旧石器时代中晚期，中国的原始先民已经产生了灵魂不死和鬼神崇拜的观念，并开始对死者进行带有宗教意味的埋葬了。至周代，已形成了完备的葬礼和丰繁的葬俗。周代的南方楚地与北方中原的丧葬习俗及其反映的丧葬观念虽有一致之处，但因地理环境、经济生活及文化传统等方面的差异，故两地习俗及两地人的观念也存在着显著的差别。楚地的丧葬习俗及楚人的丧葬观念，对汉代乃至后世都有着很大影响。

据考古资料，故楚之地的汉初墓葬，大都或多或少地因承了楚国葬俗。今湖北地区虽在战国末年至秦代为秦人统治时间较长而受秦俗影响较大，但其地的汉墓依然显示出楚俗特征。江陵凤凰山的一批西汉文景

---

① 见《左传》定公五年。

② 《左传》定公十年。

③ 《左传》成公四年记鲁国季文子语。

④ 唐高祖李渊诏语，见《册府元龟》卷一百七十。

⑤ 唐太宗李世民语，见《资治通鉴》卷一百九十七。

时期墓葬，“从墓葬形制看，仍然保留着当地楚墓的某些特点，如椁室由横梁、立柱隔成棺室、头箱、边箱等几部分；椁盖上覆盖着竹席或苇席；椁室四周填塞青膏泥；个别棺底还置有雕花笭床等”①。山东临沂发掘的一批西汉前期墓葬，“从墓葬制度、随葬品器类及其造型等方面来看，都与江汉、江淮原楚故地的同期墓没有多少区别”②。长沙地区在20世纪80年代初就已发掘了400多座西汉前期墓葬，其“墓葬形制和随葬器物基本上保存楚文化面貌”③。有的学者深入分析了马王堆汉墓具有的楚文化因素后，明确指出：在封土、墓室、墓道、填土、木椁、木棺、竹席、葬式、装殓这9个方面，都表明“马王堆汉墓的葬制与楚墓葬制一脉相承”；另外，楚墓中常见有反映楚人丧葬观念和宗教意识的典型楚器“镇墓兽”，而“马王堆二、三号汉墓的斜坡墓道两旁，均有两个‘偶人’跪坐，头插鹿角，偶人用木块和草绳制作，外敷草泥土。偶人的设置应是用以镇墓避邪、保护死者。这正是由江陵、长沙、临澧、信阳等地楚墓中常见的那种‘镇墓兽’发展演变而来”；在随葬器物方面，马王堆一、三号汉墓中随葬器物的器形、主要器物组合，都常见于战国晚期的楚墓之中。④西汉前期的两广汉墓，也受楚俗影响较大。因为“两广接连楚地，与楚文化关系最为密切。在墓葬形制，随葬的铁器、漆器、铜镜和部分铜器、陶器的器形方面，都与长沙出土的战国至汉初的同类器物相同，说明原楚文化对两广地区的强烈影响”⑤。就葬制和随葬器物来看，故楚之地的葬俗在西汉早期晚段明显向汉文化嬗变，在西汉中期体现出融冶楚、秦暨南北文化的成熟形态汉文化风貌，在西汉晚期（南楚在东汉时）基本脱离楚俗的影响，因时移俗变而由楚式的土坑直穴棺

①②③ 中国社会科学院考古研究所编：《新中国的考古发现和研究》，文物出版社1984年版，第434、419、426页。

④ 见高至喜《马王堆汉墓的楚文化因素分析》，《湖南博物馆文集》，岳麓出版社1991年版。

⑤ 中国社会科学院考古研究所编：《新中国的考古发现和研究》，文物出版社1984年版，第438页。

椁墓和随葬贵重的礼乐器及实用器物，转为与中原风格接近的洞穴砖室墓和随葬较多的明器及实用陶器。[①]

汉代盛行厚葬，直承周、秦的厚葬之风，而且愈演愈烈。先秦人士大多信奉鬼神，崇拜祖先，以为人死后灵魂不灭，仍会在阴间继续生存，因而需要随葬其在世间的一切生活用物；又为了表达对先人的崇敬和祈望先人神灵的保佑，故不惜耗费财物厚葬先人。周代，儒家宣扬孝道，以厚葬为尽孝的表现，激扬了源远流长的厚葬之风。东周时期，国愈大、家愈富，厚葬之风也愈烈。东周列国中又以楚国最大最富，又以楚人尤为迷信鬼神，楚地的厚葬风气就更浓于其他地区。迄今出土的楚文物之所以丰富精美而令人称奇叫绝，也正反映出楚国厚葬风气相当浓烈。就楚国而言，“楚国贵族的厚葬之俗，战国时代显著地超过了春秋时代”[②]。“秦始皇大兴厚葬”[③]，大造陵墓，进一步导扬了厚葬之风。入汉以后，成为帝王的楚人及其子孙，既敬鬼神又幻想在阴间永享尊贵，不惜耗费国家大量的财力和物力来为自己建造陵墓。《晋书·索綝传》记索綝言，汉代帝王即位一年便开始为自己建陵，而且要将每年全国贡赋的三分之一用于建陵。“尤敬鬼神之祀”的汉武帝，更是热衷于为自己建造茂陵。若依《晋书》所述，他在位54年，竟将西汉全盛时期的18年贡赋都用于为自己建陵了。史籍记载耗费巨大并令人因考古发现而感到震惊的秦始皇陵，与茂陵相比也只不过是小巫了。汉成帝营造昌陵，“大兴徭役，重增赋敛，征发如雨，役百乾谿，费疑（拟）骊山，靡敝天下”[④]。河北满城西汉中山王刘胜夫妇墓，规模巨大，随葬品极为丰富，充分反映了汉代的侈靡葬俗。刘胜墓全长51.7米，最宽处37.5米，最高处6.8米，

① 参见湖北省荆州博物馆《荆州高台秦汉墓》（科学出版社2000年版）、湖北省文物考古研究所等《襄阳王坡东周秦汉墓》（科学出版社2005年版）、襄樊市文物考古研究所等《老河口九里山秦汉墓》（文物出版社2009年版）等。

② 张正明：《楚文化史》，上海人民出版社1987年版，第293页。

③ 郦道元：《水经注·渭水》。

④ 《汉书·谷永传》。

容积约计 2700 立方米；刘胜之妻墓全长 49.7 米，最宽处 65 米，最高处 7.9 米，容积可达 3000 立方米。两墓共出土铜、铁、漆、陶、金银、玉石器物及纺织品等，竟有 4200 多件。其中如长信宫灯、错金博山炉、鎏金银蟠龙纹壶、金缕玉衣等物品，都是迄今所见汉代最为精美华丽的珍品。从发掘的西汉前期墓葬来看，侈靡葬俗在故楚之地袭遗风而扬新波，依然较其他地区有过之而无不及。长沙马王堆的 3 座汉墓，是汉初长沙国丞相、轪侯利苍夫妇及其儿子的墓葬，而且利苍墓曾被盗掘过，但仍出土了 3000 多件震惊中外的文物。学者指出，它“充分地展示了汉初的物质文明和社会风貌，也可以说，马王堆汉墓的出土实物，是汉初物质文明和精神文明的一个缩影”[①]。凤凰山 168 号汉墓的墓主，只不过为地位不高的五大夫（第九级爵），其随葬器物就有 500 多件，而且葬物的丰富和豪华程度，在同期其他地区的同等地位墓主的墓葬中尚未见到。总面积约 400 平方米的海昏侯墓，出土金、铜、铁、玉、木、竹、陶瓷等各种质地的随葬品达 1 万多件（套），其中叹为观止的金器有 478 件约 115 公斤、林林总总的青铜器有 3000 多件（套）、形形色色的玉器有 500 多件（套）。[②] 整个汉代，丧葬的浮侈靡丽风气弥漫于社会。《汉书·地理志》记载：“列侯贵人……嫁娶尤崇侈靡，送死过度。”《后汉书·赵咨列传》记赵咨将终时作书指出战国以来的厚葬之风炽烈：“国资糜于三泉，人力单于郦墓，玩好穷于粪土，伎巧费于窀穸，自生民以来，厚终之敝，未有若此者。”

汉代统治者沉迷于厚葬的一个突出表现，是以玉衣作为葬服。玉衣，又称“玉匣”“玉柙”或“玉椢”。《后汉书·礼仪志》记载，皇帝葬以“金缕玉柙”，诸侯王、列侯、始封贵人、公主葬以“玉柙银缕”，大贵人、长公主葬以“铜缕玉衣”。可是，中山王刘胜及其妻的墓中，分别出土了一套保存完整的金缕玉衣。河北定县 40 号汉墓中，也出土了中山怀

① 湖南省博物馆：《马王堆汉墓研究文集·前言》，湖南出版社1994年版。

② 见江西省文物考古研究所等《南昌市西汉海昏侯墓》，《考古》2016年第7期。

王刘修的金缕玉衣。另外，河北定县中山孝王刘兴墓、山东临沂刘疵（可能是列侯）墓、河北邢台南曲炀侯刘迁墓中，也曾出土了西汉时期使用金缕编缀的玉衣、玉面罩等。[①]由此看来，诸侯王也像皇帝一样以金缕玉衣为葬服，足证汉代厚葬风气的炽烈。汉末的王符指出，汉代“京师贵戚、郡县豪家，生不极养，死乃崇丧。或至刻金缕玉……崇侈上僭”[②]。金缕玉衣虽见于汉代，但以之为葬服的习俗也滥觞于先秦，而且在战国的楚地墓葬中已见端倪。湖北随州曾侯乙墓的墓主头胸部位，即发现一些有小眼的玉片，“其用途可能是墓主的‘面幂’和衣服上的缀玉。据研究，这种缀玉丧服至汉初即发展为玉衣”[③]。

厚葬大量浪费社会财富且导致黎民破产、国家贫弱、社会不安定等弊病，早在春秋战国时期就为有识之士深察。他们因此极力反对厚葬、主张薄葬。墨子力倡节丧薄葬，《墨子》书中有专文《节葬》篇。学者指出：“墨子之学，与儒家异趣，其持论尤与儒者不同而致后世讥弹者，则在短丧薄葬。”[④]不过，在先秦诸家学派中，始终如一并影响甚大的倡导薄葬的学派，还是否定鬼神、打倒天国而具有朴素唯物主义宇宙观的道家。道家祖师老子称“俭”为其“持而宝之”的“三宝”之一，主张人应“复归于朴”。庄子嘲笑儒者“生不布施，死何含珠为”[⑤]，反对弟子为其厚葬，自言“吾以天地为棺椁，以日月为连璧、星辰为珠玑、万物为赍送，吾葬具岂不备邪”[⑥]。《吕氏春秋》中也有《节丧》篇，其文尖锐地批评了盛行于世的厚葬风尚。汉代，道家黄老学者及受道家思想影响的人士，一如既往地主张薄葬。《淮南子·齐俗》激烈地批判

① 见中国社会科学院考古研究所编《新中国的考古发现和研究》，文物出版社1984年版。

② 《潜夫论·浮侈》。

③ 湖北省博物馆：《曾侯乙墓》，文物出版社1989年版，第429页。

④ 张舜徽：《太史公论六家要指述义》，《周秦道论发微》，中华书局1982年版，第304页。

⑤ 《庄子·外物》。

⑥ 《庄子·列御寇》。

了儒、墨之徒宣扬的违背人情人性的丧礼："夫三年之丧，是强人所不及也，而以伪辅情也。三月之服，是绝哀而迫切之性也。夫儒、墨不原人情之终始，而务以行相反之制、五缞之服。"它坚决反对"竭国靡民，虚府殚财，含珠鳞施，纶组节束，追送死也"的厚葬，认为这乃"穷民绝业而无益于槁骨腐肉"，强调"故葬埋足以收敛盖藏而已。……崇死以害生，久丧以招行，是以风俗浊于世而诽誉萌于朝，是故圣人废而不用也"。汉武帝时的黄老学者杨王孙，不仅大力宣扬道家的无神论思想，旗帜鲜明地反对费财厚葬，而且以身作则地要求裸葬。《汉书·杨王孙传》记述他"学黄老之术，家业千金，厚自奉养生，亡所不致。及病且终，先令其子曰：'吾欲裸葬，以反吾真，必亡易吾意！死则为布囊盛尸，入地七尺，既下，从足引脱其囊，以身亲土。'"在厚葬风气炽烈之际，杨王孙勇反潮流的言行，不啻为冬日惊雷，给社会以巨大震撼。其后，西汉末年的刘向和东汉的王充、王符等人，也都申论道家主张而力反厚葬、大倡薄葬。尤其是"战斗的无神论者"王充，在所著《论衡》的《论死》《死伪》《订鬼》《薄葬》诸篇中，深刻地批判了为害于世的厚葬恶习，彻底驳斥了人死而灵魂不灭、为鬼有知的谬论，明确提出了"以薄葬省用为务"的主张。

道家的薄葬主张，虽未能匡正从战国至汉代的厚葬之风，但经道家学者及深受道家思想影响的人士承前启后、坚持不懈地阐扬，至东汉末年已深入人心，直接导致了魏晋南北朝时期的薄葬风气的兴起。在中国历史上，魏晋南北朝是封建社会中丧葬最为俭薄的时期。这一时期之所以薄葬蔚然成风，固然有时世动荡和"丧乱以来，汉氏诸陵无不发掘，至乃烧取玉匣金缕，骸骨并尽"[①]的惨烈事实使人害怕厚葬而招致掘墓戮尸等多方面的原因，但其中一个主要原因正是儒家的衰落、道家的复振及"以老庄为宗"的玄学思潮的兴盛。道家的无神论思想和丧葬观念也随之为世人推崇，并引导世人自觉地移风易俗。尽管如此，由封建社

① 曹丕：《终制》。

会制度所决定，封建统治阶级终归沉迷于厚葬并大力倡扬儒家的孝道观念。统治阶级宣称“以孝治天下”，社会乃以“厚葬重币者则称以为孝”，世人则以厚葬来谋求“尽孝”的美名，厚葬也一直是中国封建社会丧葬习俗的主流。

三、其他楚俗遗风

除了衣食住行、婚姻丧葬之外，汉俗在其他一些方面也明显地体现出楚俗遗风。具有鲜明特色的楚俗，即如张正明先生在《楚文化史》中阐述的尊凤、尚赤、尚东、尚左、以细腰为美等。这些也为汉俗有所因承。

“在楚人看来，凤是至真、至善、至美的神鸟。他们对凤的钟爱和尊崇，达到了无出其右的程度。”[①] 楚国公族本自中原南迁而来，南土荆蛮既崇凤又好龙、越族也有崇龙习俗。楚人在“抚有蛮夷，奄征南海，以属诸夏”的历史进程中，自然形成了崇凤好龙的传统。

楚人刘邦起兵反秦，出于逐鹿天下的政治需要，假托为龙子。汉人为之编造了一个“蛟龙于其（指刘邦之母）上，已而有身，遂产高祖。高祖为人，隆准而龙颜”[②] 的故事。然而，楚俗更尊凤，故汉人也有说刘邦为凤所生或为像龙的凤所生。[③] 刘邦及其子孙，尽管都自视为龙子龙孙，但对凤也十分钟情。据《三辅黄图》记载，汉初建造的未央宫中，有凤凰殿、朱鸟堂。汉武帝所造建章宫中的凤凰阙，“高二十五丈，上有铜凤凰”，几乎成为汉宫建筑的标志。张衡《西京赋》描述，建章宫的“营宇之制，事兼未央。圜阙竦以造天，若双碣之相望。凤骞翥于甍标，咸溯风而欲翔”。繁钦《建章凤阙赋序》云：“秦汉规模，廓然泯毁，惟建章凤阙，耸然独存，虽非象魏之制，亦一代之巨观。”汉上林苑中

① 张正明：《楚文化史》，上海人民出版社1987年版，第7页。

② 《史记·高祖本纪》。

③ 见王劲、张正明《凤及其与龙的沉浮》，《长江文化论集》，湖北教育出版社1995年版。

又有飞廉观，观上有铜铸的神禽，集鸟、鹿、蛇为一体，成为新创构的凤属。西汉帝王用凤为年号的，即有元凤、神爵（通“雀”）、五凤，王莽新朝也用有天凤年号，而用龙为年号的仅有“黄龙”，由此也可知汉代统治者对被视为神鸟瑞禽的凤的信奉和尊崇。

汉朝是以楚人为主体而建立的王朝，楚人的崇凤习俗自然也成为汉代风尚。在故楚之地，这一风尚更甚。汉墓中多见雕饰凤鸟、绘饰凤纹的器物，汉代建筑的屋脊上多以凤鸟为装饰，汉代的画像石和墓中壁画也多表现凤鸟。据王建中、闪修山著《南阳两汉画像石》叙录，南阳汉墓中所见的凤凰画像，多于黄龙画像；画像石的建筑图中的楼阁和阙的脊顶上，几乎都有凤凰。马王堆汉墓和凤凰山汉墓出土的漆器上，绘有凤鸟的纹饰或形象的甚多。

当然，龙在汉代已成为皇权的象征而有了至高无上的地位。可是，凤依旧盘结于汉人的心头而使龙未有专美。融合先秦南北文化而成的汉文化，即可称之为新型的“龙凤文化”。“龙飞凤翔”“龙凤呈祥”，也因此确定为中国人始终追求的理想境界。

楚人确信自己是太阳神炎帝的远裔，火神祝融的嫡嗣。在楚人看来，日中有火，凤凰为火禽，故楚俗尚赤。①

秦末，楚人项羽和刘邦的反秦义军所用旗帜，一如河南淮阳马鞍冢楚车马坑中所见红旗。②

刘邦为汉王后，“以十月为年首，而色上赤”③。汉武帝独尊儒术并改历法、定服色之后，虽规定服色以黄为上，也没有完全废弃楚人的传统。在民间，人们仍以赤色为汉家的象征。《汉书·五行志》记载：

① 参见张正明《楚文化史》第三章第六节，上海人民出版社1987年版。

② 马鞍冢楚墓是战国晚期的一座大型合葬墓，发掘者推断“马鞍冢南冢的墓主人应当是楚王”。南冢旁的二号车马坑“随葬车二十三辆，泥马二十多匹，旌旗六面。……旗为红色”。见河南省文物研究所等《河南淮阳马鞍冢楚墓发掘简报》，《文物》1984年第10期。

③ 《史记·封禅书》。

“成帝时歌谣又曰：‘……桂树华不实，黄雀巢其颠。……’桂，赤色，汉家象。”王莽即以“黄雀巢其颠”为篡汉根据，以为黄色是他取代赤色之汉家而立新朝之象，乃下“宝黄厮赤”之书，自己衣黄，而令郎从官皆衣绛。光武帝刘秀建立东汉王朝之后，有鉴于此，则明令恢复了色尚赤的传统。汉人在庄重的祭祀活动中，着服大概也沿楚俗之旧。《后汉书·礼仪志》记载：“执事者，冠长冠，衣皂单衣，绛领袖，绿中衣，绛袴袜，以行礼如故事。”长冠为楚制，服色也以楚人喜爱的红、黑两色为主。楚人尚红亦爱黑，楚漆器上的彩绘即以红、黑两色为基调。汉墓中出土的漆器，大抵也如同楚漆器而以红、黑两色为彩绘的基本色调。

“暾将出兮东方。”[①]楚人崇拜太阳，既尚赤，又尚东。楚国贵族的墓葬，其墓向和头向一般朝东。楚人的座位，以东向为上位。

尚东习俗，沿袭至汉。故楚之地历秦入汉的许多墓葬，其墓向、头向也朝东。如1978年在湖北云梦发掘的27座秦汉墓中，就有22座墓向朝东。[②]汉代帝王、诸侯王墓的墓向和头向，不乏朝东者。中山王刘胜及其妻之墓，即“墓门朝东”[③]。秦汉之际，项羽设鸿门宴，席次全因楚俗，“项王、项伯东向坐，亚父南向坐。……沛公北向坐，张良西向侍”[④]。朱熹《晦庵集》卷四十九《答王子合》指出：“秦汉间，广武君、王陵母皆云东向坐。《田蚡传》亦云自坐东乡而坐，其兄南乡。此则不知其为室中为堂上，但犹以东乡为尊则可见矣。”两汉，仍以东向坐为尊位。西汉晚期，王尊向汉成帝奏劾丞相匡衡、御史大夫张谭，指责他们为爵秩较卑者“布东乡（向）席”，是“使下坐上”、“乱朝廷爵秩之位”[⑤]。王莽新朝时期，大司空邑父事楼护，“时请召宾客，邑居樽下，称‘贱

① 屈原：《九歌·东君》。
② 见湖北省博物馆《1978年云梦秦汉墓发掘报告》，《考古学报》1986年第4期。
③ 见中国社会科学院考古研究所编《新中国的考古发现和研究》，文物出版社1984年版。
④ 《史记·项羽本纪》。
⑤ 《汉书·王尊传》。

子上寿’。坐者百数，皆离席伏，护独东乡（向）正坐”[①]。

“楚人上左。”[②]这一习俗反映在丧葬和军事编制方面尤为明显。但至战国时期，楚人华夏化之后也接受了中原文化的尚右观念，而且在官制上比较明确地以右为尊。汉人在官制上承周俗、亦为楚俗，改“秦以左为上”而成“汉以右为尊”[③]，但在生活习惯上，依然尚左。汉初，太尉周勃将诛擅权乱政的吕氏以巩固刘氏王朝，“行令军中曰：‘为吕氏右袒，为刘氏左袒。’”[④]左袒者为正义之师，尚左之意明矣。

“楚俗以细腰为美。”[⑤]“小腰秀颈”、“体便娟只”，为楚人对人体的审美习尚。汉人因承楚风，也以女子的苗条、纤细、秀雅、轻盈为美。汉武帝宠爱的李夫人，即纤弱便娟的美女。武帝在其死后伤悼而作赋，首句便称其“美连娟以修嫮兮”[⑥]。汉成帝的皇后赵飞燕，因窈窕清秀、体轻若燕而得宠，可谓汉代典型的美女，与唐代典型美女、为唐玄宗宠爱的杨玉环的丰腴之美形成鲜明对照。张衡《西京赋》描写汉宫舞女，即“要绍修态，丽服飏菁，眳藐流眄，一顾倾城”。汉代画像砖上的乐舞图中，舞女几乎都是腰肢纤细、体态袅娜。

---

① 《汉书·楼护传》。
② 《左传》桓公八年。
③ 《玉海》卷一百二十《官制》“汉丞相”条注。
④ 《史记·吕太后本纪》。
⑤ 张正明：《楚文化史》，上海人民出版社1987年版，第130页。
⑥ 《汉书·外戚传》。

第三章　魏晋南北朝文化与楚文化

汉末长期的政治混乱和社会黑暗，最终酿成了导致东汉王朝崩溃的黄巾大起义，以及随后实现改朝换代的军阀大混战。

自公元220年曹丕称帝，到公元589年陈朝灭亡，在这近400年里，中国社会经历了三国、西晋、东晋十六国和南北朝时期，同时及先后出现了好几十个政权，政治纷争和民族冲突不断，其间仅有35年的统一。这一史称“魏晋南北朝”的时期，是秦统一以后中国政局陷入动乱和分裂的持续时间最长的时期，被人们视为中国古代的“政治上最混乱、社会上最痛苦”的动乱时世。

然而，这一时期又是地区大开发、民族大融合、思想大解放、文化大创新的时期。其时的文化大创新，主要表现为精神文化的大变革和大发展。汉代独尊的儒学，随腐朽的东汉王朝的衰亡而受到贬黜。人们摆脱了儒学的束缚而获得了思想大解放，并且因循汉末出现的学术新风，崇尚道家以自主地进行社会和人生问题的探讨，发扬楚文化传统以自由地进行文化创造。加之中国经济文化的重心，在这一时期里逐渐南移。南朝文化，则以故楚之地悠久深厚的文化传统为背景，在继承弘扬了楚文化精神的魏晋文化的基础上，进一步融汇中原文化和中外文化而总结创造，从而显示了这一时期文化创造的最终成就。

因此，这一时期富有创造性的精神文化，鲜明地体现出楚文化的流风余韵。中国古代文化的许多方面，也在这一时期基本确立了以楚文化传统为主导的特征。

第一节　动乱时世的南北历史文化

东汉后期，外戚、宦官争权，“党锢之祸”迭起，政治恶浊黑暗；地主豪族大肆兼并土地、掠夺民财，加之水旱灾害频仍，农民流离失所。国无宁日，招致世人对朝廷的绝望；民无生路，迫使百姓铤而走险。人民的反抗和王朝的崩溃，自是不可避免。

“苍天已死，黄天当立。”“奉事黄老道”的张角，利用早期道教——“太平道”的宗教形式组织群众，发动了明确以推翻东汉王朝、重建太平社会为目的的“黄巾大起义”。184—192 年风起云涌、烈焰熊熊而几乎遍及全国的大起义，虽然在中央王朝和地方豪族的联合镇压下失败了，却给予汉朝的政治和官方哲学以涤荡。由此，“朝野崩离，纲纪文章荡然矣”[①]。

尊奉并改造道家而形成的早期道教，成了农民起义的工具，诚然不能简单地视作农民在求生无路时为此“精神鸦片”所迷醉而采取的盲动行为，应该认识到，道家那鲜明的民本思想和民生主张，具有激励农民在苦难深重之际求生图存、自我解放和革故鼎新的精神力量。“黄巾大起义”的历史产生和历史作用，亦反映了楚文化精神的革命意义和深巨影响。

经“黄巾大起义”的毁灭性打击，东汉王朝名存实亡。借镇压农民起义而壮大起来的豪族军阀，为争夺地盘而展开你死我活的混战，社会从此进入长达约 400 年的大动乱、大破坏又是大变革、大创造的时期。

一、三国鼎立与社会经济文化的发展

乱世英雄曹操（155—220），在中原军阀混战中奋其智力而扫除群雄，

① 《后汉书・党锢列传》。

成为声名显赫的魏武帝。曹操是沛国谯（今安徽亳州）人，亦故楚之地人，父亲为汉末大宦官曹腾的养子。他少时“既无三徙教，不闻过庭语”[①]，较少受到儒学礼教的浸染，倒是多承楚风道术的熏陶，为人率真使性，任侠放荡，颇有尚为市井之徒时的汉高祖刘邦的作风。20岁时，他由州郡推荐而入朝为官，后因镇压黄巾起义有功，得以不断升迁，成为拥兵自重、割据一方的军阀。他痛恨“贼臣持国柄，杀主灭宇京”[②]的乱国行为和“势利使人争，嗣还自相戕”[③]的军阀混战，感叹“白骨露于野，千里无鸡鸣”[④]的悲惨现实，并为“生民百遗一，念之断人肠”[⑤]。因此，他胸怀戡乱济世之志，积极进取，谋求统一。汉朝“独尊儒术”后以名教治国，沉浸于儒学而获得遵礼守教之名誉的儒生便可入仕。习儒尚儒并借此入仕的家族，便成为享有政治、经济特权的士族。世代为官并占居要职而门高名望的士族，也就成为世家大族。至东汉末年，士族垄断了官场，官僚任用只“论族姓阀阅”[⑥]。出身于宦官家庭、被士族鄙为“赘阉遗丑”的曹操，一反汉代的名教之治传统，提倡“唯才是举”，多次下令求贤，不论出身地位，不依“孝”“悌”标准，招揽哪怕是“不仁不孝而有治国用兵之术”[⑦]的人才，因此麾下“猛将如云，谋臣如雨”[⑧]。在政治思想上，他也不标榜儒术，而是认为“拨乱之政，以刑为先”[⑨]，推行名法之治。他还身体力行地倡导节俭，反对浮华。他的这些思想和举措，可谓是对道家黄老之学和汉初黄老政治的继承，是对东汉的名教之治的反动，弘扬了黄老之学循名责实、选贤任能、重视法治、尊尚俭德的精神，却也因着眼于拨乱而本于黄老则流于刑名了。由于他勇于革除东汉的政治流弊，又具有卓越的政治眼光和军事谋略，采取了“奉天

① 曹操：《善哉行》。
② 曹操：《薤露行》。
③④⑤ 曹操：《蒿里行》。
⑥ 仲长统：《昌言》。
⑦ 《三国志·魏书·武帝纪》注引《魏书》。
⑧ 《三国志·魏书·武帝纪》。
⑨ 曹操：《以高柔为理曹掾令》。

子以令不臣，修耕植，畜军资”[①]的正确发展方针，因而能以弱胜强，扫灭割据势力，实现北方的统一。

曹操统一北方的最大障碍，是出身高贵的士族代表袁绍（？—202）。袁氏家族世代尚儒习儒，以孟氏《易》为祖传家学。袁绍的高祖父袁安任汉章帝司徒，“自安以下，四世居三公位，由是势倾天下”[②]。袁氏家族的门生故吏，也遍及汉末朝野。董卓乱洛京，各地牧守起兵讨伐，即推因族望而名高的袁绍为盟主，于是“州郡蜂起，莫不以袁氏为名”[③]。在军阀混战中，袁绍凭借家族势力，占据冀、青、幽、并四州，地广而兵众，成为北方最为强大的军阀，亦怀有取代汉室而称帝天下的野心。然而，“绍凭世资，从容饰智，以收名誉，故士之寡能好问者多归之”[④]。士族以袁绍为领袖而归附，袁绍也因循东汉的名教之治而守旧。当曹操挟持汉帝、臣服诸将而势力日大时，袁绍乃统领精兵10万，南下官渡（今河南中牟东北），企图一举灭曹。可是，袁绍“志大而智小，色厉而胆薄，忌克而少威”[⑤]。其麾下士虽多而乏谋，兵虽众而少勇。官渡一战，竟惨败于仅有三四万人的曹军，从此不能与曹操争雄。后两年，袁绍便在忧愤中病死；后7年，北方就基本上成了曹操的一统天下。

曹、袁之争，可以说是新、旧两大势力之争，在一定意义上似乎也可以说是道家文化与儒家文化在新的历史条件下的斗争。曹胜袁败，则在一定意义上似乎也可以说，是在新的历史条件下复兴的道家文化而否定僵滞的儒家文化的结果。

在曹操统一北方黄河流域之际，汉皇族刘备和江东军阀孙权则分别在南方长江流域的中游和下游扩张势力。曹操统一了北方大部分地区之后，即率大军南下，直扑荆州，企图乘其胜势一举统一全国。大敌当前，

① 《三国志·魏书·毛玠传》。
② 《三国志·魏书·袁绍传》。
③ 《后汉书·袁绍列传》。
④ 《三国志·魏书·荀彧传》。
⑤ 《三国志·魏书·武帝纪》。

孙、刘联合抗曹。公元208年，统率号称80万、实为20多万大军而志骄意满、轻敌妄动的曹操，在赤壁（今湖北赤壁境内长江南岸）大战中被兵力不足5万的孙、刘联军烧得丢魂丧魄、狼狈北还。赤壁大战的结果，导致三国鼎立局面的形成，曹魏、蜀汉、孙吴三个政权随后相继建立。

社会统一的趋势，虽因天下三分而延缓，但三分天下而多元竞争的政治格局，却结束了汉末以来军阀大混战、社会大动乱的状况，带来了南北地区，尤其是南方地区的经济文化在相对安定的条件下的大发展。历史由此进入在精神文化上摆脱汉代儒学的统治而自由解放、融汇创造的魏晋南北朝时期。

退归北方之后的曹操，致力于彻底铲除割据势力、巩固政权和发展生产，为曹魏代汉奠定了坚实基础。继之的魏文帝曹丕，也像其父曹操一样好道轻儒，尚实疾虚。他继续推行名法之治，却仰慕汉文帝时的“黄老政治”，“常嘉汉文帝之为君，宽仁玄默”[①]，作《太宗论》颁行天下，表明与民休息的意愿；又接连下《息兵诏》《轻刑诏》《薄税诏》等，明确表示“且休力役，罢省繇戍，畜养士民，咸使安息”[②]。其子魏明帝曹叡，也下诏强调“法令滋章，犯者弥多；刑罚愈众，而奸不可止”，要求“有司其议狱缓死，务从宽简”[③]。因此，曹魏政权采取了一些类同于汉初“黄老政治”的措施来发展生产、安定民众，使汉末的“州里萧条”局面大为改观。曹操及其两子曹丕、曹植，又都是深通庄骚艺术精神的文学家。他们以表现主体、抒写情性的诗文杰作和文学主张，弘扬了楚文化传统。他们的思想倾向和文学业绩，对于魏晋的哲学和文学形成以楚文化精神为主导的新风貌、即以老庄思想为骨架的玄学和以庄骚传统为基础的文学，起到了振扬先风和推助波澜的作用。

由于长期作为官方哲学的儒家思想的影响尚大，由于长期享有特权

①② 《三国志·魏书·文帝纪》注引《魏书》。

③ 《三国志·魏书·明帝纪》。

的士族的势力尚大，由于曹操的子孙在“任天下智力，以道御之”[①]的政治才能上远不及曹操，由于天下未安、四方未定而不可能“咸使安息”，故曹丕、曹叡虽有标举道家、推行“黄老政治”的意愿，却未能予以实现。相反，曹丕为了代汉称帝，竟然背弃其父“唯才是举”的政策，设立以名定品、按品授官的“九品中正制”来换取士族的支持。士族因“九品中正制”的设立而依旧享有政治和经济特权，便默认了曹丕的“受禅”代汉。“九品中正制”设立之后，士族垄断了官场而势力日增，曹魏政权也就注定要被士族控制并最终取而代之了。“著姓士族”出身的司马懿，在曹魏政权中久居要职，成了士族的代表。他在曹叡死后不久发动政变，控制了曹魏政权。他的儿子司马师、司马昭继他擅权并进而铲除曹氏势力。司马昭之子司马炎，乃以曹氏的“禅让”之道废魏立晋。晋朝的建立，是尚儒的士族代表司马氏取代尚道的曹氏的胜利，在一定意义上可以说是汉末以来式微的儒家文化在政治上的重新得势。

三国鼎立局面的形成，使得南方长江流域同时存在两个独立的政权。自秦汉统一之后，国都建于北方，人才荟于中原，南方的经济文化便衰落了，再无春秋战国时期的辉煌。汉末中原大乱，南方相对安宁，文人学士纷纷南下避乱，流寓“沃野万里、士民殷富”[②]的荆州。荆州一度俊彦云集，成为天下学术文化中心。曹军南征，荆州的经济文化再遭摧残。刘备入主西蜀，孙权立国东吴，蜀汉与东吴起初都悉心治国，图存谋强，南方因而得到比较全面的开发，南方的经济文化也因此有了很大的发展。

刘备由荆州入蜀，荆州人士多相附随，蜀汉政权中以诸葛亮为首的来自故楚之地人士为主体，史籍因此有“豫州（指刘备）入蜀，荆楚人贵”[③]之说。刘备死后，主政治蜀的诸葛亮严于律己，宽仁待人，广开言路，举贤授能，赏罚必信，惩恶抑强，和夷融蛮，闭关息民，发展生产。其“鞠

① 《三国志·魏书·武帝纪》。
② 《三国志·吴书·鲁肃传》。
③ 《华阳国志·李寿志》。

躬尽力，死而后已”[①]的忠贞精神，可比“忠湛湛而愿进兮”[②]的屈原；其励精图治的政治举措，可谓继承了楚式王道文化的传统。特别是其为开发西南、平息少数民族统治者的叛乱而采取的“西和诸戎，南抚夷越”而“攻心为上”的政策，简直可以说是当年楚国“抚有蛮夷，奄征南海，以属诸夏”[③]政策的继续和翻版。“七擒七纵”孟获与任夷为官的措施，使得汉夷关系大为改善，蜀国也因民族团结而得以巩固和发展。诸葛亮“抚百姓，示仪轨，约官职，从权制，开诚心，布公道”[④]，蜀国则“科教严明，赏罚必信，无恶不惩，无善不显。至于吏不容奸，人怀自厉，道不拾遗，强不侵弱，风化肃然”[⑤]，出现了“田畴辟，仓廪实，器械利，蓄积饶”[⑥]的兴旺局面。由于蜀国的政治宽松，言论自由，外来的和本地的学者如许慈、胡潜、董扶、任安、尹默、李撰、孟光、来敏、谯周、陈寿等，皆自主治学且勇于争鸣，蜀国的学术文化也甚为繁荣。“天得一以清，地得一以宁。”[⑦]诸葛亮念念不忘天下统一，也深知偏安西蜀只会是坐以待毙。于是，他安蜀兴蜀之后，即不遗余力地率军北伐。然而，当年刘邦兵入关中、逐鹿中原的历史条件已不复存在，“兴复汉室”已成为没有什么号召力的过时口号，地狭人少的蜀汉在力量上终究不敌地广人众的曹魏。诸葛亮五度北伐，终无所获，只能是“出师未捷身先死，长使英雄泪满襟”[⑧]。

江南土地肥沃，物产丰饶。汉末的北方人士，多以江南为乐土而迁此避乱。孙吴立国后，得江南之地利以及北方的大量劳动力和先进生产技术，又采取屯田垦荒、兴修水利、发展商业等多项措施，吴国经济因

① 诸葛亮：《后出师表》。
② 屈原：《九章·哀郢》。
③ 《左传》襄公十三年。
④ 《三国志·蜀书·诸葛亮传》。
⑤ 陈寿：《进诸葛亮表集》，见《三国志·蜀书·诸葛亮传》。
⑥ 《三国志·蜀书·诸葛亮传》注引《袁子》。
⑦ 《老子》三十九章。
⑧ 杜甫：《蜀相》。

而迅速繁荣，长江中下游南部乃成为当时最为富庶的地区。由于北方士人大量南下，江东又本有较好的文化基础，荟萃在江东的南北文士著书撰文，形成吴国学术文化彬彬之盛的局面。张昭、虞翻、韦昭，都是当时的著名学者。江东世家陆氏和顾氏则人才辈出，陆机、陆云兄弟名重一时。以虞翻之学为代表的吴国学术，因承汉末荆州学派的学风而助长了以道统儒的玄风。以“二陆”之作为代表的吴国诗文，在相当程度上弘扬了屈骚宋赋的艺术传统。可是，孙吴统治者偏安江东，不思进取，竟至于搜刮民财以贪图享乐、依恃富足以穷奢极欲，其亡国丧权便是迟早的事了。

二、两晋南北朝时期南北文化的差异

三国经济文化的发展，为社会重新统一创造了条件。公元 263 年，魏司马昭灭蜀汉。公元 280 年，晋武帝司马炎灭吴，中国乃结束了汉末以来近百年的动乱与分立。

西晋统治者提倡儒学，维护士族利益，将东汉末年形成的士族制度作极端地发展，造成了“上品无寒门，下品无势族”[①]、“世胄蹑高位，英俊沉下僚”[②]的腐朽门阀政治。士族统治阶级贪婪残暴，虚伪奸诈，荒淫放纵，实际上根本不遵儒家名教，不守儒学礼法，西晋社会也十分黑暗险恶。仅仅维持了十来年的统一和安定，西晋社会便酿成“八王之乱”。长达 16 年大混战的结果，导致了西晋王朝的灭亡、北方各族纷争百年和南北分裂近 300 年。

尽管尚儒的司马氏自控制曹魏政权后便大力提倡儒学、标榜名教，但儒学在汉末就已充分暴露弊端而陷入深重危机，加之司马氏假借名教以罗织罪名、诛杀异己，利用儒学作为篡魏立晋的工具，更使世人对儒学心灰意冷乃至于反感憎恶。于是，汉末以来复兴的道家思潮，至魏、

---

① 《晋书·刘毅传》。

② 左思：《咏史》。

晋之际大振，并且发展为“祖述老庄”的玄学。玄学体现了时代精神，成了魏晋社会不可抗拒的哲学潮流，也实际上成了魏晋时期的统治思想。受玄学潮流的洗礼，魏晋人士摆脱了儒家思想的束缚，形成了具有时代特征的精神风貌。

公元 316 年，以匈奴贵族为首的关内少数民族，推翻了经“八王之乱”而极度混乱衰弱的西晋王朝。此后，匈奴、羯、鲜卑、氐、羌 5 个少数民族为争夺中原、扩大势力而相互攻伐、激烈残杀，在百余年里先后建立了 16 个主要政权。这一民族矛盾尖锐、政权兴替频繁的动荡时期，旧史称为“五胡十六国”。直至公元 439 年，鲜卑族拓跋氏才统一北方。其后的 140 多年，北方形成了北魏、东魏和西魏、北齐和北周相承，以及北周短暂统一的北朝。

西晋灭亡后，都督扬州的司马睿于公元 317 年在江南建立了东晋王朝。东晋沿袭西晋的门阀政治，虽然在南北对峙、民族对抗的压力下全力维持而苟存了 103 年，终因政治腐败黑暗、阶级矛盾激化而崩溃。东晋失鹿，为拥有军事实力的野心家们觊觎和抢夺，南方也陷入 169 年的战乱，相继出现了宋、齐、梁、陈 4 个政权，史称南朝。

南北政治分裂，南北的经济文化也相对独立地发展并显现出不同的风格和特色。

在北方相互争夺的少数民族，因文化落后和曾受汉族统治者的压迫，故带有野蛮性和报复性，给北方社会造成惨重的破坏，给中原人民带来极大的苦难。灿烂的中原文化，也在连绵不绝的战火中遭受到全面的摧残。可是，建立了政权的少数民族统治者，为了巩固其统治，又不得不恢复生产、重建文化，并且学习先进的汉文化，将本族文化融入汉文化中，自觉或不自觉地汉化着。北方文化便在破坏和重建的反复中曲折地发展，在交流和融合的过程中不断地丰富。另外，在战争、死亡、灾祸、毁灭的苦难现实里挣扎的北方人民，苦苦寻求渡过苦海、超越现实的精神慰藉。东汉末年兴起的道教和佛教，乃于北方适宜的土壤上大盛。自感生死无常而企盼长生永恒的统治者，也因迷信和利用宗教而大力提倡宗教，道教，尤其是佛教便在北方社会极为流行。北方文化，因此是汉、夷和中、外文化的多元激荡和并存互补。在动乱时世里重建、在激荡和互补中新构的北方文化，基本上还只能是浅层次的继承、模仿和杂糅。北方的哲学，主要是因袭汉代古文经学传统，尊尚“郑学”；北方的佛教，主要是翻译佛经和仿效西域佛教而造像建寺；北方的道教，主要是杂糅儒、佛而完善仪规戒律；北方的文艺，主要是沿承中原传统和借鉴外来艺术，注重言志写实，风格较为质朴厚重。

由于北方士族和民众自西晋末年大举南徙避乱，由于东晋、南朝相对于十六国和北朝而仍较安定一些，魏晋的中原文化被移植到南方，南方经济乃因劳动力增多和生产技术提高而在蜀汉、孙吴的基础上大有发展。其时的南方，有魏晋文化的基础、地域文化的传统和佛教等外来文化。偏安江南的统治阶级幻想现世和来世永享富贵而尊奉宗教，道、佛两教也如同在北方一样盛行于世。南方文化，由于魏晋文化的移植、地域文化的补充和外来文化的交融而卓有成就。政治的分裂、二元的对峙，造成了其时经济文化重心的南移，形成了其时南方文化相对独立发展的特色和全面深入发展的优势。继承魏晋文化、弘扬地域文化和融汇多元文化而发展的南方文化，更多地体现了楚文化的开放和创造精神，显示了楚文化的缤纷形态和富丽色彩，突出地表现为深层次的发扬、融冶和创造。南方的哲学，主要以道家思想演变成的玄学为主导而兼采众说以阐发新义；南方流行的宗教，无论是道教还是佛教，都深受玄学影响，重视融会他家他教思想而进行理论创造；南方的文艺，主要发扬楚文艺传统而既强调主体表现，又讲究形式完美，注重抒情传神，风格较为清秀雅丽。因此，南朝文化的发展，也因主要继承和弘扬楚学而形成了风格大异于其时北学的南学。

南北文化的鲜明不同，在当时已为人察识。《世说新语·文学》记载：

褚季野语孙安国云：“北人学问，渊综广博。”孙答曰：“南人学问，清通简要。”支道林闻之曰：“圣贤固所忘言。自中人以还，北人看书，如显处视月；南人学问，如牖中窥日。”

北学袭汉末经学遗风，广征博引而详为训诂章句，有如“显处视月”，泛观其表而不能深察其里，穷尽枝叶却不得其英华，故看似“渊综广博”，实则琐细繁芜。南学扬魏晋玄学新风，开放通达而重在会意明义，犹似“牖中窥日”，深察其里而忽视其表，得其英华而略其枝叶，故达理约言而“清通简要”。《北史·儒林传》也明确指出：“大抵南北所为章句，好尚互有不同。……南人约简，得其英华；北学深芜，穷其枝叶。”

《北史·文苑传序》又指出南北文风的差异说：

暨永明、天监之际，太和、天保之间，洛阳、江左，文雅尤盛。彼此好尚，互有异同。江左宫商发越，贵于清绮。河朔词义贞刚，重乎气质。气质则理胜其词，清绮则文过其意。理深者便于时用，文华者宜于咏歌。此其南北词人得失之大较也。

“重乎气质”而诗文刚健质朴，是自《诗经》形成的北方文学传统；“贵于清绮”而诗文温婉雅丽，是自楚辞形成的南方文学特色。北朝文学多为言志叙事之作，内容丰厚却词采不足，便于时用却缺乏美感。南朝文学多为缘情写景之作，形式精美却内容浅浮，宜于歌咏却文过其意。当然，这只是南北朝文学“得失之大较”。北朝文学不乏理词相胜的佳什，南朝文学更有文质彬彬的杰作。尤其是南朝文学发扬以楚文学为代表的南方文学重视艺术性、审美化的传统，在文学的艺术形式、表现技巧和语言运用上有着重大成就，尽管有流于“文过其意”之弊，但其对文学之为文学的艺术贡献则不可轻视。

南北朝时期，南方文化全面深入的发展，成为当时中国文化的主导；南方文化融会创新的成就，成为紧承其后的隋唐文化的基础。隋唐文化直接继承的，主要是南朝文化。“唐朝文化上的成就，大体是南朝文化的更高发展。”[①]

第二节 魏晋风度与老庄精神

率性任达、纵情肆志、使气不拘、放浪无羁、傲俗独得、洒脱自适，是魏晋名士普遍的处世方式和行事作风，后人称为“魏晋风度”。

这种不遵儒家名教、不守传统礼法而具有鲜明时代特征的士风，滥觞于汉末，兴盛于魏晋，给其时世人的人生态度和人生追求以巨大影响，也最终导致中国古代文人的理想人格和理想人生的确定。

一、魏晋风度的外在表现与精神实质

汉末的仲长统，就“性俶傥，敢直言，不矜小节，默语无常，时人或谓之狂生”[②]。其个性和举止，已开魏晋风度之先。曹操“任侠放荡”，恣情率性，“为人佻易无威重，好音乐，倡优在侧，常以日达夕。……每与人谈论，戏弄言诵，尽无所隐，及欢悦大笑，至以头没杯案中，肴膳皆沾污巾帻，其轻易如此”[③]。曹丕 18 岁时随父攻占袁绍大本营邺城，见袁绍次子袁熙之妻美而爱悦，不顾其为有夫之妇且长他 5 岁，竟纳其为妻。曹植“性简易，不治威仪”，而且“任性而行，不自雕励，饮酒不节”[④]。曹公父子的放浪性格和反传统行为，对魏晋风度的普遍形成起了导扬作用。围绕在曹氏父子周围的建安文士，大都有着独特的个性并受曹氏父子的影响。“曹公父子，笃好斯文。平原兄弟（指曹丕、曹植），郁为文栋。刘桢、王粲，为其羽翼。”[⑤]刘桢作诗“仗气爱奇，动多振绝，

① 范文澜：《中国通史》第二册，人民出版社1978年版，第519页。
② 《后汉书·仲长统列传》。
③ 《三国志·魏书·武帝纪》注引《曹瞒传》。
④ 《三国志·魏书·陈思王传》。
⑤ 钟嵘：《诗品序》。

贞骨凌霜，高风跨俗”[①]，为人处世也即如此。成了太子的曹丕在一次“酒酣坐欢”之际，“乃使夫人甄氏出拜，坐上客多伏，而桢独平视”[②]。诗文为“建安七子”之冠的王粲，为人“躁竞”而性格通脱。曹丕、曹植“兄弟游戏场，命驾迎众宾”[③]，相随的王粲、刘桢、阮瑀、应玚、陈琳、徐幹、吴质等文士，与之一同斗鸡走马，击剑田猎，“弹棋闲设，终以六博。高谈娱心，哀筝顺耳。驰骋北场，旅食南馆。浮甘瓜于清泉，沈朱李于寒冰。白日既匿，继以朗月。同乘并载，以游后园”[④]，且接席纵酒，“每至觞酌流行，丝竹并奏，酒酣耳热，仰而赋诗。……”[⑤]其生活如此逍遥适意，其风仪又何等洒脱放浪！

魏晋时期，纵情肆志、任性放达的士风就大盛尤烈了。阮籍、嵇康、山涛、刘伶、阮咸、向秀、王戎“七人常集于竹林之下，肆意酣畅，故世谓之竹林七贤”[⑥]。据《世说新语》《晋书》等文献记载，阮籍“志气宏放，傲然独得，任性不羁”，“嗜酒荒放，露头散发，裸袒箕踞”，“遭母丧，在晋文王（司马昭）坐进酒肉”，全不理睬礼法之徒对其所谓违背孝行丧礼的指责，“饮啖不辍，神色自若”；“邻家妇有美色，当垆酤酒。阮与王安丰常从妇饮酒，阮醉，便眠其妇侧”。嵇康“为性好酒，傲然自纵”，“远迈不群”，慷慨使气。山涛“介然不群”，“饮酒至八斗方醉”。刘伶“放情肆志”，“纵酒放达，或脱衣裸形在屋中，人见讥之”，他自任若是。阮咸“任达不拘，与叔父（阮）籍为竹林之游，当世礼法者讥其所为”。向秀“清悟有远识”，佐嵇康锻铁，“相对欣然，傍若无人”。王戎“任率不修威仪”，“不拘礼制”，居母丧仍“饮酒食肉”。竹林名士的率性纵情、放诞越礼的作风，正是魏晋士风的鲜明

① 钟嵘：《诗品》卷上。
② 《世说新语·言语》注引《典略》。
③ 应玚：《斗鸡》。
④ 曹丕：《与吴质书》。
⑤ 曹丕：《又与吴质书》。
⑥ 《世说新语·任诞》。

表现。尤其是“七贤”领袖阮籍和嵇康，容貌瑰杰，天质自然，才学超轶，见识远迈，词气华美，诗文醇雅，举止脱俗，行为放达，成为魏晋名士的代表，典型地体现出“魏晋风度”。

魏晋文士受时代精神影响，纷纷以竹林名士的风度为高致。尚儒的统治者司马氏虽然标榜名教、宣扬礼法，却为了笼络名士，篡魏兴晋，也不得不对名士放浪越礼的行为举止采取宽容态度。阮籍居母丧而饮酒食肉，司马昭不但未以其行为违反了自己“以孝治天下”的政教，依从疾其如仇的礼法之徒的建议予以治罪，反而肯定其“且有疾而饮酒食肉，固丧礼也”①。王戎的行止遭礼法之徒攻击为“亏败风俗”，却仍在西晋王朝官居司徒。

两晋时期，恣纵放浪的士风依然盛行，而且流于淫僻。两晋之际的葛洪在《抱朴子·刺骄》里说：“世人闻戴叔鸾（名良，两汉之际特立独行的隐士）、阮嗣宗（阮籍字）傲俗自放，见谓大度，而不量其材力非傲生之匹，而慕学之。或乱项科头，或裸袒蹲夷，或濯脚于稠众，或溲便于人前，或停客而独食，或行酒而止所亲。”

表现为率性肆志、恣纵放浪、越出名教、背反礼法的魏晋风度，实际上反映了魏晋文士的一种反传统的人格追求和人生追求。支配和主导魏晋文士作这种追求的内在力量，则是楚人老子，尤其是庄子的精神。因此，魏晋风度的导扬者和表率者，都托好老庄。

仲长统服膺老庄，曾作赋言志：“安神闺房，思老氏之玄虚。呼吸精和，求至人之仿佛。……消摇一世之上，睥睨天地之间。不受当时之责，永保性命之期。”② 这种人生志趣和精神境界，正是魏晋文士所推尚和向往的。

曹氏父子，有着明显的叛逆儒学而钟情于道家的倾向。在政治上，曹操推行脱胎于道家思想的名法之治，曹丕及其子曹叡则向往“无为而

① 《世说新语·任诞》。
② 《后汉书·仲长统列传》。

治”。在生活中，曹操和曹丕都无视名教，不重仁孝，不受礼法约束，率真任性而自恣通达。他们的作为，促进了魏晋思想解放和个性解放潮流的兴盛。傅玄在上晋武帝疏中即说：“近者魏武好法术，而天下贵刑名；魏文慕通达，而天下贱守节。”[①]曹操和曹丕由于政治地位所决定和出于政治需要，还不能公然否定礼法而完全任性放达，曹丕甚至矫情自饰而屈从名教。但曹植却“任性而行，不自雕励”，充分表现了放纵无羁的个性和自由肆志的追求，以至于因此失去了曹操的宠爱和本可得到的太子地位。在曹丕“举挂时网”的打击和曹叡“圈牢养物”的禁制下，曹植的个性虽受压抑而有所收敛，但其在诗文里充分抒发和表现的梗慨之气、傲岸之骨、忧愤之情，以及“意欲奋六翮，排雾凌紫虚”[②]、“齐年与天地，万乘安足多”[③]的理想和胸襟，继承和弘扬了庄子精神。个性特异而才高八斗的曹植，更以其“骨气奇高，词采华茂”[④]的诗文，深深影响了当世和后代的文士。

阮籍“博览群籍，尤好庄老”[⑤]，史籍记他“才藻艳逸，而倜傥放荡，行己寡欲，以庄周为模则”[⑥]。他所作《达庄论》和《大人先生传》，即对道家思想和庄子精神的阐扬。嵇康“爰及冠带，凭宠自放。抗心希古，任其所尚。托好老庄，贱物贵身。志在守朴，养素全真”[⑦]，公然宣称“老子、庄周，吾之师也”[⑧]，还反复表白自己“猗与庄老，栖迟永年；实惟龙化，荡志浩然”[⑨]，并且“又读老庄，重增其放”[⑩]。他那些“非汤、武而薄周、孔”[⑪]、具有强烈批判精神的文章，如《难自然好学论》《声无哀乐论》

① 《晋书·傅玄传》。
② 曹植：《游仙诗》。
③ 曹植：《远游篇》。
④ 钟嵘：《诗品》。
⑤ 《晋书·阮籍传》。
⑥ 《三国志·魏书·王粲传》。
⑦ 嵇康：《幽愤诗》。
⑧⑩⑪ 嵇康：《与山巨源绝交书》。
⑨ 嵇康：《酒会诗》。

《养生论》等，无不是据道家思想而立论、本老庄精神而发挥的。阮籍和嵇康正是“尤好庄老”“托好老庄”，立言以老庄思想为据，行事以老庄精神为准，加之瑰杰的仪表、宏放的志气、过人的才华、显贵的身份等因素，因而成为魏晋名士的代表和魏晋风度的表率。

其他竹林名士，亦同阮、嵇一样心仪老庄。山涛“性好庄老，每隐身自晦”[①]，刘伶“常以细宇宙齐万物为心”[②]，向秀“雅好老庄之学”[③]。共同的雅好，使七子聚为竹林之游；相类的引托，使七子逞以放达之行。

晋代士人，多仰慕阮、嵇风度，效法七子行为，也引托老庄以自放、体悟道意而任达，却大都夸扬其自放任达的表现而不能领会其体道傲俗的精神，只能是诬引老庄以纵欲败俗。葛洪感叹世风败坏，乃借言汉末风俗而“陈古刺今”：“蓬发乱鬓，横挟不带，或亵衣以接人，或裸袒而箕踞。……诬引老庄，贵于率任，大行不顾细礼，至人不拘检括，啸傲纵逸，谓之体道。呜呼！惜乎！岂不哀哉！”[④]

二、魏晋风度形成的历史文化背景

引托老庄、以老庄精神为基质的魏晋风度，是在汉末至魏晋特定的动荡时世里形成的；是在儒学随汉朝的衰乱崩离而失去人心并发生援道正儒的变异的情况下，文士贱儒尚道、冲破礼法、解放个性的结果。作为魏晋风度之表率的阮籍、嵇康的“傲然独得”“慠然自纵”的行为，则是两人以老庄精神自励，在抗拒维护儒学、标榜名教的旧势力压力时，极力追求人格的独立和人生的自由的异常表现。

东汉推行名教之治所带来的社会危机，以及名教礼法许多内容的违背人性，在东汉末年已充分显露。名教的基本内容，是儒家适应治理宗法社会的需要而提出的政治和伦理规范。但是，由于儒家极力宣扬并极

① 《晋书·山涛传》。
② 《晋书·刘伶传》。
③ 《晋书·向秀传》。
④ 葛洪：《抱朴子·疾谬》。

度扩充名教，则使之越来越背离社会需要之实和人的性情之本，成为败坏社会的因素和束缚人性的桎梏。汉末，尚儒的士族借宣扬名教、遵守礼法以沽名钓誉、伪饰浮奢、窃禄盗权、作恶行非，深为正直人士愤疾。对弊端丛生的儒学失去信仰的正直人士，也不甘受名教束缚，倾向道家以批判儒学、服膺老庄以全性保真，其自我意识得以觉醒，其本体认识也得到深化。王符认识到："情性者，心也，本也；化俗者，行也，末也。"[①]这一认识否定了规范人、束缚人的名教，指出化俗的名教应该依从和符合人的本性。仲长统则述志："叛散五经，灭弃'风''雅'。百家杂碎，请用从火。抗志山栖，游心海左。元气为舟，微风为柂。敖翔太清，纵意容冶。"[②]经黄巾大起义，东汉王朝实已崩溃，名教桎梏也实已破解。曹氏父子恣情任性、蔑视名教，建安文士也个性显露、自我意识强烈。他们"慷慨以任气，磊落以使才"[③]的诗作，正是充分展示自我个性、抒写自我情感的产物。

旧有的名教之治必然改变，是历史发展的潮流。传统的名教桎梏必须冲破，则是人们的本质要求。曹操因而拨乱反正，推行名法之治。建安文士因而蔑视名教，张扬个性。曹魏时期的思想家何晏、王弼等，否定儒学因名立教的传统，本据道家而主张依从人的自然本性来定名设教、重新确立以道统儒的政治思想。只是历史发展的潮流并非没有曲折，人们本质要求的实现更是路隘重重。由于儒学独尊的历史久长而影响巨大，由于在名教之治的社会条件下形成的士族力量强大，也由于封建统治者注定要依托为其服务的儒学，"慕通达"的曹丕，最终是行"黄老政治"未成而投降了士族、屈从了名教，公然表示"吾备儒者之风，服圣人之遗教"[④]。于是，曹氏政权也必然会被士族代表司马氏所控制并进而篡夺了。司马氏将名教作为篡魏立晋的工具，随意以"不孝"的罪名废弑

① 王符：《潜夫论·德化》。
② 《后汉书·仲长统列传》。
③ 刘勰：《文心雕龙·明诗》。
④ 《三国志·魏书·文帝纪》注引《魏书》。

魏帝、诛杀异己，以恐怖的名教之治迫使朝野人士顺其意志。曹氏在主观精神上倾向道家，在日常生活中导扬个性解放，故其集团里多有正直贞洁之士。司马氏提倡儒学以营私，所倚重的名教信徒、礼法之士多为虚伪卑劣的人物，如何曾、钟会之流。司马氏集团借维护名教而对曹氏集团的摧残，虽然是曹魏后期统治阶级内部的政治斗争，在深层次上也是僵而未死、不甘退出历史舞台的汉代儒家文化对道家主导的时代新潮的反扑。然而，名教之治的危害、礼法之士的丑恶，在魏晋之际暴露得较汉末更为清楚。“封建统治阶级的所有凶恶、险毒、猜忌、攘夺、虚伪、奢侈、酗酒、荒淫、贪污、吝啬、颓废、放荡等等龌龊行为，司马氏集团表现得特别集中而充分。”[1] 历史赋予了进步人士激浊扬清、涤旧更新的责任，秉承时代精神而自我意识高度觉醒、个性解放要求十分强烈的阮籍和嵇康，也自觉地引托老庄以批判名教、表率新风。

三、表率魏晋士风的阮籍和嵇康

“尤好庄老”的阮籍（210—263），其父为曹氏所重而任魏丞相掾的“建安七子”之一阮瑀（约165—212），其又“容貌瑰杰，志气宏放”[2]、学识渊博、多才多艺，故誉望甚高，为一代名士。“籍本有济世志，属魏晋之际，天下多故，名士少有全者，籍由是不与世事，遂酣饮为常。”[3] 因家世关系和个性率真等原因，他倾向曹氏，疾恶名教的虚伪悖谬。他不愿被司马氏利用、为虎作伥，又无力公开反抗、不能冒死相斗，只好隐遁守节、酣饮免祸。可是，大概因他名高望重，司马氏不肯放过他，始终拉他以笼络人心。他迫不得已做了一些闲官，深为自己在现实中不能保持人格的独立和获得人生的自由、终究与司马氏同流而感到极度痛苦，“时率意独驾，不由径路，车迹所穷，辄恸哭而返”[4]。他“使气

① 范文澜：《中国通史》第二册，人民出版社1978年版，第368页。

②③④ 《晋书·阮籍传》。

以命诗”[1]，在《咏怀诗》80余首中，寄旨遥深地抒写了他忧生伤时、愤世嫉俗的复杂感情，展示了他身处黑暗现实中的痛苦心灵，反映了他对理想的人格和人生的追求。他所作的《达庄论》，推尚道家“无为”之说，表达否定现实的态度和返朴归真的愿望。在《大人先生传》里，他激愤地抨击礼法，剽剥名教，指出统治者是“坐制礼法，束缚下民”，痛责“汝君子之礼法，诚天下残贼乱危死亡之术耳”。同时，他援据庄子精神，描绘了一位具有独立人格并获得人身自由、“乃与造物同体、天地并生、逍遥浮世、与道俱成”的大人先生形象。巨大的痛苦是难以掩抑的，强烈的追求是会自然表现的。他“能为青白眼，见礼俗之士，以白眼对之”[2]，任“礼法之士，疾之若仇”[3]而傲俗不改，表现的是与其同流却不同污的独立人格。他放浪形骸、任性不羁的举止，大多是非出本意又无可奈何、情不自禁又故意为之的否定名教、张扬个性的极端行为。“志气宏放”却怆恨终生的阮籍，于54岁时幽愤而死。他的仪容举止，鲜明地显示了魏晋风度的外在表现。

“托好老庄”的嵇康（223—262），“与魏宗室婚”[4]，自然与曹氏的关系较阮籍更深。故楚之地谯国铚（今安徽濉溪、涡阳一带）人嵇康，少时就“不训不师”，鄙弃儒学，也比阮籍更为服膺老庄。他识时务，愤世俗，“常修养性服食之事，弹琴咏诗自足于怀”[5]。司马懿于正始十年（249）通过政变而控制曹魏政权后，他便隐居不仕。隐居期间，他“师心以遣论”[6]，标举道家的“自然”，批判儒家的“名教”，强调名教是现实社会一切罪恶的根源、是人的本性遭到异化的渊薮，响亮地提出了“越名教而任自然”[7]的口号，明确地主张冲决名教的束缚、

①⑥ 刘勰：《文心雕龙·才略》。
②③ 《晋书·阮籍传》。
④⑤ 《晋书·嵇康传》。
⑦ 嵇康：《释弘论》。

恢复自然的人性。他反对“立六经以为准”[①]、“以周孔为关键”，认为“推类辨物，当先求自然之理”[②]，并且因承道家“气生万物”的朴素唯物主义天道观以阐发自然之理。哲学认识的深化、社会观察的深刻，使他更加“猗与庄老”。“宁如老聃之清静微妙、守玄抱一乎？将如庄周之齐物变化，洞达而放逸乎？”[③]他既效法老子而“志在守朴”，又仰慕庄子而追求“与道逍遥”，激愤的感情趋于冷静，人生的意趣旨归放逸。他所作的《游仙诗》，抒写了超凡脱俗的自我人格，描绘出高邈旷远的自由境界。精神有所解放，心境也可淡泊、王戎“自言与康居山阳二十年，未尝见其喜愠之色”[④]。然而，嵇康“美词气，有风仪，而土木形骸，不自藻饰，人以为龙章凤姿”[⑤]，声名不在阮籍之下，司马氏又岂会放过他？司马氏在加快篡魏步伐时，也不断对他威逼利诱。只是“守朴”的他始终坚持“全真”，不肯违背本性而向权贵低头。受到司马昭宠信而炙手可热的钟会威风凛凛地前来造访，他“不为之礼”，傲然不睬。司马昭征他为官，他“避之河东”、拒不应召。投靠司马昭后的山涛出面荐他为官，他无比憎恶司马氏的虚伪狡诈和十分鄙夷昔日好友的骨软格低，在愤激之中写了著名的《与山巨源绝交书》，将他的真情真性、真志真意公开展露出来，宣称他是以老庄为师，说明他的言行为“世教所不容”，表白他“意气所托，亦不可夺也”。他的“全真”本性、峻洁人格，于此书展露无遗。此书也清楚地揭示了魏晋风度的本质特征，彻底地否定了司马氏的名教之治。司马氏不能夺其意气，也就蓄意夺其生命了。嵇康写了此书的次年，司马昭就以“言论放荡，非毁典谟”[⑥]的罪名将其杀害。

嵇中散临刑东市，神气不变，索琴弹之，奏《广陵散》。曲终，

---

① 嵇康：《难自然好学论》。
② 嵇康：《声无哀乐论》。
③ 嵇康：《卜疑》。
④⑤⑥ 《晋书·嵇康传》。

曰："袁孝尼尝请学此散，吾靳固不与，《广陵散》于今绝矣。"[1]

嵇康死时，年适40，风华正茂。他的真直放逸、坚贞刚毅，集中地体现了魏晋风度的内在精神。从容的就义，成就了他完美的人格；壮烈的牺牲，又弘扬了魏晋风度的精神。"康之下狱，太学生数千人请之。于时豪俊，皆随康入狱。"[2]嵇康的人格追求和人生理想，已为时人向往。嵇康表率的魏晋风度，成为时代风尚。《广陵散》的曲音不绝，魏晋风度的神韵犹存。

阮、嵇两人，可谓志同道合、情投趣类、相得益彰、互映生辉。不过，对司马氏抑志全身的阮籍，主要是在痛苦的放浪中对理想的人格和人生作了精神的追求；对司马氏抗节全真的嵇康，则还在通达的放逸中对理想的人格和人生作了现实的肯定。经阮、嵇两人的表率和魏晋文士的趋尚，以老庄的人格理想和人生理想为精神实质的魏晋风度便蔚为时代风气。魏晋文士趋尚时代新风，也逐渐确定着理想的人格和人生。

理想的追求是艰苦的，理想的坚持是须付出代价的。在名教之治的禁锢压迫下，在司马氏的威逼利诱下，自我意识高度觉醒的阮籍尚不能在现实中保持独立的人格，更何况只是慕其风度而缺其精神的文士呢？竹林名士终归分化了，山涛、王戎投靠了司马氏而求得高官厚禄。魏晋风度也逐渐变异了，随时世迁移而流衍为腐朽士族的生活放荡。东晋的戴逵即指出："竹林之为放，有疾而为颦者也。元康（晋惠帝年号，291—299）之为放，无德而折巾者也。"[3]前引笃信老庄的道教思想家葛洪谴责晋代世风淫败之语，即说明其时的放纵世风已是"诬引老庄"、背弃老庄精神的腐败风气。尽管如此，这种世风的形成，也在客观上表明了名教之治的破产、汉代儒学的式微、道家思想的风行和个性解放的

① 《世说新语・雅量》。
② 《世说新语・雅量》注引王隐《晋书》。
③ 《晋书・戴逵传》。

普及。东晋人应詹明言：“元康以来，贱经尚道。以玄虚宏放为夷达，以儒术清俭为鄙俗。”[①]标榜名教的士族统治阶级也无法抗拒“贱经尚道”的潮流，自鄙儒学、“诬引老庄”而伤风败俗，社会焉得不乱？政权焉得不亡？

四、力振魏晋真风的陶渊明

魏晋风度发生变异、流衍成弊的两晋时期，也是政治黑暗、社会动乱、“真风告逝，大伪斯兴”[②]的时期。至东晋末、刘宋初，一位生长在故楚之地的“靖节先生”陶渊明，以其“不能为五斗米折腰”的个性表现、以其“复归返自然”的人生追求，勇抗大伪世俗，力振魏晋真风。

陶渊明（365—427），又名潜，浔阳柴桑（今江西九江南）人。其曾祖父陶侃，文武兼备，为东晋开国元勋，官至太尉，都督八州诸军事，汲汲于收复中原，却因“望非世族，俗异诸华”[③]而不容于士族，因帝意偏安、臣多苟且而不可能遂志。陶渊明出世时，家族已衰落。青少年时的陶渊明，虽慕曾祖功业而“猛志逸四海，骞翮思远翥”[④]，怀有大济苍生、收复故土之壮志；却又深受异于“诸华”的楚风浸染和“学者以老庄为宗而黜六经”[⑤]的时代精神影响，因而情倾老庄、性贵任真。他自述“少无适俗韵，性本爱丘山”[⑥]。史籍载他“少怀高尚，博学善属文，颖脱不羁，任真自得”[⑦]。因“大济于苍生”的“猛志”的激励和“亲老家贫”[⑧]的压力，他数度出仕。因“总发抱孤介”[⑨]的个性使然，

① 《晋书·应詹传》。
② 陶渊明：《感士不遇赋序》。
③ 《晋书·陶侃传》。
④ 陶渊明：《拟古》。
⑤ 干宝：《晋纪·总论》。
⑥ 陶渊明：《归园田居》。
⑦ 《晋书·陶潜传》。
⑧ 《宋书·陶潜传》。
⑨ 陶渊明：《戊申岁六月中遇火》。

他愤疾士族统治下“八表同昏，平陆伊阻”[①]的浊世，慨叹“举世少复真”[②]的现实，每每“不堪吏职，少日自解归”[③]。41 岁时，他出任彭泽令仅在职 80 多天，就因不愿束带拜迎郡邮督，浩叹“我岂能为五斗米折腰向乡里小儿”[④]，“即日解绶去职，赋《归去来》”[⑤]，抒写冲决“大伪”樊笼、解脱“形役”束缚的轻松之感和“息交以绝游”[⑥]的归隐之志。从此，他便在清贫辛劳的田园生活中，躬耕以自养，酣饮以陶然，赋诗以寄意，引托老庄而固穷守高、“抱朴守静”[⑦]，投身自然而“击壤以自欢”、“傲然以称情”[⑧]。

在傲俗任真的表现上，陶渊明与阮、嵇相类；在引托老庄而追求人格的独立和人生的自由方面，陶渊明与阮、嵇一致。不过，由于时代、社会、身份、地位、经历、境况、认识、体验等不同，陶渊明在理想的人格和人生的追求上，达到了超过前人的具有现实性的新境界。阮籍的理想人格与现实人格是分裂的，阮籍对人格独立的追求主要限于精神上，只能通过诗文来充分表达。在现实生活中，他却屈心抑志、违反本性地做了司马氏的官、依附司马氏而成为司马氏集团的成员。人格独立既无法实现，人身自由更无从谈起，阮籍也只能在做“大人先生”和“愿登太华山，上与松子游”[⑨]的幻想中获得精神自由的慰藉。理想在现实中无法实现，阮籍因而痛苦无度，忧愤无端，发出“终身履薄冰，谁知我心焦”[⑩]的悲叹。嵇康一生坚持“养素全真”“不屈王公”，不肯“卑懦委随，承旨倚靡”[⑪]，坦荡无畏地面对司马氏的屠刀，以殉其志节的壮烈牺牲维护了其理想人格和现实人格的统一。因此，嵇康由于实现了

① 陶渊明：《停云》。
② 陶渊明：《饮酒》。
③ 《宋书·陶潜传》。
④⑤ 萧统：《陶渊明传》。
⑥ 陶渊明：《归去来兮辞》。
⑦⑧ 陶渊明：《感士不遇赋》。
⑨⑩ 阮籍：《咏怀诗》其三十二。
⑪ 嵇康：《卜疑》。

人格的独立而比阮籍达观洒脱得多，虽“傲然自纵”却不放浪形骸。但是，嵇康尽管也像阮籍一样追求超脱浊世而实现人身自由，并且在隐居生活中体悟到遁迹山林、“驾言出游，日夕忘归”[①]的适意，却因司马氏的威逼和“刚肠疾恶，轻肆直言，遇事便发”[②]的秉性，未能“遗落世事”而真正寻求到“采薇山阿，散发岩岫，永啸长吟，颐性养寿”[③]的自由和快乐，而是还沉浸在“宁与王乔、赤松为侣乎？将进伊挚而友尚父乎”[④]这种出世和入世的思想矛盾中，对理想社会和理想人生的追求，也依然主要是沉浸于老庄式的对“大朴未亏”的自然社会和“齐物养生，与道逍遥”[⑤]的主观幻想中。陶渊明经过了出仕—归田—再出仕—再归田的几度反复，经历了“一心处两端”的长期思想斗争，终于确认和肯定了自我，深知自我“质性自然，非矫厉所得……于是怅然慷慨，深愧平生之志。犹望一稔，当敛裳宵逝”[⑥]。他毅然决然地辞官而去，以在当时惊世骇俗的行为，标示和实现了自己的独立人格。他“载欣载奔”地“守拙归园田”[⑦]，达到了主观自我与客观自然合一的精神境界，也获得了“久在樊笼里，复归返自然”[⑧]的人身自由和快乐。

自春秋战国以来，愤世嫉俗的文人追求全真而独立的人格、自由而快乐的人生，大都引托老庄而隐居避世、抱朴守静，以求超越现实、逍遥自得。然而，现实无法超越，避世不可高蹈，他们也无法克服理想与现实的矛盾，寻求到一条依据理想而通向现实的途径，仍是像庄子一样无可奈何地沉浸在虚无的幻想之中，在浮游太清、与道合一、齐物逍遥的可思而不可及的幻想中获得精神自由解放的慰藉。阮籍如此，嵇康亦然。老庄思想的缺陷和时代、个人的局限，使他们无法最终确定理想的

① 嵇康：《兄秀才公穆入军赠诗十九首》之十二。
② 嵇康：《与山巨源绝交书》。
③ 嵇康：《幽愤诗》。
④ 嵇康：《卜疑》。
⑤ 嵇康：《四言诗》。
⑥ 陶渊明：《归去来兮辞序》。
⑦⑧ 陶渊明：《归园田居》。

人生。陶渊明则在相当程度上克服了理想人生和现实人生的矛盾，以“富贵非吾愿，帝乡不可期”[①]的高度自我意识和彻底唯实态度弥补了老庄思想的缺陷，没有沉浸在虚无的幻想中去逃避现实，而是投身于现实的自然中，在相对隔绝尘嚣的田园生活中，保持人格的全真和独立，体悟人生的自由和快乐。他的诗作《饮酒》其五，充分地反映了他所达到的人生境界：

> 结庐在人境，而无车马喧。问君何能尔？心远地自偏。采菊东篱下，悠然见南山。山气日夕佳，飞鸟相与还。此中有真意，欲辨已忘言。

人境是不可超越的，陶渊明也只能在人境结庐，但他达到了“心远”尘世的精神境界，故庐在人境却地自偏远，犹似生活在“无车马喧”的宁静纯朴社会。菊花、东篱、南山、山气、飞鸟，皆是人境中的自然物，但他与之投合而兴致悠然，体悟到不可言传的自由快适的人生“真意”。在清苦的田园生活中，陶渊明尽管是饥寒度日，也罕诉哀怨之情，多持乐观心态。他的田园诗作，大都清新生动，意趣盎然，表达了他情与景会、性同物适的欣豫感受，具有超尘脱俗的高远境界。人称他的诗风“平淡”，这“平淡”的诗风正源于他淡泊的心境。他“性嗜酒”而不输于阮、嵇，却不像阮、嵇那样在诗中忌言酒，而是“有疑陶渊明诗，篇篇有酒”[②]。这乃因为他并不像阮、嵇那样主要是借酒浇愁、寄酒遗世，而主要在于“酣觞赋诗，以乐其志”[③]。他也援据老庄思想而作《桃花源记并诗》，表达对纯朴安乐、平等幸福的理想社会的向往，但他并没有像阮、嵇那样仍憧憬老庄幻想的那种古朴的“昔鸿荒之世”，描述的则是有当时人

① 陶渊明：《归去来兮辞》。
② 萧统：《陶渊明传》。
③ 陶渊明：《五柳先生传》。

们避乱而逃往深山绝境中自由生活的现实根据的“桃源”世界。他没有将社会理想寄托于原始社会，而是着重歌颂处于现实中相对隔绝的环境里的桃花源中人“春蚕收长丝，秋熟靡王税”、“黄发垂髫，并怡然自乐”的生活。桃花源中人的精神状态和人生乐趣，实际上是他自己在田园生活中的表现和体验。

陶渊明寻求到一条在“大伪”浊世里实现理想的人格和人生的途径，也就达到了超越前人的精神境界和生活境界。当然，作为身处封建浊世的耿介文人，他不可能完全超脱闲适、静穆平和、淡泊飘逸，也时时有“有志不获骋”的叹息和“金刚怒目”式的表现。但是，他毕竟达到了前人所未能达到的境界。尽管他的归田隐居、寄情自然是一种消极的退避或逃脱，却在封建浊世的历史条件下，为古代文人“独善其身”，保持人格的独立、节操的高尚和否定黑暗的现实、坚持理想的人生追求，提供了一种方式，树立了一个榜样。他仿效《庄子》而以寓言方式写成的《五柳先生传》，真实地展示了他的个性、人格和心志。“渊明所说（悦）者庄老”①。老庄的尚真疾伪、抱朴守拙、自然率真，魏晋人士引托老庄所追求的人格独立和人身自由，在陶渊明身上得到了最为充分的体现，陶渊明也最为完美地体现了魏晋风度。

“不赖固穷节，百世当谁传？”② 陶渊明正是“宁固穷以济意，不委曲而累己”③ 而名传百世。他的人生追求和人生方式，使得先秦以来耿介文人引托老庄而追求的理想的人格和人生具有了现实性，也就使得以老庄精神为基础的古代文人理想的人格和人生得以确定。他因此也备受身后历朝历代的文人推崇，成了中华民族高风亮节的典范之一，对民族精神和品格的形成有着较大的积极影响。

---

① 《朱子语类》卷一百三十六。

② 陶渊明：《饮酒》其二。

③ 陶渊明：《感士不遇赋》。

第三节　以老庄为宗的玄学

魏晋风度与魏晋玄学密切相联、互为表里。表率魏晋风度的名士，也都是好老庄之言、为玄远之说的学者。“贱经尚道”的魏晋时期，乃是玄风大畅的时期。

“魏晋玄学是指魏晋时期以老庄思想为骨架的一种特定的哲学思潮。”[①]魏晋“学者以老庄为宗”，认为《老子》所言“玄之又玄，众妙之门”的“玄者，冥也，默然无有也”、“谓之深者也”[②]，援据道家思想以着重探讨形而上的“玄虚”“玄远”问题，故魏晋人士往往将玄学看作就是“老庄之学”。实际上，玄学可以说是道家老庄学派的思想流变，是老庄学说在魏晋时期的新发展，是以道家思想为基础而批判和扬弃汉代儒学所形成的一种新的哲学形态。

如前章所述，汉末的社会思潮和学术风尚，已预示了玄学形成的趋势。至曹魏时期，人们的思想更加解放，曾经指导汉初社会由大乱走向大治和重视阐发人生方式、人生意义的道家思想，也更加为经历了人世沧桑和感受到人生无常的时人所尊尚。其时学者不再信奉荒谬、僵化而致弊端丛生的汉代儒学，转求博通先秦诸子之学，尤其重视依托老庄思想以深入探讨社会存在和变化的根据、社会大治的理论、人生的方式和意义等现实提出的重大问题。于是，汉末以来儒、道并重的学术风气，便转为重道轻儒的学术思潮，尊尚道家而兼综儒学及诸子百家的玄学也就形成了。玄学的形成方式类同于道家黄老之学，却是在黄老之学的基础上、根据现实需要而进一步发挥老庄思想、融通儒学及百家所形成的更具有理论深度、更富于思辨色彩的哲学形态。

---

① 汤一介：《郭象与魏晋玄学》，湖北人民出版社1983年版，第7页。

② 见王弼《老子注》《老子指略》。

一、玄学的创建

《颜氏家训·勉学》说：“何晏、王弼，祖述玄宗。”《晋书·王衍传》也称：“魏正始中，何晏、王弼等祖述《老》《庄》。”何、王两人，被公认为玄学的开创者和重要代表人物。

何晏（约190—249），字平叔，故楚之地宛（今河南南阳）人，“少以才秀知名”[①]，又生性豁达，被曹操收为养子而获得宠爱，后为曹操驸马。他“好老庄言，作《道德论》及诸文赋著述凡数十篇”[②]，又注解《老子》，撰《论语集解》。魏明帝时，他累官侍中、吏部尚书，依旧“善谈老庄”[③]，好言玄理，周围则“谈客盈坐”，“天下谈士多宗尚之”[④]，遂开一时清谈玄理的风气。司马懿发动政变，杀曹爽及曹氏集团的重要人物，他也未能幸免。谈论老庄，他着重阐发老庄的“道”论，认为“道”即“无”，并发挥老子的“天下万物生于有，有生于无”[⑤]和“道常无名”[⑥]“道常无为”[⑦]的思想，强调“有之为有，恃无以生；事而为事，由无以成。夫道之而无语，名之而无名，视之而无形，听之而无声，则道之全焉”[⑧]。据此，他主张名教出于自然，宣扬“无为而治”。今存其《论语集解》，虽“集诸家之善说”，但“有不安者，颇为改易”[⑨]。其所改易，即援据老庄以重新解说。其书也较为鲜明地体现了玄学特征。

王弼（226—249），字辅嗣，“幼而察慧，年十余，好老氏，通辩

①② 《三国志·魏书·曹爽传》附《何晏传》。

③④ 《世说新语·文学》。

⑤ 《老子》四十章。马王堆汉墓帛书《老子》甲乙本、北大汉简《老子》第三章作“天下之物生于有，有生于无”。

⑥ 《老子》三十二章。马王堆汉墓帛书《老子》甲乙本、北大汉简《老子》第七十三章作“道恒无名”。

⑦ 《老子》三十七章。马王堆汉墓帛书《老子》甲乙本作“道恒无名”，北大汉简《老子》第七十七章作“道恒无为”。

⑧ 《列子·天瑞篇》张湛注引。

⑨ 何晏：《论语集解序》。

能言”[①]。其祖父王凯和族叔祖王粲，同在汉末避乱于荆州。其父王业，是汉末荆州牧刘表的外孙。他们受到汉末“荆州学派”的学风熏染，也对王弼成为尊《老》《易》而言玄理的玄学宗师有很大影响。学者即称：“王弼的家学渊源可上溯于荆学。”[②]他清谈玄理，折服众人，令当时的玄学领袖何晏惊叹：“仲尼称后生可畏，若斯人者，可与言天人之际乎！”[③]不仅如此，他注《老》释《易》、义疏《论语》，以为“道、玄、深、大、微、远之言，各有其义，未尽其极者也”[④]，于是深为阐说。他的基本思想，虽与何晏思想相同，但比何晏的思想阐发要全面而深刻得多。在肯定“道”就是“无”的基础上，他进而发挥老子“有生于无”的思想，强调有与无的关系是末与本、用与体的关系，认为“天下之物，皆以有为生。有之所始，以无为本。将欲全有，必反于无也”[⑤]。围绕“以无为本”的基本观点，他展开阐发了一与多、动与静等关系以为之论证。据老子“道法自然”的思想，他强调“天地任自然，无为无造，万物自相治理”[⑥]，严厉批判了违背自然之人情事理的虚伪名教，明确提出“名教本于自然”，极力主张君主治国应“居无为之事，行不言之教，不以形立物，故功成事遂，而百姓不知其所以然也”[⑦]。他依据老庄、主要是老子思想的系统阐论，探讨了老庄所没能展开或涉及的一些理论问题，从而深化和丰富了道家哲学，也建构了玄学的理论体系。他解释儒家祖师孔子的《论语》，引老说孔而将儒家经典道家化、玄学化了。何晏被诛的当年，他

---

① 《三国志·魏书·钟会传》注。

② 任继愈主编：《中国哲学发展史（魏晋南北朝）》，人民出版社1988年版，第623页。

③ 《三国志·魏书·钟会传》注引。《世说新语·文学》：“何平叔注《老子》，始成，诣王辅嗣。见王注精奇，乃神伏曰：‘若斯人，可与论天人之际矣！’因以所注为《道德二论》。”

④ 王弼：《老子指略》。

⑤ 王弼：《老子注》四十章。

⑥ 王弼：《老子注》五章。

⑦ 王弼：《老子注》十七章。

也因病而亡。他的英年早逝，大概与赏识他的何晏之死不无关系。兔死狐悲，抑郁伤身，自是难免。尽管他是何晏的晚辈，地位也不高，又一生短暂，却著述甚丰，思想深邃，贡献在何晏之上，实为玄学的奠基者。

何、王两人，“祖述《老》《庄》，立论以为：‘天地万物皆以无为本。无也者，开物成务，无往不存者也。阴阳恃以化生，万物恃以成形，贤者恃以成德，不肖恃以免身，故无之为用，无爵而贵矣。’”[①] 两人的思想，实际上是通过对道家本体论的阐发，来论证道家“无为而治”的政治主张的合理性和必要性，集中地反映了当时人们对汉代的官方哲学和名教政治进行深刻反思后而欲拨乱反正所达到的高度。汉代儒学仿效道家“天人合一”的推论方法来阐释天人关系，却将“天”神化而曲解天人关系，将规范人事的名教主观化、绝对化而使之流于违情悖理、虚伪残酷，以致社会尊奉儒学而终陷动乱，世人屈从名教而异化本性。魏晋人士深感于此，故雅好老庄之言，向往“无为而治”，以求人生的自由和社会的宁静。何、王顺应时代思潮，发挥道家学说以重建社会和人生的指导思想。他们着重阐发道家的本体论以求证天地万物存在的根据，又据“以无为本”的本体论来说明社会和人生的基本法则，进而通过肯定客观存在的“道”来否定汉代儒学予以神化了的“天”，通过强调“道”即“无”来贬斥汉代儒学建构的所谓“天不变，道亦不变”的“有”，通过宣扬“名教本于自然”来纠正被汉代儒学歪曲了的天人关系，通过主张“无为而治”来反对汉代的名教之治。当然，封建社会的宗法结构，决定了儒家的纲常名教不可废弃。作为统治阶级的成员，他们也没有全盘否定名教，而是反对所谓来自天意而名不符实的荒谬、虚伪的名教，强调名教必须符合自然、也即社会发展的规律和人性的本质要求。因此，何、王玄学，是对汉代儒学的否定和扬弃。就通过发挥道家天道观来阐论道家“无为而治”的政治思想而言，何、王玄学与道家黄老之学颇为相似，继承了黄老之学的论证方法和政治主张。可是，黄老之学论道，主要是根据老

① 《晋书·王衍传》。

子关于“道之为物”、“阴阳和合而万物生”的思想而阐发道为“元气”，而且偏重于阐发宇宙生成论，更多地采用经验的方法以总结道家学说、兼综百家善要来建构体系。玄学论道则阐发道为“虚无”，而且偏重于阐发宇宙本体论，基本上采用思辨的方法以深化道家学说、扬弃儒家思想来建构体系。因此，何、王玄学是继黄老之学以后的道家思想的新发展和新形态。它虽然出于否定汉代的官方哲学和名教政治的需要，而对宇宙本体的阐论偏离了老庄的唯物倾向，却因采用了老庄的思辨方法着重阐发本体论并探讨了一系列哲学范畴，故既迥异于汉代儒学的粗陋繁琐、又有别于黄老之学的庞杂芜蔓，显得玄奥精致又清通简要，大大发扬了道家思辨哲学的传统，也大大提高了我国古代哲学的理论思维水平。

二、玄学的发展

司马氏控制了曹魏政权之后，政治的变化不但无碍大畅的玄风，司马氏标榜虚伪的名教并把名教作为篡夺政权和诛除异己的工具这一严酷现实，反而激发得玄风更盛。不过，玄学家在网罗密布、灾祸不虞的现实中，再也不能像以往那样专心致志、悠然自得地清谈玄理了，也无心沉浸在玄奥的宇宙本体的抽象思辨中、为理想的“无为而治”社会作深入论证，而是更热衷于探求如何保有人性的本真和人生的安全。“发言玄远”的阮籍和嵇康，是继何、王之后的玄学代表人物。他们的思想，更多地继承了黄老之学。在宇宙本体论方面，他们坚持了其天道自然观，强调天地万物原于自然、生于“元气”、“夫元气陶铄，众生禀焉”[①]、“一气盛衰，变化而不伤”[②]。在社会政治思想方面，他们与何、王基本相同，本也主张名教出于自然、合乎自然并宣扬“无为而治”。为了反对司马氏标榜的虚伪名教和抗拒险恶现实的压力，他们没有进一步讨论“有”“无”和“本”“末”这一本体世界和现象世界的关系问题，

---

① 嵇康：《明胆论》。

② 阮籍：《达庄论》。

而是大力标举自然、彻底否定现实的名教，抨击统治者“坐制礼法，束缚下民”①，提出了“越名教而任自然”②的新命题。他们标举的“自然”，已不像何、王那样着重强调的是社会自然存在和变化的客观规律，而着重强调的是人的自然本性和情感。他们依托老庄立论，也不像何、王那样主要是发挥老子思想以阐发政治主张，而主要是发挥庄子思想以阐发人生哲学。他们表率的魏晋风度，体现的是激扬道家精神的处世态度和人生方式。玄学因他们的探索和阐论而发生了主要为政治哲学向主要为人生哲学的演变，他们的探索和阐论也丰富和深化了玄学。他们思想的形成，标志着玄学发展到了一个新的阶段，标志着玄学较为全面地继承和发展了道家哲学。

阮籍著《达庄论》，嵇康自谓“猗与庄老”，反映了魏晋之际的学士已重庄子甚于重老子。嵇康的好友、竹林名士之一向秀，则专门为《庄子》一书作注。《晋书·向秀传》记载：“庄周著内外数十篇，历世才士虽有观者，莫适论其旨统也。秀乃为之隐解，发明奇趣，振起玄风，读之者超然心悟，莫不自足一时也。”《世说新语·文学》也述：“初，注《庄子》者数十家，莫能究其旨要。向秀于旧注外为解义，妙析奇致，大畅玄风。”又据《世说新语》刘孝标注引《向秀别传》说，向秀将注《庄子》，先告嵇康和吕安，书成后即送给两人看，两人阅后大为称道。由此可知，向秀的思想与嵇康的思想甚为契合。向秀的《庄子注》，当着重阐发了庄子的人生哲学，适应了“天下多故，名士少有全者”③的当时充满人生忧患之感的文人立身行事和精神追求的需要，故“读之者无不超然，若已出尘埃而窥绝冥，始了视听之表”④，以有别于何、王玄学的新思想而“大畅玄风”。

西晋前期，社会获得短暂的统一和安定，久经战乱的人们渴望社会

① 阮籍：《大人先生传》。
② 嵇康：《释弘论》。
③ 《晋书·阮籍传》。
④ 《世说新语·文学》注引《竹林七贤论》。

能够长治久安。封建宗法社会秩序的稳定，又离不开适应其需要的纲常名教，故黄老学者不否定合于道的礼义，玄学家也不否定出于自然的名教。然而，作为西晋统治阶级的士族，尽管标榜名教，实则败坏名教，因追求不亲实务却纵欲放荡的腐朽生活而“诬引老庄”、妄谈玄学，以致社会风俗颓败、危机四伏。具有社会责任感的思想家裴頠（267—300），以为危及社会安定的虚浮放荡时俗的根源，是何、王、阮、嵇等人的思想和作风，于是为了挽救名教以匡正时俗，作《崇有论》来批判何、王的“贵无论”。他强调老子主张“静一守本，无虚无之谓也。……而云‘有生于无’，以虚为主，偏立一家之辞”，认为“夫至无者，无以能生，故始生者自生也”[①]。裴頠是西晋重臣，官居尚书左仆射，从治世的需要而认识到名教的作用，通过肯定宇宙本体为“有”来肯定现实中存有的名教。尽管他的目的在于维护名教，但他立论仍援据老子思想以阐发“有”“无”关系，在政治思想上也与玄学家一样因承黄老之学而主张“无为而治”，故他的思想未出玄学系统，而是对何、王、阮、嵇等人的思想的驳论，揭示了其理论的内在矛盾及不良影响，从而深化了玄学，也反映出玄学发展随时世变化经批判、扬弃儒学后转为进一步融通儒学的趋势。

三、玄学的总结

在极端腐朽堕落的门阀士族统治下，在黑暗沉浊的社会里，裴頠力图正清玄风、维护名教以匡时救世，只是一厢情愿而已，结果竟在“八王之乱”中死于非命，成为司马氏统治集团互相倾轧的牺牲品。他将玄学复归到何、王时代的玄学，即主要为政治哲学的努力，也脱离了玄学发展的主流。因为苦难深重的现实，要求哲学解答的不仅是政治问题，更重要的是人生问题。与裴頠同时又经历了惨烈的“八王之乱”和“永嘉之乱”、目睹了西晋兴亡和大量文士死于非命的郭象，则因随玄学主

① 裴頠：《崇有论》。

流而对魏晋玄学作了总结和发展。

郭象（252—312），“少有才理，好老庄，能清言”[①]，作有《庄子注》。他以注《庄》的方式，在向秀《庄子注》的基础上“述而广之”，又吸取前人思想，建构了以“独化于玄冥之境”[②]的观点为核心的哲学体系。他深入探讨了“有无本末”这一玄学的中心问题，扬弃了何、王“以无为本”的思想，否定了“有”“无”的对立和矛盾，强调了两者在“玄冥之境”中的统一，又发挥向秀的万物“自生”“自化”说，认为万物在“玄冥之境”中“独生而无所资借”[③]。以此为哲学基础，他强调自然与名教的统一，认为名教即自然，宣称“夫圣人在庙堂之上，然其心无异于山林之中”[④]，进而致力阐发了一种“游外者依内”、“离人者合俗”（即身处现实而“顺有”以合名教，精神则超越现实而“独化”以合自然）的人生哲学。同时，他又因承黄老之学，强调无为与有为的统一，认为“无为”实际上是“任其自为”“率性而动”的“有为”，宣称“夫治之由乎不治，为之出乎无为也，取于尧而足，岂借之许由哉”[⑤]，从而否定了“拱默乎山林”、静止而无为的所谓“庄老之谈”。他还发挥黄老之学“无为而治”的思想，描绘了“主上无为于亲事，而有为于用臣。臣能亲事，主能用臣……故各当其能，则天理自然。……各司其任，则上下咸得，而无为之理至矣”[⑥]的大治社会。在《庄子注》中，郭象对玄学涉及的本体论、人生哲学及政治思想等都有比较深入的阐发，较为全面地综合与总结了玄学，又力图克服以往玄学家的思想片面性，立足于现实而进一步融通儒学，着重阐发了内圣外王之道、即内心达到道家理想的圣人所具有的高尚精神境界而外在从事儒家主张的帝王治世实务，其思想的丰富性、系统性和深刻性都超过了以往玄学家。因此，“郭象的哲学可

① 《晋书·郭象传》。
② 郭象：《庄子注·齐物论》。
③ 郭象：《庄子注·知北游》。
④⑤ 郭象：《庄子注·逍遥游》。
⑥ 郭象：《庄子注·天道》。

以说是魏晋玄学发展的高峰”[①]。郭象《庄子注》出，“儒、墨之迹见鄙，道家之言遂盛焉”[②]。经郭象对《庄子》的注解，庄子成了带有儒家色彩的玄学化人物，道家思想也被改造成较黄老之学兼综儒学的程度更高而融通了儒学的玄学。

西晋灭亡，南北分裂，动乱加剧，苦难更重。对现实失望乃至绝望的人们不再关心解决社会政治问题，只重寻求生死的解脱和心灵的慰藉，加之统治阶级迷信并利用宗教而大力倡导，佛教、道教因而大盛于东晋南北朝。其时北方因为“五胡乱华”和由文化落后的少数民族统治，社会破坏严重，文化摧残甚惨，玄学也比较沉寂。只是随着北方少数民族的汉化程度加深和北方文化建设逐渐恢复，玄学的传统和南方的玄风，仍对北方的学术文化有所影响。在东晋及南朝，玄学依旧流行，虽无重大发展，却对兴盛的佛学以及重振的儒家经学以深刻影响，实际上主导了佛学与儒家经学的发展，并且促进了道、儒、释三教的合流。

兴盛约 200 多年的玄学，是在社会大动荡和思想大解放的魏晋时期，文士依据老庄思想而批判和扬弃汉代儒学、深化和变革汉代黄老之学的理论创造，是魏晋文士为解答时代课题、在前人的理论阐发基础上自由思考和自主探索天人本质及天人关系的思想成果，鲜明地体现了以道家哲学为主要代表的楚文化的历史作用和深远意义。尽管玄学申论道家“无为而治”的政治思想，强调“主上无为”，因而不能被“有心而使天下从己”[③]并已有专制传统的封建统治者接受并确立为统治思想，但玄学阐发的宇宙观、人生观及其重会意析理的思辨方法、尚清通简约的表达方式等，都因其为自发自主的思潮而在魏晋社会广泛普及、影响至深，从而在老庄奠立的基础上进一步奠定了中国古代的哲学、文艺美学、学术风尚、民族思维方式、文人的性格及人生态度等的一些基本特征。当然，由于

① 汤一介：《郭象与魏晋玄学》，湖北人民出版社1983年版，第67页。
② 《晋书·向秀传》。
③ 郭象：《论语体略》。

时世的艰难、历史和文士的局限等原因，玄学在理论上有空疏之弊、在体系上有散漫之病，且唯心成分甚重、偏颇之处也多，消极影响不少，但毕竟开一代哲学新风，实现了中国古代哲学的划时代飞跃。尤其是玄学阐发的“天人关系”和内圣外王之道的新义，成为宋明理学的重要源头和古代文士立身行事的基本准则。

第四节　道教的革新和跃进

太平道发动的黄巾起义和五斗米道组织的农民起义，使得汉魏之际的人们充分认识到道教的力量和作用。靠镇压黄巾起义起家并进而掌握权柄的曹操，乃对道教采取了既打击又利用的政策。他一方面下令拆毁祭祀黄帝、老子的濯龙宫，将著名道士“聚而禁之”，在西征五斗米道起义后迫使汉中的道教徒北迁以严加监控；另一方面又封赏投降的五斗米道首领张鲁并让其北居，还收容颇有影响的方术道士为自己服务。因此，道教的发展虽一度受挫，但由于五斗米道的南北流布和渗入社会上层而很快振兴并影响日大。

天下多故、人生无常的魏晋时期，道教得以迅速发展。不仅众多百姓信奉道教以期解脱苦难，大批文人也好道尊教以求养生延年或超越现实。至东晋十六国时期，道教已在上层社会流行。企望永享荣华富贵的士族成员多迷溺道教，愤世嫉俗的文人学士也多依傍道教，世家大族中则不乏世代信奉道教者。于是，道教生存和发展的社会基础便更为扩大和牢固了。不过，五斗米道那样的民间道教的粗俗简陋形态，当然不能满足上层社会的需要并适合在封建社会里发展，文人道士因之而改造和重建道教，自是情理中事。

一、道教思想的理论化和系统化

大致成书于魏晋之际的《黄庭经》，当是文人道士撰写的一部道教经典。它发挥庄子的“心斋”“坐忘”和神人呼吸吐纳之说，强调只要经过摒除头脑中对外界的意识、唯思诸位神仙的形象、运气于体内以调和五脏的静功修炼，便可以除疾壮身、安魂通神、长生成仙。它既宣扬了道教的长生成仙思想，又阐发了养生的科学知识，乃将道家的养生术纳入了道教系统，从而丰富了道教内容，使之满足于世人普遍的养生延年的要求和适应了道教信徒对肉身永恒的追求，受到了当时及后世各类人士的重视，也扩大了道教的影响。

两晋之际，出身于江南名门的葛洪（284—364），对道教思想作了理论化和系统化的全面阐发。

葛洪是故楚之地丹阳句容（今属江苏）人，生于西晋末年，祖、父两代历任东吴要职，但家境在西晋渐衰。他少年时躬执稼穑，博览经史百家之书，“尤好神仙导养之法”。从祖父葛玄，为著名道士，精通炼丹秘术，号“葛仙公”。他悉得其法，又师从信奉道教的南海太守鲍靓学习道术和医术。曾从军而受封“伏波将军”，出仕而任咨议参军等。后“见天下已乱”，深感“百忧攻其心曲，众难萃其门庭，居世如此，可无恋也”①，“是以车马之迹，不经贵势之域；片字之书，不交在位之家”②，锐意于隐居山林、著述论道、炼丹修仙，终老于今广东罗浮山。

《抱朴子》一书，是葛洪最为重要的著作。葛洪遵老子“见素抱朴”之教，“期于守常，不随世变，言则率实，杜绝嘲戏，不得其人，终日默然，故邦人咸称之为抱朴之士”③乃自号“抱朴子”，因以名其书。其书分内篇二十卷（篇）、外篇五十卷（篇），既述“神仙方药、鬼怪变化、养生延年、禳邪却祸之事”，又论“人间得失、世事臧否”之理。它援据道家天道观，着力神化“道”与“玄”这两个概念，借鉴玄学家对“玄”的论说以强调其本体性质，又将两者合称为“玄道”而予以深入阐发，构成道教的哲学基础；在此基础上，它对道教的长生成仙说作

① 葛洪：《抱朴子内篇·论仙》。
②③ 葛洪：《抱朴子外篇·自叙》。

了全面、系统的论证，强调神仙必有、长生可致。同时，它对修道学仙的方法加以一一阐述，对炼丹方法的记述尤详，认为内保精气和外服丹药是长生成仙的主要方法，并且主张“借众术之共长生”。另外，它还着重论说了道、儒关系，肯定道教优于儒学，强调道教与纲常名教的一致性，主张援儒入道、道儒结合、道本儒末、内道外儒，由此提出了“修道与治国可兼而得之”、学仙与佐政可兼而为之的人生观，赋予道教以“夫道者，内以治身，外以为国”的新性质和新品格。“身在山林而心存魏阙”的葛洪，在《抱朴子》中对晋朝腐败政治和颓敝风气作了深刻批判，痛斥了士族的“恣其贪残”和放荡纵欲，糅合道、儒两家的政治思想而阐发了德威并用、以刑辅仁、立纲常以定秩序、明法度以治国家的政治思想。

葛洪在《抱朴子》中表达的思想，明显受到了大盛于当时的玄学思潮的影响，在许多方面都与郭象的思想相通，只是予以道教化了。经葛洪对道教的哲学基础、宗教信仰、修炼方式、处世观念、社会思想等作系统而深入的阐发，经葛洪对战国以来的神仙家、道教关于神仙方术以及道家、医家关于养生延年方法的论说作全面而细致的总结，经葛洪对民间道教的巫鬼符箓方术的贬斥和炼丹服药行气之道术的倡导，经葛洪将神学化的道教思想和政治化的儒家思想糅合在一起，道教神学因而奠定了，道教思想因而理论化和系统化了，道教内容因而丰富化和深刻化了，道教也就超越早期道教而实现了飞跃，并且迎合统治阶级的需要而获得了在封建社会里更有利的生存和发展条件。同时，道教也就贵族化、官方化而可以为统治阶级所利用了。文人道士葛洪，为道教神学的奠基者、道教金丹派的实际建立者。葛洪的《抱朴子》，集早期“神仙家言”之大成，是现存道教典籍中理论体系最为完备的著作，在道教史上具有十分重要的地位，在中国哲学史、医学史及科学技术史上的地位也甚为显要。

二、道教组织的重建和制度的完善

东晋时期，五斗米道在长江下游十分盛行，以至于王羲之、卢循这样的世家大族也“世奉五斗米道”。信奉五斗米道的士族文人，不满于其教义的粗疏简略和对道术各有偏好，乃大量造作道书，传授一家经法，导致上清、灵宝等道派的初成。东晋末年，孙恩、卢循发动五斗米道信徒起兵反晋，给予东晋王朝以沉重打击。起义被镇压下去以后，东晋王朝已名存实亡。五斗米道也因此发生了分化和转化，由以符箓为主向以经义为主演变，并且形成上清、灵宝等道派的渐兴。

五斗米道自汉末北传，经两晋至北朝一直在北方流行，虽然渗入上层社会，但形态依旧较为原始。“系师”张鲁死后，北方五斗米道失去有权威的宗教领袖，因而组织涣散、科戒废弛。北魏政权建立以后，拓跋氏为巩固其统治而依重汉族士大夫阶层并自觉地汉化，对汉族广为信奉的道教也表现出格外的偏好。出身于名门而“少修张鲁之术”的道士寇谦之（365—448），利用北魏统治者对道教的支持，将北方五斗米道改革和重建为新的天师道。他首先宣扬自己编造的太上老君赐他以“天师之位”的神话，确立了继承张天师而为道教领袖的地位；接着假托神意宣示新道规，着手对五斗米道进行整顿和改革。他“清整道教，除去三张（指张陵、张衡、张鲁）伪法、租米钱税及男女合气之术”①，将儒家的纲常伦理观念引入道教并列为规戒，宣称新天师道“专以礼度为首，而加之以服食闭练”②，又总结以往道教各派教义、仿效佛教的活动方式和组织形式而建立了新的科仪戒律和组织系统，并且将分散于民间的不同派系的五斗米道统辖起来。经过这样清整而重建的北方天师道，不仅制度完善和组织统一了，而且剔除了早期道教的平民性和原始性，突出了其贵族性和封建性，使得其与统治阶级的要求相适应，变成了能为政府控制和利用的社会力量。由此，寇谦之被北魏太武帝奉为“帝王师”，道教首次取得了国教地位。太武帝“亲至道坛受符箓”，“自后诸帝，每即位皆如之”③。“后周承魏，崇奉道法，每帝受箓，如魏之旧”④。

---

①②③《魏书·释老志》。

④《隋书·经籍志》。

天师道在北朝重建并蓬勃发展之时，南朝的文人道士陆修静（406—477）则对五斗米道进行了肃整和改造，促进了南方五斗米道的转化和成熟，使之形成与北方天师道并峙而具有南方气派的南天师道。陆修静是孙吴丞相陆凯的后裔，少时博通典籍，尤好道术，后入庐山隐居修道，“在宋齐两代，祖述三张，弘衍二葛（指葛玄、葛洪）……广制斋仪，縻费极繁，意在王者遵奉”[①]，而且勤于撰述，著作甚丰。他发挥葛洪思想以阐发道家哲学，强调以清虚无为、抱朴守静为本；又进一步援儒入道，主张以儒家纲常伦理观念为修道内容，以“佐时理化、助国扶命”[②]为目的；还纳佛入道，力图融通道、佛而使两者归一。对于五斗米道及当时道教诸派的斋法科仪，他进行了全面的总结和清理，剔除其中的原始巫术，又参照儒家的礼仪和佛教的戒律，撰写“斋戒仪范百余卷”，重新制定出一套系统而规范的道教戒规科仪。同时，他大力整肃五斗米道组织，确定一年三集会的“三会日”和依功受箓、按级晋升的制度，严格了天师道的纪律。另外，他致力收集道书，并予以整理分类，撰写出《三洞经书目录》，为《道藏》的编辑和分类奠定了基础。因此，他成为一代道教宗师。宋明帝召他入京，“乃于北郊筑崇虚馆以礼之，盛兴造构，广延胜侣。先生乃大敞法门，深弘典奥，朝野注意，道俗归心。道教之兴，于斯为盛也”[③]。经他整顿、改革而成的南天师道，既重斋仪又重义理，其组织系统虽然未必有北天师道严密，其理论的成熟和斋仪的完备则较北天师道有过之而无不及，使得王者信奉而士民广从，在当时及对后世的影响也较北天师道更大。北天师道于北齐时便衰落了，而南天师道则发展出多家道派，并在唐、宋以后融合了北天师道。陆修静致力于道教建设而未直接为皇权服务，故其在当时的地位不及寇谦之显赫，但其对道教发展的贡献，则不亚于寇谦之。

---

① 释道宣：《广弘明集》卷四《叙齐高祖废道法事》。
② 陆修静：《陆先生道门科略》。
③ 《三洞珠囊》卷二《敕追召道士品》。

葛洪、寇谦之和陆修静，在促使道教官方化、贵族化而成为获得统治阶级承认和扶持的全国性宗教上，作出了共同的努力。葛洪主要是道教改革的思想家，所从事的主要是道教的理论建设；寇谦之主要是道教改革的活动家，所从事的主要是道教的组织建设和制度建设；陆修静则兼两人之事而为之，在道教的制度建设上贡献尤大。三人共同努力的结果，使得道教较为全面彻底地超脱了早期道教的低级形态和民间性质，成为封建社会上层建筑的一部分。

三、道教的全面成熟和飞跃发展

南天师道兴盛之时，因陆修静传授《上清经》又整理《灵宝经》而使之大行于世，上清和灵宝两派也随即壮大，成为南天师道中的两大派系。齐、梁时，文人道士陶弘景隐居茅山（在今江苏西南部），宣扬“上清”经法，广招道教信徒，不仅使得上清派成为南朝最大的道派，而且创建了上清派茅山宗，还力阐道教义理、斋仪和修炼方术，从而又大大促进了道教的发展。

陶弘景（456—536），故楚之地丹阳秣陵（今江苏南京）人。少时博览群书，才华出众。因读葛洪之书而引发长生之志，曾从陆修静弟子学道。齐时出仕拜官，后感理想实现无望，辞官隐居茅山，立馆修道、著书授徒长达40余年。因与梁武帝私交甚密，梁武帝对其“恩礼愈笃，书问不绝，冠盖相望”，而且“国家每有吉凶征讨大事，无不前以咨询。月中常有数信，时人谓为‘山中宰相’”[①]。他精于学问，对道家、儒学、道教、医学乃至天文、历算、地理、兵法、文艺等都有涉及，著作之丰又过于陆修静。他的思想，脱胎于道家哲学和葛洪的神仙家言，又吸取了儒家和佛学的观点，继承陆修静而主张道、儒、佛三教合流。他创建的茅山宗，虽以《上清经》为主要教义，却也兼取道教各派教理；在修炼方法上虽承上清派传统而以存思为主，却又兼取服药、房中、导引、

① 《南史·陶弘景传》。

金丹、符图等法，还特别强调诵习道经的作用。他将儒家宣扬的封建等级制引入道教，编造出道教的神仙系统，使得道教信仰的众多神鬼仙灵构成为一个明晰的体系，也使得道教进一步蜕去原始宗教的泛神崇拜色彩而发展到更加成熟的阶段。他还继承道家和道教传统，对养生的理论和方法作了系统阐发。今日有些学者认为："陶弘景不是一位深刻的道教思想家，一生并无宏大理论著作；也不是宗教组织的活动家，只重个人修炼而轻于斋醮科仪。"[①] 然而，陶弘景在道教史上的地位和影响，却几乎被公认为在陆修静之上。这不仅在于他直接为封建政治服务又致力融通道、儒、佛三教，故为当时各类人士推重；更在于他以渊博的学识充实和深化了道教，促使道教进一步成为包容了道家哲学、神仙方术、民间巫术、医药卫生、纲常名教、佛理释戒等具有丰富性和系统性的文化体系，又融会道教各派的教义道法而倡扬义理的修习和存思、内观的修炼，故为后世人们，尤其是迷恋道教的博大玄奥和重视精神生活的文人所尊崇。他创建的茅山宗，也是对当时及后世产生了巨大影响的教派。

苦难的现实是宗教兴盛的土壤，动荡的魏晋南北朝为宗教的发展提供了良机。汉末形成的道教，因而在魏晋南北朝大行于世并全面成熟。道家的振兴、玄学的昌盛，是直接影响道教理论体系建立的主要因素。传统的儒学、兴旺的佛教，也为道教的丰富和提高起到了可资借鉴的重大作用。道教在蜕化创新中发展，在融汇诸教中飞跃，在迎合上层中茁长，在取悦士民中壮大。葛洪、寇谦之、陆修静和陶弘景，是促使道教实现飞跃性发展的关键人物。葛洪建立了道教的神学体系，寇谦之和陆修静整顿、改革和规范了道教，陶弘景又充实、完善和升华了道教。道教在这一时期虽已成为流行于南北各地域、传播于上下各阶层的全国性宗教，

① 任继愈主编：《中国哲学发展史（魏晋南北朝）》，人民出版社1988年版，第418页。

但其主流及其全面成熟仍在其形成的南方。

第五节 依道附玄的佛教

创立于古印度的佛教，在经历了社会动荡、民生艰难的两汉之际的东汉早期正式传入中国内地后，很快就在故楚之地依托黄老道而得以落户。魏晋时期，佛教又随波逐流地附会玄学而风行。南朝佛教，则继续依道附玄以阐扬义理，使得佛教进一步中国化。

一、依托道教而落户

据传世文献记载，佛教的经典传入中国始于汉代。据考古发现迹象，佛教的造像传入中国或当始于战国。2000 年在湖北荆州天星观二号楚墓中出土的两件漆木器——“羽人”和“莲花豆”，被张正明等学者认为“是战国中期曾有佛教造像传入南楚的实证”[①]。张正明等指出：“天星观 2 号墓出土的那件半人半鸟像，实为佛教的妙音鸟造像。……莲花豆的莲盘，造型竟与佛陀造像的莲座无异。……可想而知，战国中期，有些楚人见过印度传来的佛陀造像。……楚国与印度之间，最迟在春秋晚期就有商贩往来了。……考古发现可以证明战国中期曾有佛教造像传入南楚，这比‘白马驮经’早了大约四个世纪。”诚然，仅见这两件出土器物，目前还难令世人据之确信佛教早在战国中期就已传入中国。可是，考古发现春秋战国南楚与古印度文化交流的实物，古印度孔雀王朝时期的文献记载有产自中国的丝绸。[②]这两件出土器物所显示与佛教造像的相似性，则表明佛教文化因素在战国时期传入当时中国的南方楚国确有可能。

---

① 张正明、院文清：《战国中期曾有佛教造像传入南楚》，《江汉论坛》2001年第8期。参见湖北省荆州博物馆《荆州天星观二号楚墓》，文物出版社2003年版。

② 参见张正明《料器与先秦的楚滇关系和中印交通》，《江汉论坛》1988年第12期；后德俊《楚国的矿冶髹漆和玻璃制造》，湖北教育出版社1995年版。

或许在古印度原始佛教阶段之后的部派佛教阶段（约前 4 世纪—前 1 世纪），佛教徒为礼佛而已为佛陀造像。期待佛教文化考古和楚文化考古，会有更多相关的发现和更加明晰的实证。又如张正明等所言，“佛教造像被楚人欣赏并不等于佛教教义被楚人接受”。即使佛教用品在战国时期就由南楚通往古印度的“南方丝绸之路”（或称“中缅印古道”）传入中国，战国时期的楚人未必知晓佛陀其人其教，想必也无教祖和教主的意识而会敬奉佛陀，大概只会通过古印度输入的佛教用品而欣赏佛教艺术。

最早奉佛、祭祀浮屠（又作“浮图”，即“佛陀”）的中国人，史籍记载是第二章第六节述及的东汉前期的楚王刘英。刘英并祠黄老和浮屠，大概被人怪罪而告发，于是在汉明帝永平八年（65），根据可用缣赎死罪的诏令，上交黄缣、白纨 30 匹到朝廷赎罪。明帝却在给他的诏书中予以褒奖说：“楚王诵黄老之微言，尚浮屠之仁祠，洁斋三月，与神为誓，何嫌何疑，当有悔吝？其还赎，以助伊蒲塞、桑门之盛馔。”[①] 不仅如此，明帝还将诏书班示各诸侯王。由此看来，佛教传入中国内地后，虽在社会上有一定程度的流行，出现了伊蒲塞（即优婆塞——男居士）、桑门（沙门，出家人）这样的佛教徒，但作为外来文化而一度并不能为统治阶级接受。刘英将佛视为与黄帝、老子一样的神人，使佛教依附上黄老道而一并奉行后，佛教才得到了朝廷的承认和提倡而逐渐在统治阶级中传播开来。佛教与黄老道以及后来成熟的道教，虽然在关于生死问题和追求超越现实的人生解脱上有相通之处，但其宗教信仰却迥然有别。刘英“更喜黄老，学为浮屠”，既反映了当时人们对佛教缺乏了解，又反映出楚文化的开放性传统仍在故楚之地被继承和发扬着。形成于故楚之地的道教，在其形成之初就不分畛域地吸收、兼融和取法外来的佛教。

东汉末年，黄老道盛行并进而衍生出太平道，佛教也更为密切地依

---

① 《后汉书·楚王英列传》。

附黄老道以求发展。汉桓帝在宫中“立黄老、浮屠之祠”[①]，表明佛教在东汉始终没有脱离黄老道而取得独立地位。襄楷在上桓帝书中说：“或言老子入夷狄为浮屠。”[②]此说表明当时社会上已流行佛教派生于道教的看法。传世文献中却未见当时佛教徒反驳此说的记载，显然当时的佛教徒是默认此说并有意攀附黄老的。当时进入中国内地的西域僧人如安世高等，不仅在翻译佛经时都有意将佛教教义比附道家思想，而且还学习中国的神仙方术，极力依托黄老以传教，从而扩大影响、争取信徒。考古发现的汉末雕画的佛像，也往往是依附道教信仰而神仙化了的佛像。

相传为汉末牟子所作的佛书《理惑论》，是较早介绍中国早期佛教思想的重要著作之一。其中对佛的介绍，几乎等同于《庄子》中描述的“真人”“神人”。其中对佛教思想的介绍，也多运用道家的术语和多引据道家思想以阐释。其中还着重强调，佛教思想与道家、儒家的思想是一致的。此书反映了当时中国的佛教信徒对佛教的理解水平，也反映了当时的佛教为容身于中国而对道家、道教及儒家的依附。

三国时期，道教的尊神老子，则进而被传说为“之天竺教胡，浮屠属老子弟子”[③]。这种“老子化胡”并为浮屠之师的传说，到西晋时期还甚为流行。西晋时期出现了一部《老子化胡经》。佛教尽管在魏晋时期得到了较大发展，并于西晋渐盛之时已不甘于依附道教，佛教徒也不能容忍“老子化胡说”而公然予以反驳，但迄西晋前期，仍基本上依托黄老而附丽道教。朱熹曾说：“疑得佛家初来中国，多是偷《老子》意去做经。”[④]现代哲学家金岳霖在《中国哲学》一文中也指出：“释家在中国，无论如何在早期是受到中国思想影响的，实际上有一段时间披上了道家的法衣，道家可以说成了传播佛法的主要代理人。”[⑤]西晋后期至东晋，佛教兴盛而可与道教分庭抗礼甚至胜过道教，却在大畅于世

①② 《后汉书·襄楷列传》。

③ 《三国志·魏书》注引《魏略·西戎传》。

④ 《朱子语类》卷一百二十六。

⑤ 金岳霖：《中国哲学》，《哲学研究》1985年第9期。

的玄风熏陶下导致其时的佛教思想进一步依托老庄而玄学化。

二、附丽玄学而风行

晋代名僧，大都研习老庄，深通玄学，热衷于同清谈玄理的名士交友、相与执麈尾而发玄远之论。他们立身行事，雅尚魏晋风度。他们开讲佛学、阐释佛理，也大量引据老庄之言、附会玄学思想。西晋僧人竺法护，是当时的译经大师，共译出各种佛经154部309卷，佛教史谓“经法所以广传中华者，护之力也”[①]。晋人则将之比为名士山涛，称“二公风德高远，足为流辈矣”[②]。显然，他也与山涛一样，“性好庄老，每隐身自晦”[③]。西域僧人支孝龙与名士阮瞻、庾凯“并结知音之友，世人呼为八达”[④]。一代名僧、中国佛教四大译经家之一的鸠摩罗什（约344—413），著有《老子注》。其弟子僧肇，“志好玄微，每以庄老为心要，尝读老子《道德》章”[⑤]，并在其佛学论著中大量引述老庄思想。东晋名僧竺道潜“内外兼洽”，“或畅方等，或释《老》《庄》”[⑥]。名僧竺法汰以老庄思想注经，其弟子昙壹、昙贰也“博练经义，又善《老》《易》”[⑦]。慕老庄而尚玄学的东晋著名学者孙绰，在《道贤论》中将东晋的七大僧人比作表率魏晋风度的“竹林七贤”。由此，可知其时名僧大都是亦道亦佛的玄学化僧人。

佛教经典自汉末以来大量流入中国并被译成汉文后，佛学在晋代也兴盛起来。但受玄学影响，与老庄思想甚为相通的《般若经》，在佛教徒中最为流行。《般若经》是古印度大乘佛教的经典，重在阐论现实世界的虚幻不实的“空”观，可与玄学的“贵无论”拟配，故晋代僧人沐玄风而尚“般若”，般若佛学盛行于世。正如名僧道安所说：“经流秦土，

---

① 《出三藏记集·竺法护传》。
② 《高僧传·竺法护传》引孙绰《道贤论》。
③ 《晋书·山涛传》。
④ 《高僧传·支孝龙传》。
⑤ 《高僧传·僧肇传》。
⑥ 《高僧传·竺道潜传》。
⑦ 《高僧传·竺法汰传》。

有自来矣。……以斯邦人老庄教行，与方等经兼忘相似，故因风易行也。”[①]晋代僧人纷纷依据玄学而从不同角度、不同方面阐释《般若经》义，形成了所谓般若佛学的“六家七宗”。其中影响最大的，是本无、即色、心无三家。这三家也与玄学结合得最为密切。

“本无家”的主要代表人物，是东晋名僧道安（314—385）。吉藏《中观论疏》说：“释道安明本无义，谓无在万化之前，空为众形之始。”《名僧传抄·昙济传》则述：“本无之论，由来尚矣。何者？夫冥造之前，廓然而已。至于元气陶化，则群象禀形，形虽资化，权化之本，则出于自然。自然自尔，岂有造之者哉？由此而言，无在万化之先，空为众形之始，故称本无，非谓虚豁之中能生万有也。”这样的佛学思想，显然是引申道家哲学而阐发的《般若》经义，结合何、王玄学而论说的《般若》“空”理。“权化之本，则出于自然”的观点，乃据老子“道法自然”“道生万物”之说；“无在万化之前”的“本无之论”，则同何、王“天下之物，皆以有为生；有之为始，以无为本”[②]之说；“空为众形之始”的佛教宇宙观，比配的是“无为万物之始”的玄学本体论。

东晋高僧支遁（314—366），字道林，是“即色家”的主要代表，也堪称一代玄学大师。《世说新语·文学》记载：“《庄子·逍遥篇》，旧是难处，诸名贤所可钻味，而不能拔理于郭、向之外。支道林在白马寺中，将冯太常共语，因及《逍遥》。支卓然标新理于二家之表，立异义于众贤之外，皆是诸名贤寻味之所不得。后遂用支理。”由此可知，支遁对《庄子》研究的造诣之高和对玄学阐扬的贡献之大。当时的玄学名士因而对他十分推崇，孙绰谓“支遁、向秀，雅尚庄老，二子异时，风好玄同矣”[③]，王濛称他在玄学上的“造微之功，不减辅嗣”[④]。他不仅因承何、王玄学的本体论对佛教《般若》“空”观作解释，而且着重

① 释道安：《鼻奈耶序》。
② 王弼：《老子注》四十章。
③ 《高僧传·支遁传》引《道贤论》。
④ 见《高僧传·支遁传》。

阐发了“即色是空”的观点，著有代表作《即色游玄论》，认为一切现象（色）皆无自性，都是假的，故是空，即色游空便可逍遥，也就是说不为物累、保持心理上的超脱便可得逍遥之乐。这“即色游玄论”，可谓是《庄子》的理论根基、玄学的人生旨趣，只不过带有佛教的色彩而已，显然是对向秀、郭象在《庄子注》中阐发的人生哲学的发挥。

以东晋名僧支愍度、道恒等为代表的“心无家”，认为“无心于万物，万物未尝无”[①]，因而强调“心无”而不讲物空，与般若学的大乘空观判然有别。但其思想，却与裴頠的“自生而必体有”和郭象的“无心以顺有”之说相通，明显受到了晋代玄学的影响。

流行于晋代至南朝初年的般若佛学，实际上是援道论佛，以玄化佛的玄学化佛学。般若佛学的许多派别，则反映了玄学中的思想分歧和论点繁杂，反映了据玄学的不同观点阐释《般若经》义的结果。因此，般若佛学是直承魏晋玄学而兴起的，学者乃称之为“佛教玄学”。

“以老庄为宗”的玄学，是渗透到魏晋社会意识形态的各个领域的强大思潮。大畅的玄风，熏染着魏晋人士形成了具有时代特征的精神面貌。传入中土的佛教，也不可避免地受其影响。另外，佛教自汉末以来虽然依附道教而在中土落户，但并未能在汉人心灵中扎根。为了生存和发展，佛教也只能迎合中国文化，自觉地袭从玄风以宣扬教义。僧人研习老庄、探讨玄学，因而可与名士交友清谈。经僧人用玄学阐释的佛理，也易于为世人接受。于是，僧人与名士讲论玄学，名士也与僧人切磋佛学；僧人受玄学影响而使佛教中国化，名士受佛学影响而推动佛教流传。当有精致巧妙的哲学思辨形式和丰富新奇的内容的佛教为文士所了解之后，当佛学与玄学融通而为文士所理解并产生兴趣之后，佛教也就由在上层社会得到广泛的接受并进而播及全社会了。

东晋十六国时期的佛教领袖，有道安、鸠摩罗什和慧远。他们虽因其时社会分裂而或在北方，或在南方从事佛教活动，但都深受玄学影响

① 吉藏：《中观论疏》。

而重视佛理与玄学的结合融通。道安创立的“本无宗”，上承何、王思想而在佛教理论界建立了与玄学相应的本体论，被后来的般若学派奉为正宗，影响巨大。鸠摩罗什虽然以译经为主，但致力于和系统地介绍的是容易与玄学融通的大乘般若空宗的典籍。他在长安译经授徒，带出一批热衷于玄学的弟子，也使长安成为北方佛教中心。他的著名弟子僧肇（384—414），就是由玄学而入佛教的高僧，也以擅长般若学享誉当世。他对般若学各派作了批判性的总结，在一定意义上也是对魏晋玄学作了总结。同时，他将《维摩经》与《庄》《老》相融通，构成自己的理论体系，从而超越了以往玄学化的般若学，将佛学从玄学的附庸中独立出来，使中国化的佛教哲学的形成迈出了重大一步。不过，顺应玄学发展趋势而对中国化佛教哲学的建设作出巨大贡献者是慧远。

慧远（334—416）“少为诸生，博综六经，尤善《庄》《老》；性度弘伟，风鉴朗拔；虽宿儒英达，莫不服其深致”①，因听道安讲说《般若经》，乃皈依佛门，师事道安。后别师南下传教，“卜居庐阜三十余年，影不出山，迹不入俗”②。他在庐山东林寺聚徒讲经、撰文论理，联系南北名僧，交结名士权贵，以“内通佛理，外善群书”的渊博学识赢得僧俗的尊崇，因而“远近归服”“佛法日隆”，庐山也成为与长安并峙且影响更大的南方佛教中心。他虽为好《老》《庄》而尚《般若经》的玄学化僧人，但不专一家，兼修诸学，著作颇丰。他因承玄学而着重发挥道安的“本无之论”，同时，又袭从西晋以来玄学力图调和道、儒的趋势，将玄学化的佛教义理与儒家的名教思想相结合，将佛教制度与封建礼法相调和，强调佛、儒“发致虽殊，而潜相影响，出处诚异，终期则同”③，都有助于王化。另外，他还结合中国的传统思想深入阐发佛教的神灵不灭、因果报应思想。由此，他构建了佛、道、儒三教糅为一体的中国化佛学体系，结束了以往佛学只重依托老庄的历史，使佛学因

①② 《高僧传·慧远传》。
③ 慧远：《答何镇南》，见《弘明集》卷五。

兼综儒术而能为统治阶级赞赏和扶持，又因宣扬了神灵不灭和因果报应思想而更能迷惑世人。他的理论建设和宗教活动，大大推动了佛教的发展。佛教适应了中国封建社会的要求，也就再不是个人的、孤立的活动，而成了全民的、社会的事业，尤其是成了皇权可为利用的工具，真正在中国扎下了根。

三、南朝佛教的特色和地位

南北朝时期，佛教已广泛传播而大盛于世。由于社会分裂的政治状况和文化传统的历史影响，佛教也形成了南北不同的特点和学风。

北方少数民族政权没有夷夏之别的偏见，一般都大力提倡和扶植佛教。北朝佛教起初在很大程度上脱离了玄学的影响，偏重于实践，讲究禅定修行之法和科仪戒律之规，热衷于大建寺庙、大造佛像和大凿石窟。只是至北朝后期，随着少数民族统治者的汉化程度和南北文化交流的加深，北朝佛教受南朝佛教影响而逐渐涉玄学、重义理，接近南朝佛教。

南朝的各代帝王，也大都崇信和提倡佛教。梁武帝宣布弃道归佛，先后 3 次舍身寺院为奴，并且广建佛寺，盛造佛像，兴起了崇佛热潮。由于道家文化传统悠久和玄学仍然流行，南朝佛教与魏晋佛教一脉相承，玄学色彩依然浓重，尽管并不忽略实践，但更为偏重义理。晋、宋之际的名僧竺道生（约 355—434），受到玄学家依据庄子“言者所以在意，得意而忘言”这一思辨方法作“言者所以明象，得象而忘言；象者所以存意，得意而忘象”[①] 的深入阐论的影响，发挥道安、支遁等提出的“顿悟说”，创立了其顿悟成佛的理论；又深受道家关于“彼民有常性”[②] 和玄学关于圣人有自然之性的论说的影响，阐发佛性而提出“众生皆有佛性”、“一阐提人（断灭善根、不生善念的人）皆得成佛”的观点，在当时引起广泛的讨论，对后世产生深远的影响，成为中国禅宗思想的

① 王弼：《周易略例·明象》。
② 《庄子·马蹄》。

滥觞。《高僧传》记述了其以玄学方法而顿悟后创立新说的过程：

> 生既潜思日久，彻悟言外。乃喟然叹曰："夫象以尽意，得意则象忘；言以诠理，入理则言息。自经典东流，译人重阻，多守滞文，鲜见圆义，若忘筌取鱼，始可与言道矣。"于是校阅真俗，研思因果，乃言"善不受报""顿悟成佛"，又著《二谛论》《佛性当有论》《法身无色论》《佛无净土论》《应有缘论》等，笼罩旧说，妙有渊旨。而守文之徒，多生嫌嫉。与夺之声，纷然竞起。

南朝僧人多为通玄学而究佛理的义学僧人，如宋时僧人慧观，"既妙善佛理，探究《老》《庄》，又精通《十诵》，博采诸部"①。慧琳"善诸经及《庄》《老》"，深得宋文帝赏识。齐时僧人僧柔、慧次，在当时被称为"柔、次二公，玄宗盖世"②。南朝名僧讲论佛经，也不离玄学。齐竟陵王延致名僧于邸内讲经，乃"演玄音于六霄，启法门于千载，济济乎实旷代之盛事也"③。成了虔诚狂热的佛教信徒之后的梁武帝，虽然亲自倡导佛教实践活动，却也搜求佛典、整理经籍，于佛教特重义理。"其学问宗旨，在《般若》《涅槃》。曾作《义记》数百卷，躬自讲说，实染清谈之风。又自讲《老》《庄》《周易》，故其佛学之性质，仍不脱玄学。"④

佛教在南北朝得到了全面的发展，并且随着寺院经济的增强、教团组织的完善、像窟形迹的普及，已成为影响巨大的社会组织。南朝佛教继续依道附玄以阐发义理，使得佛教理论进一步深化和中国化，不仅主

---

① 释慧皎：《高僧传·慧观传》。
② 释道宣：《续高僧传·智藏传》。玄宗：指玄学化佛理，亦指玄学奥旨。《颜氏家训·勉学》："何晏、王弼，祖述玄宗。"
③ 沈约：《南齐竟陵王发讲疏》，见《广弘明集》卷十九。
④ 汤用彤：《汉魏两晋南北朝佛教史》第十三章《佛教之南统》，上海书店1991年版，第477页。

导了当时佛教的发展，也显示了中国佛教的发展方向，为佛教在隋唐时期的彻底中国化并达到全盛阶段奠定了基础。

第六节 “天道自然”观的大普及与自然科学的大发展

“天道自然”这一道家的基本思想，在魏晋南北朝广为普及而深入人心。

东汉后期，社会的弊端和儒学的堕落，已使许多文人学士倾向道家而推重“天道自然”观。王充利用当时所具有的自然科学知识，以“考察前后，效验自列”的科学态度，对自然现象作了深入辨析之后，高度肯定了“天道自然”观，在《论衡》中大力宣扬并以之为哲学基础，全面地清算和深刻地批判了以“天人感应”说为核心的神学化儒学。汉、魏之际，《论衡》在社会上广泛流行开来，大大促进了人们的思想解放和“天道自然”观的普及。兴盛于魏晋的玄学，即以“天道自然”观为基本内容。经玄学家对“天道自然”观作充分地阐发和广泛地运用，魏晋南北朝便普遍地流行崇尚自然的思潮。

“天道自然”观的普及和崇尚自然思潮的形成，是当时思想界否定了由天神主宰天地万物的神学迷信的结果，是当时人们从神学化儒学的束缚下解放出来而理性认识大为提高的结果。在这一观念的指导和这一思潮的影响下，当时人们也普遍地关注自然、重视自然，并且自觉地像王充那样从自然本身去理解自然现象、认识客观世界，从而在前人的科学认识的基础上，实现了自然科学多方面的突破。因此，尽管魏晋南北朝是社会大动荡的时期，却又是中国古代科学史上的科学人才和科学成果大涌现的时期。关于这一时期的哲学特征及其与自然科学的关系，任继愈主编的《中国哲学发展史（魏晋南北朝）》中有深入论述。

一、关注自然而探究"物理"

三国至晋初的吴地隐士杨泉，撰写出堪称中国历史上第一部专门探讨自然物之"理"的著作《物理论》。书中探讨了天体的构成、天地的性质、日月的运行、四季的成因、风的本质、石的成分以及农业技术、养生之道、人体器官的作用、人的精神与形体的关系等。在阐论"物理"时，杨泉继承了道家的自然观，又在认识上有着新的突破和发展。例如，他强调元气是构成万物的基本物质，进而又提出了"气积自然"、"盖气，自然之体也"的"元气自然论"。他指出了浑天说和盖天说的缺点，提出了"天，元气也，皓然而已，无他物焉"的看法，十分接近关于地球大气圈的科学描述。他对天与地作了比较，认为"夫地有形而天无体"，这一见解体现了当时所能达到的科学认识高度。

《物理论》一书，在南宋以后失传。仅据其残存文字，即可看出杨泉力图根据当时的科学认识、去理解自然界各种事物的本质所作的广泛而深入的探究。它的意义，还不仅在于对道家自然观的坚持并有所发展，更在于它作为前所未有的一部自然科学的理论专著，集中反映了当时人们因崇尚自然而热衷于探究自然的认识成果。在它产生之前，像《淮南子》，尤其是《论衡》，虽然包含大量的科学材料，但都是为其政治思想、社会历史观作论证的哲学著作。在它之后，尽管出现有或农或医，或天文或数学等专门的科学著作，但也罕见像它这样力图从理论上较为全面地阐明自然万物的本质的专著。看来，它这样的专著，也只有产生在道家思想复振而全社会兴起"以老庄为宗"思潮的特定时代。在其后重又尊尚儒学的封建大一统社会，这样的专著严格来说几乎再无出现，因为"宗法的、大一统的封建社会不需要这种不切实际、无关实用的纯粹的学术讨论"[①]，儒家思想指导人们关心的只是人事。后世虽然也有不少

① 任继愈主编：《中国哲学发展史（魏晋南北朝）》，人民出版社1988年版，第713页。

著作涉及对自然界本质的探讨，但它们都不过是引据天道以论证人事。

二、天文、历法、数学的突破

由于人们普遍地关注自然、探究自然，关于天体结构的争论在魏晋南北朝也空前活跃起来。围绕着汉代的“盖天说”和“浑天说”，不仅杨泉进行了重新探讨并提出了新说，另有姚信提出了“昕天论”、虞耸提出了“穹天论”、虞喜提出了“安天论”、王蕃发表了《浑天象说》。

对天体的探讨和认识，是以对天象的观测为基础的。古人观测天象、认识天体的直接和现实的目的，是为了制定符合自然规律的历法以为人们的生产和生活服务。可是，汉人受“天人感应”的神学观念的支配，虽然兢兢业业、认认真真地观测天象，却是将之作为探测天意的手段，故将观测天象所得到的数据赋予一种神秘的意义，将根据天象而制定的历法视为体现了天神意志而不可更移的法则。由于科学水平不高，所制定的历法在使用一段时间后便与天象不符。可是，汉人却不思修改历法以符合天象，而是愚妄地企望人君修德修政以感应上天、使天象改变以符合历法。魏晋南北朝人士破除了神学迷信，以“天道自然”观为指导思想，肯定和尊重作为自然本身的天象，也客观、如实、认真、细致地观测天象，根据观测天象的结果而主动地检核并修改历法，导致了天文学的一系列重大发现和天文历法的重大发展。

东晋著名天文学家虞喜（281—356），突破了天文学传统和神学迷信的双重思想枷锁，发现了岁差，为历法的科学推算和恒星位置的正确测定奠下了良好的基础。北齐的民间天文学家张子信，发现了“日月交道，有表里迟速。五星见伏，有感召向背”[①]、即太阳和五星视运动的不均匀性，很快就被天文学家接受和运用，从而大大提高了历法计算的精度。另外，祖冲之发现了测量冬至日影的新方法，姜岌发现了测定太阳位置的新方法以及大气吸收和消光现象，张胄玄发现了蒙气差。

① 《隋书·天文志》。

身任吴国、西晋和东晋三朝太史令的陈卓，总结传统的星官体系，结合当时的星象观测成果，绘制出总括甘德、石申和巫咸三大星官体系的《全天星图》，成为后世沿用一千多年的制作星图、浑象的标准。

具有"当顺天以求合，非为合以验天"[①]的明确认识，也即明确以"天道自然""道法自然"观念为指导思想的天文学家们，大胆而积极、严肃而认真地修改和编制历法，因而不仅各种历法在这个时期里大量产生，而且这个时期产生的历法也较前代历法大有进步。东汉末年，刘洪编制的《乾象历》，就是顺应初兴的崇尚自然思潮而破除神学迷信的革命性成果。曹魏时杨伟编制的《景初历》、后秦时姜岌编制的《三纪历》、北魏时李业兴等编制的《正光历》、北凉时赵𢾊编制的《元始历》、北周时出现的《天和历》和《大象历》等，大都不同程度地采用了天文学上的新发现和新成果。其中科学性最强而影响最大的历法，当推东晋南朝时何承天（370—447）编制的《元嘉历》和南朝祖冲之（429—500）编制的《大明历》。《元嘉历》创用了定朔算法，利用了日食测定日度的方法，还以实测的晷影长度确定季节，故较以往的历法更为先进。《大明历》则引进了岁差和采用了新闰周，又较前人编制的历法完善和精确得多。

与天文学密切相关的数学，在魏晋南北朝形成了发展高潮。这一时期可谓"数学极盛，作者林立"[②]。《隋书·经籍志》记载的产生于这一时期的数学著作，就有20余种。著名的如《周髀算经注》《九章算术注》《五经算术》《孙子算术》《张丘建算经》等，都是流传至今的重要典籍。这些著作丰富和发展了以《九章算术》为代表的中国古代数学体系，取得了诸如重差术、割圆术、圆周率近似值、勾股算术、勾股定理的证明、球的体积公式、线性方程组的解法、二次和三次方程的解法、同余式和

① 《晋书·律历志》。

② 钱宝琮：《九章问题分类考》，《钱宝琮科学史论文选集》，科学出版社1983年版，第3页。

不定方程的解法等方面的重大新成果。魏晋时期的杰出数学家刘徽（约225—295），在《九章算术注》中对许多重要的数学概念下了严格定义，对其一些重要公式作了比较科学的证明；还创立了割圆术，求得圆周率为3.141和3.1416，接近了圆周率的正确数值；因而成为中国传统数学理论的奠基人和中国古代最为杰出的数学家之一。稍后的伟大科学家祖冲之，进一步推算出圆周率在3.1415926和3.1415927之间，成为世界上最先求得圆周率精密数值的人，比西方于1573年求得这个数值的德国科学家奥托早了一千多年。他的儿子祖暅（456—536），又发现了准确计算球体体积的“等积原理”，也比西方最先发现这一原理的意大利数学家卡瓦列利早了一千多年。割圆术、圆周率、等积原理等具有世界意义的数学成就的取得，直接与当时人们崇尚自然而破除了数字神秘主义的传统观念相关联。

三、医学、生物学、博物学、化学、地理学、农学的进步

魏晋南北朝的医学，继承汉代医学又有明显进步。其时的医学理论，仍主要以道家哲学为基础。其时的医学名家，也大都是好道家或入道教的学者。魏晋时的著名医学家王叔和（约201—280），总结前人有关脉学的认识，结合自己的临床经验，编撰出中国、也是世界上的第一部脉学专著《脉经》，其中体现了“道法自然”“人参天地”的道家基本思想和对道家辩证法思想的具体运用。自号“玄晏先生”、并作《守玄论》而深得道家精神的魏晋著名学者皇甫谧（215—282），总结了前人关于针灸方法的经验，著成《针灸甲乙经》，将人体作为自然物来看待和研究，系统地阐发了生理、病理、诊断、治疗和预防等医学思想，详细地论述了针灸疗法的理论、方法及经穴分布等，为后世医学，尤其是针灸学的发展作出了巨大贡献。一代道教宗师葛洪，编著了内容宏富的医书《玉函方》一百卷。传世的其《肘后备急方》，显示出多方面的医学创见和相当高的医学水平。另一位道教大师陶弘景，著有《肘后百一方》《效验方》《养性延命录》等多种医学著作。他重视对自然物的药性研究，

所著《神农本草经集注》，不仅对汉代的《神农本草经》作了仔细的整理和校订，而且增加了一倍的药物品种和改进了药物分类方法，对后世药物学的发展产生了深远影响。

关注自然意味着关心和注意自然界的一切现象，崇尚自然意味着尊重和肯定自然界的一切存在。在关注自然的风气催发下，在崇尚自然的思潮推动下，生物学和博物学也在魏晋南北朝有了很大发展，出现了嵇含《南方草木状》、戴凯之《竹谱》、郭璞《尔雅注》、陆玑《毛诗草木鸟兽虫鱼疏》、张华《博物志》、虞荔《鼎录》、陶弘景《古今刀剑录》等记述或论说生物及各种事物的著作。这类著作的大量涌现，反映出当时人们对动植物及自然界和社会存在的各种事物关注程度加深、认识水平提高和生物学、博物学知识的丰富。

自然之有，非耳目能致；自然之化，固常人难知。魏晋南北朝人士关注自然、崇尚自然，加之中外文化交流扩大及外域异物大量传入，也不再深求耳目的验察，而是好为记博物、述异事、探变化，以至于博物之风盛行、述异之作多有、言变之语泛滥。道士则从风扬波，宣称“变化者，乃天地之自然，何为嫌金银之不可以异物作乎”[①]，大兴炼丹术，客观上促进了中国古代化学的发展。葛洪和陶弘景，是当时最为著名的炼丹家，发现并记录了许多重要的化学现象和化学材料。当时的炼丹术对化学的贡献，主要表现在汞化学、铅化学以及胆铜、砷白铜、硝石等的制取方面。

三国时期产生的《水经》和北魏郦道元的《水经注》，显示了魏晋南北朝地理学的成就。出现这种记述河流的分布、流经地区及其地理、地理沿革情况的专著，大概也与“天道自然”观的时兴不无关系。道家重视水，不仅赞美水，而且以水喻道，对水哺育生命、改造自然的能力和作用有着深刻认识。《水经》及《水经注》之作，固然与古代交通以水道为主而古人的地理知识也主要经水道考察获得相关，但显然又是作

① 葛洪：《抱朴子·黄白》。

者对水高度重视而给予充分关注的结果。同时的杨泉著《物理论》，就申论道家思想而将水视为宇宙本原，明言“所以立天地者，水也。夫水，地之本也。吐元气，发日月，经星辰，皆由水而兴”。《水经注·河水》强调：“古之人有言，水非石凿而能入石，信哉！”它又反复谈到洪水与山崩的关系，从而说明了流水对地貌和环境的改造作用。这些看法，乃与道家的认识一致。

北魏贾思勰撰写的《齐民要术》，“采捃经传，爰及歌谣，询之老成，验之行事，起自耕农，终于醯醢，资生之业，靡不毕书”[①]，总结了6世纪以前中国的农业科学成果，概括了当时农业科学的新成就，是我国最早的一部完整的农书，在我国农学史上具有划时代的意义。它贯穿全书而着重强调的基本思想，则是“顺天时，量地利”，尊重客观的自然规律，反对主观的轻举盲动，可谓是对“道法自然”、顺应自然的道家思想的反复申论和具体阐扬。

自然科学在魏晋南北朝的大发展，表明这一时期是极富有创造精神的时期。这一时期的重大科学发现和科学成果，又大都与当时人们破除了神学迷信、树立“天道自然”的哲学指导思想有关。不言而喻，思想的解放、道家的尊尚、楚文化传统的弘扬，导致了这一时期人们创造精神的大增强，也促进了这一时期自然科学的大发展。

第七节　文艺腾跃与道家美学、庄骚传统

艰难的时世，激起了人们强烈的创作冲动；思想的解放，带给了人们自由的创造天地；魏晋南北朝的文学艺术因此而腾跃。玄学的昌盛，改变了人们的精神生活；庄骚的影响，主导了人们的审美追求；魏晋南北朝的文学艺术因此而发展。

① 贾思勰：《齐民要术序》。

不同于汉代文学艺术的是，魏晋南北朝的文学艺术不再重在继承楚文艺的形式以拓宇，而转为重在发扬楚文艺的精神而革新。因此，魏晋南北朝的文学艺术有着多方面的开拓和创造，尤其是形成了丰富、深刻、系统的文艺理论。中国古代的文学艺术，经历了汉代这段早期的自觉创造和独立发展过程之后，至魏晋南北朝进入了文艺创作与理论建设并兴互促而走向全面成熟的时期。

一、魏晋文艺创作

风骨遒劲、成就巨大的建安文学，一变“汉音”而高奏“魏响”，成为魏晋南北朝文学艺术的序曲。建安时期的诗人作家，除了领袖文坛的曹氏父子及世人推重的孔融、王粲、刘桢、徐干、陈琳、阮瑀、应玚“七子”之外，著名的还有蔡琰、繁钦、吴质、杨修、丁仪和丁廙兄弟等，可谓“俊才云蒸”。他们“人人自谓握灵蛇之珠，家家自谓抱荆山之玉”[①]，竞相赋诗著文，形成文坛的彬彬盛况。其时作品，以五言诗为主，以辞赋及各体文章为辅。“观其时文，雅好慷慨，良由世积乱离，风衰俗怨，并志深而笔长，故梗概而多气也。”[②]汉末动荡的社会、苦难的现实，使作者感慨良多、发愤为作。所作诗文，虽是针对现实而发，却“慷慨以任气，磊落以使才”[③]，也即充分抒写作者的自我情性。这就不是一般地继承了《诗经》、乐府的“饥者歌其食，劳者歌其事”的传统，而是主要继承了《庄子》、屈骚的充分表现自我、高扬主体、发愤抒情的传统。其时的抒情小赋，则在情与貌、神与形上都远绍楚辞。

“至于建安，曹氏基命，二祖（指曹操、曹丕）、陈王（指曹植），咸蓄盛藻，甫乃以情纬文，以文被质。”[④]染有老庄气质、袭得庄屈遗风的曹操和曹丕、曹植父子，是重在抒情写性的文学新风的导扬者，以

① 曹植：《与杨德祖书》。
② 刘勰：《文心雕龙·时序》。
③ 刘勰：《文心雕龙·明诗》。
④ 《宋书·谢灵运传论》。

其“以情纬文，以文被质”的杰出创作为魏晋文学的发展作出了表率。“慨当以慷”的曹操，任气赋诗、使才著文。其诗直陈胸臆，展露怀抱，志深而壮，情激而烈，沉雄苍劲，刚健充实，开一代诗风。其文也若其人，以“清峻通脱”著称，鲁迅乃称其为“改造文章的祖师”。“慕通达”的曹丕，受道家“气禀论”启发和道家思想导引下的重视才性、个性解放的时代精神感召，为突破儒家“诗教”束缚而弘扬庄骚传统的建安文学的成就所鼓舞，撰写出中国历史上第一篇文学理论专著《典论·论文》。此文肯定了文章风格与作者个性气质的直接关系，提出了“文以气为主”的美学命题，公开倡导抒写个性、表现自我，特别强调“盖文章，经国之大业，不朽之盛事”，从而深化了人们对文艺的本质特征及地位、作用的认识，促进了文艺创作的繁荣和艺术风格的多样化，也否定了统治汉代的儒家美学思想而开辟了中国美学史上以道家美学和庄骚传统为主导的新时代。曹丕的诗歌代表作《燕歌行》，是所知中国历史上最早的完整七言诗作，标志着脱胎于楚辞体、增华于五言体的七言诗体基本发展成熟。[①] 其诗在艺术表现上，明显地借鉴了楚辞以秋景托悲情的手法，而且富有浪漫色彩。“任性而行，不自雕励”的曹植，将自己渴望建功的伟志、报国无门的幽怨、备受压抑的痛苦、超越现实的遐思倾注于词采斐然的诗文中。其诗文在自我形象的鲜明展示、自我个性的充分表现、自我情志的强烈表达上，可谓自屈原以来无人可及；在巧用比兴以深曲达情、描写游仙以寄托高志，铺采摛文以追求美感上，也继承和发展了楚辞艺术传统。其辞赋代表作《洛神赋》，借鉴屈原的《湘君》《湘夫人》，取法宋玉的《神女赋》，乃成意蕴丰厚、风格浪漫、词采流丽的

---

① 楚辞中已有七言句式，《招魂》乱辞中的八字句，若删去句中“兮”字，则是典型的七言诗句。汉代已有不成熟的七言诗，当是直接脱胎于楚辞。五言诗先于七言诗脱胎于楚辞而在汉末发展成熟，七言诗又在五言诗的基础上得到进一步的发展。说详拙著《长江流域诗词史论》下编《体式因革》第六章《孕体于楚辞、成制于“楚人”的七言》，湖北教育出版社2005年版。

千古名篇。因此，其诗文“骨气奇高，词采华茂，情兼雅怨，体被文质”[①]，在艺术上多有创新和发展，尤其是大大丰富了五言诗的表现功能，诚然是集建安文学之大成、树两晋南北朝文学之典范，备受当时及后世的人们推崇。

魏晋之际的文坛之杰，是阮籍和嵇康。他们又都是当时的玄学代表，他们的诗文也鲜明地烙有道家精神的印痕。阮籍的散文代表作《大人先生传》，描绘了理想中具有独立人格的自我形象，在思想上直接继承《庄子》，在艺术上则杂以骚赋各体，间以抒情言理，可谓创造性地发扬了庄骚传统。他的《咏怀诗》80余首，委婉曲折地表达了诗人陷于现实和理想的矛盾冲突中不得解脱又渴求解脱的思想感情，揭示了诗人丰富复杂的内心世界，也显现了诗人真实生动的自我形象。其既因循《庄子》而表达超越现实的企望，又借鉴屈骚以抒发愤世忧生的幽怨。屈骚的比兴象征手法，在其中得到了丰富和发展。屈骚的内容和语句，也甚至被其直接取用。阮诗创作又受到庄子“得意而忘言”的审美创造主张的影响，有意无意地追求言少意多、语约旨丰的表现，体现出“厥旨渊放，归趣难求”[②]的特征。“嵇志清峻，阮旨遥深。”[③]嵇康在追求个性解放和人格独立的实现程度上高于阮籍，在人生态度和处世方式上更接近庄子精神，故其诗文少抒屈原式的忧愁幽思，多写庄子式的高情远趣，表现的是“猗与庄老”的脱俗心志和峻直人格，展示的是特立耿介的人品本色和个性风貌。嵇康之文，“非汤、武而薄周、孔”，思想深刻，感情充沛、言辞犀利，一反儒家“温柔敦厚”之教，振扬《庄子》“汪洋恣肆”之风。其《与山巨源绝交书》，最为充分地反映了其思想和文风的特点。嵇康之诗，虽然大多发挥庄老思想以抒写高蹈出世之志，但于玄默清远之致中，寓含激烈悲愤之情；在发旷放通达之语时，偶作慷慨激越之声；亦颇承屈骚精神。其《卜疑》之作，则直接仿效楚辞《卜居》。刘勰称：

①② 钟嵘：《诗品》。
③ 刘勰：《文心雕龙·明诗》。

“嵇康师心以遣论，阮籍使气以命诗。”[①] 两人之作，皆师心使气而为，出于自然，缘于性情，发扬了庄骚传统，继承了建安风骨。

阮籍和嵇康又都是善弹琴、解音律的音乐家，分别作有《乐论》和《声无哀乐论》，以道家哲学为基础而对音乐艺术作了理论阐发。两文发挥了道家的“道法自然”“大音希声”思想，强调声音出于自然，乐音也当和于自然；顺应天地之体、万物之性的宏大之音、和谐之声，乃可感化人而使社会秩序得到和谐。两文的思想是他们的玄学的组成部分，也是对道家美学的发展。两文否定了儒家的礼乐思想，纠正了儒家视音乐纯为政治伦理教化的工具的偏见，启发了人们认识到音乐艺术的独立性和必须顺应自然人情进行表现个性的音乐创作，因而影响很大。魏晋南北朝的音乐和舞蹈之所以有着很大发展，一方面是由于民族的大融合、文化的大交流而致使胡人乐舞大量汇入、传统的乐舞得以丰富和提高，另一方面则是与思想解放、玄学盛行、以道家美学为主导的新美学观念普及而促发人们踊跃从事自主的艺术创作分不开的。

西晋之初，社会出现短暂升平现象，文坛也出现一度繁荣景象。其时的诗文，尽管仍重抒写情性，但已步靡丽的汉代文学后尘而兴起了追逐形式华美之风。除了因门阀士族制度的腐朽黑暗而作不平之鸣的左思（约 252—306）继承建安风骨、高扬“左思风力”之外，西晋文坛上成就甚高的作家，是被誉为“太康之英”的陆机。

故楚之地吴郡（今江苏苏州）人陆机（261—303），“才高词赡”，诗文皆擅，辞赋尤工。所作诗赋，深得屈骚宋赋之辞采而宏丽华艳，但流于雕饰过度，有文妍力柔、辞赡意浮之病。其在文坛上的不朽之作，则是他阐发创作理论的《文赋》。这篇继《典论·论文》之后的文论名著，是中国历史上第一篇系统的创作论，也是中国历史上唯一用赋体论文而理辞俱胜的佳作。它在形式上是屈骚宋赋的流变，在思想上则主要援据老庄以阐发审美创造的理论。它的开篇首句“伫中区以玄览”，提出的

① 刘勰：《文心雕龙·才略》。

是一条基本的创作原则，却完全是道家之言。“中区”即老子所谓的“域中”，也就是宇宙之中；“玄览”则语出《老子》十章，是道家的认识方法。此语强调作者为文，首要的是必须立于宇宙之中而以“玄览”的方法去观察和认识天地万物。显然，这是依据道家哲学以阐发文艺美学思想。再如，它阐述的“精骛八极，心游万仞”的艺术思维特征、“笼天地于形内，挫万物于笔端”的艺术表现功能，即因《庄子》关于精神自由、也即审美理想的追求之论说的生发。它提出的“课虚无以责有，叩寂寞而求音”的创作主张，则源自老庄“道”论和“大音希声，大象无形”①的美学思想，受到玄学的“有无”“本末”“体用”观念的影响。责天地之有以课虚无（无形之大象）、求现实之音以叩寂寞（希声之大音），也即以道为文艺之本和体，以文艺为道之末和用，主张文艺创作的根本目的和最高境界是表现道、表现与道合一的作者心灵和精神。关于《文赋》与道家思想的关系，李泽厚、刘纲纪主编的《中国美学史》第二卷和任继愈主编的《中国哲学发展史（魏晋南北朝）》中都有较详明的论述。另外，《文赋》在《典论·论文》的基础上，申论了作者个性与作品风格的直接关系，并对各类文体的特点作了区别，明确指出“诗缘情而绮靡，赋体物而浏亮”。这对先秦以来盛行于文坛的两类文体之特征的准确概括，具有重大意义。尤其是提出了与传统的儒家“诗言志”说不同的“诗缘情”说，既是对曹丕“文气论”的发展，又是对建安以来诗歌创作所体现的屈骚艺术传统的总结。“诗言志”强调的是诗歌主要表达思想，“诗缘情”强调的是诗歌主要抒写情性。儒家主张“诗言志”，含有要求诗歌创作表达统治阶级意志而束缚个性的意味，屈原自谓“发愤以抒情”的诗作则抒发个人真实感情而高扬了个性。“建安风骨”的形成，即“诗缘情”的结果。“诗缘情”说补正了儒家诗教，揭示了诗歌创作的本质特征，肯定和宣扬了屈骚艺术传统。自此以后，“诗缘情”也实际上成了中国诗歌创作的主导思想。

---

① 《老子》四十一章。

两晋之交的郭璞（276—324）所作的《游仙诗》，在当时备受称赏。其虽为求仙之咏、遗世之歌，却又杂诗人的身世家国之感，辞多慷慨，文蕴寄托，神追庄子而情近屈原，且富有浪漫色彩，颇承庄骚遗风。

两晋社会，玄风大畅。文坛长期受玄风侵袭，至东晋一度流行玄言诗赋。《文心雕龙·时序》云："自中朝贵玄，江左称盛，因谈余气，流成文体。是以世极迍邅，而辞意夷泰，诗必柱下（指老子）之旨归，赋乃漆园（指庄子）之义疏。"《诗品》评论这类作品是"理过其辞，淡乎寡味"，"平典似道德论"。尽管如此，玄言诗赋的出现，则表明老庄思想在东晋时已全面而深刻地影响了文学创作，致使当时的文学创作不仅在内容上述老说庄，而且在风格上也追求老庄倡导的自然平淡、素朴简洁。老子认为，美就是"见素抱朴"的显现，是自然天成的表现。庄子则说："淡然无极而众美从之，此天地之道，圣人之德也。"[1]不过，玄言诗赋的"寡味"，是只重依从庄子"得意而忘言"的创作思想而片面追求"理胜"的流弊，是忽略了继承庄骚重视抒写情性、表现自我和讲究"既雕既琢，复归于朴"之传统的恶果。统治文坛"自建武（晋元帝年号，317—318）暨乎义熙（晋安帝年号，405—418），历载将百"[2]的玄言诗赋，虽然在艺术性上无可称道，却反映了东晋社会的审美趣味根据老庄美学思想而形成的状况，显示了中国艺术精神主要以道家思想为根基而确立的趋向。

东晋末、南朝初，陶渊明的诗文创作上承梗概多气的建安文学和师心使气的正始文学、近循"平淡之体"的东晋文学而融冶创新，显示了魏晋文学创作的高度成就，也较为充分地体现了道家的审美理想和较为全面地弘扬了庄骚艺术传统。如本章第二节所述，陶渊明其人，是道家人格精神的体现者、魏晋风度的振扬者。陶渊明的诗文，则主要表达情近老、庄的"真意"、表现志类阮、嵇的"真风"。他"好读书，不求甚解，

① 《庄子·刻意》。
② 《宋书·谢灵运传论》。

每有会意，便欣然忘食”[1]，深受道家思想影响而重意不重言、求得英华不计枝叶。他工诗文，抒写在人境中意与景会的人生感触，自谓“此中有真意，欲辨已忘言”，可知他有心遵从道家的创作思想而为得意忘言之作，只求胸中真意的表达，不为言辞语句的刻意雕饰。因此，他的诗歌，多为平淡之体、省净之文，最为突出的艺术特征就是“淡”。然而，他在诗文中对“真意”的表达，不是老庄义理的平典论说，而是老庄精神与自我情性融为一体的形象抒写，故语虽平淡而意却醇厚、言虽简约而情却深长。另外，他并非只抒写“击壤以自欢”的旷达闲适之情，时而也表达“大济于苍生”的慷慨激昂之志，既得庄子真情，又怀屈原逸志。他的诗文，并非只是质朴简淡的“田家语”，同时也有华茂雅丽的文人辞，既显《庄子》“雕琢复朴”的艺术效果，又具屈骚铺采摛文的艺术美感。钟嵘评论：“宋征士陶潜诗，其源出于应璩，又协左思风力。文体省净，殆无长语；笃意真古，辞兴婉惬。每观其文，想其人德。世叹其质直。至如‘欢言酌春酒’，‘日暮天无云’，风华清靡，岂直为田家语耶！”[2]萧统则称：“其文章不群，辞彩精拔，跌宕昭彰，独超众类，抑扬爽朗，莫之与京。横素波而傍流，干青云而直上。语时事则指而可想，论怀抱则旷而且真。”[3]陶渊明不刻意为文而重肆意写性，率性而作，任真而成，出于胸次之自然，得于本色之表现，心远则语淡，情茂则辞华，意寄则言约，志托则体省，取前人之长而弃其之短，故所作诗文渊放而蕴藉、平淡而有味，可谓在新的历史条件下实践道家美学和光大庄骚艺术传统的杰作。陶渊明诗文的高度艺术成就，又使得道家美学和庄骚艺术传统更加深入人心、普及社会，从而促使民族的审美趣味和艺术精神主要以道家美学为基础而形成，促使中国艺术传统以庄骚艺术为主导而确立。自唐代往后，陶渊明的诗文越来越受到推崇。苏东坡甚至认为：“其诗

① 陶渊明：《五柳先生传》。
② 钟嵘：《诗品》卷中。
③ 萧统：《陶渊明集序》。

质而实绮，癯而实腴，自曹、刘、鲍、谢、李、杜诸人，皆莫及也。”① 这一现象，当是与以道家美学为主要基础而形成的民族审美趣味、以庄骚艺术为主导而确立的中国艺术传统在后世日益受到肯定和振扬的情况相应的。

书画艺术，在魏晋已较汉代大有发展。其时书画作品丰富多彩，书画人才辈出竞秀，书画艺术臻至成熟。魏晋的墓室壁画，因承汉代而不同程度地体现出想象自由、表现浪漫的楚风。魏晋的文人书画，以东晋书画家的成就最高，鲜明地反映了在道家美学和庄骚艺术影响下形成的审美风尚。

被尊为“书圣”的王羲之（303—361），是魏晋书法艺术的代表，在当时就受世人推崇“为古今之冠。论者称其笔势，以为飘若浮云，矫若惊龙”②。他好道尊老，率直任性，具有道家精神，显露魏晋风度。他之所以在书法艺术上造诣卓绝，不仅在于他有着深厚的功力，更在于他是通过书法创作来表现自我的个性和情感，自觉地继承了庄骚艺术的“缘情”“适己”“得意”的传统。他强调为书要“有意”，“点画之间皆有意，自有言所不尽，得其妙者，事事皆然”③。所谓“有意”，也即表现出书家的意绪和情性。正是如此，后人观赏其书艺而可神通其情。唐人孙过庭评说：“（王羲之）写《乐毅》则情多怫郁，书《画赞》则意涉瑰奇；《黄庭经》则怡怿虚无，《太师箴》又纵横争折，暨乎兰亭兴集，思逸神超，私门诫誓，情拘志惨。所谓涉乐方笑，言哀已叹。”④ 其子王献之，也能师心写性，故独创一格，自成大家。

魏晋绘画艺术的代表，是在当世就被称为“画绝”的顾恺之（约348—409）。他深受道家及玄学的影响，十分推崇雅好老庄而体现魏晋风度的竹林名士。画人像尤为他所擅长，而且“图写特妙”。《世说新

① 苏轼：《与苏辙书》。
② 《晋书·王羲之传》。
③ 张彦远：《法书要录》卷一《晋王羲之论书》。
④ 孙过庭：《书谱》。

语·巧艺》记述:“顾长康画人,或数年不点目精。人问其故?顾曰:‘四体妍蚩,本无关于妙处;传神写照,正在阿堵中。’”重视“传神写照”,不仅仅满足于描绘出人“四体妍蚩”的形貌,还要着重表现人的神采(精神风仪),正是他“图写特妙”的秘诀。“传神写照”,是东晋艺术家受道家思想影响、受玄学熏染而形成的艺术风尚。道家重视个体生命和个性表现,魏晋玄学家袭从道家而进一步倡扬重视综合体现了个人的情性、气质、风姿、才藻的精神格调。魏晋人士品藻人物,即以“神鉴”“神姿”“神俊”“风神”等语词赞美人物的高风逸格,强调人物的神韵,并以此作为最高审美标准。魏晋的文学艺术,也因势振风,张扬个性而推重神韵,人物画则尤其如此。被誉为“龙章凤姿,天质自然,恬静寡欲,含垢匿瑕,宽简有大量”[①]而体现老庄精神、表率魏晋风度的嵇康,最受顾恺之、戴逵等东晋大画家崇拜,他们也致力描画嵇康形象以求充分表现其精神格调。顾恺之画嵇康像后说:“手挥五弦易,目送归鸿难。”[②]可知他为了传嵇康之神、写嵇康之韵而反复揣摩,用心良苦。他还著文论画,阐发以“传神写照”为核心的艺术理论。经他的艺术实践和理论阐发,“传神写照”乃至于表现“神韵”,逐渐成为中国文学艺术的重要美学原则和审美标准。

兴于曹魏、盛于两晋、衍及南北朝的志怪小说,是中国文学发展至中古时期的新开拓。其初兴,直接为社会流行的崇尚自然的道家思潮所促成。当时人们崇尚自然而博求自然界之所有,以至于相信传说中的怪事异物也不诬不假,予以记述。其盛行,又受其时大盛于世的道教影响,故其内容多为神鬼传说,其作者也多为道士。志怪小说代表作《搜神记》就是道士兼史家干宝撰写,内容主要记述仙鬼故事和奇异之物,序言还强调所记所述在于“发明神道之不诬”。同时,志怪小说在发展中也受到佛教的影响,掺杂有宣扬因果报应的故事。说神道鬼、述异言奇的志

① 《晋书·嵇康传》。
② 《世说新语·巧艺》。

怪小说，有恢诡谲怪的描写、丰富奇幻的想象，虽用史家笔法，颇具文学韵味，显示出对庄骚浪漫主义艺术表现的继承。

二、南北朝文艺创作

《文心雕龙·明诗》记述："宋初文咏，体有因革，庄、老告退，而山水方滋。"山水诗在宋初兴起，取代玄言诗而流行，成为南朝文坛的新气象。谢灵运（385—433）、谢朓（464—499）是南朝山水诗的代表诗人，也是南朝文坛的代表作家。他们细致生动地摹山范水、写景绘物，开拓了诗歌艺术的表现领域，发展了诗歌艺术的表现技巧。诗坛如此，画坛亦然。山水画也在南朝兴起，涌现出以宗炳（375—443）、王微（415—453）为代表的山水画家，还形成了较为成熟的山水画理论。南朝滋兴山水艺术，看起来好似"庄老告退"、玄风衰弱的转变，实际上是庄老潜化、玄风陶冶的结果。自魏晋以来，文人体悟老庄精神而崇尚自然，以与自然融合、与万物齐一为超脱浊世、获得自由的精神追求和人生寄托。嵇康游于北山，陶渊明返归田园，谢灵运寻山涉水，宗炳摹绘山水，皆为投合自然、寄情自然。山水诗、山水画的兴起，反映了文人的山水情趣。这种情趣，正是以老庄精神为思想基础的。宗炳《画山水序》阐发的山水画理论，完全是据道家思想立论，认为"山水以形媚道"，游山水可以与道通合，画山水可以"应会感神，神超理得"、可以"畅神"，也即感受到精神与道合一、自由解放的至美至乐。山水艺术兴起以后，便成为中国文艺中的重要门类，成为中国文人借以寄托和表现情性而可自由创造的艺术世界。

刘宋寒士鲍照（约414—466）的诗歌，抒写人生坎坷的哀感、怀才不遇的悲怨、报国无门的郁愤，感情充沛而个性鲜明，气势宏放而风格俊逸，继承了建安风骨，奏出了盛唐之音的先声。

本为梁朝显贵之臣、后被迫仕于北朝的庾信（513—581），祖籍南阳，世居江陵（今湖北荆州），尤具楚人的才情。他仕梁时出入宫廷、游于声色的作品，骨力虽柔弱，辞采却绮艳，颇得屈骚宋赋之文辞，亦为时人所推重。经侯景乱梁又出使北朝、滞留难归而折节仕北之后，他乃以诗文抒写社会动乱之象、百姓流离之苦以及自己的身世之感、乡关之思、折节之愧、凄凉之哀。这些作于北朝的诗文，如《拟咏怀》27首、《哀江南赋》等，内容丰富充实，感情深厚复杂、艺术表现也较他在南朝的作品更加成熟和完善，可谓既得屈宋之文情，又得屈宋之文辞，达到了充实的思想内容和精美的艺术形式的较好统一，显示了自魏晋以来继承庄骚传统而有着巨大发展的南方文学的风貌和成就，并且糅入北方文学的刚健风格，从而促进了南北两地文学以南方文学为主导的融合发展。杜甫有诗赞云："庾信文章老更成，凌云健笔意纵横。"[①] 作为魏晋南北朝文学殿军的庾信，以其"老更成"的诗文，承前启后而为盛唐文学的繁盛作了铺垫。

南朝文学注重审美化，讲究文辞的雅丽、音韵的和谐、技巧的精妙、形式的完美，以致辞赋尽态极妍，骈文错比金玉、诗歌典雅精工，达到了艺术性相当成熟的境地，并且明显表现出变汉代文学追求宏丽的审美趣味为雅好秀丽的审美风尚。文学创作的这种发展变化，尽管是因时序、染世情所然，却也是承前风、缘传统所致。楚文学由屈骚向宋赋的发展，即楚人出于审美需要而追求审美愉悦的结果。屈骚宋赋追求艺术美所取得的成就，给后人以极大启发。"以秀为美"的观念，如同"以大为美""以丽为美"的观念一样，在屈骚宋赋中体现得十分鲜明，也是先秦以来南方文化一贯的审美风尚。南朝文学因承魏晋文学，受庄子"得意而忘言"的审美创造主张的影响，追求"言有尽而意无穷"的审美表现，确立了"隐秀"的审美理想。刘勰著《文心雕龙》，即专文阐论"隐秀"。

南北朝的雕塑仍以石窟造像为主，虽受佛教影响颇深，但已体现以庄骚传统为主导的中国气派，注重表现人物的个性和神情。南北朝的书、画领域，则涌现了羊欣、郑道昭、王僧虔、释智永、陆探微、谢赫、毛惠远、张僧繇等一大批书画家。他们虽然没有王羲之、顾恺之的声望，

① 杜甫：《戏为六绝句》其一。

但大都继承王、顾而重视写性传神，形成了多样化的艺术风格。其中故楚之地吴（今江苏苏州）人陆探微和张僧繇，弘扬顾恺之画风而别有创新，因而享誉南朝画坛，被后人将其与顾恺之并列为“六朝三大家”。

三、南朝文艺理论

受“以老庄为宗”的玄学影响，为发扬庄骚传统而出现的繁荣的文艺创作所推动，魏晋人士重视总结文艺创作的经验，探讨文艺的本质特征，阐发文艺创作的理论。至各体文学和各类艺术都有着巨大发展的南朝，人们对文艺的理论认识更为全面和深刻，也更为自觉地、积极地结合文艺创作而在前人的理论认识基础上评文论艺，因而也产生了系统的、精深的文艺理论著作。

成书于齐和帝时代（501—502）的《文心雕龙》，是南朝最为杰出的文艺理论著作，也是中国古代文学批评史上空前绝后的理论巨著。它体大而虑周、理深而意丰，有着完备的体系和精深的阐论。作者刘勰（约465—521）笃信佛学，信奉玄学化了的大乘般若学，实际上是深受玄学影响的佛教徒。他所著50篇文章构成的《文心雕龙》，其指导思想虽因主张“征圣”“宗经”而具有较浓重的儒家色彩，但实际上以道家思想为哲学基础，符合以道统儒的玄学特征。其《序志》说：“盖《文心》之作也，本乎道，师乎圣，体乎经，酌乎纬，变乎骚。文之枢纽，亦云极矣。”学者指出：“这里所说的‘本乎道’，从伦理观说是儒家之道，从宇宙论说则是玄学之道。”[①]《原道》篇是全书的核心，强调天地万物之象，“盖道之文也”，而文章也原于道、出于自然，所谓“心生而言立，言立而文明，自然之道也”。这完全是发挥道家的本体论而建立的艺术本体论，是在崇尚自然的玄学思潮影响下形成的对文艺本体的理论认识。以此为基础，刘勰在其书中主张“原道心以敷章，研神理而设

① 任继愈主编：《中国哲学发展史（魏晋南北朝）》，人民出版社1988年版，第305页。

教”，认为文学艺术即自然之道（神理）的表现，并进而阐发了“原道心（自然）”的一系列创作理论问题，如强调情性在文学创作中的作用，指出作家的个性气质与文学创作风格形成的关系，说明“情以物迁，辞以情发”、即自然存在的“景物”是主观感受的“情感”产生的前提和根据，而情感又是诗文产生的前提和根据；申论质为本而文为末，即“文附质也”；等等。《辨骚》第五，与《原道》第一、《征圣》第二、《宗经》第三、《正纬》第四并为全书的纲维总论。《辨骚》篇对屈骚的产生、品评、因革、特色、风格、成就、地位和影响等作了全面论述，通过疏理综括而强调屈骚“气往轹古，辞来切今，惊采绝艳，难与并能矣。……其衣被词人，非一代也”，通过弥纶明辨而阐说“骚之变”是文学创作的伟大创新和“变乎骚”即文学理论的至要关键。其书对文学创作的许多方面的问题的论述，明显是总结庄骚艺术传统而得出的深刻认识。《神思》篇中所阐发的“神与物游”的艺术思维理论，显然本据庄子的“乘物以游心”之说；所阐述的艺术思维超越时空的特点，正是庄文屈骚所体现的浪漫主义想象的特点；较之《文赋》的有关论说，则更为具体深刻。其书在对文学创作问题的阐论中，多援引老庄之文、屈宋辞赋为例，尤其重视和强调老庄之文、屈宋辞赋所表现出的艺术美感和艺术创造性。其书提出的“以少总多”的创作主张，强调的“要约而写真”的创作原则，标举的“隐秀”的艺术风格，以及关于文学创作问题的一系列辩证阐发，大都可以追溯到老、庄、屈的美学思想和审美创造。《文心雕龙》可以说是集魏晋以来在玄学影响下繁荣起来的文论之大成的著作，是以道家思想为根基、以庄骚传统为主导而总结先秦以来文学创作经验的理论认识结晶。尽管其思想不可避免地具有历史局限性，特别是其“宗经”“征圣”等儒家主张与其“原道”的本体论相矛盾而影响了其理论的统一性和深刻性，但毕竟是立足于道家而笼罩群言、尊尚庄骚而阐发卓识，有着巨大的理论贡献。

继《文心雕龙》之后出现的《诗品》，是中国现存第一部诗歌理论专著，评论了汉魏至齐梁的 120 多位诗人及其作品。作者钟嵘（约 468—518）

在《诗品序》中，阐明了他对诗歌创作的重要理论问题的见解，认为诗歌的本质特征在于“吟咏情性”，诗歌的创作原则是表现“真美”，而情性的吟咏、真美的表现应该是出于自然的“自然英旨”。这样的见解与刘勰的认识相通合，亦是立足道家、尊尚庄骚而形成的理论认识。他还提出了“滋味”说，认为诗有“滋味”，方能产生“使味之者无极，闻之者动心”的艺术魅力，并因此而推重赋、比、兴三种诗歌表现手法中的“兴”，强调有滋味的好诗应是“文已尽而意有余”。“滋味”说是在总结《诗经》《楚辞》以来的诗歌创作经验的基础上，主要根据道家“味无味”的美学观念和“得意而忘言”的创作主张提出的诗歌审美标准，在后世广为人所接受和发挥，确立为中国诗歌创作的审美追求。

南朝的书画家也竞相阐发艺术理论。其中以王僧虔和谢赫的理论阐发最有深刻性和代表性，反映了汉魏以来的主要依据道家美学、继承庄骚传统而发展的书画理论的深化，与汉魏以来的文学理论相映生辉。

王僧虔（426—485）是东晋清谈世家的后人，也是精通老庄和玄学的艺术家。其书法“雄发齐代”、享誉南朝，其书法理论在当时也备受重视、影响很大。传世的书法理论著作，有《书赋》《论书》《笔意赞》等。王僧虔指出，书法并不是单纯的写字技巧，而是表现作者个性和情感的艺术创造，是作者心灵和生命气息的物态化、艺术化形象，所谓“心经于则，目像其容，手以心麾，毫以手从，风摇挺气，妍孊深功”①。他还强调：“书之妙道，神采为上，形质次之。”②在他看来，书法之美，不仅在于字体形貌的“形质”之美，更重要的在于表现出作者精神的“神采”之美，故书法创作“必使心忘于笔，手忘于书，心手达情，书不忘想，是谓求之不得，考之即彰”③。

谢赫是齐梁时期的著名画家，也是南朝最为杰出的画论家。他的《画品》（《古画品录》），是中国历史上第一部系统的绘画艺术理论专著。

① 王僧虔：《书赋》。
②③ 王僧虔：《笔意赞》。

在《画品》中，他提出了绘画“六法”：“一、气韵生动是也，二、骨法用笔是也，三、应物象形是也，四、随类赋彩是也，五、经营位置是也，六、传移模写是也。”列于“六法”之首的“气韵生动”，是他的绘画理论的核心。有如学者指出：“气韵观念之出现，系以庄学为背景。”[①]“气韵生动”理论，吸取了汉魏以来明确形成的“文以气为主”和神韵为上的美学思想，又强调了有气韵而显生动、唯生动才见气韵这一主体精神与艺术表现的关系，较顾恺之的“传神写照”说的内涵要丰富和完备，反映了魏晋南北朝绘画理论的重大发展，是谢赫对魏晋南北朝绘画的审美表现的理论总结和概括，与王僧虔的“风摇挺气”“神采为上”的艺术主张相契合，也成为后世中国绘画追求的审美标准。“六法”的绘画理论体系，奠定了中国绘画理论的基础。

宗白华曾说：“汉末魏晋六朝是中国政治上最混乱、社会上最苦痛的时代，然而却是精神史上极自由、极解放、最富于智慧、最浓于热情的一个时代，因此也就是最富有艺术精神的一个时代。”[②]这个时期人们精神上的自由和解放，与儒学独尊地位的失落、道家的复振及其导扬出的玄学的盛行直接相关。这个时期人们的智慧和热情，又突出地表现在以道家美学和庄骚传统为主导的文艺创作和文艺理论的腾跃。由这个时期的文艺创作和文艺理论所体现出的艺术精神，也主要是道家美学和庄骚传统的弘扬和发展。当今学者明确指出：“道家的审美理论代表了中国艺术的真精神。”[③]中国艺术的真精神，就是在“最富有艺术精神”的魏晋南北朝时期得以基本确立的。

① 徐复观：《中国艺术精神》，春风文艺出版社1987年版，第156页。
② 宗白华：《美学散步》，上海人民出版社1981年版，第177页。
③ 叶朗主编：《现代美学体系》，北京大学出版社1988年版，第92页。

荆楚文库

楚文化流变史（下）

蔡靖泉 著

荆楚文库编纂出版委员会
湖北人民出版社

第四章　隋唐文化与楚文化

史入隋唐，社会重新统一，文化多元融合，中国封建社会的发展臻于全盛，中国古代文化的发展也达到高峰。

古代盛世，首推汉、唐。汉世之盛，建立在动荡分裂的春秋战国的社会大变革、民族大融合、思想大解放、文化大创造和秦代短暂的政治统一、文化整合的基础上。唐世之盛，建立在动荡分裂的魏晋南北朝的社会大变革、民族大融合、思想大解放、文化大创造和隋代短暂的政治统一、文化整合的基础上。汉、唐盛世，犹似历史发展前后两个周期的终点，又似处于螺旋形历史发展的上下同位点。

灭隋兴唐的唐人，为大治天下而效法灭秦兴汉并实现了天下大治的汉人，也自觉地弘扬以楚文化为主导的汉初政治文化。同时，以楚文化传统为基质、体现了南北朝文化最高成就的南朝文化，成了隋唐文化发展的主要基础。唐代文化也在许多方面和相当程度上，继承楚文化传统而发展。

唐代是中国封建社会第二次文化大融汇、大总结、大整合的时代。唐代文化则在新的历史条件下发展了以往的文化成果，巩固了以楚文化精神为主导而形成的许多中国文化精神特征，取得了远甚于汉代的伟大成就，体现了因承变革、融会创新的恢宏气度和万千气象。

第一节　统一帝国的建立与“以属诸夏”的多元文化融合

南北朝后期，入主中原的少数民族经过数百年的汉文化熏陶业已汉化，因民族隔阂、敌视而形成的民族矛盾趋于消解，南北政治、经济和文化的发展也随南北文化的长期交流、融通和北方统治者自觉、积极地追效先进的南方文化而趋于平衡。于是，南北对峙的主要障碍消除了，社会统一的基本条件成熟了，结束分裂而重归一统、平息战乱而实现安定，成为人民的强烈要求和历史的必然趋势。

一、隋王朝的兴亡与隋文化的概况

公元557年，宇文觉废魏帝自立，建立北周政权。周武帝即位后，灭齐败陈，很快统一大半个中国，为实现社会的完全统一奠定了基础。

追随周太祖宇文泰的杨忠，因战功卓著而官至柱国、大司空，并因开拓汉东、攻取故楚之地随州、安陆（今属湖北）有功而受封为随国公。其子杨坚袭父爵位，又嫁女与周宣帝为皇后，因而位崇权重。公元580年，杨坚“为相国，总百揆……进爵为王，以安陆等二十郡为随国”[①]。次年，杨坚废周帝自代，乃以“随”为国号，又恶“随”字的“走”旁而改“随”作“隋”，是为隋文帝。

隋文帝内革弊政，北击突厥，南灭陈朝，8年之内便统一南北，建立了疆域辽阔的隋帝国。

得天下的隋文帝求长治，“每旦听朝，日昃忘倦，居处服玩，务存节俭，令行禁止，上下化之”[②]。他体察民情，亲问疾苦，轻徭薄赋，兴修水利，省刑简律，严明法纪，任贤授能，奖良惩贪，创设科举，“内修制度，外抚戎夷”。隋初政治也颇类汉初政治，在相当程度上实践了道家黄老学派的政治主张，体现了以刑辅德、德刑并用的楚式王道文化的精神，但又总结和吸取了汉魏政治的经验，在新的历史条件下较汉魏政治有所发展和提高。因此，隋初社会迅速治平而繁荣，史称其时“君子咸乐其生，小人各安其业，强无凌弱，众不暴寡，人物殷阜，朝野欢娱，二十年间

① 《资治通鉴》卷一百七十四。
② 《隋书·高祖纪》。

天下无事，区宇之内晏如也”[①]。文帝建立的隋制，也对后世产生了深远影响，基本上为自唐至清的历朝所承袭。

天下归于一统，南北合为一国，境内多个民族乃在统一的王朝里结成一体，南北多元文化乃在统一的社会里密切交汇。出身于士族高门又与鲜卑贵族联姻的隋文帝，虽然建立的是汉族政权，却无夷夏有别的观念。新兴的隋王朝，乃能平等地对待境内各民族和开明地看待南北多元文化，有似于当年楚国那样促进了多个民族和多元文化“以属诸夏”地融合与发展。

在魏晋南北朝兴盛的道、佛两教和在南北朝逐渐复兴的儒学，至隋代都力争为统治阶级尊奉的地位。文帝本“不悦儒术”，偏好佛教，却“遵问道之仪，观释奠之礼……超擢奇隽，厚赏诸儒”[②]，召集道、佛、儒三教代表展开辩论，认为“法无内外，万善同归；教有浅深，殊途共致”[③]，允许三教同运，主张三教合一。隋朝内史颜之推在《颜氏家训》中提出三教趋同，隋代思想家王通著《文中子》认为“三教可一”，即隋初三教同运状况和统治阶级文化思想的反映。

文帝未能慎终如始，晚年不再“勤劳思政”，且“素无术学，不能尽下，无宽仁之度，有刻薄之资，暨乎暮年，此风逾扇”[④]，又“专尚刑名”，喜怒无常而“用法益峻”，故其时社会虽呈太平景象，各种矛盾则已积累深重。

继位的隋炀帝杨广，背弃其父作风，恃仗隋初积聚的财富，穷奢极欲地大兴土木、巡游无度，又好大喜功、刚愎自用、拓边耀威、征战连年，导致“百姓疲劳，府藏空竭，盗贼蜂起，禁令不行”[⑤]，终于在普天同反中亡国丧命。

炀帝尽管是历史上有名的昏暴君王，他却大力标举儒学，设国子、

①④ 《隋书·高祖纪》。
② 《北史·儒林传》。
③ 《历代三宝记》卷十二。
⑤ 《资治通鉴》卷一百八十三。

郡县之学，广征儒生，宣称儒家礼义是“人伦之本”“立身根基”，强调君民建国以儒教为先，还“建进士科”而以经取士、即以选拔儒生为官的科举制度来保证儒学的尊尚地位。于是，汉末以来衰颓的儒学，重又凌驾于道、佛两教之上。然而，满嘴礼义仁德的炀帝，施政却贪残暴虐。他标举儒学，不过是借以文过饰非、欺世盗名罢了。由此，亦可知独断专行、为所欲为的封建统治者好儒的实质，可知儒学有利于封建统治者专制独裁、为非作歹的恶弊。

唐人总结隋朝“兴也勃”“亡也忽”的经验教训，认为“其隋之得失存亡，大较与秦相类。始皇并吞六国，高祖统一九州；二世虐用威刑，炀帝肆行猜毒；皆祸起于群盗，而身殒于匹夫。原始要终，若合符契矣”[①]。但事实上，隋朝的得失存亡固然有与秦朝相类之处，但文帝、炀帝之作为与始皇、二世之作为多有不同。文帝兴隋之举，更有似于尚俭宽政、安民逸劳的汉文帝，虽未明确奉行无为政治，却在“思以安之”“思以逸之”的旨趣上与文帝一致。炀帝的败隋之为，则更有似于多欲尚儒、喜功劳民的汉武帝。不过，汉武帝雄才大略，隋炀帝刚愎自用；汉武帝晚年知悔过而罪已改错，隋炀帝拒谏掩过而一意孤行；故汉武帝独尊儒术以逞欲而致盛汉转衰，隋炀帝标举儒学以逞欲竟致盛隋忽亡。隋之文、炀两帝的功过诚然不可与汉之文、武两帝相比，但其得失相类之大较却也令人深思。

二、唐朝的文化政策与唐代的文化成就

公元617年，唐国公李渊在普天同讨隋帝、海内云涌义军的形势下起兵于晋阳（今山西太原），随即挥师南下，乘隋军东征、关中空虚之机直取西京长安。次年，李渊在长安废隋恭帝自立，新建唐朝。其后数年，李渊次子李世民率唐军东征西讨，终于招降或镇压了诸路义军，铲除了各地的割据势力，平定了天下，建立了统一的大唐帝国。

① 《隋书》卷七十史臣曰。

公元626年，唐高祖李渊传位于太子李世民（599—649）。唐太宗李世民即位后，以“安人理国”为目标，以“安静为务”作国策，克勤克俭，抚民益人，偃革兴文，布德施惠，且与群臣同心，力行不倦，经历数年而开创了“贞观之治”的局面，实现了“天下大宁，远戎宾服”，巩固了大唐帝国并为唐朝的繁盛奠定了基础。随后的“永徽之政”“武周之政”及“开元之治”，皆承“贞观之治”遗风。尤其是唐玄宗在开元年间（713—741）基本上以“贞观之治”为范式而“励精理道”，唐王朝也经百年左右的发展而在开元年间达到鼎盛阶段，中国封建社会乃在开元年间出现了全盛景象。

初、盛唐时期，政治的高度统一和经济的迅速发展，为南北文化的密切交融提供了条件，京都长安自然成了天下人士向往的政治文化中心。唐承隋制而完善了科举取士制度，不仅增加了科目，而且重视以诗赋取士。这便使得大批中小地主阶级乃至自耕农中的读书人有了入仕参政的机会，因而扩大了李唐王朝的统治基础，让其能够在一定程度上选贤任能以保证官僚集团的生气和行政管理的效率。不仅如此，更重要的还在于这便引导了全社会成员都尊重知识和人才、重视读书和写作，激发了各阶层读书人的治国平天下的政治热情、建功立业的进取精神，以及“天生我材必有用”的主体意识和自信心，因而增强了国家的政治活力和文化创造力。具有文化优势的南方文人争赴长安以求入仕，则加速了文化重心的北移。统治者又大兴文教、广开学校、统一南北经学，也大大促进了南北文化的融合。于是，历隋入唐，以南朝文化为主导而融会北方及域内外文化的发展，形成了高度繁荣的唐代文化。唐代文化，是自先秦以来中国南北文化融会发展到前所未有的高度的显现。先秦以来南北文化的明显分界，至唐代渐有破除。梁启超乃称：“大抵自唐以前，南北之界最甚，唐后则渐微。……盖调和南北之功，以唐为最矣。”[①]不过，由于南北自然条件和文化传统有异，南北文化在唐代虽以一元融合为趋

① 梁启超：《饮冰室文集》之十《中国地理大势论》。

向，也并未完全失去自己的特点和风貌，而是在融为一元的同时又仍有突出二元的发展。

李唐王朝尊崇道教。唐高祖曾亲临国子监正式宣布道教第一、儒学第二、佛教第三，从而确立了道教在唐朝的特殊地位。唐太宗、高宗及玄宗一如既往地推崇道教，道教乃因王朝的大力扶植而隆盛。但是，初、盛唐统治者并未将道教定于一尊，而是因承隋初之政而任三教并运、导三教合一，鼓励三教的自由争鸣和交流融通。对于道、佛两教宣扬的愚妄迷信思想，唐初统治者并不相信。高祖、太宗均深以太史令傅奕揭露佛教弊害之论为然。长孙皇后即指出："道、释异端之教，蠹国病民，皆上(太宗)素所不为。"[①]他们正视三教在现实中的地位和社会上的影响，抑制其蠹国病民之为，褒奖其有益治化之举，并重齐扶以利用其为封建王朝服务。唐初治国奉行道教教主的"清静无为"理论，但也重儒家的"周、孔之教"和佛教的治化之用。太宗既称"今李家据国，李老在前"，又说"释家治化，则释门居上"[②]，还强调"朕今所好者，惟在尧、舜之道，周、孔之教"[③]。他尊尚老子，大建道观，重用道士；又敬奉孔子，大兴儒学，广延儒生；还隆礼玄奘，奖励译经，普度僧尼。于是，三教自唐初得以同兴竞荣、争鸣互补。终唐之世，李唐王朝都基本上奉行了唐初确定的开明、开放、宽容、宽松的思想文化政策，始终没有像汉朝那样凭借皇权的力量确立一种绝对权威的、独尊至上的、大一统的思想体系。尽管三教在唐朝长期分立、自我标榜和相互攻讦而往往造成思想上的混乱，与大一统王朝的政治需要相抵触，但由于唐朝采取了积极引导和有所限制的措施，使得三教同运、互促互补、融通合一成为其发展的总趋势，不但没有危害王朝的统治，反而形成了思想文化的活跃和繁荣局面。三教的同运竞荣，形成了学术自由争论的气氛，促进了世人的思想解放和

① 《资治通鉴》卷一百九十四。
② 释道宣：《集古今佛、道论衡》丙。
③ 《贞观政要》卷六。

自主思考，启发了世人的心智和提高了世人的认识，激励了世人进行自觉和积极的文化创造。三教的互补融通，乃为中国古代思想文化在更高层次上的理论总结和创新奠下了基础。

形象地反映社会生活的文学艺术，集中地展示了文化的状况和风貌。初、盛唐统治者不把文艺视为统治阶级独享的禁脔，鼓励和引导社会性和多元化的文艺创作。他们虽然对不同形式和风格的文艺作品有其好恶并提出其见解，却不搞“唯我独尊”的文化专制主义，并且身体力行地从事多样式、多风貌的文艺创作。他们不设禁区，不织文网，容许作者自由创作，甚至提倡作者以文艺创作抨击时弊、反映兴亡。太宗好吟咏，左右群臣多有诗作，以致形成了贞观文坛诗歌初兴的景况。玄宗嗜音乐、舞蹈、绘画、书法、雕塑等多种艺术，且每运笔赋诗辄“乐以忘忧”，又广开文馆以厚待文士、创办“皇帝梨园”以招纳民间艺人，大大推动了社会文艺活动的开展，以致形成了盛唐社会的文学艺术全面繁荣、成就空前的景况。

唐人更加淡化了南北之分、夷夏之别及中外之异的传统观念，也更能融汇多元文化以创新。唐皇同隋帝一样，有着胡汉相杂的血统。唐初政权也同隋初政权一样，实为以汉族为主体而由多民族组成的政权。加之李氏唐皇崇道而自称是老子的后裔，这既是其为标榜自己本为汉族的正统而高贵的身份、借助道教的神威来增强李唐王朝的权威，也表明其心仪道家、深受具有开放性、包容性而为楚文化精神之集中体现的道家思想的影响。因此，求治心切又能励精图治的唐初统治者，明确地视天下为一家，以宽大的胸襟、开放的心态对待境内外不同民族和多元文化，自觉而积极地促进多民族和多元文化的交流和融合。从贞观到开元的初、盛唐时期，是中国封建社会里最为开放的时期，是中国古代历史上多民族和多元文化的交流最为频繁、融会最具深度的时期。境内诸族，因唐王朝的安抚亲和而诚心依附。境外诸国，因唐帝国的平等友好而踊跃来往。唐都长安，不仅成了当时中国境内诸族仰慕的政治文化中心，也成了当时亚洲诸国的经济文化交流中心，成了当时世界上最为开放、最为繁华的国际大都市之一。唐代对外交通十分发达，三条陆路直抵中亚、南亚，水路可达日本、印度乃至欧洲。广泛的国际文化交流，境外各国诸族文化的大量传入唐土，使得唐代文化更为多元化、丰富化并因对其的吸收融会而更显博大精深、辉煌灿烂，呈现出“同印度、阿拉伯和以它们为中介甚至和西欧文化都有过交流的世界性文化”[①]风貌。成就辉煌的唐代文化，在当时世界上独领风骚，也为周边诸国心仪神往。周边诸国纷纷遣使派人前来唐朝学习和取法中国文化，中国文化因此对当时世界产生了巨大影响。

大唐王朝，是中国封建社会里最为昌盛的王朝。唐代文化，是中国古代文化中最为繁荣的文化。这昌盛王朝的建成，在很大程度上得益于唐代统治者奉行了道家的政治思想。这繁荣文化的形成，又主要在于唐朝施行了甚为开明、开放的文化政策，营造出甚为宽松、自由的社会环境，以致文化得以多元互补、融通升华，以致唐人能够博采众长、自主创造。观唐思楚，沿波讨源，楚文化的民本、开放、进取、包容、创造精神，乃为唐人所继承，乃在唐代被弘扬。融汇南北和中外文化而取得辉煌成就的唐文化，沿循了融汇南北和夷夏文化而取得巨大成就的楚文化的发展道路。从一定意义上说，唐文化的发展道路，就是楚文化的发展道路延伸至新的历史时代的大拓展。

第二节　贞观之治、盛唐气象与清静无为

隋末动乱，社会凋敝。“黄河之北，则千里无烟。江淮之间，则鞠为茂草。”[②]李氏兴唐，渴求大治天下、巩固李家王朝，亦积极寻求治安方略。

① ［日］井上清著、闫伯纬译：《日本历史》，陕西人民出版社2011年版，第35页。
② 《隋书·杨玄感传》。

一、“贞观之治”的政治内容和指导思想

饱经动乱之苦、挣扎在饥寒交迫之中的百姓，唯思戢止干戈、重事农桑、休养生息。面对疮痍满目、百姓危困的现实，唐初统治者也深切地感受到百姓的愿望和社会的需要。李唐皇室又尊奉老子为先祖，自然深受道家思想的影响。于是，李渊称帝后，便提出了“安人静俗”的治国方针，诏令“新附之民，特蠲徭赋，欲其休息，更无烦扰，使获安静，自修产业”[①]。这样的治国方针和政治措施，实以道家无为而治的思想为根据，可谓汉初奉行的黄老政治的袭用。然而，高祖时代，割据势力待除，统一战争正酣，皇室倾轧激烈，干戈不止，争斗未息，“安人静俗”尚为唐皇的一厢情愿，休息无扰只是百姓的主观幻想。

太宗继位次年，改年号曰“贞观”，唐朝历史乃进入“贞观之治”的年代（627—649）。

贞观之初，尽管天下一统、皇权已固，但社会凋敝的状况却较隋末更甚。“自伊洛之东，暨乎海岱，萑莽巨泽，茫茫千里，人烟断绝，鸡犬不闻，道路萧条，进退艰阻。”[②]太宗对此而叹：“大乱之后，其难治乎！”[③]时为尚书右仆射的儒生封德彝言三代以后，浇诡日滋，秦汉“皆欲治不能，非能治不欲”。曾为道士的谏议大夫魏徵（580—643），则痛斥其人心不古、今不如昔的谬论，并引用历代治乱以致太平的事例，说明“乱后易教”、大治可成，从而坚定了太宗大治天下的信心。在魏徵等贤臣的开导和辅佐下，具有历史使命感、责任感而又开明、通达的太宗，深刻认识到“为君之道，必须先存百姓”[④]、而民存国治则在于“人君简静乃可致耳”[⑤]，于是因承高祖的治国方针，确立以道家的“清静无为”

① 《全唐文》卷二《申禁差科诏》。
② 《贞观政要·纳谏》。
③ 《新唐书·魏徵传》。
④ 《贞观政要·君道》。
⑤ 《贞观政要·务农》。

思想为治国纲领，并且“夙夜孜孜，惟欲清净，使天下无事”[①]。

唐承隋兴，犹似汉承秦兴。秦祚苦短，承秦之汉大治天下而国运昌明。隋祚不长，承隋之唐欲求长治而国运隆盛，自然需要借鉴汉代致治的成功经验。贞观君臣深知这一点，自觉地仿效汉初君臣和政论家，深入总结秦、隋败亡的原因，尤为重视汉初取鉴于亡秦而致治的经验。明于治乱的魏徵告诫太宗：“政之安危，必取亡国。”[②]孜孜求治的太宗，也深知“以古为镜，可以知兴替”[③]。太宗读史成癖，常“披览忘倦，每达宵分”，并因重视以史为鉴而诏令魏徵等人广修前代诸史，以致贞观年间出现了前所未有的修史盛况。不过，太宗诏令所修诸史中，最为重视的是《隋书》。他让力主“以隋为鉴”的魏徵担任修撰《隋书》的主编，多次与其论隋、秦之所失。他披览的前代史籍中，又尤重阅读汉朝史籍，常与群臣谈论《汉书》中所记汉朝史事。对于汉初诸帝，他无不敬重，但也认为汉高祖有杀戮功臣之过，汉景帝有误诛晁错之失，故最为仰慕的是开创“文景之治”的汉文帝。他自觉地效法汉文帝，激励自己与汉文帝比德，在治国上也大抵以汉文帝奉行的“黄老政治”为范式。

“贞观之治”的政治举措，概言之主要有六。

首先，是去奢省费。太宗继位后，仍居隋朝建造而已破旧的宫殿，虽然身患“气疾”而不宜居潮湿之室，仍不同意公卿为其“营一阁以居之”，称“昔汉文帝将起露台，而惜十家之产，朕德不逮于汉帝，而所费过之，岂谓为民父母之道也”[④]。公卿固请至于再三，他竟不许。他强调“劳弊之事，诚不可施于百姓”[⑤]，严禁王公奢靡，特下《戒厚葬诏》倡导节俭之风，又效法汉文帝放还宫女、令其婚配以“省费”和“息人”。

其次，是轻徭薄赋。太宗即位当年，便诏令减免全国租赋，以后又

① 《贞观政要·政体》。
② 《新唐书·魏徵传》。
③ 《旧唐书·魏徵传》。
④ 《旧唐书·太宗本纪》。
⑤ 《贞观政要·俭约》。

多次减免受灾地区的租赋，同时严格实施“轻徭”政策，采用法律手段防止滥用民力，切实减少百姓“劳弊之事”。与之相应，太宗又采取了推行均田、奖励垦荒、功课农桑、兴修水利等多种措施以恢复和发展生产，使得百姓安居乐业、衣足食余。

再次，是立法宽仁、执法严明。高祖始称帝，即鉴于隋炀帝实行严刑酷法造成的恶果，宣布废除隋律，令大臣据“务在宽简，取便于时”[①]的原则制订了《武德律》。太宗欣然采纳魏徵的建议，“遂以宽仁治天下，而于刑法尤慎”[②]，并确定了以宽仁为本的立法原则，以《武德律》为基础且参照前朝律文，亲自主持修订成完备而“审慎周详”的《唐律》。他尊重国法的权威性，强调“法者，非朕一人之法，乃天下之法”[③]，力避以皇权代国法、以己欲妨执法，并且自觉守法、不徇私情，也严令臣下奉公守法、秉公执法。他的外甥犯谋反罪，依法当处死。当他的姐姐向他求情时，他回答说：“赏不避仇雠，罚不阿亲戚，此天下至公之道，不敢违也，是以负姊。”[④]另外，《唐律》还规定了一系列司法程序，以保证司法的公正和用刑的审慎。文献记载：“贞观之初，志存公道。人有所犯，一一于法。”[⑤]

其四，是广开才路、任贤授能。太宗深知“致安之本，惟在得人”、“能安天下者，惟在用得贤才”[⑥]，因而在“贞观之初，求贤若渴，善人所举，信而任之，取其所长，恒恐不及”[⑦]。《全唐文》中，就收有5篇太宗所下令天下举贤荐能的诏书。他不仅“盛开选举”令中央和地方各级官员广荐贤能，还健全和完善了隋代开创的科举制度，通过科举考试搜求人才、网罗精英。他知人善任，不究私怨、不计新旧、不拘亲疏、

① 《旧唐书·刑法志》。
② 《新唐书·刑法志》。
③⑤ 《贞观政要·公平》。
④ 《资治通鉴》卷一百九十七。
⑥ 《贞观政要·择官》。
⑦ 《贞观政要·慎终》。

不分贵贱、不别汉夷，既“任官以才”，又任官重德，坚持“才行俱兼”的任贤标准，宣称“朕以天下为家，不能私于一物，惟有才行是任”[①]。魏徵本为太宗“昔仇”，太宗慕其才德，非但不予治罪，反而拔其于仇虏之中，任其以枢要之职。太宗对于英才，能够推心相待、用而不疑，又能虚心纳谏、从善如流。因此，贞观之世，朝野人才济济、贤士众多。明君贤臣上下同心，共为天下之务，以成太平之治。

其五，是偃武修文、兴礼施教。魏徵与太宗论治道，认为“偃武修文”可使“中国既安，四夷自服”[②]。太宗深以为然，宣称“朕虽以武功定天下，终当以文德绥海内。文武之道，各随其时”[③]。他乃据民欲国需，大兴文治，大建学校，广收图籍，整理经书，编撰史籍，兴礼作乐，移风易俗。如此力行数年，成效卓著，国家大宁而昌盛，四夷仰慕而宾服。

其六，是布德施惠、抚夷和番。太宗据魏徵建议，治国乃行之以仁、先德后刑，待夷亦“绥之以德”、先恩后威。对于愿意归附唐朝的诸少数民族，太宗并未采取唯以武力慑服而“分其部落”“变其风俗”、迫其汉化的政策，而是采取“教以礼法，选其酋首”、“置州府以安之，以名爵玉帛以恩之”、“以威惠羁縻之”[④]、使其感恩信、慕文明而自然与汉族“和同为一家”的政策。对于周边政治独立的诸民族，太宗则顺应其与昌盛的唐朝和亲之愿，嫁以公主或宗女而使其怀化，如传为历史美谈的嫁文成公主与松赞干布的唐、蕃和亲。于是，太宗不仅建立了一个疆域空前辽阔的统一的多民族国家，还赢得了周边诸民族的尊敬和爱戴。太宗晚年大发感慨：“朕即位之初，有上书者非一。或言人主必须威权独任，不得委任群下；或欲耀兵振武，慑服四夷。惟有魏徵劝朕：‘偃革兴文，布德施惠，中国既安，远人自服。’朕从此语，天下大宁。

① 《贞观政要·公平》。
② 《资治通鉴》卷一百九十三。
③ 《旧唐书·音乐志》。
④ 《旧唐书·回纥传》史臣曰。

绝域君长，皆来朝贡。九夷重译，相望于道。”[①]

“贞观之治”的主要内容，均以“清静无为”的纲领为核心。君主少私寡欲、去奢省费、轻徭薄赋、抚和四夷、偃武修文而以“简静为务”、无为致治，使民“不夺农时”而自正自富。君主任贤授能、立法依法，乃致“君道无为而臣有为”，一一于法而天下宁。太宗继位之初，便强调“为国之道，安静为务”[②]，又据张玄素关于“谨择群臣而分任以事，高拱穆清而考其成败以施刑赏，何忧不治”[③]的建议，实施“无为”之治道。

参阅第一、二章所述可知，“贞观之治”的主要内容，在原则和精神上继承和发扬了楚国及汉初政治文化的优良传统。其讲究法治、重德慎刑，是楚国政治的优良传统。其开明的民族团结和同政策，可谓对楚国“抚有蛮夷……以属诸夏”政策的发展。其去奢省费、轻徭薄赋、厉行法治、任贤授能、偃武修文、布德施惠等，皆是道家黄老学派的政治主张和汉初“黄老政治”的基本原则。不过，“贞观之治”却充分地发扬了楚国优良的政治文化传统和创造性地贯彻了黄老学派提出的政治原则。因此，在一定意义上可以说，“贞观之治”是对汉初“黄老政治”的发展，是对黄老学派的政治主张在新的历史时期的充分的和创造性的实践。贞观君臣强调其所奉行的“治道”是“王道”而不是秦、隋的“霸道”，但“贞观之治”的“王道”，并非原来意义上的先秦“周、孔之道”，而主要依据的是“采儒、墨之善”的黄老学派所推尚的“先德后刑”“文武并行”的“王道”，实际上也就是发展了的楚式王道文化。

道家的“无为而治”思想，是建立在否定“天命论”的朴素唯物主义认识的基础上的，是以民为本位而提出的。贞观君臣奉行“清静无为”的“治道”，亦因承了道家的朴素唯物论和民本思想。太宗崇道，根本目的在于推崇和宣扬道家的“清静无为”思想。他明确指出“神仙事，

① 《贞观政要·诚信》。
② 《旧唐书·突厥传》。
③ 《资治通鉴》卷一百九十二。

本是虚妄，空有其名”[①]，却大加赞颂“老君垂范，义在清虚”，为政则特别强调：

> 朕……夙夜孜孜，惟欲清净，使天下无事，遂得徭役不兴，年谷丰稔，百姓安乐。夫治国犹如栽树，本根不摇，则枝叶茂荣。君能清净，百姓何得不安乐乎？[②]
>
> 朕端拱无为，四夷咸服。[③]

对国与民、君与民的关系，太宗有着清醒的认识。他明言：

> 凡事皆须务本，国以人为本，人以衣食为本。[④]
>
> 为君之道，必须先存百姓。若损百姓以奉其身，犹割股以啖腹，腹饱而身毙。若安天下，必须先正其身，未有身正而影曲、上治而下乱者。[⑤]

因此，他才会根据民生国安的需要，确定“清静无为”的治国纲领，采取“贞观之治”的系列措施。一代英主唐太宗，实不愧为迄唐为止的中国封建帝王中最为开明、最为进步的政治家。其言其识，在相当程度上接受和遵循、甚至丰富和深化了黄老学派的政治思想。

明君得贤臣辅弼而国治，贤臣遇明君信用而功成。“贞观之治”，正是贞观“君臣上下，各尽至公，共相切磋，以成治道”[⑥]的结果。太宗身边的贤臣虽多，但最为贤良忠直且对“贞观之治”贡献最大者，当

---

① 《贞观政要·慎所好》。
② 《贞观政要·政体》。
③ 《贞观政要·慎终》。
④ 《贞观政要·务农》。
⑤ 《贞观政要·君道》。
⑥ 《贞观政要·求谏》。

推魏徵。对此，太宗并不讳言，称贞观年间采取的使“中国既安，远人自服”的“凡此等事，皆魏徵之力也”[①]，又说“贞观以来，绳愆纠缪，魏徵之功也”[②]。史载魏徵“少孤贫，落拓有大志，不事生产，出家为道士。好读书，多所通涉”[③]。不言而喻，他自当精读深研了道家典籍，亦深通黄老学说，著有《老子要义》五卷。从他的思想来看，他并非迷信“神仙术”的道教徒，而是志在经国且明于治乱的政治家，只是早年为生活所迫又或为喜好道家之学而入道教。他对太宗的建议之语、劝谏之说，他在主持编修的史籍中表达的见解，都明显地继承和发挥了黄老学派的政治思想。他领衔编撰的《群书治要》，也与黄老思想多相契合。人称他的学风是“博采”而“善择”，他的思想特征亦是“兼通众家，近于杂者”。他肯定“杂者”说：“杂者，兼儒、墨之道，通众家之意，以见王者之化，无所不冠者也。”[④]他的这种学风和思想特色，正与黄老学派的学风和思想特色一脉相承。因此，他可以说是黄老政治学说在唐代的振扬者，只是他不再标举黄老而大力颂扬圣哲。他对促使太宗奉行“清静无为”的“治道”，起了“来吾道（导）夫先路”的作用。

尽管太宗在贞观后期“渐不克终”，未能慎终如始地克制帝王的私欲而渐由清静简约变为骄奢纵欲，但“贞观之治”的成就是前所未有的。“贞观以来，二十有余载，风调雨顺，年登岁稔，人无水旱之敝，国无饥馑之灾。”[⑤]诚如宋代史家范祖禹评说：“（太宗）恭俭不若孝文（汉文帝），而功烈过之矣。”[⑥]“贞观之治”实现了唐初社会的全面昌兴，为唐王朝在其后近百年里达到鼎盛奠定了坚实的基础。

---

① 《贞观政要·诚信》。
② 《资治通鉴》卷一百九十五。
③ 《旧唐书·魏徵传》。
④ 《隋书·经籍志》“杂者”后序。
⑤ 《贞观政要·征伐》。
⑥ 《唐鉴》卷三。

二、“清静无为”治国纲领的奉行与盛唐气象的出现

太宗在去世的前一年，总结其治国经验而撰成《帝范》12篇以赐太子，期盼太子李治继位后能够坚持“贞观之治”的政策而长保其开创的大唐基业。唐高宗李治未负父望，继续奉行“清静无为”的治国纲领，明确宣称“政道莫尚于无为也”。高宗的“永徽之治”，即有贞观遗风。高宗懦弱，武后临朝，终至武周代唐、女皇专制。其间虽然禁内喋血、朝廷腥风，但颇有政治才干的武则天，在治国上不仅能继续贯彻贞观良策，而且还有因时序之变、民生之需而对之的创造性运用，故维持了帝国的兴旺和强大。女皇退位且还政于李氏之后，唐朝政局动荡，中宗、睿宗先后再度称帝。睿宗好道而深以道士司马承祯关于“无为之旨，理国之道也”[①]、“国犹身也，顺物自然而心无所私，则天下理矣”[②]之说为治国名言，其政“复有贞观、永徽之风”[③]。玄宗登基后，大振贞观之风，历史乃进入唐朝隆盛的“开元盛世”。

玄宗尚道而尊奉《老子》一书为《道德真经》，并且亲注《老子》，大力宣扬和深入阐论道家学说。他在《御制〈道德真经〉疏》中明确指出：“爱民者，使之不暴卒，役之不伤性；理国者，务农而重俗，事简而不烦，则人安其生，不言而化也。此无为也。”又特别强调：“无为则清静，故人自化；无为则不扰，故人自富；好静则得其性，故人自正；无欲则全和，故人自朴；此无事取天下矣！”还高度肯定“无为而治”的功效：“妙本清静，故常无为，时物以生，而无不为也。侯王若能守道无为，则万物自化而淳朴矣。”他将其书颁行全国，诏令“士庶家藏一本，劝其习读，使之指要”；又时召群臣于宫中，听玄学博士讲授《老子》；还命贡举人对策减儒经《尚书》《论语》两条而加试《老子》策，

---

① 《旧唐书》卷一百九十二《隐逸列传·司马承祯》。

② 《资治通鉴》卷二百一十。

③ 《资治通鉴》卷二百九。

奖励天下对《老子》《庄子》《文子》《列子》等道家著作习研有成者。显然，他对其曾祖太宗奉行“清静无为”的治道而成就的伟业极为仰慕，因而更加自觉地研习和深入地领会道家学说，也更加深刻地认识到了道家学说的治世作用并能更加坚定地遵行“无为”纲领。

根据“清静无为”的治国纲领，玄宗励精图治以使民“返朴还淳，家给人足”[1]，采取了节欲戒奢、好静守柔、赋役宽平、刑罚清省、举贤授能、推仁远近、恩威并用等一系列措施，可谓对“贞观之治”的各项政策予以全面继承并有所创造性地推行，因而实施数年之后，社会升平。《旧唐书·玄宗纪》“史臣”曰：

……我开元之有天下也，纠之以典刑，明之以礼乐，爱之以慈俭，律之以轨仪。黜前朝侥幸之臣，杜其奸也；焚后庭珠翠之玩，戒其奢也；禁女乐而出宫嫔，明其教也；赐酺赏而放哇淫，惧其荒也；叙友于而敦骨肉，厚其俗也；蒐兵而责帅，明军法也；朝集而计最，校吏能也。庙堂之上，无非经济之才；表著之中，皆得论思之士。而又旁求宏硕，讲道艺文。昌言嘉谟，日闻于献纳；长辔远驭，志在于升平；贞观之风，一朝复振于斯时也。……所谓“世而后仁”，见于开元者矣。年踰三纪，可谓太平。

诚如其言，玄宗在开元之初“务清静”以“与民休息”、“修道德”而志在升平，“不六七年，天下大治”，出现了“国朝故事，莫盛于开元、天宝之际”的盛唐气象：

河清海晏，物殷俗阜。安西诸国，悉平为郡县。自开远门西行，亘地万余里，入河湟之赋税。左右藏库，财物山积，不可胜较，四方丰稔，百姓殷富，管户一千余万，米一斗三四文，丁壮之人，不

① 《册府元龟》卷五十六《节俭》。

识兵器。路不拾遗，行者不囊粮。[1]

亲历“开元盛世”的诗人杜甫，也满怀深情地歌咏：

忆昔开元全盛日，小邑犹藏万家室。稻米流脂粟米白，公私仓廪俱丰实。九州道路无豺虎，远行不劳吉日出。齐纨鲁缟车班班，男耕女桑不相失。……[2]

民富则国强，国强则势盛。唐朝在开元、天宝之际（713—756），成为版图超越西汉的当时世界上最为强盛的帝国。国家的强盛，吸引四周各国遣使赴唐修定邦交、贡献方物；国家的富庶，招来外域各邦商人入唐交换商品、进行贸易。盛唐乃出现了“九天阊阖开宫殿，万国衣冠拜冕旒”[3]的景观。

由于明确而一贯地奉行“清静无为”的治国纲领，李唐王朝由“贞观之治”而达到“开元全盛”，唐代社会也呈现出蓬勃向上、欣欣向荣、气象万千的面貌，唐代人士，尤其是士人也形成了特有的心理状态和精神面貌。国家的富强、社会的繁荣，使士人产生了无比的自豪感和坚定的爱国心；疆域的辽阔、交往的广泛，使士人形成了开阔的胸襟和豪迈的气魄；政治的开明、环境的宽松，使士人解放了个性、弘扬了自我；科举的实行、仕途的开通，使士人充满了实现人生价值的憧憬；道、佛的隆昌，儒学的聿兴，使士人激发出创造热情和入世精神。因此，初盛唐时期的士人大多具有乐观自信的情绪、积极进取的精神、建功立业的渴盼、报效国家的信念、自由奔放的性格、雄视天下的气度、人格独立的意识、自我表现的欲望和坚定执著的追求。这种心理状态和精神面貌，

① 郑綮：《开天传信记》。
② 杜甫：《忆昔二首》其二。
③ 王维：《和贾至舍人早朝大明宫之作》。

是由初盛唐的社会现实所诱发和文化氛围的熏陶而形成的，反映的是洋溢着乐观主义气息和充满理想主义色彩的时代风貌。这种心理状态和精神面貌，又与战国早中期的楚人、西汉早中期的汉人的心理状态和精神面貌颇有相通相类之处，尤其是在主体意识、爱国感情、进取精神和创造热情等方面可谓相承相映，只是具有时代特征而更显丰富强烈。正因有着这种心理状态和精神面貌，唐人乃能自主、自觉、积极和不懈地作人生追求和文化创造，从而成就了越古胜昔、后世称羡的唐代文化。

历史的经验值得注意。汉初统治者以集中反映了楚式王道文化的道家“无为而治”思想为治国纲领，乃有“文景之治”和西汉中期的国家强盛、文化繁荣的局面。唐初统治者以汉初政治为范式、以汉文帝为师表而继承和发扬“清静无为”的政治传统，乃有“贞观之治”时和“开元全盛日”。言及中国封建盛世，则必称“汉唐”。汉、唐之盛，又无不得益于奉行道家政治思想为治国的纲领和原则。不言而喻，汉、唐之盛，充分表明了道家学说可以指导封建王朝拨乱反正而实现大治的进步作用和社会功能，充分显示了楚文化精神的巨大意义和深远影响。

善于总结历史经验的初盛唐统治者，在文化素养、思想认识和胸襟怀抱等方面又胜于汉初统治者，因而更为鲜明地尊道崇道、更为一贯地奉行“清静无为”的治国纲领，也在政治实践中发展了道家政治学说并在创造性的运用中取得了胜于汉朝的大治成就。《群书治要》一书，可谓主要以道家政治原则为指导思想而编撰的，其中引录楚人论治道之语甚多。唐太宗的《帝范》，也发挥了道家的政治思想，强调了道家提出的政治原则。唐玄宗的《御注〈道德真经〉疏》，则是历史上第一部帝王亲撰的《老子》注本，并且是历史上励精图治而功业显赫的帝王亲撰的《老子》注本。它的产生和颁行，自当是初盛唐统治者总结汉唐历史经验后对道家学说的高度肯定、全面发挥和大力推崇。道家学说乃因唐代统治者的尊奉而大为普及和发展，楚文化精神乃随唐王朝的兴盛而大得继承和弘扬。

然而，道家以民为本位而阐发的“清静无为”思想，终究是与帝王本性不相合辙的。以君为本位，则是帝王无法自抑的本质要求。帝王奉行“清静无为”的治国之道，也只是迫于治理乱世以巩固自家王朝的一时之需。当天下大治、社会承平、王朝巩固、国家强盛之后，帝王便不甘于少私寡欲的“清静”了，也不能垂拱守法而“无为”了。汉武帝恃富强而肆欲，唐太宗至泰安而纵奢，唐玄宗又何尝不如此？史载玄宗“在位岁久，渐肆奢纵，怠于政事”[①]，溺于声色，以致败坏风气、罢免贤臣、宠信奸相、喜好边功、放纵藩镇、终成大乱。“渔阳鼙鼓动地来，惊破霓裳羽衣曲。”[②]天宝十四年（755）爆发而延续了8年的“安史之乱”，焚毁了初唐以来百余年积聚的社会财富，破灭了“开元全盛日”的繁荣景象。李唐王朝因此而衰弱，封建社会因此而转折。

中唐社会，历天宝危机，经藩镇割据，在长达半个世纪里，社会动乱而未裂，宫廷倾轧而未崩，王朝摇坠而未倾，终至德宗初安天下，宪宗“中兴”唐朝。这除其他原因之外，与“讲《老子》有法”、“常持黄老鬼神说”[③]的李泌所起作用的关系颇大。李泌（722—789）事玄、肃、代、德四君，相肃、代、德三朝[④]，以大智宏略救亡，奉道教之说存身，行黄老政治安邦，功绩卓著而名垂青史。宪宗时的“元和中兴”，亦主要在于奉行了帝王“修己简易，择贤委任”[⑤]和轻徭薄赋等黄老学派主张的为政之道。晚唐社会，帝王骄奢，宦官擅政，朋党争权，“清静无为”纲领已弃，“黄老政治”不继，以至于民苦而反，国破而分，史入五代。

中晚唐文化，虽然也在初盛唐文化的基础上仍有发展，但毕竟没有了往昔的气派和辉煌。

---

① 《资治通鉴》卷二百一十四。

② 白居易：《长恨歌》。

③ 《新唐书·李泌传》。

④ 李泌在肃、代两朝以宾客身份辅佐两君，在德宗朝正式为相主政。《资治通鉴》卷二百三十三记德宗对李泌说：“如肃宗、代宗之任卿，虽不受其名，乃真相耳。”

⑤ 《旧唐书·宪宗纪》。

第三节 王朝崇道与道教隆盛

历隋入唐，道教因得到李唐王朝的尊崇，乃在魏晋南北朝大兴的基础上全面而蓬勃发展，进入其鼎盛时期。

一、老子地位的尊崇

《隋书·经籍志》记：

> 后周承魏，崇奉道法，每帝受箓，如魏之旧，寻与佛法俱灭。开皇初（道教）又兴，高祖雅信佛法，于道士蔑如也。大业中，道士以术进者甚众。其所以讲经，由以《老子》为本，次讲《庄子》及《灵宝》《升玄》之属。其余众经，或言传之神人，篇卷非一。

由此可知，道教在隋代的发展，出现了不同于其在魏晋南北朝时的特征，即重视道教经典的讲说且标举《老子》，反映出随世移时迁而老子重受崇拜和道教经学形成的趋势。

道教在隋代一反魏晋以来重视《庄子》、阐扬庄学的传统，讲经“以《老子》为本”，当是其以安邦治国为使命而有意识地宣扬《老子》的“无为而治”思想，以适应民众渴望清静安定的社会心理，力图影响统治者莫“逞无厌之欲”而遵行“无为”之政。然而，炀帝迷信神仙方术却不奉“无为”道术，并且抑制道教的发展。深恶炀帝逞欲妄为之暴政而有政治远见的道教徒，便密结和支持反隋势力以倒隋。著名道士王远知（528—635）虽受炀帝以师礼相待，却密结唐国公李渊，以符命之说为李唐代隋做宣传。李渊在晋阳起兵，楼观道士岐晖献以观中存粮，并称李渊为“真君”而“必平定四方”。

李渊称帝后，自然感激道教襄助兴唐之功。加之出于前两节所述的政治需要，因而尊老崇道。武德二年（619），李渊敕楼观令修缮、营建老君殿、天尊堂等，并于次年亲登此殿，宣称："朕之远祖，亲来降此。朕为社稷主，其可无兴建乎！"[①]武德七年（624），太史令傅奕上书指斥佛教恶性膨胀、祸国蠹民的危害，主张"除去释教"而使人"共遵李、孔之教"。李渊嘉许其言，进一步采取了崇道抑佛措施，使道教取得了三教之尊的地位。

尊老子之位也当重老子之道，重老子之道也更尊老子之位。唐高祖为巩固皇权而尊老子之位，为治理国家也奉行了"清静无为"的治国方针，当与他亲近王远知等道士，尤其是重用曾为道士的傅奕颇有关系。

傅奕（555—639）"先是黄老"，后入道教，唐初任太史令。他雅好老庄，深通儒学，尤晓天文历数，著有《老子注》《老子音义》等。他大力宣扬以道统儒的"李、孔之教"，对唐初政治的影响是不言而喻的。他出入道教而致力阐扬黄老学说，表明道家自魏晋以后已基本汇入道教并依托道教发展。

武德后期，王远知认定李世民圣明而率道教徒拥护，并且积极参与了李世民争夺皇位继承权的预谋活动。李世民即位后，对其大为嘉奖。道教也因此进一步巩固了在唐朝的地位。

贞观初年，太宗为安定天下，并未继续推行其父的尊道抑佛政策，而是并重道佛、宽容待之。尽管他并不相信神仙可致的道术和祸福报应的佛法，却深知道、佛两教在社会上影响巨大而同予扶持，利用两教为治化服务。他的内心，则倾意于道教。他确定的治国纲领，也是道教宣扬的道家"清静无为"之术。随着奉行"清静无为"之术而大治天下的成功，随着佛教利用太宗的宽容政策又恶性膨胀而为害国家，太宗便效法其父尊道抑佛了。贞观十一年（637），太宗颁布《道士女冠在僧尼之上诏》，强调"国家本系，出自柱下（指老子，老子曾为东周朝廷柱下史）。尊祖之风，形于前典"，重申"至于称谓，道士女冠可在僧尼之

---

① 《混元圣纪》卷八。

前”[①]。同年，他“修老君庙于亳州、宣尼庙于兖州”[②]。在老子故乡立庙，自是出于尊道；修老君庙重于修孔庙，显然出于道先、儒次、佛后之意。此外，他还令人校订《老子》，并予以刻石与五经同列，又令高僧玄奘将《老子》译成梵文传介国外。这些举措，煽扬了高祖鼓起的崇道之风。

高宗继位后，于乾封元年（666）亲至亳州拜谒老君庙，并尊封老子为“太上玄元皇帝”，为之立祠而置管理令丞。后又令王公以下皆习《老子》，诏尊其为上经，定其为科举考试的内容。临终之前，他还不忘尊老弘道，下诏“改永淳二年为宏道元年……仍令天下诸州置道士观”[③]。崇道之风，因而更烈。

玄宗时代，唐朝崇道之风最烈：开元二十一年（733），诏令全国每家须藏《老子》而习诵之；开元二十五年（737），诏尊《老子》为《道德真经》、《庄子》为《南华真经》、《列子》为《冲虚至德真经》、《文子》为《通玄真经》；开元二十九年（741），令两京诸州皆建“玄元皇帝庙”，庙中以老子居正位，塑唐初历代帝王像为陪祀，又置崇玄学，将道教“四大经典”作为科举考试的内容；天宝二年（743），尊号老子为“大圣祖玄元皇帝”，改崇玄学为崇玄馆，改玄学博士为学士并置大学士[④]；天宝八年（749），加尊老子为“大圣祖大道玄元皇帝”；天宝十三年（754），加尊老子为“大圣祖高上大道金阙玄元天皇大帝”。于是，老子被尊为至尊的天皇，道教也被奉为至上的国教。不过，如前节所述，初盛唐帝王尊奉道教，主要出于政治需要。高宗明言其大力弘道在于“以彰清静之风，伫洽无为之化”[⑤]。玄宗对此说得更为明白：“我玄元皇帝著《道德》五千文，乃明真宗，致于妙用，而有位者未之讲习，

① 见《广弘明集》卷二十五。
② 《旧唐书·太宗纪》。
③ 《全唐文》卷十三《改元宏道大赦诏》。
④ 唐代的学士地位高于博士。
⑤ 《全唐文》卷十三《改元宏道大赦诏》附异文。

不务清静，欲令所为之政教粹美而至于太古者耶？”[①] 又说：“《道德》者，百家之首。清静者，万化之源。务本者，立极之要。无为者，太和之门。恭承垂裕之业，敢忘燕翼之训？故详延博达，讲讽精微，求所以理国理身，思至乎上行下效，亦云久矣。”[②]

此后的历世唐皇，也皆以道教为“本朝家教”而尊崇，其中又以武宗为甚。武宗抑佛尊道而至极端，改变了唐朝一贯的道、佛并存政策，于会昌四年（844）下令废禁佛教。

唐皇尊老而崇道，道教也标老而扬道，不仅兴起了全社会的崇拜老子热潮，而且巩固地确定了老子其人其书在道教中至高无上的地位。南北朝至唐初，道教已将老子置于元始天尊之下，也不将《老子》视为至上的经典。入唐以后，老子被尊为“玄元皇帝”并立专庙专殿供奉，道观中所修“三殿岌然，先后鳞比，其一曰老子，次曰三清，次曰三皇，而六帝侍焉”[③]。同时，《庄子》《列子》《文子》也受到推崇而成为科举考试的内容，表明道家的重要典籍也巩固地确立了其为道教主要经典的地位。

二、道教经学的繁荣

由于李唐王朝大力推崇和道人士民广泛研习道教经典，唐代道教经学也因之繁荣。

老子其人在唐朝至尊，《老子》其书也在唐朝至崇。唐代的道教经学，突出地表现为注《老》成风和老学大盛。入唐之后，道士、学者、官员乃至皇帝，纷纷为《老子》作注。唐初注疏《老子》的著名人物，即有孙思邈、傅奕、魏徵、成玄英、李荣等。天宝年间，玄宗也亲注《老子》并颁行天下。老学热于是形成高潮。唐人注《老》明道，不仅沿袭道教

① 《龙角山记·唐明皇诏下庆唐观》。
② 《龙角山记·唐明皇再诏下太上老君观》。
③ 《龙角山记·重修三清殿记》。

传统而阐发修身养性之术，更着重阐论《老子》的政治思想并强调其治国功用。傅奕和魏徵都是出道入宦的政治家，他们的注《老》之作今虽不传，但由其思想主张即可想知其注《老》的目的和主要内容。李荣的《老子注》，否定了“道”主要为长生之道的道教传统观念，强调“经术政教之道”与“长生之道”同样重要，认为老子所关心的主要是国家的治乱，乃因承黄老学说而大力发挥其“无为而治”思想，同时又因承魏晋玄学而在阐释道为宇宙本体、道性虚静的基础上将治国与长生结合为一体，说明“清静无为”可治国也可长生的一致性，从而构建出具有时代精神的唐代道教哲学，鲜明地反映出道教在唐代迎合王朝和社会需要而致力于治国的倾向。唐玄宗更是认为以往的《老子》注本皆未得《老子》精义，且“歧路增多，既失本真，动生疑误”[①]，因而亲注《老子》并明确揭示《老子》的“大旨”：

> 其要在乎理身、理国。理国则绝矜尚华薄，以无为不言为教……理身则少私寡欲，以虚心实腹为务……而皆守之以柔弱雌静……此其大旨也。[②]

在玄宗看来，《老子》即讲述治身、治国之道的书，《老子》的“精义”乃说明治身的目的在于治国，治国则须以治身为本，治身和治国之道都是“清静无为”。玄宗注《老》，比李荣更强调治国、更致力于阐发治国之道，却只字不提“长生不死”，可谓为了政治需要、为了论证唐初以来实施的“清静无为”政纲的合理性和正确性而大力发挥和宣扬道家思想。唐代的《老子》注本和论著，还有李约的《道德真经新注》、陆希声的《道德真经传》和王真的《道德经论兵要义述》等，现今所知的即多达30多种。李约也认为，《老子》阐发的是“清心养气安国保家之术”。

① 唐玄宗：《答张九龄清施行御注〈道德经〉批》。
② 唐玄宗：《道德真经疏·释题》。

陆希声则以为，老子与孔子同讲修身和治国，目的一致，论说有异，可谓“殊途同归”。王真由阐发《老子》的治国思想进而扩大到阐发其用兵之术。时至唐末，社会动荡，人生维艰，世人希冀保命全性，注《老》者才又重阐发长生之术。唐末五代道士杜光庭（850—933）的《道德真经广圣义》，即虽也讲治国，但重在论说肉体长生。

唐代的道教经学，还主要表现为注疏《庄子》及《列子》，如成玄英的《庄子疏》和卢重玄的《列子解》等。

以注《老》疏《庄》、明道弘教为主要内容的道教经学，尽管对道家学说作有神学化的改造，但毕竟是本据道家学说以阐发道教义理，故对道家学说也有所发挥。唐代道教经学尤重阐发老、庄的天道观、人生观和社会政治观，在一定程度上也丰富和深化了道家学说。道家自东汉逐渐而主要流入道教，道家的重要著作乃被唐人视为道教经典而习研和阐论。

经学的繁荣与经籍的编造、整理、汇集是相辅相成的。道经在魏晋南北朝已有大量编造并已予整理、汇集。历隋入唐又有许多新造经籍。唐玄宗即位后，组织道士和学者全面整理道教经籍，并仿效《佛藏》而编辑《道藏》。他先令长安太清观主史崇玄主持收集、整理和编辑京城所有道书，并让朝廷设置的昭文馆、崇文馆中的著名学者参与，编成了约150卷的《一切道经音义》。这套道经编成后，他亲自为之作序。在此基础上，他又让道士、学者收集散落于全国各地的道书并予以整理、修订、分类编辑，历时多年而编成了中国历史上第一部道教经籍大全——《三洞琼纲》。这套书据道教神学体系而分类编排，故称“三洞”[1]。其中以“本文”类居首，收编的主要是《老子》《庄子》等道家著作。杜光庭称：“至开元之岁，经诀方兴，玄宗著《琼纲经目》，

① “三洞”概念源出于道教神学，被陆修静始用为道教典籍分类的名词，指洞真部、洞玄部和洞神部，后即成为《道藏》分类的总称。

凡七千三百卷，复有《玉讳别目》、记传疏论相兼九千余卷。”[1] 因《三洞琼纲》成书于开元年间，后人乃称之为《开元道藏》。工程浩大、卷帙浩繁的《开元道藏》编修成书，是中国道教发展登峰造极的主要标志，也是盛唐文化繁荣的重要标志。

《开元道藏》于天宝年间流布天下，但经安史之乱，多遭焚毁。其后，肃宗、代宗时两度重新搜求，莫可复全。唐末，杜光庭重建经藏，“再为搜访，备涉艰难。新旧经诰，仅三千卷”[2]。

唐代道教直承南北朝道教而发展，尽管宗派林立，但突出地表现为主要是继南方的上清道系、茅山道派的发展。阐扬“上清”经法、创立南天师道的陆修静“总括三洞”，《开元道藏》即以陆氏广集的道书为基础、以陆氏整理道书的分类方法为依据编修而成。继承陆氏而进一步总结和发展上清道系的陶弘景，开创了以道统儒、释的茅山宗，唐代盛行的道派也即茅山派。唐初，北方的楼观道派因助李渊兴唐有功，得到王朝嘉奖而一度兴旺，但终不及茅山道派影响深广。

司马承祯、吴筠、杜光庭等唐代对道教发展贡献甚大的著名道士，皆出自茅山道派。他们继承上清道系、茅山道派的传统，进一步融儒纳佛以阐发道教义理，在着重阐发老庄哲学思想的基础上，吸取儒家的伦理思想、佛教的禅定学说以深入阐发道教的基本信仰和修持之道，因而丰富和深化了道教义理，并且确立和完善了以老庄思想为根基的道教基本教义。杜光庭又在陆、陶整编、制订的道教斋仪的基础上，进一步总结和考订南北天师道和茅山道的醮仪科范，整理出《道门科范大全集》87 卷，最终完成了道教科范的统一和规制化。

由于道家学说的巨大社会价值和用世功能，由于李唐王朝出于政治需要而大力崇道，由于道教自东汉创建、魏晋南北朝勃兴以来形成了广泛的影响和深厚的基础等原因，道教随着封建盛世的到来而全盛。唐代的道教，其信徒之众、组织之严、宫观之多及其规模之大，都是前所未

①② 杜光庭：《无上黄箓大斋后述》，《全唐文》卷九百四十四。

有的，而且还繁荣和发展了道教经学，统一和深化了道教义理，汇集和编修了《道藏》，整订和健全了道教科范，重列和基本完备了道教神系，尤其是巩固地确立了老子的至尊地位和道家典籍的显要地位。因此，道教发展至唐代而完全成熟，在形式和内容上都基本稳定下来了。上标老子、赓衍道家的道教在唐代的全盛，给予唐代社会以深广影响，也赋予唐代文化以较浓厚的道的意蕴、楚的色彩。

第四节　佛教援道承玄的中国化

在南北朝得到全面发展的佛教，因隋王朝的大力崇奉和唐王朝的长期扶持而隆盛。

一、佛教的发展和诸宗的勃兴

隋文帝生长于尼姑庵中，亲佛而佞佛，登基之后，便隆崇佛门、大兴佛法、广建佛寺、盛布佛经、普度僧尼，在位23年间，“度僧尼二十三万人，立寺二千七百九十二所，写经四十六藏，一十三万二千八十六卷”[①]。炀帝继位后，在建寺、造像、治经、度僧以崇佛上更是不遗余力，诏敕“菩萨戒弟子、皇帝总持，稽首和南十方一切诸佛，十方一切尊法，十方一切贤圣”[②]行道度僧，广作佛事。“隋代二君三十七年，寺有三千九百八十五，僧尼二十三万六千二百，译经八十二部。”[③]隋皇佞佛崇佛而“佛化”，佛教也应时得势而盛为国教。

李渊父子兴唐而崇道，高祖下《沙汰僧道诏》以裁减寺观和沙汰僧尼，太宗下《诘沙门法琳诏》以罪责佛徒，佛教在唐初受到抑制。不过，初唐帝王奉行“清静无为”的治国纲领，实施开明、开放和宽容、宽松

①③ 道宣：《释迦方志》卷下。《大正藏》卷五十二。
② 隋炀帝：《行道度僧天下敕》。

的文治政策，正视“在外百姓，大似信佛”的现实而力图利用佛教静世宁人，故虽抑佛而不灭其教，只是置其于道、儒之后而允许其正常发展，而且对佛教“搜妙道而辟法门，宏阐大猷，荡涤众罪”[①]、“弘济万品，典御十方”[②]的活动给予奖励和支持，佛教便得以在前朝兴盛的基础上进一步全面发展。

女皇武则天篡唐立周，为夺取李唐政权而利用佛经制造舆论，为扬武抑李而崇佛抑道，在位期间大修寺院、造佛像、兴佛法、礼僧人。佛教因而盛极一时。

中宗复位后，继续推行唐初的道先佛后政策。玄宗虽然大力崇道，却也优礼名僧。中唐诸皇尽管一如既往地尊奉“本朝家教”的道教，但也热衷于佛事。至武宗时代，寺院经济恶性膨胀，佛教势力急剧壮大，激化了社会矛盾并危及王朝统治，尚道佞道的武宗乃敕令灭佛，给予佛教以沉重打击，佛教也才由盛转衰。

历隋入唐而形成的众多佛教宗派中，影响甚大的有天台、法相、华严、净土、禅宗。中国佛教宗派的形成，是佛教在中国经长期发展而最终叛离印度佛教的结果，是佛教基本中国化后走上独立发展道路的标志。佛教自西域传入东土后，便主要依道而得以落户、附玄而逐渐中国化，也因此能够发展壮大并大行于世。但是，魏晋南北朝的佛教，尚处于传译西域佛典之说、阐释西域佛经之义的发展阶段，虽对佛教经义作有援道因玄及融儒的不同解说和阐发，却毕竟只有学派而未成宗派。勃兴于隋唐的佛教诸宗，则对佛教诸经的义理作了系统性地批判和创造性地发挥，从而自立其说，自成一系。隋唐佛教诸宗，大都因承魏晋南北朝传统而在相当程度上依道附玄以形成并兴盛。

天台宗是中国最早形成的佛教宗派，由陈、隋时的智顗创立。智顗（538—597），俗姓陈，荆州华容（今湖北潜江西南）人，出身于世家豪门，

① 唐太宗：《答玄奘法师进〈西域记〉书诏》。
② 唐太宗：《大唐三藏圣教序》。

一生建寺、度僧、授徒、著述甚多。因久居浙江天台山，所立宗派因以得名。所著《法华玄义》《法华文句》和《摩诃止观》各20卷，被称为“天台三大部”。他生长在故楚之地，大半生活动于南朝，一生几乎足不北行，思想上颇受楚文化传统及南朝学风的影响是不言而喻的。从他阐发《法华经》教理而以“玄义”标示这一点，即可知他直接承袭了前朝尚道的玄风。《法华经》是大乘佛教的重要经典，天台宗自述其初祖乃印度大乘空宗的创始人龙树。智顗以《法华经》为主阐发天台宗教义，也致力发挥大乘空观。他虽然不再像南朝佛学那样直接以玄学所论的老庄思想与佛教义理相比配，但他阐发的“一念三千”及“三谛圆融”“止观双修”的基本思想，都贯穿着玄学精神，也与道家老庄学派的一些观点相契合。所谓“一念三千”，是说“三千（现实世界和鬼神世界中的一切）在一念心”[①]。其立论根据就是“一切皆空”的大乘空观和“天地虽广，以无为心”[②]的玄学宇宙观，只是进一步作了万事万物皆产生于心的主观唯心主义的发挥。所谓“三谛圆融”，是说“一念心起，即空、即假、即中（空和假的统一、非空非假）”[③]，“心是诸法之本，心即总也”[④]，缘心乃可得诸法、把握佛教之谛——“真理”。其思想联系着道家的“道生万物”“道无所不在”、游心以通合于道的观念。所谓“止观双修”，说的是既要止息散心、专注一境，又要观想智慧、顿得佛法。这反映了顺应南北统一的形势而既重北朝佛教传统的禅定实践、又重南朝佛教传统的义理探索的融通特征，明显地联系着道家“静观”“玄览”“心斋”“坐忘”的观念，因承了南朝佛学在玄学影响下形成的“顿悟说”。《摩诃观止》是智顗最重要的佛学著作，“止观说”是天台宗的理论核心。智顗在此书中，就多引《庄子》中的寓言故事和语词概念来阐发其理论。另外，他还申论了南朝玄学化名僧竺道生的思想，强调一切众生与生俱

① 智顗：《摩诃止观》卷五。
② 王弼：《老子注》三十八章。
③ 智顗：《摩诃止观》卷一。
④ 智顗：《法华玄义》。

来便有正因、缘因、了因三佛性，进一步提出佛性也有善恶的观点，从而深入说明众生皆能成佛。隋末唐初，他的弟子灌顶（561—632）广弘师说，天台宗也于唐初兴盛。不久，诸宗竞起，天台趋衰。湛然（711—782）发展天台教义，提出草木砖石等无情之物亦有佛性的“无情有性”说，使天台宗一度“中兴”。其理论实亦受到《庄子》所谓道“在稊稗”“在瓦甓”“在屎溺”的启发和影响。中唐以后，天台宗无可挽救地衰落下去。

法相宗又称“唯识宗”，由唐代名僧玄奘（602—664）及其弟子窥基（632—682）创立。玄奘于贞观三年（629）独身西行，历尽艰险而至印度求法，以学识渊博精深而名震西域。贞观十九年（645），他携带大批佛经返归唐都长安，从此便在太宗、高宗的大力支持下主持全由中国僧人参与的译经活动，彻底改变了此前以西域僧人主持译经而主导经学的状况，开创了中国僧人独立译经并主导经学的新局面。20年间，他主持译出佛经75部、1335卷。在中国佛教史上，他不仅与鸠摩罗什、真谛、不空并称而为四大翻译家之一，而且译经成果最多、成就最辉煌。另外，他还撰有《大唐西域记》，广泛地介绍了西域文化，深得太宗及朝野人士看重。他博通中国文化，在译经同时，又将《老子》一书译成梵文传入印度。这虽然是奉尊道的太宗所命之举，却也反映了他对老学的精通。他翻译的佛经，因既通梵文、汉文，又通佛理和汉学，故不仅译文准确，而且通达畅雅，时人乃称为“新译”。尽管他“译而不作”，他重视的仍是魏晋以来风行中国的大乘空宗理论，故在晚年殚精竭虑地将当年鸠摩罗什未能译完的《大般若经》600卷全部重新译出。由于他宗奉印度瑜珈行派的唯识理论，他乃将此派的重要经典译出并予以宣传。窥基协助他糅合瑜珈行派著名十师对《唯识之十论》的注释而编译出《成唯识论》，成为唯识宗的代表作，又撰《成唯识论述记》《成唯识论枢要》等阐扬唯识宗教义，唯识宗因而形成并兴盛。然而，玄奘受西域佛学的影响太深，所创唯识宗虽在教义的阐扬上有一定程度的中国化，却基本上墨守印度瑜珈行派的思想、未能因承魏晋以来的佛学传统而作中国化的大改造，终究不能适应国人需要，结果只是在唐初开放的社会环境中和王朝的扶持下兴盛不过40年，便衰而不振，成为隋唐佛教中的短命宗派。

华严宗因奉《华严经》为最高经典并予以大力阐扬而得名，实际创立者是被尊为三祖的法藏（643—712）。较之天台宗，华严宗更好“玄谈”。法藏之师智俨，著有《华严搜玄记》《华严一乘十玄门》等。法藏著书百余卷，重要的有《华严经探玄记》《华严经旨归》及《入楞伽心玄义》等。华严宗的基本理论是“法界缘起”说和“圆融无碍”说，其理论基础又是“一心法界”（或称“一真法界”）论，即认为世界一切现象的本源是“真心”“至净真心”“如来藏自性清净心”。这实际上是深受道家哲学影响并对之加以改造而形成的佛教哲学。道家以“道”为世界本原，认为道的特征是至真、至美、“虚无无为”“漻乎其清也”[①]，而人可以游心以合道，合道的方法就是“心斋”、使内心“纯粹而不杂，静一而不变，惔而无为，动而以天行”[②]，又认为“以道观之，物无贵贱”[③]，事物的大小、多少、然否、贵贱等是“道通为一”[④]的。华严宗受此影响而出于宗教目的，直接将“道”改造成“真心”，将“道生万物”论改造成“法界缘起”（世界上的一切现象均由“清净心”随缘生起）说，将“道通为一”论改造成“圆融无碍”（世界上的一切现象皆互通为一，所谓“一即一切，一切即一”、“一即多，多即一”[⑤]）说。在思想理论和思维方法上，华严宗与天台宗十分接近，两宗都将一切诸法归之于“心”，都主张圆融通一，主要在于具体阐说有所不同而已。两宗虽然都分别以印度大乘佛教的主要经典为教义根据，实际上都是援道变佛、结合中国传统思想而大大改造和发展了大乘佛学，从而形成了中国独创的大乘佛学精神。华严宗兴于武则天时代，盛于唐德宗、宪宗

① 《庄子·天地》。
② 《庄子·刻意》。
③ 《庄子·秋水》。
④ 《庄子·齐物论》。
⑤ 法藏：《华严一乘教义分齐章》。

时代，但逐渐合流入禅宗。被其尊为五祖的宗密（780—841）大力弘扬的华严宗教义，已经是大量糅合禅学南宗荷泽一系的思想。唐武宗灭佛后，华严宗便一蹶不振。

净土宗源于东晋慧远在庐山成立的“白莲社”，故亦称“莲宗”，由唐初名僧善导（613—681）创建。它奉“三经一论”（《无量寿经》《观无量寿佛经》《阿弥陀经》和《往生论》）为主要经典，致力阐扬“乘佛愿力”（“他力”）而往生西方净土（极乐世界）的思想，沿袭东晋南朝“清通简要”的学风，将慧远据“三经一论”而倡导的“观想念佛”以死后往生西方净土的修持法门，进一步简化为“一心专念”阿弥陀佛名号即可死后往生西方净土的“净土法门”。由于“净土法门”简便易行，不拘形式，能够摄获民众之心，故一经创立便蔚为大宗。相传善导“演说净土法门三十余年”，“长安道俗传授净土法门者不可胜数”[①]。禅宗兴盛之后，净土宗也就合流入更为“清通简要”的禅宗了。

天台、华严、净土都是主要援道承玄而中国化了的佛教宗派，因而其兴也勃、其盛较长。但是，它们毕竟还以印度佛经作为其阐扬教义的根据，未能完全叛离印度佛教而成为纯粹的中国佛教。另外，天台、法相、华严等影响甚大的佛教诸宗，都为阐扬教义而因承了汉代经学、北朝经学乃至印度经院佛学的学风，通过博综的注疏和烦琐的论证来构建其理论体系，违背了远绍先秦楚学、近承魏晋玄学而在南朝形成的“清通简要”这一中国主导学风，故不太适合中国人的习性而成为中国人长久喜好的彻底中国化佛教。唯有创建于故楚之地、形成于有楚文化传统的南方文化氛围中的禅宗，才充分显示了以南方文化为主导的中国风貌和中国气派，成为纯粹的、彻底的中国佛教。

① 志磐：《佛祖统纪》卷二十六。

二、禅宗的兴盛和特质

禅宗以阐扬禅学而得名。“禅”乃天竺语 Dhyana（禅那）的音译简称，汉语意译通常作“静虑”。印度佛教以“禅定”（安静地沉思）为重要的修行方法，却没有相当于中国“禅宗”的教派。

据佛书记述，禅宗的初祖是西域僧人菩提达摩。传说佛祖如来“拈花微笑”而授于高徒摩诃迦叶创“不立文字，教外别传”、以心传心的微妙法门一脉，承此脉的达摩于南朝来到东土，曾在嵩山少林寺面壁9年，身体力行地传扬禅定之法。“久居伊洛，博览群书，善谈玄理”的“旷达之士”姬光（487—593）闻之，以为“至人不遥，当造玄境”[①]，乃前往求法。达摩不睬，姬光终夜站立积雪中，至天明仍不得入室，乃自断左臂以表求法的至诚，感动了达摩，得以面谒而大悟，受四卷《楞伽经》，改名慧可，又称僧可。达摩入灭，慧可弘法，是为二祖。他不执著佛经而专附玄理，阐发万法皆如、身佛不二的思想，并授法于三祖僧璨（？—606）。僧璨在北周武帝灭佛之际，“佯狂市肆，后隐舒州司空山”[②]，倡导放旷自然、任性逍遥的修行生活，将源自老庄的玄学人生观与“万法一如”“即心即佛”的玄学化佛学结合在一起。师从僧璨的四祖道信（580—651），在隋、唐之际长居蕲州黄梅（今属湖北）破头山（后改名双峰山）大弘禅法，30多年足不出山，多次坚辞唐太宗的召请，门下僧徒达500余人。他融通《般若经》和《楞伽经》并作进一步的发挥，提出随心自在、纵横无碍的修行方式。由佛书所述禅宗初祖至四祖的传法过程可知，达摩入东土所传禅法，本为印度佛教的静坐以观想佛理为主的修行方法。玄学化僧人慧可、僧璨和道信在承传禅法的过程中，便不断地援据道家的哲学和修养方法，因袭魏晋玄风而将印度禅法逐渐改造为中国禅法，并且初步阐发了外佛内道的中国禅学，为禅宗在唐初的

① 道原：《景德传灯录》卷三《第二十八祖菩提达磨》。

② 《历代法宝记》。司空山位于今安徽岳西西南。

正式形成奠定了基础。

禅宗的实际创建者，是被尊为五祖的弘忍。弘忍（602—675）俗姓周，黄梅人，7岁随道信出家，“三十年不离大师左右”，深得道信真传。道信死后，他定居于黄梅东山寺，耕作自给，聚徒讲习，门徒甚众，名扬海内，号“东山法门”。他继承道信作风，“萧然静坐，不出文记，口说玄理，默授与人”[①]，远避尘嚣，多次坚辞唐高宗的召请。他一变达摩至道信的重授《楞伽经》传统，改为重授《金刚经》。《楞伽经》宣扬世界万有由心所造而重在见性，《金刚经》则宣扬般若空观而重在破相。他传教改用《金刚经》，更便于“义符玄旨”、理合道论，也导扬出禅宗的批判精神和否定态度。他倡导“萧然静坐”的禅法，将道信所传“守一不移”的禅法发展为“怀抱贞纯，缄口于是非之场，融心于色空之境。……盖静乱之无二，乃语默之恒一”[②]，从而使禅法合同于道家抱朴守一、“心斋”“坐忘”的修养方法，并体现出道家倡导的避世遁隐、超然出世的精神。他还提出了“四仪（行、住、坐、卧）皆是道场，三业（身、口、意）咸为佛事”[③]的主张，谓修行即在日常生活、言行举止中，乃使佛事更为简便、成佛更加容易，也使禅宗得以世俗化、大众化。他的禅学思想，概括了禅宗的基本宗旨，奠定了禅宗发展的理论基础。“东山法门”大开，禅宗由此勃兴。唐永徽五年（654）始建的东山寺（又称五祖寺），历时千年而经重修，至今仍存于湖北黄梅县城东。楚人弘忍创建的实以楚文化精神（老庄道家精神）为基质的佛教禅宗，至今未绝于中国及东亚。

禅宗在唐代的迅猛发展而蔚为大宗，得力于弘忍的两位高徒神秀和惠能。他们分创了禅宗的南、北二宗。

神秀（606—706），俗姓李，博学多识，“《老》《庄》玄旨，《书》《易》

---

① 净觉：《楞伽师资记》。

②③ 《楞伽师资记》引《楞伽人法志》。

大义，三乘经论，四分律仪，说通训诂”[①]，无不通晓。据文献记载可知，他深研老庄奥旨、玄学妙理，更甚于佛教经义。至东山寺见到弘忍，他即大为叹服：“此真吾师也。”弘忍也深为器重他，命他为上座，成为其十大弟子之首。弘忍死后，他往当阳（今属湖北）玉泉寺传法，广收门徒，影响由南及北，名声耸动京洛。久视元年（700），武则天召他入京，“肩舆上殿，亲加跪礼，内道场丰其供施，时时问道。……洎中宗孝和帝即位，尤加宠重”[②]，“遂推为两京法主，三帝国师”。禅宗于是在北方大盛，形成北宗。神秀死后，唐中宗赐谥为“大通禅师”。

据说，弘忍在选法嗣时，令门徒各作一偈。神秀作偈云：“身是菩提树，心如明镜台。时时勤拂拭，勿使惹尘埃。”[③]弘忍斥之为“未见本性，只到门外”，未授法衣。此偈反映了神秀禅学的基本思想，即众生皆有佛性，但成佛则须净心，须通过“时时勤拂拭”的修行以清除世尘、息灭妄念而逐渐悟达佛境。这种思想未能悟得弘忍禅学真谛而彻底破相见性，将内与外对立起来而承认了尘世的存在和作用，将心与性割裂开来而否定了“四仪皆道场”、即日常生活中的修行和成佛的直捷简易，故使弘忍不满。神秀得到统治者的尊尚和支持而在北方传授“渐悟”禅法，虽使北宗盛极一时，但“渐悟”禅法毕竟不太容易在民众中普及，北宗又亲附统治阶级而背离了“役力以申供养”[④]的禅宗传统，褪去了山林佛教的色彩，逐渐脱离了下层广大信徒，结果行化不过数十年，即无力抗衡影响日大的南宗而为其取代。

惠能，亦作“慧能”（638—713），俗姓卢，生于南海新兴（今属广东），家贫无力求学，靠卖柴度日。一日于市中闻客诵《金刚经》而大悟，得知客受知于黄梅弘忍处，即赴东山投弘忍门下，役力悟禅。据说他闻神秀所作之偈，亦作一偈：“菩提本无树，明镜亦非台。本来无一物，何

① 张说：《大通禅师碑》。
② 赞宁：《宋高僧传·神秀传》。
③ 《坛经·行由品》。
④ 《楞伽师资记》引《楞伽人法志》。

处惹尘埃。”[1]弘忍大为赞许，乃认作法嗣，密授法衣，嘱他于南土弘法。他惧人争夺法衣，潜回岭南，混迹市廛16年，后居韶州曹溪宝林寺（即今广东韶关曲江境内曹溪之畔的南华寺），大弘“东山法门”，创立南宗，时有“南能北秀”之称。武则天和唐中宗皆召他入京，他力辞不往，保持了禅宗的山林佛教本色。门徒记录、汇编他弘法的说教而成《坛经》一书，后世禅宗乃奉为教典（“宗经”）。惠能卒后，弟子继弘其法，形成南宗诸系。南宗也因此风靡南土而北传中原。中唐社会，已形成天下“凡言禅，皆本曹溪”[2]的状况。惠能也被尊为禅宗六祖，唐宪宗追谥为“大鉴禅师”。

惠能之偈，可谓深得“东山法门”真谛，说的是世界一切皆空，连菩提树、明镜台这成佛境界的象征也虚而不实，事物全缘心所造，而自身与尘世、心与性是统一的，心性本就清净又何有尘埃可染，众生皆有佛性而可成佛，在行住坐卧的日常生活中也可修行，只要识本心（无妄念的净心）便可见佛性，从而顿悟成佛。《坛经》所记惠能的说教，基本上就是此偈意蕴的具体而明确的阐发，如：

> 识心见性，自成佛道。
> 心生，种种法生；心灭，种种法灭。一心不生，万法无咎。
> 只汝自心，更无别佛。
> 立无念为宗，无相为体，无住为本。
> 一行三昧者，于一切时中，行住坐卧，常行直心是。
> 若识本心，即是解脱。若得解脱，即是般若三昧。
> 不悟即佛是众生；一念悟时，众生是佛。故知万法尽在自心。

这些思想，直接因承弘忍而来，却又将弘忍所未阐明的说得更深更透，

① 《坛经·行由品》。
② 柳宗元：《曹溪第六祖赐谥大鉴禅师碑》。

从而丰富和发展了弘忍的思想，可谓嗣其法而弘其道。弘忍、惠能的禅学思想，其理论基础就是“以无相为体”而将一切诸法归之于“心”，同天台宗、华严宗一样主要是援道承玄而将印度佛学改造为中国化佛学，但其改造得更为彻底，也更为鲜明、浓重地体现出道意和玄旨。天台宗和华严宗在阐发其思想时，力图从印度佛经中寻找根据，实际上却采用了“六经注我”法，以中国文化（主要是道家哲学）为本位而求证于佛经。惠能及其先师则罕述佛经而直接阐发其中国化了的佛学思想。他们强调“一切皆空”和“心生万法”，实际上否定了佛经和佛祖的存在，所谓“若无世人，一切万法本自不有，故知万法本自人兴，一切经书因人说有”[①]，这真是“教外别传”或“叛教新传”了。这使得佛教信徒从至上的佛祖权威下和艰深的佛经束缚中解放出来而不礼佛、不读经、唯求本心、唯见自性，获得了彻底的精神自由和个性解放。这也正是大力发扬道家追求精神自由和个性解放传统的结果。惠能及其先师较天台宗、华严宗的宗主更加强调“心”的本体意义和决定作用。宗密概括为“知之一字，众妙之门”[②]。惠能在说明“心”的特性时乃谓：“心量广大，犹如虚空。……虚空能含日月星辰、大地山河。”[③]显然，这完全是老庄描述“道大”之语的翻版。他宣扬人“心”造世界、造万物、造人生、造佛陀的观点，亦是对老庄关于“道大，天大，地大，人亦大”[④]、“游心于物之初”[⑤]而至“天地与我并生，而万物与我为一”[⑥]的高扬主体精神的思想的极端发挥。他大倡“顿悟成佛”说，则是对竺道生提出的此说的极力弘扬。他继承弘忍而强调日常生活中的行住坐卧皆道场、举手投足皆佛事，实际上是引据率真任性、随心所欲而顺因自然的道家人生观和“魏晋风度”

①③《坛经·般若品》。

②《禅源诸诠集都序》卷二。

④《老子》二十五章。“人”，郭店楚简《老子》、马王堆汉墓帛书《老子》甲乙本、北大汉简《老子》第六十六章皆作“王”。

⑤《庄子·田子方》。

⑥《庄子·齐物论》。

于佛教修行之中。他坚持先师开创的遁迹山林的传统，实际上是坚持道家远避尘嚣的隐士精神。因此，惠能继承弘忍而阐扬的南禅佛学，主要援道承玄而对印度佛学作了全面深刻的变革，完全有别于印度佛学而彻头彻尾地中国化了。它形成于初唐至盛唐欣欣向荣的社会环境中，反映了高扬主体、解放个性的“盛唐气象”，体现了唐人自主、自觉地追求人生和创造文化的时代精神。汇录惠能思想的《坛经》，乃如学者指出：“它的大部分思想可以在《庄子》中找到根苗。《坛经》或者说禅宗，是以道家，特别是《庄子》的‘自然’来改造和重建佛性理论的。就其哲学思想而言，《坛经》与《庄子》是相通的，可以说就是披上了佛学外衣的《庄子》。”[①]惠能创立的南禅作为宗教派别，也在世界上几乎找不到类同的宗教。惠能之后，由南禅主导而盛行天下的禅宗，抛弃了其先师尊奉的《楞伽经》和《金刚经》，唯以《坛经》传宗，并且大力标榜“教外别传，不立文字，直指人心，见性成佛”这十六字诀而可谓“清通简要”之至的教义。

将南禅迅速传入北方并使之取代北禅的首要功臣，是惠能的高徒神会。神会（686—760）俗姓高，襄阳（今属湖北）人。据佛书记载，他初学《五经》，次探《老子》《庄子》，后览《后汉书》而知浮屠之说，乃入佛门，是一位好道而迷禅的僧人。他先投北禅，后至曹溪，当是因觉南宗禅学更契合所好的《老》《庄》玄旨。惠能卒后，他到北方大力宣扬南禅“顿悟”教义，并在滑台（今河南滑县东）大云寺与北宗禅师展开争夺禅宗法统的大辩论，抨击北禅“传承是傍，法门是渐”。其时虽不敌势力尚大的北宗，他自己也一度被赶出京城，却使所谓“师承是正”“法门是顿”的南宗在中原迅速传播开来。他在宣扬南禅教义时，也进一步援道承玄以阐扬南宗禅学。如援据道家的“道法自然”思想而

① 陆玉林：《〈庄子〉与〈坛经〉》，《道家文化研究》第一辑，上海古籍出版社1992年版，第276页。

强调："僧家自然者，众生本性也。"[①] 又说："佛性与无明俱自然，何以故？一切万法皆依佛性力故，所以一切法皆属自然。"[②] 经他数十年不遗余力地在北方弘化南禅顿教，以中国文化为内质而具有深厚的社会基础、体现了时代精神又易获得民心的南禅逐渐压倒了北禅。文献记载："会之敷演显发能祖之宗风，使秀之门寂寞矣。"[③] 神会也受到朝廷重视。"安史之乱"中，他应朝廷所请，设坛度僧以收"香水钱"供官军平乱。乱平后因功被"肃宗皇帝诏入内供养，敕将作大匠并功齐力，为造禅宇于（洛阳）荷泽寺中"[④]，乃开荷泽一系。唐德宗时，神会被推为禅宗七祖，德宗亲为之作《七祖赞》，南禅的正统地位也正式确定。此后，承继南禅而发展的禅宗，便几乎成了中国佛教的代名词。

受到统治者推重并亲附统治阶级的佛教宗派，大都兴盛难久。法相宗、华严宗、禅宗北宗如此，南禅荷泽系亦如此。神会虽因弘扬宗风并对惠能思想有所丰富发展而名动天下，也使荷泽系盛极一时，却未料荷泽系数传便衰落下去。倒是在南方故楚之地保持南禅的山林佛教本色而大弘宗风的南岳系、青原系，不断发展南禅教义而显示出长久的生命力。

南岳系由怀让（677—744）居南岳衡山般若寺观音台所开，青原系由行思（？—740）居吉州（今江西吉安）青原山静居寺所开。两系在发展过程中，分别演化出沩仰、临济和曹洞、云门、法眼共五家。两系五家融会了隋唐诸宗将佛学中国化的成果，进一步援道承玄以阐扬禅宗教义。如谓"平常心是道"[⑤]、"佛法无用功处，只是平常无事，屙屎送尿，著衣吃饭，困来即卧"[⑥]、"经有明文，我所说者义语非文，众生说者文语非义。得意者越于浮言，悟理者超于文字，法过言语文字，何向数句中求？是以发菩提者，得意而忘言，悟理而遗教，亦犹得鱼忘

①② 刘澄：《南阳和尚问答杂征义》（《神会语录》）。
③④ 赞宁：《宋高僧传·神会传》。
⑤ 道原：《景德传灯录》卷十《赵州观音院从谂禅师》记南泉禅师语。
⑥ 慧然：《镇州临济慧照禅师语录》。

筌、得兔忘蹄也”[①]，等等诸说，不胜列举。它们也鲜明地形成了承道、玄而演变出的呵佛骂祖、绝教弃经、否定神灵、无视权威、纵心任性、张扬自我、崇尚自然、泯灭主客、齐同生死、追求超越、棒喝机锋以参学、公案语录以悟禅的禅宗风格。

禅宗与道家、玄学的密切关系，学者多有论说，甚至认为禅宗即道家或玄学。范文澜阐明：“禅宗是披天竺式袈裟的魏晋玄学，释迦其表，老庄（主要是庄周的思想）其实。”[②]不过，禅宗思想并非等同于道家哲学或魏晋玄学，而是以道家哲学和魏晋玄学为基质而演变成的。它虽然否定了佛祖、摈弃了佛经，却依然吸取了印度佛学并将之与道家哲学、魏晋玄学相融通。同时，它也融入了传统儒家学说的内容。因此，它应该说是以援道承玄为主、以纳儒为辅而变革佛学的产物。

佛教在唐代的中国化，是唐人循沿前人主要依道附玄以改造佛教的道路，在前人改造佛教的基础上，进一步主要援道承玄以变革佛教的结果。佛教的彻底中国化由禅宗完成，禅宗又在中国南方故楚之地创立和勃兴，表明故楚之地的文化传统和文化氛围对中国文化的变革发展有着良好的催生和促进作用，表明富于兼容性、革命性和创造性的楚文化精神对中国思想文化的变革发展有着积极而深巨的影响。

彻底中国化的佛教，在中国自然是最具影响力和生命力的。因此，禅宗勃兴，诸宗黯然；禅宗隆盛，诸宗衰亡。晚唐至今的中国佛教，基本上就是禅宗一脉。

第五节　继承楚文化精神的史学理论和哲学思想

唐代的史学家兼思想家，首推刘知几。唐代的文学家兼思想家，则

① 道原：《景德传灯录》卷二十八《越州大珠慧海和尚语》。
② 范文澜：《中国通史》第四册，人民出版社1965年版，第208页。

以韩愈、柳宗元和刘禹锡为代表。他们都不同程度地继承了楚文化精神。柳、刘两人，堪称唐代最有建树而比肩齐名的思想家，也大大弘扬了楚文化精神。

一、刘知几及其《史通》

贞观君臣效法汉初君臣而重视总结王朝兴替的历史经验，以“鉴国之安危，必取于亡国”[1]为指导思想而广修前代诸史。于是，唐初的史著大量产生，史学空前繁荣，朝野上下也形成了重史、读史的热潮。加之自先秦以来，尤其是汉代以来，史家接踵而起，史著层出不穷，史学也成了中国学术文化发展的重点和热点。在这种学术条件和文化背景下，对史学作全面而深入的理论批评和总结以指导史学的健康发展，便十分必要了。敏锐地感受到学术发展的需要，故楚之地人刘知几以大无畏的勇气，弘扬楚文化的批判精神和创造精神，写出中国历史上第一部史论专著——《史通》。

刘知几（661—721），字子玄，徐州彭城（今江苏徐州）人，汉朝皇族后裔，自幼博览群书，尤好读史，且“自小观书，喜谈名理，其所悟者皆得之襟腑，非由染习”[2]。他曾“三为史臣”[3]，参与了《唐书》及高宗、中宗、则天皇后、睿宗等历朝实录的修撰，晚年竟因发不平之鸣而被贬死在故楚之地安州（治今湖北安陆）。他一生述作不倦，著作颇丰，但以《史通》20卷最为不朽。

博学多识的刘知几，精通《老子》《庄子》和屈骚、宋赋等楚文化典籍。他研究《老子》尤深，著有《论〈老子〉无河上公注》《〈孝经〉〈老子〉注〈易传〉议》《重论〈孝经〉〈老子〉注议》等。《史通》中，多论及庄子、屈原和宋玉及其作品。因《史通》“多讥往哲，喜述前非，获罪于时”[4]，他以为此书难行于世，乃比拟于前代名典，特别语及：“若

① 《贞观政要·刑法》。

②③④ 刘知几：《史通·自叙》。

乃《老经》撰于周日，《庄子》成于楚年，遭文、景而始传，值嵇、阮而方贵。若斯流者，可胜纪哉！”[1]由他的言行和《史通》来看，他受道家思想和屈原精神影响很大，继承了道家之识，因袭了庄、屈之风。

《史通》一书，是刘知几任史官期间，深感权臣“监修国史”而横加干涉、小人道长而自以为是，令他不能遂志独断、秉笔直书，乃“郁怏孤愤”的“私撰”。其书所成的动因，与屈原“发愤以抒情”而赋诗、司马迁“发愤之所为作”《史记》一脉相承。其书对先秦至唐初的中国史学作了系统的批判，也较为全面地反映了其学术思想。

在《史通·自叙》中，刘知几首推刘安的《淮南子》，次称扬雄的《法言》，再赞王充的《论衡》。他著《史通》，即主要继承和发扬了这三部著作的学术思想和治学精神。

《淮南子》“其旨近《老子》”，是道家黄老学派的集大成之作，在思想上弘扬了楚文化的道家精神和“王道”意识，着重对道家“天道自然”观作了阐发，强调天道可由人知、人道乃由人行，否定和批判了由天神主宰人事的儒家天命观。[2]《史通》依据这一基本观点，明确指出前代一些史籍“夫推命而论兴灭，委运而忘褒贬，以之垂诫，不其惑乎”[3]，并对《汉书·五行志》等宣扬的“天人感应”、星象灾异、祥瑞符命的汉代神学化儒学思想痛予批驳，斥为“虚说”、“其妄甚矣”。刘知几推尚《淮南子》“其书牢笼天地，博极古今，上自太公，下至商鞅，其错综经纬，自谓兼于数家，无遗力矣”[4]，又谓《史通》“其书虽以史为主，而余波所及，上穷王道，下掞人伦，总括万殊，包吞千有”[5]，清楚地说明《史通》之作效法了以道为本、兼括百家、穷极天人、通述古今以阐扬“王道”的《淮南子》。

---

① 刘知几：《史通·鉴识》。
② 参见第二章。
③ 刘知几：《史通·杂说》。
④⑤ 刘知几：《史通·自叙》。

扬雄著《法言》，与其著《太玄》一样，意在援道补儒、据道正儒、融道新儒。[1]刘知几为“穷王道”以益治世，亦推重儒家适应宗法社会政治需要的“三纲五常”之说，故他明言“夫以《史通》方诸《太玄》”[2]，自觉地弘扬扬雄精神，援据道家思想，批判神学迷信，反对诡说异辞，匡正儒学谬误，“宣王道之正义”[3]。

“儒者之书，博而寡要，得其糟粕，失其菁华。而流俗鄙夫，贵远贱近，传兹抵牾，自相欺惑。故王充《论衡》生焉。”[4]刘知几明识于此，极为赞许振扬道家朴素唯物论以全面深刻地批判神学化儒学的王充，也大力发扬王充“疾虚妄”的精神而破除对圣贤经典的迷信、否定灾祥符瑞等“天人感应”的儒者之说，所著《史通》也深受《论衡》影响。《论衡》中有《问孔》《刺孟》《指瑞》《验符》之篇，《史通》中乃有《疑古》《惑经》《书志》《五行志杂驳》之文，其思想和精神直承王充而颇谬于圣人，甚至可以说是《论衡》诸篇的续作。在《史通》中，刘知几尖锐地批判了自汉代以来被尊奉的孔子、董仲舒等儒家圣贤和《尚书》《春秋》《论语》等儒家经典，还毫不留情地指责了被誉为“良史”的司马迁、班固、陈寿、范晔等著名史家的虚妄不实之处。其批判范围之广、批判精神之强，实不亚于王充。

通过对前代史学的批判和总结，刘知几鲜明地提出了他丰富而深刻的史学主张。其主张涉及史学理论和史学方法的诸多方面，但其最为突出的主张，是大力提倡“直书”“实录”，特别强调史家著史应“不掩恶，不虚美”，不畏权贵、不随流俗、不计荣辱、不折节操，“犹须好是正直，善恶必书，使骄主贼臣所以知惧”[5]。《史通》中有《直书》《曲笔》两篇专文，高度赞扬了“宁为兰摧玉折，不作瓦砾长存”的直书之士，猛烈抨击了“舞词弄札，饰非文过”的曲笔之徒。这一主张，弘扬了中

① 参见第二章。
②④ 刘知几：《史通·自叙》。
③ 刘知几：《史通·六家》。
⑤ 《旧唐书·刘子玄传》。

国史学的优良传统，亦体现了道家疾伪尚真的宝贵精神。

刘知几在《史通》中还力主创新，倡导著文修史在内容上应“博采”“兼善”“采摭群言，然后能成一家”[①]而有其“通识”，在形式上不要机械地模拟前代名著而貌同体一。他所称道的《淮南子》《法言》和《论衡》，都是大有革新和创造的佳作。他自谓《史通》“夫其为义也，有与夺焉，有褒贬焉，有鉴诫焉，有讽刺焉。其为贯穿者深矣，其为网罗者密矣，其所商略者远矣，其所发明者多矣”[②]。《史通》在形式上也不效法刘安、扬雄和王充之作，而是基本上用骈体文写成的，颇承他所称道的刘勰《文心雕龙》的文风，流利畅达而富有辞采。刘知几的创新主张和追求，体现了楚文化博采众长以融通、内求诸己以创新和尚奇示美、铺采摛文的传统。

由于历史的局限和作者情绪的愤慨，《史通》难免有偏激之语、偏颇之论，而且其表达的无神论思想也不彻底，但是，其尚真求实、勇于批判、大胆创新精神及许多真知灼见，显示出很大的进步意义和文化价值。后世儒者指责其“妄诬圣哲”“弹劾仲尼”[③]、“好奇自信，抱见深文……得罪于名教”[④]，则从反面突出了其思想推陈出新的贡献和解惑启蒙的影响。

《史通》毕竟是“以史为主”的史学论著，“上穷王道，下掞人伦”只是“余波所及”，故刘知几也主要是历史学家。在初、盛唐时期，社会欣欣向荣，国家蓬勃向上，人们也大都乐观自信。文士竞相赋诗言志抒怀，对自然、社会和人生尚较少作深沉的哲学思考，加之王朝崇道重佛，道、佛两教在思想文化的创新发展上争奇斗艳、大放异彩，引诱文士依道皈佛，因此竟未产生一位独立于道、佛两教的大思想家。

① 刘知几：《史通·采撰》。
② 刘知几：《史通·自叙》。
③ 柳璨：《史通析微》。
④ 于慎行：《史通举正论》。

二、韩愈及其《原道》

经过“安史之乱”，王朝由盛转衰，社会矛盾加剧，道、佛两教的势力也恶性膨胀。尽管有许多文士对王朝衰落、社会动荡而心灰意冷、皈依佛、道，但有志于匡正时弊、振兴王朝的文士在积极参政的同时，对天道与人道作了深沉的哲学思考，从而涌现出了韩愈及柳宗元、刘禹锡这三位唐代著名的思想家。

韩愈（768—824），字退之，“幼刻苦学儒”[①]，博览百家之作。25 岁进士及第后，转任多职。有识于社会危机，立志复兴儒学以维护封建王朝。又倡导古文，成为当时兴儒运动的旗手和古文运动的领袖。

生长于中原的韩愈，深受中原传统文化的影响而服膺孔孟、崇信儒经，并以自振儒学于一代为己任，却也因博览群书而实受楚文化传统影响甚大。在《进学解》中，他列举所读六艺百家之书里自己精研的典籍，不提《论语》《孟子》和“三礼”，特别举出庄文屈骚，称“下逮《庄》《骚》，太史所录，子云、相如，同工异曲”。他继承屈原的“发愤以抒情”及司马迁的“发愤之所为作”的创作思想，进而提出了著名的“不平则鸣”说，并且特别列举：“庄周以其荒唐之辞鸣。楚，大国也。其亡也，以屈原鸣。”[②]更有甚者，他还将屈原与儒家亚圣孟轲并称且视其为古代豪杰的首要代表，径言“诚使古之豪杰之士，若屈原、孟轲、司马迁、相如、扬雄之徒进于是选”[③]。他的诗文创作，多用“庄骚”之典、多法“庄骚”之体，颇得“庄骚”文情而袭“庄骚”文风。他倡导古文运动而主张“修其辞以明其道”[④]，但在创作精神和创作风格上，他实际上更多地继承和发扬了楚文学传统，因而有“闳其中而肆其外”[⑤]，

① 《旧唐书·韩愈传》。
② 韩愈：《送孟东野序》。
③ 韩愈：《答崔立之书》。
④ 韩愈：《争臣论》。
⑤ 韩愈：《进学解》。

感情充沛而文辞恣纵之作。

在韩愈看来，挽救衰落的封建王朝，首先必须恢复适应封建社会政治需要的儒学的正统和独尊地位。为了振兴儒学，他一口气写出《原道》《原性》《原人》《原鬼》和《原毁》五篇阐发其哲学和政治思想的名文。“五原”之中，以《原道》为基础和总纲。

《原道》的题旨，即谓探究“道”的本原。道家致力于探究“道”的本原。被唐代统治者尊奉为《通玄真经》的《文子》中，就有《道原》篇。韩愈作《原道》，明显受到了道家的影响。尽管他强调“斯吾所谓道也，非向所谓老与佛之道也”[①]，并且提出了一个儒家之道正宗传授的道统，主张大树儒家的“仁义”之道而贬斥所谓道教的“去仁义、毁纲常、尚虚无、损国家”之道和佛教的“夷狄之道”，但实际上，他“原道”的方式，即由天道推论人道、因人道求证天道的方式，是源自道家的。他对天道的理解，也在相当程度上接受了道家关于天乃自然之天的观点，认为“天道乱而日月星辰不得其行，地道乱而草木山川不得其平，人道乱而夷狄禽兽不得其情”[②]，天、地、人各有其道而各行其道，人事也主要由人所决定。因此，在《原道》中，他大力发挥以“仁义”为核心的儒家人道观，并把社会的发展主要归功于儒家推崇的圣人，还阐扬了通过正心诚意的心性修养以达到治国平天下的儒家传统思想。在《原性》中，他又进一步提出了“性三品”说，为封建社会的等级制度作论证。由于他带着维护封建社会秩序这一强烈的功利目的而极力尊尚儒学、宣扬儒学，他终究不能摆脱维护宗法等级制度的传统儒学的束缚，依然相信天命、肯定鬼神的存在，主张祭天祀祖，以为“郊焉而天神假，庙焉而人鬼飨”[③]。在政治思想上，他强调治国“其法：礼乐刑政”[④]，主张礼制与法制并行，十分重视法治的作用，因袭了道家黄老学派的观点。

韩愈的思想，尊奉儒学而又受到道家的影响，援道兴儒却又未能融

①③④ 韩愈：《原道》。

② 韩愈：《原人》。

通儒、道，批判道、佛两教的宗教迷信却又宣扬儒学的天命论，显得矛盾而复杂、粗糙而疏散，乃如韩愈自己评论荀况、扬雄的思想那样，可谓“择焉而不精，语焉而不详”[①]，尤其是虽然力图避开汉儒的“天人感应”神学观点，但最终还是回归到汉儒将儒学神学化的旧路上，诚然不合时宜，尽管引得统治阶级的重视和赞许，却为明智之士所不取。与韩愈同时代的柳宗元和刘禹锡，都援据和发挥早已深入人心的道家“天道自然”观，批判了韩愈的思想。

尽管韩愈以复兴儒学、弘扬儒学传统、清理儒学道统为己任而不遗余力，但其思想理论的不足导致其努力并不成功，只是为汉代儒学向宋代理学的过渡起到了承前启后的作用，倒是他因更多地继承和发扬楚文学传统而在文学的理论建树和创作实践上，取得了巨大的成就。他的历史贡献，也主要在文学上。

三、柳宗元及其《天对》

与韩愈同时活跃于思想文化界又并立于文坛的柳宗元，在哲学上是韩愈的论敌，在文学上则是韩愈的契友，而且一生保持了同韩愈的亲密友谊。

柳宗元（773—819），字子厚，“少聪警绝众，尤精西汉诗骚”[②]，受楚文化传统影响甚大。十二三岁时，随在故楚之地为官的父亲游历南方。21岁进士及第，入朝做官。为挽救王朝危机，积极参与了王叔文、王伾发起的永贞政治革新活动。革新失败，被贬永州（今属湖南），转迁柳州（今属广西），谪死南土，自叹：“一生判却归休，谓著南冠到头。冶长虽解缧绁，无由得见东周。”[③]

忠贞而遭弃逐，报国而被贬谪，柳宗元因这一人生的重大转折而思

---

① 韩愈：《原道》。

② 《旧唐书·柳宗元传》。所谓“西汉诗骚”，主要指西汉文士师法屈骚及“拓宇于楚辞”的作品。

③ 柳宗元：《奉酬扬侍郎丈因送八叔拾遗戏赠诏追南来诸宾二首》其二。

想实现了飞跃。贬谪在故楚之地永州的十年，是他对自然、社会和人生作深沉的哲学思考的十年，也是他在思想文化和文学创作上作出巨大贡献的十年。他身居楚地，浸染其气；头著南冠，承袭楚风。在贬往永州的途中，他感怀忠贞爱国却见疏被放的屈原而专临汨罗江凭吊。“后先生盖千祀兮，余再逐而浮湘。”他思古而伤今，仰贤而悼己，乃作《吊屈原文》，愤怒地控诉了社会的黑暗，表达了自己效法屈原坚持真理、董道不移的心志。在荒僻的永州，他仿效屈原《离骚》而作辞赋，以屈原精神自励，拟屈骚风格行文，“其堙厄感郁，一寓诸文，仿《离骚》数十篇，读者咸悲恻”①。后人乃称：“唐人惟柳子厚深得骚学。”②同时，他通过精研典籍、探究天人之道，也意倾老庄之学，明确表示：“庄周言天曰自然，吾取之。”③在列举前代杰出人物或著作时，他往往都推崇庄周、屈原或其作品。思有所得、情有所动辄寄诸诗文，他在永州也勤奋著述、努力创作。他的哲学和文学名著，大都完成于贬谪永州时期。这个时期的作品，也鲜明地发扬了楚文化传统。

《天对》《天说》《贞符》《答刘禹锡〈天论〉书》等，都是柳宗元完成于永州的重要哲学著作，而以《天对》为其代表作。《天对》是仿效屈原的哲理长诗《天问》的形式写成，采用逐一回答屈原《天问》中提出关于天地万物、古往今来各方面问题的形式，系统地表达了其宇宙观。屈原在《天问》中以问难方式表达了与道家相契合的“天道自然”观，并以此为哲学基础对历史和现实作了深刻的反思和审视，比较全面、系统地清算了殷周天命神学。④《天对》乃通过对答屈原问天之事，深入而详明地阐发了屈原所未细论的、由庄周经荀况及刘安以至王充等人不断发挥的、并为汉唐以来自然科学和人类社会的发展所印证的朴素唯

① 《新唐书·柳宗元传》。
② 严羽：《沧浪诗话》。参见拙文《柳宗元与屈原》，《中国楚辞学》第三辑，学苑出版社2003年版。
③ 柳宗元：《天爵论》。
④ 说详拙文《论屈原的哲学思想》，《荆州师专学报》1997年第3期。

物主义宇宙观，强调宇宙的本体就是“元气”，天地万物的生成变化是由于阴阳二气相互作用的结果，根本不存在主宰天道和人事的超自然的神灵，人类社会的发展是由人类自身的活动所决定的。《天对》阐发的“唯元气存”的“元气”一元论宇宙观，直承王充而远绍庄周、屈原和荀况，总结了汉唐以来人们继承、发展道家思想的成果和社会发展的经验、自然科学的成就，因而更具思想的深刻性和全面性。奇文《天对》，不啻是在新的历史条件下和新的认识基础上对《天问》的续写，是发扬屈原精神和楚文化传统的产物，显示了历汉入唐继承屈原精神和楚文化传统的思想进步和文化成果，也在中国思想文化史上占有重要地位，产生了深远影响。①

在其他哲学著作中，柳宗元对《天对》所阐发的思想又有着补充和丰富，并且基于“天道自然”的宇宙观，彻底地批判和否定了以董仲舒为代表的汉儒宣扬的“天人感应”神学化儒学，毫不留情地说：“何独仲舒尔！自司马相如、刘向、扬雄、班彪、彪子固，皆沿袭嗤嗤，推古瑞物以配受命，其言类淫巫瞽史，诳乱后代，不足以知圣人立极之本，显至德，扬大功，甚失厥趣。”②又毫不客气地驳斥韩愈谓天神可以干预人事、“唐受命为天子”的神学天命观，强调“唐家正德受命于生人”③而并非受命于天。这种对汉代以来形成和较长时期流行的神学化儒学的全面、系统的清算，正如同屈原在《天问》中对殷周天命神学的清算。屈原的清算，为中国“曰自然”哲学的确立清扫了道路。柳宗元的清算，又继王充宣告神学化儒学死亡之后，彻底否定了儒学神学化的道路。

柳宗元还根据无神论宇宙观来审视人类历史、探讨社会发展的规律，写出《封建论》《非国语》《六逆论》等名作，申论朝代的兴废、政权的更替取决于人而绝非取决于天，表达了人类为满足物质生活需求的活

① 说详拙文《柳宗元与屈原》，《中国楚辞学》第三辑，学苑出版社2003年版，第218~243页。

②③ 柳宗元：《贞符》。

动造成了社会发展的进化论观点，发挥了以民为本、顺应民欲、举贤授能等道家黄老学派的政治思想，批判了统治阶级的倒行逆施。尽管他的历史观还未能摆脱英雄史观的束缚并带有主观主义的杂质，但其“曰自然”倾向和进步思想，却达到了他那个时代的认识高度，给后人以深刻启示。

作为志在振兴封建王朝并积极从事政治活动的思想家，柳宗元充分认识到儒家的纲常名教学说对于维护封建社会等级秩序的作用，因而也与韩愈一样尊孔尚儒。但是，他却不像韩愈那样主张“抵排异端，攘斥佛老”[①]，而是主张统合三教，甚至说：“余观老子，亦孔氏之异流也，不得以相抗。又况杨、墨、申、商、刑名、纵横之说，其迭相訾毁抵牾而不合者，可胜言耶？然皆有以佐世。……悉取向之所以异者，通而同之；搜择融液，与道大适，咸伸其所长，而黜其奇衺（斜），要之与孔子同道。”[②]此说未必正确可行，但所表示的对待学术文化的兼蓄并包、择善融通的态度，与道家黄老学派的学风一脉相承。

在文学上，柳宗元呼应韩愈而与之共同倡导古文运动，虽主张“师古”，却强调创新；虽提倡“明道”，实重视缘情。他的文学思想与他的哲学思想是统一的，他的文学创作弘扬了“庄骚”传统，他也成为与韩愈齐名的文学大家。

四、刘禹锡及其《天论》

“二十年来万事同，今朝歧路忽西东。皇恩若许归田去，晚岁当为邻舍翁。”柳宗元的这首《重别梦得》，歌吟了他与同年进士及第又志同道合、携手比肩、患难与共、亲密无间的刘禹锡一生中结下的真挚友情。

刘禹锡（772—842），字梦得，自言为汉皇族中山靖王刘胜之后，

① 韩愈：《进学解》。

② 柳宗元：《送元十八山人南游序》。

一说为故楚之地彭城人，“少为江南客”[①]，与柳宗元一起参加王叔文集团，又一起被贬南方。共同的理想、遭遇、趣味和追求，使他们的命运紧密联系在一起并相互支持、共同奋斗。晚年授官加检校礼部尚书，仍表现出平生“信道不从时”、“忧国不谋身”[②]的高格。

有同于柳宗元，刘禹锡喜好“庄骚”而深受其影响，在得“庄骚”之文情和文辞并弘扬“庄骚”传统上，甚至较柳宗元有过之而无不及。

“为爱《逍遥》第一篇，时时闲步赏风烟。”[③]刘禹锡爱读《庄子》，对道家思想有着精深的理解。在贬谪生活中，他即以道家哲学为思想基础和精神力量，批判错误思想，反抗黑暗势力，保持高尚人格，因而显得乐观、自信而无畏，不似柳宗元那样多怀类同屈原的“忧愁幽思”，而是表现出类同庄周的洒脱放旷。他的文章，也自觉或不自觉地仿效《庄子》，可谓“洸洋自恣以适己”。

“昔日居邻招屈亭，枫林橘树鹧鸪声。”[④]刘禹锡十分敬仰屈原，被贬在屈原流放地朗州（治今湖南常德）的九年里，他择居于招屈亭旁，意在以屈原精神激励自己。在所作《竞渡曲》中，他满怀热情地描述了沅湘人民纪念屈原的端午竞渡活动，由衷地表达了对屈原的哀悼和追思之情。他自觉地追随屈原，忧国忧民，坚持真理，守志不移，勇于同黑暗势力做斗争。他的诗歌创作，不仅多有效法屈骚体式或继承屈原创作道路而借鉴民歌的作品，如《问大钧赋》《杨柳枝词》《竹枝词》之类，而且因充分抒发类同屈原的思想感情又充分运用类同屈骚的辞采手法，故鲜明地体现出屈骚的遗意和流风。

正是深受“庄骚”影响，刘禹锡评文论诗主张“以才丽为主”、“以

---

① 刘禹锡：《金陵五题引》。
② 刘禹锡：《学阮公体三首》。
③ 刘禹锡：《和裴相公傍水闲行》。
④ 刘禹锡：《酬朗州崔员外与任十四兄侍御同过鄙人旧居见怀之什，时守吴郡》。

识度为宗”[①]，强调“境生于象外，故精而寡和”[②]。才气识度，在“庄骚”中有着充分的显现；词采艳丽，正是屈骚的突出特色；“境生于象外”，则是据《庄子》美学思想而形成的文艺审美追求。

柳宗元“作《天说》以折韩退之之言”，刘禹锡以为“文信美矣，盖有激而云，非所以尽天人之际”，乃“作《天论》以极其辩云”[③]。所作《天论》3篇，则对《天说》阐论的“天道自然”观作了更加深入具体的发挥，明确强调先秦以来人们关于“天道”的两种对立观点中是“自然之说胜焉”，彻底否定了天神主宰人事的有神论，详细论证了以元气为本原的宇宙生成过程及本体与具体事物的辩证统一关系。柳宗元因此说：“凡子之论，乃吾《天说》传疏耳，无异道焉。”[④]实际上，《天论》不仅发挥了《天说》的思想而补充了其理论上的不足之处，而且在柳宗元阐论的天人“不相预”（天道并不干预人事）的观点基础上，进一步提出了“能执人理，与天交胜。用天之利，立人之纪”的著名论断，即认为可以充分发挥人的能动作用以认识自然、利用自然、改造自然并建设合乎自然规律的社会，从而反映了对天与人、自然与社会的统一和辩证认识，显示出其思想超出同伦的深刻性和全面性。《天论》还以“数”“势”来说明客观事物的规定性及其发展变化的规律性和必然性，论述了宗教产生的社会根源和思想根源。因此，极《天说》之辩的《天论》，遵循道家“曰自然”的思想路线，根据时代的变化和要求，对道家的天人关系学说作了丰富和发展，具有当时所能及的理论认识深度。不仅如此，《天论》的文风，也颇肖《庄子》，多借助具体形象以喻抽象哲理，写得活泼恣纵、机趣横生、气势充沛、文采斐然，堪称优秀的哲理散文。

作为志同道合的挚友，刘禹锡与柳宗元的政治思想基本一致。不过，刘禹锡特别强调政治措施应因时顺俗而变和厉行法治，认为“弛张雄雌，

① 刘禹锡：《唐故中书侍郎平章事韦公集纪》。
② 刘禹锡：《董氏武陵集纪》。
③ 刘禹锡：《天论》。
④ 柳宗元：《答刘禹锡〈天论〉书》。

唯变所适”[①]，主张“法大行，则是为公是，非为公非。天下之人蹈道必赏，违之必罚”[②]。这依然继承的是道家黄老学派的应时举事和重视法治的思想，却表现出强烈的革新精神。

韩、柳为振兴封建王朝而尊尚儒学，刘禹锡亦然。可是，韩愈通过提出儒家道统已否定了汉代以来的儒学的正统地位，柳宗元通过对天人关系的阐论又批判了汉代以来的儒学传统，刘禹锡则进一步对当时儒者痛加抨击，谓“世之服儒衣冠、道古语、居学官者，为不鲜矣。求其知所以然者几何人”[③]。他们尤其是柳、刘所要“复兴”和标举的儒学，实际上是以道家天道观为根基、以儒家人道观为枝叶的道家化儒学，或许可以说是道家黄老之学的发展和流变。

第六节　科技的昌盛及火药的发明

隋唐是中国古代科学技术高度繁荣的时期。初盛唐的政治清明、经济振兴、社会开放和思想解放，激发了唐人的创造热情和进取精神，给科技发展提供了良好的条件。中国古代科技，也在唐代步入其发展的鼎盛期。天文、历法、地理、数学、医学、农学、化学、冶炼、纺织、陶瓷、造纸、印刷、建筑、水利、造船等领域，都继承和发展了前代科技成果而取得了辉煌的成就。其中一些科技成就的取得，则直接与唐代的崇道风尚、与楚文化传统的影响密切相关。这里择其要者略述之。

一、天文历法与僧一行

因承魏晋南北朝广为普及的“天道自然”观念和日益兴盛的崇尚自

① 刘禹锡：《答饶州元使君书》。
② 刘禹锡：《天论》。
③ 刘禹锡：《答容州窦中丞书》。

然思潮，伴随崇道风尚的形成和思想的进一步解放，隋唐人士也更加关注自然、重视自然、如实观测天象、严格检核旧历法，积极编制更符合自然规律的新历法。因此，隋唐的天文学家大量涌现，天文历法有着重大进展。

隋代的天文学家有刘焯、张宾、张胄玄等，以刘焯最为杰出。刘焯（544—610）“推步日月之经，量度山海之术，莫不核其根本、穷其秘奥，著《稽极》十卷，历书十卷”[①]。他编制的《皇极历》，吸收了近人观测天象的成果，同时采用了日行和月行速度的不均匀理论来推算五星位置及日、月食起讫时刻等，实现了中国历史上以定朔法取代平朔法的重大突破，还采用了定气法来计算日行度数和交合时刻，反映了对岁差认识所达到的新高度。其创造性的成果，对唐代天文学产生了巨大影响。

唐朝尊道而开放，唐人崇尚自然而热衷于探天，唐代的天文历法学十分发达。政府专门建立了太史局（或称浑天监，司天台），置有天文博士、天文观生、历法博士、历生等掌管天文和制定历法。唐代的天文学家人才辈出，杰出的有傅仁钧、李淳风、僧一行等。终唐之世，历法变更就达8次，又以《戊寅历》《麟德历》和《大衍历》最有价值。其中，僧一行是唐代最伟大的天文学家。他编制的《大衍历》，可谓唐代最精确的历法。

僧一行（673—727），自幼刻苦好学，“尤精历象、阴、阳五行之学”[②]，曾入长安玄都观向博学的道士尹崇借书论学，为尹崇叹服。因不肯依附武三思，南下故楚之地荆州出家，皈依道家化的禅宗门下，继而遍访名师，苦修禅学、算法及大衍之术，后定居当阳（今属湖北）。唐玄宗闻其名，强召入京，深为敬重，“置于光太殿，数就之，访以安国抚人之道，言皆切直，无有所隐”[③]，礼遇更甚。一行所言“安国抚人之道”，当主要是对道家政治思想的发挥，故获好道尊道的玄宗之心。开元九年（721），

① 《隋书·刘焯传》。
②③ 《旧唐书·僧一行传》。

他受玄宗之命“考前代诸家历法，改撰新历”①。为了编制出精确的新历，他从实测五星运行情况入手，并指导著名机械匠师设计制作出黄道游仪、水运浑天仪等一批天文观测仪器。这些仪器都在前人的同类仪器基础上大有改进，也大大提高了天文观测的精确度。尤其是水运浑天仪，不仅应用了古代计时漏壶滴水的原理而使仪器自转，还“立二木人于地平之上，前置钟鼓以候辰刻，每一刻自然击鼓，每辰则自然撞钟”②，成为世界上最早的钟表装置（西方最早发明的钟表装置是1370年制成的威克钟）。他进而利用这些仪器，组织了大规模的天文观测，在世界上首次对子午线作了科学测定，开辟了通过实际测量认识地球的道路，否定了传统的以地平推算宇宙半径的错误方法。取得大量而较为精确的数据之后，一行编制出当时最为先进而富有创造性的《大衍历》。宋代科学家沈括称：“开元《大衍历法》最为精密，历代用其朔法。”③自唐中叶以迄明末，《大衍历》一直是天文学家编制历法的典范，其间编制出的历法皆采用《大衍历》格式。唐代的日本留学生将《大衍历》带至日本，使之在日本广泛流行使用。李约瑟博士因此在《中国科学技术史》中赞扬说，僧一行“是中国历史上最伟大的天文学家和数学家之一”。

一行是高僧，却成了中国科技史上的巨星。这大概也因为他是信奉“天道自然”的禅宗僧人，才会在科技史上作出如此伟大的贡献。

二、医学与孙思邈

医学在隋唐有着全面的发展，并且继承汉代以来的传统而与道家、道教联系密切。隋唐的一些杰出医学家，都是好道家之学或入道教的人物。唐代隆盛的道教，因追求养生长寿和服食成仙，大力发展气功、按摩术和研究药物，对医学作出了较大贡献。

---

① 《旧唐书·僧一行传》。

② 《旧唐书·天文志》。

③ 沈括：《梦溪笔谈》卷七。

隋唐之际的杨上善，既精于医学又通晓老庄之学，对《黄帝内经》作了分类研究并编撰了《黄帝内经太素》一书。此书不仅使原书的系统性得到加强，也使得中医基础理论进一步系统化了。

唐初的王冰，是酷嗜医学的著名医家，又是笃好养生的道士，自号启玄子。他吸取前人和时人整理注解《内经·素问》的成果，对之作了重新校正、编排和注释。他所撰《黄帝内经素问注》，不仅补正了原文并作了合理编排和精当注释，还据道家哲学而对《内经》理论多有发挥，因而对后世医学的理论和实践都产生了很大影响。

被誉为“药王”的孙思邈（581—682），是唐代最杰出的医学家，也是中国历史上的伟大医学家之一。他好道博学，“弱冠善谈庄、老及百家之说”①，隋时隐居于太白山，为宗道的隐士。唐太宗、高宗皆欲拜授官爵，他固辞不受，潜心于道学和医学，一生“自注《老子》《庄子》，撰《千金方》三十卷行于代，又撰《福禄论》三卷、《摄生真录》及《枕中素书》《会三教论》各一卷”②，成了著名的道教学者和医学专家。他的《千金方》，全面地总结了前代和当时的医学成果和经验，汇集了他所搜罗到的中外医方，“上极文字之初，下讫有隋之世，或经或方，无不采摭，集诸家之所秘要，去众说之所未至”③，并且对医方作了整理和研究，对药物作了考察和阐论，不仅极大地丰富了中国古代医学宝库，还在医学理论、临床实践和药物的性能、采集、制作、应用等方面都作出了总结性和创造性的发展。其中叙录的许多医方和药物，至今仍常用于医疗中。他还对妇幼保健、老年养生提出了独到而系统的见解，丰富和发展了古代的保健学和养生学。

唐代医家辈出，著名医学家还有王焘、杨玄橾、张文仲、韦慈藏、许智藏、甄权、崔知悌等。其中不仅许多医学家皆好道，而且还有不少本为道士的名医，如荆州道士王彦伯。

①② 《旧唐书·孙思邈传》。

③ 高保衡、林亿：《千金方序》。

三、造船业与车轮战船

南舟北车，中国古代的造船业一直主要在南方发展。魏晋南北朝时期，吴国、东晋和南朝的造船水平继承秦汉而大有提高。至隋唐，造船业进入了继秦汉之后的第二个发展高峰，以规模巨大、设计先进、技术精湛、性能优异而著称于世。

文献记载，隋代的战舰，其身高达17米以上，其上所建5层楼高达27米以上，可容纳800名军士。隋炀帝为巡游南方，遣人“往江南采木，造龙舟、凤艒、黄龙、赤舰、楼船等数万艘”[①]。龙舟，在当时是南方民间为纪念屈原而举行竞渡活动的制作。炀帝为显示其“真龙天子”的威仪，大概仿其形式而建造带有宫室的大型龙舟，所造龙舟高12米余、宽13米余，长56米余，上建4层楼，并有正殿、内殿和东西朝堂，雕饰得富丽堂皇。战舰和龙舟，发展了汉代楼船的建造技术，显示了隋代的造船水平。

唐代的造船业及航运业十分发达，“天下诸津，舟航所聚，旁通巴、汉，前指闽、越，七泽十薮，三江五湖，控引河洛，兼包淮海，弘舸巨舰，千舳万艘，交贸往还，昧旦永日”[②]。唐代的远洋海船，载客可达六七百人，载货可受万斛（约合今500余吨），经海上狂风恶浪而牢不可损，深为外商赞叹而驰名世界。其造船技术，已普遍采用榫合钉固法，还采用了密封舱壁等结构，令当时尚只知用皮条绳索绑扎以联接船板而仅能造出小型船只的欧洲人望尘莫及。

江汉故楚之地，航运素来发达，造船历史悠久而多有发明创造。中唐时，李皋（733—792）任江陵尹及襄州刺史期间，出于平息李希烈叛军的需要，总结当地的造船经验，“常运心巧思为战舰，挟两轮蹈之，

① 《隋书·炀帝纪》。
② 《旧唐书·崔融传》。

翔风鼓浪，疾若挂帆席，所造省易而久固”①。他发明的这种用两只脚踏木轮作为推进动力的车轮战船，设计精巧，结构牢固，行驶迅疾，是中国造船史乃至世界造船史上的创制。西方发明类似的车轮船，已是晚于唐代“车船”七八百年的15世纪的事了。

四、化学与火药发明

隋唐的化学发展，一如既往地主要为道教的贡献，与道教对炼丹术的探究相伴相依而密不可分。

唐代的炼丹著作中，记述了许多化学现象和化工成果，显示了化学在唐代的重大进步。如《九还金丹妙诀》记载的“销汞法”，可能是人类最早制成红色硫化汞的化学合成方法。《太清石壁记》记述的“造水银霜法”，反映了当时炼丹家对汞和氯化钠、硫酸钠共热以生成氯汞等化学现象的深入研究和较深认识。《黄帝九鼎神丹经诀》记述的用水溶解朴石、销石以制取硫酸钾的方法，亦是中国古代化学史上的一项发明。

火药是唐代最伟大的科技发明，也是道教对人类文明发展作出的伟大贡献。

唐代以前的道士在长期炼丹制药的实践中，逐渐加深了对木炭、硝石和硫磺这三种物质的性能的认识，并为控制和改变硫磺的性能而发明了将硫与其他易燃物质混合燃烧的“伏火法”。南朝道士陶弘景还总结出识别硝石的方法。至唐代，道士们在多次硫磺伏火的实验中认识到，将硫磺与硝石、木炭混合后，一经点燃便会发生剧烈的燃烧。《诸家神品丹法》中，记载了孙思邈的“丹经内伏硫磺法”。所述“伏火”过程，即早期火药的制作过程。《真元妙道要略》则对由硫磺、雄黄、硝石等或硝石、木炭等混合而成的火药的性能有着清晰的描述。其描述表明唐人不仅能够制作火药，而且能够控制火药的反应速度（即爆炸）。于是，火药也就真正被发明并加以利用了。

① 《旧唐书·李皋传》。

火药是中国古代科技的四大发明之一。火药的发明和利用，对于人类生产力发展和社会进步起到了巨大推动作用。火药自13世纪传入欧洲而逐渐被改进、推广使用之后，成为消除欧洲封建割据的有力武器，直接促进了资本主义和工业化社会的诞生。

第七节 辉映楚辞的诗歌创作高峰

生活于封建盛世的唐人，形成了强烈的主体意识、爱国感情和进取精神。唐人吐诉其自我意识、表现其特立个性、抒写其理想追求，纷纷借助易于言志达情的诗歌。况且诗歌经先秦以来的长期发展，尤其是经魏晋以来的诗人多方面探索，在形式和技巧上已相当成熟，给唐人反映社会生活及抒写思想感情提供了条件。加之君臣喜好诗歌，科举以诗赋取士等原因，更使唐人的诗歌创作热情高涨。因此，唐人踊跃赋诗，诗歌也继楚辞之后形成了新的创作高峰，并成为有唐一代之文学的代表。

一、“有才继骚雅”的初唐诗歌

以唐太宗及其群臣为中心的贞观诗人的创作，揭开了唐诗发展的序幕。贞观诗歌以直陈胸臆、畅抒情怀为主，精神上远绍屈骚而近承建安文学，风格上则慷慨悲凉、质朴刚健，具有鲜明的时代特征。贞观诗人反对浮艳文风，提倡表达真情实感并有益治世的质实之作，主张文学当“以气为主，以文传意。……摭六经、百氏之英华，探屈、宋、卿、云之秘奥。其调也尚远，其旨也在深，其理也贵当，其辞也欲巧。……文质因其宜，繁约适其变。权衡轻重，斟酌古今。和而能壮，丽而能典。焕乎若五色之成章，纷乎犹八音之繁会”[①]，还进而主张融会南北文学，

① 《周书·王褒庾信传论》。

认为“各去所短，合其两长，则文质彬彬，尽善尽美矣”[1]。这些明确主张借鉴屈宋辞赋艺术、弘扬楚文学传统的思想，为唐代文学的发展奠定了较为坚实的理论基础。

“王杨卢骆当时体，轻薄为文哂未休。尔曹身与名俱灭，不废江河万古流。”[2]杜甫赞誉的王勃、杨炯、卢照邻、骆宾王这四位初唐杰出诗人，在创作上即“以气为主，以文传意”，导扬汉魏风骨，注重比兴寄托，从而发盛唐之音的先声。王勃（约650—676）的名作《送杜少府之任蜀川》，展现广博胸襟、抒写开朗情怀，表现志在四方的豪迈气概，反映特立的个性和进取的精神。杨炯（约650—693）在名作《从军行》中，借助丰富的想象描绘了边塞奇丽的景象，抒发了“宁为百夫长，胜作一书生”的豪情壮志。卢照邻（约630—680）作诗，善于借鉴屈骚的比兴象征手法以寄情达意。他的《怀仙诗》直接仿效屈骚而用骚体写成，亦具有屈骚似的浪漫主义色彩。骆宾王（生卒年未详）受楚文化传统影响颇深，武则天大为称道他的才情。他的名作《在狱咏蝉》即用楚人典故，法屈骚艺术，写蝉自喻，抒发遭谗被诬的悲愤，表白立身高洁的情操。

稍晚于“四杰”的陈子昂（约659—700），是初唐政治热情最高、社会责任感最强、理想追求最执著、悲剧色彩最浓重的文学家。他那种为实现理想而顽强奋斗的精神，唯以国家和民众利益为重而不以帝王权威为尊、不计个人得失的品质，以及耿介刚烈的个性，颇有屈原遗风。他对屈原十分崇敬，在诗中反复表达了追怀和模则屈原之情，如“箕山有高节，湘水有清源”[3]、“清光委衾枕，遥思属湘沅。空帘隔星汉，犹梦感精魂”[4]。另外，他的祖父、父亲皆好道家，他自己也“晚爱黄老之言”[5]，家学渊源和个人志趣，更使得他真情外露、放纵不羁、坚

① 《隋书·文学传序》。
② 杜甫：《戏为六绝句》其二。
③ 陈子昂：《感遇》三十。
④ 陈子昂：《月夜有怀》。
⑤ 卢藏用：《陈氏别传》。

贞执著。他还深受社会的尚侠风气和父亲的豪侠作风影响，为人豪侠仗义。又因一生以济苍生、安社稷为理想追求，他也重儒而学儒。他的身上，已较为集中地体现了传统文化大融合与时代精神大激荡的特征，显现出盛唐士人的精神风貌。他大力标举“汉魏风骨”，强调诗歌要有“兴寄”，实际上也是主张发扬屈骚艺术传统。在《与东方左史虬修竹篇》的诗序中，他明确提出了自己的诗歌革新主张。其诗托物以寄兴感，以修竹象征品格坚贞峻洁的才士，借助超现实的浪漫想象，运用比兴象征的艺术手法，表达了高远的心志和宏伟的理想，风格与屈骚一脉相承。他的代表作《感遇诗》38 首，或直陈胸臆以达情，或明咏他物以寄意，可谓“骨气端翔，音情顿挫”，后人乃称之为“屈、阮之嗣音，杜陵之先导”①。著名的《登幽州台歌》，更是情类屈原而“发愤以抒情”的千古杰作。杜甫说他：“有才继骚雅，哲匠不比肩。”②韩愈则称：“国朝盛文章，子昂始高蹈。”③陈子昂正是以其继承“骚雅”而风骨雄健、兴寄充实的诗歌创作，一扫六朝靡丽孱弱诗风的余绪，矫定了唐声正音。

二、“窃攀屈宋宜方驾”的盛唐诗歌

盛唐诗人，多执著于对现世的理想主义追求。由于君王重边功，许多诗人也向往去边塞建功立业，并大量创作以边塞自然风光和军民生活为题材的诗歌，从而形成了“边塞诗派”。其代表诗人，是高适和岑参。

高适（约 702—765），“五十无产业，心轻百万资。屠酤亦与群，不问君是谁。饮酒或垂钓，狂歌兼咏诗”④，颇有楚狂人风仪。他的诗歌，也充显露个性、表现自我、情激语直、骨健力劲、词峰华润，有着对楚文学传统的弘扬，典型地体现出盛唐之音的雄浑风格。

岑参（约 715—770），江陵（今属湖北荆州）人，也是最具浪漫情

① 陈沆：《诗比兴笺》卷三。
② 杜甫：《陈拾遗故宅》。
③ 韩愈：《荐士》。
④ 李颀：《赠别高三十五》。

怀的边塞诗人。杜甫说："岑参兄弟皆好奇。"[①]好奇求新，正是楚人的特点。岑参的代表作《白雪歌送武判官归京》《走马川行奉送出师西征》和《轮台歌奉送封大夫出师西征》，皆想象奇伟、描写奇丽，发展了屈骚开创的浪漫主义诗歌表现艺术。

现世理想的实现并非易事，一些盛唐诗人因种种原因而意倾道家、心向隐逸，于是寄情田园、遣兴山水。他们的诗作，着重于抒写观照自然、游心景物的自适之感，表现出超越尘嚣、冥合万化的个性解放精神，从而形成了以写山水田园题材、远绍庄、屈而近继陶、谢的"山水田园诗派"。其代表诗人，是孟浩然和王维。

孟浩然（689—740），襄阳（今属湖北）人，"行不为饰，动以求真，故似诞；游不为利，期以放性，故常贫；名不系于选部，聚不盈于担石，虽屡空不给，而自若也"[②]。受时代精神激励，他少年"羡鸿鹄"，晚年仍怀"羡鱼情"，一生"魏阙心常在，金门诏不忘"[③]。受地域文化传统影响，他在做官与为人之间，更看重人格的独立和情操的高洁，故最终以布衣病逝于家园。他的名作《望洞庭湖赠张丞相》，显示出楚人之作所常有的奇伟想象和夸张描写。《宿天台桐柏观》一诗，表达了意踵道家、情类屈原的"远游意"，浪漫主义色彩十分浓重。《春晓》《过故人庄》《宿建德江》等作品，遇景入咏，随感起兴，语淡味醇，词素意长，具有道家审美追求的自然天成之高致。《夜归鹿门山歌》融情入景，表现自我，描写出"岩扉松径长寂寥，惟有幽人自来去"的自我形象，展示了与大自然合一而清高超逸、率真放旷、体现出道家精神的隐士风采。孟浩然的风采，为时人所钦敬；孟浩然的诗歌，也为时人所推重。张九龄、王维与他结为忘形交。李白作《赠孟浩然》诗以表达对他的爱慕之情：

① 杜甫：《渼陂行》。
② 王士源：《孟浩然集序》。
③ 孟浩然：《自浔阳泛舟经湖海》。

吾爱孟夫子，风流天下闻。红颜弃轩冕，白首卧松云。醉月频中圣，迷花不事君。高山安可仰，徒此揖清芬。

王维（701—761），博学多才，早年有远大抱负，但入仕后目睹奸相擅权、政治险恶，又经安史之乱，深感理想破灭，中年乃好道尚隐，自言“中岁颇好道，晚家南山陲”[①]、“晚年惟好静，万事不关心”[②]，大半生过着亦官亦隐的生活。他精通《庄子》，“长揖楚辞”[③]，受楚文化精神影响至大。早年，他干谒丞相张九龄，拥护张九龄继承“贞观之治”的开明政治主张，反对曲邪营私，有着类同屈原的理想追求。中年后，他则心仪遁世无闷的楚狂人接舆及“复得返自然”的陶渊明，表示“复值接舆醉，狂歌五柳前”[④]，以道家精神为人生依托。他取名于《维摩诘经》中的维摩诘居士，也效法居士而信奉佛教，但他倾意的却是道家化的禅宗思想。他的母亲，“师事大照禅师（神秀高足普寂）三十余岁”[⑤]，他在中年时遇神会而一见倾心，还曾为慧能作过碑铭。他晚年的思想，实际上是由庄入禅、亦庄亦禅、内庄外禅，故他在晚年专门作有《漆园》一诗以歌咏庄周之事、冥合庄周之情。他的诗歌，多用“庄骚”的文意和典故，还有多首直接效法屈骚艺术的骚体之作，如《双黄鹄歌送别》《送友人归山歌》等。朱熹认为他的骚体诗继承了屈骚艺术，乃选他的《山中人》《望终南》《鱼山迎送神曲》收入所编《楚辞后语》中。他擅长绘画，通晓音律，工于诗文。他的诗歌创作，可谓诸体皆备、题材广泛，风格多样，有着多方面的高度造诣。但其艺术成就最高的，则是人们大为称道的情景交融、诗画相生而禅意盎然的山水诗，如《鹿柴》《辛夷坞》《鸟鸣涧》等。这些诗作大都描绘出虚空静谧的意境，表现

① 王维：《终南别业》。
② 王维：《酬张少府》。
③ 王维：《代宗皇帝批答手敕》，见《王右丞集·附录》。
④ 王维：《辋川闲居赠裴秀才迪》。
⑤ 王维：《请施庄为寺表》。

出万物任运自然的天性，反映出闲适恬淡、冥合万化的心态，古人称“读之身世两忘，万念俱寂”[①]。其意境，正是“虚静推于天地”、“万物与我为一”的道家人生追求的诗化表现，是超越现实、投合自然的道家精神的艺术表现。王维的山水诗创造出主体与客体浑同、自我与景物齐一的意境，让人咏诗而品味、观象而悟旨，具有言已尽而意无穷的艺术魅力，继承了陶渊明、谢灵运的诗歌艺术又大有发展，体现了依据道家审美理论而形成的诗歌审美理想。因此，前人激赏王维诗歌，美称王维是与同时的“诗仙”李白、“诗圣”杜甫并列的“诗佛”。

盛唐诗坛的泰斗，是伟大的浪漫主义诗人李白。

李白（701—762），字太白，长于蜀中，“五岁诵六甲，十岁观百家”[②]，“十五观奇书，作赋凌相如”[③]，“十五好剑术，遍干诸侯”[④]，“十五学神仙，仙游未曾歇”[⑤]。25岁时，“知大丈夫必有四方之志，乃仗剑去国，辞亲远游”[⑥]，出蜀入楚，东下吴越，后返楚为婿，“酒隐安陆，蹉跎十年”。其间为实现“相与济苍生”的抱负，北上长安谋求卿相之位，结果大失所望，满怀“大道如青天，我独不得出”[⑦]的愤慨而离去。42岁时，因诗名播扬海内而受诏入京，3年后终不能忍受做唐玄宗的御用文人和“摧眉折腰事权贵”而自请还山。安史之乱中历经坎坷，晚年流落长江下游，卒于故楚之地当涂（今属安徽）。

“少年落魄楚汉间，风尘萧瑟多苦颜”[⑧]的李白，在江汉楚地度过了一生中10年的重要时光，也深受楚文化传统影响，巩固地形成了他的思想、气质和个性。他与孟浩然结识于襄阳，对其所体现的楚人风范大为感佩。他与道士司马承祯相遇于江陵，被其称为有“仙风道骨”。

---

① 胡应麟：《诗薮·内编》。
②⑥ 李白：《上安州裴长史书》。
③ 李白：《赠张相镐》。
④ 李白：《与韩荆州书》。
⑤ 李白：《感兴八首》其五。
⑦ 李白：《行路难》其二。
⑧ 李白：《从驾温泉宫醉后赠杨山人》。

他因居楚而爱楚，自称“我本楚狂人”[①]，并且“嘲鲁儒”、“笑孔丘”、贬尧舜、菲薄儒家祖师、蔑视儒学道统。

学神仙、迷仙游的李白，好道而崇道。不过，他并非沉溺于肉体成仙的迷信追求，而主要是憧憬神仙似的称情遂意、自由自在的浪漫生活。他并不真正企望脱离现世而飞升虚渺的天国，而是执著于现世的理想追求。他歌咏游仙和描写神仙，实际上主要是借以表达自己的高远理想和表现自己的高洁人格。因此，他好道而得其旨，作《古风》批判秦始皇迷信神仙以讽刺好神仙长生术的唐皇，尤为喜爱《庄子》中描绘的体现了庄周人格和理想而气傲苍穹、自由无羁的神鸟大鹏，专门作《大鹏赋》以颂鹏述怀。他在诗作中，一再以大鹏自况，辞世时所作《临终歌》仍云：“大鹏飞兮振八裔，中天摧兮力不济。余风激兮万世，游扶桑兮挂石袂。……”大鹏是庄周理想的化身，是道家精神的象征，也被李白引为自己理想的化身和自我精神的象征。李白“心雄万夫”的气概、“起来为苍生”的伟志，渴望“何时腾风云，搏击申所能”[②]的追求，“天生我材必有用”的自信，“不屈己，不干人”[③]、“轻王侯”、鄙俗夫的傲岸，“会须一饮三百杯”的豪纵，“一生好入名山游”的情趣，“吾将囊括大块，浩然与溟涬同科”[④]的胸襟等，集中体现并从积极方面发展了道家精神，丰富和深化了“大鹏”的文化内涵。

“屈平词赋悬日月，楚王台榭空山丘。”[⑤]由这对屈原辞赋高度推崇的诗句，即可知李白对屈原是何等钦敬并受其影响又是何等深巨。少时便好辞而擅赋的李白，不仅推崇屈骚艺术，而且继承了屈原忧国忧民、为实现美政理想而矢志不移、执著追求的精神，具有屈原那种耿介磊落、傲岸峻洁的品格。他以“使寰区大定，海县清一”[⑥]为己任，始终追求“奋

① 李白：《庐山谣寄卢侍御虚舟》。
② 李白：《赠新平少年》。
③⑥ 李白：《代寿山答孟少府移文书》。
④ 李白：《日出入行》。
⑤ 李白：《江上吟》。

其智能，愿为弼辅”[①]以报国建功，晚年依然“中夜四五叹，常为大国忧”[②]。因与屈原志同情通，故他感叹至深：“呜呼！屈宋长逝，无堪与言。”[③]当壮志难酬、悲愤不已时，他反复歌咏屈原之事、申说屈原之怨，寄托自己“长愁心已摧”的哀感，自然而然地以屈原自况。因此，杜甫在《天末怀李白》诗中，即以“应共冤魂语，投诗赠汨罗”之句而将李白比作屈原。明、清之际的爱国诗人屈大均则称李白“乐府篇篇是楚辞，湘累之后汝为师”[④]。诚然若是，屈、李相联，屈、李一脉，李白继承和发扬了屈原精神，再现和光大了屈原风貌。

开近代风气之先的“狂客”龚自珍说：“庄、屈实二，不可以并；并之以为心，自白始。”[⑤]李白之“心”，即其精神，正是合并庄周、屈原的精神且予以发扬光大而形成的新精神。龚自珍又说：“儒、仙、侠实三，不可以合，合之以为气，又自白始也。”[⑥]龚自珍将李白表现出的类同屈原的积极用世精神归为儒家，将李白表现出的类同庄周的超越精神归为仙家。龚说指出，李白之“气”，即其气象，是在新的历史条件下合并传统文化精神且予以发扬光大而形成的新气象，也就是“盛唐气象”。

李白怀念相知的大诗人贺知章云：“四明有狂客，风流贺季真。长安一相见，呼我谪仙人。”[⑦]杜甫赠李白诗也称：“昔年有狂客，号尔谪仙人。”[⑧]人称李白为狂客仙人，李白也以狂客仙人自诩。形狂而骨仙，充分展示和集中体现了李白并庄、屈以为心又合儒、仙、侠以为气的风采。

并庄、屈以为心的李白，在文学创作上便自觉地继承和大力弘扬“庄骚”传统。他标举庄周尚真贵自然的美学思想，明确主张“圣代复元古，

① 李白：《代寿山答孟少府移文书》。
② 李白：《经乱离后，天恩流放夜郎，忆旧游书怀赠江夏韦太守良宰》。
③ 李白：《夏日诸从弟登汝州龙兴阁序》。
④ 屈大均：《采石题太白祠》之四。
⑤⑥ 龚自珍：《最录李白集》。
⑦ 李白：《对酒忆贺监》其一。
⑧ 杜甫：《寄李十二白二十韵》。

垂衣贵清真”[①]、“清水出芙蓉，天然去雕饰”[②]，认为屈原之作才是诗歌的“正声”，追怀“正声何微茫，哀怨起骚人”[③]。他的文学创作，实为“庄骚”美学的实践和“庄骚”传统的振扬。在诗歌创作上，他更多地继承和发展了屈骚艺术，不仅多有拟骚之作，而且在辞藻的铺摛、手法的运用、意境的创造等方面，都明显借鉴屈骚以开新，因而成为继屈原之后中国古代最伟大的浪漫主义诗人。

李白诗歌的显著特征，就是强烈的感情抒发、鲜明的自我表现、奇伟的艺术想象、比兴象征手法的广泛运用，以及艺术形式的推陈出新。这些又无一不是“庄骚”的显著特点及其开创的传统。不过，李白诗歌的感情抒发，较之“庄骚”更显激越和强烈，犹似火山爆发而莫可掩抑；李白诗歌的自我表现，较之“庄骚”更显充分和丰富，将自我形象展示得丰满而透彻；李白诗歌的艺术想象，较之“屈骚”也在新奇奔放、出人意表上有过之而无不及；李白诗歌用于比兴象征的事物，较屈骚更为广泛，天地万物均被用于兴感寄情，且其比喻和夸张往往惊人和大胆；李白诗歌可谓无体不备、无体不工，还有着《菩萨蛮》“平林漠漠烟如织”、《忆秦娥》“箫声咽”这样的被誉为“百代词曲之祖”的长短句形式。长短句词体的出现，在中国文学史上具有别开生面的意义，预示了古典诗歌形式高度成熟后文学体裁变革发展的方向。

“白也诗无敌，飘然思不群”[④]，“笔落惊风雨，诗成泣鬼神”[⑤]。杜甫对李白的评论，最能说明李白的成就和地位。李白正是主要继承和弘扬了“庄骚”传统，才取得了诗歌创作无敌于当世的成就和盛唐诗界泰斗的地位。

享誉于李白之后而在唐代诗坛上堪与李白比肩的，是被誉为“诗圣”的杜甫。一般认为，李白狂放旷达，杜甫恭谨端严；李诗豪放飘逸而雄

①③ 李白：《古风》其一。
② 李白：《经乱离后，天恩流放夜郎，忆旧游书怀赠江夏韦太守良宰》。
④ 杜甫：《春日忆李白》。
⑤ 杜甫：《寄李十二白二十韵》。

奇恣肆，杜诗沉郁顿挫而厚重工稳；两人在精神上分别继承和发扬了以道家文化为代表的南方文化传统和以儒家文化为代表的北方文化传统，在诗歌创作上分别继承和发扬了“庄骚”传统和《诗经》传统，也因此分别成为伟大的浪漫主义诗人和伟大的现实主义诗人。实际上，两人都是盛唐文化孕育出来的诗坛巨匠，主要是由于家学渊源、生活环境和生活经历等不同而形成了不同的性格和诗风。李白并庄、屈也崇《风》《雅》，杜甫奉儒宗《诗》也攀屈法宋。杜诗在创作精神和艺术表现上，明显地继承了屈骚宋赋。

杜甫（712—770），自称“少陵野老”，生长于河南巩县的一个“奉儒守官，未坠素业”[①]的世家，受地域文化熏陶和家学传统的影响，他也以“传之以仁义礼智信，列之以公侯伯子男”[②]的儒家理想为终身追求。不过，杜甫却“本襄阳人”[③]，其家学也重楚地文化。其祖父杜审言是初唐著名文学家，以屈骚宋赋为前代文学的最高典范，并具有楚人的狂放遗风，自矜：“吾之文章，合得屈、宋作衙官；吾之书迹，合得王羲之北面。”[④]杜甫的前半生，处于唐朝鼎盛之世。他漫游南北，入京求仕，却屡试不第，干谒无成，“致君尧舜上，再使风俗淳”[⑤]的政治抱负不得实现，终怀“到处潜悲辛”的酸苦。自安史之乱爆发，杜甫便开始流离颠沛，亡中原而漂巴蜀，泊荆楚而落潇湘，后半生可谓穷困潦倒、艰难坎坷、贫病交加。晚年怀着“百年同弃物，万国尽穷途”[⑥]的极度哀怨，竟死于湘水。

“七龄思即壮，开口咏凤凰”[⑦]的杜甫，犹如李白一生以大鹏自况那样，一生在诗中反复歌咏凤凰而以凤凰自喻。凤凰是楚人最钟爱的神

① 杜甫：《进雕赋表》。
② 杜甫：《唐故万年县君京兆杜氏墓碑》。
③ 《旧唐书·杜甫传》。
④ 《旧唐书·杜审言传》。
⑤ 杜甫：《奉赠韦左丞丈二十二韵》。
⑥ 杜甫：《舟中出江陵南浦奉寄郑少尹审》。
⑦ 杜甫：《壮游》。

鸟，是楚文化的象征。[①]庄周歌颂的大鹏即伟岸的凤凰[②]，屈原更是极颂凤凰。杜甫去世的前一年，仍作《朱凤行》歌咏："君不见潇湘之山衡山高，山巅朱凤声嗷嗷。"学者谓凤凰是楚人的图腾[③]，又谓凤凰是杜甫的"图腾"[④]。杜甫继楚人而爱凤凰、颂凤凰，咏凤凰以托志，写凤凰以示己，显然是对楚文化精神的自觉认同和发扬。由此，也就不难理解他何以那么敬重具有楚人风范的李白及陈子昂、孟浩然等人了。他写出那样情真意切、感人肺腑而被后人称之为"得屈骚之神"的《梦李白》《天末怀李白》诗，岂止是因钦佩李白的才华所致？实为与李白情投意合、神通心印呵！他将李白比作屈原，不也是将自己引为屈原同调么？

的确如此，他"窃攀屈宋宜方驾"[⑤]，自觉地追踵屈、宋，志在"方驾"屈、宋而与之同调。受其祖影响，他也将屈骚宋赋看作文宗诗典，论诗最崇屈、宋的"清词丽句"，表示"不薄今人爱古人，清词丽句必为邻"[⑥]，并且推重继承和发扬了屈宋艺术传统的"庾信文章"、鲍照诗歌、"王杨卢骆当时体"及陈子昂、李白的作品。

杜甫生活在唐朝由盛转衰时期的经历，多少有似于屈原生活在楚国由盛转衰时期的经历。杜甫报国无路而不得不流离以终的遭际，也多少有似于屈原忠君爱国却被放逐以终的遭际。因此，杜甫自然而然地读屈骚而悲其志、悼前贤而伤自己，想见其为人而仿效其行止。当政治抱负落空并目睹了王朝的腐败、国家的灾难和民众的痛苦之后，他激愤地呼道："儒术于我何有哉？孔丘盗跖俱尘埃！"[⑦]从此，他像屈原那样将个人的命运与国家、人民的命运联系在一起，继承屈原"发愤以抒情"的创作精神，自言"遣兴莫过诗"[⑧]、"愁极本凭诗遣兴"[⑨]，用诗歌反

①②③ 参见张正明《楚文化史》，上海人民出版社1987年版。

④ 参见陈贻焮《杜甫评传》，上海古籍出版社1982年版。

⑤⑥ 杜甫：《戏为六绝句》其五。

⑦ 杜甫：《醉时歌》。

⑧ 杜甫：《可惜》。

⑨ 杜甫：《至后》。

映苦难深重的现实、抒发忧国忧民的情怀、记录个人生活的感触。他“读书破万卷”，通晓《庄子》，也时有“雅欲逃自然”的“逍遥”之想，但长期流离失所使他不能忘情于现实而深感“自非旷士怀”。他的诗歌，主要是发扬“风骚”，尤其是屈原《九章》的现实主义精神，广泛而深刻地反映了他所处时代的社会面貌，同时又充分而真实地表达了个人的情感。前人誉杜诗是“以时事入诗”的“诗史”，可其诗史之作皆饱含着浓烈的情感，且其一些作品中的深广忧愤殆不亚于屈骚。杜甫作诗不仅多咏屈原事、多用屈骚典，而且效法屈原希冀“结微情以陈词兮，矫以遗夫美人”[1]。他的名作《北征》，叙时局之事，表救世之见，陈类同屈原的念君忧国之情，明显为希望幸达“圣览”之作。他晚年的“老成”之作，更是多承屈骚文情，并且经常以屈原自喻。如《祠南夕望》所咏“山鬼、湘娥，即屈原也。屈原，即少陵也”[2]。

“摇落深知宋玉悲，风流儒雅亦吾师。”[3]杜甫通达宋玉之情而师法宋玉之文。杜诗中的悲秋之作，亦淋漓尽致地抒发了类同宋玉的遭弃不用、孤独飘零的悲慨，发展了宋赋借秋景以抒悲情的表现艺术。

杜甫自言：“臣之述作……至于沉郁顿挫。”[4]杜诗沉郁顿挫风格的形成，亦主要是继承和发扬屈宋艺术传统所致。屈原《九章·思美人》歌云：“申旦以舒中情兮，志沉菀而莫达。”宋玉《九辩》诵吟：“独悲愁其伤人兮，冯郁郁其何极！”屈骚宋赋反复抒发沉菀之志、郁结之情，即有沉郁顿挫的特征。杜诗进而运用各种艺术手段以寄寓和抒发郁结于心而深沉厚重的情感，蕴含丰富而表达曲折，反复咏叹而起伏跌宕，因而形成了沉郁顿挫的基本风格。

志在“方驾”屈、宋的杜甫，又因“转益多师”和追求“语不惊人死不休”，故在诗歌创作上有着全面的开拓和卓越的造诣，对古代诗歌

---

① 屈原：《九章·抽思》。
② 黄生：《杜诗说》卷五。
③ 杜甫：《咏怀古迹》其二。
④ 杜甫：《进雕赋表》。

艺术有着创造性的发展，可谓“为经（《诗经》）为骚（楚辞）复为史”[①]，师古法今乃成圣。

早年“气劘屈贾垒”[②]的杜甫，晚年“迟迟恋屈宋，渺渺卧荆衡”[③]，并且有意效法屈原而“漂泊南庭老，祗应学水仙”[④]。旧说有谓杜甫同屈原、李白一样，都是沉水而亡。[⑤]韩愈乃云：“固知天意有所存，三贤所归同一水。”[⑥]倘若果真如此，唐代两位伟大诗人和文化代表都从屈原所居而伴屈原诗魂，莫非为屈原精神和楚文化传统不可抗拒的感召？即使并非如此，李白和杜甫都自况屈原，人们也将他们比作屈原，足以说明屈原精神和楚文化传统对中国文化伟人的成长和中国文化的发展影响深巨。

“李杜文章在，光焰万丈长。”[⑦]唐诗是中国古代诗歌发展的高峰，李、杜诗歌则是唐诗发展的高峰，它们又与中国先秦诗歌发展的高峰——屈、宋辞赋绵延相联。

三、“屈宋之遗响”的中晚唐诗歌

“楚，大国也……以屈原鸣。”[⑧]唐，盛朝也，以李、杜鸣。屈原不再鸣，楚辞乃衰变。李、杜不再鸣，唐诗也渐衰变。中晚唐的诗人虽然层出不穷，却再无望李、杜之项背者。诗的变体——词，则在中晚唐逐渐流行开来。

中唐的著名诗人有刘长卿、韦应物、白居易、韩愈、柳宗元、刘禹锡、李贺等，他们都不同程度地继承了“庄骚”艺术传统。

---

① 郑日奎：《读少陵集》。
② 杜甫：《壮游》。
③ 杜甫：《送覃二判官》。
④ 杜甫：《舟中》。
⑤ 见唐人李观《杜诗补遗》。
⑥ 韩愈：《题杜子美坟》。
⑦ 韩愈：《调张籍》。
⑧ 韩愈：《送孟东野序》。

刘长卿（约709—789）、韦应物（约737—790）以写山水田园诗擅名，诗风直承陶渊明、孟浩然和王维，体现了依据道家思想而形成的审美情趣。

号“香山居士”的白居易（772—846），是中唐最为杰出的诗人。他的思想杂糅儒、道、释，却由于“兼济天下”的理想不能实现而日益倾向道家以求“吏隐”和“独善其身”。他倡导“文章合为时而著，歌诗合为事而作”[①]的新乐府运动，尊《诗经》、贬屈骚、鄙李白而崇杜甫，但他的诗作中传播最广、影响最大的则是继承了屈骚艺术传统、借鉴了屈骚表现方法的《长恨歌》和《琵琶行》。《长恨歌》前半写实后半书幻，结构和风格类同《离骚》，具有浓重的浪漫主义色彩和抒情成分。《琵琶行》直接以作者入诗而畅抒情感，有似屈骚那样表现自我。对此，白居易也有自知之明，指出诗歌“感人心者，莫先乎情”[②]，并提出了“根情、苗言、华声、实义”[③]的诗歌创作主张，实际上仍是弘扬屈骚传统。

韩愈、柳宗元、刘禹锡三人的思想成就，如本章第五节所述。在诗文创作上，三人也成就斐然。韩愈和柳宗元，是中国文学史上散文创作领域享誉千古的“唐宋八大家”中并列之魁首。韩愈的诗文创作，多用“庄骚”的典故和笔意，颇得“庄骚”文情而袭“庄骚”文风。柳宗元的诗作，“长于哀怨，得骚之余意”[④]，尤以谪居永州时所作山水诗为人称誉。宋人评说：“柳子厚诗雄深简淡，迥拔流俗，至味自高，直揖陶、谢。”[⑤]刘禹锡在中唐诗坛上与白居易齐名，被白居易赞为“诗豪”。爱读《庄子》、敬仰屈原的刘禹锡，诗歌创作也既有似庄子之文而突出自我、情茂辞放，又更多地抒发类同屈原的思想感情、运用类同屈骚的辞采手法，还效法屈原借鉴民歌以变俗为雅、推陈出新，故鲜明地体现出“庄骚”

①②③ 白居易：《与元九书》。

④ 沈德潜：《唐诗别裁集》卷四，中华书局1975年版，第61页。

⑤ 蔡絛：《西清诗话》，王大鹏等编选《中国历代诗话选》（一），岳麓书社1985年版，第356页。

遗意，尤其是屈骚流风。刘禹锡去世，哀痛不已的白居易作《哭刘尚书梦得二首》。其一首联悲吟：“四海齐名白与刘，百年交分两绸缪。”

李贺（约 790—816），被称为唐代诗坛上的“鬼才”。他因入仕无门而致力为诗，呕心沥血地作诗以抒悲愤，在诗歌创作上乃以楚辞为宗，自述：“长安有男儿，二十心已朽。楞伽堆案前，楚辞系肘后。”[①]他袭屈原楚辞之风，激李白诗歌之波，借助新奇的想象，运用形象的语言，采取象征的手法，敷以浓丽的色彩，创造瑰诡幽深的意境来寄寓“哀愤孤激之思”，写出像《梦天》《金铜仙人辞汉歌》这样一些承屈、李浪漫主义传统又别开生面的异情幻采之作，在短暂的一生里以独树一帜的诗歌艺术成就而为人惊叹。唐人因而称他的诗歌“盖骚之苗裔，理虽不及，辞或过之”[②]。

晚唐诗人的代表，是杜牧、李商隐和温庭筠。杜牧（803—853）诗主要继承杜甫精神而颇得屈骚文情，多抒发伤时忧国和古今兴亡的郁愁幽思而深沉俊爽。温庭筠（约 812—866）诗主要取法李贺诗的形式而颇得屈骚文辞，多歌咏生活中所历所感而清绮艳丽。李商隐诗主要因循李白、李贺流风，弘扬“庄骚”传统而另有创新，故在晚唐诗坛上成就最高。

李商隐（约 813—858），一生坎坷，郁不得志，乃寄情于诗。他曾好道而学仙，又景仰屈原而临湘水作《楚宫》诗悼念。他的诗作数量较多，题材广泛，但最有造诣的是爱情诗，如代表作《无题》之类。这类诗作，往往通过丰富的想象、虚幻的描写、比兴象征的手法、绚丽多彩的文辞，创造系列的意象，构成深情绵邈而恍惚迷离的意境。他自称这类诗是“楚雨含情皆有托”[③]、“为芳草以怨王孙，借美人以喻君子”[④]，也即继承了屈骚艺术传统。前人论他的诗，也谓之“屈、宋之遗响”。但实际上，他的这类诗是融会“庄骚”审美特征的艺术创造。托物抒情是屈骚的显

① 李贺：《赠陈商》。
② 杜牧：《李贺歌诗集序》。
③ 李商隐：《梓州罢吟寄同舍》。
④ 李商隐：《谢河东公和诗启》。

著特色，以象见意是《庄子》的显著特色。魏晋以来的诗歌弘扬“庄骚”传统，既追求寄情于物的抒发，又追求“得意而忘言”的表现，逐渐形成了以“意境”为诗歌的最高审美标准。盛唐诗人已有情深意远、瑰奇清丽的意境创造。李贺诗歌更是刻意以密集的意象构成深闳的意境。李商隐诗则在前人基础上开拓出新，使得诗歌意境的创造更加无迹可寻，显示了中国古代诗歌创作至晚唐的发展状况和艺术成就，并以“寄托深而措辞婉”[①]的独创风格深深影响了后人。

随着唐诗创作的高度繁荣，唐人亦重视对诗歌理论的总结和阐发。中唐至晚唐，相继产生了两部著名的诗论作品——僧皎然的《诗式》和司空图的《诗品》。僧皎然（约720—800）提倡诗贵自然，反对“伤乎天真”，认为诗歌重在抒情，“情多兴远，语丽为上”[②]，推崇“假象见意”“情在言外”的艺术表现，强调创作必须苦思推敲以“取境”。司空图（837—908）发挥了皎然诗论及与之相类的前人之说，比较深入地阐发了“韵外之致”“味外之旨”的“韵味说”和“象外之象，景外之景”、“不著一字，尽得风流”的“意境论”，在《诗品》中将诗歌风格和意境分为二十四品类并一一描述。两人的诗歌理论，主要是据庄周、屈原的美学思想而对以“庄骚”艺术传统为主导的诗歌创作经验的理论总结和理论阐发，标志着以庄屈美学和“庄骚”传统为主导的中国诗歌理论的基本确立。唐代以后，承此而不断发展的诗论乃成为中国诗歌理论的主流。

唐之诗，楚之骚，各为一代之文学；楚之骚，唐之诗，前后映照的高峰。无楚骚的光耀，何来唐诗的辉煌？因唐诗的辉煌，更显楚骚的光耀！

---

① 叶燮：《原诗》。
② 皎然：《诗式·律诗》。

第八节 书画艺术的繁荣与中国艺术精神的确立

隋唐隆盛时代，文化全面繁荣，书画艺术创作乃继承前代精神、借鉴前代艺术而达到高峰，与之相伴相随、相辅相成的书画理论也大有建树。魏晋南北朝基本确立的以道家美学、庄骚传统为核心的中国艺术精神，进而牢固确立且大有发展。

一、绘画与画论

隋朝时短，绘画却颇有成就，不仅涌现出一批知名画家，而且作品甚多。敦煌莫高窟中遗存的隋代洞窟就有近百个，约占现存洞窟总数的八分之一。其中保存的大量壁画，在精细富丽程度上已远过北魏的敦煌壁画，显示出继承了楚、汉艺术传统的民族风格。由于政治的统一，南北画风也融汇发展。并称于当时的董伯仁和展子虔，本为南北两地著名画家，同入隋都后“初则见轻，后乃颇采其意”[①]。发达的南朝绘画，成为隋朝绘画的基础。隋朝绘画融汇南北画风的发展，又成为唐朝绘画高度繁荣的起点。

展子虔（约550—604），是隋代最有成就的画家之一。他“触物留情，备皆妙绝”[②]，画人物是“神采如生，意度具足”[③]，“写江山远近之势尤工，故咫尺有千里趣”[④]。这种追求传神写意、“咫尺千里”的表现，继承和发扬了以道家美学为主导的艺术精神。他以创造性的成就深受推崇，被誉为与顾恺之、陆探微、张僧繇并列的唐以前最杰出的四大画家之一及“唐画之祖”。今存《游春图》，是他的山水画代表作，不仅技

① 张彦远：《历代名画记》卷八。

② 张彦远：《历代名画记》卷八引僧悰语。

③ 汤垕：《画鉴》。

④ 《宣和画谱》卷一。

艺工巧，而且体现了投合自然的情趣，成为因老庄而滋繁的山水画中的杰作。此画的出现，标志着魏晋以来山水画稚拙阶段的基本结束，具有“开青山绿水之源”的里程碑意义。

史入初盛唐，楚文化精神在思想、文化的各个方面得到了继承和弘扬，绘画艺术则空前繁荣，涌现出许多巨匠，形成了丰富多彩的风格，取得了卓越辉煌的成就。

初唐的杰出画家阎立本（约601—673），无画不妙，长于绘人。所绘人物既重形似，更重传神。杜甫咏其《凌烟阁二十四功臣图》云：“良相头上进贤冠，猛将腰间大羽箭。褒公（段志玄）鄂公（尉迟恭）毛发动，英姿飒爽来酣战。”[①] 今存其《历代帝王图》《步辇图》，都生动地表现了不同人物的精神风貌。他的画风直承顾恺之，体现了依据道家美学的审美追求。

时人称为“国朝山水第一”[②] 的李思训（约651—716），是初唐最杰出的山水画家。其“画山水树石，笔格遒劲，湍濑潺湲，云霞飘渺，时睹神仙之事，窅然岩岭之幽”[③]，体现出游心于自然而超凡脱俗的道家情趣。其画又设色鲜艳，敷采富丽，颇具楚艺术的“丽美”特征，由此而开“青绿为质，金碧为纹”的“金碧山水”画先河。又因其画“笔格遒劲”，被后人推为山水画史上的“北宗”之祖。

被尊为“百代画圣”的吴道子（约686—760），是盛唐文化孕育出的艺术大师。他任真而行，率性而为，嗜酒使气，放浪不羁，有楚人的狂放遗风，显盛唐的雄豪气象。他无所不画，也无画不工，创作丰富，成就卓著，且作画“可谓六法俱全，万象毕尽，神人假手，穷极造化也，所以气韵雄壮，几不容于缣素；笔迹磊落，遂恣意于墙壁”，“不滞于手，

① 杜甫：《丹青引赠曹将军霸》。开元年间，凌烟阁上阎立本所绘二十四功臣像年久褪色，唐玄宗乃命画家曹霸（官至左武卫将军）重描着色。

② 朱景玄：《唐朝名画录》。

③ 张彦远：《历代名画记》卷九。

不凝于心，不知然而然……离、披、点、画，时见缺落”[1]。苏东坡歌云：“道子实雄放，浩如海波翻，当其下手风雨快，笔所未到气已吞。”[2]他的画风，是其人其性的充分表现，也是庄骚艺术传统的发扬。他继承了楚绘画以线条为造型主体的传统，通过线条的粗细抑扬来表现物象的动感和量感，发展了中国绘画的线描艺术。他主要以墨线勾勒人物和山水，“意气而成”，对后世减笔人物画和水墨山水画的发展影响巨大，也对中国绘画的基本风格的确立贡献巨大。

盛唐的另一画坛巨匠，是大诗人王维。[3]《旧唐书·王维传》记他“书画特臻其妙，笔踪措思，参与造化，而创意经图，即有所缺。如山水平远，云峰石色，绝迹天机，非绘者之所及也”。他以山水画著称于史，他的山水画又与他的山水诗在意境上相通合，可谓画中有诗，诗中有画，同以表现道家旨归、禅宗意趣为主，是“参与造化”的道家精神的形象化表现，是“创意经图”的道家审美追求的产物。苏东坡《王维呈道子画》颂扬：“摩诘得之于象外，有如仙翮谢笼樊。”他以破墨法（即水墨渲染）描绘山水，开水墨山水画之先河。又因他画中的线条细柔而圆转，随意而自然，不似李思训画中的线条那样方直遒劲、钩斫分明，后人乃推他是山水画史上的“南宗”之祖。[4]

曹霸、陈闳、韩干等，都是盛唐绘画名家。他们的绘画，也承传统而合时代。赵孟頫谓：“唐人善画马者甚众，而曹、韩为之最。盖其命意高古，不求形似，所以出众工之右。”[5]

中晚唐时期，绘画虽有发展且诸科并进，却随国衰而盛况难继，画风也趋向写实。

壁画在唐代极盛，宫殿、官衙、寺观、石窟、墓室等建筑皆用壁画装饰，

① 张彦远：《历代名画记》卷一、卷二。
② 苏轼：《王维吴道子画》。
③ 参见前节。
④ 见董其昌《容台别集·画旨》。
⑤ 汤垕《画鉴》引。

著名画家也大都长于壁画。唐代壁画直接继承汉魏以来的传统，重视传神写照、敷色涂彩及浪漫表现，体现有楚、汉壁画的遗意遗风，但在内容和技巧上已大大超越前代。

南唐画家董源，以山水画享誉画坛。其“水墨类王维，着色如李思训”[①]。而“出自胸臆”“平淡天真”的水墨山水画，最能体现其绘画成就。其弟子巨然和尚师法其艺又赋予画作更多的道意禅味，大大振扬了其画风。董源在元、明备受推崇，被尊为继承王维的画派“南宗”的实际开创者。

绘画者多乃与赏画、求画者众相辅，绘画繁荣乃与评画、论画时兴相成。

唐人颇好评画论画。杜甫即多以诗文论画，如《丹青引赠曹将军霸》歌云：“弟子韩干早入室，亦能画马穷殊相。干惟画肉不画骨，忍使骅骝气凋丧。”其《画马赞》又谓：“韩干画马，毫端有神”、“瞻彼骏骨，实为龙媒”。由其论可知，唐人的审美趣味，是据道家审美观念而承魏晋南朝艺术传统而形成的，推尚神似、内质而非仅为形似、外貌的艺术表现。

张彦远（约 815—875）的《历代名画记》，是已知中国乃至世界上第一部绘画通史，也是唐代画论的代表作。它评述了自传说时代迄唐代中期的绘画，总结了绘画的艺术成果，阐发了作者的绘画理论。它认为“以气韵求其画，则形似在其间矣”，指出“夫象物必在于形似，形似须全其骨气；骨气形似，皆本于立意而归乎用笔”，主张“意存笔先，画尽意在”，还提出以“自然”为最高的画品等级，即“自然、神、妙、精、谨细”五等画作中以“自然者为上品之上”。这些理论认识，诚如学者所说：“与庄子所开辟的艺术精神相衔接。”[②]

朱景玄的《唐朝名画录》（又名《唐画断》），是已知中国乃至世

① 郭若虚：《图画见闻志》卷三。
② 徐复观：《中国艺术精神》，春风文艺出版社1987年版，第230页。

界上第一部断代画史。它论画强调“挥纤毫之笔，则万类由心；展方寸之能，而千里在掌”，与张彦远的“意存笔先”之说无有二致。另外，它重视总结“师造化”的经验，提倡形神统一，标举神品，也与张彦远的认识相近。

由唐入五代的荆浩所撰《笔法记》，全面地总结了前代的山水画艺术及理论，系统地阐发了以“真（气）”为核心、以“六要（创作六要素）”为框架的绘画理论，指出绘画艺术的本质和目的在于创造出符合自然之“真”的“景（审美意象）”，强调“真”是“景”的生命本体、“景”是“真”的艺术表现，审美意象的“景”是通过主体之“思（艺术想象）”而创造出来的。荆浩这些理论认识，丰富和深化了前人据道家美学提出的绘画艺术思想，不仅从理论上确立了山水画在中国古代画史上的崇高地位，也奠定了中国绘画理论的基本结构。

二、书法与书论

隋唐的书法创作，继承和发扬汉魏以来适己写性的传统和日臻精熟的技艺，盛况空前而成就卓越。

江南禅师智永和智果，以法度谨严、技艺精湛的书法著称于隋代。尤其是王羲之七世孙智永，得其祖书法的精髓，以书法表现自我的意绪和情性，字体圆厚遒劲，导扬了唐初书法的勃兴。

唐太宗李世民，雅好书法而学书论书，重视书法而倡导书艺。他开办书学，设置书学博士，以书取士，以书诠官，书法创作因此在贞观治世随经济文化的全面繁兴而大盛。他对王羲之书法推崇备至、广为搜集，并亲自为《晋书·王羲之传》作赞辞。他学书以王书为典范，论书承王说而倡导创作须有意有神有骨力，认为“学书者，先须知有王右军绝妙得意处”、“字以神为精魄”、“思与神会，同乎自然”方可入化境。史载他工于羲之书，尤善飞白（枯墨用笔的一种书法艺术）。他的书风遒劲奔放，气势宏大，生动地体现了其人其性。《全唐文》中，辑有他论书的专文《笔法论》、《指法论》和《笔意论》。他的书法见解和书法实践，为唐代书法推尊王书而大力弘扬以道家美学为核心的书艺精神的发展，奠定了基础并开拓了道路。

唐初书家的代表，是欧阳询、虞世南和褚遂良。三人都是故楚之地人，又都在书坛上尊尚王书并融会南北书艺而自创一格。其书法，继承了楚文化的开放、创造精神，又体现了唐文化的包容、革新特征。

欧阳询（557—641），潭州临湘（今湖南长沙）人，是中国书法史上第一位大楷书家。他的书法学王羲之楷书，兼攻魏晋朴茂碑书，融南北书艺，寓自我情性，创清奇遒丽、高华深穆、谨严精劲、神气充沛的“欧体”，开唐代楷风。

虞世南（558—638），越州余姚（今属浙江）人，曾从智永学书法，甚得王羲之书意笔法，也最为唐太宗钦服而受拜为其师。他身为谏臣，忠直敢言，端正廉洁，被太宗称为“当代名臣，人伦准的”。他的书法圆润柔美又坚挺遒劲、自然凝重又潇散洒落，有北书笔意，不失南书韵味，体现了他的人品本色和人格之美。

褚遂良（596—659），钱塘（今杭州）人，初学欧、虞，继学钟繇、王羲之，又重北方碑书。虞世南卒后，太宗感伤“无人可论书”，魏徵即推荐了“甚得王逸少体”的他。他受太宗赏识，官居高位，后得罪武则天，迭遭贬谪，乃专注于书法以寄情达性，且转益多师而大有造诣。他的书风或“疏瘦劲炼，细骨丰肌”，或“字里金生，行里玉润”，或“法则温雅，美丽多方”，可谓缘情而变、抒性而成，气韵生动，神采飞扬。不拘一格而姿态优美的“褚体”，因而风靡一世，继承欧、虞而下启盛唐书艺新风。

盛唐书坛，名家辈出，佳作潮涌。堪称巨匠者，乃张旭、怀素和颜真卿。他们的书法，最具“庄骚”遗意，也最显盛唐气象，体现了唐代书法的最高成就。

张旭，吴郡（今苏州）人，性格豪纵旷达、狂放不羁，与李白情投性合、交为好友。李白作诗赞云：“楚人每道张旭奇，心藏风云世莫知。三吴邦伯皆顾盼，四海雄侠两追随。”[1]他学王书而得其真谛，虽精于楷书，但好为奇字奇体的“狂草”，且每大醉，辄号呼狂走，索笔挥洒。他的狂草，变化无穷，神奇浪漫，完全是其人其性的充分表现，与李白诗风相通合，也与李白诗歌、斐旻剑舞在唐代被合称“三绝”[2]。杜甫《饮中八仙歌》咏道：“张旭三杯草圣传，脱帽露顶王公前，挥毫落纸如云烟。”韩愈记述：“往时张旭善草书，不治他技。喜怒、窘穷、忧悲、愉佚、怨恨、思慕、酣醉、无聊、不平，有动于心，必于草书焉发之。观于物，见山水、崖谷、鸟兽、虫鱼、草木之花实、日月、列星、风雨、水火、雷霆、霹雳、歌舞、战斗，天地事物之变，可喜可愕，一寓于书。故旭之书，变动犹鬼神，不可端倪，以此终其身而名后世。”[3]张旭“兴来书自圣，醉后语尤颠”[4]，乃有“张颠”之称和“草圣”之誉。

怀素（737—799），永州零陵人，一说为长沙人，自幼出家，勤奋学书，虽入佛门却不守戒律，嗜酒食肉，每待酒酣兴发，便挥笔疾书，狂草于所见所得的寺壁、衣服、器皿等物之上，自言“饮酒以养性，草书以畅志”，人称“狂僧”。他曾向颜真卿述其草书师法所得：“贫道观夏云多奇峰，辄尝师之，夏云因风变化，乃无常势；又遇壁坼之路，一一自然。”[5]师法自然，本道家精神钻研书法，他的草书日益精进。李白见怀素而观其书，乃作《草书歌行》盛赞：“少年上人号怀素，草书天下称独步。墨池飞出北溟鱼，笔锋杀尽中山兔。……起来向壁不停手，一行数字大如斗。恍恍如闻神鬼惊，时时只见龙蛇走。左盘右蹙如惊电，状同楚汉相攻战。”戴叔伦也作《怀素上人草书歌》云：“楚僧怀素工草书，古法尽能新有余。神清骨竦意真率，醉来为我挥健笔。始从破体变风姿，

---

① 李白：《猛虎行》。
② 《新唐书·文艺传·李白》：“文宗时，诏以白歌诗、裴旻剑舞、张旭草书为‘三绝’。”
③ 韩愈：《送高闲上人序》。
④ 高适：《醉后赠张旭》。
⑤ 陈思：《书小史》卷十。

一一花开春景迟。忽为壮丽就枯涩，龙蛇腾盘兽屹立。驰毫骤墨剧奔驷，满坐失声看不及。心手相师势转奇，诡形怪状翻合宜。人人细问此中妙，怀素自言初不知。”怀素推崇张旭，他的草书也与张旭草书有师承关系，但不像张旭草书那样“度绝绳墨”，而是“谨于法度”。诚若前人所说：“怀素书所以妙者，虽率意颠逸，千变万化，终不离魏晋法度故也。”①狂而不野，放而合度，是怀素书法的艺术风格，也是怀素书法既尊重传统又尽变古法而创新所取得的艺术成就。“以狂继颠”而“迥出唐诸子之右”的怀素书法，享誉当世而迷醉后人。当代伟人毛泽东，就最为喜爱怀素这位前代乡贤的墨迹。

“颠张狂素”，同为楚人，同怀楚魂，并世比伦，开创新境。初唐书家，虽求前人书意，却临帖摹碑而未能尽脱前人书艺之形。张旭、怀素，虽重前人书艺之形，更求前人书艺之神。他们以真情真性坦露于世，以至情至性托之于书，发扬了楚文化解放个性、适己创新的传统，体现了盛唐时代高扬主体、自由浪漫的精神。他们的草书，以率真的表现、雄健的骨力、豪纵的笔法、奔放的气势、丰富的变化、激越狂烈的韵律和出神入化的境界，充分展示了其独特的艺术个性，鲜明地突出了书法艺术的本质特征，一洗东晋以来温雅妍丽的书法余习，将书法艺术发展到新的高度。

祖籍故楚之地临沂（今属山东）而迁居京兆（今西安市）的颜真卿（709—784），是盛唐楷书巨擘和抗击叛军的功臣、大义凛然的烈士。他初学褚书，后得张旭指教，进而博取历代名家书艺，在融会贯通的基础上自创以拙为巧、以古为新的颜氏书体。笔画粗壮、字体宽绰而显得雄伟庄重、气势宏大的“颜体”，显现了盛唐文化雄浑阔大的风貌，一扫王羲之俊逸超迈的书风余绪，开盛唐楷书新风。因“颜体”筋骨劲健，人们乃以“颜筋”概括其特点。颜真卿的草书虽不及张旭草书纵逸，但也颇得其笔意。

① 《石渠宝笈》卷三录怀素《论书帖》赵孟頫跋文。

中晚唐国势衰微，书法创作也盛景不再。其时的书法大家，唯有柳公权。

柳公权（778—865），“初学王（羲之）书，遍阅近代笔法，体势劲媚，自成一家”[①]。唐穆宗欣赏他的书法，向他问用笔方法，他回答说：“用笔在心，心正则笔正。”[②]史称此语乃“笔谏”，此语实亦表明了他的书法见解，即书法是写心达性的艺术。因“柳体”挺拔遒劲、方正峻丽，明显具有骨力刚健的特征，人们乃以“柳骨”概括之并将之与“颜筋”并称。

“颜筋柳骨”，弘扬的亦是“庄骚”艺术精神主导的书艺传统。或许因颜、柳两人毕竟生长于北土而受中原文化传统熏陶较深，颜、柳书体也严谨端正、法度精密，迥然有别于“颠张狂素”的书艺风格。

唐人雅好书法也多品书论书，论书则推崇表现筋骨、情志、心性，反映了继承“庄骚”艺术精神的艺术追求。唐代书学论著甚为丰富，重要的有《书谱》《书断》《述书赋》和《法书要录》等。

《书谱》是初唐书法名家孙过庭（646—691）之作，对书法理论问题作了多方面的深刻阐发，在中国书论史上具有划时代意义。它提出了书法的“文”与“质”的关系问题，认为书法艺术最重要的因素是“质”，强调书法的本原在于作者自身、书法的气势系于作者本心、书法的风格取决于作者性格，即所谓“达其性情，形其哀乐”、“随其性欲，便以为姿”，还主张博采众长、融通诸艺以熔冶创新。

《书断》是盛唐张怀瓘品评书家书艺之作，将古今书家分列为以“神”为高的“神、妙、能”三品。

《述书赋》乃盛唐窦臮所作，性质与《书断》相类。其论书崇尚自然，主张书法创作任兴适意而不受法度束缚。其论书家也贵在自然放逸而显现真情童心。

《法书要录》为张彦远编撰的书学论著总集。张彦远的书法理论认识，同其绘画理论认识一致，即标举骨气、强调立意。他在此书中提出

①② 《旧唐书·柳公权传》。

了书画同体说，认为书画都本乎立意而归乎用笔。

书画同源，书画艺通。隋唐乃至五代的绘画和书法艺术，都继承前代以“庄骚”传统为主导而发展演变，隋唐乃至五代的书画理论，亦继承前代以“庄骚”美学为核心而丰富深化。艺术实践为理论总结提供了条件，理论总结为艺术实践提供了指导，“庄骚”传统因此得以不断地弘扬，中国艺术精神因此得以牢固地确立。

第九节　端午节俗与饮茶风尚

端午与饮茶本无关涉，但因其节日习俗和饮茶风尚都属民俗类，故在此节一并述及。

一、端午节俗

农历五月初五的端午节，是中国四大传统节日（春节、清明、端午、中秋）之一。在中国民间，端午节成了纪念楚国伟大诗人屈原的节日，染上了浓重的楚文化色彩，赋予了深厚的楚文化内涵。

端午本为与屈原无关的时令节日，但在汉代已初与屈原相联，在魏晋南北朝逐渐成为南方，尤其是当年楚国腹地民间纪念屈原的节日，至隋唐则基本上成了全国广大地区人民主要为屈原而过的节日。

关于端午节的起源，说法甚多，诸如纪念屈原、纪念伍子胥、纪念勾践、夏至节、祭龙等。其中较为合理而可信的说法，是源自先秦的夏至节。

夏至，是先秦古人最早确定的四大节气（春分、夏至、秋分、冬至）之一。夏至之日，北半球白昼最长而夜晚最短，同昼短夜长的冬至日和昼夜半分的春分、秋分日一样易于被古人确定。因其在划分时节、表明物候并据以进行农事活动上十分重要，故被古人看重。时迄夏至，古代中国北方所种菽黍和南方所播稻谷，都进入夏季苗长期，古人经过繁忙的春种而可稍得喘息；加之气温骤升，杂草恶木、病虫害鸟、瘟疫瘴疠也猖狂蔓延而危害农作物及人的生命，古人以为阳气于此日至极、阴气于此日始兴而“阴阳争，死生分”[①]，乃企望能于此日助阳抗阴、得生避死、除害获福、去凶化吉；大概因此，古人便夏至时节举行一些活动来祈求丰收和安康、禳除灾害和病瘟。相沿成习，夏至也就成了民俗活动日渐丰富的传统夏节。夏节的日期，一般在三代古历中最切合农事的夏历五月、即仲夏之月的五日及其前后。或许随着阴阳五行说的盛行，战国时人以阴阳消长来说明时节变化、以五行配四时、五方而尚“五”，既尤为重视阴阳消长最为急剧的夏至，又因尚“五”而将夏节固定在五月五日。

五月五日，又称为“端五”或“端午”。《北堂书钞》卷一百五十五“五月五日”条：

> 俗重五日，与夏至同。仲夏端午，菹龟角黍。

《艺文类聚》卷四录西晋周处《风土记》云：

> 仲夏端五，烹鹜角黍。端，始也，谓五月初五也。又以菰叶裹粘米煮熟，谓之角黍。

《太平御览》卷三十一又录：

① 《吕氏春秋·仲夏纪》：“是月也，日长至，阴阳争，死生分。”高诱注：“夏至之日，昼漏水上刻六十五，夜漏水上刻三十五，故曰‘长至’。是月阴气始起于下，盛阳盖覆其上，故曰‘争’也。品物滋生，荠麦亭历，棘刺之属死，故曰‘死生分’。分，别也。”彭大翼《山堂肆考》卷十一“时令”：“夏至：十一月冬至为一阳，十二月大寒为二阳，正月雨水为三阳，二月春分为四阳，三月谷雨为五阳，四月小满为六阳，至五月六阳剥尽，一阴始生，乃阴阳交会之时，故谓之夏至。月令阳生于子而日渐长，至午则极而长之极至也。”

《风土记》曰：仲夏端五，端，初也。俗重此日，与夏至同。先节一日，又以菰叶裹粘米、栗、枣，以灰汁煮，令熟。节日又煮肥龟，令极熟，去骨加盐、豉、麻、蓼，名曰菹龟。粘米一名糉，一曰角黍，盖取阴阳包裹之象也。龟甲表肉里、阳外阴内之形，所以赞时也。

南朝梁宗懔《荆楚岁时记》载：

五月五日，谓之浴兰节。四民并踏百草之戏，采艾以为人，悬门户上以禳毒气，以菖蒲或镂或屑以泛酒。

按：《大戴礼》曰："五月五日，蓄兰为沐浴。"《楚辞》曰："浴兰汤兮沐芳华。"今谓之浴兰节，又谓之端午。[1]

夏至节日，食粽。

按：周处《风土记》谓为角黍。人并以新竹为筒粽。楝叶插五彩系臂，谓为长命缕。

唐李匡义《资暇集》辨：

端午，端五者。按：周处《风土记》："仲夏端午，烹鹜角黍。"端，始也，谓五月初五日也。今人多书"午"字，其义无取焉。

据此说来，"端五"或"端午"，似乎是汉代以后方有的节名。"端"者初也，"五""午"为同音通假字。可是，《说文解字》云：

㐅（五），五行也，从二。阴阳在天地间交午也。

① 《荆楚岁时记》中按语，传为隋代杜公瞻所作注释。

仐（午），牾也，五月阴气牾逆阳，冒地而出也。

由此释义，则“端五”或“端午”，实已含有阳气于此日至极、阴气于此日始兴而“阴阳争，死生分”的蕴义，恐怕应是先秦就已有了的夏节别名。“五”为阳数，“端五”或因此而又称为“端阳”。至于五月五日还有的“重五”和“重午”等称谓，当为汉代以后衍生的名称。

端午节又别称“天中节”。《太平广记》卷三百五十四录《述异记》：“五月五日天中节。”宋元之际人何梦桂《五月五日对雨有作》歌吟：“……客守况值天中节，一举满觞仰天说。……龙舟挝鼓飞洪波，锦标夺得竞归去，江干帐立空渔蓑。”“天中节”之称，意谓太阳运临一年的天空正中时节。大概在居处北半球的中国古人看来，太阳运临一年的天中，阳光普照最久而“日长至”。“日长至”，即昼最长而夜最短的“夏至之日”。所谓“天中节”，实指太阳直射点在北半球北回归线上而太阳高度角最大、辐射最强的夏至时节。“天中节”这一端午的别称，即表明端午与夏至的关系。

据先秦和汉代的文献记载，当时人们将仲夏五月视为阴阳相争、死生分判的恶月，将五月五日视为阴气萌作、“感阴气成者死”[①]的凶日，故在五月五日恐怕物生不茂，人生不长而主要举行各种禁忌和祈禳活动。《艺文类聚》卷四引录《夏小正》曰：“此日蓄采众药，以蠲除毒气。”汉朝乃将五月五日的祈禳活动，定为国家仪典。《后汉书·礼仪志》载：

仲夏之月，万物方盛。日夏至，阴气萌作，恐物不茂。其礼：以朱索连荤菜……汉兼用之（夏、商、周三代的祈禳方式），故以五月五日，朱索五色印为门户饰，以难（傩）止恶气。

---

① 《礼记·月令》：“仲夏之月……是月也，日长至，阴阳争，死生分。”孔颖达疏：“谓此月之时，日长之至极。……死生分者，分，半也。阴气既起，故物半死半生。蔡云‘感阳气长者生，感阴气成者死’，故于夏至日相与分也。”

杜佑《通典》卷五十五："汉制，厉殃祀天地、日月、星辰、四时、阴阳之神，以师旷配之。其坛常祀以禳灾，兼用三代苇茭、桃梗。五月五日，朱索五色印为门户饰，以傩止恶气。"夏至日若连端午日，夏至与端午的祈禳活动也就合为一体。夏至及端午举行的祈禳活动因被朝廷确定为仪典，乃使端午成为全国的重大节日。

端午节俗活动，在西汉或许就与屈原有了联系。汉人于"五月……蓄兰，为沐浴也"（《大戴礼记·夏小正》）的习俗，当源自屈原《九歌·云中君》描述楚人祀神前"浴兰汤兮沐芳"以香洁已身的习俗。"五月五日，谓之浴兰节。"其缘故则为"灵均死波后，是节常浴兰"（元稹《表夏》其十）。

大概汉人将五月五日视为阴气萌、人易死的凶日，也将此日看作逝者的忌日，进而在此日纪念一些受到敬重的人物，如割股啖君而不求荣华的介子推、忠贞贤能却遭弃迫死的伍子胥、沿江寻求父尸未得而投水溺亡的孝女曹娥、勤政爱民而政绩卓著的苍梧太守陈临等，并且传说他们都死于此日或别离此日。

关于介子推、伍子胥和曹娥于端午受到纪念的最早记载，均见于东汉文献。陈临于端午受到纪念，也始于东汉时期。

介子推于端午受到纪念的最早记载，见于传为蔡邕所撰《琴操·龙蛇歌》：

> 《龙蛇歌》者，介子绥（一作推）所作也。晋文公重耳，与子绥俱亡，子绥割其腕股，以救重耳。重耳复国，舅犯、赵衰，俱蒙厚赏，子绥独无所得。绥甚怨恨，乃作《龙蛇之歌》以感之，遂遁入山。其章曰："有龙矫矫，遭天谴怒，卷排角甲，来遁于下。志愿不与，蛇得同伍，龙蛇俱行，身辨山墅。龙得升天，安厥房户，蛇独抑摧，沉滞泥土。仰天怨望，绸缪悲苦，非乐龙伍，惔不眄顾。"文公惊悟，即遣求得于绵山之下。使者奉节迎之，终不肯出。文公

令燔山求之，火荧自出。子绥遂抱木而烧死。文公哀之，流涕归，令民五月五日，不得举发火。

据此记述，五月五日即寒食日，端午节也即寒食节。古今寒食节都定在清明节前一二日，史籍也未明载介子推死于何日，但晋国故地民间传说介子推于五月五日被焚亡。晋人陆翙《邺中记》云："并州俗，以介子推五月五日烧死，世人为其忌，故不举饷食，非也！北方五月五日自作饮食祀神，及作五色新盘相问遗，不为介子推也。"《荆楚岁时记》辩驳："后汉周举为并州刺史，移书于介推庙……周举移书及魏武《明罚令》、陆翙《邺中记》并云，寒食断火起于子推。《琴操》所云子绥，即介推也。又，云'五月五日'，与今有异，皆因流俗所传。据《左传》及《史记》，并无介推被焚之事。《周礼·司烜氏》；'仲春以木铎修火禁于国中。'注云：'为季春将出火也。'今寒食准节气是仲春之末，清明是三月之初，然则禁火盖周之旧制也。"看来，端午纪念介子推仅为汉晋并州、今山西部分地区的民间习俗，在北方中原并不流行。

伍子胥于端午受到纪念的最早记载，见于邯郸淳《曹娥碑》：

（曹）盱能抚节安歌，婆娑乐神。汉安二年五月五日，迎伍君。

伍君即指伍子胥。传说伍子胥被吴王夫差赐剑自刎后，又被夫差装入皮囊中沉入钱塘江，化为波神。曹盱是东汉会稽上虞（今属绍兴）的巫师，当地每年端午祭祀伍子胥，都由其乘船于江中载歌载舞迎接波神。

曹娥于端午受到纪念的最早记载，也见于《曹娥碑》：

（曹盱）逆涛而上，为水所淹，不得其尸。娥时年十四岁，号慕思盱，哀吟泽畔，旬有七日，遂自投江死，经五日抱父尸出。以汉安迄于元嘉元年青龙辛卯，莫之有表。度尚设祭诔之……

据《后汉书·列女传》记载，上虞县令度尚为了表彰孝烈，迁葬曹娥遗骸并为之立碑。碑文作者，是度尚弟子邯郸淳。自度尚为曹娥立碑设祭，会稽一带便形成于端午纪念曹娥的传统。

陈临于端午受到纪念的最早记载，见于《初学记》卷第四录谢承《后汉书》：

陈临为苍梧太守，推诚而理，导人以孝悌。临征去后，本郡以五月五日祠临东城门上，令小童洁服舞之。

汉代苍梧郡的治所在今广西梧州。陈临在世就于端午被祠祭，或是东汉两广地区的习俗。

爱国爱民而投江以殉国难的屈原，也于东汉时在端午受到纪念。《艺文类聚》卷四录《风俗通》：

五月五日，以五色丝系臂者，辟兵及鬼，令人不病温。亦因屈原。

五月五日续命缕，俗说以益人命。

《风俗通》即《风俗通义》，为东汉末年学者应劭所作，以考证历代名物制度、风俗和传闻为主要内容。应劭是汝南郡南顿县（今河南省项城市南顿镇）人，曾任泰山太守，卒于邺（今河北临漳县西南邺镇）。应劭记载的东汉端午纪念屈原的习俗，显然不限于屈原生卒地——今两湖地区的端午节俗。

据文献记载来看，上述在东汉时已于端午受到纪念的五位人物中，就其于端午受到纪念的时间而言，最早是介子推，其次是伍子胥，再次是屈原，曹娥与陈临皆晚；就其于端午受到纪念的地域而言，最广是屈原，其次是介子推，再次是伍子胥，曹娥与陈临皆狭。《风俗通义》成书虽然晚于《曹娥碑》成文，但其所记端午“亦因屈原”的习俗流行当不会晚于上虞县令度尚为曹娥立碑设祭。介子推受到纪念的地区，主要是春秋晋国故地的今山西部分地区。伍子胥受到纪念的地区，主要是今苏南浙北。曹娥与陈临受到纪念的地区，分别局狭于今绍兴或梧州一地。唯有屈原，在东汉就已经成为当时中国许多地区于端午纪念的历史人物。

东汉时的端午节俗，仍以禳祛灾害、祈祝安康的活动为主，但许多地区"亦因屈原"而在端午纪念屈原了。

屈原早在东汉时已经成为当时中国腹心的许多地区端午节纪念的人物，无疑是因为屈原的历史和社会影响要比其他在端午受到纪念的人物大得多，因为屈原受到广大民众的尊崇和怀念要比其他在端午受到纪念的人物重得多。

身为楚国贵族的屈原，在约两千年前信息传播极不发达的条件下，怎么会形成广泛而巨大的社会影响？怎么会被广大民众知晓、尊崇、怀念并在端午祭祀呢？究其缘由，主要有三。

其一，在战国中晚期兼并战争剧烈而"楚强则秦弱，秦强则楚弱"的关键时段，竭忠尽智地辅佐楚王变法革新以振兴楚国、光融天下的屈原，却受到权贵佞臣谗害而先被楚王疏绌、后被楚王流放，终至秦人攻拔楚都后投江殉国。楚王不听屈原忠谏，楚国也大败于秦国而由盛转衰。屈原忠而被疏、谏而遭放的经历，使得他在疏绌至汉北、放逐于江南的生活中，已经为民众有所了解，民间也经久传扬屈原的事迹。

《九章·抽思》歌云："有鸟自南兮，来集汉北。好姱佳丽兮，牉独处此异域。"据诗句所述并结合相关史料考察，屈原被楚怀王"既绌"后从楚都前往楚国北境的汉北旅居独处约有两年。[①] 今汉水以北的十堰郧阳、南阳西峡、平顶山鲁山一带，依旧流传着屈原在汉北的故事并举行纪念屈原的活动。

自壮年被放逐江南后，屈原在江南生活长达约 20 年，行踪遍及沅湘流域诸地，悲叹"惟郢路之辽远兮，魂一夕而九逝"，至死未能回归

① 说详拙文《鸟集汉北与汉北楚境》，"2019'屈原与楚文化'学术研讨会暨湖北省屈原研究会年会"会议论文，待刊。

国都，最终在秦军掠江南之际，赍志殉国，保全贞节，自投汨罗，抱石沉江，传说即死于端午。沅湘流域民间于屈原流放之际就受其影响而祭祀保有爱国晚节的楚怀王[①]，或许也最早于端午祭祀屈原。

汉初，贾谊被贬为长沙王太傅，南行至沅湘间，即“仄闻屈原兮，自湛（“沉”）汨罗”而“造托湘流兮，敬吊先生”。其由传闻所知屈原事迹，或许是在其故乡洛阳、汉都长安，也可能是所至江南沅湘间。

民众年复一年地传扬屈原的事迹，民间年复一年地举行纪念屈原的活动，屈原的社会影响自然会日渐广远深巨。

其二，屈原抒写爱国思想和坎坷经历、表现“美政”理想和峻洁人格的楚辞作品，以巨大的精神、品德和艺术魅力倾倒了战国末年至汉代的文化精英们，以致社会风行楚辞、文人竞相研习并拟作楚辞，屈原被推尊为道德人格的楷模，楚辞被推尊为文学艺术的典范。

战国末年，楚人便因思念屈原而“世相教传”楚辞。战乱岁月里“世相教传”楚辞者，当多为避世隐居于民间的文士。因为他们一者有文化，二者赞同屈原思想而向往实现“美政”，三者赞赏屈原志行而仰慕屈原为人。楚辞中的《卜居》《渔父》两篇，因王逸《楚辞章句》题解称“屈原之所作也”，且又为朱熹、洪兴祖肯定后，即被视为屈原的重要楚辞作品。但自明、清以来，已多有学者怀疑并证伪。从其文体和文风来看，两篇当不是屈原的作品。据战国后期的楚国历史文化背景和战国至汉初的文学发展状况推断，两篇应作于楚考烈王时代、出自楚国具有道家思想的隐士之手，都是思念屈原的楚人设为问答、假托屈原以“叙其辞”。两篇的产生表明，战国末年的楚人对屈原其人已经有了深刻的认识和高度的评价，即屈原是一位竭忠尽智、高举葆真、廉洁正直、爱憎分明、疾恶如仇、坚贞不阿、刚毅执著而绝不肯屈心抑志、苟且偷生、同流合污、蒙垢染尘的爱国诗人、秉德贤士，是楚人爱国典范、世间人格楷模。

① 屈原《招魂》当为屈原流放江南时，采用民间招魂词的形式悼念楚怀王而作，并用在民间于楚怀王忌日举行的祭奠仪式上。

两篇所写屈原其人其事、其言其行，在相当程度上展示了屈骚塑造的屈原自我形象体现出的精神品格。这样的认识和评价，可以说是后世人们认识和评价屈原的重要基础。[①]

汉初，楚风大盛，楚辞大兴。传世的汉初诗歌名篇，都是骚体楚调。屈原及其楚辞在西汉的巨大影响，第二章已有论述。司马迁《屈原列传》引录《渔父》以彰显屈原志行、引述刘安《离骚传》而推崇屈原志洁行廉“虽与日月争光可也”。其对屈原的称颂和推崇，具有代表性地反映了战国末年至西汉中期社会精英对屈原的基本认识和主流评价。班固《离骚序》评说：“然其文弘博丽雅，为辞赋宗，后世莫不斟酌其英华，则象其从容。自宋玉、唐勒、景差之徒，汉兴，枚乘、司马相如、刘向、扬雄，骋极文辞，好而悲之，自谓不能及也。”

降及东汉，文士几乎无不研习楚辞。史学大家班固虽然基于统治者立场贬责屈原“露才扬己”“责数怀王”，却也称道屈骚并撰《离骚经章句》。经学大师贾逵，也有《离骚经章句》之作。[②]辞赋名家兼伟大科学家张衡祖式屈骚，“乃作《思玄赋》以宣寄情志”[③]。博学茂才应奉“追愍屈原，因以自伤，著《感骚》三十篇，数万言”[④]。

校书郎王逸撰《楚辞章句》，虽说是“逸与屈原同土共国，悼伤之情与凡有异”，实际上更是因汉世人们仰慕屈原、喜好楚辞的风气所激励。《楚辞章句·离骚经叙》推崇：

> 今若屈原，膺忠贞之质，体清洁之性，直若砥矢，言若丹青，进不隐其谋，退不顾其命，此诚绝世之行，俊彦之英也。……屈原

① 说详拙文《〈卜居〉、〈渔父〉的产生与屈原的影响》，《华中师范大学学报》2007年第5期。

② 王逸：《楚辞章句·离骚经叙》：“孝章即位，深弘道艺，而班固、贾逵复以所见改易前疑，各作《离骚经章句》。”

③ 《后汉书·张衡列传》。

④ 《后汉书·应奉列传》。

之词，诚博远矣。自终没以来，名儒博达之士著造词赋，莫不拟则其仪表，祖式其模范，取其要妙，窃其华藻，所谓金相玉质，百世无匹，名垂罔极，永不刊灭者矣。

王逸对屈原及其楚辞的赞评，阐明了屈原的高尚人格和屈骚的深巨影响，概括了汉代文士对屈原及其楚辞的基本认识和主流评价。

其三，东汉后期王权衰弱、政治溷浊、社会动荡、国家危难的局面，促使社会各层人士更加怀念一生为州土平乐、德泽昭章、民生幸福的“美政”理想奋斗的屈原，并自觉参与到“亦因屈原”的端午纪念活动中。

在传世文献中，屈原于端午受到纪念的最早记载是成书于东汉末年的《风俗通义》。成书于东汉中期的《楚辞章句》，述及当年楚国的南郢之邑、沅湘之间的风土人情，也未提及故楚之地有端午祭祀屈原的习俗。据现有史料看来，东汉晚期以前即使民间有于端午纪念屈原的活动，举行这类活动的地域范围想必不广，上层社会的文人学士也少有参与，以致文献阙载。应劭记载端午节俗“亦因屈原”，则表明这样的端午节俗不仅普及较为广泛，而且当有上层社会的文人学士乃至地方官员参与，故他得以闻知，或许也曾参与。

“亦因屈原”的端午节俗广泛普及，上层社会的文人学士乃至地方官员也自觉参与端午祭祀屈原的活动，想必都因东汉晚期的艰危时事所促成。

东汉中期，就已出现外戚擅政、宦官弄权的局面，朝纲由此不振，政治日益溷浊。一批上层社会的正直名士，对现实不满而希望激浊扬清，昭彰节操，也自然且自觉地标榜屈原的高尚志节。王逸撰《楚辞章句》，既出于对乡贤的景仰，又因为世风的激励，还为了宣扬屈原的精神人格，旨在以屈原的精神人格、理想追求来砥砺士子忠贞爱国、廉洁正直、维护东汉王朝。

东汉晚期，戚、宦斗争剧烈，党锢之祸频发，清正名士惨遭迫害和杀戮，社会动乱不已，最终酿成黄巾起义和军阀混战。此时的一般民众盼望结束社会动乱、实现屈原所追求和描写的“州土之平乐”，清正士子则与屈原异代同感而哀悼屈原以寄托情怀、表白心志。于是，端午祭祀屈原的习俗便会得以广泛普及并吸引社会各阶层人士的参与。

士人追念屈原，民众思慕屈原，主要用于端午祭祀屈原的祠庙也在东汉许多地方得以兴建。《后汉书·延笃列传》记载，南阳郡犨县（治所在今河南鲁山张官营镇）鸿儒延笃为官忠直，深受敬重，卒于家后，“乡里图其形于屈原之庙”。《水经注》卷三十八记载，汨罗江屈原自沉处的北岸“有屈原庙，庙前有碑，又有（东汉）汉南太守程坚碑寄在原庙”。传世文献所载最早的屈原庙都是东汉的，印证了端午节俗在东汉“亦因屈原”而纪念屈原的演变。传世文献所载东汉的屈原庙虽然屈指可数，但既然东汉的南阳郡犨县已有屈原庙，想必故楚之地尤其是屈原生活及留踪之地当在东汉已经多有屈原庙并普遍于端午祭祀屈原了。

魏晋南北朝时期，纪念屈原逐渐成了南方端午节活动的主要内容，一些本为祈禳的活动也与纪念屈原联系起来，关于屈原与端午的民间传说也不断得以丰富。《艺文类聚》卷四录南朝梁吴均《续齐谐记》：

> 屈原五月五日投汨罗而死，楚人哀之，每至此日，竹筒贮米，投水祭之。汉建武中，长沙欧回，白日忽见一人，自称三闾大夫，谓曰：“君当见祭甚善，但常所遗，苦蛟龙所窃。今若有惠，可以楝树叶塞其上，以五采丝缚之。此二物，蛟龙所惮也。”回依其言。世人作粽，并带五色丝及楝叶，皆汨罗之遗风也。

《荆楚岁时记》也载：

> 是日竞渡采杂药。
>
> 按：五月五日竞波，俗为屈原投汨罗日，伤其死所，故并命舟楫以拯之。舸舟取其轻利，谓之飞凫。……州将及土人悉临水而观之。

据此看来，至晚于南朝时，南方尤其今两湖地区端午节的主题已是纪念屈原了。食粽子、系五色丝等本为祈禳的习俗，也转为纪念屈原的活动内容。周处《风土记》：“进筒粽，一名角黍，一名粽。”煮食筒粽或用菰叶、楝叶包黏米而成角状的粽子，即“盖取阴阳包裹之象也”，“以赞时也”，或许也有驱邪避鬼、攘灾止瘟的寓意。五彩丝则本为“俗说以益人命”的“长命缕”，系于人臂也是为了“辟兵及鬼，令人不病瘟”。两种端午习俗大概自东汉开始因屈原而演变，至南朝已复合为祭祀屈原的活动方式。不仅如此，又因屈原而形成了端午节中最盛大、最隆重，也最重要的活动——竞渡。五月五日的习俗不再是“亦因屈原”，而是主为屈原。关于端午纪念屈原的传说，也有了丰富的内容和完整的情节。尽管如《荆楚岁时记》所言，当时人从《曹娥碑》上知道原有五月五日于水上祭迎伍子胥的东吴习俗和听说过竞渡“起于越王勾践”的传闻，但其俗不再兴，其闻亦“不可详矣”。检索当时文献关于端午习俗的记载，乃知屈原已成了端午节祭祀的主角，端午也成了主要纪念屈原的节日。

本以祈禳为主的夏节，为何会在东汉至魏晋南北朝演变成以纪念屈原为主的端午节呢？这想必是屈原精神、楚文化传统在社会黑暗、动荡乃至分裂的时世发生巨大影响的结果。

如第三章所述，近400年的魏晋南北朝时期，是秦统一之后中国政局陷入动乱和分裂持续时间最长的时期，是民族纷争和战火频繁的时期，被人视为中国古代的“政治上最混乱、社会上最痛苦”的动乱时世。

由于“五胡乱华”，中原“衣冠南渡”。南渡的士民客居故楚之地，直接受到楚文化的传统的熏陶，又怀念故土、渴望统一，便更好读《离骚》以畅情，也更为深切地体察到屈原发愤而表抒的爱国情志，更为尊崇屈原的精神和人格。《世说新语·任诞》记载：

> 王孝伯言：“名士不必须奇才。但使常得无事，痛饮酒，熟读《离骚》，便可称名士。”

此语反映出，怀有忧国之心的东晋士子，无不感怀屈原而好读《离骚》，以至于认为他书可以不读却不可不读《离骚》，“熟读《离骚》”则是当时“名士”的标准。本怀“纬军国”“任栋梁”之志却不得已寄身于佛门的刘勰，在其名作《文心雕龙·辨骚》中赞曰：

不有屈原，岂见《离骚》？惊才风逸，壮志烟高。山川无极，情理实劳。金相玉式，艳溢锱毫。

刘勰的赞语，亦当表达了南朝士民对屈原及其作品的普遍认识和高度评价。梁代张缵往南楚供职，“瞻汨罗以陨泗”，感怀“若夫屈平《怀沙》之赋，贾子‘游湘’之篇，史迁摛文以投吊，扬雄反骚而沉川。其风谣雅什，又是词人之所流连也”[①]。王恭、刘勰、张缵，都是祖籍北方的人士。可想而知，东晋、南朝里忧国思乡的南渡士民及其子孙，自然是会同南方士民一起，在端午节怀着巨大热情举行纪念屈原的活动，以此招屈原英魂、励士民壮志、祈社会统一、求国家振兴。屈原，便与端午节密切联系到一起。前代在端午节纪念的其他人物，也就逐渐在端午节活动中黯淡或消失了。端午节的祈攘活动，虽然一直因承着、演变着，但逐渐不是其主要内容了。

在社会大一统的隋唐时期，南北文化融汇，南朝文化成为主导文化，盛行于南方的以纪念屈原为主题、以食粽和竞渡为主要内容的端午节俗，逐渐北传而成为全国性的端午节俗。

《隋书·地理志》记述了屈原于五月五日赴汨罗、土人追至洞庭鼓棹争救而演“为竞渡之戏”的传说，说明竞渡场面十分壮观、竞渡活动风行古“荆州”诸郡：

其迅楫齐驰，棹歌乱响，喧振水陆，观者如云，诸郡率然，而南郡、

① 张缵：《南征赋》。

襄阳尤甚。

《太平寰宇记》卷一百四十五“襄阳”引唐人《襄阳风俗记》云：

> 屈原五月五日投汨罗江，其妻每投食于水以祭之。原通梦告妻，所祭食皆为蛟龙所夺，龙畏五色丝及竹。故妻以竹为粽，以五色丝缠之。今俗其日皆带五色丝、食粽，言免蛟龙之患。又原五日先沉，十日而出，楚人于水次迅檝争驰，棹歌乱响，有凄断之声，意存拯溺，喧震川陆。遗风迁流，遂有竞渡之戏。

南郡、襄阳一带于端午举行纪念屈原的竞渡活动，已尤甚于竞渡的发源地沅、湘流域，显然端午竞渡的节俗已经南郡、襄阳而向北传播了。

北传的端午纪念屈原的节俗，未必流行于北方各地，但已为北方士大夫和朝廷君臣并认同。《唐会要》卷二十九“节日”记载，龙朔元年（661）端午，唐高宗向侍臣询问五月五日节俗的由来，礼部尚书许敬宗即禀告《续齐谐记》中所记楚人于端午纪念屈原故事，并称“今俗人五月五日作粽并带五采丝及楝叶，皆汨罗遗风”。许敬宗是今杭州人，其父任隋朝礼部侍郎。其向唐皇所告的端午本事，不是端午纪念介子推、伍子胥或其他人物的习俗，而是“汨罗遗风”。不言而喻，时至初唐，中国的长江、黄河中下游的端午节俗大多承袭的是“汨罗遗风”，世人也认同端午“汨罗遗风”。

唐代，人们对所谓古传因为屈原的端午节俗已没有异议，并更加热衷于在端午节举行大型竞渡活动。盛唐诗人储光羲作《观竞渡》诗：

> 大夫沉楚水，千祀国人哀。习棹江流长，迎神雨雾开。标随绿云动，船逆清波来。下怖鱼龙起，上惊凫雁回。能令秋大有，鼓吹远相催。

中唐诗人刘禹锡亦作《竞渡曲》云：

……灵均何年歌已矣，哀谣振楫从此起。扬枹击节雷阗阗，乱流齐进声轰然。蛟龙得雨鬐鬣动，䗖蝀饮河形影联。刺史临流搴翠帏，揭竿命爵分雄雌。先鸣余勇争鼓舞，未至衔枚颜色沮。百胜本自有前期，一飞由来无定所。风俗如狂重此时，纵观云委江之湄。……

由诗文看来，唐人认定端午就是纪念屈原的节日，在此日举行奉祭屈原的竞渡等活动是古已有之而流行千年。唐代的竞渡，承隋而成为官府主持的规模盛大、热闹非凡的祭祀、祈祝及娱乐活动。在江水上设有彩标令众舟奋勇争胜，伴有鼓吹以激励士气、振奋精神，寓意还在于鼓舞人们争取秋季的大丰收。中唐文学家沈亚之作《屈原别传》，引述了《续齐谐志》所记端午与屈原的传说，表明唐人对端午节纪念屈原的习俗的认同。

由于唐代普遍举行于端午纪念屈原的竞渡活动，唐人也多有描述竞渡的诗赋，除上面所引录之外，著名的又如李群玉《竞渡》诗、张建封《竞渡歌》、范造《竞渡赋》等。据其描述，唐代端午竞渡的舟船，已是“彩舟画檝”，即船首立龙头、船后竖龙尾、船身雕饰龙纹的华美龙舟。

端午竞渡的舟船制成龙形，加之粽子在屈原与端午的传说中是投入水中以喂蛟龙，一些学者据以认为，端午节可能起源于南方崇龙的古吴越人举行的“图腾祭”，“端午是个龙的节日”。[①] 尽管竞渡活动的产生或许有古越人祭龙的渊源，但端午为纪念屈原而举行的龙舟竞渡活动，则直接发源于故楚之地并因承的楚文化传统。当年楚国兴盛时，便因大举向长江中下游和江南拓展而广并古越之地、广纳百越之族，越文化也大量消融在楚文化中，即使古越人有竞渡之戏，在春秋战国时期也演变

① 见闻一多《端午考》《端节的历史教育》，《闻一多全集》（一），三联书店1982年版。

为楚人习俗。据文献记载和出土文物反映，“信巫鬼，重淫祀”的楚人，视龙为雷神、云神、水神和沟通天人的神灵，认为龙可以引导和驮载死者的灵魂升入天国。屈原在《离骚》中描写自我神游天国，即“驾八龙之蜿蜿兮”。屈原在理想破灭后“从彭咸之所居”而投江自沉，或即有希冀其灵魂能够乘龙升天以“陟升皇之赫戏兮”、“就重华而陈词”之意。楚墓里出土的帛画《人物龙凤图》和《人物御龙图》，描绘的即是龙凤引魂升天和龙驮人升天。尤其是《人物御龙图》，其画面所绘男子犹似屈原在诗中描述的自我形象，男子所乘之龙就像一条昂首翘尾的龙舟。汉代以来，故楚之地人哀悼和怀念先贤屈原，制作龙舟竞渡水上，来表达救助屈原和招还屈原英魂以送其入天国之意，当是直接因承楚文化观念和传统而自然形成的民间习俗。刘禹锡观武陵（今湖南常德）沅江竞渡而作《竞渡曲》，即肯定：“竞渡始于武陵，至今举楫而相和之，其音咸呼云何在，斯招屈之义，事见《图经》。”刘氏下此断语，显然不是无稽之论。哪怕“竞渡始于武陵”尚难确证，但为招屈而形成的端午竞渡活动始于故楚之地则应无疑义。

“端行节最主要的两个节目，无疑是竞渡和吃粽子。”[1]竞渡和食粽的古老习俗都演变成传说因为屈原而形成，则表明端午节俗演变的基本完成。

屈原成为端午节活动的祭祀主角，纪念屈原成为端午节活动的表现主题，龙舟竞渡和食粽子成为端午节活动的主要内容，同时端午节活动又因承古老夏节的祈禳传统而采用着各种祈禳方式，如民间长期流行的喝雄黄酒、挂艾叶菖蒲、采药草煎汤沐浴之类，由此构成的端午节俗在唐代就大体定型了，并且传承至今、盛而不衰。

唐代以来，中国北方许多地区虽无条件在端午节举行龙舟竞渡，但一直沿袭纪念屈原的传统而在端午节包食粽子，而且世人以为即“汨罗

① 闻一多：《端节的历史教育》，《闻一多全集》（一），三联书店1982年版，第239页。

遗风”。

“汨罗遗风”的形成和传扬，出于民众对屈原的爱戴和崇拜。毛泽东在与人谈论屈原时强调：“这种崇拜不是屈原自己制造的，而是爱戴他的老百姓自发产生的。这种崇拜一直延续到现在……”①

节分端午自谁言，万古传闻为屈原。
堪笑楚江空渺渺，不能洗得直臣冤。

晚唐诗人文秀这首《端午》，表达了唐人对端午为屈原的节俗性质的认识和节俗主题的肯定。《唐诗纪事》卷七十四记载：“秀，南僧也，而居长安，以文章应制。”身居长安的文秀岂不知北方端午节俗？其名作《端午》一诗，不仅反映了唐人对端午为屈原的共识，而且反映了自唐代以来中国人民对屈原的无比敬仰和深切悼念。

端午为屈原，是中国人民的历史选择；屈原联端午，是中国文化伟人与中国传统节日的结合。一个国家、一个民族的重大传统节日，竟然成了纪念一位诗人的节日，这种文化现象在世界历史上是极为罕见的。

端午节俗的演变和定型，典型地反映了楚文化精神对中国文化发展的深巨影响。端午竞渡的形成和流行，充分地表明了楚文化代表人物屈原逐渐成为中国人民心目中的诗魂、国魂和民族之魂。②

二、饮茶风尚

源出于周代巴、楚地区，成为春秋战国楚俗的饮茶习俗，在汉代已经广泛流行于长江及江淮流域并北传黄河中下游，在魏晋南北朝乃盛行于南方并在中原推广。随着佛教兴盛，僧徒为消除坐禅产生的困倦和疲

① 毛泽东与苏联外交官、汉学家费德林谈论屈原语。见［俄］费德林著、周爱琦译《费德林回忆录：我所接触的中苏领导人》，新华出版社1995年版，第25页。

② 说详拙文《端午为屈原的节俗演变与文化意义》，《湖北社会科学》2016年第1期。

劳而重视饮茶，饮茶习俗也进一步得以普及。

历隋入唐，茶俗随南方文化大举北传，茶叶的价值和饮茶的功效越来越被南北士民所认识而喜好饮茶，坐禅说禅而嗜茶的禅宗兴盛又大大振扬了普及于全社会的饮茶风气。《封氏闻见记》卷六载，唐初“南人好饮之，北人初不多饮。开元中，泰山灵岩寺有降魔师，大兴禅教，学禅务于不寐，又不夕食，皆许其饮茶。人自怀挟，到处煮饮，从此转相仿效，遂成风俗。自邹（今山东兖川）、齐（今山东淄博）、沧（今河北沧县）、棣（今山东惠民）渐至京邑，城市多开店铺，煎茶卖之，不问道俗，投钱取饮。其茶自江淮而来，舟车相继，所在山积，色额甚多”。随着茶俗在唐代社会的风行，中国独具特色的茶文化也在唐代比较系统地形成了。

对于茶俗成为唐代社会风尚起了巨大促进作用者，对于茶文化的形成和发展作出巨大理论贡献者，是盛中唐时的楚人陆羽。

陆羽（733—804），字鸿渐，竟陵（今湖北天门）人。少时在寺院长大，受饮茶成癖的僧人影响而深通茶道。成年后迁居江南，虽博学却不受征召，性放旷而被时人称为当时的楚狂人接舆。因酷好研究茶道，乃遍游各地考察种茶、采茶、制茶等方法，遍交茶友以总结煮茶、品茶、用茶等经验，又悉心探讨茶的功用、历史、故事等，最终著成《茶经》三卷。

《茶经》一书，是中国、也是世界上第一部茶论专著。书中全面地论述了茶的起源、形状、栽培、品种、产地、采制、炙煮、品饮及茶具等，详细地记载了前代的茶事，系统地总结了自先秦迄于当时的茶学成果，为茶学的建立、茶文化的发展奠定了基础。《茶经》书出，世人称颂，“天下益知饮茶矣”[①]。《封氏闻见记》卷六述：“楚人陆鸿渐为茶论，说茶之功效并煎茶、炙茶之法；造茶具二十四事，以都统笼贮之，远近倾慕，好事者家藏一副。有常伯熊者，又因鸿渐之论广润色之，于是茶道大行。王公朝士，无不饮者。”当时的卖茶者尊陆羽为茶神，塑造

① 《新唐书·陆羽传》。

陆羽陶像供祭于灶上。唐人从此更加崇尚饮茶，不仅将饮茶品茗作为日常生活的必要内容，而且将之作为一种艺术欣赏和精神享受而深为讲究、刻意追求，从而大大丰富和发展了茶文化。唐人多在诗文中抒写饮茶品茗带给人生津止渴、提神益思、涤心清腹乃至“脱胎换骨”的生理快感和审美愉悦，并热衷于举行“茶宴”“茶会”和“汤社”。入唐朝内地进行贸易的边疆少数民族及外域商人、来宾受饮茶风尚的熏染，也购茶携归，始将中国的茶俗和茶文化传播到边疆及世界各地。

“自从陆羽生人间，人间相学事春茶。”[1]茶俗因楚人而大行，茶文化因陆羽而大兴。陆羽之后，饮茶风尚盛于神州，论茶著作层出不穷。茶叶成了举世公认的中国古代的重要发明之一，茶文化成了举世公认的中华文化的鲜明特色之一。

---

① 梅尧臣：《次韵和永叔尝新茶杂言》。

第五章　宋元文化与楚文化

宋、辽、西夏、金、元时期，简称宋元时期，是社会由统一到分裂又归于统一的历史时期，是阶级矛盾和民族矛盾尖锐复杂的历史时期，又是中国封建社会持续发展的历史时期，又是中国古代文化在隋唐繁荣的基础上进一步融会、贯通、创新、成熟的历史时期。

汉末开始的中国经济文化重心的南移，至宋代最终完成。以继承楚文化传统为主而发展的南方文化，成了宋元文化的主导。宋元文化的代表人物，多为南方故楚之地人。宋元文化，尤其是宋代文化，也具有比较鲜明的南方色彩和南方品性。

思想文化、科学技术和文学艺术，在宋元时期取得了突出而巨大的成就。它们十分明显地体现了楚文化的流变和影响，体现了楚文化优良传统促进中国古代文化发展的作用和意义。

由于历史条件的变化，楚文化传统的某些方面，如创新精神、爱国精神等，在宋元时期得到大力弘扬。宋元文人，应时权变而争鸣竞放、融古开新、师心独造。宋元文化，乃呈现出许多不同于隋唐文化的新特征和新风貌，承前启后而为明清文化的发展确定了基本框架。

第一节　分合治乱的国势变迁与南方经济文化的领先地位

唐末，统治阶级贪婪无度的残暴搜刮，迫使处于水深火热之中的民众挺身反抗。王仙芝、黄巢先后以“天补平均大将军”和“冲天大将军”

的称号[1]，领导了声势浩大的农民起义。“天补平均”的观念，联系着道家“天之道，损有余而补不足”[2]的思想；“冲天”的意识，联系着道家对神学天命论的批判和否定。农民起义首次以“天补平均”为奋斗纲领，以“冲天”即推翻封建王朝为奋斗目标，抑或也表明道家思想广泛普及而促使了人民的觉醒？表明楚文化精神深入人心而对社会进步产生了越来越大的影响？

“他年我若为青帝，报与桃花一处开。”[3]读过书、参加过科举考试、能诗能文的黄巢，虽然未能实现自己的政治理想，但他领导的长达10年、横扫全国并且一度入主京城的农民起义，却冲毁了唐王朝的统治秩序。黄巢牺牲后仅过23年，降唐的黄巢旧将朱温便废唐皇而自立为梁帝，历史由此进入社会重又分裂的五代十国时期。

在五代十国的半个多世纪里，北方军阀争战不休，政权更迭频繁，社会大乱而民生凋敝。南方诸国分立而治，共阻北方战火，悉保本土安宁，虽有相互的争夺和内部的动乱，但较之北方却要稳定平静许多。

北方的大争战、大混乱，造成社会的大洗劫、大破坏，黄河流域因此田地荒芜、人口锐减，北方经济文化的发展也出现停滞或倒退。南方的政治局面相对稳定，诸国分治竞争反使长江流域的经济文化得到较为全面的发展，长江流域因此形成了一些以国都为中心的经济文化区域，长江下游则成为当时最为富庶发达的地区。自汉末以来中国经济文化重心的南移，至五代十国时期已基本完成。文士为避战乱而多从北方流落至南方，五代十国的文化名人也大都聚集在南方，南方文化的繁荣与北方文化的萧条形成明显的反差，繁荣的南方文化乃成了宋代文化昌兴发展的基础。

---

① 黄巢后改称“天补大将军”。

② 《老子》七十七章。“补”，马王堆汉墓帛书《老子》甲乙本作“益”，北大汉简《老子》第四十一章作“奉”。

③ 黄巢：《题菊花》。

一、北宋社会及其南方经济文化优势的形成

公元960年，后周禁军统帅赵匡胤发动"陈桥兵变"而篡周立宋，是为宋太祖。979年，宋太宗灭北汉而彻底结束了五代十国的分裂局面。

宋太祖"黄袍加身"后，一方面积极进行统一战争，一方面采取了一系列巩固北宋王朝、维护王朝久安的政策。他借鉴汉、唐兴亡的经验教训，释武将兵权而倚文臣治国，并且仿效唐初统治者借助和利用道教来神化皇权，也像唐初统治者那样倾意于道家黄老学派的"无为而治"思想。太宗较之太祖更为重道，推崇"伯阳（老聃）五千言，读之甚有益，治身治国，并在其内"[①]，而且明确宣布以"清静无为"作为治国纲领："清静致治，黄老之深旨也。夫万务（物）自有为以至于无为，无为之道，朕当力行之。"[②]因此，他向著名道士陈抟征询济世安民之策，又取《庄子》之语为殿试考题、以道家思想为择官基准。真宗继位，继续强调以道家思想教化士民，垂诏天下曰："老氏立言，实宗于众妙，能仁垂教，盖诱夫群迷，用广化枢，式资善利。"[③]为了大力宣扬道家思想，他大兴崇道活动，并且下令整理《道藏》。宋初三世帝王重道崇道而尊奉"清静无为"之术，北宋王朝也于宋初的确在一定程度上取得了"行黄老之道以致升平，其效甚速"[④]的成功。

政治纲领法唐初而确定为"清静无为"，文化政策自然也效唐初而立足于开明宽容。宋初的文化政策，基本上沿袭了唐初的文化政策，虽重道尊道，却未罢黜别家而实行文化专制主义，而是同时也重佛尊儒，扶助三教同兴，提倡三教贯通，利用三教裨政。与其推行三教并行的文化政策相应，宋初统治者恢复并改善了科举制度，广泛吸收文士参政，

① 《宋朝事实》卷三。
② 《续资治通鉴长编》卷三十四。
③ 《宋朝事实》卷七，《全宋文》卷二二九所录文句次序稍异。
④ 《续资治通鉴长编》卷三十四记吕端等对宋太宗语。

并且容忍甚至鼓励士人官员自由表达见解而不以言论治罪。于是，宋初形成了三教并兴而承唐以继续融通发展的局面。三教的并行同兴和综贯融通、士人的踊跃求学和畅抒己见，又导致中国古代思想文化在宋代的大繁荣、大创新和大成熟。

然而，宋初帝王的才略识见毕竟不及唐太宗，宋代的历史条件也不同于唐代。宋初统治者虽然效法唐初政治而以“清静无为”作为治国纲领，并且采取了一些有利于社会统一、国家安定、经济文化恢复和发展的正确措施，但所实行的许多具体措施却在很大程度上背弃和改变了汉、唐“无为”政治的原则和内容，只计一时之效而不知长远之弊。如“兵也收了，财也收了，赏罚刑政一切都收了”[①]的高度集权措施，以及大行封赏、大开仕途、不抑兼并、众养兵员等措施，皆不合于“文景之治”“贞观之治”的指导思想和基本内容，背弃了以民为本、君道无为而臣有为、君臣同心共成治道等道家“黄老政治”的原则，实际上是以牺牲和剥夺民众利益、即通过重赋厚敛以满足统治阶级的富贵享乐要求来保证帝王在政治上专制天下。因此，宋初三世帝王推尚并力行的“清静无为”之治道，并非以自己的“无为”而致天下的休养生息、清静安宁，而是以自己的“有为”迫使天下士民安分守己、无为无欲，虽明标“黄老之深旨”而实旨归汉武帝之专制。自宋真宗始，北宋帝王就已由对主张“清静无为”的道学的推尚，逐渐转为对明确维护帝王专制和封建大一统的儒术的尊奉。宋真宗专作《崇儒术论》，称儒学为“帝道之纲”。宋初也虽因南北重新统一和在前代基础上而出现了经济文化的振兴，但终无“贞观之治”的气象。宋王朝也莫能实现国家的强盛和社会的稳定，反而由于阶级矛盾和民族矛盾的加深，由于统治集团腐败、官僚队伍膨胀、军费开支巨大等原因，陷入“积贫积弱”的境地。北宋中期，统治阶级中的一些明智人士疾呼改革弊政以摆脱危机，宋仁宗、神宗也感到不能因循守旧而苟且偷安，故楚之地人范仲淹、王安石乃在宋皇支持下先后

① 《朱子语类》卷一百二十八。

推行了“庆历新政”和“熙宁变法”。可是，皇帝没有“先天下之忧而忧，后天下之乐而乐”的品德和不畏天变、不法祖宗、不恤人言的勇气，国家却有积重难返的弊病。两人的变法新政，都因受到极力维护既得利益且势力庞大的皇族、贵戚、权臣、官僚、豪绅的反对阻挠、诬陷毁谤而失败。元祐年间（1086—1094），以司马光为首的保守党上台执政，尽废新法，迫害异己。经此“元祐更化”，朝廷党争残酷，社会矛盾激化。当黑水女真崛起时，病入膏肓的北宋王朝已在风雨飘摇之中了。靖康二年（1127），女真贵族建立的金朝遣军大举南犯，仅年余便攻破汴京，掳走荒淫昏庸的宋徽宗、宋钦宗。

北宋王朝虽然建都中原，实现了南北统一，但南北经济却并未因而平衡发展。南富北贫的经济差距，始出现于晋南北朝，明显形成于隋唐五代。至北宋，北方的经济基础和生产条件已远不及南方，加之西夏、辽、金相继南犯抢掠和宋统治阶级的重赋厚敛，北方经济虽有发展但速度有限。南方则在汉末以来相对稳定发展的良好基础上，出现了农业、手工业、商业的大进步和城市经济的大繁荣。于是，南北经济的差距在北宋进一步扩大了，南方的经济优势也在北宋稳定地确立了。京城开封（今属河南）因是北宋的政治、文化和军事中心而成为当时人口最多、规模最大的繁华都市，但“京师众大之都，屯兵数十万，财用储廪，皆仰给于东南”[①]。宋人乃称：“当今天下根本，在于江淮。”[②]

经济发达是文化繁荣的基础，北宋文化也以经济发达的南方为盛地。

北宋王朝推崇文治，重视文教，振兴官学，赞助私学，又改善科举制度，大增取士名额，鼓励读书仕进，故北宋构成了中央官学、地方官学、乡党私学、书院以及寺观之学等多元一体的教育系统，形成了全社会大兴教育和士民踊跃求学读书的文教隆盛局面。这种教育体系和文教隆盛局面，都是前所未有的。相比较而言，无论是各类学校的兴建数量及其

① 包拯：《请置发运判官》，《包孝肃奏议集》卷三。

② 李觏：《寄上富枢密书》，《直讲李先生文集》卷二十八。

教育的质量，南方都甚于北方。宋初百废待兴，官学有待复振，教育主要有赖于乡党私学、寺观之学和书院。私人创办和名儒主持的书院乃于宋初大兴，并且培养了大批杰出人才，代表了当时的最高教育水平。宋初的著名书院，或称“四大书院”，即白鹿洞（在今江西庐山五老峰下）、岳麓（在今湖南长沙岳麓山抱黄洞下）、睢阳（又称“应天府”，在今河南商丘睢阳）、嵩阳（在今河南登封太室山麓）；或称“八大书院”，即再加上石鼓（在今湖南衡阳北石鼓山回雁峰下）、茅山（在今江苏句容）、华林（在今江西奉新）、雷塘（在今江西安义）。其中，六大书院皆在故楚之地，而白鹿洞、岳麓两大书院更是规模甚大、学子众多、思想活跃、兴旺时久、人才辈出，在宋代教育史及中国文化史上享有盛名。位于京城附近的中原书院如睢阳、嵩阳等，大都只兴盛一时，而且官学色彩较浓，思想较为陈旧保守。南北两地书院的兴衰和教育的风貌，也反映了南北两地文化的传统和特色。

南方文教兴盛，南方人才也济济。北宋吴某在《余干县学记》中说：“宋受天命，然后七闽二浙与江之西东，冠带诗书，翕然大肆，人才之盛，遂甲于天下。”[①]北宋的科举及第者，即多为南方人。华林书院为胡氏家族开办，而胡氏一家在宋初便有13人考中进士。显然是因南北进士及第者的比例相差太大，宋真宗曾特“赐河北进士诸科三百五十人及第同出身”[②]，神宗则“深悯贡举之弊，且以西北人材多不在选，遂议更法”[③]。南方人大量通过科举进入仕途，不仅使北宋的官僚队伍南方化了，而且南方人逐渐把持了北宋的朝政大权。陆游指出：“伏闻天圣（宋仁宗年号，1023—1032）以前，选用人才，多取北人，寇准持之尤力，故南方士大夫沉抑者多。仁宗皇帝照知其弊，公听并观，兼收博采，无南北之异。于是，范仲淹起于吴，欧阳修起于楚，蔡襄起于闽，杜衍起于会稽，余靖起于岭南，皆为一时名臣。……及绍圣、崇宁间（1094—1106），取

① 洪迈：《容斋随笔·四笔》卷五《饶州风俗》引录。
②③ 《宋史·选举志》。

南人更多，而北方士大夫复有沉抑之叹。”[①]北宋著名的政治家、思想家、教育家、科学家、文学家和艺术家，也多为南方人，如范仲淹、王安石、欧阳修、周敦颐、胡瑗、晏殊、沈括、苏轼、柳永、曾巩、黄庭坚、周邦彦、李公麟、米芾等，其中又以故楚之地人为多。

图书是古代文化传播的载体，印刷业繁荣是文化发达的重要标志。北宋的图书印刷业空前繁荣，却又主要繁荣在南方。成都、杭州是北宋的图书印刷中心，宋初出版的1076部《大藏经》就是在成都印刷的。北宋的南方书肆，不仅大大发展了唐代发明的雕版印刷技术，楚人毕昇还发明了活字印刷术。

除了印刷术之外，中国古代的另两大发明——火药和指南针，也在北宋发展成熟并推广应用，而指南针主要是在南方随航海业发达起来而被推广应用的。北宋的一些重要的科技发展，如造船技术、纺织技术、农业技术等，也主要在南方。

佛、道两教在北宋承唐而发展。佛教已是禅宗一家独盛，道教仍为正一、上清、灵宝诸派并行，它们都主要在南方流行。

南方城市经济繁荣，物质生活富足，南方城市文化乃随着市民日益增强的文化需要而繁盛。词、说话、说唱、院本、歌舞、书画等各种文艺形式，除了盛行于宋都汴京之外，就主要盛行于南方的大小都市。

汉末以来，随着经济文化重心的南移，继承着楚文化传统的南方文化的主导作用也越来越明显。同为一统王朝的隋唐之文化，犹高扬河朔之风、健挺关陇之骨；而北宋文化，则因南方人成为政治的主要推行者和文化的主要创造者而具有更为浓重的南方色彩和更为鲜明的南方品性。紧临江淮的汴京，虽然是北宋的政治和文化中心，却实为南方文化在中原的聚集场和辐射场，已远不同于南北东西文化之汇聚场和交融场的汉唐都城长安。北宋文化又主要繁荣在故楚之地，楚文化传统对北宋文化的影响也十分深巨。北宋的精神文化，在风格上主要是与楚文化、

① 陆游：《论选用西北士大夫札子》，《渭南文集》卷三。

南朝文化一脉相承的发展和演变。

二、南宋时期南方的经济文化领先地位的巩固

金军入，家国破。1127年，赵构即位于南京应天府（今河南商丘），本可依靠朝野的抗战派和人民的抗金力量收复金军占领的部分中原地区。可是，赵构为保皇位而执意求和苟安，当金军再度南下时即仓皇南逃。1138年，赵构正式在杭州（时为临安府治）建都，稳定了尚有半壁江山的宋政权。中国南北再度分裂，形成南宋与金朝对峙的局面。

宋、金对峙时期的中国经济文化，南北差距就更大了。北方中原，因文化落后的女真贵族实行暴虐统治和贪婪掠夺，以及蒙古军队日渐频繁的侵扰，乃至于社会凋敝，民不聊生，经济文化谈不上有多少进步。南方虽有南宋政治日趋腐败和阶级压迫日益沉重等不利于经济文化发展的因素，但由于民族斗争和阶级斗争的推动，由于人民的辛勤劳动和热情创造，由于社会环境相对安定，南方经济文化在北宋的基础上仍然大有进步，尤其是文化的发展在南北对峙的特定历史条件下更显繁荣并取得了突出成就。这一时期的南方长江中下游，不仅是中国经济文化的重心，也是中国经济文化的中心。南方经济文化的繁荣和发展与北方经济文化的萧条和萎缩形成了鲜明对照，南方经济文化的优势地位也空前地显著和巩固。

中国经济重心的南移，可以说至唐末五代业已完成。中国文化重心的南移，则应该说至南宋才最终完成。中国经济文化重心的南移，实际上在春秋战国时期因楚国经济文化的繁盛已显先兆而兴初澜。汉代经济虽然繁荣在北方，但汉代文化却主要因楚袭南。汉代以降，经济文化主要承楚倚南乃成了不可逆转的历史趋势。明、清之际的著名思想家王夫之在《读通鉴论》中，即指出了中国文化“移于南”的趋势：“三代以上，淑气聚于北，而南为蛮夷。汉高帝起于丰、沛，因楚以定天下，而天气移于南。郡县封建易于人，而南北移于天，天人合符之几也。……”此说并非完全正确，但指出汉朝“因楚以定天下，而天气移于南”却是事实。

中国古代文化重心，在南宋完成了南移。主要在故楚之地繁荣、发展而在相当程度上继承、发扬了楚文化传统的南宋文化，则成了当时中国文化的主体和代表，既显示了中国古代文化的进一步成熟，也体现了中国古代文化的新变化和新风貌，对后世封建社会的文化发展有着直接导扬的作用和全面深刻的影响。

三、元代南北经济文化的差距

1231 年，蒙古军队大举南下攻金。1234 年，金朝在蒙、宋联军的合攻下灭亡。同年，蒙古军队便转头攻宋。1271 年，蒙古大汗忽必烈在燕京（今北京）建国号“大元”，正式建立元朝。1276 年，元军攻陷临安。1279 年，在元军围剿下，陆秀夫负幼帝蹈海，南宋灭亡。

元朝结束了南北分裂，建立了规模空前的统一的多民族国家，使广大地域里的经济文化联系得以加强和民族融合得以加深，因而在中国历史上具有深远的意义。

可是，本处于氏族制兼奴隶制阶段的蒙古族统治中国后，虽然也用汉人而行“汉法”，却因始终实施沉重的民族压迫和经济压榨政策，终究未能彻底“汉化”而蜕变为先进文明的代表和主导，以致元代的阶级矛盾、民族矛盾、统治集团内部矛盾等各种矛盾复杂尖锐，社会未能长治，王朝莫可久安。元朝建立不足百年，就崩溃在农民起义的烈火之中。

元代的社会统一条件和元初统治者为巩固王朝而采取的一些促进生产的政策，使得南北经济都有所发展。不过，南北经济发展的不平衡状况和南方为中国经济重心的地位却依旧明显突出。元大都虽然是政治中心和商业都会，“而百司庶府之繁，卫士编民之众，无不仰给于江南”[①]。

南方文化的优势，在元代有增无减。元统治者实行民族分化政策而将全国人民分为蒙古、色目、汉人、南人四等，对“南人”、即除四川外的原南宋疆域里的人民最为歧视。这尤为歧视“南人”的政策，不仅

① 《元史·食货志·海运》。

反映了南方人民坚持反抗民族压迫，也表明了南方文化在南宋的基础上相对独立地发展并增强着其优势。同时，在元代社会统一的条件下，南北于宋、金对峙时期“声教不通”的局面得以改变，先进的南方文化乃随着南方人士北上中原或南方文士入元都为官而全面北传，成为元代文化发展的主要基础和主导因素。

由于元朝是多民族的大一统国家，由于元朝是多元文化大合流的国家，元统治者不能也没有实行文化专制主义，而是采取了多元并存、共同发展的比较开明、开放的文化政策，以南方文化为代表的汉文化在宋代的基础上仍有较大发展。由于汉文化是元代中国各民族文化中最为先进、最有影响的文化，由于元统治者只能倚重汉法、广用汉人统治中国，以南方文化为代表的汉文化，也成为元代文化的主体而与当时传入或汇入中国的诸民族文化进一步融合发展。

第二节　弘道变儒的荆公新学及其他

北宋帝王并设三教、促其贯通又由尚道转为尊儒。北宋王朝始终存在着内忧外患，以致巩固稳定一直是其首要问题。在这样的背景下，北宋社会形成了融会道、儒、释和振兴儒学的学术潮流。

明智而有社会责任感的北宋士大夫，为避免社会再度出现动荡分裂而审察古今、博览典籍，探讨巩固王朝、安定社会的治道及其理论根据。他们深知历史上佛、道两教恶性膨胀所造成的社会危害，乃为宋初统治者扶持两教而致其势力剧增忧虑，故大都贬斥“废三纲五常”的两教，标举维护封建统治秩序的儒学。然而，传统的神学化儒学自东汉以来已经僵化和解体而遭人批驳和唾弃，不可能重树为统治思想，士大夫们也贬斥汉代儒学而认为“自孔、孟没，学绝道丧千有余年”[①]，志在“为

① 范育：《正蒙序》。

往圣继绝学”，纷纷致力于援据道家和融入道家化佛学以重新解说儒家经典，而且尤重阐发儒经中最具哲学意蕴也最易援据道家哲学予以发挥的《周易》[①]。他们否定一味训诂章句经典和墨守汉唐经传的传统儒学学风，由弃传从经到疑经、删经、改经，争相借儒经以发明己见、阐扬义理，以致诸说并起，新学迭出、派别竞立，形成思想文化大融通、大创新、大繁荣、大发展的局面。这种局面，是适应北宋政治和社会需要而出现的，是在前代思想文化发展的基础上和北宋重视文教、文化政策较为宽松的条件下形成的，也是北宋学者继承和发扬楚文化的精神和传统所创造的。尽管北宋学者标举儒学，但其时学术界盛行的不囿于旧说、不迷信权威、删改经典以适己、援引诸家而创新，以及唯重阐扬义理而崇尚清通简要的学风，正是对先秦楚学及其流变的南朝南学之学风的继承和发扬。

南宋的思想文化，直承北宋又大有发展。其繁荣局面依旧，其学术风气相因，其学术派别纷呈，而且完成了儒学的重建新构和别开出新构儒学的生面，从而主导和主宰了元、明思想文化的发展。

两宋学术界尽管巨子众多、学说纷纭、师门林立、派别繁杂，但两宋思想文化的发展，则大体循行两条路线：一条是弘道以变儒，一条是融道以扬儒。弘道以变儒的学者，建构了“荆公新学”及张载、陈亮、叶适之学等；融道以扬儒的学者，建构了以周敦颐、二程兄弟为代表并由朱熹总其成、陆九渊开生面的宋代新儒学——理学。分别循行两条路线的学者，都标举儒学而援据道家及道家化的佛学以创建新说，其学说也通常被笼统归之于“宋代儒学”，但实际上，其循行的思想路线不同，其学说的根基和内容也大有不同。

因此，其学说形成了思想上的鲜明对立，其学者也往往成为政治上水火不容的死敌。

---

① 《周易》是儒经中最具哲学意蕴的典籍，故自战国以来即为道家学者重视并予以解说，自魏晋以来则已成为道教经典，也最便于宋儒援道以作深入发挥。

无论是弘道变儒还是融道扬儒，都继承了楚文化精神和发扬了楚文化传统，只是程度不同而已。弘道变儒的思想路线，则更为明确、更为充分地继承和发扬了楚文化的精神和传统。弘道变儒的思想成果，则可以说是道家文化在宋代特定历史条件下的演变。

一、范仲淹、李觏、张载的思想

援据道家及道家化佛学以标举儒学并进而创建新说的宋代学术之盛，首先而且主要由故楚之地人兴其波澜。

著名政治家和文学家、苏州吴县（今属江苏）人范仲淹（989—1052），是兴其波澜的先驱者之一。他“泛通六经，长于《易》”[①]，素怀“先天下之忧而忧，后天下之乐而乐”[②]的大志，深为北宋王朝陷入积贫积弱和外患严重的危机而忧虑，在庆历三年（1043）官拜辅臣后，提出并推行了“庆历新政”。为了挽救社会危机、维护王朝统治，他宣扬儒家的孝悌思想，主张先齐家而后可治国平天下。他大为推重《周易》，专作《易义》以阐发其义理。所阐发的义理，援据了道家思想，强调事物的辩证关系和发展变化。他的治学方式和治学目的，有似于西汉末年援道补儒、据道正儒的扬雄。他重《易》而治《易》，根本目的还在于为他的政治改革主张寻求理论根据。他提出的新政措施，尽管是针对当时的政治状况和社会现实而为，但其基本精神则与道家黄老学派的政治思想一脉相承。“一时士大夫矫厉尚风节，自仲淹倡之”[③]；一时士大夫踊跃援据道家以变儒新儒，也赖仲淹导之。他曾主持应天府书院教席，北宋中期的优秀学子多出于他的门下。他奖掖重视义理、不惑传注而被称为“开宋代理学之先河”的胡瑗、孙复，又荐举实开弘道变儒思潮之先河的李觏，还引导张载志于学而致使其成为“关学”的创建者。

南城（今属江西抚州）人李觏（1009—1059），精研儒学，撰有《易

①③ 《宋史·范仲淹传》。

② 范仲淹：《岳阳楼记》。

论》《礼论》等多种著作。他再三说明，所作《易论》是根据魏晋玄学家王弼的注“以解义”，又不同于王弼的是，他论《易》坚持了道家的朴素唯物主义宇宙观，申论气为宇宙本体，强调“夫物以阴阳二气之会而后有象，象而后有形。……阴阳合而生五行，此理甚明白”[①]，又致力阐论事物的对立统一关系和变化发展规律，发挥了道家的辩证法和“应时权变”的思想。他肯定儒家的礼治思想，但在《礼论》中强调礼的起源是“顺人之性欲而为之节文者也”，所论乃为“道法自然”思想的推衍。另外，他大胆地批判了儒家亚圣孟子，否定孟子提出而儒者标榜的“王道”，认为汉、唐的“以霸王道杂之”的治道也即“王道”，肯定了道家黄老学派阐扬的楚式“王道”，还驳斥了儒家的“礼不下庶人”“贵义贱利”等传统观念。他虽据儒学以立论，实为弘扬道家黄老学派的思想，借论儒经而对儒学作了道家化的改造。基于道家天道观，他贬斥宣扬神学迷信的道、佛两教。基于对事物的对立统一关系和变化发展规律的认识，他力倡改革时弊，疾呼“救弊之术，莫大乎通变”[②]，并且提出了许多改革主张。他的思想，对较他年轻的同乡人王安石颇有影响。王安石明言：“李泰伯……某与纳焉。”[③]

与李觏同时的张载，虽以继承和振兴孔、孟儒学为己任，但所创建的“关学”却是弘道变儒的道家化儒学。

张载（1020—1077）长年讲学关中，门生云集，著述颇丰，最重要的哲学著作是《易说》和《正蒙》。

《正蒙》是张载晚年荟萃自己学说精华之作，也是他援据道家理论发展《易说》思想而对自己的哲学思想作了全面概括和深入阐发的著作。他自称：“吾之作是书也，譬之枯株，根本枝叶，莫不悉备。”[④]他的

① 李觏：《删定易图序论·论一》，《李觏集》卷四，中华书局1981年版。
② 李觏：《易论第一》，《李觏集》卷三，中华书局1981年版。
③ 王安石：《答王景山书》，《王文公文集》卷八，上海人民出版社1974年版。
④ 见苏昞《正蒙序》，王植《正蒙初义》引录。

门生也说：“惟夫子之为此书也，有六经之所未载、圣人之所不言。”[①]在《正蒙》及《易说》中，他阐论说，“太虚者，气之体”，“凡可状皆有也，凡有皆象也，凡象皆气也”，气是宇宙本体、万物之源，“气有阴阳，推行有渐为化，合一不测为神”，也即由气构成的物质世界也是矛盾的统一体，并且处于不断的运动变化之中，而且其变化是神妙莫测的。这种宇宙观，不言而喻是因承和发挥了道家“通天下一气耳”、“气生万物”的天道观和辩证法思想，坚持了道家黄老学派的思想路线。基于“天道自然”宇宙观，他批判了老子的“有生于无”和佛教的万象皆空之说，但对老子思想颇有肯定、对老子本体论的批判实为对玄学思想的批判。另外，他还阐发了既承认“感亦须待有物”、即知识来源于客观事物，又强调先验的“天德良知”的认识论；阐发了既有合乎自然的“天地之性”，又有表现为善、恶的“气质之性”，而“天性在人”、“仁义人道，性之立也”的人性论；阐发了“民，吾同胞；物，吾与也。大君者，吾父母（指天地）宗子；其大臣，宗子之家相也”的社会观。由此，构成了他那比较完整的思想体系。其构成乃如明代学者刘玑对《正蒙》的评论：“出入乎《语》《孟》、六经及《庄》《老》诸书。”[②]不过，他的思想丰富而繁杂，显示出思想的矛盾性。

张载治学，旨在“为天地立心，为生民立命，为往圣继绝学，为万世开太平”[③]。他的主要动机，还是为了维护封建社会的万世太平而构建统贯人心的理论体系。因此，他大力宣扬和发挥适应封建宗法社会政治需要的纲常伦理、道德仁义等儒家之说。他所阐发的人性论、道德论等，与当时融道新儒的理学家的观念颇为契合，并给予当时及后世理学家以较大影响，故自朱熹在《伊洛渊源录》中将他与早期理学家并列之后，儒者都视他为理学的代表人物之一，今日学者也多称他为理学的主要奠

---

① 范育：《正蒙序》。
② 刘玑：《正蒙会稿序》。
③ 《张子全书》卷十四。

基人。但事实上，他援据道家的“天道自然”观建构起自己的哲学基础，明确肯定和深入发挥了“气一元论”，并以之否定了传统儒学的人格化、神学化的宇宙本体——“天”；他所阐发的人性论、认识论等思想，也都据其本体论推衍、与其本体论联系；他尽管论及了“性”“理”等理学致力阐论的问题，却并不认为“天性”“天理”是具有本体意义的哲学最高范畴。因此，他的思想体系，可谓是以道家哲学为根本而以儒学为枝叶，是弘扬道家哲学而对儒学作了哲学化的变革和改造的结果，与同时的理学家程颢、程颐的思想体系在哲学根基上截然不同。二程兄弟也明确反对他的“言气”之说，并且多次批评他的一些观点，只是大加赞赏他对儒家纲常伦理的肯定和宣扬。他与二程兄弟在思想上的分歧，明显表现为对人、对事、对学说的态度不同上。他称道王安石创建的新学，也反对王安石变法，并且主张“与时顺通”、“变而通之以尽利”。二程兄弟则极力贬斥“介甫之学”，激烈抨击王安石变法，坚决主张因循守旧。他与二程兄弟终生保持着密切关系，大概主要还是由于他是二程兄弟的表叔，又在躬行礼教、宣扬儒学方面与二程兄弟颇为一致。

二、王安石与“荆公新学”

宋人弘道变儒的最高文化成就，是北宋著名政治家、思想家兼文学家王安石创建的“荆公新学”。

王安石（1021—1086），字介甫，临川（今属江西抚州）人，曾受封为荆国公，故亦称“荆公”。神宗熙宁、元丰年间（1068—1085），他两度出任宰相，从“大法”着眼而在经济、军事、教育和科举制度等方面大刀阔斧地改旧制而行新法。然而，以“抑兼并，便趋农”为主要内容的新法，损害了以皇亲贵戚、朝署权臣为代表的大官僚、大地主和大商人的利益，他们群起而攻之，竭力而阻之。他们的代言人司马光、二程兄弟，更是以正统儒者自居而指责王安石“背儒崇法”、不守“祖宗法度”。面对“新法之议，举朝讙哗；行之未几，天下恟恟”①的形势，王安石不畏“怨诽之多”、“不量敌之众寡”②，在神宗支持下，义无反顾地推行新法，并且针对号称纯儒而实为俗儒者根据儒经而对他的诋毁，设立“经义局”重新解说儒经，借用儒经来阐发和宣扬变法思想，又将解说儒经的《三经新义》颁为学校教材以统一天下思想、培养变法人材，还公开宣明：“天变不足畏，祖宗不足法，人言不足恤。”③可是，尽管推行新法取得了增国财用、发展农事等实效，但由于宋朝积弊太重而已难更革，由于帝王不能明察而终难抗拒皇亲贵戚、朝署权臣的压力，由于王安石个性刚烈而树敌太众和用人不当而败坏新法，由于新法未能尽善而在实行中带来一些弊端，根本还是由于权贵集团不能容忍王安石从“大法”着眼革故鼎新、动摇维护大地主阶级利益的封建制度。王安石变法屡遭挫折，终归失败。他再度罢相后出判江宁府（今南京）闲居，眼睁睁地看着神宗去世后把持朝政的司马光尽废新法、全面复旧，满怀忧愤而病逝江南。

少时家“无田园以托一日之命”④的王安石，只能走读书做官之路，故“少习孔孟”⑤。但他读书并不囿于儒经，自称一生治学是“自百家诸子之书，至于《难经》《素问》《本草》、诸小说，无所不读；农夫、女工，无所不问；然后于经为能知其大体而无疑”⑥。这种兼收并蓄、融会贯通又注重现实以取其善要、创建新说的治学态度和治学方法，继承了楚学，尤其是道家黄老学派的传统。苏轼说王安石“网罗六艺之遗文，断以己意；糠秕百家之陈迹，作新斯人”⑦。这番带有贬义的评论，倒正好说明了王安石治学发扬道家传统的特点。作为封建社会地主阶级

① 陆九渊：《荆国王文公祠堂记》，《陆九渊集》卷十九，中华书局1980年版，第233页。

② 王安石：《答司马谏议书》，《王文公文集》卷八，上海人民出版社1974年版。

③ 《宋史·王安石传》。

④ 王安石：《上相府书》，《王文公文集》卷二，上海人民出版社1974年版。

⑤⑦ 苏轼：《王安石赠太傅》，《东坡全集》卷一百六。

⑥ 王安石：《答曾子固书》，《临川文集》卷七十三。

的政治家，王安石为了维护封建王朝的统治和封建社会的秩序，他自然称扬孔孟而服膺纲常伦理、仁义道德等儒家之说。可是，他的思想之根却扎入了道家的土壤中。他精研老、庄之书，深悟《老》《庄》之旨，撰专文以论说老、庄，对老、庄予以充分肯定，并将老、庄与道教区别开来，指出“老、庄之书具在，其说未尝及神仙，唯葛洪为二人作传以为仙。……老、庄虽不及神仙，而其说亦不皆合于经，盖有志于道者”①，“庄生之书，其通性命之分，而不以死生祸福累其心，此其近圣人也”②，批评儒者诋毁庄周是“未尝求《庄子》之意也”③，又作《老子注》以阐扬道家学说。宋人晁公武在《郡斋读书志》中乃说：“介甫平生最喜《老子》，故解释最所致意。”诚然如是，他好道甚于好儒，对孔、孟的圣人之言敢于怀疑和否定，讥贬儒经《春秋》为“断烂朝报”，鄙薄墨守儒经的儒者为“俗儒”。他崇拜佐周成王制礼定法而兴周的周公旦和佐唐太宗据道家黄老思想而兴唐的魏徵，明确以他们为榜样来激励自己勇于变法以振兴宋朝。他尤为敬重援道以正儒补儒的扬雄，认为“扬雄者，自孟轲以来，未有及之者”④，“儒者陵夷此道穷，千秋止有一扬雄”⑤。他治学也循沿扬雄的道路，着眼于现实而进一步弘道变儒，为变法主张寻求理论根据和进行理论宣传。

《老子注》《洪范传》和《字说》，是王安石重要的哲学著作。在这些著作中，他申论和发挥了道家的朴素唯物论天道观和朴素辩证法思想，针对统治者迷信和俗儒墨守的传统儒学的“天命论”和“天人感应”说，继承王充、柳宗元和刘禹锡等弘扬道家的思想家而进一步对之作了批判。他指出，宇宙本体就是“道”，“道乃在天地之先”，而“道”实际上就是元气，即“生物者，气也”，“道有体有用。体者，元气之不动；

---

①② 王安石：《答陈柅书》，《王文公文集》卷八，上海人民出版社1974年版。

③ 王安石：《庄周上》，《王文公文集》卷二十七，上海人民出版社1974年版。

④ 王安石：《答龚深父书》，《王文公文集》卷七，上海人民出版社1974年版。

⑤ 王安石：《扬子二首》其一，《王文公文集》卷七十三，上海人民出版社1974年版。

用者，冲气运行于天地之间”，同时又强调“道者，天也，万物之所自生，故为天下母”，“天与道合而为一”，由此否定了传统儒学的人格化、神学化的“天”，以道家本体论更正了儒学本体论。进而，他阐发《老子》的“道法自然”思想，指出“夫道者，自本自根，无所因而自然也”，说明天地万物源于道而生于自然，并且总结前人关于宇宙生成的论说，描述出他所理解的宇宙生成图式：

道（元气、太极）→阴阳二气→天、地、冲气→五行→万物。

这一图式的基本理论，显然援据《老子》《吕氏春秋》《淮南子》等道家著作。不过，王安石在所构造的宇宙生成图式中，发挥了古代的阴阳五行学说，强调五行是万物构成的物质元素，说明了五行对于万物生成及其运动变化所起的决定性作用，即所谓“五行，天所以命（创造）万物者也”、“五行也者，成变化而行鬼神，往来乎天地之间而不穷者也，是故谓之行”，从而丰富和发展了古代五行学说和道家宇宙生成论，彻底否定了儒家的天命神学。儒家奉为经典的《尚书》中的《洪范篇》，认为五行是上帝创造的。汉儒董仲舒乃据以宣扬五行出于“天命”，将阴阳五行学说纳入其神学化儒学体系。王安石因而作《洪范传》以援据道家理论更正和改造传统儒学，将儒学予以神学化的“天”“五行”皆还原为自然之“天”、物质性“五行”。他概括其宇宙本体论和宇宙生成论说：“道立于两，成于三，变于五。”据此，他又深入探讨和论述了天道自然无为的特性和万物发展变化的规律性，阐发事物存在的矛盾性和发展的变革性，提出了“相生相继”和“新故相除”的宇宙发展观，说明“其相生也，所以相继也；其相克也，所以相治也”、“有阴有阳，新故相除者，天也”，强调“天人不相干”。晁公武指出：“安石以刘向、董仲舒、伏生明灾异为蔽，而别著此传（指《洪范传》）。……大意言：

天人不相干，虽有变异不足畏也。”[①]确立了以道家理论为根基的宇宙观，王安石也为其改革主张寻求到了理论根据。他认识到，天人不相干，天道自然无为，人事亦“人之为也”；而“尚变者天道也”[②]，天道的发展变化是“相生相继”“新故相除”，人道的发展亦只能是克旧生新、革故鼎新，即“有处有辨，新故相除者，人也”[③]；人法道，君法天，“天者，固人君之所当法象也”[④]，人事之行、人君之为也只能遵循“道法自然”的法则，顺因情势、“达于时事之权变”[⑤]而“变通以趣时”[⑥]。这些认识，也是对道家黄老学派思想的继承和发展。有了这些认识，他对自己应时权变而提出的改革主张的正确性坚信不疑，也因此能够不畏天变、不守成法、不恤人言而义无反顾、勇往直前地推行变法，并且针对俗儒根据儒经攻击新法，基于自己弘道的哲学思想新释儒经、进行变法的理论宣传。

《三经新义》，包括《周礼新义》（即《周官新义》）、《诗经新义》和《尚书新义》。其中，《周礼新义》22卷，为王安石亲撰。“荆公生平，用功此书最深，所自负以为致君尧舜者，俱出于此。是固熙、丰新法之渊源也。”[⑦]此书即弘扬道家哲学以阐发儒经新义，强调“万物一气也”、“天不因人而成”，说明应时权变而实施变法的必然性和必要性，阐述理财、整军等改革思想。清人明确指出了他著此书的意图：“安石之意，本以宋当积弱之后，而欲济之以富强，又惧富强说必为儒者所排击，于是附会经义，以钳儒者之口，实非真信周礼为可行。”[⑧]《三经新义》

① 晁公武：《郡斋读书志》卷一。
② 王安石：《河图洛书义》，《王文公文集》卷三十，上海人民出版社1974年版。
③ 杨时：《字说辨》引王安石《字说》。
④⑥ 王安石：《洪范传》，《临川文集》卷六十五。
⑤ 王安石：《非礼之礼》，《王文公文集》卷二十八，上海人民出版社1974年版。
⑦ 《宋元学案》卷九十八《荆公新学略》。
⑧ 《四库全书总目·周官新义》。

颁之于学校，天下号为“新学”。“至《三经义》行，视汉儒之学若土梗”[①]，“新学”对传统儒学给予了毁灭性的冲击。

博学多闻的王安石，治学也体大思深。他的著作还阐发了“道法自然”的认识论、人性论和进步的社会历史观等，肯定了客观世界的可知性和人的认识能力，批驳了孟轲、荀况、扬雄、韩愈等人的人性论而提出了“性不可以善恶言也。……以习而言性也”[②]的观点，强调历史是不断前进的而反对复古倒退、因循守旧，认为王、霸之道名异用同而主张“约之以礼，裁之以法”[③]，也即道家黄老学派提出的“以刑辅德”“德刑并用”……因此，他建构了以弘道而成的宇宙观为基干，以“道法自然”的认识论、人性论和进步的社会历史观、政治改革思想等为枝叶的“新学”体系。尽管由于时代和阶级的局限等原因，他的思想体系不尽完善而显得庞杂，他的理论阐述不尽科学而有所缺陷，但是，他的思想理论的丰富性和深刻性、科学性和进步性、革命性和创造性，都超越了同时学者的思想，达到了他那个时代的哲学高度，体现了北宋思想文化的成就。

“荆公解经……言简意赅。”[④]一部《洪范传》，连原文尚不足一万字，却引证广博、论理明晰。“荆公新学”绍楚学而承南学，大大弘扬了“清通简要”的学风。

通过训释儒经、论说儒学而弘道变儒的“荆公新学”播流天下，即被以儒家正统自居的所谓“纯儒”们视为离经叛道的洪水猛兽而极力贬斥。以继承孔、孟道统自命的二程兄弟，攻击“新学”更是不遗余力。程颢对宋神宗径称：“王安石之学，不是。”[⑤]程颐则说：“其学化革了人心，为害最甚，其如之何！”[⑥]

---

① 王应麟：《困学纪闻》卷八。
② 王安石：《原性》，《王文公文集》卷二十七，上海人民出版社1974年版。
③ 王安石：《上皇帝万言书》，《王文公文集》卷一，上海人民出版社1974年版。
④ 《宋元学案》卷九十八《荆公新学略》。
⑤ 《宋元学案》卷九十八《荆公新学略・附录》。
⑥ 《二程遗书》卷二。

反对王安石变法最坚决的司马光（1019—1086），是纯儒的代表，也是守旧派的首领。他在学术上、政治上都对王安石作了彻底的否定，致书王安石说：“今介甫为政，尽变更祖宗旧法，先者后之，上者下之，右者左之，成者毁之，弃者取之……何介甫总角读书，白头秉政，乃弃其所学而从今世浅丈夫之谋乎？”[①]他是夏县（今属山西运城）人，出身于世家豪族，思想上墨守传统儒学而成为汉代神学化儒学的忠实继承者，政治上谨守祖宗成法而成了北宋政坛上最顽固的守旧派。因所受地域文化传统的熏陶和家族的社会地位不同，他与王安石不仅在思想上水火不容、政治上势不两立，而且在个性和文风上也迥然有别。王安石率真任性、傲俗自得、不修边幅、举止散漫，所作诗文也使气命才、新奇奔放；司马光则恪守礼教、道貌岸然、服饰整洁、言行庄重，所作诗文则四平八稳、严谨合度。因此，当时人们就分别称他们为“南方人”和“北方人”。从一定意义上说，“南方人”王安石，其人表现的是楚人本色，其学继承的主要是楚文化传统，其思想和言行显示了楚文化精神之集中体现的道家文化促进社会发展的积极作用；“北方人”司马光，其人表现的是中原人的本色，其学继承的主要是中原文化传统，其思想和言行显示了中原文化精神之集中体现的儒家文化阻碍社会发展的消极作用。司马光极力诋毁的王安石那“三不足”名言，集中地体现了王安石弘扬道家文化所达到的思想高度，也突出地体现了楚文化精神的历史价值和文化意义。

顺应时代思潮而形成的“荆公新学”播扬天下后，“人人靡然自从”[②]，“独行于世者六十年”[③]而“化革了人心”。它促进了学术思想的大解放，使得“自庆历后，诸儒发明经旨，非前人所及。然排《系辞》，毁《周礼》，疑《孟子》，讥《书》之‘胤征’‘顾命’，黜《诗》之‘序’，

① 司马光：《与王介甫书》，《宋文鉴》卷一百十五。

② 《二程遗书》卷二。

③ 晁公武：《郡斋读书志》卷一。

不难于议经，况传注乎”[1]。它终结了僵而未死的传统神学化儒学的生命，致使士大夫不屑于“天命”“天人感应”之说而“非道德性命不谈”，扩大了道家文化的影响，直接促进了儒学融道以作哲学化的革新、也即宋代理学的形成。它扫荡了汉、唐经学“专以章句训诂为教”的繁琐学风余习，致使“学者得以专意经义”，“实开宋儒义理之学的先河”[2]，从而确立了轻传注、重义理、尚简要的南学学风自北宋到清初在学术界的主导地位。

在中国思想文化史上有着巨大贡献的“荆公新学”，因弘道变儒而不符合作为封建王朝主要统治基础的大官僚和大地主阶级的利益，不符合维护其利益的儒学，故在特定时代里独行了半个多世纪之后，终究被融道扬儒而成熟了的理学取代了它的统治地位。然而，它对当时及后世思想文化的影响却是难以估量的。

三、朱震、杨万里、陈亮、叶适、邓牧及吴澄的学说

南渡后的宋高宗因循苟且而不思进取、屈膝和金而偷安江南，迎合统治者政治需要的理学也逐渐成为统治思想。不过，仍有学者或弘道以变革儒学，或弘道以反对理学。

荆门军（治今湖北荆门）人朱震（1072—1138），受张载影响而援据道家天道观改造了汉儒和北宋儒者的象数学说，阐发了其以气为宇宙本体的新象数学理论。象数之学，乃易学的一个分支。汉儒孟喜、京房等研究《周易》，发挥《易传》中的象数之说来解《易》并推衍自然、人事的变化。北宋邵雍（1011—1077）又援道纳佛而发展了传统的象数学说，建构出“太极”或“道”、也即“心”→数、象→万物的宇宙生成理论，形成了据此解说自然和人事变化的繁琐而神秘的象数学体系。朱震否定了邵雍的唯心主义本体论，强调“今有形之初，本于胞胎。胞

---

① 王应麟：《困学纪闻》卷八。

② 侯外庐主编：《中国思想通史》第四卷上，人民出版社1959年版，第440页。

胎之初，源于一气”[①]，提出象（物象）生于气、显为数的观点，并以之为哲学根据来论证儒家纲常伦理之说的合理性。他以道统儒并弘道变儒的阐说，仍是主观臆测而难以融通道、儒，故也流于繁杂而神秘，而且为理学家所不满。朱熹斥责他“解《易》如百纳袄，不知是说什么”[②]。

吉州吉水（今属江西）人杨万里（1127—1206），在南宋初年奋起疾呼抗战兴国，勇于弘扬道家思想以批判理学。他作《〈天问〉〈天对〉解》，对屈原、柳宗元论及的宇宙观诸问题作了通俗的解释，继承和发挥了屈、柳的朴素唯物主义思想；又作《易传》和《庸言》，进一步阐扬“道（气）生万物”的宇宙观，并且否定了周敦颐以“无极”为本的本体论，批判了二程以“理（道）”为本的本体论，强调宇宙的本体只能是物质性的“元气”，说明精神性的东西只有在“道（气）生万物”之后、在人类社会形成之后才会产生，还阐发了不同于理学的关于事物对立统一关系和变化的认识，以及认识来源于客观世界、依自然规律行事、并重知行等观点。不过，他在申论儒家的纲常伦理思想方面，与理学家没有多少不同。

当朱熹集理学之大成之时，当哲学上宣扬唯心主义、政治上鼓吹复古守旧的理学逐渐统治思想界之际，“自处于法度之外，不乐闻儒生礼法之论”[③]的“异端”陈亮，与以朱熹为代表的儒生作了针锋相对的斗争。陈亮（1143—1194），永康（今属浙江）人，自幼关心国事，终生为抗战伐金、富国兴邦疾呼奔走、献策划谋，虽屡经挫折却无惧无悔。朱熹说他“平日才太高，气太锐，论太险，迹太露”[④]，辛弃疾赞他“看渊明风流酷似，卧龙诸葛”[⑤]，他也自谓“狂瞽辄发，要得心胆尽灵，可以刺剟而补正之耳”[⑥]。他的率真任性、孤介傲俗，确得楚人陶渊明之风流；他的露才扬己、刺剟补正，更合楚人屈原之情志。他博览群书，

① 朱震：《汉上易传·丛说》。
② 《朱子语类》卷六十七。
③④ 朱熹：《答陈同甫书》，《晦庵集》卷三十六。
⑤ 辛弃疾：《贺新郎·把酒长亭说》。
⑥ 陈亮：《甲辰答朱元晦书》，《龙川集》卷二十。

融通诸说，虽因热衷于时务国事而无暇潜心治学，但在对“皆风痺不知痛痒……方低头拱手以谈性命”的“今世之儒士”[①]的批判中，在对政见的表达中，弘扬道家黄老学派的思想而“异军特起”地创建了以读书经世、实事实功为特征的“永康之学”。针对朱熹等儒生宣扬的“道”为形而上学的“理”这一理学本体论，他强调“道”不离形气和事物独立存在；针对朱熹宣扬的“天理存则人欲亡，人欲胜则天理灭”[②]之说，他指出人的物质生活欲望是人的自然本性，认为“天理人欲可以并行”[③]、人欲不可灭但须以礼节制；针对朱熹宣扬的“正其谊（义）不谋其利，明其道不计其功”的儒家超功利主义，他提出“实事实功”，主张实施各种理财富国的措施；针对朱熹宣扬的儒家尊王贱霸思想及汉、唐以来是“专以人欲行”的霸道衰世的复古倒退历史观，他肯定汉、唐功业并不低于三代，强调王、霸之术相辅相成，主张“义利双行，王霸并用”[④]，要求变法革新；针对朱熹宣扬的以理为本的“格物致知”说，他强调认识须以物为本而从实践出发并符合客观实际，认识的方法不限于读书、体悟而亦重在实践，认识的目的在于成就实事实功；针对朱熹劝他“以醇儒自律”的告诫，他明确表白:“学者，所以学为人也，而岂必其儒哉！”[⑤]他的这些思想，直接继承和发挥了李觏、张载和王安石的基本思想，可谓道家黄老学派的哲学和政治思想在南宋的发展，故朱熹说其“全然不是孔、孟规模”。在抗战兴国呼声高涨的孝宗时代，陈亮的思想在浙江产生了“家家谈王霸”的影响并西传至江西一带。

继陈亮之后坚持倡扬事功之学的永嘉（今属浙江温州）人叶适（1150—1223），也主要援据道家黄老学说、并总结永嘉诸子之学，阐发了与陈亮思想的基本精神一致而具体内容有别的思想，成为南宋“永

① 陈亮：《上孝宗皇帝第一书》，《龙川集》卷一。
② 《朱子语类》卷十三。
③ 陈亮：《丙午复朱元晦秘书》，《龙川集》卷二十。
④ 陈亮：《甲辰答朱元晦书》，《龙川集》卷二十。
⑤ 陈亮：《与朱元晦秘书》，《龙川集》卷二十。

嘉学派”的代表，也使“永嘉学派”鼎立于统治了当时思想界的理学两派——朱熹学派和陆九渊学派之间。在宇宙观上，叶适认为，物由“气”所构成，“物之所在，道则在焉”①，物因气的“流行变化，不常其所”而表现为“五行”“八卦”的形态，物的存在方式是“一物为两”的对立统一而又处于“相禅而无穷”的变化之中。在认识论上，叶适主张以客观世界为认识根据，重视亲身经验对于认识的巨大作用，指出认识必须符合实际。在政治思想上，叶适指出“有民而后有君，有君而后有国”②，主张实行取之于民而用之于民的理财措施，强调“既无功利，则道义者乃无用之虚语尔”③，呼吁抗金强国。在伦理思想上，叶适认为情、欲是人们的自然需要，反对割裂天理和人欲，主张“以利和义”。另外，他对儒经及百家学说进行了清理和批判，着重批判了理学家所谓“道统说”。在对历史问题的论述中，他则表达了不同于陈亮的见解。朱熹将他的思想与陈亮的思想归于一类，贬斥说：“若永嘉、永康之说，大不成学问！不知何故如此？”④

宋、元之际，钱塘（今杭州）人邓牧（1247—1306），隐居不仕而自称“三教外人”，实则弃儒入道、主要依托道家而坚守其不肯仕元的独立人格和民族气节，揭露和批判封建专制制度，阐扬以民为本的民本思想，表达或“择才且贤者”、“与人主共理天下”，或“废有司，去县令，听天下自为治乱安危”的社会理想。他所著《伯牙琴》，反映了道家思想对宋、元之际社会思潮的影响。他的社会观，是老聃的“小国寡民”和庄周的“至德之世”的社会观的发展，虽然仍为乌托邦式的幻想，却体现了民本主义和民主精神，具有引导人们否定封建专制主义制度、追求幸福美好的理想社会的积极、进步意义。

元代思想界，已成了程朱理学的一统天下。不过，一些学者虽以绍

① 叶适：《习学记言》卷四十七。
② 叶适：《财计篇》，《水心集》卷四。
③ 叶适：《习学记言》卷二十三。
④ 《朱子语类》卷一百二十二。

承朱子道统和弘扬程朱理学自任，却也在一定程度上援据道家变革了理学。其中的代表，是被称为南方理学大师、元代最为博学的“草庐先生”吴澄。

吴澄（1249—1333），抚州崇仁（今属江西）人，为朱熹的四传弟子并自诩为朱子之后第一人，却好道而作《道德经注》，又推崇乡贤王安石和陆九渊的学说，甚至将陆九渊与朱熹相提并论，治学也不守朱熹门户而能兼取诸家长处以求补朱学之短。他认为，“天地之初，混沌洪濛，清浊未判，莽莽荡荡，但一气尔”[①]，“混然未判之气，名为太一”[②]，强调“自未有天地之前至既有天地之后，只是阴阳二气而已。本只是一气，分而言之则曰阴阳。……理者，非别有一物，在气中，只是为气之主宰者，即是无理外之气，亦无气外之理”[③]。他关于宇宙本体论和宇宙生成论的阐说，实已背离朱熹的理在气先、理本气形的思想而倾向道家。他关于心、性问题的阐说，发挥了朱熹论性、理关系的基本思想，却背离了程朱“格物穷理”的主张而倾向近道似禅的“陆学”主张、即“明心知理”。

另外，他治经“尽破传注穿凿，以发其蕴，条归纪叙，精明简洁，卓然成一家言”[④]，振扬了南学学风。在有元一代，他宣扬了道家思想，促进了理学演变。

第三节　融道扬儒的理学

理学，亦称“道学”，因宋儒阐扬心性义理之学并标榜儒学道统而得名，是宋儒为振扬儒学而使之更有效地维护封建社会秩序、融摄道家

① 吴澄：《原理有跋》，《吴文正集》卷一。
② 吴澄：《答田副使第二书》，《吴文正集》卷三。
③ 吴澄：《答人问性理》，《吴文正集》卷二。
④ 《元史·吴澄传》。

学说及道家化佛学、而对传统儒学作哲学化的革新和体系化的重构所建立的儒学新形态。

理学的形成和发展，始终受着道家学说的影响。正由于宋儒自觉地、积极地和深入地援道纳佛并使之与儒学融合，尤其是援据和改造道家天道观而使之成为儒学的哲学基础，才建构出具有思辨形态的理学，也才使儒学有了质的升华并获得了新生和发展。理学自北宋出现和形成，在南宋得以总结和完善，最终因满足了封建王朝的政治需要，得到了封建王朝的标榜尊奉而成为中国封建社会后期的统治思想。

一、理学的开创——周敦颐与“濂学”

宋初的孙复（992—1057）、胡瑗（993—1059）、石介（1005—1045）分别在书院讲授儒学，发扬南学学风而轻训诂、疑传注、重义理，并开始援引道家学说以阐扬儒学，如石介即援据和改造道家本体论来论证儒家的纲常伦理教条的权威性，因而被认为是开理学风气之先的人物。

理学的开山祖师，则是古今学者公认的故楚之地道州营道（今湖南道县）人周敦颐（1017—1073）。他好学博通，依于儒而出于道、佛，仁宗、神宗时历任州县地方官吏，同时兴学授业，二程兄弟曾从他受学，王安石遇他“与语连日夜”并“退而精思，至忘寝食”[①]。晚年在庐山莲花峰下小溪旁建书堂讲学，以故乡濂溪名之，世人乃称他为“濂溪先生”。他“虽仕宦三十年，而平生之志，终在丘壑”[②]，人生情趣终是寄托于道家。时人“见其有山林之志，则以为襟怀洒落，有仙风道气”[③]。因此，他治学也“合老庄于儒”[④]。他的学说及以他为代表的学派，世称“濂学”。

周敦颐“尤善谈性理，深于易学，作《太极图》《易说》《易通》

---

① 朱子：《濂溪先生行实》，《周元公集》卷四。
② 黄庭坚：《濂溪诗并序》，《山谷集》卷一。
③ 《周元公集》卷三《诸儒议论》记朱熹语。
④ 《宋元学案》卷十二《濂溪学案》下。

数十篇，诗十卷”[①]，今存其哲学著作只有《太极图说》及《易通》。在3000余字的《太极图说》中，周敦颐描画出一个反映宇宙生成过程的“太极图”，并对此加以解说，从而阐明了他的宇宙生成论，以图式表示即：

无极→太极→阴阳→五行→万物。

古今学者明确指出，周敦颐描画的“太极图”，并非他的创制，而是传自宋初著名道士陈抟。唐代《道藏》中原有“太极先天之图”，相传陈抟据以改创“太极图”并播之于世。他对“太极图”的解说，说明“无极”是宇宙的本体，“自无极（无）而为太极（有）”，由太极的动静而生出阴阳二气，又演变为五行、为万物；反之，万物则沿着同样的路线复归于无极。这一宇宙生成论，显然是以《老子》的“天下万物生于有，有生于无”、“万物负阴而抱阳”、“复归于无极”之说为基础，又吸取和简括了秦汉道家、魏晋至宋初的道教及《易传》中关于万物生成的论说，亦可谓道家天道观的演变。其基本的思想内容和思辨方法都援据道家，却肯定和强调非物质性的“无极”是宇宙本体，于是既排除了“道之为物”的道家本体论的朴素唯物主义因素，又否定了传统儒家的神学化本体论，为其后理学家确立精神性的“理”为宇宙本体开拓了道路。

正像汉儒仿效道家的论证方式以建构新儒学一样，周敦颐也是因人道而求证天道、由天道而推论人道。他阐发宇宙生成论的目的，就在于将之作为儒家的纲常伦理思想和修身成圣说的哲学根据。因此，他在《太极图说》中，由对宇宙生成论的阐发，归结到强调“圣人定之以中正仁义而主静，立人极焉”的儒家思想。在《易通》中，他也在对宇宙生成论详加阐发的同时，详加阐扬儒家思想，并且援引道家的“守静”“寡欲”“无为”说而发挥《孟子》的“养心莫善于寡欲”的思想、《中庸》的“诚”的观念，提出了以“诚”为本的道德论和主静无欲、立诚无为

① 潘兴嗣：《濂溪先生墓志铭》，《周元公集》卷四。

的修身论。

学者指出："就周敦颐的思想体系来说，得于道教者为独多。"[①]诚若此说，周敦颐的思想主要是道、儒结合的产物。不过，他的思想虽然援道独多，但所援的道家、道教学说乃在于给儒家基本思想作理论论证。他正是为了给儒家基本思想作理论论证以弘扬儒学，在援据道家、道教学说的同时也对之作了改造以使之融入儒学。因此，他建构的是以儒学基本思想为核心的思想体系。他建构思想体系的方式，与汉儒董仲舒建构其新儒学的方式大体相同，即也主要是援道入儒、融道新儒。但是，他彻底抛弃了传统儒学的天命论，重新援据道家哲学而建立了新的天道观，又力图将儒家基本思想与之密切结合起来，使得儒学大大哲学化、理论化了。尽管他的思想表达具有典型的楚人风格，犹似老聃而只提出语约意丰的论点和论纲，但他阐扬儒学的方式却给当时及后世学者以极大启发，他阐发的思想也让当时学者耳目一新。在历世儒生称颂的所谓"北宋五子"（周敦颐、程颢、程颐、邵雍、张载）中，"惟周子著书最少，而诸儒辩论，则惟周子之书最多"[②]。宋儒受他的启发，循沿他阐扬儒学和建构思想体系的方式，并以他提出的哲学问题和哲学范畴作为阐论的基本问题和范畴，丰富和发展他的思想，从而建构出成熟形态的理学。他对理学的开创之功，被南宋理学家称为"其功盖在孔、孟之间"。

二、理学的建构——程颢、程颐与"洛学"

生长于黄州黄陂（今属湖北）、从学于濂溪先生周敦颐的程颢（1032—1085）、程颐（1033—1107）兄弟，进一步援据道家及道家化佛学以充实、革新儒学，发展并改造了周敦颐的思想，建构出基本成熟的理学形态——"洛学"。

二程治学，"泛滥于诸家，出入于老、释者几十年，返求诸六经而

① 侯外庐等主编：《宋明理学史》，人民出版社1984年版，第82页。
② 《四库全书总目·周子抄释》。

后得之”[①]。二程学说，也融道、佛以合儒学而后成之。

程颢自称：“吾学虽有所受，‘天理’二字却是自家体贴出来。”[②]“洛学”的鲜明特点，也在于用“理”或“天理”取代了老聃的“道”和周敦颐的“无极”“太极”这些本体概念，建构了以理为本的名符其实的“理学”体系。二程提出，“天下只有一个理”[③]，“所以谓万物一体者，皆有此理，只为从那里来”[④]，“理者，实也，本也”[⑤]，“理便是天道也”[⑥]，“天者，理也”[⑦]，由此确立“理”或“天理”为最高哲学范畴，并将“气”置于“理”之下，虚构以理为本的宇宙生成图式：

理→气→阴阳二气→天下万物。

同时，二程又反复阐明，理既是万物的本原，又是封建等级制度和道德规范，即“上下之分，尊卑之义，理之当也，礼之本也”[⑧]，“仁者，浑然与物同体，义礼智信皆仁也”[⑨]。这样，二程将其“体贴”出来的精神性实体“理”，凌驾于道家宇宙生成论之上作为最高哲学范畴；又经过“天人一本”“理仁一本”的阐论，将儒家的纲常名教、伦理道德之说哲理化、绝对化和永恒化；还援据道家“虚静推于天地”[⑩]、禅宗渐修以“明心见性”的思想，发挥《礼记》的《大学》《中庸》的思想，阐述了“格物致知”而穷理、明理的认识论和主敬涵养以合于天理的修身论；从而构成了原之于理、统之于理、归之于理的比较完整而圆通的理学体系。

---

① 程颐：《明道先生行状》，《二程文集》卷十二。
② 《二程外书》卷十二。
③ 《二程遗书》卷十八。
④⑨ 《二程遗书》卷二。
⑤⑦ 《二程遗书》卷十一。
⑥ 《二程遗书》卷二十二。
⑧ 程颐：《伊川易传》卷一。
⑩ 《庄子·天道》。

二程的理学体系，在周敦颐思想的基础上，进一步改造了道家天道观以将之融为儒家政治伦理思想的哲学根据，既扬弃了传统儒学的神学“天命论”，又发展了其“天不变，道亦不变”的思想，即更充分、更巧妙地论证了他们认定为绝对的、唯一的宇宙本体“理”之体现的封建等级制度和道德规范的权威性、永恒性，具有比简单、粗糙的汉代儒学要精致得多的思辨形式，也基本完成了对儒学的哲学化革新和体系化重构，使得儒学能够通过宣扬“存天理，灭人欲”而更有效地维护封建王朝的统治和封建社会的秩序。因此，二程的理学思想，满足了封建王朝的政治需要而注定会被封建统治者欣赏和尊奉，成为封建社会后期的统治思想。

出于维护旧有的封建社会秩序的目的而致力建构“以理为本”的新儒学的二程，必然是政治上的守旧派，是学术上不能容忍可为社会革新提供思想根据的道家学说的顽固派。他们虽然从学于周敦颐而深受其影响，却因其未能从根本上改造道家学说而“终身不甚推濂溪”[①]。张载虽为他们的表叔，他们对其弘扬道家“元气一元论”给予了毫不留情的批判。对于王安石的政治改革和新学，他们予以彻底否定。

程颐说，“我之道盖与明道（程颢别号）同”[②]。不过，二程思想虽然基本一致，但程颢受道、佛影响更深。程颢向往道家追求的人生境界，在诗作中表达出类似庄周“乘物以游心”所体悟到的投合自然的“心乐”，他只是不称扬道家而强调自己追求的是孔子、颜回的圣人乐处。深受道、佛影响的程颢，也重视“心”的体悟作用，强调心、物一本，认为内求己心即可穷理尽性，从而导扬出强调主观、标举主体的理学流派——“陆学”。程颐则尤重对“天理”的阐说，也不遗余力地宣扬和发挥其认定为“天理”的封建纲常伦理，其学说主要被朱熹进一步丰富和完善。

① 全祖望：《宋元学案序录》。

② 《二程遗书·附录》。

三、理学的支派——胡宏、张栻与湖湘学派

南宋初年，曾师从二程弟子杨时（1053—1135）的胡宏（1105—1155），不满宋高宗“北面事仇，偷安江左”①和秦桧当国，绝意仕进，隐居湖南衡山20余年，潜心学术，传道授业，尤重宣传爱国济世、守节立身的思想，“卒开湖湘之学统”②。他“是继杨时之后在南宋传播洛学的最早一批理学家……是宋代理学由开创、形成、发展到集大成阶段之间的关键性人物”③，却不全守二程家法而能融通诸说、发明己见。他不以“理”而仍从道家以“道”为最高哲学范畴，认为“一阴一阳谓之道，有一则有三，自三而无穷矣。……道之有物”④，又赋予“道”以道德属性和性本特征，谓“道者，体用之总名，仁其体，义其用，合体与用，斯为道矣”⑤，“万物皆性所有也”⑥，还提出“天理人欲，同体异用，同行异情”⑦的观点。这种明确反对二程将天理与人欲对立起来的观点，实受道家影响而认为天理、人欲皆出于自然之天性。因此，他的一些创见，遭到了当时和后世所谓正统儒者的非难。他开创的“湖湘之学统”，也明显发扬了楚文化的优良传统：政治上爱国爱民，以国家安危、人民苦乐为虑；学术上兼取诸家善要而融会创新；人生追求上尚高洁、重气节。

湖湘学派的学子，大都不同于追名逐利的俗儒。在宋、元之际，湖湘学派的学子纷纷挺身抗元救国，坚守民族气节，深为后人称道。

师从胡宏“问河南程氏学”的张栻（1133—1180），号南轩，承家风师教，一生坚决主张抗金，为官常问民疾苦、兴利除弊。他主持岳麓

①② 《宋元学案》卷四十二《五峰学案》。
③ 侯外庐等主编：《宋明理学史》，人民出版社1984年版，第302页。
④⑤ 胡宏：《知言》卷一。
⑥ 胡宏：《知言》卷四。
⑦ 《朱子语类》卷四十三录“五峰云”。

书院教事时，从学者甚众，致使“五峰（胡宏别号）之门，得南轩而有耀”[①]，湖湘学派的规模因之形成。他尊师而不尽从师说，以二程理学为正宗又多有发挥，重在明义、利之辨，反对空谈性命义理，强调不以“圣贤之言”为准绳，在学术上颇有建树，成为当时与朱熹齐名的一代鸿儒。

四、理学的大成——朱熹与“闽学”

祖籍故楚之地婺源（今属江西上饶）的闽人朱熹（1130—1200），继承二程理学又博取道、佛思想，总结先儒学说以融通糅合，从而“致广大，尽精微，综罗百代”[②]，建构出庞大复杂又较二程理学更为圆通精深的理学体系。

朱熹少时“无所不学，禅道、文章、楚辞、诗、兵法，事事要学”[③]，又在楚地为官多年，知南康军（治今江西庐山市）时修复白鹿洞书院，知潭州（治今长沙）时重振岳麓书院，受楚文化传统影响颇深。其言其文多论及老聃、庄周和屈原，而且终生习研楚辞，推尚屈原的“忠君爱国之诚心”[④]，晚年撰成《楚辞集注》后又续编《楚辞辩证》和《楚辞后语》，临终前仍在编撰《楚辞后语》。

自30岁左右受学于名儒李侗而成为二程的四传弟子之后，朱熹便思想大变，更明确地以忠封建之君、爱封建之国、维护封建社会的等级制度和伦理规范为一生言行的出发点。他尊奉孔、孟圣贤之教，崇尚二程兄弟之学，贬斥“佛、老之学，不待深辨而明。只是废三纲五常，这一事已是极大罪名，其他更不消说”[⑤]，怪罪屈原“不知学于北方，以求周公、仲尼之道”[⑥]、志行“过于中庸而不可以为法”[⑦]，并且孜孜不倦地弘扬北学的孔、孟道统和二程理学，据理学以批判道、佛，曲解屈骚“而增

① 《宋元学案》卷五十《南轩学案》。
② 《宋元学案》卷四十八《晦翁学案》上。
③ 《朱子语类》卷一百四。
④⑥⑦ 朱熹：《楚辞集注序》。
⑤ 《朱子语类》卷一百二十六。

夫三纲五典之重”[1]，罗致百家而予以改造后融入理学体系。他的理学体系的核心内容虽是北方儒学传统，但其融百家之说为一体的建构方式和许多具体内容却源自南方楚学传统。

就哲学的基本构架而言，朱熹思想承袭二程思想，即以“理”为宇宙本体而将之置于道家基本的宇宙生成图式上，构成上推下来为“理→气→物”、下推上去为“物→气→理”的骨架。朱熹也像二程那样，通过对“理”作为精神实体的阐发，将反映封建社会的等级制度和道德规范的儒家纲常伦理思想等同于“理”，强调“理”既是宇宙的本原，又是人类社会的最高原则。然后，他据此天理观，进一步择取道、佛诸家的思想及思辨方法以发挥儒学，形成附于他的哲学基本构架的认识论、人性论、修身论等，由此也建构了“以理为本”的庞大理学体系。这一体系的建构方式，犹似援诸家以入道的道家黄老学说的建构方式，只不过是援道、佛诸家以入儒罢了。朱熹援道、佛诸家入儒，十分自觉和努力。他不像二程那样虽改用周敦颐翻版的道家宇宙生成论却不推重周子，而是高度推崇周敦颐为理学“先觉”，又通过解释《太极图说》而对其思想作了理学化的修改。他尤为重视援据道家的天道观和辩证法思想来阐述理、气关系和宇宙生成过程，既强调“理在先，气在后”[2]，又称“有是理便有是气”[3]、理气不分离，说明万物生成是“气化流行”的结果，还发挥张载的“一物两体”之说而肯定事物一分为二的存在和相反相成的发展。因此，他也在相当程度上克服了二程理学体系的矛盾，丰富、完善和深化了二程理学。

总结了先儒学说，尤其是综合北宋理学家思想又进一步融道、佛诸家学说入儒的朱熹思想，则“集诸儒之大成”、集宋代理学之大成。由于它主要继承和发展了二程思想，后人乃将它与二程思想并称为“程朱理学”。它的产生，标志着儒学经过更深入地融道以自我扬弃而发展成熟，

---

① 朱熹：《楚辞集注序》。

②③ 《朱子语类》卷一。

标志着儒学在宋代的哲学化革新和体系化重构的完成，标志着儒学作为封建社会官方哲学的建构过程的结束。尽管它的哲学基础——天理观，是为论证既有的封建等级制度和道德规范的合理性、绝对性、权威性和永恒性而以先验的、唯心的方法编造出来的；尽管它援据道佛、综罗百家而显得体系庞杂、存在思想矛盾，如阐述繁复却终究混乱的理、气关系问题，反对"王霸并用"又主张德刑并用的思想等；但是，它已较传统儒学具有了精致的思辨性、精微的哲理性和严整的系统性。因此，它一产生，很快就被封建统治者认识到它借宣扬"明天理，灭人欲"[①]而迫使人们自愿服从封建王朝统治的社会功能和价值，也自宋末历元、明至清代约700年间一直被封建统治者尊奉为统治思想、利用为统治工具。它被确立为官方御用哲学之后，愈益成为束缚人精神的枷锁、摧残人性的软刀、阻碍社会变革和进步的思想壁垒。在中国封建社会后期，"酷吏以法杀人，后儒以理杀人，浸浸乎舍法而论理，死矣，更无可救矣"[②]。人死于"理"，无可救矣。国衰于"理"，亦无可救矣！

五、理学的生面——陆九渊与"心学"

程朱理学发展成熟并盛行之时，故楚之地人陆九渊，虽尊儒却大援道、直袭禅而别创理学中的"心学"一派，并因授徒讲学、与朱熹争辩而使"心学"声振南宋学坛、抗衡程朱理学。

陆九渊（1139—1193），抚州金溪（今属江西）人，幼时即"问天地何所穷际"并"深思至忘寝食"[③]，体现出南方楚人关注自然的一贯传统。他的祖父"好释、老言"[④]，他也通晓道、佛，并且肯定老、释

① 《朱子语类》卷十二。
② 戴震：《与某书》，《戴东原集》卷九。
③ 杨简：《象山先生行状》，《陆九渊集》卷三十三，中华书局1980年版，第388页。
④ 陆九渊：《全州教授陆先生行状》，《陆九渊集》卷二十七，中华书局1980年版，第312页。

之说与儒学并立的学术地位，主张并习三家以“论三家之同异、得失、是非”①。他指出周敦颐的本体概念源出《老子》而《太极图》来自道士陈抟②，即反映了他对道家学说、道教理论的重视和熟悉。他由关注自然而游心于天地之际，深思内求而创建“心学”，令天下学者钦服，引四方学子踵至。晚年除知荆门军（治今湖北荆门），他有感于自己的一生作为和追求，明确表达了志趣倾向道家的体会：“大抵天下事，须是无场屋之累，无富贵之念，而实是平居要研核天下治乱、古今得失底人，方说得来有筋力。”③

黄宗羲说，陆九渊与朱熹“二先生同植纲常，同扶名教，同宗孔、孟”④。这是因为陆九渊治学的目的与朱熹一致，故他也讲“去欲”、也标举“理”为自然和社会的最高原则以弘扬儒学。不过，陆九渊提出了“心即理”的命题，强调“心”与“理”的完全合一，断言“宇宙便是吾心，吾心即是宇宙”⑤，主张立心、明理、做人，强调“明实理，做实事”，认为“苟此心之存，则此理自明”⑥，“一是即皆是，一明即皆明”⑦，反对程朱博览返约、格物穷理的治学和修养方法，提倡“发明本心”、省悟知理的简易功夫，推崇做“仰首攀南斗，翻身倚北辰。举头天外望，无我这般人”⑧这样凌天地、齐万物且无所不知、无所不能的超人。他的学说，依他自己说是“区区之学，自谓孟子之后，至是而始一明也”⑨。但实际上，他的确明承孟子论“心”却并非因袭孟子思想。他的学说是在程颢强调物我一体、自我内省之说的影响下，进一

① 陆九渊：《与王顺伯》，《陆九渊集》卷二，中华书局1980年版，第16页。
② 见陆九渊《与朱元晦书》，《陆九渊集》卷二。
③ 陆九渊：《与吴仲时》，《陆九渊集》卷六，中华书局1980年版，第88页。
④ 《宋元学案》卷五十八《象山学案》。
⑤ 陆九渊：《杂说》，《陆九渊集》卷二十二，中华书局1980年版，第273页。
⑥ 陆九渊：《语录》上，《陆九渊集》卷三十四，中华书局1980年版，第396页。
⑦⑧ 陆九渊：《语录》下，《陆九渊集》卷三十五，中华书局1980年版，第459、469页。
⑨ 陆九渊：《与路彦彬》，《陆九渊集》卷十，中华书局1980年版，第134页。

步援据禅学对孟子思想予以改造和发展的结果。他的“心学”体系，基本上援据禅宗学说体系的骨架，即主要根据道家高扬主体精神的思想而高度强调“心”的本体意义和决定作用，并结合以“不立文字直指人心”的认识方法和修养方法，只不过将禅宗所谓识心见性以成佛之说，改换为发明本心以明理之说，标示了不同于禅学的宗旨。他的“心学”宗旨，是要做“明理”即做明知并符合封建伦理道德规范的人，可他主张“立心”而“立乎其大”，又推崇做独立而伟大的“超人”。他描述超人形象的四句诗，取法于五台山法华寺智通禅师的偈语①；他描述的超人形象，又脱胎于庄周笔下的神人形象。正由于他的“心学”与禅学相似相通，朱熹说他“一味是禅”，后世一些学者也认定“陆学即禅学”。就学说宗旨而言，陆学非禅学而属儒学；就体系建构而言，陆学异儒学而通禅学。禅学可谓道家化的佛学，陆学则在一定意义上可谓禅学化的儒学。

援禅新儒的陆学，将以集体、社会为本位的传统儒学改造成重视个体、强调自我的“心学”，在理学流派中显示了鲜明而突出的个性色彩和南学风貌，使得理学生面别开。“唯我独尊”的陆学，以“人皆有是心，心皆具是理，心即理也”②为哲学基础，导致“六经注我，我注六经”③，具有“激厉奋迅，决破罗网”④的革命性和“诛锄荡涤，慨然兴发”⑤的创造性，因袭禅宗学风而发扬楚文化适己师心、自主创造的传统，并将道家高扬主体精神的传统作了高度弘扬，过于夸大了主体精神的作用，显示出只信本心、只依自我、否定权威、不拘“天理”、理生于心的倾向。因此，陆氏“心学”的出现，既是理学的新发展，又意味着理学解体的

① 道原《景德传灯录》卷十《南岳怀让禅师法嗣·五台山智通禅师》：“后居台山法华寺，临终有偈曰：‘举手攀南斗，回身倚北辰。出头天外见，谁是我般人？’”

② 陆九渊：《与李宰》，《陆九渊集》卷十一，中华书局1980年版，第149页。

③ 陆九渊：《语录》上，《陆九渊集》卷三十四，中华书局1980年版，第399页。

④⑤ 陆九渊：《语录》下，《陆九渊集》卷三十五，中华书局1980年版，第452页。

开始。朱熹明确意识到这一点，因称陆学为“狂禅”，指责陆九渊“好为呵佛骂祖之说”，惊呼其“可畏，可畏”。[①]

本于儒而流入道禅的陆九渊，虽在维护封建社会秩序这一根本点上与朱熹一致，但其哲学思想和政治观点却与朱熹多有不同。他不仅就本体论、认识论问题与朱熹展开了针锋相对的争辩，反对朱熹的“无极而太极”之说，讥讽朱学为“支离事业”，而且在社会政治问题上表达了许多与朱熹迥然不同的见解。他重视个体而关切民生，强调民为邦本，要求改革弊政，赞扬变法的王安石，贬损守旧的司马光，认为“祖宗法自有当变者”[②]，主张减税轻租、理财事功、抗金复国，批判统治者“高居无事，优游以食”[③]，反对理学家空谈性命义理、正心诚意而不问、不通国事。这些见解，颇合于弘道变儒的学者的思想。

封建统治者自然不会欣赏夸扬主体精神、强调自我本心的陆学，加之陆学本身存在矛盾和缺陷而不及朱学庞大精密，故程朱理学终被南宋统治者认定为官方哲学，陆氏“心学”却遭冷遇。南宋末年的黄震乃说：“象山之言虽甚愤激，今未百年，其说已泯然无闻。而诸儒之说，家藏而人诵者皆自若，终无以易之也。”[④]

陆学与朱学在理学阵营里对峙之际，另一位理学家吕祖谦（1137—1181）创立了“吕学”。祖籍寿州（治今安徽凤台）的婺州（治今浙江金华）人吕祖谦治学，承家学而不名一师、不私一说，博取众长以汇融一炉，远绍道家黄老学派的学风。“吕学”也有似黄老之学而显得“庞杂”，只是它宗儒而不宗道。全祖望评说：“宋乾淳以后，学派分而为三，朱学也，吕学也，陆学也。三家同时，皆不甚合。朱学以格物致知，陆学以明心，吕学则兼取其长，而复以中原文献之统润色之。门庭径路虽别，

---

① 见《朱子语类》卷一百二十四。

②③ 陆九渊：《语录》下，《陆九渊集》卷三十五，中华书局1980年版，第442、457页。

④ 见《宋元学案》卷五十八《象山学案·附录》。

要其归宿于圣人则一也。”[①]

元代的学者，多严守程朱门户。但一些理学大家，如许衡（1209—1281）、刘因（1249—1293）等，则继续援据道、佛学说而对程朱理学的一些具体观点作有发挥和补充。屏迹山野、超然物外的刘因，几乎成了“流于庄周、列御寇之不恭”[②]的大儒。陆氏“心学”在元代亦并未消歇。有的学者力图“和会朱陆”，以至于“宗陆背朱”，这便为明代王阳明标举陆学、复兴心学作了铺垫。

第四节　道、禅的流行

道教及禅宗独盛的佛教，顺随其在隋唐隆兴的余波，依仗统治者的扶持，利用阶级矛盾和民族矛盾尖锐激化所形成的社会条件，在宋辽金元时期仍有着广泛的传播和一定的发展。

比较而言，由于种种原因，如晚唐武宗废佛、五代十国政权崇道抑佛、北宋统治者更为尚道、金元统治者更重利用中华本土宗教、文士大量入道而借宣扬道家思想以影响时政或保持人格独立和民族节操、民间信巫鬼的风习长存等，道教在这一时期的发展也盛于佛教，出现了众多宗派并有着理论的丰富和深化。佛教在这一时期则显露出衰微的趋势，并且主要表现为禅宗的学说体系完善及进一步对佛教诸宗的兼融、与道儒的融合。

一、道教的流澜

周世宗崇信道教，打击佛教，敬重高道陈抟等人。曾为后周重臣的宋太祖，也尚道而与陈抟交谊颇深。宋太祖夺取后周政权，得到了道士

① 《宋元学案》卷五十一《东莱学案》。
② 刘因：《驯鼠记》，《静修集》卷十。

的帮助，登基后虽不像周世宗那样抑佛毁佛，但明显亲近和崇信道教，并且给予道教以更大的扶持。宋太宗在礼敬道士、兴建道观、寻访道书等方面又过于其兄太祖，并且明确表示奉老子学说以治身治国、依道教以教化天下。宋真宗即位后，乃将宋初的崇道活动推上高潮。他大建道观，广召道流并赠钱送物、赐名封号、任官授爵，命文臣道士整理道书，编修《道藏》，还仿效唐皇宗老聃为先祖的作法而从道教中另创一赵姓圣祖以神化赵氏皇权，通过如此种种崇道活动而使道教取得了特殊地位并与赵氏皇室密切结合在一起。其后的仁、英、神、哲四皇，虽不大力崇道，却也恪守祖宗成法，不改扶持和利用道教的政策。北宋末年的宋徽宗，出于对道教的偏好和求助天神以挽救危在旦夕的王朝的企望，又再掀崇道狂潮，对于真宗的崇道活动踵事增华而丰富发展，如亲注《道德经》、倡导学习道经、建立道学制度、设置道学博士、制定道教节日、仿朝廷官制而立道官和道职、编修道教历史等，并且以道教教主自居而自称“教主道君皇帝”，甚至在被掳往金国时仍着道士装束。因此，道教在北宋时期仍因承其在隋唐五代的盛势而继续兴盛发展，对北宋的政治和文化都产生了重大影响。

北宋最为著名且对宋代政治和文化影响最大的道士，是故楚之地人陈抟。

陈抟（？—989），亳州真源（今河南鹿邑）人，少“读经史百家之言”[①]，后唐时举进士不第，厌于世乱，遂不求禄仕，以寄迹山水为乐，初隐居武当山20余年，却一直关心国事，志于治国平天下。周世宗闻他之名，向他请教黄白术（道士所谓炼丹化成金银的法术），他正色告戒其当以治天下为务，并固辞其所授官职。宋太祖登基后，他知天下已定，乃入华山为道士。他与宋皇室关系密切，传说宋太祖“杯酒释兵权”，即用他之谋；宋太宗伐河东、建王储，皆有他之功。太宗多次诏他入朝并向

① 《宋史·陈抟传》。

他“恳求济世安民之术”[1]，他教之：“能以清静为治，即今尧舜也”，“君臣协力兴化致治”，“远招贤士”，“近去佞臣”，“轻赋万民”，“重赏三军”[2]。他的政治主张，可谓继承了道家黄老学派的思想，总结了唐初“贞观之治”的经验，又针对宋初现实而有所发展。太宗深悦他之说，并在很大程度上是受他的影响而明确表示奉行“清静无为”的治国纲领，亦对他极为优礼尊重而赐号“希夷先生”。

学识渊博的陈抟，著述丰富。“抟好读《易》，手不释卷”[3]，又精研《老子》，深得道家微旨。他以道家哲学解《易》，“唯心是法”而自创新说。他据自己的老学和易学思想、糅合禅宗的心性论和儒家的修养论，阐发内丹修炼的理论和方法，作《太极图》《先天图》《指玄篇》《入室还丹诗》等，系统地发展了道教内丹修炼学说。陈抟的老学思想，经门下张无梦承传，推动了宋代的老庄思想研究。师事张无梦的陈景元，注解《老子》《庄子》而成了宋代卓有贡献的道教学者。陈抟的治《易》方法和易学思想，给北宋学者以巨大影响，开启了北宋的治学新风，引发出宋代重《易》、治《易》的热潮。陈抟的《太极图》为周敦颐所得并予以“图说”之后，成为宋代理学主要的哲学基础。陈抟的内丹学说，经其再传弟子张伯端发挥阐扬，形成了理论成熟的道教内丹学。

由隐者而成道士的陈抟，被道教徒视为“神仙”，尊为继老聃、张道陵之后的道教“老祖”。他实际上主要是传扬和发展了道家思想的学者，并不致力于神仙之事。他曾明确回答向他请教“玄默修养之道”的宋太宗君臣说：“抟，山野之人，于时无用，亦不知神仙黄白之事、吐纳养生之理，非有方术可传。……博达古今，深究治乱，真有道仁圣之主也。正君臣协心同德、兴化致治之秋，勤行修炼，无出于此。”[4]他的学术贡献和社会影响，使他不仅在道教史上享有重要地位，也在中华文化史

① 张辂：《太华希夷志》。
② 见《历世真仙体道通鉴》卷四十七《陈抟卷》。
③④ 《宋史·陈抟传》。

上有着不容忽略的地位。

道书在北宋得到了多次大规模的收求汇集、整理编辑，太宗时汇编道书3737卷，真宗时先后编成4359卷的《宝文统录》和4565卷的《大宋天宫宝藏》，徽宗时编成5481卷的《政和万寿道藏》。安陆（今属湖北）人张君房，在主持编辑《大宋天宫宝藏》的同时，“精究三乘，详观四辅，采摭机要，属类于文”[①]，编成“总为百二十卷”的类书《云笈七签》，人称“小道藏”。北宋的“道藏”，尤其是“类例既明，指归略备，纲条科格，无不兼该，《道藏》菁华，亦大略具于是矣”[②]的《云笈七签》编成，不仅反映了北宋王朝对道教的重视和道教在北宋的发展盛况，也为道家文化、道教文化的传播和弘扬起了巨大作用。

南宋统治者对亡国之君徽宗佞道至昏的行为有所反省，不再狂热崇道，但也基本上遵循祖宗成法而对道教既扶持又利用。其时南方的道教流派，主要是适宜信巫鬼习俗长存的南方社会环境的符箓道派，即源自天师道的正一、上清、灵宝诸派。宋理宗命35代天师张可大提举三山符箓，为张天师一系嫡传的江西龙虎山正一派也就成了官方认定的江南诸道派的统领，因而发展更盛、影响最大。另外，道士白玉蟾承传张伯端的内丹学说，又兼用符箓，糅合禅、儒，创建了所谓金丹派南宗。南方还出现有将内丹学说与符箓道法结合并用的神霄、清微等道派。

金人入主中原后，北方汉族人民身受民族的和阶级的双重压迫。当时投身宗教以寻求精神慰藉的汉人，出于憎恶异族、热爱华夏的民族情结，多赴中国本土宗教的道门，道教因而一时大盛。许多不肯事金而决心保持民族节操和人格高洁的士大夫及走投无路的落拓书生，也心仪道家而投入道门以安身立命、修心养性。一些士人入道教之后，积极阐扬道教理论，传播道教法术，发展道教门徒，顺因道教的发展趋势改革道教弊端，创立了一些以弘扬民族传统、拯救自我和民众及社会为初衷而

① 张君房：《云笈七签序》。

② 《四库全书总目·云笈七签》。

势力迅速壮大的新道派。其时新创的道派，主要有太一道、大道教和全真道。金人为巩固其统治，对道教采取怀柔、扶持以加以利用的政策，这些道派也流行甚久。

太一道是金代中原最早出现的新道派，由萧抱珍（？—1166）“远法汉仪，近追前代，上稽下考，乃立教焉”[①]，以崇祀太一神而得名，以老子之学修身，以符箓法术行世，可谓天师道的衍化。“太一”本为楚人崇祀的至上神，道家以之名“道”，汉武帝奉为最高贵的天神，道教也崇祀之，宋太祖则于京城内外先后建东、西、中三大太一宫奉祀太一神以祈福佑。太一道公然在金人统治的中原崇祀汉族最高贵的神祇，反映出其维护汉文化正统地位的明确意识。楚文化流变的道教，在汉族危难时代，亦成了光大汉文化的一面旗帜。太一道创立之后，很快便成为影响广远的大教派。金熙宗乃于皇统八年（1148）召见其祖师萧抱珍而礼敬甚厚，正式承认其社会地位。

大道教由幼读诗书的“豪杰奇伟之士”刘德仁（1122—1180）创建于金初，以信奉老子“道大”之说而得名，本《老子》的“清静无为”“少私寡欲”“见素抱朴”“慈俭不争”之旨，教人安贫乐道、卑柔自持、去恶复善、忠孝诚谦、利物爱民、力耕而食，却不倡言“飞升化炼之术，长生久视之事”。它不以神仙之说诱人，而以融摄儒学的道家之旨教人，实为宣扬道家学说而外饰道教衣钵的团体，在金初北方那特定的时代和环境里，能助人求生立节、修性养德，故深获士民之心，“一时州里田野，各以其所近而从之。受其教戒者，风靡水流，散在郡县”[②]。金世宗乃召刘德仁居京都天长观，赐号“东岳真人”。

全真道由出身豪门、幼习儒业的王重阳（1113—1170）创立，以为“识心见性全真觉”[③]而以“全真”名教，倡导“全神炼气”“出家修真”

① 徒单公履：《萧真人碑》。
② 虞集：《真大道教第八代岳公碑》，《道园学古录》卷五十。
③ 王重阳：《答战公问先释后道》，《重阳全真集》卷一。

的道教内丹修炼术，“劝人诵《道德》《清净经》《般若心经》及《孝经》”[①]，主张三教合一，宣扬“除情去欲，忍耻含垢，苦己利人”的教义，鄙弃旧道教的“丹鼎奇技”“符箓小数”，反对肉体成仙之说。其教旨因奉北宋内丹学说为主，后人称其为内丹派北宗。其祖师及骨干皆有较高的文化素养，通晓传统文化，致力以各种形式传道布教、济难度人，因而其至金代晚期已大盛，“南际淮，北至朔漠，西向秦，东向海，山林城市，庐舍相望，什佰为偶，甲乙授受，牢不可破”[②]。金廷注重，多次征召全真大师，又忌其势大，一度“以惑众乱民，禁罢全真”[③]。但是，全真道却禁而愈盛，至金、元之际获得了更大发展。

金、元之际，南侵的蒙、北窥的宋和残喘的金三方统治者，都积极笼络和争取全真道这一在中原势力庞大的社会力量以为其所用。全真道的掌门人丘处机（1148—1227）审时度势，知金朝危在旦夕、南宋腐朽不堪、蒙军势不可挡，乃以“济世度人，拔苦救难”为念，不惜以73岁高龄，应元太祖成吉思汗的诏命，率弟子18人冒雪冲霜、跋涉万里、历时3年而至今阿富汗北部谒见成吉思汗。他临行赋诗云：“不辞岭北三千里，仍念山东二百州。”[④]诗句表达了他意欲劝说成吉思汗减除中原民众在蒙军蹂躏下的痛苦的决心，体现了关心民生疾苦的道家情怀。成吉思汗召他本为求问长生之术，他则告以“外积功德，内固精神”的卫生之道，劝其以“敬天爱民为本”、“以清心寡欲为要”、“不嗜杀人”，并为其具体谋划抚治中原、免税安民之策。成吉思汗“深契其言”[⑤]，尊号“神仙”，诏命他掌管天下出家人之事，给予全真道种种特权。他返抵燕京，被蒙古权贵恳请居住大天长观（今北京“白云观”）。《修武清真观记》碑文云：“丘往赴龙庭之召……自是而后，黄冠之人十

① 金源琦：《全真教祖碑》，《长春道教源流》卷一。
② 元好问：《紫微观记》，《遗山集》卷三十五。
③ 《金史·章宗本纪》。
④ 丘处机：《复寄燕京道友》，《元诗选二集》卷二十五。
⑤ 《元史·丘处机传》。

分天下之二，声焰隆盛，鼓动海岳。”全真道乃在元初凭借其特权和较好的素质、济难度人的作为而大获发展，各地士民和道徒纷纷望风归流，以至于“东尽海，南薄汉、淮，西北历广漠，虽十庐之聚，必有香火一席之奉”[①]。元朝巩固后，顾忌全真道发展过于迅猛，对其加以抑制。元成宗解道禁而重又扶持全真道，其发展乃转入正常，并南传而融合了内丹派南宗。不过，元代中、晚期的全真道，已背弃其祖师的立教宗旨而腐化堕落，上下大都为市朝鬻道之徒而非山林乐道之人，只是其发展的末流了。

南征灭宋而实现了元朝统一的元世祖忽必烈，出于安定江南的政治需要，注重争取和利用在江南道教中势力最大的正一派，先后两次接见其36代天师张宗演（1244—1292），赐号赠物而优礼有加，命其“主领江南道教”[②]，并在京都建崇真宫让其弟子张留孙（1248—1321）主持。后世元帝，皆宗世祖而对天师授权封号，正一派乃显荣至极，并因元帝授以“正一教主，主领三山符箓”而正式以“正一”称名和统属天师系符箓道派。留京的正一派代表张留孙及其后继者吴全节（1269—1346），在京都大力宣扬“清静无为为本，慈俭不敢为天下先”的教旨，积极参与朝中政治活动。张留孙“每进见，必陈说古今治乱成败之理，多所裨益。士大夫赖公荐扬，致位尊显者数十百人，及以过失获谴，赖公救解，自贷于死者，亦如之”[③]。吴全节“每于国家政令之得失，人才之当否，生民之利害，吉凶之先征，苟有可言者，未尝敢以外臣自诡而不尽心焉”[④]。他们陈述的政见，自当多本道家黄老学说。张留孙即启告世祖太子说：“黄老书，汉帝遵守清净，尝以治天下。”[⑤]如此，

---

① 《清虚宫重显子返真碑铭》，见陈垣编纂《道家金石略》，文物出版社1988年版。

② 《元史·张宗演传》。

③ 赵孟頫：《玄教大宗师张公碑铭》。

④ 虞集：《河图仙坛之碑》，《道园学古录》卷二。

⑤ 袁桷：《玄教大宗师张公家传》，《清容居士集》卷三。

正一派通过传扬道家文化而在一定程度上影响了元朝的政治和文化，也促进了元朝统治者的汉化。

受到元朝统治者宠信的正一派，在元代不仅与北方的全真道并峙，而且较全真道的发展更盛。

二、禅宗的曼衍

“释、老之教，行乎中国也千数百年，而其盛衰每系乎时君之好恶。”[①]中国古代宗教发展的这一特点，自宋代进一步强化和完善了封建专制主义的中央集权制度以后，就更加明显了。

宋辽金元时期，时君出于王朝的政治、经济需要，虽然也扶持佛教，甚至公开表示崇奉佛教、公开提倡佛事，但总的说来，是加强了对佛教的控制和管理，对待佛教也不及对待道教青睐和重视。宋初三皇尚道甚于尊佛，宋徽宗一度诏令改佛入道，金统治者更重利用道教。元朝尽管“崇尚释氏，而帝师之盛尤不可与古昔同语”[②]，但元皇室崇尚的是藏传喇嘛教而非传统的东土佛教。因此，汉唐以来的传统佛教，在这一分合动荡的时期，虽然由于不满现实黑暗和不堪忍受阶级压迫、民族压迫而皈依沙门以求解脱者甚众，获得了一定的发展，却难以再现唐时盛况。

盛于唐代的禅宗，在这一时期依旧独秀。唐代兴于一时的其他佛教宗派，如净土、华严、天台等，虽仍延续下来，但实已大都禅化了。

入宋以后，由南禅南岳、青原两系衍化出来的 5 家中，流行的尚有云门、临济和曹洞 3 家。宋徽宗《建中靖国续灯录序》说：“自南岳、青原而下，分为五宗，各擅家风，应机酬时，虽建立不同，而会归则一，莫不箭锋相柱，鞭影齐施，接物利生，启悟多矣。源派演迤，枝叶扶疏，而云门、临济两宗，遂独盛于天下。”曹洞宗虽不显于北宋，但至两宋之际渐兴。

云门宗由重显（980—1052）大振宗风。重显在复州（治今湖北天门）

①② 《元史・释老传》。

北塔寺从云门宗嗣法传人智门光祚参禅开悟，后住持明州（治今浙江宁波）雪窦山资圣寺，大开法座，高徒满门，并著《颂古百则》《拈古集》等名世，从此法嗣流长。数传至契嵩（1007—1072），因其入吴中致力于述禅史、弘禅学、倡三教合一，著成《传法正宗记》《辅教篇》等，得到宋仁宗的重视，云门宗也隆盛于北宋。入南宋后，云门宗后嗣乏人，逐渐湮没无闻。

临济宗传至楚圆（986—1040），宗风大兴。楚圆游居故楚之地诸寺院，后主持潭州（治今长沙）石霜山崇胜寺，弟子云集，门下衍生出杨岐、黄龙两个著名支系（史家将之与“五家”合称“七宗”）。“杨岐派”创于方会（992—1049）。方会从楚圆开悟后，迁居故里袁州宜春（今属江西）杨岐山开堂说法，融华严以入禅、兼云门以合临济而自成一家。方会的再传弟子法演（？—1104），在蕲州五祖山（即禅宗发源地黄梅东山）弘法，又“中兴临济”。法演的弟子克勤（1063—1135）精通佛学，名冠丛林，于澧州（治今湖南澧县）夹山灵泉禅院宣讲唱说《颂古百则》，门人记之，编成融公案、颂文、经论及作者评说的《碧岩集》十卷，是为禅宗名著和临济宗主要典籍，徽宗赐其号“圆悟禅师”，临济宗又因其盛于北宋末年。克勤的弟子宗杲（1089—1163），在南宋初年辗转江南说禅，大力弘扬“不立文字，直指人心”的禅宗教旨，反对流入“不离文字”的“文字禅”，提倡“看话头”以内省自悟，同时宣传抗金复国思想，反对秦桧等人的投降卖国活动，结交朝野抗战派人士，因而名震江南，饮誉禅门，成为佛教领袖，孝宗赐以“大慧师号，以为褒宠”，临济也“宗风大振”，盛为禅宗主流。“黄龙派”创于慧南（1002—1069）。慧南受法于楚圆后，常住洪州（治今南昌）黄龙寺，发扬临济机锋直入的宗风，法席宏广，所立派系与“杨岐”同盛于北宋。不过，黄龙派在禅理禅法上皆不及杨岐派富有创造性，故数传即衰。

曹洞宗传至道楷（1043—1118）渐兴。道楷刚直磊落，不交权贵，弘法广远，享名禅林，拒受徽宗所赐紫衣及名号，继承禅宗的平民宗教传统，为世所重，信徒颇众。其再传弟子正觉（1091—1157），以公案注释性著作《从容录》和倡导静坐观心的“默照”禅法而闻名禅门。尽管曹洞宗在两宋之时颇为兴旺，入元以后也绵延不绝，但其法脉终不及临济宗盛，佛教史上乃谓之“临天下，曹一角”。

入元以后的禅宗高僧，南有传临济宗风的原妙（1238—1295）及其弟子明本（1263—1323），北有传曹洞宗风的行秀（1166—1246）及其弟子福裕（1203—1275）。另外，江浙临济宗名僧一宁（1247—1317）奉元成宗之命出使日本后留日传法，受到天皇礼敬、士民欢迎，使得禅风盛扬于东瀛。

流衍于宋元时期的禅宗诸派，继承南禅宗风而发展，也依旧主要在南方，尤其是故楚之地发展。盛于天下而成为禅宗主流的临济宗，即兴于楚地而流衍四方。临济宗正统杨岐派宣扬的“只个心心心是佛，十方世界最灵物”[①]的思想，倡导的参究公案中的“活话头”以内省自求、顿开明悟的禅法，追求的“日用四威仪中，随缘放旷，任性逍遥”[②]的境界，直接继承和发扬了援道承玄的南禅宗风，体现了高扬主体、解放自我的道家精神，坚持了简便易行的修行方式，在民族斗争和阶级斗争激烈、政治险恶、生活艰难的社会里，既可满足一般民众渴求解脱苦难的心灵慰藉，又可满足士子文人渴求解脱羁绊的精神追求，因此影响深广，并使临济宗经久盛行。

禅宗流衍至宋代，较在唐代进一步渗透到社会生活的各个方面，尤其对士子文人的精神生活产生了深刻影响。参禅悟道，成了宋代文人的时尚。宋代理学的奠基者程颢、程颐兄弟甚至说：“今人不学则已，如学焉，未有不归于禅也。”[③]宋代文人援禅治学、以禅入诗、因禅为艺，宋代精神文化也禅意盎然、禅色浓重。承宋而发展的元代文化，在一定程度上也具有这一特点。

---

① 《古尊宿语录》卷十九《杨岐方会和尚语录》。
② 《大慧普觉禅师语录》卷二十七《答张提刑》。
③ 《二程遗书》卷十八。

禅宗盛行日久，禅宗诸派都致力于从不同方面振扬宗风。宋元禅宗诸派尽管对禅宗的思想理论没有太大的发展，但对禅宗的教义和历史却作了总结，尤其是将禅宗特有的修习方式，如机锋接对、棒喝开悟、公案启迷等发展成熟。

也由于禅宗盛行日久，记述禅宗大师的“机锋”“公案”的“语录”和记述禅宗发展史传的“灯录”便越积越多。宋元禅门师徒，因习禅参禅的需要，热衷于研究、注释、评说“语录”和“灯录”，并勤于著述，加之宋元文人好禅而“自文字言语悟入……以笔研作佛事”[①]，禅宗在宋元时期，乃由“不立文字”的“内证禅”，向“不离文字”的“文字禅”演变。

第五节　《梦溪笔谈》与科技高峰

中国古代科学技术的发展，至宋元时期达到高峰。《梦溪笔谈》的产生，树立了“中国科学史上的里程碑”[②]；印刷术、指南针和火药的创造性推广应用，昭示了中国古代科学技术的卓越成就；《授时历》的编制成功，体现了中国古代天文历法学的最高水平；筹算的改革与突破，使中国古代数学史上的筹算方面的发展达到了登峰造极的地步；“宋元数学四大家”秦九韶、李治、杨辉、朱世杰及众多数学家的成果，体现了中国古代数学发展的繁荣和尖端，“使中国的代数学达到了当时世界的最高峰”[③]；御医百科全书《圣济总录》的编纂，集大成地展示了中国古代医学、药用植物学所达到的前所未及的高度；完整的建筑学著作

① 苏轼：《东坡志林》卷十一。

② ［英］李约瑟著、袁翰青等译：《中国科学技术史》第一卷《导论》，科学出版社、上海古籍出版社1990年版，第140页。

③ ［英］李约瑟原著、［英］科林·罗南改编、上海交通大学科学史系译：《中华科学文明史》第一卷，上海人民出版社2001年版，第57页。

《营造法式》的问世，集大成地展示了中国古代建筑科技所达到的前所未及的高度；……宋元时期的一些重要科技成果，则或由楚人完成、或在楚地产生、或因楚文化传统影响而取得。

一、沈括与《梦溪笔谈》

沈括（1031—1095），越地、亦故楚之地钱塘（今杭州）人，“博学善文，于天文、方志、律历、音乐、医药、卜算无所不通，皆有所论著”[①]。其哲学思想和政治主张与王安石颇为相同，任京官时积极参与王安石主持的变法活动，“朝廷新政，规划巨细，括莫不预”[②]。晚年，他定居润州（治今江苏镇江），筑梦溪园，将平生研究心得和所见所闻集录成巨著《梦溪笔谈》。

《梦溪笔谈》原书36卷，今存26卷。另外，今存沈括《补笔谈》三卷、《续笔谈》一卷。其内容包括天文、历法、数学、物理、化学、生物、地理、地质、医学、农艺、冶金、工程技术以及哲学、文学、史学、书画、音乐等，于科技方面乃详细记录了古代，尤其是北宋的科技成就，反映了沈括精研自然科学、社会科学的丰富成果、非凡建树和古代科技发展至北宋中叶的整体面貌、最高水平。

沈括继承了道家的“天道自然”观和辩证法思想，并循沿道家思想路线而予以阐扬。他认为“气”是宇宙本体，强调“阴阳消长，万物生杀变化之节，皆主于气而已”[③]，针对二程的“理生气”说而毫不含糊地指出“理依于气”，说明“理”乃自然界发展变化的规律，所谓“大凡物理，有常有变”[④]。在他看来，“气”一变为阴阳二气，“阴阳相错，而生变化”[⑤]为“五行”，“五行”变化而为万物，阴阳对立而统一，

① 《宋史·沈括传》。
② 《续资治通鉴长编》卷二百八十三。
③ 沈括：《补笔谈》卷二。
④ 沈括：《梦溪笔谈》卷七。
⑤ 沈括：《梦溪笔谈》卷五。

五行相生又相克，“物盈则变”[①]，自然界的“理”“法”“形”“数”都是可以认识的，只要“深达其理”即可求解自然界的奇异现象。这些思想，与王安石的哲学思想基本一致，又因其是结合对当时科学认识的总结和自己科学实践的经验而阐发的，更显得坚实而缜密。正是基于以道家理论为基础而形成的自然观和认识论，他坚决主张进行社会变革并义无反顾地参加变法活动，也满怀热情地关注自然、全面细致地记述和总结科技发展的成果，坚持不懈地从事科学的实践和研究并取得了多方面的成就。正是通过结合对当时科学认识的总结和自己科学实践的经验来阐扬朴素唯物主义的哲学，他对王安石的哲学思想和变法主张作了理论上的声援和补充，对司马光等人宣扬遵天命、畏天变、法祖宗的儒家天命观和守旧主张给予了理论上的回击和否定。

《梦溪笔谈》所述沈括毕生从事科学的实践和研究而获得的认识和成果，反映出他对中国古代科技发展作出的巨大贡献。如指出了没能在长期的实际观测基础上编制的新历——《奉元历》的不足之处，并提出了修改的办法；“以玑衡考验天极不动处”，绘出“极星游转图”200余张；“更造浑仪并创为玉壶、浮漏、铜表”；实地观测海潮涨落情况，总结出“每至月正临子、午，则潮生”的规律；对开封和泗州（治所在今江苏盱眙古泗州城）间地势高差精确到寸和分的测量；通过观察雁荡诸峰，说明了水流侵蚀的作用；根据太行山地貌，提出了海陆变迁的论断；由对“层坛及酒家积罂”的体积计算，提出了“隙积术”，开拓了我国古代数学高阶等差级数求和的道路；发明了“会圆之术”，在中国数学史上第一个提出了由弦、矢的长度求弧长的近似公式；发现了磁偏角，早于哥伦布400年指出了磁针“常微偏东，不全南也”的现象；对许多天气现象作出了科学解释，并成功地预报了天气变化；肯定了被奉为药物学经典的《神农本草经》的价值，并对其作了订正和补充；……

李约瑟高度评价：“（宋代）还出现了一种‘笔记’或‘笔

① 沈括：《梦溪笔谈》卷七。

谈'的文献，在这些文献中可以找到许多观察的结果。沈括的《梦溪笔谈》是这类文献中的代表作，他可能是中国整部科学史中最卓越的人物了"[①]。沈括这位科学巨人的产生和《梦溪笔谈》这部科学巨著的出现，是与道家哲学的良好影响分不开的，反映了楚文化传统的科学精神和积极作用。

二、毕昇与活字印刷术

印刷术是中国古代的"四大发明"之一，也是中国对人类文明的发展作出的伟大贡献之一。

南朝时，人们大量拓印碑文的活动，酝酿着雕版印刷术的诞生。唐代，雕版印刷术已诞生于世并在广泛应用中基本成熟。入宋之后，雕版印刷术已臻完美，出版业也空前繁荣。可是，雕版印刷费功又费时。为适应经济文化大发展时人们对书籍要求激增的社会需要，"布衣毕昇"在北宋庆历年间（1041—1048）发明了省工、省时、高效的活字印刷术。

沈括在《梦溪笔谈》中，记述了毕昇制作泥字、排版、印刷、拆版的技术细节和完整过程，指出了活字印刷"若止印三二本，未为简易；若印数十、百、千本，则极为神速"的特点和功效，介绍了毕昇试验和比较过泥活字与木活字印刷的优劣、多次用泥活字印书并采用流水作业的情况。由此可知，毕昇发明的活字印刷术，也就是现代盛行过的铅字排印术的始祖。

毕昇（约970—1051），生平不详。往昔，学者因北宋的益州（治今成都）和杭州两地印刷业最为发达而推测其当为这两地人，又多因记录其发明活字印刷术事迹的沈括为杭州人而认为其也当为杭州人。1990年，在湖北英山发现了毕昇及其后裔的墓葬。一些学者据此实物进行深入考证后认为，唐、宋时的淮南路雕版印刷业十分繁荣，属于淮南路又

① 李约瑟著、袁翰青等译：《中国科学技术史》第一卷《导论》，科学出版社、上海古籍出版社1990年版，第140页。

处于益、杭中间的蕲州（治今湖北蕲春）的雕版印刷业也相当发达，沈括曾被贬官于湖北，故毕昇很可能就是在故里蕲州发明了活字印刷术。[①]

元代，在今安徽旌德为县令的王桢，又改进了木活字印刷术，设计出转轮排字架，在一个多月内印出6万余字的《旌德县志》百余部。另外，最早的金属活字——锡活字也在元代被创制出来了。

活字印刷术约于12世纪传入朝鲜、日本，后又经新疆、中亚、北非而传入欧洲。受中国活字印刷术的影响，德国印刷商古腾堡（Johannes Gutenberg. 约1394—1468）在1455年首次用金属活字排印出《圣经》。印刷术传入欧洲，"则变成了新教的工具，总的来说变成科学复兴的手段，变成对精神发展创造必要前提的最强大的杠杆"[②]。

三、指南针、航运业和造船业

中国古代"四大发明"之一的指南针，在宋代发展成熟并得到推广应用。

早在春秋战国时期，人们就已发现磁石并开始研究和利用物质磁性。早期记述磁石的著作，大都是楚人或道家的著作，如《山海经》《管子》《吕氏春秋》《淮南子》等。再说，古人对磁石性能的认识，是伴随着采用磁铁矿冶铁而加深的。春秋战国时期，楚国的冶铁业发达。大冶铜绿山四方塘楚国墓地的春秋楚墓中，有数座壁龛墓仅随葬铁矿石，随葬的铁矿石又多为磁铁矿，明显反映出楚人对磁铁矿的偏爱。[③]楚人既然偏爱磁铁矿，想必对其磁性特征有所了解，也自然会重视对磁石性能的研究和对物质磁性的利用。楚人或道家重视对物质磁性的研究和利用，当对当时人们认识到磁体的指极性并发明出指南针的雏形——司南起到了促进作用。

---

① 参见蔡学俭《我国毕昇研究情况和观点综述》，《出版发行研究》1995年第4期，《新华文摘》1995年第10期转载。

② 马克思：《机器·自然力和科学的应用》，人民出版社1978年版，第67页。

③ 见陈树祥等主编《铜绿山印象》，文物出版社2018年版。

大约在战国时期研制出的“司南”，是利用天然磁石制成的，形状似勺，可在平滑的“地盘”上自由旋转，静止时勺柄指南。今有研究者“采集到与古文献记载磁性相近的磁石，制成了具有良好指极性的磁石勺”[①]。由于司南旋转时摩擦阻力较大，故效果不好而未能广泛应用。

北宋初年，人们发明了用人工磁化的薄铁片制成的指南鱼，却也因磁性较小、使用不便而实用价值不太高。

《梦溪笔谈》记载：“方家以磁石磨针锋，则能指南。”据其描述可知，以磁石磨擦钢针而以磁化的钢针制成的指南针，出现于北宋。李约瑟指出，在《梦溪笔谈》中，“我们不仅无可争辩地看到了世界上最早对指南针的清晰的描述，而且还发现了对磁偏角明白无误的记载”[②]。指南针的发明者“方家”，则可能是道教中精于磁学的人士。倘若果真如此，它也如火药一样主要是道家、道教文化的贡献。沈括还亲自试验了 4 种磁针的装置方法。这种名符其实的“指南针”，磁性大而制作简便，具有很高的实用价值，故很快得到推广应用。直至 19 世纪现代电磁铁出现以前制作的各种磁性指向仪器，也都以磁化钢针为主体。

指南针一出现，即被应用于生活、生产的许多方面，但它于航海业中应用最广、作用最大。北宋晚期，航海“若晦冥，则用指南浮针，以揆南北”[③]。文天祥《扬子江》歌云：“几日随风北海游，回从扬子大江头。臣心一片磁针石，不指南方不肯休。”诗以“磁针石”指向南方比喻诗人一片丹心忠于宋朝，却也记录了指南针在宋代的普及。进而，宋人又将指南针与方位盘结合成能精确定向的罗经盘。元代，人们已不论昼夜明晦都用罗盘导航，而且发明了以针位标示航道的“罗盘针路”。

指南针的成熟和应用，推动了航运业的发展。航运业的发展，又促进了造船业的发展。

---

① 黄兴：《天然磁石勺“司南”实证研究》，《自然科学史研究》2017年第3期。

② ［英］李约瑟原著、［英］柯林·罗南改编、上海交通大学科学史系译：《中华科学文明史》第三卷，上海人民出版社2002年版，第12页。

③ 徐竞：《宣和奉使高丽图经·半洋焦》。

宋元的造船业，在前代基础上又有长足的进步，并且依旧主要在南方的故楚之地及沿海一带发展。其时船只的设计更为先进、结构更为合理、工艺更为精巧、品种更为繁多、形制更为美观实用，反映出中国古代造船业进入了成熟时期。

唐代在故楚之地创制的“车船”，至宋代又在楚地得到进一步的应用和发展。杨么义军居洞庭湖，造有多种车船，其中还有 24 轮、上分 3 层、可载士兵千人的楼车船。抗击岳飞征讨时，义军“浮舟湖上，以轮激水，其行如飞，旁置撞竿，官舟逆之辄碎”[①]。宋军剿灭义军后，对俘获的车船又进行了扩建或改造。南宋军队的车船，大型的达 90 轮之多，有的还在尾部装有大桨轮。宋、金“采石之战”中，宋军车船撞沉金军战船半数以上，致使金军大败，对保卫南宋半壁江山起到了重要作用。

一般认为，指南针约于十二三世纪之交由海路传入西亚及欧洲。李约瑟则推断：“看来指南针知识从中国到欧洲的传播根本不是沿着与航海有关的途径进行的，它更可能是借助于天文学家和那些最初有志于测定各地子午线的测量员之手从陆地传入的。”[②] 指南针传入欧洲之后，欧洲人将它用于远洋航行以从事海外贸易和掠夺。于是，“指南针打开了世界市场并建立了殖民地”[③]。

四、火药的应用与火器的创制

道教文化孕育的火药，由唐入宋以后才得到广泛应用和大量生产。这主要是应用到了军事上，也因此导致了火器的创制和发展。宋元的民族斗争和阶级斗争激烈，战争频繁使武器生产得以较快发展，火药被用于战争中所显示出的巨大威力，使人们广为重视火药武器的研究和生产，同时也推动了对火药的深入研究和大量生产。

---

① 《宋史·岳飞传》。

② ［英］李约瑟原著、［英］科林·罗南改编、上海交通大学科学史系译：《中华科学文明史》第三卷，上海人民出版社2002年版，第63页。

③ 马克思：《机器·自然力和科学的应用》，人民出版社1978年版，第67页。

据现有史料，火药用于战争的最早战例，即在故楚之地。唐末藩镇、吴国将领郑璠攻豫章（今江西南昌）城时，“发机飞火”以烧豫章城门。“发机飞火”，当为用抛石机抛掷火药包。宋初，吴越王向宋王朝进献“射火箭军士”；驻扎在长江下游的神卫水军队长唐福向朝廷进献“所制火箭、火毬、火蒺藜”。看来，火药武器也首先是在南方故楚之地发展起来的。

北宋曾公亮主编的《武经总要》，记述了多种火药武器及药烟球、蒺藜火球和火炮的配方。北宋末年，已创制出爆炸力较强的“霹雳炮”“震天雷”等火药武器。不过，这些都还只是燃烧性火药武器。

南宋时，出现了以竹、木为体的射击性管形火器，而管形火器又最早创制并应用于故楚之地。绍兴二年（1132），陈规守德安（今湖北安陆）御李横之役，即以新创制的火枪烧毁敌人攻城器具而获胜。火枪以巨竹做枪筒，内装火药，临阵点发而喷出火焰灼人焚物，可谓管形火器的鼻祖。“开庆元年（1259），寿春府（治今安徽寿县）……又造突火枪，以巨竹为筒，内安子窠，如烧放，焰绝然后子窠发出，如炮声，远闻百五十步”[①]。这种“突火枪”即原始的射击性管形火器，其“子窠”当为后世子弹的始祖。

宋、元之际，人们创制出一种与现代火箭发射原理相同的火药箭，即利用火药燃烧所喷射的气体产生的反作用力把箭头射向敌方的武器。

元代，人们即据“突火枪”原理研制成“火铳”。火铳变“以巨竹为筒”为以金属为筒，变“子窠”为“炮弹”，实为早期的金属火炮，较“突火枪”的射程远、火力猛、威力也大得多。

西方世界自13世纪了解到火药及火药武器，于14世纪开始大力改进、应用火药和发展火药武器，乃“把骑士阶层炸得粉碎”[②]。

---

① 《宋史·兵志》。

② 马克思：《机器·自然力和科学的应用》，人民出版社1978年版，第67页。

五、天文与历法

宋元时期的天文历法学的成就辉煌，突出地表现在天象的观测、天文仪器的制造和历法的编制上。

宋代进行过 5 次大规模的恒星观测，并将观测结果绘成星图、列具星表。沈括对北极星、陨星进行了认真细致的观测，绘有较精确的星图或作了科学的记录和解释。原籍泉州同安（今属福建厦门）、迁居润州丹徒（今属江苏镇江）的苏颂（1020—1101）所著《新仪象法要》中的星图，以及黄裳（1146—1194）绘制并被刻石于苏州府学的星图，集中反映了宋代天文观测的成果。宋代对新星和超新星的发现，显示了其时天象观测的突出成就。

精确的天象观测离不开先进的观测仪器，对天象观测和研究的成果也需要用天象仪器予以形象表现。宋元时期尤其重视在前代基础上改进和创制天文仪器，在观测仪器、计时仪器和天象仪器等的制造上都有着重大突破。

圭表是传统的观测仪器，沈括对之作了重大改进。元代著名科学家、也即中国古代杰出的天文学家郭守敬（1231—1316），在沈括改进的基础上进一步提高了圭表精度，并用建在今河南登封的大圭表，首次测定了当地子午线（地球北极和南极的连线）的方位。

浑仪在西汉就已被发明，东汉时张衡作有改进。晋代前赵史官丞、南阳人孔挺仿汉代制法建造的浑仪，具备了古代浑仪的基本结构。不过，浑仪发展到宋代，虽然构造的精密前所未及，却已成为环圈层层环抱的重器，遮蔽过多，观测不便，安装调试困难。沈括提出取消白道环的简化主张，使浑仪发展出现转折。郭守敬循其指出的方向，创制出结构简单、精确度高的简仪，将浑仪发展到新的高度。

计时仪器漏刻的制作，在北宋有着关键性的进展。燕肃（961—1040）创制的“莲花漏”，弃用传统的补偿漏壶法，采用漫流式平水壶，从而解决了长久未能克服的水位不稳的问题。沈括进而设计制作出的漫流式恒定水位漏壶，具有相当高的计时精度。

苏颂等人主持制造的“水运浑天”、即用漏壶的流水作动力的水运仪象台，显示了宋代天文仪器制作的最高成就。它由3部分组成：上层为观测用的浑仪，有可开闭的屋顶，实乃现代天文台的雏形；中层为表演天象变化的浑象，为遍布星象的圆球；下层为报时装置，其报时内容齐全，构造精细巧妙，关键部件天衡已是后世钟表中的擒纵器的祖先。这台雄伟、复杂、精巧而集测天、观象和报时功能于一体的“水运浑天”，运转起来则“激金水其下，机擎轮吞排，晦斡明至，与造化分疾徐低昂”①，生动壮观而基本符合天象，在世界天文史和钟表史上都占有重要地位。

苏颂还主持制造了一架一人多高的浑天象，表演天象变化的内容只比近代天象仪简单一些，可谓近代天象仪的祖先。

李约瑟指出：“西方在1670年由罗伯特·胡克（Robert Hooke）首次建议用一种时钟驱动的自动调节望远镜来跟踪天体，然而由于技术原因，这个建议直到1824年由约瑟夫·弗朗和费（Joseph Fraunhofer）付诸实行。我们可以总结说，中古时代中国浑仪的机械化，虽然主要运用于为计算和演示目的的仪器，却率先发明了现代望远镜上的时钟装置。苏颂出色地把时钟机械和观测用的浑仪结合起来，因而领先了胡克六个世纪，领先了弗朗和费七个半世纪。”②

大量和精确的星象观测数据的获得，为历法的修正和编制提供了条件，宋元时期的历法编制也十分繁盛。北宋就编制出12种历法，南宋又编制出11种历法，西夏、辽、金、元也都编制有历法。沈括晚年建议采用的以十二气为一年的历法，已与后来太平天国的“天历”和现代的公历甚为相似。郭守敬吸取前代天文历法学的成果，尤其是宋代天象

① 刘弇：《龙云集》卷二《太史箴并序》

② ［英］李约瑟原著、［英］科林·罗南改编、上海交通大学科学史系译：《中华科学文明史》第二卷，上海人民出版社2002年版，第184页。

观测、数学研究和历法编制的成果，以测验为基础，以晷影为依据，编制出“集古法之大成”而为中国古代历法中最优秀的《授时历》。

六、农业科技与《农书》

农业生产在宋元时期发展迅速，而农业的大发展又主要在江南地区。江南的农业大发展，则与其地农业科技水平大提高分不开。

水稻，是自原始社会新石器时代以来南方的主要农作物。至北宋时，水稻种植已推广到北方，水稻产量大为提高。水稻产量的提高，除了种植面积的扩大之外，主要在于耕种技术的提高、优良稻种的培育和生产工具的改进。

南方水田在两宋时逐渐形成了稻麦、稻豆或稻菜轮作复种的一年二熟制，人们对水旱轮作的耕种方式和技术作出了较前代更为深刻的总结，认识到水旱作物的互补关系及晾晒浸泡、耕耙耖耘、挖沟开鳞、播种插秧、耨草除虫、施肥养土等具体方法和要求。

许多优良稻种，在南方被培育出来并普及种植。两宋时的优良稻种，就有数十种之多。其中，苏州的箭子稻是当时最受欢迎的佳品。另外，长江流域的农民还首先引种了从越南传来的“占城稻”、从高丽传来的“黄粒稻”，并用其原种培育出适应本地土壤气候条件的新良种。

南方农民为发展生产，不断改进和创制各种生产工具。宋元时期创制的农具，主要有踏犁、筒车、秧马、耘耥等。

踏犁，是一种人力耕具，可“代牛耕之功半，比镬耕之功则倍”[①]，创制并流行于淮、楚之地。1005年，河北因受辽军侵掠而耕牛多死，乃取淮、楚民间踏犁仿造以用于耕作。

筒车，是一种灌溉用具，创制并流行于江南的江西、安徽南部、江苏南部地区。源出东汉的排灌用具水车、即用人力转动的龙骨水车，在宋元时期的江南已普遍使用。随着水稻生产的发展，对排灌用具的需求

① 《宋会要辑稿·食货一》之一六。

也激增，宋代的江南农民乃创制出在水轮上连索竹筒或木筒、借水流激转水轮而使筒中载水灌入田中的筒车。与水车相比，筒车既省力又高效。梅尧臣诗云：“孤轮运寒水，无乃农者营。随流转自速，居高还复倾。利才畎浍间，功欲霖雨并。……”[①]元代，筒车又发展为上下两轮，可适应水深田高的灌溉需要。水车和筒车，在南方的一些地区沿用至今。

秧马，是秧田中的一种坐具，可用于拔秧、插秧时减轻劳累，创制并流行于长江中下游。苏轼在武昌（今湖北鄂州）见农民坐秧马拔秧，大为惊叹，后作《秧马歌》咏之。其序云：“以榆枣为腹，欲其滑。以楸桐为背，欲其轻。腹如小舟，昂其首尾。背如覆瓦，以便两髀。雀跃于泥中，系束稿其首以缚秧。日行千畦，较之伛偻而作者，劳佚相绝矣！”至今，两湖地区农民仍使用类似的“秧马”。

农业生产的发展及其需要，使得人们更加重视总结农业生产经验。农书乃在宋元时期大量产生，既有专业性的，又有综合性的，而且范围广泛、包容丰富。著名的综合性农书，则有陈旉和王祯之作。

陈旉（1076—1156），自号西山隐居全真子，“于六经、诸子百家之书，释老氏、黄帝、神农氏之学，贯穿出入，往往成诵”[②]，当是隐居在真州（今江苏仪征）西山而颇具道家精神的文人，“平生读书不求仕进，所至即种药治圃以自给”[③]。他的《农书》完成于74岁时，对宋代主要是长江流域的农业生产实践作了概括性的论述。书分三卷，上卷论述了以水稻为主的农作物种植方法，中卷专论水牛，下卷专述蚕桑，反映了北宋的农业生产状况和农业科技水平。

王祯，东平（今属山东）人，元成宗时在南方为官。他的《农书》总结了南北农业生产的经验，内容较陈旉之作远为丰富；其中有“农器图谱”及说明，对南方创制的新农具如筒车、秧马、耘耥等都有介绍；另外，还附载了《造活字印书法》一文，系统地记述了他所改进的木活

① 梅尧臣：《水轮咏》，《宛陵集》卷四。
②③ 洪兴祖：《〈农书〉后序》。

字印刷术。《四库全书总目·王氏农书》称道："其书典赡而有法，盖贾思勰《齐民要术》之流。图谱中所载水器尤于实用有裨。"在中国古代农学史和科技史上，王祯《农书》享有重要地位。

七、瓷器与景德镇窑

瓷器在中国古代的发明与发展，如同丝绸一样是中国对人类文明的伟大贡献。

现知最早的原始瓷器，是商代中期的遗物。南方楚地，也早在商代中期就已有原始瓷器。湖北黄陂盘龙城、江西樟树吴城等遗址，就出土有釉为青色或青绿色、黄色或黄褐色的原始瓷器。西周的原始瓷器，大多出土在故楚之地。出土的商周遗存，"表明南方的原始瓷器远比北方发达"[①]。春秋战国时期，南方原始瓷器更加发达。河南固始侯古堆楚墓中出土的3件青瓷杯，反映了当时原始瓷器的发展水平。东汉时期，南方生产出了符合瓷器标准的青釉瓷器。魏晋南北朝时期，南方生产的青瓷一直是瓷器生产的主体，但北方在青瓷的基础上发展出白瓷。隋唐五代，"南青北白"的瓷器生产格局形成，故楚之地的寿州窑和长沙窑发展出彩色瓷器。

宋元时期，瓷器发展进入繁荣阶段。宋代南北名窑众多，瓷器品种丰富，釉色缤纷多彩，并且据工艺、造型与装饰的特点及异同而形成了不同"窑系"。不过，北方的名窑多集中在京城及其周围，如官窑、定窑、汝窑等；南方的名窑分布较广，如建窑、龙泉窑、吉州窑、景德镇窑等。故楚之地的景德镇窑，自北宋中期兴起，于南宋、元代繁盛，至明、清依然独领风骚。

景德镇位于今江西省东北部、昌江南岸，五代开始烧瓷，北宋中期已成为著名的陶瓷生产基地。景德镇的制瓷业，在北宋取得了重大技术突破，即在南方传统的青瓷烧制工艺基础上，发展出采用还原焰的技术，

---

① 《中国大百科全书·考古学》，中国大百科全书出版社1986年版，第463页。

从而使器胎密致而透光度好、青釉色葱翠莹澈而清淡洁白、器物温润如玉而精细雅丽，实现了中国陶瓷史上从半透明釉发展到半透明胎的飞跃。这种采用还原焰技术生产出的瓷器，被称为“影青瓷”，深受世人喜爱，景德镇也因此名扬天下。南宋时，景德镇窑采用覆烧方法，瓷器产量大增，且不断完善工艺而使瓷器质量接近现代细瓷水平，景德镇乃成为当时主要的瓷器生产基地。元代，景德镇窑又创造性地采用了瓷石加高岭土以烧制瓷胎的“二元配方”法，通过增高氧化铝含量和相应提高温度而能烧制出颇有气势的大型瓷器，所产瓷器的数量、质量、种类、花色都有提高和丰富。元人蒋祁在《陶纪略》中记述：“景德镇陶窑，昔三百余座。埏埴之器，洁白不疵，故鬻于他所，皆有‘饶玉’之称。”元宫内室所用瓷器基本上都是景德镇窑烧制的，景德镇成了元代制瓷业的中心。

延至明、清两代，景德镇也一直是中国制瓷业的中心。明末的宋应星在《天工开物》中记述：“合并数郡，不敌江西饶郡产。……若夫中华四裔驰名猎取者，皆饶郡浮梁景德镇之产也。”明、清两代的景德镇所产瓷器，以青花瓷为主，以各种彩瓷和单色釉瓷相辅，数量、质量、品种、花色又较前代瓷器大有发展，不仅领导了全国瓷器生产的潮流，而且达到了中国古代制瓷史上登峰造极的地步，充分地体现了中国古代制瓷业的发展水平，集中地反映了中国古代制瓷业的高度成就。

第六节　发扬庄骚传统而成就突出的文学

宋朝崇尚文治、大开科举，宋人也勤奋读书、热衷创作；南方文士大量登上政坛和文坛，宋代文学创作也鲜明地体现出以楚文化传统为主导的南方文化风格；受道、禅影响下形成的不拘经传、革旧开新的学术风气熏染，宋代文学创作发扬了楚文化师心扬己、勇于创造的精神；因阶级矛盾和民族矛盾的日益尖锐，宋元的文学创作发扬了楚文学“发愤以抒情”和爱国主义的传统。宋元文学在隋唐五代文学大繁荣的基础上拓宇弘体，进一步继承和发扬“风骚”，尤其是“庄骚”传统，取得了突出成就。

一、欧阳修、苏轼等人的北宋文学

卓立于宋代文坛的作家，首先是王禹偁（954—1001）。他“以直躬行道为己任”[①]，指斥时弊，不阿权贵，为官“八年三黜”，特仿作骚体赋而抒发情志，表示“屈于身兮不屈其道，任百谪而何亏”[②]。其人其性，与屈原相仿佛，其诗其文与屈骚相承续。晚年，他被贬居故楚之地黄州（今湖北黄冈），人称“王黄州”。他的黄州之作，也显示出他文学创作的成就。“可怜诗道日已替，风骚委地何人收”[③]的他，自觉弘扬“风骚”传统，反对浮薄诗风，又首倡“文以传道而明心”之说，强调文章要益于时世和表达真情。他的诗文，多言国事、述民瘼，表达出类同屈原的忧国忧民情怀。名篇《黄冈竹楼记》，寄情于景，托志于物，生动地描写出他那颇具庄周风仪、渊明节操、雅士神采的自我形象。

范仲淹虽是著名的政治家，在文学上也深有造诣。他的代表作《岳阳楼记》，记楚地之名楼，难免怀楚地之名人。所述“迁客骚人，多会于此”、“登斯楼也，则有去国怀乡，忧谗畏讥，满目萧然，感极而悲者矣”，其情其感虽明联自己的遭际，也似乎因思及屈原命运而生发。文末名言“不以物喜，不以己悲”、“先天下之忧而忧，后天下之乐而乐”，展示的是作者胸怀，继承的是庄、屈精神。

与范仲淹均为故楚之地人又志同道合的欧阳修，是仁宗、英宗时期的文坛领袖。

欧阳修（1007—1072），吉州永丰（今属江西吉安）人，先祖“受

---

① 《宋史·王禹偁传》。
② 王禹偁：《三黜赋》。
③ 王禹偁：《还扬州许书记家集》。

封于楚为欧阳亭侯……子孙遂以为氏”[1]，是唐代著名书法家欧阳询的后裔。4岁丧父，他随母亲投靠时任随州（今属湖北）推官的叔父，于是安家随州。年及21，他自随州入京参加礼部春试，不中归乡。24岁，他再度应试得以进士及第。入仕后，他积极参与“庆历新政”，为官忠正刚直，虽屡遭贬谪，但“果敢之气，刚正之节，至晚而不衰”[2]，有着楚人的性情、屈原的品格。为促进社会改革，他在文坛上大力倡导诗文革新，继承韩愈的文学思想而强调“道”决定文，认为“大抵道胜者文不难而自至也”[3]。然而，他所说的“道”，并非只是时儒倡言的纲常伦理，而主要指人间“百事”。因此，他主张诗文要反映现实生活，为现实政治需要服务，为忧虑天下乱亡而作，反对脱离现实而专事雕琢的浮靡文风，提倡平实自然的文风。他的诗文革新主张，其主旨仍在于弘扬“风骚”传统、弘扬屈骚精神。进而，他提出了“诗穷而后工”的著名论断，表达了他总结自屈原以来的文学创作现象而得出的关于封建社会文学创作的规律性认识。在改革呼声高涨的时代，在他以创作实绩的示范下，在梅尧臣、苏舜钦以及他奖掖的王安石、曾巩、苏洵、苏轼、苏辙等文坛名家的积极响应、参与下，他领导的诗文革新运动基本上取得了成功，对宋代文学的发展产生了深远影响。

在诗、词、赋、文诸方面，欧阳修可谓无所不能且成就突出。比较而言，他的文学成就又以散文最高。他的散文，因事寄慨，随物命意，纵横议论，抑扬抒情，变化开阖，平易自然。一些写景叙事、描写自我的篇章，如《醉翁亭记》《六一居士传》等，受庄、屈精神暨“庄骚”传统的影响十分明显，也最为脍炙人口。曾巩乃称，他的“文章逸发，醇深炳蔚，体备韩、马，思兼庄、屈”[4]。他的诗歌，从韩愈而尚“载道”，也学韩愈而多有散文化、议论化之作。同时，他又最为推崇自况屈原的李白，因而有不少类同李

① 欧阳修：《欧阳氏谱图序》。
② 王安石：《祭欧阳文忠公文》。
③ 欧阳修：《答吴充秀才书》。
④ 曾巩：《祭欧阳少师文》。

白诗而发扬了“庄骚”传统的诗歌佳作。苏轼即说，他的“诗赋似李白”[①]。他的词作，以写恋爱相思为主，也抒发自我感慨怀抱。其中的优秀作品，达情深婉，述怀豪逸，遣辞雅丽，可谓远绍屈骚“缘情而绮靡”的艺术表现、又近承晚唐词婉约清隽的艺术风格，汰洗了五代“花间词”的脂粉气，在宋代词坛开一代新风。后人称欧词“疏隽开子瞻（苏轼），深婉开少游（秦观）”[②]。

欧阳修领导的诗文革新运动，是适应社会经济、政治改革的需要而兴起的，也是伴随当时振兴儒学思潮的流行而发展的。改革家和理学家，在致力于巩固封建王朝这一点上是一致的，在倡导以平易流畅的诗文宣扬维护封建社会秩序的儒家政治伦理思想这一点上也是相同的，只是改革家不囿于宣扬儒家之道，反对因循守旧而更要求诗文反映现实、为社会变革服务。因此，在社会各类文士的共同参与和积极推动下，诗文革新运动在北宋中叶广泛展开和深入普及。可是，以宣扬“文以载道”为核心内容的诗文革新运动的展开和普及，也造成了诗文创作重“载道”而忽略文学特质的倾向。尤其是诗歌创作，以“载道”“明道”和为政治服务的思想为指导，逐渐流于散文化、议论化。宋诗因此在相当程度上脱离魏晋以来继承屈骚的“缘情”和“想象”传统，形成了“平淡典要”、枯涩生硬的特征，在总体上失去了唐诗的情辞和韵味。诚如缪钺《论宋诗》所说：

> 夫诗本以言情，情不能直达，寄于景物，情景交融，故有境界，似空而实，似疏而密，优柔善入，玩味无斁，此六朝及唐人之所长也。宋人略唐人之所详，详唐人之所略，务求充实密栗，虽尽事理之精微，而乏兴象之华妙。

---

① 见《宋史·欧阳修传》。

② 冯煦：《宋六十一家词选·例言》。

当人们受缘“道”成文、以“理”节情的新儒学诗教的束缚而不便于借助传统诗体充分地抒情写性时，人们便寻求新的艺术形式以满足其抒情写性的需要，加之随社会经济繁荣而旖旎的市井生活对情浓辞丽的歌词需求大增，于是，宋人不计词为“诗余”“小道”而倾心创作，将诗的灵魂和气韵移入词的躯壳，将诗的表现艺术转入词作中大力发展，从而促进了词的兴盛。宋初的临川（今属江西抚州）人晏殊（991—1055），热衷于填词，但其词基本上是为文造情的婉约绮丽之作。其子晏几道虽能缘出己情而填词，也未能突破前人的题材和风格。范仲淹的《苏幕遮》“碧云天”、《渔家傲》“塞下秋来风景异”等词作，即景抒情，缘情造境，发自我实感，咏自我怀抱，拓出宋词新境界。欧阳修的不同题材、不同风格而情厚辞丽的词作，开辟了宋词的发展道路。与之同时，风流放浪的柳永，全力填词，以情景交融、清丽畅达而为世人喜爱的词作，扩大了词的影响。其后，苏轼、辛弃疾等在欧词的基础上，进一步发扬“庄骚”传统，拓宽了词的表现领域，突破了词的传统格调，发展了词的表现手法，以具有高度艺术成就的词作确立了词在宋代文学中的首要地位。宋代兴盛的词，可以说主要是继承“诗缘情而绮靡”的屈骚艺术的发展。词在宋代的兴盛，也表明“庄骚”传统是中国古代文学发展的主导。

“拗相公”王安石，不仅在政界和思想界、也在文学界振扬起强劲的南风。

王安石明确将诗文革新作为他所推行的新法的重要组成部分，将文学创作与政治活动密切结合在一起，所作诗文一般也具有充实的社会内容、鲜明的政治倾向。他的诗歌，虽然多有“载道”之作，但立意高远，说理明晰，笔力雄健，感情充沛，特别是体现了楚人好奇求新的一贯传统，因此卓然不凡、成就颇高。如咏史名作《明妃曲二首》，一变历来诗人笔下那种留念君恩、怨而不怒的昭君形象，描述了昭君失意远去、凄苦无告的命运，写出了昭君“汉恩自浅胡自深，人生乐在相知心”的自我意识和独立人格，表达了封建文士“人生失意无南北”的内心感慨，因而轰动诗坛。欧阳修、梅尧臣、司马光、刘敞等文坛名士皆作和篇，却都没能像他这样翻出新意。晚年罢相闲居后，他神通庄、禅以旷心，模范山水以寄情，讲究诗歌韵味，追求诗歌的“化境”，诗风因此大变，诗作乃有“兴象之华妙”。叶梦得《石林诗话》说：“王荆公晚年诗律尤精严，造语用字，间不容发。然意与言会，言随意遣，浑然天成，殆不见有牵率排比处。”他的散文，虽然多是适用于政治斗争需要之作，却不仅立意超卓、说理深透、用语简朴，而且在字里行间显现出“文如其人”的艺术个性。另外，他的词代表作《桂枝香·金陵怀古》，将怀古伤今、感叹兴亡这样的重大题材和严肃主题带入词的领域，状物抒情自然真切，又思想深刻、气格刚健、意境闳大，被誉为宋代“金陵怀古”之作的绝唱。王安石的创作成就，使得其诗成了“王荆公体”，其文成了与欧阳修、苏洵等人的散文并列的“唐宋八大家”之一。

宋代文坛上最耀眼的巨星是苏轼，苏轼的文学思想和文学创作也十分鲜明地体现出庄、屈精神暨“庄骚”传统的影响。

苏轼（1037—1101），眉山（今属四川）人，父苏洵为文坛名家，与弟苏辙得父栽培而成才。既长，“学通经史，属文日数千言”①，且尤好《庄子》，初读《庄子》喟然叹息：“吾昔有见于中，口未能言。今见《庄子》，得吾心矣！”②心既通庄周，文也仿《庄子》，《庄子》的思想和文风对他影响极大。同时，他自幼立志许国，以实现“朝廷清明而天下治平”为己任，“好贾谊、陆贽书”③，敬慕情志与屈原通合的贾谊及忠贞为国的唐朝宰相陆贽，称扬贾、陆之学而批评“儒者之病，多空文而少实用”④。首次出蜀入京而途经忠州（治今重庆忠县），他即赋《屈原塔》云：“楚人悲屈原，千载意未歇。精魂飘何处，父老空哽咽！……”进士及第而步入政坛后，他坚怀同于屈、贾的“忧国爱民

①② 苏辙：《东坡先生墓志铭》。

③ 《宋史·苏轼传》。

④ 苏轼：《与王庠书》。

之意，自为小官，即好僭议朝政，屡以此获罪”[1]，仕宦期间因故出入楚蜀，行舟途径秭归，他瞻望江岸上的屈原庙，感慨万千地抒写了《屈原庙赋》，表达对屈原投江殉国的悲悼和高尚节操的仰慕。他效法屈原为国勇于“力争而强谏”，一生也屡遭贬谪，流离南方各地，却有似屈原那种“九死不悔”的精神，明确表示“然受性于天，不能尽改”[2]，以至于晚年被远放到儋州（今属海南）。他赞叹“楚辞前无古，后无今”，又说“吾文终其身企慕而不能及万一者，惟屈子一人耳”。[3]他的诗文，多用屈原事典、法屈骚艺术，乃如他自谓的“诗笔《离骚》亦时用”[4]。

因“乌台诗案”而被贬谪黄州的近5年，是苏轼游心于古今而思想最成熟、寄情于文学而创作最辉煌的时期。他“筑室于东坡，自号‘东坡居士’”[5]，一方面素志不变，“虽废弃，未忘为国家虑也”[6]，拳拳之心与“虽放流，眷顾楚国”[7]的屈原之心相通；一方面倾意于庄、禅，依托道家精神以求自我和人生的超越，获取在艰难困苦的逆境中泰然处之的精神力量，并效法陶渊明而决意任真自得、固穷守节。于是，他追踵李白而实现了“并庄、屈以为心”，形成了“一蓑烟雨任平生”[8]的坚强性格和旷达胸襟。他合庄、屈之心弘于内而发于外，文风因之大变。苏辙说他“谪居于黄，杜门深居，驰骋翰墨，其文一变，如川之方至，而辙瞠然不能及矣”[9]。他的许多代表作，都作于谪居于黄州期间，如《东坡》《和秦太虚梅花》《念奴娇·赤壁怀古》《浣溪沙》“山下兰芽短浸溪”、《卜算子·黄州定惠院寓居作》《前赤壁赋》《后赤壁赋》等。

①② 苏轼：《辩贾易弹奏待罪札子》。
③ 蒋之翘《七十二家评楚辞》载苏轼语。
④ 苏轼：《过于海舶，得迈寄书酒，作诗远和之……》。
⑤ 《宋史·苏轼传》。
⑥ 苏轼：《与滕达道书》。
⑦ 《史记·屈原列传》。
⑧ 苏轼：《定风波》“莫所穿林打叶声”。
⑨ 苏辙：《东坡先生墓志铭》。

这些作品，体现出他弘扬“庄骚”传统而形成的基本艺术风格，即真率、深挚、豪迈、旷放、雄肆、飘逸、新奇、浪漫。

在文学创作上，苏轼主张“有意而言”、“诗从肺腑出”，认为“意尽而言止者，天下之至言也”[①]，反对“言有浮于其意，而意有不尽于其言”[②]；又主张“文理自然，姿态横生”[③]，自称“吾文如万斛泉源，不择地皆可出。在平地滔滔汩汩，虽一日千里无难，及其与山石曲折，随物赋形，而不可知也”[④]；还特别强调求新出奇、“自成一家”，推尚“出新意于法度之中，寄妙理于豪放之外”[⑤]的艺术表现。他的主张，继承了道家美学和楚文学精神，丰富了前人据道家美学和楚文学精神而阐发的文学思想。

苏轼的文学创作，是苏轼文学思想的具体实践。苏诗想象丰富、感情充沛、气势奔放、境界阔大、比喻新颖、奇趣横生、变化莫测；苏词“以诗为词”“不谐音律”，不仅将诗的表现题材和表现方法用于词体而扩大了词体的表现力，而且较之苏诗更充分地抒发情感、表现自我、展示个性，也更显深挚真率、雄豪旷放，使得词体脱离音乐而成为真正的诗歌形式，开创了豪放词派；苏文意到言随，言尽意长，“如行云流水，初无定质，但常行于所当行，常止于所不可不止”[⑥]，纵横挥洒以任心，汪洋恣肆以适己。总之，苏轼的文学创作，在创作精神和艺术风格上，主要继承了庄周、屈原及李白，文理自然而不拘一格，姿态横生而成就卓越。

“苏长公何如人！故其文章自然惊天动地。世人不知，只以文章称之，不知文章直彼余事耳，世未有其人不能卓立而能文章垂不朽者。”[⑦]诚然若是，又可补云，苏东坡合庄、屈之心而其人卓立，弘庄、骚之艺

①② 苏轼：《策略一》。
③⑥ 苏轼：《与谢民师书》。
④ 苏轼：《论文》。
⑤ 苏轼：《书吴道子画后》。
⑦ 李贽：《复焦弱侯》。

而其文不朽。在中国古代文学史上，若称李白是合庄、屈之心并弘庄、骚之艺的第一伟人，那么苏轼则可称为继李白之后的第二伟人。

“苏门四学士”黄庭坚、晁补之、秦观、张耒，或再加上陈师道、李廌的“苏门六君子”，都深受苏轼影响而各有成就。其中，黄庭坚的诗名最高、影响最大。

黄庭坚（1045—1105），分宁（今江西修水）人，以诗名受知于苏轼，仕途上也与苏轼共进退。在屡经贬迁之际，他忧畏于“乌台诗案”，厌倦于党争政治，尤慕禅风而以禅门人自居，游艺诗文而以诗歌遣兴。因此，他论诗，偏重于强调诗歌的写作技巧，发挥苏轼的“以俗为雅，以故为新”和“自成一家”之说，主张“诗词高胜，要从学问中来”[①]、“当熟读《左传》《国语》《楚辞》《庄周》《韩非》，欲下笔略体古人致意曲折处，久久乃能自铸伟词”[②]，提倡“化腐朽为神奇”，并据禅学的“参活句”法而提出作诗的“夺胎换骨”“点铁成金”技法。他的诗歌理论，体现出浓厚的庄、禅意识，亦可谓庄、禅思想的“夺胎换骨”。他作诗，则多用典故、硬语和拗句，力求“不践前人旧行迹，独惊斯世擅风流”[③]。所作之诗也给人以新奇之感而独树一帜，并且鲜明、集中地反映了宋诗的审美特征。他的诗作和诗论，在北宋后期深受畏避险恶政治而潜心游艺于诗文的文士喜爱，也对后辈学人进行诗歌创作具有指导意义和典范作用。文士学人纷纷宗师黄庭坚，以致将他的诗名与苏轼并称为“苏黄”，而且形成了在宋代诗坛上影响巨大、对后世创作也影响深远的“江西诗派”。他作为余事而填的词，则基本上承袭苏词风格，往往在杂以俚语俗辞的随意挥洒之中，抒发了胸中的桀骜不羁之气，表现了自我倔强旷放的个性，颇有“庄骚”遗风。

---

① 胡仔《苕溪渔隐丛话前集》引“山谷云”。

② 黄罃《山谷年谱》卷二十四引黄庭坚文。

③ 张耒：《读鲁直诗》。

二、陆游、辛弃疾等人的南宋文学

宋代内忧外患深重，志士仁人乃以强国御敌为己任，赋诗作文也多抒爱国之情、多述报国之志。因此，屈原的爱国精神和忠贞品格被宋人自觉地发扬光大，爱国主义成了宋代文学的重要主题。前述范、欧、王、苏、黄等人，都多有爱国之作。自两宋之际到宋、元之际，民族斗争十分尖锐，爱国主义进而成了宋人心灵咏唱的主旋律。

南宋前期，文坛名家曾几、李清照、张孝祥、陈与义、张元干、杨万里、范成大等，皆有昂扬豪迈的爱国咏唱；而驰骋沙场的战将如岳飞及活跃政坛或思想界的士子如胡铨、陈亮、叶适等，也都有激越慷慨的爱国篇章。陆游和辛弃疾，则分别是继承屈原爱国精神和“庄骚”艺术传统最为突出的诗人和词人。

杰出女词人李清照（1084—1155），南渡后写了不少忧国忧民、伤时悯己以及意高气雄、文豪辞放的佳作。这些佳作，明显地反映出深受楚文化精神的影响。如在被认为“绝似苏辛派”[①]的《渔家傲·记梦》中，词人以庄周笔下的大鹏自喻又用屈骚语意，充分抒写了她希冀解脱现实苦闷和向往自由、美好生活的企盼，继承“庄骚”传统而具有浓重的浪漫色彩。“生当作人杰，死亦为鬼雄。至今思项羽，不肯过江东。”这首著名的《夏日绝句》，歌颂了屈原笔下那为国捐躯的“鬼雄”和不肯南渡而偷生的楚霸王项羽，嘲讽了一味南逃、苟且偷安的南宋君臣，可谓李清照弘扬楚文化精神的不朽之作。

自谓“凤歌笑孔丘”的楚人接舆（陆通）之后、自号“不拘礼法”之“放翁”的陆游（1125—1210），越州山阴（今浙江绍兴）人，“少小遇丧乱，妄意忧元元”[②]，读书学剑为报国，平生奔走图恢复，衰病

① 梁令娴：《艺蘅馆词选》卷二。
② 陆游：《感兴》。

“尚思为国戍轮台”[①]，临终“但悲不见九州同”[②]。他那“位卑未敢忘忧国”[③]的深情、“执戈王前驱”[④]的壮志，以及因抱负不得施展、又受苟且偷安的朝臣诬陷排斥而产生的悲怨，与屈原息息相通。因此，他十分敬仰和悼念屈原及历史上忧国忧民、致力于九州统一事业、不肯苟且而人格峻洁的人士，如宋玉、贾谊、诸葛亮、嵇康、陶渊明、李白、杜甫等。入蜀经荆州，他以屈原的《九章·哀郢》为题赋诗而悲吟：“《离骚》未尽灵均恨，志士千秋泪满裳。”出川路过秭归，他隔江远望屈原祠，追怀忠魂而赋《楚城》。他又专程登岸拜谒屈原庙，赋诗咏屈原而托己情：“恨公无寿如金石，不见秦婴系颈时。”[⑤]风阻行船而滞于沙市，他沉浸于《离骚》之诗而神会屈、宋之魂，自云：“听儿诵《离骚》，可以散我愁。微言入孤梦，恍与屈宋游。”[⑥]他的诗歌创作，也像屈原那样“兹历情以陈辞”[⑦]。他还明言自己是由屈原、贾谊的诗文而领悟到“诗家三昧”的：“诗家三昧忽见前，屈贾在眼元历历。”[⑧]

“我生学语即耽书，万卷纵横眼欲枯”[⑨]的陆游，学识渊博而于诗、词、文无所不工，但他少好读诗也尤擅作诗，一生诗作极丰，今存诗作近万首。他的诗作可谓诸体皆备，风格多样，总体上又以爱国主义为基调，以与屈原、李白一脉相承的浪漫主义风格为主导。他借诗歌充分抒写了对祖国的热爱、对人民的关切、对理想的追求、对腐朽无能而苟且偷安的统治集团的失望、对不恤国难而贪婪营私的执政官僚的愤慨、对世事艰难而壮志难酬的悲怨、对收复中原而统一九州的梦幻，他的诗作也感

① 陆游：《十一月四日风雨大作》。
② 陆游：《示儿》。
③ 陆游：《病起书怀》。
④ 陆游：《夜读兵书》。
⑤ 陆游：《屈平庙》。
⑥ 陆游：《沙市阻风》。
⑦ 屈原：《九章·抽思》。
⑧ 陆游：《九月一日夜读诗稿有感走笔作歌》。
⑨ 陆游：《解嘲》。

情激昂强烈、个性鲜明突出、想象丰富奇伟、描写壮阔宏丽、文辞恣纵奔放。因此，人称他为“小李白”，称他的诗是“尽拾灵均怨句新”[①]。“集中十九从军乐，亘古男儿一放翁”[②]的陆游，因唱出时代最强音而名世，因继承屈原精神和发扬屈骚传统而不朽。在宋代文坛上，陆游是与王安石、苏轼、黄庭坚并列的“四大诗人”之一。在中国历史上，陆游是继屈原、杜甫之后的伟大爱国诗人。

与陆游、范成大并称于南宋诗坛的吉州吉水（今属江西吉安）人杨万里（1127—1206），所写的一些爱国诗篇虽不及陆游之作，却能跳出江西诗派的樊篱而独创具有艺术个性的“诚斋体”。“尽弃诸家之体而别出机杼”的“诚斋体”，迥然有别于“江西体”的生新瘦硬，显得清新自然、活泼轻快和幽默风趣。这种诗体的形成，是杨万里师法自然、“不听陈言只听天”的结果，是对陶渊明、孟浩然诗风的承袭，也是对缘情写性的“庄骚”传统的回归。他那“传派传宗我替羞，作家各自一风流”[③]的自立意识和创新精神，继承和发扬了楚文化始于模仿而终于别创的传统。“诚斋体”出现于诗坛，当时便有“四海诚斋独霸诗”之誉，引得与之齐名的范成大及许多文士竞相仿效，改变了“江西体”统治诗坛的局面。

与陆游志同道合的辛弃疾（1140—1207），也与陆游气投声应。他“壮岁旌旗拥万夫，锦襜突骑渡江初”[④]，曾为名重一时的北方抗金义军领袖。南归40余年间，他空怀英雄报国之志，徒具贤士安邦之才，不受朝廷信用，或沉沦下僚，或赋闲散居，于是将“了却君王天下事，赢得生前身后名”[⑤]的理想，将无处发泄的一腔忠愤、满腹悲怨，寄于词作，并且为了一抒胸中块垒和打发闲散时光，在词作上倾注了全部的才情和巨大的精力，

① 杨万里：《跋陆务观剑南诗稿》。
② 梁启超：《读陆放翁集》。
③ 杨万里：《跋徐恭仲省干近诗》。
④ 辛弃疾：《鹧鸪天》“壮岁旌旗拥万夫”。
⑤ 辛弃疾：《破阵子·为陈同甫赋壮词以寄之》。

成了南宋词作最丰、成就最高的词人。

辛弃疾爱国之深沉、怨愤之深重，殆不亚于屈原；辛弃疾信而见疑、忠而遭弃的经历，又类同于屈原；他也缅怀屈原而尤好屈骚，感叹“灵均千古怀沙恨”[①]，并且以屈原自况：“我亦卜居者，岁晚望三闾。”[②]又时时“手把《离骚》读遍，自扫落英餐罢”[③]，往往借咏屈原而托己情，称颂“千古《离骚》文字，芳至今犹未歇”[④]。他在被迫退隐的闲居生活中，愤世嫉俗而倾意庄周之超然、仰慕陶渊明之高节，也极爱《庄子》之文、渊明之诗。他的词作，有同于陆游之诗，亦以爱国主义为基调、以浪漫主义为主导，在感情抒发、想象驰骋、艺术描写、个性表现、文辞运用方面与陆诗有共同之处，但又较陆诗更为明显地继承和发扬了“庄骚”传统。辛词因适己缘情的需要，不仅以诗为词，而且以文为词，具有庄文之风，即“如张乐洞庭之野，无首无尾，不主故常；又如春云浮空，卷舒起灭，随所变态，无非可观”[⑤]。辛词借鉴屈骚的比兴寄托手法，发扬屈骚的“香草美人”传统，仿效屈骚的表现方式，化用骚体的艺术形式，具有屈骚的遗意和气韵，“显示了辛词的浪漫主义与《楚辞》的继承关系”[⑥]。辛词大量用事用典，又主要采用庄文屈骚的事典、化用“庄骚”的语言辞句、融会“庄骚”的文意诗情，“驱使庄、骚、经、史，无一点斧凿痕，笔力甚峭”[⑦]。创造性地继承了“庄骚”传统的辛词，踵接苏词步武，更加扩大了词的表现领域，丰富了词的表现题材，糅合了诗、文、赋的表现方式，因慷慨激昂、淋漓尽致地抒情写性而大力弘扬了豪放词风，又因描绘生动形象、用事自然贴切地寓意造境而充分显示出词的审美价值。辛词的开拓，将词的创作推向了更高阶段；辛词的

① 辛弃疾：《贺新郎·赋水仙》。
② 辛弃疾：《水调歌头·将迁新居不成有感戏作》。
③ 辛弃疾：《水调歌头·赋松菊堂》。
④ 辛弃疾：《喜迁莺·谢赵晋臣敷文赋芙蓉词见寿，用韵为谢》。
⑤ 范开：《稼轩词序》。
⑥ 王延梯：《辛弃疾评传》，陕西人民出版社1987年版，第189页。
⑦ 张宗橚辑：《词林纪事》卷十一录楼敬思评语。

成就，巩固地确立了词作为宋代文学之代表的地位。

与辛弃疾同时的陈亮、刘过及稍后的刘克庄、刘辰翁等人的词作，都在精神上与辛词相合而在词风上与辛词相类，南宋词坛因之形成了以辛词为代表而声势最大的“辛派”。

南宋后期的词坛名家姜夔、吴文英等，致力于词体的艺术追求，创立了颇有影响的“格律派”。他们的词多为吟咏山水、抒写性情之作，虽大不同于“辛派”词作的风格，但在言情咏物上也借鉴了屈骚比兴寄托的手法和蔚为雕画的描绘，善于构造清幽的意境来托出落寞的心情，且章法严密、文辞典雅、声律和谐，因而具有较高的艺术性。

宋、元之际，爱国诗歌更是文坛主调。文天祥、汪元量、郑思肖、谢枋得、谢翱等，皆以诗歌抒写其救国之志和亡国之悲，表现其民族节操和浩然正气，展示其刚贞人格和高尚品质。其中，文天祥的千古绝唱，堪称其时爱国诗歌的代表。

文天祥（1236—1283），庐陵（今江西吉安）人，仰慕屈原，明确表示“我欲从灵均”[①]，亦因而有“人生自古谁无死，留取丹心照汗青”[②]的豪言和“从今别却江南路，化作啼鹃带血归”[③]的壮举。他继承屈骚的创作精神而强调：“诗，所以发性情之和也，性情未发，诗为无声；性情既发，诗为有声；闷于无声，诗之精；宣于有声，诗之迹。”[④]他的诗作，即性情之发抒、心灵之显露又平易晓畅、明白如话，没有刻意雕饰之迹，也不故作激昂之态，诚然是赤诚之人的本色之诗。他的诗歌主要是胸中激情的直接抒写和个人经历的直接记录，真实地反映了南宋灭亡的惨痛历史，高昂地唱出了他那个时代的最强音，较之屈骚则显得悲而更壮、哀而不伤，具有独特的艺术风格。

宋诗在发展过程中，形成了过度“以文字为诗，以议论为诗，以才

① 文天祥：《端午即事》。
② 文天祥：《过零丁洋》。
③ 文天祥：《金陵驿》其一。
④ 文天祥：《罗主簿一鄂诗序》。

学为诗”[1]而味同咀蜡的弊病。尽管宋代诗坛名家仍根据文学的本质要求，继承“庄骚”传统而创作出大量具有审美价值的佳篇，并且有着发挥“庄骚”美学的阐论，但至南宋后期严羽的《沧浪诗话》出现之前，尚无人就宋诗发展的得失和诗歌审美的特质作过系统的总结和阐发。

严羽，约生活于宋宁宗、理宗、度宗之世，隐居故里沧浪水汇入莒溪处，自号“沧浪逋客”。可想而知，他对楚歌《沧浪歌》和《楚辞·渔父》参悟尤深。他著《沧浪诗话》明确以屈原作品为诗歌创作的最高典范，以道家思想为诗歌美学的基本依据，以道家化佛学——禅宗学说为诗歌评论的主要方式，针对宋诗弊病而称扬唐诗高妙。他强调，“读《骚》之久，方识真味”[2]，学诗“先须熟读《楚词》，朝夕讽咏以为之本”[3]，依次及于熟读汉魏古诗、乐府、李杜二集，“然后博取盛唐名家，酝酿胸中，久之自然悟入”[4]。他进而指出：

> 夫诗有别材，非关书也；诗有别趣，非关理也。然非多读书，多穷理，则不能极其至。所谓不涉理路、不落言筌者，上也。诗者，吟咏情性也。盛唐诸人惟在兴趣，羚羊挂角，无迹可求。故其妙处透彻玲珑，不可凑泊，如空中之音，相中之色，水中之月，镜中之象，言有尽而意无穷。[5]

严羽的诗论，因承了汉、唐以来文人学者发挥“庄骚”美学而阐述的诗歌美学思想，又较前人对屈骚地位标举得更为明确、对《庄子》思想发挥得更为充分、对诗歌的本质特征和审美标准也阐述得更为深透，从而建立了揭示诗歌本质、突出文学审美要求的理论体系，抗衡了由于宋代政治和社会原因而大大弘扬儒家诗教所形成的“道者文之根本，文

①③④⑤ 严羽：《沧浪诗话·诗辨》。
② 严羽：《沧浪诗话·诗评》。

者道之枝叶”[1]的理论，维护了文学的独立地位和以“庄骚”美学为根基的诗歌创作理论的主导地位，在后世产生了重大影响。

三、元代的诗文和杂剧

元代的诗文创作，成就不及宋代。可是，被称为“元诗四大家”的“虞、杨、范、揭”中，就有三位是故楚之地人，即自幼迁居崇仁（今属江西）的虞集（1272—1348）、清江（今江西樟树）人范梈（1272—1330）、龙兴富州（今江西丰城）人揭傒斯（1274—1344）。另外，攸州（今湖南攸县）人冯子振（约1257—1314），颇有楚狂人遗风。其诗文使气任才，善于借鉴屈骚的比兴寄托手法以表达内心的矛盾和痛苦，且文辞典雅华丽，体现了楚文学的传统风格。浏阳（今属湖南）人欧阳玄（约1274—1358），乃欧阳修后裔，少时便以文章扬名天下。其文“如雷电恍惚，雨雹交下，可怖可愕。及乎云散雨止，长空万里，一碧如洗”[2]，颇得庄文神韵。诸暨（今属浙江）人杨维桢（1296—1370），字廉夫，号铁崖、铁笛道人等，论诗弘扬抒情写性、露才扬己、革旧鼎新的屈骚精神传统，主张抒写自我情志、表现自我个性；作诗任情逞才、纵恣傥荡地高吟放歌，形成想象奇伟、构思奇特、造语奇险、境界奇丽、主观色彩很浓而个性特征凸显的“铁崖体”。时人尊铁崖而宗杨诗，以致形成在元代后期诗坛声势颇大的“铁崖诗派”。

由于宋元城市经济繁荣而带来市民文艺需求的增长，由于文学艺术和表演艺术的各种形式的发展成熟，由于许多汉族文人不愿或不能仕进而沉沦民间并与民间艺人结合，还由于其他种种原因，大众化、综合性的文艺形式戏剧乃在元代兴盛起来，杂剧成了有元一代文学的代表。

关汉卿（约1230—1300）是元代最伟大的戏剧家，“生而倜傥，博

① 《朱子语类》卷一百三十九。
② 《四库全书总目·圭斋集》记宋濂语。

学能文，滑稽多智，蕴藉风流，为一时之冠”[①]，不屑于仕进而热衷于编写杂剧以揭露现实黑暗、抒发心中愤懑，一生创作杂剧60多种，成为当时的“梨园领袖”“编修师首”“杂剧班头”。他的剧作深刻地揭露了元代社会的阶级压迫和民族压迫，热情地歌颂了正直、善良的下层百姓及英雄人物，形象地描绘了下层妇女的生活与斗争，充分地表达了对压迫者的痛恨和对被压迫者的同情。在创作精神上与屈骚一脉相承，既有真实的现实主义描写，又带有浓重的浪漫主义色彩。他的代表作《窦娥冤》，集中体现了现实主义与浪漫主义相结合的创作精神。他以数量众多、成就卓越的剧作，为元杂剧的繁荣奠定了基础，也为中国古代戏剧的发展开拓了道路。

继关汉卿之后的杰出戏剧家和散曲家马致远（约1250—1321），怀有情通屈原的悲愤而厌世好道，晚年归隐而过着“酒中仙，尘外客，林间友”的生活，成为“万花丛里马神仙”[②]。他作《双调·拨不断·菊花开》以明归隐之志，却在曲中直呼“哎！楚三闾休怪”，表达了敬慕屈原又不能追效屈原的痛苦无奈之情。他的杂剧代表作《汉宫秋》，成功地塑造出王昭君这一忧国为国而自愿出塞和亲、最后不舍故国而投水自尽的爱国者形象，通过对历史故事的艺术改编而弘扬了屈原精神。他的《吕洞宾三醉岳阳楼》《马丹阳三度任风子》等“神仙道化剧”，虽然宣扬了道教思想，却也揭露了社会现实，并且继承了“庄骚”传统而具有浪漫主义色彩。他的散曲，既有《双调·夜行船·秋思》这样的“发愤以抒情”的名篇，又有《天净沙·秋思》这样的体现了道家审美情趣的佳作。

① 熊梦祥著、北京图书馆善本组辑：《析津志辑佚》，北京古籍出版社1983年版，第147页。

② 贾仲明：《凌波仙·吊马致远》。

第七节　体道尚意的书画

宋皇爱好艺术，宋人重视艺术，朝野品书赏画成风，士民作书绘画踊跃，中国古代书画艺术乃出现了继唐代的又一个发展高峰。魏晋南北朝基本确立而在隋唐五代巩固和发展的以道家美学、“庄骚”传统为核心的中国艺术精神，在宋代得到大力弘扬和深入阐扬。体悟道家精神而推尚传神写意的书画创作，成了宋代书画艺术的主流。

元代的书画艺术，则直接继承宋代书画艺术而发展。

一、绘画与画论

宋代帝王多爱绘画、好收藏、精鉴赏，亦大力奖励书画创作。北宋初年，朝廷即承西蜀和南唐的画院制度，设置翰林图画院，招揽天下画家，厚待书画人才，各类画家也争相进入画院献技以求荣禄。另外，随着城市经济的发展，市民对绘画艺术的审美需求激增，社会上逐渐形成大量职业画家专以绘画谋生。因此，绘画在宋代一直繁荣昌盛。不过，画院画家和社会画家，虽然创作丰富，但其多数为了投合宫廷趣味或市民趣味，以工笔写实而精微细致、繁缛富丽、具有很强的装饰性和观赏性的创作为主，缺乏艺术个性和创造精神，故被时人称为“画工”。推动绘画艺术发展者，主要还是博学好道而适己写意、独具风貌的画家。

宋初的李成、范宽，享誉宋代画坛而在中国画史上影响巨大。

李成（919—967），唐皇族后裔，“志尚冲寂，高谢荣进”而“性爱山水，弄笔自适”[①]，可谓志托道家而性同陶渊明。他“盖心术之变化，有而出则托于画以寄其放，故云烟风雨，雷霆变怪，亦随以至”[②]，“所

① 刘道醇：《宋朝名画评》卷二。

② 董逌：《广川画跋》卷六《书李成画后》。

画山林薮泽，平远险易，萦带曲折，飞流、危栈、断桥、绝涧、水石、风雨晦明，烟云雪雾之状，一皆吐其胸中而写之笔下”[①]。他的画也“命笔惟意所到，宗师造化，自创景物，皆合其妙”[②]，脱人窠臼而自成一家，在宋、元时被誉为山水画“古今第一”[③]“画家百世师”[④]，导扬了北宋山水画风。

范宽（约950—1032），“风仪峭古，进止疏野”[⑤]，“性嗜酒，好道”，“理通神会，奇能绝世”[⑥]。他的绘画，正因能将所好的道家精神和所绘的山水形貌会通为一，构成道法自然、自然寓道的意象鲜明、气韵生动的境界，故显出绝世奇能。宋人称他的山水画是“真石老树，挺生笔下，求其气韵，出于物表，而又不资华饰”[⑦]。他初学荆浩、李成，后由“师诸人”转为“师诸物”、终至“师诸心”，从而能与李成并立宋初画坛而成为后世师表。

北宋文人受全面繁荣的文化熏陶和看重书画的世风感染，也能书擅画并好书喜画。在涌现出的大批文人画家中，苏轼、李公麟及米芾、米友仁父子堪称杰出代表。

苏轼擅画墨竹和枯木怪石，所绘景物皆成之于胸而现之于墨，表现的是他“并庄、屈以为心”的情怀、意趣和品格。他自谓画竹不在于“为竹写真”，而在于“为竹传神”；所绘木石的“怪怪奇奇，盖是描写胸中磊落不平之气，以玩世者也”[⑧]。在他看来，“论画以形似，见与儿童邻。赋诗必此诗，定知非诗人。诗画本一律，天工与清新”[⑨]；“士人画”不同于“曲尽其形”的画工之作的地方，就在于“取其意气所到”[⑩]；

---

①③⑤ 《宣和画谱》卷十一。
②⑦ 刘道醇：《宋朝名画评》卷二。
④ 江少虞：《事实类苑》卷五十三。
⑥ 郭若虚：《图画见闻志》卷四。
⑧ 苏轼：《自题偃松图》。
⑨ 苏轼：《书鄢陵王主簿所画折枝》其一。
⑩ 见苏轼《又跋汉杰画山》。

绘画的最高境界是王维那样“得之于象外，有如仙翮谢笼樊”[1]的画境。他主张画家须“有道有艺”，“其神与万物交，其智与百工通”[2]，使物得之于心而应之于手，创作出内外统一、心手相应、以形传神、借象见意的“神品”。他的绘画理论，与他的文学思想一致，主要是对庄子美学思想的具体发挥和深刻阐扬。他的画论及取得相当成就的艺术实践，也为后世画家，尤其是文人画家所钦服和推崇。

舒城（今属安徽六安）人李公麟（1049—1106），字伯时，襟怀超脱，情寄山林，是北宋表现题材最为广泛、成就也最为突出的文人画家。他主张绘画以“立意为先，布置缘饰为次”，所绘人物、鞍马、山水、花鸟等均能出奇立异、传神达意。苏轼称他：“伯时有道真吏隐，饮啄不羡山梁雉。丹青弄笔聊尔耳，意在万里谁知之？”[3]如他的《陶潜归去来兮图》，不拘于田园生活场景的细致描绘，而着重表现陶渊明“登东皋以舒啸，临青流而赋诗”[4]的独立人格和高洁志趣。他画的马，被苏轼赞为胜过韩干而“不惟画肉兼画骨”的神品。他作画又摈弃色彩，即以单纯洗炼、朴素自然的线条表现物象的形貌情态，使传统作粉本（绘画底稿）之用的白描，成为具有高度概括力和表现力而能与浓墨、重彩画法相鼎立的独立形式，在绘画领域实现了依据道家“既雕既琢，复归于朴”[5]思想的艺术突破，大大丰富和发展了中国绘画的表现技法。

“襄阳居士”米芾（1051—1107），自称为楚王族芈氏之后，鄙视功名利禄，行止癫狂骇俗，时人称为“米颠”，为典型的宋代楚狂人，一生游戏翰墨，声名隆盛。他擅画山水木石，作画不择纸笔，不求形似，信笔挥洒，随意为之，崇尚天真，强调自然，往往以大笔触的水墨表现山川胜景、云烟变化，借以抒情达意、写心寄趣，独创“米点山水”画风。

① 苏轼：《王维吴道子画》。
② 苏轼：《书李伯时山庄图后》。
③ 苏轼：《次韵子由书李伯时所藏韩干马》。
④ 陶渊明：《归去来兮辞》。
⑤ 《庄子·山木》。

他的儿子米友仁（1074—1153），承袭家风，戏墨自适，发展了其父画法，弘扬了其父画意，后人乃称米氏父子绘画为“米氏云山”。“神闲笔简意自足”、趣远墨浓情尤真的“米氏云山”，虽然“意过于形”、情胜于景，却因充分体现了“庄骚”抒情写意的创作精神，在中国画史上“一扫千古丹青尘”[①]而自标一格。

山水画入北宋达到其发展的高峰并显示出寄情达性的鲜明特征，花鸟画入北宋也盛极一时并显示出遣兴写意的趋向。宋初的花鸟画尚承五代画风而重“写生”、摹绘自然真实，北宋中叶以后的花鸟画则追求“夺造化而移精神”[②]。文同（1018—1079）、苏轼绘墨竹以标己高节，兴起了宋、元以竹、梅、兰、菊为内容而寄情寓意的“四君子画”大流行，“四君子画”也成了宋、元写意花鸟画的代表。杨无咎（1097—1169）、赵孟坚（1199—1264）、郑思肖（1241—1318）等即为“四君子画”名家，他们的绘画继承了屈骚的“善鸟香草，以配忠贞”的艺术表现方式。

佞道而号“教主道君皇帝”的宋徽宗，于朝政虽昏庸腐败，于艺术却识高才逸，而且在绘画上最有造诣。他的花鸟、山水及人物画，皆达到神形兼备、情态并生、意象统一的佳境。他之所以能在艺术上卓有成就，亦当与他好道尚道而受道家美学影响不无关系。

两宋之际的李唐（1066—1150），工于各类绘画，尤擅水墨山水。他融冶前人画艺，弘扬写意传统，一变传统的全景式山水构图法和细笔勾勒、反复皴擦的山水绘图法，创造性地采用顶天立地的方式和简括粗放、恣肆酣畅的大斧辟皴法，突出描绘自然山水的一角，寄寓他经历“靖康之变”而积郁于胸的眷念祖国河山和哀痛山河破碎等深沉、强烈的感情。他的人物画，更是以粗笔的勾勒、浓墨的涂刷，描绘出生动的形象和典型的场景，来突出人物的精神气质，表现自己的笔墨意趣。他推陈出新的绘画艺术，开启了南宋画风。稍晚的刘松年、马远、夏圭，虽与

① 张羽：《米南宫云山歌》。
② 《宣和画谱》卷十五《花鸟叙论》。

他并称为“南宋四大家”，可这 3 人实际上都师法他而卓有成就。以创作《李白行吟图》《泼墨仙人图》等写意人物画而享誉南宋画坛的梁楷，亦深受他的影响。

元代的汉族文人，不满异族统治而往往以书画抒发胸中郁懑、寄寓人生志趣，因而继承宋代文人的写意画风，进一步弘扬“庄骚”传统。“元人尚意”、不重形似而深求意趣，成了在元代绘画的鲜明特点。

宋朝皇族子孙、吴兴（今属浙江湖州）人赵孟𫖯（1254—1322），虽被征入元都并深得元初帝王宠遇，却始终难解怀旧情结，自觉“一生事事总堪惭”，精神上依托庄周、陶渊明而向往隐逸，因身不由己而倾心于艺文以寄情达意。他在书画创作上造诣尤深，主张“画贵有古意”和师法自然，所画山水、花鸟、鞍马、人物等皆重表现高古意趣又工于写生绘形，特别善于将书法用笔融入绘画之中，作品体现出多种艺术风格和精湛技巧。“荣际五朝，名满四海”[①]而为元代画坛盟主的赵孟𫖯，以其集唐宋之成而独树一帜的绘画艺术，不仅奠元画繁荣之基，也开明画发展之途。

元代的代表画家，还有所谓“元四家”的黄公望、吴镇、王蒙和倪瓒。黄公望（1269—1354），因不满现实而皈依道教，自号“大痴道人”。他的水墨山水，初宗赵孟𫖯，后上师董源、巨然及荆浩、李成，晚年大变其法，抒性灵而脱御勒，写意趣而纵笔墨，风格简远逸迈、苍劲高旷，充分表达出超越浊世、投合自然的道家情怀、隐士志趣，观之“令人有餐霞御风之想”[②]，他也因之成了在元代及后世影响很大的山水画家。号“梅花道人”的吴镇（1280—1354）、号“黄鹤山樵”的王蒙（约1308—1385），皆尊赵孟𫖯而法黄公望，以内师心源、外师造化而风貌独具的山水画表现隐逸情怀。别号“荆蛮民”“浪漫士”又信奉道教的倪瓒（1301—1374），明言“仆之所谓画者，不过逸笔草草，不求形似，

① 夏文彦：《图绘宝鉴》卷五。
② 钱杜：《松壶画忆》卷下。

聊以自娱耳”[1]，主张“写图以闲咏，不在象与声”[2]而在于“写胸中逸气”。他的山水画，画法疏简而寄情深厚，风格萧散超逸而蕴藉无穷，个性鲜明突出而令人难以模仿。“元四家”好道而崇尚道家美学、师心而弘扬“庄骚”传统，将抒情写意为精神实质的中国古代山水画发展到前所未及的境地。

号“梅花屋主”的王冕（约1287—1359），发扬宋“四君子画”传统，所绘墨梅能通过千姿百态的刻画以表现梅花的清气神韵，借以抒写自己的志趣情怀，在元末自成一家而为世所重。

“江海客”张渥（？—约1356）的人物画，代表了元代后期人物画的水平。他师法李公麟而长于白描，所绘《九歌图》纯用白描绘写屈原《九歌》中的神灵形象，承袭屈骚精神而显得奇诡浪漫。

宋元时期，绘画繁荣昌兴，画论也丰富深刻，不仅画家对其创作思想、艺术见解多有理论阐说，而且产生了许多关于绘画的史论著作。山水画在这一时期发展到高峰，山水画论著也在这一时期最为突出。北宋郭熙的《林泉高致》，是这一时期最为重要的画论著作。

郭熙（约1023—1085）“少从道家之学，吐故纳新，本游方外。家世无画学，盖天性得之，遂游艺于此，以成名焉”[3]，在宋神宗、哲宗朝任职于画院，为当时著名的山水画家。他撰写、经由其子郭思整理编述而成的《林泉高致》，即“从道家之学”、依据道家美学进一步总结了前代绘画的创作经验和理论认识，对山水画艺术创作的种种问题作了系统而深刻的阐述。例如，它指出山水画的美学价值在于表现超越世俗的“林泉之心”、烟霞之思，而“画者当以此意造，而鉴者又当以此意穷之”；认为山水画创作既须继承传统，又须师法自然，应在对自然山水的审美观照中领悟山水的精神和特质，然后“画见其大象而不为斩刻

① 倪瓒：《答张藻仲书》，《清闷阁全集》卷十。
② 倪瓒：《惟寅友兄雅志林壑远寄佳纸命仆写图赋诗……》，《清闷阁全集》卷二。
③ 郭思：《林泉高致集序》。

之形”、“画见其大意而不为刻画之迹”、“穷其要妙，夺其造化”而表现意象统一的山水境界；主张山水画应通过高远、深远、平远的艺术描绘来表现投合自然、远离尘嚣的人生理想；……总之，它的理论阐述，继承和发展了荆浩《笔法记》的艺术思想，更为明确地将山水画艺术境界与《庄子》阐发的人生境界联系在一起，将山水画艺术表现与道家的人生追求结合在一起，丰富和深化了以道家美学、“庄骚”传统为核心的中国艺术精神。它是中国山水画艺术发展成熟后的理论概括，也是中国艺术精神巩固地确立后的系统阐扬。

二、书法与书论

书法艺术与绘画艺术的发展相伴相随、互兴互荣，这一特征在宋元时期尤显突出。宋元画家，尤其是文人画家，一般也是书法家，且其绘画与书法在创作精神上相通相同。

北宋初年的书法尚承隋唐五代余绪，至北宋中期的“苏、黄、米、蔡”四大家出，乃形成宋代书法艺术弘扬“庄骚”传统而更重抒情写意的风貌。

蔡襄（1012—1067）擅长多种书体，又以行书能得心应手、意趣天成而最受时人推崇。他于书法创作重神、气、韵，米芾评他的书法“如少年女子，体态娇娆，行步缓慢，多饰繁华”[①]。由于他仕途顺利、生活优裕而以书法陶冶性情，故他的书法表现了他闲适安逸的心态而形成了温婉秀雅的风格。在书法史上，他承前启后而始开苏、黄、米的尚意书风。

“我书意造本无法，点画信手烦推求”[②]的苏轼书法，适意而造，信手而成，不践古人，不拘成法，出于自然，显露性情，风貌多样，气韵生动，在书坛上独标一格，被宋人推为“本朝第一”。“幼而好书，

① 赵与时：《宾退录》卷二。
② 苏轼：《石苍舒醉墨堂》。

老而不倦”[①]的苏轼，论诗文主张从胸中自然流出，论书画亦强调随情意自然表现。其子苏过说：“吾先君子岂以书自名哉！特以其至大至刚之气发于胸中而应之以手，故不见其有刻画妩媚之态，而端乎章甫若有不可犯之色。”[②]苏轼好百家书法而通其艺，抒自我情性而书自佳，成为“宋四家”之冠，在书法的理论和实践上为宋代尚意书风的盛行奠其基而垂其范。

苏门学士黄庭坚，论书承苏轼之说而强调表现个性，反对食古不化，倡导师心创新。他的书法，亦能“夺胎换骨”“点铁成金”，即于前人的书体和笔法中翻新出奇，形成他那侧险郁拔、雄肆奔放、潇散飘逸、神闲意浓的独特风格，在书坛上振扬了尚意书风。深得张旭、怀素笔意又别开生面的草书，最能体现他的书法风格。

“米襄阳”——米芾，“特妙于翰墨，沉著飞翥，得王献之笔意”[③]，且能取前代诸家长处总而成之、适自我意趣肆而书之，故于书法造诣极高，他的书名也甚于他的画名。他为书作画都追求自然天真的表现，虽工于书法诸体却尤喜率真任性以信手点画的行书和草书。“不羁之士”米芾的行、草，即他抒情达志的表现、使气任才的创作，“故其书亦类其人，超轶绝尘，不践陈迹，每出新意于法度之中，而绝出笔墨于畦径之外”[④]。他在宋代书坛上的影响，较苏、黄有过之而无不及。他的书法创作，也在“宋四家”中最为充分地体现了“庄骚”传统，进一步确立了写意书风在宋代的主导地位。

酷好书画的宋徽宗，别创结构内紧外拓、用笔纤细挺劲的“瘦金体”，颇有道风仙骨的神韵。

南宋书法，循沿“宋四家”开拓的道路发展，只是由于时代变迁或书家才情不足等原因，书法创作不及北宋繁荣和成就巨大。在文学艺术

① 苏辙：《东坡先生墓志铭》。
② 苏过：《书先公字后》，《韵语阳秋》卷五录。
③ 《宋史·米芾传》。
④ 张丑《清河书画舫》卷九录孙觌评语。

上大力弘扬“庄骚”传统的陆游，以笔势放纵、气格雄健、意致高远而具有艺术个性的行草，显示出南宋书法承袭北宋尚意书风而发展的实绩。

元代书法，初也为苏、米余波。稍后，沉浸于书画艺术以遣兴寄怀的文士，有感于宋代书法过于尚意而不遵法度所形成的流弊，乃提倡广泛师法古人名迹以“托古改制”。受此“复古”的书法艺术思潮影响，元代书风也出现了由尚意转为尚态的变化。不过，书坛名家仍能继承抒情写意的书艺传统。

赵孟頫既是元代画坛盟主，也为元代书坛巨擘。他主张以古人为师，强调书、画同源，勤于临写古人书法名帖，善于兼取众长，创造出结构严整合度、运笔圆熟姿媚、风格朗逸清丽的“赵体”。“赵体”虽有刻意求工、圆熟致俗的缺陷，却也反映了违心仕元的赵孟頫那委曲求全、温润和雅的个性。

自号“虎林隐吏”的鲜于枢（1246—1302），在书坛上与赵孟頫齐名，精于各种书体，以颇具张旭、怀素遗意的草书成就最高。他的作品，笔法婉转遒劲，气势雄奇跌宕，抒写出他胸中的豪逸之气。

另外，“怪怪道人”冯子振、“铁笛道人”杨维桢，皆善以行草抒写胸中的怨愤之情和高旷之怀，书法富有个性而自具风貌。画坛名家如吴镇、倪瓒等，也都以书法见长。其书法也如同其绘画一样，重抒情写意而传神达性。

宋元是书法艺术大普及、大昌兴的时期，书法理论也随之丰富和深化。这一时期，文士书家多有关于书法理论方面的阐述，书法理论著作大量产生，而且出现了《墨池编》《书苑菁华》这样的书论总集。在创作精神上，宋代书论发挥前人思想而强调“得其意而忘其形”、适己意而创己格，为继承“庄骚”传统而形成的抒情写意审美原则的确立和书法艺术的创造性发展，作出了理论贡献。元代书论强调师法古人技艺而用笔圆熟、临习法书碑帖而谨严合度，虽有革弊纠偏之功，却对书法艺术的推陈出新有消极影响。

第六章　明代至清中叶文化与楚文化

明代至清代中叶，是中国封建社会的晚期。

改朝换代的元末农民大起义，犹似秦末而首倡于故楚之地并以故楚之地人为主体。灭元兴明的朱元璋，也犹似灭秦兴汉的刘邦，是产生于故楚之地的“布衣天子”。朱元璋效法刘邦，推翻了实行民族压迫政策的元朝，兴建了“抚养”归附异族的朱明王朝；清朝入主中原后，“渐习汉俗”而承袭明制，经营边疆并“改土归流”；中国历史文化的发展，又十分明显地走上了当年楚人认定和开拓的“抚有蛮夷……以属诸夏”、夷夏混一、和平共荣这条不可更移的道路。

开国兴朝的明、清统治者，总结和吸取了历代封建王朝的统治经验，并且在一定程度上继承了汉初、唐初所奉行的“黄老政治”，实现了由大乱到大治。但是，他们也自觉地、极力地强化和完善了封建君主专制制度，实行了专制主义的政治措施和文化政策密切结合的严酷统治，使得中国封建专制主义发展成熟。由此充分地显示出君主高度集权的专制制度的罪恶，反映出中国封建社会的僵化。

中国封建社会经过近两千年的发展，至这一时期已转入衰世。资本主义生产关系开始在封建社会里萌芽，西方世界勃兴的资本主义文化初步渗入中国，古老的中国也逐渐显现出社会变革的征兆和文化转型的趋势。

这一时期，南方经济领先和文化主导的地位更加突出。楚文化的精神和传统，虽然在专制主义高度强化时受到压抑，但在王朝转衰、政纲松弛和社会动荡之际却更被发扬光大。其间，“心学”的风行、思想文化的总结、哲学启蒙思潮和文学启蒙运动的兴起、文艺和科技的演变等，无不鲜明地体现出楚文化的流变和影响。其流变和影响，在主要方面则成了促使传统文化向近代文化转型的积极因素。

第一节 亡元乃“楚”与封建社会晚期的专制强化、文化衰变

实行沉重的阶级压迫和民族压迫的元朝，注定是动荡不宁和国祚不长的。元朝统治不足百年，便崩溃于以红巾军为主体的农民大起义之中。

一、红巾军大起义及明代社会

公元1351年，颍州（治今安徽阜阳）、蕲州（治今湖北蕲春）等地相继爆发了农民大起义。起义军头扎红巾，手举红旗，因而称为“红巾军”或“红军”。红巾军揭竿而起，四方百姓群呼而应，一时间长江南北红军遍地、黄河两岸烈火燎原。

红巾军起义在当年楚国的腹心地区，分别兴起于江淮或汉淮楚地的颍州、蕲州两支义军也成了红巾军主力。起于蕲州的义军首先“建元治平，国号宋”[①]，并提出“摧富益贫”的口号。起于颍州的义军继而立皇帝“又号小明王，建国曰宋，建元龙凤”[②]。红巾军尚红色、尊龙凤、标举华夏文化、追求社会的统一与平等、向往天下的光明与治平、明确以推翻异族暴虐统治而恢复大宋江山的反元大起义，显然具有鲜明的楚地文化色彩，继承了楚文化的传统，与秦末楚人高举“张楚”红旗反秦灭秦颇为相似，又吸取了秦末以来农民起义的经验而体现出农民革命斗争的成熟和进步，反映了中国历史文化发展“抚有蛮夷……以属诸夏”、夷夏混一、和平共荣的客观要求和必然趋势。

出身贫农的濠州钟离（今安徽凤阳）人朱元璋加入红巾军后，因有智略、能纳士、善任人，且在谋士劝说下立志效法楚地布衣刘邦以成就

① 刘桢：《玄宫之碑》。《明史·陈友谅传》载为“国号天完，建元治平”。
② 《明史·韩林儿传》。

帝王之业，故很快成了红巾军的重要将领并建立了自己的军队。1355年，朱元璋率军南渡长江，攻克太平城（今安徽当涂）后初步建立了自己的政权，但依旧“文移用宋龙凤年号，旗帜战衣皆红色”[①]。次年，朱元璋攻克集庆城（今南京），完成其第一步战略计划，即入主“金陵古帝王之都，龙盘虎踞，限以长江之险……据其形胜，出兵以临四方，则何向不克”[②]。此后，他苦心经营江南政权，在扫除元朝势力的同时，又采取了“高筑墙，广积粮，缓称王”[③]的策略，进一步积蓄力量、网络人才、安抚人心，伺机吞并称王一方的割据义军。至1367年，他先后消灭了西南据有湖广和江西等地的陈友谅、东北据有江浙部分地区的张士诚、东南据有浙东的方国珍、南方据有福建的陈友定，随即遣师北伐，“由淮入河北取中原”[④]。他传檄北方，以“驱逐胡虏，恢复中华”相号召，以“拯生民于涂炭”自标榜，以“号令严肃，无秋毫之犯”的军纪为约束，以蒙古、色目等“愿为臣民者，与中夏之人抚养无异”的民族政策作保证，北伐之师势如破竹，仅一年就平定中原、克取大都、灭亡元朝。

1368年，“以汉高自期”[⑤]的朱元璋，在北伐捷报频传声中登基称帝，奠都南京，建立明朝。

明王朝犹似汉王朝，是楚人通过农民大起义而实现的改朝换代。明太祖也犹似汉高祖，是中国历史上生长于楚地的布衣天子。红巾军的起义和明王朝的建立，直接受到了秦末楚人亡秦斗争的影响和布衣刘邦兴建汉朝的鼓舞，反映了楚地人民勇于反抗压迫的斗争传统，反映了楚地文化促人革旧鼎新的积极作用。朱元璋谋取天下所采取的斗争策略和民族政策，合于老子的策略思想和楚人的民族思想。朱元璋奠都于故楚之地南京，则主要是魏晋以来中国经济文化重心南移的结果，也使得南方

① 《明史纪事本末》卷一。
② 《明太祖实录》卷三。
③ 《明史·朱升传》。
④ 《明史·太祖纪》。
⑤ 《明史·孔克仁传》。

楚地首次成为统一的中国之政治和文化中心。

生长于老、庄故居之地[①]、道家创始之域的明太祖，颇受道家影响也尊尚老子学说，登基称帝后即亲注《老子》。洪武七年（1374），《御注道德经》成，他对儒臣列举《老子》言论说："老子此语，岂徒托之空言，于养生治国之道，亦有助也。但诸家之注，各有异见，朕因为注，以发其义。"[②]在书中，他认为道是"万物之至根"，老子为"王者之上师"，《道德经》乃"臣民之极宝"。

明太祖效法汉高祖而取天下，也有意效法汉初帝王以治天下。例如，汉高祖轻田租而使民休养生息，明太祖也减免徭赋、劝农桑植，强调"天下初定，百姓财力俱困，譬犹初飞之鸟，不可拔其羽；新植之木，不可摇其根；要在安养生息之"[③]；汉高祖迁徙豪富于京畿之地，明太祖亦徙天下富户于南京，并称"昔汉高祖徙天下豪富于关中，朕初不取，今思之，京师天下根本，乃知事有当然，不得不尔"[④]；汉高祖分封子弟以屏藩王室，明太祖亦大封王子王孙以"夹辅王室"，认为"天下之大，必建藩屏，上卫国家，下安生民，今诸子既长，宜各有爵封，分镇诸国"[⑤]；汉文帝"躬修俭节，思安百姓"[⑥]，明太祖也力倡节俭，严禁贪奢。这些措施，对明初的经济恢复和王朝巩固起到了行之有效的作用。尤其是封在东北至西北漫长边境上的九位塞王，有力地抗击了元朝残余势力，维护了明朝的安全。镇守元故都的燕王朱棣，手握重兵且多次率军击败北方残余的元朝军队，也为明太祖十分倚重。明太祖既仿汉高祖旧法而

① 老子为"楚之苦县"（今河南鹿邑）人，庄子当为"楚之蒙"（今安徽蒙城）人。老、庄故居同在由今河南流入安徽的涡河之滨，故涡河堪称一条道脉，涡河流域即道家创始之域。说详拙文《"庄子自是楚人"说》，《荆州师专学报》1998年第3期。

② 《明太祖实录》卷九十五。

③ 《明太祖实录》卷二十五。

④ 《明太祖实录》卷二百一十。

⑤ 《明太祖实录》卷五十一。

⑥ 《汉书·食货志》。

行分封之制，明王朝也难免蹈汉王朝覆辙而有藩王逾制抗礼之事，以至于终有朱棣起兵夺取皇位的“靖难之役”。

明代毕竟不是汉代，朱元璋也不是刘邦。封建君主专制制度至明代已发展了一千多年而进入成熟期，维护封建专制主义的儒家学说也在宋代发展为成熟形态的理学并在元代重又被确立为官方哲学。坐上帝位的朱元璋，不会再像刘邦那样初为皇帝时尚不知皇帝的尊贵和信任丞相奉行“清静无为”的黄老政治了，而是有前代帝王的专制经验可资借鉴，有成熟的专制理论可为凭据，因而专制意识极浓而集权欲望极强。他撤销总理全国军政事务的中书省，废除在中国封建社会历行千余年的丞相制，置大理寺和通政司，加强都察院，使各重要机构相互制约并同对皇帝负责，乃集军事、司法、监察等大权于一身，又创设锦衣卫这一特务机构以监控臣僚、惩治不忠不法者；同时，他以重典治国，亲自主持又亲加裁定而制定了法网细密、刑罚严酷的《大明律》；他忌恨功臣勋将的骄奢放纵，疑惧功臣勋将专权犯上，处心积虑地制造系列冤案大戮功臣，以致“元功宿将相继尽矣”[①]；他建学校，开科举，让学校以“四书”“五经”为必读课本，令科举专取“四书”“五经”命题，要求以朱熹集注为依据、以八股体为文章格式，借此标举程朱理学，确立其作为统治思想的独尊地位，禁锢文人学士的思想；他征召天下文士为己服务，对于不愿为己所用者，竟致“诛其身而没其家”；他大行文字狱，对于哪怕是上表祝贺以献媚的文人官吏，只要其文字触犯忌讳，辄诛杀无赦；……何以初本“度量豁达”“知人善任”的朱元璋，登基为帝后变得如此疑忌残忍、刚愎自用且为独裁而无所不用其极呢？这仅仅是他的个性使然么？恐怕主要还是封建社会集权体制的发展左右了成为帝王的他的结果，是肯定和维护君主专制主义的儒学发展为成熟的程朱理学并影响了成为帝王的他的结果。他的上述作为，无非就是为了极度强化和充分显示至高无上的“天子”的绝对权威，就是为了保证朱家王朝的

① 《明史·蓝玉传》。

江山永固。他采取的专制措施，可谓总结了历代帝王的专制经验而对封建专制主义的创造性发展，将专制主义的政治统治与专制主义的文化统治密切结合在一起，使封建专制主义发展到令前代帝王汗颜的高度，也由此体现出中国封建社会君主专制制度的完善，标志着中国封建专制主义的发展成熟，并且充分地显示了君主高度集权的专制制度的严酷性、残暴性和封闭性。

中国封建专制主义的成熟，中国君主专制制度的完善，意味着中国封建社会的衰落，因为它表明封建社会已失去了自我调整、自我发展的活力，表明封建社会秩序已不得不依赖高度强化的专制制度来维护。而成熟的封建专制主义、完善的君主专制制度，则顽固地守旧，彻底地僵化，无情地毁灭一切社会异己力量，残酷地扼杀进步文化生机。中国封建社会发展至明代转入衰世，并且酝酿着社会的质变和新生。中国古代文化发展至明代也进入终结阶段，并且酝酿着文化的突破和转型。这种社会质变又于明代后期萌芽在南方，这种文化突破也于明代后期出现在故楚之地。

老谋深算的明太祖，在位 31 年殚精竭虑而基本实现了社会的治平和皇权的强化。可是，他没有料到，死后尸骨未寒，继位的皇太孙便因朝中无功臣宿将以靖藩王之乱而陷入困境。拥有重兵的燕王朱棣历时 4 年攻入南京，夺得皇位，是为明成祖。

成祖以切身体会而深知藩王尾大的祸患，于是致力削藩并大封靖难功臣，使得中央王朝免除了藩王威胁并有能臣辅卫。同时，他继续奉行太祖的政治、经济和文化政策，而且在一些方面变本加厉，如增设由宦官掌管的特务机构“东厂”，提高阁臣的地位并建立内阁制度，集中儒士以程朱学说为标准编纂《四书大全》《五经大全》和《性理大全》用于学校教育、科举考试，宣扬程朱理学而强化程朱理学的独尊地位等。他又为有效地防御蒙古贵族侵犯和控制全国，将首都北迁至元故都。另外，他十分重视对边疆的开拓和经营，并且亲征蒙古、五出漠北，还派郑和下西洋以宣威贸物、建立与海外诸国的联系。因此，明王朝在成祖时代进一步巩固和发展，史家乃称成祖时代为“永乐盛世”。

所谓“永乐盛世”，主要体现为政治的较为稳定、经济的全面恢复和发展、国家实力的增强和王朝影响的扩大。然而，在高度强化的专制统治下，文化是不可能缤纷繁荣的。唐、宋帝王并设三教、兼容夷狄的文化开放政策已成历史，唐、宋士人自由取舍、融会创新的文化宽松环境不复存在，明初统治者以行政强力独尊儒学，以文字狱祸钳制文士。明初士人迫于专制帝王的淫威，或遵旨循规而践履程朱，或钳口不语而无所作为，不能也不敢缘情写真、疑古争鸣、师心创造、推陈出新，明初文化又怎会繁荣发展？诚如《明史·儒林传》记述，“明初诸儒皆朱子门人之支流余裔，师承有自，矩矱秩然。……笃践履，谨绳墨，守儒先之正传，无敢改错”，可谓学风守旧而思想沉寂。永乐年间虽有《四书大全》《五经大全》《性理大全》及《永乐大典》这些皇皇巨著编纂而成，似乎显示出辉煌的文化成就，但这些儒臣奉旨编纂的巨著，大都是“仅取已成之书抄誊一过”[①]的类编汇辑，并无多少学术创新。文艺创作本在社会动乱、王纲解纽的元、明之际出现繁荣，却随着明初专制统治的强化，至永乐年间已被压抑得无甚生气。

鉴于成祖好大喜功，“征需频繁，而民力凋敝”的状况，相继即位的仁宗、宣宗调整了太祖、成祖时期的若干政策，在一定程度上奉行了“黄老政治”，即如力倡节俭、停止征战、选任贤良、蠲免赋役、慎用刑罚、强调与民休息，因而有所谓“仁宣之治”[②]。史家乃称：“明有仁、宣，犹周有成、康，汉有文、景。”[③]

可是，封建社会的大治，有赖集权君主的明智和勤政。君主集权体制愈强化，封建社会痼疾也愈严重。至明代中叶，社会承平稍久，帝王便怠政淫乐，受帝王倚重的宦官、阁臣互相争权，权贵豪族、官僚地主

① 顾炎武：《日知录》卷十八“四书五经大全”。

② 见《明太宗实录》卷一百二十、《明史纪事本末》卷二十八。

③ 《明史纪事本末》卷二十八。

大肆兼并土地、压榨百姓，政府财政陷入困境，农民反抗此起彼伏，边境外患也纷至沓来，王朝不可避免地由盛转衰。宦官挟持英宗征伐瓦剌的“土木之败”，成为明朝转衰的标志。至明代后期，社会危机日益深重，社会改革的呼声也日益增强。故楚之地人张居正当政后，顺应时代要求进行了大刀阔斧的改革。

张居正（1525—1582），江陵（今湖北荆州）人，“勇敢任事，豪杰自许……慨然以天下为己任”[①]。神宗时他出任内阁首辅，即雷厉风行地实施改革，宣扬“天下之事，极则必变”。他劝勉神宗以“讲学、亲贤、爱民、节用”为急务，认为明朝的衰弱症结主要在于吏治腐败，于是建立严格的考察制度以整顿吏治，“惟以安静宜民者为最，其沿袭旧套虚心矫饰者，虽浮誉素隆，亦列下考”[②]，大力斥庸汰冗、选贤任能。同时，他坚决贯彻“外示羁縻，内修战备”的民族政策和国防方针，加强边防建设，重用戚继光、李成梁等名将。在经济上，他采取了“倡节约”“强公室”“杜私门”等一系列措施，尽量节省政府开支、抑制权贵贪奢以“足民”“足国”，又进一步改革赋役制度，重新清丈田地，并适应商品经济的发展状况而推行“一条鞭法”、即悉并赋役而按亩征银。权柄在握的张居正，不谋私利，对子女和家人也管束极严。[③]他的改革精神，颇承屈原和王安石，怀忧国忧民之心，行利国利民之事，“苟利社稷，死生以之”[④]。他的改革措施，颇合道家黄老学派的政治思想，是为公去私、强国安民、严明法纪、均平田赋，“利于编氓，不利于士夫”[⑤]。正由于他勇于任事而厉行改革，他辅政10年，“肩劳任怨，举废饬弛，弼成万历初年之治。其时中外又安，海内殷阜，纪纲法度，莫不修明，

① 《明史·张居正传》。

② 张居正：《请择有司蠲逋赋以安民生疏》，《张太岳文集》卷四十。

③ 沈德符《万历野获编》卷九“江陵家法”：“江陵教子极严，不特各省督抚及各大边帅俱不许之通书问，即京师要津，亦无敢与往还。”

④ 《左传》昭公四年。张居正《答福建巡抚耿楚侗谈王霸之辩》引用以明志，见《张太岳文集》卷三十一。

⑤ 顾炎武：《天下郡国利病书》卷八十。

功在社稷”[①]。《明神宗实录》记他：“受命于主少国疑之际，遂居首辅，手揽大政……十年内海寓（内）肃清，四夷詟服，太仓粟可支数年，冏寺积金至四百余万，成君德，抑近幸，严考成，综（核）名实，清邮传，核地亩，询经济之才也。”由于他勇于任事而厉行改革，触犯了权贵豪门、官僚地主等既得利益者，以致“诸王孙遮道而噪，诸酋长抗疏而陈，诸军士荷戈而哄”[②]，“豪猾率怨居正”[③]，尤其是“威柄之操，几于震主，卒致祸发身后”[④]。他在神宗幼冲之时得以专权强干，虽鞠躬尽瘁而于58岁就劳病而亡，却终究不能为专制君主和统治阶级所容，逝世仅数月，便被诏夺官秩、抄没家产、放流子弟、废弃其政。于是，明王朝也无可救药地衰败下去了。

在前代经济发展的基础上，经过明初经济的全面恢复，至明代中叶以后，农业、手工业和商业都发展到前所未有的水平。特别是在自魏晋以来经济发展长期处于领先地位的江南地区，社会分工进一步扩大，商品生产更加发达，商品交换十分活跃，工商业集镇密集涌现。因此，适应商品经济发展要求的新生产关系——资本主义生产关系，也较多地萌芽在手工业生产的若干部门中。而这种资本主义萌芽，又主要出现在江南及东南沿海一带发达的丝织业、棉布制造业、榨油业及矿冶业等部门。资本主义的萌芽虽然孕育于封建社会的母体中，产生于封建主义土壤上，受到了封建生产关系的极大束缚和专制统治者的极力摧残，却显露出新社会的曙光，标志着封建社会解体和质变的开始。

明代后期商品经济的繁荣和经济形态的变化，带来了社会风气、阶级地位和生活观念的重大改变。明初，因凋敝的经济尚待恢复和统治者力倡节俭，加之法网苛密，社会从上到下都崇简尚质、遵礼守制、因循守旧，“民则敦本而尚朴，士则笃行而重耻，妇女则勤纺织而为事”[⑤]，“缙

①③④《明史·张居正传》。

② 虞淳熙：《大量》，《虞德园先生集·文集》卷十七。

⑤ 万历《永安县志》卷二《风俗》。

绅士庶罔敢侈肆，衣不过细布土缣，仕非达官不得辄用纻丝，女子非受封不得长衫束带，居室无厅事，高广惟式”[①]，世人囿于儒家传统观念而重农轻商，工商业主地位低下而备受压抑。可是，明代中叶以后，“代变风移，人皆志于尊崇富侈，不复知有明禁，群相蹈之”[②]。而江南之地，“洞庭之民，鲜务农耕，多商于远”[③]，以致“末富居多，本富益少……金令司天，钱神卓地”[④]，权贵豪门、官僚地主为追求奢侈享乐而纷纷经商逐利，娼优隶仆子弟通过经商致富而跻身士绅官宦之列。明后期这种“昔人所丑，今人所趋”[⑤]的现象，反映出明人观念的急剧转变。生长于南方的著名政治家和思想家，更是深刻反省和否定了传统的儒家“本末”观而肯定和强调了商业、商人的重要性。王阳明强调：“四民（士农工商）异业而同道，其尽心焉，一也。……其归要在有益于生人之道，则一而已。”[⑥]张居正说：“商通有无，农力本穑。商不得通有无以利农，则农病；……故余以为，欲物力不屈，则莫若省征发以厚农而资商；欲民用不困，则莫若轻关市以厚商而利农。”[⑦]李贽愤慨地质问：“商贾亦何可鄙之有？”[⑧]黄宗羲则明确指出：“世儒不察，以工商为末，妄议抑之。夫工固圣王之所欲来，商又使其愿出于途者，盖皆本也。”[⑨]想当年的楚人，就尤重发展工商业以富国强兵；当年的楚国，就是“商农工贾，不败其业”[⑩]。明后期世人观念突破儒家传统的变化，倒与楚文化传统相承续。

---

① 雍正《浙江通志》卷一百《风俗》转引《太平县志》。
② 张瀚：《松窗梦语》。
③ 嘉靖《吴邑志》卷首。
④ 顾炎武：《天下郡国利病书》卷三十二引《歙县志·风土论》。
⑤ 伍袁萃：《林居漫录》。
⑥ 王阳明：《节庵方公墓表》，《王阳明全集》卷二十五，上海古籍出版社1992年版，第941页。
⑦ 张居正：《赠水部周汉浦榷竣还朝序》，《张太岳文集》卷八。
⑧ 李贽：《又与焦弱侯》，《焚书》卷二，中华书局1975年版，第49页。
⑨ 黄宗羲：《明夷待访录·财计三》。
⑩ 《左传》宣公十二年记晋随武子语。

专制王朝的纲纪不振、商品经济的日益活跃，必然导致思想统治的衰弱和思想解放的出现。明代中叶以后，人们的自我意识日益觉醒、思想解放的要求日益增强，于是，“天下之士，厌常喜新”[①]。南方文人，弘扬楚文化精神，率先冲决禁锢，高扬主体，阐发“心学”，进而抨击礼教，否定程朱，倡说“异端”，以至于“心学横流，儒风大坏”[②]，人欲受肯定，“天理”遭蔑视，主性情、主创造成为时代呼声，个性解放、自我表现成为时代特征，形成声势浩大的哲学启蒙思潮和文艺启蒙运动。居楚的“狂僧”李贽，是16世纪的中国第一位启蒙思想家。故楚之地狂怪的徐渭、狂直的汤显祖、狂率的袁宏道，则是晚明文艺启蒙运动的主将。哲学启蒙思潮与文艺启蒙运动的相互推动和共同发展，突破了程朱理学的樊笼，也导致明代文化发展的高潮出现而显示了封建文化的转型迹象。

经文艺复兴之后迅猛发展而成就卓越的欧洲文化，在晚明也由竞相来华的天主教传教士传入中国，从而揭开近代中西文化大冲突、大交流的序幕。一批故楚之地学人，如徐光启、李之藻、方以智等，继承道家的朴素唯物论思想、楚文化的开放精神，针对顽固地维护儒学正统性、纯洁性而排斥、攻击西学的论调，明确主张“遐方文献，何嫌并蓄兼收，以昭九译同文之盛，矧其裨实学”[③]，并且高度评价西方先进的科学技术并对之认真学习、全面吸取。方以智更是辨析西学的优劣而作了撮其善要的研究。他们对待西方的态度和兼融西学的努力，反映了中国封建文化的转型趋势和开辟了中国新型文化的建构道路。

二、“康乾盛世”与封建文化

明末，帝王荒淫，宦官干政，党争残酷，吏治败坏，边备废弛，军队腐朽，统治阶级疯狂兼并土地和掠夺百姓，贫苦农民流离失所而饥寒

① 顾炎武：《日知录》卷十八。
② 《四库全书总目·少室山房笔丛正集》。
③ 李之藻：《刻同文算指序》。

交迫，女真崛起于白山黑水之间，民众反抗在黄河长江上下。

1588年，楚地黄州（治今湖北黄冈）、蕲州爆发了由梅堂领导的农民起义。继梅堂之后的义军领袖刘汝国，自称“顺天安民王”，竖起“铲富济贫替天元帅”旗，以体现道家思想和继承农民革命精神的口号，激励民众反抗朱明王朝，令明朝南直隶和湖广的官吏地主心惊胆颤。起义虽然很快就在朱明王朝的围剿下失败了，却揭开了明末农民大起义的序幕，对明末农民大起义产生了巨大影响。

1643年，参加陕北义军而后成为义军领袖的“闯王”李自成，经过10多年勇闯南北而艰苦卓绝的斗争后，在楚地襄阳（今属湖北）建立了新政权，并称“新顺王”。此举，或也吸取了楚人起义即称王并建立政权的经验，明显受到刘汝国的影响。此举，标志着李自成领导的农民武装斗争结束了“流寇主义”的闯荡，明确树立了推翻朱明王朝的政治目标。随即，新顺王兴师北伐，破潼关，进西安，登基称帝，国号“大顺”。继而陷太原，出山西，于1644年春就攻入北京。崇祯帝自缢煤山，明王朝至此灭亡。

可是，“大顺皇帝”身滞紫禁城，大顺将领心恋帝王都，未能一鼓作气地扫除明朝残余势力和清醒明智地严防关外虎视中原的满洲贵族，及时采取有效地巩固和建设新政权的措施，以致明朝宁远总兵吴三桂引狼入室，满汉贵族地主阶级勾结起来猖狂反扑新政权。最终，满洲贵族驱兵直入大顺军仅占42天的北京，轻易夺得农民革命的胜利果实，建立了清王朝。中国历史，由此又翻开新的一页。

入关之初，满洲贵族逞游牧民族之野性，扬骑射传统之蛮力，企图在刀剑的屠杀、铁蹄的蹂躏下迫使汉族人民剃发梳辫、变夏为夷。“扬州十日”“嘉定三屠”，满洲贵族的武力征服，在中国历史上刻下了血淋淋的惨痛记录。然而，压迫民族的暴行只会激起被压迫民族的强烈反抗。“天下兴亡，匹夫有责”，成为抗清志士的共识，“头可断，发不可剃”，成为汉族人民的誓言。汉族各层人士自觉奋起，展开了风起云涌的斗争。大顺军败退至今湖北、李自成牺牲于九宫山之后，农民军残部和明朝残余势力都将民族斗争放在首位，并且联合起来在南方进行了持久的抗清斗争。故楚之地，一直是抗清斗争最为激烈的地区。于是，满族的武力征服虽在起初势不可挡，但清朝基本平定天下、统一全国却用了长达约40年的时间。

铁骑屠刀不可能征服历史悠久的汉民族，剃发易装也不能使继承着辉煌文化传统的汉人“满洲化”。文化落后的清人入主中原之后，即面临着先进的汉文化的巨大挑战，并且不由自主地背离“首崇满洲”的原则，将本族文化融进博大精深的汉文化系统中、纳入源远流长的汉文化发展轨道上。

清朝奠都北京的首位皇帝顺治帝，即“好汉语，慕华制”，在位期间为确立满洲贵族的统治地位和巩固清王朝，不得不违反祖制，“渐习汉俗”[①]，重用汉官，因承明制，尊孔崇儒，开科取士，又尚道崇老，赞叹“老子道贯天人，德超品汇，著书五千余言，明清净无为之旨，然其切于身心、明于伦物，世固鲜能知之也”[②]。继位的康熙帝，受其父影响，也较其父更为慕华制、习汉俗。他全面、系统地学习了汉族文化，也认真、深入地总结了历朝历代的兴亡经验，坚决以华制治国，并且在相当程度上因奉行了道家黄老学派的政治思想而实现了天下大治，开创了清代的“康乾盛世”。

康熙帝自幼对汉文化典籍“好学不倦……凡帝王政治、圣贤心学、六经要旨，无不融会贯通，洞彻原委”[③]，在果断地铲除代表坚持“国语骑射”、“首崇满洲”、因循祖制的满洲勋旧大臣鳌拜集团后，更是公开宣称“满汉一体”，悉心从汉籍中寻求治国之道。他十分敬慕汉文帝和唐太宗，在“上谕”“圣训”中时常谈及两帝并明确表示以两帝为榜样，因此也认真吸取“文景之治”“贞观之治”的经验而推行“与民

① 《清世祖实录》卷一百四十四。
② 清世祖福临：《御制道德经序》。
③ 《清圣祖实录》卷一。

休息”的措施。他强调：“为君之道，要在安静，不必矜奇立异，亦不可徒为夸大之言。”[①]“大约任地方督抚者，安静而不生事，即于民生有益。”[②]“从来与民休息，道在不扰。与其多一事，不如省一事。”[③]学者指出：“这样讲究‘安静’、‘不扰’、‘不生事’、‘与民休息’、‘与民生有益’，原是黄老学派的主张，曾被汉代初年统治者作为推行‘休养生息’政策的理论根据，这时又被康熙帝所采纳运用。”[④]如第二章、第四章所述，“文景之治”“贞观之治”是中国封建社会的大治典范，有了“文景之治”“贞观之治”方有汉、唐盛世，而“文景之治”“贞观之治”又都是奉行道家“清静无为”的政治原则为治国纲领所取得的。总结了历朝兴亡经验，尤其是明朝衰亡教训，又迫于清初汉族人民抗清斗争压力的康熙帝，为求得清王朝的治平兴盛，向往“文景之治”和“贞观之治”，也服膺道家“无为而治”说，在御座背后悬挂亲笔书写的“无为”匾额。故宫交泰殿御座后高悬的“无为”匾额，其字即乾隆帝恭摹的“圣祖御书”。御座后板屏上乾隆帝“御制并书”《交泰铭》中称道：“无为以治，圣训昭垂。”圣祖康熙帝推行“与民休息”的具体措施，如废“圈田令”、节省开支、轻徭减赋、奖励垦荒、兴修水利、整顿吏治、任贤奖廉、慎用刑罚等，虽然是根据清初社会的具体情况而采取的，却与“文景之治”“贞观之治”的政策在内容和精神上都颇为一致。明亡清兴，他也重视吸取明朝的统治经验，并且继其父而承明制，注重加强皇权而更加标榜程朱理学，实行封建专制主义的政治统治和文化统治，采取了许多与明初相同的治乱兴国措施，却不像明初统治者那样以严刑峻法治国，而是基本上奉行了更能体现道家黄老学说精神的“尚德缓刑”“以宽为本”的“治天下之道”。另外，他竭力实现和维护国家统一，成功

① 康熙五十六年《圣训》，《清圣祖实录》卷二百七十五。
② 康熙四十二年《圣训》，《清圣祖实录》卷二百十一。
③ 康熙十一年《圣训》，《清圣祖实录》卷四十。
④ 杨宽：《论“康熙之治”》，《明清人物论集》下，四川人民出版社1983年版，第102页。

地经营了边疆，坚决地抗击了沙俄入侵。史称，康熙帝“勤政爱民，经文纬武，寰宇一统，虽曰守成，实同开创焉。……”[①] 此语虽为颂德之词，却也大体符合事实。

有了康熙帝开创的“天下和乐，克致太平”[②] 基业，继位的雍正、乾隆两帝也敢于充分表现封建统治者本性而不再奉行“以宽为本”的“为君之道”了。他们在继承康熙帝的基本政策的同时，大力加强和完善君主专制制度，大树特树帝王的绝对权威，采取了诸如建立军机处、实行秘密建储制、清除朋党、抑制王公旗主及严厉控制思想文化等一系列举措，使得中国封建专制主义发展到登峰造极的程度。

由于清朝统治者慕华制、渐汉化并依重汉族文士、宣扬满汉一体而实行“满汉复职”的官僚制度，由于清朝统治者承袭明制并发展和完善了中国君主专制制度，由于清朝统治者采取了一些“与民休息”和恢复生产、发展经济的政策，由于清朝统治者注重笼络、利用汉族地主阶级和中国境内各族上层分子并吸收其参加政权，清政府实际上成了建立在民族融合基础上的、以满洲贵族为核心的新型地主阶级政权，清王朝也因具有了历史存在的根据和现实统治的基础而逐渐获得汉人及中国境内各族在心理上的承认，中国封建社会也因生产关系、阶级关系和民族关系的调整而得以延续并有了最后一个较稳定的发展时期，所谓“康乾盛世”乃得以出现。

以关外少数民族入主中原而成为大清帝国统治者的满洲贵族，要较历代统治者更为注重经营边疆和“改土归流”。其措施，则是军事征服辅以政治怀柔。尽管其在借助武力平定边疆和收服诸族的过程中伴随着流血和苦难，但客观上却巩固地确定了中国的疆域，促成了多民族文化的融合。这不仅使传统的中华文化具有了更加丰富的内容，而且直接推动了少数民族文化的发展。“抚有蛮夷……以属诸夏”这一中国历史文化的发展路线，在清代实也得以继续。

①② 《清史稿·圣祖本纪》。

因承明制的清代统治者，在实行文化专制主义方面，较明代统治者又有过之而无不及。这突出地表现为变本加厉地尊孔崇儒、标榜理学和大兴文字狱、禁毁天下带反清思想的书籍等方面。

顺治至乾隆诸帝，或大封孔子，或亲往曲阜孔庙叩拜，或撰文著书阐论理学，都重用“理学醇儒”为“辅佐大臣”，都强调理学为立身根本，都通过科举考试、学校教育、上谕圣训等各种方式力图将理学普及于全社会以“教化人心”、益于治道。乾隆帝谕云：“我圣祖将朱子升配十哲之列，最为尊崇。天下士子，莫不奉为准绳。”[①]由于“天子衡量道术，一以朱子为宗”[②]，“言不合朱子，率鸣鼓百面攻之”[③]，程朱理学作为统治思想的地位又在“康乾盛世”得到强化。

“康乾盛世”的文网之森严，文字狱之酷烈，说来令人发指。康熙帝标榜“宽仁”，虽兴文字大狱，却未密织文网。经雍正朝而至乾隆朝，文网则愈织愈密，文字之祸也越演越烈，以至于官僚、乡绅、名士、文人、愚民、疯汉等皆有触犯文网而以文字罹祸者。清人即指出：“清初文字之祸至严至酷，其最著者如戴名世之《南山集》、庄廷鑨之《明史》，辗转罗织被祸至数百人，妻子聚歼，家产籍没。至今谈者，犹觉惊心骇魄焉。其余偶因一二字之忌讳，遽至身亡家破者，多至不可胜记。”[④]康、雍、乾三帝编织文网、大兴文字狱，比明初统治者有着更为明确的政治目的，即首先是借以消除汉人的民族意识、反满思想，其次是借以打击对皇权构成威胁的朋党集团，再次是借以强制推行程朱理学，还有是借以禁绝一切触犯帝王的言论。

总之，清王朝不仅承袭，而且大大发展了朱明王朝推行的文化专制主义，在借文字狱以强化帝王的至上权威和专制统治上较朱明王朝更具

① 《清高宗实录》卷一百五十一。
② 李光地：《重建鹅湖书院记》，《榕村集》卷十四。
③ 朱彝尊：《道传录序》，《曝书亭集》卷三十五。
④ 涵秋：《娱萱室随笔》。

有自觉性、目的性，其手段也更为细密毒辣，其行为也更加严酷惨烈。

通过大兴文字狱，清朝统治者意欲将天下带有反清思想或不利于王朝统治的文字作品禁毁殆尽，故清代文字狱案往往是发棺戮尸、斩首放逐与禁书焚书、毁版销版相伴而行。乾隆帝更是假托“搜辑天下遗书”、利用夸耀大清帝国文治盛世的《四库全书》编辑，对文化典籍作全面的清查，或禁毁、或删改蕴含民族思想及记述清代以前满族历史的典籍，使得中国古代文化典籍遭受了一场规模空前的浩劫。

“避席畏闻文字狱，著书都为稻粱谋。”[①] 在清朝统治者的文化专制主义高压下，中国古代文化发展至“康乾盛世”又出现了逆变。

本来，随明代后期的社会生产关系变化，经明、清之际的社会剧变，封建社会的腐朽性、没落性已充分显露，封建专制主义的反动性、残酷性也充分展现，人们“厌常喜新”，哲学启蒙思潮和文艺启蒙运动已经兴起，社会变革的征兆和文化转型的趋势已较明朗。明末清初的著名思想家黄宗羲、顾炎武、王夫之等弘扬楚文化精神，总结历史文化，深刻批判了君主专制制度及其理论体系——程朱理学。然而，满洲贵族入主中原后，重又极力强化和悉心改进君主专制主义统治，给中国封建社会的衰败肌体注入了一针强心剂。

中国封建社会的历史车轮，乃得以运行至其螺旋形发展的又一高层次。迫于绝对专制统治的淫威，“康乾盛世”中的人们大都噤若寒蝉而不敢随意开口、自由言论、独立思考了，只能唯帝王之命是从、以帝王之训为是，晚明以来的哲学启蒙思潮和文艺启蒙运动黯然消歇，清初那样勇于批判和创新的思想巨人不复出现，思想文化界变得沉寂冷落。

康、雍、乾帝王为巩固其统治，效法永乐帝以复兴封建文化、营造盛世气象，组织大批文人修史编书，为稻粱谋的文人也唯能于此倾其心智。在“康乾盛世”，纂修大型史书《明史》，编撰大型字典《康熙字典》、大型类书《佩文韵府》《渊鉴类函》《古今图书集成》、大型丛书《四

---

① 龚自珍：《咏史》。

库全书》等。其整理和编纂文化典籍的规模和成就，诚然是空前的，也对中国古代文化典籍的保存和中国文化的发展大有益处。但是，统治者以此清理文化典籍实对中国古代文化造成了严重破坏，其成就也如同“永乐盛世”的文化成就一样在思想创造、学术创新上乏善可陈。

康、雍、乾帝王倡导复兴封建文化，社会因之形成浓重的复古风气。一些博识多才的学者，在“盛世”的安定环境下，在文化典籍得以较全面收集和初步整理的条件下，既然不能独立、自由地着眼于现实而“究天人之际，通古今之变，成一家之言”，大都沉浸于故纸堆中“辨章学术，考镜源流”，提出复兴“汉学”的口号而致力于用精确严密的考据方法来深入研究古籍。谢国桢指出：“自清雍正、乾隆以来，文人学士慑于清朝钳制人民的思想，严于文字狱之禁，乃流入考据学之一途，再也不敢谈政治和时事。”[①]于是，重文字训诂、考据实证的治学方法逐渐流行，形成以系统谨严的考据学为标志的“乾嘉学派”，兴盛以细密朴实的考证为特征的“朴学”学风。“乾嘉学派”的形成，“朴学”学风的盛行，虽然因承了清初学者有感于宋、明学风流于空疏而倡导“实学”的精神，虽然也对文献典籍的细致疏理、深入研究、科学总结有着巨大贡献，却背弃和转变了魏晋以来弘扬楚学传统而形成的博取兼容、革旧创新、明义阐理、清通简要的主导学风。因此，“乾嘉学派”成了清代的主要学术派别，“朴学”成了清代的主导学风，与其说是中国古代学术发展的自然结果，不如说主要还是清代文化专制主义高压下的特殊产物；虽然大益于文化典籍的整理和总结，却少助于文化思想的变革和创新。

突出地表现为权力的绝对集中、政治的高度统一、疆域的空前广大、经济的全面发展和文化典籍的大量出版的清代盛世气象，终究只是中国封建社会的回光返照。因为，清代所承袭的封建专制主义君主制度，在明代就已发展成熟并且充分暴露了其腐朽性；清代所承袭的官方哲

① 谢国桢：《明清野史笔记概述》，《明末清初的学风》，人民出版社1982年版，第92页。

学——程朱理学，也在明代就已步入穷途并且充分显示出其消极性；这相互联系而密不可分的两者，经明、清之际的启蒙思想家作深刻批判后，人们对之已有了比较清楚的认识和反感。过时了的封建专制主义和程朱理学在清代重又被强化，从一定意义上说是中国历史螺旋形发展在一个高层次上的反复和回潮。封建专制主义和程朱理学之所以在清代又得以强化，原因则如上述是多方面的，即明末动乱对社会生产和社会秩序的破坏而使专制主义在一定程度上又适应了社会的需要，满族以少数民族的落后却富有生气的文化注入中华文化系统而使日益僵化并面临变革的传统文化得到了一个调整过程和一些活力等。不过，其中一个重要原因，是清政府通过绝对君权的专制力量而使之复生和强化的。所以，清代盛世也如明代盛世那样，并未显示出汉、唐盛世那种意气风发的社会气象，更未体现出汉、唐盛世那种雄豪踔厉的时代精神。相反，人们在专制主义禁锢下感到十分压抑和苦闷，形成了一种“孤愤”的社会心理，并且在发抒“孤愤”中继承明、清之际的启蒙思想并将之发展为具有广泛群众基础的社会批判，只是其批判的方式变得隐晦、曲折和多样化了。颜元、戴震都号称“复古”以障人眼，却阐扬楚文化精神传统而猛烈批判了程朱理学；《红楼梦》《长生殿》《聊斋志异》和《儒林外史》等代表清代文学创作成就的作品，也继承“庄骚”的创作精神和艺术传统，揭露、批判了封建制度和程朱理学的罪恶，肯定、歌颂了自然人性；从而显示出启蒙思想的影响和发展。

当乾隆帝在其晚期自满而怠政之际，维持百年左右的清代盛世便迅即转衰。嘉、道年间（1796—1850），朝纲日益废弛，吏治愈加败坏，阶级矛盾激化，民族斗争尖锐，资本主义萌芽又有了较明代更为普遍的生长，中国封建社会的全面崩溃指日可待。

孰料，西方资本主义强国以坚船利炮轰击古老中国的大门，腐朽的清政府不能捍卫国家而开门揖盗，中国的正常发展被打断，中国也逐渐沦为半殖民地、半封建社会。

清朝由盛转衰，君主专制统治也由强转弱。嘉、道之世，文网已松弛，文字狱也罕有。其时的进步人士痛感于社会、民族的危机，又弘扬楚文化的批判、革命和创造精神，开始抒发压抑已久的心声，阐发自主探索的思想，批判君主专制制度和程朱理学，呼唤革命风雷。中国古代文化，因此出现生机并将迈入其转型期。

第二节　“心学”泛滥与思想启蒙

明初统治者为强化君主专制统治，比以往历代统治者更懂得儒学的重要，也更着力地尊尚孔孟、标榜儒学发展的最高形态——程朱理学。本来，明太祖并不好读儒经而“好观《说苑》《韵府》杂书与所谓《道德经》《心经》者”[①]，却赞赏儒臣关于官修理学典籍、树立程朱权威而以程朱理学统一思想的建议，于“即位之初，首立太学，命许存仁为祭酒，一宗朱氏之学，令学者非‘五经’、孔、孟之书不读，非濂、洛、关、闽之学不讲”[②]。明成祖并不恪守程、朱宣扬的纲常名教，磔杀斥责其篡位的鸿儒方孝孺并诛及十族，而方孝孺则被明代理学家称为“程朱复出”“明之学祖”。但就是这位明成祖，却对程朱理学“益张而大之”，令儒臣编成《五经大全》《四书大全》和《性理大全》，将其颁行天下，倡导“家孔、孟而户程、朱”，致使读书求仕的学子拜倒于朱熹脚下，所谓“世之治举业者，以‘四书’为先务，视‘六经’可缓；以言《诗》《易》，非朱子之传义弗敢道也；以言《礼》，非朱子之《家礼》弗敢行也；推是而言《尚书》、言《春秋》，非朱子所授，则朱子所与也”[③]，从而以钦定的形式、皇权的强力确立了程朱理学的思想统治和独尊地位。

维护封建社会秩序的明初儒士，大都推崇程、朱而服膺其说，认为程朱学说至广至大、至精至密，自朱熹后不必再论、无烦新著，只遵闻

① 《明史·解缙传》。
② 陈鼎：《东林列传·高攀龙传》。
③ 朱彝尊：《道传录序》，《曝书亭集》卷三十五。

知行即可。他们谨守程、朱门户，申述程、朱说教，亦扩大了程朱思想的影响、强化了程朱理学的思想统治。

于是，程朱理学在明初社会如水银泻地，无孔不入，被奉为“一道德而同风俗”的指导思想，成了人们言行的准则、思想的依据、生活的“天理”，也彻底堕落为君主专制统治的工具、禁锢世人精神的枷锁、学术垄断的横霸、思想僵化的教条。

“自八股行而古学弃，《大全》出而经说亡。”[①]顾炎武此语，明确指出明初官奉理学并依据《大全》而以八股文取士导致的学术弊害。

一、南北学术别异与阳明“心学”风行

具有深厚的中原传统文化积淀的古代北方的学者，往往是儒学的忠实传承者。汉唐以来如此，明代亦然。明初的北方大儒，渑池（今属河南）人曹端（1376—1434），即“笃践履，谨绳墨，守儒先之正传，无敢改错”[②]，并开“河北之学”。继之而起的山西河津人薛瑄（1389—1464），谨守“朱学矩矱”，开“河东之学”。其门徒遍及山西、河北、河南、关陇地区，蔚为北方朱学大宗，流为明代朱学主脉，被前人称为“明初理学之冠”。可是：“河东之学，悃愊无华，恪守宋人矩矱，故数传之后，其议论设施，不问而可知出于河东也。”[③]恪守朱说的河东之学，流衍为明代中期的“关中之学”后，便因无所创新而沉寂无闻了。“河北之学”“河东之学”以至于“关中之学”的兴衰，反映了程朱理学在明代虽尊为官学、却成了僵尸的命运。

与薛瑄同时的抚州崇仁（今属江西）人吴与弼（1391—1469），号康斋，是与薛瑄齐名的南方大儒。他愤疾宦官专权、憎尼蠹国，太息“宦官、释氏不除，而欲天下之治，难矣”[④]，遂绝意科举，笃志于学，刻

① 顾炎武：《日知录》卷十八。
② 《明史·儒林传》。
③ 黄宗羲：《明儒学案》卷七《河东学案上》。
④ 黄宗羲：《明儒学案》卷一《崇仁学案一》。

苦奋励，躬亲耕稼，安贫乐道，居乡讲学，门徒众多。他虽也宗奉朱学，却不像薛瑄那样认为“直须躬行”[①]而偏重道德实践，力求的是“圣人之心精”，认为朱学流于“支离”、“眩目惑心，非徒无益，而反有害焉”[②]，主张读书在于“反求吾心”，所学“上无所传”、得之于心，授徒也多以禅语机锋方式促其自悟。他发挥朱熹的“虚灵，自是心之本体”[③]说，认为“寸心含宇宙”[④]，并且进一步表达了“物外元无我”[⑤]的物我一体观点。他发挥朱熹的“格物致知”论，提出了“静观”“夜思”以明心修身、体道悟理的方法。因此，他的这些见解，看似源自朱学，实际上背反朱学本意而通于主张“万物与我为一”“静观”“玄览”的道家，近同据道援禅的陆九渊学说。他“叹宋末以来笺注之繁，率皆支离之说”，只求心得而“不轻于著述”[⑥]，哲学著作仅有集中反映自己思想的《日录》一卷，亦“为一人之史，皆自言己事，非若他人以己意附成说，以成说附己意，泛言广论者比”[⑦]。不言而喻，他的思想和学风，自当深受南方楚地文化传统及陆氏学说的影响。在明代前期，不能恪守朱说的吴与弼，因不合流俗而为人垢谇。可是，他那得于己心、出于己意的思想，却冲破了明初学子谨守朱学而“矩矱秩然”的沉寂局面，反映了因朱明王朝由盛转衰和程朱理学僵化没落而开始出现的学术转变，预示了明代中期的思想发展，成为兴盛于明代的“心学”的滥觞。前人评论：“与弼之学，实能兼采朱、陆之长，而刻苦自立。其及门弟子陈献章得其静观涵养，遂开白沙之宗；胡居仁得其笃志力行，遂启余干之学。”[⑧]

---

① 《明史·薛瑄传》。
②⑥ 娄谅：《康斋先生行状》。
③ 《朱子语类》卷五。
④ 吴与弼：《道中作》其六，《康斋集》卷一。
⑤ 吴与弼：《临流瞑目坐》，《康斋集》卷二。
⑦ 黄宗羲：《明儒学案》卷一《崇仁学案》引章衮语。
⑧ 《四库全书总目·康斋文集》。

而明代“心学”，“微康斋焉得有后时之盛哉”[1]！

“余干之学”，由吴与弼的弟子、余干（今属江西上饶）人胡居仁（1434—1484）及上饶（今属江西）人娄谅（1422—1491）等所开学派。胡、娄诸人，承师说而“以治心养性为本”[2]，“以收放心为居敬之门”[3]，申述和发展了其师的“涵养此心”“静中涵养”“静观”的修养方法并“笃志力行”，将朱学进一步禅学化、心学化而并向陆学一路。

“白沙之宗”，指的是吴与弼门生陈献章开创的学派。《明史·儒林传》记述：“学术之分，则自陈献章、王守仁始。”

陈献章（1428—1500），广东新会（今属广东江门）白沙村人，世称“白沙先生”。他的祖父“好读老氏书，尝慕陈希夷（陈抟）之为人”[4]，母亲“颇信浮屠法”[5]，他也自言“山人家世本陈抟”[6]，并从母命行佛事，深受道、禅影响。早年锐意科举、宗奉程朱，明称“吾道有宗主，千秋朱紫阳”[7]，后从学于吴与弼，思想发生转变。先后3次入京参加会试而落第，使他目睹明朝危机，深感程朱理学、科举制度的弊害，遂厌弃仕宦，归居乡里，治学授徒以终。他虽治儒学，却重老爱庄，取老子语为座右铭，效庄子而达人生，作诗云：“争知白沙子，不是南华山。”[8]他又仰慕陶渊明，作有多首“和陶诗”以表心志。乡居间，他“或浩歌长林，或孤啸绝岛，或弄艇投竿于溪涯海曲，忘形骸，捐耳目，去心志，

① 黄宗羲：《明儒学案》卷一《崇仁学案一》。
② 《四库全书总目·胡文敬公集》。
③ 黄宗羲：《明儒学案》卷二《崇仁学案二》。
④⑤ 张诩：《白沙先生行状》，《陈献章集·附录二》，中华书局1987年版，第868、873页。
⑥ 陈献章：《至日病初起》其四，《陈献章集》卷五，中华书局1987年版，第427页。
⑦ 陈献章：《和杨龟山此日不再得韵》，《陈献章集》卷四，中华书局1987年版，第279页。
⑧ 陈献章：《题庄子泉》，《陈献章集》卷五，中华书局1987年版，第540页。

久之然后有得焉，于是自信自乐”[①]，俨然似逍遥于自然的庄周再生、投身于山林的陶渊明复出。

白沙为学，“尽穷天下古今典籍，旁及释、老、稗官、小说……久之乃叹曰：‘夫学贵乎自得也。’”[②]他认为“为学当求诸心必得”而肯定“心学法门”，提倡“以我而观书”，反对“以书博我”，指出“学贵知疑，小疑则小进，大疑则大进。疑者，觉悟之机也”[③]，强调“为学须从静中坐养出个端倪来，方有商量处”[④]。他“舍彼（书）之繁，求吾（心）之约”[⑤]所得之学，主要包括其世界观和修养论。在他看来，“天地间，一气而已，屈信相感，其变无穷”[⑥]，“至大”又“不可言状”的“道为天地之本”[⑦]，而道即理，理在心，“君子一心，万理完具；事物虽多，莫非在我”[⑧]，故“天地我立，万化我出，而宇宙在我矣”[⑨]。据此，他论修养强调“静坐”以“澄心”，即“惟在静坐，久之，然后见吾此心之体隐然呈露”[⑩]，并提出“学以自然为宗，以忘已为大”[⑪]，认为“出处语默，咸率乎自然，不受变于俗，斯可矣”[⑫]，“到得物我两忘，浑

① 张诩：《白沙先生墓表》，《陈献章集·附录二》，中华书局1987年版，第883页。
② 张诩：《白沙先生行状》，《陈献章集·附录二》，中华书局1987年版，第879页。
③ 陈献章：《与张廷实主事》，《陈献章集》卷二，中华书局1987年版，第165页。
④ 陈献章：《与贺克恭黄门》，《陈献章集》卷二，中华书局1987年版，第133页。
⑤⑩ 陈献章：《复赵提学佥宪》，《陈献章集》卷二，中华书局1987年版，第145页。
⑥ 陈献章：《云潭记》，《陈献章集》卷一，中华书局1987年版，第41页。
⑦⑧ 陈献章：《论前辈言铢视轩冕尘视金玉》，《陈献章集》卷一，中华书局1987年版，第54、55页。
⑨ 陈献章：《与林郡博》，《陈献章集》卷二，中华书局1987年版，第217页。
⑪ 陈献章：《送张进士廷实还京序》，《陈献章集》卷一，中华书局1987年版，第12页。
⑫ 陈献章：《与顺德吴明府》，《陈献章集》卷二，中华书局1987年版，第209页。

然天地气象，方始是成就处”[①]。

显然，陈献章其人体现有道风禅趣，其学也多援据道论禅说，其思想体系则旨归高扬主体精神而高度强调“心”的本体意义和决定作用的“心学”，故其门徒湛若水缘其语而称其学说为“自然之学”[②]，时人有谓其学说“流于禅学”[③]，其后学黄淳则说“先生之学，心学也”[④]。陈献章的“心学”，是明代中叶社会出现危机、专制统治松解、程朱理学僵化并失去政治效能、人们自我意识觉醒而希求变革创新这一时代的产物，是陈献章出于程朱、糅合道禅、丰富和深化陆学的结果。陈献章阐扬“心学”，主要目的仍在于维护封建秩序，即企望通过宣扬“澄心入圣”之道来使人们自觉地服从并维护封建秩序。他的思想因背离了程朱理学，发展了其师的“心学”观点，继承楚文化的精神和传统而能“自博而约，由粗入细”[⑤]，融冶诸说以自立门户，故影响巨大而激扬出明代新思潮——“心学”思潮。明人李廷机指出：“自新会陈公谓，‘学必有源，静而反观乎此心之体，得其自然而不假人力’，以为至乐具是矣，其于世之荣名若遗也。盖自是天下学道者，浸知厌支离而反求诸心。”[⑥]

“盖自弘治（1488—1505）、正德（1506—1521）之际，天下之士，厌常喜新，风气之变，已有其所自来。而文成（王守仁谥号）以绝世之资，倡其新说，鼓动海内。”[⑦]于是，“有明之学，至白沙始入精微。……至阳明（王守仁别号）而后大。两先生之学，最为相近”[⑧]。

① 陈献章：《与贺克恭黄门》，《陈献章集》卷二，中华书局1987年版，第135页。
② 湛若水：《重刻白沙先生全集序》，《陈献章集·附录三》，中华书局1987年版，第896页。
③ 见陈献章《复赵提学佥宪》，《陈献章集》卷二，中华书局1987年版，第147页。
④ 黄淳：《重刻白沙子序》，《陈献章集·附录三》，中华书局1987年版，第903页。
⑤⑧ 黄宗羲：《明儒学案》卷五《白沙学案上》。
⑥ 李廷机：《从祀文庙疏议》，《陈献章集·附录四》，中华书局1987年版，第928页。
⑦ 顾炎武：《日知录》卷十八“朱子晚年定论”。

王守仁（1472—1529），浙江余姚人，因曾筑室于故乡阳明洞中静居悟道、修身养性，世称“阳明先生”。“少喜任侠，长好词章、仙、释，既而以斯道为己任，以圣人为必可学而至。……奋不顾身，以当天下之难”①，竭力欲救“今天下事势如沉疴积痿”②的明朝危机。及第入仕不久，即勇忤擅权宦官刘瑾，几至杖死，被贬至贵州龙场（今修文县境）。后奉命多次镇压农民起义和少数民族暴动，平定朱宸濠叛乱，功业虽高却为权臣所忌和受俗儒攻击而始终不得入阁，忧愤一生。他认为，社会动荡在于“理学不明，人心陷溺，是以士习日偷，风教不振”③，故责朱学而倡新说、标陆子而弘“心学”。在从事政治活动的同时，他也积极治学并讲学授徒，致力于“正人心，息邪说”。

《明儒学案》卷十《姚江学案》记述：“先生之学，始泛滥于词章，继而遍读考亭（朱熹别号）之书，循序格物，顾物理吾心终判为二，无所得入。于是出入于佛、老者久之。及居夷处困，动心忍性，因念圣人处此更有何道？忽悟格物致知之旨，圣人之道，吾性自足，不假外求。其学凡三变而始得其门。自此之后，尽去枝叶，一意本原，以默坐澄心为学的。”由此可知，王守仁反求内心而明心见性的“心学”思想，是经叛离朱学、出入佛老而后于困处蛮夷之地的龙场悟得的。王守仁自谓曾“因求诸老、释，欣然有会于心，以为圣人之学在此矣”④。入仕后初归越，他竟“辟阳明洞为书舍，更讲神仙之事”⑤。他又景仰忠贞爱

---

① 黄绾：《阳明先生行状》，《王阳明全集》卷三十八，上海古籍出版社1992年版，第1429页。

② 王守仁：《与黄宗贤》，《王阳明全集》卷六，上海古籍出版社1992年版，第220页。

③ 王守仁：《牌行灵山县延师设教》，《王阳明全集》卷十八，上海古籍出版社1992年版，第633页。

④ 王守仁：《朱子晚年定论》，《王阳明全集》卷三，上海古籍出版社1992年版，第127页。

⑤ 查继佐：《王守仁传》，《王阳明全集》卷四十，上海古籍出版社1992年版，第1546页。

国的屈原，谪赴龙场，“取道沅、湘，感屈原之事，为文而吊之”①，表达心通屈原的“宗国沦兮摧腑肝，忠愤激兮中道难”的情怀。他被摈斥在荒烟深莽、走豺奔虎的龙场，独居于尚未开化、瘴疠流行的绝域，可想而知，他自是“动心忍性”而需要“致良知”、以强大的精神力量来支持自己处艰度危，他自会以高扬主体精神而求超越现实的道家思想来鼓舞自己、以宣扬不假外求而明心见性即成佛的禅宗学说来解脱自己，又以虽放流而不改忠贞报国之志的屈原精神来激励自己。终于，在道、禅、屈的启示和影响之下，他通过端居静思、默坐澄心，初步形成了自认为可以拯人救世的“心学”思想，即借训释儒经及与人论学而大加阐扬。此后，他便以阐扬和振兴“心学”为己任，也不断丰富和发展了自己的“心学”思想。

王守仁主张，“夫学贵得之心，求之于心而非也，虽其言之出于孔子，不敢以为是也”②，并进而强调，“夫道，天下之公道也；学，天下之公学也；非朱子可得而私也，非孔子可得而私也”③。他得之于心的“心学”，主要包括“心外无物”亦“心外无理”的本体论、“知行合一”的认识论、“致良知”的修养论。他提出“夫物理不外于吾心；外吾心而求物理，无物理矣”④，断言“心即理耳”⑤，认为“知之真切笃实处，即是行；行之明觉精察处，即是知；知行工夫本不可离”⑥，知行相辅而相成；倡言“致吾心良知之天理于事事物物，则事事物物皆得其理矣”⑦。他的“心学”，可谓以“心”为本原，以“知行合一”为途径，以“致良知”为宗旨。他的“心学”乃衍于陆学而成，故他公然推崇“象

① 王守仁：《吊屈平赋》，《王阳明全集》卷十九，上海古籍出版社1992年版，第659页。

②③ 王守仁：《答罗整庵少宰书》，《王阳明全集》卷二，上海古籍出版社1992年版，第76、78页。

④⑤⑥⑦ 王守仁：《答顾东桥书》，《王阳明全集》卷二，上海古籍出版社1992年版，第42、43、45页。

山之学，简易直截，孟子之后一人”[①]，并明确表示要振扬陆学。他的“心学”，近于“白沙之学”，故他与“白沙陈先生高弟甘泉湛公若水，一会而定交，共明圣学”[②]，并称“予之资于甘泉多矣”[③]。不过，他的思想，虽然同陆九渊、陈献章等心学家一样，主要是援道、禅以改造儒学而建立的学说体系，却因对陆、陈之学补偏纠弊和丰富深化，因明确肯定老、释“二氏之学，其妙与圣人只有毫厘之间”[④]，从而进一步援道、禅以新儒，较陆、陈“心学”更为博大和精致，可谓集宋、明“心学”之大成；亦具有浓重的道、禅色彩，可谓将禅学化儒学发展到极致。

“圣人之学，心学也。”[⑤]王守仁此论的提出，标志着他将传统儒学改造成禅学化儒学的完成。由陆九渊到王守仁的宋、明“心学”之发展，鲜明地反映出楚文化的精神和传统对中国古代学术文化的巨大影响。

由于明代的“风会之变”，由于王守仁在政界大有作为和在学界勇倡新说，王门“从学如云”，王学亦“鼓动海内”。否定孔、朱权威的王学，彻底地结束了程朱理学在明代的思想统治。极度地夸扬主观意识的王学，促进了世人的思想解放和自我觉醒，以至于在社会矛盾空前激化的晚明，诱发出批判儒学的“异端”思想、否定封建专制主义和宣扬人本主义的启蒙思潮。

---

① 王守仁：《与席元山》，《王阳明全集》卷五，上海古籍出版社1992年版，第180页。

② 黄绾：《阳明先生行状》，《王阳明全集》卷三十八，上海古籍出版社1992年版，第1408页。

③ 王守仁：《别湛甘泉序》，《王阳明全集》卷七，上海古籍出版社1992年版，第231页。

④ 王守仁：《传习录》上，《王阳明全集》卷一，上海古籍出版社1992年版，第36页。

⑤ 王守仁：《象山文集序》，《王阳明全集》卷七，上海古籍出版社1992年版，第245页。

二、泰州学派与“异端”李贽

王守仁逝世后，其门徒争相弘扬师说，阳明“心学”因而风靡天下。不过，承“学者，学此心也；求者，求此心也”[①]之师教的王门弟子，注定不会完全墨守师说。王学体系中诸如“心即理”说、“知行合一”说、“致良知”说的严重思想矛盾，也注定王学不能久盛于天下。王门弟子承师教、随时变而从不同方面发挥师说，乃分化成了不同的王学流派，如所谓浙中王门、江右王门、南中王门、粤闽王门、北方王门等。其中王门弟子王艮，出于王学而自立门户，叛逆儒学而提出“异端”之说，创立了所谓“王学左派”或“王学右派”的泰州学派。

王艮（1483—1541），号心斋，泰州安丰场（今江苏东台东南）人，生于贫苦灶户（盐业生产者）之家，后经商致富。25岁时奋志求学，不讲师承，不泥传注，默坐体道，信口谈解。38岁时得闻王守仁学说与己见甚同，毅然投入王门。虽为王门弟子，他却坚持独立思考，勇于与师争辩而“往往驾师说上之”[②]，被时人目为“狂士”。他在王守仁死后开门授徒，主要向平民讲学，终此一生。王艮的基本哲学观点，虽然同于阳明“心学”，但他的出身和经历，使他具有不同于封建士大夫的平民意识和平等观念。因此，以“出必为帝者师，处必为天下万世师”[③]自命的“狂士”王艮，无意于阐扬“王学”，而是据其“心外无物”说和“致良知”说阐发自己体悟之道。他提出“百姓日用即道”[④]，肯定“圣人之道，无异于百姓日用”[⑤]，强调“修身，立本也。立本，安身也。安身以安家而家齐，安身以安国而国治，安身以安天下而天下平也”[⑥]，

① 王守仁：《答顾东桥书》，《王阳明全集》卷二，上海古籍出版社1992年版，第51页。

② 《明史·王艮传》。

③④⑤ 王艮：《语录》，《心斋王先生全集》卷一。

⑥ 王艮：《答问补遗》，《心斋王先生全集》卷三。

进而宣扬“人人君子，比屋可封”[①]的社会理想。他的思想，背离了儒家的纲常名教之说，违逆了王守仁的“圣、愚不同”之教，不自觉地弘扬了道家“域中有四大，而人居其一焉”[②]、“以道观之，物无贵贱”[③]及禅宗“人人皆可成佛”等思想，在一定程度上肯定了百姓的生存权利和人格尊严，反映了在资本主义萌芽的历史条件下，平民的思想觉悟和理想追求，具有冲破封建等级观念和宣扬“平等”“博爱”的启蒙意义。

“泰州（王艮）之后，其人多能，以赤手搏龙蛇。传至颜山农（颜钧）、何心隐一派，遂复非名教之所能羁络矣。……诸公掀翻天地，前不见有古人，后不见有来者。”[④]王艮的门徒及后学继承王艮精神，发挥王艮思想而勇于批判封建名教、阐扬“异端”之说，形成了“掀翻天地”而具有革命性、战斗性的“泰州学派”，也激扬起晚明的启蒙思潮。

颜钧、何心隐及罗汝芳，堪称“泰州学派”的代表人物，又都是故楚之地江西人。颜钧（1504—1596）致力于在社会下层宣扬“君仁臣义民安堵”[⑤]的社会理想，主张“平时只是率性所行，纯任自然，便谓之道”[⑥]。何心隐（1517—1579）肯定出于天性的人欲，提出“育欲”之说，认为人伦关系中只有朋友之交才是社会关系的极致，宣扬“君者，均也。君者，群也。臣民莫非君之群也，必君而后可以群而均也”[⑦]、“君臣友朋，相为表里”的思想，向往建立“老者相与以安，朋友相与以信，少者相与以怀”[⑧]的亲和平等社会并为之奋斗，乃被统治者视为“妖人”“逆犯”而杀于武昌。罗汝芳（1515—1588）“以赤子良心、不学不虑为的，以

① 王艮：《勉仁方》，《心斋王先生全集》卷一。
② 《老子》二十五章。“域”“人”，马王堆汉墓帛书《老子》甲乙本作“国”“王”；“其”，马王堆汉墓帛书《老子》、北大汉简《老子》第六十六章无。
③ 《庄子·秋水》。
④⑤⑥ 黄宗羲：《明儒学案》卷三十二《泰州学案一》。
⑦ 何心隐：《论中》，《何心隐集》，中华书局1960年版，第31页。
⑧ 何心隐：《邓自斋说》，《何心隐集》，中华书局1960年版，第48页。

天地万物同体、彻形骸、忘物我为大”[①]，强调“赤子之心，浑然天理”[②]，最为纯真，认为“人无贵贱贤愚，皆以形色天性而为日用”[③]，肯定人欲出于天然。他们的思想主张，显然在新的历史条件下发扬了道家精神，比较明确地否定了“存天理，灭人欲”的理学教条，较为直接地抨击了君主专制主义。

“泰州学派”诸公中，叛逆精神最强、“掀翻天地”亦最力者，是被封建卫道士攻击为“异端之尤”的李贽。

李贽（1527—1602），原籍为故楚之地固始（今属河南），明初迁居福建泉州，“自幼倔强难化，不信道，不信仙、释，故见道人则恶，见僧则恶，见道学先生则尤恶”[④]。40岁时，闻知王守仁弟子王畿（号龙溪）语，读到王守仁书，耳目为之一新，思想深受启发。后结识王畿、罗汝芳等，又师事王艮之子王襞，尤为钦服王艮学说，称“当时阳明先生门徒遍天下，独有心斋为最英灵”[⑤]。曾为生计而“不得不假升斗之禄以为养，不容不与世相接”[⑥]，但53岁于姚安（今属云南）知府任满后毅然致仕归隐，却未返乡，而是滞留楚地，先寓黄安（今湖北红安）友人家，后“令人护送家眷回籍，散遣僮仆依亲，只身走麻城芝佛院”[⑦]。他自谓，“后因寓楚，欲亲就良师友”[⑧]，“天下未有人而不喜人知己者，则我之不归家又可知也”[⑨]。由此可知，他晚年寓楚“不觉遂二十年”[⑩]，深层原因则是楚地的文化传统、学术风气和学人志趣适合于他。汉、唐以来，楚文化开放进取、通变求新的传统在楚地一直被继承和发扬着，具有革

---

① 黄宗羲：《明儒学案》卷三十四《泰州学案三》。

②③ 黄宗羲：《明儒学案》卷三十四《泰州学案三》辑“参政罗近溪先生汝芳”语录。

④⑥ 李贽：《阳明先生年谱后语》，《王阳明全集》卷四十一，上海古籍出版社1992年版，第1604页。

⑤ 李贽：《为黄安二上人》，《焚书》卷二，中华书局1975年版，第80页。

⑦⑩ 李贽：《释子须知序》，《续焚书》卷二，中华书局1975年版，第57页。

⑧ 李贽：《与曾继泉》，《焚书》卷二，中华书局1975年版，第52页。

⑨ 李贽：《豫约》，《焚书》卷四，中华书局1975年版，第183页。

命性、创造性的文化新思想、新气象也多出自楚地或兴于楚地，而且无不有楚文化精神的渊源。对此前已明述。李贽择楚地而隐居，正宜于结交同道知己的师友、承袭革旧鼎新的风气、阐扬师心立异的学说。寓楚期间，他“朝夕读书，手不敢释卷，笔不敢停挥”[①]，他的重要著作皆完成于楚，他的思想体系亦形成于楚。寓楚期间，他悉读经、史，精研儒、释、道典籍，却怀疑儒经、不信佛教而尤好道家学说，将“老子《道德经》虽日置案头，行则携持入手夹，以便讽诵”[②]，捧庄子《南华经》细读深思，并且解《老》注《庄》而著有《老庄解》。寓楚期间，他好读楚辞，称颂“屈子者夷（伯夷）之伦”[③]，伤悼屈原忠事昏君怀王是“虽忠亦痴”[④]；又仰慕陶渊明，赞誉“陶公清风千古”[⑤]。寓楚期间，他肆论无羁，狂诞悖戾，率真劲直，坚贞不屈，虽被俗儒视为“异端”，也无所畏惧地以“异端”自居，明言：“人皆以孔子为大圣，吾亦以为大圣；皆以老、佛为异端，吾亦以为异端。人人非真知大圣与异端也。……”[⑥]他在寓楚期间那不合孔圣名教、封建伦常的“异端”思想和“异端”表现，在一定意义上，亦可以说是楚文化精神和楚人风范在晚明历史条件下的发扬光大。

对于封建统治阶级始终一贯地树孔子为偶像、尊儒学为教条而造成的文化专制主义恶果，对于封建社会人们千年一律地拘泥孔学、因循儒教而形成的思想蒙昧状况，对于儒学的流弊和儒生的虚伪，李贽大胆地予以揭露，辛辣地讽刺和深刻地批判，指出“咸以孔子之是非为是非，故未尝有是非耳”[⑦]，主张“不执一说，便可通行；不定死法，便足活

---

① 李贽：《与焦弱侯》，《续焚书》卷一，中华书局1975年版，第5页。
② 李贽：《道教钞小引》，《续焚书》卷二，中华书局1975年版，第66页。
③ 李贽：《反骚》，《焚书》卷五，中华书局1975年版，第198页。
④ 李贽：《史记·屈原》，《焚书》卷五，中华书局1975年版，第198页。
⑤ 李贽：《豫约》，《焚书》卷四，中华书局1975年版，第188页。
⑥ 李贽：《题孔子像于芝佛院》，《续焚书》卷四，中华书局1975年版，第100页。
⑦ 李贽：《藏书世纪列传总目前论》，《藏书》第一册，中华书局1959年版，第7页。

世”[①]，强调“夫天生一人，自有一人之用，不待取给于孔子而后足也”[②]，嘲讽“学孔子者务舍己而必以孔子为学……真可笑矣”[③]，揭示“‘六经’《语》《孟》，乃道学之口实，假人之渊薮也”[④]，痛斥儒生“阳为道学，阴为富贵，被服儒雅，行同狗彘”[⑤]，断言“儒者之不可以治天下国家，信矣”[⑥]。

在李贽看来，“夫厥初生人，惟是阴阳二气、男女二命耳，初无所谓一与理也，而何太极之有”[⑦]。他提出“童心说”，强调“夫童心者，绝假纯真，最初一念之本心也。若失却童心，便失却真心；失却真心，便失却真人”[⑧]，指出理学家的“道理之言，非童心自出之言也”[⑨]。他还认为，“人即道也，道即人也”[⑩]，男女皆人，故男女无长短，“上自天子，下至庶人，通为一身矣”[⑪]，而“穿衣吃饭，即是人伦物理”[⑫]，“势利之心，亦吾人禀赋之自然”[⑬]。他向往“因乎人者，恒顺于民”、“因其政不易其俗，顺其性不拂其能”的“至人之治”[⑭]，认为“至道无为，至治无声，至教无言”[⑮]，肯定汉初“持简易，任自然”的黄老治术，主张“以人治人，则教条禁约，皆不必用”[⑯]。显然，他的这些思想主张，继承了道家的“天道自然”观，发扬了道家的疾伪尚真精神，发展了道家的人本主义、平等观念和“无为而治”理论，批判了程朱理学，冲破了儒教大防，否定了以“三纲五常”为核心的封建制度，表达了自我觉醒、

---

① 李贽：《孟轲传》，《藏书》第三册，中华书局1959年版，第520页。
②③ 李贽：《答耿中丞》，《焚书》卷一，中华书局1975年版，第16、17页。
④⑨ 李贽：《童心说》，《焚书》卷三，中华书局1975年版，第99页。
⑤ 李贽：《三教归儒说》，《续焚书》卷二，中华书局1975年版，第76页。
⑥ 李贽：《藏书世纪列传总目后论》，《藏书》第一册，中华书局1959年版，第21页。
⑦ 李贽：《初潭集·夫妇篇总论》。
⑧ 李贽：《童心说》，《焚书》卷三，中华书局1975年版，第98页。
⑩⑯ 李贽：《道古录》，《李温陵集》卷十九。
⑪⑬ 李贽：《道古录》，《李温陵集》卷十八。
⑫ 李贽：《答邓石阳》，《焚书》卷一，中华书局1975年版，第4页。
⑭ 《论政篇》，《焚书》卷三，中华书局1975年版，第87页。
⑮ 李贽：《送郑大姚序》，《焚书》卷三，中华书局1975年版，第113页。

个性解放、天赋平等、人本自治的时代意识。

王门后学李贽，受阳明“心学”启迪和时代精神感召而思想大解放，循沿王守仁对程朱理学的怀疑而发展到对传统儒学的批判，违背王学维护封建社会秩序的宗旨而走上了否定封建制度的道路。泰州传人李贽，同泰州诸公相继相与地重道弃儒、援禅师心以革旧鼎新，又丰富、深化和发展了“泰州学派”的异端思想。尽管李贽没能摆脱王学的影响，思想上因新旧交织、诸说糅合而显矛盾混乱，尽管李贽因儒学的批判和对封建制度的否定并不全面彻底，尽管李贽因愤激而持论常有偏颇之处，但他的思想所体现的强烈批判、战斗和革命的精神，所起到的“掀翻天地”的作用，却可以说是在当世无与伦比的。因此，“阳明先生之学，有泰州、龙溪而风行天下，亦因泰州、龙溪而渐失其传”[①]，又因李贽而终断其绪。

“好为惊世骇俗之论，务反宋儒道学之说”[②]的李贽，终究不能为封建统治阶级容忍，在76岁时被定以“敢倡乱道，惑世诬民”之罪捉拿下狱后，不屈而自杀。他的著作也被敕令焚绝，严禁私藏。顾炎武按：“自古以来，小人之无忌惮，而敢于叛圣人者，莫甚于李贽。然虽奉严旨，而其书之行于人间自若也。”[③]李贽“手辟洪蒙破混茫，浪翻古今是非场。通身是胆通身识，死后名多道益彰”[④]。他的言论，大大启迪了当时及后世的进步学人；他的精神，大大鼓舞了当时及后世的反封建战士。

明、清之际，社会大震荡中涌现出一批进步思想家。他们继“泰州学派”和李贽之后，进一步批判程朱理学，反对封建专制主义、抨击君主集权制度，表达具有民主意识的社会理想，启蒙思想因而形成大潮。不过，他们明确以批判宋明理学为重要任务，注重继承道家的“天道自然”观和吸取当时自然科学成果中反映的唯物主义思想因素作为自己的哲学基础和批判武器，故基本上摆脱了宋明理学的束缚。他们的学术成就和

① 黄宗羲：《明儒学案》卷三十二《泰州学案一》。
② 沈瓒：《近事丛残》评李贽语。
③ 顾炎武：《日知录》卷十八“李贽”。
④ 冯元仲：《吊李卓吾先生墓》。

思想宣传，也使得明、清之际的哲学启蒙思潮更具有科学性和进步性。

第三节 道家思想的发展与传统哲学的终结

封建王朝衰败及更迭之际，往往也是人们思想大解放并在现实促发下重新反思传统文化之时，往往也是儒学遭到质疑或唾弃而道家思想受到重视或弘扬之时。

元、明之际，朱学的官学地位失落。学人无所羁络，能够自由地出入三教，自主地辨章学术。一些著名学者在放言肆论之中，不同程度地传承或发挥了道家思想。

一、道家思想在明代的承传

浦江（今属浙江金华）人宋濂（1310—1381），在元末已是“藉然著闻”的学者，入明则被推为“开国文臣之首”，因官居高位又被明太祖尊同太师而影响尤巨。他“于学无所不通”[①]，师从多门，而且潜心饱饫道、佛典籍，对道家学说深有体悟，一生虽以文章、事功“籍籍咸称”，并非致力于思想阐论，但由他涉及哲学基本问题的一些论述来看，即可知他的哲学思想的根基依据道家。如他论天道说：

> 太虚之间，一升一降，而能橐籥于无穷者，非气母也邪？气母之所孕，其出无根，其入无门，而其应也甚神。人能察乎阴阳之变，而不凝滞于物者，其知鬼神之情状矣乎。[②]

① 《明史·宋濂传》。

② 宋濂：《温忠靖王庙堂碑》，《宋濂全集》卷四十八，人民文学出版社2014年版，第1058页。

这是宋濂关于宇宙本体论和生成论的一段重要阐说，指出气为万物之母，有了气便有了万物及其运动。不言而喻，他的天道观不仅源出道家，而且所用言辞和概念乃至于表述方式，也基本袭自《老》《庄》等道家典籍。他的政治思想，同样主要继承了道家黄老学派的学说。《明史·宋濂传》记载，他为明太祖及诸大臣讲析《大学衍义》中“司马迁论黄老事”后详说：“汉武溺方技谬悠之学，改文、景恭俭之风，民力既敝，然后严刑督之。……”此语，明确表示了对文、景时代实行的黄老政治的推尚。明太祖在一定程度上奉行了汉初的黄老政治，当与他的劝谏不无关系。当然，他的思想甚为复杂，既好道，又佞佛，更崇儒，有调和朱、陆而流入“心学”的倾向，故明、清学者视他为鼎革之际承前启后的理学家。

宋濂深受屈原影响，忠君之诚犹如屈原“指九天之为正兮，夫唯灵修之故也”。可是，告老还乡多年后，因其孙陷胡惟庸案而受到株连，朱元璋竟要处死他。皇后、太子极力求情，朱元璋免其一死而将他远逐茂州（治今四川茂县）。行至夔州（治今重庆奉节），他忧愤自尽。门生方孝孺在《祭宋太史文》中悲述：“宜乎公之厌斯世而不居，甘远迹于峨岷，盖将吊重华于九疑，唁屈子于江滨，而不忍污乎流俗之埃尘也！”最知先师的方孝孺此语，清楚地揭示了宋濂最终也效法屈原而弃世的心迹。屈原“安能以皓皓之白，而蒙世俗之尘埃乎”，宋濂也心吊意唁屈子而“伏清白以死直兮”。

与宋濂同时且文章“与宋濂并为一代之宗”[①]的刘基，则比宋濂更加好道，也更为自觉地承传和发挥道家思想。

刘基（1311—1375），青田（今属浙江丽水）人。少时无所不学，博通经史及诸子百家，“尝爱老氏清净，亦欲作道士，未遂”[②]，后有志于天下，从“濂洛之学”并受汉代儒学的影响颇深，信奉君权神授，

① 《明史·刘基传》。

② 刘基：《送龙门子入仙华山辞》，《诚意伯文集》卷一。

以为"宰天地者帝也"[1]。举进士仕元后，目睹元朝政治腐败，有感官逼民反和鼎革在即的现实，认识到天道自然而人事非天所主宰，思想冲破儒学枷锁而大获解放，终于辞官还乡，隐居著述。所著《郁离子》《天说》及大量诗文，反映了他脱儒近道并主要依据道家而申论发挥的哲学和政治思想，具有较浓重的道家色彩。他的诗文，不仅其言多道家之辞，其文也袭道家之风。代表作《郁离子》，即仿《庄子》而"以寓言为广"，借寓言讥世达意，在思想上和文风上都体现出对楚文化传统的继承和发扬。学者乃称，他"根本就是道家"。[2]

谈论天道时，刘基强调：

> 夫天，浑浑然气也，地包于其中。气行不息，地以之奠。[3]
> 有元气乃有天地，天地有坏，元气无息。[4]
> 天以其气分而为物，人其一物也。[5]

据此天道观，他指出"鬼神何灵？因人而灵"[6]，进而批判了信鬼神、巫卜等迷信观念，明言"天之不能降祸福于人亦明矣"[7]，并且阐发了"畜极则泄，闷极则达，热极则风，壅极则通"[8]的辩证法思想。以这些思想为哲学基础，他与"君权天授"的儒家传统观念彻底决裂，强调人事的好坏、社会的明暗取决于人而不取决于天，批判封建统治者对人民的专制统治和残暴掠夺，还发挥《庄子》中"狙公赋芧"寓言的思想，借"楚有养狙以为生者"的寓言故事深刻揭示民为邦本、君赖民生的真理，进而主张顺从民愿、因时制宜、施德立法、宽政省刑以求国泰民安，推尚汉、

① 刘基：《书刘禹畴行孝传后》，《诚意伯文集》卷七。
② 杨汝舟：《道家思想与西方哲学》，台湾"中央"文物供应社1983年版，第319页。
③ 刘基：《郁离子·天裂地动》，《诚意伯文集》卷十九。
④⑦ 刘基：《天说》，《诚意伯文集》卷八。
⑤ 刘基：《郁离子·神仙》，《诚意伯文集》卷十九。
⑥⑧ 刘基：《郁离子·东陵侯》，《诚意伯文集》卷十八。

唐之治，称道“如汉之高祖，唐之太宗……天下之生赖之以安，民物蕃昌，蛮夷向风，文物典章可观，其功不细”[①]。他的这些思想继承了秦、汉以来的进步思想家发挥和发展道家学说的传统，闪耀出在新的历史条件下形成的民主思想的光辉。不过，由于历史和阶级的局限，他的思想从整体来看仍具有矛盾性和不彻底性。

“伫立望浮云，安得凌风翔？”[②]明于治乱而志在济世的刘基，受元末农民革命风暴的影响，与宋濂同为朱元璋征聘，成了朱元璋运筹帷幄而佐定天下的勋臣，被朱元璋誉为“吾子房（张良）也”[③]。然而，好道尚真的刘基，“性刚嫉恶，与物多忤”[④]，在明初却是所言王道再不能为登基为帝的朱元璋“恭己以听”、所为直行又不能让新朝权贵相容，竟在明朝甫立便遭弃以至于病亡，早于宋濂身罹“鸟尽弓藏”“兔死狗烹”之祸。

明代中期，朱明王朝转入衰世，程朱理学的统治地位业已动摇。就在王守仁、湛若水致力阐扬“心学”以企图作为挽救封建王朝的思想工具时，罗钦顺、王廷相则循沿道家天道自然的思想路线率先对宋明理学作了初步批判。

罗钦顺（1465—1547），泰和（今属江西吉安）人。早年致力于程朱理学，得以举进士而入仕途。“年几四十，始慨然有志于道”[⑤]，为官重名节，轻利禄，不肯摧眉折腰，始终清正自守。晚年坚决辞官归里，潜心治学。针对程、朱的哲学本体论，他明确指出，“盖通天地、亘古今，无非一气而已”[⑥]，而“理只是气之理”，“初非别有一物，依于气而立，附于气以行也”[⑦]，由此提出了与朱学鲜明对立的理气观。他进而强调“天之道，莫非自然；人之道，皆是当然”[⑧]，认为“夫人之有欲，固出于天，

① 刘基：《郁离子·论史》，《诚意伯文集》卷十八。
② 刘基：《感怀》其二十，《诚意伯文集》卷二。
③④ 《明史·刘基传》。
⑤ 罗钦顺：《困知记序》。
⑥⑦⑧ 罗钦顺：《困知记》卷上。

盖有必然而不容已，且有当然而不可易者”①，从而否定了儒学天命论和程朱理学的“存天理，灭人欲”这一基本主张。另外，他还深刻揭示陆、王“心学”的实质，是“局于内而遗其外”②，片面夸大主观意识的作用，犹同禅学将“心”作“万法”之源；并通过对“格物致知”说的阐发，提出了主观与客观相符合、特殊与一般相统一的观点。

王廷相（1474—1544），人品与罗钦顺相类，思想与罗钦顺相通。他治学“不事浮躁，旁搜远揽，上下古今，惟求自得，无所循泥。灼见其是，虽古人所非者不拘；灼见其非，虽古人所是者不执。立言垂训，根极理要，多发前贤所未发焉”③。他指出：

> 天地未判，元气混涵，清虚无间，造化之元机也。……天地之始，静而无扰，故气化行焉。化生之后，动而有匹，故种类相生焉。……气，物之原也。理，气之具也。器，气之成也。……气者造化之本，有浑浑者，有生生者，皆道之体也。④
>
> 气虽无形可见，却是实有之物。……世儒类以气体为无，厥睹误矣。⑤
>
> 气，游于虚者也；理，生于气者也。……理根于气，不能独存也。⑥

据此“气本”论，他彻底否定“天人感应”等儒家传统观念，严厉驳斥

① 罗钦顺：《困知记》卷下。
② 罗钦顺：《与王阳明书》，《困知记附录》。
③ 高拱：《前荣禄大夫太子太保兵部尚书兼都察院左都御史掌院事浚川王公行状》，《王廷相集》（四），中华书局2009年版，第1495页。
④ 王廷相：《慎言·道体篇》，《王廷相集》（三），中华书局1989年版，第751~755页。
⑤ 王廷相：《答何栢斋造化论》，《王廷相集》（三），中华书局1989年版，第973页。
⑥ 王廷相：《横渠理气辩》，《王廷相集》（二），中华书局1989年版，第603页。

宋儒、“世儒”的各种谬论，指出“虽程朱之论，亦可以正而救之”[1]，直言批评陆、王“心学”。他推崇张载而直接继承了张载的气一元论，说明自己的主张迥别于道、释之论，并且批判老、庄的虚无和禅学的空寂。他的言论，似乎与老庄学说截然相反。实际上，他所批判的老、庄学说，是玄学家和道教改造过而变异了的老庄学说，并非先秦至西汉的道家学说。经玄学家和道教对老庄哲学作虚无论和有神论的改造之后，历代具有朴素唯物主义思想的学者，虽从老庄学说吸取思想营养，却也大都讳言老庄或以老庄指代玄学、道教而予以批判。如前章第二节所述，张载的哲学思想，主要因循和弘扬了道家天道自然的思想传统。宋代以后的学者继承和发展张载哲学，也即继承和发展道家哲学。由于张载被宋儒尊为理学的奠基者之一，由于张载的著作在宋代以后被封建统治者奉为理学的代表作，由于理学在宋代以后成了思想界居统治地位的官方哲学，故明、清许多进步学者入理学而崇张载，出理学而扬张说，直接以张载哲学为基础而发扬“天道自然”的思想传统、批判理学唯心论。

罗、王两人，虽处在理学仍为统治思想的时代，又基于与理学家治学乃为维持封建社会秩序这一相同目的，尚未能完全脱离儒学。罗钦顺申明自己推崇程、朱，王廷相也表示尊尚孔、孟。但是，他们的思想，实已背儒而崇道，反理学而倡新说。他们循沿道家“天道自然”的思想路线而阐发的哲学见解，较之元、明之际的宋濂、刘基的哲学认识更具彻底性和深刻性。他们对理学的批判，也成为明代中叶以后兴起的反理学大潮的滥觞。他们的一些基本观点，则被明、清之际的启蒙思想家予以继承并作了进一步的理论阐发。

紧承罗、王，又有吕坤（1536—1618）据“天地万物只是一气聚散”[2]“理者，气之自然者也”[3]的天道自然观，对理学作了批判和否定，直

① 王廷相：《太极辩》，《王廷相集》（二），中华书局1989年版，第597页。
② 吕坤：《呻吟语》卷四。
③ 吕坤：《呻吟语》卷一。

斥理学是无用的“俗学”，指责道学先生是“伪者，行不顾言；腐者，学不适用”[①]，公开宣称“我不是道学”[②]。他的思想，与以李贽为代表的泰州后学的“异端”思想相呼应，也与之共同激扬起晚明的反理学大潮。

二、明清之际发挥道家思想的哲学思潮

晚明社会的政治极度黑暗，充分显露了封建专制主义制度的腐朽和罪恶。极力维护封建专制主义制度并借助封建王朝的强权而统治思想界达500余年的理学，也随之充分显露其陈腐和流弊。一批具有爱国思想和民族气节的士子，亲历明、清之际“天崩地解”、改朝换代的社会大震荡之后，更加关注现实、渴求进步，也对封建专制主义制度和宋明理学有了更加深刻的认识，于是纷纷反思历史，总结学术，自觉地背儒循道，沿着“天道自然”的思路路线，继承前辈的朴素唯物论哲学并发扬其民主精神和楚文化的融会创新传统，深入阐发“天道自然”思想，大力批判宋明理学，猛烈抨击封建专制主义制度，从而掀起了哲学启蒙的洪涛巨澜。尤其是一些参加抗清斗争失败后或隐居、或出家、或流亡的遗民士子，强忍内心悲痛，饱经生活苦难，志在弘扬民族文化英华、揭示民族精神真谛，奋力治学而贡献卓越。在这批士子中，故楚之地人黄宗羲、方以智、顾炎武、王夫之最为杰出，而王夫之更是士林翘楚。

余姚（今属浙江）人黄宗羲（1610—1695），青年时代继承其父、东林党领袖之一黄尊素的遗志，领导“复社”同专制王朝的代表——阉党作坚决斗争。清兵入关后，他积极参与抗清斗争。抗清失败，他流亡多年，转入学术研究，后归隐乡里，致力于讲学著述，对道、释之书及经史百家、天文、算术、乐律等无不深究并多有阐论。

黄宗羲因承了其师刘宗周（1578—1645）发挥“天道自然”观而形

① 吕坤：《去伪斋集·杨晋庵文集序》。

② 吕坤：《呻吟语》卷一。

成的理气论和道器论，推尚刘宗周的“盈天地间，皆气也”[1]、“离气无所为理”[2]之说，认为此说可使“千古不决之疑……冰融雾释”[3]，肯定刘宗周的“器在斯道在，离器而道不可见”[4]的观点，指出形而上的“道”只是事物的内部规律，不能脱离具体事物（器）而独立存在；又称赞罗钦顺“论理气最为精确”[5]。在阐扬以“天道自然”为哲学根基的理气论、道器论的同时，他对鬼神迷信、道教佛教痛予驳斥。不过，他的哲学思想尚未完全摆脱陆、王“心学”的影响。他的贡献，更主要的还在于对由宋至明哲学的总结和对封建专制主义制度的批判。

为了讲学的需要和给自己的思想提供系统的理论根据，黄宗羲编撰了《明儒学案》和《宋元学案》（由其子黄百家续修、私淑全祖望增补完成）。两部《学案》，开创了系统编撰学术思想史的先例，使得中国历史上第一次出现了系统完整、规模宏大、内容丰富的思想史专著，具有划时代的思想文化意义。

从“天道自然”观出发，根据父辈和自己在晚明政治斗争中的体验、以及长期进行历史反思与社会探索而形成的认识，黄宗羲写出了启迷决疑、振聋发聩的《明夷待访录》。在此书中，他彻底否定了君权神授、君为“居天下之至中”的“圣王”[6]等儒家传统观念，指斥“为人君者……以我之大私为天下之大公”，揭示“为天下之大害者，君而已矣”，强调“岂天下之大，于兆人万姓之中，独私其一人一姓乎”，否定“一家之法而非天下之法”，说明“天下之治乱，不在一姓之兴亡，而在万民之忧乐”，提出“天下为主君为客”、出仕“为天下，非为君也；为万民，非为一姓也”、“以天下为事，则君之师友也”的政治原则，阐述计口授田、工商皆本、学校议政、限制君权、君臣共治、条具大法以使百姓自利、天下安乐的社会理想。这些思想，与第一、二章所述道家的政治思想有

①② 黄宗羲：《明儒学案》卷六十二《蕺山学案》。

③④ 黄宗羲：《先师蕺山先生文集序》，《南雷文定后集》卷一。

⑤ 《明儒学案》卷四十七《诸儒学案中一》。

⑥ 见朱熹《皇极辩》，《晦庵集》卷七十二。

着明显的渊源关系，并且反映出对汉初、唐初依据“无为而治”原则实现天下大治的政治经验的总结，又体现出资本主义萌芽阶段新兴市民阶层的政治意识和政治要求。因此，这些思想，在一定意义上可以说是道家政治学说在明、清之际的新发展，也将道家政治学说发展到一个新的高度，具有鲜明的时代特征和强烈的时代精神，体现出富于现代色彩的民主意识和改良要求。诚然，《明夷待访录》宣扬的政治思想和社会理想，受历史的制约而仍未摆脱封建主义的束缚并带有主观主义的幻想，但其民主精神和改良主张却如夜空闪电而炫目惊心。近代资产阶级改良运动的主将和思想家梁启超说：“此书乾隆间入禁书类。光绪间，我一班朋友曾私印许多送人，作为宣传民主主义的工具。”[①] 梁启超还曾强调：“（此书）于晚清思想之骤变，极有力焉。”[②]

桐城（今属安徽）人方以智（1611—1671），明末为“接武东林，主盟复社”的重要成员，清初长期流亡岭南，与王夫之至交，虽削发为僧、潜隐治学，仍为清廷捕捉，竟死于解送途中。他“年十五，群经、子、史，略能背诵。博涉多通，自天文、舆地、礼乐、律数、声音、文字、书画、医药、技勇之属，皆能考其源流，析其旨趣”[③]，而且了解当时刚传入的西方近代科学，受老、庄和禅宗学说影响尤大，治学提倡“考古决今”“大成贵集”，“其谈说借庄、释而欲檠之以正”[④]。他的重要哲学著作《药地炮庄》，就是依据庄说、禅理以发明己意，而且是“借滉洋恣肆之谈，以自摅其意”[⑤]，颇袭《庄子》文风，《四库全书总目》乃将其归入子部道家类。

方以智的哲学思想，吸取了中、西自然科学的成果，继承了道家传统的“天道自然”观和朴素辩证法而有所发展，因而具有时代特色且内

① 梁启超：《中国近三百年学术史》，北京市中国书店1985年版，第47页。
② 梁启超：《清代学术概论》，上海古籍出版社1998年版，第18页。
③ 《清史稿·方以智传》。
④ 王夫之：《搔首问》。
⑤ 《四库全书总目·药地炮庄》。

容丰富、贡献突出。他主张“学天地”“辨物则”，强调“人在此天地间，则学天地而已矣。尽人事以不负天地，则言人事而天地之道可推矣”[①]，说明“学天地”即“辨物则”、即辨识寓于事物之中的客观规律——理，所谓“至理不测，因物则以征之”[②]，并进而指出“质测（对天地万物的考察）即藏通几（通识事物的本质、相互联系和变化规律）”。结合科学的研究及其成果，他认为：

> 盈天地间皆物也……通观天地，天地一物也。[③]
> 一切物，皆气所为也。空，皆气所实也。[④]

不过，他不仅申论了前人据“天道自然”观形成的气一元论，而且深入分析了统一之“气”的变化状态，进而在前人阐论的基础上，提出了“火”为天地万物运动不息的内在根源的思想，认为“火与气，一也”[⑤]，“物物之生机皆火也”[⑥]，因而为传统的气一元论充实了新内容。通过“学天地”“辨物则”，他指出，天地万物“有一必有二，二皆本于一”[⑦]，并且“常统常变”，永无休止，变化的原因则是事物内部矛盾双方“相反相因”、即“凡相因者皆极相反”[⑧]，矛盾双方的关系则是“相救、相胜而相成”[⑨]。他对自然现象、社会现象的深透“质测”和对事物存在方式、运动根源、变化规律的深刻阐论，发展了源自道家的“天道自然”观和古代辩证法思想。他的哲学思想尽管不无局限而存在严重缺陷，但已达到了他那个时代科学认识的高度。

昆山（今属江苏）人顾炎武（1613—1682），思想、经历、志节与黄、

---

① 方以智：《东西均·奇庸》。
② 方以智：《物理小识》卷五。
③ 方以智：《物理小识·自序》。
④⑤ 方以智：《物理小识》卷一。
⑥ 方以智：《药地炮庄·养生主》。
⑦⑧⑨ 方以智：《东西均·反因》。

方相类，少年入复社，清初奋身抗清，后浪迹中原，结交同志，沉浸学术。他与隐居山西、精研《老子》《庄子》、自称“学老庄者”而弘扬道家学说的傅山（1607—1684），尤为情投意合，对其十分尊重。史载他“自少至老，无一刻离书”，治学“凡国家典制、郡邑掌故、天文仪象、河漕、兵、农之属，莫不穷原究委，考正得失”[①]。

顾炎武深恶空谈良知心性的理学流弊，治学务在联系实际、经世致用，故无意于详为抽象的理论阐发，但他在各类著作中，尤其是在代表作《日知录》中，表达了丰富而深刻的思想。他继承张载的宇宙观而认为，“盈天地之间者气也”，天地万物皆由气之聚散而形成，“聚而有体谓之物，散而无形谓之变”[②]；进而指出，道寓器中，“非器则道无所寓”[③]。据此，他批判了儒家传统的天命观和道、佛两教的有神论，强调“岂真有上帝司其祸福，如道家所谓天神察其善恶、释氏所谓地狱果报者哉”[④]；又抨击并否定理学，指斥“古今安得别有所谓理学者？经学即理学也”[⑤]，“今之所谓理学，禅学也”[⑥]，从而揭示了理学援道融禅以变儒而演变为禅学化儒学的实质。梁启超《清代学术概论》评说：“‘经学即理学’一语，则炎武所创学派之新旗帜也。……有清一代学术，确在此旗帜之下而获一新生命。……自炎武此说出，而此学阀之神圣，忽为革命军所粉碎，此实四五百年来思想界之一大解放也。”顾炎武十分推崇黄宗羲的《明夷待访录》，反对君主专制独裁，认为立君在于为民，“为民而立之君，故班爵之意”[⑦]，主张“以天下之权，寄之天下之人……分天子之权（予人臣）以各治其事”[⑧]，由此明确表达了他那个时代的进

① 《清史稿·顾炎武传》。
② 顾炎武：《日知录》卷一“游魂为变”。
③ 顾炎武：《日知录》卷一“形而下者谓之器”。
④ 顾炎武：《日知录》卷二“惠迪吉从逆凶”。
⑤ 全祖望：《亭林先生神道表》，《鲒埼亭集》卷十二。
⑥ 顾炎武：《与施愚山书》，《顾亭林诗文集》，中华书局1959年版，第58页。
⑦ 顾炎武：《日知录》卷七“周室班爵录”。
⑧ 顾炎武：《日知录》卷九“守令”。

步人士的民主意识和改良思想。

“炎武之学，大抵主于敛华就实。”[①] 他的治学态度和治学方式，与黄宗羲、方以智类同，即着眼于现实的需要、社会的发展而博学会通、求实致用，但他又较黄、方等人更加激愤地批驳“空虚之学”、力倡“经世致用”之学。他在《与人书三》中明言：“凡文之不关于‘六经’之指、当世之务者，一切不为。”他大力倡导并与当时进步学者共同振扬的学风，在一定意义上也可以说是对道家传统学风的发扬。道家祖师老聃就主张去华尚朴，所著《老子》即为求实致用而作，且言辞虽简却内容丰富、思想博大。道家黄老学派治学，亦为经世致用。如第一、二章所述的《吕氏春秋》和《淮南子》，可谓当时网罗百家、力图融通诸学以经世致用的典型。顾炎武与黄、方等人，痛感于“神州荡覆”“四海困穷”而继承道家思想、发扬道家学风，在中国古代思想史和学术史上具有纠偏匡谬的巨大意义。他们倡导的“实学”学风，虽然对清代“朴学”风气的兴盛有着直接影响，但“朴学”之风只能说是承其考证求实的方法而在相当程度上已失其“经世致用”的精神。

三、反刍《易》《老》、流连“庄骚”、通审“六经”、奋开生面的王夫之

南楚衡阳（今属湖南）人王夫之（1619—1692），字而农，号姜斋，自幼勤奋读书，兴趣广泛，博学多识，明亡后积极从事抗清活动，复明无望乃潜伏深山。为强烈的民族使命感和社会责任感所驱使，他满怀忧愤而专心治学，立志总结历史兴亡教训、阐论民族文化真要、揭示社会发展正道。晚年隐居衡阳石船山边著书立说，自署“船山病叟”，人称“船山先生”。“自潜修以来，启瓮牖，秉孤灯，读十三经、二十一史，及张、朱遗书，玩索研究，虽饥寒交迫、生死当前而不变。迄于暮年，体羸多病，腕不胜砚，指不胜笔，犹时置楮墨于卧榻之旁，力疾而纂注。颜于堂曰：

① 《清史稿·顾炎武传》。

‘六经责我开生面，七尺从天乞活埋。’”[①]一生治学40年，著作约百种。

生于屈、宋之乡，长于老、庄之国的王夫之，尤为敬重乡贤国杰，也精研老、庄、屈、宋之作，总结和发展了道家学说，继承和弘扬了屈原精神。他虽然激烈批判老庄所谓的虚无玄奥之说、虚静无为之论，但实际上乃如王廷相等人所批判的，主要是玄学家和道教改造和曲解了的“老庄思想”。他在关于老、庄的研究著作中，对老、庄则绝少批判之词，唯重衍其义、通其说、解其理，每每赞叹不已。对于屈原的爱国精神，他则大加称扬，不仅通释《楚辞》以标举屈原的志行节操，而且效屈拟骚以“旌三闾之志”、寄自己之怀。他自铭墓石说：“抱刘越石之孤愤，而命无从致；希张横渠之正学，而力不能企。”[②]西晋刘琨好老庄之学、通屈宋之情，自白“吾枕戈待旦，志枭逆虏”[③]；北宋张载志在“为天地立心，为生民立命，为往圣继绝学，为万世开太平”，依据老庄而弘道变儒；王夫之在精神上和学术上，可谓直承刘、张而远绍老、庄、屈、宋，又受“庄骚”影响至深。清人潘宗洛《船山先生传》记述，他“又以文章莫妙于南华，词赋莫高于屈、宋，故于庄、骚尤流连往复，作《庄子解》《庄子通》《楚词通释》”。

船山治学，循沿前辈学者重道弘道的道路，从反刍《易》《老》开始，首先并同年撰写的学术著作即《周易外传》和《老子衍》[④]。两书相辅相成，互补互足，依据老学以阐扬易学，传论易学以衍说老学，总结和发挥了源出道家的古代朴素唯物论和辩证法思想，成为船山哲学体系的奠基作。随即，他对传统儒学、主要是宋明理学作了全面清算，相继撰写了《尚书引义》《读四书大全说》《春秋家说》《春秋世论》《续春秋左氏传

① 王敔：《姜斋公行述》，同治刻本《船山遗书》第一册，第4页。

② 王夫之：《自题墓石》，《王船山诗文集·补遗》，中华书局1962年版，第116页。

③ 《晋书·刘琨传》。

④ 据学者考定，两书均著于1655年。参见刘春建《王夫之学行系年》，中州古籍出版社1989年版。

博议》等著作，深刻地批判了理学据儒而援道、释两教所形成的一系列错误思想。同时，他修订了《老子衍》，相继撰写了《庄子通》《庄子解》《周易内传》《吕览释》《淮南子注》《张子正蒙注》《思问录》等，进一步循沿“天道自然”的思想路线对道家学说作了批判性的总结和创造性的阐扬，“欲尽废古今虚妙之说而返之实”[①]。另外，他还撰写了《黄书》《读通鉴论》等政论、史论著作，阐述了基于道家黄老学说又大有发展的政治观、历史观。他抱亡国之痛、发愤著书而撰成的《楚辞通释》，在对屈原思想和屈骚艺术的通释中，曲折地表达了他的政治思想、民族精神和审美观念。

在宇宙观方面，王夫之明确肯定宇宙是由“气”构成的物质实体，强调“太虚即气”“太虚一实”“理在气中”“天下惟器”而“道在器中”，从而否定了程朱理学、陆王心学及道、佛两教的本体论。在认识论方面，他批判了程、朱、陆、王及佛教的论点，强调主观必须符合客观，认识是主观和客观的统一，行是知的基础，即：

> “能”必副其“所”。[②]
> 形也，神也，物也，三相遇而知觉乃发。[③]
> 行可兼知，而知不可兼行。[④]

在人性论和理欲观方面，他驳斥了理学家的先验的、一成不变的人性说，认为“夫性者，生理也，日生则日成也”[⑤]、“习成而性与成也”[⑥]，人性随环境习俗的变化而变化；他反对理学家的理、欲对立和“遏人欲，

① 王敔：《姜斋公行述》，同治刻本《船山遗书》第一册，第3~4页。
② 王夫之：《尚书引义》卷五《召诰无逸》。“能”“所”本为佛学概念，分别指主观与客观。
③ 王夫之：《张子正蒙注》卷一《太和》。
④ 王夫之：《尚书引义》卷三《说命中》。
⑤⑥ 王夫之：《尚书引义》卷三《太甲二》。

长天理”之说，认为“人欲”即“天理”，“终不离欲而别有理也”[①]。在辩证法思想方面，他针对理学家的主静说和张载的“日月之形，万古不变”说，指出物质与运动密不可分，运动是事物的固有属性，运动是绝对的，静止是相对的，“静即含动，动不舍静”[②]，运动的根源在于事物的对立统一性质、在于事物内部的矛盾变化，这种变化使得天地万物日新月异，即：

> 一之体立，故两之用行。[③]
> 凡物，非相类则相反。[④]
> 阴阳之消长隐见不可测，而天、地、人、物屈伸往来之故尽于此。[⑤]
> 天地之化日新。[⑥]

在社会历史观方面，他贯彻了自己的哲学思想，发挥了“道法自然”学说，认为社会是不断发展、不断进化的，“天下之变，皆顺乎物则者也”[⑦]，历史发展的规律（“理”）乃由历史的必然趋势（“势”）所体现出来，须因势而识理、循理而顺势，“理当然而然，则成乎势矣”，“势既然而不得不然，则即此为理矣”[⑧]。在政治思想方面，他为维护封建大一统国家和封建社会秩序而主张“尊君”，但强调“以天下论者，必循天下之公。天下非夷狄盗逆之所可尸，而抑非一姓之私也”[⑨]，提

① 王夫之：《读四书大全说》卷八《孟子·梁惠王下》。
②⑥ 王夫之：《思问录·外篇》。
③⑤ 王夫之：《张子正蒙注》卷一《太和》。
④ 王夫之：《张子正蒙注》卷三《动物》。
⑦ 王夫之：《思问录·内篇》。
⑧ 王夫之：《读四书大全说》卷九《孟子·离娄上》。
⑨ 王夫之：《读通鉴论》卷末《叙论一》。

出王位“可禅、可继、可革”[1]、“君相可以造命”[2]，主张君主“以虚静而统天下”、实行“守典章以使百工各钦其职，非不为而固无为也”的“无为而治”[3]，要求限制君权及统治者“廉以洁己”“贵德贱功”“宽以养民”“使民自陈”。

王夫之反刍《易》《老》，流连“庄骚”，通审“六经”，奋开生面，可谓楚文化精神和传统的全面继承者和高度弘扬者。他吸取了老、庄、屈、宋的思想文化精华，因循了道家黄老学派的思想路线并发扬了其学术传统，对中国古代思想文化作了深入总结和深刻阐论，对宋明理学作了全面清算和彻底批判，对当时的自然科学成果作了认真了解和积极概括，从而成为中国古代朴素唯物论和朴素辩证法的集大成者，将以道家学说为根基的中国古代朴素唯物论和朴素辩证法发展到中国封建社会里所能企及的哲学高度，也将道家黄老学派及与其一脉相承的历代学者所阐扬的历史见解、政治主张发展到中国封建社会里所能企及的理论高度，创造性地建构了以朴素唯物论和朴素辩证法为基础，融进步的历史观、政治观及爱国精神、民族意识、美学思想为一体的博大精深的思想体系。尽管王夫之未能摆脱封建主义的束缚而维护封建君主制度，尽管王夫之的思想不如李贽、黄宗羲等人激进并且还痛斥李贽，但王夫之不仅着眼于批判和否定，而更重视继承、总结、创新和建设，所形成的思想体现出的丰富性、系统性、深刻性、成熟性和科学性，却是封建社会里的学人所未能达到的。因此，王夫之思想的形成和出现，在相当程度上显示了楚文化精神在中国封建社会流变的最终结果，也在一定意义上标志着中国封建社会思想文化发展的终结。曾国藩《船山遗书序》云；“先生殁后，巨儒迭兴，或攻良知捷获之说，或辨易图之凿，或……号为卓绝。先生皆已发之于前，与后贤若合符契。”王夫之思想中的科学性、民主

① 王夫之：《黄书·原极》。
② 王夫之：《读通鉴论》卷二十四。
③ 王夫之：《读通鉴论》卷十三。

性因素，给后人以深巨影响。梁启超在《清代学术概论》中称道：“其治学方法，已渐开科学研究的精神。……其乡后学谭嗣同之思想，受其影响最多，尝曰：‘五百年来学者，真通天人之故者，船山一人而已。’”[①]章太炎也高度评价说：“当清之季，卓然能兴起顽儒，以成光复之绩者，独赖而农一家而已。”[②]

与黄、方、顾、王同时的汉阳（今属湖北武汉）人熊伯龙（1617—1669），相与阐扬了“道法自然”的宇宙观。他申述王充之说而强调：“天道无为，阳气自出，物自生长；阴气自起，物自成藏。”[③]有感于社会依然流行宗教神学、世人仍旧不辨迷信虚妄，他乃以王充《论衡》为基础，广取历代无神论者的言论，编著成“以辟神怪祸福之说为主”[④]的《无何集》。此书对儒家的“天人感应”论、谶纬神学，对道教、佛教的神仙鬼怪、祸福报应之说，对社会上流行的形形色色的迷信思想和迷信活动，给予了痛斥，较为全面、系统地总结和宣扬了中国古代的无神论思想，在后世起到了破除神学迷信、促进思想解放的作用。然而，熊伯龙囿于统治阶级立场，在批判神学迷信时往往极力维护儒家正统地位，使其思想的战斗锋芒大为减弱。

四、扬道批儒、承前启后的戴震

清贵族以武力统治中国后，即借助皇权大力标榜程朱、复兴理学、实行文化专制主义政策来稳固政权。但是，经晚明至清初的进步学者弘扬道家思想而对理学进行了深刻批判，尤其是王夫之对理学作了总结性的理论批判之后，清世理学之流，渟洄而无生气；“清世理学之言，竭

① 梁启超：《清代学术概论》，上海古籍出版社1998年版，第19~20页。

② 章太炎：《重刊船山遗书序》，《船山全书》第十六册，岳麓书社1996年版，第441页。

③ 熊伯龙：《无何集》卷一《天不故生人物》。

④ 熊正笏：《无何集·凡例》。

而无余华”[①]。颜元、李塨、洪亮吉、焦循等一批学者，则继承“道法自然”的思想传统，追踵明、清之际思想巨人的步武，从不同方面抨击了理学，而且还受资本主义萌芽的复活与滋长所形成的时代精神激励，表达出一些突破了封建意识形态的新思想。这其中，故楚之地人戴震的思想，最为鲜明地反映了中国思想文化由古代入近代的承前启后的变化和特征。

戴震（1724—1777），休宁（今属安徽黄山）人，博通经史，擅长考据、训诂和音韵，对天文、地理、数学、水利等自然科学也有精深的研究，是“乾嘉学派”的重要代表和清代中期杰出的自然科学家。他仰慕屈原，推崇屈骚，自言“予读屈子书，久乃得其梗概。私以谓其心至纯，其学至纯，其立言指要归于至纯。二十五篇之书，盖经之亚”[②]，于是撰成《屈原赋注》，意在使人“明其学，睹其心，不受后人皮傅用相眩疑”[③]。他立身与治学，皆以屈原为楷模，思想上深受屈原那与道家相契合的朴素唯物论天道观和爱国的政治主张的影响。

在宇宙观上，戴震肯定物质性的“气”之变化形成了天地万物，对屈原《天问》开篇提出的关于宇宙生成问题的诗句作了“气化贯满盛作”的阐明和发挥，进而强调“气化流行，生生不息，是故谓之道”[④]，并据此批判了理学家的“理生气”“道生器”等论点。在认识论上，他指出感性认识与理性认识的区别与联系，认为“耳目鼻口之官，接于物而心通其则”[⑤]，主张“分理（区分具体事物的特殊本质或特殊规律）”而“必就事物剖析至微而后理得”[⑥]。在社会伦理观上，他从“道法自然”论出发，强调“性之欲，其自然之符也；性之德，其归于必然也；归于必然适全其自然，此之谓自然之极致”[⑦]；指出“天理云者，言乎自然

① 章太炎：《訄书·清儒》，《章太炎全集》（三），上海人民出版社1984年版，第155页。
②③ 戴震：《屈原赋注自序》，《戴震全书》（三），黄山书社2010年版，第611页。
④ 戴震：《天道》，《孟子字义疏证》卷中，中华书局1982年版，第21页。
⑤ 戴震：《原善》卷中，《孟子字义疏证》，中华书局1982年版，第69页。
⑥ 戴震：《权》，《孟子字义疏证》，中华书局1982年版，第53页。
⑦ 戴震：《原善》卷上，《孟子字义疏证》，中华书局1982年版，第64页。

之分理也”[①]、“理者，尽夫情欲之微而区以别焉，使顺而达，各如其分寸豪厘之谓也”[②]；揭露理学的所谓“理欲之辩，适成忍而残杀之具”[③]、理学家“以为‘理宅于心’，‘不出于欲则出于理’者，未有不以意见为理而祸天下者也”[④]，是以所谓“天理公义”毁本性而害民生；谴责封建统治者及儒者“以理杀人”比“以法杀人”更随意、更阴毒、更残酷：

> 酷吏以法杀人，后儒以理杀人，浸浸乎舍法而论理，死矣，更无可救矣！[⑤]
>
> 人死于法，犹有怜之者；死于理，其谁怜之！[⑥]

在政治上，他称扬屈原的“美政”理想，主张禁贪暴、选贤能、省刑罚、薄税敛，又发挥道家思想而强调“君子之治天下也，使人各得其情，各遂其欲，勿悖于道义”[⑦]，进而提出以“富民为本”的“体民之情，遂民之欲而王道备”[⑧]的政治理想。

生活于文字狱祸最为惨烈的雍、乾之世（1723—1795），戴震也不得不以尊儒的面目、疏《孟》的方式、“复古”的手段来阐发自己的思想。他的思想，虽然基本上直接继承了晚明至清初的启蒙思想家的思想，但是，正如他自称：“仆生平论述最大者，为《孟子字义疏证》一书。此正人心之要。今人无论正邪，尽以‘意见’误名之曰‘理’，而祸斯民，故《疏证》不得不作。”[⑨]梁启超推崇备至：“《疏证》一书，字字精粹……其哲学之立脚点，真可称二千年一大翻案。其论尊卑顺逆一段，实以平等精神，作伦理学上一大革命。其斥宋儒之糅合儒佛，虽辞带含蓄，而

① 戴震：《理》，《孟子字义疏证》，中华书局1982年版，第2页。
② 戴震：《答彭进士允初书》，《孟子字义疏证》，中华书局1982年版，第166页。
③④ 戴震：《权》，《孟子字义疏证》，中华书局1982年版，第58、53页。
⑤ 《与某书》，《孟子字义疏证》，中华书局1982年版，第174页。
⑥⑧ 戴震：《理》，《孟子字义疏证》，中华书局1982年版，第9~10页。
⑦ 江藩：《戴震》，《国朝汉学师承记》卷五。
⑨ 戴震：《与段若膺书》，《孟子字义疏证》，中华书局1982年版，第186页。

意极严正，随处发挥科学家求真求是之精神，实三百年间最有价值之奇书也。”①在此书及其他著作中，戴震对“理”所作的哲学阐释，提出的“分理”和“心通其则”说、关于理学“以理杀人”这一罪恶本质的深刻揭示和激愤抨击，以及“论治以富民为本”②等，则是体现了时代精神而对明、清之际启蒙思想的新发展，反映出理性主义、民本意识和民主精神在明清时期的日益强化，预示着近代以自然科学实验为基础的唯物论哲学和以民主为核心的政治思潮的兴起。

第四节　武当道的兴起与道、禅的式微

实行空前集中、高度强化的君主专制统治的明、清两朝，对宗教采取了严格限制和适当利用的政策，加之资本主义生产关系萌芽、启蒙思潮兴起、外国科技和宗教传入、科学文化日渐昌明，作为汉族传统宗教的道教和佛教主脉的禅宗，因失去了统治者的大力扶植、上层社会的广泛支持、宽松的文化环境和精神的吸引力量，也就无可奈何地衰微下去了。尽管其间某些帝王出于政治需要或长生企望等原因而崇道尚佛，如明成祖的崇道、明世宗的佞道、清世祖的好禅，使得道、禅一度出现贵盛或中兴的景象，典型之例即“武当道”的兴起，但皆不能改变道、禅衰微的总趋势。

这一时期的道、禅衰微，表现为政治地位的日益下降、理论学说的陈陈相因、教派分化的基本停止、教团组织的腐化涣散、知识阶层的冷落鄙夷。受到专制王朝管制和上层社会遗弃的道、禅，只能主要在民间流行并且日益世俗化，也因此日显粗陋并且演变出许多通俗形式的民间宗教。

---

① 梁启超：《清代学术概论》，上海古籍出版社1998年版，第42页。

② 洪榜：《戴先生行状》，《戴震文集·附录》，中华书局1980年版，第259页。

兴盛在封建社会的道、禅，势必随着封建社会的衰落而式微。

一、“武当道”的兴起

明太祖朱元璋夺取天下，曾利用道士为其制造顺天应命的舆论和争取民心，多次礼聘龙虎山第42代张天师。登基为帝后，他一方面表示尊崇道教，笼络道教首领，利用道教来安定民心、稳定秩序；另一方面则采取了对道教的严格限制和管理措施，如去“天师”号而改授正一道首领为“正一嗣教真人”，贬抑教权而将之束缚于君权之下，设专司“专一检束天下道士”，实行严格的“度牒”制度裁抑道士，禁止道士结社蠹政，还御注《道德经》将道教理论纳入“养生治国之道”。于是，道教在洪武年间（1368—1398）势力陡削。

后继的明惠帝和明成祖，亦不宠信道教。成祖还对太祖制定的各种约束道教的规章制度，作了增补而使之更加完备。不过，主要出于政治需要，成祖崇奉道教的真武神，大兴武当宫观，以致道教虽未在全国范围内复兴，却在武当一地大盛，形成中国道教史上颇具特殊性的“武当道”。

“武当道”因形成在今湖北丹江口市境内的武当山而得名。

武当山，一名太和山，地处巴山主峰之北、丹江口水库之南，邻近古时南北交通要道的随枣走廊及南襄盆地，山高林密，峰峻谷险，洞深涧长，自然景观雄奇壮丽、恢诡清幽。早在道教初创时的汉末，武当山区就传入了形成于毗连之地汉中的五斗米道。魏晋南北朝时期，避世修身而入山学道者益多。唐代，武当已为道教名山。杜光庭的《洞天福地岳渎名山记》，列武当山为道教七十二福地的第九处。东晋的谢允、南朝的刘虬、唐朝的吕洞宾等道教名士曾在山中修炼。五代末，道教“老祖”陈抟隐居武当山九室岩“服气辟谷，历二十余年”[1]。由于陈抟在道教

---

① 《宋史·陈抟传》。

史上的重要地位及与北宋皇室的亲密关系[①]，武当山大概也在宋代的名气和道教史上的地位大增。元代，武当山已有相当规模的道场和正一、全真两大道派属下的众多支脉。

道教谓武当山是“玄天上帝”即“玄武”的得道飞升之处，武当山也因此得名。元代道士刘道明在《武当福地总真集》中述：

> 中岳佐命之山……乾兑发原，盘亘万里，回旋若地轴天关之象，地势雄伟，非“玄武”不足以当之，因名之曰“武当”。

据道教传说，武当山便成了崇祀“玄武”的道教福地。“玄武”本古代神话中的北方天神，即二十八宿中排列形状犹似龟或龟蛇合体的北方七宿，与青龙、白虎、朱雀并为四方之神。《淮南子·天文》：“东方……其兽苍龙。……南方……其兽朱鸟。……西方……其兽白虎。北方……其兽玄武。”“玄武”神话在先秦楚地甚为流行，关于“玄武”的最早记述即见于《楚辞·远游》[②]。战国晚期的楚人之作《鹖冠子》中，有“取法于天，四时求象，春用苍龙，夏用赤鸟，秋用白虎，冬用玄武”之说。道教将“玄武”纳入其神仙系统，将神话中为龟蛇合体形象的“玄武”增创成着黑衣、披长发、执长剑、踏龟蛇的道教天神形象，并说它是雷部至尊天神和道教始祖老子的“变化之身”，因而大加尊崇。宋初，崇道的赵皇室便奉祀“玄武”。宋真宗避所尊圣祖赵玄朗讳，改“玄武”为“真武”，封之为“真武大帝”。自唐宋以来，奉祀“玄武”的道教习俗在武当山周围的故楚之地湖北、河南南部尤盛，当与“玄武”神话自先秦以来在楚地大为流行不无关系。

---

① 参见前章第四节。

② 《楚辞·远游》：“时暧曃其曭莽兮，召玄武而奔属。”洪兴祖《楚辞补注》：“二十八宿，北方为玄武。说者曰：‘玄武，谓龟蛇。位在北方，故曰玄；身有鳞甲，故曰武。’”《楚辞·远游》当为屈原的作品，说详拙著《楚文学史》（湖北教育出版社2020年版）。

明代初年，著名道士张三丰隐居武当、阐扬教义，明太祖“闻其名，洪武二十四年（1391）遣使觅之，不得”①。武当山却因此名声大振，武当道教也开始了其发展的新时代。明成祖发动“靖难之役”，在北方起兵时假托有北方天神“真武大帝”的佑助。夺得皇位后，成祖乃大崇“真武”，有意借“真武”神威以稳固其帝位。道士亦宣称武当山出现了“真武大帝”显身其中的祥瑞彩云，并绘制《太和山祥瑞图》进献成祖。成祖便遣近臣入武当访求张三丰多年，又御制“真武庙碑”“大岳太和山道宫碑”，在京城营建宫观供奉真武，在武当山大规模营建宫观。据史籍记载，成祖自永乐十年（1412），“命工部侍郎郭琎、隆平侯张信等，督丁夫三十余万人大营武当宫观，费以百万计”②，历时七年建成八宫、二观、三十六庵堂、七十二岩庙等的庞大道教宫观建筑群，还特别在天柱峰顶铸铜为殿以供奉铜铸鎏金真武神像。如此由帝王敕命、国家出巨资而大营一地道观，在中国历史上恐怕绝无仅有了。自此，“真武大帝”成了明王朝特别崇奉的天神，张三丰成了明皇室最为敬重的道士，武当山成了“皇室家庙”及全国最大的道场，武当道教则因王朝的大力扶植和张三丰的修炼创宗而形成别具一格的道派。

张三丰，号三丰、玄玄子等，生卒年不详，传说甚多。据称其读书过目成诵，精通三教经典，入武当后隐匿不出，潜心修道，时而云游，明太祖、成祖皆访求不得，颇有不阿权贵、守志固节的道家高士风范。流传其在武当南岩所作“讽诗”云：“三丰隐者谁能寻，九室云岩深更深。漠漠松烟无墨画，淙淙涧水没弦琴。玄猿伴我消尘虑，白鹤依人稳道心。笑彼黄冠趋富贵，并无一个是知音。”③然而，其名更高，望更重。明成祖《访三丰书》说：“皇帝敬奉书真仙三丰张先生足下：朕久仰真仙，渴思亲承仪范，尝遣使奉香致书，遍诣名山虔请。真仙道德崇高，

①② 《明史·张三丰传》。

③ 张三丰：《隐居吟武当南岩中作》，《张三丰先生全集》卷五。

超乎万有，体合自然，神妙莫测。……”[①]成祖乃敕建“遇真宫”290间以供奉其铜铸鎏金像，英宗封其为“通微显化真人”，宪宗封其为“韬光尚志真仙”，世宗封其为“清虚元妙真君”。其著述颇丰，后人辑有《三丰丹诀》《张三丰先生全集》。

据张三丰的著述可知，他重修炼内丹，强调“未炼还丹先炼性，未修大药且修心”[②]，先全人道而后求仙道。他的内丹学说，援据道家哲学而联系着宇宙的生成来探究人的生命之源。在修炼方式上，他继承南宗传统，主张“大隐市廛、积铅尘俗”、于尘俗市廛中炼性修心，颇有独到之处；在教义上，他主张三教合一、融通三教以穷理尽性。另外，他又始创“以静制动”的内家拳技。拳技的定名、路数、目的皆引申于道教经典的义理，吻合《老子》关于“无为而无不为”“柔弱胜刚强”“长生久视”的思想。拳技也逐渐发展为包括太极拳、八卦拳、形意拳、大成拳、武当剑等系统的内家拳技，形成有别于北方佛教少林拳的南方道教武当拳。黄宗羲《王征南墓志铭》记述：“少林以拳勇名天下，然主于搏人，人亦得而乘之。有所谓内家者，以静制动，犯者应手即仆，故别少林为外家，盖起于宋之张三峰。三峰为武当丹士。徽宗召之，道梗不得进，夜梦玄帝授之拳法，厥明以单丁杀贼百余。”[③]经张三丰在武当山著书立说、授徒传道及明王朝对张三丰的推崇和对武当道教的扶植，以奉祀“真武大帝”、主张三教合一、重视内丹修炼、演习内家拳技为特色的“武当道派”，便形成且隆盛了。

有明一代，诸帝派近臣管理武当道宫，武当道教的香火极旺。明代诗人洪翼圣在《武当道中杂咏》中描述所见景象：“五里一庵十里宫，

① 《张三丰先生全集》卷八。
② 张三丰：《道情歌》，《张三丰先生全集》卷四。
③ 此述最早说明内家拳技源自武当山道士张三峰（丰），广为世人信从。此述描写的张三峰在北宋末年故事及其内家拳技得授，则神奇诡异。北宋末年应宋徽宗征召的张三峰，怎能活到近300年后的明代为明太祖、成祖寻访？内家拳技也不会是张三峰于应召北上途中，夜梦而得到真武大帝授予。黄宗羲所述，当为神化张三丰的传说。

丹墙翠瓦望玲珑。楼台隐映金银气，林岫回环画镜中。”可是，朱明王朝衰亡后，朱明皇室的家庙也莫能再盛。历清至民国，武当道教日渐式微。

二、道教的衰落

明初帝王虽然严格检束道士，但也重视利用道教、借助神权来巩固皇权，于是形成了明代皇室与道教关系密切的传统。其后，明代诸帝为了求长生、延广嗣、保平安、助淫乐等，大都广设斋醮、笃信方术、宠任道士，道教也获得发展。宪宗、孝宗都崇奉道教，道教在宪、孝两朝又颇兴。至世宗朝，由于世宗佞道至极，道教便在嘉靖年间（1522—1566）盛极一时。

世宗由藩王（其父兴王封地于湖广安陆、今湖北钟祥一带）登上皇位，又时逢明王朝危机已深，加上自己体弱多病，因而尤其渴望长生不死而永保尊贵，以致崇佞道教、沉溺方术、热衷斋醮、喜好祥瑞。他即位不久，便事无大小，“系请于神”，对进奉“却疾不老”的丹药及春方、媚药、房中术的道士大行封赏，并且毁寺逐僧、专奉道教，用于斋醮及营建宫观的费用巨大，不仅效法宋徽宗自封道号而集天仙、教主、皇帝于一身，甚至对他的父母也都尊以道号，成为较宋徽宗有过之而无不及的佞道昏君，导致自己死于丹药。明王朝于是更加民穷财竭和政败国乱，道士却因此活跃于朝野，道教也因此泛滥于天下。

重视利用道教的朱明王朝，也重视道书的收集汇编。成祖登基后，即敕令43代天师主持编纂《道藏》。直至英宗继位，方诏命道士校定刊成《正统道藏》5305卷。神宗时，又由50代天师主持编成《万历续道藏》180卷。明代正、续《道藏》的编成刊出，弥补了历经兵火及元代佛、道之争中几次焚经造成的前代《道藏》散失之阙。明版《道藏》尽管内容芜杂，却是现存唯一的官修道教经书总集，保存了大量思想文化和科学技术史料。

晚明诸帝鉴于世宗佞道而祸国害己的教训，恢复了检束天下道士的政策，加之晚明社会出现了资本主义生产关系的萌芽及兴发了哲学启蒙思潮，道教的隆盛时代就一去不复返了。

清朝贵族与汉族传统宗教无甚渊源，更不信仰道教，但入关以后为笼络汉人、统治中国，明确表示“清静之教，亦所不废”。顺治帝还亲撰《御注道德经》以推崇老子、肯定道教。随着清政权的巩固，清王朝乃对道教严加抑制，敕令道教首领“务使异端方术不得惑乱愚民”。清代诸帝，罕有宠信道士者，亦不大行斋醮祈禳之事。道教在清代失去了帝王的青睐，又随社会发展失去了士大夫的信奉，自是一派颓波。

不过，由明至清逐渐远离上层社会的道教，在科学文化知识尚未普及、鬼神迷信依然风行、现实苦难十分深重而心理慰藉不可或缺的民间，还有着生存的丰沃土壤和发展的广阔市场，故犹似它在汉末兴起于民间那样，重又回到民间蔓延。只是重回民间的道教，日益世俗化、粗陋化、芜杂化，甚至放弃了对教主老子的尊崇和对道教义理学说的承传，仅为满足民众的心理需要而混融三教、奉祀诸神，唯重做诵经拜神、斋醮祈禳、念咒画符、扶乩求签、降魔打鬼之类的法事，虽沿袭了一些楚地传统巫风的遗习，却致使与楚文化精神有着直接渊源关系的正统道教发生了巨大变异，并且融化到民间的泛神信仰中，衍生出多种民间宗教，如黄天教、红阳教、混元教、八卦教、义和拳等。

明清道教，上承宋元，基本上仍分统合符箓诸派的正一和汇总丹鼎炼养诸派的全真两大派系。明太祖起于南方民间，重视利用在民间广有影响的正一道，礼聘龙虎山天师，认为全真道以修身养性独为自己，正一道却有益人伦、厚风俗的大功。明代诸帝大都宠信正一道士，笃信巫道方术。因此，明代道教，是正一显贵活跃而全真沉隐寂静。可是，重视阐扬教义学说、以修身养性为本、鄙夷功名利禄、主张遁隐潜修的全真道，与贵盛于明代而日益腐化堕落的正一道形成鲜明对照，较正一道的理论色彩更强、社会声誉更好，也更能吸引有文化素养和讲志节操守的人士，故在明代依然有着较强的生命力。张三丰开创的“武当道”，即与全真道甚为投合。尽管明王朝曾命正一天师为武当山重要宫观选任住持，又曾选任正一道士为武当山道官——“太和山提点”，但武当道终归逐渐并入全真道。明、清之际，一批满怀国破家亡之痛、深以剃发易服为耻的明朝遗民被迫加入全真教团，以致全真道在清初一度出现中兴景象。全真道龙门派道士王常月在明、清之际特定的历史条件下，迎合汉人的民族心理，利用清初统治者笼络汉人、宽待道教的政策，清整戒律，公开传戒，大阐宗风，使得龙门派兴盛于长江中下游的故楚之地、遍传于南北四方之域，形成清代全真道的“龙门半天下”状况。武当山即因王常月于康熙二年（1663）在玉虚宫立坛传戒，致使龙门派道士遍及各大宫观、武当道归入全真道。武昌长春观，成了天下龙门派大丛林之一。庐山、南京、苏州、杭州以及北京、西安、成都等地无不有龙门支派的宫观。于是，清代道教虽然日益衰落变异，但比较而言，全真道却比正一道更具活力，也比正一道较多地保持了道教传统而联系着楚文化精神。

三、佛禅的颓暮

明太祖朱元璋曾削发为僧，又是参加佛教变种——白莲教的教徒最初发动的农民起义而最终登极为帝的，故深知佛教的社会利弊。他表面上大办法会以“振扬佛教”，实际上却全面清理和整顿佛教，将佛教纳入专制王朝的控制之下。明成祖以僧人道衍为谋士篡得帝位，在位期间既尚道亦崇佛，重视利用佛、道而对佛教的约束有所放松。其后的诸明帝，除佞道的世宗外，大都保护和利用佛教以企其护佑王朝统治。清朝统治者对待佛教，不像对待道教那样忌防。顺治帝甚至迷上禅宗而产生了出家的念头，曾向禅僧性聪（憨璞）请教佛法大意，并封其号为“明觉禅师”。康熙帝虽不信道、佛，却也承明制而重视保护和利用佛教。雍、乾两帝，则或信任禅僧，或大举译经刻经。在明、清诸帝的保护下，佛教尚有较大的规模。不过，独尊理学而力行专制的明、清统治者，对佛教及道教的保护是有限的，加上如前所述的社会的和历史的原因，佛教也犹似道教，理论无甚发展、素质日益低下，渐失活力而徒具形式。至嘉庆年后，清朝转衰。帝王无力保护佛教，佛教便大显颓势。由佛教演变而融会道、儒观念的民间宗教，如白莲教、大乘教以及直接源于禅宗并带有浓重的道教色彩的无为教等民间宗教派别，则兴盛起来。

佛教在明、清两代的发展，仍主要是禅宗临济、曹洞两系的传承，两系也仍主要在南方传承。就规模和影响而言，临济之势又略盛于曹洞。

临济一系，入明之初以楚石梵琦（1296—1370）最为著名。他受到明太祖礼遇，两次奉诏参加在南京蒋山举行的法会，享有“国初第一宗师”之誉。明中叶后，笑岩德宝（1512—1581）进一步融道入禅、阐扬禅风，名震海内，所宣扬“玄参妙悟”境界云：

> 大道无为无不为，两端拈却复何之。空拳赤手胡支遣，满目盈怀假主持。教诲来自容不度，宗门无处著思维。玄参妙悟输先觉，愧我浑沦总不如。[①]

德宝的法嗣正传（1549—1614），门下有圆悟、圆修和圆信三大高僧，各自传禅一方，时称“临济中兴”。其中又以圆悟（1566—1642）“名闻九重”。圆悟精研《老子》，援道说禅，讲求“悟境”，开堂说法而一时“言满天下”[②]，清康熙四十四年（1705）被追赐“慧定禅师”谥号。他的弟子众多，以道忞（1596—1674）、通容（1593—1661）、海明（1597—1666）、法藏（1573—1635）嗣法传脉而遍及全国。道忞在清初奉诏为顺治帝说法，受赐“弘觉禅师”之号。圆修门下的通琇（1614—1675），也在清初奉诏为顺治帝说法，受赐“大觉禅师”之号，并相继被加封号为“大觉普济禅师”“大觉普济能仁国师”。因道忞、通琇受清帝厚遇而名重朝野，临济宗也在清代势力仍大。

曹洞一系，在明代由慧经（1548—1618）大倡宗风。慧经力主农禅并作，晚年定居江西新城（今黎川）寿昌寺，躬率开田，不厌其劳，“生

---

① 见德宝《笑岩集》。

② 道忞：《明天童密云悟和尚行状》。

平佛法，未离镢头边也”[①]，发扬了禅宗源于道家精神的山居野处、避世独立的风格，因而声誉远播，“四方纳子闻风而至者，日渐集”[②]，成为明代中兴曹洞宗的重要人物。其弟子元来（1575—1630）、元贤（1578—1657）又进而融会佛教诸派思想，宣扬“宗教殊途，皆归一致”，强调佛、道、儒“三教一理”，并在楚、吴、越、闽间广传佛法，形成与临济宗并峙的局面。明末清初，更多地保持了禅宗本色的曹洞宗，则成了许多坚守民族气节、反抗民族压迫的士子遗民的皈依之门。著名哲学家、科学家、爱国志士方以智，为避清军搜捕而出家为僧，即拜曹洞宗名僧道盛（1592—1659）为师，晚年在楚、吴、闽间讲谈佛法、研究学术。明末礼部尚书之子韩宗騋，皈依曹洞宗后更名函可（1612—1660），作《再变记》褒扬抗清志士、宣传反清思想，遭清廷拘捕拷打而坚贞不屈，被发配辽沈仍大倡曹洞宗旨、交结气味相投的流人文士，组织了辽沈地区第一个文人社团“冰天社”，被奉为东北曹洞宗的“开山鼻祖”。至清代中期，曹洞宗虽无受朝廷礼遇的名僧，却在社会上赢得了良好的声誉。而文人学士、缙绅遗民的皈依，又提高了其质量。故其不仅一脉仍兴，而且在理论阐扬上还略胜于临济宗。

净土、天台、华严等佛教诸宗，历宋元至明清，虽也法脉未绝，但始终无力振扬宗风，只是或依托禅宗，或勉强维持。

第五节　科学巨著的产生与地域文化的积淀

宋元时期达到高峰的中国古代科学技术，至明、清两代却步履蹒跚而落入其发展的滞缓期。在高度集权的君主专制统治下，在理学独尊的文化专制主义高压下，在重本抑末的政策贯彻下，在闭关锁国的社会环境里，学人士子思想受禁锢、生途无选择，大都只知读儒家“圣贤之书”、

①② 德清：《寿昌无明大师塔铭》。

走科举入仕之路，无暇也不屑于为无关功名进取之事、有关生产劳动之学。梁启超在《中国近三百年学术史》中指出：“明朝以八股取士，一般士子，除了永乐皇帝钦定的《性理大全》外，几乎一书不读。……清初袭用明朝的八股取士，不管他是否有意借此愚民，抑或误认为一种良制度，总之当时功名富贵皆出于此途，有谁肯抛弃这种捷径而去学艰辛迂远的科学呢？”中国古代科技经长期发展，已有丰富的积累，迫切需要饱学之士作理论的总结和科学的创新。但封建帝王为维护一家天下的稳固却因循守旧，学人士子大多为稻粱谋而弃之无继。例如，本在中国长期发达的天文历法及与之密切相关的数学，至明代几乎成了绝学。明王朝因此没有像往昔历代王朝那样改正朔、颁新历以体现其权威，只能沿用郭守敬的《授时历》（明代改名为《大统历》），却不能修正其长期使用后的误差。这是明朝的悲哀，更是中国的悲哀，典型地反映了封建专制主义高度强化后对中国发展的损害。专制主义的高度强化，是中国封建社会没落的表现。中国古代科技发展的滞缓，则是封建专制主义高度强化的结果。当西方世界经文艺复兴并随资本主义发展和产业革命而诞生了近代科学技术之后，当近代科学技术在西方世界全面飞跃并促进生产力迅猛发展之后，繁荣千余年并在世界上长期领先的中国古代科技，就日益落伍了，古老的中国也日显贫弱、日见衰败而终致成了听任西方列强宰割的羔羊。

当然，中国古代科技发展在明清的滞缓，并非意味着毫无成就。只要人类活动、社会生产不停止，为满足生活、生产不断增大之需要的科技也会在以往积累的基础上有所发展。明代后期专制王朝的腐败衰落和明清之际的改朝换代，使得一些文士绝意仕进、解放思想、潜心治学而从事科学研究。资本主义在明清的萌芽，也要求并促进科技的进步。因此，明清科技在一些方面仍有着突出的成就，尤其是出现了一批集大成的科学著作。

同前代一样，明清的许多科技成果都产生在南方故楚之地。明清的科学巨著，则几乎全出自楚地学人之手。这主要是南方经济发达的缘故，也是地域文化传统的影响和文化积淀的产物。

一、《本草纲目》与医药学

在前代积累的基础上，传统医药学至明清又有较大发展。诸如民间医方得到了广泛的收集和整理，以往的医学著作被进一步研究，医学分科已成制度且医术日精，药物学的成就显著而本草著述大量涌现等。故楚之地人万全、吴昆、陈实功、喻昌、叶桂、吴瑭、吴有性、傅仁字、徐大椿等，都在不同方面对医药学的发展作出了贡献。李时珍的《本草纲目》，则具有代表性地反映了明初至清中叶的医药学成就。

李时珍（1518—1593），蕲州（今湖北蕲春）人，生于医家，14 岁即中秀才，3 次乡试未中，23 岁后便绝意于科举，成为一方名医。行医中，他深感以往《本草》之作分类杂乱，且"舛缪差讹遗漏不可枚数，乃敢奋编摩之志，僭纂述之权，岁历三十稔，书考八百余家，稿凡三易，复者芟之，阙者缉之，讹者绳之。旧本一千五百一十八种，今增药三百七十四种，分为一十六部，著成五十二卷，虽非集成，亦粗大备，僭名曰《本草纲目》"①。

《本草纲目》收载药物 1892 余种、药方 11096 条，附图千余幅。诚如学者所言，它相当全面地总结了中国古代药物学，采用了当时最科学的药物分类法，系统地记述了各种药物知识，订正了以往本草著作的讹误，补充了以往本草著作的遗漏，而且对人体生理、病理、疾病症状、卫生预防及植物、矿物、物理、化学、农学、气象、天文等许多方面都有所论述，不仅将药物学研究提高到一个新的阶段，而且丰富了中国古代乃至世界的科学宝库，具有珍贵的文化价值。

集中国古代本草学之大成又广聚博物学知识的《本草纲目》，刊行不久便流传到日本，继而逐渐流传到朝鲜乃至欧洲、北美，对世界医药学及植物学、矿物学、化学等学科发展产生了深远影响，被 19 世纪的

---

① 王世贞：《本草纲目序》。

西方科学家称为“古代中国的百科全书”。李约瑟评赞：“无疑地，明代最伟大的科学成就是李时珍的《本草纲目》。这部‘本草’系列的最高峰著作于 1578 年完成，1596 年出版。李时珍在和伽利略—维萨留斯的科学运动完全隔离的情况下，能在科学上获得如此辉煌的成就，这对任何人来说都是难能可贵的。”[①] 李时珍的卓越贡献，也在世界范围内得到高度肯定。1951 年，在柏林召开的世界和平理事会上，李时珍被选定为世界文化名人，成了首位在世界上受到推尊和纪念的中国文化名人。

入清以后，浙江杭州人赵学敏（1719—1805）和河南固始人吴其濬（1789—1847），又分别撰有《本草纲目拾遗》和《植物名实图考》，为《本草纲目》拾遗补缺、纠谬正误，也有较高的科学价值。

二、《乐律全书》与天文、数学

天文、数学入明以后虽然发展滞缓，但也有少数学者致力研究并颇有贡献。其中，明代中晚期的朱载堉，在这方面成就显著而具有世界性影响。

朱载堉（1536—1611），号句曲山人，明宗室郑恭王朱厚烷世子。“笃学有至性”，伤时世而历变故，不恋尊荣，让出国爵，外居静处，自称道人。他怀道人之心，为科学之业，潜心研究乐律学、天文学、数学、物理、计量、舞蹈等，晚年奉诏将毕生主要研究成果汇辑成《乐律全书》进呈朝廷。

《乐律全书》，包括《圣寿万年历》《万年历备考》《律历融通》《算学新说》《律学新说》《律吕精义》《乐学新说》《旋宫合乐谱》《小舞乡乐谱》《宋儒朱子论舞大略》等。另外，朱载堉还有《嘉量算经》《古周髀算经圆方勾股图解》《律吕正论》《瑟谱》等著作。朱载堉的最大成就，是在世界上首先发明并运用了“新法密率”这一计算原理而创建了乐律学上的十二平均律理论，解决了十二律自由旋宫转调的

① ［英］李约瑟著、袁翰青等译：《中国科学技术史》第一卷《导论》，科学出版社、上海古籍出版社1990年版，第151页。

千古难题。此外，他利用数学成果和采用先进的计算方法，精确地计算出回归年的长度值，证实了长期袭用《授时历》所形成的偏差，提出了修订历法的建议；还发明并介绍了运用珠算进行开方的计算知识。可是，尽管他“上历算岁差之法及所著乐律书，考辨详确，识者称之”①，却并不受朝廷重视。他进献的乐律、乐舞书，皆被“宣付史馆，以备稽考，未及施行”②；关于天文、数学的成果和修订历法的建议，也因“台官泥于旧闻，当事惮于改作，并格不行”③而埋没不彰。直到近代，朱载堉的成就才被社会重视，尤其是十二平均律理论传到海外给予欧洲音乐界以巨大影响。著《中国科学技术史》的英国学者李约瑟说明：“朱载堉经过三十多年的仔细研究和实验，于1584年提出了十二平均律。他利用数学方法等分了八音度之间的音符，得到了一个音程完全相等的音阶。……他的平均律与欧洲后来出现的平均律完全相同。……研究表明，直到1577年，西欧还没有人掌握十二平均律。直到1620年前几年，佛兰芒物理学家西蒙·斯蒂芬才提出了有关这种平均律的理论。……无论从哪方面看，朱载堉的发现都可以称得上是中国人两千年来在声学实践和研究中取得的最大成就。”④李约瑟盛赞朱载堉“虽然远离欧洲，但他同是文艺复兴时代的人”。

自明末由欧洲传教士输入西方先进的天文、数学知识后，具有开放传统又得风气之先的南方故楚之地人，最为关注、也最为踊跃地吸收、介绍并重新整理古代天文数学著作或开始结合中、西成果以展开研究。在这些方面颇有贡献的，有徐光启、王锡阐、方中通、梅文鼎、阮元、李锐、戴震、李潢、焦循等。

商业数学和珠算知识，随明、清的经济发展而得到快速推广和普及。

---

① 《明史·诸王列传四》。

② 《明史·乐志》。

③ 《四库全书总目·圣寿万年历》。

④ ［英］李约瑟原著、［英］科林·罗南改编、上海交通大学科学史系译：《中华科学文明史》第二卷，上海人民出版社2002年版，第419页。

商品经济发达的南方，也对之尤为重视。

珠算的发源地，当在故楚之地的长江下游。东汉末年，徐岳在《数术记遗》中记述，他的老师刘洪“博识多闻，偏于数术”，曾在天目山（今浙江北部）见到一位隐士，问知包括“珠算”在内的 14 种算术。至宋元时期，算盘和珠算已较为普遍地应用，并且主要在南方发展。明初 1371 年金陵（今南京）刊印的看图识字儿童读物《魁本对相四言杂字》中，有一幅梁上二珠、梁下五珠的十档算盘图。这是现知最早绘有算盘图的书籍，证实珠算及其算具已在当时民间普及。仁和（今杭州）人吴敬于 1450 年撰成的《九章详注比类算法大全》，是现存最早记述“算盘”和珠算术的著作。徽州（治今安徽歙县）人程大位于 1592 年撰成的《直指算法统宗》，是一部珠算术专著，对珠算术作了系统详尽的介绍。它的产生和流传，标志着中国古代应用数学由筹算转变到珠算的完成，对于珠算的传播、普及和发展起到了很大的促进作用。

三、《农政全书》与农学

中国古代以农为本，农业科技积累丰富。至明清时期，随经济发展和资本主义萌芽，农业生产也有了新的发展，阐述农业新知识、反映农业新科技和总结传统农学的农书因而大量涌现。徐光启的《农政全书》，则是这一时期的农学代表作。

徐光启（1562—1633），上海人，“雅负经济才，有志用世”[①]，官至礼部尚书。明末政治腐败，使他“志不得展”，且屡遭打击，但他“宽仁果毅，淡泊逢好，生平务有用之学，尽绝诸嗜好，博方坐论，无问寝食”[②]，并曾“从西洋人利玛窦学天文、历算、火器，尽其术，遂遍习兵机、屯田、盐策、水利诸书”[③]，还与利玛窦合作翻译了欧几里得《几何原本》

①③ 《明史·徐光启传》。

② 查继佐：《徐光启传》，《罪惟录》卷十一下。

前六卷、《测量法义》和《测量异同》两部应用几何学著作，又自译水利著作《泰西水法》、借鉴西方天文学知识而主持编纂《崇祯历书》百余卷等，始终追求以科技兴国强国。其爱国之志、果毅之性、淡泊之心、开放之怀、进取之为，皆体现出楚文化的优良传统。晚年，他虽因忠贞坚韧、博学多能而“以本官兼东阁大学士，入参机务”[①]，明王朝却崩亡在即，加之他年老体衰，朝政被误国权臣把持，故莫能有所建树，“入参机务”的次年，便赍志而殁。

皇皇60卷50余万字的《农政全书》，是徐光启一生关注农业、研究农书、从事农业科技实验的结晶。他宣扬传统的“农本”思想，主张“富国必以本业，强国必以正兵”，故以毕生主要精力，“察地理，辨物宜，考之载记，访之土人”[②]，终于“缀而成书”。全书分作12目，即农本、田制、水利、农器、农事、树艺、桑蚕、桑蚕广类、种植、牧养、制造、荒政，涉及农业生产、家庭生活诸方面，可谓“考古证今，广咨博讯”而集古代农学之大成的巨著，并且反映了作者的爱国精神、政治主张，提出“人力之至，亦或可以回天”这种肯定科技力量、强调人的主观能动性的思想，还吸收了西方科学技术。由于是以“总括农家诸书”为基础，以中国古代农业最发达的时代和地区——明代晚期的江浙地区为背景、以吸收了先进的西方科学所形成的思想和方法为指导，《农政全书》体现了明代农学的最高成就，也达到了中国古代农学发展的顶峰。

四、《徐霞客游记》与地理学

地大物博的中国，地理学一直颇为发达。入明以后，地理学探索虽然稍显沉寂，但自明中叶始又兴起。明后期至清中叶，各种地理学著作络绎不绝地产生。来华传教士输入的西方地理学知识，更促进了这一时期地理学的发展。这一时期成就最大的地理学著作，是徐弘祖的《徐霞

---

① 《明史·徐光启传》。

② 张溥：《农政全书序》。

客游记》。

徐弘祖（1587—1641），号霞客，江阴（今属江苏）人。自幼“特好奇书，侈博览古今史籍及舆地志、山海图经以及一切冲举高蹈之迹”[①]，虽也曾“俯就铅椠”，但应试失败后即弃绝功名，向往“问奇于名山大川”。从22岁开始，他轻装徒步，跋山涉水，攀崖越壁，赴艰历险，探奇寻幽，驰行数万里，踯躅30多年，游踪遍及当时14省区（约今20省区）大半个中国，并在旅行考察的同时，具体记录了所见所闻和研究所得，最终汇成《徐霞客游记》。“……天下畸人癖爱山，负铛泻汗煮白石。江阴徐君杖履雄，自表五岳之霞客。……”[②]徐霞客怀投合自然之情志，具逍遥出尘之胸襟，“不喜谶纬术数家言”[③]，不拘圣人经典之说，将关注自然、问奇究玄、参验考实、远游高蹈的道家精神，发扬为艰苦卓绝地探索大自然奥秘的科学求真精神，因此成奇人而著奇书，所谓“是非先生之人之奇，不能有此游之奇，而非先生之游之奇，亦不能成此书之奇也”[④]。其人，首先通过亲历其境的科学考察以进行实事求是的地理学研究而成为近代地理学先驱；其书，则是中国历史上第一部经实地考察、据科学实践而完成的地理学巨著。

《徐霞客游记》传世本12卷60多万字，内容丰富多彩，包括山岳脉络、江河源流、地势地貌、岩石洞壑、瀑布温泉、动物植物、矿产资源以及风土人情、边陲防务、民族关系等，其中主要的还是对自然地理的生动翔实的记述和客观深入的考证。例如，《楚游日记》记述徐霞客寻至三分石分水岭而弄清楚三分石是潇水、岿水、沲水的分水处后，指出了“三分石俱称其下水一出广东，一出广西，一下九疑为潇水、出湖广”

①③ 陈函辉：《徐霞客墓志铭》，《徐霞客游记》卷十下，上海古籍出版社1980年版，第1184、1187页。

② 黄道周：《七言古一首赠徐霞客》，《徐霞客游记》卷十下，上海古籍出版社1980年版，第1157页。

④ 奚又溥：《徐霞客游记序》，《徐霞客游记》卷十下，上海古籍出版社1980年版，第1259页。

的错误。《溯江纪源》则以实地勘察所获得的确切材料，论证“推江源者，必当以金沙为首”，从而否定了陈陈相因《禹贡》所谓“岷山导江”而形成的传统“定论”；还指出“计其吐纳，江既倍于河，其大固宜也”，在世界上最早科学地说明了长江流域面积要大于黄河流域面积。《黔游日记》《滇游日记》等对岩溶地貌作了形象的描述、系统的考察和广泛的探索，领先于西方 200 多年[①]。此外，《徐霞客游记》又是“其笔意似子厚（柳宗元），其叙事类龙门（司马迁）”[②] 的文学游记。尽管它“不多其博辩，而多其真实”[③]，但它记游之专、述游之远、内容之丰、篇幅之巨，却令历代山水游记相形见绌，清人乃称它“当为古今游记之最”[④]。

在地理学方面颇有成就的故楚之地人，还有罗洪先、顾炎武、顾祖禹等。

罗洪先（1504—1564），江西吉水人、“考图观史，自天文、地志、礼乐、典章、河渠、边塞、战阵、攻守，下逮阴阳、算数，靡不精究”[⑤]，尤精地理舆图。他访求 3 年，偶得元代乡贤朱思本的《舆地图》，大喜过望。朱思本（1273—1333），临川（今江西抚州）人，龙虎山著名道士，曾奉诏代元帝祭祀名山大川，得以周游天下、考察地理，积 10 年之力，采用计里画方之法，绘成精确度“突胜前人”的《舆地图》，刻于龙虎山三华院，成了元、明两代地图的祖本，在中国地图史上支配了 200 多年。罗洪先借鉴其绘图法，将其《舆地图》改绘、增补为分幅的《广舆图》，

① 欧洲最早系统研究岩溶地貌的，是德国人瑙曼（Naumann KarlFriedrich，1797—1873）。

② 奚又溥：《徐霞客游记序》，《徐霞客游记》卷十下，上海古籍出版社1980年版，第1258页。

③ 潘耒：《徐霞客游记序》，《徐霞客游记》卷十下，上海古籍出版社1980年版，第1258页。

④ 钱谦益：《徐霞客传》，《徐霞客游记》卷十下，上海古籍出版社1980年版，第1195页。

⑤ 《明史・罗洪先传》。

构成明代全国及域外的综合性地图集和早期的分省地图集，所绘诸行省图形与今分省地图轮廓近似。此图在明、清广为刊印流传，影响很大。

顾炎武撰有两部地理名著，即《天下郡国利病书》120卷和《肇域志》100卷。“实为大规模的研究地理之嚆矢。……是著述动机，全在致用；其方法则广搜资料，研求各地状况，实一种政治地理学也。”[①] 两书资料赅博，介绍详尽，规模宏大，立意深远，体现出强烈的民族精神和经世思想。

江苏无锡人顾祖禹（1631—1692），也是明、清之际的爱国学者。其父精于舆地之学，其继承父亲遗志，致力于历史地理研究，倾注毕生精力，历时20余年，“集百代之成言，考诸家之绪论，穷年累月，矻矻不休”，[②] 撰成130卷约280万字的《读史方舆纪要》。此书叙历代州域，以朝代为经、地理为纬，经纬分明，纲目清晰，体例新颖，论说详备，考核精审，于军事地理方面记述尤细，并深刻阐论了人类活动与地理环境的辩证关系。梁启超《清代学术概论》评说：“清代地理学亦极盛，然乾嘉以后，率偏于考古，且其发明多属于局部的；以云体大思精，至今盖尚无出无锡顾祖禹《读史方舆纪要》上者。”

五、《天工开物》

《天工开物》，是宋应星于明末撰成的一部百科全书式的科技巨著。

宋应星（约1587—约1661），江西奉新人，中举后多次应考进士未果，曾在江西、安徽等地为地方官员，入清隐居故里，终老山林。受地域文化熏陶和时代思潮影响，他深恶政治腐败，痛感社会危机，忧患国计民生，重视科技发展，鄙夷唯求功名利禄而不懂衣食日用所出的儒生，倡导政治改革，阐扬“天道自然”的宇宙观，一生勤于著述，但作品多已亡佚。

① 梁启超：《中国近三百年学术史》，东方出版社2004年版，第342页。

② 顾祖禹：《读史方舆纪要总叙二》，《读史方舆纪要》，中华书局2005年版，第14页。

他在《论气》《谈天》中，强调“盈天下皆气也”、“天地间非形即气，非气即形……由气而化形，形复返于气”，与同时代弘扬道家思想而致力于哲学启蒙的思想家们同声呼应、共振新潮。他撰写科学著作，命名为“天工开物”，显然意在表明他的基本哲学观点，即物之所开源于“天工”、自然界的运动变化形成了万物。不言而喻，“天工开物”的思想，与道家“道生万物”的思想一脉相承。在《〈天工开物〉卷序》中，他开宗明义地指出：“天覆地载，物数号万，而事亦因之，曲成而不遗，岂人力也哉？”由此，他说明了“天工开物”的含义，强调了自然界是不依赖人的客观存在这一唯物主义的基本观点，是他进行科学研究和撰写科学著作的根本出发点。可见，没有对道家开创的“曰自然”哲学传统的继承和发扬，也就不会有科学巨著《天工开物》。

《天工开物》共3卷18篇，附图123幅，对各种农作物、纺织、盐糖、榨油、陶瓷、砖瓦、冶铸、舟车、器具、纸张、兵器、珠玉等生产技术，都有较详细的记述，全面地总结了我国古代农业、手工业的科技成就，反映了迄止明末的生产发展和科技发展水平。书中对南方的农业和手工业生产经验，如水稻、陶瓷、舟船、造纸等记述尤详，反映了南方的发达经济和先进科技。书中还对一些自然现象作了科学分析，破除了人们的迷信观念，贯彻和宣扬了“天工开物”的科学精神。

第六节　文学振扬“楚风”的发展

明代至清中叶的文学，随世情时序的变化和封建王朝的盛衰而呈现袭旧出新、波澜起伏的发展。“庄骚”艺术传统，则一以贯之地成为其创作的主导。社会动荡、王朝鼎革之际，文人感伤时事、放言无羁，在创作上大力弘扬“庄骚”传统以直抒性情。王纲严紧、专制强化之时，文人枷锁在身、噤若寒蝉，但其杰士大家依然能够继承“庄骚”传统而在创作中曲达心志。明清小说、戏曲等创作的巨大成就，在相当程度上体现出“庄骚”传统的深远影响。尤其是在明末清初，文人光大楚文化精神而兴起了与哲学启蒙思潮相辅相成、互呼互应的文学启蒙运动，进一步昭示了“庄骚”传统的历史意义和丰厚内涵。历史的发展，现实的条件，致使南方作为中国经济文化重心的地位在明清时期更加突出，南方文人的创作也成为明清文学的主体。楚文化传统源远流长的故楚之地，则成了影响深远的文学启蒙运动的中心。于是，以“庄骚”为基质的“楚风”，在明清文学创作中得到了振扬。

一、明代前期的文坛风貌

明朝“开国文臣”宋濂和刘基，“并为一代之宗”。宋濂认为：“为文必在养气。……人能养气，则情深而文明，气盛而化神，当与天地同功也”[①]，强调诗赋应是发于心、缘于情的自然抒写，明确主张继承“庄骚”、汉魏风骨一脉相传的文学传统。好道的刘基，撰文赋诗尤具楚风。其文有《庄子》遗风，乃如本章第三节所述。其诗歌代表作《二鬼》，想象丰富，寄寓深厚，描写奇丽，具有浓重的浪漫主义色彩，在创作精神和艺术表现上直承屈原《离骚》。两人的主张或实践，对明代文学的发展产生了较大影响。

长洲（今江苏苏州）人高启（1336—1374），是明初诗坛巨擘。他的诗作，题材丰富，诸体兼备，且缘情写性、使气任才，或沉雄奔放，或清丽俊逸，绍屈骚而踵李白，颇多浪漫主义佳作，尤以充分表现自我的《青丘子》为代表。《四库全书总目·大全集》称道：“启天才高逸，实据明一代诗人之上。”高启与同地诗人形成所谓“北郭十友”，又与杨基、张羽、徐贲一起被时人比拟“初唐四杰”而称为“吴中四杰”。不过，“高杨张徐，虽并称豪华，惟季迪（高启字）为最”[②]。另外，

---

① 宋濂：《文原》，《宋濂全集》卷八十三，人民文学出版社2014年版，第2002~2004页。

② 顾起纶：《国雅品》。

华亭（今上海松江）人袁凯，作诗纵任才情，独出心裁，自然天成，亦为明初重要诗人。明代诗坛，初始便以故楚之地人领其风骚。

明初文学的突出成就，是古典小说名著《三国演义》和《水浒传》的出现。

《三国演义》的作者罗贯中，生平不详，或说太原（今属山西）人，或说东原（今山东东平）人，或说钱塘（今杭州）人，或说庐陵（今江西吉安）人等。据有限材料推断，他当主要生活在吴、越故楚之地。今学者多认为他原籍太原，寄籍钱塘，主要活动在苏、杭一带。所著《三国演义》，虽是在历史记载、民间传说、话本杂剧的基础上加工改创而成的历史小说，却寄寓了作者的理想，反映了时人的心声，且有着诗意盎然的描写、恢诡奇丽的表现，受楚文化精神和“庄骚”艺术的影响颇为明显。如书中对刘备君臣的歌颂和塑造，既反映了历元入明的汉族人民渴望建立以汉族为主体的统一国家的愿望，又不妨说是艺术化地宣扬了道家的政治理想。又如，对于历史上本就可称为道家人物的诸葛亮，书中不仅推崇备至、浓墨摹绘，将他描写成了道家称扬的“贤能”典范，而且还采用了“庄骚”那种浪漫主义的艺术手法作虚诞表现，以至于“状诸葛之多智而近妖”[①]，叙诸葛之高风而类仙，却也成功地塑造出了诸葛亮这一中国文学史上不朽的艺术典型。

《水浒传》，相传是施耐庵著或“钱塘施耐庵的本，罗贯中编次”、“施耐庵集撰，罗贯中纂修”[②]。施耐庵的生平，亦难考定。民国三十二年（1943）修成、次年刊行的《兴化县续志》所载明初王道生撰《施耐庵墓志》，记其“生于元贞丙申（1296）岁……为至顺辛未（1331）进士，曾官钱塘二载，以不合当道权贵，弃官归里，闭门著述，殁于洪武庚戌（1370）岁，享年七十有五”。倘若确实，施耐庵则是元

① 鲁迅：《中国小说史略》，《鲁迅全集》第9册，人民文学出版社1981年版，第129页。

② 见高儒《百川书志》卷六、明代刊本《忠义水浒传》题署。

末明初的故楚之地兴化（今属江苏）人。《水浒传》的成书方式，类似《三国演义》，主要是对民间长期流传的水泊梁山农民起义故事作综合整理、加工改造而成。较之《三国演义》，其书在对"八方共域，异姓一家。天地显罡煞之精，人境合杰灵之美"[①]的描写中，英雄主义和理想主义的表现更为充分，艺术的想象、虚构、夸张更加丰富大胆，人物形象的塑造更重个性、气质也更加生动、具体，超现实的神异描写也贯穿始终，继承了"庄骚"开创的浪漫主义及浪漫主义与现实主义相结合的创作方法。

永乐至弘治年间（1403—1505），可谓明朝的太平盛世，文坛却被压抑得缺乏生气，只有以大学士"三杨"为代表、以歌功颂德和粉饰太平为主要内容的"台阁体"诗充斥一时。可指出的是，"三杨"皆南方人。其中除杨荣（1372—1440）是建安（今福建建瓯）人外，最负才名的杨士奇（1366—1444）及杨溥（1372—1446）分别是故楚之地泰和（今属江西）和石首（今属湖北）人。他们位极人臣，备受帝王宠信，自是不得屈骚"发愤以抒情"的文情。其诗作遵循儒家诗教，囿于理学教条，多"颂圣德，歌太平"，内容贫乏不足称道，但在形式上的雍容典雅、工丽华美，却多少亦得屈骚"惊采绝艳"之文辞。其诗风，竟也流行了百年左右。

在"台阁体"风靡之际，少数几位不为其所囿而能缘情达性、自成一格的诗人，几乎都是故楚之地人，如吉水（今属江西）人解缙（1369—1415）、泰和（今属江西）人梁潜（1366—1418）等。钱塘（今杭州）人于谦（1398—1457），则是其中代表。于谦是民族英雄，诗作多慷慨以抒爱国忧民之怀、磊落以畅忠贞高洁之志。"粉身碎骨全不怕，要留清白在人间。"[②]于谦的这类诗作，不啻屈骚的嗣响。

继"三杨"而主盟文坛的，是历仕三朝、身为台阁重臣的茶陵（今属湖南）人李东阳（1447—1516）。他论诗多附和严羽，倡导取法"惟

① 《水浒传》七十一回。
② 于谦：《石灰吟》。

在兴趣”的唐诗，主张“发人情性”，否定“言理不言情”的宋元诗歌，推崇李白、杜甫，反对一味模拟，从而发“复古”先声，在一定程度上起到了弘扬道家美学和“庄骚”传统以正“台阁体”流弊的作用，具有冲决桎梏人们精神、扼杀文艺创作生机的理学枷锁的意义。由于经历和地位所决定，他的诗歌创作未脱“台阁体”气息，在当时却“如老鹤一鸣，喧啾俱废”[①]，他的诗论则影响更大，因而兴起了“茶陵诗派”，导扬出前后七子的复古主义文学运动。

“前七子”，指弘治、正德年间（1488—1521）以北方庆阳（今属甘肃）人李梦阳（1473—1530）和南方故楚之地信阳（今属河南）人何景明（1483—1521）为领袖的七位同倡“复古”的文坛名人。李、何都曾受知李东阳，在“心学”兴起之时，发挥李东阳的“宗唐说”而大倡“文必秦汉，诗必盛唐”，强调“夫诗者，天地自然之音也”[②]、“诗本性情之发者”[③]。他们的论说，实为在理学势力尚大的现实中借复古口号以宣扬反理学的进步文学主张，在相当程度上也是要复兴源出“庄骚”的古代优秀文学传统。在他们复古率性、尊情抑理的诗论号召和“力挽颓风，复臻古雅。遴材两汉，嗣响三唐”的创作导引下，一时间“天下语诗文，必并称何、李”[④]，“海内翕然景从，为明音中兴之盛”[⑤]。可是，“梦阳主摹仿，景明则主创造”[⑥]。“主摹仿”的李梦阳，诗作“刻意古范”而失己性灵，且流风成弊。“主创造”的何景明，诗作“秀逸”“秀朗”而不践古人陈迹，可谓得楚文化精髓而在创作上能够鉴古开新、溢情见性，更为后人称道。

“后七子”，指嘉靖、万历年间（1522—1620）在文坛上重兴复古运动的七位名人，以历城（今山东济南）人李攀龙（1514—1570）、太

① 沈德潜、周准：《明诗别裁集》卷三，中华书局1975年版，第34页。
② 李梦阳：《诗集自序》。
③ 何景明：《明月篇序》。
④⑥ 《明史·何景明传》。
⑤ 顾起纶：《国雅品》。

仓（今属江苏）人王世贞（1526—1590）、临清（今属山东）人谢榛（1495—1575）为代表。他们承风扬波而再倡“复古”，虽然声势更显浩大，却因时过境迁又论偏调绝而弊多益少，扩大了拟古习气的恶劣影响。不过，自号“弇州山人”的王世贞和自号“四溟山人”的谢榛，怀山人之心而通老庄之意，论诗既主性情、又重神韵，既肯定主体性又赞赏超越性，继承和丰富了司空图、严羽以来发挥道家美学、阐扬“庄骚”艺术以总结诗歌创作所形成的诗歌理论。谢榛又继何景明而强调“有意于古而终非古也”的鉴古开新，作诗也能师心独创，在“后七子”中卓然自立。

尽管“台阁体”风靡天下，虽是复古论调声震海内，文坛仍有一批骚人墨客在创作上无所依傍、卓然自立。吴中才子沈周、祝允明、文徵明、唐寅和蜀中才子杨慎，是其中突出代表。

沈、祝、文、唐同居故楚之地吴门（今苏州），既为师生，又是至交，皆风流倜傥、率真任性、才华横溢、擅长诗文、精通书画。处世为人，他们依托道家而放荡不羁、清高脱俗；文艺创作，他们继承“庄骚”精神而表现自我、纵情恣意。他们的诗歌犹如其书画，畅抒性灵而自然天成，博取众长而师心独造，不入雍容典雅的“台阁体”牢笼，更无模拟剽窃痕迹，在创作精神上为晚明文艺启蒙运动兴起作了前期铺垫。

杨慎（1488—1559），为世人称道的“明朝三大才子”[①]之一。《明史·杨慎传》赞许：“明世记诵之博，著作之富，推慎为第一。……杨慎博物洽闻，于文学为优。”他出入李东阳门下，发挥茶陵诗说，强调诗歌本于性情，反对模拟古人，主张抒写“真景实情”、采用比兴手法、追求含蓄蕴藉的艺术表现。他的诗作“沉酣六朝，揽采晚唐，创为渊博靡丽之词。其意欲压倒李、何，为茶陵别张壁垒”[②]，终“以高明伉爽之才，宏博绝丽之学，随题赋形，一空依傍，于李、何诸子外，拔戟自成一对”[③]。

① “明朝三大才子”，指解缙、杨慎、徐渭。

② 钱谦益：《列朝诗集小传》丙集《杨修撰慎》，上海古籍出版社1983年版，第354页。

③ 沈德潜、周准：《明诗别裁集》卷六，中华书局1975年版，第64页。

他又是词作圣手，填词有同赋诗，“好用六朝丽事，似近而远”，且常咏史述古、兴感寄怀。一曲《临江仙》“滚滚长江东逝水”，被毛宗岗父子置于《三国演义》卷首，传诵尤其久远。

二、晚明的文学启蒙运动和文学创作实绩

针对复古主义文学运动带来拟古风气盛行而致创作脱离现实、缺乏真情的弊害，晚明故楚之地秉禀时代精神的狂人奇士，奋起抨击拟古，标举性灵和至情，与抨击理学、宣扬个性解放的哲学启蒙思潮相生相伴、同呼共应，掀起了波涛汹涌的文学启蒙运动。

居楚的狂人李贽，在阐扬哲学启蒙的“异端”之说的同时，指斥拟古主义者的偏狭，强调“天下之至文，未有不出于童心焉者也”[①]，主张“发于情性，出乎自然”，申论司马迁发挥屈原“发愤以抒情”而提出的“发愤之所为作”的创作指导思想，在文坛上激起了千重浪，为文学启蒙运动奠定了理论基础。

公安（今属湖北）人袁宗道（1560—1600）、袁宏道（1568—1610）、袁中道（1570—1623）兄弟，愤世嫉俗，狂狷放达，追求人性的至真和完美，论诗文承李贽之说而强调“独抒性灵，不拘格套”[②]，作诗文则多为“从自己胸臆流出”的“本色独造语”，在理论和实践上有力地打击了复古派而高树一帜，形成著名的“公安派”。“三袁”之中，文学主张最为鲜明深刻、文学创作最有成就者，是自诩为楚狂人并成了“公安派”旗手的袁宏道。“中郎（袁宏道字）以通明之资，学禅于李龙湖（李贽）。读书论诗，横说竖说，心眼明而胆力放，于是乃昌言击排，大放厥辞。”[③]他高度称扬屈骚所体现的“劲质而多怼，峭急而多露”[④]的“楚风”，自觉继承“庄骚”传统。所作诗文，随心信口，率性任真，

① 李贽：《童心说》，《焚书》卷三《杂述》，中华书局1975年版，第99页。
②④ 袁宏道：《序小修诗》。
③ 钱谦益：《列朝诗集小传》丁集中《袁稽勋宏道》，上海古籍出版社1983年版，第567页。

不假雕饰，自然清新。尤其是他那些以主体融入客体、山水映照性灵的山水诗文，反映出脱离浊世、寄情山水所体悟到的个性自由和心灵解放的愉悦心境，体现了“庄骚”艺术精神。清人评说：“中郎之论出，王、李之云雾一扫。天下之文人才士，始知疏瀹心灵，搜剔慧性，以荡涤摹拟涂泽之病，其功伟矣。”[①] 又称道：“其诗文变板重为轻巧，变粉饰为本色，天下耳目于是一新。”[②]

就在“公安派”高举“性灵”大旗、放声呐喊之时，邻近的竟陵（今湖北天门）人钟惺（1574—1624）和谭元春（1586—1637）给予了有力的声援，并创立了“竟陵派”。“为人严冷，不喜接俗客”[③] 的钟惺和终身未仕的谭元春，志同道合，相交谊深，发挥“公安派”的“性灵说”，强调“真诗者，精神所为也”[④]，指出“夫真有性灵之言，常浮出纸上，决不与众言伍”[⑤]。同时，他们又力矫“公安派”过于强调独抒性灵而不重文法所导致的创作肤浅俚俗之流弊，试图将性灵与文法统一起来，在创作中刻意别创一种“幽深孤峭”风格，追求“幽情单绪，孤行静寄于喧杂之中，而乃以其虚怀定力，独往冥游于寥廓之外”[⑥] 的艺术表现。于是，“钟、谭之名满天下，谓之‘竟陵体’”[⑦]。尽管他们的理论和实践也有偏颇并造成所谓“抉擿洗削，以凄声寒魄为致……尖新割剥，以噍音促节为能”[⑧] 的流弊，但其力主性灵、锐意创新的精神，则继承了楚文化传统而意义重大，在当时起到了为文学启蒙运动推波助澜的

---

① 钱谦益：《列朝诗集小传》丁集中《袁稽勋宏道》，上海古籍出版社1983年版，第567页。

② 《四库全书总目·袁中郎集》。

③⑦ 《明史·钟惺传》。

④⑥ 钟惺：《诗归序》。

⑤ 谭元春：《诗归序》。

⑧ 钱谦益：《列朝诗集小传》丁集中《钟提学惺》，上海古籍出版社1983年版，第571页。

作用。

稍长于“三袁”的山阴（今浙江绍兴）人徐渭（1521—1593），字文长，一生坎坷悲苦，遭际奇特，建树奇伟。他以率性而行的“狂怪”举止、“情坦以直”的文学主张、奇诞豪肆的适己创作，为时人推重而影响很大，可谓文学启蒙运动的主将之一。徐渭是杰出的文学家和艺术家，尤好《庄子》及继承“庄骚”传统的前代艺术大师的作品，在创作上强调“出于己之所自得”[①]、“求以自适其趣”[②]。其诗词，往往充溢磊块不平之气、体现超轶不羁之性，具有激越奔放的气势、变化多端的表现和瑰丽迷离的境界。其文则如其自谓：“稍融会六经，及先秦诸子诸史，尤契者蒙叟（指庄周）、贾长沙（贾谊）也。”[③]前人盛赞其文说：“龙鬼精怪之文奇而幻。……见激韵险目，走笔千言，气如风雨之集。……予断以龙鬼精怪之文，起文长而署之。”[④]诗词文皆工的徐渭，在文学创作方面又以戏曲的成就最高。其代表作《四声猿》杂剧，所写“皆人生至奇至快之事，使世界骇咤震动者也”[⑤]。其“借彼异迹，吐我奇气，豪俊处，沈雄处，幽丽处，险奥处，激宕处，青莲、杜陵之古体耶？长吉、庭筠之新声耶？腐迁之史耶？三闾大夫之《骚》耶？蒙庄之《南华》、金仙氏之《楞严》耶”！[⑥]赞叹徐渭“无之而不奇，斯无之而不奇也哉”的袁宏道，在《徐文长传》中强调：“先生诗文崛起，一扫近代芜秽之习。”

与徐渭、“三袁”等同气相求、同声相应的临川（今属江西抚州）

① 徐渭：《叶子肃诗序》，《徐渭集·徐文长三集》卷十九，中华书局1983年版，第519页。

② 徐渭：《郦绩溪和诗序》，《徐渭集·徐文长逸稿》卷十四，中华书局1983年版，第903页。

③ 徐渭：《书田生诗文后》，《徐渭集·徐文长逸稿》卷十六，中华书局1983年版，第976页。

④ 王思任：《徐文长先生佚稿序》，《徐渭集·附录》，中华书局1983年版，第1350~1351页。

⑤ 钟瑞先：《四声猿引》，《徐渭集·附录》，中华书局1983年版，第1356页。

⑥ 澄道人：《四声猿引》，《徐渭集·附录》，中华书局1983年版，第1357页。

人汤显祖（1550—1616），更以辉煌的戏曲创作成就，显示出文学启蒙运动的实绩。他少有大志，嗜读《老》《庄》，14岁即作诗述志："上法修童智，齐庄入老玄。"[①]又自称："十七八岁时，喜为韵语，已熟读骚、赋、六朝之文。"[②]"庄骚"的精神和艺术，也为他所自觉弘扬，并且影响他成了狂直奇卓的浪漫主义戏曲大师。他积极迎合启蒙思潮，阐发了以"情"为核心的哲学和文学思想，明言"师讲性，某讲情"[③]，强调"情生诗歌而行于神"[④]、"独有灵性者自为龙耳"[⑤]，一生也"为情所使"而勤奋创作。他的诗赋，往往情寄八荒、新奇瑰丽而"调逼《骚》"。他的散文，往往心灵飞动、奔放无羁而风近《庄》。他的文学创作的突出成就，则是"因情成梦，因梦成戏"[⑥]的四个传奇剧本——"临川四梦"（《紫钗记》《牡丹亭》《南柯记》《邯郸记》）。"梦生于情，情生于适。"[⑦]"四梦"皆通过奇诡荒诞、光怪陆离的梦境描写，以表达合于自然人性和人伦道义之理想的"情"，是以虚写实、以幻写真的浪漫主义杰作。汤显祖自言："一生'四梦'，得意处惟在《牡丹》。"[⑧]一曲《牡丹亭》，通过描写杜丽娘出生入死地追求纯真爱情和自由婚姻

① 汤显祖：《入学示同舍生》，《汤显祖诗文集》卷一，上海古籍出版社1982年版，第2页。
② 汤显祖：《答张梦泽》，《汤显祖诗文集》卷四十七，上海古籍出版社1982年版，第1365页。
③ 陈继儒：《批点牡丹亭题词》引，《汤显祖诗文集·附录》，上海古籍出版社1982年版，第1545页。
④ 汤显祖：《耳伯麻姑游诗序》，《汤显祖诗文集》卷三十一，上海古籍出版社1982年版，第1050页。
⑤ 汤显祖：《张元长嘘云轩文字序》，《汤显祖诗文集》卷三十二，上海古籍出版社1982年版，第1079页。
⑥ 汤显祖：《复甘义麓》，《汤显祖诗文集》卷四十七，上海古籍出版社1982年版，第1367页。
⑦ 汤显祖：《赴帅生梦作》，《汤显祖诗文集》卷八，上海古籍出版社1982年版，第244页。
⑧ 王思任：《批点玉茗堂〈牡丹亭〉叙》引，《汤显祖诗文集·附录》，上海古籍出版社1982年版，第1543页。

的神奇故事，高度地肯定了自然人性，大胆地否定了封建礼教，热烈地赞美了冲决封建罗网而争取个性解放的精神，堪称“至情”的颂歌，也是发扬“庄骚”浪漫主义艺术传统的明代剧作丰碑。“《牡丹亭梦》一出，家传户诵”[①]，并导致晚明至清代的一批“上下千古，一口咬定‘情’字”[②]的剧坛“临川派（又称玉茗堂派）”出现。汤显祖也因此被誉为“中国的莎士比亚”。

戏曲创作自明代中叶繁荣起来，而且形成了许多流派。与“临川派”并立而影响较大的，有以吴江（今属江苏苏州）人沈璟（1553—1610）为代表的“吴江派”。其戏曲创作，也常写梦境而颇具浪漫色彩，但突出特点则在于“细把音律讲”[③]。

明代中叶以后，小说创作更加繁荣。明代小说名著，也大多出自故楚之地人手中。

淮安山阳（今江苏淮安）人吴承恩（约1504—约1582），在以取经故事为内容的话本、戏曲创作基础上，加工改创出长篇神魔小说《西游记》。“迂疏漫浪，不比数于时人”[④]的吴承恩，通过对孙悟空“大闹天宫”及保护唐僧去西天取经故事的神奇描写，曲折地反映了社会现实，深沉地寄寓了自己的人生理想。孙悟空不甘受任何束缚、不肯为生死限制、自诩“齐天大圣”和勇于斗争、不畏艰险而求取真经的作为，联系着庄周追求“绝对自由”的理想和屈原“上下而求索”的精神。《西游记》奇幻虚诞、恢诡雄肆、亦谐亦庄的艺术表现，则对“庄骚”浪漫主义表现方式有所发展。浪漫主义杰作《西游记》一问世，大大扣响了当时希冀摆脱封建专制主义压迫、实现个性解放、建立极乐世界的民众心弦，风靡天下而流播四方。

---

① 沈德符：《顾曲杂言》，《汤显祖诗文集·附录》，上海古籍出版社1982年版，第1552页。

② 杨古林：《梦中缘》第一出《笔引·梁州第七》批语。

③ 见《博笑记》附刻《词隐先生论曲》记沈璟语。

④ 吴承恩：《祭厄山先生文》。

一些文人追踵吴承恩，或续写《西游记》，或模仿《西游记》，各逞神思而驰玄想、书虚诞而写奇幻，在明代后期创作出诸如《续西游记》《后西游记》《西游补》和《四游记》等一大批神魔小说。其中董说（1620—1686）描写“情妖者，鲭鱼精也”[①]的《西游补》，是“为情所使”的愤世文字，又是以“寓言、重言以见情魔团结、形现无端”[②]的浪漫主义创作，继承了“庄骚”的精神实质和艺术传统，虽不能与《西游记》伦比，却高出其他神魔小说而为人称道。

成就较高而影响较大的长篇神魔小说，还有署名“钟山逸叟许仲琳编辑”的《封神演义》。钟山指今南京，许仲琳生平不详。《封神演义》假灭商兴周史事自写幻想，主要据道教的神仙系统和民间神话传说作新奇恢诡的浪漫主义描写，形象怪异，情节离奇，色彩瑰丽，境界宏大，并因对道教和民间传说的诸神作了鲜明生动的描绘而对民俗文化影响巨大。

署名“兰陵笑笑生”著的《金瓶梅》，是约成书于万历年间（1573—1620）的中国第一部文人独创的长篇世情小说。兰陵，本为战国楚县，今属山东。笑笑生已不可考。其书以恶霸西门庆的生活为主线，揭露了封建统治阶级的荒淫无耻和虚伪残暴，反映了明王朝的腐朽和明代社会的黑暗。它对人欲、人性的真实、自然的表现，震动了当时的文坛和社会，受到一些进步文人的肯定。袁宏道称许：“传奇则《水浒传》《金瓶梅》等为逸典。”[③]谢肇淛赞叹：“其中朝野之政务，官私之晋接，闺闼之媟语，市里之猥谈，与夫势交利合之态，心输背笑之局，桑中濮上之期，尊罍枕席之语，驵侩之机械意智，粉黛之自媚争妍，狎客之从臾逢迎，奴佁之稽唇淬语，穷极境象，骇意快心。譬之范公抟泥，妍媸老少，人鬼万殊，不徒肖其貌，且并其神传之。信稗官之上乘，炉锤之妙手也。”[④]它对现实生活作赤裸裸的逼真描写，打破了传统写法，带有近代现实主

① 静啸斋主人：《西游补答问》。
② 嶷如居士：《西游补序》。
③ 袁宏道：《觞政》。
④ 谢肇淛：《金瓶梅跋》。

义特征而开风气之先。不过，它又有着明显的自然主义倾向和缺乏高于生活的艺术概括力等致命缺陷，在明代就被斥为诲淫之作，也给后世文学创作造成了不良影响。

长洲（今江苏苏州）人冯梦龙（1574—1646）和乌程（今浙江湖州）人凌濛初（1580—1644），分别以“三言”① 和“二拍”② 的拟话本创作，使中国古代白话短篇小说的创作达到顶峰。冯梦龙负才使气，钦服李贽和汤显祖，主张“立情教”以抗衡礼教，宣称“我欲立情教，教诲诸众生”③。凌濛初豪爽俊逸，与汤显祖、袁中道交往甚契，高度肯定冯梦龙的主张和创作。两人皆壮志烟高又怀才不遇、济世情切又生不逢时，乃发愤著书以“聊舒胸中磊块”④，有意识地借助通俗文学创作宣扬情教观以“激扬劝诱”民众，达到挽救颓世的目的。他们都崇尚写“真”，但肯定“事赝而理亦真”⑤、“说鬼说梦，亦真亦诞”⑥ 的艺术表现。“三言”“二拍”，在创作精神和艺术表现上与“庄骚”遥相承续，并且在相当程度上反映了社会的现实、民众的愿望和作者的理想。

三、清代前期的文学成就

明、清之际，民族矛盾尖锐。爱国忧民的汉族文人，自觉弘扬楚人爱国精神以抒发强烈的伤时之愤、亡国之痛、遗民之哀、坚贞之志，爱国主义因而又成为文学创作的主调。故楚之地爱国人士激越慷慨、悲愤沉郁的咏唱，如华亭（今属上海松江）人陈子龙（1608—1647）和夏完淳（1631—1647）、江苏常熟人瞿式耜（1590—1650）、江苏上元（今南京）人黄周星（1611—1680）、湖北黄冈人杜濬（1611—1687）以及顾炎武、黄宗羲、王夫之等的诗章，则成了当时文学创作的代表。

① 《喻世明言》、《警世通言》和《醒世恒言》的合称。
② 《初刻拍案惊奇》《二刻拍案惊奇》的合称。
③ 冯梦龙：《情史类略序》。
④⑥ 凌濛初：《二刻拍案惊奇小引》。
⑤ 冯梦龙：《警世通言序》。

国殇毅魄今何在，十载招魂竟不知！[①]

郢路原依北，江关久向东。有人宗国泪，何地洒孤忠！[②]

去国屈原终婞直，无家李白只佯狂。百年多少凭高泪，每到西风洒几行。[③]

这样神会屈原、调逼《离骚》的诗句，在他们的作品中比比皆是。

王夫之的大量诗文，则如学者所言："悱恻缠绵，焄蒿凄怆，其耿耿孤忠，苑结不能自已之情，随处迸发流露，真可谓《离骚》之嗣音。"[④]

清初著名的"岭南三大家"[⑤]之冠的屈大均（1630—1696），亦因"多祖《离骚》辞"而成为最杰出的遗民诗人之一。"狂怪不可近"[⑥]的屈大均，尊屈原为祖先，以屈原为楷模，自谓"遂使三闾长有后，美人香草满禺阳"[⑦]，其诗作也体现出鲜明的浪漫主义风格并具有强烈的感染力。龚自珍推崇说："灵均出高阳，万古两苗裔。郁郁文词宗，芳馨闻上帝。"[⑧]

享誉清初文坛的"江左三大家"——江苏常熟人钱谦益（1582—1664）、江苏太仓人吴伟业（1609—1672）、安徽合肥人龚鼎孳（1616—1673），皆本明末文坛名家、朝阁显臣而变节仕清。其作品，尤其是钱、吴的作品，思想内容较为复杂，艺术上也在一定程度上继承了"庄骚"传统。

清初诗坛负有盛名者，另有所谓"南施北宋"——故楚之地宣城（今

① 陈子龙：《辽事杂诗》其三。
② 顾炎武：《赋得"江介多悲风"，用"风"字》。
③ 黄周星：《秋日与杜子过高座寺登雨花台》。
④ 嵇文甫：《王船山诗文集·序言》，《王船山诗文集》，中华书局1962年版，第4页。
⑤ 指番禺屈大均、顺德陈恭尹、南海梁佩兰。
⑥ 周炳曾：《道援堂集序》。
⑦ 屈大均：《屡得友朋书札感赋》其四。
⑧ 龚自珍：《夜读〈番禺集〉书其尾》其一。

属安徽）人施闰章（1619—1683）和莱阳（今属山东）人宋琬（1614—1674）。施闰章强调“诗为性情之物”[①]，“诗如其人，不可不慎”[②]，作诗能够反映现实、抒写性情，体现“庄骚”开创的南派风格。宋琬的诗作，则显北派风格。清中叶诗坛盟主沈德潜评论：“南施北宋，故应抗行。今就两家论之，宋以雄健磊落胜，施以温柔敦厚胜，又各自擅场。”[③]此说指出两人诗风鲜明地体现出南北之异，确有见识；但据其倡扬的儒家诗教而认定“施以温柔敦厚胜”，则是先入为主的臆断。恰切之论，施诗以含蓄蕴藉、温雅清丽胜。

弘扬“庄骚”艺术精神而主张抒写性情、表现自我的晚明文学启蒙思潮，入清之后依然波澜起伏地奔涌不息。顾炎武、黄宗羲、钱谦益等清初文坛名流，都强调“诗主性情”。清中叶的江苏兴化人郑燮（1693—1766），主张“自写性情，不拘一格”[④]。钱塘（今杭州）人袁枚（1716—1798），进而大倡“性灵说”，导致形成了以他为领袖的“性灵诗派”。阳湖（今江苏武进）人赵翼（1727—1814）和江西铅山人蒋士铨（1725—1785）等，皆呼应袁说而重性灵、主创造。于是，独抒性灵的诗歌，在王朝转衰而批判理学和解放个性又成为时代潮流的清中叶后，又成了诗歌创作的主流。

诗文创作为屈骚嗣音的王夫之，在强抑忧愤而对传统文化作批判地总结时，认识到一味强调抒写性情、突出主体性而有导致诗歌性显情露、味淡韵短的流弊，乃既强调“以意为主”，又肯定情景相生，提出了情景交融以构成“妙合无垠”之意境的诗歌创作主张，从而对依据“庄骚”美学而形成的传统诗歌理论有着全面、系统的发展。康熙年间（1662—1722）主盟文坛的“渔洋山人”王士祯（1634—1711），适应“盛世”中文人的心态和审美情趣的变化，发挥司空图、严羽、谢榛的诗歌理论，

① 施闰章：《楚村诗集序》。
② 施闰章：《蠖斋诗话·诗有本》。
③ 沈德潜：《清诗别裁集》卷三，中华书局1975年版，第43页。
④ 郑燮：《随猎诗草、花间堂诗草跋》。

推崇陶渊明、谢朓、孟浩然、王维、韦应物、柳宗元等人的诗歌创作，标举突出超越性的“神韵”，所阐发的“神韵说”亦对基于道家审美意识而形成的传统诗论作了总结。他实践自己主张而创作的范山模水、批风抹月、空灵蕴藉而冲和淡远的诗歌，大受时人赞赏，以致天下翕然从风，表现主观精神超越现实、游于自然而愉悦适意的诗作兴盛一时。

盛于两宋、衰于元明的词，入清之后出现中兴景象。清代词家辈出，流派众多。陈维崧、朱彝尊、纳兰性德、张惠言，是清代前期成就高而影响大的词人。

江苏宜兴人陈维崧（1625—1682），号迦陵，怀有强烈的爱国思想和民族意识，才华横溢，尤擅填词，词作数量冠绝古人。其词继承“庄骚”传统，取法苏、辛艺术，充分表现自我，自由宣泄感情，想象丰富新奇，多用比喻夸张，豪宕奔放而恣纵无羁，奇谲诡异而雄阔壮丽，与屈大均诗相互辉映、比肩媲美。晚清词学名家陈廷焯推许：“国初词家，断以迦陵为巨擘。”[①]受其影响，形成了以其为宗师 而盛于清初词坛的“阳羡词派”。

秀水（今浙江嘉兴）人朱彝尊（1629—1709），在诗坛上与王士祯齐名，时有“南北二大宗”之称；在词坛上与陈维崧颉颃，开创了在清代绵延百年而影响巨大的“浙西词派”。其论诗以“缘情”为是，主张“自鸣其异”，反对模拟古人，诗作不乏缘情抒写、匠心独运的佳篇。其论词阐明“善言词者，假闺房儿女之言，通之于《离骚》、‘变雅’之义”[②]，主张师法姜夔、张炎，标举醇雅清空风格，词作颇有通屈骚之义的言情寄慨、托旨遥深又醇厚蕴藉、清雅空灵的杰什。

纳兰性德（1655—1685）虽是满洲词人，却与陈维崧、朱彝尊等文坛名人交善而受其影响，明言“诗乃心声，性情中事也”“作诗欲以言

① 陈廷焯：《白雨斋词话》卷三。
② 朱彝尊：《红盐词序》。

情耳”[1]，填词辄任性而为、缘情自成、不假雕饰而哀感顽艳。现代学术大师王国维盛赞：“纳兰容若以自然之眼观物，以自然之舌言情……北宋以来，一人而已。”[2]

江苏武进（今常州）人张惠言（1761—1802），论词强调“缘情造端”、比兴寄托，作词亦颇有“全自‘风’‘骚’变出”而寓意于象、闳约深美的杰构，受到当时词人推崇效法而开创清代后期词坛影响最大的“常州词派”。

盛于南朝、变于唐宋、衰于元明的骈文，入清得以复兴。清代前期的骈文名家，大多是故楚之地人，如陈维崧、吴绮、毛奇龄、朱彝尊、胡天游、袁枚、汪中、洪亮吉等。其中，山阴（今浙江绍兴）人胡天游的骈文尤为时人称誉。

胡天游（1696—1758），字稚威，耿介孤傲，才气纵横，博览群书，能诗擅文，为文挥斥百家而别具一格，性情文章皆显楚人风范。乾嘉时期的文坛盟主、钱塘（今杭州）人袁枚（1716—1798）撰《胡稚威骈体文序》叹赏：“吾友胡稚威有意振之，得若干卷，锦摛霞驳，技至此乎！然吾谓稚威之文虽偶实奇。何也？本朝无偶之者也。迦陵（陈维崧别号）、绮园（吴绮别号）非其偶也。”[3]同时的骈文名家、江苏太仓人彭兆荪（1769—1821）也盛赞：“骈文……当代作者数人。……稚威以博奥之才，出以渊茂，横绝海内，无可瑕疵。”[4]其骈文代表作《文种庙铭》《柯西石宕记》《逊国名臣赞序》等，沉雄博丽，雍容华美，体现了清代前期骈文复兴的创作成就。

戏曲，在清初随社会趋于安定而兴盛。清代前期的戏曲名家，大都是故楚之地人，如以李玉为代表的“苏州派”诸人、吴伟业、尤侗、

---

① 纳兰性德：《渌水亭杂识》。

② 王国维：《人间词话》，人民文学出版社1960年版，第217页。

③ 袁枚：《胡稚威骈体文序》，《袁枚全集》第二册《小仓山房文集》卷十一，江苏古籍出版社1993年版，第199页。

④ 彭兆荪：《答姚春木书》，《小谟觞馆诗文集·文续集》卷一。

万树，以及戏曲理论家李渔等。清代前期的戏曲创作，又以揭露封建社会的黑暗、歌颂爱国精神和忠贞义士为重要内容，如名作《清忠谱》《桃花扇》等。尤值一提的是，唐代已发其端的“屈原戏曲”、即以屈原为主人公而以屈原的生平和传说为内容的戏曲，经宋、元踵其事，在明、清则大增其华。流传下来的“屈原戏曲”剧本，几乎全是清代早中期的，如尤侗的《读离骚》、郑瑜的《汨罗江》、张坚的《怀沙记》、周乐清的《屈大夫魂返汨罗》、胡盍朋的《汨罗沙》等。戏曲是大众化的艺术形式，歌颂屈原的“屈原戏曲”络绎不绝并日益增多地产生，即是楚文化精神得以弘扬并影响深广的明证。

艺术成就最高的清代剧作，首称钱塘（今杭州）人洪昇（1645—1704）的《长生殿》。此剧描写唐明皇和杨贵妃的爱情故事，诚若洪昇自言，是“借太真（即杨贵妃）外传谱新词，情而已”[①]，在创作精神上直承汤显祖，极力歌颂人间至情，同时又通过对安史之乱这一历史背景的展现而表达了深沉的爱国思想。在艺术上，此剧既有现实主义的如实描写，又有“情缘总归虚幻”[②]的浪漫主义表现，文辞典雅富艳，境界宏伟奇丽，显示出继承“庄骚”传统而在清代戏曲创作上达到的高度。

小说创作在清代出现了空前繁荣，可谓千态万状，竞秀争奇。《聊斋志异》《儒林外史》和《红楼梦》，是清代小说创作的杰出代表。

文言短篇小说集《聊斋志异》，虽为齐地淄川（今山东淄博）人蒲松龄（1640—1715）所作，其创作精神却继承“庄骚”。蒲松龄在《聊斋自志》开头便云：“披萝带荔，三闾氏感而为‘骚’。”《聊斋志异》既是效法屈原寄情于神灵而成“骚”的“孤愤之书”，又是仿效庄周“以天下为沉浊，不可与庄语”[③]而发为“谬悠之说，荒唐之言”的谲怪之作，故王士祯说蒲松龄“料应厌作人间语，爱听秋坟鬼唱诗”[④]。其书志异语怪，向读者描述

① 洪昇：《生长殿》第一出《传概》。
② 洪昇：《长生殿自序》。
③ 《庄子·天下》。
④ 王士祯：《〈聊斋志异〉题辞》。

了一个个虚幻琦玮的花妖狐魅、神灵精鬼故事，却假幽冥以影射人世、托狐鬼以曲达本意，反映了社会的黑暗，歌颂了美好的理想，舒泄了作者的郁愤，艺术上“用传奇法，而以志怪”[①]，成为中国古代文言小说的冠冕和浪漫主义文学的杰作。

安徽全椒人吴敬梓（1701—1754）创作的《儒林外史》，通过对世态人情的真实描写，揭露了科举制度的罪恶，抨击了统治阶级的贪残，展示了封建道德的虚伪，讽刺了追逐名利的儒生，赞美了超凡脱俗的士子和正直善良的市民。“其文又感而能谐，婉而多讽；于是说部中乃始有足称讽刺之书。”[②]其书愤世嫉俗的批判精神，正与“庄骚”相通相合。

汉裔旗人曹雪芹（约1715—约1763）的《红楼梦》，被公认为是中国古典小说的登峰之作，也是中国古代文学的造极之作。它以贾宝玉、林黛玉的爱情悲剧为主线，以贾、王、史、薛四大家族的兴衰史为主要内容，全方位、多侧面、深层次地展现了封建末世的社会状况并揭示了封建社会的衰败趋势。它体现出的歌颂至情、追求爱情幸福和婚姻自由的思想意义，与《牡丹亭》《长生殿》和《聊斋志异》的基本题旨相同，反映了时代的进步思潮和精神特征，却未像一般言情之作那样孤立地描述爱情、婚姻的始末，而是全面细致地描述了特定人物的爱情、婚姻得以发生、发展和终结的家庭生活环境及社会文化背景，具体真切地反映了一个时代的全貌，明晰深刻地揭示了社会、人生的重大问题，故与其说是一部感人肺腑、动人心魄的爱情小说，莫如说是一部新人耳目、发人深省的社会小说，堪称封建社会末世的历史镜子和百科全书。曹雪芹有心补天而潦倒半生，愤世嫉俗而寄情笔端，所作《红楼梦》则如其自言，是“满纸荒唐言，一把辛酸泪”、“字字看来皆是血”[③]，其创作精神与“庄

---

①② 鲁迅：《中国小说史略》，《鲁迅全集》第9册，人民文学出版社1981年版，第209、220页。

③ 曹雪芹：《红楼梦凡例》。

骚”一脉相承，艺术表现也继承了“庄骚”传统。《红楼梦》虽然是“按迹循踪，不敢稍加穿凿，至失其真”[①]的如实描写，却又有“篇中间用‘梦’‘幻’”的“假作真时真亦假，无为有处有还无”[②]的荒诞表现，而且集古体以成大文、运新艺以制宏篇，显示出发展“庄骚”那样的现实主义与浪漫主义相结合的创作方法、弘扬“庄骚”那样的融会创新的艺术精神所取得的伟大成就，也因此登上了世界文学的高峰。

第七节　书画承袭“楚韵”的演进

书画创作与文学创作相辅而行、互映生辉。明初至清中叶的书画创作，在主导精神和发展特点上与同期的文学创作基本一致，都以“庄骚”艺术精神的主导，以南方，尤其是故楚之地的文人创作为主体，承袭宋元画风而拓宇开新。这一时期的一些著名文人，既是画家、书法家，又是诗人、作家。他们摛藻属文而振“楚风”，挥毫游艺而据“庄骚”，以致“庄骚”艺术精神在这一时期的书画创作中明显被发扬光大。他们继承前说而本据“庄骚”以阐发的书论和画论，进一步丰富和发展了以道家美学、“庄骚”传统为核心的中国艺术精神。

一、“吴派”及明代书画

明初文坛上的“吴中四杰”，皆擅绘画。其中徐贲的山水画，清洒萧疏而最得元人绘画风致。

享誉明初书坛的“三宋”（宋克、宋璲、宋广）和“二沈”（沈度、沈粲），都是故楚之地人。

任侠使气的长洲（今江苏苏州）人宋克（1327—1387），长于诗，

---

①② 曹雪芹：《红楼梦》第一回。

善画竹石以达心性，又“以善书名天下”[①]。他的书法，诸体皆工，草书尤精。他的草书开张适度，劲挺飘逸，自然奔放，并将章草、今草、狂草糅为一体，形成独特的健拔流丽风格，较为充分地表现出个人情性，初步体现了由体道尚意为主的宋、元书画向据“庄骚”而以写意抒情为主的明、清书画的趋变。书法融古开新的宋克，居“三宋”之首，被誉为明代书法的先驱。

浦江（今属浙江）人宋璲（1344—1380）是明初一代文宗宋濂的次子，雅善诗文，尤精书法，工于篆、隶、真、草诸体。陶宗仪《书史会要》称道：“宋璲大小二篆纯熟姿媚，行书亦有气韵。”李东阳《题宋舍人草书后》评赞：“其出入变化不主故常，又非株守一格者比，真翰墨之雄也。”然而，其37岁时受侄儿宋慎陷胡惟庸案的株连，被明太祖朱元璋处死，享年不永，于书法创作尚未达到炉火纯青的境界，可惜可叹！

南阳（今属河南）人宋广，擅长行、草、章草。其草书宗张旭、怀素，也颇得两人的精神和墨趣。

华亭（今上海松江）人沈度（1357—1434）、沈粲（1379—1453）兄弟，同为永乐朝廷学士，擅长书法诸体。沈度书法飘逸婉丽，雍容矩度，成“台阁体”。沈粲书法飘逸遒劲，不拘法轨，自成一家。

号“九龙山人”的无锡（今属江苏）人王绂（1362—1416），意气傲然，高介绝俗，挥毫落墨往往纵情任性、托意寄怀，书、画皆入名流，画名更盛，为“吴门画派”先驱。

诗人解缙才高学博，为世人称道的“明朝三大才子”之首，是《永乐大典》的总编纂，还以书法名世。其恣肆奔放、变化多端而富于个性的行草、狂草，尤为世人推许。

开一派画风的钱塘（今杭州）人戴进（1388—1462），本为画院高手，却因大胆创新而为忌才的同僚谗害，被斥退民间而浪迹江湖，穷困以终。其绘画于山水、人物、花鸟皆擅，虽承南宋院体，却能融前代名家画艺

① 《明史·宋克传》。

而成自家风貌，晚年之作更能以方硬劲挺的线条、酣畅淋漓的笔势舒泄心中块垒不平之气。其死后愈益为人尊崇，追随者颇多，遂形成中国古代画史上第一个地域画派——“浙派”。

被称为“浙派健将”并使“浙派”势力大盛者，是江夏（今属湖北武汉）人吴伟（1459—1509）。吴伟别号“小仙”，骨傲人豪，放浪不羁，有楚狂人遗风。他的绘画，师法戴进而至于狂放，信笔涂抹而不拘常法，充分表现出至情至性，时人叹为“仙人之笔”。由于他实已自成一格又有众多的从学者，人们亦将师法他的画家们称为“江夏派”。

长时间主盟文坛的“茶陵派”领袖李东阳，书法创作也能发己情性，自成风貌，造诣颇高，尤其是矫健强劲、飞扬流动的草书深得时人推崇，对明代书法的发展起到了承先启后的作用。

自明中叶始，苏州一带涌现出以沈周、文徵明、唐寅、仇英为代表的“吴派”画家。他们反对迎合帝王权贵的审美趣味而画风“严整苍劲”的院体，指责流于粗豪的“浙派”，宣扬以道家美学为基础的“遣兴移情”“物我合一”的艺术主张，并以直接弘扬宋元文人画艺术传统、丰富宋元文人画笔墨情趣而成就卓著的绘画征服了画坛，形成明代最为盛大、最具影响的画派，从而结束了“浙派”主盟画坛百余年的历史，使得明代绘画发展到一个新的阶段。沈、文、唐、仇四人，不仅是画坛的“明代四大家”，又精通诗文书法而为明代文坛、书坛名家。声势盛大的画坛“吴派”，亦是明代书坛上声势最大的流派。

号“有竹居主人”的沈周（1427—1509），具道家隐逸精神，终生隐居吴门，拒征未仕，优游林下，以诗书画自娱。他的绘画既重师法前代名家，更重师心适己。所绘山水以描绘江南风光和田园景色为主，抒写文人悠闲恬淡的情怀，着意表现投合自然的平和天真意趣，画面上常配有清新质朴的诗句和苍劲挺拔的书法，显示出文人画的鲜明特色。所绘花鸟长于以浓墨写意，又不失形似，上承宋元传统，下启晚明大写意花鸟画的端倪。他的足迹不出吴中，盛名则满天下，文徵明、唐寅均出自他的门下，他也成了“吴派”的宗师。

文徵明（1470—1559），号“衡山居士”。其画无所不能，尤精山水，虽受沈周影响，却更得宋元绘画笔法，画风清雅秀润，具有浓重的抒情味和书卷气，既反映了其个性、气质和情趣，又体现出当时文人的思想情操和审美理想。人物画代表作《湘君湘夫人图》，形象古雅，敷色清淡，寓意蕴藉。其书法诸体皆工，尤精楷、行，风格亦如其画而清雅秀润、俊逸遒丽，典型地体现出与楚文化传统一脉相承的南方文化特征。其晚年倾注心血书写的小楷《离骚经》，充分地反映出其文化底蕴、审美情趣和书艺风格。其在沈周弟子中成就最高、影响最大，以致与沈周并称“沈文”，也与沈周一起奠定“吴派”基调，在沈周逝后主盟画坛达半个世纪之久，造成“吴派”的赫赫声势。

风流才子唐寅（1470—1524）和画苑奇人仇英（约1498—1552），与沈周、文徵明合称为画坛上“吴门四家”、画史上“明四家”。才高性放的唐寅，所绘山水往往是“天真烂发，逸趣宛然，一段萧疏清旷之气，出没于烟波柳岸间”①，在当时及后世为人钦服。平民画家仇英“资诸家之长而浑合之，种种臻妙”②，擅长臆绘，精于工笔，尤能表现隐遁文人的清雅神形和高逸风采。

书坛上的“吴派”领袖，是与文徵明、唐寅、徐祯卿并称为“吴中四才子”，又与文徵明、王宠并称为书坛“吴门三家”的祝允明（1461—1527）。他倜傥风流，率性任诞，仰慕据道守真的陶渊明，敬重达观旷放的苏东坡。他的书法创作，转益多师而能“以意构之”，楷书、行书皆被推崇为明朝之冠，但成就最高的则是气势奔放而尽显情性的草书。行草《和陶渊明饮酒诗二十首》，走笔时断时续、时粗时细，结体或大或小、或正或欹，分间有疏有密、有松有紧，完全是缘情而书、使气而成，将慕陶怀古、悯己伤今的激越之情、沉郁之气尽托于书而一泻无余。今草《前后赤壁赋》，则潇洒俊逸、流丽畅达，反映出投合苏子的超然

---

① 张丑：《清河书画舫》卷十二下引张伯起评语。

② 张丑：《清河书画舫》卷十二下。

意绪和旷放情怀。狂草《自书诗卷》，字体雄奇刚劲、变化多端，通篇有如怒潮狂涛、磅礴万里、自然天成，充分地表现出不甘受任何束缚而追求自由解放的个性，诚为“独抒性灵”的书法杰作，尤具震撼人心的艺术魅力。晚明书法家文震孟在《姑苏名贤小记》中评述：“（祝允明）书法魏晋六朝，至欧、颜、苏、米，无所不精诣，而晚节尤横放自喜。”祝允明横放自喜的草书，突出了“庄骚”抒情达性、适己写意的艺术精神，体现了中国书法艺术的特质，他也被公认为明朝书法魁首、一代大师。

别号“青藤道士”的徐渭，既是振“楚风”的杰出文学家，又是据“庄骚”的卓越书画家。他“尝自言：吾书第一，诗二，文三，画四”[①]。不过，今人多认为他在书画艺术方面，应是绘画高于书法。他的绘画，水墨淋漓而情性显露，烟岚满纸而气韵生动，多为适己造境、师心绘物、化我入象之作，诚如他所推崇的画作那样，是“悦性弄情，工而入逸，斯为妙品”[②]。绘画代表作之一《墨葡萄》，构图新奇，着墨酣畅，用笔恣纵，形不求似却“动静如生”。其主旨乃如其画上题诗所云：“半生落魄已成翁，独立书斋啸晚风。笔底明珠无处卖，闲抛闲掷野藤中。”他的水墨大写意绘画，使得中国古代花鸟画趋于成熟，并导致了“大写意”画派的形成。他最看重自己的书法，又最喜好草书。之所以如此，也在于他以为挥洒书写能够最为自如地舒泄自己磊块不平的郁气和表现自我放纵不羁的个性。《墨葡萄》画上题诗所书行草，字势欹斜跌宕，反映出他的落魄生平与独立精神。《草书轴》则笔力强健，体势飞扬，墨汁淋漓，一气贯注，浑然天成。印文自署“青藤门下牛马走”的郑板桥作《贺新郎·徐青藤草书一卷》词赞颂：“墨沈余香剩，扫长笺狂花扑水，破云堆岭。云尽花空无一物，荡荡银河泻影，又略点箕张鬼井。未敢披图容易玩，

① 陶望龄：《徐文长传》，《徐渭集·附录》，中华书局1983年版，第1341页。
② 徐渭：《与两画史》，《徐渭集·徐文长三集》卷十六，中华书局1983年版，第487页。

拨烟霞直上嵩华顶，与帝座，呼相近。……”

晚明书坛画界最负盛名而在当时及后世影响巨大的人物，是本为“吴派”中坚的华亭（今上海松江）人董其昌（1555—1636）。他好庄参禅，明言“林木漫传濠濮意，只缘庄叟是吾师”①，并且据庄禅论画，首倡“南北宗论”，将唐代以后的山水画家分为南北二宗，标榜以王维和米家父子（米芾、米友仁）为代表所谓南宗文人画。所谓南宗文人画，即以水墨渲淡画法为主，画风清雅平远、冲澹萧散、柔润空灵而体现了投合自然、寄情山水、自适其志的庄禅意旨。另外，他又主张书画创作在师法古人的基础上，当进一步“道法自然”，即“以天地为师”，以致“自然传神，传神者必以形。形与心手相凑而相忘，神之所托也”②。他的书画理论，主要是“南北宗论”，虽然牵强偏颇，但基本精神仍是对以道家美学、“庄骚”传统为主导而形成的中国艺术精神的继承和发展。他的书画创作，基本上是他的书画理论的实践，能融会唐、宋名家之长技而出以己意，将中国传统文人书画表现自然天真的笔墨情趣发展到新的境地。时人评赞：“其昌山水树石，烟云流润，神气具足，而出以儒雅之笔，风流蕴藉，为本朝第一。”③又谓：“华亭董玄宰擅名词赋，博通六艺，于六体八法靡所不精。即今海内学士大夫，莫不盛推其诗文、书、画为三绝。”④因此，董其昌的理论和创作继往而开来，尤其符合当时文人士子的审美趣味。经与他齐名的同乡暨同道的隐逸书画家陈继儒（1558—1639）共相倡导，乃在明末形成了脱胎于“吴派”而以他为核心的“华亭派”。明末以至清代，书画创作始终未能摆脱他的影响。

明、清之际的画坛名家陈洪绶（1598—1652），浙江诸暨人，尤以人物画著称，擅长表现所绘人物的精神气质。清人盛评：“洪绶画人物，躯干伟岸，衣纹清圆细劲，兼有（李）公麟、（赵）子昂之妙，设色学

---

① 董其昌：《题画寄吴浮玉黄门》。
② 董其昌：《画禅室随笔》卷二。
③ 《佩文斋书画谱》卷五十八录《画史会要》评语。
④ 《佩文斋书画谱》卷十《明周之士书家评》。

吴生（吴道子）法，其力量气局，超拔磊落，在仇（英）、唐（寅）之上，盖三百年无此笔墨也。”[①] 其《屈子行吟图》，生动真切地描绘出被放逐的屈原行吟泽畔、形容枯槁、忧国忧民的形象，寄寓了其敬慕之情、追怀之思和效法之志，形真而神传，令后世不可胜计的绘屈之作难以企及。

二、“扬州八怪”及清代前期书画

清初在吴楚之地出现了并称于画坛的“六大家”，即王时敏（1592—1680）、王鉴（1598—1677）、王翚（1632—1717）、王原祁（1642—1715）、吴历（1632—1718）、恽寿平（1633—1690）。他们基本上袭“元四家”和明“吴派”“华亭派”画风，追随者众多，形成清前期画坛的正统派。

在清初画坛大力发扬“庄骚”精神而成就独到者，是一些具有爱国思想、民族气节的遗民画家。著名的有所谓“四僧”（弘仁、髡残、朱耷、石涛）、“金陵八家”（龚贤、樊圻、高岑、邹喆、吴宏、叶欣、胡慥、谢荪）等。这些遗民绘画名家，大都是故楚之地人，有的也是书坛名家。他们像屈原那样“发愤以抒情”而托之于书画，借助书画创作以表达亡国之痛、遗民之哀及投合自然、超越现实等悲郁复杂的感情，所作书画也淋漓酣畅、不拘成法、个性鲜明、风格特异。

号“无闷道人”的安徽芜湖人萧云从（1596—1673），入清隐遁不仕，寄情艺文，诗文书画皆擅。所作山水画，景色苍凉，气格高邃，形象地反映了他的人世感受。他又特作《离骚图》《九歌图》，继陈洪绶笔意而彰屈原诗旨、寄自己情志。他的代表作《太平山水图》《离骚图》，在清初就为世所重而被人镌版印销海内及日本。

武陵（今湖南常德）人髡残（1612—约 1673），参与抗清斗争失败后削发为僧，云游四方，潜心艺事。他论画，强调在博采众长的基础上

① 张庚：《国朝画征录》卷上。

师法自然。他的山水画，笔墨苍劲浓重，境界奇僻幽深，着力表现出他“僻性耽丘壑”的情怀，可谓性灵与景物相交融、情感与境界为一体。

“八大山人”朱耷（1626—1705），江西南昌人，明皇族子孙，国破家亡后遁入佛门，遣心笔墨，作有题画诗自道：“墨点无多泪点多，山河仍是旧山河。横流乱世杈椰树，留得文林细揣摹。”其书、画皆享有盛誉，与髡残齐名。其花鸟画大多为缘物抒情或借物扬己的表现自我之作，发展徐渭画风而阔笔写意，采用了“庄骚”那样的象征手法和夸张表现，笔墨简朴豪放，格调孤傲雄奇，形成了前无古人的风貌，产生了深远的影响。其书法善用秃笔、藏锋而作行草，以表达傲岸不羁的个性和雄健刚毅的神情，又兼有灵动流丽的风韵，具晋、唐格调和钟、王气象。

“清湘老人”石涛（约1642—约1710），亦为明皇族子孙，明亡而为僧，才华横溢，画艺各科、书艺诸体皆精，是山水画成就最高的清初遗民画家。他主张“借古以开今”，博采众长又师法自然，强调“我用我法”。他的山水画，构图新奇，运笔恣肆，水墨淋漓，技法多样，气势奔放，境界宏大，充分地表现了山水精神和隐逸情趣。他的画论和画艺，直接影响了清代中期的“扬州八怪”及近代诸名家。

“扬州八怪”，指乾隆年间（1736—1795）活跃在扬州地区的八位著名职业画家，一般认为是金农、黄慎、郑燮、李鱓、李方膺、汪士慎、高翔、罗聘。他们都有较高的文化素养，人生却并不称意，生活在社会中层，不满封建专制制度的压迫，同情劳动人民的疾苦，愤世嫉俗而狂放不羁，乃借书画创作以抒情达性并谋食糊口。在艺术上，他们继承“庄骚”传统、因袭清初遗民画风，重视表现自我，强调“自立门户”，分别创作出寓意深刻、个性鲜明、格调新奇而成就各异的作品，与当时的“正统派”的创作大相径庭而被其目之为“怪”。“八怪”之作在当时虽然只流行于扬州及邻近地区，却因发展了中国传统的水墨写意画、体现了清代中叶的书画艺术成就，对后世影响深远。

“八怪之首”金农（1687—1764），别号“荆蛮民”等，仁和（今杭州）

人，工诗词，善书画。其画构图新颖别致，用笔以书入画，绘形不同凡响，个性鲜明突出。所绘《墨梅图》，清雅脱俗，耐人品味，充分地表达了其高洁情怀。所绘自画像，造型夸张，妙在似与不似之间，开文人写意肖像画新风。其书法，用笔偏方，结体独创，自号“漆书”，奇趣横生。

堪称“八怪”中的理论家和杰出代表的郑燮（1693—1765），号“板桥道人”，兴化（今属江苏）人自幼刻苦读书，但“平生不治经学，爱读史书以及诗文词集，传奇说簿之类，靡不览究”[①]。他爱读的诗文词集，即以“庄骚”为首，称“文章以沉着痛快为最，《左》《史》《庄》《骚》、杜诗、韩文是也”[②]，又称“板桥每读一书，必千百遍”[③]，受“庄骚”影响之深可想而知。他曾作诗云：“老聃庄列人中仙，未闻白昼升青天。五千妙义《南华》诠，虚静恬澹返自然。”[④]另有诗云：“腐《史》湘《骚》问几更，衙斋风雨见高情。”[⑤]他有济世安民的伟志，任县令时清正廉洁、果断干练，却因开官仓以赈灾民而被诬去职，乃居扬州卖画为生。他率直旷达，落拓不羁，放言不惮，耿介傲岸，得获狂名。“板桥诗文，自出己意，理必归于圣贤，文必切于日用”[⑥]。板桥认为：“诗则自写性情，不拘一格，有何古人，何况今人！”[⑦]板桥论书画，主张师法自然，强调“不泥古法，不执己见，惟在活而已矣”，“不肯从人俯仰”。前人称“板桥有三绝，曰画、曰诗、曰书。三绝之中又有三真，曰真气、曰真意、曰真趣”[⑧]。板桥的诗，“言情述事，恻恻动人，不拘体格，兴至则成，

①③⑥ 郑燮：《板桥自叙》，《郑板桥集·补遗》，上海古籍出版社1979年版，第176、177页。

② 郑燮：《潍县署中与舍弟第五书》，《郑板桥集·家书》，上海古籍出版社1979年版，第21页。

④ 郑燮：《宿光明殿赠娄真人》，《郑板桥集·诗钞》，上海古籍出版社1979年版，第73页。

⑤ 郑燮：《二生诗》，《郑板桥集·诗钞》，上海古籍出版社1979年版，第90页。

⑦ 郑燮：《随猎诗草·花间堂诗草跋》，《郑板桥集·补遗》，上海古籍出版社1979年版，第174页。

⑧ 转引自傅抱石《郑板桥集·前言》，上海古籍出版社1979年版，第4页。

颇近香山、放翁”[①]。板桥的画，弘扬徐渭画风，专绘兰、竹、石以写照自我精神、品格和情操。如板桥自谓，“介于石，臭如兰，坚多节”[②]，而“兰竹石，相继出。大君子，离不得”[③]。所绘兰草，精神出于屈骚，即“屈宋文章草木高”[④]、“屈大夫之清风”[⑤]。所绘之竹，承苏轼画意，寓“庄骚”精神，即“种竹种竹，毫无尘俗”[⑥]、“衙斋卧听萧萧竹，疑是民间疾苦声”[⑦]。“板桥作字如写兰，波磔奇古形翩翩。板桥写兰如作字，秀叶疏花见姿致。”[⑧]板桥的字，即以画笔入书，又兼采众长、糅合诸体，字形肥瘦大小不一、俯仰欹斜皆有，章法参差错落、犹如乱石铺街，显得狂怪奇诡、清新活泼、卓尔不群，板桥自称为“六分半书”[⑨]，人则谓为“板桥体”。板桥的艺术追求，是“掀天揭地之文，震电惊雷之字，呵神骂鬼之谈，无古无今之画”[⑩]。据“庄骚”以游艺，板桥可以说是清代前期第一人。板桥的书画，也尤为后人赞许。

“康乾盛世”过后，国渐衰而势日颓。书坛画界竟也缺乏生气，因袭模仿有余，革新创造不足。直至近代，方在风雷激荡之中，出现了书画艺术创作的新气象。

---

① 《清史列传·郑燮传》，《郑板桥集·附录》，上海古籍出版社1979年版，第237页。

② 郑燮：《兰竹石》，《郑板桥集·题画》，上海古籍出版社1979年版，第164页。

③ 郑燮：《题兰竹石》，《郑板桥集·补遗》，上海古籍出版社1979年版，第224页。

④ 郑燮：《兰》，《郑板桥集·题画》，上海古籍出版社1979年版，第158页。

⑤ 郑燮：《题兰》，《郑板桥集·补遗》，上海古籍出版社1979年版，第227页。

⑥ 郑燮：《题画竹》，《郑板桥集·补遗》，上海古籍出版社1979年版，第215页。

⑦ 郑燮：《潍县署中画竹呈年伯包大中丞括》，《郑板桥集·题画》，上海古籍出版社1979年版，第156页。

⑧ 蒋士铨：《题板桥画兰诗》。

⑨ 据郑板桥解释，他在八分书（指隶书）中融入楷、行、草成分，故八分隶法仅剩六分半了。

⑩ 郑燮：《乱兰乱竹乱石与汪希林》，《郑板桥集·题画》，上海古籍出版社1979年版，第167页。

第七章　近现代文化与楚文化

1840年至1949年这段中国近现代史，是由封建社会转入半殖民地半封建社会的历史，是帝国主义的入侵史、封建主义的挣扎史、劳动群众的苦难史，是中华民族的奋起史、中国人民的革命史，也是中西文化的碰撞史、传统文化的变革史和中华文化的新建史。

百余年来，中国人民奋起反抗帝国主义的侵略、封建主义以及官僚资本主义的压迫，为争取民族独立、国家解放而进行了前仆后继、不屈不挠、艰苦卓绝的革命斗争。在这长期的革命斗争中，故楚之地始终是开展革命斗争的重要或主要的区域。积淀深厚、承传久远的楚文化那爱国、开放、进步、革命的优良传统，在近现代得到了极大的发扬。以屈原精神为集中体现、以爱国主义为思想基础的楚魂，被中国人民在革命斗争中光大、升华为具有丰富内涵和时代特征的国魂、民族之魂。

西方文化，伴随着国门大开、列强竞入而滚滚东来并潮涌神州，伴随着中国人民学习西方以寻求强国药方和救国真理而大量引进并广泛传播。延续、发展数千年的传统文化，在中西大碰撞中演变、在中西大交融中革新。爱国的、觉醒的、进步的人士，纷纷自觉地、积极地学习和传播西方先进文化，并且力图将之与传统文化精华相结合以建构适应时代要求的新文化。楚文化传统的精华，则始终是进步人士建构新文化的重要根据或内容。近现代的精神文化，经杂糅中西文化而至建构出融会西方科学文化与传统优秀文化的新型文化。在这一发展过程中，无论是资产阶级文化，还是无产阶级性质的、民族的科学的大众的新民主主义文化，都明显地继承或扬弃了楚文化传统。

楚文化之流，在近现代乃至当代，依然潺潺汩汩。楚文化之变，在近现代乃至当代，则出现革命性、飞跃性的蜕化更新。

第一节　民族的奋起与楚魂的光大

公元 1840 年，鸦片战争爆发。当时的西方头号资本主义强国——英国，用大炮轰开了古老中国的大门。封建社会的中国，由此开始被殖民化。中国的历史，也由此转入半殖民地半封建社会的近现代。中国人民，则为民族的独立、国家的解放，在近现代史上掀起了一场猛于一场的革命风暴，展开了一次烈于一次的革命斗争。

近现代史上掀起的革命风暴、展开的革命斗争，又大都以南方为策源地、以故楚之地为中心区。这既与南方远离封建社会的政治中心而反动势力相对较弱、与南方的地理条件宜于发动革命、与南方首先受到西方先进文化影响又首先遭到帝国主义入侵等因素有直接关系，也与故楚之地的经济文化长期发达而形成较强的物质基础、与故楚之地的民族资产阶级和工人阶级的壮大、与故楚之地具有突出的爱国、开放、进步、革命的优良传统关系至大。

思想是行动的先导，精神是力量的源泉。近现代史上革命运动的形成和革命斗争的发展，都是爱国思想的高度激发、爱国精神的大力弘扬的结果。近现代史上社会变革的倡导者、进步运动的发起者、革命斗争的领导者，无一不是追求国家昌盛、天下太平的爱国者。他们中的许多人，乃感念楚魂而为，呼唤国魂而进。

一、太平天国、洋务运动、变法维新和义和团运动

鸦片战争揭开了近现代史上反帝斗争的序幕，坚决禁烟抗英的林则徐（1785—1850）率先高举起反帝斗争的旗帜。林则徐与龚自珍、魏源情通志合而交谊深厚。龚、魏两人都是景仰屈原、深受楚文化传统影响的伟大爱国者。林则徐曾与他们共组诗社、纵论国事，也互相感发意气、

砥砺名节。“苟利国家生死以，岂因祸福避趋之！”[①]林则徐以身报国的伟志和壮举，闪耀出楚魂、国魂的光辉，激励了百余年来的爱国人士。

太平天国运动，是中国历史上规模最大的农民运动，掀起了近代史上具有反帝反封建意义的第一个斗争高潮。洪秀全（1814—1864）领导贫苦农民于1851年在金田村（今广西桂平市境内）发动起义并宣布成立太平天国后，太平军在次年即入两湖楚地，第三年就沿江东下攻取南京、建都金陵。就是在两湖楚地，太平军获得了很大发展，由起义时的万余人发展到50万人，因而能够乘势东下、势如破竹。建都金陵后的太平天国，更以长江中下游故楚之地为主要辖域和活动中心，狠狠打击清王朝，英勇反击外国入侵势力，坚持斗争长达10余年。故楚之地斗争传统的大发扬，是太平天国在故楚之地燃起熊熊的烈火、形成持久的风暴的重要原因。楚魂，也在太平天国运动中光大了。

由于农民阶级的局限和领导人的腐败等原因，太平天国最终被清朝政府和西方列强联合剿灭。太平天国运动失败之后，愈益虚弱的清王朝，对西方列强也更为妥协退让。经第二次鸦片战争而获取更多的在华特权或中国领土的列强，则进一步勾结起来不断加深着对中国的侵略。国家蒙难，王朝欲坠，统治阶级内部的一些怀有爱国之心又忠于王朝的人士，认识到在西方列强坚船利炮威逼下，因循守旧已不能自保。为了挽救国家和王朝，他们倡导并推行了以学习和引进西方“长技”为中心，以兴建近代军事工业和工矿企业、派遣留洋学生、设立新式学堂等为主要内容的“富强运动”，史称“洋务运动”。“洋务运动”的先驱，是林则徐和魏源。林则徐曾购买西洋船炮并主张学习洋人以建造坚船利炮，魏源进而明确提出“师夷长技以制夷”[②]。洋务运动的推行者，是担任封疆大吏的曾国藩、左宗棠、李鸿章、张之洞等人。湘乡（今属湖南）曾国藩（1811—1872）、湘阴（今属湖南）左宗棠（1812—1885）、庐州（今

① 林则徐：《赴戍登程口占示家人》。
② 魏源：《海国图志叙》。

安徽合肥）李鸿章（1823—1901），皆为镇压太平天国而发迹的故楚之地人，也都主张抵御外侮，并且主要在故楚之地推行洋务运动。南皮（今属河北）张之洞（1837—1909）供职翰林院时，本为以议论朝政、抨击权贵而名世的“清流派”首领，依附于清政府军机处里的北派（即坚持复古守旧并幻想通过闭关锁国来排斥外来文化的顽固派），反对军机处里的南派（即洋务派），但任官于南方后，尤其是担任湖广总督的18年间，在湖北大力推行洋务运动。洋务运动的兴起，伴随着洋务派与顽固派的斗争。洋务运动主要由故楚之地人推行并主要在故楚之地推行，除了客观的地理环境和物质条件外，也表明故楚之地爱国卫邦、顺时通变、开放革新的文化传统对洋务运动的兴起有直接影响。在资本主义列强蜂拥而入并且开始瓜分中国的严峻形势下，洋务派企图通过推行洋务运动以实现富国强兵、挽救腐朽没落的封建王朝，只能是一厢情愿；洋务派宣扬的以封建纲常、封建制度为“体”，以西方科学技术为“用”的所谓“中体西用”主张，更是自相矛盾、不切实际的幻想；自19世纪60年代兴起的洋务运动，在推行30年后便破产了。不过，伴随着洋务运动的推行，中国近代民族工业和民族资本主义也获得了发展，中国无产阶级也开始形成。

1884年爆发的中法战争，中国胜而自败。1894年爆发的中日战争，中国惨遭失败。民族危机的日益深重，更加警醒了国人。一系列丧权辱国条约的签订，更加暴露了清王朝的腐朽无能和投降卖国。洋务运动带给国人的幻想，也随之彻底破灭。民族资本主义企业的发展，迫切要求摆脱封建主义的束缚而建立资本主义生产关系。国门的洞开，使得国人易于认清资本主义的先进性和封建主义的落后性。于是，保国保种，成了时代的呼声；变法改制，成了社会的共识。1895年，清政府与日本签订了极不平等的《马关条约》后，群情激愤。情寄“秋山花放媚三间”[①]的康有为（1858—1927），发动各省的1300余名赴京应试的举人联名上

① 康有为：《题从父竹荪广文公画兰》。

书（史称“公车上书”），明确要求拒和、迁都、变法。1898 年，康有为领导了以“兴民权，设议院，立宪法”为政治纲领的变法维新运动（史称“戊戌维新”）。由“公车上书”到“戊戌维新”，反映了国人的觉醒，标志着民族资产阶级政治运动的兴起，显示出新生的民族资产阶级的政治力量和社会变革的趋势。“公车上书”和“戊戌维新”的直接动因，是以爱国主义为思想基础的国魂的激发。目睹因晚清政府腐朽无能而导致民族陷入空前灾难的现实，康有为等士子作为新生的民族资产阶级代表人物，为爱国精神所激励，奋起发动了顺应历史趋势而寻求新的救国道路和方式的变法维新运动。其旗手康有为、主将梁启超（1873—1929）虽然都是岭南人，却陶冶于楚魂、高度推崇屈原。其最为激进、无畏的斗士——湘人谭嗣同（1865—1898），更可谓屈原精神和追求的继承者和发扬者。康、梁、谭据以变法维新的理论，也体现了楚文化传统的影响。企望依靠皇帝推行政治改革以实现资本主义“君主立宪制”，在具有两千多年封建专制主义历史、封建专制思想根深蒂固、封建专制制度健全完备的中国社会，是行不通的，变法维新运动因而也仅仅推行百日便惨遭失败。但是，它对爱国思想的大力宣传和对西方进步文化的广泛介绍，极大地高扬了国魂，促进了民族意识的大觉醒和国人思想的大解放，最终导致了爱国的、进步的、革命的新文化运动的兴起。

“还我江山还我权，刀山火海爷敢钻。哪怕皇上服了外，不杀洋人誓不完。”[①] 紧承变法维新运动而爆发的义和团爱国反帝运动，是民族意识大觉醒的充分表现。声势浩大、波及全国的义和团运动，以北方的山东为策源地，以北方的京津、直隶为中心地。可是，义和团是以民间反清秘密结社——义和拳为基础而发展起来的，与受楚文化影响颇深的道教关系密切，带有浓厚的民间道教色彩，如供奉洪钧老祖、玉皇大帝、关圣帝君等神灵，也继承了早期道教反抗压迫的斗争传统。在民族矛盾

① 义和团歌谣。见刘崇凤等搜集《义和团歌谣》，上海文艺出版社1960年版，第45页。

上升为社会主要矛盾的19世纪末、20世纪初，义和团由义和拳的反抗封建压迫的斗争转变为反抗帝国主义侵略的斗争。尽管义和团打出的是“扶清灭洋”“助清灭洋”的旗号，表现出当时群众将清王朝与中国混同的思想落后性和敌视外来一切的盲目排他性，且因迷信和暴力而造成一定程度的社会破坏，但它高奏出爱国救亡这一时代的主旋律，大大发扬了中国人民传统的、伟大的爱国精神，充分地展示了中国人民巨大的、无穷的反抗外来侵略、捍卫国家主权的斗争力量。八国联军攻占北京，清政府投降卖国并为虎作伥。在封建王朝和西方列强的联合镇压下，声势浩大的义和团运动被绞杀了。然而，它使西方列强认识到中国人民的力量而不得不改变了瓜分中国的计划，转为采取扶持和利用清政府作为其统治中国的工具这一“以华制华”的侵略政策；它使中国人民认清了清王朝的腐朽罪恶本质，进而掀起了反封建斗争的高潮。

二、武昌首义与辛亥革命

伴随着中国人民爱国救亡运动的高涨，以孙中山（1866—1925）为代表的一大批爱国知识分子，明确提出了武装推翻已堕落为帝国主义忠实走狗的清政府、建立资产阶级共和国的政治纲领，并且艰苦卓绝、不屈不挠地为之奋斗，开展了资产阶级民主革命运动。资产阶级民主革命运动，滥觞于海外及广东，却勃兴于长江中下游的故楚之地。其领导人和思想家、宣传家，也大量为故楚之地人，如黄兴、禹之谟、宋教仁、秋瑾、赵声、章炳麟、陈天华等。资产阶级革命家激昂慷慨、不遗余力地宣传反清反帝、恢复中华的思想，不畏牺牲、前赴后继地发动武装起义，推动了全国革命形势的迅猛发展，终于促成了辛亥革命的爆发。

1911年（农历辛亥年）10月10日，湖北革命党人在武昌发动起义，一举成功地驱逐了清朝的湖广总督，建立了湖北革命军政府。全国各地的革命党人云集景从，蔚成摧枯拉朽的革命大风暴，埋葬了统治中国近300年的清王朝，结束了实行两千多年的封建君主专制制度。辛亥革命在武昌首义并取得成功绝非偶然，而是有着历史的必然性和现实的可行性。湖北是楚文化的发祥地，富有反抗压迫的斗争传统。张之洞治鄂，大力推行洋务运动，结果“种豆得瓜”，客观上为辛亥革命积累了物质基础和培育了社会力量，即近代工业、资产阶级、新式军队和进步知识阶层。“九省通衢”的华中大都会——武昌、汉口和汉阳三镇，既是清朝统治的重镇和帝国主义侵略的重点，又是民族资产阶级革命力量集聚的要津和革命思潮汇合、传播的枢纽。有如当时湖北革命志士所说：“危哉中国，其为各国竞争中心点也。呜呼！夫孰知以中国竞争之局卜之，吾楚尤为中心点之中心点乎！”[①] 因此，武汉三镇乃至湖北的反帝反封建斗争尤为激烈，武汉三镇乃至湖北的革命形势也发展得尤为迅速。自1904年以来，革命党人在武汉三镇建立了许多革命团体，创办了多种革命报刊。武汉三镇的革命力量，也由学生、市民中广泛地发展到清朝的新军中。武昌起义前，湖北革命党人在报刊上发表文章，号召人民发扬秦末楚人揭竿亡秦的革命精神，奋起推翻清王朝，并且指出，推翻中国第一个专制王朝的是楚人，推翻中国最后一个专制王朝也应首倡于“不坠之‘三户’遗风”的楚人。辛亥革命志士激扬楚魂而光大国魂，剔除了传统爱国主义中君、国一体的封建观念，继承了传统爱国主义中民、国一体的进步意识并予以确定，克服了体现于义和团运动中的那种带有狭隘性、保守性、盲目性和愚昧性的爱国主义的弱点，突出了具有开放性、进取性、理智性和科学性的新爱国主义的优点，从而使传统的爱国主义得以升华。因此，有了质的飞跃的新爱国主义，赋予了时代精神和现代意识的国魂，也就成了中国人民从事更伟大的反帝反封建运动、争取国家独立和民族解放的力量源泉。

辛亥革命的次年，在南京成立了以孙中山为大总统的中华民国临时政府。可是，由于封建势力依然强大，由于帝国主义破坏革命，由于民族资产阶级先天发育不足并与封建主义、帝国主义相联系而具有软弱性和妥协性，中华民国的政权，被封建势力的代表袁世凯窃夺。民族资产

① 《湖北学生界》第一期《叙论》。

阶级领导的辛亥革命，没能完成反帝反封建的任务。中国社会半殖民地半封建的性质，也没有因辛亥革命而改变。在袁世凯为首的北洋军阀浊乱统治时期，故楚之地又成了反抗北洋军阀浊乱统治的主战场。

三、新文化运动与中国共产党诞生

袁世凯窃夺政权后，不仅在政治上积极恢复帝制、极力复辟封建主义，在思想文化上也大倡尊孔读经、极力宣扬封建主义。帝国主义分子为之帮腔鼓噪，封建主义分子因之甚嚣尘上。为了反击这股历史逆流，一批爱国的、激进的知识分子，发起了倡导民主与科学、批判封建主义的旧思想、旧道德、旧文化的新文化运动。

1915 年，怀宁（今属安徽安庆）人陈独秀（1879—1942）在上海创办《青年杂志》，标志着新文化运动的兴起。《青年杂志》后更名为《新青年》，并迁至北京出版。陈独秀与李大钊（1889—1927）、鲁迅（1881—1936）等人，则是《新青年》的主要撰稿人和新文化运动的主要倡导者，也是大力激扬国魂的民主主义战士。陈独秀先后撰写《我之爱国主义》《我们究竟应当不应当爱国》等文章，宣扬爱国思想，并且对经辛亥革命而升华出的新爱国主义作了较为具体、明确的阐发。李大钊和鲁迅，都感怀楚魂而发抒爱国情志、仰慕屈原而求索救国道路。在“破碎神州日已曛”之际，李大钊是“去国徒深屈子恨”[1]。在“风雨如磐暗故园”之时，鲁迅手录屈原诗句以自励。新文化运动倡导者宣扬的爱国主义，虽在具体内容上已不同于传统的爱国主义，却也继承了屈原爱国思想的基本精神。新文化运动的斗争矛头，直指封建主义的思想基础——孔教（儒学）。新文化运动的倡导者强调孔子之道与共和制度、现代生活截然对立，指斥儒学宣扬的封建礼教是“吃人的礼教”，主张破除孔子这一“保护君

① 李大钊：《南天动乱，适将去国，忆天问军中》。

主政治之偶像”、废弃“与此新社会新国家新信仰不可相容之孔教”[①]，从而掀起了“打倒孔家店”的批判思潮。新文化运动参与者们对孔教的批判，多少继承了前代据道批儒的学者们的批判精神和思想观点，而且是戊戌维新和辛亥革命反封建斗争的继续，但主要是援据西方进步思想，高举的是民主与科学的旗帜。1919 年 1 月，陈独秀撰文回击封建旧人物、顽固派对《新青年》宣传新文化的非难谣诼，明确宣告：“本志同人本来无罪，只因为拥护那德莫克拉西（Democracy）和赛因斯（Science）两位先生，才犯了这几条滔天的大罪。要拥护那德先生，便不得不反对孔教、礼法、贞节、旧伦理、旧政治；要拥护那赛先生，便不得不反对旧艺术、旧宗教；要拥护德先生又要拥护赛先生，便不得不反对国粹和旧文学。……西洋人因为拥护德、赛两先生，闹了多少事，流了多少血，德、赛两先生才渐渐从黑暗中把他们救出，引到光明世界。我们现在认定，只有这两位先生，可以救治中国政治上、道德上、学术上、思想上一切的黑暗。若因为拥护这两位先生，一切政府的压迫，社会的攻击笑骂，就是断头流血，都不推辞。”[②]因此，新文化运动的非孔批儒，显示出前所未有的坚决性、彻底性和科学性。在《新青年》的影响下，新文化运动蓬勃展开，在思想上直接启发了伟大的五四爱国运动，又随五四爱国运动的兴起而深入发展。

1919 年爆发的五四爱国运动，由北京学生反对帝国主义侵略和北洋军阀政府卖国而发起，得到了伴随民族资本主义发展而壮大的、以上海为中心的全国工人阶级的积极响应和有力支持，形成规模空前的人民群众彻底的、不妥协的反帝反封建运动。五四运动标志着中国工人阶级登上了社会舞台，揭开了工人阶级领导的新民主主义革命的序幕。中国历史，从此进入革命犹如疾风暴雨的现代。

① 陈独秀：《宪法与孔教》。《独秀文存》卷一，安徽人民出版社1987年版，第79页。

② 陈独秀：《本志罪案之答辩书》，《新青年》第6卷第1号。

新文化运动的展开，为马克思主义传入中国开辟了道路。1917 年俄国十月革命的胜利，为中国人民爱国救亡、追求民族独立和民众解放的斗争送来了曙光。五四运动的爆发，显示出中国工人阶级的伟大力量。于是，探索救国救民道路的先进知识分子，开始积极介绍和大力宣传马克思主义，并且促进马克思主义与工人运动的结合。新文化运动的发展，也逐渐转为马克思主义宣传运动。新文化运动的领导者陈独秀和李大钊，都成了马克思主义的信仰者。《新青年》杂志，则自 1920 年 9 月成为马克思主义的宣传阵地。

早期的马克思主义宣传者中，除了李大钊、陈独秀、陈望道等人之外，零陵（今湖南永州）人李达（1890—1966）的贡献甚大。李达在上海协助陈独秀创建中国共产党的同时，针对中国革命的具体问题，大量介绍和宣传了指导十月革命取得胜利的列宁主义，因而对中国人民接受马列主义、选定社会主义革命的道路产生了很大影响。

正是由于马克思主义的广泛传播，毛泽东、蔡和森、周恩来、邓中夏、瞿秋白、董必武、陈潭秋等一大批故楚之地以救国救民为己任的知识分子，接受了马克思主义并成了中国共产党的创建者或领导人。1921 年，中国共产党在上海成立。从此，共产党人和接近共产党的左翼人士，也就是现代中国的杰出爱国者、楚魂的大力弘扬者和国魂的充分体现者。

四、新民主主义革命的胜利与新中国人民隆重纪念屈原

中国共产党成立之后，其中央机关长期设在上海。在中国共产党的领导下，新民主主义革命在长江中下游的故楚之地开展得尤为蓬勃。

为了尽快完成反帝反封建任务，中国共产党在共产国际的指导下，与孙中山领导的国民党合作，组成广泛的革命统一战线，大大推动了国民革命运动。1926 年，国民革命军从广州北伐，根据当时的形势和条件，以湖南、湖北为主要战场，旨在攻取长江中游后再进而控制长江下游，最终全面北进、消灭军阀、统一全国。这一北伐战略，与当年太平军北进意图基本一致。配合北伐，共产党在故楚之地发动了轰轰烈烈的工农

革命运动。湖南首先掀起了农民运动风暴，农民协会会员达200万人，能够直接领导1000多万农民群众。当时全国已有的200万的工会会员中，湖南就有40万人，湖北也有30万人。上海工人阶级先后3次发动武装起义，终于取得胜利。故楚之地传统的爱国精神和斗争精神，在共产党领导的新民主主义革命中，得到了极大的发扬。因此，北伐军入楚，犹似风卷残云，出师仅半年多，就消灭了盘踞长江中下游的军阀吴佩孚、孙传芳的主力，控制了湘、鄂、赣、皖、苏、浙、闽等省的全部或大部分地区，动摇了帝国主义和封建军阀在中国的统治。

国民革命胜利在望之际，以蒋介石和汪精卫为首的、代表大地主大资产阶级利益的国民党反动派，先后叛变革命并“清党”“分共”，大肆屠杀共产党人和革命群众，制造了惨绝人寰的白色恐怖。危急关头，共产党于1927年8月1日在南昌发动武装起义，果断地开始进行武装斗争。8月7日，共产党中央在武汉召开紧急会议，确定了土地革命和武装斗争的总方针。会后，共产党以工农运动基础较好的湘、鄂、赣及粤为中心地区，在一年多里发动了百余次起义。毛泽东在湘、赣边领导了秋收起义，又率领受到挫折的起义部队转入井冈山地区，创建了中国第一个红色根据地，开辟了工农武装割据、由农村包围城市而夺取政权的道路，由此逐渐形成革命根据地相继建立的星火燎原之势。

1931年，日本帝国主义制造“九一八事变”，侵占了东北三省，开始了大举武装侵华。1937年，日本又制造了“七七事变”，发动了全面侵华战争。国家又蒙大难，民族益陷危机，经过近百年反帝斗争洗礼并有了共产党领导的中国人民，呼唤国魂而奋起抗日，掀起了抗日救亡高潮。在长征途中逐步确立在全党全军领导地位的毛泽东，率领工农红军突破国民党的“围剿”而毅然北上抗日。进而，共产党又激扬民气，迫使国民党停止内战，再度实现国共合作，组成了抗日民族统一战线，展开了一致对外的全面抗战。

在抗日战争处于紧张、艰苦之际的1941年，中华全国文艺界抗敌协会决定以屈原投江殉国日——农历五月五日（端午节）为“诗人节”，通过纪念屈原、诵读屈骚来宣扬爱国思想、鼓舞人民的抗敌斗志。这不啻是对楚魂的大力张扬、对国魂的高声呼唤。

1942 年，针对国民党积极反共而破坏统一战线的行径，共产党人、进步文化界的旗手郭沫若（1892—1978），在国民党的陪都重庆创作了著名历史剧《屈原》。此剧通过塑造爱国爱民并为国为民而英勇斗争的屈原形象，通过描写屈原为国家和人民的命运而坚持联齐抗秦的正确路线、舍生忘死地与投降卖国的统治集团和昏庸专横的楚王的斗争，通过反映以婵娟为典型的楚国人民对屈原的敬爱，“把这时代的愤怒复活在屈原时代里去了”[①]。此剧公演后数月，郭沫若又发表论文阐述：

> 楚国如不失败，屈原悲剧不致产生，中国的文学史也就会减少光辉了。不过屈原悲剧依然是极深刻的悲剧，这不仅是他个人的悲剧，不仅是楚国的悲剧，而是我们民族的悲剧。我们现在似乎可以这样设想：假使中国当时不是由秦国来统一，而是让楚国来统一了，文化发展的情形必然有些不同。……中国由楚人来统一，由屈原思想来统一，我相信自由的空气一定更浓厚，艺术的风味也一定更浓厚。……我们中国人又临到新的时代了！我们应该有计划地来创造历史。[②]

郭沫若的这番话，在某种意义上反映了中国共产党人和现代中国人民对楚魂与国魂、民族之魂的认同，反映了其继承屈志、光大楚魂而与国民党反动派作不屈不挠的斗争以创造中国的光明未来的决心。因此，此剧“剧本的发表和演出，从进步方面都受到了前所未有的热烈的欢迎”[③]，周恩来等中共领导人给予了高度评价。尽管国民党后来禁演此剧，但剧

①③ 郭沫若：《序史剧“屈原”的俄文译本》，《人民日报》1952年5月28日第3版。

② 郭沫若：《论古代文学》，《郭沫若全集·文学编》第十九卷，人民文学出版社1992年版，第277~278页。

中屈原的慷慨言词，却久久回荡在山城重庆，远远传播到中国各地。屈原的精神和形象，也大大激励了人民群众关切国家命运，愤恨投降卖国，拥护共产党，反击国民党的反共逆流，义无反顾地抗战到底。

经过 14 年艰苦抗战，高举爱国主义旗帜而为人民谋幸福的共产党，完全赢得了民心；与帝国主义相勾结而维护大地主、大资产阶级利益的国民党，彻底失去了民心。

抗日战争于 1945 年胜利后，国民党即在世界头号强国——美国的支持下，依仗强大的军事力量，违背人民要求和平、民主、团结的意愿，发动了规模空前的全面内战，妄图消灭共产党而实行独裁统治。孰料，仅 3 年，号称 800 万且有先进美械装备的国民党军队，竟被只有“小米加步枪”的人民军队几乎消灭殆尽，蒋家王朝被埋葬在共产党领导的人民解放战争的汪洋大海中。

1949 年 10 月 1 日，毛泽东在北京天安门城楼上向全世界庄严宣告：中华人民共和国中央人民政府今天成立了！从此，中国新生了！中国人民站起来了！这是中国人民在一个世纪里光大楚魂、高扬国魂而前赴后继地坚持反帝反封建斗争的结果，这是中国共产党高举爱国主义旗帜而领导人民推翻帝国主义、封建主义和官僚资本主义三座大山的结果。中国结束了动荡、分裂、贫穷的半殖民地半封建社会的历史，跨入了共产党领导人民建设安定、统一、繁荣、富强的新中国的时期。

新中国建政之初，文化界便出现了颂扬和研究屈原的热潮，屈原还被介绍给世界人民。1953 年，中国人民隆重纪念屈原逝世 2230 周年。世界和平理事会也将屈原与波兰天文学家哥白尼、法国文学家拉伯雷、古巴作家和民族英雄何塞·马蒂一起，作为号召全世界人民纪念的四大文化名人。这表明，体现楚魂的屈原，已成了国魂、民族之魂的象征；中国人民决心进一步光大楚魂、高扬国魂，以进行伟大的社会主义革命和建设，推进世界和平与发展的事业。

中华人民共和国的主要缔造者毛泽东(1893—1976)，年少崇敬屈原，一生酷爱楚辞，中华人民共和国成立后身边几乎不离《楚辞》，晚年会见日本首相田中角荣时以《楚辞集注》相赠。毛泽东对屈原的仰慕和对楚辞的酷爱，岂止是他个人的喜好和个人的行为，岂不是最具代表性地反映了楚魂的历史作用和无穷力量？毛泽东将《楚辞集注》赠送曾入侵中国而给中国造成巨大灾难的日本的政府首脑，岂止是随手为之，岂不也是代表中国人民向世界标举国魂、民族之魂的一种象征性表示？

“行廉志洁泥无滓，一读骚经一肃然。”[①] 屈原精神千古长存，爱国楚魂也世代光大。民族扬魂而振兴，国家张魂以昌盛。

第二节 中西文化的碰撞与道家传统的嬗变

中西文化的交流可以追溯到先秦时期，但中西文化的大碰撞则始于鸦片战争。

一、风气新开与承道学而纳西学的思想杂糅

鸦片战争前后，一批爱国的士大夫为了挽救危世，自觉地思考政治、历史和哲学的重大问题，提出了自己的进步主张。

自言“一事平生无齮龁，但开风气不为师”[②]的浙江仁和（今杭州）人龚自珍（1792—1841），号定庵，是开近代文化新风的大师。他是清代著名文字学家段玉裁的外孙，自幼受到经文训诂方面的严格训练，却“少年揽辔澄清意”，爱好“天地东南西北之学”，“究心经世之务”，一生勇于揭露和批判政治腐败和社会黑暗，疾声呼唤社会变革的“风雷”，急切盼望民富国强，坚决主张禁烟和抵御外国侵略。针对乾嘉学派崇尚古文经学而究心训诂考证、流于脱离现实的学风，他转而标榜今文经学。不过，他并不是要因承和重振今文经学，而是出于补救时弊、振兴国家

① 叶剑英：《七绝》。
② 龚自珍：《己亥杂诗》其一〇四。

的目的，寻求一种既能为封建王朝接受、又能表达自己政治主张的思想形式。由于历史的和思想的局限，他也只能选择曾为官方哲学的今文经学来予以标榜，以期能够用于经世。因此，他是为着“经世”而“通经”，在“通经”、也即对儒经的阐释和发挥中，实际上在一定程度上继承了道家传统而对传统的今文经学作了否定和改造，如批驳了今文经学的宗师董仲舒和汉儒的“天人感应”论、五行灾异说及“天不变，道亦不变”的教条，强调“自古及今，法无不改，势无不积，事例无不变迁，风气无不移易”[①]，呼唤“不拘一格降人材”以给黑暗、沉闷的中国带来生气。他以王安石为楷模和同调，也循沿了王安石的治学道路和治学方法，改造旧儒学以为自己变革社会的政治主张寻求理论根据。

然而，在封建王朝病入膏肓、阶级矛盾和民族矛盾日益尖锐的时代，龚自珍企图改造旧儒学以作为变革社会的思想武器，只会是徒劳的。他既不可能因袭旧儒学，也没能很好地继承明末清初发扬道家哲学的进步思想传统，以致思想驳杂混乱而不成体系，最后苦闷地沉浸于佛学，带着无穷遗恨辞官归乡、寂寞弃世。他赋诗自谓：“何敢自矜医国手，药方只贩古时丹。”[②]他的悲剧，则表明以“古时丹”作为医治近代中国的药方的彻底破产，表明新时代的医国药方只能是经中西文化大碰撞后形成的传统文化精华与西方先进文化相结合的新型思想文化。作为国门临开之际的文化代表，他还不可能寻求“新时丹”。可是，“六艺但许庄骚邻，芳香恻悱怀义仁”[③]的龚自珍，高扬楚文化传统而表现出强烈的爱国精神、批判精神和变革精神，在近代文化史上产生了深巨影响。近代爱国诗人张维屏说：“近数十年来，士大夫诵史鉴，考掌故，慷慨论天下事，其风气实定公开之。”[④]梁启超指出：“晚清思想之解放，自珍确与有功焉；光绪间所谓新学家者，大率人人经过崇拜龚氏之一时

① 龚自珍：《上大学士书》。
② 龚自珍：《己亥杂诗》其四十四。
③ 龚自珍：《辨仙行》。
④ 张维屏：《国朝诗人征略》。

期。”[①]

与龚自珍志同道合的湖南邵阳人魏源（1794—1857），不仅因倡导“通经致用”而与龚自珍并称于世、同开风气，且在经历鸦片战争、参与抗英斗争之后，率先认真地寻求救国的“新时丹”。

自称“荆楚以南”之“积感之民”的魏源，于哲学、历史和政治等方面的学术研究较龚自珍用力更勤。他的思想虽与龚自珍的思想大体相同，却更有深度和广度。他不限于通经，还尤重论道，专门著有《老子本义》，辨析和阐发道家思想，肯定《老子》是“救世之书”，强调“无为而治”是《老子》的本义并有西汉用以治世的功效，认为老子学说有其历史的和现实的价值，指出老子的道家思想与儒家、佛教的异同。他的这部晚清最为重要的《老子》研究专著，对道家学说作了高度的历史评价和具有现实意义的理论阐发。因此，在哲学上，他继承了道家传统的自然观和辩证法思想并有所发展，认为“太虚之精气流动，充盈于天地间”[②]、宇宙间的一切都是“气化流行”且“气化无一息不变者也”[③]、“天下物无独必有对……有对之中必一主一辅，则对而不失为独”[④]、事物在矛盾斗争中发展、矛盾又在一定条件下转化。据此认识，他指出人类历史是进化发展的，强调“势则日变而不可复者也”[⑤]，进而反对复古倒退，主张变法革新，提出“师夷长技以制夷”，倡导向西方学习以“除弊兴利”、强国御侮。他受好友林则徐嘱托，为了向西方寻求医国强国的药方而编撰的《海国图志》，是最早一部由中国人编撰的介绍世界各国历史、地理、政治、经济、军事、科技、宗教、文化等方面的著作。在这部著作中，他不仅着重介绍了西方先进的科学技术，而且指出了西方民主政治的优越性，表露出资本主义思想倾向。

---

① 梁启超：《清代学术概论》，《中国历史研究法（外二种）》，河北教育出版社2000年版，第445页。
② 魏源：《默觚上·学篇》十四，《魏源集》，中华书局1976年版，第34页。
③⑤ 魏源：《默觚下·治篇》五，《魏源集》，中华书局1976年版，第48页。
④ 魏源：《默觚上·学篇》十一，《魏源集》，中华书局1976年版，第26页。

在当时历史条件下，魏源还不可能融会中西文化，也不可能寻求到医国强国的“新时丹”。他主要是强调“师夷长技”，开“中体西用”思潮的先河。像龚自珍一样，他最终无可奈何地堕入佛教以求心灵慰藉。可是，他继承和发扬了楚文化精神。尤其是他对待西方的态度，体现出楚文化传统的宇宙意识和开放精神。老子说“以天下观天下”①，庄子谓“大知观于远近”②，魏源诚然是心领神会、力行不怠。因此，他成了近代史开端的眼界最为开阔、思想最为深刻和进步的学者。梁启超说：“源有《元史》，有《海国图志》，治域外地理者，源实为先驱。故后之治今文学者，喜以经术作政论，则龚、魏之遗风也。”③不仅如此，后之向西方学习以寻求医国“新时丹”风气的形成，尤其是洋务运动和维新运动的形成，都受到了魏源的直接而实在的影响。

领导太平天国运动的洪秀全，可谓近代史上向西方寻求救国救民的“新时丹”并用于社会改造的先驱。他立志推翻逐渐堕落为帝国主义走狗的清王朝，向西方学习而借来西方宗教观念，创立“拜上帝会”以号召和组织贫苦农民为实现“天下一家，共享太平”的社会理想而奋斗。他标榜的上帝，并非西方基督教所尊崇的上帝，而是经他改塑成的所谓“天下凡间大共之父也，死生祸福由其主宰，服食器用皆其造成”④，且“生养保佑人”的大慈大悲的“皇上帝”。这样的“皇上帝”，披上了基督教的上帝外衣，实质上却源自道教崇奉的主宰天地、解救苦难的“大悲大愿大圣大慈穹苍圣主玉皇大天尊”，也即玉皇大帝。洪秀全试图用元气来说明皇上帝的万能及与现实世界的联系，认为“天人一气理无二”⑤、人的灵魂“皆禀皇上帝一元之气以生以出”⑥；又以“物极必反”的原

① 《老子》五十四章。

② 《庄子·秋水》。

③ 梁启超：《清代学术概论》，《中国历史研究法（外二种）》，河北教育出版社2000年版，第446页。

④⑥ 洪秀全：《原道觉世训》。

⑤ 洪秀全：《原道救世歌》。

理来说明自然界和社会是不断运动变化的，强调“乱极则治，暗极则光，天之道也”①；还反对“不自贵而贵于物”②，主张“凡间皆兄弟”、男女亦平等。这些基本观点，皆与前面叙及的道家思想和道教理论直接相联。他发动的建立太平天国的运动，与受道家“天之道，损有余而补不足”③思想影响的历代追求天下太平、社会均平的农民大起义一脉相承，又与汉末利用“太平道”并明确以推翻东汉王朝、建立太平世界为目的的黄巾大起义颇为相似。他砸烂孔子牌位、进而焚除“凡一切孔孟诸子百家妖书邪说者”，也发扬了历史上奉道尊道以批判和否定维护封建专制主义的儒家学说的革命传统。建都南京后不久，洪秀全亲自制定并颁布了《天朝田亩制度》。这一具体而集中地反映了中国古代农民的政治、经济和社会要求的文献，不仅突出地强调实行土地公有和财产均平，而且提出了由25家组成基层单位、实行自给自足的自然经济的社会构想。洪秀全的社会构想，从某种意义上说，就是老子“小国寡民”社会理想在新时代的蜕变。“损有余而补不足”和“小国寡民”的社会理想，在春秋战国时期不能实现，平均主义和自给自足的社会构想在近代更不能实现。《天朝田亩制度》，即因无法实现而在颁布不久便被宣布收回。从《老子》到《天朝田亩制度》，既反映了道家思想的人民性影响封建社会世代人民追求天下公平、百姓安乐的理想社会的进步作用，也反映了道家思想的空想性、落后性给后世带来的消极影响。革封建王朝的命，不仅要否定封建王朝的官方哲学，而且也要扬弃封建社会的传统思想文化、吸取先进的外来文化以改造传统文化。可是，洪秀全无法超越时代和阶级的局限。他从西方寻来的“救时丹”，竟是在其中世纪的封建社会里占统治地位、已被其近代科学文化涤荡过的宗教神学。他建立的政权，竟是不合时代潮流而依附神权的“天朝”。他由农民革命的领袖，

---

①② 洪秀全：《原道觉世训》。

③ 《老子》七十七章。“补”，马王堆汉墓帛书《老子》甲、乙本作“益”，北大汉简《老子》第四十一章作“奉”。

终究蜕变为封建主义的“天王”。

如果说洪秀全的思想尚且只是抹上西方文化色彩的、以道家和道教思想为主根的中国传统思想的话，那么，洪仁玕的思想，则是以道家、道教思想为主要内容的传统思想文化与西方思想文化杂糅而形成的新思想。在太平天国后期总理军政的洪仁玕（1822—1864），为了“中兴”天国，起草和颁布了一系列关于政权建设、经济建设和思想文化建设等方面的文件，阐发了他的哲学、宗教、政治、经济等许多方面的观点。他申述“天道自然”，强调“夫事有常变”[①]，主张“君民一体”和“设（立）法，用人之得其当”[②]，这些观点乃与道家思想有渊源关系。他将上帝解释为无所不知、无所不能、无所不在、又“自然而然”“包涵万象”的自有者，显然是据道家所论之“道”来神化上帝，亦可谓将基督教崇奉的上帝中国化，与道教理论一脉相承。他宣扬的基督教神学世界观、提出的发展资本主义的“新政”措施，则来自西方文化。历史证明，洪仁玕的“新政”，在当时条件下仍是不切实际的空想，洪仁玕的思想，却在一定程度上反映出中西文化大碰撞的深刻性、中西文化相结合的必然性，以及近代历史文化发展的趋向性。

晚清重臣曾国藩，早期以程朱理学为依归、以孔孟名教的捍卫者自励，但在镇压太平天国和倡办洋务的过程中，思想上逐渐转为以老庄为本体、以王夫之为附托。他后期的哲学思想和军事思想，明显可见老庄哲学的影响。在与太平军作战最为紧张、激烈的时刻，他刊刻《船山遗书》并亲为校阅，称道王夫之弘扬道家传统的自然观，反映出欲以传统的自然哲学否定洪秀全宣扬的宗教神学的意图。他残暴镇压太平天国、忠实藩卫清王朝的专制统治，诚然反动。他的思想，尤其是后期思想，却不无进步和深刻之处。近现代不少进步人士也对他表示过赞誉或推崇，恐怕正与此有关。

19世纪下半叶，江苏吴县（今属苏州）人冯桂芬（1809—1874）、江苏苏州人王韬（1828—1897）、江苏无锡人薛福成（1838—1894）、

---

①② 洪仁玕：《资政新篇》。

江苏丹徒（今属镇江）人马建忠（1845—1900）、江西瑞金人陈炽（约1855—1900）以及广东香山人郑观应（1842—1922）等，因较多地接触到西方文化，对西方文化的先进性也有着较深的认识。他们大力提倡向西方学习、进行社会改革、实现富民强国，从而汇成了早期的资产阶级改革思潮。被视为资产阶级改革思潮的先导者冯桂芬，虽然强调中国必须“采西学”，但其基本主张是“以中国之伦常名教为原本，辅以诸国富强之术”[①]，对洋务派的影响更大。王、薛、马、陈、郑等人，则明确提出了资产阶级性质的改革要求，即改革君主专制体制、实行适应资本主义发展的君主立宪制度。他们的主张，明显具有以西方先进文化为主导的倾向。或者可以说，资产阶级改革思潮的兴起，正是中国文化史上由传统文化到以西方先进文化为主导的转折的开始。当然，根深蒂固的传统文化，依然突出地反映在他们的思想中。比如，他们大都以道家传统的“应时权变”观作为变法主张的理论根据。“自幼好道，博览丹经”[②]的郑观应，依然本据道家的宇宙本体论和生成论阐发其哲学思想，并且主张将中国之形而上的“道”与西方之形而下的“器”相结合。[③]

二、援据西学而扬弃道学的中西文化结合

世纪之交的19世纪末、20世纪初，中国被西方列强殖民化的程度更深，中西文化的碰撞也更为剧烈。一批爱国的、进步的知识分子，为了寻求救国真理，更加自觉、积极、广泛、深入地了解和学习西方文化，同时也努力地将传统文化与西方文化相结合，尤其是将道家自然观、辩证观与以近代自然科学为基础的西方哲学结合起来建构作为社会变革之理论基础的新思想体系。于是，近代中国文化的发展，由以往偏重于吸取西方长技和生硬地杂糅中西文化的阶段，进入全面吸收西方文化和致

① 冯桂芬：《采西学议》，《校邠庐抗议》卷下。
② 郑观应：《焚香祷告老祖师火龙真人疏文》。
③ 参见郑观应《盛世危言》卷一《道器》。

力融会中西文化的新阶段。尽管其时的思想家融会中西文化大都仍为简单的糅合，但他们力图建构“不中不西即中即西之新学派”的努力，使得中西文化的结合迈进了一大步。具有唯物性、变革性的道家传统，则因其时思想家对之的扬弃并与西方哲学的糅合而发生了新的嬗变。

曾留学英国的严复（1854—1921），在其一生的前期，刻苦钻研和系统介绍西方的哲学、法学、政治学、古典经济学和自然科学知识，翻译出版了赫胥黎《天演论》、亚当·斯密《原富》、斯宾塞《群学肄言》、孟德斯鸠《法意》等多部西方名著，坚决主张变法维新，无情批判洋务派的“中体西用”论，明确指出应以西学为指导来变法维新、实现富国强国，因而成为影响很大的资产阶级启蒙思想家。他接受和介绍了达尔文的进化论，又将道家哲学与西方的进化论、自然科学结合起来，认为天地万物“始于一气，演成万物”[①]，而“气”“其重可以称，其动可以觉”，可以还原成“不外淡（氮）、轻（氢）、养（氧）三物而已”的三种基本的化学元素，并且把“气”解释成“刚气”、直译为“以太”。进而，他说明“一气之转，物自为变。此近世学者所谓天演”[②]；说明天地万物由气生成、因气演变，其变化发展是按自然规律的运动，是由低级向高级的演进，并非天神或上帝的创造。他还高度赞扬柳宗元、刘禹锡的“天论之言”，批判了程朱理学和陆王心学。显然，他的哲学思想，继承了道家传统的“道（气）生万物”说，又剔除了“道”之为“气”的玄想性和神秘性，援据19世纪西方的进化论和自然科学知识对“气生万物”说作了新的阐释，体现出中国哲学由道家朴素唯物论向近现代的辩证唯物论发展的过渡状况。以此哲学为理论基础和批判武器，他痛斥“天不变，地不变，道亦不变”的儒学教条，明言“天变地变，所不变者，独道而已。虽然，道固有其不变者，又非俗儒之所谓道也”[③]，指出“周、

① 严复：《原强》（修订稿），《严复集》第一册，中华书局1986年版，第17页。
② 严复：《〈庄子〉评语》，《严复集》第四册，中华书局1986年版，第1106页。
③ 严复：《救亡决论》，《严复集》第一册，中华书局1986年版，第50页。

孔所教，礼义所治，诸君聊用自娱则可耳，何关人事耶”[①]，嘲讽洋务派割裂“体”“用”的荒谬性，根据西方的“天赋人权”观念否定君主专制制度，强调“中法之必变，变之而必强”[②]。

可悲的是，当资产阶级革命运动蓬勃兴起、社会形势朝着推翻清王朝、建立资产阶级民主共和国发展时，一直脱离政治斗争实践、以进化论为思想基础而主张渐变的严复，却评点《老子》、标举“顺应自然”、宣扬“黄老为民主治道”来抵制革命，晚年在《与熊纯如书》中竟然称“回观孔孟之道，真量同天地、泽被寰区”，完全堕落为封建复古主义者。他的思想大转折和大倒退，表明在中国近现代，以西方资产阶级革命时期的思想为指导，并不能彻底扬弃封建社会的传统文化、形成战胜封建主义和帝国主义的救国理论。其中西文化的粗浅、勉强结合，反而易于被传统文化消融。尽管如此，诚如胡适在《五十年来中国之文学》中所说：“严复是介绍西洋近世思想的第一人……自从《天演论》出版（一八九八）以后，中国学者方才渐渐知道西洋除了枪炮兵船之外，还有精到的哲学思想可以供我们的采用。”介绍达尔文进化论的译著《天演论》问世后，近代中国哲学也为之一变，几乎所有近代思想家都依归于进化论。严复率先将中西思想文化相结合以建构新思想体系的努力，提示了道家思想的进步意义和现代价值，对近现代思想文化的发展产生了积极影响。

发动和领导戊戌维新运动的康有为，自幼深受传统文化的熏陶，25岁赴京应试不售后，为救世而“大攻西学书……是时绝意试事，专精问学，新识深思，妙悟精理，俯读仰思，日新大进”[③]。他悉心建构的、作为变法维新之理论基础的思想体系，虽然是中西文化的粗浅糅合，相当驳杂且充满矛盾，但其哲学的形成也与严复有相同之处。他继承了道家传统的哲学思想，引述前人的阐释，反复说明“气（道，或称元、元气）”

---

① 严复：《原强》（修订稿），《严复集》第一册，中华书局1986年版，第20页。
② 严复：《救亡决论》，《严复集》第一册，中华书局1986年版，第50页。
③ 康有为：《康南海自编年谱》。

是宇宙的本体和本原：

> 天地万物同资始于乾元，本为一气。[①]
>
> 元者，气也，无形以起，有形以分，造起天地，天地之始也。[②]
>
> 太一者，太极也，即元也。[③]
>
> 凡物皆始于气。既有气，然后有理。生人生物者，气也。有气即有阴阳。其热者为阳，冻者为阴。朱子以“理在气之前”，其说非。[④]

进而，他以所学到的西方自然科学知识对宇宙的生成作了具有近代哲学意味的阐发：

> 积气而成为天，摩励之久，热重之力生矣，光电生矣，原质变化而成焉，于是生日，日生地，地生物。[⑤]

又对诸天体及草木、鸟兽、人类的演化生成作了比较具体的论述，阐发“以元统天，以阴阳化生万物”的宇宙生成过程和事物“变则通，通则久”的辩证发展规律，强调：

> 其道以元为体，以阴阳为用。[⑥]
>
> 物不可不定于一，有统一，而后能成；物不可不对为二，有对争，而后能进。[⑦]

---

① 康有为：《论语注》卷六。
② 康有为：《春秋董氏学》卷四。
③ 康有为：《礼运注》。
④ 康有为：《万木草堂口说》。
⑤ 康有为：《内外篇·理气篇》。
⑥ 康有为：《康南海自编年谱》。
⑦ 康有为：《论语注》卷三。

故天惟能变通而后万物成焉。[①]

夫物新则壮，旧则老；新则鲜，旧则腐；新则活，旧则板；新则通，旧则滞；物之理也。[②]

这些哲学认识，因承了道家的宇宙本体论、生成论及朴素辩证法思想，却又不是道家传统哲学的旧形态，而是类同严复哲学思想的援西学以变传统的近代哲学新形态。据此，他像严复一样，否定旧儒学的“天不变，道亦不变”论，批判程朱理学的“理先气后”说和“存天理”说，而且比严复更坚决、更积极地主张效法西方资本主义制度而实行全面变法，极言“能变则全，不变则亡；全变则强，小变仍亡”[③]。

受封建文化的束缚，康有为一心指望依靠封建皇帝实现自上而下的变法维新，自然需要借孔子之魂、披儒学外衣来为变法维新制造舆论。他乃撰《新学伪经考》，借辨析儒经真伪、批判古文经学而标榜今文经学，来破除人们对维护封建专制制度的儒学教条的迷信和崇拜；又作《孔子改制考》，把孔子塑造成“托古改制”的变法祖师；还新注儒经、新论儒学以阐发其承道家、援西学而形成的哲学思想，从而循沿王安石、龚自珍的治学道路和方法，甚至牵强附会、曲解臆说，将对儒学的改造发展到极致。梁启超在《清代学术概论》中称，《新学伪经考》“此实思想界一大飓风也。……若以《新学伪经考》比飓风，则此二书（《孔子改制考》《大同书》）者，其火山大喷火也，其大地震也”。可是，就像他不能抛弃封建帝王一样，他也不能彻底背弃儒学，而且终究是忠君尚儒，故推崇孔子、倡扬经学。他的思想，也因此不能承道家、援西学而由传统的朴素唯物论和辩证法向近代的辩证唯物主义发展，而是成为儒道交织、中西混合的大杂烩，缺乏科学性和统一性。变法维新运动失败后，进步人士顺应时代潮流而积极从事民主革命运动，康有为却

① 康有为：《变则通通则久论》。

②③ 康有为：《上清帝第六书》。

堕落成铁杆保皇党、尊孔读经的急先锋，也就不足为怪了。康有为的变法理论让国人惊醒：学习西方文化，改造传统文化，用民主制度取代封建专制制度是救国强国的唯一出路。康有为后期的堕落也让国人警醒：若不彻底扬弃与封建君主专制制度相互依存的儒学，中国的维新图强就不可能实现。

“处中外虎争文无所用之日”[①]而悔少溺诗文之为、高歌“黄鹄翥云汉，白鹤鸣九皋”[②]而“自名‘壮飞’”的维新斗士谭嗣同，直接继承明、清之际黄宗羲、王夫之弘扬道家传统的哲学思想，发挥其“道器论”，结合西方自然科学的“以太说”，改造儒家的“仁”观念，写成哲学和政治著作《仁学》，阐扬变法维新的理论。其书反映的哲学思想，虽然是道、儒、墨、佛与西学的杂糅，但以物质性的“以太”为宇宙本原的唯物论倾向却十分明显，肯定事物“不息故久，久生不息”地运动变化的辩证观念也十分突出，尤其是对封建专制制度和儒学宣扬的封建“纲常”“天理”的激烈抨击和彻底否定，体现出当时的维新人士所不及的反封建的大无畏精神和激进性。变法失败，慈禧太后搜捕维新党人，他拒绝逃亡求生，而是以中国变法之流血“请自嗣同始”的勇于牺牲，来唤起国人、促国昌明。“我自横刀向天笑，去留肝胆两昆仑！”[③]年仅33岁的谭嗣同慷慨就义，没能建构出成熟的思想体系。“使假以年，则其学将不能测其所至。”[④]他尚科学、倡民主的激进反封建思想，为后继的革命者发扬光大。他大义凛然的壮烈牺牲，激励了后继的革命者为中国的民主解放而浴血奋斗。论者盛评：“与康有为梁启超不同，谭在中国近代应是激进派和激进思想的最早代表，他才是辛亥革命和五四运动的真正先

① 谭嗣同：《三十自纪》。
② 谭嗣同：《述怀》。
③ 谭嗣同：《狱中题壁》。
④ 梁启超：《清代学术概论》，《中国历史研究法（外二种）》，河北教育出版社2000年版，第465页。

驱。”[①]

资产阶级的革命家和思想家，在融会中西文化并以西方科学文化改造中国传统思想方面，达到了前所未有的高度和深度。道家传统的哲学，也由其援据西方自然科学而对之作了较为彻底的扬弃。

伟大的民主革命先行者孙中山，“幼尝游学外洋，于泰西之语言文字，政治礼俗，与夫天算地舆之学，格物化学之理，皆略有所窥，而尤留心于其富国强兵之道，化民成俗之规”[②]。因此，他有着深厚的西方文化教养，大不同于以往的和同时代的许多思想家那样对西方文化仅有粗浅、零星和片面的了解。在领导民主革命斗争的实践中，他以19世纪末、20世纪初的西方自然科学成果（尤其是生物进化论、细胞理论和能量守恒与转化定律）为基础，结合道家传统的自然哲学，阐发了他作为革命理论根基的哲学思想。他论述宇宙起源和万物生成问题时说：

> 进化论乃十九世纪后半期，达文氏之《物种来由》出现而后始大发明者也，由是乃知世界万物皆由进化而成。……夫进化者，自然之道也。……元始之时，太极（此用以译西名“伊太”也）动而生电子，电子凝而成元素，元素合而成物质，物质聚而成地球，此世界进化之第一时期也。[③]
>
> 照进化哲学的道理讲，地球本来是气体，和太阳本是一体的。始初太阳和气体都是在空中，成一团星云，到太阳收缩的时候，分开许多气体，日久凝结成液体，再由液体固结成石头。[④]

① 李泽厚：《中国近代思想史论·谭嗣同研究》，《中国思想史论》中，安徽文艺出版社1999年版，第575页。

② 孙中山：《上李鸿章书》，《孙中山选集》，人民出版社1981年版，第1页。

③ 孙中山：《建国方略》之一《孙文学说——行易知难（心理建设）》，《孙中山选集》，人民出版社1981年版，第155~156页。

④ 孙中山：《三民主义·民权主义》，《孙中山选集》，人民出版社1981年版，第693页。

显然，孙中山继承道家传统的“气生万物”说，以“太极”[①]、即“气体”为宇宙本原，又同一些维新派思想家一样，将“太极”等同于19世纪西方自然科学家中流行的关于宇宙原始物质质点假说的“以太”，并且援据进化论、星云说及能量转化定律对“气生万物”过程作了全新的阐释，从而把道家传统的朴素唯物论宇宙观改造成进化论的唯物主义宇宙观，使得道家传统哲学发生了飞跃性质变。他以这一宇宙观为基础，进而阐发了“物种进化”、物质与精神“相辅为用”、“先有事实，后有言论”、“行先知后”、“行易知难”、“以行证知”等一系列思想观点，批判了“君权神授”“三纲五常”等儒家思想，基本上坚持了唯物论的思想路线。

由于阶级立场和历史条件的局限，由于全力从事革命实践而未能专心进行理论研究，孙中山没能对以儒家思想为代表的封建文化作彻底批判，也没能使自己的思想由进化论的唯物主义发展到辩证唯物主义，还存在二元论偏向和唯心史观。可是，他的思想已包含有辩证唯物主义因素，如承认突变和飞跃，主张以“革命手段”实现社会变革、“一跃而登中国于富强隆盛之地”。这不仅扬弃了道家传统的“因其自然”说，而且超越了西方近代资产阶级的庸俗进化论和机械唯物主义。完全可以说，他的思想体现了近现代中国资产阶级哲学的最高成就。

至晚年，孙中山越来越赞赏和推崇马克思、列宁的革命学说，领导国民党制定了“联俄、联共、扶助农工”的三大政策，真诚地与共产党合作进行反帝反封建斗争，显示出其思想随时代发展而进步的趋向。全力“为中国谋幸福”的孙中山，毕生“一往无前，愈挫愈奋，再接再厉”[②]，

① 即道家的宇宙本体和宇宙本原概念“道”“太一”“太初”“气”的别称，所谓“太极谓天地未分之前，元气混而为一，即是太初、太一也”（孔颖达《周易正义》卷七）。

② 孙中山：《建国方略》之一《孙文学说——行易知难（心理建设）》，《孙中山选集》，人民出版社1981年版，第115页。

临终前还发出了“革命尚未成功，同志仍须努力”的号召，激励国人为振兴中华而奋斗不息。

浙江余杭人章炳麟（1869—1936），号太炎，是辛亥革命时期著名的资产阶级革命家和宣传家，也是现代学术大师。他有着深厚的旧学根柢，又曾为西方近代科学文化所强烈吸引，博览东西各国书籍，收拾中西学理，早期积极参与民主革命运动，大力宣传民主革命思想，激烈抨击保皇党人，同时阐发了以西方进化论和自然科学扬弃道家传统自然观而形成的进化论唯物主义宇宙观。他深受道家传统自然观影响，在早年撰写的哲学著作《菌说》中，便引述王充《论衡·自然》中关于道家自然观的论述：“天地合气，万物自生，犹夫妇合气，子自生矣。……”他并且称“此言可谓洞幽明之故矣”。在前期的学术研究中，他进而多方面肯定老子暨道家学说的思想价值和历史意义：

道家老子，本是史官，知成败祸福之事，悉在人谋，故能排斥鬼神，为儒家之先导。……老子云“道法自然”，太史公论老、庄诸子，以为“归于自然”。自然者，道家之第一义谛。由其博览史事，而知生存竞争，自然进化，故一切以放任为主。①

老聃据人事嬗变，议不逾方；庄周者，旁罗死生之变，神明之运，是以巨细有校。儒法者流，削小老氏以为省，终其殊在量非在质也。②

道者，内以尊生，外以极人事，笢析之以尽学术，非独君守矣。故韩非曰：“道者，万物之所然，万理之所稽也。理者，成物之文。道者，万物之所以成。”“物有理不可以相薄”，“而道尽稽万物之理，故不得不化。不得不化，故无常操。无常操，是以死生气禀焉，万智斟酌焉，万事废兴焉。……”③

① 章太炎：《诸子学略说》。
② 章太炎：《国故论衡》下卷之三《原道》上。
③ 章太炎：《国故论衡》下卷之三《原道》下。

因此，他称许发挥道家哲学的荀况、王充、王夫之等人，否定孔子的至尊地位，批判“儒家之病，在以富贵利禄为心。……孔子之教，惟在趋时。其行义从事而变，故曰‘言不必信，行不必果’。……所谓中庸，实无异于乡愿”[①]。不过，他早期明确认识到西方科学文化高于中国传统思想文化，并以西方科学文化为基础阐发其宇宙观。他说：

古者以天为积气，彼未尝有气也。……今自地体（指地球）咫尺以上，累高而气益微，以是知其未尝有天也。[②]

昔余尝持“视天”之说，以为远望苍然者，皆内蒙于空气，外蒙于阿屯、以太而成是形，非果有包于各燿而成大圜之体者也。……且“天”之云者，犹曰“道”、曰“自然”而已。……今乃知万物之生灭消长，皆由太阳之光热致之，而苍苍者无与焉。然则古人亦知其但有“视天”，而非有“真天”。[③]

盖物之初，只有阿屯（atom，原子），而其中万殊。各原质皆有欲恶去就，欲就为爱力、吸力，恶去为离心力、驱力。有此故诸原质不能不散为各体，而散后又不能不相和合。……或谓“各原质之成于以太，万物之成子各原质……”……原质有形，即以太亦有至微之形……。[④]

据他所论，宇宙万物的本原是以太，由以太构成具有引力和斥力的原子，在引力的作用下，不同原子结合起来便形成宇宙万物。进而，他强调人的精神依赖于人体，人必须通过感官来认识世界，还描述了从无机界到有机界再到人类的进化过程。不言而喻，这些思想虽然因循了道

① 章太炎：《诸子学略说》。
② 章太炎：《訄书·天论》。
③ 章太炎：《视天论》。
④ 章太炎：《菌说》。

家传统的朴素唯物主义思想路线，坚持了物质的客观实在性，却是援据“以太说”“原子论”、进化论等西方近代科学文化所作的阐论，不仅否定了儒家传统的“天命观”，而且扬弃了道家传统的最高哲学范畴——道（气），体现出超越传统文化的而具有近代高水平的哲学形态。

现当代哲学名家贺麟（1902—1992）称扬“为一代国学大师，门弟子遍天下”的章太炎：“他的思想深刻缜密，均超出康梁，在哲学方面亦达到相当高的境界，其新颖独到的思想不惟其种族革命的思想，是当时革命党主要的哲学代言人，而且可以认作五四运动时期新思想的先驱。……他对哲学的贡献，第一，在于提倡诸子之学的研究，表扬诸子，特别表扬老庄，以与儒家抗衡，使学者勿墨守儒家。……第二，在于发挥道家的自然主义……在他《国故论衡》中有‘明见’一篇，最富哲学识度，又有‘原道’三篇，最能道出道家的长处，而根据许多史实，指出道家较儒家在中国政治史上有较大较好的贡献，尤值得注意。”①

然而，章炳麟的进化论唯物主义并不成熟和彻底，带有机械性和庸俗性。他的民主革命思想也相应地不全面和坚定。辛亥革命后，形势发生转折，他便逐渐消极颓唐，脱离革命，潜心学术，宣扬“尊孔读经”，而且奉“庄生（庄周）之玄，……终身以为师资”②，“操《齐物》以解纷，明天倪以为量”③，又杂糅佛学及西方的康德、休谟、叔本华等人的主观唯心论，构成后期的唯心主义世界观。一度宣传民主革命思想而“所向披靡，令人神旺”的章炳麟，终至于“身衣学术的华衮，粹然成为儒宗”④。他的人生和思想的大转变；不仅表明中国资产阶级的软弱性，也说明中国近现代知识分子彻底摆脱传统文化的束缚和改造传统文化是何等艰难。

① 贺麟：《五十年来的中国哲学》上篇第一章《中国哲学的调整与发扬》，上海人民出版社2012年版，第18~19页。

②③ 章太炎：《菿汉微言》。

④ 鲁迅：《关于太炎先生二三事》，《鲁迅全集》第六卷，人民文学出版社1973年版，第550页。

三、批判地继承道家传统哲学的马克思主义中国化

新文化运动提出的“打倒孔家店”口号，掀起的批判孔教思潮，标志着国人思想的大觉悟、大解放。在这一运动中，道家思想一如既往地成了批判“孔家店”代表的封建文化的武器。当时被誉为“只手打倒孔家店”的吴虞（1872—1949），敬慕屈原而热爱国家，发表了一系列刺孔非儒、否定封建专制主义、宣扬民主思想的文章，在文中多引道家言论以批判孔教，还专门作有《道家法家均反对旧道德说》一文刊载于《新青年》，产生了很大影响。“孔家店”不倒，民主与科学不昌。楚文化精神内核的道家哲学和屈原思想，在新文化运动中又显示出其蕴含的宝贵价值和进步意义。正是有着“打倒孔家店”、倡导民主与科学的新文化运动，才为形成于西方的科学世界观——马克思主义在中国的传播、并以之为指导而改造传统文化扫除了思想障碍。

新文化运动的领导者、早期的马克思主义者李大钊和陈独秀，在宣传和阐扬他们所接受和理解的辩证唯物主义和历史唯物主义时，基本上已不再像资产阶级思想家阐发其进化论唯物主义那样，联系道家传统的朴素唯物主义和朴素辩证法。在当时条件下，他们对待传统文化采取了更为彻底的批判态度。

嗣后，毛泽东在领导中国人民进行伟大的新民主主义革命的实践中，明确地主张建设民族的科学的大众的文化，批判地继承传统文化，形成并阐发了马克思主义的普遍原理同中国革命的具体实践相结合、西方科学文化与中国传统文化精华相融会的中国化马克思主义——毛泽东思想。

第三节　现代哲人及其学说

现代中国，从事思想文化研究的学者不少，但建构出理论体系且在

文化史上有影响的哲人却屈指可数。大有建树的哲人，多为故楚之地人。其中，熊十力、冯友兰、金岳霖堪称代表。

一、熊十力及其“新唯识论”

湖北黄冈人熊十力（1885—1968），号子真，“生性疏脱，少时喜老、庄”，率真刚直，沛然显露庄、屈遗风。他在青年时代勤学好思，读陈献章书而启悟自我，读《天演论》及维新派文章而心忧天下，读王夫之、顾炎武等前贤著作而志反封建。辛亥革命时，他加入同盟会，参与武昌首义。继而，他追随孙中山反袁护法。后对“党人争权夺利，革命终无善果”的状况深感失望，以为“祸乱起于众昏无知”、“革政不如革心”，毅然弃政为学，“欲专力于学术，导人群以正见”。[①]1918年，他自印出版了处女作《心书》。蔡元培在《熊子真心书序》中称道：“今观熊子之学，贯通百家，融通儒佛。其究也，乃欲以老氏清净寡欲之旨，养其至大至刚之气。”自中年潜心治学，他出入佛儒、抑扬道家、取舍西学，致力于提炼传统文化精华并将之与西方科学文化相结合。经陶铸百家、锤炼中西，他形成了独自的哲学思想，撰写出《新唯识论》文言文本并于1932年出版。随后又不懈地对其作充实发展，在1944年出版了《新唯识论》语体文本上、中、下三卷。以此为标志，他建构出既具传统文化的风骨、又融会了一些西方近代哲学思想的完备理论体系，受到当时学术界的推重。中华人民共和国建立后，他拥护共产党，热爱新中国，受到党和政府的尊重和礼遇，长期担任全国政协委员，思想上也有所变化，但基本上坚持自己的哲学观点。

“未尝一日废学停思”的熊十力，著述甚丰。追寻“万化大原，人生本性，道德根底”的《新唯识论》，则是他的哲学代表作。此书阐发的理论体系，主要由本体论、认识论和人生论构成。

在熊十力看来，哲学的要旨即在于穷究本体。他也正是有感于人文

---

① 参见熊十力《尊闻录》《十力语要》等。

价值的失落、道德观念的危机和人生意义的困惑而慨然以探寻宇宙人生的大本大源为己任的，故反复说明“吾学贵在见体”。他发挥道家的本体论，将道家确立的宇宙本体“道”解释为“有”与“无”的统一；又依据佛教法相宗的“唯识”之学和宋明“心学”，阐说“一切物的本体，非是离自心外在境界，及非知识所行境界”①、“本心即万化实体”②、“本心是绝对的全体”③、“本心”是包括人心在内的万物之心或宇宙的心、“本心”是心与物的统一，所谓“吾心与万物本体无二无别”，天地万物由翕、辟的相互作用而变化生成，“翕”即演化为物的物，“辟”乃主宰物化的心，心物不二、相反相成。由此，他反对西方哲学将世界分为“本体与现象”两重的观点和佛教法相宗分离体用的说法，强调“体用不二”、“用就是体的显现，体就是用的体，无体即无用，离用元无体”④，主张“即用显体”“彰体开用”。

既然本体不离自心、世界源于心物统一的本体，那么如何认识世界呢？熊十力以为，唯有“仅识本心”“实证相应”，“是实证相应者，名为性智。……性智者，即是真的自己底觉悟”，这种性智或觉悟“元是自明自觉，虚灵无碍，圆满无缺，虽寂寞无形，而秩然众理已毕具，能为一切知识底根源的”⑤。可见，他在认识论上强调的是反求本心，是自知自识的“实证”，是“相应”本体的觉悟，而无需“向外求理”。

熊十力是为着启迪“众昏”而穷究大本大源的，他的本体论、认识论也最终是要落实在人生论上。因此，他强调宇宙本体与人的本心、宇宙生命与人的生命的统一性和同一性，所谓“仁者本心也，即吾人与天

---

①③④⑤ 熊十力：《新唯识论》卷上，《熊十力全集》第三卷，湖北教育出版社2001年版，第13~150页。

② 熊十力：《读经示要》卷一，《熊十力全集》第三卷，湖北教育出版社2001年版，第636页。

地万物所同具之本体也”[①]、“我人的生命，与宇宙的大生命原来不二；所以，我们凭着性智的自明自识才能实证本体，才自信真理不待外求，才自觉生活有无穷无尽的宝藏”[②]。他认为“精进者自强不息，体至刚而涵万有……人生唯于精进见生命，一息不精进即成乎死物，故精进终无足也”[③]，也即认为人生的价值和意义，就在于充分发挥主体性以体认本体，与宇宙本体、天地生命合一，产生崇高的社会责任感和道德价值观，精进不息而达到“尽善尽美”的人生境界。

由本体论、认识论和人生论为基本骨架，以“体用不二、心物不二、能（显用）质（本体）不二、吾人生命与宇宙大生命本来不二”说为核心内容的熊十力哲学，可以说是撷取传统的道、佛、儒思想，借鉴西方哲学的术语（如“本体论”“宇宙观”等）和系统化方式而苦心孤诣地建构出的理论体系。这一深奥庞大且富有辩证法因素的理论体系，诚然为忽略西方近代科学文化成果的自我玄想、主观思辨的结果。不过，具有强烈爱国精神和忧患意识的熊十力，在辛亥革命失败后进行痛苦的哲学反思和艰辛的思想探索，力图发掘中华文化“固有之宝藏”、振兴中华文化以抗拒帝国主义对中国的“西化”和殖民化，力图通过对生生不已的天道与自强不息的人道融为一体的哲理阐发来启迪国人高扬主体、为祖国和人生精进无止，力图通过对传统文化和西方文化的双向批判继承来重构现代中国思想文化，力图通过根据“自由、平等、独立”的现代民主意识来提炼传统文化中的民主性精华、以使传统文化现代化，其心志和努力的确可敬可佩，其认识和作为也不无启迪意义，其哲学智慧和人格精神更是熠熠生辉。

---

① 熊十力：《新唯识论》卷下，《熊十力全集》第三卷，湖北教育出版社2001年版，第397页。

② 熊十力：《新唯识论》卷上，《熊十力全集》第三卷，湖北教育出版社2001年版，第22页。

③ 熊十力：《新唯识论》文言文本，《熊十力全集》第二卷，湖北教育出版社2001年版，第138~139页。

熊十力自谓非佛非儒，认为老庄厌世而不美道家，强调“吾只是吾”，他的哲学思想深源于道、直承佛儒而融会变通的特征却明显可见。他声言老庄思想源自《易》而自己归本《易》，实则多据老庄哲学推衍《易》理。他称扬儒学，但所论儒学已是被援道摄佛并据现代观念改造、扬弃过的新儒学。

向儒而改建重构传统思想文化的熊十力，对于当代港台新儒学有着很大影响。

二、冯友兰及其“新理学”

冯友兰（1895—1990），出生于比邻湖北的河南省唐河县祁仪镇，由诵读经史发蒙。青年时至上海读书，因上逻辑学课、读西方逻辑学著作而引发了学哲学的兴趣，不久即考入北京大学攻读哲学，毕业后返河南教书。五四运动时，与好友创办《心声》杂志宣传新文化。1919 年赴美国留学，师从实用主义大师杜威（John Dewey）和新实在论大师蒙塔古（W.P.Montague）等西方哲学名家。留学期间，也深受流行于西方的柏格森直觉主义和生命哲学的影响。归国后，长期在清华大学任教。抗日战争胜利后，至美国为大学客座教授。可是，他深怀“虽信美而非吾土兮，夫胡可以久留”之感，念念不忘“得把自己的国家搞好”，在解放战争后期担心“全中国解放了，中美交通断绝”而无法归国，乃谢绝朋友挽留和机构邀请，毅然于 1948 年返回祖国，迎接新时代的来临。1952 年，转至北京大学任教。

20 世纪 50 年代以前，他治学由比较中西文化的异同，过渡到对中国传统哲学的系统研究，进而转为借鉴西方哲学的理论和方法来提炼和阐发中国传统哲学、以创立新说旧学的哲学体系。

关于中西文化的比较，他受柏格森思想的启发，起初认为，中国文化是内向的、追求内心的平和与道德的完善；西方文化是外向的，追求认识和征服世界。进而，他又力图揭示中西文化的共相（普遍性）和殊相（特殊性），说明由于地理环境、经济条件等方面的原因，中西文化形成了发展阶段不同的古今之异和文化类型的异同，指出中西文化有沟通的可能、学习西方文化有选择的必要，反对全盘西化和固守传统，并且阐发了以中国文化为本位、融摄西方文化而使传统文化焕发新生命的文化发展观。

在对传统哲学的研究中，他疏理了先秦至明、清的思想资料，认为古代正统哲学——儒学是中国哲学的主流；儒学创建于孔子，由孟子和荀子发扬光大，又经董仲舒的发展，至以程、朱为代表的宋儒融合儒、释、道三教以新儒而达到高峰；儒学主张中庸之道，处事适可，不走极端，追求自我实现的理想人生，追求“极高明而道中庸”这种“即世间而出世间”的理想生活，体现了中国哲学“主要底传统”。对于道家哲学，他也十分重视，且撰专文予以阐论，强调“在中国哲学上占重要地位的，只有儒道两家”[①]，指出“古时所谓道，均谓人道，至老子乃予道以形上学上的意义”[②]，但认为“道家主张自然，反对人为”的极端思想不可取。1931年，他撰写的《中国哲学史》上卷问世。1934年，《中国哲学史》上下两卷又同时出版。学术大师陈寅恪在审查其上、下卷书稿的报告中鉴评：“今欲求一中国古代哲学史，能矫傅会之恶习，而具了解之同情者，则冯君此作庶几近之”；“此书作者取西洋哲学观念，以阐明紫阳之学，宜其成系统而多新解”。[③]这中国学术史上第一部完整的哲学史专著，基本上依据他在进行中西文化比较和传统哲学研究中形成的观点，对中国哲学的发展作了较为系统的论述，大致勾勒出中国先秦至清代哲学的发展概貌，代表了当时哲学史研究的最高水平，奠立了现代中国哲学史研究的基石。出于中国哲学“多讲内圣外王之道”并予以

① 冯友兰：《中国哲学与民主政治》，《中国哲学的精神——冯友兰文选》，国际文化出版公司1998年版，第238页。

② 冯友兰：《老子哲学》，《三松堂学术文集》，北京大学出版社1984年版，第148页。

③ 见陈寅恪《审查报告》，冯友兰《中国哲学史》下册附录（一）（三），中华书局1961年版。

肯定的成见，他在书中偏重述说儒学发展脉络，认为“道家后起”于儒家，对以“道生万物”“道法自然”说为核心的道家哲学传统论之未详，却于《老子及道家中之老学》和《庄子及道家中的庄学》章中分别列有专节“楚人精神”“庄子与楚人精神”，敏锐地指出楚人老子及屈原的道家思想是对楚人“信巫鬼，重淫祀”精神文化传统的“有思想人之反动也”，指出“庄子之思想，实与楚人为近”，亦即认为道家思想属于楚精神文化。

> “为天地立心，为生民立命，为往圣继绝学，为万世开太平。”此哲学家所应自期许者也。况我国家民族，值贞元之会，当绝续之交，通天人之际，达古今之变，明内圣外王之道者，岂可不尽所欲言，以为我国家致太平，我亿兆安心立命之用乎？虽不能至，心向往之。[①]

通过对中西文化的比较和传统哲学的研究而形成了基本的哲学观后，冯友兰怀着这一强烈的民族责任感和时代使命感，深刻反思中华民族的传统精神生活，奋力创建“一方面是程朱理学的重光，一方面又是一个现代底哲学系统”[②]的新儒学体系。从1937年至1946年，他相继撰写并出版了《新理学》《新事论》《新世训》《新原人》《新原道》《新知言》六部著作，分别主要阐述宇宙观、社会观、处世术、人生观、哲学史观和哲学方法论，“总名之曰贞元之际所著书：以志艰危，且鸣盛世”[③]，从而完成了他的“新理学”体系的建构。

冯友兰自称，“理学可以说是最哲学底哲学”，他的“新理学”“是‘接著’宋明以来底理学讲底，而不是‘照著’宋明以来的理学讲底”[④]。

---

①③ 冯友兰：《〈新原人〉自序》，《三松堂学术文集》，北京大学出版社1984年版，第496页。

② 冯友兰：《新理学问答之二》，《三松堂学术文集》，北京大学出版社1984年版，第490页。

④ 冯友兰：《新理学·绪论》，《冯友兰学术论著自选集》，北京师范学院出版社1992年版，第13页。

他的“新理学”体系，实际上主要是他在柏拉图思想、新实在论即西方哲学影响下体悟程朱理学的结晶，是以西方哲学的逻辑分析法改造传统理学的成果。

“新理学”承袭了程朱理学而以“理”为最高哲学范畴，并且沿用程朱理学的基本概念，标示程朱理学的逻辑框架，对其概念和观点作西方哲人那样“就理论理”的“纯思”、抽象的逻辑分析，同时予以发挥而认为：“理是生物之本”而为形而上者，“气是生物之具”而为形而下者；“理世界为‘真际’，器世界为‘实际’”，“真际即是实际”，“实际涵蕴真际”，“真际比实际更为根本”；事物的运动变化、即“事物的存在，是其气实现某理或某某理的流行。……总所有底流行，谓之道体。一切流行涵蕴动”；一切物质的和精神的东西归于“大全”、即“总一切的有，谓之大全。……大全亦称宇宙”。于是，冯友兰便抽象掉程朱理学中的一些具体的、实在的内容，确立了他所称之为“最哲学底形上学”、即“接著中国哲学的各方面的最好底传统，而又经过现代的新逻辑学对于形上学的批评，以成立底形上学”[①]。这种形上学，既否定了理、气对立说而超越了旧理学，又强调形而上、肯定抽象之理的存在而超越了新实在论。在冯友兰看来，“哲学，或最哲学底哲学，不以科学为依据，所以亦不随科学中理论之改变而失其存在之价值。……独其形上学，即哲学中之最哲学底部分，则永久有其存在之价值”[②]。他确立的形上学，是“一片空灵”“超以象外”，虽然看似“不切实际，不合实用”的无用之学，实为能使人据以游心于“物之初”、知天、事天、乐天乃至于同天而获得精神升华、达到人生最高境界的大用之学。

于是，他也沿袭传统哲学因人道求证天道、据天道推论人道的思辨方式，进而以“形上学”论证人生、据“形上学”阐发了系统的人生观。

① 冯友兰：《新原道》，《冯友兰学术论著自选集》，北京师范学院出版社1992年版，第345页。

② 冯友兰：《新理学·绪论》，《冯友兰学术论著自选集》，北京师范学院出版社1992年版，第24~25页。

他将程朱理学的人性论诸范畴作逻辑的分析和抽象的演绎，说明“人之性可以说是，彻头彻尾地‘无不善’”，人可以通过觉解向善而到与天合一、与理合一、实现理想人格。他又详为阐述，人们觉解宇宙人生及各种事物的意义不同，所达到的人生境界也不同；人生境界，可分为由低至高的自然境界、功利境界、道德境界和天地境界；“在天地境界中底人，自同于大全”①，从而超成败、超顺逆、超贵贱、超物我、超生死，超自然而“与天地参”；理想人格的特征，在于“有我而无我”、“无为而有为”、“极高明而道中庸”。

他的结论是：“中国哲学有一个主要底传统，有一个思想的主流。这个传统就是求一种最高底境界。这种境界是最高底，但又是不离乎人伦日用底。这种境界，就是即世间而出世间底。这种境界以及这种哲学，我们说它是‘极高明而道中庸’。”②他认为，“极高明是就人的境界说，道中庸是就人的行为说”③；“极高明”是“内圣”的追求、精神的升华、天地境界的达到，“道中庸”是“外王”的行为、重视现实生活、身体力行地做好该做的日用常事；“极高明而道中庸”是理想与现实、出世与入世的统一，是“儒家哲学之精神”，也“真是中国哲学的精神”。

为阐扬“中国哲学之精神”而治学的冯友兰，精意覃思地建构出“新理学”体系后，“引起国内思想界许多批评、讨论、辩难、思考，使他成为抗战期中，中国影响最广、声名最大的哲学家”④。“新理学”“接着”程朱理学讲，也循沿宋儒融道、佛以新儒的旧路，却鲜明地有着据道而致其本体论玄学化、人生论理想化的色彩。其“不以科学为依据”，

---

① 冯友兰：《新原人》，《冯友兰学术论著自选集》，北京师范学院出版社1992年版，第254页。

② 冯友兰：《新原道·绪论》，《冯友兰学术论著自选集》，北京师范学院出版社1992年版，第271页。

③ 冯友兰：《儒家哲学之精神》，《三松堂学术文集》，北京大学出版社1984年版，第497页。

④ 贺麟：《五十年来的中国哲学》上篇第二章《西方哲学的绍述与融会》，上海人民出版社2012年版，第45页。

必然陷入主观唯心论，有悖于现代科学世界观。其宣扬“极高明”的人生追求和“道中庸”的处世方法，与当时中国人民奋勇推翻三座大山的现实斗争格格不入，客观上起着消解人们革命斗志的作用。因此，解放前后的马克思主义者对其进行批判，也在所难免。

不过，冯友兰热爱祖国而珍视传统文化，致力于“把中国古典哲学中的有永久价值的东西，阐发出来，以作为中国哲学发展的养料”[①]，并且融通中西而使之现代化，为中华的振兴和人类的身心幸福做贡献，其主观动机值得赞誉，其“新理学”思想富于创见，其治学方法也具有启迪意义。

中华人民共和国成立后，冯友兰接受了马克思主义并对“新理学”作了反省，坚持为“旧邦新命”而不懈努力，在晚年更明确地强调“中国就是旧邦而有新命，新命就是现代化。我的努力是保持旧邦的同一性和个性，而又同时促进实现新命”[②]，将自己的主要精力投入“用马克思主义的立场、观点和方法重写一部《中国哲学史》”[③]的艰巨工作中，终于在年过九旬后完成了这部共七册的、以其所具有的马克思主义水平重新审视和评述中国哲学、无所依傍而自成一家的巨著——《中国哲学史新编》。

三、金岳霖及其“道论”

湖南长沙人金岳霖（1895—1984），从小就对传统文化有着浓厚兴趣，并且显露出敏锐的抽象思维能力。受学习西方文化以改造社会、振兴中华的时代风气感染，他于19岁赴美国留学，由学商业改学政治，因全面了解英国政治理论家和哲学家格林（T.H.Green，1836—1882）的思想而迷上哲学，并以《论格林的政治思想》通过博士论文答辩，获政

① 冯友兰：《三松堂自序》，三联出版社1984年版，第370页。

② 冯友兰：《在接受哥伦比亚大学授予名誉博士学位的仪式上的答词》，《三松堂全集》第一卷，河南人民出版社1985年版，第343页。

③ 冯友兰：《中国哲学史新编·自序》，人民出版社1998年版，第1页。

治学博士学位。1922 年，他至英国进修和从事研究，读了休谟（David Hume，1711—1776）的哲学著作后，即放弃政治学而沉浸于哲学，在英期间深受休谟的经验主义及罗素（Bertrand Arthur William Russell，1872—1970）的逻辑原子主义的影响。1926 年，他归国任教于清华大学。1935 年，他撰成的中国第一部系统介绍西方逻辑学和探讨逻辑理论问题的《逻辑》一书出版。1940 年，他撰成的阐发其哲学本体论的《论道》一书出版。同年，他还撰成阐发其认识论的巨著《知识论》。[1]

《逻辑》一书细致地批评了传统形式逻辑，系统地介绍了西方现代逻辑理论、主要是罗素的逻辑系统，进而就逻辑系统相关的种种问题阐发了作者创见，既有在中国传播现代逻辑思想的重要作用，又有在中国推动现代逻辑研究的建树，还为作者构建哲学体系夯实了逻辑思想基础。

> 不道之道，各家所欲言而不能尽的道，国人对之油然而生景仰之心的道，万事万物之所不得不由、不得不依、不得不归的道，才是中国思想中最崇高的概念，最基本的原动力。……最崇高概念的道，最基本的原动力的道决不是空的，决不会像式那样空。道一定是实的……[2]
>
> 道是哲学中最上的概念或最高的境界。[3]

这是《论道》一书的核心思想。金岳霖虽然是在欧美步入哲学殿堂的，

① 《知识论》初稿完成于作者在昆明西南联大期间的1940年，因作者携稿躲避日军空袭而遗失。作者奋力重写，于1948年底再度完成后交稿给商务印书馆，却因北平解放在即未及出版此书。1958年，商务印书馆内部发行此书作为“资产阶级学术思想批判参考资料”。1983年，商务印书馆正式出版了这“一本多灾多难的书”。

② 金岳霖：《论道·绪论》，《金岳霖文集》第二卷，甘肃人民出版社1995年版，第156~157页。

③ 金岳霖：《论道》第一章《道，式—能》，《金岳霖文集》第二卷，甘肃人民出版社1995年版，第158页。

却终究扎根于祖国文化的土壤。他高度肯定中国哲学的价值，对于道家哲学更是情有独钟，并且十分推崇庄子，称“他的哲学用诗意盎然的散文写出，充满赏心悦目的寓言，颂扬一种崇高的人生理想，与任何西方哲学不相上下”[①]。他著《论道》的目的，即有似于庄子而求一“安身立命”之所。他在《论道》中阐发的本体论系统，即袭用道家的最高哲学范畴，在对“天道”的阐论中贯穿着对“人道”的看法，表明了“道法自然”、以人道服从天道的思想。他强调了“道”在哲学中的至上性，并对“道”的意义作了融贯中西哲学的发挥，认为“道是式—能”，“道有‘有’曰式曰能”，“式”即“析取地无所不包的可能”，大致相当于程朱理学的“理”和亚里士多德学说的“形式”；“能”即一种不随事物变化而变化的纯粹东西，大致相当于程朱理学的“气”和亚里士多德学说的“质料”；“居式由能，莫不为道”，“道”又表现为“式”中之“能”的出入、又是具体事物乃至现实世界变化发展的规律和过程；这一过程即“无极而太极”，“太极为至，就其为至而言之，太极至真，至善，至美，至如”。“‘无极而太极是为道’，这是他全书最末一条结论。”[②]正如当今学者指出的那样，《论道》一书有着浓厚的道家色彩，“吸取了许多中西哲学思想，其中最主要的是先秦道家和亚里士多德的哲学思想”[③]。冯友兰曾认为：“哲学根本是说出一种道理来的道理。”[④]金岳霖当时不仅深表赞同，而且进而强调：“我以为哲学是说出一个道理来的成见。”[⑤]正是从“成见”出发，金岳霖先验地确立了哲学的基本范畴，然后用逻辑分析的方法演绎出整个“道”世界的生成变化规律，构成其本体论系统。其本体论系统，与冯友兰、熊十力的哲学体系一样是形而

① 《中国哲学》，《金岳霖学术论文选》，中国社会科学出版社1990年版，第354页。

② 贺麟：《贺麟全集：五十年来的中国哲学》上篇第二章《西方哲学的绍述与融会》，上海人民出版社2019年版，第43页。

③ 周礼全：《金岳霖学术论文选序》，《金岳霖学术论文选》，中国社会科学出版社1990年版，第5页。

④⑤ 见《金岳霖学术论文选·冯友兰〈中国哲学史〉审查报告》。

上学的，并且与之在融贯中西的方式和终极旨归上也有一致性。与金岳霖、冯友兰为亲密同仁的贺麟认为：“冯友兰先生的《新理学》与金先生的《论道》，在基本概念上是相同的。冯先生所谓理，相当于金先生所谓式，冯先生所谓气，相当于金先生所谓能。由无极之气到太极之理，所谓‘无极而太极’的过程，形成‘流行’的实际事物的世界，两人的说法也是相同的。”[1] 不过，金岳霖以道为哲学最基本概念的本体论，并非“照着”中国古代哲学或“接着”宋明理学讲的，而是如其所说“有旧瓶装新酒的毛病”，是借用道家暨中国古代哲学范畴阐论现代哲学本体论思想，是援据西方哲学的理论和方法对道家最高哲学范畴暨中国古代哲学基本概念作以新的阐释并赋予现代哲学内涵。冯友兰晚年在怀旧文章中也诚恳称道：“金先生和我的那两本书，人们认为，内容差不多，其实也有不同，在金先生的体系里，具体共相保留了一个相应的地位，我的体系里没有。我当时不懂得什么是具体共相，认为共相都是抽象，这是我的一个弱点。”[2] 比较而言，金岳霖的本体论系统显示出更为鲜明、浓重的道家色彩，而且其丰富的辩证法思想对道家传统的朴素辩证法有所发展。其所具有的严密的逻辑性，诚然是金岳霖为弥补所谓中国传统哲学缺乏逻辑之不足而作的有益尝试。

洋洋70万言的《知识论》，对近代以来提出的一些基本的认识论问题，诸如感觉论、概念论、真理论等，作了全面细致的考察，批判地吸取和创造性地发挥了西方认识论的观点。它强调“所与是客观的呈现”，力图证明客观事物的独立存在和知识的客观性；阐发“摹状与规律”说，认为抽象感念对所与具有摹状（摹写）和规律（规范）的双重作用，而且“规律与摹状不可分离”；指出“符合是真假底定义”，建构出将符合、融洽、有效和一致原则结合起来的真理论。它虽然未能摆脱形而上

① 贺麟：《贺麟全集：五十年来的中国哲学》上篇第二章《西方哲学的绍述与融会》，上海人民出版社2019年版，第44页。

② 冯友兰：《怀念金岳霖先生》，《冯友兰学术文化随笔》，中国青年出版社1996年版，第285页。

学的先验论，它的具体阐论则含有许多合理因素，着重从认识论的角度以严格的逻辑分析法探讨了“知识究竟是什么”这一纯哲学的理论问题，在中国哲学史上首次建构出全面、系统的知识论。

《逻辑》《论道》和《知识论》是金岳霖的三大代表作，也构成了金岳霖的哲学体系。学者指出：“《论道》一书中的思想体系是金岳霖哲学体系的基础。要了解《知识论》就先得知道《论道》一书的基本思想。《论道》一书表达的是金岳霖的本体论。金岳霖认为，本体论是全部哲学的基础。……在他的体系中，本体论、知识论和逻辑学是一致的或通的，而他的本体论又是他的全部哲学的基础。”①

中华人民共和国成立后，金岳霖相继担任北京大学哲学系主任和中国科学院哲学研究所副所长等职务。原在其本体论中承认自然世界、在其认识论中强调“正觉底呈现是客观的”而具有唯物主义倾向的金岳霖，很快便接受并崇信辩证唯物主义和历史唯物主义，加入了中国共产党，对以往的形而上学哲学思想作了自我批判。他后期的学术研究和学术成果，主要在逻辑学方面。

第四节　科技演进与科技名家

史入近代，国门洞开，列强竞入，西学东涌。天朝上国被洋枪洋炮击败的惨痛事实，中国传统科技的落后性与传入的西方近代科技的先进性所形成的巨大反差，使爱国志士以及力图维护封建王朝的有识之士猛醒。他们倡导向西方学习，并且首先是从倡导学习西方先进科技开始，主张“师夷长技以制夷”、发展资本主义工商业以富国强兵，因而有了客观上促进了近代科技发展的“洋务运动”。洋务运动史无前例地引进

① 杨书澜：《〈金岳霖学术文化随笔〉跋》，《金岳霖学术文化随笔》，中国青年出版社2000年版，第299~300页。

西方机器设备和生产技术，兴办民族资本主义工商业，又大办新式教育并派遣留学生学习西方科技，使得中国科技的发展出现了由传统转向近代、以西学主导中学的突变。此后，引进和传播西方科技成为近代中国社会科技发展的主流。科举制度的取消、新式学校的创办和留学生的增加，更使西方科技知识得以广泛传播。不过，封建制度和日益深重的西方殖民主义，则严重地阻碍着近代科技的进步。

继辛亥革命后新文化运动的蓬勃开展，国人的思想大解放，国人也更加认识到科技、教育和工业对于救国兴国的重要性。许多青年学子自觉地、努力地学习科技知识和从事科学事业，并且响亮地提出了“科学救国”“教育救国”和“工业救国”的口号。因此，在现代社会里，西方科技知识不仅得到了更为广泛的传播和普及，科学研究机构和科技人才也大量产生。大批归国留学生，成了现代科技事业发展的主力军。他们满怀爱国热情，在国家动乱、政府呰败、帝国主义侵略的艰难条件下，努力培养科技人才和进行科技创新，从而奠定了中国现代科技的发展基础，并使中国现代科技汇入了世界科技发展大潮、缩小了与西方科技的差距。

由于历史的原因、现实的条件和文化的传统，故楚之地的长江中下游，资本主义工商业和文化教育最为发达，又得西学风气之先。中国近现代的科技发展集中表现在故楚之地，中国近现代的科技人才也大量产生在故楚之地。

一、天文学

西方天文学，自晚明就由西方传教士向中国传播，但因封建统治阶级盲目自大和排外锁国，故传播和影响十分有限。清代早期，尽管一些著名学者、如故楚之地人王锡阐（1628—1682，江苏吴江人）、梅文鼎（1633—1721，安徽宣城人）、阮元（1764—1849，江苏仪征人）、李锐（1769—1817，江苏苏州人）等择取西学而作了融通中西的天文学研究，并且成就不小，却终究未得西方近代天文学精华（如哥白尼学说）而大有建树。

鸦片战争后，魏源在其编撰的《海国图志》中介绍了哥白尼学说，使之开始在国内传播开来。

1859年，浙江海宁人李善兰（1811—1882）与英国传教士伟烈亚力（Alexander Wylie，1815—1887）合译的《谈天》（即英国著名天文学家赫歇尔所著的《天文学纲要》）在上海出版，揭开了西方近代天文学在中国广泛传播的序幕。

洋务派兴办近代教育、设译馆翻译包括天文学方面的书籍，留学生归国后介绍西方天文学，都促进了西方近代天文学的传播。

1872年，法国天主教会在上海徐家汇建立的殖民地性质的天文台，是中国领土上最早的近代天文机构。

1912年，民国政府接管建于北京南郊的清王朝观象台，设立中央观象台。1916年，建立了中国历史上第一座民办天文台——南通军山气象台。1922年，中国天文学会在北京成立。1928年，在南京成立了隶属国立中央研究院的天文研究所和气象研究所。1934年，建成了现代中国规模最大、设备最全的、为当时东亚第一的天文台——南京紫金山天文台。中国现代天文学，在整理中国古代天文学文献、运用西方近代天文学理论和研究方法观测星象等方面，取得了引人瞩目的成绩。

中国天文学会的主要发起人之一和首任副会长秦汾（1882—1973），上海嘉定人，民国时期还担任过中国天文学会的两届会长（理事长）及教育部代次长、北京大学理学院代理院长等职，著有《天文学之算术》《三角学》等，是中国现代天文事业的奠基人之一，但学术成就主要在数学方面。

迄今惟一被国际天文学联合会将月亮正面一座环形山命以其名的高平子（1888—1970），上海金山人，1925年在青岛观象台主持太阳黑子的观测和研究，建立了一套完整的太阳黑子活动档案；1926年参加第一届万国经度测量，测量数据的精确程度为各国学者钦佩；1928年任中央研究院天文研究所研究员，为紫金山天文台的筹备和建设作出重要贡献；

1935 年只身赴巴黎参加国际天文学联合会第五届大会，促成大会接纳中国天文学会为正式会员国。

现代天文学家名家中的故楚之地人，有浙江义乌人刘朝阳（1901—1975），江苏吴江人李鉴澄（1905—2006）、江苏常熟人黄授书（1915—1977）等。

二、地学

中国近代地理学研究，可以说是由林则徐和魏源发端的。

林则徐主持编译的《四洲志》，是中国第一部比较系统的世界地理志。

魏源编撰的百卷巨著《海国图志》，广征古今中外文献，详叙世界各国的历史、地理、政经及风土人情等，并且提出作者关于政治、经济、海防等见解，是中国人编撰的第一部世界史地志，赋予国人以全新的近代世界观念，还首次从理论上论及了研究世界史地的意义和方法，因而奠定了中国近代的世界史地研究的基础。其后，世界史地研究，在海内蔚然成风。

安徽桐城人姚莹（1785—1852），为提醒国人防范列强入侵，编撰出《康輶纪行》16 卷，以西藏地区为重点，记述了中国西南边疆及英、法、俄、印度、尼泊尔等国的史地。

出于同样的目的，湖北枝江人曹廷杰（1850—1926），著有《东北边防辑要》《东三省舆地图说》《西伯利亚东偏纪要》等，对东北史地研究作出了杰出贡献。

另外，湖北宜都人杨守敬（1839—1915），一生勤于治学，发扬楚学重史地的传统，不遗余力地从事史地研究，著有《水经注疏》《水经注图》《隋书地理志考证附补遗》《历代舆地图》《〈汉书·地理志〉补校》等，在考证地名、补充史实、汇集史地资料、校注古代地理名著等方面卓有建树。其学术成就牢笼古今而开启近人，因而成为清代最负盛名的地理学家。时人将其地理学，与李善兰的数学、段玉裁的小学并称为“清代三绝学”。

近代社会，传播、倡导西方地学渐成时代主流。学人在传播西方地学知识的同时，也努力运用西方地学理论和方法进行研究，从而使中国地学有了飞跃性的发展。在近现代地学方面导扬风气并创业奠基者，也主要是故楚之地人。

湖南新化人邹代钧（1854—1908），受家学熏陶，好舆地之学。曾为随员出使英、俄等国，悉心习研西方近代地图学。归国后任教于京师大学堂，继而又主持湖北舆图局。他所著《上会典馆书》《湖北地图测绘章程》，介绍和评述了西方先进的测绘理论、方法和工具，阐明了他的地图学理论和方法。他主持绘制的《湖北全省分图》《中外舆地全图》，是开创性地运用西方理论和技术的杰作。他还有《光绪湖北地记》《中国海岸记》《西域沿革考》等多部地理著作。1895 年，他在武昌创办了中国近代地理学最早的学术组织——译图公会（1898 年更名为舆地学会）。中国近代地图学，可以说是在故楚之地发轫的，邹代钧则是其主要的倡导者和奠基人。

1934 年，中国地理学会在南京成立，标志着中国近代地理学步入新的发展阶段。

中国地理学会发起人之一的竺可桢（1890—1974），浙江绍兴人，1928 年创建中央研究院气象研究所并任所长，出版中国第一部气象学专著，一生在气象学、物候学及中国的气候区划、物候区划、农业气候、历史气候、历史地震等方面的研究作出了卓越贡献，是中国现代气象学的奠基人和地理学的重要开拓者。

江苏宜兴人胡焕庸（1901—1998），是中国地理学会的发起人之一和第三任理事长（会长），中国人口地理学的奠基者和自然地理学、气象学的先驱之一。他于 1935 年发表的《中国人口之分布》，首次揭示了一条可以标识中国东西部人口悬殊差异的“瑷珲——腾冲线”（被称为“胡焕庸线”）。

中国地学在近现代的飞跃性发展，更突出地表现在地质学方面。

浙江镇海人虞和钦（1879—1944）于 1903 年在上海创办的《科学杂志》

上发表的《中国地质之构造》，绍兴人鲁迅（1881—1936）也于1903年在《浙江潮》上发表的《中国地质略论》，是中国人最早撰写的地质学论文。

1922年，以故楚之地人章鸿钊为理事长（会长）、李四光及翁文灏为副会长的中国地质学会成立，是中国地质学勃兴的标志。

浙江吴兴（今属湖州）人章鸿钊（1887—1951），于1911年在东京帝国大学毕业时根据国内实地考察资料撰写的毕业论文《浙江杭属一带地质》，可谓中国地质学的起点。他长期担任现代中国地质部门、研究机构及学会的领导职务，致力于地质调查、地质理论和地质学史的研究，著述颇丰，影响很大，是中国地质事业的创始人。

中国现代地质学和古生物学的重要奠基者丁文江（1887—1936），江苏泰兴人，创办了最早的中国政府地质人才培养机构和地质科研机构——北洋政府工商部地质研究所和地质调查所，当选中国地质学会第二届理事长（会长），创办《中国古生物志》杂志并任主编15年，出版和发表了大量有关地质、地理、矿产、古生物等方面的著作、调查报告，还与翁文灏等共同编制了被誉为“中国第一本完备的现代地图册”的《中华民国新地图》及其缩编本《中国分省新图》。另外，他在考古学、人种学、历史学、少数民族语言文字学和中国古代科技文献整理等领域也有成就。

被称为“中国地质力学之父”的李四光（1889—1971），湖北黄冈人，民国时期担任过中央研究院地质研究所所长、中国地质学会的5届理事长（会长），早年对蜓科化石及其地层分层意义有着精深研究，于20世纪二三十年代发现并论证了中国东部第四纪冰川的存在，于1947年出版《地质力学之基础与方法》而创立了地质力学这门新的边缘学科。中华人民共和国时期，长期担任着政府地质部部长和中国科学技术协会主席等领导职务，在地质构造、矿藏发现、石油勘查、地震预报、古生物化石的分类和鉴定等方面作出了卓越贡献。

中国第一位地质学博士翁文灏（1889—1971），浙江宁波人，创办了清华大学地学系并任系主任，1922年与章鸿钊、丁文江、李四光等发起成立中国地质学会并先后担任了4届理事长（会长），1934年与胡焕庸、竺可桢等发起成立中国地理学会并担任会长（理事长）达10年，创立了燕山运动说而在构造地质学方面贡献卓越，从地文学角度奠定了中国近代地理学的基础，是中国现代地质学的奠基者和地理学的创始人之一。

中国现代矿产勘探事业的先驱谢家荣（1898—1966），上海人，是中国地质学会的发起人之一，民国时期担任过两届中国地质学会理事长（会长），对中国陨石学、矿床学、矿相学、煤岩学、石油地质学、经济地质学、区域地质学和地震地质学等进行过开拓性研究。

1948年中央研究院评选的首届院士中，有地质学界的6人和地理学界的1人，即上述竺可桢、李四光、翁文灏、谢家荣及民国时期都曾任中国地质学会理事长（会长）的浙江吴兴人朱家骅（1893—1963）、中国古脊椎动物学的奠基者杨钟健（1897—1979）、中国大地构造学的奠基者黄汲清（1904—1995）。

三、数学

近代数学界的泰斗，应推李善兰。他无意于功名，专致于学术，偏好于数学，在尖锥术、垛积术、素数论三方面成就突出。他发明的尖锥术，已有初步的积分思想，接近西方高等数学水平，反映了中国传统数学发展至近代的最高成就。他与伟烈亚力合译的《几何原本》《代数学》和《代微积拾级》三部著作，对西方近代数学在中国的传播起到了巨大作用。他教书育人，兢兢业业，为近代中国培养了大批数学人才。尽管他在天文学、物理学、植物学等自然科学领域也有较大成就，但他最大的贡献还是数学。他诚为中国传统数学的发展者和近代数学的开拓者。

江苏无锡人华蘅芳（1833—1902），也是近代享有盛名的数学家、翻译家和教育家。他的数学成就，主要在开方术、积较术和数根术三方面。他翻译的数学书籍，在规模和数量上都超过了李善兰的译作。

步入20世纪，在西方近代数学的直接影响下，中国的数学发展迅猛。一批从海外学成归来的数学家，为中国近现代数学的建立和发展作出了开创性的贡献。浙江龙港人姜立夫（1890—1978），筹建了国民政府中央研究院数学研究所并任所长，对圆素和球素几何学的研究有着突出成就。浙江平阳人苏步青（1902—2003），是中国微分几何学派的创始人，享有“东方第一几何学家”“数学之王”的盛誉。浙江绍兴人陈建功（1893—1971），是函数论及许多数学分支的开拓者。杭州人许宝騄（1910—1970），是数理统计和概率论研究的开拓者。江苏金坛人华罗庚（1910—1985），在解析数论研究中取得了一系列出色的成果，关于完整三角和的研究成果被国际数学界称为“华氏定理”，解决了华林问题、塔里问题等一些著名的数学难题，还推广了哥德巴赫猜想。安徽旌德人江泽涵（1902—1994），是中国拓朴学的奠基人。浙江嘉兴人陈省身（1911—2004），在整体微分几何方面导路拓域、贡献卓越，被海外学者誉为“当代世界最大的几何学家”。

1948 年，国民政府中央研究院选举首届院士，姜立夫、苏步青、许宝騄、华罗庚、陈省身 5 位数学家当选。

四、物理学

自明末始，西方近代物理学便逐渐传入中国。近代中国，是西方近代物理学大量传播并在教育中普及的时期。民国建立后，一批归国留学生才开始创建中国的近代物理学。

1930 年，江西高安人吴有训（1897—1977），据其在清华大学的研究成果写成的《论单原子气体全散射 X 射线的强度》一文，在英国《自然》杂志发表后引起了国内外学者的关注。此文是国际主流学术刊物首次发表中国人在本土完成的物理学研究成果，可谓中国现代物理学研究发轫的标志。他对 X 射线特别是散射和吸收方面的研究作有重要贡献，被称为中国物理学研究的“开山祖师”。

1932 年中国物理学会的成立，是中国现代物理学正式创建的标志。

中国现代物理学的主要奠基人中，除吴大猷之外，吴有训、饶毓泰、胡刚复、叶企孙、严济慈和王淦昌都是故楚之地人。民国时期，吴有训、叶企孙和严济慈先后当选中国物理学会会长（理事长），吴有训、饶毓泰、叶企孙、赵忠尧、严济慈和吴大猷还当选中央研究院首届院士。

江西临川人饶毓泰（1891—1968），为国际上早期研究斯塔克效应的光谱学家之一，对低压汞弧放电机理研究作有重要贡献。

江苏泗阳人胡刚复（1892—1966）于1918年从美国学成归国后，在南京高等师范学校（前国立中央大学）任物理系的首任系主任，创办了中国第一个现代物理实验室，是中国第一位从事X射线研究并取得重要成就的物理学家。

上海人叶企孙（1898—1977）是中国物理学会的主要发起人之一，中国国内第一个研究磁学的物理学家，在高压磁学方面有着开创性的贡献。

浙江东阳人严济慈（1901—1996），在压电晶体学、光谱学、大气物理学和应用光学等方面的研究成果丰硕，是中国光学研究和光学仪器研制工作的奠基人之一。

浙江诸暨人赵忠尧（1902—1998），在核物理特别是硬g射线与物质相互作用等方面的研究取得突出成就，是世界上首先发现“特殊辐射”、最早观察到正负电子对产生和湮没的现象的物理学家，是中国核物理、加速器、宇宙线研究的开拓者之一。

江苏常熟人王淦昌（1907—1998），于1941年提出了验证中微子存在的实验方案并为实验所证实，是中国实验原子核物理、宇宙射线及基本粒子物理研究的主要开拓者。

中国现当代杰出物理学家中，故楚之地人甚多。上述者除外，还有江苏宜兴人周培源（1902—1993）、浙江杭州人钱学森（1911—2009）、浙江绍兴人钱三强（1913—1992）、江苏苏州人何泽慧（1914—2011）、浙江嘉兴人黄昆（1919—2005）、安徽合肥人杨振宁（1922—　）、安徽怀宁人邓稼先（1924—1986）、湖南长沙人周光召（1929—　），等等。

五、化学

近代史上最负盛名的化学家，是江苏无锡人徐寿、徐建寅父子。

被誉为“中国近代化学的开拓者”的徐寿（1818—1884），终生钻研科技，曾为曾国藩、李鸿章赏识，先后在曾国藩创办的中国近代首家机器工业——安庆内军械所及曾国藩、李鸿章创办的江南制造局工作，于“船炮枪弹，多所发明。自制强水棉花药、汞爆药”①。他的最大贡献，还是“创议翻译西书以求制造根本”②，与英国传教士伟烈亚力、傅兰雅（John Fryer，1839—1928）等合译出多种化学著作，系统地介绍和传播了西方近代化学，首创一套化学元素的中文命名法。此外，他又创制中国第一台蒸汽机，与华蘅芳等制造出中国第一艘轮船，翻译了多种其他方面的科技著作，在英国《自然》杂志发表《考证律吕说》（英译《声学在中国》）而成了在国际权威科学期刊上发表论文的中国第一人，创建中国第一个中西合办科技教育机构——格致书院而培养了许多科技人才。

徐建寅（1845—1901）是徐寿次子，自幼受其父影响而爱好科技，青年时代即随父入安庆内军械所、江南制造局，协助其父从事军械机器制造和化学、物理、数学等西方科技书籍的翻译。他与傅兰雅合译的《化学分原》，首次将西方近代化学系统地介绍到中国，成为中国近代化学的奠基作之一。他又曾到德、英、法等国考察，详细记录了西方先进的工艺技术，对中国近代科技发展起到很大的推动作用。勤于钻研、亲为试验的他，成功地创制出多项化工产品。1900年，他由“张之洞调至湖北监造无烟火药。已成，药炸裂”③，不幸遇难。

1915年，中国创办了最早的国立化学研究机构——工业试验所。至20世纪20年代末，国内已有多家化学研究机构。1925年，中国化学研究会正式成立。1932年，中国化学会在南京成立。其后，中国现代的化

①②③《清史稿·徐寿传》。

学研究和化学工业都有了长足的发展。

湖南湘阴人范旭东（1883—1945）、江苏嘉定人吴蕴初（1891—1953），分别在天津和上海创建了被称为“北范南吴”的两大化工系统。

湖南湘乡人曾昭抡（1899—1967），是中国化学会的发起人之一，民国时期担任过4届中国化学会会长（理事长），创办《中国化学会会志》并任总编辑长达20余年，当选中央研究院首届院士。他早期在无机化合物的制备、有机化合物的元素分析、有机理论方面的计算，以及分子结构和炸药化学等方面的研究，代表了当时中国化学研究的部分水平，还对中国化学名词的命名与统一作出了重要贡献。

江西萍乡人吴学周（1902—1983），民国时期曾任中央研究院化学研究所所长，当选中央研究院首届院士，是中国化学领域分子光谱研究的主要开拓者。

故楚之地江苏江阴人赵承嘏（1885—1966）、湖北赤壁人刘树杞（1890—1935）、江苏扬州人黄鸣龙（1898—1979）、江苏仪征人李方训（1902—1962）、江苏仪征人柳大纲（1904—1991）、江苏吴江人杨承宗（1911—2011）、浙江绍兴人徐光宪（1920—2015）等，都是现当代杰出化学家。

六、工业技术

中国近代工业的创办，始于“洋务运动”时期。

1861年，曾国藩创办安庆内军械所，聘请徐寿、华蘅芳来厂研制轮船。次年，仿照西方蒸汽机和轮船的工作原理而制成了中国第一台实用性蒸汽机。曾国藩观看其试运转后，欣喜地在日记中写道：“窃喜洋人之智巧我中国人亦能为之，彼不能傲我以其所不知矣！”又次年，中国人自己建造的第一艘小型木质蒸汽轮船下水。尽管它“行驶迟钝，不甚得法”，它却标志着中国近代造船业的诞生。1865年，徐寿、华蘅芳等人又在曾国藩创办的江宁（今南京）机器局建成“长五十余尺，每一时能行四十余里，名之曰‘黄鹄’”[①]的火轮。同年，曾国藩、李鸿章在上海创办了近代中国最大的船舶、机械和军火企业——江南制造局。江南制造局自1868年到1885年，建造了8艘兵舰、7艘小型船只，造船水平迅速提高。1907年至1911年，由江南制造局独立出来并扩建而成的江南船坞，建造了多艘500吨以上的船舰。其中专用于长江运输的客货轮“江华”号，排水量达4130吨，时速达14海里，且载重大、吃水浅、耗煤低、船体坚固、操作灵便，是中国近代、也是中国有史以来所造船舶中最大最好的。其设计水平和制作水平、坚固性和实用性，都远远超过了英商船厂建造的长江轮船。湘军的另一主将左宗棠，也于1866年创办了福州船政局。该局所造相当数量的兵舰和商船，在自行设计、自行建造的能力上又在江南制造局之上，缩短了与世界先进造船水平的差距。1920年，江南造船所（前身即江南船坞）为美国造出4艘载重量1万吨、排水量1.475万吨的运输舰。1934年，该所为中国海军建造了一艘排水量为1731吨的双螺旋桨柴油机护航舰，反映出中国造船业已达到较高水平。

军工企业，自“洋务运动”时期在中国如雨后春笋般兴起。在近代众多枪炮生产企业中，领其风骚的先后为江南制造局和湖北枪炮厂。江南制造局制成中国第一磅近代火药，仿制生产了大量洋枪洋炮供应全国各地军队，只是枪炮生产限于单纯仿造而一直落后于欧美。1890年，张之洞在汉阳兴建湖北枪炮厂。1895年投产后，迅即成为全国产量最高、质量最优的兵工厂。该厂生产的武器，在当时已达到世界先进水平。尤其是改进德国1888式七九步枪而成的“汉阳造”，闻名天下。1908年，该厂更名为汉阳兵工厂，在现代仍一直为中国重要的武器生产企业。

伴随着“强兵富国”的洋务运动的兴起，中国近代的矿冶生产技术也发展起来。19世纪末，一些煤矿、铁矿和炼铁、炼钢企业在国内相继建成投厂。江南制造局炼钢厂，炼出中国第一炉钢水。1890年，张之洞在汉阳建炼铁厂，在大冶开铁矿。1898年，江苏武进人盛宣怀（1844—

---

① 《清史稿·徐寿传》。

1916）在江西萍乡开办煤矿。1908 年，汉阳炼铁厂、大冶铁矿和萍乡煤矿合并为“汉冶萍煤铁厂矿公司”。成立于故楚之地的这家公司，是中国最早，也是亚洲第一家集开矿、采煤、炼钢为一体，生产达到国际水平的大型近代化钢铁联合企业。故楚腹地，也因此成为当时中国矿冶工业的重要基地。尽管它因官办（后改为官督商办）而决策随意、经营腐败、亏损连年，但它在引入西方先进技术、促进民族工业的发展上仍起到了重要作用。辛亥革命后，中国矿冶工业发展迅速。上海的几座炼钢厂，都引进了较先进的设备，大幅度提高了钢产量。抗日战争时期，内地冶金企业大都被迫迁移，生产受到严重影响。不过，西迁入川和在川兴建的企业，在冶金技术上却大有提高。由于日本帝国主义占领东北并大力经营殖民地工业，中国的冶金工业中心也在抗战期间转到了东北。

中国近代最具影响的机器棉纺企业，是张之洞创办、1893 年投产的湖北织布官局和李鸿章创办、1894 年投产的上海机器织布局。其设备全部购自英、美等国。当年楚国“东至于海”的滨海之地，形成了近现代中国最大的工商业都会——上海。不仅造船、炼钢、纺织、兵器等工业生产和技术大都在上海领先发展，电力、通讯、供水、铁路、汽车等现代企业和设施也首先在上海发展起来。

第五节 “庄骚两灵鬼，盘踞肝肠深”的文学创作

“庄骚两灵鬼，盘踞肝肠深。”[①] 这是中国古代最后一位文学家和思想家、又是中国近代第一位文学家和思想家龚自珍坦露心迹的诗句，实际上也可谓对中国古代文学主导创作精神的总结和对中国文学基本艺术传统的揭示。

① 龚自珍：《自春徂秋，偶有所触，拉杂书之，漫不诠次，得十五首》其三。

一、龚自珍、魏源等人的诗文

龚自珍不仅为艺为人都效法庄周和屈原，而且对继承和发扬了庄骚艺术传统的李白也十分景仰，赞誉说："庄、屈实二，不可以并，并之以为心，自白始。"[①]在他看来，李白诗作中，只有并庄、屈"以为心"、也即体现了庄意屈情、庄韵骚风的作品，才为"白之真原"，故"最录李白集"。他的忧患意识和自我意识、爱国思想和高远理想，皆与庄、屈、李相通合。他以"亦狂亦侠亦温文"[②]为人格追求，生活中"乐也过人，哀亦过人"[③]，因情而为，率性而行；诗文里陈词无讳，放言无惮，"骂坐之言，涉目皆是"[④]；处处显示出庄周之放、屈原之狂和李白之傲。在文学创作上，他继承屈原"发愤以抒情"的精神而倡导"尊情说"。他的诗、词、文俱佳，但以诗歌成就最高。315首的大型组诗《己亥杂诗》，是他的代表作。他的诗作淋漓尽致地抒发主观感情，大胆充分地表现自我个性，有着丰富奇伟的艺术想象、善为比兴象征的艺术表现，而且形式不拘一格，词藻璀璨瑰丽，理想主义精神强烈，浪漫主义色彩浓重，鲜明地体现和大力地发扬了庄骚艺术传统。自觉地并庄屈以为心、嗣庄骚以制艺、又能融冶百家、戛戛独造的龚自珍，获得清代"三百年来第一流"[⑤]的崇高评价，不仅是近代思想启蒙的先驱，而且也开启了近代文学新风。

魏源虽"以经济名世"而不以文学扬声，其诗文创作却也情志独抒，气势充沛，风骨遒劲，品韵高雅，起到了"但开风气"的作用。

在近代文坛上颇有声势的"宋诗派"，逃避时代大潮而游戏诗艺，主张宗法宋诗、遵循温柔敦厚的儒家诗教和强调法度义理而有悖庄骚艺

① 龚自珍：《最录李白集》。
② 《己亥杂诗》其二十八。
③ 袭自珍：《琴歌》。
④ 张祖廉：《定盦先生年谱外纪》。
⑤ 柳亚子：《论诗三绝句·定盦集》。

术传统。不过，其理论家和代表诗人之一、湖南道州（今道县）人何绍基（1799—1873），也申论作诗要表达“真性情”、表现自家个性，在一定程度上仍继承了庄骚艺术精神，并且写出一些表达爱国思想、忧民情感及想象新奇、意境深闳、辞语瑰丽的佳作。

以湖南湘潭人王闿运（1832—1916）为代表的一批湘中人士，宗法汉魏六朝诗歌和骈文而形成所谓“汉魏六朝诗派”。此派虽以拟古相标榜，却也并非食古不化，不乏得庄骚情辞、承汉魏风骨的作品。

二、康有为、梁启超、黄遵宪等人的创作

“试问诗骚选何作，屈原家父最芳馨。”[①]康有为推崇屈原，一再歌咏屈原，为人为事求合屈原遗志遗风，作诗作文也欲袭屈原遗情遗韵。他又敬重杜甫和龚自珍，在文学创作上，受杜甫那沉郁顿挫的感情抒发和龚自珍那宣泄无遗的理想表现的影响很大。他强调诗歌本是积郁于胸的情志因境遇激发而自然抒发成的，主张诗歌创作应该淹贯古今、糅合中西以创造全新的意境、形成飞扬腾跃和奇诡多变的文势，并称自己“托为歌咏”之作“莫拔抑塞磊落之怀，日行连犿奇伟之境”[②]。他的诗歌也“盖发于真性情，故诗外常有人也”[③]，感情强烈，个性鲜明，有着奇丽境界的创造和海阔天空的表现，创作精神和艺术风格与屈原、杜甫、龚自珍一脉相承并有所发展。梁启超赞其“元气淋漓，卓然称大家”[④]。

康门弟子梁启超，承师风而佐师为，对屈原更是推崇备至，激赏屈原所作楚辞，曾撰文专论屈原并称“中国文学家的老祖宗，必推屈原”[⑤]，还特别强调：“吾以为凡为中国人者，须获有欣赏《楚辞》之能力，乃

① 康有为：《题菽园孝廉选诗图》。
② 康有为：《诗集自序》。
③ 梁启超：《饮冰室诗话》，人民文学出版社1982年版，第19页。
④ 梁启超：《清代学术概论》，《中国历史研究法（外二种）》，河北教育出版社2000年版，第474页。
⑤ 梁启超：《屈原研究》，《梁启超诗文选注》，人民文学出版社1987年版，第299页。

为不虚生此国。”[1] 出于爱国救国的目的和变法维新的需要，他积极倡导并直接发起了文学改革运动，与黄遵宪、夏曾佑、谭嗣同等掀起了“诗界革命”“小说界革命”的热潮。他强调文学创作必须有新理想、新意境、真感情，应该写照人心、大胆幻想、表现自由奔放。他的文学思想，在相当程度上继承了庄骚传统又体现了时代精神。他努力实践自己的理论，对诸类文体都有尝试，但以散文创作的成就最高、影响最大。他的散文的鲜明特色，就是情感注于笔锋，饱含对理想的热切向往，行文也恣纵奔放、淋漓酣畅。他自述：“启超夙不喜桐城派古文；幼年为文，学晚汉魏晋，颇尚矜炼；至是自解放，务为平易畅达，时杂以俚语、韵语及外国语法，纵笔所至不检束，学者竞效之，号新文体；老辈则痛恨，诋为野狐。然其文条理明晰，笔锋常带情感，对于读者，别有一种魔力焉。”[2]

被梁启超大加赞扬为“诗界革命”之旗帜的黄遵宪（1848—1905），既与康、梁同为粤人，也与他们志同道合、情投趣类。他主张继承前人的优良艺术传统而顺应时代要求以创新，并以屈骚为最高典范，明言“取‘离骚’、乐府之神理而不袭其貌”[3]、“不名一格，不专一体，要不失乎为我之诗”[4]。他的《人境庐诗草》，即发扬屈骚“神理”的“愤时势之不可为，感身世之不遇”之作，反映了近代社会生活的巨大变化和主要矛盾，反映了海内外的奇景异物和世纪之交的新思想文化，表达了强烈的爱国感情，不仅扩大了诗歌表现领域和丰富了诗歌表现内容，而且尝试了以旧风格表现新意境和以新形式表现新内容，在近代诗坛上享有盛誉。

维新烈士谭嗣同虽不以文学名世，其诗文创作则尽达至情至性、尽抒理想怀抱，并且大胆革新、勇于创造。其绝笔诗云：“我自横刀向天笑，

---

① 梁启超：《要籍解题及其读法·楚辞》，《梁启超全集》第十六卷，北京出版社1999年版，第4663页。

② 梁启超：《清代学术概论》，《中国历史研究法（外二种）》，河北教育出版社2000年版，第456页。

③④ 黄遵宪：《人境庐诗草·自序》。

去留肝胆两昆仑！”何等慷慨豪迈，犹似屈原《九歌·国殇》中的英烈再现于世的壮歌。“澧兰沅芷思公子，桂酒琼茅祭国殇。”[①]康有为即引屈骚辞语哀悼这位爱国英烈。

伴随着维新变法运动和文学革命运动的兴起，在道光、咸丰年间（1821—1861）已经衰落的古典小说创作又出现了新气象，产生了大量揭露和批判社会黑暗、反映资产阶级维新及革命要求的小说。江苏武进（今属常州）人李伯元（1867—1906）的《官场现形记》和《文明小史》、江苏丹徒（今属镇江）人刘鹗（1857—1909）的《老残游记》、江苏常熟人曾朴（1872—1935）的《孽海花》，以及广东南海（今属佛山）人吴趼人（1866—1910）作于故楚之地的《二十年目睹之怪现状》，是其代表作。这些小说都是愤世嫉俗、表达社会进步要求的“发愤”之作，在创作精神上对庄骚传统有所继承。

三、鉴湖女侠秋瑾、“南社”旗手柳亚子及王国维

资产阶级民主革命时期，文学进一步成了革命斗争的武器。正如其时的革命家多为故楚之地人一样，其时有影响的诗文作者也多为故楚之人，如秋瑾、陈天华、宁调元、黄兴、宋教仁、胡石庵等，都有壮怀激烈、元气淋漓的诗作。

鉴湖女侠秋瑾（1877—1907），浙江绍兴人，自幼爱好诗词、仰慕屈原。随家居湘期间，她曾亲临汨罗江凭吊屈原，作《吊屈原》一诗，谴责楚王的昏聩，咏赞屈原的忠直，太息屈原的遭际，感慨伤怀而隐然以屈原自况。她的诗词创作，明显受屈骚的精神和艺术影响。尤其是她与封建家庭决裂而成为革命斗士后创作的诗词，不仅境界升华了，而且在风格上更明显地弘扬了庄骚艺术传统，具有鲜明的浪漫主义色彩。

1909年，一批诗人在苏州虎丘集会，宣告革命文学团体“南社”的正式成立。“南社”之名，即因楚人钟仪成了晋国俘虏后仍然“操南音

① 康有为：《戊戌八月纪变，哀谭复生京卿》。

不忘本”的典故而取。“南社”之立，宗旨在于发扬楚人爱国精神而“能将气节倾天下”①。“南社”的发起人陈去病、高旭和柳亚子，都是故楚之地人。“南社”成立时仅17人，至辛亥革命后激增到千余人。“南社”的成立和发展，亦典型地反映了楚文化精神和传统的深巨影响和进步作用。

江苏吴江（今属苏州）人柳亚子（1887—1958），是“南社”旗手。“南社”掀起的文学运动，是弘扬庄骚艺术传统的浪漫主义文学运动。柳亚子在给曹聚仁的公开信中明言：“南社的文学运动自始至终不能走出浪漫主义一步，这话对极了。”负奇气、怀大志、革命热情激昂的柳亚子，一生率真任性、豪放不羁、刚直不阿，崇拜屈原、陆游、辛弃疾等古代爱国诗人，敬重龚自珍和秋瑾，赋诗填词是“一腔热血燎大地，千言椽笔惊风雷”②。其诗词有着激情喷涌的抒发、想象奇伟的描写、个性张扬的表现，慨当以慷，气势磅礴。郭沫若乃称：“亚子，今之屈原；屈原，古之亚子也。”③“今之屈原”的柳亚子，成了“前清末年直到解放后这一长时期在旧体诗词方面最卓越的革命诗人”④。

浙江海宁人王国维（1877—1927），是近现代著名学者、词人，于文学方面则对文学理论和戏曲研究等卓有贡献。他特撰《屈子文学之精神》一文，阐述了“庄骚”的艺术成就和文学地位，强调了屈骚的精神内涵，高度肯定了以“庄骚”为代表的“想象力之伟大丰富”的南方文学和将感情与想象“合而为一”的屈原诗歌。在其影响巨大的文论代表作《人间词话》中，他提出和阐发了“境界说”，强调“故能写真景物、真感情者，谓之有境界”。其“境界说”，可谓主要是继承庄骚艺术精神和道家审美理论的传统，并融会西方近代哲学和美学思想而建构的理

① 王漱芳：《敬题柳亚子先生蒐刊南社诗集》。

② 柳亚子：《回忆诗》。

③ 郭沫若：《今屈原》，《郭沫若全集·文学编》第二十卷，人民文学出版社1992年版，第7页。

④ 茅盾：《解放思想，发扬民主》（在第四次文代会上的报告）。

论体系，在一定意义上可以看作是庄骚艺术精神、道家审美理论传承发展至近代的演变。

实践其理论的王国维词，因其保皇的政治立场不合时代潮流，故艺术境界虽有但思想境界不高。

四、鲁迅、郭沫若与现代文学

新文化运动蓬勃开展之际，反对文言、提倡白话和反对旧文学、提倡新文学的文学革命运动，则成为其重要组成部分。这场文学革命运动，直接催生出以人民大众普遍接受的白话文学为形式、以彻底的反帝反封建为内容的现代文学。现代文学在形式和内容上虽与古代、近代文学大异，却是古代文学，尤其是近代文学的飞跃性发展；虽然明显地深受西方文学潮流的影响，却也突出地继承了以庄骚传统为主导的中国文学精神。现代文学的奠基人鲁迅和巨匠郭沫若，即尤为突出地继承和发扬了庄骚传统的文学精神。

浙江绍兴人鲁迅早年便立下“我以我血荐轩辕”的壮志，21 岁时抒写其爱国襟怀的《自题小像》一诗，即可谓屈骚的嗣响。他初志于科学救国，后有感救国莫先于医治人心，认为医治国民的精神要比医治国民的身体更为紧要，毅然弃医从文。

在 1907 年所作的长篇论文《摩罗诗力说》中，他“感怀前贤”屈原，赞许“惟灵均将逝，脑海波起，通于汨罗，返顾高丘，哀其无女，则抽写哀怨，郁为奇文”，叹息屈原之后，“上下求索，几无有矣”、“今索诸中国，为精神界之战士者安在”，含蓄地表达了继承屈原而作中国精神界之战士的决心，因而倡导屈原、拜伦等中西先贤的“摩罗诗”即积极浪漫主义文学。

“五四”时期，他积极投身于新文化运动和文学革命，于 1918 年发表了第一篇白话小说《狂人日记》。这篇小说，采用现实主义的描写，结合象征主义的表现，生动逼真地刻画出既带有屈原、李白、李贽、龚自珍等历史上“楚狂人”的影子、更赋予鲁迅的反封建和反传统精神的狂人形象，从而产生出震撼人心的思想和艺术力量，成为现代小说的奠基之作。继而，他一发不可收地接连创作出《孔乙己》《药》《阿Q正传》等白话小说，先后出版了短篇小说集《呐喊》和《彷徨》。这些小说，虽然并非他早期所倡导的“摩罗”风格，却始终如一地“是‘为人生’而且要改良这人生”[①]、是“以起其国人之新生，而大其国于天下”[②]的作品，并以其深刻的思想、圆熟的艺术，显示了文学革命的实绩，奠定了现代文学的基础。在从事文学创作的同时，鲁迅也进行着中国古典文学的研究，先后出版了《中国小说史略》《汉文学史纲要》等学术名著，阐发了许多真知灼见。他高度评价“庄骚”，肯定《庄子》“其文则汪洋辟阖，仪态万方，晚周诸子之作，莫能先也”，强调屈骚是“逸响伟辞，卓绝一世”、且“沾溉文林，既极广远”。郭沫若曾撰《庄子与鲁迅》一文，指出“鲁迅颇受庄子的影响”。鲁迅的文学创作，实亦自觉地继承和发扬了庄骚艺术传统，有着现实主义和浪漫主义的自觉运用或完美结合、丰富的表现手法和新颖的形式创新。

除了小说创作之外，鲁迅还写旧体诗、散文和杂文。后期，他主要以杂文为斗争武器，热情宣扬革命思想，深刻剖析社会问题，大无畏地抨击反动势力，有力地配合了中国共产党领导的新民主主义革命。他先后参加了共产党领导的左翼作家联盟、文学界和文化界的抗日统一战线及其他进步组织，领导和支持进步文学社团，关怀和培养进步青年作者。

“横眉冷对千夫指，俯首甘为孺子牛。”[③]鲁迅的一生，是为中国人民的解放事业、为新民主主义文化革命奋斗不懈、鞠躬尽瘁、死而后已的一生。鲁迅病逝后，成千上万的各界人士自发前往殡仪馆瞻仰遗容及伴送至墓地安葬，灵柩上覆盖书有“民族魂”三个大字的白绸旌幡。

---

① 鲁迅：《我怎样做起小说来》，《鲁迅全集》第五卷，人民文学出版社1973年版，第108页。

② 鲁迅：《摩罗诗力说》，《鲁迅全集》第一卷，人民文学出版社1973年版，第99~100页。

③ 鲁迅：《自嘲》。

民族之魂，由爱国诗人屈原彰明，经世代爱国志士弘扬，又为鲁迅所光大。为祖国强大和人民幸福舍身奋斗、对社会黑暗猛烈批判、任千夫指斥不屈不挠的鲁迅精神，乃与屈原为国为民而勇于揭露浊世、抨击朋党、谴责壅君的坚决斗争、九死不悔精神一脉相承。1937 年，毛泽东在陕北公学纪念鲁迅逝世一周年大会上作《论鲁迅》的演讲中，高度肯定鲁迅"在中国革命史中所占的地位"，强调纪念鲁迅不仅因为他"是一个伟大的文学家，而且因为他是一个民族解放的急先锋，给革命以很大的助力"，指出鲁迅的"政治远见""斗争精神"和"牺牲精神"这三大特点"形成了一种伟大的'鲁迅精神'"。1940 年，毛泽东在《新民主主义论》中称扬："鲁迅是中国文化革命的主将，他不但是伟大的文学家，而且是伟大的思想家和伟大的革命家。鲁迅的骨头是最硬的，他没有丝毫的奴颜和媚骨，这是殖民地半殖民地人民最可宝贵的性格。鲁迅是在文化战线上，代表全民族的大多数，向着敌人冲锋陷阵的最正确、最勇敢、最坚决、最忠实、最热忱的空前的民族英雄。鲁迅的方向，就是中华民族新文化的方向。"毛泽东的评价，明确地指出了鲁迅所体现中国人民宝贵品质的性格特征，充分地肯定了鲁迅在中国现代史上的贡献和地位。

在现代文学史上的成就和影响仅次于鲁迅的郭沫若，生于四川乐山，自幼受到古典文学熏陶。他坦言"我素来喜欢读《庄子》"[①]，又说"屈原是我最喜欢的一位作家，小时候就爱读他的作品"[②]，形成了浓重的庄骚情结。他早年的人生道路有似于鲁迅，怀"报国济民"之志而赴日本学医，后弃医从文。

受新文化运动的影响，尤其是五四爱国运动的激励，他那郁积于胸的炽热的爱国感情、高昂的革命激情，犹如火山爆发一般喷涌而出，抒发为首首诗作，组成为诗集《女神》。《女神》是狂飙突进的五四时代

① 郭沫若：《王阳明礼赞》，《郭沫若全集·历史编》第三卷，人民出版社1982年版，第290页。

② 郭沫若：《屈原·序》，开明书店1935年版。

精神的集中体现，是文学革命运动实绩在诗歌创作上的突出显现，是中国现代新诗的奠基之作。它融铸神话、历史和现实，借助丰富奇伟的想象，采用比兴象征的手法和不拘一格的形式，愤怒诅咒社会黑暗，热烈歌颂祖国和人民，充分地表达了对光明、自由、解放、新生的向往和追求，形象地反映了当时中国人民的愤怒、反抗、希望和理想，个性鲜明，气势奔放，旋律激越，格调高昂，理想主义精神强烈，浪漫主义色彩浓重，明显地继承了庄骚艺术传统，又吸取了西方浪漫主义诗歌的表现方式和艺术形式，诚然可谓是由屈原发其端、李白飏其风的传统浪漫主义诗歌在现代的新发展。它的代表作《女神之再生》和《凤凰涅槃》，都袭取了楚文化中的神话题材——女娲补天和神鸟凤凰。《凤凰涅槃》虽也援据了阿拉伯关于“集香木自焚，复从死灰中更生”的神鸟传说，但塑造出的追求光明自由而不惜牺牲以求新生、借以象征旧中国及诗人旧我的毁灭和新中国及诗人新我的诞生的凤凰形象，却体现和光大了庄子、屈原、李白、杜甫笔下的凤凰形象的精神。《女神》中的《湘累》，一唱三叹地抒发了悼念屈原的深挚感情和通合屈原情志的忧愁幽思，也最为直接地反映出诗人与屈原的精神联系，最为明显地反映出《女神》与屈骚的艺术源流。郭沫若自述：“我虽然不曾自比过歌德，但我委实自比过屈原。就在那一年所做的《湘累》，实际上就是‘夫子自道’。那里面的屈原所说的话，完全是自己的实感。”[1]

继《女神》之后，郭沫若又接连出版了诗文集《星空》及《前茅》《恢复》等诗集，还创作了许多历史剧和小说，其基本风格也与《女神》一致。

在抗日战争期间创作的历史剧，是郭沫若继《女神》之后的第二个文学创作高峰。其代表作《屈原》，通过对屈原一天的生活与斗争的描写，概括了屈原伟大而悲壮的一生，艺术地再现了屈原爱国爱民、无私无畏、

---

① 郭沫若：《创造十年》，《郭沫若全集·文学编》第十二卷，人民文学出版社1986年版，第79页。

正直峻洁、不屈不挠地同黑暗势力做斗争的光辉形象。它“借了屈原的时代来象征我们当前的时代”[①]，借了屈原的言行来表达作者对国民党统治下的黑暗现实的愤懑和对光明理想的追求，产生了巨大的社会反响和政治作用。[②]它可谓作者的屈原情结的大释放，也可谓作者对庄骚艺术传统的大发扬。

自称“屈子是吾师”的郭沫若，不仅在文学创作上大力弘扬屈原精神和屈骚艺术，还自20世纪30年代起，尤其是在抗日战争时期，撰写和发表了《屈原考》《屈原·招魂·天问·九歌》《屈原研究》等系列研究屈原与楚辞的论著，联系着屈原时代及楚国历史文化，对屈原的思想和作品作了极高的评价和深刻的阐述，强调“中国有史以来的第一个伟大的诗人要推数屈原”[③]，强调“由楚所产生出的屈原，由屈原所产生出的《楚辞》，无形之中在精神上是把中国统一着的”[④]。

郭沫若的文学创作和学术研究，对于确立屈原的中国诗歌之父和世界文化名人的地位，对于揭示屈骚与楚文化的丰富内涵、历史价值和现实意义，对于弘扬屈骚与楚文化的优秀传统，大有功焉。

现代文学史上，故楚之地的诗人、作家一如前代而名家辈出、灿若星汉，如茅盾、曹禺、刘大白、周作人、刘半农、萧三、徐志摩、闻一多、戴望舒、郁达夫、朱自清、叶圣陶、瞿秋白、张恨水、蒋光慈、沈从文、张天翼、何其芳、张光年、丁玲、吴组缃、欧阳山、周立波、洪深、田汉、夏衍、聂绀弩，等等。

五、毛泽东诗词

老一辈无产阶级革命家中，故楚之地人既多，不废吟哦者亦多，如

① 郭沫若：《序史剧“屈原”的俄文译本》，《人民日报》1952年5月28日第3版。

② 参见本章第一节。

③④ 郭沫若：《屈原研究》，《郭沫若全集·历史编》第四卷，人民出版社1982年版，第7、60页。

董必武、林伯渠、徐特立、谢觉哉等。其代表者，是毛泽东。

毛泽东于1918年送罗章龙赴日本留学时所作的《七古·送纵宇一郎东行》一诗，就已清楚地反映出“庄骚”对他的深巨影响和他对庄骚传统的自觉继承。诗中以屈原、贾谊和庄子的理想化身——鲲鹏比喻友人和作者自己，明确地表达出仰慕和效法屈、贾的心志，表示应具有庄子那“要将宇宙看稊米”的哲人胸襟和“抟扶摇而上九万里”的鲲鹏宏图。毛泽东爱好“庄骚”，对其精神和艺术悟之尤高、得之极深，在诗文及言谈中经常引述或论及“庄骚”。经他亲自审定和中央有关部门审订而正式发表的50首诗词中，引用《庄子》的典故就有7首13处。由现存他早年的课堂笔记本前11页工楷抄录的《离骚》和《九歌》全文，以及他对楚辞百读不厌而与伴终生的事迹可知，他对屈骚更是一往情深。

他喜爱的古典诗词，主要是继承了庄骚传统的浪漫主义作品，尤其是“并庄、屈以为心”的李白、“骚之苗裔”的李贺、“屈宋之遗响”的李商隐及“驱使庄骚”的辛弃疾的作品。因此，他也倡导革命浪漫主义的文艺创作。在现实主义成为革命文艺主潮的抗日战争时期，他对延安鲁迅艺术学院的师生强调说：

> 我们主张艺术上的现实主义，但这并不是那种一味模仿自然的记流水账式的“写实”主义者，因为艺术不能只是自然的简单再现。至于艺术上的浪漫主义，并不是完全没有道理的。它有各种不同的情况，有积极的、革命的浪漫主义，也有消极的、复古的浪漫主义。有些人每每望文生义，鄙视浪漫主义，以为浪漫主义就是风花雪月哥哥妹妹的东西。殊不知积极浪漫主义的主要精神是不满现状，用一种革命的热情憧憬将来，这种思潮在历史上曾发生过进步作用。一种艺术作品如果只是单纯地记述现状，而没有对将来的理想的追求，就不能鼓舞人们前进。在现状中看出缺点，同时看出将来的光

明和希望，这才是革命的精神，马克思主义者必须有这样的精神。[①]

毛泽东诗词，都吟成于马背之上或百忙之暇。其代表作如《沁园春·长沙》《菩萨蛮·黄鹤楼》《忆秦娥·娄山关》《七律·长征》《念奴娇·昆仑》《沁园春·雪》《七律·人民解放军占领南京》等，融神话传说、寓言故事、历史典故、现实生活于一炉，创造性地运用了赋、比、兴等传统表现手法，继承而善用旧体诗词的形式，生动地反映了新民主主义革命及社会主义革命、建设的各阶段的风貌，充分地表达了无产阶级的爱国主义、国际主义、革命英雄主义精神和共产主义理想，形象地展示了人民领袖的鲜明个性、恢宏气度、壮伟怀抱、浪漫气质、丰富感情、深邃思想、高远见识，景、情、理有机统一而意境深广，古今中外浑然会融而表现雄奇。综合言之，其格调之高、气魄之大、文情之茂、境界之闳，确有令古人"略输文采"、让今人"稍逊风骚"之处。如果说，李白"并庄、屈以为心"而有不朽杰作，那么，明言"我喜欢李白"的毛泽东，则对传统的"庄屈之心"作了革命性的升华，从而创作出前无古人、彪炳一世的伟辞华章。

诚然，毛泽东诗词并非都是杰构佳作。作为政治家、思想家兼诗人的毛泽东，创作诗词也不限于抒写人生、个性和情感，而更多地是抒写社会现实、革命斗争和政治理想。有的作品，也言志直说而诗味不多。毛泽东在 1949 年底曾自述其在艰苦卓绝的斗争中、生死存亡的关头时激发诗兴而创作的诗词反映了严峻现实、表达了真实感情：

现在连我自己也搞不明白，当一个人处于极度考验，身心交瘁之时，当他不知道自己还能活几个小时甚至几分钟的时候，居然还有诗兴来表达这种严峻的现实。……当时处在生死存亡的关头，我

① 毛泽东：《在鲁迅艺术学院的讲话》（于1938年4月28日），《毛泽东文集》第二卷，人民出版社1993年版，第121~122页。

倒写了几首歪诗，尽管写得不好，却是一片真诚的。现在条件好了，生活安定了，反倒一行也写不出来。[1]

毛泽东这番相当自谦的话，既说明诗兴往往为紧张艰苦的生活所激发的一般创作规律，又表明他对自己在中华人民共和国成立前兴感于生活、发抒于情志的诗词创作是满意的。总体而言，毛泽东诗词，尤其是毛泽东在青壮年时代暨革命战争年代创作的诗词，堪称现当代继承并弘扬庄骚传统的文艺典范。

第六节　熔古推陈、通中贯西以开新的书画艺术

近现代的书画艺术，是在社会大变革和西方艺术理论、美术潮流广泛传入中国的历史文化背景下发展的，因而也以开新（或在继承传统的基础上力求出新，或将传统艺术与西方美术相融通以求创新）为主要特征和主导潮流。

一、近代书画与“海派”

安徽泾县人包世臣（1775—1855），是近代书风的导扬者。他早年学习唐、宋名家书法，后师法北魏碑刻，晚年醉心于王羲之、王献之笔意。他的书法创作自辟蹊径，以侧取势，个性鲜明。所著《艺舟双楫》，论书一反清代书坛对赵孟頫、董其昌的偏爱，强调“书道妙在性情，能在形质，然性情得于心而难名，形质当于目而有据”，精神上继承了以道家审美理论为根基的艺术传统又有所发展，对中国近现代书坛影响很大。

近代书派的开山大师，当为南楚人何绍基。何绍基既是著名学者、

①　毛泽东与苏联汉学家、外交官费德林的谈话。见［俄］费德林著、周爱琦译《费德林回忆录：我所接触的中苏领导人》，新华出版社1995年版，第20~21页。

文学家，又在书法创作上卓有建树。《清史稿·何绍基传》记述："绍基通经史，精律算。尝据《大戴记》考证礼经，贯通制度，颇精切。又为《水经注》勘误。于《说文》考订尤深。诗类黄庭坚。嗜金石，精书法。初学颜真卿，遍临汉、魏各碑至百十过，运肘敛指，心摹手追，遂自成一家，世皆重之。"他主张"学书重骨不重姿"、"书家须自立门户"，强调学书法应熔铸古人，自成一家，于笔墨之中表现自己的至情至性。因此，他对清代以来流行馆阁体而导致书风柔弱、书艺僵化的现状不满。他的书法创作，在心追手摹周、秦、两汉古篆籀和魏晋南北朝古碑刻的基础上，积数十年功力而渐入化境，卓然自立门户、彪炳书坛，显示出楚文化传统的弘扬者所具明确的艺术创造意识和强烈的艺术创造精神。曾国藩在道光二十二年（1842）致诸弟的家书中评赞："盖子贞（何绍基字）之学长于五事：一曰《仪礼》精，二曰《汉书》熟，三曰《说文》精，四曰各体诗好，五曰字好。此五事者，渠意皆欲有所传于后。以余观之，前三者余不甚精，不知浅深究竟何如。若字，则必传千古无疑矣。诗亦远出时手之上，必能卓然成家。"真、草、隶、篆无所不工，行书和草书则为一代之冠的何绍基，被誉为"晚清书法第一人"和"开辟书苑新天地的巨匠"。

湖北武昌（今鄂州）人张裕钊（1823—1894），字廉卿，在书法创作上陶铸古今，继承"汉魏风骨"而变化出新，融冶北碑书艺而自成面目，独创"落墨运笔，中笔必折，外墨必连；转必提顿，以方为圆；落必含蓄，以圆为方；故为锐笔而实留，故为涨墨而实洁"[①]的"大悟笔法"。尊尚碑学而贬抑帖学的康有为，称许"本朝书有四家，皆集古大成以为楷：……集碑之成，张廉卿也"[②]；盛赞"湖北有张孝廉裕钊廉卿，曾文正公弟子也，其书高古浑穆，点画转折，皆绝痕迹，而意态逋峭特甚，其神韵皆晋、宋得意处，真能甄晋陶魏，孕宋、梁而育齐、隋，千年以

① 康有为：《广艺舟双楫》卷五《述学》。

② 康有为：《广艺舟双楫》卷四《余论》。

来无与比其在国朝，譬之东原（戴震字）之经学，稚威（胡天游字）之骈文，定庵（龚自珍号）之散文，皆独立特出者也”。[①] 此语虽然过誉，却也说明其书在近代书坛上给人面目一新之感和匡纠积弊、倡扬新风的巨大影响。

楚地著名学者杨守敬，擅长行、草，笔势纵横，风格独特，名重一时，享誉中外，尤为日本书法界推崇。他在《学书迩言·绪论》中强调“二要”：“一要品高，品高则下笔妍雅，不落尘俗；一要学富，胸罗万有，书卷之气自然溢于行间，古之大家莫不备此，断未有胸无点墨而能超轶等伦者也。”这样的书法见地，实亦为楚艺术传统的理论发挥，即在强调书法是表现性灵的艺术创造的基础上，进而强调书法艺术是书者的品格和素养的综合体现。

近代政坛的风云人物康有为，在书坛上也显左右时风的能力。他的书法，气象雄伟，体势宽博，笔墨淋漓，纵横奇宕。所著《广艺舟双楫》，总结了清代书法，指出了清代书坛流弊，直承包世臣而明确提倡学习北魏碑刻以开拓时代新书风。其书法理论和书法艺术，与其文学理论和诗歌创作在精神上通合辉映。

江苏常熟人杨沂孙（1813—1881）、翁同龢（1830—1904），也是以书法名世、受时人推崇的大家。

自近代以来，上海的经济文化地位日益突出。许多书画家聚集上海，感受时代风气，顺应审美风尚，在创作上勇于融古开新、竞相博取独造，以个性鲜明、风格特异、精神通合、成就卓著的群体创作，形成了晚清至民国书画界最负盛名的“海派”。

“海派”的先导，是浙江会稽（今绍兴）人赵之谦（1829—1884）。他虽未久居上海，而是长期在江西为官，却以金石书画无所不工的造诣，奠定了“海派”艺术（主要是绘画艺术）风格的基调。他的绘画上承徐渭、朱耷和“扬州八怪”，又融入自家治印和书字技法，擅

① 康有为：《广艺舟双楫》卷五《述学》。

长写意花卉，泼墨淋漓，用笔酣畅，意趣盎然又不失真实；书法由学习颜真卿入门，后取法六朝碑刻，师心独造，自成一格，所成“北魏书”重在表现笔意，化刚为柔，婉转圆通，推崇者称之为“魏底颜面”，实则为得北碑形貌而扬南书神理的创新；篆刻也独树一帜，开辟出“印外求印”的广阔道路。新人眼目的赵之谦书画篆刻艺术，在晚清影响甚大。其于绘画用功尤深，其绘画风格也影响尤大。现代绘画名家潘天寿述评：“会稽赵扮叔之谦，以金石书画之趣，作花卉，宏肆古丽，开前海派之先河，已属特起，一时学者宗之。”[1]赵之谦那题材广泛、生活气息浓厚、浓墨重彩而古茂雅丽的写意花卉绘画艺术，给寓居上海的画家们以启迪和示范，影响到“海上画派”的勃兴。

近代海派的代表，有虚谷、“四任”（任熊、任薰、任颐、任预）等，其中最负盛名的是任颐和吴昌硕。

任颐（1840—1895），字伯年，浙江绍兴人，自幼从民间画师的父亲习画，曾参加太平军，后寓居上海达30年，以卖画为生，在绘画创作中多针砭现实黑暗、寄托爱国感情、抒发抑郁悲愤，创作精神上继承了庄骚传统。他涉笔古今，广绘天地，于人物、肖像、山水、花鸟无所不能，且善融民间艺术、西洋画法和文人画传统为一炉而自为陶冶，又受赵之谦影响而力振自然清新、淋漓酣畅、意态横生的画风，终成画坛巨匠。他极擅通过细部描绘表现人物神情，自述“今所传者在神，不在貌也”，并吸取西洋画法而首创没骨肖像画。他的山水画，气象万千，构图新奇。他的花鸟画，更是手法多样，于写意中见工笔，活泼明快而别开生面。现代绘画名家徐悲鸿撰《任伯年评传》高度推崇：“举古今真能作写意画者，必推伯年为极致。……吾故定之为仇十洲（仇英号）以后中国画家第一人，殆非过言也。”

浙江安吉人吴昌硕（1844—1927），初为书法、篆刻名家，30多岁移居苏州，后定居上海，从任颐学画，晚年参用赵之谦画法又继承徐渭、

① 潘天寿：《中国绘画史》，上海人民美术出版社1983年版，第264页。

朱耷、扬州八怪的画艺而悉心融洽。他心契《庄子》，自号“苦铁道人”，取《庄子》道“在瓦甓”之意而治为“甓禅”印章，深得道家传统的审美理论精义，主张“画画之所贵贵存我”、“古人为宾我为主”，自云“苦铁画气不画形”。他的写意花卉，托梅、兰、松、荷、牡丹等以寄情达意、表现自我，又以书法、篆刻的体势、技法入绘画，形成雄健奔放、纵横恣肆、秾丽厚重的独特风格，将传统的写意画发展到一个新的高度。潘天寿述评：“光宣间，安吉吴缶庐昌硕，四十以后学画，初师㧑叔、伯年，参以青藤、八大，以金石篆籀之学出之，雄肆朴茂，不守绳墨，为后海派领袖。”[①]他的书法凝练遒劲、洒脱不凡；篆刻则浑朴古拙，变化莫测。他曾自道：“人家说我善于作画，其实我的书法比画好；人家说我擅长书法，其实我的金石更胜过书法。”画、书、印造诣皆高还能文擅诗的吴昌硕，被推尊为近现代之际上海书画界领袖，对现代书画艺术的发展影响巨大。

民国时期书坛盛称的“北李南曾”，都是故楚之地人，也都是海派代表人物。

“北李”，即江西临川温圳（今属进贤）人李瑞清（1867—1920）。《清史稿·李瑞清传》述他“书各体皆备，尤好篆、隶。尝谓作篆必目无二李，神游三代乃佳”。他以北朝碑书的方笔结字，又融入篆书和隶书的笔意，并且创造性地采用颤抖笔法，作品因而既显得雄健结实、古朴浑厚，又显得波浪起伏、生气勃勃。时人宗尚他以篆、隶笔法入北碑的书艺，尊他为“北宗”师表。

“南曾”，即湖南衡阳人曾熙（1861—1930）。时逢书坛崇尚北碑之风大盛，他却不为潮流所动，主张“南北同辙”而取法南碑，并且自称“南宗”，与李瑞清代表的“北宗”相颉颃。他的书法创作，取精用宏，融通南北，在左右逢源中另辟蹊径，个性鲜明而造诣精深。连力倡北碑书风的康有为，也在题其书卷的跋文中赞许：“农髯（曾熙自号）与道

① 潘天寿：《中国绘画史》，上海人民美术出版社1983年版，第264页。

州（何绍基）为同乡，其八分亦可继美。而其最得力者在《华山》《夏承》，皆圆笔也。由圆笔以下穷南碑，故其行楷各体皆逸。体峻者见气骨，体逸者见性情，所谓阴阳刚柔各有其妙者也。"[①]

二、发展国画的齐白石、黄宾虹及潘天寿、张大千

时入现代，西洋画已广为人知。国人为了区别于西洋画而将传统绘画称为国画。在国画创作上，不少画家坚持以传统绘画为基本范式，或致力于传承，或致力于发展；更多的画家则在新文化运动影响下，以"美术革命"相号召，大力倡导将西方美术与传统绘画相结合，自觉地借鉴西方美术以改革传统绘画。其主要代表，大多为故楚之地人。

致力于传承国画的代表，是浙江吴兴（今属湖州）人金城（1878—1926）和江苏苏州人顾麟士（1865—1930）。金城力倡保存国粹，绘画作品大都仿古、师古，却也得古人绘画意趣。顾麟士长于临古，作品虽少新意，但笔墨韵味可与古人争胜。

致力于发展国画的主要代表，是湘人齐白石、皖人黄宾虹及长居上海的浙人潘天寿、川人张大千。

齐白石（1864—1957），生于湘潭的贫苦农家，青少年时代做过木匠、学过民间美术和民间工艺，后系统地学习传统绘画，并游学四方，57岁定居北京，年近60开始"衰年变法"以"自成一体"。他继承充分体现道家艺术精神传统的徐渭、朱耷、石涛、金农、吴昌硕一脉的画风，"心意追摹"而博采众长，"不薄今人好古人"，"我行我道"辟新径，将文人画传统与民间美术传统、文人修养与农民气质有机地结合在一起以师心独造，改变了先前近于朱耷的大写意画风，新创出简练生动、形神兼备、诗意盎然、幽默诙谐、浓淡相宜、雅俗共赏的自家气派。"衰年变法"的他追求"神形俱见"的艺术表现，感悟到"善写意者，专言其神；工写生者，只重其形。要写生而后写意，写意而后复写生，自能

① 见马宗霍辑《书林藻鉴》卷第十二，文物出版社1984年版，第245页。

神形俱见。非偶然可得也”[①]。91 岁时，他总结一生创作经验而明确主张：“作画在似与不似之间为妙。太似为媚俗，不似为欺世。”[②]他的绘画，以花鸟草虫为大宗，写意与工笔俱有且俱绝；写意人物画简括传神，山水画匠心独运；在题材、构图和技艺方面，都不落前人窠臼；体现出以道家美学为主导的中国审美情趣和审美理想，达到了近现代中国画发展的高峰。他又精于诗、书、篆刻，所作如其绘画一样为戛戛独造的逸品。徐悲鸿于 1928 年至北京后，欣然宣称结识了“几位很有艺术才能的画家，他们有坚实的绘画基础，也富有创新的精神，其中最重要的一位是多才多艺的齐白石先生”[③]。齐白石晚年多次自评成就，认为自己的诗词和篆刻高于书法和绘画。如他曾对入室弟子胡絜清说：“我的诗第一，印第二，字第三，画第四。”[④]此语与书画界和社会上普遍认为其画第一的评骘虽然相反，却反映了他对自己诗词、篆刻、书法造诣不亚于绘画的自信和自许。像他这样诗、印、字、画俱精而弘扬传统、别创新格、我行我道、自成家法、师效自然、表现真趣、工笔肖形、意笔传神，光融雅俗、成就卓越的艺术巨匠，被认为在近现代书画史上绝无仅有。

安徽歙县人黄宾虹（1865—1955），自署宾虹散人。在绘画创作上，他由师法古人到师法造化，终至融冶古人和造化以自成一家。他指出，

---

① 齐白石1926年画作《雏鸡小鱼》题款。

② 齐白石91岁画作《枇杷》题款。

③ 参见华天雪《齐白石的知己：徐悲鸿》，《美术》2016年第3期。

④ 见齐白石入室弟子、绘画名家胡絜清1958年在《齐白石遗作展》座谈会上的发言（转引自王振德《刿心钵肝，超妙自如——略谈齐白石诗文题跋》，《北方美术》1997年第2~3期；又见齐良迟主编《齐白石艺术研究》，商务印书馆1999年版，第225页；又见《齐白石谈艺录》）。齐白石又曾对胡佩衡、胡橐父子说：“诗第一，治印第二，绘画第三，写字是第四。”（见王振德文）又曾对于非闇说：“自己刻印第一，诗词第二，书法第三，绘画第四。”（见于非闇《感念齐白石老师》，力群编《齐白石艺术研究》，上海人民美术出版社1959年版，第82页；傅抱石《白石老人的篆刻艺术》，见王振德文）。黄宾虹认为其实相反：“齐白石画艺胜于书法，书法胜于篆刻，篆刻又胜于诗文。”（《黄宾虹画语录》）

师法古人在于合众长以为己有，而“只知师古人，不师造化，终无以得山川之灵秀”、“画无创造，世人何必要画”，并且提出与齐白石关于“作画妙在似与不似之间”相类的观点：“惟绝似又绝不似于物象者，此乃真画。”他的绘画，以山水为大宗，风格浑厚华滋，境界郁勃澹宕，构图虚实相生，用笔刚柔相济，着墨淋漓酣畅，反映了他对祖国的热爱，寄寓了他的审美理想，有着前无古人的造诣。他的书法，也博采众长而出己开新，浑朴沉雄又清刚秀逸，与他的绘画互相辉映。在当代书画界，他与齐白石被并称为“南黄北齐”。

自署“懒道人”“寿者”等别号的浙江宁海人潘天寿（1897—1971），26岁至上海，一度苦习吴昌硕画风，进而博取古代名家之长而融冶出新，明确追求骨气、骨力，形成雄健奇崛、苍古高华的绘画风格，体现出以崇高为上的审美理想和变革时代那刚劲豪壮的时代精神。他将文人画家视为“偏侧小径”的指画发展为大道行走，常作巨幅大障，以苍浑古拙、自然质朴的指画，在中国绘画史上独树一帜。他弘扬道家思想而阐发艺术理论，认为“画须有笔外之笔，墨外之墨，意外之意，即臻妙谛”[①]，申论“老子曰：‘治大国，若烹小鲜。’作大画亦然。须目无全牛，放手得开，团结得住……反之作小幅，须有治大国之精神，高瞻远瞩，会心四远，小中见大……”[②]，主张绘画创作要“陶熔‘师古人，师造化’二者，再出诸作家之心源”[③]。他的书法，也自然天成，与其绘画相得益彰。他又善于治印作诗，是现代绘画史上不多的全能型杰出艺术家。当代画坛广泛认同，他是与吴昌硕、齐白石、黄宾虹并列的“20世纪传统中国国画四大家”之一。

被徐悲鸿誉为“五百年来第一人”的张大千（1899—1983），生于四川内江，在上海师从曾熙和李瑞清，进而苦心习研传统书画艺术，绘画风格由近似石涛、朱耷而变为唐宋风范，20世纪三四十年代即名震海

①②③ 潘天寿：《听天阁画谈随笔》，《潘天寿美术文集》，人民美术出版社1983年版，第14、35页。

内外。1949 年后，他侨居巴西、美国等国家和地区，发扬以道家美学为根基的传统艺术精神，追求“超以象外，得其环中”、“神光离合，乍阴乍阳”的艺术表现，形成“包众体之长，兼南北二宗之富丽”，且借鉴了西方绘画观念的雄肆奇丽、深溟秀逸画风，鲜明地体现出由古典画风到现代画风的大转变、大飞跃。他的绘画，于人物、山水、花鸟、鱼虫、走兽等各种物象表现无所不能，于工笔、写意、水墨、设色、泼彩等各种表现技法无一不精；融会文人画、宫廷画和民间艺术为一体，吸取西洋画之长而变革；既集传统国画艺术的大成，又开传统国画艺术的新境。他也精于书法、诗歌和治印，所作凸显与其绘画类通的风格。在现当代，他是继承和融冶、革新和发展中国传统书画艺术、并将之宣于世界而名噪寰宇的艺术大师。就书画艺术成就而言，他未必能称为中国书画界中“五百年来第一人”；就画集、传记、纪念文集、研究文集以及与之相关的出版物数量之多，他大概可称为中国书画史上第一人。

三、改革国画的徐悲鸿、刘海粟

致力于借鉴西方美术以改革传统绘画的最重要的代表，是徐悲鸿和刘海粟。

江苏宜兴人徐悲鸿（1989—1953），有家学渊源，具国画功底。青年时代留学日本、法国，游历西欧各国，悉心观摩西方绘画名作，刻苦学习西方绘画艺术，深刻领悟了西方绘画观念，娴熟掌握了西方绘画技法，形成了强烈的爱国主义和理想主义精神。归国后，他一直从事绘画创作和美术教育，先后担任民国北平艺术专科学校的末任校长和新中国中央美术学院首任院长。他力倡国画革新，主张“古法佳者守之，垂绝者继之，不佳者改之，未足者增之，西方画之可采入者融之”，又强调“美术之大道，在追索自然”、“师法造化，寻求真理”、“素描为一切造型艺术之基础”，因而顺应时代潮流，既继承了道家美学和庄骚精神的传统，又结合了西方写实主义精神。他一生创作了数千件国画、油画和素描作品，代表作如《田横五百士》《风雨鸡鸣》《愚公移山》《奔马》

《群狮》《山鬼》等，都是“以西润中”“中西融合”而变革创新的杰作，表达了他那强烈的爱国感情、激昂的革命精神和高远的审美理想，体现出符合时代要求的真善美的统一，在现当代画坛影响巨大，成了现当代中国绘画古为今用、洋为中用的典范。

江苏常州人刘海粟（1896—1994），14岁至上海学画，17岁与人创办了上海图画美术院（上海美专的前身），明确以“要发展东方固有的艺术，研究西方艺术的蕴奥”、“谋中华艺术的复兴”为办学宗旨，并在学校设置西洋画科、开办人体模特写生课。20世纪20年代，他已成为较有影响的画家。后往日本、欧洲各国考察美术，意倾与中国传统艺术精神有相通之处的后印象主义，仰慕其画派称之为“现代绘画之父”的塞尚。归国后，继续从事绘画创作和美术教育。新中国时期，先后担任华东艺专校长、南京艺术学院院长。他力求“中西绘画的精华，在我的创作中得到完美统一”，宣称“画之真义，在表现人格与生命，非徒囿于视觉、外骛于色彩形象者。故画像乃表现而非再现也，造形而非摹形也。……吾国绘画，虽有时代之变易，然多为内心所感应之具象表现。欧西现代艺坛之新创作，亦皆表现自我，画中物形物色，亦纯属画家表白其对物所生之情绪，绝不束缚于自然外观，盖皆合吾说者也。故吾将本吾说，合中、西而创艺术之新纪元焉。但画囚、画匠闻之，皆指为叛逆，张皇号召，掊击备至”[①]。百年人生中，他培养了大量美术人才并创作了大量油画和国画。不过，学术界对其人其画的评骘，却毁誉殊甚。

现代书画名家中，故楚之地人甚多，如王震（1867—1938）、陈师曾（1876—1923）、朱屺瞻（1892—1996）、王个簃（1897—1988）、潘玉良（1895—1977）、傅抱石（1904—1965）、唐一禾（1905—1944）、庞薰琹（1906—1985）、李可染（1907—1989）、吴作人（1908—1997）、陆俨少（1909—1993）、江丰（1910—1982）、谢稚柳（1910—1997）、吴冠中（1919—2010）等，难以一一尽述。

① 刘海粟1925年国画作品《西湖写景》题跋。

第七节　楚戏的发展与京剧的兴盛

故楚之地的戏曲，有着悠久而光辉的历史，对中国戏曲的发展作出了突出的贡献，直接影响和促成了戏曲国粹——京剧的形成和繁盛。[①]

一、“优孟衣冠”与《九歌》乐舞

包容了文学、音乐、舞蹈、美术、武术、杂技以及人物扮演等多种因素的中国戏曲，作为一门综合艺术自然有赖于社会经济发展到一定水平、有赖于各门姊妹艺术发展到一定程度。不过，它虽然经历了漫长的孕育过程而至宋代才基本形成，它的萌芽却可以追溯到先秦时期。

“优孟衣冠”，是中国戏曲表演的代称。古人认为，戏曲起源于先秦优人的表演艺术，楚人优孟则是先秦以戏谑和乐舞为生的职业艺人——优人的代表，即所谓“优伶戏文，自优孟抵掌孙叔，实始滥觞”[②]。《史记·滑稽列传》生动地记述了优孟扮演楚国已故贤相孙叔敖以讽谏楚庄王的事迹。优孟的杰出表演，虽不具备戏曲的情节性和故事性，但戏曲的唱、念、做、打、翻等因素已由其初露端倪。优孟那饱含激情、准确深刻的语言表达，以及渲染夸张、滑稽幽默的动作表演，一直为后来的戏曲艺术所继承和发展。优孟那仗义执言、大胆讽谏的精神，对后世戏曲补察时政、干预社会这一优良传统的形成，有着直接而重大的影响。

戏曲的另一主要源头，是巫觋的歌舞表演。王国维在《宋元戏曲考》中指出：“巫与优之别：巫以乐神，而优以乐人；巫以歌舞为主，而优

① 参见拙著《中国地域文化·楚文化卷》第六章第五节“戏曲”，山东美术出版社1987年版。

② 胡应麟：《少室山房笔丛正集》卷二十五。

以调谑为主；巫以女为之，而优以男为之。至若优孟之为孙叔敖衣冠，而楚王欲以为相；优施一舞，而孔子谓其笑君；则于言语之外，其调戏亦以动作行之，与后世之优颇复相类。后世戏剧，当自巫优二者出。”先秦的南方楚地，由于地理环境、自然灾害和社会冲突等因素造成文明进程长期落后于中原，以至于在春秋战国时期依然盛行歌舞以敬神、娱神的巫风。据楚辞中的《九歌》《招魂》《大招》以及其他楚文献中的描述、出土楚文物上的反映，楚国的巫歌巫舞，集先秦南北巫觋歌舞艺术之大成，达到了先秦的最高水平。《九歌》描写的巫歌巫舞，已有明显的戏曲因素。戏曲的手、眼、身、法、步俱全这种舞蹈化的表演特点，在其中有所显现。戏曲讲究伴乐歌唱、装扮表演的特点，也在其中初步显露。戏曲通过情节的发展来充分表达感情的基本特征，则由其开始形成。从一定意义上说，《九歌》的歌舞实为中国戏曲的滥觞。

楚人建立统一的汉朝后，因袭楚风而好祀鬼祭神，《九歌》中的“东君”“云中君”和“司命”，皆在奉祠之列。“其祠必作歌乐鼓舞以乐诸神”，《九歌》的歌舞艺术也被继承和发展。汉武帝醉心于郊祀，尤其隆祀《九歌》中颂扬的楚人至上神“东皇太一”，起初径直采用《九歌》为祭祀乐舞，后命李延年、司马相如等主要仿照《九歌》而创制出新的祭祀乐歌——《郊祀歌》。其郊祀活动，乃将《九歌》的歌舞艺术发展到新的水平，进一步为后世戏曲的形成打下基础。汉帝国经济文化有着全面发展，社会上因而出现了各门表演艺术争奇斗艳的“百戏”盛行局面。张衡的《西京赋》，描述了东汉“角抵百戏”的盛况。“女娥坐而长歌，声清畅而蜲蛇。”据其描述，《九歌·湘夫人》故事及歌舞表演，成了当时表演于广场中盛大的百戏节目《总会仙倡》的内容。这表明，《九歌》的歌舞不仅直接影响和促进了汉代百戏的兴盛，自身也逐渐从宗教化过渡到世俗化，即由娱神为主转为娱人为主，进一步朝着戏曲演变。

二、南戏及弋阳腔

魏晋至隋唐五代，天下时分时合，社会的经济和文化未能持久而稳定地发展，戏曲的孕育期也就相当漫长。直到天下再度统一的宋代，都市经济逐渐繁荣，市民阶层不断扩大，具有了观赏综合艺术的社会娱乐需求和供养专业剧团的社会经济条件，戏曲便在都市的勾栏瓦舍里形成了。集各种滑稽表演、歌舞和杂戏为一体的杂剧，首先在宋都汴梁（今开封）盛行起来，至南宋随政治、经济、文化重心的进一步南移，也流行到南宋都城临安（今杭州）一带。在南宋的东南地区及故楚之地，又进一步形成了中国戏曲最早的成熟形式——南戏，即由宋戏剧和唱赚、宋词及里巷歌谣综合发展而成、用南曲演唱的戏曲形式。

元代是中国戏曲史上的黄金时代，由于历史上各种表演艺术的发展和时代的特殊性，形成了以北曲演唱的杂剧为代表的戏曲兴盛局面。但至元中叶以后，杂剧创作的中心便逐渐南移，杂剧也日趋衰微，终究还是被蓬勃发展并进而吸取杂剧成就的南戏压倒甚至取代。

明代至清代前期，故楚之地戏曲繁荣、诸腔斗艳、剧派林立、作家辈出。宋元南戏，发展演变为传奇。海盐、余姚、弋阳、昆山等声腔，竞相兴起，广泛传播又交流发展。临川派、吴江派、昆山派等剧作或戏曲流派，各树一帜，互促互进。“中国的莎士比亚”汤显祖及梁辰鱼、徐渭、李玉、洪昇等剧作名家，犹若星汉灿烂，辉耀中国剧坛。这不仅蔚为中国戏曲史上的奇观，而且汇成明、清戏曲发展的主潮。

起源于元代弋阳（今属江西）一带、流行于明代南北广大地区的弋阳腔，在音调风格和艺术精神上，都明显地承袭了楚文化传统。它的演唱形式是“一人唱而众和之”，它的音调特点是“其节以鼓，其调喧”，与楚辞描述的先秦楚地乐歌有着直接的渊源关系，乃因袭楚地自先秦以来的传统格调发展而成。它“向无曲谱，只沿土俗”，在发展过程中继承了楚文化那种博采众长、通变求新的精神，故不像一些剧种那样发展到一定程度便固步自封、因循守旧，而是能够随时而变、随乡而化，不断克服语言不通和习俗不合的障碍，以至于在全国各地域、各阶层中广泛流行，不仅演变出义乌、青阳、东平乃至四平、京腔、卫腔、高腔等支派，还创造出“滚调（滚白与滚唱）”这一新的艺术表现形式，丰富和发展了戏曲文学和戏曲舞台的艺术表现。弋阳腔及其诸支派发扬了“优孟衣冠”精神，不像一些剧种那样题材狭窄，而是既反映历史又反映现实，既反映个人生活遭际又反映社会政治斗争，有着较强的人民性和思想性，起到了补察时政、干预社会的作用。明代中叶，“今唱家称弋阳腔，则出于江西，两京（南京、北京）、湖南、闽、广用之”[①]。明末清初，弋阳腔的生命力依旧旺盛。其诸支派在流行中又与各地民间演唱艺术结合而演变为各地高腔。仅故楚之地的湖南、湖北，就有长沙高腔、衡阳高腔、祁阳高腔、常德高腔、襄阳青戏[②]、麻城高腔、孝感高腔等。

三、皮黄楚调与京剧诞生

清代的康乾盛世，各地的地方戏有如雨后春笋般兴起，戏坛上出现了诸腔竞声、“乱弹”争荣的景象。此后，梆子、皮黄、弦索这三大声腔系统崛起于南北大地，成为“乱弹”诸腔中最为奇丽的戏曲花朵。其中，又以兴起在楚境湖北、流行于南北各地的皮黄腔，在中国戏曲发展史上具有特别重要的地位。它不仅与梆子腔一起逐渐取代了昆山腔在戏曲舞台上占据的主导地位，还最终成了集古代戏曲之大成的京剧脱胎的母体。

皮黄腔，是“西皮”和“二黄”两种声腔融合而成的声腔系统，是湖北艺人发扬楚文化传统、兼取南北演唱艺术而创新的伟大成果。

西皮腔又称“襄阳腔”或“北路”，是兴起于山西、陕西一带的梆子腔（即秦腔）由湖北襄阳传到武汉一带，经当地艺人结合民间曲调予以丰富加工后形成的。因它传自西北，湖北方言又称唱词为“皮”，故名“西皮”。它保留了秦腔激昂高亢和粗犷豪放的特点，尤其适于表现壮怀激烈和兴奋欢乐的感情。自形成后，它逐渐盛于湖北、湖南各地，所以也被称为“湖广腔”。

---

① 徐渭：《南词叙录》。

② 李调元《剧话》：“弋腔始弋阳，即今高腔，所唱皆南曲。……京谓京腔，粤俗谓之高腔，楚、蜀之间谓之青戏。”

二黄腔，则起源于南方，故又称为“南路”。传统的说法是，这种声腔发源于湖北的黄冈、黄陂一带，所以名为“二黄”。[①]现当代的一些戏曲史家认为此说纯属望文生义的推断，另从别处求考，以致众说纷纭。其实，古代戏曲声腔多以所形成地区的地名称之，二黄腔的得名也必与黄冈、黄陂的关系极大，况且清代的湖北艺人多出自这一带。[②]1840年刊刻的二黄腔剧本《极乐世界》，在其凡例中清楚说明：“二黄之尚楚音，犹昆曲之尚吴音，习俗然也。”二黄腔的曲调，有着南方楚歌那种传统的低徊舒缓、柔婉典雅的风格，特别适于表现沉郁凄苦、哀怨悲愁的感情。自形成后，它广泛流行于两湖及皖、赣等地。

大约在乾、嘉之际（1796年前后），湖北艺人将西皮腔和二黄腔糅合在一起而发展出新腔“皮黄”。它出自湖北，故也称“楚调”。嘉庆年间（1796—1820），它在崛起于长江中游、九省通衢的商业重镇汉口大为盛行，因而又被称为“汉调”[③]。

“清扬楚调吴侬让”的皮黄楚调，继承了传统楚歌的“清激”特点，又吸取了北方声腔的高亢特征，从而大大丰富了唱腔的节奏和旋律，既适于表现激越奔放之情，又适于表现委婉缠绵之情，使得不同身份、不同性格的人物那丰富的内心世界和复杂的思想感情，都能很好地展示。楚调还在吸取传统戏曲艺术和各种地方戏曲艺术的经验和成果的基础上，大大丰富和发展了戏曲的音乐艺术和表演艺术。在音乐艺术方面，

① 檀萃《杂吟》（清代乾隆四十九年作）“丝弦竞发杂敲梆，西曲二黄纷乱咙”，自注“二黄出于黄冈、黄安”。张祥珂《关陇舆中偶忆编》（清代嘉庆年间刊行）：“戏曲二黄调，始至湖北，谓黄冈、黄陂二县。犹小曲之岭，调始至段家岭也。”杨静亭《都门纪略》（清代道光年间刊行）：“黄腔始于湖北黄陂县，一始于黄冈县，故曰二黄腔。”

② 今世有学者通过分析二黄腔的基本特征及其与鄂东北民间文化的亲缘关系，力证二黄腔源于包括黄安（今红安）、黄陂、黄冈的鄂东北地带。见刘正维《二黄腔论源》（《音乐研究》1986年第1期）、《二黄腔源于鄂东北辩》（《中国音乐学》1990年第4期）。

③ 辛亥革命前后改称“汉剧”。

它继承秦腔，进一步将民间音乐的曲弹联套结构改造为戏曲音乐的板式变化结构，使得伴奏音乐既单纯易行又变化多端，能够强烈而鲜明地表现人物喜怒哀乐的情绪变化，从而完成音乐戏剧化的革命。在表演艺术方面，它发展了昆腔、弋阳腔的角色体制，形成了生、旦、净、末、丑俱全的规模更宏大、体制更完备的角色体制。另外，它还进而综合了演唱、朗诵、武术、杂技等各种表演艺术，基本上形成了唱、念、做、打、翻俱备的程式化、舞蹈化这一中国戏曲的表演特征。因此，楚调可以反映丰富的社会生活，表现复杂的故事情节、展开激烈的矛盾冲突、塑造饱满的人物形象。由现存的楚调剧本及其封面上所题的“时尚楚曲”的字样可知，清代后期，楚调已具备了相当高的艺术表现能力和水平，楚调戏班也有了相当大的阵容和规模。于是，楚调成了当时地方戏曲中领袖群伦的大剧种。

作为南北文化交融之结晶的皮黄楚调，形成之后便风行南北各地。它沿长江、汉水、湘江、赣江等水路和东西南北各条大道，在江西、安徽、四川、湖南、广东、广西、云南、贵州、陕西、山西等地落土生根、开花结果。中国于是出现了以西皮腔、二黄腔为主的地方剧种纷呈并兴的气象，中国戏曲中的皮黄声腔系统也因此构成了。由于安徽毗邻湖北，徽商在湖北人多势众，皮黄腔便较早传入安徽。安徽艺人对传入的皮黄楚调予以因地制宜、因俗变通的加工改造，使之成为皮黄徽调。徽调又随徽班艺人演唱至全国各地，大大促进了皮黄腔的流布和发展。

1790 年，皖籍著名艺人高朗亭（1774—？）随安庆徽班上北京演出，首开徽戏流播京城之途。继之，又有三支徽班陆续入京，形成“四大徽班”在京都戏坛称盛的局面，京剧也由此发端。不过，徽戏初入北京，尚以演唱二黄腔为主，未能促成京剧的诞生。

道光年间（1821—1850），湖北艺人王洪贵、李六等到北京，搭入徽班演唱皮黄楚调，顿使京城人士为之倾倒：“京师尚楚调，乐工中如王洪贵、李六，以善为新声称于时。”[1]在京的各地艺人，纷纷投观众所好，争相学习楚调、演唱楚调，楚调也就自然地吸收和融会了各地戏曲艺术的特点，进一步成为综合性的大戏。当皮黄楚调随乡入俗而演变，形成“郢曲声声妙，燕言字字清”、也即声腔仍为皮黄而唱词“概用京音”时，京剧这一“国剧”便很快脱胎于楚调、兼取自徽腔并融会昆曲、秦腔等地方剧种的艺术精华而发展形成了。

四、京剧的兴盛与楚籍艺人的贡献

在京剧的形成和发展过程中，原籍为故楚之地的艺人作出了主要贡献。被誉为“京剧鼻祖”的余三胜、程长庚分别为鄂人和皖人。京剧史上赫赫有名的“梨园八大家”——余三胜、俞菊笙、梅巧玲、杨隆寿、谭鑫培、杨月楼、叶春善、王瑶卿，都是故楚之地的鄂、皖、苏人。他们的许多子孙及弟子，也是承传和发展京剧的杰出表演艺术家。其中，最负盛名的湖北籍艺人，是余三胜、谭鑫培、汪桂芬及其子弟。

罗田人余三胜（1802—1866），原为楚调老生演员，道光年间入京，成为“四大徽班”之一的春台班台柱。他首先将楚调皮黄与徽腔皮黄相结合，吸取昆曲、秦腔的特色曲调，创造出原自楚调徽腔又异于楚调徽腔的“楚调新声”皮黄腔；又将西皮、二黄与花腔糅为一体，创造出皮黄反调而丰富了“楚调新声”；又将楚调的语音特色与北京的语音特色相结合，创造出一种既让京都人士耳熟能懂，又富于皮黄风格的语音声调；从而致使京剧诞生。其后，许多京剧演员的演唱，都深受他的影响。其子余紫云（1855—1910），是同治、光绪年间（1862—1908）最有才华和名气的京剧艺术家，人称他扮演的青衣和花旦，“实为今日王瑶卿、梅兰芳之先驱者”，当时北京所有旦角都观摩他的做功和台步。其孙余叔岩（1890—1943），是继谭鑫培之后首屈一指的京剧老生，并且发展“谭派”艺术而开创了“余派”，留下的18张半唱片至今仍是老生行当中

① 粟海庵居士：《燕台鸿爪录》，刊行于道光十二年（1832）。

的声腔楷模。

江夏（今属武汉）人谭鑫培（1847—1917），幼年随著名老旦演员、有“叫天子”之称的父亲谭志道（1808—1887）入京，初演武生兼武丑，后改演老生，在艺术上刻苦钻研，大胆创新，善于融通前辈艺人及其他戏曲、曲艺的表演方法和声腔音调，并使唱、念、做、打、翻有机结合，又特别注重学习余三胜的演唱艺术，从而大大发展了京剧老生的表演艺术。1900年前后，他成了红极一时的京剧界代表人物，享有“伶界大王”的盛誉，受到慈禧太后青睐，被命为“内廷供奉”。他开创的“谭派”，是京剧史上影响巨大的流派，当时即有“无腔不学谭”之说。他的儿子谭小培（1883—1953）、孙子谭富英（1906—1977），也是卓有成就的京剧演员。

汉川人汪桂芬（1860—1906），与谭鑫培、孙菊仙（1841—1931）并称为京剧老生“后三杰”，曾为清室“内庭供奉”，以高亢的嗓音、激越的唱腔而形成独自的风格，开创了“汪派”。

以皮黄为主要声腔的京剧形成之时，也正是皮黄楚调发展至鼎盛之际。皮黄楚调与以唱二黄、西皮的徽腔在京合流，会融扬长而成“楚调新声”这一京剧皮黄声腔的基本形态。由于京都人士喜尚和清统治者倡导，“楚调新声”的京剧进而荟萃各地戏曲艺术的优长以繁荣，至近代已发展成为集中国传统戏曲艺术之大成的全国性大剧种，在近现代戏坛上独领风骚，而且形成了京派和海派这两大流派，涌现出以“四大名旦”（梅兰芳、程砚秋、荀慧生、尚小云）、“四大须生”（马连良、谭富英、杨宝森、奚啸伯）为代表的许多杰出艺术表演家。

五、楚地民间小戏

与京剧的繁荣昌盛相随相伴，全国各地的民间小戏也郁起勃兴。故楚之地兴起的小戏繁多，诸如荆河戏、南剧、花鼓戏、采茶戏、文曲戏、灯戏、祁剧、辰河戏、巴陵戏、师道戏、端公戏、湘剧、徽剧、苏剧、沪剧等。其中，花鼓戏和采茶戏在故楚腹地流行甚广，影响较大。

花鼓戏流行于湖北、湖南、安徽、河南、江西和广西等省，而且分有许多支派，如天沔花鼓、襄阳花鼓、随县花鼓、远安花鼓、郧阳花鼓、岳阳花鼓、长沙花鼓等。湖北的“黄孝花鼓”（又称“西路花鼓”）与鄂东的“东路花鼓”相互交流融合，在1902年传入武汉后，又受汉剧和京剧的影响而提高，最终发展成为颇有影响的地方剧种——楚剧。

采茶戏是以农民采茶时唱的采茶调为基础、结合民间歌舞而形成的，在湖北、安徽、江西、广西等省较为流行。采茶戏的支派，仅在湖北境内就有黄梅采茶戏、蕲春采茶戏、阳新采茶戏、通山采茶戏等。黄梅一带的采茶歌与安徽安庆地区的民间歌舞、曲艺等艺术形式相结合，又在青阳腔和徽剧的影响下进一步提高，形成了独具特色的地方剧种——黄梅戏。

中国戏曲的全面繁荣和飞跃发展，是在中华人民共和国建立后。故楚之地的戏曲，乃在20世纪的五六十年代发展到高峰。

余　论

楚文化既是中华民族宝贵的文化遗产，也是世界人民宝贵的文化遗产。楚文化不仅流衍于神州大地，也早已传播到世界许多国家。楚文化在中国的流变，充分显示出其历史价值。楚文化在世界的传播，则日益体现出其现代意义。楚文化在世界上的广泛传播和深远影响，使得楚文化的诸方面早已形成或正在形成世界性的专门学问或研究热点。

一

春秋战国时期，楚文化成果便远输海外。第二章已略有述及，东起长江中游的楚国腹地、穿过云贵高原、跨越横断山脉、西抵古印度的恒河中游，贯通有一条早于北方“丝绸之路”约200年的“南方丝绸之路”，学者或称之为“中缅印古道”。楚墓中大量出土的西亚和南亚风格的玻璃珠（今日学者形象地称之为“蜻蜓眼”），经考证和检验，最初来自南亚和西亚，后为楚人仿制。公元前320—前315年间任古印度摩揭陀国孔雀王朝大臣的憍底利耶，在其所著《政事论》一书中记述了从中国运去的丝绸。他所谓“中国所出由带捆扎的丝”，即应是直接从楚国经“南方丝绸之路”输入古印度的。关于“南方丝绸之路”与先秦中外文化交流，张正明先生在《楚文化史》《楚史》等著作中有着精审的考论。季羡林也曾推测，中国蚕丝至迟在公元前4世纪就已输入印度，最早开通的输入路线是“缅甸道”，也即“中缅印古道”。[①] 与中国丝绸输往古印度相应，

① 见季羡林《中国蚕丝输入印度问题的初步研究》，《中印文化关系史论文集》，三联书店1982年版。

古印度的一些文化产品当也随着商贸往来传入中国。如第三章第五节所述，战国中期已似有佛教造像传入南楚的迹象。另外，俄罗斯境内东阿尔泰乌拉干河畔的巴泽雷克，曾在相当于中国战国时期的游牧民族贵族墓葬中，出土了一些丝绸制品及铜镜。出土有“鞍褥以华丽的中国绸做成，上面绣着开花的树枝，神鸟凤凰飞舞其间”[①]。出土有铜镜“在镜背稍凸起的方形纽座中心，置一小弦纽。地纹为美丽的、单一的所谓‘羽状’纹。羽状纹地上，沿边缘置以四个‘山’字形雕饰。在山字纹之间，有成对的心状形叶”[②]。凤凰是楚国丝织刺绣品上突出表现的艺术形象，山字镜则是典型的楚国铜器。学者因而指出：“可以断言，这些丝织、丝绣的衣服连同铜镜，都是从楚国运去的。”[③]在先秦时期，中国的丝绸已输往亚欧许多国家和地区。不妨推想，当时远输亚欧各地的中国丝绸，多为当时中国产量最丰、工艺最精的楚国丝绸。亚欧古国是通过丝绸、也可以说是在一定程度上通过楚文化而了解中国的。古印度、波斯等国称中国为“支那（Cina）”，其声当源于“荆楚”之“荆”音，其义或与“丝”有关。苏仲湘考定：“‘支那’一词应是由‘荆’所导源，而与‘秦’或其他别的什么名号无关。”[④]梵文“Cina”当本指“中国的丝”，因此也用于指称“中国”。《摩诃婆罗多》《罗摩衍那》《摩奴法典》等印度古书中，用有许多冠以“Cina”而表示与中国丝相关的词语，如“Cinapatta（意谓成捆的丝）”“Cinamsuka（丝衣服）”等。古希腊又称中国为“赛里斯（Seres）”，其音即源于“丝（Se）”，现代英语中仍保留有“Seric（丝绸的、中国的）”一词。

随着汉帝国的强盛，随着“北方丝绸之路”的开通，中外文化交流

① ［俄］M.П.格里亚兹诺夫等：《阿尔泰巴泽雷克的五座古冢》，译文见《考古》1960年第7期。

② ［俄］C.И.鲁金科著、潘孟陶译：《论中国与阿尔泰部落的古代关系》，《考古学报》1957年第2期。

③ 张正明：《楚史》，湖北教育出版社1995年版，第328页。

④ 苏仲湘：《论“支那”一词的起源与荆的历史和文化》，《楚文化新探》，湖北人民出版社1981年版，第65页。

更为频繁和扩大。故楚之地的物质文化产品，乃多从“北方丝绸之路”输出。长沙马王堆汉墓中出土的一些丝绸品种，即见于“北方丝绸之路”沿途的一些墓葬中。不过，“南方丝绸之路”不仅没有断绝，反而在汉代有所拓展。其东端由长江中游延至长江上游而成“蜀布之路”，即张骞发现并向汉武帝报告的起于成都、经缅甸和印度而至大夏（西域古国，在今阿富汗北部）以输出“邛竹杖、蜀布”之路。“南方丝绸之路”，依然是故楚之地与亚欧各国进行文化交流的重要通道。另外，长江中下游的水稻及稻作技术、丝绸及丝织技术等，也由长江下游越海传入朝鲜及经朝鲜或台湾传入日本。

历魏晋南北朝至隋唐，中外文化交流进入了黄金时代。隋唐的中外文化交流，早已不限于主要为物质文化产品，而是越来越多的为精神文化产品。佛教文化由西域大量传入东土，中国的哲学、宗教、史学、文学、艺术等也广泛外传。日本、朝鲜不断派遣隋使、遣唐使、留学生和学问僧来中国，传统的楚文化及继承和弘扬了楚文化传统的隋唐文化，便由其输入而对日本、朝鲜文化的发展影响深远。唐初，玄奘西天取经归来，在长安译经讲法。唐太宗应天竺国王请求，敕令玄奘法师与诸道士同将《道德经》译成梵文西传。[①] 道家道教经典传入古印度后，对佛教和印度教的发展都有影响。

宋元明时期，中国经济文化重心移至南方，中国与外国进行经济文化交流的基地自然是在南方。在中国南方发展成熟的中国古代文化，传播到亚、欧、非各国后，大大促进了世界文明的发展。以景德镇窑瓷为代表的中国瓷器，成了中国主要的外销产品，风行亚欧非三大洲，取代陶器、铜器、玻璃器等当地传统的日常生活用具而成为最受人们喜爱的日用品，在一定程度上改变了三大洲人民的生活方式。欧洲人士，也因瓷都景德镇的产品而更加了解中国。据说，英语“China（中国）”一词，即景德镇原名“昌南”的译音。18 世纪以前的欧洲人士，因喜爱中国瓷

① 见《旧唐书 · 天竺传》、《集古今佛道论衡》卷三等。

器并尤以获得一件昌南瓷器为荣，乃将“昌南（China）”作为“瓷器”和生产瓷器的“中国”的代称了。火药（火器）、罗盘、印刷术这三种技术成熟于中国南方的发明，传播到欧洲后，成了社会变革的强大工具和社会进步的催化剂，成了“预兆资产阶级社会到来的三项伟大发明”。对此，马克思在《机器·自然力和科学的应用》一文中有着明晰而精辟的阐论。本书第五章，对此业已述及。南方风格的中国文化，对日本影响尤大。日本在中国宋元时期，就已大量刊刻包括《老子》《庄子》《楚辞》《淮南子》等楚文化典籍在内的中国文化典籍。外佛内道的禅宗传入日本后，风靡朝野而成为日本佛教中最为兴盛的宗派，使得日本近古文化处处染上了道禅色彩。由日本禅僧移植到日本并在日本兴盛起来的“宋学（宋明理学）”，始终与禅学、与老庄密不可分。日本近代以前的诗文创作、书画艺术及建筑风格等，明显地体现有庄趣禅意。导源于中国南方的饮茶风尚，传入日本后在继承唐宋“茶禅一味”传统的基础上发展为东瀛特色的“茶道”。

明末清初，西方传教士开始翻译中国典籍并向西方世界介绍中国的精神文化。随着汉籍西译的增多和中西文化交流的加深，中国的历史、哲学、宗教和文学艺术等日益为西方世界所了解。在资产阶级革命蓬勃兴起并持续发展的欧洲大陆，一些资产阶级思想家自觉地吸取中国文化，尤其是楚文化中道家哲学的思想材料，来宣扬科学文化、批判宗教神学、否定封建主义、建构资产阶级哲学体系。包括楚哲学及其传统在内的中国思想文化，对于欧洲近代哲学、科学的形成和发展起到了积极的作用。

二

17 世纪的法国哲学家兼数学家、物理学家笛卡尔（René Descartes，1596—1650），是西方近代哲学的创始人之一。他推崇中国哲学中的自然之“天”的观念和“道”的理性精神，并将之作为倡导自然主义、理性主义和怀疑主义的思想源泉。如同17、18世纪的许多西方思想家一样，他主要是通过来华耶稣会士的著译和报道了解中国哲学的，而且以为中国哲学就是标榜孔子的儒学或理学。但是，他所推崇和吸取的中国哲学思想，却正是道家基本的、传统的思想。他所建构的哲学体系，包括以“物理学”（即自然哲学）为基础的本体论、以“我思故我在”为核心论点的认识论，与老庄的自然主义的“道论”和弘扬主体的“人论”有契合之处。在他之后，西方近代唯物论、无神论和唯理论的主要代表斯宾诺莎（Banruch de Spinoza，1632—1677），发挥他的哲学本体论而阐发了“上帝”即自然这一唯物主义思想。德国古典哲学的奠基者康德（Immanuel Kant，1724—1804），受到他的认识论启发，发挥其能动性和辩证法思想，使之成为德国古典哲学的主题。

莱布尼茨（Gottfried Wihelm Leibniz，1646—1716），是17世纪下半叶和18世纪初贡献卓越的德国哲学家和科学家，也是西方学术界最早对中国文化进行长期研究并给予充分肯定的文化巨人。他从21岁开始研究中国文化，临终前不久仍在探讨中国哲学，先后撰写有《中国近事》《论中国哲学》等关于中国的著作和文章。他高度推崇中国哲学中以“道”为最高哲学范畴、以顺应天道为宇宙根本原则的自然神论，在《致德雷蒙先生的信：论中国哲学》中赞叹：“这种哲学学说或自然神论是从约三千年以来建立的，并且极有权威，远在希腊人的哲学很久很久以前。”他还在1697年出版的《中国近事》一书序言中强调：

> 人类最伟大的文明和最高雅的文化今天终于汇集在了我们大陆的两端，即欧洲和位于地球另一端的——如同“东方欧洲”的“Tschina”（这是“中国”两字的读音）。我认为这是命运之神独一无二的决定。也许天意注定如此安排，其目的就是当这两个文明程度最高和相隔最远的民族携起手来的时候，也会把他们两者之间的所有民族都带入一种合乎理性的生活。……我觉得鉴于我们目前

面对的空前的道德没落状况，似乎有必要请中国的传教士到欧洲给我们传授如何应用与实践自然神学，就像我们的传教士向他们教授启示神学一样。[1]

莱布尼茨关于世界万物的实体是单纯的、精神性的，具有“知觉”而不断变化和转化的“单子”的哲学学说，吸纳了道家传统的“天道观”的某些思想。他推崇“试图把欧洲文化与中国文化结合起来”的康熙皇帝，希冀欧洲统治者以康熙为表率而实行开明专制，实现社会的统一、安定和繁荣。他在科学研究上的一些成就，也与他研究中国文化直接相关。如他在论述“二进制算术”一文中提出的二进制运算法则，就是在受到《周易》卦象的启发及道家传统思想的影响最终完成的，有似老子所谓“天下万物生于有，有生于无”的宇宙生成论的数理应用。

18 世纪的欧洲，资产阶级启蒙运动风起云涌。狄德罗、孟德斯鸠、霍尔巴赫、魁奈等启蒙思想家，更加热衷于全面研究中国文化、吸取中国文化的思想材料以激扬启蒙思潮。其中，法国启蒙运动的导师和领袖伏尔泰（Voltaire，笔名，1694—1778），对中国文化的研究尤为深入、对中华文明的价值也尤为肯定。他虽然批判了莱布尼茨的哲学思想，却因承了莱布尼茨关于中国哲学的精髓是自然神论的观点，以为孔子开创的儒学（实为道家思想）倡导的就是遵循自然规律——理性、即修身治国必须因顺自然而符合理性，认定中国人的历史从一开始便写得合乎理性。在他主编的《哲学辞典》中，他赞美中国是“举世最优美、最古老、最广大、人口最多和治理最好的国家”。他坚持以自然神论作为自己的基本哲学观点，据之阐发了自然神论形态的唯物主义，深刻地揭露和批判了欧洲盛行的“神示宗教”这种宗教蒙昧主义。他的思想，在法国和欧洲犹若长夜闪电。与他同时的魁奈（Francois Quesnay，1694—

① ［德］莱布尼茨著、[法]梅谦立译：《莱布尼茨致读者》，[德]莱布尼茨著、[法]梅谦立译《中国近事》，大象出版社2005年版，第1~13页。

1774),呼应他的观点,更为明确地以源自中国道家思想的“自然法则”“自然秩序”作为欧洲思想界的旗帜，在《自然法则》一书中把中国奉为遵循自然法则所建立的国家的典范，强调“自然法则是人类立法的基础和人类行为的最高准则”。启蒙思想家们根据资产阶级革命的需要，努力从中国文化、主要是道家传统思想中吸取精神营养，并依从自己的理解而加以发挥改造，建构出融中入西、西中合璧的思想体系，作为反对宗教蒙昧主义、封建专制主义和宣扬理性与科学、民主与法治的有力武器，从而对18、19世纪欧洲及美洲各地爆发的一系列资产阶级革命产生了直接而深远的影响。

19世纪，是西方列强在全球大举扩张的世纪，是中国受到西方列强侵略和压迫的世纪，也是中西文化大碰撞、大交流的世纪。汉学，作为一门学科在欧洲真正建立起来了。西方人士对中国文化的了解，就全面和深刻得多了。

德国古典哲学的集大成者、19世纪的西方哲学代表人物黑格尔(Georg Wilhelm Friedrich Hegel，1770—1831)，对中国历史文化给予了高度的重视。在《哲学史讲演录》中，他特别说明《老子》在西方广泛流传且其名言常为人引用：“老子的主要著作我们现在还有，它曾流传到维也纳，我曾亲自在那里看到过。老子书中特别有一段重要的话常被引用：……”他的《历史哲学讲演录》和《哲学史讲演录》，都首先论述东方的历史和哲学（其中又首先论述中国的历史和哲学），然后才论述西方的历史和哲学。尽管他对中国的历史和哲学的论述，也同早期西方学者一样由于主客观原因而有着隔靴搔痒似的泛泛之说，并且在相当程度上因袭了18世纪西方学者的观点，但已有着以往和当时的西方学者所不及的灼见，如从世界哲学的高度，着眼于哲学的本质和中西哲学的异同，对中国哲学作了见解颇深的评论，指出“孔子只是一个实际的世间智者，在他那里思辨的哲学是一点也没有的——只有一些善良的、老练的、道德的教训，从里面我们不能获得什么特殊的东西”，老子书中却“说到了某种普遍的东西，也有点像我们在西方哲学开始时那样的情形”。[1]他的这番评论，表明他对中国哲学有着非凡的洞察力，揭示了老子学说与孔子学说的重大区别，肯定了道家思想的哲学意义和文化价值。他的这番评论，也反映出19世纪的西方学者对中国文化研究的深入，即不再是将道家和儒家混为一谈、将中国哲学笼统地归之为儒学而盲目地尊孔崇儒，而是转为重视具有形而上哲学思辨的道家思想，初步意识到道家思想与古希腊哲学一样同为人类精神之源，预示着道家思想在世界文化中的地位将日益提高，预示着道家思想对世界文明发展的影响将日益增强。在黑格尔的庞大哲学体系中，尚且看不出道家哲学对黑格尔哲学的明显影响。不过，黑格尔确定的哲学最高范畴、即宇宙本源的“绝对理念”，却与道家所论之“道”有相通之处。黑格尔阐发的丰富的辩证法思想，也与道家的辩证法思想有类比之处。

19世纪英国的桂冠诗人丁尼生（Alfred Tennyson，1809—1892），对人生及哲学、宗教问题有着深邃的思考。阅读英译本《老子》后，他对老子暨道家思想产生了很大兴趣。1885年，他根据自己对老子的认识和对道家思想的理解，结合自己的人生体验和哲学、宗教思考，发挥艺术想象，创作了歌咏老子而自认为是晚期最好作品之一的长诗《古代圣人》（The Ancient Sage，又译作《先贤》）。

托尔斯泰（Лев Николаевич Толстой；1828—1910），是19世纪俄国的大文豪兼哲学家。完成巨著《战争与和平》《安娜·卡列尼娜》之后，为了澄清人生和哲学、宗教问题的巨大思想困惑，他开始大量阅读东西方思想文化典籍，也认真研习译介的老子及孔子、孟子、墨子等中国先贤的学说及多种中国文化典籍，“沉湎在中国的智慧之中”，并在精神生活上深受影响。“一八七七年他就阅读过《道德经》，非常欣赏老子的‘道’和‘无为’的思想。他把‘道’理解为最高原则，即爱

① 见［德］黑格尔著，贺麟、王太庆译《哲学史讲演录》第一卷，商务印书馆1959年版，第119、127~128页。

与善，认为老子是伟大的精神导师。”[①]1884年初，他开始以法译本《道德经》为底本进行俄文翻译。在1884年3月15日的日记中，他自述：“我的良好的精神状态也要归功于阅读孔子，而主要是老子。”[②]1891年10月，在给一名出版商的回信中，他应其要求开列了一批自己从童年到63岁的不同年龄段读过而印象深刻的书目，并“用下列的词来衡量印象的程度：强烈、非常深、很深”。其中，在“五十岁至六十三岁”阅读孔子和孟子著作的印象是“非常深”，而阅读老子著作的印象则是“强烈”。[③]1894年，他与助手耶·伊·波波夫最终完成了《道德经》俄译本的翻译。或许觉得自己的译本不及既懂汉语又通俄文的丹尼尔·科尼西[④]的《道德经》俄译本优良，他为丹尼尔·科尼西的《道德经》俄译本作了参照法、德、英译本的校订而助其面世，却未及时出版自己的《道德经》俄译本。另外，他还写了一些专论老子及其思想的文章如《中国圣贤老子撰写的道和真理之书》（1884）、《勿为》（1893）等，汇编了《老子》名言的著作如《智慧人们每天的思索》（1903）。1906年，他因民众奋起革命和沙俄政府残酷镇压而大受震动，为现实与理想的巨大矛盾而极度困惑，撰成《到底怎么办》一文，在文前引录《老子》第十九章全文借以表达其世人顺因无欲、勿以暴力抗恶和政府莫施暴政酷令、放任民众自由的主张。去世的前一年（1909），他又仔细校订了自己的《道德经》俄译本文稿，同时以意译兼阐释的方式选编老子格言。

---

① 倪蕊琴：《〈中国的贤哲〉题解》，《列夫·托尔斯泰文集》第十五卷，人民文学出版社1989年版，第615页。

② 《列夫·托尔斯泰文集》第十七卷《日记》，陈馥、郑揆译，人民文学出版社1991年版，第128页。

③ 见［俄］列夫·托尔斯泰《致列杰尔列》，《列夫·托尔斯泰文集》第十六卷《书信》，周圣等译，人民文学出版社1989年版，第253~258页。

④ 丹尼尔·科尼西：日本人，本名小西增太郎，1892年在俄国莫斯科大学历史宗教哲学系留学时着手将《道德经》翻译成俄文，被其导师引荐给托尔斯泰而结成忘年交。参见张春芳《〈道德经〉俄译版译者——小西增太郎》，《文化创新比较研究》2017年第14期。

所完成的《中国圣贤老子的名言》，于他亡逝之年问世。在此书前言《老子学说的实质》中，他赞许“正如老子被尊称为上帝一样”，阐明对老子思想的理解和认同：

> 为了让人的生命不痛苦，而是让它幸福，人应当学会不是为了肉体而生活，而是为了精神而生活。这就是老子的教诲。他教授我们从肉体生活转入到精神生活的方便法门。因为整个学说都指出了通向这个过渡的坦途，老子将自己的学说称其为通途（指“道”）。因此，老子的全部学说被称其为坦途之书（《道德经》）。[①]

有研究者称，托尔斯泰是“道家的首位俄罗斯信徒”[②]。此说是否言过其实，且不置评。受到老子的强烈影响，是托翁的夫子自道；托翁晚年的自然观、社会观、人生观暨“托尔斯泰主义”融入了道家思想，是学界的共同认识。

三

进入20世纪，科技迅猛发展，社会剧烈震荡，人类的危机也充分显现。经历两次带给人类以毁灭性灾难的世界大战，面临人类为满足自我需要而对自然界作工业化改造所形成的生态环境急剧恶化，针对人类在科学的深入探索中产生的大千世界玄奥难知的困惑，痛感人类在工业化社会中的本性异化，西方的许多政治家、思想家、科学家和历史学家对西方近代文明进行了深刻反思，并且不约而同地转而从东方文化，尤其是中

① 转引自［俄］А. Л. Мышинский著、朱玉富译《列夫·托尔斯泰解读老子的〈道德经〉——兼谈〈道德经〉在俄罗斯的传播》，《中国俄语教学》2015年第1期。

② 张春芳：《道家的首位俄罗斯信徒——列夫·托尔斯泰》，《时代文学》2014年2月下半月。

国文化的道家思想中寻求人类生存的基本法则和科技发展的精神启示。于是，道家思想日益为西方人士所推崇而在西方世界深入人心，给予西方政治、哲学、科学乃至民众的日常生活以越来越大的影响。随着中国楚文化不断有着惊人发现和楚文化研究的蓬勃展开，以道家思想为精神内核的楚文化也在世界上形成了研究热潮。

英国历史学家汤因比（Arnold Joseph Toynbee，1889—1975），堪称20世纪的西方史学巨擘。受历史学家的母亲影响和激励，他自幼对历史怀有巨大的好奇心。进入牛津大学攻读古代史毕业，他又前往雅典不列颠学院进修考古学，然后担任牛津大学历史教师。两次世界大战中，他都在英国外交部供职，同时从事历史研究。战后，他专注于通过对世界历史的考察、通过对不同类型文明的比较，反思西方文明的弊端，总结各类文明的长短，探索人类历史发展的正确道路。他认为，人类社会，应该走和平发展的道路；两次世界大战的爆发和一些世界性灾难的出现，主要是由于人类欲望的膨胀和对于支配世界的过度自信所造成的恶果；而这种以人类自我为中心的“自我中心主义”，正是西方文明的基本特征；因此，“西欧能促进充满活力的裂变，但不能实现安定和统一。……世界的政治的、精神的统一，是无法由西欧人来为人类完成的。……这种变化的创始者，必须在西欧以外的世界去寻找，可以想象它可能在中国出现”①。他强调说：

> 老子所提倡的无为自然的法理，今天从新的意味出发，有再认识的必要。所谓“无为之道”，是对人类欲望增长和过于自信行为的自我节制。②

他进而认定：

①② ［日］山本新、秀村欣二编，周颂伦等译：《中国文明与世界——汤因比的中国观》，东方出版社1988年版，第18~19、58页。

> 世界史的主导权，将从西方文明向非西方文明转移。……以中国为主轴的东亚文明将成为未来世界的关键。①

汤因比的观点，吸取了当代一些西方学者的类似看法。如他称扬迷上了“老子所主张的‘道’”的赖肖尔于1922年出版的《中国论》中的观点，即“西方文明的基本特征是‘所有的自我主张——支配’，而中国文明的特征却是‘宽容与友好’，在科学知识及其应用这一实际领域内，西方文明的确占据优势，但对人生的穷极目标为最高意义的洞察，却远非中国那样深刻”、“所谓‘无所有的生产，无自我主张的行动，和无支配的发展’，即老子提倡的‘道’，其精髓是自我抑制和精神调和”。②汤因比进而赞叹中国历史上奉行道家“无为而治”思想以实现社会统一和安定的汉初政治，并把汉初的政治伟绩归功于楚人刘邦，认为：“汉朝的开国皇帝刘邦重新完成中国的统一是远在纪元前二〇二年。在这以前，秦始皇的政治统一是靠武力完成的。因此在他死后出现了地方的国家主义复辟这样的反动。汉朝刘邦把中国人的民族感情的平衡，从地方分权主义持久地引向了世界主义。……世界统一是避免人类集体自杀之路。在这点上，现在各民族中具有最充分准备的，是两千年来培育了独特思维方法的中华民族。……必定要实现统一的未来政治家的原始楷模是汉朝的刘邦。”③

产生于第一次世界大战后的德国、风行于第二次世界大战后的欧洲的存在主义，是现代西方哲学的主要流派之一。存在主义的创始人海德格尔（Martin Heidegger，1889—1976），可谓致力了解中国文化并率先融通道家哲学的西方哲人。1946年，他主动与中国学者萧师毅合作将老

①② ［日］山本新、秀村欣二编，周颂伦等译：《中国文明与世界——汤因比的中国观》，东方出版社1988年版，第45、66页。

③ ［日］池田大作、［英］阿·汤因比著，荀春生等译：《展望21世纪——汤因比与池田大作对话录》，国际文化出版公司1997年版，第284页。

子《道德经》译成德文，又请萧师毅书写老子语录以成对联挂在书斋墙壁上。两人合译《老子》的工作虽未完成，但“这项工作在海德格尔身上产生了重大的影响”[①]，改变了他的语言表述方式并使他获得了思想发展的新方向。他一生反复研习《老子》及《庄子》，在演讲和文章中也经常引用老、庄的话，而且认为“没有中国语言的知识，没有对中国世界的意境的明见，就不可能有真实洞察的通道”。[②]与往昔的西方哲人相比，他对道家哲学有了更为准确、深透的理解，不像伏尔泰等人那样——援其西学传统和据其时代要求而将道家所论之“道”简单地理解为理性、精神、意义、逻各斯（Logos，西方哲学概念，一般指规律）等，也不像黑格尔那样轻描淡写地称老子哲学尚为“哲学开始时”的原始状态。在《走向语言之途》中，他说明：“老子的诗意运思的引导词语叫做‘道’(Tao)，‘根本上’就意味着道路。”又阐释：“道应当是提供一切 Weg（道）的 Weg，是我们从其真正的本质出发，思考理性、心灵、意义和逻各斯确切说出之物的那种力量源泉。”他不仅较为正确地理解了老子所论之“道”为宇宙原始的哲学含义，还多少受到老子关于“天下万物生于有，有生于无”的启发，在演讲和论著中反复追问并深入分析“究竟为什么在者在而无反倒不在”，强调在与无的问题是形而上学的基本问题，即“最广泛、最深刻的问题，它又是最原始的问题”[③]，断言“哲学活动就是对这一问题的追问”[④]。根据这一认识，他指出西方形而上学的一个严重缺陷就是只注意到了具体事物的“在”，而没有注意到事物本原的“无”。他于是着力阐发了从“在”追寻“无”的逻辑性思辨方式，从而丰富和完善了他所提出的存在主义学说。可以说，

① 萧师毅著、池耀兴译：《海德格尔与我们〈道德经〉的翻译》，《世界哲学》2004年第2期。

② 参见熊伟《道家与海德格尔》，《道家文化研究》第二辑，上海古籍出版社1992年版。

③④ 见［德］海德格尔著、熊伟等译《形而上学导论》，商务印书馆1996年版，第8、14页。

存在主义在一定程度上，是融通了道家哲学的西方哲学理论。

以道家哲学为重要内容的中国哲学，最初是由西方传教士广泛介绍到欧洲的。中国文化典籍，最初是由西方传教士大量译介到欧洲的。可以说，传教士是欧洲最早的中国思想文化研究者，神学界是欧洲最早的中国思想文化传播区。来华传教士曾就如何看待中国哲学进行过争辩。1582年来华奠定西方传教基业的意大利人利玛窦（Malleo Ricci，1552—1610），博览中国文化典籍，著《天主实义》《二十五言》等书，宣称“吾国天主，即华言上帝”，“吾天主，乃古经书所称上帝也”，只不过在古书中“上帝与天主特异以名也”。[①] 稍后至中国的法国传教士白晋（Joachim Bouvet，1656—1730），在与莱布尼茨的通信中甚至说，基督教义几乎全见于中国典籍里。然而，利玛窦的继承人龙华民（Nicolas Longobardi，1559—1654）则意识到中国哲学的宇宙观是基于道家传统的自然神论或无神论，指出宋明理学的宇宙观不同于基督教神学的创世说，因此反对中国教徒依从中国礼仪举行祭天祀祖尊孔的活动。他的看法，不仅导致了耶稣会内的“中国礼仪之争”，而且影响了罗马教廷及17、18世纪的许多欧洲神学家和哲学家。由于罗马教皇几次布谕禁止中国教徒举行中国祭礼，以致本来对西教持宽容态度的康熙皇帝终于被激怒，下令禁止洋人在中国传教，于是有了清代的“百年禁教”史。龙华民一派来华传教士的观点，为法国神父、哲学家和科学家马勒伯朗士（Nicolas Malebranche，1638—1715）在18世纪初集中地表达出来。他听信在中国传教的法国人德·利奥纳关于中国哲学是无神论、中国人不知“神”的介绍，并接受其撰文从哲学角度驳斥“中国哲学的谬误”的建议，写出《一个基督教哲学家和一个中国哲学家的对话：关于上帝的存在和性质》。在文中，他批驳中国哲学（当时中国盛行的宋明理学）既然奉“理”为至尊至上的真理，当然也就否定了上帝至尊至上的地位；既然说“理存于气”而“气”是自然物，当然也就是无神论或自然神论，与上帝创世、

① 见［意］利玛窦《天主实义》上卷。

主世的基督教神学格格不入。他的这类辩驳，代表了当时欧洲人士看待中国哲学的主流观点，在一定意义上揭示出中国哲学以道家哲学为根基的本质特征和鲜明特色。18 世纪的欧洲哲学家，尤其是启蒙思想家因承这种观点研究中国哲学并取而用之，需而扬之的情况，前面已有所述及。尽管罗马教廷坚持这种观点而长期排斥中国传统哲学，但传入西方的中国道家哲学却不可避免地对基督教神学产生影响。“道”的概念，早已用于基督教文献的中译本中。19 世纪德国哲学家尼采（Friedrich Wilhelm Nietzsche，1844—1900）研读过《老子》，也关注和探讨与老子的道论、人论等相似的哲学问题。自其阐发了与道家思想有契合之处的“回归自然”主张、宣布“上帝死了”之后，上帝的神性在西方世界日渐淡化。近现代基督教哲学致力阐发上帝的“道性”，即“把上帝看作是宇宙自我创生的伟大力量，看作是真善美的化身”，“上帝的观念越来越脱离传统的轨道而接近于中国人尊崇的‘道’”。[①]

四

道家思想，给西方现代科学家以越来越大的启示。许多西方自然科学家，不仅深刻地认识到并尽其所能地阐发它的科学意义，而且将它作为进行科学探索的指导思想和创立科学理论的哲学根基。

爱因斯坦（Albert Einstein，1879—1955），堪称现代最伟大的科学家，于 1921 年获得诺贝尔物理学奖。他以所创建的相对论等物理学许多方面的重大理论贡献，深刻地影响了 20 世纪的自然科学以及哲学的发展。十分推崇他的著名数学家陈省身(1911—2004)，回忆起 1943 年应邀去他家做客所见时说：“他书架上的书并不太多，但有一本书很吸引我，是

① 见牟钟鉴《老子的道论及其现代意义》，《道家文化研究》第六辑，上海古籍出版社1995年版。

老子的《道德经》，德文译本。”[①]不言而喻，爱因斯坦对《老子》的重视和喜好，具有代表性地反映了道家思想对西方现代科学家的深巨影响。陈省身即补充说：“西方有思想的科学家，大多喜欢老庄哲学，崇尚道法自然。”[②]

1922年获得诺贝尔物理学奖的丹麦物理学家玻尔（Niles Bohr，1885—1962），年轻时读了《老子》便留下了“美好的印象”，深受其“万物负阴而抱阳，冲气以为和”的阴阳互补、对立统一辩证观和“万物得一以生”、“道者万物之奥”的整体观影响，一生称道老子的哲学是“中国哲学”“中国的智慧”。正是在老子哲学的直接启发下，他对普朗克的量子理论和卢瑟福的原子结构论作了论证和阐扬，创立了以阴阳为标记、以互补为原理的“玻尔学说”。“玻尔学说”不仅对西方现代原子物理学和量子力学的建立起到了重要作用，还因其将互补原理推广到人类社会和思维的研究领域，因而激扬出影响着20世纪自然科学和社会科学发展的一种极其广泛的互补性思潮。每当提及自己的学说时，他都直言不讳地与老子哲学联系起来。辞世前不久的1960年，他在《人类知识的统一性》的演讲中，特别强调了老子哲学的重要性、自己学说与老子哲学的一致性：

> 我们在这里面临着人类地位所固有的和令人难忘地表现在古代中国哲学中的一些互补关系；那种哲学提醒我们，在生存大戏剧中，我们自己既是演员又是观众。

因此，玻尔被认为是以中国道家哲学为背景而富有“东方智慧”的西方科学家。[③]

---

①② 温红彦：《几何人生：一个世纪的归程——访美籍华人、著名数学家陈省身》，《人民日报》2000年12月13日第5版。

③ 参见束景南《老子、太极图与玻尔》，《书城杂志》1996年第2期，《新华文摘》1996年第5期。

1949年的诺贝尔物理学奖获得者、日本物理学家汤川秀树（1907—1981），在原子核、量子场论和基本粒子相互作用等方面的研究取得了突出成就，并提出了核力的介子理论、验证了宇宙线中π介子的存在。他明确述说了在科学研究中所受到的老子思想的启示和老子思想对科学发展的意义：

> 也许我之喜爱这段译文（指《老子》第一章），是因为我是一个物理学家。……20世纪物理学是从超越“常道”并发现新“道”，开始的。今天，这种狭义相对论和量子力学形式下的新“道”，已经变成“常道”了。甚至像第四维和几率幅这样奇特的概念，现在也几乎变成惯常的了。找出另一种非常的道和另一种非常的概念的时间已经到了。如果照此理解，那么，老子在二千三百多年前说的这些话就会获得一种非凡的新意。[①]

西方的许多科学家，逐渐认识到宇宙的创生、定律的起源和基本粒子的转化，都体现了老子的“有生于无”这一宇宙生成论，竟然放弃了左右西方近代科学发展长达数百年之久的西方原子构成论，不约而同地皈依老子哲学。科学家指出：“现代宇宙起源理论和基本粒子起源理论，在宇宙的最初时期竟变得彼此难解难分，这很像是老子针对‘天地之始，和‘万物之母’所作论断的一种现代科学注解。”[②] 于是，英国宇宙学家霍金说：“宇宙创生于无。”美国宇宙学家古斯也说：“宇宙中的物质和能量可能是从虚无中产生的。”美国物理学家惠勒则说：“几乎整个物理学大厦是建筑在几乎一无所有上的。”

一些著名的西方科学家和科学史家，深感近代科技发展带来的社会

① ［日］汤川秀树著、周林东译：《创造力和直觉——一个物理学家对东西方的考察》，复旦大学出版社1987年版，第46页。

② 罗先汉：《宇宙观念的发展：现代宇宙观》，《科学》1999年第6期，《新华文摘》2000年第3期。

危机，于是皈依道家思想而大力宣扬“道法自然”“自然无为”的“科学人文主义”。汤川秀树就强调：“在老子和庄子那儿，自然界却一直占据着他们思维的中心。他们论证说，脱离了自然界的人不可能是幸福的，而且人对自然界的抵抗力是小得可怜的。……生活在科学文明之中，我们在原始自然界面前不再感到人的无能了。另一方面，我们现在不得不担忧人类会不会沉没到科学文明这种人类自造的第二个自然中去了。老子的‘天地不仁，以万物为刍狗’的声明获得了新的威胁性意义。”[①]

热衷于中国文化、皈依于道家思想的西方科学界人士中，致力于阐发道家思想的世界意义和宣扬科学人文主义者，莫过于倾注毕生精力编撰巨著《中国科学技术史》的英国学者李约瑟（Joseph Needham，1900—1995）了。[②] 他本是一位生物化学家兼胚胎学家，37 岁时接触到中国学者和中国文化，便“对汉语、汉文、汉字和自古以来传播于中国的思想产生了激情”，后来就“发生了信仰上的皈依”。因热爱和研究中国文化而皈依了道家，他将自己的汉文名字也署成与老子同姓的“李”，自称“名誉道家”，还为自己起了“十宿道人”等 3 个道号。1942 年，他就撰文论述“中国人在科学人文主义方面的贡献”。从 1948 年开始，他放弃了从事已久的生物化学研究，一心一意地投入到全面研究中国的科学与文明中去，系统地总结中国科学技术的发展和揭示中国文明的内涵。《中国科学技术史》（原著书名直译应为《中国的科学与文明》），卷册繁多，规模巨大，李约瑟终其一生也未能全部编撰完成，却已在全面系统地研究中国科学技术发展与中国文明乃至世界文明的关系上，达到了空前的广度、深度和尚无人能及的高度。其书第二卷，专门阐述中国古代科学思想史，以大量篇幅论说“道家与道家思想”，强调“道家思想是中国科学与技术的根本”，在章末《结论》中阐明道家思想的科

① ［日］汤川秀树著、周林东译：《创造力和直觉——一个物理学家对东西方的考察》，复旦大学出版社1987年版，第47~48页。

② 参见董光璧《李约瑟的道家观》，《道家文化研究》第二辑，上海古籍出版社1992年版。

学意义和历史价值：

> 道家的思想……涵蕴着丰富的科学思想，因此道家在中国科学史上非常重要。此外，道家又能将他们的理论付诸实行，所以东亚的化学、矿物学、植物学、动物学和药物学，都渊源于道家。……道家在科学上最独具慧眼者，是他们深深地体会到万事万物无时无刻不在变化。……中国人的特性中，很多最吸引人的地方，都来自道家的传统。中国如果没有道家，就像大树没有根一样。[①]

在李约瑟看来，道家思想是进取的、积极的，儒家思想是保守的、消极的；道家“无为而治”之说并非主张无所作为，而是“指导的有为是顺应自然规律，既省力又有成；儒家只注重人与社会而不关注自然的态度，“成为科学发展的阻力”，尽管儒家重理性反迷信有助于科学发展；以道家思想为代表的“中国思想，已经前进到科学人文主义的地位”，“中国是科学人文主义的肇源地之一”，中国的科学人文主义就建立在道家思想的基础上，即“它从来不把人和自然分开，而且从未想到社会以外的人”。

当代美国理论物理学家卡普拉（Fritjof Capra，1938— ）意识到近代物理学与东方的哲学、宗教思想有相似性，撰成专著《物理学之“道”——近代物理学与东方神秘主义》。此书于1975年首次出版后，迅即畅销全球，被世界多家出版机构再版原著或出版译著。书中引述著名物理学家奥本海默（Julius Robert Oppenheimer，1904—1967）、玻尔和海森堡（Werner Heisenberg，1901—1976）的相关言论，指出20世纪的一些伟大物理学家已经注意到，“近代物理学概念与远东哲学和宗教传统中的基本观念之间的这种联系”。书中以专章论述“中国的思想”“道

① ［英］李约瑟著、陈立夫等译：《中国古代科学思想史》，江西人民出版社1999年版，第183~186页。

家”及外佛内道的“禅宗”，认为“在儒家和道家的这两种中国的思想倾向中，后者更趋于神秘主义，因此在我们与近代物理学进行比较时更为有关。……道家对传统知识和推理的怀疑，要比任何其他东方哲学学派表现得更为强烈”①。书中还揭示古希腊哲学家赫拉克利特阐发了与老子相似的宇宙观，“令人惊讶的是，公元前 6 世纪的这两位哲人的宇宙观极为相似，却互不相识。人们提到赫拉克利特时，常常把他与近代物理学相联系，却很少联系到道家”②。基于对道家哲学现代价值的深刻认识，他力图主要根据道家哲学基本观点来构建自然流动、阴阳互补、平衡发展的世界文化模式。进而，在 1982 年出版的《转折点——科学、社会和正在兴起的文化》一书中，他分析了随近代西方科学技术发展而形成的 20 世纪人类社会的种种弊病，探讨了解决全球危机的途径，肯定了以道家哲学为重要内容的中国传统文化，指出了世界文化发展转折点的来临，勾画了东西方文化平衡发展的模式。在 1988 年出版的《非凡的智慧——与杰出人物谈话录》一书中，他又特别强调：

> 在诸伟大传统中，据我看，道家提供了最深刻并且最完善的生态智慧。它强调在自然的循环过程中，人和社会的一切现象和潜在两者的基本一致。

1991 年，他在为《物理学之“道”》第三版撰写的《新物理学的未来——第三版后记》中，瞻望人类社会的发展将是世人吸取道家生态智慧改变世界观后的和谐发展：

> 现在正在发生的世界观的变化将不得不把价值观的深刻改变包括在内；实际上是情感的一次彻底变化——从主宰和控制自然界的

①② ［美］F.卡普拉著、朱润生译：《物理学之“道”：近代物理学与东方神秘主义》，北京出版社1999年版，第99、102页。

> 意图转变为一种合作和非暴力的态度。这样的一种态度是极为生态学的态度，而并不令人惊讶的是，这正是宗教传统所特有的态度。中国古代的圣贤们美妙地表达了这种态度：“遵从自然规律的人随着道的潮流而流动。”①

复归道家思想并据以阐发东西方文化平衡的新文化观的卡普拉，乃被学者称为“当代新道家”。②

学者指出：“在现代科学技术的社会危机中，道家思想的现代性和世界意义被一些科学人文主义者发现。李约瑟、汤川秀树和卡普拉是其中科学界的代表。……在克服科学文化与人文文化分裂、东方世界与西方世界隔阂的努力中，一些科学家和人文学者自觉或不自觉地塑造了并且仍在塑造着当代新道家的形象，这是否预示着一场新的文化复兴和启蒙运动的兴起？”③还有学者提示：“我们只要稍微留心西方宗教与学术的最新发展，就会发现，他们的信仰和理论正在自觉或不自觉地向道家哲学靠拢，或者说，正在走近大道。”④

五

道家思想与西方哲学的关系，中外学者已有系统深入的阐述。20世纪80年代，台湾就出版了杨汝舟编著的《道家思想与西方哲学》、宋

---

① ［美］F.卡普拉著、朱润生译：《物理学之“道”：近代物理学与东方神秘主义》，北京出版社1999年版，第322页。作者引述中国古代圣贤之语，乃《老子》“人法地，地法天，天法道，道法自然”、“惟道是从”和《庄子》“顺物自然而无容私焉”思想的意会表达。

② 见董光璧《当代新道家卡普拉》，《自然辩证法研究》1991年第2期。

③ 董光璧：《道家思想的现代性和世界意义》，《道家文化研究》第一辑，上海古籍出版社1992年版，第39~40页。

④ 牟钟鉴：《老子的道论及其现代意义》，《道家文化研究》第六辑，上海古籍出版社1995年版，第68页。

稚青编译的《老庄思想与西方哲学》等专著。20世纪90年代以来，大陆学者发表或出版的相关论著更是难以胜计。德国汉学家、中国哲学和比较哲学研究专家梅勒(Hans-Georg Moeller, 1964—　)，热爱中国文化，沉迷道家哲学。他的比较哲学代表作《东西之道：〈道德经〉与西方哲学》，于2018年由北京联合出版公司出版了中译本。此书的主要内容，除了阐述作者理解的道家思想之外，就是比较道家思想和西方哲学的相似之处，阐发道家思想的独特魅力和现代意义，辨析古代道家哲学是怎样被混同于当代哲学中的西方“新道家”哲学的。

20世纪著名的西方心理学家、瑞士人荣格（Carl Gustav Jung，1875—1961），“崇尚道家，并且对道家哲学的生活方式身体力行”。[①]荣格的同仁明言：“荣格是一位道家。现在，人们并没有认识到荣格的对立统一性心理学从其本质上说与道家思想是一致的。人们想把荣格变成他本来并不是那样的人。他扎根于自然对其对立与统一之中。然而，对于道家，他是如此的虔诚，如此的神往，荣格作为道家是再清楚不过了。”[②]晚年的荣格，居住在自建的“塔楼”里，身体力行地体验着没有电灯、电话、自来水的投合自然、返璞归真的简单宁静生活，如其所言“我要以实实在在的方式来袒露我的信念”[③]。81岁时，荣格完成了一块石板雕刻作品。石板正面，刻着一位中国老人形象和“天人和谐”几个汉字。石板背面，刻着“我用双手奉献给上帝，卡尔·古斯塔夫·荣格刻制并放于此处，1956”的几行拉丁文字。荣格雕绘的中国老人形象，想必是他想象中的老子形象。荣格镌刻的“天人和谐”几个汉字，无疑是他在精神上皈依道家而形成的信念。在83岁动笔撰写的《荣格自传》

①② 参见［美］罗森著、申荷永等译《荣格之道：整合之路》，中国社会科学出版社2003年版，第10页。

③ ［瑞士］荣格著、徐说等译：《荣格自传》，《荣格文集》第8卷，长春出版社2014年版，第165页。

最后一段文字中，他心仪老子而深为感叹："老子云：'众人昭昭，我独昏昏。'他所表达的正是我在耄耋之年所体会到的。老子是一位有着超凡洞察力的典范，他看到也体验到了价值及无价值，并在其生命行将结束之时，渴望回归本真，复归到那永恒的、不可知的意义中去。……然而我心里还是充满了各种东西：植物、动物、云朵、白昼与黑夜、人与永恒，等等。我愈是感到摸不准自己，便愈是感到与万物关系密切。"[①] 美国学者戴维·罗森有感"荣格与老子有着很接近的哲学"，历经30年的研究后撰成专著《荣格之道：整合之路》，"通过展示荣格心理学与道家思想的一致性来阐述荣格与中国的关系"。[②]

援据道家思想，阐扬"人与自然的和谐"、"人与人的和谐"的主张，成为20世纪西方乃至世界的思想潮流。西方学者皈依道家思想而形成"当代新道家"的现象，典型地体现出楚文化在世界上的流变。

西方现代建筑理论的发展，也同道家思想的影响密切联系在一起。当年，西方传教士来到中国，对中国的土木建筑，尤其是顺应自然、因地制宜而与山水融为一体的亭、台、楼、阁建筑群落有所了解后，不禁大为叹服，赞赏中国以木材为主的建筑虽然不及西方的石头建筑、如古城堡那样雄伟坚固，却开敞、明亮、精巧、华美、幽静、雅致，人居其间要比住在封闭、阴暗、厚实、简陋、冰凉、潮湿的石头城堡中舒适得多。他们惊异中国人善于创造建筑空间以满足人的多方面生活需要，又善于利用地形环境以营造合自然之理、有自然之趣的居所氛围。殊不知，欧洲的居室，在16世纪以前尚且少有窗子，更无与自然结合的审美追求。从此，体现了道家的"道法自然""有无相生"的哲学精神和审美情趣的中国传统建筑，日益为西方人士知晓也日益令西方人士着迷。至20世纪，随同道家思想在西方哲学界、科学界的影响增大，西方建筑界

① ［瑞士］荣格著、徐说等译：《荣格自传》，《荣格文集》第8卷，长春出版社2014年版，第263页。

② ［美］罗森著、申荷永等译：《荣格之道：整合之路·中译本前言》，中国社会科学出版社2003年版，第2页。

也形成了一个以老子哲学为理论根基而风靡欧美的“有机建筑学派”。

这个学派的代表人物，是被誉为“现代建筑的伟大先驱”、“20世纪最杰出的建筑创新者”的美国建筑设计师和建筑理论家莱特（Frank Lloyd Wright，1867—1959）。莱特设计的作品，建成达500多座。其中，在美国已有50多座被作为建筑博物馆供人参观，已有8座于2019年被联合国教科文组织列入《世界遗产名录》而成为世界文化遗产。莱特通过对世界各古老文明中的哲学思想作比较研究，认定最好的建筑理论在中国、中国的老子哲学就是建筑理论的基石，因而一生孜孜不倦地研习《老子》，奉老子关于“凿户牖以为室，当其无，有室之用”和“有无相生”“道法自然”的论说为建筑的至理，并将老子的这类言论作为校训写在他创办的学院的墙壁上。援据老子哲学，他系统地阐发了“有机建筑”的本体论、空间论和审美论，认为自然界是有机联系而生机勃勃的，建筑也应是内外关联、整体协调、融入自然环境、体现生命精神的有机体和艺术品；强调“有机建筑”就是“自然的建筑”，是“从属于自然环境”的建筑，“一个建筑的内部空间便是那个建筑的灵魂”，“对于建筑师来说，没有比对自然规律的理解更丰富、更有启示的美学源泉”。他的“有机建筑论”，否定了无视内部空间而只重外观造型的西方传统建筑设计思想，突出了顺应自然而赋予建筑以生命和个性的思想，在西方建筑学界具有振聋发聩、去腐除旧的革新意义。他设计的“有机建筑”，人称“改变了世界”。1935—1936年，他为美国匹兹堡百货公司老板考夫曼设计的“流水别墅”（Falling water，又译为落水山庄），是他的代表作之一，在2000年美国建筑师协会评选的20世纪美国建筑代表作中排名第一，也在入选《世界遗产名录》的8座莱特20世纪建筑作品中排序第一。建在市郊溪流之旁、瀑布之上的这座别墅，伴山石共生，随落水同存；蔽于树林之中，越出溪流之上；以有无相生、虚实映衬、见素抱朴、自然和谐而令人叫绝，成了现代建筑的奇迹，不仅鲜明地体现出莱特的有机建筑理论，也向全世界形象地展示出道家思想的博大精神和无限生机。学者指出：“在莱特学说的倡导下，西方建筑界对于以《老子》为鼻祖的中国道家思想在建筑中的影响和运用正向纵深发展。”[①]

“道家的审美理论代表了中国艺术的真精神。”[②] 以道家审美理论为指导而发展的中国书画艺术，自唐、宋东传日本、朝鲜，即给予日本、朝鲜的书画艺术以深巨影响；自 17 世纪西传欧美后，也对西方绘画艺术影响日大。18 世纪的欧洲一些著名画家，已热衷于摹绘中国画和学习中国画风。法国著名画家瓦托（Jean - Antoine Watteau，1684—1721）的山水风景画，人称深得中国绘画六法，颇有神会自然的韵致。英国风景画大师庚斯勃罗（Thomas Gainsborough，1727—1788），受中国绘画艺术的影响尤深。其晚年的代表作《绿野长桥》，清远萧闲，气韵生动，具有超尘脱俗的意境。以塞尚（Paul Cézanne，1839—1906）、雷诺阿（Pierre-Auguste Renoir，1841—1919）、莫奈（Claude Monet，1840—1926）为代表的法国印象主义画派，感染中国画风，勇于探索，大胆创新，注重描绘自然、表现个人感受。20 世纪，道家的审美理论和体现中国艺术精神的书画已广为世人所知并深为世人理解。1956 年，国画大师张大千拜会西方绘画巨匠毕加索（Pablo Picasso，1881—1973）时，毕加索便对中国艺术深表赞叹。富于创造精神而被誉为当代艺术革新家的毕加索，也受到中国艺术的影响且有许多模仿齐白石笔触和画风的水墨画作。1957 年，张大千以写意画《秋海棠》被纽约国际艺术学会选为世界大画家并荣获金奖。20 世纪 50—70 年代，张大千在欧、美、亚诸国举行画展并引起轰动。这，即表明世界人士对中国艺术家的高度尊重、对中国艺术精神的深刻理解和对中国艺术风格的十分欣赏。

至 20 世纪晚期，道家思想已渗透到西方的政治、经济及社会生活各个方面。《老子》（《道德经》）一书，也成为国外译介最多和最为畅销的中国文化典籍。据 1992 年 4 月 9 日的《人民日报·海外版》上一篇

---

① 高介华、刘玉堂：《楚国的城市与建筑》第十二章第三节《楚学——莱特学派的哲学基础》，湖北教育出版社1996年版，第420页。

② 叶朗主编：《现代美学体系》，北京大学出版社1988年版，第92页。

文章介绍，美国前总统里根在1987年的国情咨文中，引用了老子名言“治大国若烹小鲜”，借以表达治国思想，深得美国人心，因而在美国掀起了“老子热”；美国80年代的畅销书《未来行政首脑》，乃奉老子名言“功成事遂，百姓皆谓我自然”为圭臬；有人向美国一家硕果累累的科研机构请教管理之道，被引见其办公室里赫然挂着的“无为而治”条幅；法国编辑出版的一部《警句和格言词典》，收录了368条中国的警句格言，其中选自《老子》一书的就达49条；许多德国家庭都藏有《老子》一书，人们在生活中遇到问题即向《老子》请教；西方各国人士对生存环境恶化不满，提出了“回到自然”的口号，一些青年男女喜欢穿上印有“道”“静”“无为”“无名”字样的衣服招摇过市以宣泄情绪。“美国道和欧洲道在神秘学热潮中成了西方生活中的有机组成部分”[①]。据统计，《老子》在国外已被译为73种文字，出版的全译本、节译本、改写本、图文互映本、中外文对照本等逾千种。其在英语世界的发行量，仅次于《圣经》和《薄伽梵歌》。在德国，可检索到的各类《老子》德译本有100多种。在美国，可检索到的各类《老子》英译本达560多种。[②]另外，日本已普遍将老子哲学用于企业管理，出版了多部发挥老子思想的企业管理学著作。美国管理学家约翰·海德的名著《领导之道——新时代的领导战略》，引述了不少老子的言论，并对之作了深入阐发。美国学者艾博契特在《二十二种新管理工具》一书的修订本序言中，引述《老子》六十八章的言论“善用人者为之下，是谓不争之德，是谓用人之力”，进而强调说：“讲这几句话至今已有二千年历史，它代表见识不凡的管理者长久以来都在努力，但仍未有人能够趋近这种‘道’的境界，从某

---

① ［德］卜松山著、赵妙根译：《时代精神的玩偶——对西方接受道家思想的评述》，《哲学研究》1998年第7期。

② 参见唐雪《老子〈道德经〉：德语世界最热的中国经典》，《文汇读书周报》2019年1月21日第3版；王华玲、辛红娟《〈道德经〉的世界性》，《光明日报》2020年4月18日第11版。

种意义来看，管理者的历史，也就是试图实践这项基本观念的历史。”① 当今西方的女权主义者、环保主义者、和平主义者等，也都宣称从《老子》中获得了智慧源泉和思想根据。

六

19 世纪以来，道家典籍和道家思想一直是欧美汉学界译介、研究的重要内容。译介和研究道家典籍、学说成就突出的欧美汉学家，有如翻译出版《道德经》（1842）的法国汉学家儒莲（Stanislas Julien，1797—1873）；翻译出版《道德经》（1891）、《庄子文集》（1891）等中国典籍，著有论述道家道教的《中国的宗教：儒教、道教与基督教的对比》（1880）的英国汉学家理雅各（James Legge，1815—1897）；翻译出版《庄子》（《庄子：神秘家、道德家和社会改革家》，1889）、《老子》（1909）等中国典籍，著有论述道家的《中国文学史》（1901）、《中国之文明》（1911）等的英国汉学家翟理斯（Herbert Allen Giles，1845—1935）；翻译出版《老子〈道德经〉》（1920），发表和出版《孔子和老子：中国哲学比较研究》（1900）、《中国宗教 2：老子及其教义》（1903）等论著的捷克汉学家德沃夏克（Rudolf Dvořák，1860—1920）；翻译出版《道德经》（1897），发表《中国的哲学家——老子》（1897）、《无为：建立在老子思想基础上的幻想》（1903）等论文的荷兰汉学家包雷（Henri Borel，1869—1933）；翻译出版《老子》（1911）、《庄子》《列子》（1912），发表《〈道德经〉关于人类社会的学说》（1910）、《老子在中国人精神生活中的地位》（1911）等文章的德国汉学家卫礼贤（Richard Wilhelm 1873—1930）；推崇老子而译介《道德经》（《老子论生命之道》，1944）的美国诗人兼汉学家宾纳（Witter Bynner，1881—1968）；翻译

① 参见葛荣晋主编《道家文化与现代文明》，中国人民大学出版社1991年版。

出版《道德经》荷兰文本（1943）、法文本（1953）和英文本（1954）的荷兰汉学家戴闻达（Jan Julius Lodewijk Duyvendak，1889—1954）；翻译出版王弼《老子注》(1934)并撰文论说道家的英国汉学家韦利(Arthur Waley，1889—1966）；晚年在双目几近失明的情况下，完成《〈老子〉注》（1975）和《〈庄子〉某些篇章中的疑难词》（1976）的瑞典汉学家高本汉(Bernhard Karlgren，1889—1978)；发表多篇道家思想研究论文，致力研究道家道教的美国汉学家顾立雅（Herrlee Glessner Creel，1905—1994）；编译出版包括《列子》《庄子》全译的《公元前六世纪至四世纪古代的无神论者 唯物主义者和辩证法家——杨朱、列子、庄子》(1967)的苏联汉学家波兹涅耶娃（Любовь Дмитриевна Позднеева，1908—1974）；翻译出版《道德经》和主译《南华真经》的波兰汉学家赫米耶莱夫斯基(Janusz Chmielewski，1916—1998)；翻译出版《列子》(1960)、《〈庄子〉内七篇及其他篇》（1981），发表和出版《列子著作和年代考》（1961）、《庄子的“齐物论”》（1969）、《庄子与逍遥游》（1976）、《〈庄子〉篇目真伪辨》（1979）、《老聃传说的起源》（1983）、《〈庄子选译本〉评注》(1985)、《一篇被忽视的西汉哲学文章〈鹖冠子〉》(1989)等著作的英国汉学家葛瑞汉（Angus Charles Graham，1919—1991）；发表《道之分界点：老子及道家/道教运动》（1957）且倾力研究道家道教的美国汉学家韦尔奇（Holmes Welch，1921—1981）；对《庄子》情有独钟而在老病中完成其译作（2018）的高本汉弟子、瑞典汉学家马悦然（Goran Malmqvist，1924—2019）；翻译出版《荀子文集》（1963）和《庄子全集》(1968)等中国先秦诸子典籍的美国汉学家华兹生(Burton Watson，1926—2017）；与匈牙利诗人吴洛士（Weöres Sándor，1913—1989）合译出版《道德经》（1958）、自1967年编译出版包括道家典籍的《中国哲学家著作选》、自1970年撰写《中国哲学史》论及道家的匈牙利汉学家杜克义（Tökei Ferenc，1930—2000）；因老庄而取中文名且致力于道家道教研究的荷兰/法国汉学家施舟人（Kristofer Schipper，1934—）；撰写发表和出版《〈道德经〉：前哲学和哲学》（1989）、

《〈老子〉——早期道家哲学》（1991）等论著的俄罗斯汉学家卢基扬诺夫（Anatolii Evgenevich Lukiyanov，1948—　）；翻译或撰写出版《庄子别论》（2003）、《气论》（2004）、《道家大师庄子》（2006）、《庄子作品集》（2006）、《〈老子〉附〈黄帝内经〉》（2009）等10余部译介和研究道家的著作的法国汉学家勒维（Jean Lévy，1948—）；据郭象《庄子注》翻译出版《庄子译注》（附导读长文，1995）的俄罗斯汉学家马利亚温（Vladimir Vyachslvovich Maliyavin，1950—）；翻译出版《〈庄子〉：道教智慧经典》（1998）的德国汉学家舒马赫（Stephan Schuhmacher，？　）；翻译出版《〈庄子〉精要篇章及传统注释选》（2009），撰写发表《作为哲学家的庄子》（2015）、《论玄知：道家的朴》（2015）等文的美国汉学家任博克 （Brook A. Ziporyn，1964—）；撰写出版《庄子哲学故事》（2006）、《传统道家的肉身》（2011）等专著的法国汉学家葛浩南（Romain Rraziani，1971—）；等等。

一些欧洲著名汉学家，译介和研究中国文化并非专注于道家，却在晚年甚至临终前潜心译介道家经典，如上述理雅各、德沃夏克、高本汉、戴闻达和马悦然等。何以会如此？似乎表明其精神最终依托道家。

德国汉学家卜松山（Karl-Heinz Pohl，1945—）指出："西方接受道家要比儒家晚得多，然而却热烈得多。……从十九世纪六十年代到二十世纪初出现了第一次大量翻译老子的浪潮……道家在西方被接受的过程中显出了令人惊异的应变能力。它含有使它能被各方面接受的因素。"①

1991年，时任欧洲汉学学会会长的荷兰汉学家许理和（Erik Zürcher，1928—2008），在中国台湾汉学研究中心主办的"中国人的价值观国际研讨会"上宣读的论文中说明："自近代以来，对《老子》的唯心主义形而上的解释在德国找到了新的堡垒，其居于谢林、黑格尔和

① ［德］卜松山著、赵妙根译：《时代精神的玩偶——对西方接受道家思想的评述》，《哲学研究》1998年第7期。

叔本华的唯心主义哲学的庞大体系的庇护之下。这在维多·冯·施特劳斯出版于1870年的包括有给人印象深刻而内容丰富的注释的《老子》的译本中得到了典型的体现。德国古典哲学的概念体系依托《老子》而展现出来，故其把冗长而华而不实的内容挤入《老子》精美的原文。……他们（指西方人士）把老子作为一个思想深邃的哲人，一个神秘主义者，一个信仰主义者和一个精神指南。……自从50年代始，也存在着另外一种《老子》研究中非常重要的现象，即把《老子》的哲学思想与其现实作用联系起来考虑。……近来，有的科学家又往前走了一步：他们认为，中国近代以前的科学世界观，并不仅仅是一个被描述和研究的可敬的传统，而且也是人们应该借鉴的思维模式。”①

2010年3月，德国汉学家顾彬（Wolfgang Kubin，1945—　）在参加凤凰卫视“铿锵三人行”的谈话节目中特别说明，老子和庄子在德国的地位都非常高，老庄思想影响了德国的20世纪哲学，更影响着德国的20世纪文学；没有德文版的《道德经》，德国可能不会有创作了德国首部现代小说的德布林（Alfred Dblin，1878—1957，德国表现主义大师，代表作《王伦三跃》以中国故事的描述诠释道家“无为”和“柔弱胜刚强”思想）。② 同年9月，顾彬应邀在中国科技大学做《西方学者眼中的汉学及中国当代文学》的讲座中又说到，老子的《道德经》是德语世界译本最多、传播最广、影响最大的中国典籍，在德国已有百余种译本，对欧洲许多迷茫作家起到拯救性作用。③

诚如当代西方汉学家所言，近现代的德国哲学和文学乃至西方思想界、科学界等社会各界都受到了中国道家的影响。以上相关叙述，只是

---

① ［荷］许理和著、张海燕译：《东西方老子观》，《国外社会科学》1993年第9期。

② 参见张曦娜《德国人与〈道德经〉》，中国新闻网（www.chinanews.com）—新闻中心—华文报摘2010年4月1日。

③ 见中国科技大学人文学院等《欧洲著名汉学家顾彬来我校讲座》，中国科学技术大学主站—新闻博览（news.ustc.edu.cn）2010年9月21日。

简略语及。若举深受道家影响的德国文学家就还有，将老庄思想作为自己的艺术追求的德国早期表现主义文学大师莫姆贝特（Alfred Mombert，1872—1942），精神上依托老庄而在作品中称颂老庄、宣扬老庄思想的诺贝尔文学奖获得者黑塞（Hermann Hesse 1877—1962），撰文号召德国人"按照神圣的道家精神"生活、创作了集中表达道家思想而自称诗歌代表作《三声》（1919）的诗人克拉邦德（Klabund，本名 Alfred Henschke，1890—1928），受到《庄子》影响而在创作中热衷于描写梦境并运用比喻、象征手法的德语作家、西方现代派文学祖师卡夫卡（Franz Kafka，1883—1924），以及创作叙事名诗《关于老子在流亡途中撰成〈道德经〉的传说》、并在戏剧作品中化用庄子寓言或演绎老庄思想的戏剧大师兼诗人布莱希特（Bertolt Brecht，1898—1956），等等。

1913 年获得诺贝尔文学奖的印度诗人泰戈尔（Rabindranath Tagore，1861—1941），也是著名哲学家。他热爱中国文化、钟情道家思想，仰慕屈原、苏轼等诗杰。1924 年来华访问，他在演讲中直接或间接引述老子言论多达 10 余次。1930 年在英国作《人的宗教》系列演讲，他引用许多世界古代哲学大家的言论来阐述了他的宗教哲学，也多次称引《老子》。《人的宗教》是泰戈尔哲学的集大成之作，所阐发的宗教哲学多与道家思想契合。

七

与老、庄道家哲学同为楚国精神文化重要内容的屈、宋文学（主要是以屈原诗歌为代表的楚辞），也与老、庄著作大致同时流往国外，至今已是影响遍及世界，得到世界各国人士的推崇。正如第七章所叙及的，屈原作为楚文化的代表人物之一，在 20 世纪中叶已被公认为世界文化名人。楚辞研究，也在东亚、欧洲和北美广泛兴起。

据日本学者研究，早在 7 世纪初，日本人大概就已知晓楚辞。圣德太子（574—622）摄政期间，移植中国的制度和文化实行社会改革，于604年颁布了“十七条宪法”，其中就“有着楚辞这些文字和思想的影响”[①]。诗集《楚辞》，在奈良时代（710—784）传入日本。据《大日本古文书》著录，日本在730年就已有流布的“《离骚》三帙，帙别十六卷”，当即十六卷本《楚辞》。与《楚辞》同时传入日本的《文选》，被官方用为取士的必读书。《文选》中选录的楚辞作品，也就具有了法定的教科书性质。楚辞由此对日本历史文化及文学艺术的影响之深巨，就不言而喻了。成书于712年的日本现存最早的官修史书《古事记》、成书于720年的官修正史《日本书纪》，皆可见楚辞的影响甚至楚辞语句的引用。成书于751年的《怀风藻》，是日本现存最早的汉诗集。集中收录的诗作，虽然大都是直接仿效魏晋南朝及初唐诗歌而作的五、七言诗，且以五言八句为主，但也有个别句中夹用音韵助词“兮”的楚辞体作品。其五、七言诗中，则可见用楚辞的诗意或语词的作品。成书于奈良时代后期的《万叶集》，是日本现存最早、规模最大的和歌总集。其中的“反歌”，源于楚辞的“乱辞”。日本学者指出：

> “乱”在篇末出现是《离骚》的代表形式。如果真的如此，可以说“万叶歌人”们确已将它高度升华并将楚辞融化为自己的血肉了。[②]

圣德太子时代至奈良时代，是日本移植中国隋唐文化而初步形成封建文化的时期。不妨说，楚文化也是日本封建文化的重要源头。其后，中国历代诠释楚辞的重要著作，在日本都陆续得到翻刻行销。江户时代（1603—1867），日本出版的《楚辞》及其相关汉籍的“重刊本”“和刻本”达到70多种。为满足一般日本人的习读需要，日本还出版了“和训本”、即以日语发音释读楚辞的版本。随着楚辞在日本的普及和日本人对楚辞

① ［日］竹治贞夫著、徐公持译：《楚辞的日本刻本及日本学者的楚辞研究》，《楚辞资料海外编》，湖北人民出版社1986年版，第382页。

② ［日］浅野通有等座谈、高鹏译：《关于〈楚辞〉的座谈会》，《楚辞资料海外编》，湖北人民出版社1986年版，第442页。

的兴趣增大，日本学术界自18世纪对楚辞展开研究，逐渐形成论说具体、考证详实、分析细致、见解独到的楚辞研究传统和特色。20世纪，日本的楚辞研究跨入新的阶段，出版和发表的各种注本、专著、论文的数量激增，涌现出一批楚辞专家，还产生了全面系统的论著。如“爱屈宋骚赋，自命读书之室曰‘百骚书屋’”的西村硕园（1865—1924），“搜罗古今人笺注楚辞之书无遗”，于“大正五年至八年间（1917—1920）”，“著《屈原赋说》”。当今日本学者称“其考证的精密和规模的宏大，至今尚未见出其右者”。[①] 随着日本学者提出“楚国是日本人的故乡”的说法和中日邦交的实现，日本自20世纪70年代出现了楚辞热。日本学者浅野通友于1974年主持日本的楚辞研究者“关于楚辞的座谈会”时说：

> 既然日本人的故乡是楚国，祖先是楚民族，而且，其文学是《楚辞》，那么，《楚辞》受到重视则是理所当然的了。
>
> 就在这种情况下，前年田中首相访问中国，毛泽东主席将《楚辞》注本——南宋朱熹的《楚辞集注》作为礼品赠送田中首相。可以说以此为转机，一时引起了对《楚辞》的高度关心。[②]

20世纪80年代以来，中国大陆的楚辞研究盛况空前，形成繁荣昌盛的楚辞学。日本学者热情而积极地进行了与中国学者的合作探讨，共同促进了两国楚辞研究的发展。

楚辞传入朝鲜，还要早于传入日本。三国（高句丽、新罗、百济）时代的高句丽，在公元372年就设立了讲授儒学的汉学，并以《文选》作为教材。新罗在统一朝鲜前后，始终以《文选》作为科举考试的内容。至高丽时代（918—1392），由于其间的社会状况与屈原生活时代的状

---

① 参见［日］竹治贞夫著、徐公持译《楚辞的日本刻本及日本学者的楚辞研究》，《楚辞资料海外编》，湖北人民出版社1986年版，第381~418页。

② ［日］浅野通有等座谈、高鹏译：《关于〈楚辞〉的座谈会》，《楚辞资料海外编》，湖北人民出版社1986年版，第419页。

况相仿，文人学士更是景仰屈原、好读骚赋，并且模拟楚辞而作有大量的拟骚诗。在李氏朝鲜时代（1392—1910），屈原与楚辞已得到全社会的高度推崇。李氏朝鲜第四代君主世宗，认为《楚辞》是天下第一等文章，下令刊印《楚辞》，要求全国官员学士皆读《楚辞》。因此，迄今韩国所存《楚辞》的古代汉刻本、和刻本、韩刻本和韩抄本数量甚多。[①]朝鲜古代文士大都景仰屈原，诵读楚辞十分虔敬，创作了大量歌颂屈原的诗文和骚体诗。长于楚辞的治骚名家，也在李氏朝鲜时期竞相涌现。屈原精神和楚辞艺术，乃深深地影响了朝鲜历史文化的发展。韩国学者介绍说：

> 总之，屈原作为一个文学家，在政治、思想上所集中体现的热爱祖国、人民和家乡的各种优良品质，成为许多世纪以来影响韩国知识分子的高尚贞操、培养爱国思想和鼓舞反抗黑暗统治的精神力量。从三国时代开始一直到十九世纪末，几乎每个朝代、每一种文体，都受到屈原精神的陶冶和在创作方法上的借鉴。[②]

由于地域遥隔和语言障碍，欧美国家人士对屈原与楚辞的了解大大晚于东亚的日本和韩国。楚辞西传欧洲，大概始经 17 世纪来华传教士之手。据研究者近年调研发现，“欧洲学者研究楚辞迄今约有 400 年历史，欧洲学者译介楚辞的文献资料有 200 余种，包括英语、法语、德语、拉丁语、意大利语、荷兰语、俄语、波兰语、匈牙利语、罗马尼亚语、捷克语在内的十几种文字”[③]。奥地利汉学家费茨梅尔（August Pfizmaier，1808—1887）发表《〈离骚〉和〈九歌〉——公元前三世纪的两篇中国诗歌》（1852）的德译《离骚》《九歌》、法国汉学家德理文（Marquis d’Hervey

① 参见周建忠《〈楚辞〉在韩国的传播与接受》，《文学遗产》2014年第6期。

② ［韩］徐在日：《屈原与〈楚辞〉对韩国古典文学之影响》，《当代韩国》1998年第3期。

③ 陈亮：《欧洲楚辞研究综述》，《江苏社会科学》2013年第6期。

de Saint-Denys，1823—1892）的法译《离骚章句》（1870）、英国汉学家理雅各发表含英译《楚辞章句·离骚》诗文和注释的论文《〈离骚〉诗及其作者》（1895）、英国汉学家翟理斯的英译《山鬼》《卜居》《渔父》（1883）等，可谓19世纪欧洲楚辞译介和研究的代表作。20世纪，楚辞日渐成为欧美大学的中国文学教学内容甚至研究方向，多种文字的楚辞译本在欧美国家大量出版，楚辞研究也在欧美国家广泛展开。德国汉学家孔好古（August Conrady，1864—1925）自1907年在莱比锡大学讲授楚辞《天问》，是欧洲最早的《天问》译介和研究专家，还培养了分别以研究《招魂》和《远游》的论文获得博士学位的两名弟子——鲍润生（Franz Xaver Biallas，1878—1936）和叶乃度（Eduard Erkes，1891—1958）。本为来华传教士的鲍润生，20世纪30年代在北京辅仁大学任教，致力于楚辞的教学、译介和研究。成为孔好古快婿的叶乃度，一生研究楚辞及中国古代文化的成果丰硕，继其岳父之后主导了莱比锡大学的汉学研究，也是前东德的汉学研究权威。1955年，英国汉学家韦利出版了《九歌：中国古代巫文化研究》。此书不仅有《九歌》的译文和介绍，还借鉴中日现代学者的研究成果，以文化人类学的视野，通过考察古代楚地巫文化源流及其与周边地域乃至日本、印度等国巫文化的比较，深入解析《九歌》并与中国古代巫文化资料互证，开创了西方译介楚辞、研究中国古代文学暨文化的新模式，被西方汉学界认为是“一个里程碑”。1959年，英国汉学家霍克思（David Hawkes，1923—2009）出版了译著《楚辞：南方之歌——中国古代文学选集》。这部译作，是以王逸《楚辞章句》和洪兴祖《楚辞补注》为底本的《楚辞》全译本，广泛吸取了中国和西方学者翻译与研究楚辞的成果，力求译文准确平易和韵味不失，出版后在西方汉学界大受好评，被认为具有权威性而列入联合国教科文组织的“中文翻译丛书”。霍克思于1967年发表的长篇论文《女神的求索》，踵武其师韦利而以文化人类学、民俗学的视角进一步探讨楚辞与巫术的关系，还分析了楚辞向汉赋过渡的问题。法国汉学家马蒂厄（Rémi Mathieu，1948—）对楚文学和楚哲学深有研究，发表和出版了关于《楚辞》《山海经》《老子》《淮南子》《列子》等许多译介和研究成果，于 2004 年出版了有注释的法文全译本《楚辞》。

20 世纪下半叶以来，德、法、意、美等国纷纷涌现出卓有成就的楚辞研究者，欧美研究楚辞的论文和专著大增。美国汉学家海陶玮（James Robert Hightower，1915—2006）于 1954 年发表《屈原研究》阐明："屈原的骚体诗在形式上是一空依傍的，并且几乎可以认为，自屈原以降差不多所有的诗歌样式都能溯源到骚体诗。一个大诗人，又如此追求创新，这在世界文苑中确实极为罕见。因此，从过去二十五年内发表的一百多种有关著述来看，学术界对研究屈原有浓厚的兴趣自然是情理中事。"[①] 葛瑞汉在 1963 年发表了《〈楚辞〉骚体诗的韵律》一文，在欧美汉学界独辟蹊径地探讨了楚辞体诗歌的声韵和节律特征。霍克思陆续发表了数篇楚辞论文，又翔实精密地修订译著而定名为《南方之歌：屈原与中国古代其他诗人作品集》于 1985 年出版。修订版的译著，多有译文订正、论述拓展、观点更新和见解阐发，集中体现了霍克思乃至西方汉学界的楚辞研究成就。一些欧美学者研究的视角和方法与中、日传统的楚辞研究不尽相同，往往是将屈原与楚辞放在中国历史文化大背景下考察，故对中国楚辞研究者有所启发，对世界楚辞学的发展有所推动。美国圣路易斯华盛顿大学教授施奈德（Laurence A. Schneider）的专著《楚国狂人屈原与中国政治神话》（A Madman of Ch'u:The Chinese Myth of Loyalty and Dissent），直译为《楚国狂人：忠与谏的中国神话》或《楚狂人：忠贞与异见的中国神话》（加州大学出版社 1980 年版），是西方屈原研究这方面的代表作之一。作者"站在古今中外广泛的文化视野上研究屈原这个特殊人物及其对历代学人的影响"[②]，说明"屈原以他所创作

① ［美］R. 海陶玮著、周发祥译：《屈原研究》，《楚辞资料海外编》，湖北人民出版社1986年版，第97页。

② 张啸虎：《屈原，走向西方世界》，［美］劳伦斯·A.施奈德著，张啸虎、蔡靖泉译《楚国狂人屈原与中国政治神话·译校前言》，湖北教育出版社1990年版，第3页。

的优美抒情诗歌和他所具有的坚持政治理想至死不悔的精神而受到崇敬”[①]，指出由古至今的中国人民出于对屈原的尊崇而将其塑造成了神圣的形象和文人的典范，探讨“屈原是怎样以及为什么成为那些受西方浪漫主义和共产主义思想影响的现代知识分子的最高典范的”[②]。读此书即可了解到，西方人士之所以高度重视屈原与楚辞，更在于他们充分认识到屈原与楚辞在中国历史文化中的重要地位和对中国历史文化发展的重大影响。西方有些学者因其模式，致力于从广阔的历史文化背景和意识形态领域，深入探讨屈原的思想与创作所形成的传统及其与中国知识分子的关系。德国特里尔大学教授卜松山，即撰《屈原和八十年代中国知识分子》一文[③]。他在文中说明：“可惜史奈德的论述只到‘文革’为止。现在，我想沿着这条思路探讨一下屈原素材在毛泽东时代以后的情形。比如，讨论知识分子问题时，以屈原作为认同对象是否依然具有现实意义。”自改革开放以来，欧美的楚辞研究者与中国学者的交流日益频繁、沟通十分密切。

20 世纪以来，楚辞也明显影响到欧美的文学创作。美国著名诗人兼文学评论家庞德（Ezra Pound，1885—1972），是现代欧美意象派诗歌运动的发起者。1914 年，庞德编辑出版了第一部意象派诗歌集——《意象派诗选》，选入庞德诗作 6 首。这 6 首诗中，有 3 首取材于中国古典诗歌。题为《仿屈原》的第一首，可谓《九歌・山鬼》的拟作。顾彬又是一位著名诗人，经常参与国内学术界和文艺界的活动，虽然不以楚辞研究为主，出版的第一本诗集却名为《新离骚》（2000），不言而喻是表明其诗歌创作受到屈原精神的激励。

20 世纪后期，历史的原因造成中国与苏联及东欧社会主义国家的政治、经济和文化关系十分密切。苏联和东欧一些国家的学者也极为重视

①② ［美］劳伦斯・A. 施奈德著，张啸虎、蔡靖泉译：《楚国狂人屈原与中国政治神话・原书内容提要》，湖北教育出版社1990年版，第1、2页。

③ ［德］卜松山：《屈原和八十年代中国知识分子》，《二十一世纪》（香港）1993年8月号。

中国文化、热心介绍和研究屈原与楚辞，并且对屈原与楚辞的历史地位、文化价值和世界意义给予了高度评价。

苏联汉学的奠基人阿列克谢耶夫（Василий Михайлович Алексеев，1881—1951），是享有盛誉的中国文学研究专家，撰有《中国文学》（1937）、《古代中国的古典诗歌》（1938）等，译有《卜居》《渔父》（1958）等楚辞作品，培养了以论文《屈原的生平与创作》（1943）获得博士学位的费德林（Николай Трофимович Федоренко，1912—2000）及对屈原与楚辞都有所研究的杜曼（Л.И. Думан，1907—1979）、艾德林（Лев Залманович. Олдрин，1909—1985）、谢列布里亚科夫（E.A.Serebrjakov，1928—2013）等一批汉学家。由研究屈原与楚辞起步而成为著名汉学家的费德林，主编出版俄译本《屈原诗集》（1954），发表《屈原楚辞》（1956）、《论屈原诗歌的独特性与全人类性》（1972）、《屈原辞赋垂千古——纪念诗人逝世二千二百五十周年》（1973）、《论屈原》（1983）、《屈原：假设和确凿的事实》（1983）、《屈原的革新精神》（1984）等论文。他在文章中全面阐述了屈原的品格、精神和屈骚的思想性、艺术性及其历史影响和世界意义，强调：

> 没有屈原，人们不能想象会有后来那一大群享誉文苑的大作家，如贾谊、陶渊明、杜甫、李白、白居易以及其他许许多多人。……屈原热爱自己的祖国、热爱人民，不与出卖祖国的变节者进行任何交易，他与他们进行了英勇顽强、不屈不挠的斗争。就在他受谗被逐的时刻，仍然坚贞不屈、决不妥协，为了真理与正义，他宁可牺牲。屈原这一崇高的楷模，二千多年来一直鼓舞着中国人民，以其对祖国的无限忠诚，教育着子孙后代。……屈原诗篇有着固有的民族特色，然而也具有普遍的世界意义，屈原的诗歌是全人类的财富。[1]

---

① ［苏］费德林著、尹锡康译：《论屈原诗歌的独特性与全人类性》，《楚辞资料海外编》，湖北人民出版社1986年版，第47~93页。

> 中国古代诗人屈原的不朽的名字，排在中国诗歌、世界语言艺术最优秀作品的作者的最前列。……屈原的作品正是属于这种具有世界历史意义的文化现象，它的伟大和社会意义，越是到后来，便显示得越充分、越清楚。……屈原的英名继续辉耀在中国诗坛的顶峰，他那仍旧生气勃勃的深刻而激越的思想和感受，同我们现代人的思想经常而密切地相联系。①

谢列布里亚科夫在《屈原和楚辞》（1969）一文中总结：

> 楚辞的产生标志着中国古代文学作品的一个质的飞跃，它直到今天还给读者以美的享受。楚辞最重要作家屈原的英名也赫然列于世界文豪之林。楚辞为发现那些东西方在类型学上的相似，使人们能够理解作为整体的文化史现象的古代文化发展的共同规律，提供了很有价值的材料。②

波兰汉学家赫米耶莱夫斯基自1954年发表屈原与楚辞研究的论文，于1958年主译出版了《屈原楚辞》。匈牙利汉学家托凯（中文名杜克义）与诗人吴洛士合译出版了包括《离骚》《九歌》《天问》《招魂》等的《屈原诗选》（1954）后，撰写出版了专著《屈原和他的时代·论中国哀诗的产生》（又译作《中国悲歌的起源》，1959），详细评述了屈原及其诗作，以专章阐论了“屈原诗派及其对中国诗歌的影响”，指出“悲歌在中国诗歌史上起着一种决定性的作用。屈原诗派的影响比人们通常

---

① ［苏］费德林著、李少雍译注：《屈原词赋垂千古——纪念诗人逝世二千二百五十周年》，《楚辞资料海外编》，湖北人民出版社1986年版，第131~158页。

② ［苏］谢列勃里雅科夫著、理然等译：《屈原和楚辞》，《楚辞资料海外编》，湖北人民出版社1986年版，第42~43页。

所想象的要广泛得多”。[1]

八

楚文物自20世纪30年代初以来络绎不绝地出土为世人瞩目，楚文化考古接连不断的重大发现更是令世人惊叹。20世纪30年代，楚文物的出土主要见于安徽寿县一带。20世纪40年代，楚文物的出土主要见于湖南长沙一带。中华人民共和国建立后，楚文化考古日益迅速地展开，尤其是结束“文革”实行改革开放以来，更是全面开花而成果累累。20世纪50—70年代，楚文化考古的集中发现主要见于当年楚国腹心地区的湖北、湖南、安徽及河南南部。20世纪80年代以来，楚文化考古层出不穷的发现广见于当年楚国鼎盛时期的广大疆域及相邻地区。1973年在曾出土楚帛书的长沙子弹库战国楚墓又清理出帛画《人物御龙图》等文物、1978年湖北随州战国曾侯乙墓的发掘、1978—1980年河南淅川下寺春秋楚墓的发掘，以及1972—1974年随葬有楚人著作的长沙马王堆汉墓的发掘等，都震惊了世人，也引发了国内外许多学者投身于楚文化研究的热潮。20世纪70年代以前的楚文化研究，国内主要是考古学界、文字学界、哲学界和文学界的一些学者各自对楚文物、楚文字和以道家为代表的楚哲学、以楚辞为代表的楚文学的研究，国外主要是一些汉学家对道家典籍、楚辞的译介和研究及对出土楚帛书的考释和研究。20世纪80年代以来，历史学、宗教学、民族学、文化学、语言学、艺术学、神话学、民俗学、科技史学等学科的海内外学者纷纷参与，楚文化研究形成众多学科互联互渗而齐驱并进、中外学者交流切磋而协力探讨的持续繁荣景象。国外汉学界对出土楚文物的重视程度，并不亚于国内学界。国外汉学家关于楚文化的研究，一直是国际性的。

① 参见［匈］F. 托凯著、吴岳添译《屈原诗派及其对中国诗歌的影响》，《楚辞资料海外编》，湖北人民出版社1986年版，第313~321页。

1933年到1938年，位于安徽寿县李三古堆的楚幽王墓三次被盗掘，数以千计的楚文物集中面世，“报章竞载，寰海喧腾”。其中，不少珍贵文物流失海外。

1942年，湖南长沙子弹库楚墓被人盗掘，出土了一幅文图兼有的楚帛书。[①] 帛书出土不久，即被美国人低价收购、携出国外，成为私藏文物。由于帛书的历史文化价值很高，故外国及中国港、台地区许多学者热衷于对之做专门研究，而且是数十年来兴致不减，形成了国际上引人注目的楚文化研究热点。20世纪50年代初，当时存放帛书的美国弗里尔美术馆将帛书拍成全色照片提供学者研究，日本、澳大利亚及国内学者发表了一批论文。1966年，当时存放帛书的美国纽约大都会博物馆，采用先进的红外线摄影技术拍摄出更为清晰的帛书照片。外国及中国港、台学者又据红外线照片，从文字、艺术、神话、历法等各个方面对帛书作了较为全面深入的研究。1967年，美国哥伦比亚大学艺术史与考古学系主办了学术座谈会。会后，编辑出版了在海外汉学界影响颇大的会议论文集——《古代中国艺术及其在太平洋地区之影响》。20世纪80年代以来，中外学者又有许多关于帛书的论文和论著出版。

国外学者研究楚文化暨中国文化，尤其重视对出土楚文献的研究。因道家思想在世界上的影响越来越大，道家文献的相继出土也在世界上引发了一波又一波以出土道家文献为重点的研究热潮。

1973年，长沙马王堆三号汉墓的发掘和包括帛书《老子》甲、乙本和《黄帝书》在内的大量楚人著作面世，立即轰动了世界。美国、日本等国，很快就展开了对帛书的专门研究。1979年，在美国旧金山加州大学伯克利分校举行了马王堆帛书工作会议，来自美、英、加拿大等国及中国的学者共20多人研讨了帛书相关问题。其后，国外经常举行出土楚文献与中国文化的学术座谈会和讨论会。

① 参见李零《长沙子弹库战国楚帛书研究》，中华书局1985年版；拙著《楚文学史》（湖北教育出版社2020年版）中编第二章第二节《楚帛书》。

1993年10月，湖北荆门郭店一号战国楚墓出土了一批楚简文献，包括道家典籍《老子》、《太一生水》、《说之道》（《语丛》四）及儒家典籍13篇。消息传出，举世瞩目，学界轰动。楚简文献尚在整理之中，已有国外学者专程前往荆门了解情况。楚简文献释文于1998年5月由国家文物出版社刚一出版，迅即形成国内外的学术研究热点。当月初，国际儒学联合会召集北京学者聚会讨论楚简文献。当月下旬，美国达慕思学院召开了郭店《老子》国际研讨会。当年，国内举行了多次学术座谈会，美国芝加哥大学、哈佛大学燕京学社、日本东京大学等都举行了专门的学术座谈会、报告会或组织了会读。次年，中国台湾辅仁大学举办了以郭店楚简为主要讨论内容的“本世纪出土思想文献与中国古典哲学研究”两岸学术研讨会；在日本的东京和京都举行了有“楚简所见先秦文化诸面相”讨论专场的“第四十四届国际东方学者会议”及“郭店楚简国际学术研讨会”；在中国武汉大学举行了由武汉大学中国文化研究院、哈佛大学燕京学社、国际儒学联合会、中国哲学史学会、湖北省哲学史学会联合主办的大规模“郭店楚简国际学术研讨会”。2000年，在美国芝加哥、中国北京等地，又举行了多次以郭店楚简为重要内容，涉及新近出土的各种楚简书和楚帛书的学术讨论会；国际儒学联合会的国际简帛研究中心、中国社会科学院简帛研究中心、清华大学简帛讲读班等专门研究机构，频繁开展了以楚简书、楚帛书为主要研究对象的学术研讨活动；北京大学、清华大学等国内著名高校，纷纷启动了“中国简帛学”“出土简帛与中国思想史研究”等大型科研项目；美国、日本、德国、法国、英国、比利时、加拿大等许多国家的学者，都对郭店楚简的出土和研究极为关注，并且积极参与学术研讨，撰写了大量论著。郭店楚简公布两年多，国内外就发表了近300篇论文及各类文章，出版了近20部专著或论文集。学者们认为，郭店楚简的出土，有着重大的文化史意义；尤其是郭店楚简本《老子》及道家佚籍《太一生水》的面世，进一步揭示了道家哲学和中国哲学的精深内涵和博大体系，首次展现了“太一生水”这一论述明晰新颖而又与古希腊、希伯来的宇宙观有相似之处的宇宙生成理论，为深入探讨楚文化、中国先秦思想和人类文化精神的发展提供了珍贵的资料；郭店楚简以及已整理出来的江陵望山、荆门包山等楚简和正在整理之中的楚简的研究，将是新世纪国际学术界的大事；楚文化的不断发现和深广研究，也将有助于21世纪中国文化的复兴运动。[①]

北京大学入藏有多种典籍的西汉竹简尚在整理之中，汉简《老子》就受到海内外学术界的极大关注。整理出版后数月，北京大学主办了“简帛《老子》与道家思想”国际学术研讨会。汉简《老子》的面世，又为海外持续的老子暨道家热增温。

马王堆帛书、郭店楚简和北大汉简的面世，引发了国内外学者将帛书、楚简、汉简和传世本道家文献比照以深入研究道家思想的热潮，也引发了国外汉学界译介帛书、楚简、汉简道家文献或参照帛书、楚简、汉简、传世本《老子》重新译解并结合研究道家思想的热潮。美国汉学家韩禄伯（Robert G. Henricks，1943— ）翻译出版了《老子德道经：根据新出马王堆帛书的新译本》（1989），发表和出版了《马王堆帛书〈老子〉考：与王弼本的比较研究》（1979）、《马王堆帛书〈老子〉及其时代》（1979）、《马王堆本〈老子〉的哲学：一些初步的意见》（1981）、《马王堆本〈老子〉及其文献流传的线索》（1985）、《老子〈道德经〉：郭店新出楚简的翻译与研究》（2000）等论著。美国汉学家梅维恒（Victor H. Mair，1943— ）据帛书《老子》翻译出版了《〈道德经〉：关于德与道的经典》（1990），还翻译出版了《逍遥游：〈庄子〉中的早期道家故事和寓言》（1994），撰写出版了《庄子试论》（1983）等专著。美国汉学家艾兰（Sarah Allan，1945— ）是达慕思大学举行“郭店《老子》学术讨论会”的筹办者，会后编辑出版了《郭店老子：东西方学者的对话》（2002）。德国汉学家顾彬据楚简《老子》，翻译出版了《老子·简本》（2011）。英国汉学家闵福德（John Minford，1946— ）据《河

① 参见郭齐勇《郭店楚简的研究现状》，《郭店楚简国际学术研讨会论文汇编》，1999年10月；《郭店楚简国际学术研讨会论文集》，湖北人民出版社2000年版。

上公章句》，参照帛书、楚简《老子》翻译出版了《道德经》（2018）。美国汉学家安乐哲（Roger T. Ames，1947—　）和郝大维（David L.Hall，1937—2001），参照帛书、楚简和传世本撰写出版了包括《〈道德经〉译解》和《太一生水》译文的《道不远人——比较哲学视域中的〈老子〉》（2004）。安乐哲还撰写出版了《淮南子》研究专著——《主术：中国古代政治思想研究》（1983）、《自我的圆成：中西互镜下的古典儒学与道家》（2006）等涉及道家的专著。法国汉学家马蒂厄据王弼注本、帛书和楚简《老子》，翻译出版了的比照本《老子〈道德经〉》（2008），还译介出版了《淮南子》（2003）、《列子》（2012）。德国汉学家梅勒翻译出版了《马王堆汉墓帛书老子〈道德经〉》（1995），相继发表和出版了《解释道家：从庄周梦蝶到鱼网寓言》（2004）、《道德之愚》（2009）、《〈道德经〉的哲学：一个德国人眼中的老子》（2010）等论著。胪列之述，举要而已。

迄止2020年，考古发掘的出土战国简帛以及流出中国大陆又被抢购归来的战国简牍，大都是出土于当年楚国境内的楚简帛。已知楚简帛数量较多的批次，约有30多批。已知楚简帛上的文字，约有10多万字。楚简帛文字的内容，包括遣策、日书、卜筮祭祷语辞、司法文书等以及神话、宗教、历史、哲学、文学、音乐、军事等方面著作，记载了楚国暨先秦时期社会生活的方方面面，反映了楚国暨先秦时期物质文化、精神文化的林林总总。尤其是主要为典籍的楚简帛，如楚帛书、郭店楚简、上海博物馆于1994年入藏楚简、清华大学于2008年入藏楚简、安徽大学于2015年入藏楚简，文献价值尤其珍贵。伴随着楚简帛越来越多地面世和陆续整理出版，出土简帛文献研究也自20世纪90年代以来形成国内外学术界研究的新热潮。楚简帛文献主要体现楚文化，楚简帛文献的研究在相当程度上也就是楚文化研究。楚墓葬、楚遗址等楚文化考古发现的络绎不绝和每每惊世，楚文化研究则自20世纪80年代以来就越来越全面深入地展开，吸引越来越多的海外学者参与。结合出土简帛文献研究的楚文化研究蓬勃开展和持续繁荣，乃不断扩大楚文化的传播和影响。

由楚文化在世界上的传播和影响，由国际学术界对楚文化的日益重视和积极研究，即可感知楚文化的历史价值、世界意义和生命活力，即可预想楚文化在将来的社会影响、文明作用和流变前景。

天人的和谐、社会的安宁、生命的尊严、身心的发展、自由的实现，是人类的本质需要和永恒追求。无论是中国文化还是外国文化，无论是东方文化还是西方文化，只有合乎人类本质需要和永恒追求的文化因素，才会被全人类所共同珍视、继承和发扬。楚文化会流变，正在于它包含有丰富的这类因素。楚文化的流变，也正是世代中国人以及外国人不断发现楚文化的这类因素而予以弘扬、创新的过程。

人类社会似难实现统一，人类文化则会趋于“大同”。这“大同”的人类文化，只会是东方文化和西方文化中符合人类本质需要和永恒追求的因素经过互补、融通、陶冶后革新而成的、为全人类所认同并主导人类社会发展的新型文化。传统的楚文化和楚文化的传统，无疑将为人类的“大同文化”的形成做出贡献。

李约瑟说得好：“道家在中国文化中，至今还是生气蓬勃的。”① 似乎还可补一句：“楚文化在世界文化中，至今尚为活力初显的。”且不提外国人士所说的“21 世纪是中国的世纪”或“以中国为主轴的东亚文明将成为未来世界的关键”，但谁也不否认中国将对世界文明的发展起到巨大作用。从历史和现实来看，中国对世界文明发展的作用，岂不应是中国文化的振兴、融汇、升华、示范的作用？岂不也应是楚文化及其传统的发现、扬弃、光大、促进的作用？

① ［英］李约瑟著、陈立夫等译：《中国古代科学思想史》，江西人民出版社1999年版，第186页。

后　　记

著作杀青，书稿校毕，心中尚有数语当记之。

撰写本书的过程中，我广泛参阅了古今中外的前辈学者和同代师友的相关论著，企望融通百家、发明己见以成一家之言，虽学浅力薄，但孜孜以求。因此，本书尽管是拓荒之作，所成仍赖前辈学者和同代师友的研究成果的铺垫、启发及影响。完稿之际，我也更为敬重前辈学者、感激同代师友。许多同仁朋僚还在资料上给我以大力支持，我则未及一一致谢，只好在此表达心意。

先父蔡守湘十分关心本书的撰写，曾拟亲为批阅本书草稿。孰料，本书尚在撰写之中，父亲竟溘然仙逝！今书面世，却不能进呈父前。有感于此，悲悼至极。先父在天有灵，想必为我终成本书而欣慰。

吾妻牟学兰，长年来一直充分理解并全力支持我沉溺书海、甘于淡泊而唯务雕虫小技。本书之成，其劳也大，其功亦半。

本书的责任编辑谢嘉星，与我相识已久、交谊甚厚，而且学识颇高、编审资深。本书的撰成和出版，可以说是因他的始终关切、不断督促和辛勤劳动才得以实现的。经他为本书正误匡谬，我不仅心宁神泰，也倍增感荷。

谨向出版本书的湖北人民出版社致以谢忱。

蔡靖泉

2000 年 12 月 30 日于武昌东湖之滨白水斋

再版小记

本书首次出版，迄今已逾20年。时入21世纪，国家富强，修书兴文。湖北省编纂出版大型历史文献丛书《荆楚文库》，册辑千百，典存古今。本书荣幸，入选其列。

近20多年来，楚文化考古的重大发现络绎不绝，具有文化元典价值的楚简文献也不断面世，楚文化以及与其流变相关的研究更是硕果累累。笔者思愿利用新资料、借鉴新成果对初版做取精用宏、疏理会通的大量增删和全面修改。可是，本书的大量增删和全面修改需要假以时日，《荆楚文库》的编纂出版已有统筹规划。反复审读初版，笔者深感其主体内容依然重要，基本观点依然成立。因此，再版的纲目和结构一如其旧，论述和见解大都未变。再版所作的修订，主要是补入了一些近20多年来面世的相关资料和笔者的相关研究成果，融入了笔者因资料的发现和研究的深入而形成的新认识，接受建议删去了现代部分的一小节，增加和置换了若干图片，订正和润色了某些文字等。修订版较初版字数多出十分之一以上。

修订本书，始于2019年仲夏，拟用半年完成，孰料拖延至今。由于本书纵论古今数千年，横述中外许多国，广涉历史文化诸方面，一旦着手修订，又岂能草率速成？至2019年岁末及次年春，新冠大疫突发，武汉闭户禁足，民众惊恐焦虑，困居在家的笔者伏案面文日长，静心订文时短。两年多来，武汉疫情虽已平缓，全球疫灾却连波不绝，国际形势也益显严峻，令人忧思难忘。前贤“思九州之博大”的胸襟、“先天下之忧而忧”的情怀，必然影响后学的行止。修订之际，笔者又仿佛回到20多年前日日夜夜、孜孜矻矻撰写本书的情景。当年披沙拣金、剥茧抽丝之苦犹若在身，当年解惑释疑、融会贯通之乐仍存于怀。不过，笔者今日已无壮年著书那不揣浅陋、慨然为之的勇气，唯有老年订文这战战兢兢、如临深渊的慎心。经年累月，修订有终。力所不逮，文未尽意。楚文化传承广远、影响深巨，楚文化的流变也非一人之识能够明察，非一书之述可以尽论。本书始撰，笔者即奋为拓荒开路之作，冀成抛砖引玉之功。本书再版，笔者更加期待博洽同仁有以教我，切磋琢磨，共襄光大楚文化优良传统以益世道的盛举。

当年，笔者是在楚学的主要开创者和奠基人张正明先生的信任和鼓励下，斗胆承接课题、竭力撰成此书的。书稿甫竣，先生审阅之后即作弁言予以肯定。白驹过隙，逝水流疾，先生谢世不觉已有 16 年。然而，先生的教诲和奖掖则历历在目、铭记于心。今二校终毕，将校样交付出版社审正再版之际，笔者感念先生的衷情也尤为深挚。

责编高承秀、编审祝祚钦为本书再版倾心肆力，笔者不胜感荷。

蔡靖泉

2022 年 6 月 30 日于武昌东湖之滨兰居